Droemer

Knaur Ⓚ

Frank Niepel

Knaurs Großes Handwerksbuch

*Mit zahlreichen Vorschlägen
für Umwelt- und Gesundheitsbewußte*

Über 720 farbige Abbildungen mit 1800 Details

Droemer Knaur

Unter Mitarbeit von Max Direktor

CIP-Kurztitelaufnahme der Deutschen Bibliothek

Niepel, Frank:
Knaurs Großes Handwerksbuch : mit zahlr. Vorschlä-
gen für Umwelt- u. Gesundheitsbewußte / Frank Nie-
pel. [Fotos: Frank Niepel. Zeichn.: Karl Lipp]. –
München : Droemer Knaur, 1987.
ISBN 3-426-26152-9

© Droemersche Verlagsanstalt Th. Knaur Nachf. München 1987
Fotos: Frank Niepel
Gestaltung und Herstellung: von Delbrück, München
Zeichnungen: Karl Lipp, München
Reproduktion: Repro Ludwig, Zell am See
Einbandgestaltung: Graupner + Partner, München
Satz und Druck: Appl, Wemding
Aufbindung: Großbuchbinderei Sigloch, Künzelsau
Printed in Germany
ISBN 3-426-26152-9

2   4   5   3   1

INHALT

VORWORT 13
Für Anfänger und
Fortgeschrittene 14
Benutzerhinweise 14

**WERKSTATT
UND WERKZEUG** 15

Der Werkstattraum 15
Der Werktisch 15
Beleuchtung und Belüftung 17
Lärm und Schmutz 18
Heizung und Wasser 18
Sicherheit 18
Das Werkzeug 20
Elektrowerkzeug 20
Druckluftwerkzeuge 22
Handwerkszeug 22
Qualitätsmerkmale 23
Geliehenes und gebrauchtes
Werkzeug 24
Der Umgang mit Werkzeug 24
Werkzeugpflege 24
Aufbewahrung von Werkzeug und
Material 26
Werkzeug für den Alltag 27
Arbeitskleidung 29
Qualität der Arbeitskleidung 30
Leitern 33
Flaschenzüge 33

PLANEN UND ENTWERFEN 34

Planen 34
Planungsschritte 34
Informationsquellen 34
Planung nach Jahreszeiten 36
Entwerfen 37
Maßstabgetreues Zeichnen 37
Storchschnabel oder Pantograph 37
Farbplanung 37
Imitationen 37

**GESETZESKUNDE,
UNFALLVERHÜTUNG,
UMWELTSCHUTZ** 38

**Sonntags-, Feiertags-, Nacht-
und Urlaubsarbeit** 38
Schwarzarbeit 39
Unfallverhütung 39
Berufsgenossenschaft 39
Umweltschutz 39

**MASZE, MESSEN
UND ANREISSEN** 41

Maße und DIN 41
Messen 41
Entfernungen messen 41
Winkel messen 43

Senkrechte, Waagerechte und
Neigungen messen 44
Anreißen 46
Anreißen auf Holz 46
Anreißen von Metall 46

**BEFESTIGEN
UND VERBINDEN** 47

Nägel 47
Nägel und ihre Verwendung 47
Werkzeuge zum Nageln 49
Nageltechniken 51
Nägel ziehen 53
Schrauben 53
Schraubengröße 54
Schrauben für Holz und Metall 54
Kopfformen 56
Schraubwerkzeuge 56
Haken 58
Nichtrostende Schrauben 58
Probleme beim Lösen von
Schrauben und Muttern 58
Dübel 58
Universaldübel 60
Dübel für
Rahmen und Fassaden 63
Dübel für Platten 63
Dübel für Hohlräume 63
Spezialdübel für Leichtbaustoffe
und Hohlkammersteine 63
Schwerlastdübel für Beton und
Vollziegel 63
Werkzeuge zum Dübeln 64
Richtiges Dübeln 65
Niete 68
Nietarten 68
Nietwerkzeuge 68
Niettechniken 69

Inhalt

Druck- und Tenax-Knöpfe, Ösen, Reißverschlüsse 73
Druckknöpfe 73
Tenax-Knöpfe 75
Ösen 76
Reißverschlüsse 76
Biegedraht, Drahtseile, Ketten 76
Biegedraht 76
Drahtseile 76
Ketten 77
Bindfaden, Seil, Karabiner 78
Aufbewahrung 78
Knoten 78
Spanngurte 79

KLEBSTOFFE, KITTE UND SPACHTELMASSEN 80

Die Wirkungsweise von Klebstoffen 80
Kohäsion und Adhäsion 80
Mechanische Verankerung 81
Chemische »Verschweißung« 81
Lösungsmittel 81
Klebstoffe und verwandte Materialien 81
Leime 81
Kleber 81
Kitte und Spachtelmassen 81
Mit Klebstoffen verwandte Materialien 81
Klebstoffarten und ihre Einsatzmöglichkeiten 81
Dispersionsklebstoffe 82
Lösungsmittelhaltige Klebstoffe 82
Zweikomponentenkleber auf Epoxydharzbasis 82
Einkomponenten-Reaktionskleber auf Cyanacrylat-Basis 83
Schmelzkleber 83
Montageschaum aus Polyurethan 83
Baukleber 83
Tapetenkleister aus Zellulosederivaten 83
Klebebänder 83
Verarbeitungstechniken 84
Welcher Klebstoff für welchen Werkstoff? 84
So sollte man kombinieren 84

DÄMMEN, DICHTEN, ISOLIEREN 85

Dämmen 85
Eigenschaften der Dämmstoffe 85
Pflanzliche Dämmstoffe 88
Mineralische Faserdämmstoffe (Mineralwolle) 93
Mineralische Schütt- und Füllstoffe 94
Kunststoffschäume 95
Weitere Dämmstoffe 97
Schalldämmung 98
Dichten 99
Dichtungsbänder 99
Dichtungsprofile 99
Dichtungsmassen 101
Feuchtigkeitsschutz 101
Einsatzbereiche und Eignung von Isolierstoffen 101
Baupapiere 102
Abdichtungen auf mineralischer Basis 103
Bitumen und Teerprodukte 104
Folien 105

ANSTRICHE 107

Die Zusammensetzung der Anstrichmittel 107
Filmbildner, Bindemittel 107
Die Trägerflüssigkeit 108
Farbmittel 109
Reaktionsanstrichmittel 109
Wachse und Balsame 109
Hilfsstoffe 109
Anstrich-Hilfsmittel 109
Grundierungsmittel 109
Isoliermittel 109
Imprägnier- und Holzschutzmittel 109
Reinigungs- und Entfettungsmittel 109
Kitte und Spachtel 109

Eigenschaften der Anstrichmittel 110
Werkzeuge zum Anstreichen 110
Pinsel 110
Bürsten 110
Farbkissen 110
Roller 112
Pinselpflege und -aufbewahrung 112
Farbspritzgeräte 112
Abfallbeseitigung 113
Anstrichtechniken 113
Anstreichen mit dem Pinsel 113
Anstreichen mit dem Roller 114
Spritzen mit der Spritzpistole 114
Oberflächenbehandlung von Holz 114
Putzen und Abziehen 114
Schleifen und Wässern 114
Entharzen 117
Auskitten 118
Reinigen und Entfernen von Flecken 119
Entfernen alter Anstriche 119
Bleichen 121
Räuchern und Kalken 122
Sandstrahlblasen, Bürsten, Brennen, Sandeln 123
Beizen 123
Ölen 124
Wachsen 124
Mattieren 124
Polieren 124
Lasieren 125
Lackieren 125
Bauernmalerei 126
Holzschutz 126
Welcher Anstrich? 127
Metalle anstreichen 128
Entrosten 128
Entfetten 128
Anstriche 128
Anstrichmittel für besondere Fälle 128
Mineralische Untergründe streichen 129
Kalkputz innen und außen 129
Zubereitung des Kalkanstrichs 129
Kunststoffdispersionsanstriche 130
Silikatanstriche 130
Leimfarben 130
Ölfarben 131
Silikonimprägnierungen 131
Welcher Anstrich? 131

HOLZ 132

Vollholz 132
Aufbau eines Stammes 133
Eigenschaften des Holzes 134
Schnittware 138
Trocknen und Lagern 140
Holzarten 140
Furnier 140
Halbfertigprodukte 146
Holzwerkstoffe 146
Lagenhölzer 146
Holzspanwerkstoffe 148
Holzfaserplatten (HF) 148
Verbundplatten 148
Kunststoffbeschichtete Platten 149
Holzschutz 149
Konstruktiver Holzschutz 150
Holzschädlinge 152
Hobelbank und Werktische 153
Hobelbank 153
Werktische 155
Spannwerkzeug 155
Zwingen 155
Schraubstöcke 156
Spannvorrichtung SPV 200 156
Jobber 157
Sägen 157
Handsägen 157
Elektrische Sägen 159
Die Technik des Sägens 165
Instandhalten der Sägen 167
Hacken und Spalten 168
Bohren 169
Handbohrer 170
Elektrische Handbohrmaschine 171
Technik des Bohrens 171
Bohrer schärfen 171
Stemmen 171
Stemmwerkzeug 172
Technik des Stemmens 173
Schärfen der Stechbeitel 173
Hobeln 173
Aufbau des Hobels 173
Hobelarten 176
Die Technik des Hobelns 176
Elektrohobel 178
Abricht- und
Dickenhobelmaschine 178
Pflege des Hobels 178
Schärfen des Hobeleisens 178

Ziehen und Schaben 178
Gratanziehen 178
Fräsen 179
Bohrmaschinenfräsständer 179
Oberfräse 179
Die Technik des Fräsens 179
Raspeln und Feilen 180
Raspeln 180
Feilen 181
Surform 181
Arbeitsregeln 181
Drechseln 182
Drehbank 182
Rohling 183
Drehstähle 183
Die Technik des Drechselns 184
Schärfen der Drehstähle 185
Schnitzen und Holzbildhauerei 187
Holzverbindungen 187
Verbindungsmittel 188
Verleimte Breitenverbindungen 189
Kronenfuge 190
Unverleimte Breitenverbindungen 190
Kasteneckverbindungen 191
T-förmige Mittelverbindungen 195
Rahmenverbindungen und
-füllungen 196
Gestellverbindungen 199
Längsverbindungen 199
Sprossenverbindungen 199
Spanplattenverbindungen 199
Zimmermannsverbindungen,
Holzverbinder 200
Furnieren, Umleimen 202
Furnierarten 202
Lagerung und Auswahl 202
Grundregeln 203
Zuschneiden, Fügen,
Zusammensetzen 203
Furnierleim und Leimauftrag 203
Furniere auflegen und pressen 203
Furnieradern 204
Abschlußarbeiten 204
Ausschlageisen 205
Kantenumleimer 205
**Oberflächenbehandlung und
Oberflächengestaltung** 205

METALL 206
Eigenschaften der Metalle 206

Festigkeit 207
Härte 207
Elastizität 207
Plastische Verformbarkeit 207
Leitungsfähigkeit 207
Korrosionsbeständigkeit 207
Eisen und Stahl 207
Gußeisen 207
Stahl 208
Nichteisenmetalle (NE-Metalle) 208
Aluminium 208
Blei 208
Bronze 209
Gold 209
Kupfer 209
Messing 209
Silber 209
Zink 209
Zinn 209
Handelsformen für Metalle 210
Bleche, Folien, Platten 210
Vollstäbe, Profilstäbe, Rohre 210
Draht, Drahtgeflechte 210
**Die Grundausstattung in der
Metallwerkstatt** 210
Werkzeuge zum Messen und
Anreißen 211
Werktisch 211
Schraubstock 213
Zangen und Feilkloben 215
Zwingen 215
Schlagunterlagen 215
Hämmer 216
Sägen 216
Richtiges Sägen mit dem
Metallsägebogen 216
Andere Metallsägen 218
Sägefehler 218
Schneiden 218
Blechhandscheren 218
Die Blechschneidetechnik 219
Mechanischer Knabber 219
Elektrokurvenschere und
Elektroknabber 219
Meißeln 221
Meißelarten 222
Der Umgang mit dem Meißel 222
Trennen mit Trennscheibe 224
Das Bohren 224
Der Spiralbohrer 224
Bohrmaschinen und Bohrständer 224
Die Technik des Bohrens 224
Versenker und Reibahle 226
Feilen 228
Die Feile 228
Die Technik des Feilens 228
Gewindeverbindungen 229
Innengewinde schneiden 229
Außengewinde schneiden 230

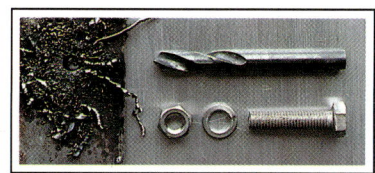

Nieten 230
Kleben und Kaltschweißen 230
Löten 230
Grundbegriffe 230
Lötgeräte 231
Flußmittel 233
Lot 234
Die Technik des Lötens 234
Lötfehler 237
Schweißen 238
Werkzeuge zum Elektroschweißen 238
Die Technik des E-Schweißens 240
Werkzeuge zum autogenen
Schweißen und Schneiden 243
Die Technik des
autogenen Schweißens 246
Das Brennschneiden 247
Biegen und Falzen 249
Bleche abkanten und falzen 249
Flachstahl biegen 251
Winkelstahlbiegen 251
Rohrbiegen 251
Drahtbiegen 251
Kaltschmieden, Treiben, Richten,
Ausbeulen 252
Hammer und Unterlage 253
Richten und Ausbeulen 253
Oberflächenbehandlung 254
Schleifen und Anstreichen 254
Oberflächengestaltende Techniken 254
Chemische
Oberflächenveredelung 254
Überzug mit Metall 255
Emaillieren 255
Zementüberzug 255
Einölen und Fetten 255
Korrosion 255
Chemische Korrosion 255
Elektromechanische Korrosion 255
Werkzeug schärfen 255
Doppelschleifbock 256
Abziehstein 256
Dengeln 258
Andere Schleifgeräte 258
Formende
Metallbearbeitungstechniken 258
Schmieden, Treiben 258
Gießen 259
Drücken 259
Stanzen 259
Drehen und Fräsen 259
Gleit- und Schmiermittel 259
Bohrölemulsion 259
Gleitlagerfette 259
Glyzerin 259
Graphit 259
Kriechöl 259
Mineralöl 259
Talkum 259

Wachs 259
Zahnradschmiere 259

GLAS 260

Geschichtliches 260
Was ist Glas? 260
Handelsformen 261
Flachglas 261
Glasverarbeitung 262
Glas schneiden und brechen 262
Glas schleifen, Glas bohren 264
Glas kleben 264
Bleiverglasung 264
Die Tiffany-Methode 264

KUNSTSTOFFE 265

Materialkunde 265
Thermoplaste (Plastomere) 266
Duroplaste (Duromere) 267
Elastomere 268
Kunststoffverarbeitung 268
Spanende Kunststoffverformung 268
Spanlose Verformung bei
Kunststoffen 269
Verbinden von Kunststoffteilen 270

PAPIER, PAPPE,
LEDER, TEXTILIEN, GUMMI 271

Papier und Pappe 271

Das Material 271
Schneiden 271
Kleben 272
Falzen und Biegen 273
Mappen 273
Schachteln 274
Plakate 274
Passepartout 274
Buchbindearbeiten 274
Leder 274
Schneiden, Kleben 274
Nähen 275
Lochen 276
Nieten 276
Reinigen und Pflegen 276
Besohlen von Schuhen 278
Textilien 278
Eigenschaften 278
Schneiden 278
Nähen 278
Risse ausbessern 278
Spannen 278
Reinigen und Pflegen 279
Imprägnieren 280
Mottenschutz 280
Gummi und Kunststoffhäute 280
Gummi 280
Gummi- und Kunststoffhäute 280
Gewebeverstärkte Gummi- und
Kunststoffhäute 280

BAUSTOFFE 281

Werkzeuge und Baumaschinen 281
Transportmittel 283
Gerüste 283
Bockgerüste 284
Stahlrohrgerüste 285
Hängegerüste 285
Steine 285
Eigenschaften der Mauersteine 285
Natursteine, Ziegel 286
Kalksandsteine 286
Gasbetonwerkstoffe 288
Leichtbetonsteine 289
Betonsteine 289
Bodenbeläge aus Stein 289
Glasbausteine 290
Schamottesteine 290
Bindemittel 290

Inhalt

Baukalke 290
Zemente 290
Putz- und Mauerbinder
(PM-Binder) 290
Gipse 291
Lagerung von Bindemitteln 291
Zuschlagstoffe 291
Sand 292
Kies 292
Leichtzuschläge 292
Wasser 292
Mörtel 292
Herstellung 292
Mörtelgruppen, Eigenschaften,
Einsatzbereiche 293
Mauermörtel 294
Putzmörtel 294
Estrichmörtel 295
Fertigmörtel, Spezialmörtel,
Spachtelmassen 295
Mauern bauen 295
Grundlagen 295
Vorgehen 300
Mauern verputzen 302
Innenputze 302
Außenputz 304
Verputzen von
Holzwolleleichtbauplatten 306
Beton und Betonieren 306
Anforderungen 307
Herstellung 308
Mischung und Materialbedarf 308
Schalungen 308
Verdichtung 308
Nachbehandlung 308
Oberflächen 308
Werkstoffe für den Trockenbau **309**
Gipskarton- und Gipsfaserplatten 309
Fußbodenelemente aus Gips 310
Gipswandbauplatten 310
Holzwolleleichtbauplatten 311
Die Baubiologie 311
Die Beurteilung von Baustoffen 311
Standort 311
Elektrobiologie 311
Die Heizung 311
Weitere Informationen 311

Bauplanung, Bauleitung,
Bauüberwachung 312
Die Wunschplanung 313
Informationsquellen 313
Eigenleistung 313
Gewährleistung 314
Schutz gegen
Unfälle und ihre Folgen 314
Baugrube anlegen 315
Schnurgerüst 316
Baustelleneinrichtung 316
Abwasserrohre verlegen 317
Fundament gründen 317
Gründungsarten 317
Die Herstellung eines
Streifenfundamentes 317
Feuchtigkeitsschutz 317
Bodenfeuchtigkeit 318
Stauwasser am Bauwerk 318
Grundwasser 318
Spritzwasser 318
Lage und Ausführung von
Sperrschichten 319
Drainage 320
Keller 320
Kellersohle 320
Kellermauern 321
Wandmauerwerk 322
Aufgaben 322
Dimensionierung 322
Mauersanierung 322
Kondenswasser, Tauwasser 322
Undichtigkeiten 323
Bodenfeuchtigkeit 323
Mauersalze 324
Austrocknen der Mauer 324
Mauerdurchbrüche und Schlitze 324
Mauerdurchbrüche 324
Mauerschlitze 326
Decken 327
Aufgaben 327
Ortbetondecken 327
Fertigteildecken 327
Ziegeldecken 327
Stahlträgerdecken 327
Holzbalkendecken 329
Sanierung von Holzbalkendecken 330
Schornstein 330
Vorschriften 330
Eigenbau von Schornsteinen 331
Versottung eines Schornsteins 331
Ofenanschlüsse 332
Treppen und Geländer 334
Treppenformen 335
Treppensteigung 335
Selbstbau von Treppen 335
Reparaturen an Treppen 335
Handlauf und Geländer 335
Dach 336

Dachstuhl 336
Ziegeldach decken 336
Dachsanierung 338
Flachdach 339
Dachrinne 339
Arbeiten an der Fassade 343
Putz 343
Anstriche 343
Sichtmauerwerk 343
Hinterlüftete Fassade 343

TROCKENBAU,
INNENAUSBAU,
RENOVIERUNG 344

Fußböden 344
Estrich 344
Trockenestriche 348
Spanplatten 348
Dielen 350
Parkett 350
Fertigparkett 352
Parkett und Fußbodenheizung 352
Renovierung alter Holzfußböden 352
Korkparkett 354
Bodenfliesen 354
Linoleum 355
Teppichböden 356
Kunststoffbeläge 359
Sockelleisten 360
Wände 360
Putz und Putzschäden 360
Anstriche 361
Tapeten 361
Wandfliesen 366
Kunststoffbeläge 372
Holzverkleidungen 372
Stoffverspannung 372
Zwischenwände bauen 373
Innendämmung 374
Decken 376
Putz 376
Anstriche 376
Tapeten 376
Holzverkleidungen 376
Abgehängte Decken 376
Dachausbau 378
Vorüberlegungen 378
Dachschrägen 378
Fußboden 380

ROHBAU,
UMBAU, SANIERUNG 312

Decken 380
Verkleidungen 380
Fenster 380
Schornstein 380
Kellerausbau 380
Feuchtigkeit 380
Wärmedämmung 381
Fußböden 381
Decken 381
Sauna 381
Platzbedarf 381
Standorte 381
Sauna im Selbstbau? 381

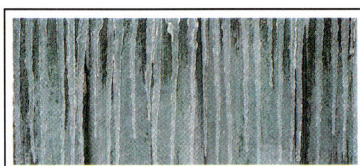

ENERGIE IM HAUS 382

Grundlagen 382
Energieumwandlung 382
Wärmeübertragung 383
Wärmedurchgang 384
Wärmedämmung,
Wärmespeicherung 385
Luftfeuchtigkeit 385
Energiequellen 388
Holz 388
Kohle 388
Öl 389
Gas 389
Sonnenenergie 389
Wasserkraft 390
Windenergie 390
Biogas 390
Kernenergie 390
Elektrizität 390
Umweltbelastung 390
Energieverbrauch 391
Energie sparen 391
Mensch, Wärme, Behaglichkeit 392
Natürlicher Wärmeschutz 393
Dämmen und Dichten 396
Verbesserte Wärmeerzeugung und
-verteilung 400
Warmwasser 401
Elektrogeräte und Beleuchtung 401
Passive Nutzung der
Sonnenwärme 402
Aktive Nutzung der Sonnenwärme 402
Eigenenergieerzeugung 402
Kraft-Wärme-Kopplung 403
Ungeeignete Maßnahmen 403

Probleme beim Energiesparen 403
Wirtschaftlichkeitsüberlegungen 403

**HEIZUNG
UND WARMWASSER** 404

Grundlagen 404
Verbrennung 404
Brennwert – Heizwert 405
Wirkungsgrad 405
Einzelheizung 406
Festbrennstofföfen 407
Ölöfen 408
Gasöfen 408
Kachelöfen 408
Elektroheizgeräte 410
Wartung 410
Zentralheizung 410
Wärmeerzeugung 411
Wärmeverteilung 412
Heizungsregelung 413
Zubehör 415
Wartungsarbeiten 415
Zentralheizungen im Selbstbau 416
Fernheizung 416
Wärmepumpe 416
Funktionsweise 416
Wärmequellen 416
Betriebsweise 418
Wirtschaftlichkeit 418
Sonnenkollektoren 419
Funktionsweise 419
Wirtschaftlichkeit 420
Warmwasser 420
Bauarten 421
Elektrogeräte 421
Gasgeräte 423
Verschiedene Warmwasserbereiter 423
Totalenergieanlagen 423
Kombinationsmöglichkeiten 423
Einzelheizung –
Warmwasserbereitung 424
Einzelheizung – Zentralheizung –
Warmwasser 424
Zentralheizung – Wärmepumpe –
Warmwasser 424
Einzelheizung – Wärmepumpe –
Warmwasser 424
Einzelheizung – Sonnenkollektor –
Warmwasser 424

Zentralheizung – Sonnenkollektor
– Warmwasser 424
Energieausnutzung 424
Wirtschaftlichkeit 424
Individuelle Gründe 424
Investitions- und Wartungskosten 424
Energiekosten 425
Staatliche Hilfen 425

**BRAUCHWASSER
UND ABWASSER** 426

Wasserzufuhr 426
Wasseranschluß 426
Wasser absperren 426
Wasser ablassen 426
Leitungssystem auffüllen 427
Rohrbe- und -entlüftung 427
Wasserdruck 427
Wasserverbrauch und
Umweltschutz 429
Rohrleitungen 429
Stahlrohre 430
Kupferrohre 431
Kunststoffrohre 431
Verlegehinweise 432
Anschlüsse für Armaturen 433
Nachträgliche Anschlüsse und
Abzweige 433
Reparaturen an schadhaften
Rohren 433
Auffinden von Rohrleitungen 433
**Schutzmaßnahmen für
Rohrleitungen** 433
Wärmeschutz 433
Frostschutz 434
Schallschutz 435
Steinbildung 435
Korrosionsschutz 435
Zulaufarmaturen 436
Wasserhähne (Auslaufventile) 436
Tropfende Hähne und andere
Reparaturen 438
WC-Spülung 441
Einrichtungsgegenstände 442
Waschbecken 442
Spülen und Ausgußanlagen 442
Badewannen 443
Duschwannen 444
Bidets 444

WC	444
Waschmaschinen	444
Spülmaschinen	444
Warmwasserbereiter	444
Abwasser	445
Abläufe	445
Abflußrohre	445
Die Verlegung von Abwasserrohren	446
Reparatur defekter Abflußrohre	449
Einsetzen eines Abzweiges	449
Verstopfte Abflüsse	449
Schutz gegen Rückstau	451

GAS UND ELEKTRIZITÄT 452

Gas	452
Elektrizität	452
Begriffe und Maßeinheiten	453
Vorsichtsmaßregeln	453
Sicherungen und Schutzmaßnahmen	453
Werkzeuge	454
Leitungen	455
Verlegen von Leitungen	456
Benennung und Kennzeichnung der Adern	456
Stecker, Kupplungen, Verlängerungskabel	457
Steckdosen, Abzweigdosen, Schalter	458
Lampen und Leuchten	458

TÜREN UND FENSTER 462

Türen	462
Aufgaben	462
Bauarten und Einbau	462
Windfang	464

Arbeiten an Türen	464
Fenster	465
Bauarten	465
Fensterplanung bei Neubau und Modernisierung	465
Wärmedämmung	467
Schalldämmung	467
Sonnenschutz	468
Rahmenmaterial	468
Fenstereinbau	468
Innere Fensterbank	469
Äußere Fensterbank	470
Läden	470
Licht unterm Dach	471
Arbeiten am Fenster	471
Nachträglicher Wärmeschutz an Fenstern	472
Bänder für Türen und Fenster	473
Einstemmbänder	473
Aufschraubbänder	473
Einbohrbänder	474
Arbeiten an Bändern	474
Riegel, Schlösser, Einbruchsicherungen	474
Riegel, Überwurf, Überfalle	474
Vorhängeschlösser	474
Einsteckschlösser	474
Kastenschlösser	475
Riegelschlösser	476
Türsicherungen	477
Fenstersicherungen	477
Vorhangschienen und Vorhangstangen	478
Vorhangschienen	479
Vorhangstangen	479

WOHNUNG 480

Raumaufteilung	480
Was geschieht in einer Wohnung?	480
Einbaumöbel, Verkleidungen	482
Maßstabsgetreue Planung	483
Möbel-Konstruktionsprinzipien	483
Der Tisch	484
Der Stuhl	484
Das Bett	485
Die Kommode	485
Der Schrank	486
Das Regal	487
Schnittzeichnungen und Stückliste	488

Beschläge	488
Polstern	489
Werkzeuge	489
Untergründe für Polster	489
Füllstoffe	490
Sitzpolster	492
Flachpolster	492
Polsteraufbau mit Gurten und Federn	493
Rückenlehnen, Armlehnen	493
Befestigen des Bezugsstoffs	493
Reparaturen	493

GARTEN, TERRASSE, BALKON 494

Geländegestaltung	494
Wege und Flächen	495
Treppen	497
Terrassierung und Stützmauern	498
Die Terrasse	499
Entwässerung	499
Einfriedungen, Sicht-, Wind- und Sonnenschutz	499
Hecken	499
Zäune	499
Tore	503
Mauern, Mauerpfeiler, Sockel	503
Abgrenzungen	504
Pergola	504
Paravent	504
Sicht-, Wind- und Sonnenschutz am Balkon	505
Garten- und Balkonmöbel	505
Tische	505
Stühle und Bänke	506
Liegen	506
Pflege und Reparatur	506
Grill	506
Gartenhäuser und Hausanbauten	507
Garage und Gartenhaus	507
Schuppen	507
Laube	507
Carport	507
Wintergarten	507
Pflanzenstützen, Rankgerüste, Pflanzgefäße	509
Pflanzenstützen	509

Inhalt

Rankgerüste	509
Pflanzgefäße	509
Kompostbehälter	509
Frühbeet und Gewächshaus	510
Frühbeet	510
Gewächshaus	510
Werkzeuge und Geräte für die Gartenarbeit	510
Graben, Lockern und Lüften	510
Lockern, Jäten und Pflanzen	510
Wege- und Rasenpflege	511
Hecken- und Baumschnitt	512
Werkzeugpflege	513
Wasser im Garten	514
Wasseranschluß	514
Schläuche und Schlauchverbindungen	514
Beregnung	514
Dusche	514
Regentonne	514
Der Gartenteich	514
Kinder	515
Sandkästen	516
Schaukel	516
Weitere Spielgeräte	516
Tiere	516
Nistkästen	516
Futterplatz für Vögel	518
Insektennistkasten	519
Kaninchen-, Geflügelstall	519
Kleine Außenanlagen	519
Fahrradständer	519
Mülltonnenvorrichtung	519
Briefkästen	519
Fußabstreifer	519
Wäschespinne	519

FAHRZEUGE	520
Autowerkzeug und Ausrüstung	520
Werkzeug und Ersatzteile für unterwegs	520
Spezialwerkzeug	521
Meßgeräte	521
Grundausrüstung	522
Nützliche Zusatzausrüstung	522
Ausrüstung für den Winter	522
Wartung	523
Die kleine Inspektion	523
Die große Inspektion	523
Winterwartung	524
TÜV	525
Bremsleitungen	525
Feststellhandbremse	525
Beleuchtung	525
Abgaskontrolle	526
Karosserie	526
Reifen	526
Das Lenkspiel	526
Die Achsschenkel	526
Startanlage, Lichtmaschine, Ladungskontrollampe	526
Startbatterie (= Akku)	526
Zündschloß, Anlasser, Magnetschalter	526

Startprobleme	526
Lichtmaschine, Regler	527
Rote Kontrollampe	527
Beleuchtung	527
Scheinwerfer einstellen	527
Glühlampen	527
Scheinwerfer	528
Fehlersuche in der Auto-Elektrik	528
Sicherungen	528
Motor	528
Motoröl	528
Luftfilter	529
Zündung, Ventile, Vergaser	529
Zündkerzen	529
Keilriemen spannen	529
Auspuff	530
Getriebe, Kupplung	530
Fahrgestell, Räder, Radlager	530
Radwechsel	530
Stoßdämpfer	530
Fahrwerk-Radlager	531
Reifen	531
Bremsen	531
Trommelbremsen	531
Scheibenbremsen	531
Feststellbremse	533
Karosserie	533
Wagenpflege	534
Reinigungsmittel	534
Lackschäden	535
Blechschäden	535
Fahrrad	535
Schubkarre, Leiterwagen, Sackkarre	535
Literatur und Adressen	536
Herstellerverzeichnis	537
Register	538

VORWORT

Unter dem Titel »Knaurs Handwerksbuch« ist bereits 1958 ein Heimwerkerbuch veröffentlicht worden, das im Lauf der Jahrzehnte viele Auflagen erlebt hat. Der Droemer-Knaur-Verlag hat sich entschlossen, unter dem alten Titel ein völlig neues und wesentlich umfangreicheres Buch für den Heimwerker herauszugeben, das den vielfältigen Entwicklungen im Heimwerkerbereich in jeder Hinsicht Rechnung trägt:
Neben den traditionellen Handwerkzeugen stehen heute sehr viele und in der Regel preiswerte Elektrowerkzeuge zur Verfügung, die dem Heimwerker bei der Bearbeitung der verschiedenen Werkstoffe neue Möglichkeiten eröffnet haben. Neben den herkömmlichen Werkstoffen gibt es neue Materialien, die sich durch besondere Eigenschaften auszeichnen oder sich besonders schnell und leicht verarbeiten lassen. Alles, was der Heimwerker benötigt, wird inzwischen in einem flächendeckenden Netz von Bau- und Heimwerkermärkten und Spezialgeschäften angeboten. Ständige Ausstellungen und Fachzeitschriften liefern eine Fülle von Informationen.

Heimwerken – etwas selber machen Heimwerken kann bei richtiger Einschätzung der eigenen Möglichkeiten und der zur Verfügung stehenden Zeit viel Spaß machen und Geld sparen. Eigenes Wissen über Werkstoffe, Verarbeitungsmethoden und Konstruktionsprinzipien löst den Heimwerker darüber hinaus aus der Abhängigkeit von Architekten und Handwerkern und schafft die Möglichkeit für einen partnerschaftlichen Umgang mit diesen Berufen, die richtige Auswahl von Materialien und Werkstoffen und die richtige Entscheidung für bestimmte Konstruktionen.

Werkstoffe und Konstruktionen »Knaurs Großes Handwerksbuch« stellt in Wort und Bild ausführlich die einzelnen Materialien dar. Es bleibt jedoch nicht bei der Aufzählung der Eigenschaften der Werkstoffe stehen, sondern macht dem Leser auch verständlich, warum die Werkstoffe bestimmte Eigenschaften haben und wo demgemäß auch die Grenzen der Verwendungsmöglichkeiten liegen. Weiter sind die Konstruktionsprinzipien z.B. einer Außenmauer, einer Abwasseranlage oder einer Spanplattenverbindung dargestellt, so daß auch hier der Leser begreift, welche Vor- und Nachteile eine Bauweise im Verhältnis zu anderen hat. Eine Wärmedämmaßnahme kann Energie sparen, aber auch Bauschäden zur Folge haben, wenn man sie falsch durchführt. Eine sinnvoll gestaltete Wohnung, ein zweckmäßig gebautes Haus, in dem man sich wohlfühlt und gesund leben kann, ist das Ergebnis einer sorgfältig durchdachten Gesamtkonzeption. Diese Zusammenhänge zeigt das Buch auf.

Umwelt und Gesundheit Besondere Aufmerksamkeit wird der Frage gewidmet, ob bestimmte Materialien die Umwelt und die Gesundheit beeinträchtigen und welche Alternativen es gibt, dies zu vermeiden. Man kann z.B. alte Anstriche mit schädlichen Mitteln abbeizen, man kann sie aber auch abschleifen; man kann Holz mit stark lösungsmittelhaltigen Anstrichmitteln streichen, man kann lösungsmittelarme Produkte mit dem Blauen Engel verwenden oder auf Naturprodukte wie Wachspräparate zurückgreifen, die das Holz auch noch in seiner natürlichen Schönheit voll zur

Wirkung kommen lassen. So werden auch die Erkenntnisse und Erfahrungen der Baubiologie einbezogen.

Für Anfänger und Fortgeschrittene Die verschiedenen Handwerkstechniken und die dafür erforderlichen Werkzeuge sind vor allem in den Kapiteln dargestellt, die nach bestimmten Werkstoffen benannt sind, wie z. B. Holz, Metall und Baustoffe. Kapitel, in denen einzelne Rohbau-, Ausbau- und Installationsarbeiten gezeigt werden, greifen auf diese Kenntnisse zurück. Die meisten Be- und Verarbeitungstechniken wie z. B. Nageln, Schrauben, Dübeln, Bohren, Sägen, Mauern und Anstreichen können von jedem erlernt werden und führen mit etwas Übung zur handwerklich befriedigenden Ergebnissen. Auch schwierige Aufgaben wie z. B. das Herstellen von komplizierteren Holzverbindungen, von Metallverbindungen, Verputzen und die Bedienung der Farbspritzpistole können bewältigt werden; dies erfordert mehr Kenntnisse des Materials und mehr Übung, wobei fachkundige Anleitung von Vorteil, aber bei ausreichender Geduld nicht notwendig ist. Der richtige Umgang mit den Werkzeugen ist nicht nur Voraussetzung für gute Arbeitsergebnisse, sondern auch für die Verhütung von Unfällen.

Benutzerhinweise Die Kapitelüberschriften im Inhaltsverzeichnis am Beginn des Buches geben einen groben Überblick. Einen genaueren Überblick bieten die Einleitungen zu den einzelnen Kapiteln. Dort steht insbesondere auch, in welchen anderen Kapiteln dazugehörende Themen behandelt sind.
Sucht man Informationen über bestimmte Bauteile, Werkzeuge oder Werkstoffe, kann man auch im Stichwortregister nachschlagen. Findet man den gesuchten Begriff nicht, sollte man den übergeordneten Begriff oder einen verwandten Begriff nachschlagen. Manche durchaus wichtigen Themen sind nur über das Stichwortregister zu finden wie z. B. Brandschutz, Gesundheit, Unfallverhütung, Umweltschutz und Werkzeuge; es ist deshalb zu empfehlen, sich das Stichwortregister einmal genauer anzuschauen; so erhält man einen zusätzlichen Überblick, was in dem Buch alles geboten wird.
Zu verschiedenen Themen ist weiterführende Literatur im Literaturverzeichnis am Ende des Buches angegeben. Dort befindet sich auch ein Adressenverzeichnis der Hersteller bzw. Lieferanten von Werkzeugen und Werkstoffen.
Die Abbildungen in den einzelnen Kapiteln sind jeweils mit 1 beginnend durchnumeriert. Sie befinden sich nicht immer auf der Seite, auf der sie im Text genannt sind, sondern kurz davor oder danach. Ist auf Abbildungen in anderen Kapiteln Bezug genommen, ist zusätzlich zur Abbildungsnummer die Seitenzahl angegeben.
Die Benutzung des Handwerksbuches setzt keinerlei fachliche Kenntnisse voraus. Es ist ein Nachschlagewerk, ein Lesebuch, eine Fundgrube für die eigene Planungsarbeit und ein Anleitungsbuch für alle wichtigen handwerklichen Tätigkeiten.

Über den Autor Der Autor wurde 1939 in Dresden geboren und ist im Hauptberuf Rechtsanwalt. Während der Schul- und Studienzeit verdiente er sich seinen Lebensunterhalt als Dachdecker, Gerüstbauer, Hilfsschweißer, Maurergehilfe und in einer Schreinerei. Später hat er an kunsthandwerklichen Büchern als Fotograf und Texter mitgearbeitet.
Er hat außerdem bei aufgegebenen Bauernhäusern in Spanien und in Niederbayern die Bausubstanz saniert, die moderne Haustechnik in sie integriert und gleichwohl den Charakter der alten Häuser bewahrt.

14 Brandlöd, im August 1987 Frank Niepel

WERKSTATT UND WERKZEUG

Wenn der Flur neu gestrichen, das Wohnzimmer tapeziert, im Schlafzimmer ein Teppich verlegt, im Bad ein tropfender Wasserhahn gedichtet, im Keller ein Regal eingebaut oder der Zaun repariert werden soll, braucht man dazu keine eigene Werkstatt: Man kauft sich das jeweils benötigte Material und führt die Arbeit an Ort und Stelle durch. Doch die Aufbewahrung des Werkzeuges wird bald zum Problem, denn es wird immer mehr. Dabei fing es ganz unscheinbar an: mit einem Hammer, einer Zange und einem Schraubendreher in der Schublade. Dann kam eine Bohrmaschine hinzu, eine Einspannvorrichtung für den Küchentisch, um ein Werkstück mit zwei Händen bearbeiten zu können. Man brauchte einen Platz, wo ein alter Stuhl abgeschliffen, neu verleimt und gestrichen werden kann. In der Küche ging es auf Dauer nicht, und so endete alles mit dem Wunsch nach einer eigenen Werkstatt, in der das Werkzeug aufbewahrt und gepflegt werden kann, in der Platz ist für handwerkliche Arbeiten. Eine Notwendigkeit, wenn man sich von den teuren Handwerkern unabhängig machen will.
Die Planung und Einrichtung einer Werkstatt und die Überlegungen beim Werkzeugeinkauf sollen Gegenstand dieses Kapitels sein. Welche Werkzeuge für die Bearbeitung der verschiedenen Werkstoffe benötigt werden und wie man mit ihnen umgeht, ist in den entsprechenden Spezialkapiteln beschrieben. Als Orientierungshilfe dient das Stichwortregister.

Der Werkstattraum

Die Heimwerkerecke irgendwo in der Wohnung und das Werkstattprovisorium in der Garage zwischen Auto, Gartengeräten und Fahrrädern sind Notlösungen.
Für eine richtige Werkstatt braucht man einen eigenen Raum, in dem Platz für eine Werkbank ist, der groß genug ist, um Werkzeug und Arbeitsmaterial griffbereit aufzubewahren und in dem sich auch ein großes Werkstück herstellen und bearbeiten läßt. Der Werkstattraum muß gut beleuchtet sein und ein Fenster nach außen haben. Man sollte in der Werkstatt arbeiten können, ohne andere Hausbewohner zu stören. Wünschenswert ist ein trockener, fußwarmer, unempfindlicher Boden, eine Heizmöglichkeit, Wasseranschluß, ein Ausguß und Kraftstromanschluß, zumindest aber eine 220-Volt-Leitung mit 16 Ampere.

Der Werktisch

Den Mittelpunkt in der Werkstatt bildet der Werktisch. Wer vor allem mit Holz arbeitet, für den ist die Hobelbank (siehe Seite 153) die optimale Lösung; wer bevorzugt Metall bearbeitet, benutzt dazu am besten einen Schlosserwerktisch mit einem Schraubstock (siehe Seite 211). Aber diese Anschaffungen sind nicht gerade billig. Wer rechnen muß, baut sich seinen Werktisch selbst.
Ein Problem jedoch ist die Standfestigkeit. Hier muß jeder selbst entscheiden, für welche Arbeiten er seinen Werktisch am häufigsten braucht. Ist ein sehr stabiler Werktisch erforderlich, sollte man bedenken, daß eine Hobelbank zwei Zentner und mehr wiegt, daß die Arbeitsplatte eines Schlosserwerktisches nicht ohne Grund auf einem verschraubten oder verschweißten Gestell aus Profileisen aufmontiert ist und dieser Tisch mitunter sogar noch am Boden festgeschraubt wird. Somit ist klar, daß das Anmontieren einzelner Beine an der Arbeitsplatte als Lösung ausscheidet. Entweder man baut sich ein Untergestell aus Profileisen selbst oder läßt es nach eigenen Angaben von einem Schlosser anfertigen. Wie ein solches Gestell aussehen könnte, zeigt die Abbildung 1. Als Arbeitsplatte wählt man eine mindestens drei Zentimeter 15

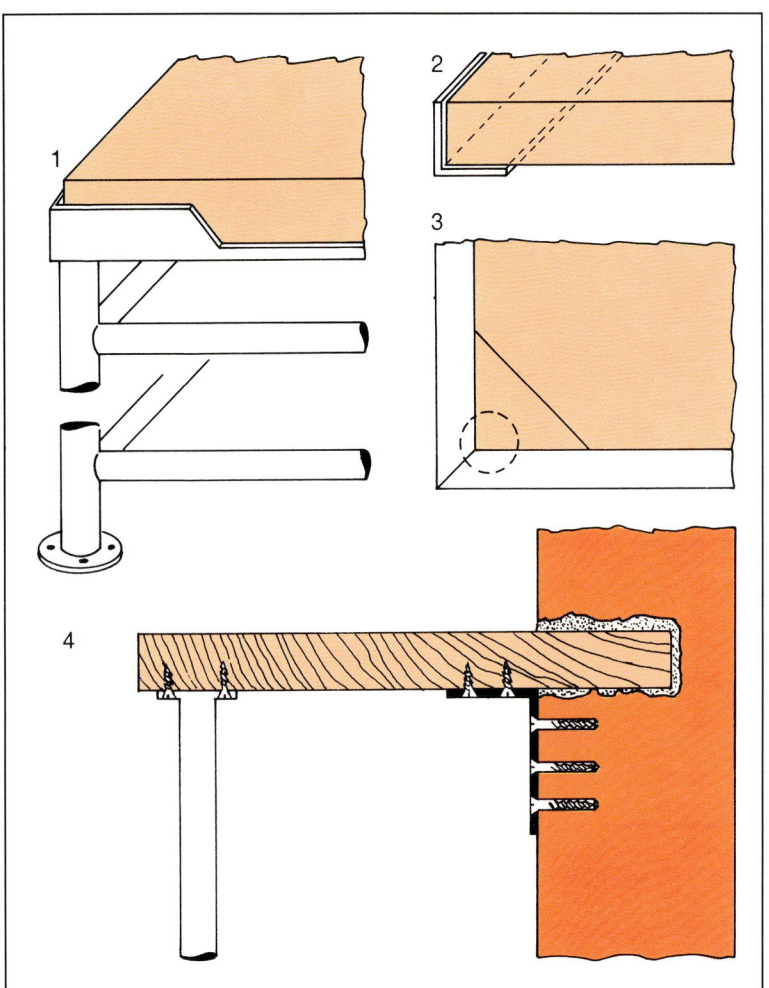

1 Selbstbau eines stabilen Werktisches:

1 Ein verschweißtes, am Boden anschraubbares Untergestell.

2 Die massive Holzplatte liegt in einem Rahmen aus Winkeleisen.

3 In den Ecken des Rahmens aus Winkeleisen werden zur Verstärkung Dreiecke eingeschweißt.

4 Die Dübel in der Wand müssen sehr stark sein.

2–7 Die Workmate 2000 (Black & Dekker) zusammengeklappt an der Wand und einige ihrer vielseitigen Anwendungsmöglichkeiten.

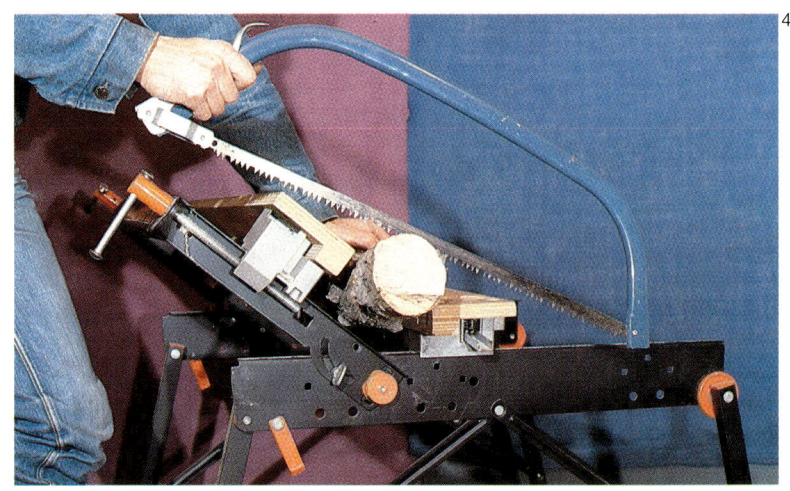

5

6

7

dicke Sperrholzplatte, die unverrückbar auf dem Untergestell aufliegt. Die Beine des Gestells sind miteinander verstrebt. Zwischen die Streben kann man in einer oder mehreren Etagen übereinander Fachböden als Ablageflächen einlegen oder auch schwere Eisenträger, um so das Eigengewicht des Werktisches und damit seine Standfestigkeit zu erhöhen. Man kann aber auch eine Arbeitsplatte paßgenau in das Mauerwerk einlassen und vorne mit zwei einzelnen Beinen stützen.

Eine Mischung aus Arbeitstisch und Einspannvorrichtung ist die außerordentlich vielseitige, zusammenklappbare und leicht transportierbare Workmate 2000 von Black & Decker (Abb. 2 bis 7). Andere, sehr praktische Einspannvorrichtungen sind der Jobber von Black & Decker (Abb. 8) und ein Einspanngerät von Bosch (Abb. 9), das mit wenigen Handgriffen auf einer Tischplatte befestigt werden kann.

Aus zwei Holzböcken mit einer Spanplatte oder einer Bohle darauf kann sofort überall ein zusätzlicher Arbeitstisch gebaut werden, der eine erstaunlich hohe Standfestigkeit bekommt, wenn man die Tischplatte mit Zwingen an den Böcken befestigt (Abb. 10).

Zum Werktisch gehört auch ein stabiler, standfester Hocker, besser mit vier als mit drei Beinen.

Beleuchtung und Belüftung

Die Werkstatt braucht ein Fenster nach außen, durch das genügend Tageslicht in den Raum kommt und das zum Lüften geöffnet werden kann, damit in der Werkstatt keine gesundheitsschädlichen Konzentrationen von Staub, Lösungsmitteln und Lackdämpfen entstehen können. Über den Werktisch gehört eine Deckenlampe, die zumindest diesen Arbeitsplatz gut ausleuchtet. Zusätzlich sollten robuste Werkstattleuchten zur Verfügung stehen, die sich überall dort aufhängen, hinstellen oder hinlegen lassen, wo eine zusätzliche Lichtquelle benötigt wird (Abb. 11).

Mehrere Steckdosen sind hierzu nützlich. Sie sollten so installiert werden, daß man nicht ständig über Kabel am Boden stolpert, also z. B. unmittelbar am oder hinter dem Werktisch. Dabei ist zu prüfen, ob die vorhandenen elektrischen Leitungen stark genug für die beabsichtigte Inanspruchnahme sind,

17

8

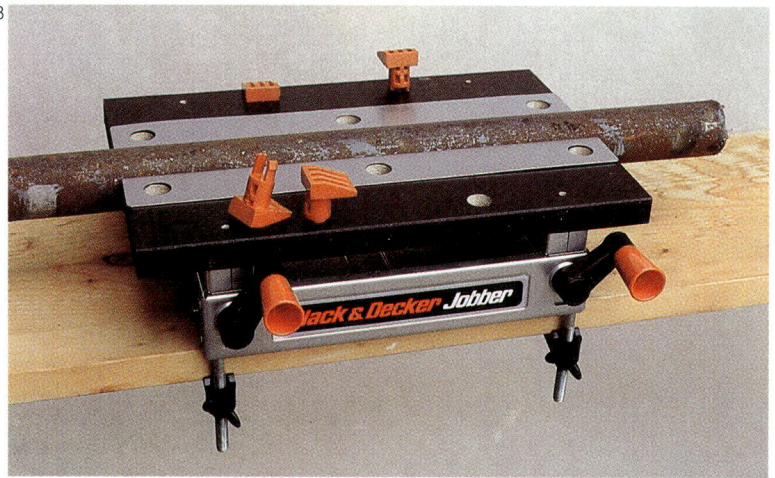

9

10

8 *Der Jobber von Black & Decker. Ein bewährter kleiner Arbeitstisch mit Einspannmöglichkeiten zum Festschrauben an einer Tischplatte.*

9 *Ein mobiles, stabiles und pfiffiges Einspanngerät zum Festhalten von Gegenständen aller Art mit Rohrspannbacken, kunststoffbeschichteten Spannbacken für empfindliche Werkstücke, mit Drehbank für Teile, die während der Arbeit gedreht werden müssen, mit einem Schwenktisch (Bosch).*

10 *Beschläge zum Bau eines Bockes in beliebiger Höhe und Breite (Klippex).*

11 *Robuste Werkstattlampen.*

oder neue Leitungen gelegt werden müssen.

Lärm und Schmutz

Handwerkliche Arbeiten verursachen durch die Verwendung von Handwerkszeug und den Einsatz von Maschinen oft erheblichen Lärm. Eine Schalldämmung des Werkstattraumes verhindert, daß die Arbeitsgeräusche durch das ganze Haus dringen (s. Seite 98).
Ein kräftiger Staubsauger (Abb. 12) gehört in jede Werkstatt, um den Schmutz unter Kontrolle zu halten, der schädlich für die Werkzeuge ist und die Sicherheit und Gesundheit der Menschen in der Werkstatt gefährdet.

Mit Reinigungstüchern, z.B. von Molto, kann praktisch jeder Schmutz beseitigt werden, Lacke ebenso wie Schmiere, Teer und Harz.
Ein nicht zu kleiner Abfalleimer für krumme Nägel, Glasscherben, leere Dosen usw. sollte seinen festen Platz in der Werkstatt haben.

Heizung und Wasser

Beides ist in einer Werkstatt nicht unbedingt notwendig, jedoch durchaus wünschenswert, und zwar nicht nur für das Wohlbefinden der Menschen. Für eine Hobelbank oder bei der Lagerung von Holz z.B. sind eine einigermaßen gleichbleibende Raumtemperatur und Luftfeuchtigkeit erforderlich. Zum Abschrecken von glühendem Metall, zum Auswaschen eines Pinsels oder beim Anrühren von Gips benötigt man Wasser. Wenn in einer Werkstatt Farben und Kleber in größeren Mengen verarbeitet werden, sind Öfen mit offener Flamme sowie Heizstrahler verboten.

Sicherheit

In jeder Werkstatt sollte ein Feuerlöscher griffbereit sein (Abb. 13), und man muß natürlich auch Bescheid wissen, wie man im Ernstfall damit umgeht. Das ist durchaus nicht übertriebene Vorsicht, denn was sich an Material und Abfällen in einer Werkstatt ansammelt, ist viel »brisanter«, als man allgemein annimmt. Funkenflug und Schweißspritzer lassen sich bei manchen Arbeiten nicht vermeiden, und wer raucht, schafft zusätzliche Gefahrenquellen.

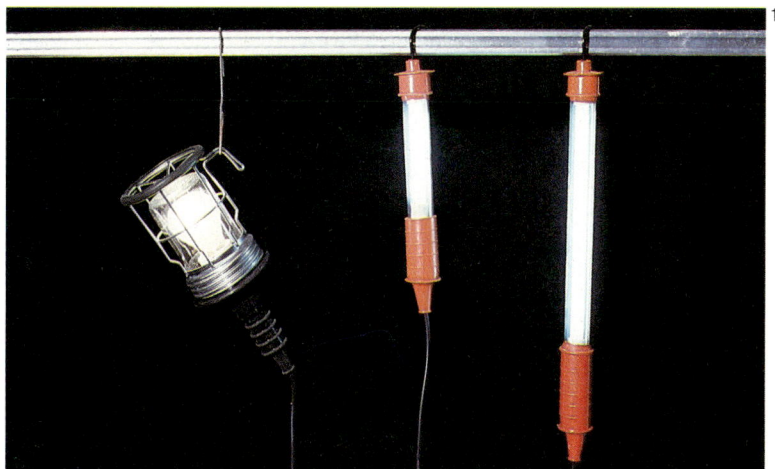

11

19

Zu empfehlen sind auch Feuerlösch-decken, mit denen man ein bereits aus-gebrochenes Feuer erstickt; sie sind bei Vertriebsfirmen für Löt- und Schweißtechnik (z. B. Metallex) erhält-lich.

Zweckmäßig ist das Einrichten einer Notapotheke sowie ein Erste-Hilfe-Leit-faden für Sofortmaßnahmen bei Arbeits-unfällen.

Das Werkzeug

Die Werkzeuge, die für den Heimwerker in Betracht kommen, kann man nach der Kraft, die in dem Werkzeug zur An-wendung kommt, in drei Gruppen auf-teilen: die Elektro-, die Druckluft- und die reinen Handwerkszeuge. Für welche Werkzeuge man sich entscheidet, hängt von vielen Gesichtspunkten ab, die gründlich bedacht und gegeneinander abgewogen werden müssen:

- Was kostet die Anschaffung des Werkzeugs?
- Wie oft wird das Werkzeug voraus-sichtlich benötigt?
- Will man ein Wegwerf- oder ein Quali-tätswerkzeug?
- Welchen Aufwand bringen der Ge-brauch und die Pflege des Werkzeugs mit sich?
- Wie gut kann man mit einem be-stimmten Werkzeug umgehen?
- Welche Ansprüche stellt man an das Ergebnis des eigenen Heimwerkens?

Elektrowerkzeug
Die Elektrowerkzeuge der verschiede-nen Markenfirmen auf dem Heimwerker-sektor sind in Leistung und Preis ver-gleichbar. Der technische Vorsprung ei-nes Gerätes wird in der Regel nach längstens zwei bis drei Jahren von den Konkurrenzfirmen aufgeholt. Bekannte Firmen, die Elektrowerkzeuge für den Heimwerker herstellen, sind u.a. AEG, Black & Decker, Bosch, Holzher, Meta-bo oder Skil.

Das Angebot an Elektrowerkzeugen ist in den letzten zwanzig Jahren erstaun-lich gewachsen. Dabei sind die Preise durchaus günstig; so kann man eine leistungsfähige Bohrmaschine heute schon unter 100 DM bekommen. Diese Entwicklung hat dazu geführt, daß die Nachfrage nach Zusatz- oder Vorsatz-

geräten für Bohrmaschinen zurückge-gangen ist und diese Geräte vermutlich allmählich vom Markt verschwinden werden. Mit wenigen Ausnahmen sind sie daher in diesem Buch auch nicht vertreten. Erfreulicherweise statten im-mer mehr Firmen ihre Elektrowerkzeuge mit Staubfang- bzw. Staubsaugvor-richtungen aus.

Die Bohrmaschine ist das wichtigste Elektrowerkzeug des Heimwerkers. An-gesichts der zahlreichen Verwendungs-möglichkeiten einer Bohrmaschine ist es unmöglich, hier eine optimale Emp-fehlung zu geben: Je stärker die Lei-stung, desto schwerer und teurer ist die Maschine; je mehr Elektronik, desto größer zwar der Bedienungskomfort, desto geringer aber auch die Robust-heit der Maschine. Es ist also zu überle-gen, ob man sich eine kleine, leichte und preisgünstige Bohrmaschine mit Rechts-Links-Lauf für leichtere Holzar-beiten anschafft, und zusätzlich eine technisch hochentwickelte Schlagbohr-maschine mit moderner Elektronik (Abb. 14). Diese Maschine verfügt über eine Drehmomentvorwahl für unter-schiedliche Belastungen durch den Werkstoff – läuft also ganz sanft an – und eine automatische Abschaltung bei Überlastung.

Lange Kabel an Elektrowerkzeugen er-weitern zwar den Aktionsradius, sind aber auch oft im Weg und wirken wie gefährliche Fußangeln. Mit Spiralkabeln, wie man sie vom Telefon kennt, läßt sich das weitgehend vermeiden. Ein etwa 60 cm langes Spiralkabel streckt sich auf vier Meter, ohne daß der Stecker aus der Dose rutscht.

Eine Neuentwicklung sind die kabello-sen, batteriebetriebenen Elektrowerk-zeuge (mit Ladegerät), die für eine Ein-satzdauer von wenigen Stunden von der Steckdose unabhängig machen (Abb. 15). Die Abgabeleistung und der Einsatzbereich sind noch begrenzt, aber beim Holzinnenausbau z. B. bereits heute sinnvoll einzusetzen. Der kabello-se Bohrer von Black & Decker bohrt in Holz bis zu 10 mm und schraubt links und rechts.

Notstromaggregate machen ebenfalls vom Stromnetz unabhängig und liefern genügend Kraft – auch für die stärksten Elektrowerkzeuge und -haushaltsgeräte. Sie können deshalb auch bei einem Stromausfall für die Notbeleuchtung,

den Betrieb der Tiefkühltruhe, der Hei-zung usw. eingesetzt werden. Das Not-stromaggregat besteht aus einem Zwei-takt-, Viertakt- oder Dieselmotor, einem Generator, in dem die Umwandlung der Motorleistung in Elektrizität erfolgt, und einer Schaltautomatik. Es erzeugt Abga-se wie ein Auto, und es ist laut. Die Ab-gase müssen ins Freie geleitet werden, eine Schallisolierung ist möglich: das alles kostet aber zusätzlich Geld. Her-steller sind z. B. die Firmen Bosch und Endröss.

Für den Bastler und Modellbauer gibt es zweckmäßige kleine Elektrowerkzeu-ge. Die Firma Fohrmann liefert einen ausführlichen Katalog. Das Minitool Klein- und Heimwerkzeug mit 12 Volt von Häfele (Abb. 16) eignet sich zusätz-lich als Lehr- und Lernwerkzeug für Kin-der.

Unter Kosten-Nutzen-Gesichtspunkten ist zu überlegen, ob man sich anstelle eines Elektrowerkzeuges nicht besser für ein entsprechendes Handwerkszeug entscheidet. Bevor sich eine elektrische Stichsäge amortisiert, müssen viele Ar-beitsstunden eingesetzt werden – ab-gesehen von den zusätzlichen Kosten für Sägeblätter. Kommt die Stichsäge also insgesamt vielleicht nur drei bis vier Stunden im Jahr zum Einsatz, lohnt sich doch wohl die Benutzung einer Handsäge, auch wenn das Sägen et-was länger dauert.

Die Elektrowerkzeuge für den Heimwer-ker unterscheiden sich von den profes-sionellen Elektrowerkzeugen für den gewerblich tätigen Handwerker nicht so sehr durch ihre Leistung, sondern vor allem durch die geringere Standzeit, d. h., sie sind schneller defekt. Hier muß jedoch bedacht werden, daß der Heim-

12 *Ein Industriestaubsauger für nassen und trockenen Schmutz (Holzher).*

13 *Griffbereiter Feuerlöscher (Bavaria).*

14 *Bohrmaschinen: Eine kleine, leichte mit Rechts-Links-Lauf und eine große elektronische Schlagbohrma-schine (Metabo, AEG).*

15 *Eine kabellose Bohrmaschine mit Ladegerät (Black & Decker).*

16 *12-Volt-Werkzeuge (Häfele).*

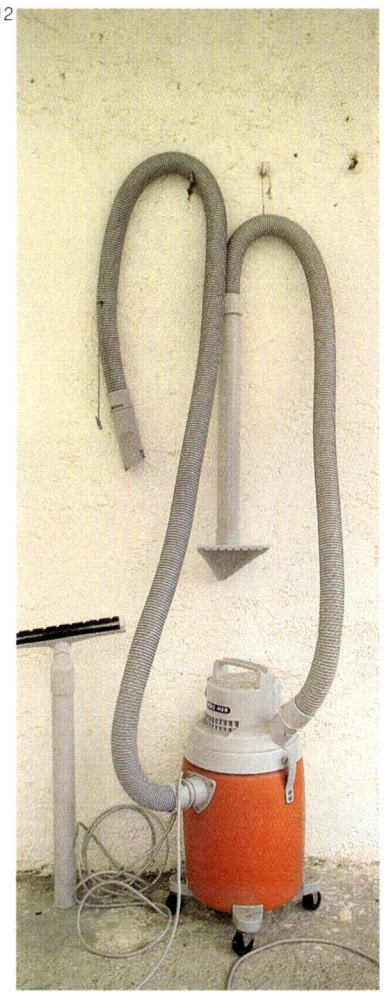

werker seine Bohrmaschine oder Kreissäge auch weniger einsetzt als der gewerbliche Handwerker.

Druckluftwerkzeuge

Druckluftwerkzeuge sind professionelle Werkzeuge und manchem Elektrowerkzeug deshalb überlegen, weil ein Kompressor einfach mehr Kraft liefert als eine Steckdose mit 220 Volt. Und das ist auch der entscheidende Nachteil für den Heimwerker: Es geht nicht ohne Druckluft, und die steht in einem Haushalt nicht zur Verfügung.

Mit dem Kauf des ersten Druckluftwerkzeugs ist notwendigerweise auch die Anschaffung eines Kompressors verbunden, eines Elektromotors, der Druckluft erzeugt (Abb. 17). Inzwischen werden auch Kompressoren speziell für den Heimwerker angeboten, darunter aber auch viel »Spielzeug«. Ein Kompressor sollte eine Motorleistung nicht unter 1,5 kW und einen Druckluftbehälter von mindestens 40 bis 50 Liter haben. Dazu ist eine Stromleitung von 220 V/16 A oder gar Drehstrom mit 380 V erforderlich.

Im Heimwerkerbereich können Druckluftwerkzeuge sehr vielseitig eingesetzt und verwendet werden, z. B. als:

- Farbspritzpistole für alle Anstrichmittel (sie ist der elektrischen Farbspritzpistole überlegen);
- Sprühpistole zum Kalken, zum Versprühen von Schädlingsbekämpfungsmitteln usw.;
- Ausblaspistole zum Säubern oder Ausblasen von Werkzeug, Filtern, Leitungen usw.;
- Strahlpistole zum Sandstrahlen zur Entfernung von Rost und alten Anstrichen;
- Reifenfüllmeßgerät zum Füllen, Messen und Ablassen des Reifendrucks bei Fahrzeugen aller Art;
- Hohlraumversiegelungs- und Unterbodenschutzpistole zur Bekämpfung von Rost am PKW;
- Heftklammer- und Nagelgerät beim Innenausbau und Polstern;
- Meißelhammer für Blech, Meißelhammer für Putz und Stein, Bohrer, Schrauber, Nadelabklopfer, Vibrationsschleifer, Tellerschleifer, Winkelschleifer, Blechschere, Blechknabber usw. – in den unterschiedlichsten Ausführungen für praktisch jeden Zweck.

Hersteller von Kompressoren sind die Firmen ARA, Bauer, Boge, Kaeser, Schneider und Wittmann.

Handwerkszeug

Beim Handwerkszeug gibt es im Unterschied zu den Elektro- und Druckluftwerkzeugen ganz erhebliche Qualitätsunterschiede. Was gerade in Heimwerkermärkten an Werkzeug angeboten wird, ist mitunter von minderwertigster Qualität und als Werkzeug schlichtweg unbrauchbar. Da gibt man z. B. für eine Reihe von Werkzeugen etwa 100 DM aus und freut sich, daß man im Verhält-

17 *Bewährte Kompressoren (Boge, Bauer).*

nis zum Markenwerkzeug aus dem Fachhandel 150 DM gespart hat. Zu Hause stellt sich jedoch heraus, daß es qualitätsmäßig schlechtes Werkzeug ist, das schnell stumpf wird, bei dem die Kunststoffgriffe brechen, sich der Schraubendreher verbiegt, die Zange klemmt, das Maßband ungenau ist, usw. Mit schlechtem Werkzeug zu arbeiten macht nicht nur keinen Spaß, mit solchem Werkzeug kann auch keine gute handwerkliche Leistung erbracht werden. Im Endeffekt kommt der Kauf von Billig-Werkzeug teurer.

Nicht unbedingt zu empfehlen ist die Anschaffung eines komplett eingerichteten Werkzeugschranks; dabei wird zum Teil Werkzeug mitgekauft, das man nie benutzt. Sinnvoll ist es zu entschei-

den, mit welchen Schraubenstärken man bevorzugt arbeiten will, um sich die entsprechenden Größen an Schraubendrehern, Bohrern, Dübeln u.a. zuzulegen, also ein aufeinander abgestimmtes Sortiment von Werkzeug und Kleinmaterial.

Qualitätsmerkmale

Die Standzeit eines Werkzeugs gibt an, wie lange ein Werkzeug einwandfrei benutzt werden kann. Das ist entscheidend von der Qualität der verwendeten Werkstoffe abhängig. Die Herstellung und Bearbeitung solcher qualitativ hochwertiger Werkstoffe ist allerdings auch entsprechend teurer. Ein Beispiel: Die meisten Spiralbohrer bestehen lediglich an der Spitze aus Hochlei-

stungsstahl. Ist der Bohrer einmal stumpf, kann er zwar nachgeschliffen werden, da aber der Stahl unterhalb der Spitze viel weicher ist, wird die neue Schneide sehr bald wieder stumpf, die Schleifarbeit lohnt sich gar nicht mehr. Demgegenüber bestehen Qualitätsbohrer entweder insgesamt aus hochwertigem Werkzeugstahl, der auch nachgeschliffen die gleiche Standzeit hat wie die originalgeschliffene Bohrerspitze, oder die Schneide ist hartmetallbestückt. Hartmetallbestückte Schneiden können zwar nicht nachgeschliffen werden, erhöhen aber ebenfalls die Verschleißfestigkeit. Die verschiedenen Arten von Hartmetall sind durch Kennfarben – blau = P, gelb = M und rot = K – und durch Ziffern – 01, 10, 20, 30 und 40

– gekennzeichnet, die in Qualitätswerkzeuge eingeprägt sind. Je höher die Zahl, desto größer die Zähigkeit und desto geringer die Verschleißfestigkeit. Als Faustregel gilt: Für die Bearbeitung von Holz, Holzwerkstoffen und NE-Metallen benützt man K30 und K40, für Kunststoff K10, für den üblichen Baustahl K30 sowie P- und M-Sorten.

Das Bundesministerium für Wirtschaft zeichnet jährlich Handwerkszeug mit dem Bundespreis »gute Form« aus, wenn alle Teile eines Werkzeugs von gleich guter Qualität sind, das Werkzeug funktionsgerecht und der menschlichen Anatomie angepaßt konstruiert ist und zugleich eine ästhetisch ansprechende Form besitzt.

Viele Werkzeuge sind bereits von der

17

Verbraucherzeitschrift »test« geprüft worden. Vor dem Kauf eines Werkzeugs sollte man sich in dieser Zeitschrift informieren bzw. Anfragen an die Redaktion stellen (siehe Seite 536).

Sägeblätter, Scheren und Zangen, die matt schwarz, grau oder hellblau aussehen, sind mit Kunststoff beschichtet (mit Teflon, dem weiterentwickelten Teflon S oder Hostaflon). Dadurch verringert sich der Reibungswiderstand, und es muß sehr viel weniger Kraft aufgewendet werden (beim Test mit einer Gartenschere ergaben sich 30% Kraftersparnis). Die Antihaftwirkung verhindert außerdem, daß Kleister, Harz oder Pflanzensäfte die Schneiden bzw. Sägeblätter verkleben; überdies schützt die Beschichtung das Werkzeug vor Rost.

Die Entscheidung für Qualitätswerkzeug schützt auch die Gesundheit: In Bayern wurden rund 18000 Heimwerker-, Sport- und Haushaltsgeräte dahingehend begutachtet, ob sie ohne Schaden für Leib und Leben verwendet werden können. Rund 3400 Geräte wurden beanstandet. Daraus kann man nur den Schluß ziehen: Jedes Werkzeug vor dem Kauf mit wachem und kritischem Verstand prüfen. Eine gute Einkaufsquelle nach Katalog ist der Versandhandel Westfalia, eine Firma, die seit mehr als 60 Jahren Werkzeug von Markenfirmen verkauft.

Geliehenes und gebrauchtes Werkzeug

Wer seine Wohnung renovieren will und mit Ausnahme von Alltagsreparaturen die nächsten Jahre nicht vor hat, sich als Heimwerker zu betätigen, kann dadurch Geld sparen, daß er sich das Werkzeug in einer Werkzeughandlung leiht. Leih- und Vorführwerkzeuge werden von den Firmen häufig auch sehr preisgünstig verkauft.

Der Umgang mit Werkzeug

Es erscheint selbstverständlich, daß ein Werkzeug nur seiner Bestimmung gemäß eingesetzt wird; die Wirklichkeit jedoch sieht oft anders aus: Da werden viel zu kleine Schraubendreher für große Schrauben verwendet, so daß sie sich verbiegen oder abbrechen; Stechbeitel werden als Nagelheber benutzt mit der Folge, daß Teile der Schneide ausbrechen; mit Metallbohrern werden Löcher in Ziegel gebohrt. Auf diese

Weise wird das beste Werkzeug ziemlich schnell ruiniert. Das kostet alles viel Geld und bringt Verdruß.

Mit hartmetallbestücktem Werkzeug wird in der Regel zu schnell gebohrt und gesägt, so daß sich das Werkzeug vorschnell abnutzt. Je härter der Werkstoff ist, desto geringer sollte die Bohrgeschwindigkeit sein. Hartmetall ist wegen seiner Sprödigkeit auch sehr empfindlich gegen Stoß, Schlag und Druck. Hartmetallwerkzeug kann bereits beim Fallen vom Werktisch auf einen Betonfußboden beschädigt werden.

Der unsachgemäße Umgang mit Werkzeug bringt jedoch auch erhebliche Gefahren für die eigene Gesundheit und die Gesundheit anderer mit sich. Bevor ein Schreinerlehrling an die Kreissäge darf, sollte er durch einen erfahrenen Meister oder Gesellen eine gründliche Ausbildung und praktische Anleitung an dieser Maschine erhalten. Sicherheitsvorschriften werden sehr oft auch von Heimwerkern sträflich vernachlässigt. Tausende von Unfällen im Heimwerkerbereich zeugen jedes Jahr davon. Durch den allzu sorglosen Umgang mit Werkzeugen und chemischen Stoffen gab es laut Angaben in der Bundesrepublik 7200 Tote und rund 2 Millionen Verletzte. Allein in München starben mehr als 150 Menschen an den Folgen von Bastel- und Freizeitunfällen.

Gefährlich sind vor allem diejenigen Maschinen, denen das Werkstück mit den Händen zugeführt werden muß. Dabei kommen die Hände dem Sägeblatt oder dem Bohrer sehr nahe. Hier hilft nur die strikte Beachtung der Gebrauchsanleitung – die man natürlich vor dem Gebrauch einmal gründlich studiert haben muß – und die Benutzung der Schutzvorrichtungen, bei der Kreissäge z.B. die Schutzhaube, statt diese beim Brennholzsägen abzumontieren.

Eine weitere häufige Gefahrenquelle ist die Benutzung schadhaften Werkzeugs, beispielsweise einer Maschine mit schadhaftem Kabel (geradezu lebensgefährlich bei der Benutzung im Freien bei feuchtem Wetter), oder eines Hammers mit einem lockeren Kopf, der dann als 500 g schweres Geschoß durch die Werkstatt saust, oder eines Meißels mit Bart, von dem abspringende Metallstücke ins Auge treffen oder an dem man sich die Hände aufreißt.

Werkzeugpflege

Zur Werkzeugpflege gehören die Rostbekämpfung, das Schärfen der Schneide, das Reinigen, die Inspektion und Wartung der Elektrowerkzeuge sowie die Instandhaltung der Werkzeuggriffe.

Rostbekämpfung und Schärfen der Schneide: Diese Maßnahmen werden im Kapitel »Anstriche« auf Seite 128 und im Kapitel »Metall« auf Seite 255 beschrieben.

Reinigen des Werkzeugs: Bei der üblichen Reinigung des Werkzeugs unmittelbar nach dem Gebrauch wird zwar der grobe Schmutz beseitigt, das genügt jedoch nicht. Wenn das Werkzeug seine volle Leistungsfähigkeit möglichst lange behalten soll, ist in mehr oder weniger großen Zeitabständen – je nach Beanspruchung des Werkzeugs – eine gründliche Reinigung mit Spezialreinigungsmitteln erforderlich. Bei der Be- und Verarbeitung von Massivholz, Holzwerkstoffen und Kunststoffen bilden sich harte Beläge aus Harz, Leim, Lignin u.ä., die infolge zunehmender Reibungswärme immer schneller wachsen. Das läßt sich mit einem Universalreiniger entfernen. Im gewerblichen Handwerk verwendet man für das Reinigen und den Rostschutz spezielle Werkzeugpflegebäder, die in größeren Mengen sehr preisgünstig zu kaufen sind. Bewegliche Teile pflegt man mit einem Universalöl wie z.B. Caramba, das zugleich als Rostlöser, Korrosionsschutz und Metallpflegemittel eingesetzt werden kann und außerdem noch als Kontaktspray für Elektrizität. Eine kleine Ölkanne mit Pumpe und Spritzrohr macht es möglich, Öl an jede noch so verborgene Stelle zu bringen. Ein Hochleistungsfett wie Molykote dient zum Einfetten aller beweglichen Teile. Es behält seine Schmierfähigkeit bei Temperaturen von minus 30° bis plus 130°C.

Farbspritzpistole und Pinsel reinigt man entweder mit einem speziellen Pinselreiniger oder einem Universalreiniger. Wird der Reiniger nach jeder Benutzung weggeschüttet, kommt das sehr teuer. Man kann den benutzten Reiniger in einem Schraubglas aufbewahren und warten, bis sich die Schwebstoffe am Boden abgesetzt haben, dann den Reiniger darüber abgießen und weiter verwenden. Man spart auch Reiniger, indem man den Pinsel voller Farbe mehrere Male in die Reinigungslösung nur eintaucht, sich vollsaugen läßt und dann den Pinsel auf Zeitungspapier ausstreicht. So kommt die meiste Farbe aufs Papier und nicht in den Reiniger. Die ausgewaschenen Pinsel müssen gut getrocknet werden (aufhängen oder so hinlegen, daß die Pinselhaare über die Tischkante reichen).

Feilen werden mit der Messingbürste gereinigt, die Zangenzähne mit der Dreikantfeile nachgefeilt, der Bart am Meißel abgefeilt.

Inspektion und Wartung der Elektrowerkzeuge: Bei allen Elektrowerkzeugen, bei deren Einsatz Staub entsteht wie bei Bohrmaschinen, Bandschleifer und Hobel, setzt sich trotz Schutzgehäuse im Inneren der Geräte feinster klebriger Staub ab. Zur Pflege des Werkzeugs muß man die Schutzkappe abnehmen und den Staub mit einem Pinsel bzw. einer Messingbürste entfernen (siehe Abb. 19).

Mit einer Gehäusedichtmasse (Teroson) läßt sich das Gehäuse staubfrei abdichten.

Holz- und Steinstaub sind der Feind des Bohrfutters. Wenn sich die Spannbacken nicht mehr leicht verstellen lassen, braucht das Bohrfutter ein mehrstündiges Petroleumbad. Dabei wird das Spannfutter mehrmals auf- und zugedreht. Wie man das Bohrfutter löst, zeigt die Abbildung 18.

Die Kohlebürsten (Abb. 19) müssen je nach Gerät nach ca. 100 bis 200 Betriebsstunden ausgewechselt werden. Einzelheiten sind in den jeweiligen Bedienungsanleitungen nachzulesen.

Beim Schwingschleifer nützt sich zuerst der Moosgummibelag ab. Der Gummibelag wird vorsichtig abgezogen, der alte Kleber mit einem Universalverdünner gelöst und mit einem Spachtel behutsam von der Schleifplatte abgestreift. Dann wird der neue Belag mit einem

18 *Lösen des Bohrfutters: Mit einem Gabelschlüssel zwischen Bohrfutter und Bohrmaschine wird die Spindel festgehalten. Auf den angesteckten Zahnkranzschlüssel schlägt man mit einem Plastikhammer leicht gegen den Uhrzeigersinn.*

19 *Das Innere einer Bohrmaschine (AEG), links oben eine ausgebaute Kohlebürste.*

18

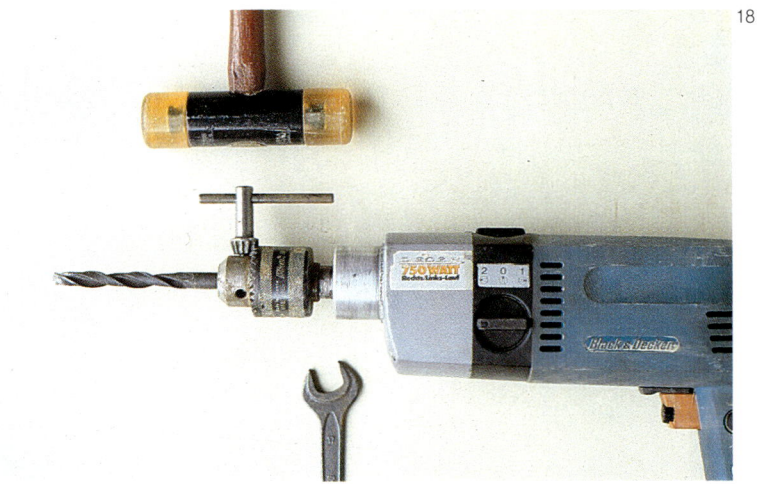

19

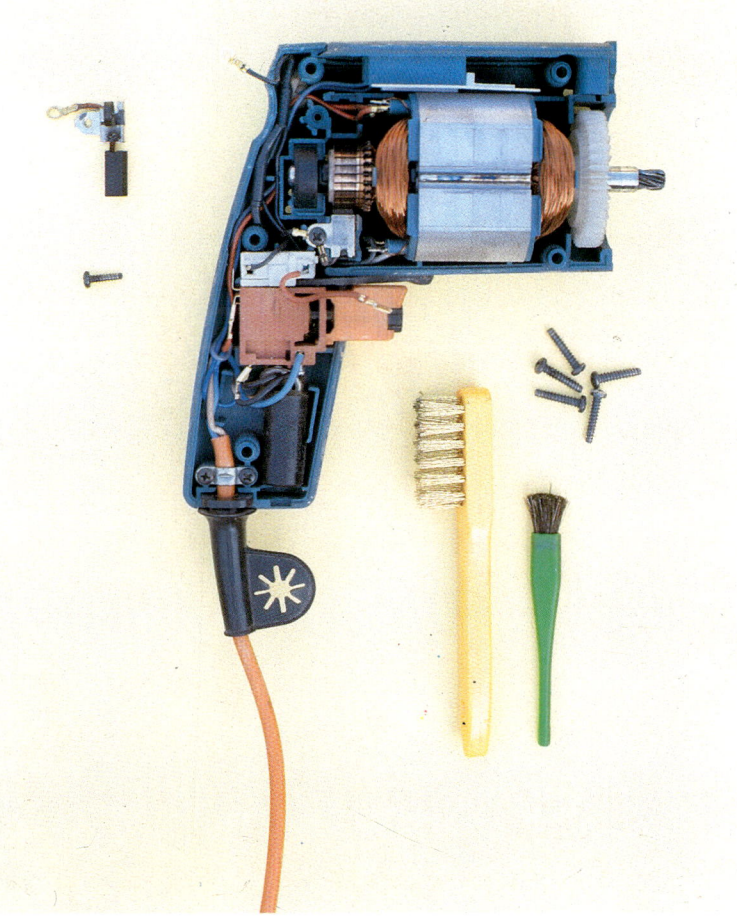

Kleber aufgeklebt, dessen Reste sich später wieder ablösen lassen.

Gummiteile werden nach dem Reinigen mit Talkum gepudert.

Instandhaltung von Werkzeuggriffen: Gebrochene Werkzeugstiele ersetzt man am besten durch neue. Hammer-, Beil- und Axtstiele gibt es in verschiedenen Stärken. Beim Kauf ist darauf zu achten, daß die Maserung parallel zum Stiel verläuft, sonst erhöht sich die Bruchgefahr. Besonders zu empfehlen sind die bruchsicheren Werkzeugstiele der Firma Friweg aus präpariertem Buchenholz, die sich unter starker Belastung biegen und nicht brechen. Wie ein neuer oder ein lockerer Stiel eingesetzt wird, zeigen die Abbildungen 20 und 21 (siehe auch S. 170 und 228).

Unlackierte Holzstiele und Holzarbeitsplatten werden mit heißem Leinöl satt eingelassen und das überschüssige Öl mit einem Lappen abgewischt. Natürlich kann so behandeltes Holz später nicht mehr lackiert werden.

Aufbewahrung von Werkzeug und Material

Werkzeug, einfach in eine Kiste geworfen, wird erstens stumpf und scharfig, außerdem besteht die Gefahr einer Verletzung, wenn man in eine solche Kiste hineingreift, und zum dritten vertut man immer wieder Zeit, um das Werkzeug zu finden, das man gerade braucht.

Im Idealfall hat jedes Werkzeug seinen festen Platz, liegt, hängt oder steckt griffbereit an einem trockenen und

20 *Das Befestigen eines Hammerkopfes auf dem Stiel:*
   1 *Der Spalt ist falsch, er muß diagonal eingesägt werden (2).*
   3 *Der Kopf wird nicht mit einem Gegenstand auf den Stiel geschlagen, sondern der Stiel kräftig auf eine harte Holzunterlage aufgestoßen.*
   4 *Der Keil wird in den Spalt hineingeschlagen, was übersteht, wird abgesägt.*

21 *Krallen und Ringe zum Zerteilen eines Stieles (Friweg, Westfalia).*

22 *Auf eine 19-mm-Spanplatte wird eine weiß beschichtete Hartfaserplatte genagelt. Die Umrisse der Werkzeuge sind aufgezeichnet, so daß man sofort sieht, welches Werkzeug noch unterwegs ist. Werkzeuge werden an Nägeln aufgehängt.*

23 *Ein gut sortierter Werkzeugschrank für die Holzbearbeitung (Ulmia). Die Zwingen hängen griffbereit und sortiert an einer Stange. In alten Kommoden und Schränken können Werkzeuge staubfrei aufbewahrt werden.*

24 *Für die Aufbewahrung von Bohrern, Durchschlägen, Austreibern und ähnlichen Werkzeugen verwendet man massive Holzklötze, in die Löcher gebohrt werden.*

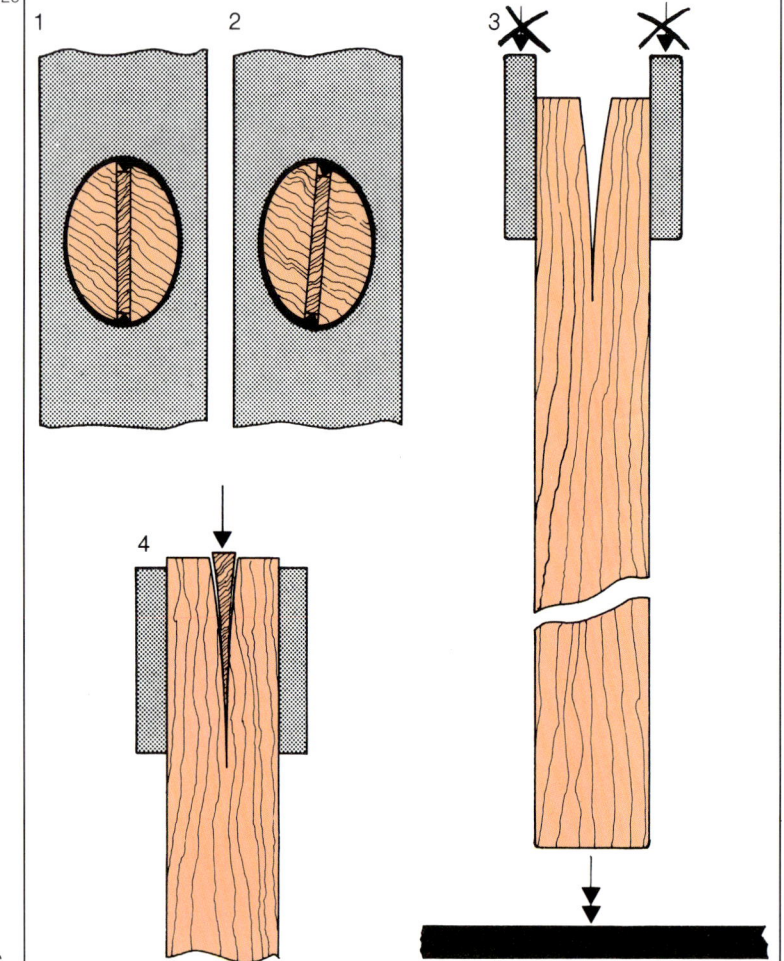

staubfreien Ort. Auch alte Schränke und Kommoden tun hier gute Dienste.

Die Abbildungen 22 bis 25 zeigen verschiedene Aufbewahrungsmöglichkeiten. Magnetleisten halten Messer und Scheren. Feilen werden aufgehängt oder einzeln gelegt, kleinere Feilen kann man in einer selbstgenähten Stofftasche zusammenwickeln. Kabel und Drähte hängt man an Kleiderhaken, einen Schlauch auf eine PKW-Felge, so daß er nicht abknicken kann.

Holzlatten und -stäbe, Regalstangen u.ä. lassen sich platzsparend unter der Decke in selbstgebogenen Trägern unterbringen.

Kleinmaterial wie Nägel, Schrauben, Muttern, Dübel, Niete oder Beilagscheiben sollte man gutsortiert aufbewahren,

um beim Suchen nicht jedesmal Zeit zu verlieren. Ein Mindestvorrat ist empfehlenswert. Für dieses Kleinmaterial gibt es Kästen, Schachteln, Schalen und Körbe in allen Größen, mit und ohne Schubfächer, stapelbar, oder zum an die Wand hängen (Abb. 25 und 26). Für Schubläden empfehlen sich Einsätze mit Unterteilungen nach dem persönlichen Bedarf. Praktisch für die Aufbewahrung von Kleinmaterial ist auch ein Marmeladenglas: Man schraubt den Deckel des Glases unten an einem Brett fest und kann dann daran das Glas mit Inhalt anschrauben.

Werkzeug für den Alltag

Nachfolgend eine Vorschlagsliste zur Anschaffung von Handwerkszeug für

Reparaturen – ausgenommen Elektrowerkzeuge – zum Preis von insgesamt 600 bis 900 DM, je nach Qualität, Anzahl und Größen bestimmter Werkzeuge: Zollstock, Winkel mit Anschlag, Wasserwaage, Schlosserhammer mit 300 Gramm, zusätzlich mit 100 und 500 g, Kombizange, Kneifzange, Rohrzange, ergänzend noch eine große Eckrohrzange, Schraubendreher für Schlitz- und Kreuzschrauben in drei Größen, ein Satz Gabel- und Ringschlüssel kombiniert, ein Satz Innensechskantschlüssel, Handbohrmaschine mit Stein- und Spiralbohrern zwischen drei und zehn Millimeter, ein kleiner Handbohrer, Handschlagdübelgerät, ein schmaler und ein breiter Maler- oder Maurerspachtel, Gipsgummibecher, mehrere Schraub-

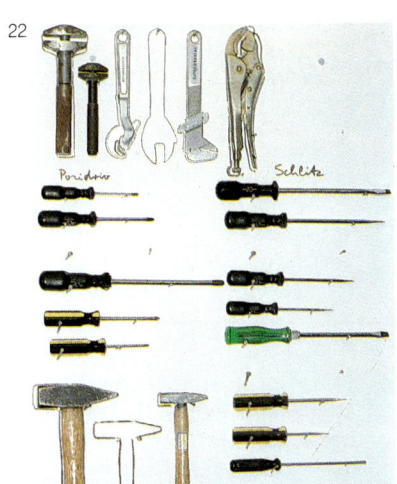

22

23

24

25 *Übersichtliche Aufbewahrung von Kleinmaterial: Oben: Lochplatte mit Haken für die handelsüblichen kleinen Schachteln zum Aufhängen, links: Wandregal mit herausklappbaren Schachteln verschiedener Größen, darunter: stapelbare Boxen, in der Mitte: ein Kasten mit vielen Fächern, der frei stehen, aber auch an der Wand befestigt werden kann, rechts: ein transportabler Werkzeugkasten.*

26 *Einsatz in einem Schubfach eines Werktisches für Schlosserarbeiten (Zelenka, siehe auch Titelfoto Seite 15).*

27 *Werkzeuggrundausstattung für den*

Alltag: Bohrmaschine mit einem Sortiment von Holz- und Steinbohrern, Spachteln, mittelschwerer Schlosserhammer und Flachmeißel, Nagelzieher, Eisensäge, Fuchsschwanz, Gliedermaßstab, Allzweckschlüssel, Teppichmesser, Taschenmesser, verschiedene Schraubendreher, Leistenzange, Rohrzange, Kombizange, Allzweckschere (u.a. Holzher, Lux, Stanley).

und Klemmzwingen, Durchschlag, Flachmeißel, Nagelzieher, Stromprüfer, Universalmesser mit Wechselklingen, Schere.
Speziell für Holz: Fuchsschwanz, Fein-

säge, ein schmaler, ein mittlerer und ein breiter Stechbeitel mit Holzhammer, Abziehstein, Schleifpapier verschiedener Körnung mit Schleifklotz.
Speziell für Metall: mehrere Feilen, flach, rund und dreikant mit Hieb 1, eine kleine Metallbügelsäge, Körner.
Speziell für Maurerarbeiten: Maurerkelle, Glättkelle, Lot.
An *Hilfsmitteln* werden benötigt: Isolierband, Alleskleber, Blumendraht, Rostlöser, ein Sortiment an Nägeln, Holz- und Metallschrauben verschiedener Stärke, Länge und Kopfform, Muttern, Beilagscheiben, Sprengringe, Dübel, Haken, Splinte, Schlauchklemmen, Dichtungsringe, Lüsterklemmen.
Abbildung 27 zeigt eine Werkzeuggrundausstattung für den Alltag.

Arbeitskleidung

Der entscheidende Aspekt für die Auswahl der Arbeitskleidung ist die eigene Sicherheit, der Schutz der eigenen Gesundheit. Außerdem schont sie die üblicherweise getragene Kleidung. Welche Arbeitskleidung man benötigt, hängt von der Art der Tätigkeit ab. Der Heimwerker ist oft versucht, auf die erforderliche Sicherheit zu verzichten, weil die Arbeit ja doch bloß eine Viertelstunde dauert – und deswegen sich extra umziehen? Ein Unfall ereignet sich in Sekundenschnelle und kann auch in der Viertelstunde passieren, die der Heimwerker mal schnell an die Kreissäge geht.

27

28

30

Qualität der Arbeitskleidung

Gute Arbeitskleidung besteht aus einem kräftigen, glatten, strapazierfähigen Stoff, an dem möglichst wenig hängen bleiben kann (Abb. 28). Die Ärmel müssen am Bund geschlossen sein (die Armbanduhr sollte man aber immer ablegen). Festes Schuhwerk mit einer rutschfesten Sohle ist für optimale Sicherheit unerläßlich. Beim Umgang mit grobem Material und vor allem beim Transport, schützen Arbeitshandschuhe (Abb. 29) die Hände vor Verletzungen, insbesondere vor Schnitten und Abschürfungen, aber auch vor aggressivem Schmutz.

Augenschutz: Unglaublicher Leichtsinn herrscht in bezug auf den Schutz der Augen. Die Unfallstatistiken der Augenkliniken beweisen das. Hier wäre schon viel gewonnen, wenn jeder eine Schutzbrille (Abb. 29) tragen würde, der mit einer Kreissäge oder mit einem Winkelschleifer arbeitet oder mit einem Schweißgerät. Dies gilt auch für Brillenträger. Die normale Brille bietet keinen ausreichenden Schutz, abgesehen davon, daß z. B. glühende Metallteilchen das Glas beschädigen können.

Gehörschutz: Bei Arbeiten mit elektrischen Werkzeugen, die meist einen erheblichen Lärm verursachen, ist ein Gehörschutz (Abb. 29) dringend zu empfehlen. Man wird ohne Gehörschutz zwar nicht von heute auf morgen taub,

29

28 *Eine Hosenkombination aus einem überzeugenden Programm für Arbeitskleidung für alle Zwecke (Snikkers).*

29 *Alles für den Arbeitsschutz: Schlaghelm mit Gehörschutz, Schutzbrille, Mund- und Nasenschutz, Arbeitshandschuhe (Westfalia).*

30–33 *Eine zusammenklappbare Leiter für viele Zwecke (Hailo).*

34–35 *Je zwei beliebige Holme können verlängert werden, so daß die Leiter auch auf Treppen und anderem ungleichen Untergrund sicher steht (Zeyher).*

36 *Eine frei stehende Seilzugleiter für große Höhen, die problemlos allein aufgestellt werden kann (Hailo).*

31

35

32

33

34

36

37 *Leiter zum Anlegen mit Abstands-halter zur Wand (Hailo).*

38 *Werkzeugablage und Haken zum Anhängen von Farbdosen (Hailo).*

39–40 *Frei stehende Haushaltsleitern (Zeyher).*

41 *Stufe zum Einhängen in eine Spros-se, gegen die Ermüdung der Bein-muskulatur bei langem Stehen (Hai-lo).*

42–43 *Ein Stuhl, der mit einem Hand-griff in eine kleine Standleiter ver-wandelt werden kann.*

44 *Kleiner Flaschenzug, mit dem bei*

entsprechend stabiler Befestigung auch schwerste Lasten gehoben und gezogen werden können.

das Gehör wird jedoch allmählich dau-erhaft geschädigt. Ein erheblicher Teil der Betroffenen ist schwerhörig, weil der Lärm im normalen Arbeitsalltag be-reits zu groß ist.

Schutz der Atmungsorgane: Bei allen Anstrich- und Schleifarbeiten ist auf den Schutz der Atmungsorgane zu achten, vor allem, wenn alte Anstriche entfernt werden sowie bei der Verwendung von Klebern in größerem Umfang – z.B. beim Verlegen von Linoleum. Auch hier fällt man nicht sofort vergiftet um, wenn man auf Mund- und Nasenschutz ver-

zichtet, aber man verhindert eben nicht, daß Giftstoffe in den Körper gelangen und sich dort ansammeln.

Arbeitskleidung kann auch zum *Aufbe-wahren von Werkzeug* dienen. In einer selbstgenähten Werkzeugschürze las-sen sich z.B. Nägel, ein Hammer, ein Zollstock und ein Bleistift unterbringen. Sie wird an einem Gürtel getragen. Wenn man zwei bis drei Pfund Eisen mit sich herumträgt, sollte die Schürze auch um den Hals getragen werden.

Man kann sich auch *Werkzeugtaschen* machen, die mit Hilfe von Druckknöpfen beliebig an der Arbeitskleidung befe-stigt und auch wieder abgenommen werden können. Die Firma Snickers hat solche Arbeitskleidung entwickelt (sie-he Abb. 28).

37

38

39

Leitern

Sie geben unentbehrliche Hilfestellung in der Werkstatt und in der Wohnung, für Arbeiten am Haus und im Garten. Die Leitern, die heute verkauft werden, bestehen fast alle aus Leichtmetall, also Aluminiumlegierungen. Infolge ihres geringen Gewichtes kann heute jeder solche Leitern handhaben und große Leitern auch allein aufstellen. Sie sind außerdem stabiler als die alten Holzleitern und von längerer Lebensdauer. Die Abbildungen 30 bis 43 zeigen das vielseitige Angebot an Leitern für jeden Zweck.

Man sollte nur eine Leiter kaufen, die TÜV-geprüft ist und das GS-Symbol für »Geprüfte Sicherheit« trägt.

Für den Umgang mit Leitern gilt: Sie brauchen einen festen Stand und dürfen nicht wackeln. Wenn nötig, muß ein ausreichend dickes und ausreichend großes Brett unter einen oder zwei Holme gelegt werden. Man sollte Leitern nie hinter unverschlossenen Türen aufstellen. Stufenstehleitern dürfen nicht als Anlegeleitern benutzt werden; sie gewähren keinen sicheren Stand.

Flaschenzüge

Selbst mit einem so kleinen Flaschenzug, wie er auf Abbildung 44 zu sehen ist, können schwerste Lasten gehoben oder gezogen werden.

Voraussetzung ist, daß man den Flaschenzug an einen entsprechend stabilen Haken oder Balken hängen kann, der die Last trägt.

Je mehr Umlenkrollen ein Flaschenzug hat, desto schwerere Lasten können mit der gleichen Kraft gehoben werden.

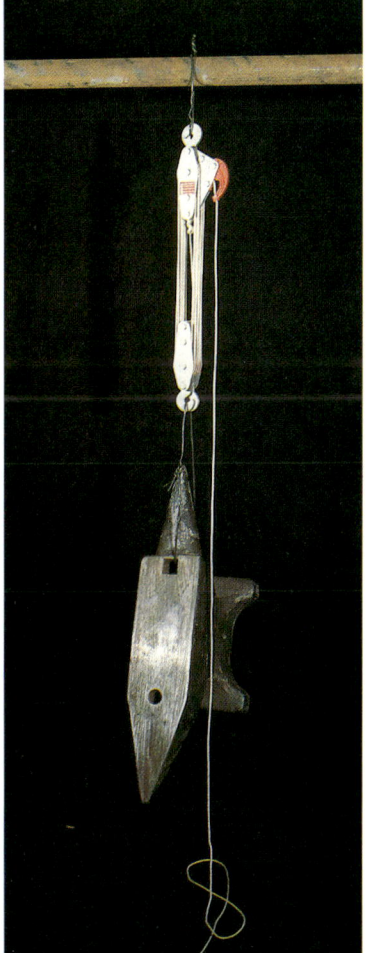

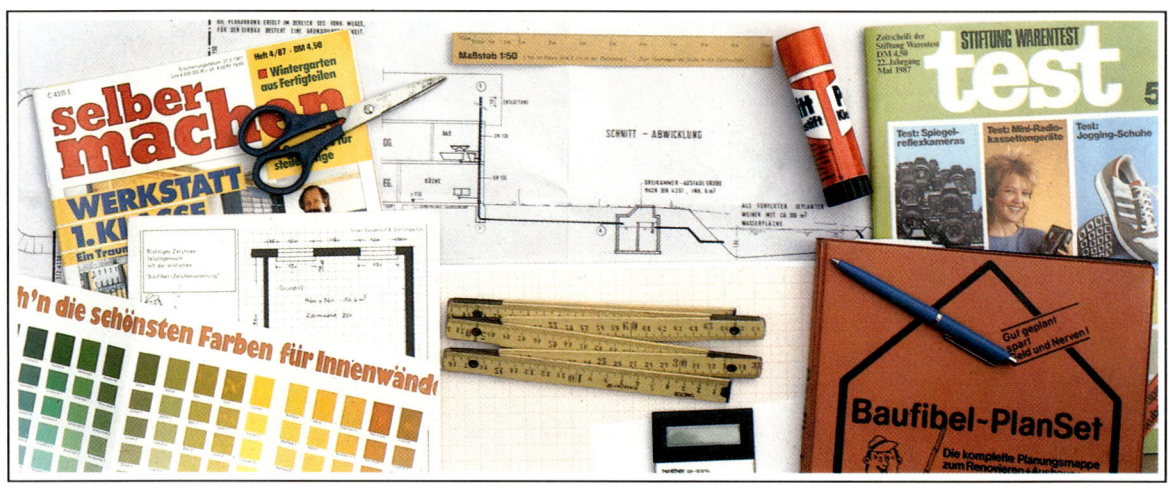

PLANEN UND ENTWERFEN

»Ja mach nur einen Plan und sei ein großes Licht und mach noch einen zweiten Plan, gehen tun sie beide nicht« (aus: »Die Dreigroschenoper«). Dieser Satz von Bert Brecht mag auf die Lebensplanung, die Außenpolitik und die Volkswirtschaft zutreffen – was der Heimwerker anpackt, sollte überschaubar sein und genau nach Plan ablaufen. Erfahrungen, wie sie in dem berüchtigten Spruch »dreimal abgesägt und immer noch zu kurz« zum Ausdruck kommen, lassen sich durch rechtzeitiges Planen vermeiden. Wer sich darüber hinwegsetzt, opfert seine Freizeit, gibt Geld aus, ohne daß etwas dabei herauskommt, und oft enden seine Bemühungen in totaler Enttäuschung.

Informationen darüber, ob das, was man machen möchte, auch erlaubt ist, finden Sie im Kapitel »Gesetzeskunde, Umweltschutz, Unfallverhütung«. Planungen, die speziell mit dem Hausbau zusammenhängen, werden im Kapitel »Rohbau« ab Seite 312 angesprochen.

Planen

Bei allen größeren Projekten ist es ratsam, sich mit der Planung Zeit zu lassen. Auch bei kleineren handwerklichen Arbeiten, die man z.B. an einem Wochenende erledigen möchte, lohnt sich eine genaue Planung. So vermeidet man, daß gerade die Kleinigkeiten vergessen werden, ohne die es aber nicht geht.

Planungsschritte

Der erste Schritt ist eine klare Aufgabenstellung: Was will man eigentlich machen, was will man erreichen? Wenn das geklärt ist, sollte man sich informieren, ob das Vorhaben auch erlaubt ist. Muß man als Mieter die Zustimmung des Vermieters einholen? Braucht man die Genehmigung einer Behörde?

Ist auch dieser Punkt erledigt, beginnt die detaillierte Planung: Was kann man handwerklich selbst machen? Steht dafür auch genügend Zeit zur Verfügung? Zeit für die Planung, den Materialeinkauf, für die eigentliche Arbeit? Ist das benötigte Werkzeug vorhanden? Kann man es leihen, muß man es kaufen, was kostet es? Stimmt die Kalkulation? Reicht das Geld für das Material, auch für die Qualität, die man wünscht? Hierbei ist zu beachten, daß man als Endabnehmer oft nicht preisgünstig im Großhandel einkaufen kann. Immer steht die Überlegung im Vordergrund, ob sich das Selbermachen im Verhältnis zum Angebot eines Handwerkers bzw. dem Ankauf eines fertigen Gegenstandes lohnt. Das spielt natürlich keine Rolle, wenn man etwas unabhängig von den Kosten macht, weil man Freude am Selbermachen hat.

Informationsquellen

Anregungen für den Heimwerker findet man in Zeitschriften (Seite 536) und Büchern, auf Handwerksmessen und in den beiden großen Bauzentren in Hamburg und München sowie in gewissem Umfang in den Baumärkten, die aber in erster Linie dem Verkauf und nicht der Information dienen.

Man kann die Hersteller anschreiben und sie um Informationen bitten, die meist bereitwillig erteilt werden. Natürlich handelt es sich bei den Herstellerinformationen um Werbematerial, das die eventuellen Nachteile des eigenen Produktes dezent verschweigt; es findet auch keine kritische Gegenüberstellung von Produkten gleicher Art statt. Ähnlich ist es mit Informationen, die die Fachverbände erteilen (Adressen siehe Anhang Seite 536). Gleichwohl kann man sich auf diese Weise eine gute Marktübersicht verschaffen.

Besondere Erwähnung verdient die Verbraucherzeitschrift »test« der Stiftung Warentest, die seit 1964 schon viele Werkzeuge, Materialien und Einrichtungsgegenstände getestet hat. Man kann auch beim Verlag nachfragen, ob ein bestimmtes Produkt bereits getestet wurde. Die Anschrift: Stiftung Warentest, Lützowplatz 11–13, Postfach 4141, 1000 Berlin 30. Ist eine bestimmte Ausgabe der Zeitschrift vergriffen, ist sie in jeder öffentlichen Bibliothek erhältlich.

Entscheidungshilfen bieten außerdem der »Blaue Engel«, das »GS«-Zeichen für geprüfte Sicherheit (Abb.1), das Gütesiegel »RAL« und das Prädikat »Werkgut«.

Die Auszeichnung »Blauer Engel« wird auf Vorschlag des Umweltbundesamtes für besonders umweltfreundliche Produkte verliehen. Der »Blaue Engel« ist das Umweltemblem der Vereinten Na-

tionen. Das Umweltbundesamt Bismarckplatz 1, 1000 Berlin 33 versendet die Liste aller damit ausgezeichneten Produkte.

Das »GS«-Prüfzeichen wird vom TÜV Bayern seit 1971 u.a. für Elektro- und Handwerkszeug, für Bastelgeräte, Leitern und Arbeitsmöbel, für Sicherheitsgeräte für Personen, für Haushaltsgeräte, Sportgeräte und Spielzeug und vieles mehr verliehen, wenn diese Werkzeuge und Geräte sicher gehandhabt werden können.

Das Gütezeichen »RAL« wird vom RAL Deutsches Institut für Gütesicherung und Kennzeichnung e. V. in Abstimmung mit den Spitzenverbänden der Wirtschaft und der Verbraucher sowie der zuständigen Bundesministerien verlie-

hen für Baustoffe aller Art, die bestimmten Qualitätsansprüchen genügen, die im wesentlichen von den Herstellern festgelegt worden sind. Umweltfreundlichkeit der Produkte steht hier noch nicht im Vordergrund.

Das Prädikat »Werkgut« wird vom Deutschen Werkbund Bayern solchen Produkten aus dem Bereich des Bauens zugesprochen, die in bezug auf die Qualität des verwendeten Materials, der

1 *Links das »GS«-Prüfzeichen des TÜV Bayern für geprüfte Sicherheit bei Werkzeug und Geräten, rechts der »Blaue Engel«, das Markenzeichen für besonders umweltfreundliche Produkte.*

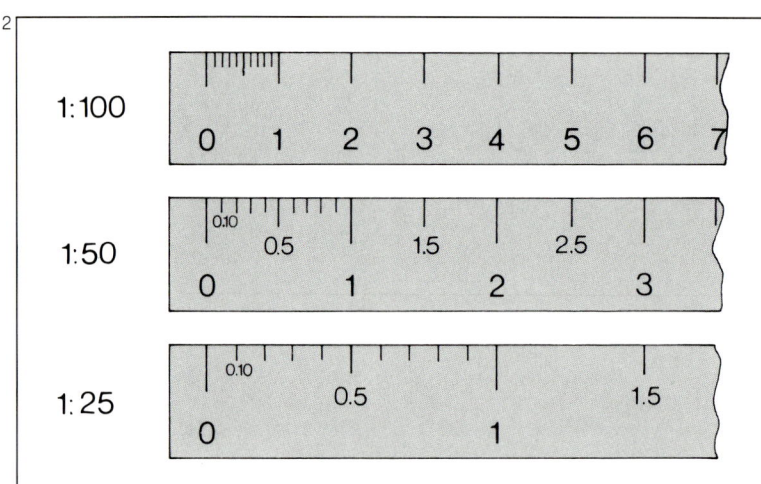

Verarbeitung, der Funktion, der Form und der richtigen Anwendung in der Landschaft vorbildlich sind. Die Liste der so ausgezeichneten Produkte, wie z.B. Bausteine, Dachpfannen, Türen und Fenster, ist über den Deutschen Werkbund Bayern e.V., (Martiusstr. 18, 8000 München 40) zu beziehen.

Planung nach Jahreszeiten
Eine andere Art der Planung ergibt sich durch die Orientierung an den Jahreszeiten: Welche Arbeiten können sinnvollerweise im Winter, im Frühjahr, im Sommer und im Herbst durchgeführt werden?
Der Winter ist die Zeit des Innenausbaus, der Möbelreparaturen und der Pflege von Werkzeug, aber auch die Zeit

zur Planung künftiger Arbeiten, der Lektüre von Zeitschriften und Büchern, des Besuchs von Baumärkten, Ausstellungen und Fachgeschäften. Zu Hause kann man mit den Kindern basteln, für sie Spielzeug anfertigen oder reparieren und kunsthandwerkliche Arbeiten für Weihnachten und Ostern anfertigen.

Der Sommer ist die Zeit für Außenarbeiten am Haus und im Garten. Dazu gehören Reparaturen am Dach, den Dachrinnen und an der Fassade sowie die Renovierung von Fenstern und Türen.

Im Frühjahr werden Fahrräder und die Wanderausrüstung überholt, Balkon- und Gartenmöbel gestrichen.

Im Herbst werden Gartengeräte gewartet, Türen und Fenster abgedichtet. Eine solche Planung kann jeder Situation angepaßt werden.

Entwerfen

Je konkreter die Planung wird, um so näher kommt sie einem Entwurf. Der gezeichnete Entwurf ist eine wichtige Kontrolle der bisherigen Planung, deckt er doch in vielen Fällen deren Schwächen auf. Natürlich ist ein Entwurf erst bei komplizierten Vorhaben erforderlich und in der Regel auch nur, wenn man etwas Neues baut, einen Schrank oder eine Garage z.B. Eine maßstabgetreue Konstruktions- oder Bauzeichnung ist dann die Grundlage für die Ausführung.

2 *Selbst hergestellte Papplineale im Maßstab 1:25, 1:50 und 1:100, auf denen sich die Meter und Zentimeter ohne Umrechnen ablesen lassen.*

3 *Pantograph oder Storchschnabel, ein Zeichengerät zum Übertragen von Vorlagen im gleichen, in einem größeren oder einem kleineren Maßstab, hier bis zum Zehnfachen.*

Maßstabgetreues Zeichnen

Hierzu verwendet man Millimeterpapier und wählt einen Maßstab, der schon im Entwurf alle Einzelheiten deutlich macht. Er wird zwischen 1:10 und 1:100 liegen. Die Abbildung 2 zeigt, wie man einen solchen Maßstab handhabt.

Im technischen Zeichnen gibt es für Bauteile, Baustoffe, Treppen, Türen und Fenster, Möbel, Installationen aller Art, Schrauben, Niete und manches andere mehr, bestimmte zeichnerische Symbole bzw. Farben der Darstellung. Sie sind alle abgebildet in »Friedrichs Tabellenbuch für das Bau- und Holzgewerbe«, eine preisgünstige Fundgrube für den Profi-Heimwerker.

Die maßstabgetreue Zeichnung ist auch eine große Hilfe für die Einrichtung einer Wohnung oder die Planung einer Gartenanlage. So wird z.B. das künftige Wohnzimmer maßstabgetreu auf Millimeterpapier gezeichnet, mit Türen, Fenstern, Schornstein, Steckdosen etc. Die Möbel für das Zimmer werden ebenfalls maßstabgetreu gezeichnet und ausgeschnitten, und schon kann man den Raum auf dem Papier einrichten und feststellen, ob die Möbel hineinpassen, ob noch genügend Bewegungsfläche bleibt, ohne daß auch nur ein einziger Schrank gerückt werden muß.

Wer sich selbst einen Schrank bauen möchte, ein wirklich schönes Stück aus Vollholz, nach seinem eigenen Entwurf, muß dafür mehrere Schnittzeichnungen anfertigen, um alles richtig zu erfassen und aufeinander abzustimmen. Siehe Kapitel »Wohnung«, Seite 480.

Storchschnabel oder Pantograph

Das ist ein sehr interessantes, preiswertes Zeichengerät zur maßstäblichen Vergrößerung oder Verkleinerung von Vorlagen (Abb.3). Wie es funktioniert, ist der Gebrauchsanleitung zu entnehmen – die jedem Storchschnabel beiliegt – und leicht zu verstehen.

Farbplanung

Es ist bekannt, daß Farben bestimmte Gefühle und Stimmungen auslösen, daß sie Räume niedriger oder höher, enger oder weiter erscheinen lassen.

Wenn man Wände streicht oder tapeziert, sich einen Auslegeteppich kauft, wenn man ein bestimmtes Furnier wählt oder Vorhänge und Polstermöbel in einer bestimmten Farbe, dann entscheidet man sich für Jahre, manchmal für Jahrzehnte für diese Umgebung. Es lohnt also die Bemühung, herauszufinden, welche Farbe einem guttut, mit welcher Farbe man jahrelang leben möchte.

Vielen Menschen fehlt der Mut zur Farbe, zu ihrer Farbe. Wenn es um die Farbauswahl geht, verhalten sie sich beim Einkauf oft unsicher, sind unentschlossen, und so hat der Verkäufer leichtes Spiel: Er redet ihnen eine Farbe ein, die gerade da ist, die unbedingt verkauft werden soll. Nein. Man sollte einen Werkstoff immer mit einer bestimmten Farbvorstellung einkaufen und nach Möglichkeit eine Farbtonkarte oder eine Musterkollektion mit nach Hause nehmen, um sich in Ruhe zu entscheiden. Muß oder will man seine Auswahl an Ort und Stelle treffen, sollte man die Farben wenigstens bei Tageslicht und nicht bei dem üblichen Neonlicht prüfen.

Imitationen

Über Geschmack läßt sich bekanntlich streiten. Imitation ist Täuschung, Vortäuschung: Tapeten in der Art von Nut- und Federbrettern oder einer Ziegelmauer, Betonbalken mit Kunststoffprofilen verklebt, so daß dann alles wie ein Eichenbalken aussieht. Aber genau das ist das Problem: Jeder sieht, daß es kein Eichenbalken ist, sondern Plastik, keine Ziegelmauer, sondern bedrucktes Papier. Wer sich in einer solchen unechten Umgebung wohl fühlt, soll es machen. In diesem Buch findet er dazu keine Anregungen.

GESETZESKUNDE,
UNFALLVERHÜTUNG, UMWELTSCHUTZ

Der Heimhandwerker sieht sich einer Vielzahl von gesetzlichen Vorschriften gegenübergestellt, die ihn in seiner Betätigung einschränken und die er kennen sollte.

Diese Vorschriften haben verschiedene Zielsetzungen:

Ein Teil verfolgt den Zweck, Schaden von der Volkswirtschaft abzuwenden, ein anderer dient dem Interessenausgleich des Heimwerkers mit Nachbarn und Vermietern, ein weiterer dem individuellen Schutz des Einzelnen. Des weiteren gibt es eine Gruppe von Bestimmungen, die den Schutz der Umwelt als Lebensgrundlage für uns alle manifestieren, und schließlich existieren Bestimmungen zum Schutz des Heimwerkers vor der Übervorteilung durch andere.

Die nachfolgenden Ausführungen können nur auf einige Probleme aufmerksam machen. Wer genauere Auskünfte benötigt, muß in der Fachliteratur nachschlagen – alle wichtigen Gesetzestexte sind als preiswerte Taschenbücher erhältlich – oder sich an einen Rechtskundigen wenden.

Was der Bauherr zu beachten hat, steht ab Seite 312.

Sonntags-, Feiertags-, Nacht- und Urlaubsarbeit

Es ist eine Illusion, zu glauben, man dürfe sich in seiner Freizeit, also vor allem am Wochenende und im Urlaub, so richtig aufs Heimwerken verlegen. Wer die gesetzlichen Bestimmungen nicht beachtet, riskiert empfindliche Geldbußen bis zu 50 000 DM bzw. Schadenersatzansprüche des Arbeitgebers. Für die Verletzung dieser Vorschriften gilt auch hier: Wo kein Kläger, da kein Richter.

Sonn- und Feiertagsarbeit

Sie ist nur in dem Maße erlaubt, in dem sie die Ruhe dieser Tage nicht beeinträchtigt. Da hilft es dann auch nicht, wenn der einzige Nachbar mit dem Holzhacken am Sonntag einverstanden ist. Wenn sich ein sonntäglicher Spaziergänger darüber empört und dies der Polizei anzeigt, muß sie etwas gegen diese Sonntagsarbeit unternehmen. Das Waschen des eigenen Autos von

Hand ist gemäß der Rechtsprechung an Sonn- und Feiertagen (gerade noch) erlaubt.

Was innerhalb der eigenen vier Wände gearbeitet wird, gleich, ob in der Mietwohnung oder im eigenen Haus, führt zu keinen Problemen, solange sich niemand dadurch gestört fühlt.

Nachtarbeit

Arbeiten, die andere in ihrer Nachtruhe stören können, sind in der Zeit zwischen 22.00 Uhr und 7.00 Uhr verboten.

Urlaubsarbeit

Diesbezügliche Vorschriften betreffen nur den Arbeitnehmer und den Beamten. Der Urlaub ist nach dem Gesetz dazu da, die Arbeitskraft zu regenerieren, damit der Arbeitnehmer nach dem Urlaub dem Arbeitgeber bzw. Dienstherren wieder mit voller Kraft zur Verfügung steht. Wer infolge Urlaubsarbeit einen Unfall erleidet, wird sich auf die bestehende Rechtssituation einstellen müssen: Jedenfalls hat der Arbeitgeber bzw. Dienstherr einen Schadenersatzanspruch, wenn der Arbeitnehmer oder Beamte im Urlaub nicht Urlaub macht, sondern arbeitet, wobei es gleichgültig ist, ob er für sich selbst oder für Dritte tätig wird. Allerdings ist die handwerkliche Tätigkeit für einen Nachbarn oder Bekannten während des Urlaubs – auch gegen Entgelt – nicht schlechthin verboten. Wo hier die Grenze verläuft, ist in der Rechtsprechung umstritten. Eine Ausgleichstätigkeit zu einer vorwiegend sitzenden Bürotätigkeit wird, auch gegen Bezahlung, keine Probleme mit sich bringen. Wenn jedoch ein Maurer während seines Urlaubs auf dem Bau arbeitet, macht er sich gegenüber seinem Arbeitgeber schadenersatzpflichtig, weil dieser ihm Urlaubsgeld zahlt, ohne daß sein Maurer Urlaub macht. Der Arbeitgeber kann das Urlaubsgeld zurückfordern – falls er von der Urlaubsarbeit seines Maurers Kenntnis erhält.

Schwarzarbeit

Jedes Jahr wird in der Bundesrepublik Schwarzarbeit im Wert von mehreren Milliarden DM geleistet – sehr zum Ärger von Handwerksbetrieben, Krankenkassen, Sozialversicherungsträgern und Finanzämtern –, die Schwarzarbeit in zunehmendem Maße und immer systematischer verfolgen. Mit Geldbußen bis zu 50 000 DM wird bestraft, wer Schwarzarbeit leistet oder in Auftrag gibt. Ganz schlimm ist es, wenn der Schwarzarbeiter zugleich Arbeitslosengeld bezieht, denn dieses Verhalten wird als Betrug gewertet.

Unter Schwarzarbeit versteht der Gesetzgeber jede Teilnahme an entgeltlichen Dienst- oder Werksleistungen, ohne daß zugleich die allen Wettbewerbern auferlegten öffentlichen Lasten wie Steuern, Kranken- und Sozialversicherungsbeiträge und Beiträge zur Arbeitslosenversicherung übernommen werden. Als Schwarzarbeiter wird demnach also auch derjenige angesehen, der sein Hobby zur Verdienstquelle macht, ohne seine Tätigkeit beim Finanzamt anzumelden. Genaueres darüber ist im Gesetz zur Bekämpfung der Schwarzarbeit vom 29. 01. 1982 nachzulesen (siehe Seite 536).

Nicht unter Schwarzarbeit fallen Tätigkeiten, die aus Gefälligkeit, Nachbarschaftshilfe oder im Wege der Selbsthilfe ausgeführt werden. Genaueres finden Sie in § 36 des Zweiten Wohnungsbaugesetzes (siehe Literaturverzeichnis Seite 536). Zur Selbsthilfe gehören Arbeitsleistungen, die vom Bauherren, von seinen Angehörigen sowie von anderen unentgeltlich oder auf Gegenseitigkeit zur Durchführung des Bauvorhabens erbracht werden. Insoweit ist es also eine Frage der Planung und Darstellung, ob man mit den Behörden Schwierigkeiten bekommt oder nicht.

Wer sich eine Leistung in Schwarzarbeit erbringen läßt, hat keine Gewährleistungsansprüche wegen mangelhaft ausgeführter Arbeit.

Unfallverhütung

Spezielle Unfallverhütungsvorschriften für den Heimwerker bestehen nicht. Das ist jedoch kein Grund, sich nicht um die Unfallverhütung zu kümmern. In der Bundesrepublik gab es 1984 wegen allzu sorglosen Umgangs mit Werkzeugen und chemischen Stoffen 7200 Tote und rund 2 Millionen Verletzte – eine erschreckende Bilanz. Hinzu kommen die Sachschäden, die für den Verursacher u. U. den wirtschaftlichen Ruin bedeuten können. Das gilt selbst dann, wenn man eine Haftpflichtversicherung abgeschlossen hat, denn der Versicherer zahlt nicht bei grober Fahrlässigkeit. Und die Gerichte sind streng.

Berufsgenossenschaft

Wer sich eine richtige (Hobby-) Werkstatt eingerichtet hat und diese auch benutzt, sollte zur Information die Blätter der zuständigen Berufsgenossenschaft anfordern.

Die Berufsgenossenschaften sind nicht nur die Träger der gesetzlichen Unfallversicherung, sondern sie haben die Aufgabe, Arbeitsunfällen und Berufskrankheiten – soweit wie möglich – vorzubeugen und diese durch Aufklärungsarbeit zu verhindern. Jeder Betrieb, jeder Unternehmer ist kraft Gesetzes Mitglied der für seinen Gewerbezweig zuständigen Berufsgenossenschaft. Wer als Heimwerker eine Werkstatt betreibt, wird dadurch nicht zum Unternehmer. Wer aber z. B. sein Haus selbst baut, ist für diese Tätigkeit in rechtlicher Hinsicht dem gewerblichen Bauunternehmer gleichgestellt (Näheres dazu auf Seite 314/315).

Grundgebote zur Unfallverhütung

Ordnung in der Werkstatt ist die wichtigste Voraussetzung für unfallfreies Arbeiten. An zweiter Stelle stehen eine gute Beleuchtung und ausreichende Belüftung.

Schadhafte Werkzeuge dürfen überhaupt nicht verwendet, stumpfe Werkzeuge müssen geschärft werden. Denn scharfe und gepflegte Werkzeuge sind weniger gefährlich, ganz abgesehen davon, daß stumpfe und schadhafte Werkzeuge schlechte Arbeitsergebnisse bringen.

Alle elektrischen Maschinen sind infolge ihrer hohen Drehzahl besonders gefährlich; die dazugehörigen Schutzvorrichtungen sollten unbedingt verwendet werden. Der Umgang mit diesen Maschinen verlangt volle Konzentration. Kinder allein dürfen keinen Zugang zu diesen Werkzeugen haben.

Richtige Arbeitskleidung und Schutzbrillen sind auch dann zu benutzen, wenn eine Maschine auch nur für wenige Minuten angestellt wird.

In einer Werkstatt sollte nicht geraucht werden, die Gefahr eines Brandes ist groß: Hobelspäne, Farben und Lacke, Kleber, Öllappen sind feuergefährlich. Vorsorglich sollte ein Feuerlöscher griffbereit zur Hand sein.

Wer unter Alkohol steht, darf auf keinen Fall mit Werkzeug umgehen. Alkohol macht leichtsinnig, mindert die Konzentration und die Reaktionsgeschwindigkeit.

In jeder Werkstatt sollte eine Notapotheke vorhanden sein, und jeder Heimhandwerker sollte über die Grundkenntnisse in Erster Hilfe verfügen, zumindest aber eine entsprechende Informationsschrift z. B. vom Roten Kreuz haben, um bei einem Unfall sich und andere zu versorgen.

Umweltschutz

Die Menschen von heute sind auf dem besten Wege, sich die eigenen Lebensgrundlagen zu zerstören. Im Grundwasser und im Regenwasser, in Meeren und Flüssen, in der Luft und im Boden sammeln sich immer mehr Gifte an. Pflanzen und Tiere werden krank und sterben schließlich. Einige Umweltkatastrophen (wie das Waldsterben, das

Absterben ganzer Meere wie z.B. der Ostsee, der Nordsee, des Mittelmeeres sowie das Aussterben von Tier- und Pflanzenarten) haben längst begonnen und können nicht mehr gänzlich verhindert werden. Es bedarf einer gewaltigen Anstrengung der gesamten Menschheit, diesen Prozeß der Zerstörung zu verlangsamen, nach Möglichkeit aufzuhalten, und vielleicht noch unter Kontrolle zu bringen. Jeder Einzelne kann dazu beitragen, und es kommt auf jeden Einzelnen an.

Das gilt auch für jeden Heimwerker, der durch sein Tun und sein Kaufverhalten mitentscheidet, ob es bei der Entwicklung zur unaufhaltsamen Katastrophe bleibt oder hier eine Wende erreicht werden kann.

Im folgenden werden (ohne Anspruch auf Vollständigkeit und ohne Einzelbeispiele) umweltschonende und umweltschützende Maßnahmen aufgezählt:

- Verzicht auf die Verwendung von Bau- und Werkstoffen, die giftige Substanzen enthalten
- Sparsame Verwendung von Bau- und Werkstoffen, die mit hohem Energieaufwand erzeugt werden
- Umweltbewußte Müllbeseitigung
- Energiesparmaßnahmen
- Sparsamer Umgang mit Wasser
- Ökonomische Benutzung von Autos und Heizungsanlagen bzw. Öfen, die möglichst wenig Schadstoffe ausstoßen
- Verzicht auf Werkzeuge, die großen Lärm verursachen
- Verzicht auf Spraydosen
- Verzicht auf Chemie, wo immer das

möglich ist: bei Lebensmitteln, Baustoffen, Dünger, Medikamenten, Farben etc.

Jedem von uns werden zu den einzelnen Punkten eine Reihe von Beispielen einfallen. Wer sich gründlicher über umweltbewußte Maßnahmen informieren möchte, dem sei das Buch »Umweltschutz zu Hause« (siehe Seite 536) empfohlen. Im vorliegenden Buch wurde der Umweltverträglichkeit menschlichen Tuns besondere Aufmerksamkeit gewidmet, was sich in allen Kapiteln niederschlägt, ob es sich nun um die Auswahl der verschiedenen Werkstoffe, um Möglichkeiten des Energiesparens oder des sparsamen Umgangs mit Wasser handelt. Gesundes Wohnen und eine möglichst geringe Belastung der Umwelt sind die Zielsetzung.

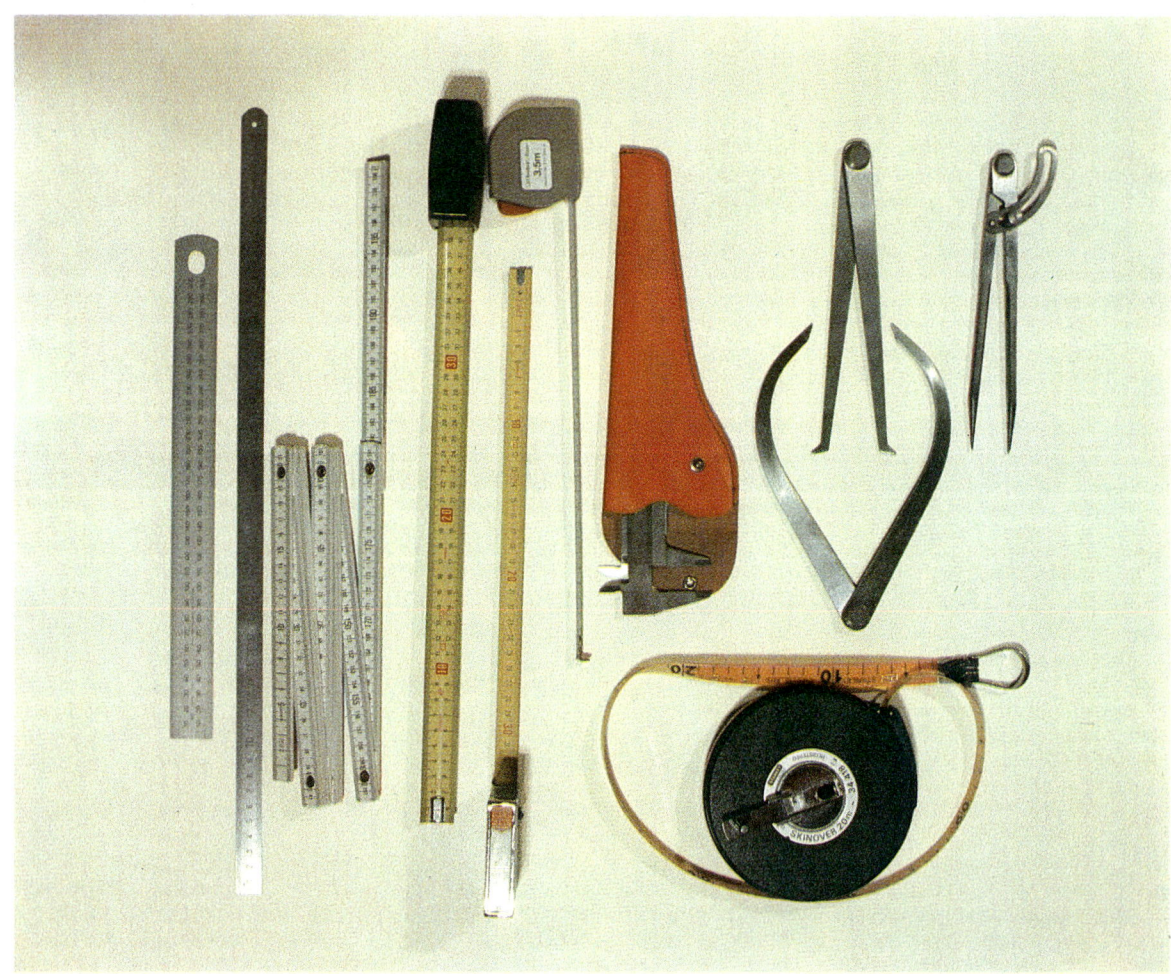

1

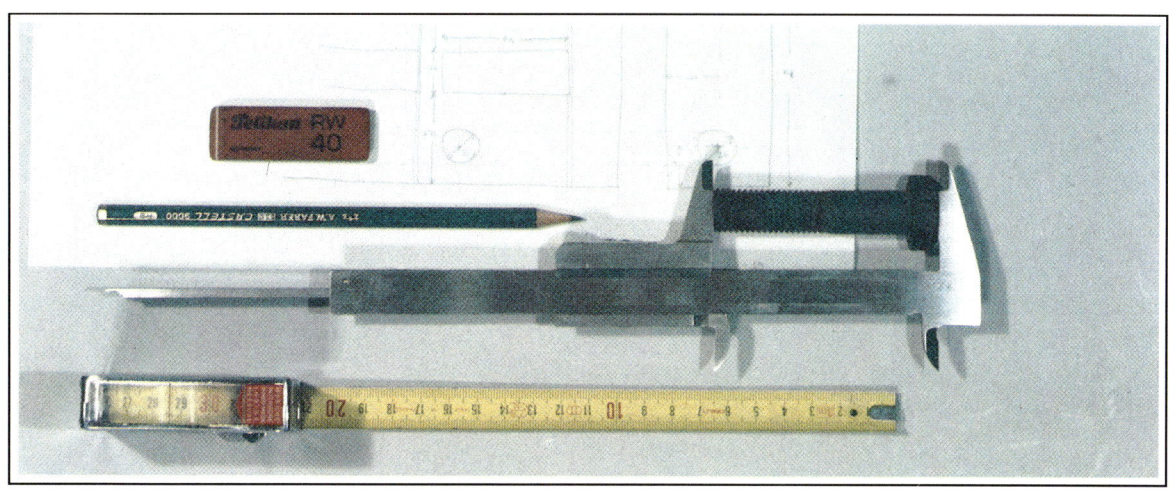

MASZE, MESSEN UND ANREISSEN

Dieses Kapitel behandelt den Umgang mit den Maßen und die Anwendung der DIN-Vorschriften – DIN war die Abkürzung für »Deutsche Industrie-Norm(en)« und bedeutet heute: »Das Ist Norm«. – Es zeigt und erklärt Instrumente, die der Heimwerker für das Messen von Entfernungen, Winkeln, Waagerechten und Senkrechten benötigt, sowie das Übertragen von Maßen auf die jeweiligen Werkstücke.

Maße und DIN

Vor 200 Jahren gab es noch Dutzende von Längenmaßen; ähnlich verhielt es sich auch mit allen anderen Maßeinheiten. Erst fortschreitende technische Zusammenarbeit führte zu einer Vereinheitlichung. 1875 einigten sich in Paris 17 Staaten auf das Urmeter. Die X. Generalkonferenz für Maße und Gewichte in Genf 1954 hat zum ersten Mal ein Internationales Einheitensystem, SI, (Abk. für: Système Internationale d'Unités) für Maße aller Art festgelegt, das so gebräuchliche Bezeichnungen wie PS (Pferdestärke) und at (technische Atmosphäre) durch neue Maße ersetzt hat. In der Tabelle auf Seite 42 sind die Basiseinheiten der Maße sowie daraus ab-

geleitete Einheiten dargestellt und aufgezeigt, welche Maßbezeichnungen bei uns offiziell nicht mehr gültig sind, durch welche Bezeichnungen sie ersetzt wurden und wie die Umrechnung erfolgt.
Die Normen werden vom Deutschen Normenausschuß (DNA) in Normblättern veröffentlicht, die man nach einem Normblatt-Verzeichnis einzeln bestellen kann (Deutsches Institut für Normung e.V., 1000 Berlin 30, Burggrafenstr. 4–10). Der DNA gehört der Internationalen Standardisierungs-Organisation (ISO) an, die – als eine Voraussetzung für weltweite Wirtschaftsbeziehungen – einheitliche Normen für alle Länder anstrebt. Es gibt Tausende von DIN-Normen und jedes Jahr kommen neue hinzu, an deren Ausarbeitung allein in der Bundesrepublik rund 35000 Fachleute beteiligt sind. Die Meßinstrumente sind nach DIN-Normen gebaut.

Messen

Das Messen dient einerseits der Feststellung bestimmter qualitativer Eigenschaften einer Sache, z.B. der Länge, Höhe und Breite, zum anderen hat der Meßvorgang den Zweck, ein Werkstück entsprechend dem Bauplan und den

darin enthaltenen Maßangaben herzustellen.
Alle Meßinstrumente sind pfleglich zu behandeln und immer wieder von Staub, Leim- und Mörtelresten zu reinigen. Holzteile werden mit Leinöl eingerieben, Metallteile mit Rostschutzmitteln behandelt.

Entfernungen messen
Die Entfernungen, mit denen es der Heimwerker zu tun hat, liegen zwischen einem Zehntelmillimeter bei sehr exakten Metallarbeiten und wenigen hundert Metern bei großen Grundstücken (Abb. 1).
In der EG gilt die Europäische Eichordnung, die eine besondere Präzision der Meßinstrumente vorsieht und wesentlich geringere Toleranzen bei der Entfernungsmessung erlaubt als die DIN. Entspricht ein Maßband bzw. Maßstab dieser Eichordnung, kann man am Beginn des Maßbandes folgende Daten ablesen: Länge des Bandes bzw. Stabes (z.B. 20 m oder 0,3 m), das Marken-

1 *Instrumente zum Messen von Entfernungen: Lineal, Gliedermaßstab, Taschenbandmaße, Schieblehre, Bandmaß, Außen- und Innentaster, Stechzirkel (Stanley, Lux).*

zeichen des Herstellers (z.B. Stanley), die Genauigkeitsklasse (I, II oder III), ein stilisiertes »e« mit weiteren Eintragungen, das Ursprungsland. Der Haken am Bandanfang enthält des weiteren Aufdrucke über das Beglaubigungsamt und das Eichjahr. In der Genauigkeitsklasse III ist bei 0,5 m Nennlänge immerhin eine Längentoleranz von ± 1 Millimeter erlaubt.

Gliedermaßstäbe aus Holz, Kunststoff oder Leichtmetall gibt es in Längen von ein oder zwei Metern, sie bestehen aus sechs bzw. zehn zusammenklappbaren Gliedern.

Telemeter bestehen aus Vierkantprofilen, die ineinandergeschoben werden können. Es gibt sie bis zu einer Gesamtlänge von 5 m. Sie eignen sich be-

sonders zum Abmessen von hohen Gegenständen, Zimmerhöhen und lichten Weiten (im Einmannbetrieb).

Lineale aus Holz, Kunststoff oder Stahl gibt es ab 15 cm und mit einer Einteilung zu ½ mm.

Bandmaße sind als Taschenbandmaße in Längen zwischen 2 und 8 m zu bekommen und als lange Bandmaße zwischen 10 und 100 m. Taschenbandmaße gibt es mit vielen Extras, z.B. mit einem Sichtfenster, durch das man Innenmessungen ablesen kann, mit einer Bandmarkierung, um eine bestimmte Messung zu markieren, mit einer ausklappbaren Zirkelspitze oder einer Wasserwaage. Bei einzelnen Modellen kann man das Stahlband vollständig herausnehmen und aufgrund seiner Starrheit

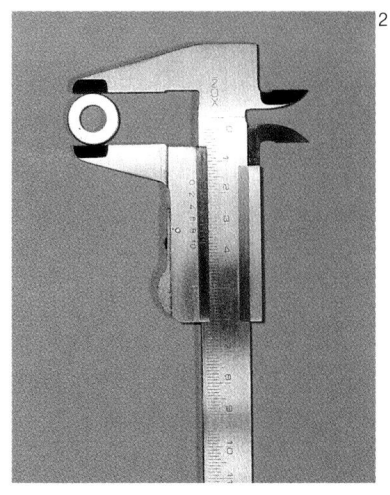

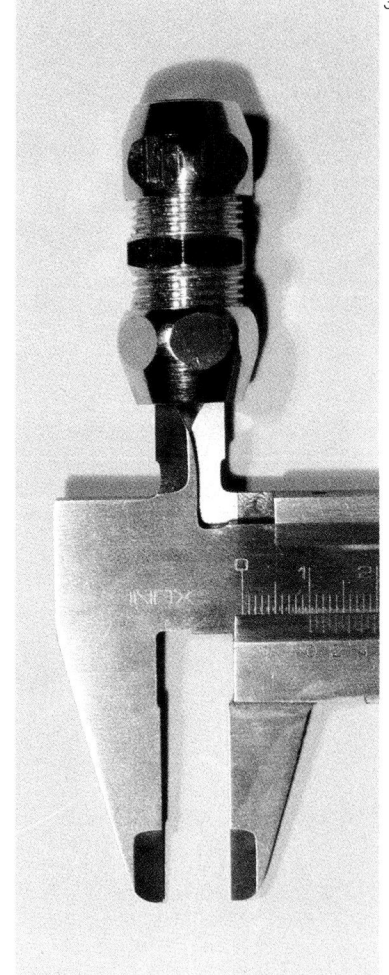

Basiseinheiten			
Basisgröße	Formelzeichen	Basiseinheit	Zeichen
Länge	*l*	das Meter	m
Masse	*m*	das Kilogramm	kg
Zeit	*t*	die Sekunde	s
Stromstärke, el.	*I*	das Ampere	A
Temperatur	*T*	das Kelvin	K
Lichtstärke	*I*	die Candela	cd
Stoffmenge	*n*	das Mol	mol

Abgeleitete Einheiten			
Größe	Formelzeichen	abgel. SI-Einheit	Zeichen
Kraft	F	Newton	N
Druck	p	Pascal	Pa
Energie	E, W	Joule	J
Leistung	P	Watt	W
Elektr. Spannung	U	Volt	V
Elektr. Widerstand	R	Ohm	Ω

SI-Einheitszeichen			
Größe	ungültig	gültig	Erklärung
Gewicht	(Pfund)	kg (Kilogr.)	1 = 0,5 kg
Kraft	kp (Kilopond)	N (Newton)	1 kp = 9,81 N
Leistung	PS (Pferdestärke)	kW (Kilowatt)	1 PS = 0,736 kW
Druck/Festigkeit	–	Pa (Pascal)	$1 \text{ Pa} = 1 \text{ N/m}^2$
Druck (Gas, Dampf, Flüssigkeit)	at (technische Atmosphäre)	bar (bar)	1 at = 0,981 bar
Drehmoment	kpm (Kilopondmeter)	Nm (Newtonmeter)	1 kpm = 9,81 Nm
Wärmemenge	cal (Kalorie)	J (Joule)	1 cal = 4,1868 J

2 *Schieblehre: Außenmessung (Lux).*

3 *Schieblehre: Innenmessung (Lux).*

4 *Schieblehre: Tiefenmessung (Lux).*

5 *Schieblehre mit ¹⁄₁₀ Nonius: Auf dem Schieber, der am Lineal hin- und hergeschoben wird, sind 19 mm in 10 Teile unterteilt. Dies ermöglicht das Ablesen von Zehntelmillimetern. Der Null-Strich auf dem Schieber steht zwischen dem 8. und 9. Teilstrich auf dem Lineal, zeigt also volle 8 Millimeter an. Auf der Nonius-Teilung des Schiebers deckt sich der 6. Teilstrich mit einem Teilstrich des Lineals: Der Gegenstand ist 8,6 mm dick.*

6 *Stahllineal ohne Markierung, Flatterstahlwinkel, Anschlagwinkel für Metall und Holz, Winkelmesser (Lux).*

als Meßlatte verwenden, ohne daß das Band abknickt; so läßt sich auch die Entfernung zu schwer erreichbaren Punkten genau ausmessen.

Lange Bandmaße haben Bänder aus kunststoffummantelter Glasfaser oder aus Stahl, sind mit einer Trommelbremse – die zu schnelles Auslaufen des Bandes verhindert – und einer ausklappbaren Kurbel zum Aufrollen ausgestattet.

Die Schieblehre ist ein universelles Präzisionsinstrument, mit dem bis auf ¹⁄₁₀ bzw. ¹⁄₂₀ mm genau jedes Maß an einem Gegenstand abgenommen werden kann; so z.B. der Durchmesser eines Bohrers oder eines Loches, die Tiefe eines Loches oder einer Nut, die Stärke eines Bleches oder eines Brettes, die Breite einer Nut (Abb. 2 bis 4). Wie man die Schieblehre abliest, zeigt die Abbildung 5.

Stechzirkel, Außentaster und *Innentaster* (Abb. 1) sind Meßinstrumente, mit denen eine Entfernung am Modell abgenommen und auf das Werkstück übertragen werden kann. Hier bedeutet Messen vergleichen.

Winkel messen

Der Kreis ist in 360° eingeteilt. Beim Kompaß ist die Richtung zum magnetischen Nordpol 0 Grad, Osten 90°, Sü-

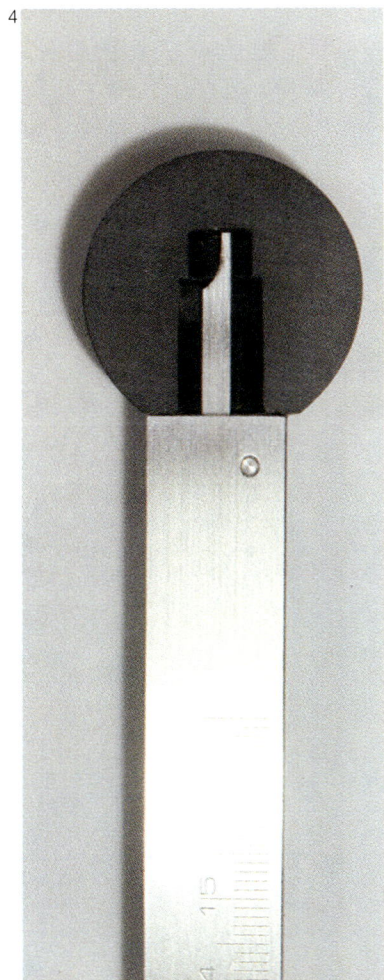

4

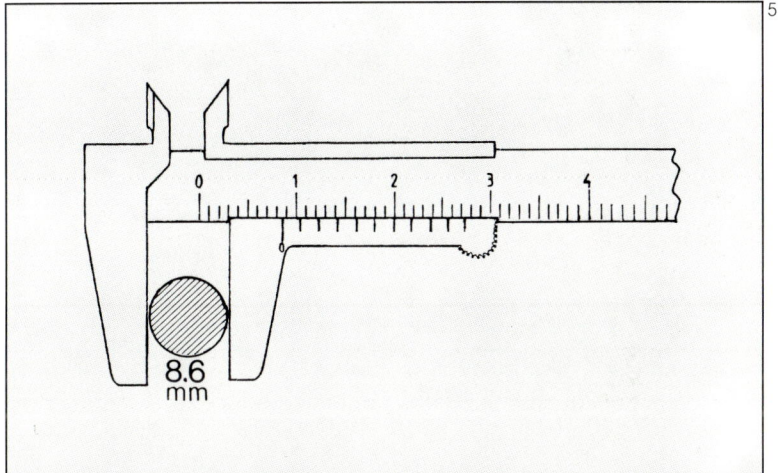

5

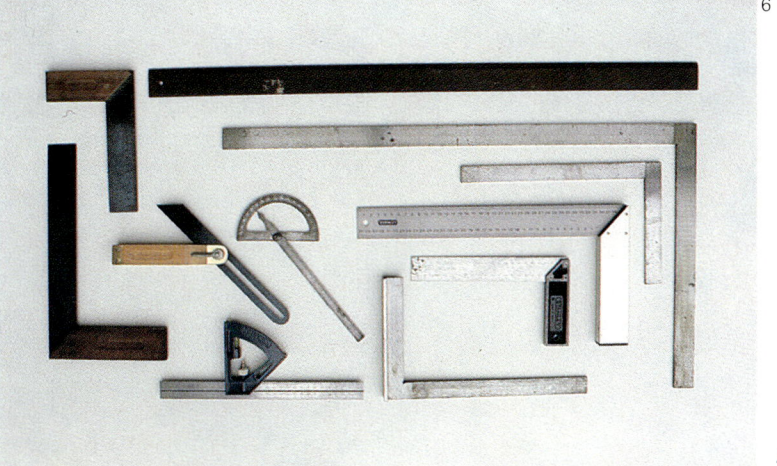

6

den 180°, Westen 270° und Norden 360° = 0°. Beim Handwerk ist die 0-Grad-Linie z. B. die Mauer, zu der im rechten Winkel (= 90°) eine zweite Mauer errichtet werden soll, oder die Seitenkante des Brettes, das im rechten Winkel oder im Gehrungswinkel (= 45°) abgesägt werden soll. Mit anderen Winkeln hat der Heimwerker nur selten zu tun.

Anschlagwinkel aus Stahl für die Metallbearbeitung und mit Holzanschlag (Tischlerwinkel) für die Holzbearbeitung (Abb. 6) gibt es als rechte Winkel und als Gehrungswinkel, mit und ohne Maßeinteilung, auch mit beweglicher Zunge (Winkelschmiege), so daß beliebige Winkel abgenommen und übertragen werden können.

Das Prüfen eines Winkels auf Rechtwinkligkeit geschieht dadurch, daß man den Holzschenkel an eine Kante nach links anlegt und entlang der Stahlzunge anreißt. Dann legt man den Winkel mit der Holzzunge nach rechts an und reißt erneut an. Decken sich die Rißlinien, ist der Winkel in Ordnung; ansonsten muß man ihn wegwerfen.

Wie man im freien Gelände – ohne Meßinstrumente – unter Anwendung des Satzes des Pythagoras einen rechten Winkel bestimmen kann, wird im Kapitel »Rohbau, Umbau, Sanierung« (Seite 316) erklärt.

Für die Holzbearbeitung gibt es *Schneid- und Stoßladen,* die zugleich Meß- und Führungsgerät für die Säge (siehe Seite 166) bzw. den Hobel (siehe

Seite 175) sind; so kann eine Leiste z. B. mit Hilfe der Gehrungsschneidlade exakt in einem Winkel von 45° durchgesägt werden.

Senkrechte, Waagerechte und Neigungen messen

Diese Messungen, die auf der Schwerkraft beruhen, sind vor allem am Bau erforderlich. Mauern müssen senkrecht stehen, damit sie nicht einstürzen; Fenster und Türen am Haus und an Möbeln müssen senkrecht angeschlagen werden, damit sie funktionieren können; beim Verlegen von Rohren, in denen Wasser fließen soll, müssen Neigungen für das Gefälle gemessen werden.

Das Lot, auch Senkblei oder Senkel genannt (Abb. 7), besteht aus einem kegel-

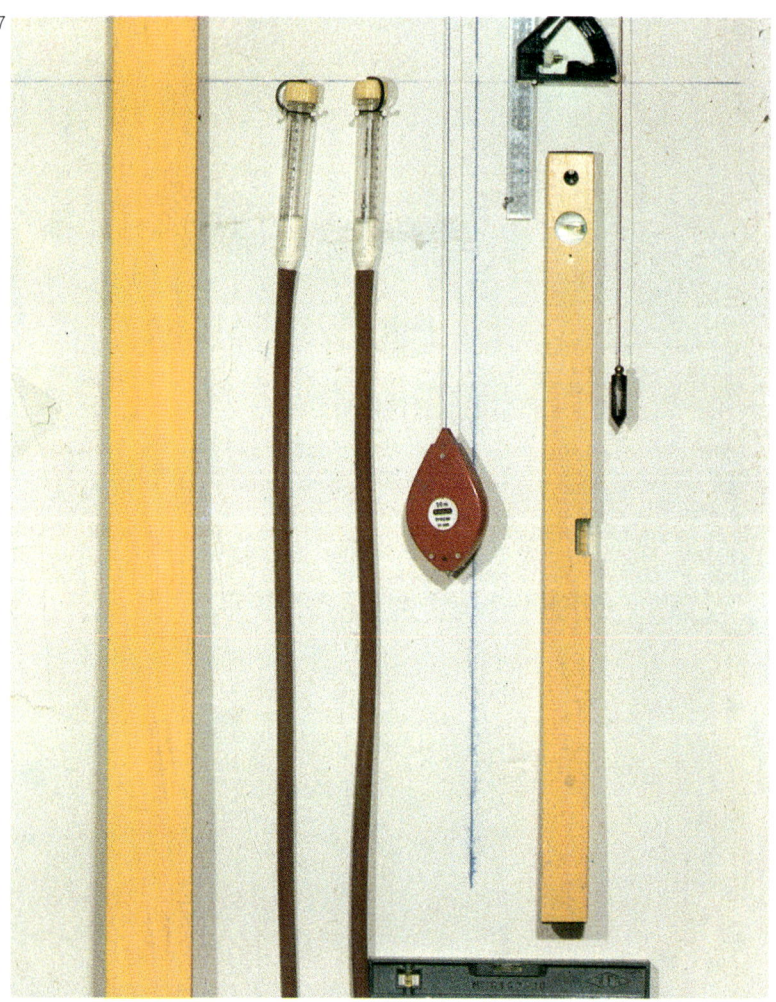

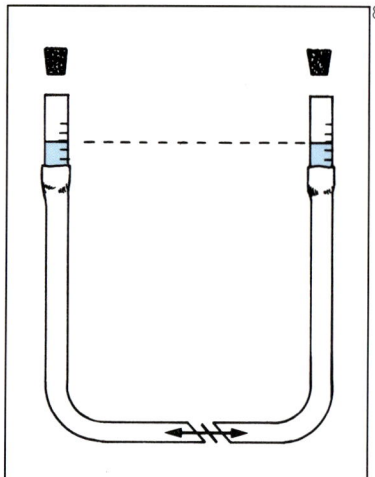

förmigen oder zylindrischen Stahlkörper mit einer Spitze und ist unentbehrlich für den Maurer. Der Stahlkörper hängt an einer strapazierfähigen Baumwollkordel; das Lot muß frei hängen. Es pendelt sich in die Senkrechte (= lotrechte Position) ein. Beim Schlagschnurgerät wird die Schnur in einem Gehäuse aufgerollt. In das Gehäuse füllt man weiße, rote oder blaue Kreide ein. Hängt das Lot ruhig, kann man die Lotschnur gegen die Mauer schnalzen lassen, so daß ein genauer lotgerechter Kreidestrich entsteht.

Die Wasserwaage (Abb. 7) besteht aus der Lotlibelle für vertikale Messungen und der Waagelibelle für horizontale Messungen, beide eingelassen in einen Schaft aus Teakholz oder aus Leichtme-

7

8

tall. Je länger die Wasserwaage ist, um so genauer werden die Messungen. Üblich ist eine Länge von einem Meter. In der Libelle befindet sich ein Glasröhrchen, in dem eine große Luftblase in Flüssigkeit eingeschlossen ist. Steht die Luftblase zwischen den beiden Markierungszeichen, zeigt die Wasserwaage die Waagerechte oder die Senkrechte an. Bei der auch nur geringsten Neigung bewegt sich die Luftblase gegen das linke oder rechte Ende des Glasröhrchens hin.

Richtscheite (Abb. 7), früher aus langfasrigem Holz, heute bevorzugt aus Leichtmetall, sind lange, schmale, völlig gerade Bretter. Zusammen mit der Wasserwaage dienen sie zum Überprüfen der Waagerechten, wenn die Meßpunkte weiter als die Wasserwaagenlänge auseinanderliegen. Richtscheite gibt es in Längen bis zu 3 m.

Die Neigungswasserwaage ermöglicht, daß die Neigung, das Gefälle eines Rohres direkt abgelesen werden kann. Man kann sich aber auch dadurch helfen, daß man unter das eine Ende der Wasserwaage einen Klotz mit der Höhe der gewünschten Neigung legt. Es gibt

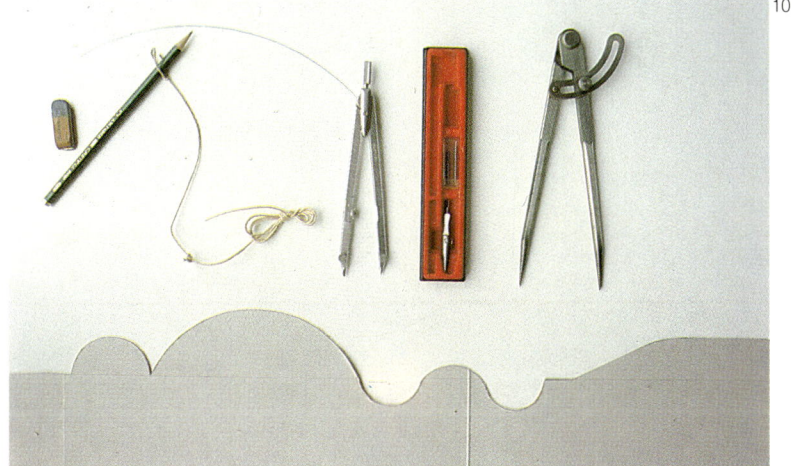

7 *Instrumente zum Messen von Waagerechten und Senkrechten: Richtscheit, Schlauchwaage, Schlagschnurgerät mit Lot, kleine und große Wasserwaage, Anschlagwinkel mit eingebauter Wasserwaage, Lot (Stanley, Lux).*

8 *Die Schlauchwasserwaage funktioniert nach dem Prinzip der kommunizierenden Röhren.*
Die Wassersäule in beiden Glasröhren zeigt dieselbe waagerechte Ebene an.

9 *Links Werkzeug zum Anreißen auf Metall: Körner und Hammer, Reißnadel, Anreißfarbe (Tirem), Lineal, Filzschreiber.*
Rechts Instrumente zum Anreißen auf Holz: Zimmermannsbleistift, Streichmaße, Anschlagwinkel (Lux).

10 *Zum Anzeichnen von Kurven verwendet man Zirkel und Schablone.*

11 *Ein Präzisionsstreichmaß mit 4 Zungen (Ulmia).*

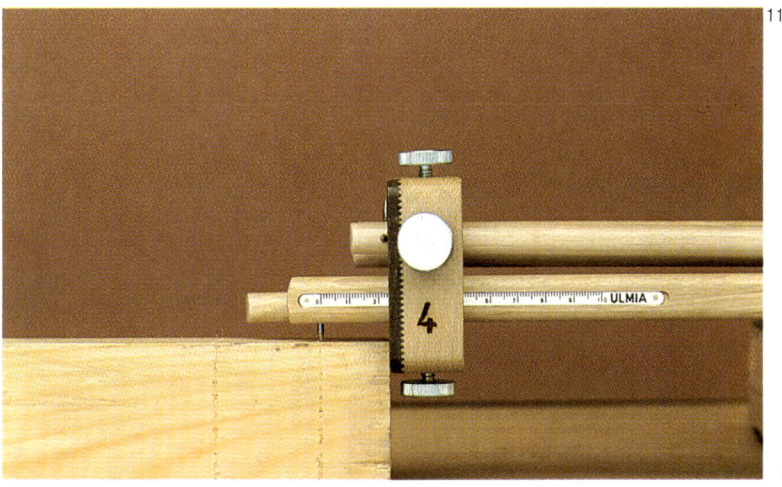

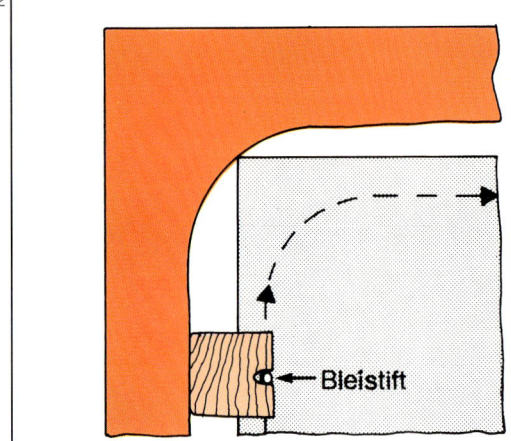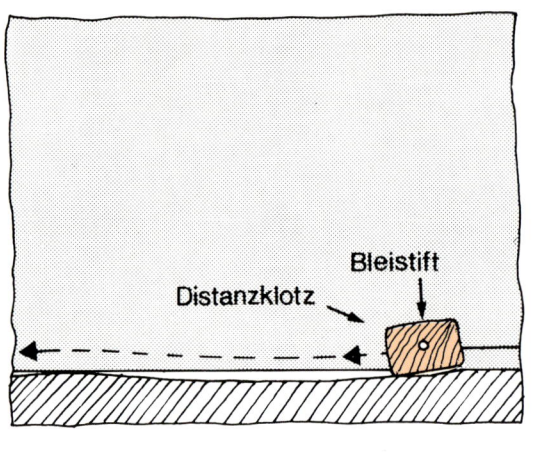

12 *Der Einsatz eines Distanzklotzes.*

Wasserwaagen mit einem herauszieh-baren Fuß, auf dem die Neigung (das Gefälle) in Prozent angegeben ist.

Die Schlauchwasserwaage dient der Ni-vellierung bei größeren Entfernungen. Man benötigt sie zur Herstellung eines waagerechten Fundamentes, oder um festzustellen, wo man herauskommt, wenn man in einem verwinkelten Ge-bäude, von dem keine genauen Baupläne existieren, an einer bestimmten Stel-le die Mauer durchbricht, weil z.B. ein neuer Durchgang geschaffen oder eine Leitung verlegt werden soll.

Die Schlauchwaage besteht aus einem 10 bis 30 m langen, leichten Schlauch, in dessen Enden Glasröhrchen mit Mar-kierungsstrichen stecken, die verstopft werden können. Der Schlauch und die beiden Glasröhrchen werden fast voll-ständig mit Wasser gefüllt. Die beiden Röhrchen werden senkrecht gehalten, und zwar so, daß sie sich über dem Schlauch befinden. Sieht man dann in die beiden Röhrchen die Wassersäule, so sind die Oberflächen beider Wasser-säulen in derselben waagerechten Ebe-ne (Abb. 8).

Anreißen

Das Übertragen von Linien, Punkten und Winkeln auf ein Werkstück nennt man Anreißen oder Anzeichnen. Die Abbildungen 9 und 10 zeigen, welche Geräte man dafür benötigt.

Anreißen auf Holz

Zum Anzeichnen auf Holz benutzt man einen weichen, zum Anreißen einen har-ten *Bleistift,* außerdem *Anschlagwinkel, Winkelschmiege* und *Winkelmesser, Li-neal, Zirkel* und in komplizierten Fällen eine *Schablone.* Für große Kreise fertigt man sich den Zirkel selbst an: Ein Blei-stift wird an einen Strick gebunden und der Strick an einem Nagel befestigt, der im Kreismittelpunkt steht. Dann wird der Bleistift am Strick um den Nagel herum-geführt. Anstelle des Strickes kann man auch einen Hartfaserstreifen benutzen, der im Kreismittelpunkt angeheftet wird. Zur Führung des Bleistiftes kerbt man den Hartfaserstreifen an der gewünsch-ten Stelle ein.

Bohrlöcher für Schrauben werden mit einem *Spitzbohrer* eingestochen. Der Gebrauch von Dübelspitzen zur Herstel-lung paßgerechter Dübellöcher ist auf Seite 186 dargestellt.

Linien in gleichbleibendem Abstand zu einer Kante werden mit dem *Streichmaß* angerissen (Abb. 11). Das Streichmaß besteht aus einem Holzklotz und dem Anschlag, durch den – mit einem An-reißstift aus Stahl – 2 oder 4 Zungen mit Maßeinteilung gesteckt sind, die mit ei-ner Rändelschraube festgestellt werden können. Der Anschlag wird an die Holz-kante angedrückt und so entlangge-führt, daß der Anreißstift eine Markie-rungslinie in das Holz ritzt. Geritzt wird natürlich nur, wenn an dieser Stelle ge-sägt oder etwas ausgestemmt werden soll. Das Streichmaß wird vor allem im Möbel- und Rahmenbau verwendet, wenn mehrere gleiche Teile hergestellt werden müssen, für die man ständig die gleichen Maße braucht. Wie das im ein-zelnen vor sich geht, ist bei der Schlitz- und Zapfenverbindung auf Seite 197 dargestellt.

Der *Distanzklotz* (Abb. 12) ist ein wichti-ges Hilfsmittel, um das Werkstück den vorgegebenen Unebenheiten oder Bö-gen genau anzupassen.

Das Zusammenzeichnen und Markieren der Teile, aus denen eine Holztafel, ein Rahmen oder eine Schublade zusam-mengebaut wird, ist von entscheidender Bedeutung für das Gelingen; es ist auf Seite 187 und Seite 197 dargestellt.

Anreißen von Metall

Bei Metall wird das Anreißen mit einer *Reißnadel* aus gehärtetem Stahl vorge-nommen. Damit die Anrißlinie deutlich sichtbar ist, wird das Metallstück mit ei-ner speziellen *Anreißfarbe* eingesprüht (Abb. 9).

Auf Alublech darf nicht angerissen wer-den, wenn entsprechend der Anrißlinie gebogen werden soll, weil das Blech an der Anrißlinie brechen würde. Die Ab-kantlinie muß hier angezeichnet werden z.B. mit einem Filzschreiber.

Der Mittelpunkt eines Loches wird mit einem kräftigen Hammerschlag auf den Körner markiert. Dies bewirkt zugleich, daß der Bohrer nicht »verläuft«, sondern das Loch exakt an der gewünschten Stelle bohrt.

BEFESTIGEN UND VERBINDEN

Dieses Kapitel bietet einen Überblick über Nägel, Holz- und Blechschrauben, Metallschrauben samt Muttern, Beilagscheiben und Splinten, Dübel, Niete, Ösen, Drahtverbindungen, Drahtseile und Drahtseilklemmen, Ketten und Schäkel, Seile, Knoten und Karabiner. Der Leser erfährt, welche Werkzeuge zum Nageln, Schrauben, Dübeln usw. benötigt werden, wie man mit diesen Werkzeugen umgeht und was man beim Nageln, Schrauben und Dübeln zu beachten hat. Beschrieben wird auch, wie man eine Nagel-, Schraub- oder Nietverbindung wieder löst.

Nicht berücksichtigt werden in diesem Kapitel Klebstoffe als Mittel zum Befestigen (Seite 80). Die speziellen Verbindungstechniken für Holz, Metall, Glas, Kunststoffe und Baustoffe sind in den jeweiligen Kapiteln dargestellt.

Nägel

In vielen Haushalten sind als Hilfsmittel für Befestigungen aller Art nur Nägel vorhanden, was eine Überschätzung des Nagels darstellt. Der Nagel gehört zum Beispiel nicht in ein locker gewordenes Tischbein. Wer umgekehrt einen Kaninchenstall versteckt dübelt statt zu-

sammennagelt, übertreibt. Abb. 1 zeigt die wichtigsten Nagelarten.

Nägel und ihre Verwendung

Drahtstift mit Senkkopf: Der gewöhnliche Nagel besteht aus ungehärtetem Stahl und kann deshalb gebogen werden. Er wird aus Eisendraht hergestellt, weshalb man ihn auch Drahtstift nennt. Er hat einen flachen Senkkopf, der geriffelt oder glatt ist. Nägel sind im Handel bezeichnet nach Stärke (in Zehntelmillimetern) und Länge (in Millimetern samt Kopf, wenn auch der Nagelkopf ins Holz geschlagen wird). Drahtstifte mit Senkkopf gibt es von 0,7 × 9 (also 0,7 mm stark und 9 mm Gesamtlänge = Schaft und Kopf) bis 9,4 × 310 mm. Verwendet werden sie überall, wo etwas zusammen- oder festgenagelt werden soll, ohne daß es auf das Aussehen ankommt.

Drahtstifte mit Stauchkopf: Für Schreinerarbeiten wird dieser Nagel oft verwendet, weil man den Kopf versenken (Seite 50) und die entstandene Vertiefung zukitten kann, damit man den Nagel nicht mehr sieht.

Schraubnägel, Drallhaftnägel, Sicherheitsrillennägel, Bildernägel: Diese Stifte haben keinen glatten Schaft wie die gewöhnlichen Nägel; ihr Schaft ist vielmehr mit Quer-, Längs- oder schrau-

benartigen Rillen und Zacken versehen. Das erhöht den Auszugswiderstand gegenüber Nägeln mit glattem Schaft erheblich.

Stahlnägel, Stahlhaken: Sie sind aus gehärtetem Stahl und sind deshalb nicht biegsam, aber so hart, daß sie in Ziegelmauerwerk und Leichtbeton eingeschlagen werden können. Dafür ist der Stahlnagel spröde und bricht leicht ab, wenn der Hammer ihn nicht genau trifft oder die Mauer zu hart ist, in die er eingeschlagen werden soll, z.B. Beton.

Dachpappen-, Tapeziernägel, Kammzwecken, Teppichstifte, Reißzwecken: Mit diesen Nagelarten werden weiche Materialien wie Dachpappe, Stoff, Papier usw. auf einen festen Untergrund geheftet. Sie sind im Verhältnis zu den übrigen Nägeln mehr oder weniger kurz und haben einen breiten, flachen Kopf.

Krampen: Sie werden zum Befestigen von Maschendrähten aller Art auf Holz verwendet.

Klammern und Nägel für Tacker: Weil die Schenkel der Klammern und die Schäfte dieser Nägel alle sehr dünn sind (unter 1 mm²), keilen sie das Holz nur geringfügig auseinander. Dementsprechend ist die Klemmwirkung nicht groß. Nur geeignet zum Heften.

47

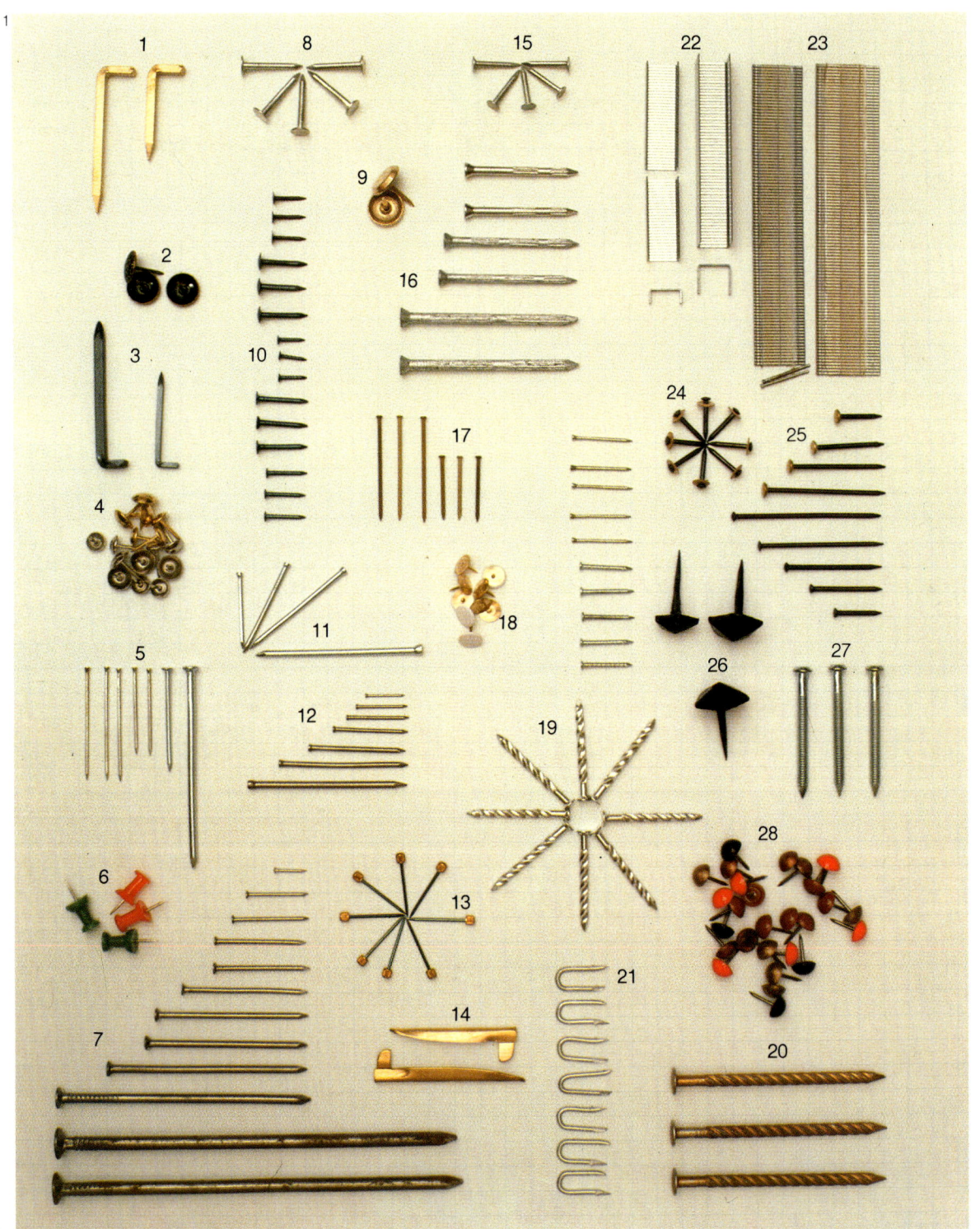

Ziernägel: Hier kommt es im wesentlichen auf das Aussehen des Nagelkopfes an. Handgeschmiedete Nägel und Polsternägel gehören in diese Gruppe.

Zur Beachtung: Nägel aus ungehärtetem Stahl rosten und rosten schließlich durch, so daß die Verbindung zerstört wird. Verzinkte und verkupferte Nägel sind weniger anfällig für Rost, Nägel aus Edelstahl rostfrei, aber in der Anschaffung sehr teuer. Für bestimmte Dübel werden heute Kunststoffnägel verwendet.

Werkzeuge zum Nageln

Hämmer: Zum Nageln geeignet sind Schlosserhämmer, Schreinerhämmer und, vor allem für größere Nägel, der Lattenhammer des Zimmermanns (Abb. 2). *Tacker:* Diese mechanischen oder auch elektrischen Werkzeuge (Abb. 3) schießen Klammern zwischen 4 und 14 mm Schenkellänge oder Nägel bis zu 26 mm Länge in Pappe, Folien, Spanplatten und weiches Holz. Besonders leistungsfähige Geräte lassen sich auch bei Hartholz einsetzen.

Nagelhalter: Vor allem bei kleinen Nägeln ist es schwierig, nur den Nagelkopf zu treffen und nicht zugleich die Finger, die den Nagel halten. Ein Nagelhalter (Abb. 4) löst dieses Problem und ermöglicht es außerdem, an Stellen zu nageln, die man sonst aus Platzmangel nicht erreicht. Bei kleinen Nägeln kann man als Nagelhalter auch einen Pappstreifen verwenden mit einem Schlitz, in den man den Nagel einklemmt.

Nagelversenker oder Durchschlag: Will man verhindern, daß der Hammer Dellen und Kerben in den Untergrund schlägt, wenn der Nagel das letzte Stück ins Holz getrieben wird, so verwendet man zum Schluß den Nagelversenker (Abb. 5). Mit seiner Hilfe wird der Nagel so weit ins Holz geschlagen, daß über dem Nagelkopf ein Loch im Holz entsteht, das dann zugekittet werden

1 *Nägel (von Häfele und Tox):*
    1 *Wandhaken aus Stahl vermessingt*
    2 *Ziernägel zum Polstern*
    3 *Stahlwandhaken*
    4 *Polsternägel*
    5 *Drahtstifte mit Senkkopf verzinkt*
    6 *Reißbrettstifte*
    7 *Drahtstifte mit Senkkopf*
    8 *Dachpappennägel*
    9 *Teppichnägel*
    10 *Kammzwecken gebläut*
    11 *Drahtstifte mit Stauchkopf verzinkt*
    12 *Drahtstifte mit Stauchkopf*
    13 *Zylinderkopfnägel*
    14 *V-Profilhaken aus Stahl*
    15 *Dachpappennägel*
    16 *Stahlrillennägel*
    17 *Colournägel*
    18 *Reißzwecken*
    19 *Edelstahlnägel (Dibo ramcord)*
    20 *Schraubnägel*
    21 *Krampen*
    22 *Klammern für Tacker*
    23 *Nagelstreifen für Tacker*
    24 *Leitungsstifte isoliert*
    25 *Stahlnägel gehärtet, teilweise mit Messingkopf*
    26 *geschmiedete Ziernägel*
    27 *Stahlrillennägel*
    28 *Polsternägel.*

2 *Hämmer:*
    Rechts: Schlosserhammer (Heyco).
    Mitte: Schreinerhammer (Lux).
    Links: Lattenhammer für den Zimmerer (Stanley).

3 *Tacker:*
    1 *Mechanischer Tacker*
    2 *Elektronagler (Swingline von Lux).*

4 *Ein praktischer und sehr robuster Halter für Schrauben und Nägel verschiedener Stärken und Längen.*

5 *Nageltechniken:*
  1 Vorbohren
  2 Versenken des Nagels mit dem Nagelversenker und Schrägnageln
  3 Das Loch über dem Nagelkopf wird zugekittet, der Nagel wird unsichtbar.
  4 Senkrecht eingeschlagene Nägel halten nicht so gut wie beim Schrägnageln.
  5 Richtig versetzt genagelt: Jeder Nagel durchschlägt eine andere Holzfaser.
  6 Falsch, die Nägel sehen nur versetzt genagelt aus, stecken aber alle in der gleichen Holzfaser – Spaltgefahr.

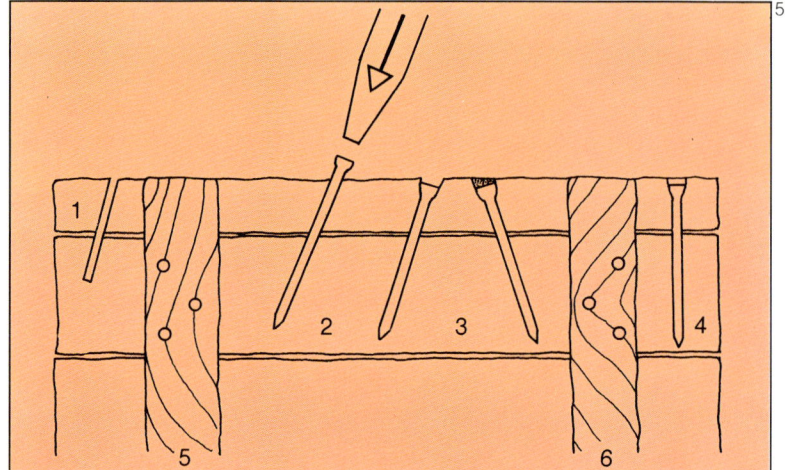

6 *Durchnageln und Umschlagen:*
  1 Durchgeschlagener Nagel
  2+3 Die richtige Methode des Umschlagens mit Hilfe einer ausgedienten Dreikantfeile
  3 Zurücknageln
  4+5 Das einfache Umschlagen mit Verletzungsgefahr an der Nagelspitze und viel weniger Haltbarkeit.

7 *Unsichtbares Nageln:*
  1 Der Span wird vorsichtig mit dem Stechbeitel hochgehoben und der Stauchkopfnagel unter dem Span versenkt.
  2 Der Span wird festgeleimt.

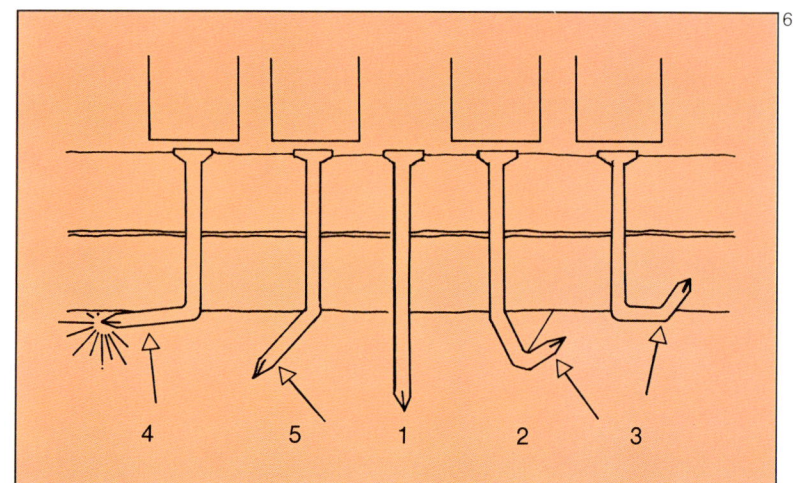

 8 *Nagelziehereisen (Stanley), auch zum Anheben schwerer Gegenstände.*

 9 *Das Nagelziehen mit der Beißzange (Lux).*
  Wenn man den Nagel möglichst tief anpackt, mehrfach nachfaßt und unter die Zange ein Holzstück legt, wird das Werkstück am wenigsten beschädigt.

10 *Das Nagelziehen mit der Klaue des Lattenhammers (Stanley).*

11 *Schraubenarten:*
  1 Holzschraube
  2 Metrische Schraube, auch Maschinenschraube genannt
  3 Blechschraube
  4 Spanplattenschraube
  5 Schloßschraube.

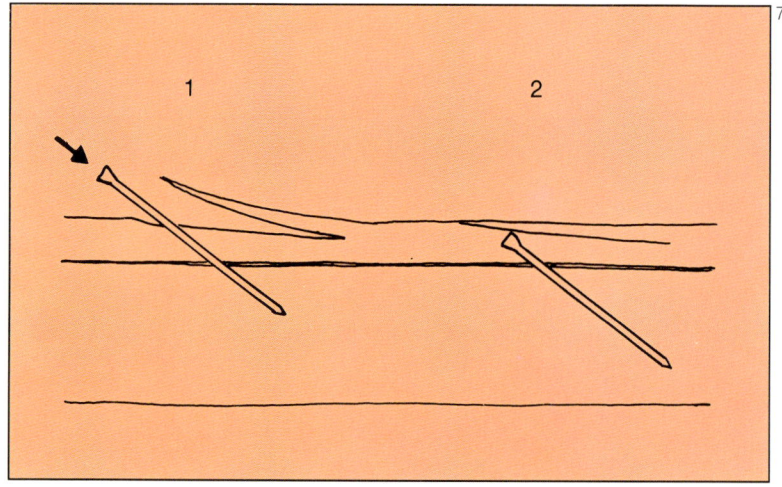

kann, so daß der Nagel unsichtbar wird.

Nageltechniken

Zur Beachtung: Wie lang soll der Nagel sein? Zwei Drittel des Nagelschaftes sollen im unteren Holzteil stecken, es sei denn, es wird durchgenagelt (siehe weiter unten).

Stauchen der Nagelspitze: Eine Nagelspitze, die ins Holz geschlagen wird, hat eine Sprengwirkung. Sie ist um so größer, je dicker der Nagel ist. Das kann dazu führen, daß sich das Holz spaltet. Diese Gefahr wird durch das Stauchen des Nagels vermindert: Mit dem Hammer wird auf die Nagelspitze geschlagen, so daß diese stumpf wird.

Vorbohren: Bei Hartholz und in Kantennähe sollte vorgebohrt werden. Das Bohrloch soll etwas schwächer als die Schaftstärke des Nagels und etwa zwei Drittel der Nagellänge tief sein.

Versetzt nageln: Die Gefahr, daß sich das Holz beim Nageln spaltet, wird um so größer, je mehr Nägel in die gleiche Holzfaser, die man am Maserungsverlauf erkennt, geschlagen werden. Richtig ist es, versetzt zu nageln (Abb. 5).

Schräg nageln: Das hält wesentlich besser, als wenn die Nägel parallel zueinander ins Holz geschlagen werden (Abb. 5).

Durchnageln: Wenn abzusehen ist, daß die Nagelverbindung den Belastungen nicht standhalten wird, weil das tragende Holz zu schwach ist, kann das Durchnageln und Umschlagen des Na- 51

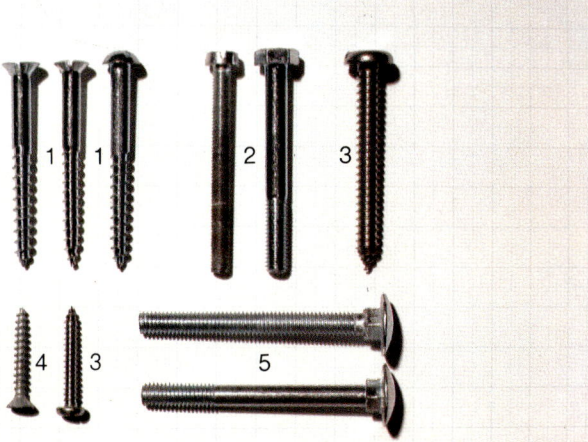

12 Holzschrauben
   (Häfele, Dibo ramcord):
   1 Senkkopfschrauben verzinkt
   2 Senkkopfschrauben
   3 Linsenkopfschrauben
      verchromt
   4 Linsenkopfschrauben
      Messing
   5 Rundkopfschrauben
   6 Rundkopfschrauben
      brüniert
   7 Spanplattenschrauben
   8 Nippelschrauben
   9 Stockschrauben
   10 Blattschraube
   11 Ring-, Rund- oder
      Ösenschraube
   12 halboffene Rundhakenschraube
   13 Winkelhakenschraube

14 Sechskantschrauben
15 Schloßschrauben.

13 Metrische Schrauben
   (Häfele, Dibo ramcord):
   1 Senkkopfschraube verzinkt
   2 Senkkopfschraube aus Edelstahl
   3 Rundkopfschraube
   4 Zylinderkopfschraube
   5 Sechskantschraube
   6 Blechschraube
   7 Hakenschraube
   8 Sechskantmutter
   9 Vierkantmutter
   10 Flügelmutter
   11 Sicherungsmutter
   12 Beilagscheibe
   13 Sprengring
   14 Splint.

gelendes die Lösung des Problems sein.

Schlägt man den Nagel einfach um, besteht die Gefahr, daß die Spitze nicht ins Holz eindringt, sondern schräg herausragt, so daß man sich verletzen kann. Diese Verletzungsgefahr läßt sich vermeiden, und man erhöht zugleich die Festigkeit der Verbindung, wenn man das durchgeschlagene Nagelende über einer alten Dreikantfeile abwinkelt und dann die Spitze ins Holz zurückschlägt (Abb. 6).

Unsichtbares Nageln: Hier gibt es die Möglichkeit des Nagelversenkens (Abb. 7) und folgende weitere Methode: Ein Span wird vorsichtig gelöst, ohne daß er abbricht, der Nagel unter dem Span eingeschlagen (Nagelversenker

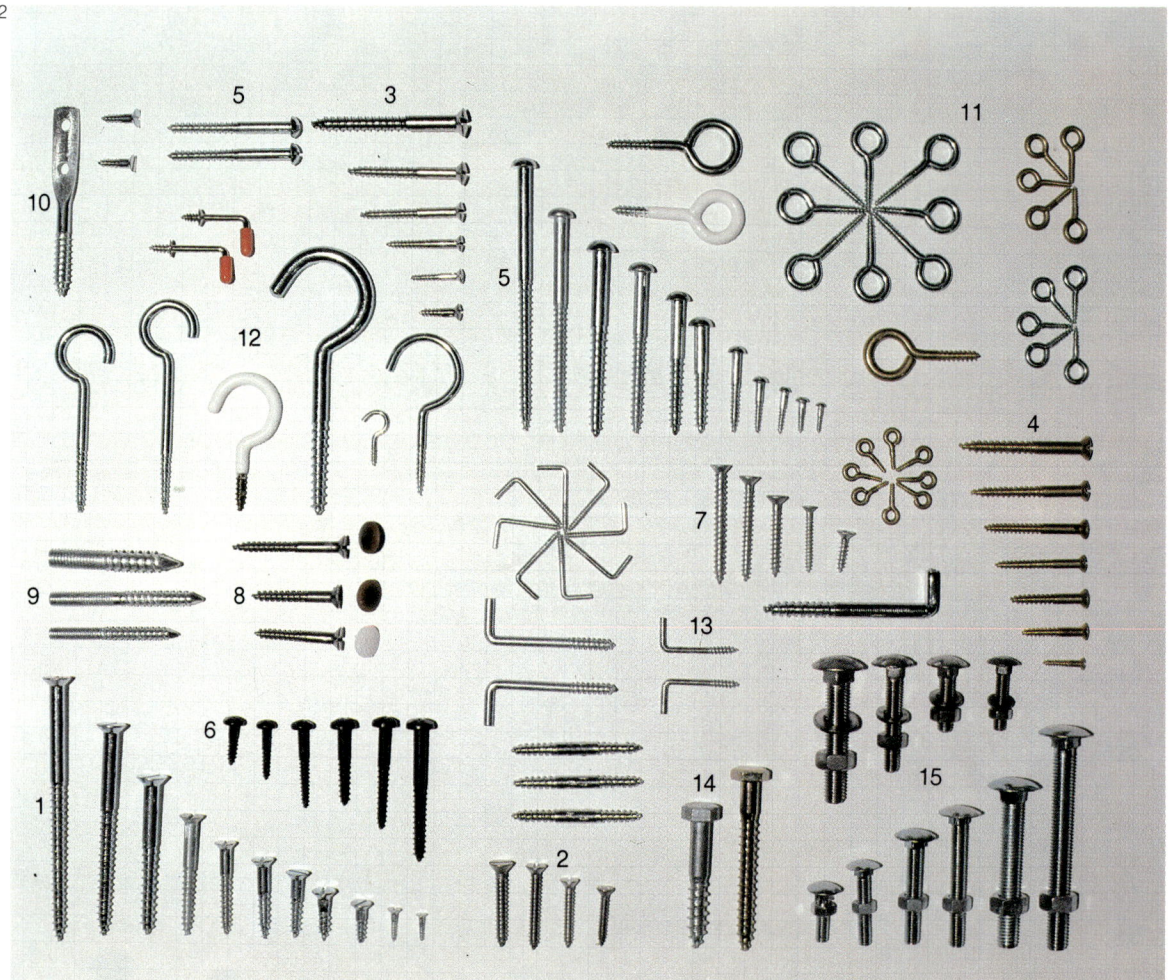

12

benutzen) und danach der Span wieder festgeleimt (Abb. 7).

Nägel in einer Wand: Im Putz hält kein Nagel. Der Nagel muß also durch den Putz gehen. Auch in alten Mauerfugen hält der Nagel nur schlecht, was durch entsprechende Länge der Nägel ausgeglichen werden kann.

Soll an dem Nagel etwas aufgehängt werden, so wird der Nagel schräg von oben nach unten in die Wand geschlagen.

Nägel ziehen

Will man eine Nagelverbindung lösen, ohne das Holz zu beschädigen, muß man mit einem dafür geeigneten Werkzeug versuchen, den Nagel unter dem Kopf zu fassen und aus seinem Loch

herauszuheben: Mit einem Nagelheber, einer Beißzange, einem der verschiedenen im Handel erhältlichen Nageleisen oder einem Hammer mit Nagelzieherschlitz (Abb. 8 bis 10). Wenn beim Herausheben Druckstellen im Holz vermieden werden sollen, legt man ein kleines Brettstück unter, das den Druck des Werkzeugs auffängt.

Bei einem durchgenagelten und umgeschlagenen Nagel richtet man zunächst die Spitze wieder auf. Bricht der Nagel, vom Rost zerfressen, dabei ab, versucht man, ihn mit dem Hammer oder dem Nagelversenker vorsichtig rückwärts herauszuschlagen, bis man den Kopf fassen kann.

Einen versenkten, nicht durchgenagelten Nagel bekommt man nur heraus,

wenn man das Holz um den Nagelkopf so weit mit einem Stechbeitel wegstemmt, daß man den Nagelkopf mit einer Zange zu fassen kriegt. Manchmal kann man eine genagelte Verbindung auch in der Weise lösen, daß man den Nagelkopf abkneift, so daß dann die zusammengenagelten Teile auseinandergedrückt und gehebelt werden können.

Schrauben

Bei vielen handwerklichen Arbeiten werden Schrauben (Abb. 11) gebraucht, denn sie stellen das wichtigste Hilfsmittel für mechanische Verbindungen dar.

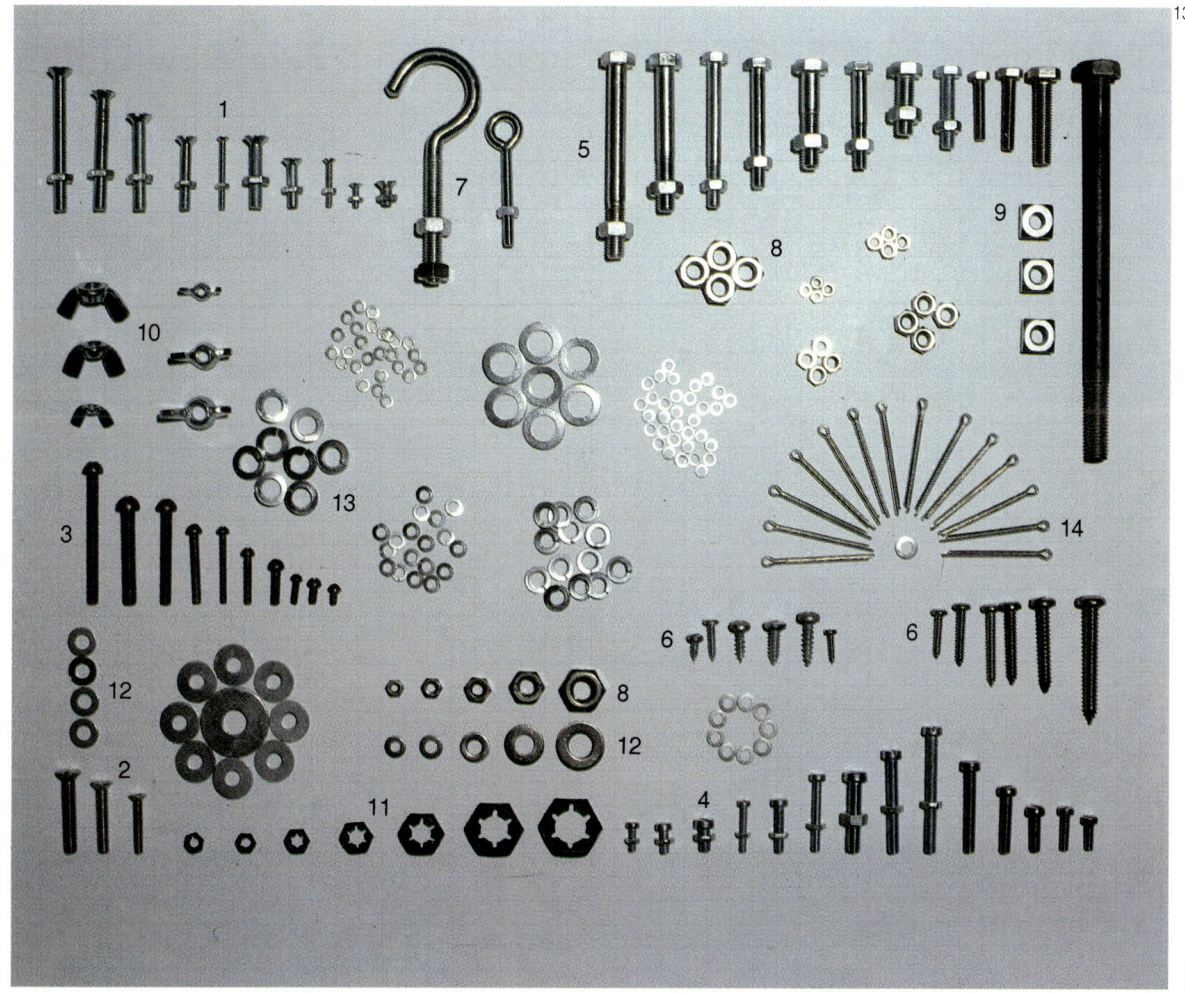

13

Schraubenverbindungen sind sehr haltbar, können aber auch wieder gelöst werden, ohne daß etwas beschädigt wird.

Das Gelingen einer Arbeit hängt oft davon ab, ob die richtige Schraube verwendet wurde. Es scheint zunächst schwierig zu sein, sich in dem Riesenangebot von Schrauben zurechtzufinden, aber ein paar Grundkenntnisse schaffen schnell einen Überblick:

Schraubengröße

Jede Schraube ist durch zwei Zahlen gekennzeichnet, z.B. 4 × 30. Die erste Zahl gibt in Millimetern an, wie stark der Schraubenschaft unter dem Kopf ist. Die zweite Zahl gibt ebenfalls in Millimetern an, wie lang der Teil der Schraube

ist, der sich schließlich unter der Oberfläche befinden wird. Bei der Senkkopfschraube ist es die gesamte Schraube, also Schaft und Kopf, während das Längenmaß bei einer Rundkopfschraube nur den Schaft meint, weil der Rundkopf über der Oberfläche bleibt.

Schrauben für Holz und Metall

Bei Holzschrauben (Abb. 12) verjüngt sich der Schaft allmählich zu einer Spitze, die sich beim Eindrehen wie ein Bohrer in das Holz schraubt und diesen zähen Werkstoff auseinanderpreßt. Vor allem bei Hartholz und bei dicken Schrauben ist es erforderlich, vorzubohren (siehe Seite 171). Das obere Drittel des Schaftes ist glatt, der Rest als Gewinde gedreht.

Bei metrischen Schrauben, auch Metall- oder Maschinenschrauben genannt (Abb. 13), verjüngt sich der Schaft nicht; er ist an jeder Stelle gleich stark. Das Schaftende ist hier flach. Die Metallschraube wird entweder in ein Gewindeloch im Metall eingeschraubt (Gewindeschneiden siehe Seite 229) oder durch die Teile, die miteinander verbunden werden sollen, durchgesteckt und nach Einlegen einer Beilagscheibe oder eines Sprengrings mit einer Mutter verschraubt, so daß die zu verbindenden Teile zusammengepreßt werden. Muttern tragen die Bezeichnung M; es gibt die Größen von M 1 bis M 68. Die Ziffern geben an, für welche Schraubenstärke die Mutter paßt, z.B. M 4 für Schrauben mit 4 mm Bolzendurchmesser. Aber selbst wenn Schraube und Mutter den gleichen Gewindedurchmesser haben, heißt das noch nicht, daß man die Mutter ohne weiteres auf den Schraubenschaft schrauben kann: Wenn das Gewinde der Schraube und das der Mutter eine unterschiedliche Steigung haben, passen die beiden nicht zusammen. Im Buch beschränken wir uns auf die Verwendung von Schrauben und Muttern mit dem Regelgewinde: Das ist das metrische ISO-Gewinde. Rohre für In-

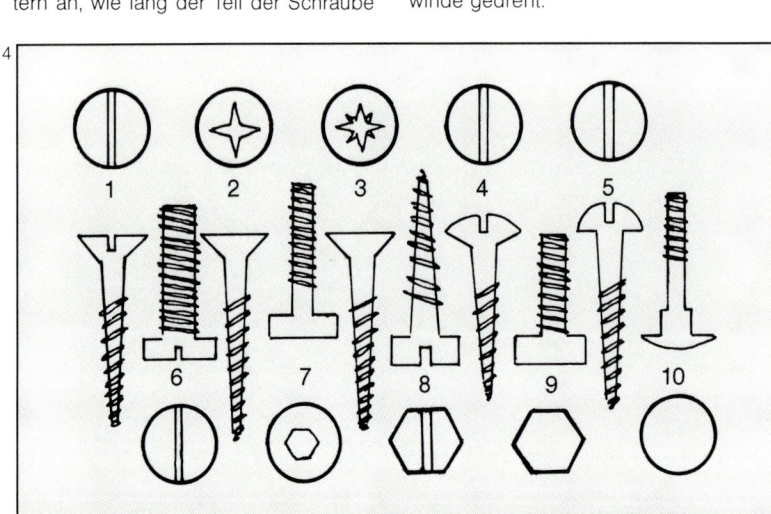

14

15

14 *Schraubenköpfe:*
    1 Flach-Senkkopf mit Schlitz
    2 Flach-Senkkopf mit Kreuz
    3 Flach-Senkkopf mit Pozidriv
    4 Linsen-Senkkopf
    5 Halb-Rundkopf
    6 Flach- oder Zylinderkopf mit Schlitz
    7 Flach- oder Zylinderkopf mit Innensechskant
    8 Außen-Sechskantkopf mit Schlitz
    9 Außen-Sechskantkopf ohne Schlitz
    10 Schloßschraubenkopf.

15 *Elektroschraubwerkzeug:*
    Rechts: Stufenlos regulierbare Bohrmaschine mit Rechts-links-Lauf (Metabo) für Schlitz-, Kreuz- und Pozidrivschrauben.
    Links: Leichter Bauschrauber (AEG) für Holz- und Maschinenschrauben.

16 *Mechanisches Schraubwerkzeug.*

stallationen sind in der Regel mit einem Whitworth-Gewinde versehen. Auch die Beilagscheiben sind mit einer Ziffer bezeichnet, die angibt, zu welcher Schraube sie passen.

Das Ende der Schraube ist manchmal durchbohrt. Durch das Loch kann man, nachdem die Mutter aufgeschraubt ist, einen Splint zur Sicherung der Mutter stecken und aufbiegen.

Schrauben kann man auch selbst herstellen: Man kauft sich zu diesem Zweck Gewindestangen des gewünschten Durchmessers, sägt dann mit der Eisensäge Stücke der benötigten Länge ab (genau rechtwinklig absägen!) und verwendet an beiden Seiten des Gewindes Muttern und Beilagscheiben.

Bevor man eine Schraube oder eine Gewindestange kürzt, schraubt man die Mutter auf. Nach dem Absägen wird das Schraubenende schräg angefeilt. Dann wird die Mutter abgedreht, und dadurch wird der in aller Regel durch das Absägen und Anfeilen etwas aus der Form geratene letzte Gewindegang wieder zurechtgebogen.

Die Blechschraube (Abb. 13) hat eine Spitze wie die Holzschraube, jedoch verjüngt sich ihr Schaft nicht allmählich, sondern er ist wie bei der Metallschraube gleichbleibend stark mit Ausnahme des unmittelbaren Endes, das hier zu einer Spitze geformt ist. In das Blech wird zunächst ein Loch gebohrt mit einem Durchmesser, der dem Innendurchmesser des Blechschraubenge-

windes entspricht. Die Spitze der Blechschraube wird in dieses Loch gesteckt. Beim Eindrehen verformt sich das relativ weiche Blech so, daß sich die Bohrstelle in die Kerben des Gewindes der Blechschraube einpaßt.

Die Spanplattenschraube hat ein ähnliches Gewinde wie die Blechschraube. Sie kann ohne Vorbohren in die Spanplatte eingedreht werden und schneidet sich mit ihrem scharfen Gewinde das Loch selbst, ohne das Material zu zerstören.

Schloßschrauben sind Metallschrauben, die im Durchsteckverfahren verwendet werden, aber nur eingesetzt werden können, wenn es sich bei dem Teil, durch das die Schraube zuerst gesteckt wird, um Holz handelt. Der Vier-

16

kantteil unter dem Schloßschraubenkopf preßt sich beim Anziehen der Mutter ins Holz und verhindert so, daß sich die Schraube beim weiteren Anziehen der Mutter mitdreht.

Gewindestangen mit Mutter kann man als überlange Schrauben verwenden. Gewindestangen sind im Handel in einer Länge von 1 m in allen gängigen Gewindegrößen erhältlich. Sie können beliebig gebogen oder gekantet werden. Mit ihrer Hilfe können besondere Aufgaben bei der Verbindung von Teilen oder ihrer Befestigung gelöst werden.

Kopfformen

Je nach Längs- und Querschnitt unterscheidet man folgende Kopfformen: Flachsenkkopf (= Senkkopf), Linsensenkkopf (= Linsenkopf), Halbrundkopf (= Rundkopf), Sechskantkopf, Flach oder Zylinderkopf und Kopf der Schloßschraube (Abb. 14).

Nach der Aufsicht, also von oben besehen, erkennt man, welches Werkzeug benötigt wird, um die Schraube drehen zu können. Hier unterscheidet man Schlitz-, Kreuz-, Pozidriv-, Außensechskant-, Innensechskant- und Schloßschrauben. Die Pozidrivschraube ist eine Fortentwicklung der Kreuzschraube: Zum Kreuz der Kreuzschraube kommt noch ein weiteres kleines diagonales Kreuz hinzu, das dem Schraubendreher einen besseren Halt gibt.

Schraubwerkzeuge

Für Schlitz-, Kreuz-, Pozidriv-, Innen und Außensechskantschrauben gibt es viele elektrische und mechanische Schraubwerkzeuge (Abb. 15 bis 17).

Für Schlitz-, Kreuz- und Pozidrivschrauben verwendet man den Schlitz-, Kreuz bzw. Pozidrivschraubendreher. Die Spitze des Werkzeuges sollte genau zum Schraubenkopf passen. Ist das Werkzeug zu groß, kann es die Schraube beschädigen, ist es zu klein, wird bei vollem Krafteinsatz das Werkzeug beschädigt, denn die Funktionen von Werkzeug und Schraube sind genau aufeinander abgestimmt.

Die Schneide beim Schlitzschraubendreher wird durch zwei Maße bezeichnet. 0,8 × 5 z. B. bedeutet, daß die Schneide vorne 0,8 mm dick ist und 5 mm breit. Die Schneidengrößen be

17

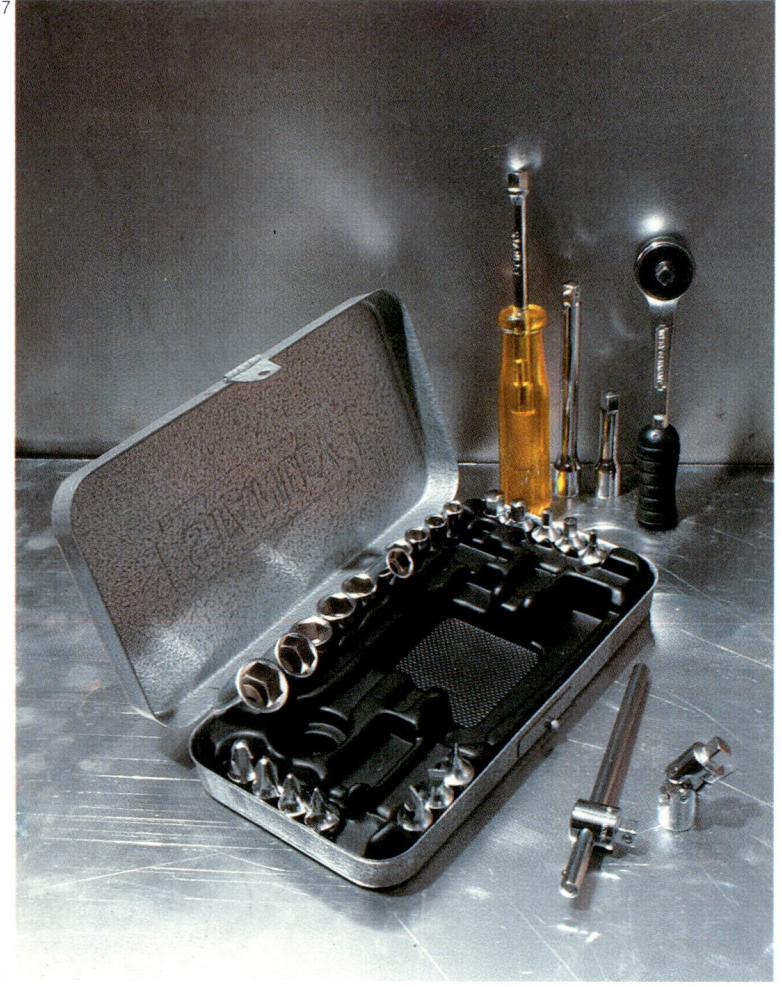

18

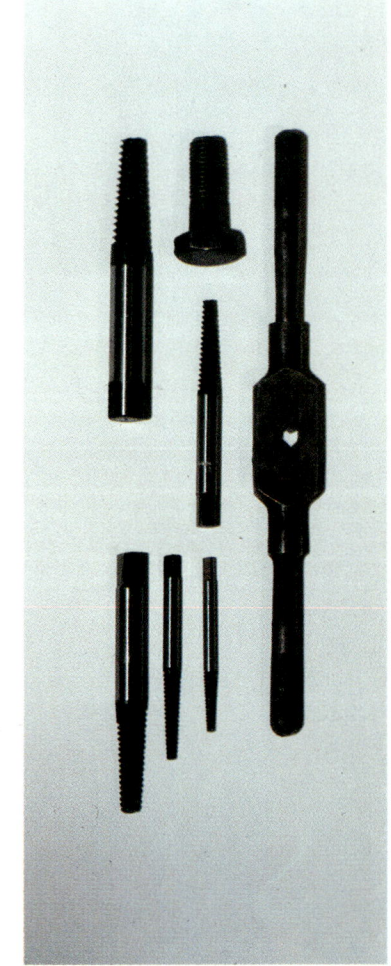

17 *In diesem kleinen Werkzeugkasten von nicht einmal 10 × 20 cm sind 10 metrische Steckschlüsseleinsätze enthalten, sowie 5 Einsätze für Inbusschrauben, 4 für Kreuzschrauben, 3 für Schlitzschrauben, Hand- und Gleitgriff und Umschaltknarre mit 2 Verlängerungsstücken und Kardangelenk aus Chrom-Vanadium (Stanley).*

18 *Schraubenausdreher für Schrauben mit Rechtsgewinde, also alle Holzschrauben und die meisten metrischen Schrauben. In die Schraube wird ein Loch gebohrt und der Schraubendreher links herum in die Schraube gedreht, bis er sich verklemmt und die Schraube mitnimmt. Rechts das Windeisen mit dem der Ausdreher gedreht wird.*

19 *Mutternsprenger. Der wichtigste Teil dieses Werkzeugs ist ein Meißel, der durch Andrehen eines Gewindebolzens auf die festsitzende Mutter gepreßt wird, bis er die Mutter auseinandersprengt.*

20 *Schlagschrauber mit auswechselbaren Einsätzen für Schrauben aller Art.*

wegen sich zwischen 0,5 × 3 bis 2,5 × 16.

Bei den Kreuz- und Pozidrivschraubendrehern kennt man die Größen 0, 1, 2, 3 und 4; die Größe 0 ist geeignet für Schrauben mit einem Gewindedurchmesser bis 2 mm, die Größe 1 für 2,1 bis 3, die Größe 2 für 3,1 bis 5,2, die Größe 3 für 5,3 bis 7,2, die Größe 4 für 7,3 bis 12,7 mm.

Nützlich sind Schraubendreher mit auswechselbaren Einsätzen, oft kombiniert mit einer Umschaltknarre, die das Eindrehen und Lösen von Schrauben erleichtert.

Wer viel schrauben muß, dem sei ein Drillschrauber mit Rechts- und Linkslauf und Wechselklingen empfohlen, mit dem man tatsächlich sehr viel schneller

schrauben kann als mit einem gewöhnlichen Schraubendreher.

Bei Schraubarbeiten an schwer zugänglichen Stellen kann man manchmal nur schwer einen saftigen Fluch unterdrücken, wenn die verflixte Schraube zum x-ten Male runtergefallen ist. Hier helfen Schraubendreher, die entweder auf mechanische Weise oder mit einem Magneten die Schraube festhalten. Wenn einem dennoch die Schraube oder eine Mutter an eine scheinbar unerreichbare Stelle gefallen ist, hilft der Magnetheber mit seiner langen beweglichen Spirale (Abb. 16).

Innensechskantschrauben werden mit dem Inbus-Schlüssel gedreht. Es gibt aber für den Innensechskant auch Einsätze für Schraubdreher.

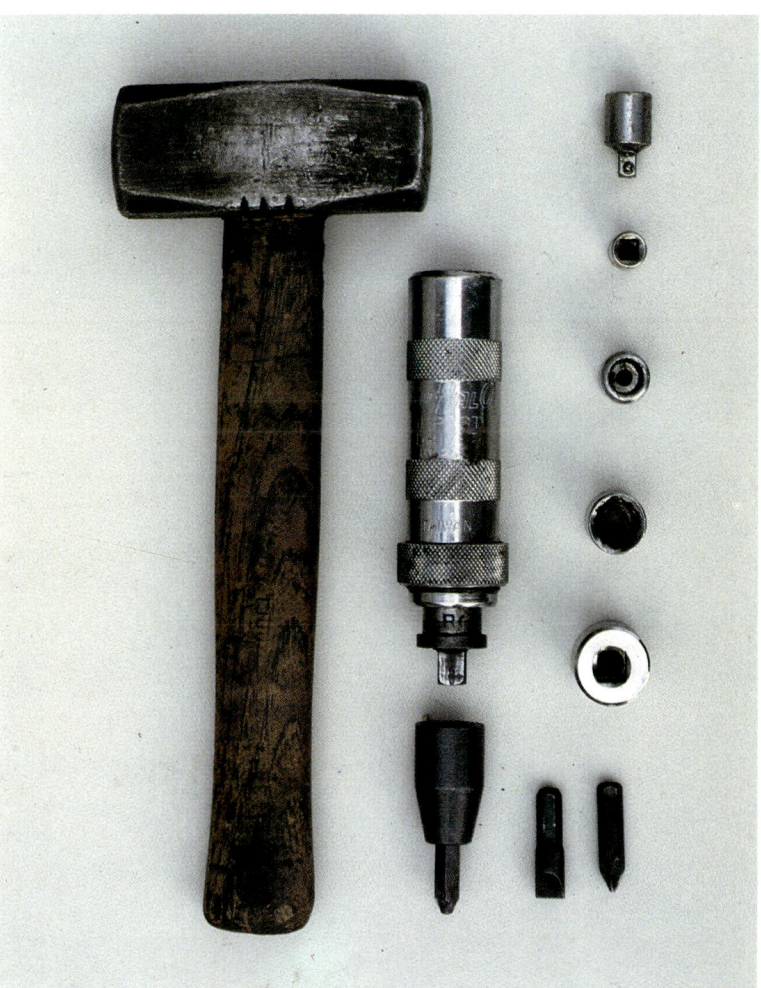

19

20

Für Außensechskantschrauben und Muttern gibt es Schraubenschlüssel: Gabelschlüssel, Ringschlüssel und Steckschlüssel (Abb. 16). Empfehlenswert ist auch hier der verstellbare Schraubenschlüssel.

Zangen sollte man nur als Notbehelf benutzen, denn beim Einsatz von Zangen zum Schrauben ist die Gefahr sehr groß, daß die Mutter beschädigt wird, insbesondere, wenn die Kraft nicht ausreicht, die Mutter festzuhalten.

Sehr vielseitig sind Steckschlüsselsätze in Werkzeugkästen, in denen jedes Teil seinen Platz hat. Verschiedene Griffe können mit Verlängerungen und Kardangelenken mit allen denkbaren Einsätzen für jede Schraube, die es gibt, kombiniert werden (Abb. 17).

Natürlich gibt es auch Elektroschraubwerkzeug, jedoch lohnt sich die Anschaffung eines Bauschraubers (Abb. 15) nur, wenn Schrauben in großer Zahl verarbeitet werden und es auf Zeitersparnis ankommt. Ansonsten können elektrische Bohrmaschinen mit Rechtslinks-Lauf und stufenlos regulierbarer Drehzahl mit Schraubeinsätzen für die gängigen Schraubengrößen und -arten ausgestattet werden.

Haken

Der Kopf einer Schraube kann auch als Haken geformt sein. Es gibt Winkelhaken, halboffene Rundhaken und Rundoder Ösenhaken; die letzteren meist aus blankem Eisen oder mit einem weißen Kunststoffüberzug als Korrosionsschutz (Abb. 12).

Nichtrostende Schrauben

Schrauben sind in der Regel aus ungehärtetem Stahl und rosten deshalb leicht. Verzinkte Schrauben sind weniger anfällig für Rost. Unempfindlich gegenüber Rost und Salzwasser sind Messing- und Nirosta-Edelstahlschrauben. Messing ist jedoch ein verhältnismäßig weiches Material, und Edelstahl ist sehr teuer.

Probleme beim Lösen von Schrauben und Muttern

Abgebrochene Holzschrauben: Wenn eine Hälfte des Schraubenkopfes einer Schlitzschraube abgebrochen ist, nimmt man einen Meißel, setzt ihn am äußersten Ende des Schraubenkopfes an und versucht mit leichten Schlägen,

die Schraube linksherum zu lockern. Greift der Schraubendreher nicht mehr im Schlitz, weil dieser beschädigt ist, kann man den Schlitz mit einer Eisensäge vertiefen. Man kann auch das Holz um den Kopf so weit wegstemmen, daß man den Kopf mit einer Zange packen und die Schraube auf diese Weise herausdrehen kann.

Führt das alles nicht zum Erfolg, versucht man, die Schraube innen auszubohren und mit einem Gewinde- oder Schraubenausdreher (Abb. 18) herauszudrehen. Das gelingt jedoch nicht immer, vor allem bei Schrauben mit verhältnismäßig kleinem Durchmesser. Bei ihnen hilft nur, die ganze Schraube auszubohren, wobei allerdings das Werkstück beschädigt wird. Wenn möglich, wird bei dieser Methode zuvor der Schraubenkopf entfernt, damit die Bohrungen möglichst dicht an der Schraube vorgenommen werden können.

Wenn der Schraubenschaft zu dünn wird und kein Loch für den Schraubenausdreher in den Schaft gebohrt werden kann, hilft nur noch das Ausbohren der ganzen Schraube.

Abgebrochene Maschinenschrauben mit Rechtsgewinde:
Werden wie abgebrochene Holzschrauben behandelt.

In den Schaft der Schraube wird ein Loch gebohrt, in dieses Loch ein Gewindeausdreher eingedreht. Gewindeausdreher gibt es in verschiedenen Stärken. Sie haben Linksgewinde. Die Gewindeschraube verklemmt sich in dem Loch im Schraubenschaft. Bei sorgsamem Weiterdrehen nimmt der Gewindeausdreher die Schraube mit: Sie läßt sich dann leicht herausdrehen (Abb. 18).

Eingerostete oder zu stark angezogene Schrauben, die mit einem Schraubendreher nicht mehr gelöst werden können, lassen sich meist mit einem Schlagschrauber lösen. Man kann ihn allerdings auch verwenden, um eine Schraube oder einen Bolzen besonders fest anzuziehen (Abb. 20).

Festsitzende Muttern: Ist eine Mutter gerostet, kann man zunächst einmal versuchen, sie mit einem Rostlöser zu lösen.

Führt dies nicht zum Erfolg, wird die Mutter (aber nicht der Bolzen!) erhitzt. Dazu benutzt man eine Lötlampe oder einen Schweißbrenner. Wenn jedoch

keine offene Flamme benutzt werden darf, weil brennbare Materialien in der Nähe sind, arbeitet man mit einem Lötkolben, oder man legt ein glühendes Stahlstück auf. Die Mutter dehnt sich durch die Hitze zuerst aus, und es gelingt meist, sie jetzt abzudrehen.

Läßt sich die Mutter auch auf diese Art nicht lösen oder ist das Gewinde zerstört, so hilft der Mutternsprenger (Abb. 19).

Dübel

Schrauben und Nägel finden in Mauern aus Beton, Ziegeln, Kalksandsteinen usw. meist keinen ausreichenden Halt,

21 *Universaldübel:*
1 Universaldübel aus Nylon von Upat für Schrauben mit einem Durchmesser von 2 bis 16 mm
2 Nylon-Universaldübel von Fischer für Schrauben mit einem Durchmesser von 2 bis 16 mm
3 Knetdübel von Tox
4 Kunststoff-Universaldübel von Tox, mit Kappe für Kappenmontage, ohne Kappe für Durchsteckmontage
5 Upat Expreß-Nagel, Nagel und Dübel in einem, am unteren Ende ist eine Lasche zu erkennen
6 Spreizdübel mit Metallmantel (Upat)
7 Schallschutzdübel (Dibo)
8 Nageldübel (Fischer, Tox)
9 Handschlaggerät zum Schlagen von Dübellöchern in Beton, Ziegel, Gasbeton (Fischer)
10 Handschlaggerät.

22 *Universalhakendübel (grau Fischer, rot und weiß Tox).*

23 *Dübel für Rahmen und Fassade:*
1 Fassadendübel (Tox, Fischer)
2 Konusspreizdübel für Fensterrahmen und Abstandsdübel von Fischer
3 Anker für Verblendmauerwerk an Beton und Gasbeton (Fischer)
4 Rahmendübel und Bohrer (Fischer)
5 Rahmendübel und Konusspreizdübel aus Metall (Upat).

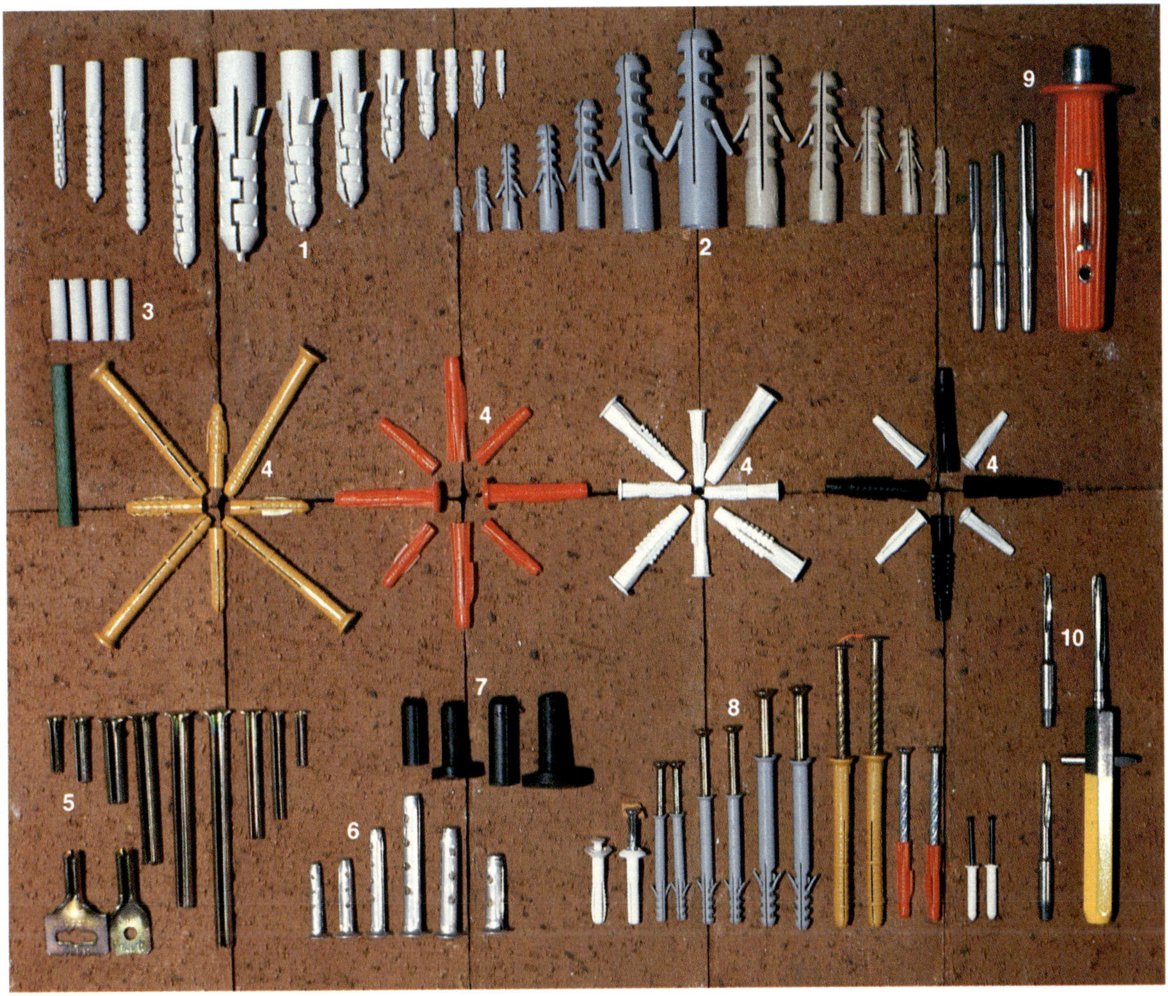

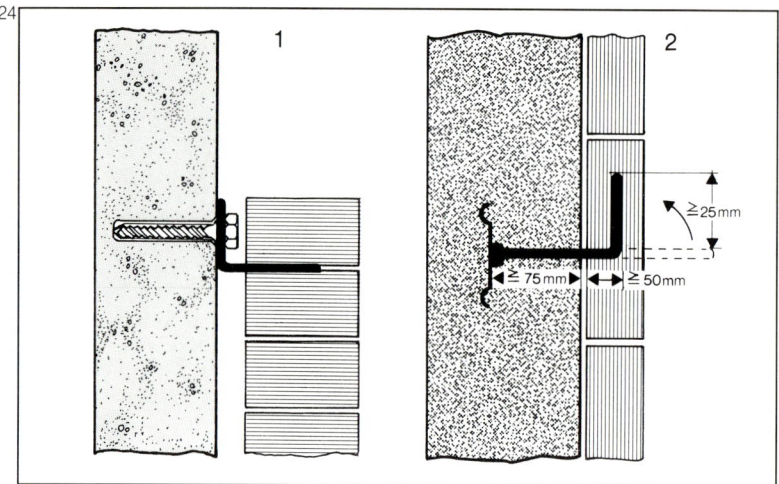

24 *Verblendanker von Fischer zur Verankerung von Verblendmauerwerk an Beton und Gasbeton. Der Mindestbedarf beträgt fünf Anker pro Quadratmeter:*
  1 Dübel im Beton halten die Verblendanker, die im rechten Winkel abgebogen werden wie in 2.
  2 Der Verblendanker wird mit dem Hammer in den Gasbetonstein eingeschlagen.

25 *Spreizdübel aus Messing und Nylon zum Befestigen in Platten aller Art im Sacklochverfahren (Fischer).*

weil diese Materialien bröckeln, wenn man eine Schraube in ein entsprechendes Bohrloch eindreht oder einen Nagel einschlägt. Ist ferner die Wandstärke einer Spanplatte, eines Profils aus Metall oder Kunststoff oder eines Bleches zu gering, reißt die Schraube aus, mit der man etwas daran befestigen will. In diesen Fällen hilft ein Dübel weiter. Dübel bestehen aus festem, zähem Kunststoff oder aus Metall.

Nicht enthalten sind in diesem Abschnitt jene Dübel, mit denen Holzteile verbunden werden. Sie heißen zwar auch Dübel, haben aber nicht die Aufgabe, einer Schraube oder einem Nagel einen festen Halt zu geben, sondern sie stellen das Verbindungselement selbst dar. Alles über Holzdübel und ihre Verwendung findet man im Kapitel Holzverbindungen (Seite 188).

60 Das Angebot an Dübeln für Schrauben und Nägel wächst ständig. Die wichtigsten Dübelarten in bezug auf ihre Funktion sind folgende:

Universaldübel
Die in Abbildung 21 gezeigten Dübel bewältigen 90 % aller Dübelprobleme, die im Haushalt und im Innenausbau auftreten. Sie sind geeignet für Holzschrauben von 2 bis 16 mm Stärke, wobei für die meisten Dübel nur Schrauben einer bestimmten Stärke verwendet werden dürfen. Der 4-As-Dübel von Tox ist verwendbar für Schrauben von einem Durchmesser von 3,5 bis 7 mm, was dem häufigsten Anwendungsbereich entspricht.
Alle Universaldübel werden bei harten Vollbaustoffen wie Beton und bei Baustoffen von geringerer Druckfestigkeit wie z.B. Gasbeton und Leichtbauplatten verwendet. Es gibt diese Dübel ohne Kappe und mit Kappe; die Kappe verhindert, daß der Dübel zu tief in ein Bohrloch geschoben wird (Abb. 21). Den umfassendsten Anwendungsbereich haben der 4-As-Dübel und der Tri-Allzweckdübel, beide von Tox. Sie können aufgrund ihrer besonderen Konstruktion auch für die Montage an Hohlblocksteinen, Hohldecken und Hohlwänden verwendet werden; Abb. 22 zeigt, wie sich diese Dübel spreizen.
Universell verwendbare Dübel werden auch mit Winkelhaken, offenen Ringhaken und Ösenhaken geliefert (Abb. 22). Die Haken der Firma Fischer haben ein metrisches Gewinde: Ein Konus spreizt die beiden Dübelhälften weit auseinan-

26 *Kipp- und Klappdübel zur Befestigung an Hohldecken, Klappdübel auch zur Befestigung an Hohlwänden. Das Bohrloch muß groß genug und über der Decke bzw. hinter der Wand genug Platz sein, damit der noch zusammengeklappte Dübel durchgesteckt werden kann.*

27 *Hohlraumdübel aus Nylon zur Befestigung an hohlen Vierkantprofilen und Rohren, z. B. Montage einer Balkonverkleidung (Fischer).*

28 und 29 *Hohlraumdübel für Montagen an Gips-, Span- und anderen Platten mit begrenztem, abgeschlossenem Hohlraum dahinter, wie beispielsweise Hohlwände, Hohldecken, Hohltüren (Nylondübel von Fischer, Metalldübel von Upat).*

30 *Dübel für Leichtbaustoffe wie z. B. Gasbeton und Hohlkammersteine:*
   1 Gasbetondübel, der mit dem Hammer ins enge Bohrloch eingeschlagen wird (Fischer).
   2 Dieser Gewindedübel wird mit einem Spezial-Eindrehwerkzeug in die Wand eingedreht wie eine Schraube (Upat).
   3 Injections-Anker von Fischer mit und ohne Netz (genauer beschrieben in Abb. 30 bis 34).
   4 Spezialdübel für Hohlkammersteine (Fischer).

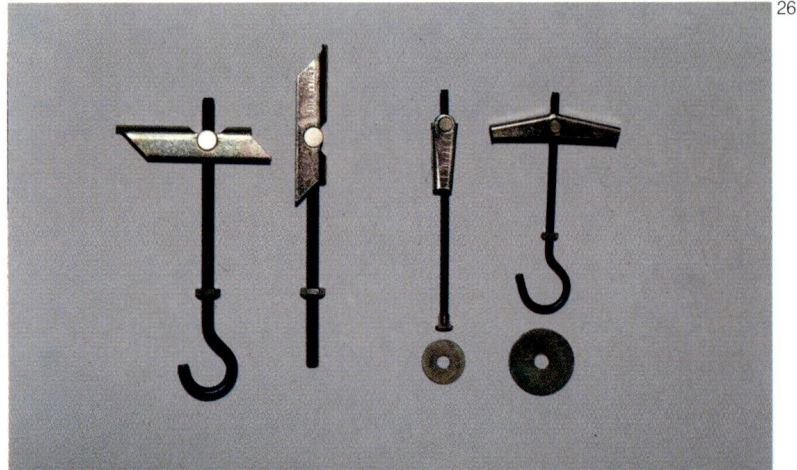

26

27

der, so daß diese Hakendübel an dünnen Plattenwänden und in Hohlblocksteinen sehr guten Halt finden.
Ebenfalls ein universelles Befestigungsmittel sind die Knetdübel, besonders geeignet für schlechte Wände, allerdings nicht für schwere Lasten. Der Knetdübel wird mit Wasser angefeuchtet, entweder in der Hand vorgeknetet oder direkt ins Bohrloch gepreßt. Die Schraube wird eingedreht, solange die Knetmasse noch weich ist. Belastet werden darf der Dübel jedoch erst nach dem Aushärten der Knetmasse. Besondere Erwähnung verdient noch der Murba-Schallschutzdübel von Diboramcord. Hier ist der Dübel von einem Gummimantel umschlossen. Er ist für sämtliche geräuschschluckende Montagen an festem Mauerwerk geeignet.

Nageldübel (Abb. 21,8) werden zur be-

28

sonders schnellen Durchsteckmontage im Innenausbau verwendet, aber auch zur Befestigung von Dämmplatten an der Außenwand. Der Nagel ist nicht glatt, sondern als Schraubnagel oder als Nagelschraube geformt.

Nagel und Dübel in einem ist der Upat-Expreß-Nagel (Abb. 21,5) aus Federstahl zur Befestigung von Gegenständen an Beton- und Ziegelwänden. Dieser Nageldübel ist bei Bedarf auch mit Lasche lieferbar.

Dübel für Rahmen und Fassaden

Langhalsdübel (Abb. 23) werden für die Durchsteckmontage verwendet.

Man bohrt durch den zu befestigenden Gegenstand und durch alles, was zwischen ihm und der festen Wand ist

stoff ist, um die Bildung von Wärmebrücken zu verhindern.

Eine spezielle Form der Langhalsdübel ist der Abstandsdübel (Abb. 23,2), mit dessen Hilfe der Montagegegenstand, z.B. eine Fassaden-Unterkonstruktion, in einem bestimmten Abstand von der Wand befestigt werden kann.

Verblendanker von Fischer verbinden das Verblendmauerwerk mit der Wand (Abb. 23,3 und 24).

Dübel für Platten

Mit Messingdübeln und Spreizpatronen von Fischer (Abb. 25) können Gegenstände an Platten (Holz- und Spanplatten, Sperrholz, Kunststoff, Kunststein) sicher im Sacklochverfahren befestigt werden, wenn die Platte wenigstens

bel bündig mit dem Montagegegenstand abschließt. Dann bewirkt bei den Kippdübeln die Schwerkraft, bei den Klappdübeln der Federdruck und in den übrigen Fällen das Anziehen der Schraube, daß sich der Dübel hinter dem Bohrloch spreizt und ein Widerlager bildet (Abb. 26 bis 29).

Spezialdübel für Leichtbaustoffe und Hohlkammersteine

Das Fischer-Injections-System ermöglicht Montagen mit optimalen Haltewerten in so unterschiedlichen Baustoffen wie Gasbeton, Gipswandplatten, Lochsteinen, Bimssteinen, altem Mauerwerk usw. Die Abbildungen 31 bis 35 zeigen die Funktionsweise der Injections-Anker, die es für Maschinenschrauben und

29

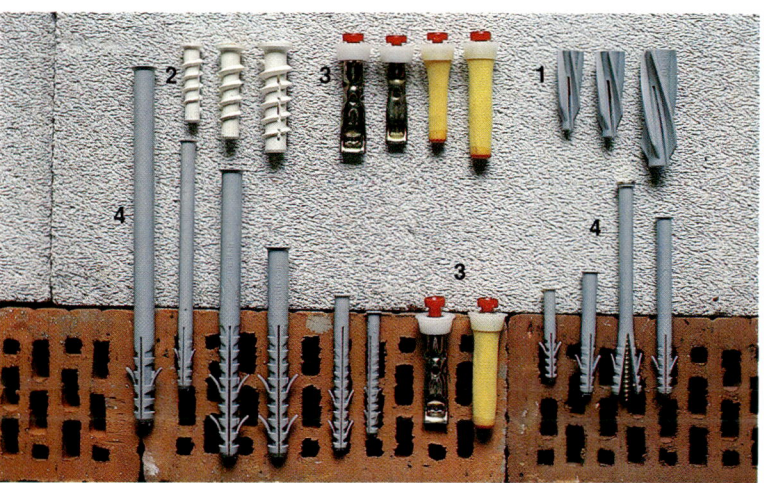

30

(Putz, Isolierschicht, Unterkonstruktion), ausreichend tief in den Untergrund und steckt den Dübel in das Bohrloch, bis er bündig mit dem Befestigungsgegenstand abschließt.

Ein kleiner Kragen am Dübelhals dient dabei als Arretierung und verhindert, daß der Dübel möglicherweise zu weit in das Bohrloch rutscht, was z.B. bei Wänden aus Hohlblocksteinen leicht vorkommt.

Die Durchsteckmontage wird angewandt zur Befestigung von Fenster- und Türrahmen, Wand- und Deckenverkleidungen, Dämmaterial und Fassaden. Der Montagegegenstand wird entweder angeschraubt oder angenagelt, wobei im Fall der Befestigung von Dämmstoffen der Nagel aus schlagfestem Kunst-

10 mm stark ist. Sacklochverfahren bedeutet, daß das Bohrloch in der Platte endet und nicht durch die Platte hindurchgeht.

Dübel für Hohlräume

Für Befestigungen an Hohlwänden, Hohldecken und an Platten, die entweder für eine Sacklochbefestigung zu dünn sind (z.B. Blech) oder aus zu weichem Material bestehen (z.B. Gipsplatten), steht ein großes Angebot an Dübeln zur Verfügung, die alle nach dem gleichen Prinzip funktionieren: Der Verankerungsgrund wird durchbohrt. Dübel ohne Kragen am Dübelhals werden an der Schraube durch das Bohrloch durchgesteckt, Dübel mit Kragen so weit ins Bohrloch gesteckt, daß der Dü-

für Holzschrauben gibt. Spezialwerkzeug ist erforderlich; es ist preiswert.

Für Gasbeton gibt es den Fischer-Gasbetondübel und den Leichtbauanker von Upat (Abb. 30).

Für Hohlkammersteine werden ebenfalls lange Dübel verwendet, allerdings Langhalsdübel mit einer besonders langen Zahnreihe (Abb. 30).

Schwerlastdübel für Beton und Vollziegel

Die außerordentliche Haltekraft dieser Dübel (Abb. 36), die Tonnengewichte aushalten können, wird auf zwei ganz verschiedenen Wegen erzeugt: Einmal preßt ein Konus beim Anziehen der Maschinenschraube den Dübel auseinander und verspreizt ihn im Beton, zum anderen werden Gewindestangen in einem sehr schnell aushärtenden Kunstharzmörtel in das Bohrloch gemörtelt.

Werkzeuge zum Dübeln
Am Beginn des Dübelns steht das Bohren des Dübelloches. Für die jeweiligen

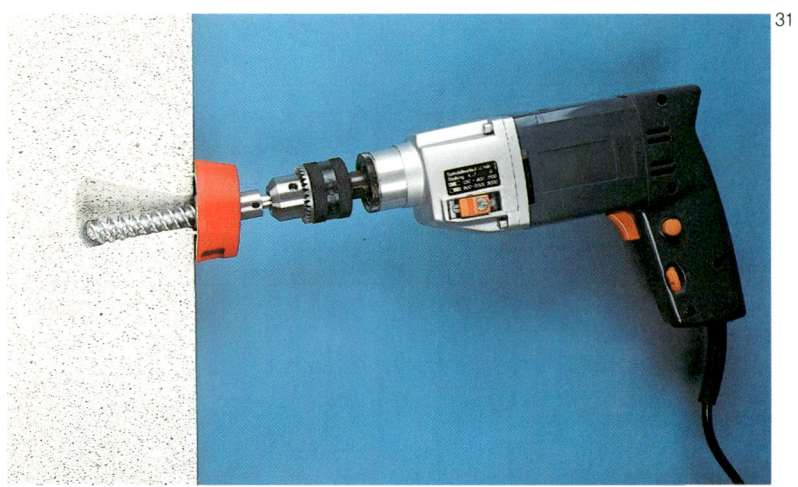

31 *Das Injections-System von Fischer schafft belastbare Befestigungen bei leichten und porösen Baustoffen wie Vollgips- und Gipskartonplatten, Gasbeton, Bims, brüchigem Mauerwerk sowie in Lochsteinen, Hohlwänden und -decken. Eine Bohrglocke und ein Konusbohrer schaffen konische Bohrlöcher: Der Konusbohrer wird durch die Bohrglocke geführt und bohrt in kreisender Bewegung.*

32 *Anrühren eines Spezialmörtels.*

33 *Der Spezialmörtel wird durch einen Anker = Dübel in das Bohrloch gepreßt.*

34 *Injectionsanker von Fischer im Gasbeton.*

35 *Injectionsanker von Fischer im Lochziegel.*

36 *Schwerlastdübel:*
  1 Stahldübel von Fischer
  2 Gewindestangen z. T. mit Innengewinde werden mit einem schnellhärtenden Kunstharzmörtel im Bohrloch verankert (Dibo).
  3 Schwerlastanker von Tox
  4 Schwerlastanker von Upat
  5 Laschenanker für Decken von Fischer
  6 Verbundanker von Upat: Die Glaspatrone mit Polyesterharz, Quarzsand und Härter wird in das saubere Bohrloch gesteckt und durch das Einvibrieren einer Gewindestange oder einer Innengewindehülse zertrümmert. Das Ganze aushärten lassen, und der Gewindedübel sitzt fest.
  7 Glasfaserverstärkter Nylondübel mit Messingkonus, schwingungsdämpfend für die Befestigung von Maschinen (Fischer)
  8 Messingspreizdübel mit metrischem Innengewinde (Tox).

34

35

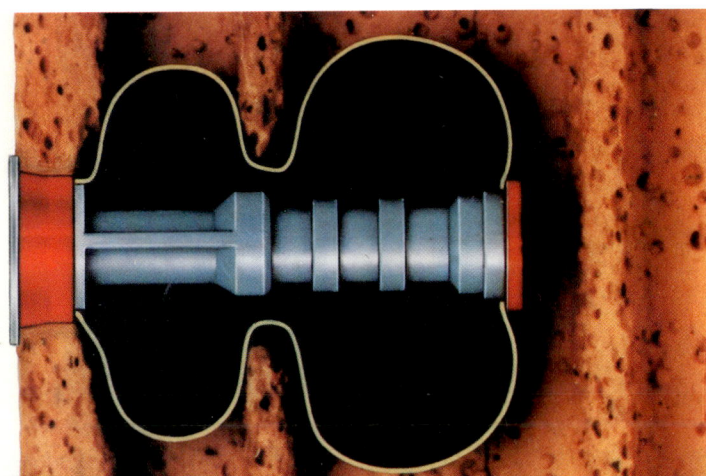

36

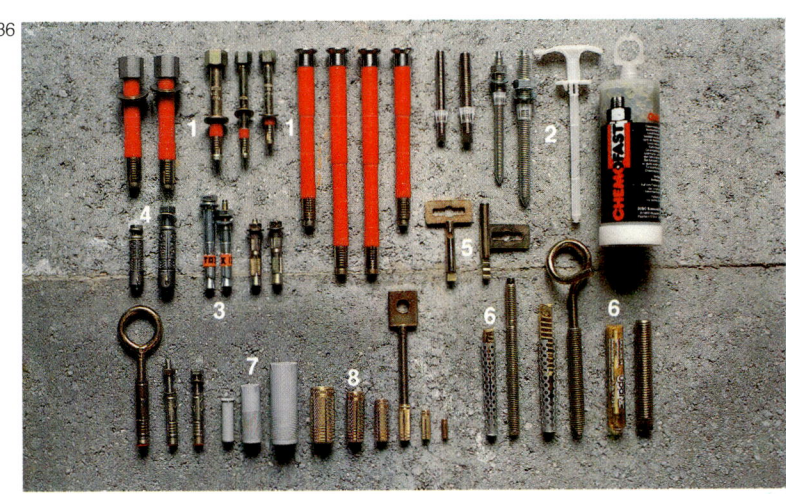

Materialien werden Stein-, Holz- oder Metallbohrer verwendet.

Für Leichtbauwände sind Handschlagbohrer zu empfehlen (Abb.21), mit deren Hilfe sehr exakte Löcher erzeugt werden können.

Mißratene Bohrlöcher füllt man mit Flexofill von Molto, das nach dem Aushärten wie Holz behandelt werden kann.

Richtiges Dübeln

Zur Beachtung: Müssen tragende Bauteile mit Dübeln befestigt werden, überläßt man das besser dem Fachmann.

Richtiges Bohren ist die Voraussetzung für das richtige Dübeln. Für das Bohren in Mauern gilt: Man verwendet ein Leitungssuchgerät, um zu vermeiden, daß man ein Gas- oder Wasserrohr anbohrt, auf eine elektrische Leitung oder ein Armierungseisen stößt.

Für Sacklochbohrungen benutzt man den Bohrtiefenanschlag (Abb.99 Seite 169), der verhindert, daß der Bohrer tiefer als gewünscht in das Material eindringt.

Beim Bohren in Decken kann man sich vor dem nach unten fallenden Bohrstaub durch einen am Bohrer zu befestigenden Staubfänger schützen.

Bei hohlen Gegenständen benutzt man den Bohrer zugleich als Meßgerät, um die Stärke der Wand und die Lage der Hohlräume festzustellen.

Beim Bohren in Leichtbaustoffen empfiehlt sich die Verwendung einer Bohrschablone, die man sich selbst anfertigt: Auf ein Stück Hartholz wird ein Fadenkreuz gezeichnet. Im Kreuz wird das Loch gebohrt, das dem Bohrer dann als Führung dient und den Durchmesser hat, den das Bohrloch bekommen soll. Diese Bohrschablone wird beim Bohren an den Leichtbaustoff gepreßt. Mit Hilfe des Fadenkreuzes findet man genau die Stelle, an der das Bohrloch sein soll. Mit der Schablone erzielt man ein exakteres Bohrloch, weil der Bohrer ohne Führung leicht wegzieht. Bei Elektrobohrern arbeitet man mit einer langsamen Drehzahl.

Die richtige Schraube aussuchen: Wenn der Montagegegenstand unmittelbar auf dem tragenden Material aufliegen und der Dübel bündig montiert werden soll, muß die Holzschraube folgende Länge haben: Dübellänge plus Stärke des Montagegegenstandes plus Durchmesser der Schraube. Kürzer darf

37 1 Selbstgemachter Holzdübel,
    2 Mauerwerk, 3 Putz, 4 Nagel.

38 Flachrundniete und in der Mitte
    Halbrundniete aus Alu und Kupfer.

sie auf keinen Fall sein, eher ein biß-
chen länger, was aber bei Sacklochbohrungen voraussetzt, daß man 2 bis
3 mm tiefer bohrt, als für die Dübellänge
erforderlich wäre.
Wenn sich zwischen Montagegegenstand und tragendem Material Putz, Isoliermaterial, eine Unterlattung oder dergleichen befindet und im Durchsteckverfahren (Seite 63) gedübelt werden
soll, muß die Holzschraube folgende
Länge haben: Dübellänge plus Stärke

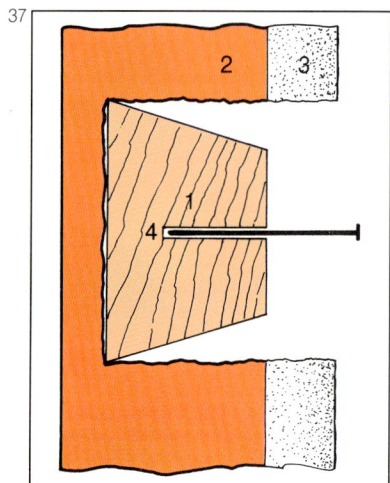

des Montagegegenstandes plus Dicke
des Zwischenmaterials (Putz usw.) plus
Durchmesser der Schraube. Die
Schraube darf nicht zu dünn sein, weil
sonst der Dübel nicht optimal gespreizt
wird.
Angaben über die richtige Schrauben-
länge und Schraubenstärke befinden
sich in der Regel auf der Verpackung, in
der die Dübel verkauft werden.
Wenn das Dübelloch zu groß ist – die
Wand ist morsch, man hat falsch gebohrt, der Dübel ist ausgebrochen –,
aber eine bestimmte Schraube gerade an dieser Stelle Halt finden muß,
kann man zunächst versuchen, einen
Spreizdübel mit der Schraube in einen
größeren Spreizdübel zu stecken, und
zwar so, daß der kleinere aus dem

Schlitz des größeren Dübels heraus-
spreizt, wenn die Schraube angezogen
wird. Ist das Loch dafür schon zu groß,
kann man das ganze Loch mit Schnellzement füllen, den Dübel in die noch
weiche Masse eindrücken und nach
dem Erhärten kurze Zeit später die
Schraube eindrehen. Besser ist es, man
läßt die Spachtelmasse erst trocknen –
nicht nur an der Oberfläche, sondern
auch in der Tiefe – und bohrt dann ein
neues Dübelloch. Wenn auch das nicht
hält, hilft nur noch ein selbstgemachter
Holzdübel (Abb. 37): Mit einem Flachmeißel wird in der Wand ein Loch ausgestemmt, in das ein konischer Holzpflock von mindestens 3 cm Kantenlänge im Mauerwerk – und nicht nur im
Putz! – eingefügt wird. In den Holzpflock
bohrt man vorher ein Loch für die
Schraube. In das Loch wird vorläufig ein
Nagel gesteckt, damit man das Schraubenloch auch wiederfindet, denn als
nächstes wird das Loch mit Fertigze-
mentmörtel oder ähnlichem geschlossen.

Niete

Nieten ist eine einfache handwerkliche
Technik zur Verbindung von Blechen,
aber auch von anderem dünnwandigen
Material wie z. B. Leder oder Kunststoff.
Es entsteht eine sehr haltbare Verbindung, die nur dadurch gelöst werden
kann, daß man die Niete entfernt; sie
werden dabei zerstört. Der Niet besteht
aus zähem, kaltschmiedbarem Metall,
das erst durch Stauchen gehärtet wird
(Kaltverfestigung Seite 252).

Nietarten
Je nach Form des Kopfes unterscheidet
man Halbrund-, Flachrund-, Senk-,
Flachsenk- und Linsenkopfniete
(Abb. 39). Alle diese Niete sind Vollniete.
Der bereits sichtbare Kopf ist der Setzkopf; beim Nieten wird am anderen Ende des Nietschaftes der Schließkopf
geformt. Diese Niete werden zur Verbindung von Blechen verwendet. Alle
Senkkopfniete sind nur für Bleche ab
3 mm Stärke verwendbar, weil ja der
Senknietkopf in einer trichterförmigen
Ausbohrung im Blech Platz finden
muß.

Dann gibt es den Blindniet, ein Hohlkör-

per, in dem ein Dorn steckt (Abb. 44). Zu
dieser Gruppe gehört der Gewindeniet,
mit dem haltbare Maschinengewinde
sogar in Dünnblech und Platten aller Art
genietet werden können (Abb. 40), und
der Hammerschlagniet (Abb. 38).
Der Blindniet kann auch dort eingesetzt
werden, wo die Rückseite der zu vernie-
tenden Teile nicht zugänglich ist.
Der Hohl- und der Spaltniet werden
beim Arbeiten mit Leder zum Verbinden
und Befestigen benutzt (Abb. 41).
Niete gibt es aus Eisen oder Stahl, Kupfer, Messing und Aluminium. Es gibt sie
mit Durchmessern zwischen 1 und
36 mm und in verschiedenen Längen.

Nietwerkzeuge (Abb. 42)
Für Blindniete braucht man eine Niet-

zange, für die Hohl- und Spaltniete ei-
nen Schlosserhammer und eine harte
Unterlage, zum Beispiel einen kleinen
Amboß, und für die übrigen Niete
Schlosserhammer (oder auch einen
Hammer mit einer glatten und einer Ku-
gelbahn), einen Nietzieher und einen
Nietkopfmacher, auch Setzeisen genannt. Der Durchgang für den Niet wird
bei Metall und Kunststoff gebohrt, in
Leder, Textilien und Pappe mit der Lochzange gezwickt oder mit Hammer und
Locheisen auf einem Stück Holz geschlagen. Zum Lösen aller Senkkopf-
Nietverbindungen braucht man Körner
und Bohrer sowie einen Durchtreiber,
zum Lösen der Niete mit erhabenem
Kopf Flachmeißel oder Feile, Hammer
und Durchtreiber, zum Lösen der Blind-

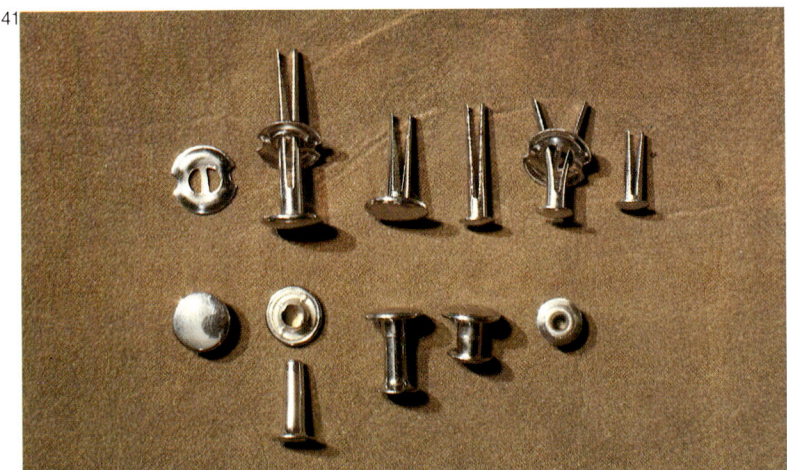

41

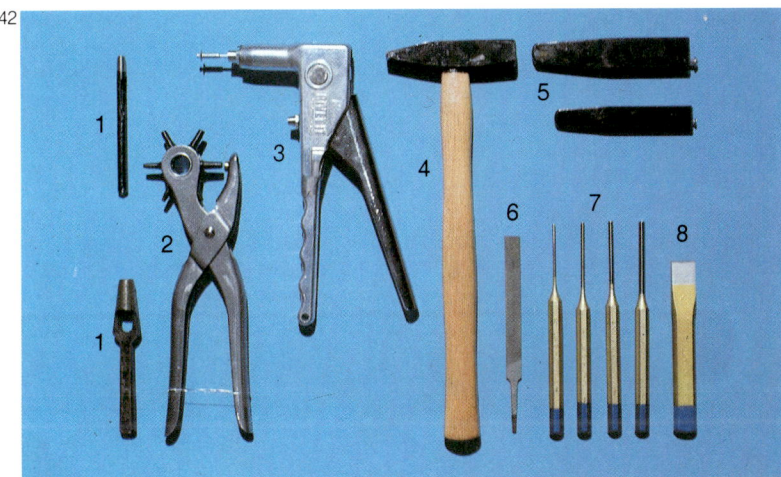

42

39 *Hammerschlagniet zur Befestigung an Metallwänden mit nicht zugänglichem Hohlraum dahinter. Der Nietkörper aus Alu biegt sich auf, wenn der Stahlstift mit dem Hammer eingeschlagen wird. Klemmbereich: von 2 bis 39 mm.*

40 *Senkkopfniete von 5 bis 20 mm Länge.*

41 *Oben Spaltniete, unten Hohlniete für Leder und Textilien.*

42 *Nietwerkzeug:*
   1 Locheisen für Leder, Pappe, weichen Kunststoff
   2 Lochzange
   3 Blindnietgerät (Lux)
   4 Hammer
   5 Kombinierte Nietzieher und Setzeisen für Niete mit 5 (oben) bzw. 2 mm Schaftstärke (unten). Am rechten Ende schauen die Niete heraus.
   6 Feile
   7 Durchschläge
   8 Meißel.

Senknieten (Abb. 43): Wie beim Rundnieten werden die beiden zusammengespannten Bleche gemeinsam durchbohrt und die Bohrränder entgratet. Dann wird an den Außenseiten der Bleche das Bohrloch mit einem Versenker trichterförmig erweitert, so daß der Kopf des Senknietes genau hineinpaßt. Der Senkniet wird wiederum von unten nach oben durch die beiden Bleche gesteckt, das Ganze auf einen Amboß oder eine ähnliche Unterlage gelegt und der Schaft des Nietes mit dem Hammer in den Trichter geschlagen, wobei als Schließkopf ebenfalls ein Senknietkopf entsteht.

Nietlänge der Rund- und Senkkopfniete. Man nennt den Teil des Schaftes, der nach dem Durchziehen des Nietes über das Blech hinausragt, Zugabe. Diese Zugabe muß gerade so groß sein, daß daraus der jeweils gewünschte Schließkopf als Rund-, Senk-, Linsenkopf usw. geformt werden kann. Die Zugabe ist abhängig vom Durchmesser des Nietes, in welcher Weise zeigt die Abbildung 43,14.

Nietfehler siehe Abbildung 43,7–13.

Nietanordnungen zeigen die Abbildun-

niete Feile und Durchtreiber und zum Lösen der Hohl- und Spaltniete eine Zange.

Niettechniken

Rundnieten (Abb. 43): Als erstes werden die beiden Bleche mit Schraubzwingen oder Feilkolben zusammengespannt. Dann werden die Nietlöcher genau angerissen. Die Löcher für die Niete werden für beide Bleche zugleich und 0,1 mm größer gebohrt als der Durchmesser des Nietschaftes ist. Die Bohrränder werden entgratet. Der Niet wird von unten nach oben durch die beiden Bleche gesteckt, der Nietkopf in die Kuhle des Setzeisens gelegt, der Nietzieher auf den Schaft gesetzt, mit dem Hammer kräftig auf den Nietzieher

geschlagen, damit die beiden Bleche ganz eng aneinander zu liegen kommen. Dann folgen Schläge mit dem Hammer direkt auf den Nietschaft, die bewirken, daß der Schaft gestaucht und an die Bohrlochwandungen gepreßt wird. Mit dem Hammer wird der Nietschaft grob zum Schließkopf vorgeformt und das Formen mit Hilfe des Kopfmachers beendet. Niete und Blindniete können auch verwendet werden, um ein entsprechend kleines Loch absolut dicht zu schließen. Mit dem Rundniet kann man auch bewegliche Nietverbindungen herstellen: Unter dem Rundnietkopf und zwischen die zu verbindenden Teile kommen Beilagscheiben. Beim Anziehen und Kopfformen wird etwas zurückhaltender gehämmert.

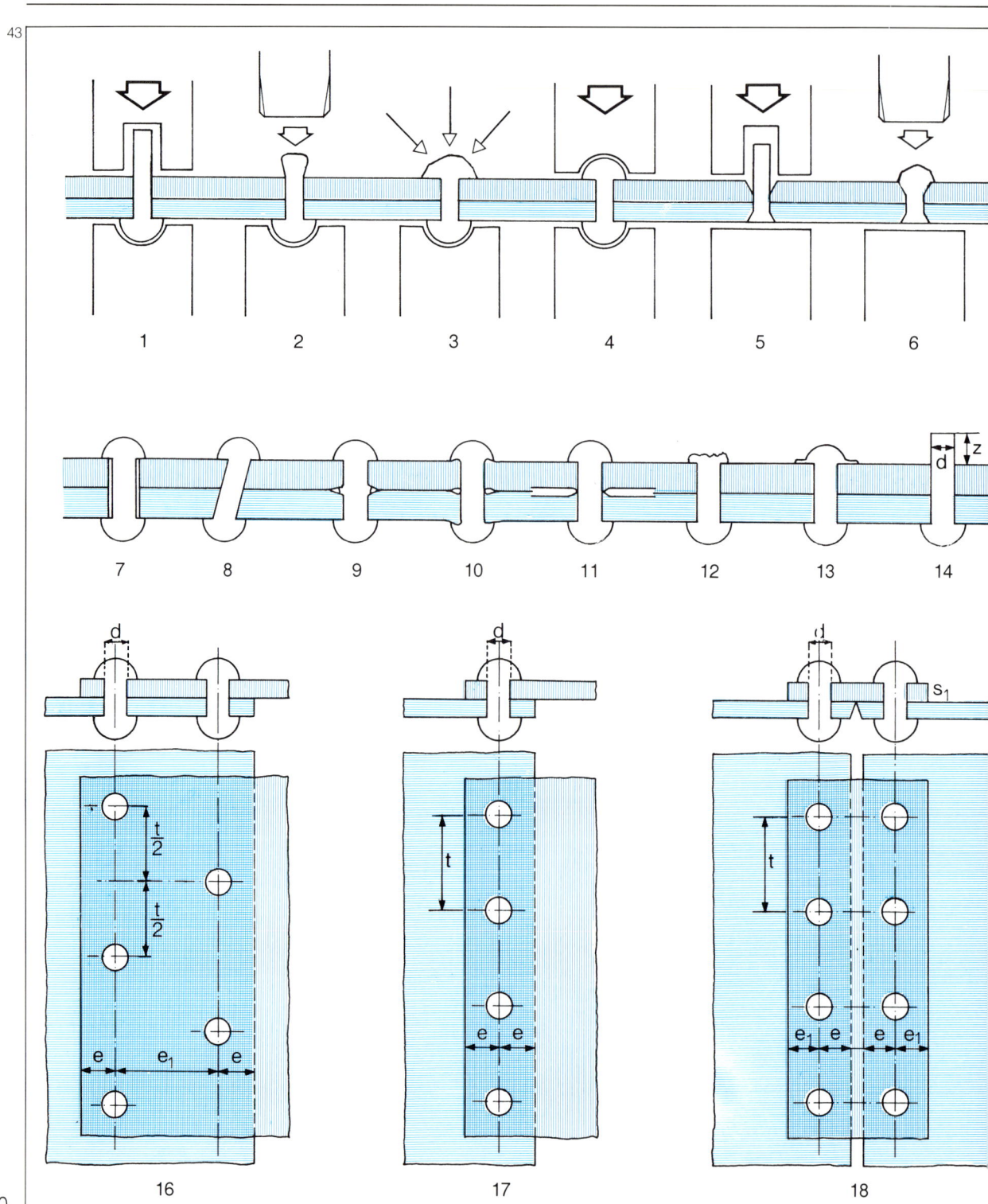

44

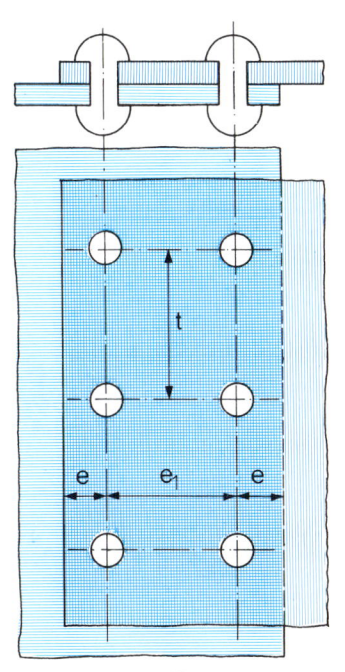

15

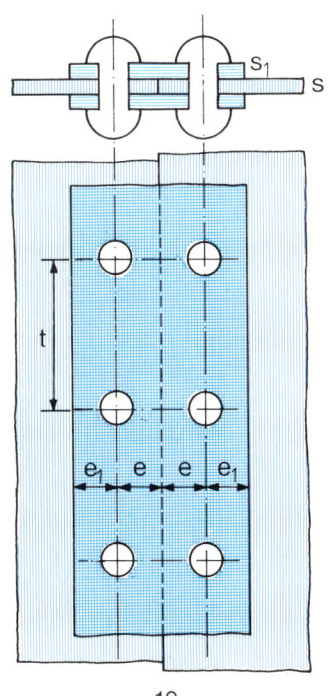

19

43 *Nieten:*

  1–4 Rundnieten: 1 Anziehen mit dem Nietzieher, 2 mit dem Hammer stauchen, 3 mit dem Hammer grob den Schließkopf zum Rundkopf formen, 4 den Schließkopf mit dem Setzeisen (Kopfformer) fertigformen.

  5–6 Senknieten: 5 Anziehen mit dem Nietzieher, die Bleche werden ganz eng zusammengeschlossen, 6 erst stauchen, dann die Zugabe in das vorgebohrte Senkloch schlagen, es entsteht der Schließkopf in Form eines Senknietkopfes.

  7–13 Nietfehler: 7 das Bohrloch ist zu groß oder der Niet zu schwach, 8 es wurde schief gebohrt, 9 es wurde zuwenig angezogen, der Niet preßt sich zwischen das Blech, 10 es wurde zu stark angezogen, 11 der Bohrgrat wurde nicht entfernt, die Bleche liegen nicht dicht an dicht, 12 die Zugabe ist zu klein, 13 die Zugabe ist zu groß.

  14 Nietlängenzugabe z für den Schließkopf: Halbrundkopf bei d unter 20 mm – 1,5 z, über 20 mm – 1,7 z, Senkkopf 0,5 z, Halbsenkkopf 1,2 z, Linsensenkkopf 0,7 z

  15 Zweireihige Parallel-Überlappungsnietung (e = 1,5 d, e_1 = 0,8 t, t = 2,6 d + 10 mm)

  16 Zweireihige Zickzack-Überlappungsnietung (e = 1,5 d, e_1 = 0,6 t, t = 2,6 d + 15 mm)

  17 Einreihige Überlappungsnietung (e = 1,5 d; t = 2 d + 8 mm)

  18 Laschennietung (e = 1,5 d; e_1 = 0,9 e, t = 2,6 d + 8 mm, s_1 = 2/3 s)

  19 Doppellaschennietung (e = 1,5 d, e_1 = 0,9 e, t = 2,6 d + 10 mm, $s_1 = \dfrac{2\,s}{3}$).

44 *Blindniete von links nach rechts: Durch die zu verbindenden Teile (hier zwei Bleche) wird ein Loch gebohrt, in das der Alu-Nietkörper genau paßt. Der Blindniet wird bis zum Kragen des Nietkörpers in das Bohrloch gesteckt. Der Nietkörper selbst, nicht nur der Kopf, muß ca. 3 mm aus dem Bohrloch herausschauen.*
Die Blindnietzange (Lux) wird auf den Nietdorn gesteckt. Beim Zusammendrücken zieht sie den Dorn in sich hinein und hält zugleich den Nietkörper im Bohrloch, so daß er durch den Knopf am Nietdorn gestaucht wird, sich unten aufweitet, und die Bleche zwischen dieser Aufweitung und dem Kragen zusammengepreßt werden. Fertige Nietverbindung, der Stift ist an der Sollbruchstelle abgebrochen.
Einzelner Blindniet.

gen 43,15–19. Werden die angegebenen Maße eingehalten, entstehen außerordentlich haltbare Verbindungen, haltbarer als eine Lötverbindung. Die zweireihigen Nietungen sind darüber hinaus absolut dicht; die Stahlbleche, aus denen Schiffe zusammengebaut werden, sind auf diese Weise verbunden.

Blindnieten: Blindniete sind Hohlniete aus Aluminium, Kupfer, manchmal auch aus Stahl, die auf einem Stahldorn stecken (Abb. 44). Der Niet wird in das gebohrte Nietloch gesteckt. Er kann nicht durchfallen, weil dies ein Kragen am Niethals verhindert. Dann wird die Nietzange auf den Dorn gesteckt. Drückt man die Zangengriffe zusammen, zieht die Zange den Dorn in sich hinein und

verhindert zugleich, daß der Niet folgen kann. Durch einen Kopf am Ende des Dorns wird dann der Niet zusammengezogen, so daß am unteren Ende des Nietes ein Wulst entsteht und der Niet im Bohrloch auseinandergepreßt wird. Am Ende dieses Vorganges bricht der Dorn an einer Sollbruchstelle ab, und die Nietverbindung ist fertig.

Hohlnieten (Abb. 41): Der Niet besteht aus zwei Teilen, dem Setzkopf in Form eines kleinen Pilzes mit einem hohlen Stiel und dem Schließkopf, bestehend aus einem hohlen Dorn, dessen Rand aufgebördelt ist. Der Setzkopf wird durch das Material, das zusammengenietet werden soll, gesteckt, der Schließkopf mit seinem Dorn in den Setzkopf gesteckt. Man legt den Setz-

45 *Druckknöpfe:*
Von oben nach unten: Druckknopf zum Annähen, dann lauter Druckknöpfe zum Einschlagen.
Mit dem Locheisen wird eine Öffnung gestanzt, die Teile mit einem – genau zu dem jeweiligen Druckknopf passenden – Schlageisen auf einer Schlagunterlage und einem kräftigen Hammerschlag miteinander verbunden.

46 *Oben: Tenax-Knöpfe zur Befestigung von Stoff auf Holz, Metall oder Kunststoff. Der untere Teil mit dem kleinen Drehgriff wird auf den Holzuntergrund geschraubt, in den Stoff eine Öse geschlagen, der Drehgriff zur Befestigung durch die Öse gesteckt.*
Unten: Druckknöpfe zur Befestigung von Stoff auf Holz usw.; der untere Teil wird festgeschraubt, der obere in den Stoff eingeschlagen.

47 *Ösen gibt es mit einem Durchmesser von nur wenigen Millimetern bis zu mehreren Zentimetern. Sie verhindern das Ausreißen, wenn man Stoff, Plastikfolien, Pappe und ähnliches Material spannen will. Mit einem Schlageisen das Loch stanzen, dann aus Ober- und Unterteil die Öse mit dem Hammer auf einem Stück Hartholz als Unterlage einschlagen.*

48 *Reißverschluß. Es gibt ein- und zweiteilige Reißverschlüsse in vielen Längen.*

49 *Draht und Drahtverbindungen:*
1 *Kunststoffummantelter Draht zum Schutz gegen Rost*
2 *Messingdraht*
3 *Drahtring*
4 *Drahtösen aus verzinktem Eisendraht*
5 *Drahtverlängerung: die Drahtenden zusammendrehen*
6 *Drahtverlängerung: erst an einem Drahtende eine Schlinge durch die Öse ziehen und eine zweite Schlinge biegen und sichern*
7 *Aus starkem Draht gebogene Haken*
8 *Drahtrest ordentlich aufbewahren*

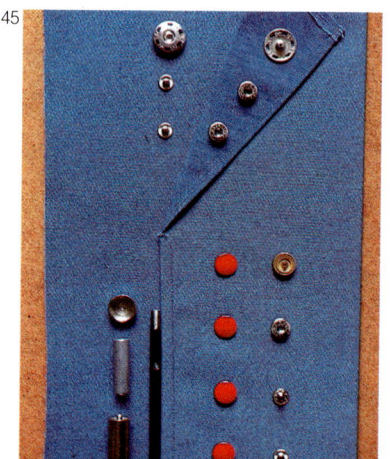

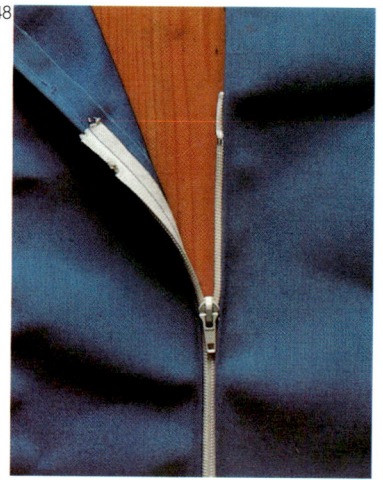

9 Silberdraht für Schmuckarbeiten
10 Kupferdraht
11 Biegsamer Blumendraht.

kopf auf eine harte Unterlage und schlägt den Schließkopf mit kräftigen Schlägen in den Setzkopf. Dadurch weitet sich der Dorn des Schließkopfes im Setzkopf auf. Wenn die Aufbördelung am Schließkopf das Stilende des Setzkopfes berührt, ist der Hohlniet richtig eingeschlagen worden. Die Länge des Stiels entspricht hier der Stärke des Materials, das insgesamt zusammengenietet werden soll.

Niete entfernen: Der Rundkopf wird mit einem Flachmeißel abgemeißelt oder abgefeilt, der Senkkopf ausgebohrt, der

Rest des Nietes mit dem Durchschlag herausgeschlagen. Einen Blindniet muß man abfeilen, dann kann man versuchen, ihn herauszuschlagen, wobei sich meist nur der Dorn rührt. Der Rest muß dann ausgebohrt werden.
Den Hohlniet löst man mit einer Zange.

Druck- und Tenax-Knöpfe, Ösen, Reißverschlüsse

Diese Hilfsmittel werden beim Befestigen und Verbinden von textilen Materialien verwendet.

Druckknöpfe (Abb. 45)
Die Metallknöpfe bestehen aus Druck- und Kopfteil. Man kann sie mit einem Griff verbinden und genauso schnell auch wieder lösen. Der Druckteil hat an der Innenseite ein Loch, in das der kugelförmige Knopf des Kopfteils hineinpaßt. Am Beginn des Loches befinden sich jedoch zwei elastische Stahlnadeln mit einem kleineren Abstand, als der Knopf dick ist, so daß dieser ohne Druck nicht zwischen den beiden Stahlnadeln hindurchkommt. Ist er aber durchgedrückt worden, schnappen die Stahlnadeln wieder in ihre alte Lage und verhindern, daß der Knopf ohne kräftigen Zug wieder heraus kann.
Man verwendet Druckknöpfe, um Stoff- und Plastikplanen überlappend mitein-

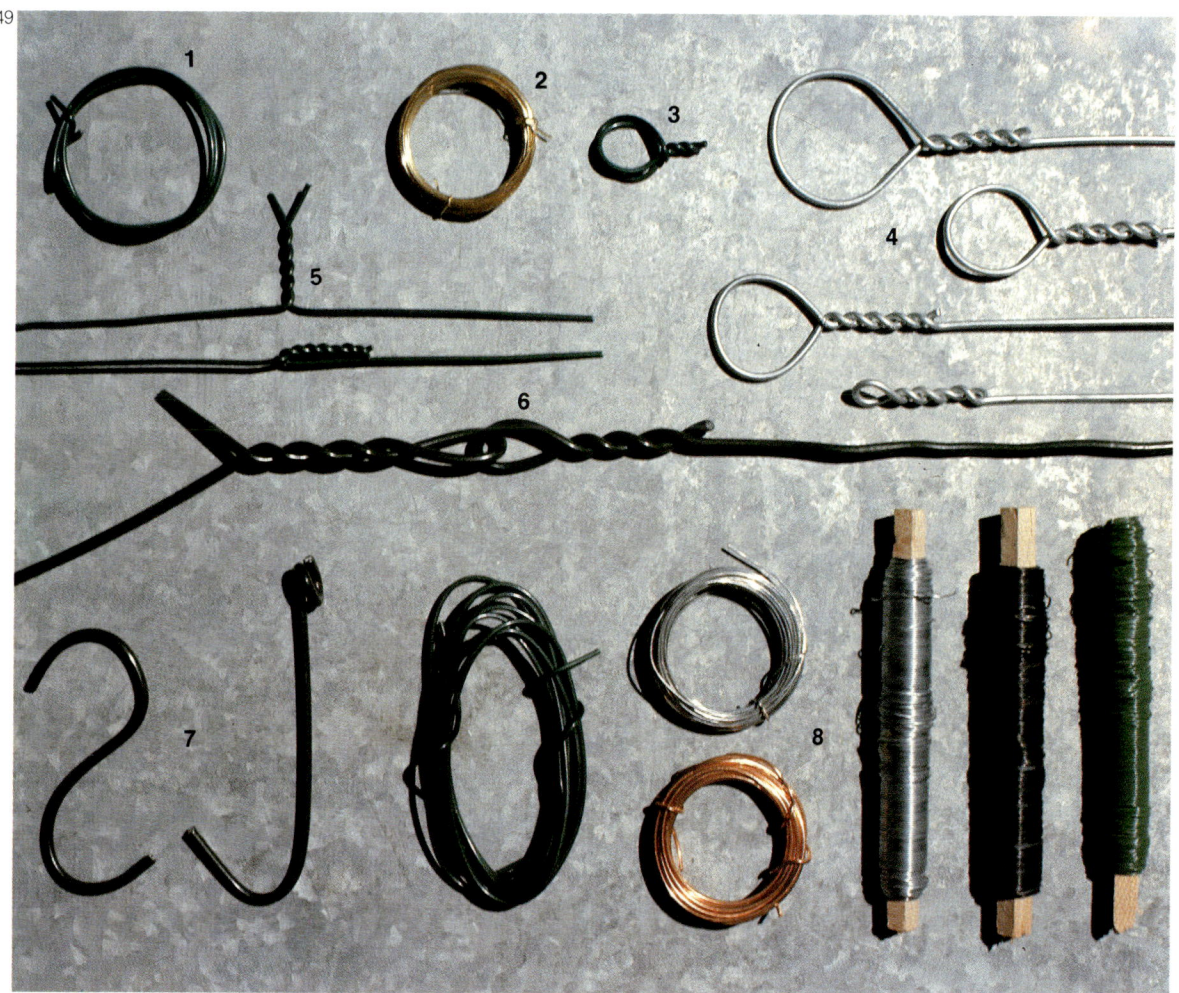

49

50 *Seilklemmen und ihre Anwendung:*
Von links nach rechts: Seilklemmen
verschiedener Größe.
Drahtseile verlängern.
In ein Drahtseil eine Schlinge montieren.
Das Ende eines Drahtseils muß gesichert werden, damit die Kardeele nicht auseinanderspringen können.

51 *Ketten und Schäkel.*

52–56 *So legen die Segler ein Seil zusammen.*

57–59 *So legen Bergsteiger ein Seil zusammen.*
Ein Seil ordentlich zusammenlegen ist keine übertriebene Pedanterie,

sondern notwendig, damit man dieses sehr nützliche Hilfsmittel auch sofort verwenden kann, wenn man es braucht. Die Art, wie Segler und Bergsteiger ein Seil aufbewahren, beginnt auf die gleiche Weise: Das Seil wird in gleichlange Schlaufen gelegt, die in einer Hand gehalten werden. Dabei ist wichtig, daß sämtliche Kragel aus dem Seil geschüttelt werden; am besten ist es, wenn man das Seil in seiner ganzen Länge aushängen läßt. Wie es weitergeht, zeigen die Abb. 53–56 und 58–59.

ander zu verbinden oder um textile Materialien an einem festen Gegenstand lösbar zu befestigen. In letzterem Fall

wird der Kopfteil z.B. an das Holz als Unterlage geschraubt, während der Druckteil in den Stoff eingeschlagen werden muß. Zu diesem Zweck wird mit dem Locheisen in den Stoff eine Öffnung gestanzt, durch die von links und rechts Ober- und Unterteil des Druckteils ineinandergedrückt und dann zusammengepreßt bzw. zusammengeschlagen werden, so daß der Stoff zwischen Ober- und Unterteil eingeklemmt wird.

Befindet sich der Kopfteil ebenfalls an einem textilen Material, so wird er nach Bedarf angenäht oder wie der Druckteil eingeschlagen.

Druckknöpfe der verschiedensten Größe und das dazugehörige Schlagwerkzeug erhält man in Kurzwarenge-

50

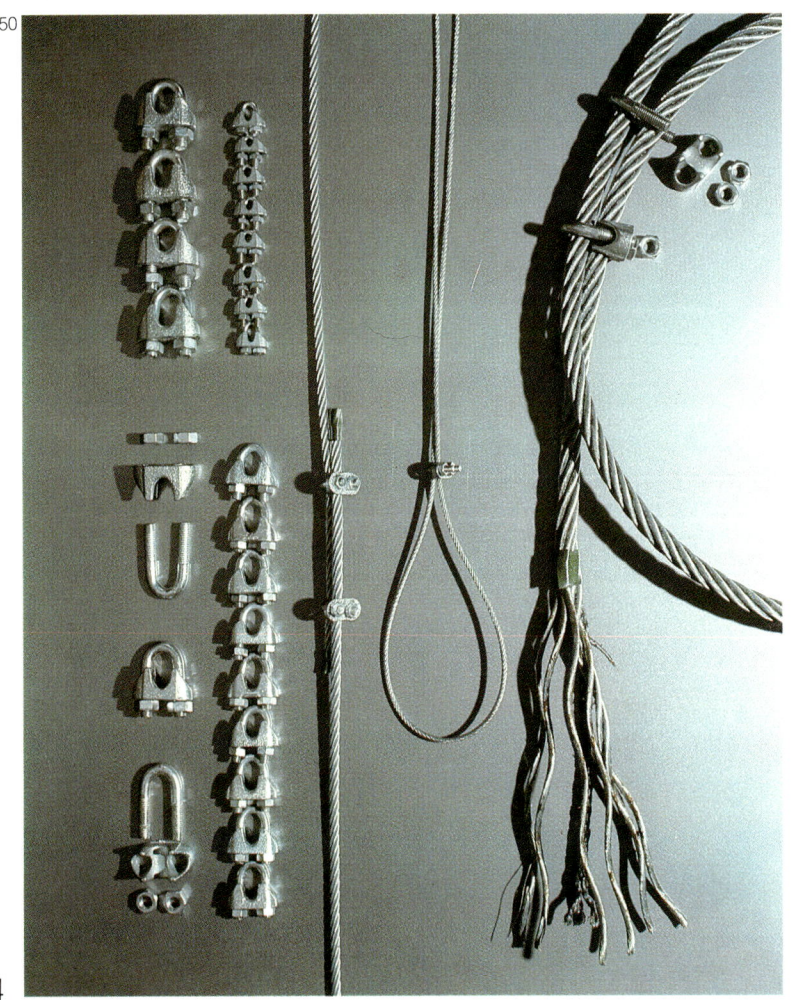

51

schäften und im Sattlerbedarfsge-
schäft.

Tenax-Knöpfe (Abb. 46)

Diese Knopfart hat denselben Einsatzbereich wie die Druckknöpfe, sie kann
jedoch nicht unbeabsichtigt aufgehen,
wie das bei den Druckknöpfen unter extremen Bedingungen passieren kann
(wenn z.B. eine Sturmböe die Druck-
knopfverbindung aufreißt). Beim Tenax-
Knopf wird in den einen Teil des Stoffes
ein ovales Loch geschnitten und in die
Öffnung ein ovaler Ring eingeschlagen.
Dazu gehört als Gegenstück ein ovaler
Sockel mit einem drehbaren Griff darauf. Der Sockel wird ebenfalls in Stoff
eingeschlagen oder an Holz festgeschraubt. Steht der Griff in Längsrich-

54

57

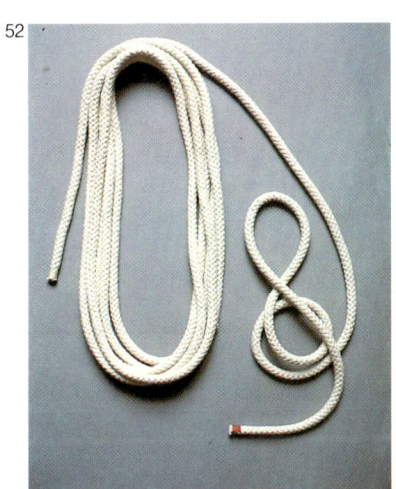

52

55

58

53

56

59

tung des ovalen Sockels, kann der Sokkel samt Griff durch den ovalen Ring gesteckt werden, dreht man dann den Griff um 90°, kann sich der Ring nicht mehr vom Sockel lösen. Durch eine Feder wird der Griff in dieser Stellung in einer Kerbe gehalten.

Ösen (Abb. 47)

In weiches Material wie Stoff, Filz, Leder, Pappe, Folien aus Kunststoff u. ä. eingeschlagene Metallringe heißen Ösen. Diese Ringe kann man in Haken einhängen, oder man zieht eine Schnur durch, um das textile Material damit zu befestigen und zu spannen. Ösen samt Einschlagwerkzeug und dessen Gebrauchsanleitung gibt es in Kurzwaren- und Sattlerbedarfsgeschäften.

Reißverschlüsse (Abb. 48)

Es gibt Reißverschlüsse aus Kunststoff, die flexibel sind, und solche aus Metall, die steifer, aber auch haltbarer sind. (Normgrößen in Kurzwarengeschäften, Zwischengrößen und Sonderlängen in Sattlerbedarfsgeschäften).

Biegedraht, Drahtseile, Ketten

Die Bedeutung dieser Hilfsmittel aus Metall sollte beim Befestigen und Verbinden nicht unterschätzt werden.

Biegedraht (Abb. 49)

Mancher hätte schon sehr viel gegeben, wenn er ein Stück Biegedraht und eine Zange bei sich gehabt hätte, als etwas kaputtgegangen ist. Denn mit einem Draht glückt sehr oft, zumindest provisorisch, eine Reparatur. Am häufigsten wird Draht verwendet, der aus Baustahl gezogen wird. Trotzdem nennt man ihn nicht Stahldraht, sondern Eisendraht (siehe Seite 208). Es gibt ihn in allen denkbaren Stärken. Dünner Draht wird mit der Hand gebogen, dicker Draht mit der Zange. Außer aus Baustahl gibt es Draht u. a. aus Kupfer, Alu, Messing, Silber und Gold. In bezug auf Zugfestigkeit sind alle dem Eisendraht unterlegen, dafür sind sie korrosionsbeständiger. Einen zerbrochenen Holzstiel mit einem langen schrägen Bruch umwickelt man mit Draht, einen kurzen Bruch schient

man zusätzlich. Draht ist auch sehr nützlich für die vorläufige Montage beim Löten und Kleben.

Typische Drahtverbindungen zeigt die Abbildung 49. Eine sehr haltbare Drahtverbindung entsteht auch dadurch, daß man die beiden Enden eines Drahtes zu einer Öse biegt und die Ösen mit einer Schraube mit Beilagscheibe festklemmt. Draht trennt man mit der Kombizange oder einem Vorn- bzw. Seitenschneider.

Drahtseile (Abb. 50)

Diese Seile sind aus elastischen dünnen Stahldrähten zusammengedreht und deshalb selbst elastisch. Drahtseile ab etwa Fingerstärke haben in der Mitte eine fettgetränkte Schnur, die das Ro-

sten des Seiles erheblich verzögert; man nennt sie die Seele des Drahtseiles, weil sie nicht sichtbar im Inneren verläuft. Im Unterschied zu den textilen Seilen dehnt sich das Drahtseil bei Zugbelastung praktisch nicht.

Ein Drahtseil wird mit der Eisensäge durchgesägt. Unmittelbar links und rechts vom vorgesehenen Sägeschnitt wird vor dem Sägen das Drahtseil mit festem Klebeband, evtl. zusätzlich mit Biegedraht, umwickelt. In der gleichen Weise muß jedes Ende eines Drahtseiles gesichert werden, weil sonst die einzelnen Kardeele auseinanderspringen, wie dies auf Abbildung 50 zu sehen ist.

Mit Hilfe von Drahtseilklemmen, die es für die verschiedenen Seilstärken gibt,

60

61

62

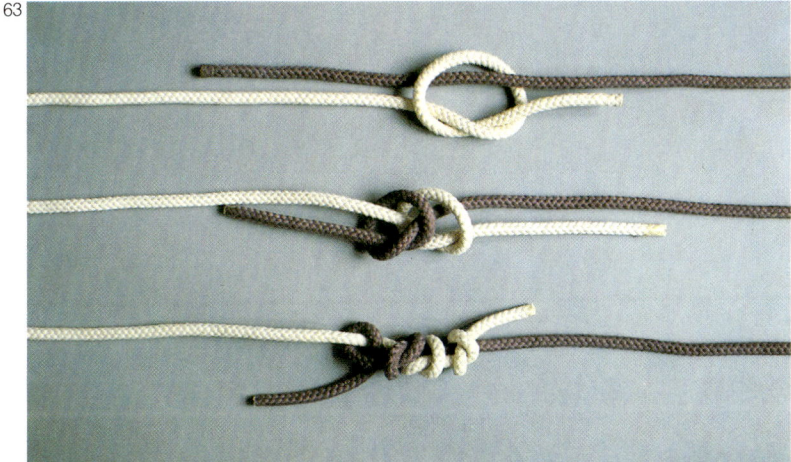

63

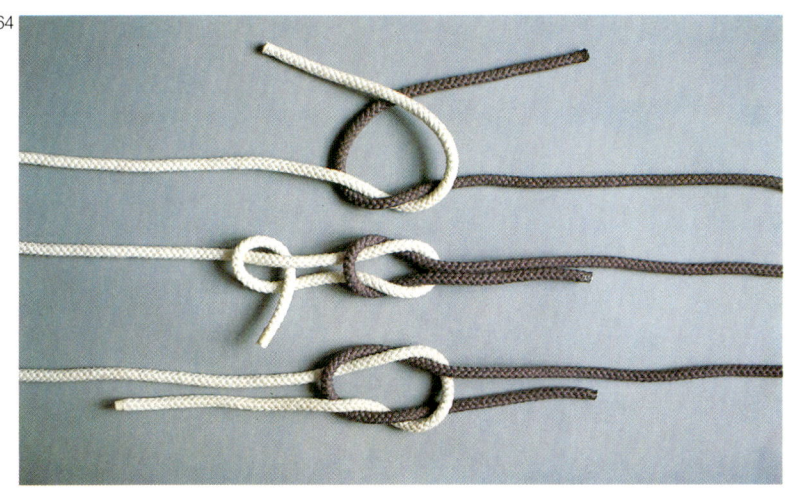

64

können Drahtseile verlängert, kann am Ende oder inmitten eines Drahtseiles eine Schlaufe gemacht werden (Abb. 50). Drahtseile verwendet man dort, wo ein dicker Draht oder ein kräftiges Hanf- oder Kunststoffseil zu reißen droht, z.B. beim Abschleppen von Fahrzeugen oder beim Heben schwerer Lasten. Besteht die Gefahr, daß eine Drahtseilschlinge durchgescheuert wird, schützt man sie durch Einlegen einer Metallkausche.

Ketten (Abb. 51)
Wie Drahtseile dienen auch Ketten zum Ziehen und Heben schwerer Lasten. Da sie aus einzelnen Gliedern bestehen, sind sie viel beweglicher als Drahtseile; sie passen sich dem zu ziehenden oder zu hebenden Gegenstand besser an. Ketten befestigt man an einem Schäkel, einem U-förmigen Rundstahl, geschlossen mit einem Bolzen durch zwei Augen an den Enden des U. Der Schäkel soll in seiner Dimension der Bruchlast der Kettenglieder entsprechen. Bei dünneren Ketten reicht ein Karabiner. Ein stabiler Haken am Ende der Kette kann in anderen Kettengliedern eingehängt werden, so daß die Kette eine Schlaufe bildet. Mit Hilfe eines Hebels kann die

60 *Mastwurfschlinge:*
   Links: die Entstehung des Knotens.
   Mitte: die Mastwurfschlinge in einen Karabiner eingehängt.
   Rechts: die Mastwurfschlinge um einen Balken geschlagen.

61 *Rundtörn mit 2 halben Schlägen.*

62 *Einfacher Palstek und Heuknoten:*
   Von links nach rechts: Entstehung des einfachen Palsteks.
   Palstek, bei dem das Ende mit einem halben Schlag gesichert ist.
   Heuknoten.

63 *Spierenstek in seiner Entstehung von oben nach unten.*

64 *Kreuz- oder Weberknoten:*
   Von oben nach unten:
   Entstehung des Knotens.
   Fertiger Knoten, ein Ende mit einem halben Schlag gesichert.
   Häufiger Fehler, ein Knoten, der nichts aushält.

77

Kette auch um einen Gegenstand gespannt werden. Nach diesem Prinzip funktionieren auch die Schneeketten.

Bindfaden, Seil, Karabiner

Es gibt im Haushalt, im Garten und beim Bauen viele Situationen, in denen man etwas anbinden oder zusammenbinden muß oder jedenfalls möchte, und zwar so, daß es gut hält und doch auch schnell wieder gelöst werden kann. Ob man dazu einen Bindfaden, eine mittlere Schnur oder ein dickes Seil verwendet, hängt vom Gewicht der Gegenstände ab und davon, wie groß die auftretenden Zugkräfte sein werden. Reißt ein Strick, nimmt man ihn doppelt oder greift zu einem dicken Seil. Früher bestanden diese textilen Verbindungsmittel aus Naturfasern (Hanf, Sisal, Baumwolle), heute ist die Kunststoffaser hinzugekommen und liefert außerordentlich haltbare, strapazierfähige und witterungsbeständige Reepschnüre und Seile zwischen 3 und 12 mm Durchmesser, die man in Seilereien, vor allem aber auch in Sportgeschäften für Bergsteiger meterweise kaufen kann.

Aufbewahrung
Wer kennt nicht die Pappschachtel oder Plastiktüte mit einem Wirrwarr voller Bindfäden, aus dem man, wenn man einmal 5 m braucht, mehrere Stücke herausschneiden und aneinanderknoten muß. Dabei ist es sehr einfach, Schnüre, Stricke und Seile so aufzubewahren, daß sie sofort und in ihrer vollen Länge gebraucht werden können. Die Abb. 52 bis 56 und 57 bis 59 zeigen Aufbewahrungsmethoden, wie sie bei Seglern bzw. bei Bergsteigern üblich sind. Sie können aber genauso für dünne Bindfäden angewandt werden, die man zunächst um die Hand aufwickelt. Für dünne Schnüre benützt man auch ein Holzstück, auf das die Schnur aufgewickelt wird. Das Ende wird in einen Spalt des Holzstückes geklemmt.

Knoten
Es gibt zwar Hunderte von Knoten, aber schon mit einem halben Dutzend lassen sich sämtliche Befestigungsprobleme bewältigen. Was im folgenden für Seile beschrieben wird, gilt ebenso für Stricke, Schnüre und Bindfäden. Sämtliche Knoten können auch nach Zugbeanspruchung und selbst in nassem Zustand verhältnismäßig leicht wieder gelöst werden, was um so einfacher geht, je dicker das Seil ist.

Befestigungsknoten an jeder Stelle des Seils sind die Mastwurfschlinge (Abb. 60) und der Heuknoten (Abb. 62). Selbstverständlich können sie auch am Ende eines Seiles benutzt werden. Die Mastwurfschlinge zieht sich zusammen und verrutscht auch nicht, wenn nur an einem Seilende Zug entsteht. Der Heuknoten bildet eine Schlinge, die sich nicht zusammenzieht.
Befestigungsknoten, die nur am Ende des Seiles gemacht werden können, sind der Rundtörn mit zwei halben Schlägen (Abb. 61), der einfache Palstek (Abb. 62) und der Zimmermanns- oder Balkenstich mit Kopfschlag. Der Rundtörn mit zwei halben Schlägen und der Balkenstich ziehen sich um den Gegenstand zusammen, während der ein-

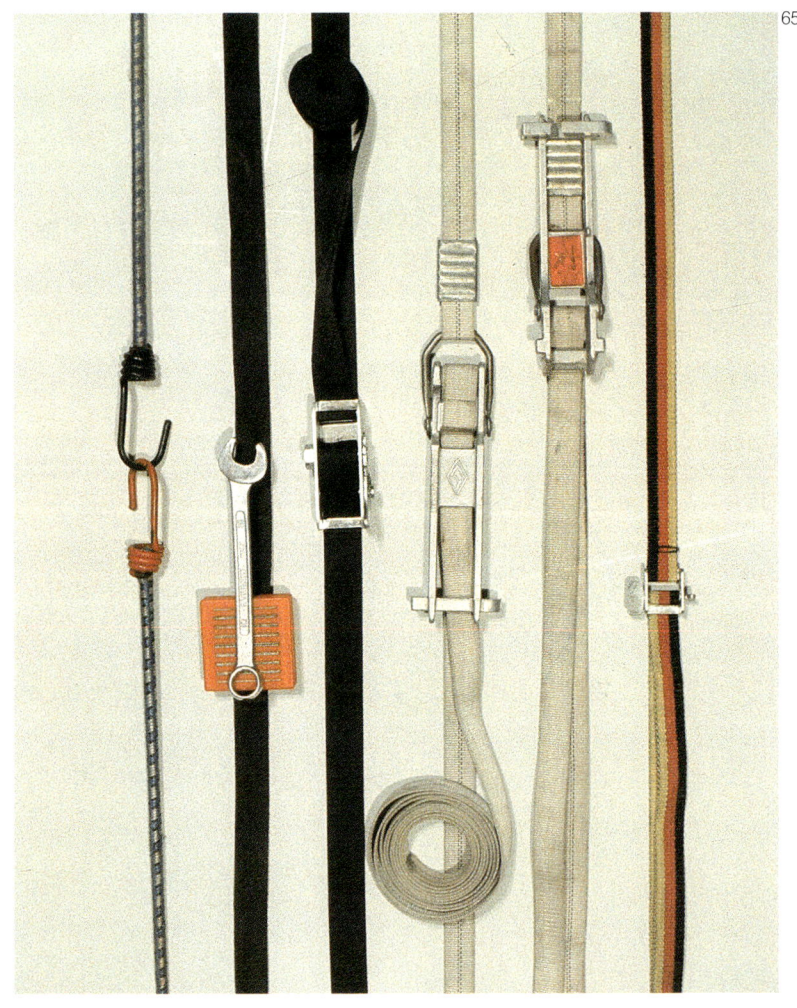

65

65 *Verschiedene Spanngurte (u. a. Ludhof, Stanley) zum Befestigen von Gegenständen aller Art beim Transport, vom Gepäck auf dem Dachgepäckständer bis zum Boot auf dem Anhänger. Ein Spanngurt ist durch einen Magneten durchgezogen, der an Eisen z. B. an der Autokarosserie fest haftet.*

fache Palstek eine Schlinge bildet, die sich nicht zusammenzieht.

Verbindungsknoten für Seilverlängerungen sind der Kreuz- oder Weberknoten (Abb. 64) und der Spierenstek (Abb. 63). Natürlich kann man auch an einem Ende einen einfachen Palstek machen, durch die Schlinge das andere Seil ziehen und einen Rundtörn mit zwei halben Schlägen oder andere Knoten in beliebiger Weise miteinander kombinieren. Die genannte Kombination benutzt man vor allem auch, wenn man etwas mit großer Kraft zusammenziehen und dann fixieren will.

Karabiner benützen Bergsteiger, die mit Seil und Haken klettern. Sie brauchen die Karabiner, um das Seil in die Hakenösen einzuhängen, aber auch für alle übrigen Befestigungsprobleme mit dem Seil. Daß man diese Karabiner auch unabhängig vom Bergsteigen sehr

sinnvoll einsetzen kann, ist weitgehend unbekannt. Statt das Seil oft mühsam Meter für Meter durch eine Öse oder einen Ringhaken durchzufädeln, kann man einfach einen Karabiner an jeder beliebigen Stelle des Seiles einhängen, der genauso schnell auch wieder ausgehakt werden kann. Einen Karabiner kann man auch überall dort in das Seil eingeknotet benutzen, wo das Seil in Gefahr ist, von der rauhen Oberfläche oder von scharfen Kanten durchgescheuert zu werden.

Die Mastwurfschlinge ist der passende Knoten zum Einhängen des Seils in den Karabiner (Abb. 60). Wird sie am Ende eines Seils gemacht, muß dieses mit einem halben Schlag gesichert werden. Beim Schraubkarabiner wird die Karabineröffnung mit einer Schraubhülse geschlossen, die seine Festigkeit wesentlich erhöht.

Spanngurte

Spanngurte sind sehr nützliche Befestigungsmittel zum Anbinden und Zusammenbinden (Abb. 65). Der Gurt ist ein gewebtes Band von unterschiedlicher Länge und Breite. Er wird bei einfachen Modellen mit der Hand festgezogen und mit einer Schnalle gesichert. Ein solcher Gurt lockert sich meist wieder. Zuverlässig läßt sich ein Gurt nur mit einer besonderen Hebelvorrichtung spannen und fixieren. Zieht man den Gurt durch einen starken Magneten, kann man mit Hilfe des Gurtes Gegenstände an Metall befestigen, z.B. an der Karosserie, so daß die Gegenstände bei der Fahrt nicht umherfliegen. In der Werkstatt kann ein Spanngurt wertvolle Dienste bei der Montage leisten, z.B. beim Zusammenleimen von sperrigen Teilen.

KLEBSTOFFE,
KITTE UND SPACHTELMASSEN

Die chemische Industrie hat die Produkte auf dem Klebstoffmarkt in den letzten Jahrzehnten grundlegend verändert. Früher gab es im wesentlichen nur Leime für Holz, Gummiarabikum für Papier sowie Mehlkleister für Tapeten. Kleben war eine spezielle Verbindungstechnik für nur wenige Werkstoffe. Heute können die unterschiedlichsten Werkstoffe zusammengeklebt werden, wobei sich die Haltbarkeitsdauer – bei Auswahl des richtigen Klebers und unter Beachtung der Verarbeitungsregeln – über Jahre oder Jahrzehnte erstrecken kann. Wozu also noch dübeln und schrauben, wenn sich der Haken an die Betonwand, das Scharnier an die Schranktür kleben läßt? Ganz so einfach ist es nicht. Für die Haltbarkeit einer Klebung ist neben der richtigen Auswahl des Klebstoffes ein geeigneter Haftgrund notwendig und der läßt sich in der Praxis oft nicht so vorbereiten, wie es der Theorie entsprechend sein müßte. Außerdem ist aufgrund mangelnder langjähriger Erfahrung mit den modernen Klebern nicht bekannt, wie lange Klebungen halten. Das kann sehr lange dauern, aber man weiß nicht genau wie lange, und man sieht einer Kle-

bestelle nicht an, ob sie nur mehr kurze Zeit oder noch Monate hält. Im Gegensatz dazu sieht man, wenn der Rost die Schraube zerstört, die Schraube aus dem Holz reißt, der Dübel im Mauerwerk locker geworden ist. Und schließlich spricht gegen die Verwendung vieler moderner Kleber, daß sie umweltschädliche Lösungsmittel enthalten.

Dieses Kapitel gibt einen Überblick über die Wirkungsweise der Klebstoffe, die verschiedenen Klebstoffarten und die Verarbeitungstechniken.

Die Wirkungsweise von Klebstoffen

Die Seiten dieses Buches sind am Rücken festgeklebt, die Fasern des Papiers kleben aneinander, die Druckerschwärze der Buchstaben klebt am Papier. Das Kleben beruht auf physikalischen und chemischen Vorgängen im Molekularbereich.

Kohäsion und Adhäsion

Die Wirkungsweise der Klebstoffe be-

ruht zum einen auf der Kohäsion, der Anziehungskraft zwischen den Molekülen des Klebstoffes. Hinzu kommt die Haftung des Klebstoffes am Werkstoff, die auf unterschiedlichen Ursachen beruht:

Unter Adhäsion versteht man das Aneinanderhaften von festen Körpern (und Flüssigkeiten) aufgrund der Anziehungskräfte zwischen den Molekülen der verschiedenen Stoffe. Daß diese Kräfte wirksam werden können setzt voraus, daß die Stoffe sich ganz eng berühren, also der Klebstoff die Oberfläche des Werkstoffes, die Klebefläche, intensiv benetzt. Dazu muß er möglichst dünnflüssig sein, was man auf drei verschiedenen Wegen erreichen kann:

- durch Auflösen des Klebstoffes in einem dünnflüssigen Lösungsmittel (=lösungsmittelhaltige Kunstharzkleber),
- durch Verteilen des ungelösten Klebstoffes in Form feinster Tröpfchen in Wasser (=Dispersionskleber),
- durch Schmelzen des Klebstoffes (=Schmelzkleber).

Lösungsmittel und Wasser verdunsten später bei der Aushärtung des Klebstoffes, der geschmolzene Klebstoff wird bei normaler Umgebungstemperatur wieder fest.

Die Adhäsionskräfte können natürlich nur wirksam werden, wenn die Klebeflächen frei von Schmutz und Fett sind, die als Trennschicht wirken und verhindern würden, daß die Klebstoffmoleküle an die Moleküle des Werkstoffes gelangen. Das Reinigen der Klebfläche ist deshalb von großer praktischer Bedeutung (siehe unten).

Mechanische Verankerung

Schließlich wird die Haftwirkung des Klebers am Werkstoff auch dann gefördert, wenn sich der Klebstoff in mit dem bloßen Auge nicht mehr sichtbaren Poren und winzigen Unebenheiten der Werkstoffoberfläche mechanisch verankern kann.

Chemische »Verschweißung«

Für das Verkleben von Kunststoffen wird die Tatsache genutzt, daß sie im Aufbau den Kunstharzen im Klebstoff ähnlich sind oder gar entsprechen. Durch das Lösungsmittel im Klebstoff wird die Molekularstruktur an der Oberfläche des Werkstoffes (Kunststoff) aufgelöst, so daß sich jetzt die Kunststoffmoleküle des Werkstoffes mit den Kunststoffmolekülen des Klebers vernetzen oder chemisch miteinander verbinden (Diffusionskleber). Mit Adhäsion hat das nichts zu tun.

Lösungsmittel

Sie sind in unterschiedlichem Maße gesundheitsschädlich und feuergefährlich. Klebstoffe, die Lösungsmittel enthalten oder bei deren Verarbeitung Lösungsmittel zusätzlich verwendet werden müssen, z. B. zum Reinigen der Klebefläche, sollten nur dann verwendet werden, wenn es keine andere mechanische Lösung des Verbindungsproblems gibt. Ihre Verarbeitung darf nur in gut belüfteten Räumen erfolgen.

Klebstoffe und verwandte Materialien

Die Gliederung der Klebstoffe ist nach mehreren Gesichtspunkten erforderlich,

um zu verstehen, was sich hinter den vielen Bezeichnungen verbirgt.

Leime

Als Vorläufer der Klebstoffe wurden Leime aus Naturharzen und Pflanzensäften hergestellt:

Stärkeleim aus Kartoffelstärke, Kaseinleim aus Quark, tierische Leime aus Häuten, Sehnen, Knorpeln und Knochen. Letztere Sorte ist als der klassische Tischlerleim bekannt. Es gab ihn in Form von Tafeln, Kügelchen, Flocken und Pulver. Er mußte zuerst stundenlang im Wasser quellen, wurde dann im Wasserbad erhitzt und auf das gut vorgewärmte Holz aufgestrichen.

Heute werden diese Leime kaum noch verwandt, sondern sind durch synthetische Kunststoffleime ersetzt, die ihrer Farbe wegen auch Weißleim, aufgrund ihrer Verwendung Holz- oder Tischlerleim und im Unterschied zu früher Kaltleim genannt werden. Es handelt sich um Dispersionsklebstoff (siehe Seite 82), bei dem Polyvinylacetat in wässeriger Lösung verteilt ist, weshalb er auch den Namen PVA-Leim trägt. Weil man im Zusammenhang mit Holz nach wie vor von »leimen« und nicht von »kleben« spricht, ist es auch für die neue Generation der Holzklebstoffe bei dem alten Namen »Leim« geblieben.

Bekannte Kaltleime sind Ponal von der Firma Henkel und Uhu-Coll von der Firma Uhu. Sie eignen sich für alle Holzverbindungen und für das Verkleben von Leder, Filz, Kork und Textilien, Papier und Fotos auf Holzwerkstoffen. Kaltleime vertragen Temperaturen bis zu 80 °C und sind empfindlich gegen andauernde Feuchtigkeitsbeanspruchung.

Besonders zu erwähnen ist der Kauritleim, ein Kunstharzleim in Pulverform, der mit einem Spezialhärter angerührt werden muß. Er ist absolut wasserbeständig und hitzeunempfindlich.

Kleber

Alle Klebstoffe auf Kunstharzbasis - mit Ausnahme derer, die zur Verleimung von Holz verwendet werden, bei denen die frühere Bezeichnung »Leim« beibehalten wurde - bezeichnet man als Kleber. Kunstharze werden synthetisch aus chemischen Grundbausteinen hergestellt, die im wesentlichen aus Kohle und Erdöl gewonnen werden.

Kitte und Spachtelmassen

Auch diese Materialien gehören zu den Klebern, sie sind lediglich mit Füllstoffen angereichert. Sie werden verwendet, um Löcher, Ritzen und Fugen in den verschiedensten Werkstoffen zu schließen und um glatte Flächen herzustellen, meist als Untergrund für Anstriche. Zu diesem Zweck müssen sie eine gute Haftung an den verschiedenen Werkstoffen aufweisen und dürfen beim Trocknen nicht schrumpfen oder reißen. Es gibt keine Universal-Kitte, keine Universal-Spachtelmassen; man sollte nicht jedes Loch mit Beton zuschmieren. Kitte und Spachtelmassen lassen sich nach dem Austrocknen genauso bearbeiten wie der Werkstoff selbst, können also gebohrt, gesägt und geschliffen werden.

Die speziell vom Heimwerker benötigten Kitte und Spachtelmassen sind an anderer Stelle in diesem Buch aufgeführt: Holzkitt Seite 118, Glaserkitt Seite 471, Spachtelmassen für die Reparatur von Putz- und Mauerschäden Seite 295, Lackspachtel als Untergrund für Anstriche Seite 125, Spachtel für die Autokarosserie Seite 535.

Mit Klebstoffen verwandte Materialien

Dichtungsmassen sind im Kapitel »Dämmen, Dichten, Isolieren« auf Seite 101 dargestellt. Sie sind den Spachtelmassen eng verwandt.

Mörtel, mit dem Steine verbunden werden, funktioniert wie ein Kleber. Er haftet an den Steinen und stellt nach dem Austrocknen eine feste, dauerhafte Verbindung der Steine her (Seite 292).

Farben kleben am Untergrund und bilden einen festen Überzug, der den angestrichenen Gegenstand vor Umwelteinflüssen schützt.

Klebstoffarten und ihre Einsatzmöglichkeiten

Grundkenntnisse des chemischen Aufbaus und der Wirkungsweise der Klebstoffe helfen, sich auf dem sehr unübersichtlichen Klebstoffmarkt zu orientieren. Man muß also nicht mehr nur den Anpreisungen der Hersteller Glauben schenken, sondern kann selbst einschätzen, welcher Klebstoff für welchen Zweck verwendet werden sollte – bei einem Minimum an schädlichen Nebenwirkungen für die Umwelt und die Gesundheit.

Dispersionsklebstoffe

Diese Klebstoffe bestehen aus feinsten Kunstharzteilchen, die in Wasser nicht aufgelöst, sondern aufgeschwemmt sind, also in der wäßrigen Lösung schweben. Die Konsistenz reicht von dickflüssig bis pastös. Der Kleber sieht vor der Verarbeitung in der Regel milchig-weiß aus. Durch das Verdunsten des Wassers erhärtet er und wird dann fast durchsichtig. Überschüssiger Klebstoff läßt sich vor dem Erhärten mit einem feuchten Lappen entfernen, nach dem Erhärten ist der Klebstoff nicht mehr wasserlöslich.

Damit der aufgetragene Klebstoff aushärten kann, muß das Wasser aus dem Klebstoff in den Werkstoff der miteinander zu verklebenden Teile auswandern können und aus den Klebefugen an die Luft. Daraus folgt, daß Dispersionsklebstoffe vornehmlich zum Verkleben von Holz (»Leim« siehe Seite 81), Papier, Pappe, Tapeten, Textilien und Teppichen verwendet werden, also für Stoffe, die Feuchtigkeit aufnehmen bzw. durchlassen können, und für das Verkleben von Fliesen (viele Fugen).

Diese Klebstoffe sind für große Flächen geeignet. Die Verarbeitungszeit hängt davon ab, wie schnell das Wasser verdunstet, was vor allem auch von der Umgebungstemperatur beeinflußt wird.

Lösungsmittelhaltige Klebstoffe

Hier sind die Kunstharze in einem Lösungsmittel aufgelöst. Das Kunstharz bildet nach dem Verdunsten des Lösungsmittels einen zähen Klebstofffilm. Besonderen Belastungen hält diese Klebung nicht stand. Weil sich das Lösungsmittel während des Auftragens schnell verflüchtigt, sind diese Klebstoffe für große Flächen ungeeignet. Bei kleinen Klebungen kann man sie für jeden Werkstoff verwenden – mit Ausnahme bestimmter Kunststoffe, die von dem Lösungsmittel angegriffen oder gar aufgelöst werden.

Der entscheidende Nachteil dieser Kleber besteht darin, daß die Lösungsmittel gesundheitsschädlich sind. Man

sollte sie also nur verwenden, wenn es keine anderen geeigneten Klebstoffe gibt. Zudem sind die Lösungsmitteldämpfe leicht entzündlich, es muß also unbedingt bei offenem Fenster gearbeitet werden, wenn größere Mengen Lösungsmittel frei werden.

Alleskleber: Auch sie gehören zu den lösungsmittelhaltigen Klebstoffen und werden einseitig aufgetragen, so daß die Teile nachreguliert werden können.

Kontaktkleber: Die meisten dieser Kleber enthalten ebenfalls Lösungsmittel. Kontaktkleber werden auf die beiden zu verklebenden Flächen aufgetragen. Wenn der größte Teil des Lösungsmittels verdunstet ist – im Durchschnitt nach etwa 10 Minuten (Fingerprobe) –, drückt man die beiden Teile kurz und fest zusammen. Bei vielen Kontaktklebern muß paßgenau aneinandergefügt werden, weil ein Nachregulieren nicht möglich ist.

Besonders zu erwähnen sind die modernen *Klebegele,* z.B. Greenits, tropf- und fadenfreie Kontaktkleber mit großer Klebekraft. Hier lassen sich die Teile nachregulieren, wenn sie nicht sofort genau aufeinanderliegen.

Kontaktkleber sind praktisch für alle Werkstoffe geeignet, vor allem auch zum Verkleben nichtporöser Werkstoffe und für Flächenklebungen.

Schweißkleber: Diese Spezialkleber für Kunststoffe verdanken ihre Klebeeigenschaft der Tatsache, daß Lösungsmittel Kunststoffe aufzulösen vermögen: Schweißkleber lösen die Oberfläche des Kunststoffs an. Werden die so angelösten Kunststoffteile zusammengefügt, entsteht durch molekulare »Verknäuelung« eine praktisch untrennbare Klebeverbindung – ein verschweißungsähnlicher Vorgang. Ihr Einsatzbereich sind die meisten Haushaltsgegenstände aus Plastik sowie Hart- und Weich-PVC.

Flüssigmetall: Diese Klebstoffart auf Vinylbasis besteht aus einer Kunststoffpaste und Metallpulver. Es gibt dieses Flüssigmetall, das wie Kitt verarbeitet wird, als *Flüssigstahl* und *Flüssigaluminium.*

Kaltschweißen nennt man jede *Klebemethode,* die Metallverbindungen erlaubt, die bisher nur durch Löten oder Schweißen möglich waren. Mit Schweißen im eigentlichen Sinn hat dies nichts

zu tun. Der dazu eingesetzte Klebstoff wird im Handel als Flüssigmetall bezeichnet, gleichgültig auf welcher Basis der Klebstoff hergestellt ist.

Das Entscheidende am Flüssigmetall ist der Kunststoff, dem ein hoher Anteil an Metallpulver zugesetzt ist, so daß der Klebstoff nach dem Erhärten wie Metall aussieht. Außerdem werden durch die Metallpulverteilchen die Adhäsionskräfte erheblich vergrößert. Andere handelsübliche Bezeichnungen sind Reparaturstahl bzw. Reparaturaluminium. Mit diesen Klebesubstanzen lassen sich nicht nur Stahl und Aluminium verkleben, abdichten und reparieren, sondern alle festen Materialien miteinander und untereinander dauerhaft verbinden. Die Reparaturmasse kann nach dem Aushärten spanabhebend bearbeitet werden.

Flüssigemail: Diese Verbindung auf Acrylbasis wird in allen gängigen Farben (in Tuben) angeboten und für kleine Emailreparaturen an Badewannen usw. verwendet.

Zweikomponentenkleber auf Epoxydharzbasis

Diese wichtige Gruppe von Klebstoffen ist lösungsmittelfrei und besteht aus dem Binder (aus Kunstharz) und – getrennt davon – dem Härter oder Aktivator. Binder und Härter sind dickflüssig bis pastös, der Härter wird manchmal in Pulverform geliefert. Kommen diese beiden Komponenten (Binder und Härter) zusammen, beginnt eine chemische Reaktion, die je nach Temperatur innerhalb weniger (bis 20) Minuten zu einer ausreichenden Anfangsfestigkeit führt. Die Endfestigkeit wird erst nach einigen Stunden erreicht.

Binder und Härter müssen vor dem Auftrag entweder in einem vorgeschriebenen Verhältnis miteinander vermischt oder, wie bei den sogenannten no-mix-Klebern, das Harz muß auf das eine Teil, der Aktivator auf das andere Teil aufgetragen werden, so daß Harz und Aktivator erst durch das Zusammenfügen miteinander Kontakt bekommen.

Hauptanwendungsgebiet dieser Klebstoffe sind nichtporöse Materialien aller Art, die man mit- und untereinander außerordentlich haltbar verkleben kann. Für Kunststoffe sind sie nicht geeignet. Das Epoxydharz kann auch mit Glasfasermatten verstärkt werden, womit dann schwierige Reparaturaufgaben wie z.B. Reparaturen an der Autokarosserie (siehe Seite 535) gelöst werden können.

Es gibt auch Zweikomponentenkleber mit einem hohen Anteil an Metallpulver für das Kaltschweißverfahren.

Einkomponenten-Reaktionskleber auf Cyanacrylat-Basis

Hierbei handelt es sich um lösungsmittelfreie Kleber, die an der Luft in Sekundenschnelle abbinden (Sekundenkleber, Blitzkleber) und deshalb nur für sehr kleine Klebeflächen Verwendung finden können. Diese Reaktionskleber eignen sich für hochfeste Verbindungen der meisten nichtporösen Werkstoffe wie Metall, Porzellan, Keramik (nicht Glas), für die meisten Kunststoffe und Gummi, vorausgesetzt, der Klebstoffauftrag ist hauchdünn und die Oberflächen glatt und schmutzfrei.

Die Haut sollte mit dem Kleber nicht in Berührung kommen, für die Augen ist er sehr gefährlich. Verkleben die Finger, hilft Aceton als Lösungsmittel.

Der Heimwerker kann die besonderen Eigenschaften der Reaktionskleber, die hauptsächlich industriell verwendet werden, meist nicht voll ausnützen.

Schmelzkleber

Kunstharz in Form von Klebestiften oder Klebepatronen wird in einer Klebepistole bei 250° bis 300°C zum Schmelzen gebracht und flüssig auf das Werkstück aufgetragen. Nach dem Erkalten entstehen sehr feste Klebeverbindungen. Schmelzkleber lassen sich für alle Materialien verwenden, sofern diese nicht durch den Auftrag des heißen Klebstoffs Schaden nehmen. Die Klebepunkte bzw. Klebenähte können durch Erhitzen wieder gelöst werden.

Die Herstellerfirmen liefern Klebstifte in verschiedenen Farben für unterschiedliche Materialien. Ein Vorteil der Schmelzkleber besteht darin, daß sie nicht eintrocknen und sich auch sonst nicht verändern.

Es gibt Furniere, Folien und Kantenumleimer, die mit Schmelzkleber beschichtet sind. Diese Materialien werden dann mit dem Bügeleisen aufgeklebt.

Montageschaum aus Polyurethan

Dieser Klebe-, Dichtungs- und Füllschaum wird beim Einbau von Tür- und Fensterrahmen und ähnlichen Aufgaben verarbeitet. Der Schaum kommt aus einer Spraydose und dehnt sich auf das Drei- bis Vierfache aus. Übergeschäumtes Material kann man nach dem Aushärten (nach 20 bis 24 Stunden) wegschneiden.

Baukleber

Das sind Klebstoffe auf Zementbasis, die ihre innere Festigkeit durch Zement erhalten, dem Kunstharz für eine gute Oberflächenhaftung beigemischt ist sowie – je nach der Art des Bauklebers oder Klebemörtels – Quarzsand als Lösungsstoff (siehe Seite 295).

Tapetenkleister aus Zellulosederivaten

Dabei handelt es sich um Klebstoff speziell zum Tapezieren (Seite 364) und zum Herstellen von Leimfarben (Seite 108).

Klebebänder

Die Klebebänder aus Kunststoffolie, wie sie üblicherweise in Haushalt und Büro benutzt werden (Tesafilm), sind für dauerhafte Verbindungen ungeeignet, denn die Beschichtung mit Klebstoff trocknet im Laufe der Zeit aus, das Klebeband wird brüchig und löst sich.

Krepp- und Papierklebebänder verwendet man zum Abdecken (z.B. von Fenster- und Türrahmen) bei Malerarbeiten. Nach dem Anstreichen werden die Bän-

1 *Klebepistole (Bostik): der Klebestift wird unter Hitze flüssig.*

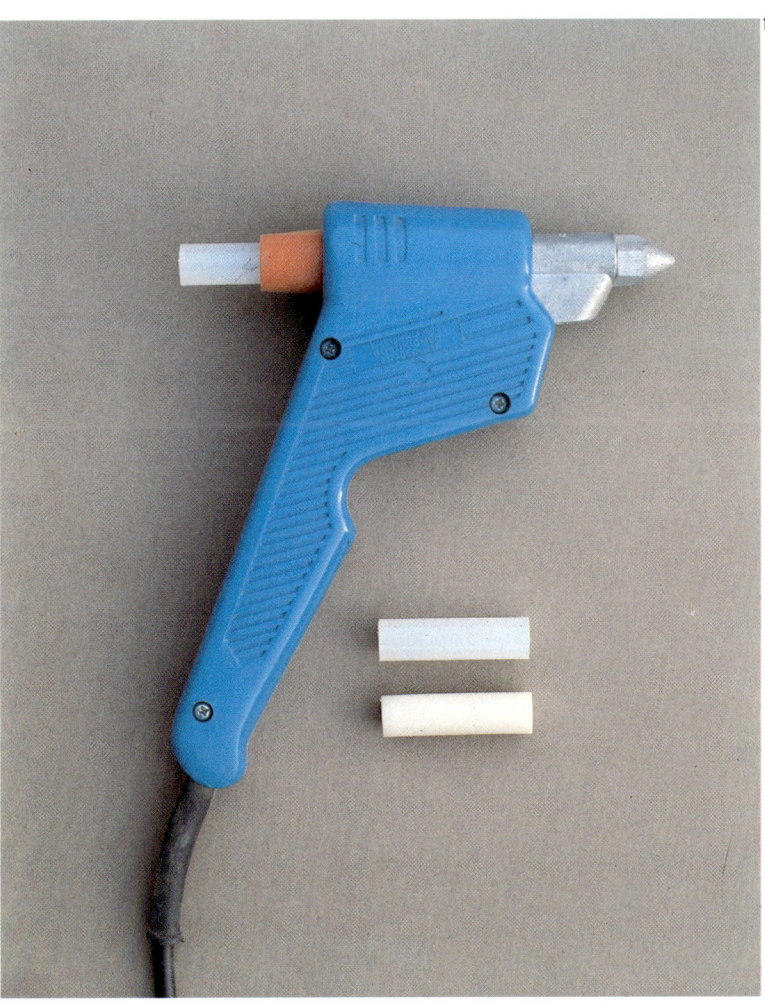

der rückstandsfrei abgezogen, so daß exakte Anstrichgrenzen entstehen. Sie sind auch geeignet, Kunststoffolien zum Abdecken von Möbeln und Fußböden bei Malerarbeiten zu fixieren.

Doppelseitig klebende Gewebestreifen werden zum Verlegen von Teppichen verwendet, dienen aber auch sonst als Montagebänder, z.B. Bostikpad.

Verarbeitungstechniken

Der Klebstoff soll möglichst dünn und gleichmäßig auf eine saubere Oberfläche aufgetragen werden. Für kleine Klebestellen ist die Klebstofftube mit ihrer Düse zugleich das Werkzeug zum Auftragen des Klebers. Bei größeren Flächen nimmt man Pinsel oder Zahnspachtel aus Kunststoff oder Metall (nicht bei Weißleim, Farbveränderung) mit grober oder feiner Zahnung. Mit Sprühklebern aus der Spraydose kann man empfindliche Flächen und weiches Material (Fotos, Papier, Schaumstoff, Gewebe, Filz) dünn und gleichmäßig einsprühen. Für Klebstifte benötigt man eine Klebepistole (Abb. 1).

Die Arbeitsgeräte für Dispersionskleber werden unmittelbar nach dem Gebrauch mit Wasser gründlich gereinigt, Zahnspachtel mechanisch gereinigt, bevor die Kleber ausgehärtet sind (Abwischen, Abkratzen).

Topfzeit ist der Zeitraum, in dem der Kleber verarbeitungsfähig ist, *Abbindezeit* nennt man die Zeit, die der Klebstoff vom Auftragen bis zu seiner vollständigen Aushärtung benötigt. Das Aushärten kann so schnell vor sich gehen, daß die Teile von Anfang an paßgenau zusammengefügt werden müssen und nicht mehr nachreguliert werden können. Topfzeit und Abbindezeit sind in den Gebrauchsanleitungen angegeben. Die Abbindezeit läßt sich durch höhere Temperaturen erheblich verkürzen. Kleinere Gegenstände kann man in einen

Backofen legen, auch Fön und Heizstrahler können hier sinnvoll eingesetzt werden.

Die Haltbarkeit einer Klebung hängt auch davon ab, daß die Teile, die miteinander verklebt werden, nach der Abbindezeit ihre Lage nicht verändern. Bei schwierigen Werkstücken, z.B. einer zerbrochenen Vase, fixiert man die einzelnen Teile mit Klebstreifen, die nach dem Aushärten abgezogen werden. Je weniger die Teile nachreguliert werden müssen, um so besser, ganz abgesehen davon, daß dies bei Sekundenklebern und vielen Zweikomponentenklebern gar nicht möglich ist.

Neben der Wahl des richtigen Klebers ist die Reinigung der Klebefläche entscheidend für die Haltbarkeit einer Klebestelle. Zwischen dem Werkstück und dem Kleber darf kein Fremdstoff sein. Je kleiner die Klebestelle ist, um so sorgfältiger muß sie gesäubert werden. Beispiele: Beton und Mauersteine werden gründlich abgebürstet; Metall wird entrostet; von Holz entfernt man alte Anstriche und Leimreste; Staub wird weggewischt; Öle und Fette werden mit Allesreinigern (z.B. von Molto), mit Waschbenzin oder Aceton entfernt. Bei kleinen Klebestellen ist sogar darauf zu achten, daß man sie nach der Reinigung nicht mehr mit den Fingern berührt, weil schon die winzigen Schweißspuren der Finger eine belastbare Klebung verhindern.

Das Verleimen von Holz und Furnieren ist auf den Seiten 189 und 203 dargestellt.

Welcher Klebstoff für welchen Werkstoff?

Die insgesamt gute Qualität der Klebstoffe, die von Herstellern wie UHU, Henkel, Praktikus, Loctite, Bindulin, Technicoll usw. angeboten werden, weist für den Heimwerker keine entscheidenden Unterschiede auf. Hier

werden also keine bestimmten Produkte empfohlen, sondern lediglich darauf hingewiesen, welcher Klebstoff für welchen Werkstoff verwendet werden sollte. Auf exotische Materialkombinationen wie z.B. Tapeten auf Metall oder Leder auf Keramik wird nicht eingegangen. Insgesamt ist zu empfehlen, für spezielle Werkstoffe Spezialkleber zu verwenden und auf lösungsmittelhaltige Klebstoffe (Alleskleber) zu verzichten.

So sollte man kombinieren

Tapeten: Kleister.

Papier, Pappe: Gummiarabikum, Kleister. Papier und Pappe mit Holz: Leim; für anspruchsvolle Flächenklebungen: Kontaktsprühkleber.

Stoffe, Filz, Leder: Kontakt-(Sprüh-)Kleber, wenn sich der Werkstoff verzieht; bei kräftigen Geweben auch Leim.

Kunststoffe untereinander, Hart- und Weich-PVC, das gesamte Plastik im Haushalt: Schweißkleber.

Hartschaum (Styropor): Spezialsprühkleber.

Weichschaum (Moltopren): Spezialsprühkleber.

Gummi: Kontaktkleber, Sekundenkleber.

Glas: Spezialkleber.

Holz, Holzwerkstoffe: Leim, Schmelzkleber.

Nichtporöse Werkstoffe wie Metall, Porzellan, Keramik, Stein: Zweikomponentenkleber, Schmelzkleber.

Demzufolge ist ein Heimwerker mit folgenden Klebstoffen gut ausgerüstet:

- Gummiarabikum für anspruchslose Papierarbeiten;
- Kleister für Tapeten;
- Kontaktsprühkleber für anspruchsvolle Flächenklebungen bei Papier, Pappe, Textilien aller Art, Leder;
- Spezialkleber für Hartschaum, Weichschaum und Glas;
- Spezialschweißkleber für Kunststoffe;
- Leim für Holz- und Holzwerkstoffe aller Art;
- Zweikomponentenkleber für alle nichtporösen Werkstoffe;
- Kontaktkleber als »Mädchen für alles« mit Ausnahme von Kunststoffen.

DÄMMEN, DICHTEN, ISOLIEREN

Dämmen, Dichten und Isolieren sind Maßnahmen, durch die unerwünschte Einwirkungen von Kälte, Schall, Wind, Luftfeuchtigkeit und Nässe reduziert oder ausgeschlossen werden sollen. Das geschieht, um die Behaglichkeit zu steigern, die Gesundheit zu schützen, die Bausubstanz zu erhalten und Heizkosten zu sparen.

Dämmstoffe setzt man zur Wärme- und Schalldämmung ein. Einzelne Produkte werden in Ausführungen angeboten, die zugleich dichtende und isolierende Wirkung haben. Manche Dämmstoffe eignen sich auch zum Brandschutz von Bauteilen. Abdichtungsmaßnahmen werden gegen unerwünschtes Eindringen von Luft und Feuchtigkeit durchgeführt, z.B. an Fenstern und Türen, an Mauerwerksanschlüssen und Anschlußfugen. In vielen Fällen erreicht man damit zugleich eine Verbesserung des Wärme- und Schallschutzes.

Den Begriff Isolieren verwendet man häufig im Zusammenhang mit dem Schutz erdberührender Bauteile vor Feuchtigkeit und Wasser. Da bei diesen Maßnahmen das Eindringen von Feuchtigkeit völlig ausgeschlossen werden soll, werden die dafür geeigneten Stoffe auch als Sperrstoffe bezeichnet. Aus den verschiedenen Grundmaterialien können jedoch auch Produkte herge-

stellt werden, die zur Abdichtung dienen oder dampfsperrende Funktionen erfüllen.

Wichtige Materialien, die für die genannten Maßnahmen normalerweise verwendet werden, sind in diesem Kapitel mit ihren Eigenschaften und bevorzugten Einsatzgebieten beschrieben. Ihre Be- und Verarbeitung wird auf diesen Seiten, einzelne Konstruktionen werden in den Kapiteln »Rohbau, Umbau, Sanierung« und »Trockenbau, Innenausbau, Renovierung« dargestellt.

Dämmen

Dämmstoffe sollen die Weiterleitung von Wärme verzögern oder von Schall verhindern. Viele Produkte sind mehr oder weniger für beide Zwecke geeignet; optimale Wärme- bzw. Schalldämmung erreicht man jedoch nur bei der Verwendung von speziellen Wärme- oder speziellen Schalldämmstoffen. Würde von Anfang an richtig gebaut, so müßte nicht nachträglich eine Wärmedämmung oder ein Schallschutz eingebaut werden.

Die Wärmedämmung gewann erst seit Mitte der 70er Jahre größere Bedeutung. Erst die Energiekrisen und die da-

mit verbundenen enormen Verteuerungen der Ölimporte zwangen zu sparsamerem Umgang mit den wertvollen Energierohstoffen. Dazu kommt, daß die Umwelt durch die Erzeugung von Wärme und Elektrizität zwangsläufig mit Schadstoffen belastet wird; je weniger Energie verbraucht wird, desto eher können unsere natürlichen Lebensgrundlagen geschützt werden. Wo Dämmaßnahmen sinnvollerweise zur Energieeinsparung beitragen können, ist ab Seite 396 dargestellt.

Auch die Schalldämmung wurde lange Zeit vernachlässigt. Die Folge ist eine anhaltende Belastung des Menschen durch Lärm, der gesundheitsschädlich ist – durch Lärm von außen, vor allem durch den Verkehr, und in Mehrfamilienhäusern auch durch die ganz normalen Lebensäußerungen der Nachbarn.

Eigenschaften der Dämmstoffe

Die Auswahl des richtigen Dämmstoffs richtet sich nach vielen Kriterien und ist daher selbst für Fachleute schwierig. Das Angebot ist von einer verwirrenden Vielfalt. Vergleichbare Produkte werden unter verschiedenen Markenbezeichnungen angeboten, das von den Herstellern angebotene Werbematerial ist häufig mangelhaft, die fachliche Beratung in den Baustoffmärkten oft unzureichend. Deshalb ist es sehr wichtig, sich möglichst umfassend zu informieren, bevor man kauft und das Material verbaut. Die Ziele, die man verfolgt, lassen sich nicht alle gleichermaßen erreichen, so daß man für jedes Bauvorhaben entsprechend den individuellen Bedürfnissen und Möglichkeiten den optimalen Weg suchen muß.

Die Wahl des Dämmstoffs richtet sich nach

- dem Einsatzgebiet und Zweck,
- dem Brandverhalten,
- der Widerstandsfähigkeit gegen Feuchtigkeit, Verrottung und Ungeziefer,
- nach den Auswirkungen auf das Wohnklima und auf die Gesundheit,
- nach dem Preis.

Ein niedriger Preis gibt oftmals den Ausschlag für die Wahl eines Stoffes, aber das ist oft eine kurzsichtige Entscheidung. Zweifellos ist es richtig, Heizkosten sparen zu wollen. Aber dafür eine Verschlechterung des Raumklimas und eine Beeinträchtigung der Gesundheit in Kauf zu nehmen, ist eine schlechte Lösung.

Wärmedämmung: Die wärmedämmende Wirkung von Materialien beruht auf vielen Lufteinschlüssen, da Luft ein sehr schlechter Wärmeleiter ist. Um Dämmstoffe vergleichen zu können, wird auf der Packung oder in Produktinformationen die *Wärmeleitzahl* angegeben (dazu Näheres auf Seite 384). Stoffe der Wärmeleitfähigkeitsgruppe 050 z. B. haben eine Wärmeleitzahl von 0,050. Je kleiner diese Zahl ist, desto größer ist die Dämmwirkung. Ein Dämmstoff der Gruppe 025 dämmt zwar wesentlich besser als ein Produkt der Gruppe 050, doch das heißt nicht, daß dadurch die doppelte Energiemenge gespart wird, weil auch die Wärmeleitfähigkeit der Wand berücksichtigt werden muß.

Bei der Auswahl eines Dämmstoffs kann man oft nicht nur davon ausgehen, welches Produkt die kleinste Wärmeleitzahl hat, denn je kleiner die Wärmeleitzahl ist, um so geringer ist die Dichte und damit auch die Festigkeit eines Dämmstoffs. Zu bestimmten Bauzwecken werden aber Dämmstoffe mit einer bestimmten Mindestfestigkeit benötigt. Sie besitzen eine höhere Dichte und damit eine höhere Wärmeleitfähigkeit. Die Wahl der Wärmeleitfähigkeitsgruppe richtet sich also häufig nach dem Verwendungszweck des Stoffes. Die Wärmeleitzahlen einzelner Dämmstoffe können untenstehender Tabelle entnommen werden, die einzelner Baustoffe der Tabelle auf S.285.

Die Wärmeleitzahl ist Grundlage für die Berechnung des k-Wertes, der dazu dienen soll, die Wärmeverluste von Gebäuden zu berechnen und damit vergleichen zu können. Diese Problematik wird ab Seite 384 eingehender dargestellt.

Die Dämmwirkung erhöht sich, wenn eine größere Materialstärke gewählt wird. Grundsätzliche Angaben darüber zu machen, welche Dämmstoffdicke gewählt werden soll, ist schwierig. Häufig hängt die Entscheidung davon ab, wieviel Platz zur Verfügung steht. So ist zum Beispiel bei der Herstellung eines schwimmenden Estrichs (Seite 346) in der Regel nur die Verwendung eines Dämmstoffs von 2 bis 3 cm Stärke sinnvoll. Bei der Dämmung von Innen- und Außenwänden sowie der Dämmung von Decken wird die Materialstärke in vielen Fällen zwischen 6 und 10 cm liegen. Holzbalkendecken können voll ausgefüllt werden. Die Dämmstoffdicke wird bei Dachschrägen häufig von der Stärke der Dachsparren bestimmt. Gerade hier aber sollte möglichst gut gedämmt werden, weil die Wärmeverluste sehr hoch sein können. In manchen Fällen wird sich daher eine Kombination aus einer Dämmung über, zwischen und unter den Sparren empfehlen. Zwischen Dämmschicht und Dachhaut muß ein Hinterlüftungszwischenraum von 2 bis 4 cm eingehalten werden.

Schalldämmung: Einzelne Dämmstoffe können auch zur Schalldämmung eingesetzt werden. Diese Problematik wird auf Seite 98 näher dargestellt.

Brandverhalten und Brandschutz: Das Brandverhalten eines Dämmstoffs wird durch die Angabe der Baustoffklasse nachgewiesen. Die Stoffe der Klassen A1 und A2 sind nicht brennbar. Die Stoffe der Klasse B1 sind schwer entflammbar und brennen nur unter Wärmezufuhr weiter. Wird die Wärmequelle entfernt, verlöscht die Flamme in kurzer Zeit. Die Stoffe der Baustoffklasse B2 sind normal entflammbar. Die leicht entflammbaren Materialien der Klasse B3 dürfen im Hochbau nicht verwendet werden.

Bei Neubauten und genehmigungspflichtigen Umbauarbeiten werden von den Behörden hinsichtlich des Brandschutzes bestimmte Vorgaben gemacht. Von Bedeutung ist hier vor allem das Verhalten von Bauteilen im Brandfall. Bestimmte Bauteile und Konstruktionen müssen einem Feuer genügend lange Widerstand bieten, damit Personen gerettet und Löscharbeiten eingeleitet werden können; sie werden daher in *Feuerwiderstandsklassen* eingestuft. Feuerwiderstandsklassen werden für Wand- und Deckenbauteile (F), Außenwände (W), Feuerschutztüren (T), Lüftungsleitungen (L) und die Verglasung (G) ermittelt und geben die Dauer der Widerstandsfähigkeit gegen einen

Stoffwerte einzelner Dämmstoffe			
Dämmstoff	Rohdichte kg/m³	Wärmeleitfähigkeit $\frac{W}{m \cdot K}$	Diffusionswiderstandszahl
Holzwolleleichtbauplatten	300–570	0,093–0,15	2–5
Backkorkplatten	100–130	0,045–0,055	10
Kokosrollfilze und Kokosmatten	80–120	0,035–0,050	1
Mineralwolle	30–200	0,035–0,040	1
Polystyrol extrudiertes Polystyrol	15–50	0,025–0,040	20–300
Polyurethan	≧30	0,020–0,035	30–100
Perlite-Schüttungen	90–160	0,060	1–4
Blähton	200–700	0,070–0,25	1

86

Brand an. Die Feuerwiderstandsklassen F 30, F 60, F 90, F 120 und F 180 besagen, daß eine Wand bzw. eine Decke einem Brand mindestens 30, 60, 90, 120 bzw. 180 Minuten standhält, ohne die Funktionsfähigkeit zu verlieren.

Daneben wird noch die Brennbarkeit der einzelnen Bestandteile eines Bauteils oder einer Konstruktion angegeben. Es können dabei alle Bestandteile der Baustoffklasse B angehören (F 30 – B), die wesentlichen Bestandteile nicht brennbar, die übrigen brennbar sein (F 30 – AB) oder alle Bestandteile aus nicht brennbaren Stoffen bestehen (F 30 – A).

Vom Standpunkt der Brandverhütung und der Eindämmung des Brandschadens aus sind Bauteile mit hoher Feuerwiderstandsdauer zu bevorzugen. Eine Verbesserung des Brandschutzes ist möglich durch die Verwendung von nicht brennbaren Dämmstoffen oder durch Verkleidung von Dämmstoffen mit Gipskarton- oder Holzwolleleichtbauplatten. Die gesetzlichen Anforderungen an den Brandschutz sollten schon im eigenen Interesse eingehalten werden. Das Nichteinhalten kann den Versicherungsschutz gefährden oder gar aufheben.

Eignung: Viele Dämmstoffe werden zu verschiedenen Spezialprodukten für ganz bestimmte Anwendungsbereiche verarbeitet. So sind manche Dämmstoffe belastbar und somit zur Dämmung unter schwimmenden Estrichen geeignet. Manche Dämmstoffe sind so abreißfest, daß sie einen Putz tragen können. Dämmstoffe, die sich zur Kerndämmung, also der Dämmung zwischen zweischaligem Mauerwerk, eignen, sind wasserabweisend imprägniert. In vielen Fällen jedoch sind Dämmstoffe ohne Spezialeigenschaften ausreichend. In Sonderfällen ist eine Beratung unerläßlich.

Die Eignung eines Produkts ist bei genormten Dämmstoffen durch ein Typkurzzeichen auf dem Etikett erkennbar (siehe nebenstehende Tabelle).

Feuchtigkeitsverhalten: Ein Dämmstoff sollte möglichst wenig Feuchtigkeit aufnehmen, denn bei einer Durchfeuchtung kann die Dämmeigenschaft völlig verlorengehen, da Wasser ein sehr viel besserer Wärmeleiter ist als Luft. Zudem kann sich auf den angrenzenden Bauteilen Schimmel oder Fäulnis bilden, und manche Dämmstoffe können verrotten. Überall dort, wo ein Dämmstoff an feuchten Bauteilen anliegt, muß er vor Feuchtigkeit geschützt werden.

Feuchtigkeit tritt auch auf in Form von *Wasserdampf*. Von großer Bedeutung ist daher die Wasserdampfdurchlässigkeit eines Dämmstoffs. Da die Luftfeuchtigkeit der Raum- und Außenluft meist unterschiedlich ist, hat sie das Bestreben, sich auszugleichen. Das geschieht beim Lüften und durch die Wanderung (= die Diffusion) des Wasserdampfs durch die Außenwand, im Winter meist von innen nach außen. Dabei kühlt der Wasserdampf ab und kann in Bauteilen in Form von Tauwasser ausfallen (= Kondensation).

Die verschiedenen Bau- und Dämmstoffe setzen dem Wasserdampfdurchgang unterschiedlichen Widerstand entgegen, d.h. sie lassen Feuchtigkeit leichter oder schwerer durch. Wird ein Dämmstoff mit einem niedrigen *Diffusionswiderstand* (z.B. Mineralwolle) im Innenbereich an eine Wand mit hohem Diffusionswiderstand angebracht (z.B. Beton), dann kann es an der Berührungsstelle zur Durchfeuchtung von Putz und Dämmstoff kommen. Dies gilt insbesondere für Räume mit hohem Feuchtigkeitsanfall (Küche, Bad, Waschräume).

Am günstigsten ist die Verwendung von Bau- und Dämmstoffen, die sich harmonisch verhalten, d. h. die dem Feuchtigkeitsdurchgang ähnlich großen Widerstand entgegensetzen. Ansonsten gilt, daß auf der warmen Seite des Bauteils die dampfdichteren Stoffe, auf der kalten Seite die dampfdurchlässigeren Stoffe angebracht werden sollen. Deshalb eignet sich Mineralwolle vor allem zur Außenanbringung. Wird sie im Innenbereich in Räumen mit hoher Luftfeuchtigkeit verwendet, so muß der Dämmstoff durch eine Dampfbremse oder Dampfsperre geschützt werden. Das gilt auch für den Ausbau von Dachräumen.

Die Diffusionswiderstandszahl einzelner Dämm- und Baustoffe ist in den Tabel-

Typkurzzeichen mit typischen Anwendungsgebieten	
Typkurzzeichen	typische Anwendung
W	Wärmedämmstoff, nicht druckbeanspruchbar, z.B. zur Auffüllung von Holzbalkendecken, zum Auslegen in ungenutzten Dächern, zur Dämmung der Dachschrägen, für hinterlüftete Außendämmung und Innendämmung.
WZ	Wärmedämmstoff mit leichter Zusammendrückbarkeit, z.B. zur vollständigen Auffüllung von Hohlräumen bei leichten Trennwänden, zum vollständigen Ausfüllen von Deckenhohlräumen. Die Dicke dieser Stoffe ist im unbelasteten Zustand etwa 20 bis 30 mm größer als die angegebene, unter Belastung gemessene tatsächliche Dicke. Überall dort, wo eine Dämmung mit Hinterlüftung durchgeführt werden soll, z.B. in Dachschrägen, muß das beim Einkauf berücksichtigt werden.
WL	Dämmstoff, nicht druckbeanspruchbar, z.B. Randleistenmatten für belüftete Dachkonstruktionen (neuer Typ).
T	Dämmstoff zur Trittschalldämmung; die Wärmedämmung ist nur zweitrangig. Wird eine erhöhte Wärmedämmung gewünscht, müssen belastbare Stoffe des Typs WD oder WS untergelegt werden.
WD/WS	Druckbeanspruchbare Dämmstoffe unter Estrichen und begehbaren Dächern ohne Trittschallanforderung.
WDA	Druckbeanspruchbarer Dämmstoff mit erhöhter Abreißfestigkeit, z.B. für verklebte Verlegung auf Flachdächern.
WV	Dämmstoff mit Beanspruchung auf Scher- und Abreißfestigkeit, z.B. Fassadendämmplatten, auf die direkt Putz aufgebracht wird.

len auf Seite 86 und Seite 285 angegeben, auf das Problem Luftfeuchtigkeit wird näher auf Seite 385 eingegangen.

Chemisches Verhalten: Dämmstoffe dürfen die Materialien, mit denen sie in Berührung kommen, nicht beschädigen, z. B. keine Korrosion an Metallen verursachen. Andererseits müssen Dämmstoffe selbst beständig sein gegen die am Bau verwendeten Materialien. Das ist bei sehr vielen Produkten der Fall. Über die Beständigkeit eines Dämmstoffs gegen chemische Produkte, vor allem Kleber, sollte man sich im Zweifelsfall vom Hersteller schriftlich informieren lassen – schriftlich wegen eventueller Schadenersatzansprüche bei falscher Auskunft.

Ungezieferbeständigkeit: Die meisten Materialien werden von Ungeziefer nicht befallen. Bei Stroh, Schilf und Torf konnte die Einnistung von Ungeziefer auch durch Kalken und Imprägnieren bisher nicht vollständig ausgeschlossen werden.

Gesundheitliche Auswirkungen: Die Beantwortung der Frage, welche Schadstoffe Dämmstoffe enthalten oder abgeben, ist äußerst schwierig. Hersteller geben in der Regel keine detaillierten Auskünfte über die Inhaltsstoffe, zum Teil aus Gründen des Produktionsgeheimnisses, zum Teil wohl auch, um die Kunden nicht zu beunruhigen. Betrachtet man die Grundmaterialien, aus denen Dämmstoffe hergestellt werden, so können pflanzliche und mineralische Produkte als gesundheitlich weitgehend unbedenklich eingestuft werden. Kunststoffschäume werden fast ausschließlich aus gesundheitlich schädlichen Stoffen hergestellt. Die Grundmaterialien werden verarbeitet und verändern dadurch zum Teil ihre Eigenschaften. Bei der Verarbeitung zu Mineralfasern werden Mineralien zu feinen bis feinsten Teilchen versponnen, die in die Lunge eindringen können, und mit gesundheitlich bedenklichen Bindemitteln gebunden. Kunststoffe verlieren den Großteil ihrer Gesundheitsschädlichkeit durch die Vernetzung der Grundmaterialien. Gelingt diese Vernetzung vollständig, sind keine Gefahren zu befürchten. Kunststoffe können nach der Herstellung aber noch Reste gesundheitsschädlicher Substanzen enthalten. Welche Schadstoffmengen von

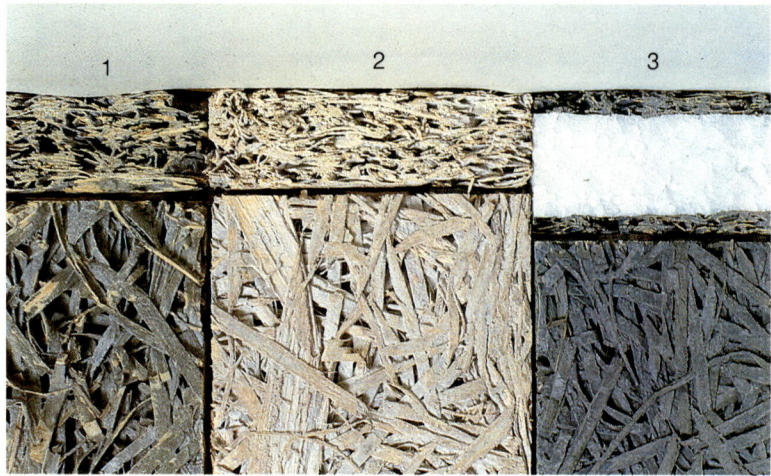

den einzelnen Produkten nach dem Einbau abgegeben werden, ist umstritten. Doch auch bei Naturmaterialien können Schadstoffe entstehen, z. B. wenn Kork zu stark erhitzt wird.

Die Schadstoffbelastung von Wohnräumen kann durch die richtigen Einbaumaßnahmen sicherlich wesentlich reduziert werden. Denn ein Produkt wird unter schwimmendem Estrich oder hinter Aluminiumfolien zweifellos weniger Schadstoffe an die Raumluft abgeben können als hinter einer Holzverkleidung oder unter Dielenböden.

Umweltverträglichkeit: Alle am Bau verwendeten Stoffe gelangen irgendwann einmal – manche bereits nach wenigen Jahren, manche nach Jahrzehnten – in den Kreislauf der Natur zurück. Sie werden in Bauschuttdeponien oder auf Müllhalden gelagert oder in Müllverbrennungsanlagen verbrannt. Von diesem Standpunkt aus sollten zum Bau Stoffe bevorzugt werden, die die Umwelt durch Zersetzungs- oder Verbrennungsprodukte nicht übermäßig belasten, also pflanzliche oder mineralische Materialien, die nicht mit schädlichen Substanzen weiterbehandelt wurden.

Verarbeitung: Unterschiedliche Materialeigenschaften bedingen auch unterschiedliche Verarbeitungsmethoden. Dämmstoffe können im Grunde genagelt bzw. angeschraubt, mit Dämmplattendübeln (siehe Seite 59, Abb. 23) im massiven Untergrund verankert oder mit Mörtel angeblendet werden. Die Verarbeitungsmethoden werden am Beispiel der Holzwolleleichtbauplatten genauer

beschrieben und gelten sinngemäß auch für andere Dämmstoffe. Im Zweifelsfall wird man immer die Verarbeitungshinweise der Hersteller anfordern müssen.

Pflanzliche Dämmstoffe

Pflanzliche Dämmstoffe bestehen vorwiegend oder vollständig aus natürlich gewachsenen Stoffen und werden daher oft als biologische Dämmstoffe bezeichnet. Es werden Dämmstoffe angeboten, die hohen Anforderungen gerecht werden. Manche Produkte bieten ähnlich gute Dämmwirkungen wie Mineralfaser- oder Kunststoffprodukte. Bei diesen Dämmstoffen werden vor allem die guten wohnklimatischen Eigenschaften immer wieder hervorgehoben. Sie gelten als gesundheitlich unbedenklich, sofern sie nicht mit schädlichen Zusatzstoffen versetzt wurden. Manche pflanzlichen Produkte halten jedoch einem Preisvergleich mit anderen Stoffen nicht stand.

Holzwolleleichtbauplatten (Abb. 1): Häufig unter dem Markennamen Heraklith bekannt, sind sie die meistverwendeten Dämmstoffe auf pflanzlicher Basis. Sie werden in verschiedenen Ausführungen angeboten.

Gemeinsam ist allen Produkten, daß sie aus langfaseriger Holzwolle hergestellt werden. Diese Holzwolle wird mit einer Salzlösung imprägniert, dadurch vor Verrottung geschützt und dann mit Magnesit, einem mineralischen Bindemittel, das dem Kalk sehr ähnlich ist, oder mit Zement gebunden. Magnesitgebun-

1 Holzwolleleichtbauplatten:
   1 Zementgebunden
   2 Magnesitgebunden
   3 Dreischichtleichtbauplatte mit
     Polystyrolkern.

2 Befestigungspunkte
   von Holzwolleleichtbauplatten:
   1 Mit Leichtbauplattennägeln oder
     Schrauben
   2 Mit Spezialdübeln
   3 Mit Mörtelpunkten
   4 Mit Haftankern an Beton.

dene Holzwolleleichtbauplatten haben eine gelblich-braune Färbung, zementgebundene sind hell- bis mittelgrau.

Holzwolleleichtbauplatten sind fest, unempfindlich gegen Feuchtigkeit, ungezieferfest, schwer entflammbar, feuerhemmend und erfahrungsgemäß über Jahrzehnte haltbar. Sie lassen Wasserdampfdiffusion und einen Luftaustausch zu. Um die wärmedämmende Wirkung zu erhöhen, sollten sie deshalb mit einem dampfdurchlässigen Baupapier abgedeckt werden. Ist mit einem sehr hohen Feuchtigkeitsanfall zu rechnen, empfiehlt sich im Innenausbau zur Vermeidung von Tauwasser eine Dampfbremse oder Dampfsperre.

Die Holzwolleleichtbauplatte ist ein sehr vielseitig einsetzbarer Bau- und Dämmstoff. Sie eignet sich zur Dämmung von Außen- und Innenwänden, Decken, wegen ihrer guten Formbeständigkeit besonders unter schwimmenden Estrichen und anderen schwimmenden Fußbodenkonstruktionen, für die Dämmung von Dächern über, zwischen und unter den Sparren und für die Errichtung von leichten Trennwänden. Mit Holzwolleleichtbauplatten kann der Feuerschutz von Bauteilen verbessert werden, in manchen Fällen sogar wesentlich. Holzwolleleichtbauplatten können nach der Armierung der Fugen mit einem Baunetzband oder mit Jutestreifen verputzt werden (siehe Seite 306). Da Holzwolleleichtbauplatten eine vergleichsweise hohe Wärmeleitfähigkeit haben, empfiehlt sich bei höheren Anforderungen an den Wärmeschutz eine Kombination mit anderen Dämmstoffen. Zur Erleichterung des Verputzens von Betonflächen werden spezielle Putzträgerplatten angeboten, die als verlorene Schalung anbetoniert werden.

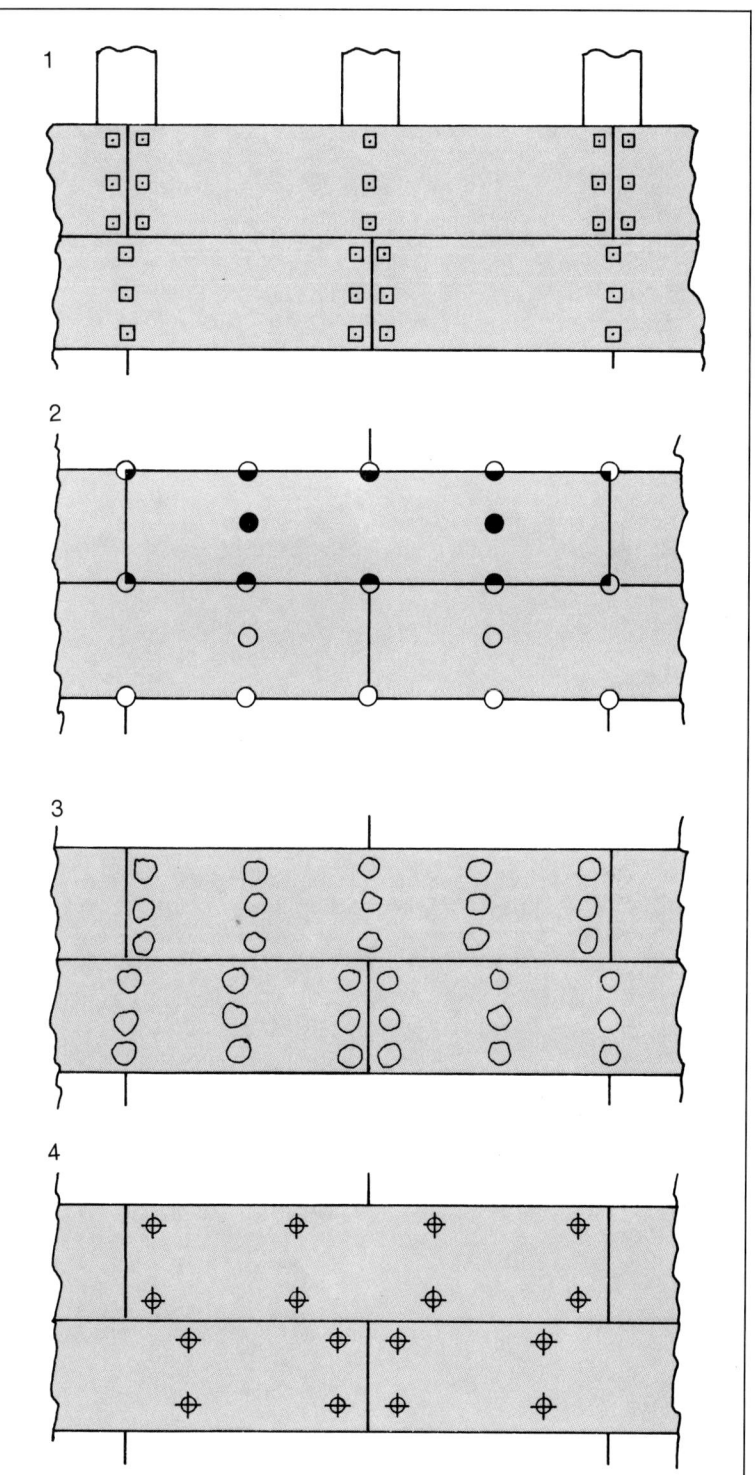

Holzwolleleichtbauplatten werden auch als Mehrschichtleichtbauplatten mit Mineralwolle- oder Polystyrolkern angeboten, wodurch sich ihre Dämmwirkung wesentlich verbessert. Ihre Eigenschaften entsprechen dann weitgehend den Eigenschaften des eingeschlossenen Dämmstoffs.

Holzwolleleichtbauplatten sollten nur trocken verarbeitet werden und müssen daher durch entsprechende Lagerung vor Feuchtigkeit geschützt werden. Sie lassen sich mit einem Fuchsschwanz, einer Kreis- oder Handkreissäge zuschneiden. Für alle Arten der Befestigung gilt, daß die Platten dicht gestoßen im Verband verlegt werden.

Auf Hölzern werden Holzwolleleichtbauplatten mit rostgeschützten Leichtbauplattennägeln oder Nägeln und Schrauben mit Unterlegscheiben befestigt. Nägel werden dabei etwas schräg angesetzt, damit sich ein besserer Halt ergibt. Das Anschrauben empfiehlt sich bei Plattendicken ab 75 mm und bei der Anbringung an der Decke. Platten von 50 cm Breite müssen auf jedem Holz 3, Platten von 62,5 cm Breite 4 Befestigungspunkte haben (Abb. 2). Bei verputzten Konstruktionen sind je nach Plattendicke Unterstützungshölzer im Abstand von 50 bis 100 cm vorzusehen.

In massiven Untergründen können die Platten mit Spezialdübeln verankert werden. Dafür werden 6 Dübel pro m² benötigt. Auf massiven Wänden kann die Befestigung mit Bauklebern erfolgen, wenn der Untergrund eben, staubfrei, haft- und tragfähig ist. An Betonflächen lassen sich Platten befestigen, indem sie mit speziellen Ankern in die Schalung eingelegt und mit anbetoniert werden. Für die Befestigung sind 8 Anker pro m² aus rostgeschütztem Stahl oder Kunststoff zu empfehlen.

Untersuchungen haben ergeben, daß zementgebundene Holzwolleleichtbauplatten eher verspröden und weniger resistent sind gegen Pilzbefall. Gegen magnesitgebundene Holzwolleleichtbauplatten wurden bisher noch von keiner Seite gesundheitliche Bedenken geäußert. Sie werden daher auch von Baubiologen empfohlen.

Korkdämmstoffe (Abb. 3): Sie werden aus der Rinde der in Spanien, Portugal und anderen Mittelmeerländern beheimateten Korkeiche hergestellt. Durch das Mahlen der Korkrinde entsteht Naturkorkschrot, der zu Schüttungen zwischen Kanthölzern und in Holzbalkendecken verwendet wird. Durch Erhitzen des gemahlenen Korks blähen sich die Korkzellen auf und füllen sich dabei mit Luft. Es entsteht expandierter *Korkschrot,* der wie Naturkorkschrot verwendet wird. Weist der Untergrund für Schüttungen Ritzen auf, z. B. bei einem Zwischenboden in Holzbalkendecken, erfolgt eine Schrotschüttung auf ein reißfestes Baupapier. Folien verhindern das Atmen der Konstruktion.

Backkork entsteht, indem Korkschrot erhitzt wird und unter leichtem Druck durch die eigenen Harze zu großen Blöcken zusammenbäckt. Aus diesen Blöcken werden Platten verschiedener Stärke geschnitten. Backkork wird auch als reinexpandierter Kork bezeichnet, weil er ohne Bindemittel hergestellt wird.

Korkschrot oder Backkork sind atmungsaktiv, alterungs- und ungezieferbeständig und normal entflammbar. Rohkork beginnt nur bei langer und intensiver Feuchtigkeitseinwirkung zu faulen, expandierter Kork ist fäulnisbeständig. Korkprodukte bewirken nur eine sehr geringe Luftschalldämmung und sind unter schwimmenden Fußbodenkonstruktionen nicht zur Trittschalldämmung geeignet, da es sich um ein vergleichsweise festes Material handelt. Trittschalldämmend wirken jedoch Fußbodenbeläge aus Kork, z. B. Korkparkett (siehe Seite 354).

Backkorkplatten können mit einer feinzahnigen Säge bearbeitet werden. Reststücke der Platten lassen sich mit speziellen Dämmplattenverbindern wieder zu größeren Stücken zusammensetzen. Korkplatten können an Holz und geeignetem Mauerwerk mit Leichtbauplattennägeln befestigt werden. Bei Mauerwerk aus harten Steinen empfiehlt sich die Anbringung mit Dämmplattendübeln. Kork kann mit geeigneten Klebern an ebene, tragende Untergründe verklebt werden. Bei noch unverputztem Mauerwerk ist die Anbringung auch mit relativ dünnflüssigem Kalkmörtel auf einem Spritzbewurf möglich. Die Platte wird dabei nach dem Antrocknen des Spritzbewurfs in einer Stärke von 1 bis 1,5 cm mit Mörtel bestrichen und dann fest an die Wand gedrückt. Bei einer Dämmung zwischen den Dachsparren können die

3 *Korkdämmstoffe:*
1 *Korkrinde*
2 *Naturkorkschrot*
3 *Blähkorkschrot*
4 *Backkorkplatte*
5 *Dämmplattenverbinder*
6 *Bitumenkorkfilz.*

Korkplatten durch Halteleisten gesichert oder aufgrund ihres geringen Gewichts auch durch schräge Nagelung befestigt werden. Der Dämmstoff sollte bei der Dämmung der Dachschrägen immer durch ein reißfestes, dampfdurchlässiges Baupapier abgedeckt werden, um eine höhere Winddichtigkeit an den Stoßstellen zu gewährleisten.

Naturkork und Naturkorkschrot sind fast geruchlos. Manche Produkte aus expandiertem Kork haben einen sehr starken Eigengeruch, der sich auch durch Auslüften vor dem Einbau nur langsam verliert, manche Produkte jedoch sind sehr geruchsarm. Deshalb sollte man, wenn Korkdämmstoffe nicht durch Gipskartonplatten oder Baupapier dicht abgeschlossen werden (z. B. beim Einbau hinter Verkleidungen aus Profilbrettern oder unter Dielenböden), geruchsarme Produkte verlangen.

Möglicherweise ist die starke Geruchsintensität mancher Produkte auf Verschwelungen während der Herstellung zurückzuführen. In diesem Fall könnten Korkprodukte auch Schadstoffe enthalten. Naturkorkschrot und sorgfältig hergestellte Backkorkprodukte gelten als gesundheitlich unbedenklich.

Werden Korkprodukte an der Innenseite von relativ dampfdichten Flächen (z. B. Betonflächen) oder in Räumen mit hohem Feuchtigkeitsanfall (z. B. in einer im Dach eingebauten Küche oder Bad) verwendet, sollte eine Dampfbremse vorgesehen werden, da der Diffusionswiderstand von Kork vergleichsweise niedrig ist.

Neben den beschriebenen Korkprodukten werden *Imprägnierkorkplatten* angeboten, die mit Bitumina oder Kunstharzen gebunden werden. Diese Bindemittel gelten als gesundheitsschädlich, falls sie so angebracht sind, daß sie die Raumluft belasten können. Bitumenkorkfilz ist ein mit Bitumen gebundenes Produkt aus Fasern und Kork und wird z. B. auf Betondecken unter im Mörtelbett verlegten Plattenbelägen zur Tritt-

schalldämmung eingesetzt. Er ist jedoch nicht zur Feuchtigkeitsisolierung geeignet.

Preßkork ist ein hochverdichtetes Material, das mit natürlichen oder chemisch hergestellten Mitteln gebunden wird und zu Schwingungs- und Schalldämpfern für Maschinen, aber auch zu Boden- und Wandbelägen weiterverarbeitet wird (siehe Seite 349, Abb.3).

Kokosfasern (Abb.4): Sie werden aus der Umhüllung der Kokosfrucht gewonnen. Diese wird längere Zeit in Sumpfbecken einem Fäulnisprozeß ausgesetzt. Diejenigen Fasern, die der Fäulnis widerstehen, werden unter anderem zu Dämmstoffen und Bodenbelägen weiterverarbeitet.

Kokosdämmstoffe sind in Form von Rollfilzen bzw. Matten und wesentlich steiferen Platten erhältlich. Sie eignen sich zur Wärme-, Trittschall- und Luftschalldämmung. Vereinzelt werden Kokosfasern auch als lose Wolle angeboten, die sich für Stopfisolierungen und zur Ausfüllung von Hohlräumen eignet. Rollfilze lassen sich leicht zerzupfen und können so für die gleichen Zwecke eingesetzt werden.

Rollfilze werden in gerollten Bahnen geliefert und eignen sich zur Wärmedämmung in Bauteilen, wo sie nicht belastet werden, z.B. in leichten Trennwänden, in Holzbalkenzwischenräumen und hinter Vorsatzschalen. Sie können mit großköpfigen Nägeln oder mit Holzleisten befestigt werden. Rollfilze sind nur in relativ dünnen Ausführungen lieferbar, so daß sich oft eine mehrlagige Dämmung

empfiehlt. Daneben werden Rollfilze in Verbindung mit Schwingblechen auch zur Luftschalldämmung eingesetzt (Seite 376). Spezielle Matten können auch zum Trittschallschutz unter schwimmenden Estrichen verwendet werden.

Durch eine zusätzliche Imprägnierung der Fasern mit einer gesundheitlich unbedenklichen Wasserglaslösung und durch spezielle Vernadelungstechniken entstehen die wesentlich steiferen *Kokosfaserplatten*. Sie eignen sich je nach Sorte zur Trittschalldämmung bei schwimmenden Fußbodenkonstruktionen oder zur Anbringung an Wände bei Herstellung eines luftschalldämmenden schwimmenden Putzes. Streifen aus Kokosfaserplatten dienen zur Trittschalldämmung unter Kanthölzern, z.B. bei der Verlegung von Dielenböden oder Trockenestrichen. Sie werden auch zu luftschalldämmenden Elementen weiterverarbeitet, z.B. zu Schwinghölzern (Seite 375 und Seite 377, Abb.19) oder in Verbindung mit Gipskartonplatten eingesetzt.

Kokosfaserprodukte können am besten mit einem Wellenschliffmesser zugeschnitten werden. Kleinere Mengen dünner Filze lassen sich jedoch auch mit einem scharfen Allzweckmesser oder notfalls mit einer Schere schneiden. Als Führung ist ein gerades Brett oder ein Metallineal geeignet.

Produkte aus Kokosfasern sind geruchlos, äußerst verrottungsbeständig, völlig unempfindlich gegen Feuchtigkeit und haben einen sehr niedrigen Diffusionswiderstand. Bei Innenanbringung an

kalten Außenmauern mit hohem Diffusionswiderstand oder bei hohem Anfall von Luftfeuchtigkeit ist deshalb eine Dampfbremse oder Dampfsperre zu empfehlen.

Kokosfaserprodukte sind mit einem Flammschutzmittel imprägniert und erfüllen so die Anforderungen der Baustoffklasse B2 (normal entflammbar). Unbehandelte Kokosfaser ist leicht entflammbar und darf deshalb im Hochbau nicht verwendet werden. Sie findet z.B. Anwendung als Drainagefilter. Gesundheitlich nachteilige Wirkungen von Kokosfaserprodukten sind nicht bekannt.

Bodenbeläge aus Kokosfasern sind fußwarm und dämpfen den Trittschall (siehe Seite 357, Abb.7).

Zellulosefasern (Abb.5): Diese werden unter dem Namen »isofloc« angeboten. Sie bestehen aus zerfasertem Altpapier und sind nach Zugabe von Borsalz normal entflammbar. Das Material wird gepreßt geliefert und muß von Hand fein zerflockt werden. Da das Produkt sehr feinfaserige bis staubhaltige Bestandteile enthält, ist eine Abdeckung dort zu empfehlen, wo die Raumluft belastet werden könnte (z.B. unter Dielenböden).

Auch eine Dämmung der Dachschräge ist möglich. Dabei wird das Material mit speziellen Flockmaschinen in Jutesäcke oder in eine Abspannung aus Pappe eingebracht.

Stroh, Schilf, Torf: Es werden auf dem Markt Schilf-, Stroh- und Torfplatten angeboten. Die Wärmeleitfähigkeit von

4

Strohplatten ist vergleichsweise hoch, die von Schilfplatten wesentlich niedriger. Der Rohstoff Schilf steht nicht unbegrenzt zur Verfügung. Der Einsatz von Torf sollte aus ökologischen Gründen vermieden werden, da durch den Torfabbau Moore und damit wertvolle Lebensräume für vom Aussterben bedrohte Tier- und Pflanzenarten zerstört werden. Das Einnisten von Ungeziefer konnte bei diesen Materialien auch durch Kalken und Imprägnieren nicht vollständig ausgeschlossen werden.

Textilfasern: Sie bestehen aus Pflanzenfasern wie Baumwolle, Sisal oder Kokosfasern, aus Tierhaaren oder synthetischen Fasern. Sie werden zu Filzunterlagen, PVC-beschichteten Fußbodenbelägen oder zu Teppichböden verarbeitet. Sie sind trittschalldämmend und fußwarm. Verarbeitung siehe Seite 356.

Mineralische Faserdämmstoffe (Mineralwolle)

Für alle aus anorganischem Material hergestellten Fasern hat sich der Begriff Mineralwolle eingebürgert.

Das Grundmaterial wird erhitzt, verflüssigt und durch unterschiedliche Verfahren zu feinen Fasern weiterverarbeitet, die entweder in Form von loser Wolle oder Zöpfen in den Handel kommen oder durch unterschiedlich hohe Zugabe von Bindemitteln zu Bahnen, Matten oder Platten weiterverarbeitet werden. Mineralfaserprodukte eignen sich zur Wärme-, Luft- und Trittschalldämmung. Sie sind elastisch, widerstandsfähig gegen Feuchtigkeit und Ungeziefer und haben einen sehr niedrigen Diffusionswiderstand. In vielen Fällen wird deshalb bei der Innendämmung eine Dampfbremse oder Dampfsperre erforderlich sein. Viele Produkte sind nicht brennbar, manche schwer, manche normal entflammbar.

Mineralfasern geben feinste Faserteilchen an die Luft ab, die die Lunge schädigen können. Neuere Untersuchungen deuten darauf hin, daß diese Materialien möglicherweise ähnlich gefährlich sind wie Asbest. Bei der Verarbeitung sollte man daher eine Atemschutzmaske tragen. Sie sollten daher im Innenbereich so eingebaut werden, daß eine Belastung ausgeschlossen ist, also z.B. mit Folien, Baupapieren oder Gipskartonplatten abgedeckt werden. Mineralfasern erhalten bei der Weiterverarbeitung

4 *Kokosfaserplatte, Kokosnuß, Rollfilz (emfa).*

5 *Zellulosefasern (isofloc).*

zu Matten und Platten einen unterschiedlich hohen Anteil an Bindemitteln, meist Phenolharzen. Welche Schadstoffmenge davon an die Raumluft abgegeben wird, ist schwer zu beurteilen. Ein Risiko wird jedoch durch Abdecken mit dichten Materialien geringer. Baubiologisch orientierte Planer raten von einer Verwendung von Mineralwolle im Innenbereich ab.

Steinwolle (Abb.6): Dieses Material, häufig unter dem Firmennamen Rockwool bekannt, wird aus verschiedenen Sedimentgesteinen wie Diabas, Kalkstein, Dolomit oder Tonschiefer gewonnen. Steinwollefabrikate in ungebundener Form haben oft eine braungraue, mit Kunststoffen gebunden eine gelbliche, schmutziggelbe, manchmal jedoch auch bräunliche Färbung.

Glaswolle (Abb.7): Sie wird aus einer Glasschmelze gewonnen, die im wesentlichen aus Quarzsand hergestellt wird und die ähnliche Zusammensetzung aufweist wie die Schmelze zur Glasherstellung. Glaswolle ist weiß, kunstharzgebunden leuchtendgelb.

Basaltwolle: Sie wird aus vulkanischem Basaltgestein gewonnen und hat eine grauschwarze Färbung.

Schlackenwolle: Wird aus flüssiger Hochofenschlacke gewonnen, hat eine graubraune Färbung und bindet Feuch-

tigkeit. Dadurch kann es zur Verklumpung des Fasergefüges kommen. Bei direkter Berührung mit Metallteilen läßt sich bei Vorhandensein von Feuchtigkeit Korrosion nur durch entsprechende Schutzanstriche vermeiden.

Verarbeitung: Lose Mineralwolle eignet sich zur Stopfisolierung von Hohlstellen und Schlitzen. Mineralwollezöpfe dienen zum Hinterfüllen von Fenster- und Türlaibungen und zur Dämmung von Leitungsrohren, z.B. von mit anderen Materialien schwer dämmbaren Krümmungen. In der Regel werden Leitungsrohre mit Rohrschalen gedämmt, die mit Aluminiumfolie kaschiert sind. Die Nähte der Schalen werden mit einem speziellen Klebeband verklebt. Diese Schalen sind für verschiedene Rohrdurchmesser lieferbar und in Ausführungen, mit denen mehrere nebeneinanderliegende Rohre gedämmt werden können (siehe Seite 434, Abb.11).

Für die Dämmung der Innen- und Außenwände sind in der Regel Mineralwollematten des Typs W ausreichend. Sie werden mit Dämmstoffdübeln am Mauerwerk befestigt. Manche Produkte können auch mit Bauklebern punktweise an die Wand geklebt werden. Platten mit hoher Abreißfestigkeit werden benötigt, wenn sie einen Putz tragen sollen. Dazu wird ein Armierungsgitter aufgebracht und mit den Dübeln verbunden. Als Putze verwendet man Kunstharzputze oder spezielle mineralische Putze.

Belastbare Materialien wie Trittschalldämmplatten oder belastbare Wärmedämmplatten werden unter schwimmende Fußbodenkonstruktionen verlegt.

Zum Auslegen von Holzbalkendecken oder auf den Boden ungenutzter Dächer sind Matten des Typs W ausreichend. Zum Dämmen der Dachschräge werden sogenannte Randleistenfilze eingesetzt. Das sind gerollte Matten, die mit Aluminiumfolie kaschiert sind, die an den Seiten übersteht und dort an den Dachsparren festgetackert wird. Die Aluminiumbeschichtung dient gleichzeitig als Dampfsperre. Die Stoßstellen werden mit einem speziellen Band verklebt, damit die Dampfsperre lückenlos ist. Die Filze eignen sich auch zur Dämmung zwischen Kanthölzern oder stehenden Balken.

Bei der Auswahl der Randleistenfilze ist darauf zu achten, daß die Nenndicke 93 kleiner ist als die Dicke im eingebauten Zustand. Dadurch kann bei falscher Materialwahl der nötige Lüftungsspalt zwischen Dämmstoff und Dachaußenhaut geschlossen werden. Zur Dämmung unregelmäßiger oder ungewöhnlicher Sparrenabstände haben sich Dämmkeile bewährt, die sich mit minimalem Verschnitt verschiedenen Sparrenabständen anpassen lassen.

Mineralwolleprodukte kann man mit einem scharfen Messer entlang einer Führungslatte oder -schiene schneiden. Bei Randleistenfilzen muß beim Zuschneiden die Klebeschicht vorsichtig in der gewünschten Breite gelöst werden. Um eine Beschädigung der Kaschierung zu vermeiden, wird ein Brett untergelegt.

Bei der Verarbeitung von Mineralwolleprodukten kommt es zu Juckreizerscheinungen. Sie sind auf feine Faserteilchen zurückzuführen, die die Hautoberfläche durchdringen und als Rötungen sichtbar werden.

Mineralische Schütt- und Füllstoffe

Mineralien enthalten gebundenes oder ungebundenes Wasser. Werden sie stark erhitzt, verdampft das Wasser mit hoher Energie und bläst den Grundstoff auf. Er enthält nun viele Luftbläschen und eignet sich zur Wärmedämmung. Man kann die Herstellung von geblähten Mineralstoffen mit der Herstellung von Popcorn vergleichen.

Perlite (Abb. 8): Dieses Material entsteht aus zerkleinertem vulkanischem Perlit-

gestein, das auf über 1000 °C erhitzt und dadurch kugelförmig aufgebläht wird. Das geblähte Material von Staubkorngröße bis 7 mm Durchmesser wird als Zuschlagstoff in wärmedämmenden Mörtel- (Abb. 9) und Schornsteindämmmassen und als Schüttmaterial verwendet. Das Grundmaterial eignet sich zur Auffüllung von Zwischenböden und unter auf Kanthölzern verlegten Dielenböden. Zur Dämmung der Dachschrägen kann Perlite mit einem Spezialgebläse in Folienschläuche zwischen den Dachsparren eingefüllt werden. Ebenfalls mit einem Gebläse kann Perlite in zweischaliges Mauerwerk eingeblasen werden (Kerndämmung). Dazu wird ein Spezialprodukt verwendet, das wasserabweisend imprägniert ist.

6

Andere Produkte können zum Höhenausgleich unter schwimmenden Estrichen und zum Höhenausgleich unter schwimmenden Fußbodenkonstruktionen (z. B. Spanplatten) eingesetzt werden. Das Material wird, nachdem Lehren ausgerichtet wurden, mit einer Abziehlatte abgezogen. Danach werden die Lehren herausgenommen und die Fehlstellen vorsichtig verfüllt. Diese Schicht kann nur auf speziellen Abdeckplatten begangen werden. Möglich ist bei schwimmenden Spanplattenkonstruktionen auch ein abschnittweises Vorgehen. Ist eine gute Trittschalldämmung erwünscht, sollte die Schüttung mit Trittschalldämmplatten abgedeckt werden. Soll eine höhere Belastbarkeit erreicht werden, empfiehlt sich die Verwendung von bituminiertem Perlite (Abb. 10). Diese Körner verkleben bei Belastung und ergeben somit eine druckfestere Dämmschicht.

Da bei druckbelasteten Schüttungen generell eine Verdichtung eintritt, sollten bei der Verarbeitung etwa 10 bis 20% an Höhe zugegeben werden. Rohrleitungen, Kabel und Unebenheiten müssen im verdichteten Zustand mindestens 10 mm überdeckt sein. Druckbelastete Schüttungen über 60 mm sollten mechanisch verdichtet werden. Dazu wird ein Rüttelgerät auf eine Spanplatte gestellt.

Daneben werden Spezialmörtel angeboten, die sich zum Verfüllen von Installationsmaterial eignen und Wärmedämmstrichmörtel, der sich zur Wärmedämmung und zum Höhenausgleich unter im Mörtelbett verlegten Fliesenbelägen eignet.

Perliteprodukte sind in der Regel nicht brennbar. Bitumenumhüllte Materialien

6 *Steinwolle (Rockwool):*
   1 Diabasgestein
   2 Lose Wolle ohne Bindemittel
   3 Dämmkeile für verschiedene Balkenabstände
   4 Dämmatte
   5 Dämmplatte
   6 Platte mit Alufolienbeschichtung.

7 *Glaswolle (Grünzweig & Hartmann):*
   1 Auf Wellpappe gesteppt
   2 Dämmzöpfe
   3 Dämmplatte.

sind normal entflammbar. Perlite ist verrottungs- und ungezieferfest sowie alterungsbeständig. Unbehandeltes Perlite gilt als gesundheitlich unbedenklich. Bituminierte Materialien sind mit den Risiken von Bitumenprodukten behaftet. Über bestimmte Zusatzstoffe zu anderen Materialien liegen keine Informationen vor.

Blähton und Blähschiefer (Abb. 11 und 12): Sie entstehen durch Brennen von Ton und Tonschiefer. Beim Brennvorgang entstehen viele in sich geschlossene Luftzellen, die diese Produkte zur Wärmedämmung geeignet machen.

Blähton- und Blähschieferprodukte werden als Leichtzuschlagstoffe zur Herstellung von Mauersteinen verwendet (siehe S. 288, Abb. 10) und zu wärme-

dämmenden Fertigmörteln und Dämmputzen weiterverarbeitet. Sie eignen sich gut zur Herstellung wärmedämmender Ortbetone und Estriche. Das erfordert jedoch genaue Informationen über das Mischungsverhältnis durch den Hersteller.

Diese Produkte sind außerdem als Schüttmaterialien in verschiedenen Körnungen bis zu 16 mm und Schüttgewichten von 200 bis 700 kg pro m³ lieferbar. Grobkörnige Schüttungen sind leichter und daher besser wärmedämmend, feinkörnige schwerer und daher besser schalldämmend. Die Wärmeleitfähigkeit des Materials schwankt von 0,070 bis 0,25. Werden hohe Anforderungen an den Wärmeschutz gestellt und sind hohe Schüttungen nicht mög-

lich, empfiehlt sich eine Kombination mit besser wärmedämmenden Stoffen.

Spezielle Körnungen eignen sich als Ausgleichstrockenschüttungen unter schwimmenden Estrichen und zum Höhenausgleich unter schwimmend verlegten Spanplattenböden sowie schwimmend verlegten Gips- und Ziegelelementen. Die sind daher auch gut zur Verwendung bei Altbaumodernisierungsmaßnahmen geeignet. Trockenschüttungen sind meist unter anderem Namen bekannt, z. B. als Knauf-Trockenschüttung. Soll mit schwimmenden Fußbodenkonstruktionen auch eine gute Trittschalldämmung erreicht werden, empfiehlt sich die Kombination mit Trittschalldämmplatten aus Kokos- oder Mineralfasern. Blähton und Blähschiefer sind unverrottbar, nicht brennbar, sie lassen Wasserdampfdiffusion zu und gelten als gesundheitlich unbedenklich.

Kunststoffschäume

Kunststoffschäume werden als bereits ausgehärtete Materialien *(Hartschaumplatten)* oder als noch flüssige Materialien zur Verschäumung am Verwendungsort *(Ortschäume)* angeboten. Sie werden durch chemische Prozesse aus verschiedenen Grundstoffen durch Zugabe von Treib- und Flammschutzmitteln hergestellt. Sie kommen in Form von Platten, Profilen, Rohrschalen, ja ganzen Dachkonstruktionen in den Handel, als Ortschaum in Spraydosen oder kleinen Behältnissen.

95

Vielen Kunststoffschäumen gemeinsam ist ein relativ hoher Diffusionswiderstand, was bei der Verarbeitung beachtet werden sollte. Das Atmen der Wände kann dadurch fast völlig verhindert werden. Die Verschlechterung des Raumklimas muß durch verstärktes Lüften ausgeglichen werden.

Kunststoffschäume können bei Bränden hochgiftige Gase freisetzen. Die gesundheitlichen Auswirkungen eingebauter Kunststoffe sind umstritten. So kann es nach der Herstellung und Verarbeitung bei manchen Kunststoffen zur Freisetzung von gesundheitsschädlichen Gasen kommen. Die Freisetzung hängt jedoch auch ab von der Ablagerungszeit der Materialien und von der technischen Herstellung, so daß eine Beurteilung im Einzelfall äußerst schwierig ist.

Polystyrol (PS): Dieses Material (Abb. 13) ist unter der Markenbezeichnung Styropor bekannt. Es ist ein weißer, grobkörniger Stoff mit überwiegend geschlossenen Zellen, der bis zu 98% Luftporen enthält. Der Grundstoff Styrol wird aus Rohöl gewonnen und unter Zugabe von Treibmitteln geschäumt. Polystyrol ist sehr preiswert und gehört daher zu den am meisten verwendeten Dämmstoffen im Bauwesen.

Polystyrol ist leicht bis schwer entflammbar, empfindlich gegen hohe Temperaturen, unbeständig gegen Bitumen- und Teerprodukte, Holzschutzmittel, Benzin, organische Lösungsmittel und ölhaltige Produkte. Es dürfen nur Klebstoffe, Farben und Holzschutzmittel ver-

wendet werden, die als geeignet für PS-Schaum gekennzeichnet sind. Das Material sollte mindestens 8 Wochen abgelagert sein, da es nach der Herstellung noch Reste des Treibmittels enthält. Schrumpfungen von nicht abgelagertem Material können nicht ausgeschlossen werden.

Polystyrol wird angeboten in Form von Platten, Rohrschalen, wärmedämmenden Untertapeten, Stuckprofilen zur Vermeidung von Wärmebrücken, Dekorplatten zur Dämmung der Decke und als loses Schütt- und Füllmaterial. Spezialplatten können unter schwimmenden Estrichen Trittschall dämmen.

Extrudierter Polystyrolhartschaum wird nach einem anderen Verfahren hergestellt, ist sehr feinporig, äußerst belastbar und hat einen wesentlich höheren Diffusionswiderstand. Er wird z.B. zur Dämmung von Flachdächern oder Kelleraußenwänden eingesetzt.

Polyurethan (PUR): Je nach Wahl der Ausgangsstoffe und des Herstellungsverfahrens gibt es PUR (Abb. 13) als festen Körper, als kautschukähnlichen oder schaumigen Stoff oder als Klebstoff. Als Wärmedämmstoff ist Polyurethan wärmebeständiger als Polystyrol, chemisch resistent gegen Öle und verschiedene Lösungsmittel, normal bis schwer entflammbar. Polyurethan nimmt wenig Feuchtigkeit auf, neigt allerdings bei Wärmeeinwirkung zum Schrumpfen. Der Diffusionswiderstand ist sehr hoch. Polyurethan kommt in Platten und Formstücken und als Ortschaum in der Spraydose in den Handel. Polyurethan

setzt bei Bränden Kohlenmonoxyd und Blausäuregas frei. Mit Polyurethan läßt sich bei gleichen Materialstärken die beste Dämmwirkung erzielen.

Phenol-Formaldehydharz-Schaum (PF): Er wird auch als Schaum-Phenol oder Phenolharz-Schaumstoff bezeichnet. Der Stoff ist schwer entflammbar, spröd-hart und hat eine rötlich-gelbbraune Färbung. Schaumphenol hat überwiegend offene Zellen und nimmt daher sehr schnell Feuchtigkeit auf. Der Diffusionswiderstand ist gering. Phenolschäume sind metallaggressiv, deshalb müssen Metallteile vor Korrosion geschützt werden. Sie kommen als Platten in den Handel.

Harnstoff-(Urea-)Formaldehydharz-Schaum (UF): Dieser wird durch saure Kondensation von Harnstoff mit Formaldehydlösung hergestellt, ist normal- bis schwer entflammbar, spröd-hart, neigt zum Schrumpfen und nimmt viel Feuchtigkeit auf. Der Diffusionswiderstand ist gering. Urea-Formaldehyd wird vor allem zur Ortverschäumung angeboten. Von einer großflächigen Ortverschäumung wird abgeraten, weil dabei durch Freisetzung von ungebundenem Formaldehyd gesundheitliche Schäden aufgetreten sind.

Verarbeitung

Kunststoffplatten: Sie lassen sich mit einer Säge feinerer Zahnung schneiden. Das beim Schneiden von Polystyrolplatten anfallende Granulat lädt sich elektrostatisch auf, so daß die einzelnen Partikel überall haftenbleiben. Durch Verwendung einer speziellen Hart-

8 *Perlitgestein und Blähperlite.*

9 *Perlite-Leichtmauermörtel.*

10 *Bituminiertes Perlite (Bituperl).*

11 *Blähton 2–4 mm (Leca).*

12 *Blähschiefer 8–16 mm (Leca).*

13 *Kunststoffschäume:*
   1 Polystyrol
   2 Extrudiertes Polystyrol zur Keller-außendämmung
   3 Polyurethan-Ortschaum.

darüber klarwerden, für welchen Zweck das Produkt eingesetzt werden soll.

In der Verarbeitungsmethode unterscheidet man Zweikomponenten- und Einkomponentenschäume. *Zweikomponentenschäume* entstehen, wenn zwei verschiedene Flüssigkeiten kurz vor der Verarbeitung zusammengebracht und durchgeschüttelt werden; deshalb werden sie auch Schüttelschäume genannt. Eine Dosierung ist jedoch nicht möglich, weil immer eine ganze Packung verarbeitet werden muß.

Einkomponentenschäume werden in der Spraydose angeboten. Aus ihr kann jede beliebige Menge entnommen werden.

Von dem Ausschäumen von Dächern und zweischaligen Mauerwerkskonstruktionen (Kerndämmung) wird abgeraten, weil diese Maßnahmen bei entstehenden Bauschäden kaum mehr bzw. nicht mehr rückgängig gemacht werden können. Nach dem Ausschäumen von Dächern mit Urea-Formaldehyd-Schäumen sind schon häufig Gesundheitsschäden aufgetreten.

Weitere Dämmstoffe

Zur Wärmedämmung können noch Materialien eingesetzt werden, die eine relativ geringe Eigendämmung aufweisen, deren Verwendung sich trotzdem energiesparend auswirkt.

Holz: Es hat nur dann eine relativ geringe Dämmwirkung, wenn es in geringer Materialstärke verarbeitet wird. Energiesparend können Holzfußböden wirken, weil sie fußwarm sind. Holzverkleidun-

schaumsäge oder Schneidedrähten läßt sich das vermeiden.

Kunststoffplatten können dort, wo keine höheren Anforderungen gestellt werden, einfach durch schräge Nagelung an Hölzern befestigt werden, zum Beispiel bei der Dämmung von Dachbalkenzwischenräumen. Sie können mit geeigneten Klebern an Mauerwerk und Decken befestigt werden oder mit speziellen Dämmstoffdübeln so verankert werden, daß sie für Putz tragfähig sind. Die Hersteller bieten umfangreiches Informationsmaterial über ihre verschiedenen Produkte an, das bei der Verarbeitung von Spezialprodukten herangezogen werden sollte.

Ortschäume: Dies sind Schäume, die erst am Verwendungsort geschäumt

werden. Sie eignen sich zum Auffüllen von Löchern, Hohlräumen sowie Fenster- und Türlaibungen. Spezielle Montageschäume können auch beim Setzen von leichten Türen eingesetzt werden (Seite 464).

Es liegen bisher nur wenig Erfahrungen über die Haltbarkeit dieser Produkte vor. Für den Heimwerker werden sie in kleinen Behältern oder Spraydosen angeboten.

Je nach Verwendungszweck gibt es reine *Füllschäume*, die grobporig, also ergiebiger, jedoch wassersaugend und nicht belastbar sind, und *druckbelastbare Schäume* mit geschlossenen Poren, also nicht feuchtigkeitsempfindlich, sowie verschiedene Varianten. Deshalb sollte man sich vor dem Kauf immer

gen werden häufig zur Abdeckung von Dämmaterialien eingesetzt. Einen Beitrag zur Energieeinsparung leisten auch ungedämmte Holzverkleidungen durch die Bildung einer dämmenden Luftschicht zwischen Verkleidung und Wand. Holz kann außerdem viel Wärme speichern. Es kann auf kalten Wandflächen die Wärmeverluste des Menschen durch Wärmeabstrahlung verringern und so bei niedrigeren Lufttemperaturen die Behaglichkeit steigern.

Heizkörperfolien: Sie werden dort eingesetzt, wo nur wenig Platz für eine Zusatzdämmung zur Verfügung steht. Sie sind in verschiedenen Stärken erhältlich. Dünnere Folien tragen zum Wärmeschutz bei, indem sie die Strahlungswärme, die der Heizkörper abgibt, in den Raum reflektieren, dickere Materialien wirken besser wärmedämmend durch Beschichtung mit einer dünnen Dämmstoffschicht.

Dämmputze und Dämmörtel: Sie können den Wärmeschutz von Bauteilen verbessern. Eine wesentliche Verbesserung des Wärmeschutzes tritt ein, wenn Dämmputze in Stärken von 5 cm und mehr aufgetragen werden können. Als Bindemittel und Zuschlagstoffe werden bei diesen Materialien geblähte Mineralien wie Perlite oder Blähton beigemischt. Die Dämmstoffe werden als Fertigmörtel bezogen, da zur Erreichung einer bestimmtem Festigkeit ein bestimmtes Mischungsverhältnis nötig ist.

Gipskartonplatten: Sie sind auch als Verbundplatten erhältlich, d.h. sie sind mit Wärmedämmstoffen beschichtet. Auch Gipsplatten zur Herstellung von Trockenestrichen sind mit Wärmedämmaterial erhältlich. Zur Verarbeitung von Gipskartonplatten siehe S.309.

Schalldämmung

Unter Schall versteht man mechanische Schwingungen, die sich über die Stoffteilchen gasförmiger, flüssiger und fester Stoffe ausbreiten. Schwingungen in der Luft nennt man Luftschall, Schwingungen in festen Körpern Körperschall. Trittschall ist Körperschall, der durch Schritte oder z.B. durch Stühlerücken verursacht wird (Abb.14).
Die Schallenergie versetzt Stoffteilchen in Schwingungen und wird von ihnen weitergeleitet.
Luftschall: Er entsteht durch alle

menschlichen Lebensäußerungen und durch den Gebrauch von Geräten und Maschinen. Trifft er auf feste Körper auf, wird er in Körperschall umgewandelt und auf der anderen Seite als Luftschall abgestrahlt. Dabei geht ein Teil der Schallenergie verloren. Je dichter das Gefüge der Stoffteilchen eines Baumaterials ist, desto mehr Widerstand muß der Schall beim Durchgang überwinden und desto weniger Schall kommt auf der anderen Seite an. Luftschall wird durch Wände und Decken daher um so besser gedämmt, je schwerer sie sind. Hohlräume verringern die Schalldämmung. Deshalb wirkt eine Mauer aus Vollziegeln oder Kalksandsteinen wesentlich besser schalldämmend als eine gleich starke Wand aus Gasbeton.
Bei der Planung von Neubauten sollte daher darauf geachtet werden, daß überall dort, wo es auf eine gute Schalldämmung ankommt, massive Bauteile mit einem möglichst hohen Flächengewicht errichtet werden.
In vielen Fällen ist eine nachträgliche Schalldämmung erforderlich. Das Vorsetzen einer massiven Wand ist aus statischen Gründen in den meisten Fällen nicht möglich. Eine nachträgliche Schalldämmung ist jedoch möglich durch das Anbringen einer sogenannten Vorsatzschale oder einer Unterdecke, also einer zweiten Wand oder Decke, die aus leichteren Materialien errichtet wird. Man sollte dabei darauf achten, daß eine Schallübertragung über Schallbrücken wie Dübel, Nägel usw. ausgeschlossen ist. Der Raum zwischen neuer und alter Wandoberfläche wird mit Materialien ausgekleidet, die biegeweich sind, also Mineralfasern oder Kokosfasern.
Der Schall wird durch die feinen Fasern abgelenkt, abgebremst und dadurch stark herabgesetzt. Ein Teil der Schallwellen wird an der Innenseite der neuen Wandoberfläche reflektiert und so wieder in die schallschluckende Einlage zurückgeleitet oder bei Holzwolleleichtbauplatten durch das faserige Material selbst geschluckt.
Als neue Wandverkleidung eignen sich Gipskartonplatten und verputzte Holzwolleleichtbauplatten. Eine Holzverkleidung würde noch eine wesentlich höhere Menge an Luftschall durch feine Ritzen durchlassen.
Werden Holzwolleleichtbauplatten, harte

Schaumkunststoffplatten, Korkplatten oder ähnlich steife Materialien auf ihrer ganzen Fläche mit Mörtel befestigt und dann verputzt, so tritt eine Verringerung der Schalldämmung durch Resonanzeffekte ein.
Schalldämmende Wandkonstruktionen werden auf Seite 376 dargestellt. Füllmaterialien für schalldämmende Holzbalkendecken finden Sie auf Seite 330, schalldämmende Deckenunterkonstruktionen auf Seite 377. Die Schalldämmung von Installationsleitungen wird auf Seite 435 beschrieben, die von Fenstern und Türen ab Seite 462 und 467.
Trittschall: Er wird durch Schritte, Stühlerücken usw. hervorgerufen. Dabei gerät der Fußboden direkt in Schwingung, und der Schall wird nach unten weitergeleitet. Trittschall wird am besten am Ort seiner Entstehung bekämpft. Das kann dadurch geschehen, daß weniger Trittschall erzeugt wird, z.B. durch weiche Fußbodenbeläge wie Teppiche, oder dadurch, daß der Schallweg durch schwimmende Fußbodenkonstruktionen unterbrochen wird. Geeignete Materialien zur Schalldämmung sind Kokosfilze, Kokosplatten, Trittschalldämmplatten aus Mineralwolle oder Polystyrol. Schwimmende Fußbodenkonstruktionen können als Estrich, als Fertigparkett-, Parkett- oder Spanplattenbelag ausgeführt werden. Sie werden im Kapitel »Innenausbau« ausführlich dargestellt.
Schallschluckmaßnahmen: Von solchen Maßnahmen spricht man dann, wenn der Schallpegel bzw. der Lärm im eigenen Raum herabgesetzt werden soll. Schallwellen können, wenn sie auf glatte Oberflächen wie zum Beispiel Innenputze oder Plattenbeläge auftreffen, reflektiert werden. Das geschieht mit jeder Schallwelle so lange, bis sie sich aufgebraucht hat. Die Reflexion der Schallwellen kann durch schallschluckende Materialien wesentlich vermindert werden, z.B. durch hochflorige Teppiche, Gardinen, Vorhänge oder Stoffverspannungen. Will man Schallschluckmaßnahmen in größeren oder stärker belasteten Räumen an Wänden und Decken durchführen, so sollte man sich von Herstellern beraten lassen, da es von der Art der Verkleidungen abhängt, ob hohe, mittlere oder tiefe Töne geschluckt werden. Die Wirkung ist meist auch abhängig vom Abstand der Ver-

kleidungen zu Wänden und Decken. Für spezielle Schallschluckverkleidungen kommen poröse, genutete oder gelochte Holzfaser- oder Gipsplatten, Holzwolleleichtbauplatten mit unterschiedlichen Strukturen, spezielle Kunststoffplatten oder -matten in Frage. Häufig werden diese Verkleidungen mit schallschluckenden Stoffen wie Mineralwolle hinterfüllt. Schallschluckmaßnahmen können durch Herabsetzen des Lärmpegels im eigenen Raum indirekt auch zur Verminderung der Schallbelastung angrenzender Räume beitragen.

Dichten

Unter Dichten versteht man alle Maßnahmen, die ein unerwünschtes Eindringen oder Austreten von gasförmigen oder flüssigen Stoffen verhindern. Dichtungsbänder und Dichtungsprofile (Abb.15) werden bei Fenstern und Türen eingesetzt, um den Wärmeverlust zu verringern. (dazu vergleiche auch Seite 471). Das Abdichten im Sinne der Feuchtigkeitsisolierung ist auf Seite 101 behandelt.
Dichtungen aus Gummi behalten ihre Elastizität durch Einreiben mit Glyzerin bei.

Dichtungsbänder

Das Anbringen von selbstklebenden Dichtungsbändern ist die einfachste und kostengünstigste Möglichkeit zur Abdichtung im Fenster- und Türbereich. Die Falze müssen dabei sorgfältig von abblätternder Farbe, Fett- und Schmutzablagerungen gereinigt werden.
Die Dichtung wird immer im inneren Falz angebracht. Dadurch wird das Band vor Feuchtigkeit geschützt und eine mögliche Beschädigung von Holzteilen vermieden. Bei Doppelfenstern wird das Eindringen von Feuchtigkeit in den Luftzwischenraum und damit ein Beschlagen der äußeren Fensterscheiben verhindert. Verfügt der Fensterrahmen nur über einen Falz, wird das Dichtungsband am Fensterflügel befestigt.
Auf der Bänderseite erfolgt die Befestigung häufig so, daß die schmale Seite des Bandes in den Raum zeigt, da es sonst beim Öffnen zu Beschädigungen kommen kann.
Manche Produkte lassen sich aufgrund

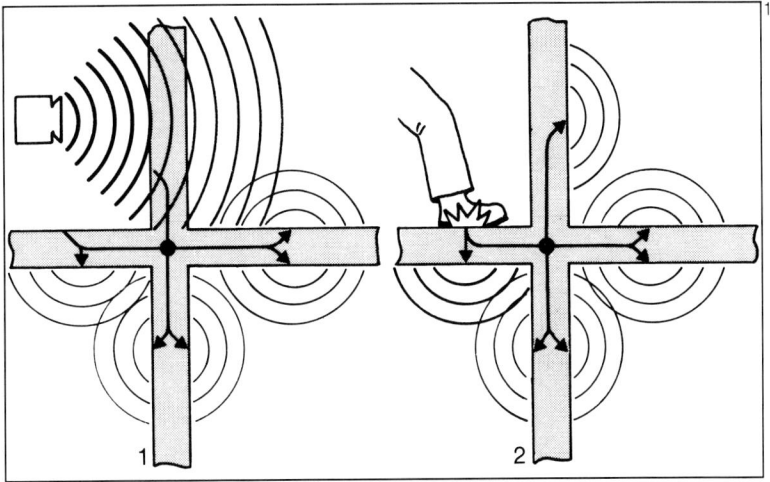

14 *Entstehung und Ausbreitung von Schall:*
1 Luftschall
2 Trittschall.

ihrer hohen Klebekraft nur schwer auswechseln.
Schaumstoffbänder: Sie sind offenzellig und sehr elastisch, so daß sie sich vor allem für breite und unregelmäßige Fugen eignen. Sie verschmutzen jedoch leicht, nehmen Feuchtigkeit auf und müssen daher öfter erneuert werden.
Moosgummidichtungen: Sie haben eine geschlossene Oberfläche und sind daher leicht zu reinigen, gegen Feuchtigkeit unempfindlich und haben eine längere Lebensdauer. Sie sind jedoch weniger elastisch als Schaumstoffbänder und lassen sich schwerer zusammenpressen. Es sollte daher geprüft werden, ob die Spannung auf die Beschläge nicht zu groß wird, denn sie können sich durch diese Dauerbelastung lockern.

Dichtungsprofile

Sie werden in vielen Formen und Größen angeboten und können geklebt, gesteckt und geklebt, genagelt oder geschraubt werden. Profilschienen lassen sich nicht bei allen Fensterkonstruktionen verwenden.
Steckprofile werden immer, Profilstreifen meist im Falz, Profilschienen am Rahmen befestigt. Profile sollten an Fenstern und Türen mit Holzteilen nur dann außen angebracht werden, wenn Befestigungs- und Druckstellen vor Schlagregen geschützt sind, denn das Wasser an diesen Stellen verdunstet nur langsam, und das Eindringen von Feuchtigkeit in Rahmen oder Flügel kann nicht ausgeschlossen werden. Dichtungspro-

file sollen nicht zu stark gepreßt, aber auch nicht zuwenig belastet werden. Im ersten Fall geht die Elastizität sehr schnell verloren. im zweiten Fall wird nur eine geringe Wirkung erzielt.
Profilstreifen: Sie sind selbstklebend und werden wie Dichtungsbänder verarbeitet. Manche Produkte lassen sich auch außen anbringen.
Steckprofile: In den meisten neuen Fenstern und Türen sind sie bereits eingebaut und können ausgewechselt werden. Ein nachträglicher Einbau ist schwierig, da in den Flügel oder in den Rahmen eine Nut eingefräst werden muß.
Profilschienen: Sie bestehen aus dem Profilkopf aus elastischem Kunststoff und einer Halteschiene aus Kunststoff, Holz oder Aluminium. Das Auswechseln des Profilkopfs ist möglich. An Stellen, an denen ein Anbringen von Schienen nicht möglich ist, werden Dichtungsbänder oder Profilstreifen verwendet.
Türabdichtungsprofile: Sie dienen speziell zur Abdichtung der unteren Türfuge. Besitzt die Tür eine Schwelle, so können häufig Dichtungsbänder eingesetzt werden.
Schleifdichtungen bestehen aus einem Kunststoffstreifen und können ans Türblatt geschraubt oder geklebt werden. Dichtungsbürsten eignen sich vor allem

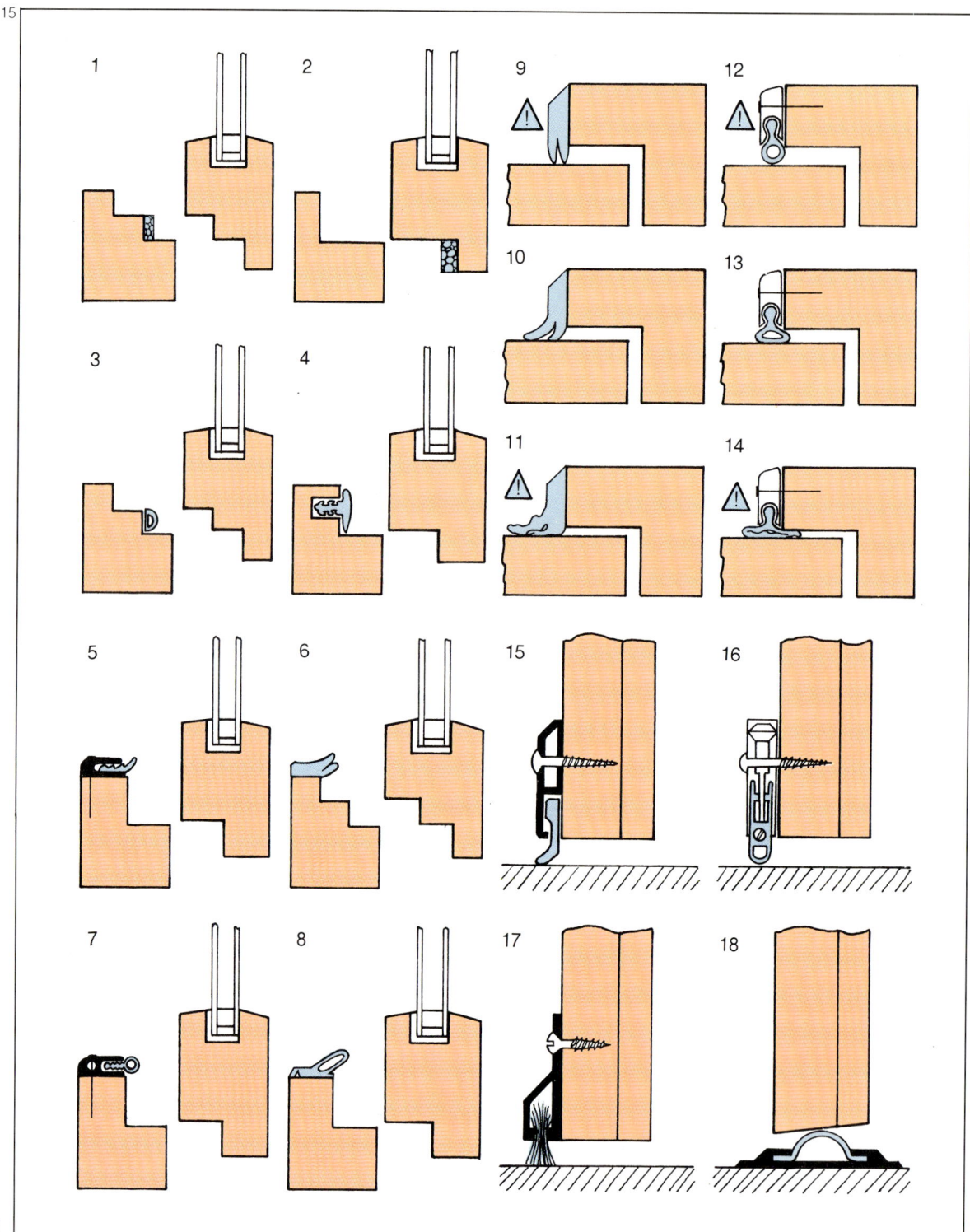

für glatte Fußböden. Dichtungsschienen können auch mit Hebemechanismus ausgestattet sein; der nachträgliche Einbau des Hebemechanismus ist jedoch nicht möglich. Beim Öffnen der Tür wird dabei das Profil angehoben. Sie sind besonders für Teppichböden geeignet. Dichtungsschwellen erfüllen ihre Funktion nur, wenn das Türblatt unten abgeschrägt wird.

Dichtungsmassen

Unter Dichtungsmassen versteht man spachtelfähige, streichbare oder spritzbare Massen aus verschiedenen Grundmaterialien. Sie dienen zum Abdichten von Fugen, Ritzen, Spalten und Falzen. Man unterscheidet elastische, plastische und plastoelastische Massen. Nicht jedes Produkt ist für jeden Zweck geeignet. Deshalb sollten die Herstellerangaben genau beachtet werden.

Dichtungsmassen in Tuben oder Kartuschen können mit Drehspindel oder Spritzpistole verarbeitet werden.

Sollen Fugen verschlossen werden, z.B. Fugen zwischen Mauerwerk und Fenster, zwischen Badewannenrand und Fliesen, so wird die auf die Kartu-

15 *Dichtungsmaterialien:*
   1–8 Dichtungen für Fenster, Fenstertüren, zum Teil auch für andere Türen einsetzbar
   1 Selbstklebendes Dichtungsband am Rahmen
   2 Selbstklebendes Dichtungsband am Flügel
   3 Selbsthaftendes Hohlprofil
   4 Steckprofil in Nut
   5 Dichtlippe mit Metalleiste
   6 Dichtlippe aus PVC
   7 Hohlprofil mit Metalleiste
   8 Hart-weich-Profil
   9–14 Belastung von Profildichtungen
   9, 12 Dichtungsprofil, zuwenig belastet
   10, 13 Richtig belastet
   11, 14 Zu stark gequetscht
   15–18 Abdichtung des unteren Türspaltes
   15 Schleifdichtung
   16 Dichtungsschiene (mit Hebemechanismus)
   17 Dichtungsbürste
   18 Schwellendichtung.

sche aufzuschraubende Plastikspitze in der entsprechenden Fugenbreite etwa in einem Winkel von 45° schräg abgeschnitten und die Masse mit Drehspindel oder Spritzpistole in die Fugen gepreßt. Der Masse gibt man nun mit dem Finger eine Rundung. Bei klebrigen Massen wie Silikon taucht man den Finger vorher in etwas verdünntes Spülmittel. Ränder können mit Klebeband geschützt werden. Die Haftflächen müssen sorgfältig von Staub, Fett- oder Ölablagerungen und Farbresten gereinigt, eventuell abgeschmirgelt oder vorgestrichen werden. Die vom Hersteller angegebene Aushärtezeit muß beachtet werden; die Masse darf während dieser Zeit nicht unter Druck stehen.

Elastische Massen: Diese Massen, meist auf Silikonkautschukbasis, werden überall dort verwendet, wo Fugen und Risse Belastungen in Form von mechanischem Druck oder Zug ausgesetzt sind oder durch Temperaturschwankungen Materialdehnungen oder Schrumpfungen auftreten können. Silikonprodukte sind wasserfest. Deshalb werden sie häufig in Bad und Küche, z.B. an Fliesenanschlußfugen eingesetzt. Silikonprodukte sind nicht überstreichbar und daher in verschiedenen Farbtönen sowie transparent erhältlich.

Fenster- und Türfugen, die sehr unregelmäßig sind und sich daher mit Dichtungsbändern nicht befriedigend abdichten lassen, werden nach entsprechender Untergrundbehandlung mit elastischen Dichtungsmassen gefüllt. Die Masse wird mit geeignetem Schutzpapier, z.B. Ölpapier, abgedeckt und durch Schließen des Fensters oder der Tür angepreßt und dadurch geformt. Übergequollene Ränder werden abgeschnitten.

Plastische Massen: Sie werden meist auf Acrylbasis hergestellt und können nur dort verwendet werden, wo keine Dehnungen oder Schrumpfungen auftreten, da sie nach dem Aushärten spröde und nicht mehr verformbar sind. Im Zweifelsfalle sollte man plastoelastische Produkte verwenden. Spezialmassen sind gut geeignet zur Herstellung von glatten Oberflächen bei Holz, Stein und Kunststoffen. Im weiteren Sinne zählen auch Spachtelmassen für Mauerwerk und Mörtel zu den plastischen Massen (siehe dazu Seite 292).

Plastoelastische Massen: Sie eignen

sich zur Abdichtung von wenig durch Dehnung und Stauchung beanspruchten Fugen, z.B. bei Fugen und Anschlüssen an Beton, Mauerwerk, Gipskartonplatten und Fensterrahmen, Rollladenkästen, Treppenstufen usw.

Feuchtigkeitsschutz

Bauteile müssen vor dem Eindringen von Feuchtigkeit so weit geschützt werden, daß eine Schädigung der Bausubstanz ausgeschlossen ist. Feuchte Bauteile wirken sich gesundheitsschädigend aus und erhöhen den Energieverbrauch.

Feuchtigkeit am Bau tritt in Form von Wasser oder Wasserdampf auf. Gegen Wasser muß ein Gebäude an erdberührenden Bauteilen, am Dach und manchmal an den Außenwänden geschützt werden (Kapitel »Rohbau, Umbau, Sanierung«). Wasserdampf entsteht bei der Benutzung von Bädern, Duschen und Küchen sowie durch die Verdunstung des Körpers und die Atmung. Dieser Wasserdampf kann durch Bauteile wandern, dort kondensieren und ebenfalls zur Durchfeuchtung führen. Vor allem geschieht das dann, wenn Baustoffe mit unterschiedlicher Wasserdampfdurchlässigkeit aufeinandertreffen (siehe dazu Seite 385).

Einsatzbereiche und Eignung von Isolierstoffen

Es gibt Materialien, die ständig gegen Wasser und Wasserdampf abdichten, Materialien, die gegen zeitweilig auftretendes Wasser abdichten, aber für Wasserdampf durchlässig sind, und Materialien, die sich nur zur Abdichtung gegen Wasserdampf eignen.

Abdichtung erdberührender Wände und Flächen: Sie hat die Aufgabe, das Wasser völlig von den Bauteilen fernzuhalten. Die dafür geeigneten Stoffe werden daher auch als Sperrstoffe bezeichnet. Zum Abdichten eignen sich Dichtschlämmen, Sperrputze, Sperrbetone sowie Bitumen- und Teerprodukte. Wo und wie abgedichtet werden muß, wird auf Seite 317 beschrieben.

Abdichtung von Außenwandverkleidungen und Dächern: Eine ausreichende Abdichtung von Außenwänden wird in der Regel durch Putz und Außenfarbe 101 gewährleistet. Wird die Außenwand jedoch verkleidet und wärmegedämmt, kann Regen oder Schnee durch feine Ritzen der Außenverkleidung dringen und dort die Dämmstoffe durchfeuchten. Hier empfiehlt sich die Abdeckung mit einem wasserabweisenden, aber dampfdurchlässigen Baupapier. Eine Abdeckung mit Folie oder Bitumenpappe hätte zur Folge, daß der im Gebäude entstehende Wasserdampf nicht mehr entweichen kann. Das würde ebenfalls zu einer Durchfeuchtung von Mauerwerk und Dämmstoffen und damit zu schweren Bauschäden führen.

Ebenso kann Regen oder Flugschnee zwischen Dachziegelritzen eindringen und dort die Holzkonstruktion und Dämmstoffe schädigen. Die Gefahr ist um so größer, je flacher ein Dach geneigt ist. Die Dachkonstruktion erhält daher meist eine Bretterverschalung, auf die sogenannte Unterspannbahnen aufgebracht werden. Dazu eignen sich Dachpappen, Kunststoffolien und wasserabweisende Baupapiere. Dachpappen und Folien sperren meist den Wasserdampfdurchgang, Baupapiere können auch atmungsaktiv sein.

Dampfsperren und Dampfbremsen: In manchen Fällen ist es erforderlich, Bauteile oder Dämmstoffe vor dem Eindringen von Wasserdampf zu schützen, vor allem dann, wenn eine Kondensation und eine Durchfeuchtung zu erwarten sind. Dampfsperren lassen noch einen geringen Wasserdampfdurchgang zu. Geeignet sind kunststoffbeschichtete Baupapiere, Baupapiere mit Einlage aus sehr dünnen Aluminiumfolien und Kunststoffolien geringer Stärke. Dampfsperren dichten vollständig oder beinahe vollständig ab. Verwendet werden können im Grunde die gleichen Materialien, jedoch in größerer Stärke.

Auch Bitumen- und Teerprodukte wirken in der Regel dampfbremsend oder dampfsperrend, ebenso manche Baustoffe wie Klinker und Fliesenbeläge oder Ölfarben und Lacke. Dampfbremsen und Dampfsperren werden immer auf der warmen Seite eines Bauteils angebracht, also auf der Seite, von der das Eindringen des Wasserdampfes zu erwarten ist, z.B. bei einer Innendämmung gleich hinter der Verkleidung von Profilbrettern oder Gipskartonplatten. Der Nachteil einer großflächigen Anbringung von Dampfbremsen und

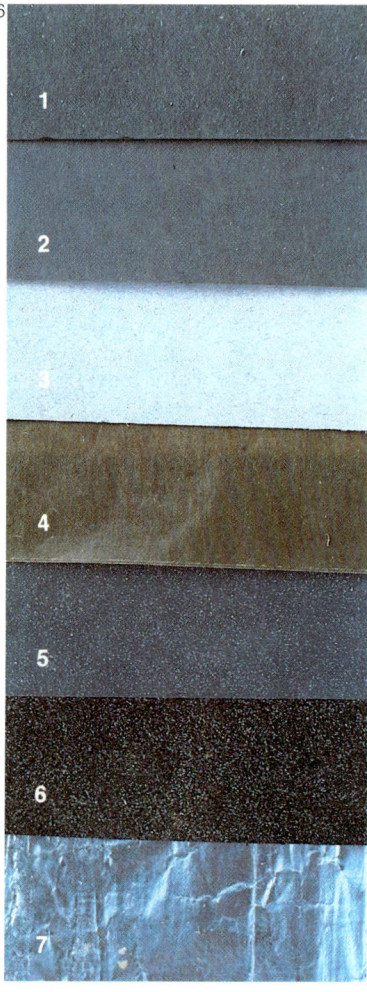

16 *Isolierstoffe (u. a. Palm):*
   1 *Perkalor-Baupapier*
   2 *NEPA-Dampfbremse*
   3 *Vaporex-Dampfsperre*
   4 *Ölpapier*
   5 *Kunststoffolie*
   6 *Dachpappe*
   7 *Aluminiumfolie.*

Dampfsperren ist eine Verschlechterung des Wohnklimas. Ihr muß durch häufigeres Lüften entgegengewirkt werden.

Baupapiere

Baupapiere (Abb. 16) sind meist pappenähnliche Papiere unterschiedlicher Dicke, unterschiedlichen Aufbaus und

unterschiedlich hoher Reißfestigkeit mit vielfältigen Anwendungsbereichen. Allen Baupapieren gemeinsam ist, daß sie nicht dort eingesetzt werden können, wo sie ständiger Feuchtigkeit ausgesetzt sind, also nicht zur Abdichtung von Bauwerken gegen Erdfeuchtigkeit, Sicker-, Stau- oder Grundwasser. In vielen Fällen können auch Papiere ohne weitere Anforderungen verwendet werden, z.B. Pappen zum Abdecken und Unterlegen. Hier werden nur Baupapiere dargestellt, die gegen Wasser oder Wasserdampf abdichten.

Wasserabweisende, aber dampfdurchlässige Baupapiere: Die Dichtungswirkung dieser Spezialpapiere wird durch Imprägnierungen, z.B. durch Zugabe bestimmter Salze, erreicht. Sie sind überall dort verwendbar, wo zeitweise anfallende Feuchtigkeit in Form von Wasser von Bau- und Dämmstoffen abgehalten werden soll, z.B. hinter Fassadenverkleidungen zum Schutz von Dämmstoffen. Diese Papiere werden von den Herstellern auch als Unterspannbahnen zur Abführung von Kondenswasser oder tauendem Flugschnee empfohlen. Einer längerfristigen Durchfeuchtung halten sie jedoch nicht stand. Diese Papiere lassen den Wasserdampf fast ungehindert durch (z.B. Perkalor).

Die beschriebenen Baupapiere eignen sich auch zur Erzielung von winddichten Abdeckungen, z.B. bei einer Dämmung zwischen den Dachsparren mit Stoffen, mit denen sich keine millimetergenaue Abdichtung erzielen läßt wie Kork, Holzwolleleichtbauplatten oder Hartschaumplatten. Eine Abdeckung mit Folien würde die Wasserdampfdiffusion unterbinden. Die Papiere können außerdem eingesetzt werden unter und über losen Schüttungen aus feinkörnigen oder feinstaubhaltigen Materialien. Gewelltes Material kann, in mehreren Lagen aufgebracht, unter Lagerhölzern oder schwimmenden Estrichen schalldämmend wirken. Bei höheren Anforderungen an die Schalldämmung sind jedoch Produkte wie Kokos- oder Mineralfasern zu bevorzugen.

Dampfbremsende und dampfsperrende Baupapiere: Wenn auf der Gebäudeaußenseite keine dampfdichten Stoffe, z.B. bituminöse Abdichtungen oder sehr stark dampfbremsende Schichten wie Klinker- oder Riemchenverkleidungen, verwendet wurden, braucht auf der Innenseite in der Regel keine absolute Dampfsperre verwendet zu werden. Es reicht eine Dampfbremse aus, die verhindert, daß Wasserdampfmengen eindringen, die zu Feuchtigkeitsschäden führen können. Dazu wird das Trägerpapier mit einer Kunststoffmasse beschichtet (NEPA-Dampfbremse). Diese Dampfbremse kann mit verzinkten Breitkopfnägeln oder mit Haltelatten befestigt werden. Die Kanten sollten 10 cm überlappt werden und möglichst parallel zu Holzpfosten und Sparren verlaufen, damit möglichst wenig offene Querfugen entstehen, da diese mit Spezialklebern verklebt werden müssen.

Eine noch stärker dampfbremsende Wirkung hat ein mehrschichtig aufgebautes Papier, in das als Mittellage eine dünne Aluminiumfolie eingearbeitet ist. Eine dampfsperrende Wirkung entsteht durch die Einarbeitung einer stärkeren Aluminiumfolie (Vaporex-Dampfbremse bzw. -Dampfsperre). Diese Dampfbremsen bzw. Dampfsperren können wie Tapeten mit Spezialklebern auf verschiedene Untergründe verklebt werden. Die Stoßkanten werden dabei überlappt, die Flächen danach abgeschliffen und mit Spezialspachtelmassen geebnet, gestrichen, tapeziert oder mit Spezialputzen versehen. (Die Verarbeitung dieser Materialien durch den Heimwerker setzt voraus, daß man sich die genauen Verarbeitungsanleitungen des Herstellers besorgt.) Diese Produkte eignen sich auch dort, wo Schimmel- und Sporenbefall durch kondensierende Luftfeuchtigkeit auftreten und durch andere Maßnahmen nicht eingedämmt werden können. Sie sind jedoch nicht für Flächen geeignet, die auch im Sommer nicht austrocknen und daher immer feucht sind. Die Oberflächen dieser Papiere können Wasserdampf aufnehmen und wieder abgeben, so daß sie luftfeuchtigkeitsregulierend wirken.

Ölpapier: Darunter versteht man ein relativ dünnes, paraffinbeschichtetes Baupapier, das vorzugsweise zur Abdeckung von Dämmstoffen unter schwimmenden Estrichen oder als Gleitschicht unter Plattenbelägen, die im Mörtelbett verlegt werden, eingesetzt wird.

Abdichtungen auf mineralischer Basis

Diese Materialien bestehen aus Bindemitteln, Zuschlagstoffen bestimmter Körnung bzw. Sieblinie sowie chemischen Zusätzen und werden zum Schutz erdberührender Bauteile eingesetzt.

Dichtungsschlämmen: Das sind fabrikmäßig vorgefertigte Materialien mörtelartiger Konsistenz. Sie werden pulverförmig geliefert und nach Angabe des Herstellers auf der Baustelle angemacht. Ihre Abdichtungswirkung beruht auf dem dichten Gefüge der Mörtelschicht, die aus Zement und feingemahlenen Quarzsanden besteht und der meist Kunststoffe zur Verbesserung der Abdichtungswirkung beigemischt sind. Dichtungsschlämmen werden mit dem Quast aufgetragen oder angeworfen und mit der Traufel geglättet. Sie werden meist nur in Stärken von wenigen Millimetern aufgebracht, wobei die vom Hersteller angegebene Menge, die pro m² aufgetragen werden muß, am besten noch überschritten werden soll.

Dichtungsschlämmen eignen sich zur Abdichtung von Kelleraußenwänden und -böden gegen Bodenfeuchtigkeit und nicht stauendes Sickerwasser. Ist kurzzeitig stauendes Sickerwasser zu erwarten, sollte eine wirksame Drainage vorgesehen werden. Dichtungsschlämmen werden auf Betonflächen direkt aufgetragen. Diese müssen entgratet, Kiesnester ausgebessert und Schalölrückstände entfernt werden. Auf sehr glatten Untergründen sollte ein vom Hersteller empfohlener Haftvermittler aufgetragen werden.

Gemauerte Kellerwände erhalten vor dem Auftrag einen Ausgleichsputz aus Zementmörtel (siehe dazu S. 294). Da Dichtungsschlämmen aufgrund der geringen Dicke und ihrer Sprödigkeit selbst geringe Rißbewegungen nicht überbrücken können, sollte der Auftrag erst erfolgen, wenn der größte Teil von Rißbildungen aufgrund der Form- und Längenänderungen des Mauerwerks bei Neubauten abgeklungen ist, also etwa 3 Monate nach Fertigstellung des Rohbaus.

Der Untergrund ist vor dem Auftragen der Schlämme gut vorzunässen. Er soll wassergesättigt sein, aber vor Nässe nicht feucht glänzen. Bei saugfähigem Untergrund geschieht das am besten etwa 1 Stunde vor Arbeitsbeginn, bei nichtsaugenden Untergründen wie Beton etwa 12 Stunden vorher.

Der Auftrag von Schlämmen muß gleichmäßig, lückenlos und in der vorgeschriebenen Stärke erfolgen. Besondere Sorgfalt sollte auf die Abdichtung der Hohlkehle, des Anschlusses der senkrechten mit der waagrechten Abdichtung verwendet werden. Beim Auftrag mit dem Quast bzw. einer Bürste sollte die Schlämme in mehreren Lagen aufgetragen werden, weil sich dadurch das Risiko von Fehlstellen vermindert. Zusammenhängende Flächen sollten immer in einem Arbeitsgang eingeschlämmt werden, weil sich an Stoßstellen undichte Stellen ergeben können. Der Auftrag der zweiten Schicht erfolgt möglichst unmittelbar nach dem Anziehen der ersten. Dadurch wird die Haftfähigkeit zwischen den einzelnen Schichten erhöht. Möglich ist auch das Auftragen der ersten Schicht mit dem Quast und der folgenden mit der Glättkelle. Dadurch kann die Gefahr des unregelmäßigen Auftrags verringert werden.

Man sollte darauf achten, daß der Dichtungsschlämme nicht vorschnell das zum Abbinden nötige Wasser entzogen wird. Die Abdichtung sollte deshalb nicht bei starker direkter Sonneneinstrahlung oder starkem Wind hergestellt werden. Starker Regen kann die Schlämmschicht abwaschen. Die aufgetragenen Schlämmschichten sollten mindestens 48 Stunden vor dem Austrocknen geschützt werden, z. B. durch Abdecken, und falls erforderlich, z. B. bei stark saugfähigem Untergrund, nachgenäßt werden.

Die Dichtungsschlämme muß bei der Wiederverfüllung der Baugrube vor Beschädigung geschützt werden. Das geschieht entweder durch eine mechanisch widerstandsfähige Schicht oder durch sorgfältiges Verfüllen, wobei vor allem darauf geachtet werden sollte, daß Steinteile oder anderer Bauschutt die Oberfläche der Abdichtung nicht beschädigen.

Dichtungsschlämmen können auch zur Abdichtung der Kellersohle eingesetzt werden, wenn Risse in der Betonplatte sowie Stau- und Grundwasserbelastung nicht zu erwarten sind. Voraussetzung für den Auftrag ist eine saubere, von losen Bestandteilen freie, ebene Betonoberfläche, die vorgenäßt werden muß. Auf den Untergrund wird eine Vorschlämme eingebürstet und nach dem Anziehen der unteren Lage die jeweils nächste aufgebracht. Die aufgebrachte Schlämme sollte vor zu schneller Austrocknung geschützt, eventuell feucht nachbehandelt und nach der Austrocknung durch einen Schutzestrich vor Beschädigung geschützt werden.

Sperrputze: Das sind wasserundurchlässige Putze zur Abdichtung von Kelleraußenwänden. Sie sollten nur bei Beanspruchung durch Bodenfeuchtigkeit und nichtstauendes Sickerwasser ausgeführt werden. Bei Abdichtung gegen kurzzeitiges stauendes Sickerwasser sollte eine wirksame Drainage vorgesehen werden. Sperrputze werden aus Zuschlagstoffen mit speziellen Korngrößen und Gewichtsanteilen und hydraulisch abbindenden Zementen hergestellt. Die Dichtungswirkung beruht ähnlich wie bei Dichtungsschlämmen auf dem hohlraumarmen Gefüge der Mörtelschicht sowie der Zugabe von Dichtungsmitteln, die je nach Fabrikat entweder dem Anmachwasser oder dem Zement beigegeben werden. Da die Anschaffung der speziellen Zuschlagstoffe auf kleineren Baustellen nicht lohnt, sollte die Verwendung von fabrikfertigen Mörteln erwägt werden.

Ein Sperrputz muß so aufgetragen werden, daß eine spätere Bildung von Rissen, auch Haarrissen, ausgeschlossen wird. So bewirkt z.B. ein ungleichmäßig dicker Putzauftrag unterschiedlich schnelle Trockenvorgänge, die zur Bildung von Rissen führen können. Ein Sperrputz sollte außerdem erst dann aufgebracht werden, wenn in den Kelleraußenwänden der größte Teil der Form- und Längenänderungen durch eine ausreichende Auflast der Kellerdecke und der Obergeschosse nach Verstreichen eines Zeitraums von mindestens 3 Monaten abgeklungen ist. Der Sperrputz muß zudem auf dem Untergrund haften. Dieser muß deshalb von losen Bestandteilen, Schalgraten und Schalölresten gesäubert werden. Auf glattem oder stark saugfähigem Untergrund wird ein Spritzbewurf aus Zementmörtel mit einer Sandkörnung von 0 bis 7 mm einen Tag vor Ausführung der Putzarbeiten aufgetragen. Bausachverständige empfehlen einen Auftrag des Putzes durch Anwerfen von Hand oder mit der Putzmaschine in einer Stärke von mindestens 2 cm in 2 Lagen. Die erste Lage wird nur grob abgezogen, damit der Oberputz besser haften

kann. Ein langes Abreiben des Unterputzes bewirkt zudem eine Anreicherung von Zementleim an der Oberfläche und führt bei der Trocknung zu Schwindrissen. Die zweite Putzlage sollte auf die ausreichend feste, jedoch noch feuchte erste Lage aufgebracht werden. Ansonsten ist auf die erste Putzlage ein Spritzbewurf anzubringen. Der Unterputz sollte einen höheren Bindemittelanteil haben (1:2) als der Oberputz (1:3). Zusammenhängende Flächen sollten ohne Arbeitsunterbrechungen hergestellt werden. Außerdem sind beim Anschluß einzelner Teilflächen die einzelnen Lagen um etwa 15 cm zu überlappen. Damit dem Putz nicht das zum Abbinden nötige Anmachwasser entzogen wird, sollten die Arbeiten nicht bei direkter Sonneneinstrahlung und starkem Wind ausgeführt werden. Die frischen Putzflächen sind nötigenfalls 48 Stunden abzudecken und feucht zu halten.

Sperrbeton: Darunter versteht man einen wasserdichten Beton, der aus Zuschlagstoffen bestimmter Sieblinien hergestellt wird, die ein hohlraumarmes Gefüge ergeben. Dichtungsmittel können die Dichtungswirkung nur verstärken. Auf keinen Fall kann Sperrbeton selbst unter Zugabe von Dichtungsmitteln aus Zuschlagstoffen hergestellt werden, die lediglich für einen Beton ohne besondere Anforderungen ausreichen. Sperrbeton darf außerdem nicht zuviel Wasser enthalten, weil er beim Erstarren nur eine bestimmte Wassermenge chemisch und physikalisch binden kann und andernfalls bei der Austrocknung ein undichtes Gefüge entsteht. Sperrbeton sollte aus diesen Gründen immer als Fertigbeton bestellt werden.

Sperrbetone eignen sich zur Abdichtung gegen Bodenfeuchtigkeit, Sickerwasser und gegen kurzzeitig stauendes Sickerwasser. In letzterem Fall sollte eine wirksame Drainage vorgesehen werden. Soll Sperrbeton auch zur Abdichtung gegen langfristig stauendes Sickerwasser oder Grundwasser eingesetzt werden, sind besondere Maßnahmen zur Vermeidung von Rissen erforderlich. Am besten ist es dann, wenn der gesamte Keller als Sperrbetonwanne ausgeführt und in einem Arbeitsgang hergestellt wird.

Arbeitsunterbrechungen bei der Her-

stellung von Sperrbetonflächen sollten vermieden werden, weil an den Anschlußstellen Undichtigkeiten entstehen können. Kiesnester müssen vermieden werden. Bauteile aus Sperrbeton sind vor Austrocknung und Frosteinwirkung zu schützen. Sie müssen mindestens 21 Tage feucht gehalten werden und sollten möglichst unmittelbar nach dem Ausschalen mit Erdreich verfüllt werden. Außerdem ist ein Schutz durch bituminöse Anstriche erforderlich. Werden an einen Sperrbeton so hohe Anforderungen gestellt wie bei der Abdichtung von erdberührenden Flächen in Wohngebäuden, sollte man diese Arbeiten in jedem Fall Fachfirmen überlassen.

Sperrestriche: Sie werden wie Sperrputze und Sperrbetone aus Zuschlagstoffen ganz bestimmter Körnungen unter Zugabe von Dichtungsmitteln hergestellt. Sie eignen sich zur Abdichtung der Kellersohle nur dann, wenn die Bildung von Rissen mit Sicherheit ausgeschlossen werden kann. Dazu ist eine tragfähige Betonplatte als Untergrund nötig. Eine Bewehrung des Estrichs kann die Gefahr der Rißbildung wesentlich verringern.

Die Herstellung von Estrichen wird auf Seite 344 dargestellt.

Bitumen und Teerprodukte

Bitumen ist ein Produkt, das als Rückstand bei der Erdöldestillation anfällt, Teer wird bei der Verkokung der Steinkohle gewonnen. Beide sind schwarzglänzende Massen, die ähnliche Eigenschaften aufweisen. Sie werden verwendet zum Abdichten erdberührender Bauteile gegen Feuchtigkeit, als Sperrschichten unter Estrichen, zur Herstellung von horizontalen Sperrschichten im Mauerwerk und zur Abdichtung von Dächern. Dazu werden die Rohprodukte meist unter Zugabe von Kunststoffen zu Lösungen, Emulsionen, Dichtungsbahnen und Pappen weiterverarbeitet. Zu beachten ist, daß beide Produkte nicht gemischt verarbeitet werden dürfen (z.B. Teerpappen mit Bitumenklebern), weil dadurch die Dichtungswirkung verlorengehen kann, es sei denn, vom Hersteller wird ausdrücklich auf die Möglichkeit einer gemeinsamen Verarbeitung hingewiesen.

Bitumen- und Teerprodukte wirken in der Regel dampfbremsend oder dampfsperrend. Der Diffusionswiderstand einzelner Produkte ist allerdings sehr unterschiedlich. Beim Einkauf muß also beachtet werden, ob bei einer Konstruktion der Durchgang von Luftfeuchtigkeit ausgeschlossen werden soll oder erwünscht ist.

Alle Produkte dürfen nicht bei Lufttemperaturen unter +4°C und nicht bei Frostgefahr verarbeitet werden!

Teer enthält krebserregende Substanzen. Bitumen gehört zu den Stoffen mit begründetem Verdacht auf krebserzeugendes Potential. Beide Produkte sollten überall dort nicht in großen Mengen verwendet werden, wo eine Belastung der Raumluft nicht ausgeschlossen werden kann.

Aufstriche: Sie können zur Abdichtung von Kelleraußenwänden gegen Bodenfeuchtigkeit und nichtstauendes Sickerwasser eingesetzt werden. Ist kurzzeitig stauendes Sickerwasser zu erwarten, können Aufstriche dann eingesetzt werden, wenn eine wirksame Drainage vorgesehen wird.

Aufstriche werden als Heißaufstriche oder Kaltaufstriche in Form von Lösungen oder Emulsionen ausgeführt.

Bitumina und Teere, bei niedrigen Temperaturen spröde Materialien, werden durch Erhitzen auf etwa 150°C dünnflüssig und können so aufgetragen werden. Weniger aufwendig und leichter zu verarbeiten sind für den Heimwerker jedoch Lösungen und Emulsionen.

Lösungen entstehen durch Zusätze von Ölen und Benzol. Sie machen Bitumen und Teer dünnflüssig, so daß sie bei normalen Außentemperaturen streichfähig sind. Da beim Verdampfen der Lösungsmittel giftige und brennbare Dämpfe entstehen, dürfen sie nicht in geschlossenen Räumen verarbeitet werden. Lösungen sind nicht zum Auftrag auf feuchte Untergründe geeignet.

Emulsionen sind Mischungen aus Wasser und Stoffteilchen und können ebenfalls kalt verarbeitet werden. Nach dem Verdunsten des Wassers bleibt die isolierende Schicht zurück. Emulsionen eignen sich auch zum Auftrag auf feuchte, nicht jedoch auf nasse Untergründe.

Aufstriche werden mit einer Bürste in geringer Stärke aufgetragen und versiegeln die Oberflächenporen. Der dünne Aufstrichfilm kann keine Unebenheiten ausgleichen. Deshalb ist Beton zu entgraten, Mauerwerk mit einem gut haftenden Ausgleichsputz aus Zementmörtel (siehe dazu Seite 294) zu versehen. Der Putz wird dabei abgerieben, nicht jedoch geglättet. Die meisten Anstriche sind relativ dickflüssig, so daß in den meisten Fällen ein dünnflüssiger Voranstrich nach Empfehlung des Herstellers nötig ist. Sie dringen gut in die Oberflächenporen ein und verbessern so die Haftung der Deckaufstriche.

Um eine gute Abdichtung zu erzielen, sind 3 kaltflüssige oder 2 heißflüssige Deckaufstriche nötig. Die Auftragsstärke, die vom Hersteller empfohlen wird, muß dabei eingehalten werden. Jeder Anstrich muß vor dem Aufbringen der nächsten Lage völlig abgetrocknet sein. Das kann je nach Witterungs- und Untergrundverhältnissen schon nach kurzer Zeit geschehen sein, jedoch auch länger dauern, vor allem bei auf feuchte Untergründe aufgetragenen Emulsionen. Emulsionen müssen während der Abtrockenzeit vor dem Abwaschen durch Regen geschützt werden.

Da Aufstriche bei niedrigen Temperaturen nicht elastisch sind, können sie Rißbildungen nicht überbrücken. Bei Wandmauerwerk ist deshalb darauf zu achten, daß der Anstrich erst dann aufgebracht wird, wenn alle Riß- und Setzungsbewegungen aufgrund genügend großer Auflast der Obergeschosse abgeklungen sind.

Aufstriche sind sehr stoßempfindlich. Das Verfüllen der Baugrube muß deshalb mit großer Vorsicht geschehen; an der abgedichteten Fläche sollte nur Erdreich oder Kies, nicht jedoch Bauschutt eingefüllt werden. Da die Anstriche auch lichtempfindlich sind, sollte die Baugrube gleich nach dem Abtrocknen des letzten Aufstrichs verfüllt werden.

Abdichtungsmassen: Sie können für die gleichen Zwecke eingesetzt werden wie Aufstriche, besitzen eine spachtelfähige Konsistenz und werden daher mit der Glättkelle aufgetragen. Abdichtungsmassen haben eine größere Widerstandsfähigkeit, eine größere Dichtigkeit und vermindern die Gefahr von Fehlstellen, z.B. beim Anschluß an die horizontale Isolierung. Der Untergrund muß zwar sauber sein, Beton entgratet werden, doch ist bei der Abdichtung von Mauerwerk nur eine Grundierung, aber kein Ausgleichsputz nötig. Sie sollten am besten zweilagig in der vom Hersteller empfohlenen Schichtstärke aufgetragen werden. Da sie kunststoffvergütet sind, können sie meist auch nachträglich im Untergrund auftretende Haarrisse überbrücken. Mit diesen Massen läßt sich auch die Hohlkehle zwischen Fundament und aufstehenden Kelleraußenwänden ausbilden. Sie können ebenfalls als Kleber für Dämmplatten bei außenseitiger Wärmedämmung eingesetzt werden.

Pappen und Dichtungsbahnen (Abb.16): Dabei handelt es sich um mit Teer oder Bitumen getränkte oder beschichtete Gewebe. Sie werden häufig unter dem Sammelbegriff Dachpappen zusammengefaßt, doch ist ihr Anwendungsgebiet vielfältiger. Für alle Anwendungsgebiete werden Spezialprodukte angeboten, so für die Verwendung als Dichtungsbahnen zur Abdichtung von Kelleraußenwänden gegen Grund- und Stauwasser, als Unterspannbahnen bei verschalten Dächern und zur Bildung von Pappdächern. Nach dem Rohgewicht unterscheidet man 333er (333 g pro m²) und 500er (500 g pro m²) Pappen oder Bahnen. Die Abdichtung von Kelleraußenwänden gegen Stau- und Grundwasser erfolgt durch vollflächiges Verkleben unbesandeter Dichtungsbahnen mit unverrottbaren Einlagen. Sie werden je nach der zu erwartenden Beanspruchung in 2 bis 3 Schichten auf die Wandoberfläche aufgebracht, wobei Stöße und Nähte mindestens 10 cm versetzt werden müssen. Da schon kleine Verarbeitungsfehler zu großen Schäden führen können, sollte man diese Arbeiten Fachkräften überlassen.

Dichtungsbahnen werden ebenfalls eingesetzt zur Herstellung einer horizontalen Abdichtung im Mauerwerk. Was es dabei zu beachten gibt, wird auf Seite 319 dargestellt. Die Abdichtung des Kellerbodens gegen Bodenfeuchtigkeit und kurzzeitig stauendes Sickerwasser erfolgt durch die ein- oder zweilagige vollflächige Verklebung der Bahnen, wobei auf eine Überlappung von 10 cm geachtet werden sollte. Der mögliche Aufbau von Kellerböden wird auf Seite 320 dargestellt.

Folien

Im Bauwesen werden Folien bevorzugt als Feuchtigkeitsschutz und als Dampfbremsen bzw. -sperren eingesetzt.

Kunststoffolien (Abb. 16): Sie werden vor allem auf der Basis von Polyethylen (PE-Folien) oder Polyvinylchlorid (PVC-Folien) verwendet. Sie sind in verschiedenen Stärken und verschiedenen Ausführungen erhältlich, z. B. mit Gewebeeinlagen zur Erzielung besserer Reißfestigkeit.

Kunststoffolien werden zur Feuchtigkeitsisolierung eingesetzt, z. B. unter Estrichen, als Dachunterspannbahnen und als Dampfsperren. Sehr dünne Folien wirken dabei als Dampfbremse, dickere als Dampfsperre (z. B. PE-Folie 0,1 mm). Sie sollten überall dort verwendet werden, wo Schäden durch diffundierenden Wasserdampf zu befürchten sind, und überall dort nicht eingesetzt werden, wo auf die Atmungsfähigkeit einer Konstruktion Wert gelegt wird. Spezialfolien können auch zur Abdichtung von erdberührenden Bauteilen und zur Horizontalisolierung von Mauerwerk eingesetzt werden.

Folien können mit Spezialklebern verklebt werden oder mit Quellschweißmitteln an den Rändern verschweißt werden.

Aluminiumfolien (Abb. 16): Sie werden bevorzugt als Dampfbremse oder Dampfsperre eingesetzt. Sehr dünne Folien (z. B. 0,02 mm) wirken als Dampfbremse, können jedoch nur als Verbundstoff verarbeitet werden (siehe »Baupapiere« Seite 102). Folien in Stärken von 0,1 mm sind praktisch dampfdicht.

Alufolien sind bekannt im Zusammenhang mit Randleistenmatten aus Mineralfasern zur Dämmung zwischen Sparren und Holzbalken oder bei Rohrschalen aus Mineralfasern. Sie können aufgrund ihrer Oberfläche Wärmestrahlung reflektieren und tragen so in gewissem Umfang auch zum Wärmeschutz bei.

ANSTRICHE

Anstrichmittel sind flüssige bis pudding- und pastenförmige Werkstoffe, die durch Streichen, Rollen, Spritzen oder Tauchen auf die Oberfläche fester Werkstoffe gebracht werden und dort nach dem Auftrag einen Film bilden, den Anstrich, der den Werkstoff schützt und ihm ein schönes Aussehen gibt.

Jahrhundertelang gab es nur Anstrichmittel auf pflanzlicher und mineralischer Basis. Seit einigen Jahrzehnten stellt die chemische Industrie aus Kohle und Erdöl eine verwirrende Vielfalt von Anstrichmitteln her, die den Markt schnell erobert haben. Hier ist man ohne eigene Sachkenntnis auf die Produktinformationen der Hersteller angewiesen, die natürlich nur über die positiven, nicht aber über die negativen Eigenschaften ihrer Erzeugnisse sprechen. Das Problem der chemischen Anstrichmittel ist ihre Giftigkeit, die oft erst nach Jahrzehnten erkannt wurde; die schädlichen Folgen für die Gesundheit und die Umwelt sind bisher nur zum Teil bekannt. Die Hersteller können nicht sagen, welche Auswirkungen ihre chemischen Produkte nach Jahrzehnten haben. Das hat zu einer Rückbesinnung auf pflanzliche und mineralische Anstrichmittel geführt. Auf Seite 537 sind Firmen genannt, von denen biologische Anstriche bezogen werden können.

Dieses Kapitel informiert zunächst über die verschiedenen Anstrichmittel, woraus sie bestehen, wozu sie geeignet sind und welche Nachteile mit ihrer Verwendung verbunden sind. Dann wird Auskunft gegeben über die Werkzeuge, die man zum Anstreichen benötigt, und dargestellt, wie man damit umgeht. Anschließend wird gezeigt, wie Holz, Metall, Außen- und Innenwände richtig gestrichen werden. Dazu gehört der Holz- und Rostschutz. Das Lackieren von Fahrzeugen ist im Kapitel »Fahrzeuge« auf Seite 535 dargestellt.

Die Zusammensetzung der Anstrichmittel

Der wichtigste Bestandteil jedes Anstrichmittels ist die Substanz, die den (Anstrich-)Film bildet. Das sind feste oder dickflüssige Substanzen, die in einer Trägerflüssigkeit aufgelöst oder feinstverteilt und damit streich- oder spritzfähig gemacht werden. Nach dem Auftragen trocknet die Trägerflüssigkeit, und der feste Anstrichfilm bleibt übrig. Anstrichmittel, die lediglich aus dem Filmbildner und der Trägerflüssigkeit bestehen, sind in der Regel farblos und durchsichtig wie z.B. der Klarlack oder milchig-weiß wie z.B. die Kalkmilch. Durch Zusätze von Farbstoffen oder Pigmenten entstehen die farbigen Anstriche.

Filmbildner, Bindemittel

Die Filmbildner haben die Aufgabe, fest am Untergrund zu haften, sie müssen trocknen können – je rascher, desto besser für die weitere Verarbeitung – und danach einen festen glatten Film bilden, den Anstrich. Der Filmbildner soll sein Aussehen unter Lichteinwirkung oder Lichtabschluß nicht verändern, also lichtbeständig sein. Er soll gut verlaufen, also die nach dem Auftrag vorhandenen Unebenheiten ausgleichen.

Sind dem Filmbildner Farbstoffe oder Pigmente beigemengt, nennt man ihn Bindemittel, denn dann hat der Filmbildner die zusätzliche Aufgabe, die farbgebenden Substanzen in den Anstrichfilm fest einzubinden.

Kunstharze: Sie sind Kunststoffe und werden vor allem aus Erdöl und Kohle gewonnen. Die Kunstharzteilchen, große Moleküle im Bereich von tausendstel Millimetern, sind im Anstrichmittel noch voneinander getrennt. Sie bilden beim 107

Trocknungsprozeß dicht vernetzte Riesenmoleküle, aus denen der Anstrichfilm besteht. Anstrichmittel mit harzigen Bindemitteln nennt man Lacke; im Unterschied dazu sind Lackfarben durch Farbstoff- oder Pigmentzusatz gefärbte Lacke.

Die meisten heute im Handel angebotenen Anstrichmittel enthalten Kunstharze als Filmbildner. Diese synthetischen Lacke bilden harte, elastische, geschlossene Oberflächen von großer Widerstandsfähigkeit gegen alle möglichen Einflüsse durch Wetter, Schmutz und Chemikalien. Sie verschließen allerdings auch die Poren z.B. des Holzes oder des Putzes und wirken auf diese Weise dampfbremsend bis dampfsperrend. Sie trocknen schnell und sind leicht zu verarbeiten. Es gibt sie in vielen kräftigen Farben. Bei der Herstellung entstehen giftige Nebenprodukte, die die Umwelt belasten. Sind sie in chemischen Lösungsmitteln als Trägerflüssigkeit gelöst, entstehen bei der Verarbeitung gesundheitsschädliche und explosionsgefährliche Lösungsmitteldämpfe.

Synthetische Lacke und Lackfarben sondern über lange Zeit Stoffe ab, deren Schädlichkeit erst allmählich erkannt wird. Insbesondere wird erst seit kurzer Zeit das Problem der chronischen Vergiftung durch Schadstoffe in geringster Konzentration erforscht.

Kunstharzanstriche, bei denen die Trägerflüssigkeit im wesentlichen Wasser ist, in dem die Kunstharzmoleküle schweben (Dispersions- oder Wasserlacke), kommen mit einem Lösungsmittelanteil unter 10% aus, während die nichtwasserlöslichen Kunstharzlacke Lösungsmittelanteile zwischen 20 und über 60% aufweisen (der Umweltengel wird bis maximal 15% verliehen, für Dispersionslacke jedoch überhaupt nicht, weil sie nach ihrem Aufbau bereits keine oder fast keine Lösungsmittel enthalten). Die höchsten Lösungsmittelanteile enthalten Lasuren, die auf der Holzoberfläche einen transparenten Film bilden. Dispersionslacke vermeiden diese mit den hohen Lösungsmittelanteilen verbundenen Gefahren für Gesundheit und Umwelt, sind dafür aber anfällig gegen Pilze und Bakterien, wogegen die Hersteller giftige Desinfektionsmittel einsetzen, die sog. Topfkonservierer.

Kunstharzanstriche gibt es praktisch für jeden Untergrund und für jeden Zweck, allerdings gibt es auch hier kein universelles Anstrichmittel. Die bedeutendste Gruppe sind die Alkydharzlacke, ölige Kunstharzlacke, die als Klarlacke und Lackfarben für außen und innen sowie als Grundierungs-, Zwischen- und Deckanstriche verwendet werden. Andere wichtige Kunstharzlacke sind die Dispersionslackfarben auf Acrylharzbasis, klar oder farbig für innen und außen.

Kalk: Mineralische, wasserverdünnbare Bindemittel sind Kalk, Zement und Wasserglas, die auf mineralischen Untergründen eingesetzt werden.

Sie sind stark alkalisch, wirken also ätzend auf die Haut und gefährden die Augen.

Von besonderer Bedeutung für ein gesundes Wohnen sind Kalkanstriche für atmungsaktive, wasser- und wetterbeständige Anstriche. Sie werden allerdings vom schwefligen Regen (Industrieluft, nicht identisch mit saurem Regen) angegriffen. Kalkkaseinfarben liefern gesunde und dampfdurchlässige Innenwandanstriche.

Leime: Sie sind organische, wasserlösliche Bindemittel pflanzlicher oder tierischer Herkunft wie Stärke und Zellulose bzw. Häute, Knochen, Knorpel, Leder und Kasein.

Für den Handwerker wichtig sind die Leimfarben auf Zellulosebasis für wischbeständige, wasserdampfdurchlässige und gut deckende Innenanstriche.

Firnisse: Sie sind transparente Anstrichmittel aus nicht eingedickten Ölen, Harzlösungen oder Öl-Harz-Mischungen. Ölige Bindemittel gewinnt man durch Auspressen von Pflanzensamen, z.B. Leinöl aus Leinsamen, dem Samen des Flachses. Aufgrund der Oxidation durch Luftsauerstoff bildet sich sehr langsam ein fester Film. Mit Trockenstoffen (Sikkative = bestimmte Metallverbindungen) vermischtes Leinöl nennt man Firnis, es trocknet wesentlich schneller. Leinölfirnis ist das Hauptbindemittel für alle Ölfarben und ölhaltigen Lacke.

Die Trägerflüssigkeit
Sie macht den Filmbildner mit den Farbstoffen, Pigmenten, Trockenstoffen und weiteren Zusätzen streich- und spritzfähig. Die jeweilige Trägerflüssigkeit dient auch zum Verdünnen des Anstrichmittels. Sie ist farblos und verdunstet mehr oder weniger schnell. Schnell trocknende Anstrichmittel haben einen schlechten Verlauf und führen zu Spannungen im Anstrichfilm. Die untenstehende Tabelle zeigt die verschiedenen Lösungs- und Verdünnungsmittel für die verschiedenen Anstrichmittel.

Die chemischen Lösungsmitteldämpfe sind stark gesundheitsschädlich, so daß bei der (gewerblichen) Verarbeitung gute Belüftung und teilweise Atemschutzgeräte erforderlich sind. Die Lösungsmitteldämpfe schädigen vor allem Leber und Nieren sowie das zentrale Nervensystem mit dem Gehirn. Dazu kommt, daß die freigesetzten Kohlenwasserstoffe mit zu den Hauptverursachern der Luftverschmutzung gehören. Anfang der 80er Jahre betrug der Verbrauch an Anstrichmitteln in der Bundesrepublik ca. 1,2 Millionen Tonnen mit einem Anteil an Lösungsmitteln von ca. 0,4 Millionen Tonnen. Nitrozelluloselack besteht aus rund 75% Lösungsmittel, verschwindet jedoch allmählich vom Markt.

Chemische Lösungsmittel: Sie lösen den Filmbildner, das Bindemittel, auf. Wenn das Lösungsmittel verdunstet, bleibt der Filmbildner übrig. So ge-

Lösungs- und Verdünnungsmittel	
Wasser	für Kalk-, Kalkzement-, Leim-, Silikat-, Dispersions- und Temperafarben
Terpentinöl, Testbenzin, Terpentinersatz	für Ölfarben, Leinöl, Firnis, Standöl, Holzöl, Öl- und Harzlacke, ölhaltige Alkydharzlacke, Asphaltlacke
Alkohol	für Spiritus-, Schell- und Phenolharzlacke
Benzol	für Polymerisatharz- und Epoxydharzlacke
Xylol, Toluol, Aceton (Keton), Tetralin, Dekalin	für Nitrozellulose-, Chlorkautschuk- und Kunststofflacke (z.B. Polyurethanlacke, Acrylharzlacke)

schieht das bei den Lacken und Lackfarben.

Wäßrige Dispersionen: Sie bestehen aus Wasser als Trägerflüssigkeit, in der die Filmbildner feinstverteilt schweben, z.B. der Zelluloseleim bei den Leimfarben, der Kalk bei der Kalkfarbe, Kunststoff bei den *Kunststoff-Dispersionsfarben* (KD-Farben, früher unter dem Namen Latexfarben gebräuchlich).

Farbmittel

Das ist der Sammelname für alle farbgebenden Stoffe.

Unlösliche Pigmente: Sie bilden die bedeutendste Gruppe. Man unterscheidet Weiß- und Schwarzpigmente. Sie sind organischer oder anorganischer Herkunft und werden aus natürlichen Substanzen wie Erden oder Pflanzen gewonnen oder synthetisch hergestellt. Vor allem von der Pigmentkonzentration, der Teilchengröße der Pigmente und der Schichtdicke bzw. der Anzahl der Farbschichten hängt es ab, wie gut eine Farbe deckt, also den Untergrund verdeckt. Öl- und Lackfarben decken vollständig, während Lasuren den Untergrund mehr oder weniger durchscheinen lassen.

Farbstoffe auf Teerbasis: Sie werden aus Teer als Ausgangsprodukt durch Destillation gewonnen, sind chemisch unlöslich an Füllstoffe als den Farbstoffträgern gebunden.

Beizen: Man verwendet sie zum Anfärben von Holz. Die Farbstofflösung dringt in die obersten Holzschichten ein und führt dort zu einer Verfärbung des Holzes als Folge chemischer Reaktionen, die je nach Holzart unterschiedlich ist. Beizen können nur bei unbehandeltem Holz angewendet werden.

Farbbeizen machen das Frühholz dunkel und das Spätholz hell, chemische Beizen bewirken das umgekehrte Ergebnis.

Reaktionsanstrichmittel

Das ist eine besondere Gruppe von Kunstharz- und Kunststofflacken bzw. -lackfarben, bei der die Filmbildung und Filmhärtung das Ergebnis chemischer Reaktionen ist. In diese Gruppe gehören die DD-Lacke (Desmophen-Desmidur-Lacke = Polyurethan-Lacke), die Epoxydharzlacke und die Polymerisationslacke. Die Anstrichfilme sind gegen mechanische und chemische Einwir-

kungen von äußerster Widerstandsfähigkeit, weshalb DD-Lacke auch bei besonderen Beanspruchungen verwendet werden (Parkettböden, Holztreppen, Bootskörper usw.).

Reaktionsanstrichmittel gibt es als Zweikomponentenlacke (Stammlack mit den Pigmenten und dem Härter) und als Einkomponentenlacke.

Wachse und Balsame

Diese reinen Naturprodukte aus Bienenwachs, Baumharzen und Pflanzenölen sind das ideale Mittel für naturbelassene Holzoberflächen im Wohnbereich. Sie behindern das »Atmen« des Holzes, also die Wasserdampfdiffusion praktisch nicht, verhindern jede elektrostatische Aufladung, sind überraschend wasserfest und schmutzabweisend und sparsam im Verbrauch.

Hilfsstoffe

Den Anstrichen werden eine Vielzahl von meist chemischen Substanzen beigefügt, um bestimmte Eigenschaften zu fördern:

Topfkonservierer, Biozide und Fungizide werden gegen Bakterien, Insekten und Schimmelpilze eingesetzt. Sikkative fördern das Trocknen und Aushärten des Anstrichfilms. Thixotropie- und Verlaufsmittel begünstigen die gleichmäßige Verteilung des Lackfilms nach dem Auftragen. UV-Absorber hemmen das Vergilben. Emulgatoren verhindern, daß sich die verschiedenen Bestandteile des Anstrichmittels entmischen. Daneben gibt es noch Füllstoffe, Hautverhinderer, Korrosionsinhibitoren, Schaumverhinderer usw.

Anstrich-Hilfsmittel

Sie dienen der Vorbehandlung von Anstrichuntergründen und der Nachbehandlung von Anstrichen.

Grundierungsmittel

Sie dringen tief in die Poren des Untergrundes ein und verfestigen den Untergrund , z.B. Putz, bzw. schließen die Poren beim Holz, so daß der Untergrund seine Saugwirkung verliert. Auf diese Weise ermöglichen die Grundierungsmittel eine gute Verbindung zwischen Untergrund und Anstrichfilm.

Isoliermittel

Sie haben die Aufgabe, die nachfolgenden Anstriche vor schädlichen Einwirkungen aus dem Untergrund zu schützen. Es sind schnell trocknende Weißlackfarben. Polymerisationsharzmittel sind für alle Flecken und Schadstellen geeignet.

Imprägnier- und Holzschutzmittel

Sie dienen bei Holz zum Schutz vor Schädlingen und Feuchtigkeit und enthalten giftige Wirkstoffe, die Pilze und Insekten abtöten. Auf Silikonharzbasis werden sie für Mauerwerk und Putz zum Schutz gegen Regen eingesetzt. Sie dringen in die Kapillaren ein und machen das Mauerwerk wasserabweisend, ohne die Poren des Untergrundes zu verstopfen.

Reinigungs- und Entfettungsmittel

Eine gründliche Reinigung der anzustreichenden Oberfläche von Staub und Schmutz jeder Art, das Entfernen von Ölen und Fetten ist eine unverzichtbare Voraussetzung für das Gelingen des neuen Anstrichs, für seine gute Haftung und das Trocknen. Die Entfernung alter Anstriche auf Holz ist auf Seite 119, das Entfetten von Metall auf Seite 128 dargestellt, ebenso das Entfernen von Rost.

Staub: Er wird weggekehrt, abgesaugt, weggewischt, falls erforderlich mit einem antistatischen Tuch.

Schmutz: Warmes und heißes Wasser mit einem Zusatz von Kern- oder Schmierseife oder mit einem üblichen Spülmittel beseitigt den meisten festsitzenden Schmutz.

Alte Ölfarben und Lacke: Alkalische Mittel wie Ätznatron, Soda und Salmiakgeist werden gegen alte Ölfarben und Lacke eingesetzt.

Öle und Fette: Testbenzin und Terpentin setzt man gegen Öle und Fette aller Art ein.

Kunststoffanstriche: Chemische Lösungsmittel werden zur Entfernung von Kunststoffanstrichen benötigt (siehe Tabelle Seite 108).

Chemisch wirkende Reinigungsmittel: Nachwaschen mit sauberem Wasser ist immer erforderlich, wenn chemisch wirkende Reinigungsmittel eingesetzt worden sind.

Kitte und Spachtel

Sie dienen zum Füllen von Löchern und 109

Rissen im Untergrund sowie zum Glätten rauher Anstrichflächen. Es gibt eine große Anzahl von Kitten und Spachteln für die verschiedenen Untergründe. Nach dem Trocknen sind sie schleif- und überstreichbar.

Für Holz wird Holzkitt der entsprechenden Holzart verwendet, für Beton Zementspachtel, für Putz Gipsspachtel. Lack-, Dispersions- und Ölspachtel sowie Polyesterspachtel sind sehr vielseitig auf allen festen Untergründen verwendbar.

Eigenschaften der Anstrichmittel

Einige Eigenschaften der Anstrichmittel wurden bereits im vorigen Abschnitt erwähnt: Deckvermögen, Lichtbeständigkeit, alkalische Beständigkeit, Verlaufsvermögen, die Trockenzeit; Gesundheitsschädlichkeit, Feuer- und Explosionsgefährlichkeit; Wasserdampfdurchlässigkeit (= Atmungsaktivität bzw. dampfbremsende und dampfsperrende Wirkung).

Im folgenden Text werden eine Reihe weiterer Eigenschaften genannt, die je nach Verwendungszweck gewünscht werden:

Wetterbeständig sind Anstriche, die den Witterungsunterschieden sowie Regen- und Luftfeuchtigkeit widerstehen und mindestens zwei Jahre die volle Schutzwirkung entfalten. Der Regen wurde in den vergangenen Jahrzehnten chemisch immer aggressiver, denn die zunehmenden Industrie- und Heizabgase verwandeln ihn in eine Säure, so daß zum Beispiel Steine, die der Witterung Jahrhunderte standgehalten hatten, jetzt in wenigen Jahrzehnten zerfressen werden.

Die mechanische Beanspruchbarkeit ist außerordentlich unterschiedlich: Leimfarben können kreiden, weiße und bunte Pigmente können also beim Wischen über den Anstrich haftenbleiben. Wischbeständig ist ein Anstrich, bei dem sich das Reinigungswasser nicht färbt, wenn man den Anstrich mit Schwamm und einem üblichen Feinwaschmittel abwäscht. Scheuerbeständig ist der Anstrich, wenn beim Abwaschen der Wände der Schwamm durch eine Bürste mit

Naturborsten ersetzt werden kann. Stoß- und schlagfest nennt man die Kunstharzlacke wegen der hohen Elastizität und Härte der Anstriche.

Ventilierend, nämlich wasserdampfdurchlässig, aber zugleich wasserabweisend sind Anstrichmittel für Fenster und Türen. Thixotrop oder nicht tropfend sind einige Alkydharzlacke, was die Verarbeitung vor allem an größeren senkrechten Flächen erleichtert. Diese puddingförmigen Anstriche verflüssigen sich beim Streichen und verdicken sich danach im ruhigen Zustand wieder.

Beim Aussehen unterscheidet man je nach dem Glanz matte, seidenmatte und glänzende Anstriche.

Werkzeuge zum Anstreichen

Pinsel, Bürsten, Roller und *Abstreifgitter* sind die wenigen Werkzeuge, die man zum Anstreichen benötigt (Abb.1). Für den Großeinsatz gibt es *Farbspritzpistolen.* Welches Werkzeug man für die Vorbereitung der verschiedenen Untergründe benötigt, ist im Zusammenhang mit der Oberflächenbehandlung der verschiedenen Werkstoffe dargestellt.

Beim Streichen von Fassaden und Wänden wird der Roller an einem langen Stiel befestigt. Genügt das nicht, muß man eine Leiter oder ein Gerüst zur Hilfe nehmen (siehe Seite 33).

Der Staub ist Hauptfeind Nummer 1 einer gelungenen Lackierarbeit, bei der wirklich einwandfrei glatte Oberflächen erzielt werden sollen: Man braucht dafür einen möglichst staubfreien Raum, in dem während des Streichens und Trocknens kein Staub aufgewirbelt werden darf. Zugleich muß der Raum aber bei der Verwendung von lösungsmittelhaltigen Anstrichen gut belüftet werden können (keine Zugluft!). Eine gute Beleuchtung ersetzt nicht das Tageslicht. Anstrichfehler sind nur mit viel Mühe und oft gar nicht korrigierbar.

Pinsel

Die Verwendung von Qualitätspinseln anstelle der billigen Haushaltspinsel lohnt sich, insbesondere wenn die Pinsel nach dem Gebrauch richtig gepflegt und aufbewahrt werden. Qualitätspinsel

lassen keine Haare, nehmen viel Farbe auf, die sie gleichmäßig abgeben, und ermöglichen einen gleichmäßig scharf abgegrenzten Strich.

Lang- oder Rundpinsel (Abb. 2 und 3): Sie eignen sich für die meisten Lackierarbeiten. Es gibt sie in den Größen 2, 4, 6 bis 24, wobei die Größe 2 bedeutet, daß das Borstenbündel einen Durchmesser von 20 mm hat, die Größe 4 steht für 25 mm, bei der Größe 24 hat der Pinsel einen Durchmesser von 75 mm. Als Borsten werden die steifen Haare von Haus- und Wildtieren verwendet. Wenn die Borsten durch Abnutzung kürzer geworden sind, wird der Vorbund gelöst, um einige Wicklungen verringert und die Schnur neu befestigt.

Kapselpinsel: Beim etwas billigeren Kapselpinsel sind die Borsten aus Haar oder Kunststoff in einer runden, ovalen oder flachen Metallzwinge eingepreßt. Kunststoffborsten sind glatt, so daß die Farbe an ihnen schneller abläuft als an Naturborsten mit ihren Unebenheiten und den oft gespaltenen Borstenspitzen. Pinsel mit Kunststoffborsten nehmen nicht soviel Farbe auf, weil diese nach dem Eintauchen zu einem großen Teil wieder aus dem Pinsel herausläuft. Sie geben die Farbe ungleichmäßiger, nämlich am Anfang des Streichvorgangs stärker, ab.

Flachpinsel: Sie eignen sich besonders gut zum Verteilen der Farbe auf großen Flächen. Für besonders große Flächen werden Flächenstreicher verwendet, das sind kleinere Bürsten.

Der Heizkörperpinsel besitzt einen langen Stiel und abgewinkelte Borsten. Mit ihm können die Rippen des Heizkörpers gestrichen werden.

Bürsten

Sie werden zum Anstreichen der Wände und Decken verwendet. Bei dieser Arbeit lohnt sich der Kauf einer Qualitätsbürste mit Naturborsten besonders. Es gibt sie in den Größen 1 bis 3 mit unterschiedlicher Borstenlänge.

Farbkissen

Die Borsten sind hier ersetzt durch Schaumstoff, der sich mit dem Anstrichmittel vollsaugt und es beim Streichen gleichmäßig abgibt. Einen sichtbaren Pinselstrich durch Borsten gibt es nicht mehr. Saubere Ränder kann man be-

1 Malerwerkzeug: Abstreifgitter, Roller, Quirl für Bohrmaschine, Heizkörperpinsel, Bürsten, Flach- und Rundpinsel, Antistatik-Staubtuch, Anstreichkissen aus Schaumstoff mit Farbwanne.

2 Rund- oder Ringpinsel und Flachpinsel.

3 Aufbau eines Ringpinsels:
   1 Stiel
   2 Metallring
   3 Vorbund aus Schnur
   4 Korken
   5 Borsten
   6 Farbe.

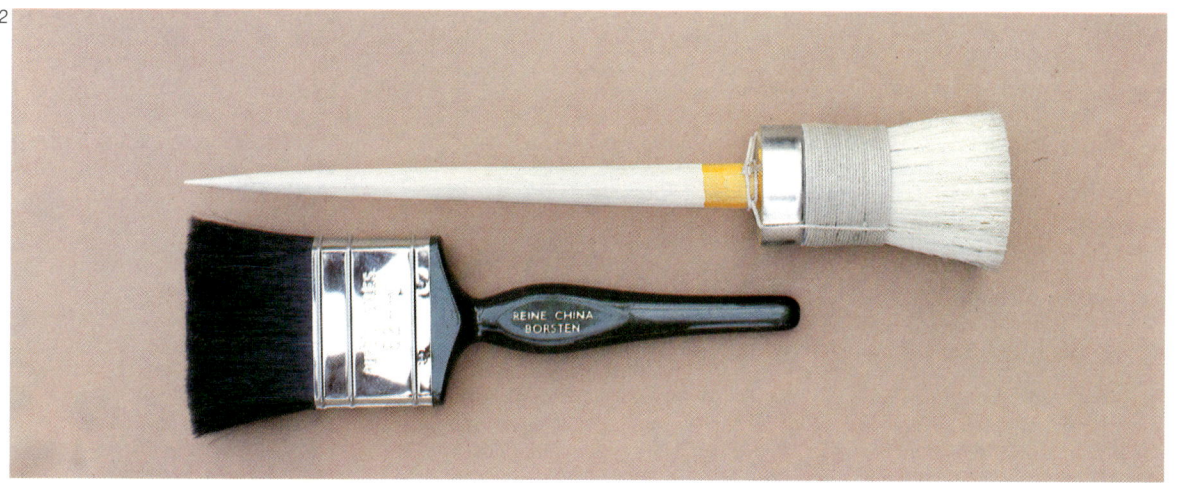

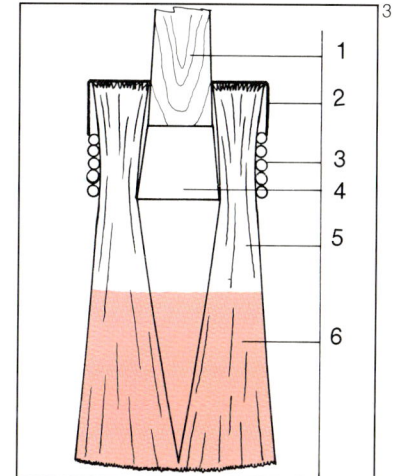

sonders leicht erzielen. Die Streichköpfe lassen sich austauschen und sind preiswert.

Roller

Dieses Anstrichgerät kam um 1950 von den USA nach Europa und ist dem Pinsel beim Farbauftrag auf rauhen Flächen wie Putz und Rauhfaser in mehrfacher Hinsicht überlegen:

Die Vertiefungen des Untergrundes werden gut ausgefüllt, weil sich die Rollenbeläge den Unebenheiten anpassen. Der Farbauftrag ist sehr gleichmäßig, das Streichen geht erheblich schneller als mit der Bürste oder dem Pinsel. Ungeeignet ist dieses Anstrichgerät allerdings, wenn strichglatte Oberflächen erzielt werden sollen, denn beim Roller wird der Farbauftrag getupft.

Die Roller haben verschiedene Beläge. Lammfell und Perlon- bzw. Nylonplüsch werden für Kalk-, Leim- und Dispersionsfarben, also beim Anstrich von Wänden und Decken eingesetzt, wobei Lammfell die Farbe am besten hält und die Farbabgabe sehr gleichmäßig ist. Vor dem Gebrauch wird die Rolle in Wasser getaucht und gut ausgeschleudert, vor dem ersten Gebrauch in Seifenlauge gewaschen.

Man taucht die Rolle in den Farbeimer ein und rollt sie über das Abstreifgitter ab, so daß die überschüssige Farbe im Eimer bleibt.

Beläge aus Mohair- oder Veloursplüsch oder aus Schaumstoff werden zum Lackieren verwendet. An die Stelle des Abstreifgitters mit dem Farbeimer tritt hier die Farbwanne mit einer schrägen Abstreiffläche.

Roller sind in den Breiten von 7, 17 und 25 cm erhältlich, außerdem gibt es eine Spezialanfertigung für Heizkörper.

Farbroller sollen Führungsscheiben besitzen, die einen gleichmäßigen Lauf der Rolle gewährleisten.

Im Griff sollte ein Gewinde zur Aufnahme eines Verlängerungsstiels vorhanden sein.

Pinselpflege und -aufbewahrung

Neue Pinsel, Bürsten und Roller werden oft nur deshalb angeschafft, weil man zuvor entweder eine schlechte Qualität gekauft hatte oder weil das Malerwerkzeug mangels Reinigung nach dem Gebrauch hart geworden ist.

Neue Pinsel: Sie werden auf einer Pap-

pe eingestrichen, um lose Borsten und Staubteilchen zu entfernen.

Arbeitsunterbrechung: Muß man den Pinsel kurz aus der Hand legen, wird er zuvor gut ausgestrichen. Bei kürzeren Arbeitsunterbrechungen muß der Pinsel nicht jedesmal ausgewaschen, sondern kann in eine Klarsicht- oder Alufolie möglichst luftdicht eingeschlagen werden. Ab wann man das tun muß, damit der Pinsel nicht eintrocknet, hängt von der Trockenzeit ab, ist also je nach Art des Anstrichmittels und der Temperatur sehr verschieden. Dispersionsfarben werden schon nach wenigen Minuten hart, bei den meisten Lacken dauert es erheblich länger. Bei sorgfältig eingepackten Pinseln kann die Unterbrechung mehrere Tage dauern.

Eine andere Methode besteht darin, den Pinsel in ein Glas mit Wasser zu hängen. Zu diesem Zweck versieht man den Schraubdeckel mit einem Loch und steckt den Stil von innen durch, bis er in der gewünschten Höhe klemmt. Vor dem Weiterstreichen muß der Pinsel gut ausgeschlagen und ausgestrichen werden.

Pinselreinigen: Es beginnt immer damit, daß man den Pinsel auf Zeitungspapier gründlichst ausstreicht. Kalk- und Leimfarbe werden ausgiebig unter fließendem Wasser ausgespült. Dispersionsfarbe kann zwar auch mit Wasser ausgespült werden, aber dieses Abwasser darf, wenn man umweltbewußt handeln will, nicht in die Kanalisation gelangen, sondern muß als Sondermüll behandelt werden. Bei den anderen Anstrichmitteln werden entweder Pinselreiniger verwendet, die die Anstrichmittel wasserlöslich machen (auch hier entsteht Sondermüll), oder der Pinselreiniger besteht aus Lösungsmittelgemischen, die man in der freien Luft verdunsten lassen kann; was übrigbleibt ist Sondermüll. Anschließend wird der gereinigte Pinsel in lauwarmem Wasser nachgewaschen und ausgeschlagen.

Farbroller werden im Prinzip in der gleichen Weise gereinigt.

Aufhängen: Pinsel sollen nie auf die Borsten gestellt, Rollen nie gelegt, sondern staubfrei aufgehängt werden.

Hart gewordene Pinsel: Sie können in chemischen Enthärtern wieder weich und brauchbar gemacht werden, was aber mit einer hohen Umweltbelastung verbunden ist.

Heikle Lackarbeiten: Hier sollten neue statt ausgewaschene Pinsel verwendet werden, weil trotz gründlicher Reinigung geringe Farbreste im Pinsel verbleiben, die beim nächsten Anstrich angelöst werden und Farbschlieren bilden.

Farbspritzgeräte

Sie arbeiten alle nach der gleichen Methode: Das Anstrichmittel wird durch eine Düse gepreßt und zerstäubt. Die winzigen Tröpfchen bilden auf dem Werkstück einen gleichmäßig glatten und geschlossenen Anstrichfilm.

Unterschiedlich ist die Art und Weise, wie der Druck erzeugt wird: Entweder wird mit einem Kompressor Druckluft erzeugt, die das Anstrichmittel durch die Düse treibt, oder die Anstrichflüssigkeit wird durch einen Elektromotor angesaugt und durch die Düse gepreßt. Nach dem zuletzt genannten Prinzip arbeiten auch die elektrischen Spritzpistolen, die den Heimwerkern angeboten werden (Abb. 4).

Vor- und Nachteile: Mit einer Spritzpistole können große Flächen und Gegenstände wie Zäune oder Korbmöbel sehr viel schneller gestrichen werden als mit dem Pinsel. Allerdings braucht man erhebliche Zeit für die Vorbereitung und Reinigung. Wegen der entstehenden Farbnebel und der Tatsache, daß man über die Grenzen des Gegenstandes hinausspritzen muß, sollte die Anwendung nur im Freien oder in leeren Räumen bei geöffnetem Fenster erfolgen. Entsprechende Arbeitskleidung, Haarschutz und Spritzmaske sollten im eigenen Interesse benutzt werden.

Handwerklich einwandfreie Lackierungen sind mit den Heimwerkerspritzpistolen nicht einfach herzustellen; besonders schwierig ist das Versprühen von Dispersionsfarben. Oberflächen, die gespritzt werden sollen, müssen besonders sorgfältig vorbereitet werden, wenn eine glatte Anstrichfläche entstehen soll, denn der aufgesprühte Anstrich läßt alle Unebenheiten deutlich hervortreten.

Spritzmittel: Die jeweiligen Gebrauchsanleitungen müssen bei der Herstellung des Spritzmittels sehr genau beachtet werden. Es muß viel dünnflüssiger sein als Anstrichmittel, die mit dem Pinsel verstrichen werden. Das Anstrichmittel muß also mit dem dafür vorgesehenen Mittel verdünnt werden, bis die richtige

4 *Spritzpistolen (Wagner) mit biegsamer Düse zum Spritzen der Decke, Meßbecher und luftdicht verschraubbarem Farbtopf.*

5 *So zieht man mit einem Flachpinsel einen gerade waagerechten Strich.*

Viskosität (Zähigkeit) erreicht ist. Sie wird mit dem zumeist mitgelieferten Farbprüfbecher als Viskosemeter nach Sekunden genau gemessen.

Ist das Anstrichmittel zu stark verdünnt, verliert der Anstrich an Deckkraft und Glanz und läuft an senkrechten Flächen ab. Die Gefahr des Ablaufens wird verringert, wenn die Fläche vor dem ersten Lackauftrag ganz dünn vorgenebelt wird. Ist das Spritzmittel noch zu dick, kann es passieren, daß es nicht richtig zerstäubt wird; die Spritzpistole spuckt dann unregelmäßig. Wird das zu dickflüssige Spritzmittel zwar gleichmäßig auf die Oberfläche des Gegenstandes gespritzt, kann die Farbschicht zu dick geworden sein mit der Folge, daß sich beim Trocknen eine sogenannte Orangenhaut bildet. Die Bandbreite zwischen zu stark und zu schwach verdünnt ist bei den luftlosen Heimwerkergeräten gering und um so geringer, mit je weniger Druck die Spritzpistole arbeitet.

Reinigung: Nach jeder Benutzung muß die Spritzpistole gründlichst gereinigt werden, denn schon geringe Farbreste führen dazu, daß der Pumpenmechanismus oder die Düse oder das Sieb im Ansaugrohr verklebt.

Abfallbeseitigung
Für alle Kunststoffanstriche gilt:
Farbreste, alte Farbdosen, eingetrocknete Pinsel, Farblappen, gebrauchte Pinselreiniger sind Sondermüll und gehören nicht in den häuslichen Abfall oder in den Abfluß.
Auf diesem Gebiet ist in der Vergangenheit von fast allen Heimwerkern massiv gesündigt worden.

Anstrichtechniken

Das Anstreichen sieht leichter aus, als es ist. Wenn man bestimmte Grundregeln nicht beachtet, entspricht zum Schluß der Anstrich bei weitem nicht den Erwartungen. Im folgenden ist dargestellt, wie man durchschnittlichen Ansprüchen gerecht werden kann. Handwerklich meisterhafte Lackierungen stellen allerdings noch vor andere Probleme.

Anstreichen mit dem Pinsel
Der Flachpinsel wird schräg zur Anstrichfläche geführt, kleinere Pinsel wie ein Bleistift, größere wie ein Tennisschläger.
Den Pinsel taucht man zu einem Drittel in die Farbe ein. Er wird mit der Metallzwinge gegen den Rand des Farbtopfes geklopft, so daß überschüssige Farbe abtropft, oder ganz leicht am Rand abgestreift. Damit die Randnut nicht voll-läuft und die Farbe dann außen an der Farbdose herunterläuft, schlägt man in die Nut mit Nagel und Hammer ein paar Löcher, so daß die Farbe innen an der Dose ablaufen kann.

Nimmt man zuviel Farbe in den Pinsel, so befindet sie sich bald am Pinselstiel, dann an den Fingern und schließlich überall, wohin man faßt.

Wenn die Oberfläche fertig vorbereitet ist, die Teile abgedeckt sind, die keinen Anstrich erhalten sollen, und man alle Beschläge entfernt hat, beginnt das Streichen. Zuerst werden Ecken und Kanten und sonst schwierig anzustreichende Teile gestrichen, danach die glatten Flächen. Bei den Kanten streicht man erst von der Kante weg, dann parallel zur Kante. Abb. 5 zeigt, wie man mit 113 einem Flachpinsel einen geraden Strich zieht. Wichtig ist bei einer Kante, daß man mit den Borstenspitzen nicht bis in den Winkel hineingeht, sondern einen Abstand von ca. 2 mm einhält, denn die Farbe breitet sich aus, und zwar auch nach oben, so daß zum Schluß der Anstrich wie gewünscht bis in den Kantengrund reicht.

Eine senkrechte Fläche wie z.B. eine Tür oder eine Wand teilt man in kleine Arbeitsabschnitte ein. Die Größe der Abschnitte hängt von der Größe des Pinsels ab und davon, wie schnell die Farbe trocknet. Nach einer groben Richtlinie ist so ein Abschnitt doppelt so breit wie der Pinsel und zwei bis dreimal so hoch wie die Borstenlänge. Abb. 6 zeigt, wie eine senkrechte Fläche gestrichen wird.

Für die meisten Anstrichmittel gilt, daß jeder neue Abschnitt die benachbarten Abschnitte überdecken soll, solange die Farbe noch naß ist, denn nur dann ist das Verschlichten der Farbe möglich, so daß ein Abschnitt gleichmäßig in den anderen übergeht. Für die sehr schnell trocknenden Klarlacke gilt diese Anstrichtechnik nicht. Hier wird nicht mit überlappenden Pinselstrichen gearbeitet, sondern man setzt einen Abschnitt neben den anderen, läßt ihn dann trocknen, schleift alles und wiederholt das dreimal. Dabei werden die Abschnitte des jeweils späteren Anstriches versetzt zu den Abschnitten des vorherigen angelegt.

Anstreichen mit dem Roller

Große Flächen, insbesondere Wände und Decken, werden mit dem Roller gestrichen. Allerdings müssen die Innenkanten vorher mit dem Pinsel vorgestrichen werden, denn mit dem Roller kommt man nicht bis in den innersten Winkel.

Die Farbwanne wird zur Erleichterung der späteren Reinigung mit Alufolie ausgelegt. Der Roller wird in die Farbe getaucht und damit getränkt. Dann rollt man ihn auf dem Abstreifgitter hin und her, so daß sich die Farbe gleichmäßig verteilt und die überschüssige Farbe in die Wanne tropft.

Der Farbauftrag an der Wand beginnt mit einem Roller von unten nach oben, weiter geht es in Form eines M und wieder zurück, so daß die noch nicht berührten Flächen um das M herum auch noch mit Farbe bedeckt werden. Die Fläche, die jeweils auf diese Weise angestrichen wird, ist jedesmal ca. 1 qm groß. Ist ein Teil der Wand von der Decke bis zum Fußboden angestrichen, geht man abschließend noch einmal mit dem Roller in langen gleichmäßigen Rollzügen von oben nach unten über die Wand.

In entsprechender Weise wird die Decke mit dem Roller gestrichen.

Spritzen mit der Spritzpistole

Die Spritzpistole, bei der die Farbe aus einem unten am Gerät befindlichen Farbbehälter angesaugt wird, muß immer mehr oder weniger senkrecht gehalten werden (Abb. 7), damit das Saugrohr stets das Anstrichmittel ansaugt und nicht plötzlich Luft, weil die Spritzpistole zu schräg gehalten wurde. Nützlich ist deshalb eine biegsame Düsenverlängerung, die es ermöglicht, das Gerät ständig senkrecht zu halten, auch wenn waagerechte Flächen oder schwer zugängliche Stellen gespritzt werden müssen. Wird Luft angesaugt, spuckt die Spritzpistole, und es entstehen Kleckse.

Ein gleichmäßiger Anstrich entsteht nur, wenn der Farbsprühnebel, der aus der Düse kommt, möglichst senkrecht auf die Oberfläche trifft. Bei stehenden Flächen ist das ohne weiteres möglich, bei waagerechten ist ein schräger Farbsprühnebel unvermeidbar, es sei denn, man verwendet eine biegsame Düsenverlängerung. Die Spritzpistole darf also nicht im Handgelenk hin und her geschwenkt werden, sondern muß parallel und in gleichbleibendem Abstand von 20 bis 30 cm je nach Düseneinstellung zur Anstrichfläche geführt werden. Die Spritzpistole wird bereits neben dem Werkstück eingeschaltet und bei senkrechten Flächen so darüber geführt, wie dies Abb. 7 zeigt. Keinesfalls darf kreuz und quer gespritzt werden, weil sonst ein ungleichmäßiger Anstrichauftrag entsteht und sich schnell Laufnasen bilden.

Bei waagerechten Flächen wird ebenfalls eine Bahn neben der anderen gespritzt, und zwar quer zum Standort. Man beginnt mit der ersten Bahn vorn und schließt die weiteren Bahnen nach hinten an, so daß die nach hinten wegspringenden Anstrichpartikelchen vom folgenden Strahl überdeckt werden.

Oberflächenbehandlung von Holz

Das eine Ziel der Oberflächenbehandlung ist der Schutz des Holzes vor Schmutz, Feuchtigkeit, Schädlingen, Verkratzungen und Druckstellen, Lichteinwirkung und chemischen Stoffen. Das andere Ziel ist die Veredelung der Holzoberfläche, damit die ursprüngliche Schönheit des Holzes zur Geltung kommt und noch gesteigert wird. Im folgenden Text werden die vorbereitenden Arbeiten an der Holzoberfläche dargestellt, das Putzen und Abziehen, Schleifen und Wässern, Entharzen und Auskitten, das Reinigen und Entfernen von Flecken, das Entfernen alter Anstriche, das Bleichen, Räuchern und Kalken bis zum Strahlblasen, Bürsten, Brennen und Sandeln. Darauf folgt das Streichen des Holzes mit einem der vielen Anstrichmittel.

Der Lehrgang »Oberflächenbehandlung« stellt viele Techniken detailliert dar (siehe Literaturverzeichnis Seite 536).

Putzen und Abziehen

Bei dieser Feinarbeit wird mit dem Putzoder Ziehklingenhobel oder der Ziehklinge (siehe Seite 120 Abb. 16 und Seite 179, Abb. 116) ein feiner Span abgehoben, beim Putzhobel stoßend, bei den anderen beiden Werkzeugen ziehend. Je weicher das Holz ist, desto größer ist die Gefahr, daß die Holzfasern nicht abgeschnitten, sondern nur umgedrückt werden. Um dies soweit wie möglich zu vermeiden, muß das Werkzeug besonders scharf sein.

Nach dem Putzen bzw. Abbeizen wird geschliffen, und zwar mit einer Feinkörnung von 220 bis 280.

Schleifen und Wässern

Durch das Schleifen bekommt die Holzoberfläche ihre endgültige Glätte. Das Schleifmittel nimmt der Holzoberfläche feine Späne ab, die nur noch als Holzstaub sichtbar sind.

Schleifpapier: Es wird beim Handschliff um einen Schleifklotz aus Kork oder besser aus weichem Holz (Linde, Pappel) gewickelt. Die Schleifpapiere sind alle nach dem gleichen Prinzip aufgebaut. Der Kornträger ist ein Papier oder

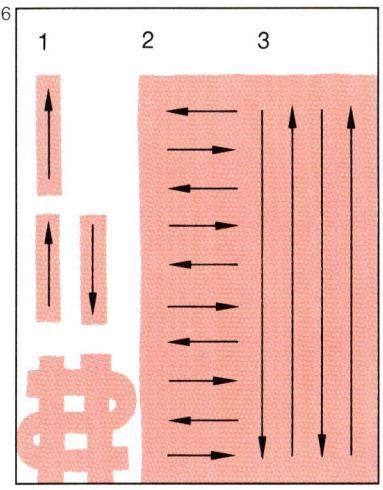

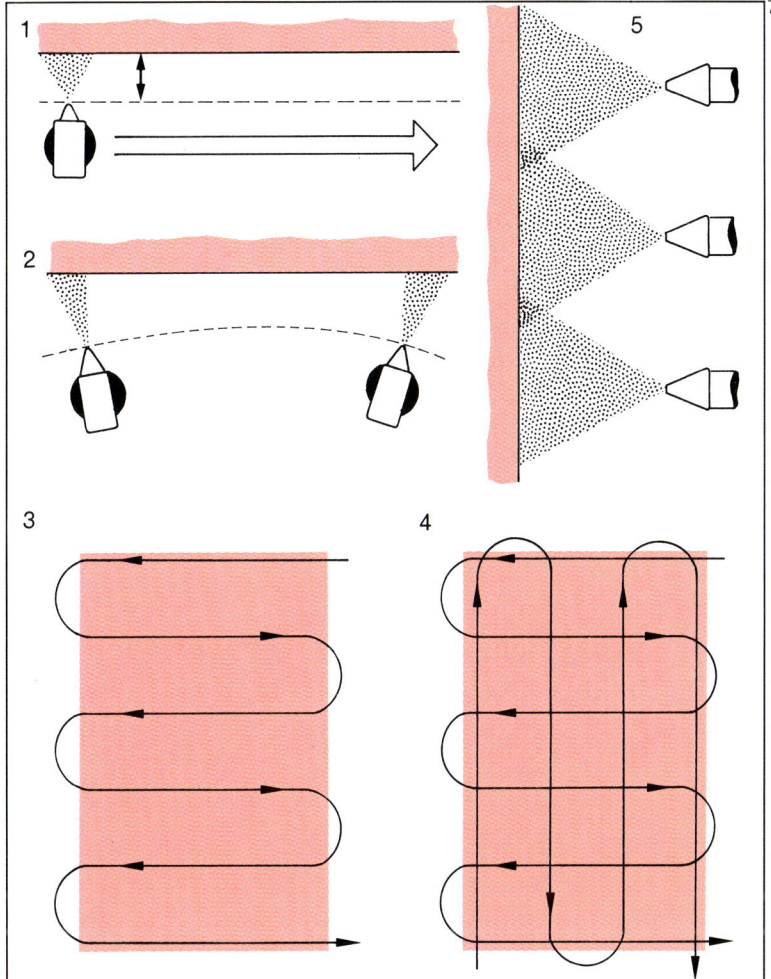

6 *Große Flächen mit dem Pinsel streichen:*
*Große Flächen werden in Streifen
von ca. 30 cm aufgeteilt. Es wird
Streifen für Streifen gestrichen, ca.
1 cm überlappend:*
*1 Das Streichen beginnt mit einem
senkrechten Strich aufwärts von
30–50 cm Länge, einem Strich
daneben abwärts und dem groben Verteilen der Farbe durch
Pinselzüge von links nach rechts
und zurück*
*2 Mit parallelen, knapp überlappen-
den Pinselstrichen wird die Farbe
glattgezogen oder verschlichtet.*
*3 Zum Schluß zieht man mit dem
Pinsel in parallelen Strichen leicht
über den ganzen Streifen.*

7 *Technik des Farbspritzens:*
*1 Die Spritzpistole muß in gleich-
bleibendem Abstand von
15–30 cm (je nach Düseneinstellung) senkrecht zum Werkstück
geführt werden.*
*2 Spritzen durch Schwenken des
Handgelenks führt zu ungleich-
mäßigem Farbauftrag und ist
falsch.*
*3 und 4 Spritzen einer Fläche im
Kreuzgang. Das Spritzen geht jeweils über die Ränder des Werkstücks hinaus, so daß das Werkstück am Ende von einem gleichmäßigen rechtwinkligen Gitter
von Spritzbewegungen überzogen ist.*
5 Es wird überlappend gespritzt.

ein Leinengewebe, auf dem sich eine Klebeschicht befindet, die die Schleif-körner festhält (Abb.8).
Um welche Körnung es sich handelt, gibt eine Nummer auf der Rückseite des Schleifpapiers an. Je höher die Körnungsziffer ist, desto feiner ist das einzelne Korn. Die Schleifkörner werden durch ein Schüttelsieb auf den Kornträ-ger gestreut. Je kleiner die Maschen sind, um so kleiner sind die Körner, die hindurchgehen, und um so feiner wird das Schleifpapier. Die Körnungs-ziffer gibt an, wieviel Maschen auf ei-nem Quadratzoll (1 Zoll = 2,54 cm) des Schüttelsiebes vorhanden sind. Es gibt Körnungen von 6 bis 800. Für die Holz-bearbeitung sind folgende Körnungen gebräuchlich:

Grob nennt man die Körnungen 30, 40, 60 und 80. Man verwendet sie zum Ent-fernen von alten Anstrichen und beim groben Vorschliff von Vollholz. Mittlere Körnungen sind 100, 120, 150 und 180. Sie werden verwendet beim Feinschliff von Vollholz, bei furnierten Flächen, nach dem Wässern zum Anschleifen und Aufrauhen. Fein nennt man die Kör-nungen 220, 240, 280, 320 und 400, die zum Schleifen von gebeizten Flächen, Grundierungen und Lacken verwendet werden.
Man unterscheidet weiter geschlossen gestreute Schleifpapiere, bei denen der gesamte Kornträger dicht an dicht mit Schleifkörnern bedeckt ist, und offen gestreute Schleifpapiere, die nur zu 50% mit Schleifkörnern besetzt sind, so daß 115

zwischen den einzelnen Körnern Platz ist für den Holzstaub. Letztere sind besonders geeignet für das Schleifen von weichem Holz, weil diese Schleifpapiere sich nicht so schnell mit Holzstaub zusetzen.

Die Schleifkörner bestehen aus natürlichen oder künstlichen Materialien unterschiedlicher Härte und unterschiedlicher Schärfe der Bruchkanten. Je tiefer und schärfer sie sind, um so teurer; aber die besten Schleifpapiere erzeugen auch die besten Flächen, sind von längerer Gebrauchsdauer, sparen Zeit, sind also letzten Endes billiger. Besonders geeignet sind Körnungen aus Flint (Rotschleifpapier), Granat und Elektrokorund = Aluminiumoxyd, das den besten Schliff liefert. Eisenhaltige Schleifmittel führen bei gerbstoffhaltigen Hölzern wie Eiche, in geringerem Umfang auch bei Nußbaum und Mahagoni oder bei Verwendung von gerbsäurehaltigen

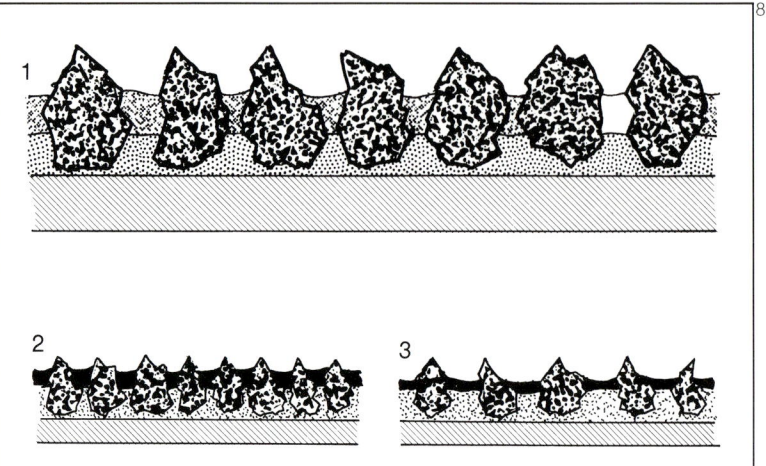

8 *Aufbau des Schleifpapiers.*
   1 Die scharfkantigen Schleifkörnchen sind fest in einer Klebeschicht verankert, die auf einer Trägerschicht aus Papier oder Leinen aufgebracht wurde.
   2 Feine Schleifpapiere sind geschlossenporig.
   3 Beim offenporigen Schleifpapier ist zwischen den Schleifkörnchen viel Platz für den Schleifstaub.

9 *Wirkungsweise*
   des Schleifens und Wässerns:
   1–4 Beim Schleifen werden viele Holzfasern nur umgedrückt, die wieder aufstehen, wenn sie feucht werden. Dies wird beim Wässern ausgenutzt und danach nochmals geschliffen.
   So erhält man wesentlich glattere Oberflächen.
   5 Pore, die vor dem Anstreichen nicht nochmals gewässert und geschliffen wurde; der Anstrich dringt nicht in die Pore ein und haftet an dieser Stelle nicht.
   6 Nach dem Wässern stehen die Holzfasern am Rand der Pore auf, so daß sie abgeschliffen werden können.
   7 Gute Haftung der Grundierung in der Pore, nachdem sie gewässert und geschliffen wurde.

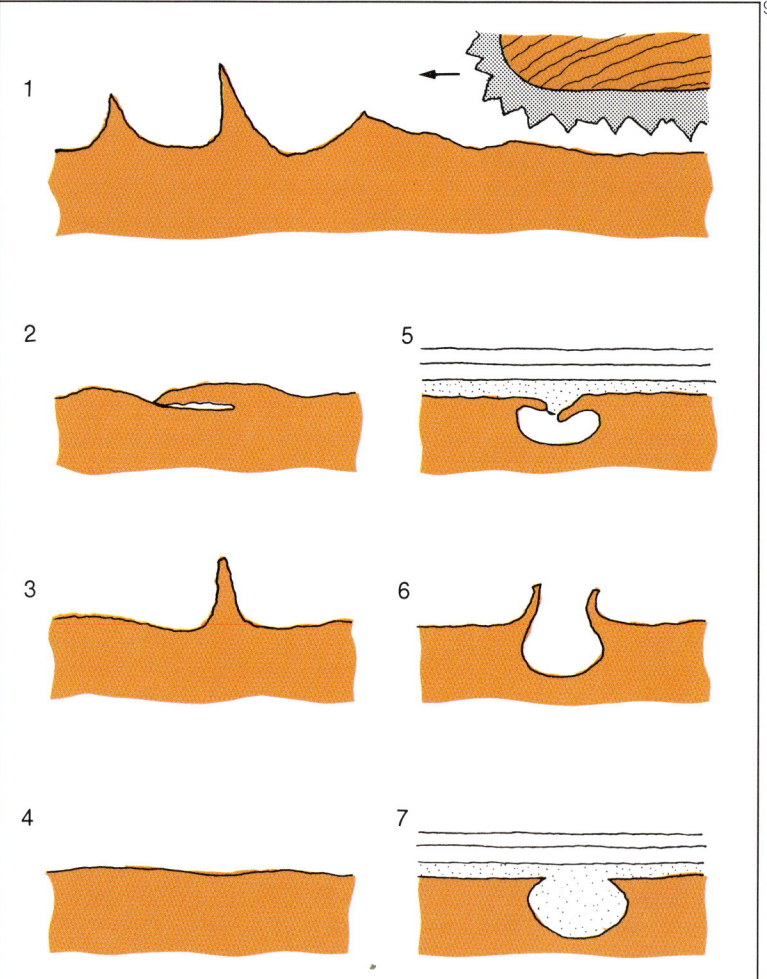

Beizen zu schwarzen Punkten und Flekken auf der Oberfläche.

Geschliffen wird immer in eine Richtung, wenn die Holzstruktur nach dem Anstrich sichtbar bleibt. Bei deckenden Anstrichen kann quer zur Faser geschliffen werden.

Nach dem Schleifen muß der Staub mit einer Wurzelbürste entfernt werden.

Wässern: Es folgt nach dem Schleifen. Abb. 9 zeigt, daß beim Schleifen ein Teil der Holzfasern nicht abgetrennt, sondern nur umgedrückt wird. Wenn nun das Holz gestrichen wird, quellen die Fasern und richten sich wieder auf, das Holz wird noch nicht vollständig glatt. Aus diesem Grund wird es gewässert und danach nochmals feingeschliffen. Notwendig ist dies vor allem, wenn ge-

beizt werden soll, weil die Beize ins Holz eindringt, während der Lack einen Überzug bildet, der meist so dick ist, daß die Fasern damit zugedeckt werden.

Für das Wässern benötigt man warmes, sauberes, möglichst abgekochtes Wasser, das mit einem Schwamm satt aufgetragen wird, ohne daß Pfützen stehenbleiben. Frei stehende Teile müssen beidseitig gewässert werden, damit sie sich nicht werfen. Das Trocknen muß langsam und gleichmäßig geschehen, damit keine Risse entstehen. Nach dem Trocknen wird mit feinem Schleifpapier nachgeschliffen, und zwar diesmal mit leichtem Druck gegen die Holzfasern, damit sie abgetrennt und nicht nur an der alten Stelle umgeknickt werden.

Schwing- oder Vibrations- und Bandschleifer: Sie sind für den Heimwerker sehr wichtige Elektrogeräte bei der Holzbearbeitung, denn sie helfen viel Zeit sparen im Vergleich zum Schleifen mit der Hand (Abb. 10 und 11). Bandschleifer können auch stationär eingesetzt werden, so daß das Werkstück mit beiden Händen an das Schleifband geführt wird (Abb. 12).

Beim Einlegen des Schleifbandes muß darauf geachtet werden, daß der Pfeil auf dem Schleifband in die Laufrichtung zeigt.

Ein besonderes Schleifgerät zeigt die Abb. 13, mit dem auch gekrümmte Flächen und gedrehte Teile geschliffen werden können.

Entharzen

Im Unterschied zu den Laubhölzern enthält das Holz der Nadelbäume Harze, die die Oberflächenbehandlung sehr erschweren, denn auf den Harzstellen haftet so gut wie kein Anstrich, oder er verfärbt sich dunkel; Beizen werden nur schlecht und ungleichmäßig aufgenommen.

Das Entharzen soll erst nach dem Schleifen erfolgen, denn es wirkt nur in einer Tiefe von 1 bis 2 mm, und diese Schicht sollte durch Schleifen nicht noch dünner werden. Beim Erwärmen kann auch nach dem Anstreichen erneut Harz austreten. Das Entharzen mit chemischen Mitteln stellt also keine Garantie dafür dar, daß sich der Anstrich später nicht doch durch Harz verfärbt. Größere Harzgallen schneidet man des-

10

11

10 *Einhand-Vibrationsschleifer (Festo), besonders geeignet für die Falze an Türen und Fenstern. Im Schleifblatt sind Löcher, durch die der Staub abgesaugt wird. Daneben Metallplatte mit Dornen, mit der man in das montierte Schleifblatt selbst die Löcher drücken kann. Rechts unten eine Haftplatte, auf die Schleifvliese gedrückt werden, die dann von selbst festkleben.*

Schleifvliese sind eine gute Alternative zum Schleifpapier; sie setzen sich nicht so schnell mit Schleifstaub voll.

11 *Bandschleifer mit Staubsack (Skil).*

117

12

13

12 *Bandschleifer im stationären Einsatz (Holzher).*

13 *Vielseitiges Schleifgerät, auch stationär verwendbar (Black & Decker) für gewölbte Flächen, mit selbstklebenden Schleifscheiben, Schwabbelscheibe, Nylonvlies und Drahtbürste zum Entrosten, Schleifen und Polieren.*

da, Pottasche und Ätznatron auskristallisieren und später zusammen mit der Luftfeuchtigkeit den Anstrich zerstören.

Ein sehr geeignetes Verseifungsmittel entsteht aus 20 bis 30 g Kern- oder Schmierseife oder neutraler Holzseife, die in 1 Liter heißem Wasser gelöst wird. Dieser Lösung werden nur ca. 50 cm³ Salmiakgeist unter Umrühren hinzugefügt. Die Lauge wird möglichst heiß mit einem metallfreien Pinsel satt auf das Holz aufgetragen. Nach 5 Minuten trägt man ein zweites Mal die Lauge auf, nach weiteren 5 Minuten bürstet man die Fläche kräftig mit einer Wurzelbürste, bis es zu einer starken Schaumbildung kommt. Die verseiften Harzrückstände werden mit viel Wasser und Wurzelbürste sowie Schwamm entfernt.

Da auch bei gründlichstem Waschen die Lauge nicht vollständig entfernt werden kann, werden die im Holz verbliebenen Rückstände durch mit Wasser im Verhältnis 50:1 verdünnte Essigsäure (Säure ins Wasser gießen, nicht umgekehrt!) neutralisiert. Die Essigsäure wird mit einem Schwamm aufgetragen, die Hände müssen dabei durch Gummihandschuhe geschützt werden. Dann wird nachgewaschen und mit dem Schwamm abgetrocknet.

Kombinierte Harzlöser: Sie wirken verseifend und lösend und sind im Handel erhältlich.

Trocknung: Nach dem Auswaschen des Harzlösers muß das Holz an luftiger Stelle mindestens 5 Stunden lang trocknen, bevor weitergearbeitet werden darf.

Auskitten

Kitten ist eine Notlösung, mit der meist Arbeitsfehler oder Schäden an alten Möbeln behoben werden.

Flüssiges Holz: Es ist für alle gebräuch-

halb mit dem Schnitzmesser aus, leimt einen Span ein und kittet aus.

Harzlösungsmittel: Es handelt sich dabei um Spiritus, Aceton, Alkohol, Leicht- und Testbenzin, Terpentin, Tetrachlorkohlenstoff und Nitroverdünnung. Die Mittel verflüchtigen sich schnell, greifen aber das Holz nicht an und hinterlassen keinerlei für das Beizen ungünstige Rückstände. Es muß die gesamte Fläche mit Harzlösungsmittel behandelt und abschließend mit warmem Wasser abgewaschen werden.

Laugen: Sie verseifen das Harz und werden zum Entharzen größerer Flächen verwendet.

Ammoniak ist das einzige Verseifungsmittel, das das Harz ohne Rückstände verseift. Man verdünnt es mit Aceton,

trägt es zwei- bis dreimal satt in kleinen Partien auf, bürstet kräftig mit der Wurzelbürste bis sich Schaum bildet und wäscht nach ca. 15 Minuten mit warmem Wasser gründlich nach.

Andere Verseifungsmittel entstehen aus 60 g Soda (= Natriumkarbonat) oder 60 g Pottasche (= Kaliumkarbonat) auf 1 Liter heißes Wasser und ¼ Liter Aceton; oder aus 25 g Ätznatron auf ⁶⁄₁₀ Liter kaltes Wasser und ⁴⁄₁₀ Liter Aceton. Man benutzt diese Entharzungsmittel zum Entharzen von Flächen vor der Bearbeitung, nicht beim Entharzen von fertigen Werkstücken, denn die Laugen lassen sich nur schwer vollständig aus den Nuten, Falzen und Ecken durch Waschen entfernen mit der Folge, daß nach dem Verdunsten des Wassers Solichen Holzarten erhältlich und besteht aus feinem Schleifstaub und schnell trocknendem Nitrozelluloselack. Es kann, wenn es im Behälter leicht eingetrocknet ist, mit Nitroverdünnung oder Aceton wieder gebrauchsfähig gemacht werden. Die Kittstelle sollte zuvor mit Lösungsmittel eingestrichen werden, damit der Kitt besser am Holz haftet. Nach kurzer Zeit kann der Kitt geschliffen und gebohrt werden. Kittstellen lassen sich mattieren, polieren und lackieren, ohne daß die Fehlstelle erkennbar wird, vorausgesetzt, der Farbton stimmt. Wenn gebeizt wird, darf mit flüssigem Holz erst nach dem Beizen gekittet werden, da es die Beize nicht in dem Maße annimmt, wie das umgebende Holz. Das flüssige Holz muß mit der Beize eingefärbt werden.

Wachskitte: Sie werden in sehr vielen Farben hergestellt und untereinander vermischt. Man benutzt sie vor allem zum Ausbessern fertig behandelter Flächen. An Kanten und Ecken sollten Wachskitte nicht verwendet werden, denn sie sind dafür nicht hart und haftfähig genug.

Schellackbrennkitte: Sie eignen sich zum Ausbessern von schadhaften Stellen, die später gebeizt, mattiert oder poliert werden sollen.

Fensterkitt: Er kann verwendet werden, wenn die Stelle später deckend angestrichen wird.

Fußbodenkitt: Er muß besonders haftfähig sein. Für gewachste Fußböden verwendet man den altbewährten Kitt aus geschabten Hirnholzspänen und schwachem Leim mit einer geringen Beimengung von Leinölfirnis. Für Fußböden, die gescheuert werden, löst man 2 Teile Leim in 14 Teilen kochenden Wassers und gibt 5 Teile Zementkalk und 3 bis 4 Teile feine Sägespäne hinzu.

Reinigen und Entfernen von Flecken

Zuerst wird der Fleck beseitigt, dann muß aber die gesamte Fläche mit dem Säuberungsmittel behandelt werden, damit keine Ränder entstehen.

Leimflecke: Kaseinleimflecke entfernt man mit Essigsäure in der Verdünnung 1 : 20. Die Verdünnung stellt man dadurch her, daß man die Säure in das Wasser gießt (im vorliegenden Fall 1 Teil Säure auf 20 Teile Wasser) und nie umgekehrt, also nie das Wasser in die Säure gießt, denn dann spritzt sie nach allen Seiten. Die verdünnte Essigsäure wird mit einem harten Borstenpinsel aufgetragen und der Fleck weggebürstet. Danach muß gründlich mehrfach mit Wasser und Schwamm nachgewaschen werden.

Kauritleimflecke kann man nicht mehr entfernen, wenn der Leim abgebunden hat.

Gips-, Kalk- und Zementflecke: Zuerst wird mit einem Spachtel der Gips, Kalk bzw. Zement entfernt, die Stelle, soweit es geht, mit einer Wurzelbürste gereinigt und dann mit Essigsäure in der Verdünnung 1 : 2 weggebürstet und gewaschen.

Fett- und Ölflecke: Zum Entfernen dieser Flecke verwendet man eine Paste aus Bimspulver oder gebranntem Magnesiapulver oder Schlämmkreide, die mit Leichtbenzin oder Aceton als Lösungsmittel angeteigt wird. Man muß schnell arbeiten, weil die Lösungsmittel schnell verdunsten. Die Paste wird 5 mm dick mit einem steifen Borstenpinsel so aufgetragen, daß sie den Fleck am Rand um etwa 10 mm überdeckt. Dann läßt man die Paste 6 Stunden einwirken und bürstet sie weg. Erforderlichenfalls muß dieser Vorgang mehrfach wiederholt werden.

Andere Fleckentferner für Fett und Öl sind Tetrachlorkohlenstoff und Methylenchlorid, die aber wegen ihrer stark gesundheitsschädlichen Wirkung nicht verarbeitet werden sollten.

Rost- und Eisenflecke: Man entfernt sie mit einer Kleesalzlösung (50 g auf 1 Liter heißes Wasser) oder mit Wasserstoffsuperoxyd oder Zitronensäure und wäscht sofort nach dem Verschwinden des Fleckes gründlich mit Wasser nach.

Tintenflecke: Sie werden wie Rostflecke entfernt, die gewöhnliche Eisengallustinte mit Kleesalzlösung, teerfarbenhaltige Tinte mit Wasserstoffsuperoxyd. Mit warmem Wasser nachwaschen und trockenreiben.

Entfernen alter Anstriche

Soll das Holz wieder einen deckenden Anstrich bekommen, genügt es, den alten Anstrich so weit zu entfernen, daß für den neuen ein fester und glatter Untergrund da ist. Haftfeste Altanstriche werden nur schwach angelaugt und angeschliffen.

Soll das Holz wieder in seiner natürlichen Schönheit sichtbar gemacht werden, muß der Altanstrich vollständig entfernt werden. Dafür gibt es viele Methoden, die auch miteinander kombiniert werden können. Welche man wählt, hängt von der Art des Werkstücks, den zur Verfügung stehenden Werkzeugen und der Zeit ab, die man dafür aufwenden will.

Abbeizen: Mit den modernen giftigen Abbeizmitteln lassen sich alle Altanstriche ablösen. Der Anstrichfilm wird weich und quillt auf. Nach einer Einwirkzeit von einigen Minuten bis zu wenigen Stunden (z.B. bei säurehärtenden Polyesterlacken) läßt sich der Altanstrich mit einem Spachtel abschieben. Bei Holzverzierungen und Schnitzereien entfernt man den aufgequollenen Altanstrich mit einer Bronze- oder Messingbürste. Diese Abbeizmittel enthalten keine ätzenden Bestandteile, so daß auch bei gerbsäurehaltigen Hölzern keine Verfärbungen auftreten. Nach dem Abbeizen muß das Holz mit umweltschädlichen Lösungsmitteln wie Nitroverdünnung oder Testbenzin nachgewaschen werden.

Lösende Abbeizmittel sind sehr giftig und dürfen deshalb nicht in die Augen oder an die Haut kommen. Geschieht es trotzdem, muß sofort mit Wasser gründlich gewaschen werden. Diese Abbeizmittel sollten auch nicht an die Kleidung gelangen. Das Einatmen der Dämpfe sollte vermieden werden, weshalb mit Abbeizmitteln im Freien oder zumindest in einem gut gelüfteten Raum gearbeitet werden soll. Das Abbeizmittel muß dicht verschlossen in einem kühlen Raum aufbewahrt werden.

Denkt man nur daran, den Altanstrich möglichst schnell zu entfernen ohne Rücksicht auf Umwelt und Gesundheit, sind diese teuren und giftigen Abbeizmittel allen anderen Methoden der Entfernung von Altanstrichen überlegen.

Ablaugen: Alkalische Mittel wie Soda, Ätznatron, Ätzkali und Ammoniak zerstören auf chemische Weise alte Öl- und Lackanstriche durch Verseifen der ölhaltigen Substanzen in diesen Anstrichen. Außer den Reaktionsanstrichmitteln (siehe Seite 109) können alle Altanstriche abgelaugt werden.

Wegen der ätzenden Wirkung dürfen Ablaugmittel mit der Haut nicht in Berührung kommen, Spritzer ins Auge können zur Erblindung führen; man muß

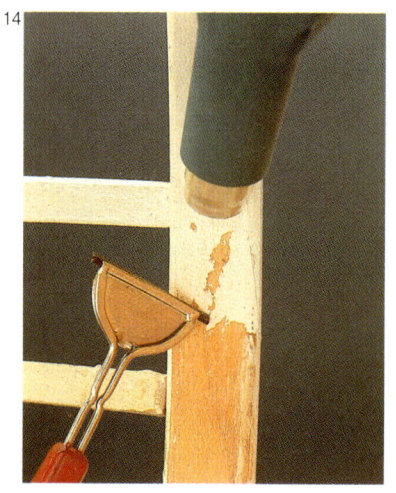

14

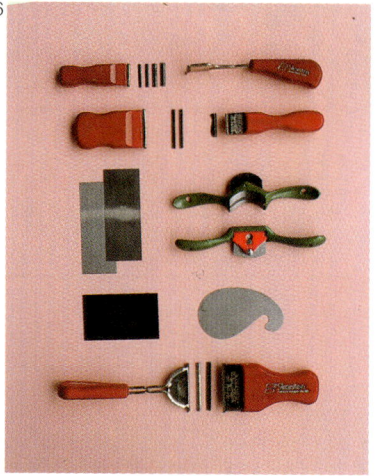

16

17

15

18

14 *Die Farbe, die mit dem Heißluftgerät weich gemacht wurde (Black & Dekker), wird abgekratzt.*

15 *Farbe abbrennen. Der weich gewordene Anstrich fängt leicht Feuer und kokelt das Holz an.*

16 *Werkzeuge zum Abkratzen und Abziehen von Anstrichen. Kratzer mit auswechselbaren Klingen, Ziehhobel, viereckige Ziehklingen und Schwanenhals-Ziehklinge für Rundungen.*

17 *Verwitterte Farbe läßt sich sehr gut abkratzen.*

18 *Mit einem Surform-Hobel lassen sich auch festsitzende Anstriche gut entfernen.*

sofort mit viel Wasser auswaschen und einen Arzt aufsuchen. Ansonsten sind mit Rücksicht auf die Umwelt Ablaugmittel den stark giftigen lösenden Abbeizmitteln vorzuziehen.

Das flüssige oder pastenförmige Ablaugmittel wird mit dem Pinsel aufgetragen. Nach einer unterschiedlich langen Einwirkzeit, die bis zu 12 Stunden betragen kann, läßt sich der Anstrich mit einem Spachtel abschieben. Spätestens wenn das Ablaugmittel einzutrocknen beginnt, muß versucht werden, den Altanstrich abzuschieben. Ist es dann noch nicht möglich, muß erneut eingestrichen werden. Nach dem Entfernen

des Altanstrichs ist das Ablaugmittel sorgfältig mit warmem Wasser und Wurzelbürste abzuwaschen. Verdünnte Essigsäure neutralisiert noch verbliebene Laugenreste. Danach braucht das Holz Zeit zum Trocknen, bevor es weiterbehandelt werden kann.

Gerbsäurehaltige Hölzer wie Ahorn, Birke, Eiche, Nußbaum und alle Obstbaumhölzer werden durch die Lauge ins Graue bis Graubraune verfärbt. In der Regel kann eine solche Verfärbung durch Bleichen mit chemisch reiner Salzsäure wieder rückgängig gemacht werden, die zur Hälfte mit destilliertem Wasser verdünnt wird.

Die folgende Ablaugpaste, die keine schädlichen Lösungsmittel enthält und biologisch abbaubar ist, kann man selbst herstellen: 150–300 g Ätznatron (Natriumhydroxyd) werden in 1 Liter Wasser aufgelöst. Dabei entsteht Wärme, die das Wasser erhitzt. Unter ständigem Rühren wird Kartoffelstärke zugegeben, bis eine Paste entsteht. Zum Schluß kommt noch ein Schuß Salmiakgeist dazu.

Schellack entfernen: Spiritus wird mit 30%igem Salmiakgeist (Lösung des Ammoniaks) im Verhältnis 1 : 1 gemischt, oder es werden 85% Spiritus mit 15% Aceton gemischt. Damit wird eingestrichen und nach einer kurzen Einwirkzeit der Lack mit dem Spachtel oder einer Ziehklinge abgezogen.

Beize entfernen: Die Beize befindet sich im Holz. Sie muß entfernt werden, wenn neu gebeizt werden soll. Das Holz wird mit einer warmen Holzseifenlösung und

der Wurzelbürste bearbeitet. 20 g Holzseife in 1 Liter heißem Wasser mit einem Schuß hochkonzentriertem Salmiakgeist ergeben die Lösung, mit der gearbeitet wird. Danach muß mit klarem Wasser gründlich nachgewaschen und das Holz getrocknet werden.

Abbrennen: Alte Anstriche können durch Abbrennen entfernt werden. Der Lack bildet bei entsprechender Hitze Blasen und wirft sich. Am schonendsten ist die Verwendung eines Heißluftgerätes (Abb. 14). Es kann auch mit der offenen Flamme gearbeitet werden (Lötlampe, Lötbrenner), was allerdings dazu führt, daß sich der Lack entzündet und das Holz angekohlt wird (Abb. 15). Diese Methode ist deshalb nur zu empfehlen, wenn bei einem sehr dicken Altanstrich auf diese Weise lediglich die obersten Schichten entfernt werden und man dann mit einer das Holz schonenderen Methode weiterarbeitet oder wenn danach deckend gestrichen wird.

Abschleifen und Abziehen: Jeder Anstrich kann mechanisch entfernt werden. Mit einem Bandschleifer können in kurzer Zeit große Flächen freigelegt werden. Das Freilegen von Leisten und Verzierungen mit der Hand dagegen ist mühsam. Die Abbildungen 16 bis 18 zeigen Abziehwerkzeuge.

Das Einatmen des Schleifstaubs ist schädlich.

Bleichen

Von den vielen Bleichmitteln sind Wasserstoffsuperoxyd, Oxalsäure und Cyanex von besonderem Interesse (Abb. 19).

Wasserstoffsuperoxyd: Diese zu den wirksamsten Bleichmitteln zählende Flüssigkeit ist farb- und geruchlos sowie stark ätzend, weshalb Hände, Augen und Arbeitskleidung damit nicht in Berührung kommen dürfen. Die Aufbewahrung erfolgt in dunklen Glasflaschen an einem dunklen, kühlen Ort. Das Arbeitsgefäß und die Werkzeuge, die mit Wasserstoffsuperoxyd in Kontakt kommen, dürfen kein Metall aufweisen.

Im Handel gibt es Wasserstoffsuperoxyd in einer Konzentration von 30 bis 35% mit einem Zusatz von Säure als Stabilisator, damit Wasserstoffsuperoxyd nicht vorschnell in Wasserstoff und Sauerstoff zerfällt. Je nach der gewünschten Bleichwirkung kann Wasserstoffsuperoxyd im Verhältnis 1 : 1 mit Wasser verdünnt werden. Eine größere Aufhellung erreicht man durch die Verwendung größerer Konzentrationen oder durch mehrfaches Bleichen, wobei das Holz zuvor jeweils gut getrocknet sein muß.

Beim Bleichen kleinerer Flächen werden dem Wasserstoffsuperoxyd 10% einer Lauge, z.B. Salmiakgeist, zugeführt, die die Säure neutralisiert und den Zerfall des Wasserstoffsuperoxydes aktiviert, so daß nunmehr innerhalb von 30 Minuten aufgetragen werden muß. Dazu verwendet man einen metallfreien Pinsel mit Kunststoffborsten oder einen (Baum-)Wollappen, der um den Holzstab gewickelt und festgebunden ist. Bei größeren Bleicharbeiten wird erst die Wasserstoffsuperoxydmischung und unmittelbar darauf die Lauge aufgetragen. Salmiak darf nicht verwendet werden, wenn anschließend mit Polyesterlack gestrichen werden soll, da sonst die Aushärtung dieses Lackes verhindert würde.

Ein Nachwaschen mit Wasser erfolgt nicht, das Holz muß jedoch gründlich getrocknet werden, mindestens 12 Stunden lang, denn in dieser Zeit erfolgt der eigentliche Prozeß des Bleichens.

Das mit Lauge versetzte Wasserstoffsuperoxyd ist Sondermüll. Das Arbeitsgerät muß mit viel Wasser gereinigt werden.

Bleichmittelreste im Holz können noch wochenlang weiterwirken und Schäden an Textilien, Metallgegenständen und Kunststoff sowie an Fotos hervorrufen, die in Möbeln aus solchem Holz aufbewahrt werden.

Bleichbeizen sind eine Mischung von Wasserstoffsuperoxyd zum Bleichen und einer Beize, so daß zwei Arbeitsvorgänge zugleich erfolgen können.

Oxalsäure: Sie ist besonders zum Beizen von Eiche geeignet. Die Lösung wird heiß aufgetragen und das Holz gründlich mit warmem Wasser gewaschen, solange es noch naß ist, weil sonst Rückstände bleiben, die die Beizen, Mattierungen und Polituren zerstören würden. Eine sehr gute Bleichwirkung tritt ein, wenn erst mit Pottasche entharzt wird und nach dem Abwaschen der Verseifungsrückstände die Oxalsäure aufgetragen wird.

Cyanex: Es ist das einzige Bleichmittel mit Tiefenwirkung, das z.B. Furniere durchgehend bleicht und vom Bläuepilz befallenes Kiefernholz wieder hell macht.

Räuchern und Kalken

Diese Bearbeitungstechnik (Abb. 20) gibt großporigem Holz wie Eiche, Esche und Ulme ein rustikales Aussehen. Das Holz wird möglichst luftdicht in eine Plastikhülle eingepackt, die die Holzoberfläche aber nicht berühren darf. Man hält den Kunststoff mit einer Holzleiste von dem Werkstück fern und stellt in die Plastikhülle eine Schale mit ca. 40 cm^3 Salmiakgeist pro m^2 Holzoberfläche. Dann läßt man die Salmiakdämpfe bei mindestens 20 °C mindestens 12 Stunden auf das Holz einwirken.

Danach trägt man die im Handel erhältliche Kalkpaste mit dem Pinsel auf und läßt entsprechend der Gebrauchsanweisung trocknen, bevor die Kalkschicht abgeschliffen wird.

19

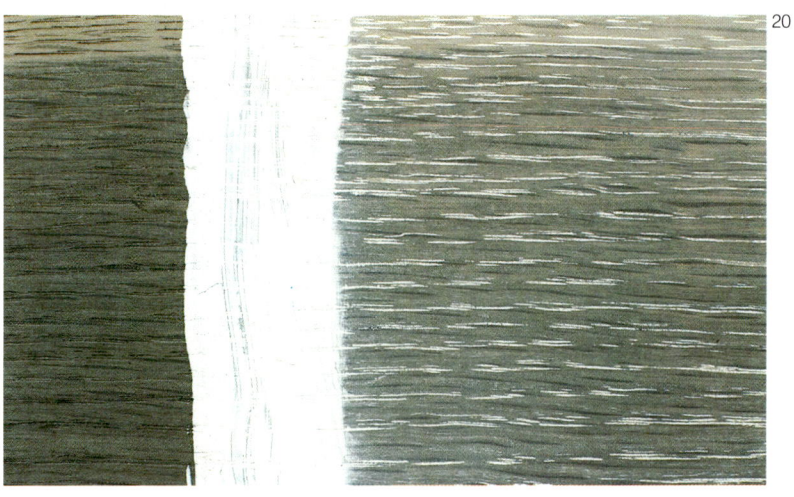

20

19 *Ahorn und Eiche gebleicht und natur.*

20 *Eiche geräuchert, mit Kalkpaste eingestrichen und geschliffen.*

21 *Fichte geflämmt und dann mit einer Messingbürste, die auf einem Winkelschleifer montiert wurde (Festo), geschliffen.*

22 *Positives und negatives Beizbild bei Fichte.*

Sandstrahlblasen, Bürsten, Brennen, Sandeln

Diese Methoden sind etwas fragwürdig, denn sie dienen dazu, mit künstlichen Mitteln neu verarbeitetem Holz ein alt-ehrwürdiges Aussehen zu verleihen (Abb.21). Sie werden bei Fichte, Tanne und Lärche, das Sandstrahlblasen wird bei Eiche angewendet.

Sandstrahlblasen: Dabei schlägt ·der Sand weicheres Frühholz heraus, während das Spätholz stehenbleibt. So entsteht der Eindruck des Alters durch Verwitterung. Wer dies wünscht, kann sein Holz in eine Sandstrahlbläserei zur Bearbeitung geben.

Bürsten: Es führt zu einem ähnlichen Effekt wie das Sandstrahlblasen. Man verwendet dazu eine kräftige Stahldraht-bürste, die man längs der Holzfaser benutzt.

Brennen: Dabei wird die Holzoberfläche z.B. mit einem Gaslötgerät angekohlt und das angekohlte Holz danach mit einer Wurzelbürste, zur stärkeren Aufhellung der Weichholzteile auch mit einer Stahldrahtbürste ausgebürstet, so daß die harten Jahresringe dunkler und stärker hervortreten.

Damit sich das Holz nicht wirft und reißt, streicht man es zuvor mit unverdünnter Salzsäure oder einer Brennsalzlösung ein.

Sandeln: Man bohrt in einen Holzklotz aus Linde oder Pappel 6 bis 8 Löcher mit einem Durchmesser von 3 cm so tief, daß die Bohrspitze die Unterseite des Klotzes gerade durchbricht. In die Löcher wird Sand in verschiedenen Körnungen gefüllt und nun mit dem Holzklotz bei leichtem gleichmäßigem Druck der Sand auf der Holzoberfläche verrieben.

Beizen

Die Beizflüssigkeit dringt tief in das rohe Holz ein. Die natürliche Farbe des Holzes wird dunkler, die Maserung und die Porenstruktur werden stärker betont. Da jede Holzart die Beize anders aufnimmt und die frisch gebeizte Holzfläche wesentlich dunkler aussieht als nach dem Trocknen, empfiehlt sich eine Beizprobe, denn wegen des tiefen Eindringens der Beizflüssigkeit in das Holz läßt sich nachträglich kaum noch etwas korrigieren.

Wer sich mit allen Fragen des Beizens vertraut machen möchte, sei auf weiterführende Literatur verwiesen (siehe Seite 536).

Unter der Bezeichnung Beizen werden zwei verschiedene Vorgänge zusammengefaßt: ein physikalischer (Resultat: negatives Beizbild) und ein chemischer Prozeß (Resultat: positives Beizbild).

Negatives Beizbild: Farblösungen oder in Trägerflüssigkeit enthaltene Farbpigmente dringen in die Holzporen ein und lagern sich dort ab. In den großen Holzporen ist mehr Platz für die Farbpigmente als in den kleinen, so daß die großen Poren, die sich in dem weichen Frühholz befinden, dunkler hervortreten als die harten Jahresringe. Auf diese

123

Weise entsteht das negative Beizbild (Abb. 22).

Positives Beizbild: Auf chemischen Reaktionen beruht das Entstehen des positiven Beizbildes (Abb. 22): Bestandteile in den harten Jahresringen, vor allem Gerbsäure, verbinden sich mit Bestandteilen der chemischen Beize und ergeben so wasserfeste, licht- und reibungsbeständige Färbungen. Weil sich diese Farben erst nach längerer Einwirkungszeit entwickeln, nennt man diese Beizen auch Entwicklerbeizen. Es entsteht ein positives Beizbild, in dem die harten Jahresringe dunkler hervortreten als das weiche Frühholz.

Sollen gerbstoffarme Hölzer (z.B. Nadelhölzer) ein positives Beizbild bekommen, werden sie vorgebeizt, d.h., dem Holz wird in einem ersten Anstrich Gerbsäure zugeführt. Danach darf auf keinen Fall mehr geschliffen werden, da sonst ein Teil der Gerbsäure weggeschliffen würde und sich dann Flecken bildeten. Das Auftragen der chemischen Beize nennt man Nachbeizen.

Wasserlösliche Beizen, lösungsmittelhaltige Beizen, Wachsbeizen: Wasserlösliche Beizen gibt es im Handel in Pulverform zum Selbstauflösen oder flüssig und gebrauchsfertig; sie dringen am tiefsten in die Holzporen ein. Lösungsmittel- und Wachsbeizen sind in gebrauchsfertiger, also flüssiger Form erhältlich. Bei der Verwendung von wasserlöslichen Beizen richten sich die Holzfasern auf, so daß nach dem Trocknen ganz leicht nachgeschliffen werden muß. Bei Lösungsmittelbeizen richten sich die Holzfasern nicht auf, so daß sich ein Nachschleifen erübrigt. Außerdem ist die Trockenzeit mit 15 bis 30 Minuten sehr viel kürzer als bei wasserlöslichen Beizen, bei denen es bis zu 24 Stunden dauern kann. Das Trocknen soll nicht am Ofen oder in der Sonne geschehen.

Beizwerkzeuge: Die Gefäße, in denen die Beize angerührt bzw. aufbewahrt wird, und das Werkzeug dürfen kein Eisen enthalten, weil dies zu chemischen Reaktionen führen würde, die die Beizen verändern. Zum Auftrag der Beize verwendet man einen weichen Flachpinsel oder Putzwolle, bei großen Flächen einen Schwamm. Das Werkzeug wird mit warmem Wasser gereinigt.

Beiztechnik: Gebeizt werden muß in einem warmen und trockenen Raum, und das Holz muß schon längere Zeit in einem solchen Raum lagern, damit es trocken ist und die Poren geöffnet sind.

Der Schleifstaub muß gründlich aus den Holzporen herausgebürstet werden, am besten mit einer Messing- oder Bronzebürste.

Hirnholz saugt die Beizflüssigkeit gierig auf, was zur Folge hat, daß es wesentlich dunkler wird. Das kann dadurch vermieden werden, daß man Hirnholz zuvor mit Wasser tränkt.

Lösungsmittelbeizen neigen zur Streifenbildung. Dem kann man entgegenwirken, indem man die Holzoberfläche zuvor mit lauwarmem Wasser anfeuchtet.

Bei waagerechten Flächen wird die Beize erst in Faserrichtung aufgetragen, dann quer zur Faser verteilt und zum Schluß in Faserrichtung ausgestrichen. Bei senkrechten Flächen wird von unten nach oben gebeizt, um zu vermeiden, daß Spritzer, Laufnasen und Tropfen auf noch nicht gebeizte Stellen gelangen, wo sie Flecken bilden würden.

Ölen

Leinölfirnis (siehe Seite 108) wird heiß gemacht und mit einem weichen Lappen mehrmals dünn aufgetragen. Das Leinöl bildet durch Oxydation mit dem Luftsauerstoff einen festen Film. Auf diese Weise schützt man Hobelbank und Werkzeuggriffe aus Holz.

Mit Leinöl getränkte Lappen können sich selbst entzünden. Man muß sie deshalb in verschließbaren Blechdosen aufbewahren.

Wachsen

Das Wachs, aus dem die Bienen ihre Waben bauen, ist hervorragend geeignet zur Behandlung von Holzoberflächen im Wohnbereich. Das Bienenwachs bildet keinen Film, sondern füllt die Risse und großen Holzporen und erleichtert so die Pflege des Holzes. Dieses bekommt eine leicht gelbliche Tönung, einen seidigen Glanz und riecht angenehm. Es wird durch Wachs nicht versiegelt, sondern kann weiter »atmen«. Das Wachs verhindert eine elektrostatische Aufladung. Es ist absolut unschädlich für die Gesundheit. Mit Wachs behandelte Oberflächen sind weder kratz- noch auf Dauer wasserfest. Häufig beanspruchte Teile müssen deshalb regelmäßig nachgewachst werden.

Neben dem Bienenwachs gibt es verschiedene Pflanzenwachse und auch synthetische Wachse, die u.a. zur Herstellung von Boden- und Schuhpflegemitteln dienen. Im Handel werden weiche, mittelharte und harte Wachse angeboten. Weiche Wachse lassen sich ohne Erwärmen mit einem Lappen auftragen (für Möbel und Holzvertäfelungen), Hartwachse nur nach Erwärmen im Wasserbad (Fußboden). Wachs ist im Verbrauch sehr sparsam. Es kann in Terpentinöl aufgelöst und dann flüssig verwendet werden.

Mattieren

Eine gute Mattine ergibt einen klaren und vollkommen durchsichtigen, harten, gegen Wärme, heißes Wasser und Alkohol ziemlich widerstandsfähigen Überzug, der je nach Herstellung matt, seidenglänzend oder hochglänzend aussieht. Die Farbe des Holzes und der Beiztöne verändern sich fast nicht.

Die Schellack- und Ölmattierung ist in den Hintergrund gedrängt worden von den Nitrozellulose- und Kombinationsmattierungen, die wesentlich schneller trocknen und widerstandsfähigere Überzüge liefern.

Die Mattine wird mit weißer Putzwolle oder einem weichen Flachpinsel in Richtung der Holzfasern rasch aufgetragen. Entweder zieht man sehr rasch Bahn neben Bahn, oder man läßt jede Bahn leicht antrocknen und setzt dann die nächste Bahn überdeckend daneben. Geschieht das zu früh, wird die ältere Strichbahn angerissen. Dann muß man abwarten, bis die Mattine durchgetrocknet ist, überschleift sie mit Stahlwolle und mattiert nochmals hauchdünn. Bei zu dickem Auftrag erscheint der Überzug speckig und hat manchmal einen grün schimmernden Glanz. Auch hier muß mit feiner Stahlwolle nachgeschliffen werden.

Eine Mattierung gelingt nicht auf feuchtem Holz, in feuchten, kalten und zugigen Räumen und in staubiger Luft. Mattinen werden am besten in dicht schließenden Glasflaschen aufbewahrt.

Polieren

Das Polieren von Holzflächen ist ein arbeitsaufwendiges Verfahren, das viel handwerkliches Können erfordert. Eine hochglanzpolierte Fläche besteht aus mehreren hauchdünnen Schichten, die das Holz mit einem harten, widerstandsfähigen und absolut durchsichtigen Film überziehen. Wer sich damit beschäftigen möchte, sei auf Spezialliteratur verwiesen (siehe Seite 536).

Lasieren

Holzlasuren sind sehr dünnflüssige Anstrichmittel, die tief in das Holz eindringen. Es bildet sich unter der Einwirkung des Luftsauerstoffes ein elastischer, witterungsbeständiger, wasserdampfdurchlässiger, aber wasserabstoßender Film. Lasuren sind deshalb besonders für Anstriche auf Holz geeignet, das der Witterung ausgesetzt ist und stark arbeitet (Abb. 23).

Dickschichtlasuren bilden einen fühlbaren glänzenden Film von langer Lebensdauer, der gut gegen Feuchtigkeit aller Arten schützt. Dünnschichtlasuren dringen tiefer in das Holz ein, wittern gleichmäßig ab, ohne abzuplatzen. Sie können dann mit der gleichen Lasur überstrichen werden. Die Dünnschichtlasur bringt die Eigenfärbung des Holzes stärker zur Geltung; man sagt, das Holz wird angefeuert. Man kann erst eine Dünnschichtlasur auftragen und danach eine Dickschichtlasur, so daß die Vorteile beider Lasuren genutzt werden.

Lasuren für den Außenbereich enthalten Fungizide, die gegen Pilzbefall schützen, und Pigmente gegen UV-Strahlen. Es gibt farbige und farblose Lasuren. Letztere sind nur für den Innenbereich bestimmt.

Lackieren

Lacke sind Anstrichstoffe, die einen gut verlaufenden, einwandfrei durchhärtenden Überzug ergeben, der je nach Verwendungszweck widerstandsfähig ist gegen Witterung, mechanische Beanspruchung, chemische Einflüsse, UV-Strahlen, Hitze. Sind die Lacke weiß oder bunt pigmentiert, spricht man von Lackfarben. Das Anstreichen mit Klarlacken oder Lackfarben ist die am weitesten verbreitete Methode des Holzoberflächenschutzes.

23 *Lasur auf Fichte. Das Stirnholz wird dunkler, weil es mehr von dem Anstrichmittel aufsaugt.*

Aufbau der Lacke: Der fertige Lackfilm besteht aus mindestens zwei Schichten, der Grundierung und dem Überzug. Es kann sich dabei um verschiedene Anstrichmittel handeln; es gibt jedoch auch sogenannte Einschichtlacke, die nacheinander erst als Grundierung und dann als Überzug verwendet werden.

Grundieren: Das Grundiermittel füllt die Holzporen und verhindert, daß der nächste Anstrich vom Holz aufgesogen wird. Die Grundierungen verankern sich in der Holzoberfläche. Sie haben eine hohe Füllkraft, gute Haftfähigkeit, trocknen schnell und lassen sich leicht schleifen. Es gibt farblose und weiße Grundiermittel. Lackspachtel eignen sich für rauhe Untergründe, z.B. Spanplatten.

Zwischenschliff: Nachdem die Grundierung gut durchgetrocknet ist, schleift man sie mit feinem Schleifpapier (Körnung 280) in Richtung Holzfaser mit leichtem Druck glatt. In der Regel wird trocken geschliffen. Wenn die Fläche angefeuchtet und naß geschliffen werden muß, ist das in den Produktinformationen angegeben.

Von ganz besonderer Wichtigkeit ist es, den Schleifstaub durch Ausbürsten und Abwischen vollständig zu entfernen.

Überzug auftragen: Die Lackschicht kann aus einer oder mehreren Schichten aufgebaut werden. Jeder Zwischenanstrich muß durchtrocknen, wird dann feinst angeschliffen und der Schleifstaub gründlich entfernt, bevor der nächste Anstrich folgt.

23

Anstrichfehler: Die meisten wissen zwar, daß ein Anstrich nur haltbar und schön wird, wenn er handwerklich einwandfrei ausgeführt wurde, und daß ein gelungener Anstrich das Ergebnis vieler Arbeitsschritte ist, von denen keiner ausgelassen werden darf. Aber es kommt immer wieder vor, daß man versucht, es sich leicht zu machen: Mit der Erneuerung des schadhaften Anstriches wird zu lange gewartet, die Holzschäden werden nicht wirklich repariert, sondern mit viel Spachtel und einem dicken Neuanstrich unsichtbar gemacht – nur für kurze Zeit, denn dann reißt der neue Anstrich, wirft Blasen, blättert ab, und man steht wieder vor dem gleichen Problem. So wollte man Arbeit sparen und hat am Ende mehr Arbeit und mehr Kosten.

Bei deckenden Anstrichen wird in der Regel zu dick gestrichen, weil man die vollkommen deckende Wirkung mit nur einem Anstrich erreichen will. Manchmal wird auf den Zwischenschliff verzichtet in der Hoffnung, daß es auch so gehen wird. Oft wird der Schleifstaub nicht gründlich entfernt.

Als Grundregel kann man sich merken: Zweimal dünn gestrichen ist viel besser als einmal dick gestrichen, vorausgesetzt, daß jeder Anstrich handwerklich einwandfrei ausgeführt wird.

Bauernmalerei

Wer sich mit dieser alten kunsthandwerklichen Technik vertraut machen will, mit der man vor allem Schränke und Truhen schmückt, sei auf Spezialliteratur verwiesen (siehe Seite 536).

Holzschutz

Thema dieses Abschnittes ist die Frage, wie man verhindert, daß Holz von tierischen und/oder pflanzlichen Holzschädlingen befallen wird, und was man tut, wenn es geschehen ist.

Vorbeugender Holzschutz: Das Wichtigste ist eine Holzkonstruktion, die gewährleistet, daß das Holz trocken bleibt, denn dadurch wird den pflanzlichen Holzschädlingen (siehe Seite 152) der Nährboden entzogen. Wird Holz unvermeidbar immer wieder naß wie im Außenbereich an Fenstern und Holzfassaden, muß durch die Konstruktion dafür gesorgt werden, daß das Wasser möglichst schnell abläuft. Näheres über konstruktiven Holzschutz findet sich auf Seite 150. Holz, das immer wieder naß wird, kann man durch wasserabstoßende oder vollkommen isolierende Anstriche ausreichend vor Pilzbefall schützen, ohne daß in dem Anstrichmittel Fungizide enthalten sein müßten.

Anders ist das beim Schutz vor Insekten, die ihre Eier in Risse trockenen Holzes legen und deren Larven dann jahrelang das Holz zernagen (siehe Seite 152).

Durch die Auswahl des Holzes kann man einem Schädlingsbefall entgegenwirken: So gibt es Holzarten, die nur von bestimmten Holzschädlingen befallen werden. Bevorzugt sind Nadelhölzer und Splintholz, weniger befallen ist das Kernholz, insbesondere von Laubhölzern. Aber wer hat schon das Geld, um auf Fichte als Bauholz zu verzichten? Frisch geschlagenes und verbautes Holz wird von den holzschädigenden Insekten im Verhältnis zu alten, ausgetrockneten Balken bevorzugt.

Dem Befall des Dachstuhls wirkt entgegen, wenn das Holz gehobelt und gewachst wird und wenn der Raum unter dem Dach so abgedichtet ist, daß die Insekten nicht an die Dachbalken gelangen können. Dennoch verhindert dies nicht zuverlässig einen Befall, denn noch nicht vollständig ausgetrocknete Holzbalken reißen und bieten so wieder geeignete Plätze für die Eiablage. Notwendig ist deshalb eine regelmäßige Kontrolle, um möglichst frühzeitig einen Befall zu erkennen, denn dann muß man sofort und mit Nachdruck mit der Bekämpfung beginnen. Das regelmäßige Kontrollieren gilt auch für Möbel, Dielenbretter, Türen und Fenster.

Es ist verständlich, wenn angesichts dieser Situation gesagt wird, es sei am besten, alle Holzteile mit Holzschutzmitteln, die Insektizide enthalten, einzustreichen, um ein für allemal jeden Befall durch tierische Holzschädlinge auszuschließen. Aber das ist ein Irrtum. Insektizide sind wegen ihrer hohen Giftigkeit im Innenbereich verboten. Und wenn ein Dachbalken zwar dicht eingestrichen, gut mit Holzschutzmittel getränkt ist, aber das Holzschutzmittel nicht den ganzen Balken durchdringt (was nur mit industriellen Methoden unter hohem Druck erreicht werden kann), dann besteht auch in diesem Falle keine Sicherheit gegen einen Befall durch Insekten. Denn es ist normal, daß die Balken nach ihrem Einbau reißen, und nicht wahrscheinlich, daß die Risse immer gleich wieder zugewachst werden.

Borax: Dieses Borsalz ist das am wenigsten giftige Holzschutzmittel. Es wird in heißem Wasser bis zur Sättigung aufgelöst und mit dem Pinsel aufgetragen. Ein Nachteil ist, daß Borax vom Regen ausgewaschen werden kann. Mit Borax geschützte Hölzer im Außenbereich müssen deshalb zusätzlich mit einem wasserabweisenden Anstrich versehen werden. Es gibt auch eine lösungsmittelfreie und mit Wasser verdünnbare Boraximprägnierung, die durch Zusätze von Naturharzen auswaschbeständig gemacht ist (siehe Seite 537).

Bekämpfender Holzschutz: Soweit es

geht, müssen befallene Teile ausgebaut und verbrannt werden, Balken werden abgebeilt und müssen in der Regel anschließend verstärkt werden. Dann erfolgt die Behandlung mit einem giftigen Holzschutzmittel. Nach dem Anstreichen sollten die Fluglöcher zugewachst werden, damit die giftigen Dämpfe in den Fraßgängen möglichst lange wirken können. Möbel umwickelt man nach dem Einstreichen mit einer Kunststofffolie und läßt sie stehen. Bevor sie wieder in bewohnten Räumen aufgestellt werden, sollten sie längere Zeit an einem geeigneten Platz das Gift ausdünsten können – je länger, desto besser.

Von zunehmender Bedeutung bei der Vernichtung vor allem der tierischen Holzschädlinge im Dachstuhl ist das Heißluftverfahren, das ohne Gift auskommt und insofern völlig unschädlich ist. Die Firmen, die dieses Verfahren anwenden dürfen, garantieren einen 100%igen Erfolg (siehe Seite 536):

Das Dach wird abgedichtet und in den Dachraum Heißluft eingeblasen, bis die Mitte des stärksten Balkens eine Stunde lang 55 °C heiß gewesen ist. Dann sind alle Larven und Eier im Holz tot.

Welcher Anstrich?

Angesichts der vielen Möglichkeiten und des unterschiedlichen Geschmacks kann man nicht sagen, man dürfe es nur so und nicht anders machen. Wer jedoch das Holz in seiner natürlichen Schönheit wirken lassen und auf Anstrichmittel verzichten möchte, die die Gesundheit und die Umwelt beeinträchtigen, dem kann folgendes empfohlen werden:

Im Innenbereich wachsen (Möbel, Holzverkleidungen, Spielzeug, Treppengeländer, Holzfußböden).

Im Außenbereich Holzfassaden und Balkone mit Borax einstreichen und dann eine Lasur auf Naturharzbasis verwenden. Fensterrahmen werden außen mit Alkydharzlacken gestrichen.

Zäune kann man wie Holzfassaden behandeln, aber auch verwittern lassen. Die im Erdreich steckenden Teile wie (Zaun-)Pfosten werden angekohlt oder mit Asphaltlack geschützt.

24 Flugrost, mittlerer Rost, Rostfraß.

24

Metalle anstreichen

25

Im Vordergrund steht der Schutz von Stahl und Eisen vor dem Verrosten (Abb. 24).

Entrosten

Entrostet wird maschinell mit der Topfdrahtbürste in der Bohrmaschine, an der Schleifscheibe, mit dem Winkelschleifer, von Hand mit der Handdrahtbürste, einer alten Feile, Stahlwolle und Schleifleinen (Abb. 25). Die letzten Rostansätze werden mit einem Rostumwandler eingestrichen, der den Rost chemisch in Substanzen umwandelt, die für den Anstrich ungefährlich sind.

Entfetten

Fette und Öle müssen gründlich mit Natronlauge, Soda oder Seife abgewaschen werden. Auf die Reinigung mit Waschbenzin und anderen organischen Lösungsmitteln sollte mit Rücksicht auf Gesundheit und Umwelt verzichtet werden.

Anstriche

Ein witterungsbeständiger Korrosionsanstrich für Stahl besteht aus mindestens zwei Grund- und zwei Deckanstrichen. Die Grundanstriche verhindern das Rosten, und die Deckanstriche schützen vor den aggressiven Bestandteilen der Luft und bilden eine wasserabweisende, porenfreie Schicht. Alle scharfen Kanten (Blechkanten, Löcher, Gewindegänge, Niete und Schrauben) sind Schwachstellen des Anstrichs, da die Anstrichmittel von der Kante abfließen und deshalb oft keine ausreichend dicke Anstrichschicht entsteht. Thixotrope Anstrichmittel bewirken einen besseren Kantenschutz.

Nach dem Entrosten und Entfetten sollte das Eisen möglichst schnell grundiert werden, da die Oxydation mit Luftsauerstoff, also die Rostbildung unaufhörlich weitergeht.

Es gibt Grundanstriche auf Leinölbasis, die langsam trocknen. Sie werden verwendet, wenn man den Deckanstrich mit Ölfarbe ausführt. Einen schnelltrocknenden Grundanstrich auf Kunstharzbasis wählt man für Anstriche mit Kunstharzlacken. Die Rostbildung wird durch Blei- oder Zinkverbindungen verhindert, die als Pigmente im Anstrichmittel vor-

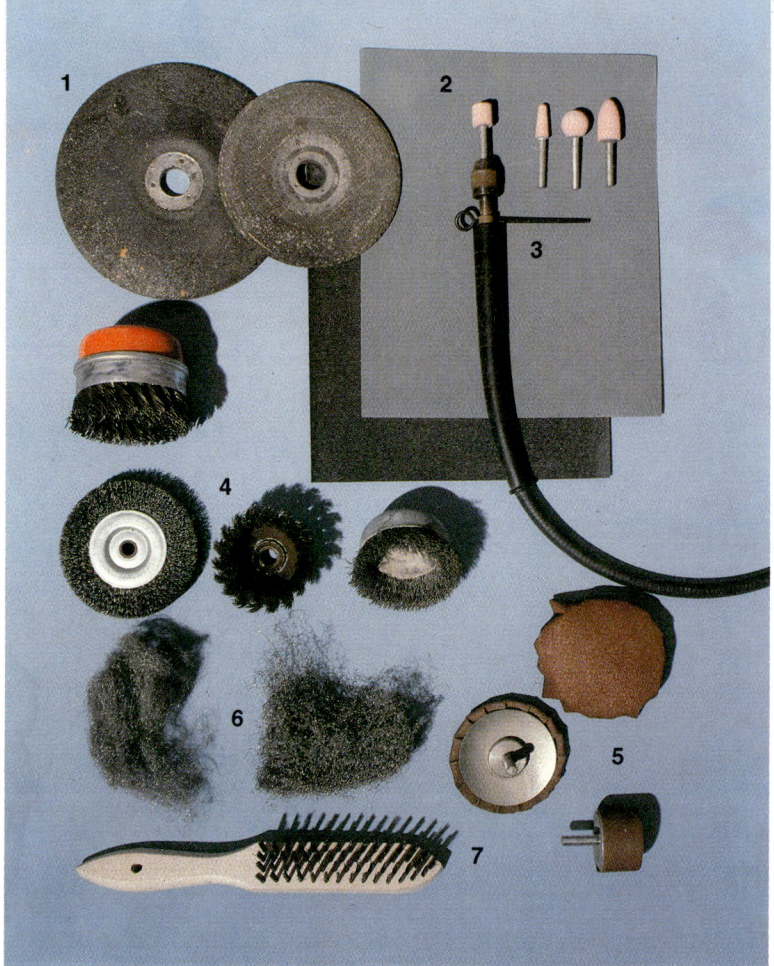

handen sind. Die giftigen Bleioxyde ergeben die orange-rote Mennige. Zinkverbindungen sind für die Gesundheit auch bedenklich, aber wohl doch nicht so schädigend wie Blei. Sie ergeben graue, grüne oder gelbe Schutzanstriche. Zum Schluß wird zweimal ein Deckanstrich aufgetragen. Zur deutlichen Unterscheidung des Deck- vom Grundanstrich wählt man sie in unterschiedlichen Farben.

Anstrichmittel für besondere Fälle

Die NE-Metalle Aluminium, Kupfer und Zink bilden mit dem Luftsauerstoff eine Oxydschicht, die in früheren Zeiten als Schutz genügt hat. Die Luft enthält heute jedoch immer aggressivere Substanzen, so daß inzwischen auch NE-Metal-

le eines Schutzanstriches bedürfen. Der Untergrund wird gereinigt, entfettet und leicht angeschliffen.

Aluminium darf nicht mit alkalischen Mitteln gereinigt werden, sondern mit Waschbenzin oder Nitroverdünnung. Altanstriche dürfen nicht abgebrannt werden. Die Anstrichmittel dürfen kein Blei und kein Kupfer enthalten. Für die Grundierung verwendet man einen Wash-Primer, der bewirkt, daß die weiteren Anstriche gut haften. Dann folgen zwei Anstriche mit Kunstharzlackfarben auf Alkyd- oder Epoxydharzbasis, letzteres vor allem bei Feuchträumen.

Zink und verzinktes Blech: Die beste Reinigung und Vorbereitung für den Anstrich ist das Naßschleifen mit Ammoniak (ein halber Liter Salmiakgeist auf

25 *Werkzeug zum Entrosten:*
1 *Schrupp- und Schleifscheiben für den Winkelschleifer*
2 *Schmirgelpapier*
3 *Biegsame Welle mit auswechselbaren Schleifköpfen für schwer zugängliche Stellen*
4 *Verschiedene Topfdrahtbürsten zum Einsetzen in die Bohrmaschine*
5 *Schleifgerät für Bohrmaschine zum Entrosten, Entgraten, Schärfen von Beilen und Messern*
6 *Grobe und feine Stahlwolle*
7 *Drahtbürste.*

zehn Liter Wasser). Die beste Haftung liefern spezielle Zink-Haftprimer auf Kunstharzbasis, die jedoch erst nach einem weiteren Jahr überlackiert werden dürfen. Ansonsten verwendet man einen Wash-Primer. Die Deckanstriche werden mit einem Kunstharzlack ausgeführt (Epoxyd, DD, Acryl oder KD).

Kupfer: Gereinigt wird mit Testbenzin oder Nitroverdünnung, dann wird mit feinem Schleifpapier angerauht und mit Wash-Primer vorgestrichen. In der Regel möchte man den natürlichen Farbton des Kupfers erhalten. Man verwendet deshalb Klarlacke, z.B. einen Zweikomponenten-Acrylharzlack.

Heizkörper: Die Heizkörper werden vom Hersteller mit einem haftfesten Grundanstrich geliefert, der sie während des Transportes und der Lagerung auf der Baustelle bis zum Einbau ausreichend schützt. In Feuchträumen muß zusätzlich ein korrosionsschützender Anstrich aufgebracht werden. Dann folgen zwei Deckanstriche mit speziellen Heizkörperlackfarben, die die großen Temperaturunterschiede aushalten. Dabei kommt es darauf an, ob es sich um eine Warmwasserheizung mit einer Betriebstemperatur von ca. 80°C oder um eine Heißdampfheizung handelt, bei der die Temperaturen bis auf 160°C ansteigen. Der Anstrich wird mit speziellen Werkzeugen ausgeführt (Heizkörperpinsel und -roller). Wenn viele Rippenheizkörper zu streichen sind, sollte man sich eine Flutanlage leihen. Sie besteht aus einer Wanne, die unter den Heizkörper gestellt wird. In ihr befindet sich der Lack. Er wird durch einen Schlauch mit einer Spritzdüse hochgepumpt. Der

Lack läuft über den Heizkörper, der überschüssige Lack tropft in die Wanne ab.

Dachrinnen: Bevor man streicht, läßt man erst einmal die Walzhaut abwittern, was ca. ein halbes Jahr dauert.

Fahrzeuglackierung: Sie ist auf S.535 dargestellt.

Mineralische Untergründe streichen

Mineralische Untergründe, die vom Heimwerker angestrichen werden, sind in erster Linie die Innen- und Außenputze. Im Einzelfall möchte man aber auch Ziegelmauerwerk, Beton, Eternit, Wände aus Gasbeton oder Kalksandsteinen, Gipskartonplatten und Natursteine anstreichen.

Der Anstrich darf die Aufgabe, die Mauern, Wände, Böden und Bedachungen aus mineralischen Materialien haben, nicht beeinträchtigen, sondern soll ihre Funktionen wenn möglich fördern und die Baumaterialien schützen. Außerdem soll er den Sichtseiten dieser Materialien ein nach dem Geschmack der Bewohner schöneres Aussehen verleihen. Welche Eigenschaften die Baumaterialien haben, so daß sie bestimmte Aufgaben erfüllen können, ist im Baustoffkapitel ab S.281 dargestellt.

Anstriche sind nur sehr beschränkt in der Lage, zur Sanierung des Untergrundes beizutragen. Risse, Ausblühungen und Feuchtigkeit müssen zuvor beseitigt werden (siehe S.322).

Kalkputz innen und außen

Kalkinnenputze müssen ihre Fähigkeit behalten, Wasserdampf aufzunehmen und wieder abzugeben, müssen wasserdampfdurchlässig bleiben. Der Anstrich soll zumindest wischfest sein.

Kalken: Kalkanstriche sind hervorragend wasserdampfdurchlässig, wasserfest, witterungsbeständig und abriebfest. In Industrieluft verwittert der Kalkanstrich wegen der hohen Anteile an schwefliger Säure in der Luft verhältnismäßig schnell. Neben dem Anstreichen mit gelöschtem Kalk kommen Kalkzement- und Silikatanstriche zur Anwendung.

Geeigneter Untergrund: Geeignet sind

alle Kalk- und Kalkzementputze, alte Kalkanstriche, sofern sie fest haften, Mauerwerk aus Kalksandstein, schalölfreier Sichtbeton und poröse Natursteine wie z.B. Kalk- oder Sandstein.

Ungeeignete Untergründe: Ungeeignet sind alle Gipsputze, Gipsbauplatten, Stuck, Klinker und alle Anstriche aus Silikat-, Dispersions-, Öl- und Lackfarben.

Untergrundvorbereitung: Am besten ist der Kalkanstrich auf einem frischen Putz. Der Kalkanstrich versintert mit dem Untergrund und bildet einen unlösbaren Anstrich. Voraussetzung ist, daß der Anstrich sehr dünn ist, denn die chemischen Reaktionen des Kalkanstrichs unter der Einwirkung der Luft, die zu seiner Aushärtung führen, finden nur in einem molekularen Bereich an der Oberfläche statt.

Alte sandende Putze müssen mit einer lösungsmittelhaltigen Tiefgrundierung vorbehandelt werden, für leichtkreidende alte Dispersionsanstriche genügt ein mit Wasser verdünnbarer Putz- oder Haftgrund.

Das Reparieren von Löchern und Rissen steht auf S.360. Will man kalken, sollte zur Ausbesserung von Putzschäden kein Gips verwendet werden. Ist es dennoch geschehen, muß der Gips vor dem Anstreichen unbedingt genäßt oder besser mit einem wasserfreien Grundierungsmittel haftbar gemacht werden.

Zubereitung des Kalkanstrichs

Ungelöschter Kalk aus dem Handel wird in einem entsprechend großen Gefäß (im Freien) mindestens zwei Tage eingesumpft, oder man kauft fertigen Sumpfkalk. Am besten ist eine dünne Kalkmilch, die drei bis fünf Anstriche erfordert, bevor sie deckt. Dafür haftet sie hervorragend. Der Kalkmilch können kalkbeständige Buntpigmente zugesetzt werden. Die Abriebfestigkeit wird durch einen Zusatz von einem gestrichenen Eßlöffel Magerquark auf einen Eimer Kalkmilch erreicht.

Anstrich ausführen: Angestrichen wird mit einer Bürste oder einem Pinsel oder einer Spritze. Kühles, feuchtes Wetter ist am besten für das Kalken. Keinesfalls sollte an heißen und trockenen Tagen gekalkt werden. Direkte Sonneneinstrahlung ist schädlich, denn die chemischen Reaktionen, die zum Aus-

129

härten der Kalkschicht führen, brauchen Zeit. Ein neuer Anstrich besteht aus drei bis fünf Schichten. Den ersten Anstrich sollte man stark verdünnen und bis zu 5% Leinölfirnis zusetzen. Im Abstand von Jahren je nach Bewitterung der Außenfassade genügt es, einen weiteren Kalkanstrich aufzutragen. Innen ist die Haltbarkeit des Anstrichs unbegrenzt. Hier muß man nur nachstreichen, wenn man das wegen der Frische des Anstrichs wünscht.

Ätzende Wirkung: Die Kalkmilch ätzt. Deshalb müssen Metallteile, Holz und lackierte Teile abgedeckt werden. Die Haut und insbesondere die Augen müssen vor Kalkspritzern geschützt werden. Handschuhe oder eine Arbeitsschutzsalbe sind zu empfehlen. Kalkspritzer in den Augen müssen sofort mit viel Wasser ausgewaschen werden, notfalls muß der Augenarzt aufgesucht werden.

Anstrichfehler: Der Kalkanstrich blättert ab auf ungeeigneten Untergründen und bei zu dickem Auftrag, insbesondere wenn bei heißem, windigem Wetter und direkter Sonneneinstrahlung gekalkt worden ist. Das Deckvermögen wird durch einen zu feuchten Untergrund beeinträchtigt, wobei grundsätzlich auch ein feuchter Untergrund gekalkt werden kann. Pigmentierte Kalkanstriche wirken fleckig oder streifig, wenn die Pigmente nicht gleichmäßig aufgerührt sind oder der Untergrund unterschiedliche Saugwirkung hat.

Kalkzementfarben: Dieses Anstrichmittel in Pulverform hat als Grundlage weißen Portlandzement und ist in verschiedenen Pastelltönen im Handel. Kalkzementfarben sind geeignet für neue Putze außen und innen. Nach dem Ansetzen mit Wasser härten sie steinartig an der Luft als auch unter Wasser aus.

Kunststoffdispersionsanstriche

Worum es sich bei diesen KD-Anstrichen handelt, steht auf S. 109.

Eigenschaften: Beim Verdunsten der Trägerflüssigkeit – in der Regel Wasser, es gibt aber auch gesundheitsschädliche lösungsmittelhaltige KD-Anstriche – verkleben die Kunststoffteilchen zu einem mikroporösen Anstrichfilm. Er ist nur beschränkt wasserdampfdurchlässig. Dafür sind KD-Anstriche beständig gegen Industrieluft, wischfest bis abwaschbar und scheuerbeständig. KD-

Anstriche gibt es farblos und farbig, matt, seidenglänzend bis glänzend. Sie können mit Volltonfarben abgetönt werden.

Untergründe: Alle festen Untergründe, die saugfähig sind, können mit Kunststoffdispersionen gestrichen werden, vom Beton bis zur Rauhfasertapete. Haupteinsatzgebiet sind die Fassaden. Im Bedarfsfall muß der Untergrund mit Tiefgrundierer gefestigt werden. Unterschiedlich saugfähige Untergründe sowie leicht kreidende, aber feste alte Dispersionsanstriche werden mit Putz- oder Haftgrund vorbehandelt. Als Haftgrund dient die mit 20–50% (bzw. Lösungsmittel) verdünnte Dispersionsfarbe. Im Unterschied zu den Kalkanstrichen muß der Untergrund völlig trocken sein. Kalkputze sollte man frühestens nach vier Wochen streichen, bei Zementputzen geht es bei entsprechend gutem Wetter schon nach 14 Tagen. Alte Leimfarben sollte man gründlich abwaschen, Kalk- und Zementfarbanstriche restlos entfernen durch Abbürsten, wenn nötig mit der Drahtbürste. S. 360 informiert über die Reparatur von Putzschäden, insbesondere Rissen.

Anstreichen: KD-Anstriche erfordern in der Regel eine Grundierung. Darauf kommen zwei Anstriche mit KD, die beide satt aufgetragen werden. Die Haltbarkeit des Fassadenanstrichs und stark beanspruchter Innenanstriche hängt entscheidend von der Dicke des Anstrichs ab. Es gibt auch KD-Einschichtfarben, die nach der Grundierung mit nur einem Anstrich einen ausreichend dicken Film liefern.

Bei Strukturputzen und sehr rauhen Untergründen muß die Farbe mit der Bürste in die Vertiefungen hineingestupft werden. Der Schlußanstrich wird immer mit dem Farbroller ausgeführt.

Man sollte einen Probeanstrich machen und ihn trocknen lassen, denn KD-Farben dunkeln beim Trocknen meist etwas nach. Die Dispersion muß öfter umgerührt werden. Keinesfalls sollten KD-Farben von verschiedenen Herstellern miteinander gemischt werden.

Die Decke wird vor den Wänden gestrichen. Mit dem Pinsel werden alle Begrenzungen angelegt, dann muß zügig gestrichen werden, damit es keine Ansätze gibt. Bei großen Flächen werden Ansätze sicher nur vermieden, wenn mehrere Leute gleichzeitig anstreichen.

Streichen bei direkter Sonneneinstrahlung, hoher Luftfeuchtigkeit und Frost kann die Bildung von Blasen und Rissen im Anstrichfilm zur Folge haben.

Kunstharzputze: Setzt man den Kunststoffdispersionen Zuschlagstoffe zu, wird aus dem Anstrich ein plastischer Anstrich oder streichfähiger Putz, der noch mit Bürste, Rolle oder speziellen Spritzen aufgetragen werden kann, und schließlich ein Kunstharzputz, der mit der Glättkelle verarbeitet wird (S. 282).

Silikatanstriche

Geeignet sind feste, saugfähige Untergründe mineralischer Art (Kalk und Kalkzementputz, Ziegel, Beton, Kalksandstein), frei von Kunststoffen und Gips, Leim-, Öl- und KD-Farben. Kalkhaltige Untergründe, die noch nicht völlig abgebunden haben, werden mit einem Fluat, einer wäßrigen Lösung aus Metallsalzen der Kieselflußsäure, neutralisiert.

Silikatfarben dringen tief in den Untergrund ein und verbinden sich mit ihm fest durch Verkieselung. Sie verhindern Pilz- und Bakterienbefall, sind chemikalien- und säurebeständig, schmutzunempfindlich und reinigungsfest und werden deshalb zur Renovierung historischer Bauten verwendet. Für den Heimwerker kommen sie im Innenbereich nur für Feuchträume wie dem Bad in Betracht.

Silikatfarben ätzen. Augen und Haut dürfen mit dem Anstrich nicht in Berührung kommen. Fußböden, Fenster, Türen sind sorgfältig abzudecken. Silikatfarbe wird als Pulver geliefert, das nach den Angaben des Herstellers in ein Bindemittel eingerührt und nach Geschmack mit Silikatvolltonfarben getönt wird. Die angesetzte Farbe muß sofort und rasch verarbeitet werden, da sie schnell hart wird. Sie wird satt mit der Bürste oder der Rolle aufgetragen. Bei Sonne und Regen darf nicht gestrichen werden.

Leimfarben

Sie werden in Innenräumen auf jeder Art von Untergrund gestrichen, sofern er trocken, fest und porös ist (alle Putze, Gips, Bauplatten, Beton, Tapeten, alle Dispersionsanstriche). Ungeeignete Untergründe sind Metall, Glas und Stein. Die fabrikfertigen Leimfarben sind wischbeständig.

Der Anstrich wird mit der Bürste und an den Rändern mit dem Pinsel ausgeführt. Es genügen ein Grundanstrich, der aus einer Leimlösung mit etwa 20% Leimfarbe besteht, und ein Schlußanstrich. Der Grundanstrich wird quer zum Lichteinfall angelegt, der Schlußanstrich vom Licht weg.

Ölfarben

Mit diesem klassischen Anstrichmittel kann alles gestrichen werden, was vollständig trocken, fest und chemisch neutral ist, also alle neutralisierten Putze, Stein, Holz und Metall.

Als Grundanstrich wird eine mit Halböl verdünnte Ölfarbe verwendet (halbfett). Es folgt ein Zwischenanstrich mit Ölfarbe dreiviertelfett und der Schlußanstrich mit vollfetter Ölfarbe.

Silikonimprägnierungen

Putze, Beton, Kalksandstein und Ziegel können mit Silikonharzen in Lösungsmitteln imprägniert werden, so daß Regen (flüssiges Wasser) nicht eindringen kann, die Wasserdampfdiffusion aber voll erhalten bleibt.

Frische Putze sollten ca. drei Wochen austrocknen, Gasbeton sofort imprägniert werden.

Welcher Anstrich?

Welches Material mit welchem Anstrichmittel einwandfrei gestrichen werden kann, ist im folgenden stichpunktartig dargestellt, wobei für alle Materialien auch andere Anstrichmittel eingesetzt werden können:

Kalk- und Kalkzementputze innen: Kalken;

Kalk- und Kalkzementputze außen: Kalken, in Industrieluftgebieten KD-Anstriche;

Zementputz außen: KD;

Gipsputz und Gipskartonplatten: Putzgrund, Leimfarbe, Ölfarbe, KD;

Kalksandstein: Imprägnieren, Kalkzementfarbe;

Beton, Eternit: Imprägnieren, Dispersionen auf Acrylharzbasis;

Gasbeton (Leichtbeton): Silikatfarbe;

Ziegel: eisenbindende Spezialgrundierung, Kalken; auf glatten oder glasierten Ziegeln haftet kein Anstrich ausreichend gut;

für Fundamente und Schwimmbecken gibt es Spezialanstriche;

feuchtes Mauerwerk: Kalken.

HOLZ

Holz war einst der wichtigste Werkstoff zum Bauen: Häuser samt ihren Dächern, Tore, Türen und Fenster, Treppen, Geländer, Fußböden, Decken und Wände, Möbel, vielerlei Hausrat und Haushaltsgeräte, Spielzeug und Sportgeräte, Schiffe, Boote, Brücken, Fuhrwerke, Kutschen und Karren, Kisten, Fässer und Kübel wurden aus Vollholz hergestellt. Das ist in unserem Jahrhundert anders geworden: Beton, Stahl und Kunststoff haben den Werkstoff Holz aus vielen traditionellen Bereichen verdrängt. Holz ist jedoch der klassische Werkstoff für den gesamten Möbel- und Innenausbau geblieben – und damit für den Heimwerker der wichtigste Werkstoff. Holz ist als Bauholz von keiner Baustelle wegzudenken und ist das Ausgangsprodukt für die Herstellung von Papier. Holz ist von ausreichender Festigkeit und zugleich im Verhältnis zu anderen Werkstoffen verhältnismäßig leicht und läßt sich mit wenigen und preiswerten Werkzeugen bearbeiten. Außerdem wird Holz gegenüber den kalten Materialien Beton und Stahl bevorzugt, weil es ein Produkt der Natur ist, lebendig und warm.

In diesem Kapitel wird ausführlich über den Werkstoff Holz informiert, also über Vollholz, Furniere und die verschiedenen neuen Holzwerkstoffe aus Holzspä-

nen und Holzfasern. Es wird darüber berichtet, wie man sie gewinnt, welche Eigenschaften sie haben und wozu sie am besten verwendet werden. Dann werden die vielen holzbearbeitenden Techniken dargestellt, angefangen von den Trenntechniken Sägen, Hacken und Spalten über die spanabhebenden Techniken Bohren, Hobeln, Stemmen, Drechseln, Schnitzen, Fräsen, Raspeln und Feilen, und zwar sowohl unter Benutzung von Elektro- als auch von Handwerkzeug.

Ausführlich werden die verschiedenen Holzverbindungstechniken gezeigt; über ihre Anwendung im Möbelbau steht Näheres ab Seite 483.

Die gesamte Oberflächenbehandlung des Holzes, vom Schleifen und dem Entfernen alter Anstriche bis zum Beizen, Lasieren und Lackieren ist im Kapitel „Anstriche" ab Seite 114 dargestellt.

Vollholz

Wenn man an Holz denkt, so denkt man an Vollholz und nicht an die verschiedenen Werkstoffe, die aus Holzabfällen, aus Holzspänen und Holzfasern hergestellt werden. Man denkt an mächtige Baumstämme, an ausgedehnte Nadel-

wälder und die undurchdringlichen tropischen Urwälder.

Zwei Drittel der Erdoberfläche sind mit Wasser bedeckt, ein Viertel der Landfläche ist bewaldet. Der Wald ist sehr ungleich über die Erde verteilt. Welche Bäume wo wachsen, ist abhängig von den Klimazonen der Erde. Der nördliche Waldgürtel umfaßt Alaska, Kanada und große Teile der USA, ganz Skandinavien sowie den gesamten nördlichen Teil der Sowjetunion, bekannt als Tundra. Es würde auf der südlichen Erdhalbkugel einen dem nördlichen Waldgürtel entsprechenden südlichen geben, wäre dort Land anstelle der riesigen Ozeane. Wo sich in diesen Breitengraden der südlichen Erdhalbkugel Land findet, gibt es auch große Wälder, so in Südchile, in Südaustralien und auf Neuseeland. Der dritte Waldgürtel wird von den subtropischen Urwäldern in der Nähe des Äquators gebildet: im Amazonasbecken in Brasilien, in Afrika im Kongobecken und im Bereich des Niger, in Indonesien, Hinterindien und auf Neuguinea.

Die Wälder der Erde sind in ihrem Bestand bedroht: In Europa schreitet das Waldsterben durch sauren Regen als Folge der Luftverschmutzung durch Industrie- und Autoabgase fort, die Anfälligkeit gegen Windbruch und Ungeziefer

nimmt zu durch eine engstirnige Forst-
wirtschaft, die Monokulturen um des
schnelleren Profits willen bevorzugt, für
Straßenbau, Flugplätze und Industriean-
lagen wird abgeholzt, Brandrodungen
und Raubbau ohne Wiederaufforstung
richten weitere Schäden an. Zudem
wird in vielen ohnehin waldarmen Gebieten das letzte Holz verbrannt, weil
den Menschen kein anderes Heizmate-
rial zur Verfügung steht. Dieser beden-
kenlose Umgang des Menschen mit
dem Wald hat über die unmittelbare
Wirkung, daß Holz immer knapper wird,
hinaus grundlegende katastrophale
Auswirkungen, von denen die ersten
sichtbar geworden sind: Bodenerosion
führt zum Verlust an Kulturland, zu einem Rückgang der Produktion an Nahrungsmitteln und zu mehr Hunger auf
dieser Welt. Das Absinken des Grundwasserspiegels führt nach Regenfällen
zu Überschwemmungskatastrophen,
weil das Wasser oberflächlich abfließt
und nicht von den Wurzeln festgehalten
wird. Es führt zwischen den Regenpe-
rioden zur Versteppung infolge Wasser-
mangels im Boden. Die Zerstörung von
Wald, wie ihn die Natur geschaffen hat,
zerstört den Lebensraum von Pflanzen
und Tieren und damit auch die Lebensgrundlagen des Menschen.

Aufbau eines Stammes
Vollholz wird aus dem Stamm eines
Baumes herausgeschnitten und direkt
weiterverarbeitet. Um die Eigenschaften
des Vollholzes verstehen zu können,
muß man einiges über Leben und
Wachstum des Baumes wissen:
Der Baum besteht aus Wurzeln, Stamm
und Krone mit ihren Ästen und Zweigen.
*Markröhre, Markstrahlen, Jahresringe,
Kambiumschicht, Bast und Rinde:* Ein
quer durchgeschnittener Stamm aus
dem nördlichen oder südlichen Waldgürtel besitzt von innen nach außen folgenden Aufbau (Abb. 1): innen die
Markröhre, darum pro Lebensjahr des
Baumes ein Jahresring mit der innen
gelegenen Frühholzzone aus großen,
hellen Zellen, die im Frühjahr und Früh-
sommer entsteht, und der außen gelegenen Spätholzzone des Herbstes aus
kleinen, dickwandigen, dunklen Zellen.
Im Winter stellt der Baum sein Wachstum ein. Ein Jahresring ist die jährliche
Zuwachszone eines Baumes in der Dik-

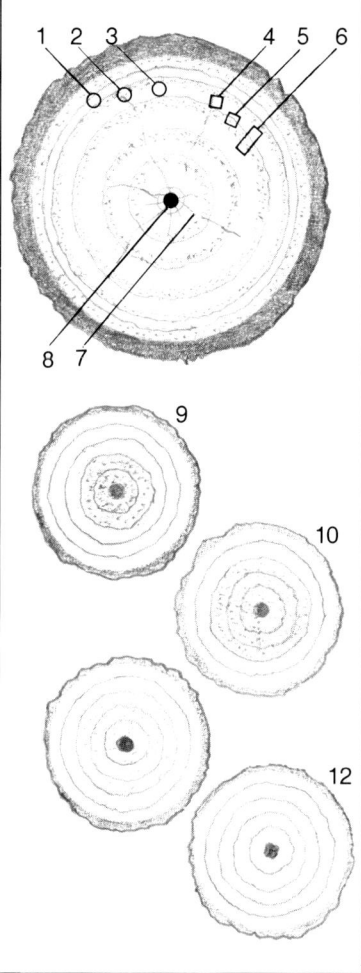

1   *Aufbau eines
     Stammes im Querschnitt:*
     1 Rinde, Borke
     2 Bast
     *3 Kambium- oder
        Wachstumsschicht*
     4 Jahresring
     5 Spätholzzone
     6 Frühholzzone
     7 Markstrahl
     8 Markröhre
     *9 Kernreifholzbaum: Kern-, Reif-,
        Splintholz, z. B. Ulme*
    *10 Kernholzbaum: Kern-,
        Splintholz, z. B. Eiche, Kiefer,
        Lärche, Nußbaum, alle
        Obstbäume außer Birnbaum*
    *11 Reifholzbaum: Reif-, Splintholz,
        z. B. Fichte, Tanne, Linde,
        Rotbuche, Birnbaum*
    *12 Splintholzbaum: nur Splintholz,
        z. B. Weißbuche, Birke, Erle.*

Beispiel bei der Tanne und der Buche.
*Entstehung des Holzes durch Assimila-
tion:* Durch die Wurzeln nimmt der
Baum die im Grund- oder Regenwasser
gelösten Nährsalze auf. Diese Nährsäfte
steigen im Splintholz des Stammes empor zu den Blättern bzw. Nadeln, wo es
zu einem großen Teil durch Spaltöffnungen verdunstet. Dadurch entsteht eine
Saugwirkung, die zusammen mit dem
Wurzeldruck und der Kapillarwirkung in
den engen Zellen des Splintholzes die
Nahrungssäfte aus den Wurzeln in die
Krone des Baumes befördert. Durch die
Spaltöffnungen in den Blättern bzw. Nadeln nimmt der Baum Kohlendioxyd
aus der Luft auf und verwandelt es mit
Hilfe des Blattgrüns (Chlorophyll) und
des Sonnenlichtes in Traubenzucker
und Stärke. Die Umwandlung der vom
Baum durch Blätter bzw. Nadeln aus
der Luft und durch die Wurzeln aus dem
Boden aufgenommenen Stoffe in baum-
eigene Substanz, also auch in Holz,
nennt man Assimilation. Die in den Blättern bzw. Nadeln erzeugten Aufbaustof-
fe werden in der Bastfaserschicht des
Stammes hinabtransportiert und gelangen von hier in die Kambium- oder
Wachstumsschicht.
Splintholz, Reifholz, Kernholz: Solange
die Holzzellen der Jahresringe in der
Lage sind, die Nahrungssäfte aus den
Wurzeln in die Krone weiterzuleiten,

ke. Der älteste Jahresring liegt innen
um die Markröhre.
Das Dickenwachstum vollzieht sich also
dadurch, daß sich außen um die bereits
vorhandenen Jahresringe ein neuer
Ring bildet. Das geschieht in der Kam-
bium- oder Wachstumsschicht, die die
Jahresringe umschließt, innen Holzzellen bildet und durch radiale Markstrahlen mit den älteren Jahresringen verbunden ist. Außen produziert die Kambiumschicht Bastzellen, die ihrerseits
die Borke oder Rinde bilden. Sie reißt
beim Dickenwachstum des Baumes
ein, wenn sie nicht elastisch genug ist
wie zum Beispiel bei der Eiche und der
Kiefer, oder bleibt glatt, wenn sie elastisch genug ist und sich beim Dickenwachstum ausdehnen kann wie zum

133

spricht man von Splintholz. Bei vielen Baumarten tritt mit zunehmendem Alter eine Verkernung dieser Splintholzzellen dadurch ein, daß Gerb- und Farbstoffe, Harze, Wachse, Fette und andere Stoffe in ihnen abgelagert werden. Sie gelangen aus der Bast- und Kambiumschicht durch die Markstrahlen in die älteren Jahresringe. Verkernte Zellen sind nicht mehr in der Lage, Nahrungssäfte weiterzubefördern. Verfärbt sich trotz der Verkernung das Holz nicht gegenüber dem Splintholz, so nennt man es Reifholz, verfärbt es sich dunkel im Verhältnis zum Splintholz, so spricht man von Kernholz (Abb. 1).

Quer- oder Hirnschnitt, Sehnen-, Tangential- oder Fladerschnitt sind in Abb. 2–4 dargestellt.

Eigenschaften des Holzes

Holz besitzt, je nachdem von welcher Baumart es stammt und aus welchem Teil es geschnitten wurde, unterschiedliche Eigenschaften. Sie zu kennen ist wichtig für die richtige Auswahl des Holzes für den jeweiligen Verwendungszweck.

Viele Eigenschaften hängen von der Zellstruktur ab: von der Größe und Anzahl der Zellräume, von der Stärke der Zellwände und von der Holzfeuchte.

Dichte, Rohdichte und Gewicht: Unter Dichte versteht man das Verhältnis der Holzmasse zum Holzvolumen ohne Zellhohlräume. Da die Zellwandsubstanz bei allen Holzarten aus den gleichen Grundstoffen besteht, ist die Dichte der reinen Zellwandsubstanz bei allen Hölzern gleich groß, nämlich 1,56 g/cm^3. Das ist Theorie. Viel wichtiger für die Praxis ist die Rohdichte: Sie gibt das Verhältnis von Holzmasse zu Holzvolumen mit Zellhohlräumen und Poren an und informiert zugleich darüber, wie schwer das Holz ist. Kleinzelliges Holz ist schwerer als großzelliges, vor allem wenn das kleinzellige Holz noch aus dickwandigen Holzzellen besteht. Balsa ist mit 0,15 g/cm^3 das leichteste Holz und besitzt zugleich die geringste Dichte, Buchsbaum und Pockholz sind mit 1,1 g/cm^3 die schwersten und dichtesten Hölzer. Andere leichte Hölzer sind Abachi, Pappel, Fichte und Tanne, andere schwere Hölzer Nußbaum, Rotbuche, Esche, Teak, Mahagoni und Weißbuche. Je mehr Wasser in den Zellhohlräumen enthalten ist, desto schwerer ist

das Holz. Daraus folgt, daß das gleiche Holz je nach Feuchtigkeitsgehalt eine unterschiedliche Rohdichte hat. Vergleichen kann man also die Rohdichte von Holz nur bei gleicher Holzfeuchte, selbst wenn es sich um die gleiche Holzart handelt (siehe nächste Spalte).

Von der Rohdichte hängen viele andere Eigenschaften des Holzes ab, insbesondere seine Festigkeit, seine Härte und wie leicht man es bearbeiten kann.

Festigkeit: Unter Festigkeit versteht man den Widerstand, den das Holz den von außen wirkenden Kräften entgegensetzen kann, bevor es reißt (Zug- und Torsionsfestigkeit), Druckstellen bekommt (Druckfestigkeit), sich biegt (Biegefestigkeit), wegplatzt (Schubfestigkeit), abknickt (Knickfestigkeit) oder sich spaltet (Spaltfestigkeit).

Für den Heimwerker ist folgendes von Bedeutung: Druckstellen können beim Zusammenpressen mit der Zwinge entstehen. Man vermeidet sie durch Beilegen eines glatten Holzstückes zwischen Werkstück und Zwinge.

Die Biege- oder Tragfestigkeit muß bei der Konstruktion von Werkstücken ermittelt werden, wenn lange, flache, dünne, freiliegende Holzteile eingebaut werden sollen, die belastet werden, z. B. Fachbretter und Fußbodendielen. Schubwirkungen entstehen bei bestimmten Holzverbindungen wie Grat- und Keilzapfenverbindungen, vor allem aber bei Dachstuhlkonstruktionen (Strebenversätze, Hakenblätter). Schlanke Holzbauteile knicken im mittleren Drittel weg, wenn die auf ihnen ruhende Last zu groß ist (Pfosten, Stützen, Stuhlbeine).

Leicht spaltbar sind Fichte, Kiefer, Lärche, Eiche, Esche, Rotbuche und Erle und deshalb geeignet für die Herstellung von Schindeln, Faßdauben, Radspeichen, Leitersprossen, Rudern und ähnlichen Gegenständen. Schwer spaltbar sind Ahorn, Birke, Ulme, Pappel, Linde, Roßkastanie und sämtliche Obsthölzer.

Härte: Trockenes Holz aus dickwandigen Zellen ist härter und leistet dem Eindringen z. B. eines Nagels oder dem Abrieb größeren Widerstand als Holz aus dünnwandigen Zellen oder feuchtes Holz.

Elastizität und Plastizität: Holz ist elastisch, wenn es in seine ursprüngliche

Form zurückfedert, sobald die Biegekraft zu wirken aufhört. Sehr elastisch sind Eukalyptus, Hickory, Esche und Lärche. Plastisch ist Holz, wenn es nach dem Biegen nicht mehr in die ursprüngliche Form zurückgeht, sondern die Formveränderung infolge des Biegens behält. Sehr gut biegbar und plastisch sind Rotbuche und Birke. Diese Hölzer werden deshalb zur Herstellung von gebogenen Sitzmöbelteilen verwendet. Nasses Holz ist biegsamer als trockenes. In gedämpftem Zustand ist fast jedes Holz gut biegbar. Dampfgebogen wird vor allem im Bootsbau.

Wärmeleitfähigkeit und Dämmfähigkeit: Trockenes Holz ist ein sehr schlechter Wärmeleiter. Das ist der Grund, weshalb es als angenehm empfunden wird, barfuß auf einem Holzfußboden zu laufen oder Gegenstände aus Holz anzufassen: Die Körpertemperatur wird nicht abgeleitet, der Gegenstand fühlt sich schnell angenehm warm an. Je geringer die Rohdichte des Holzes infolge des lockeren Zellgefüges ist, desto schlechter die Wärmeleitfähigkeit.

Dagegen ist die Schalldämmfähigkeit des Holzes gering. Es besitzt auch keine schallschluckenden Eigenschaften.

Holzfeuchte, Fasersättigung, Darrgewicht: Im lebenden Baumstamm befindet sich in den Zellwänden gebundenes, in den Zellhohlräumen freies Wasser. Wiegt man dieses Holz, so erhält man das Naßgewicht. Nach dem Fällen des Baumes verdunstet das freie Wasser, während die Zellwände noch mit Wasser gesättigt bleiben. Man spricht hier von Fasersättigung. Trocknet man das Holz weiter, bis auch das gebundene Wasser aus den Zellen verschwunden ist, erhält man das Trocken- oder Darrgewicht. Beim lebenden Baum kommen zu dieser darrtrockenen Holzmasse je nach Baumart 60 bis 130% Wasser.

Darrtrockenes Holz, also Holz, das überhaupt kein Wasser mehr enthält, hat eine Holzfeuchte von 0%. Das Gewicht des Wassers im Holz im Vergleich zum Darrgewicht, ausgedrückt in Prozenten, ist die Holzfeuchte: Holzfeuchte in Prozent =

$$\frac{(\text{Naßgewicht in g} - \text{Darrgewicht in g}) \times 100\%}{\text{Darrgewicht in g}}.$$

z. B. $\dfrac{(150\ \text{g} - 120\ \text{g}) \times 100\%}{120\ \text{g}} = 25\%.$

2   *Quer- oder Hirnschnitt (Lärche).*

3   *Radialschnitt (Fichte).*

4   *Sehnen-, Tangential- oder Fladerschnitt (Fichte).*

Die Holzfeuchte ist nicht nur bei den verschiedenen Baumarten, sondern auch innerhalb eines Stammes verschieden. Früh-, Splint- und Zopfholz enthalten mehr Wasser als Spät-, Kern- und Stammholz. Die Fasersättigung liegt z.B. bei der Rotbuche bei 32 bis 35%, bei Fichte und Tanne bei 30 bis 34%, bei Kiefer und Lärche bei 26 bis 28% und bei Eiche, Esche und Nußbaum bei 23 bis 25%. Die Holzfeuchte wird mit einem Holzfeuchtemeßgerät gemessen.

Frisch gefälltes Holz muß vor der Verwendung getrocknet werden (siehe Seite 140).

Im allgemeinen ist es nicht möglich, Holz mit der für den späteren Standort des fertigen Werkes richtigen Holzfeuchte zu verarbeiten, denn meist ist das Holz feuchter. In diesem Fall sollte man eine Konstruktion wählen, die das Reißen des Holzes ausschließt, also z.B. auf breite, fugenlose Flächen verzichten und statt dessen mit Rahmen und Füllung, Nut und Feder oder Gratverbindungen arbeiten (siehe Holzverbindungen ab Seite 187).

Den zu erwartenden Schwund kann man genau ausrechnen: Zuerst muß man die Holzfeuchte des zu verarbeitenden Holzes bestimmen. Das geschieht sehr genau mit einem elektronischen Meßgerät, dem Holzfeuchtemesser: Eine zweipolige Elektrode wird in das Holz gedrückt. Je trockener es ist, um so größer ist der Widerstand gegen den Strom, der von Pol zu Pol fließt. Auf dieser Widerstandsmessung beruht das Funktionieren des Gerätes, das für jede Holzart anders eingestellt werden muß.

Im Fachhandel sind auch Prüfstreifen aus Papier zum Messen der Holzfeuchte erhältlich, die ihren Farbton je nach dem Feuchtegehalt des Holzes ändern. Man vergleicht den Farbton mit einer geeichten Farbtonskala. Die Holzfeuchte läßt sich so hinreichend genau bestimmen.

Nach der Bestimmung der Holzfeuchte des zu verarbeitenden Holzes, z.B. Eiche mit 16% Holzfeuchte, muß man sich darüber informieren, welche Holzfeuchte das Werkstück an seinem endgültigen Standplatz haben wird, z.B. 8%.

Aus der Tabelle auf Seite 137 ergibt sich ein maximaler Schwund für Eiche tangential von 10%. Dann fertigt man ein Koordinatensystem an wie auf Seite 136, Abb. 5.9, trägt auf der senkrechten Achse 10%-Einheiten für den möglichen Schwund ein und auf der waagerechten Achse die Holzfeuchte für Eiche ab dem Fasersättigungspunkt von rund 25%. Dann trägt man die Holzfeuchte ein, die die Eiche besitzt, die man gerade verarbeitet, sowie die Holzfeuchte, die die Eiche auf Dauer an ihrem künftigen Standort nach der Verarbeitung haben wird. Daraus ergibt sich ein zu erwartender Schwund von 6,750 bis 3,375 = 3,375%. Wenn die Eichenplatte unmittelbar nach der Verarbeitung also 1000 mm breit war, dann wird sie auf 996,625 mm schwinden, also bei 1 m um reichlich 3 mm. Falls dies nicht im Rahmen der Toleranz liegt, muß die Eiche bis auf 8% Holzfeuchte weiter getrocknet werden, oder man muß mit einer um 3,375% größeren Breite beginnen, was jedoch Auswirkungen auf die Konstruktion hat.

Vom Schwinden und Quellen des Holzes: Ist alles freie Wasser verdunstet, und liegt die Holzfeuchte immer noch über der Feuchtigkeit der das Holz umgebenden Luft, dann beginnt das gebundene Wasser aus den Zellwänden zu verdunsten. Dabei schwindet das Holz. Ist die Luftfeuchtigkeit größer als die Holzfeuchte, so nimmt das Holz Wasser aus der Luft auf, denn Holz ist hygroskopisch. Das Holz dehnt sich aus, es quillt. Da sich die Feuchtigkeit der das Holz umgebenden Luft im Freien und in geringerem Umfang auch in der Wohnung ständig ändert, schwindet und quillt das Holz abwechselnd: es arbeitet.

Je größer die Rohdichte ist, je dicker also die Zellwände sind, je schwerer und härter damit das Holz ist, um so stärker ist der Quelldruck. Er ist so groß, daß man früher im Steinbruch die Bohrlöcher nicht mit Dynamit, sondern mit trockenem Rotbuchenholz füllte, daß man quellen ließ. Auf diese Weise sprengte man große Steinquader los.

5 Vom Schwinden des Holzes:
  1 Schwindmaße des Holzes in den 3 Schnittrichtungen
  2 Radial (im Durchschnitt 5%)
  3 Tangential (im Durchschnitt 10%)
  4 Longitudinal (im Durchschnitt 0,1 bis 0,5%)
  5 Schwundform bei Balken aus Seitenbrettlage
  6 Schwundform bei Balken aus Herzbrettlage
  7 Ungünstigste Schwundform bei Kantholz
  8 Ungünstigste Schwundform bei Rundholz
  9 Koordinatensystem zur Errechnung des Holzschwundes am Beispiel der Eiche; waagerecht

wird die Holzfeuchte ab dem Fasersättigungsgrad von 25% bei Eiche eingetragen, senkrecht der maximale Schwund.
  10 Drehwüchsiges Brett
  11 Schwarte
  12 Seitenbretter
  13 Kernbrett
  14 Die beiden Herzbretter
  15 Kernbrett
  16 Seitenbrett, obere = rechte Seite rund, untere = linke Seite hohl
  17 Seitenbrett, stärker gewölbt, weil weiter vom Kern entfernt.

Die Fugen zwischen den ausgetrockneten Planken eines Bootes schließen sich beim Quellen wieder, so daß das Boot bald nicht mehr leckt.

Reißen des Holzes: Das Schwinden des Holzes hat zwei unangenehme Wirkungen, die man in gewissem Umfang vermeiden kann, wenn man sich rechtzeitig darauf einstellt:

Wenn das Holz beim Schwinden daran gehindert wird, sich zusammenzuziehen, dann reißt es. Das Auftreten von Trockenrissen bei Rundholz und Kantholz, das aus dem ganzen Stamm geschnitten wird, kann man nicht verhindern. Abhilfe ist hier nur in der Weise möglich, daß der Stamm aufgesägt und aus Teilen wieder so zusammengeleimt wird, daß beim Schwinden keine Risse

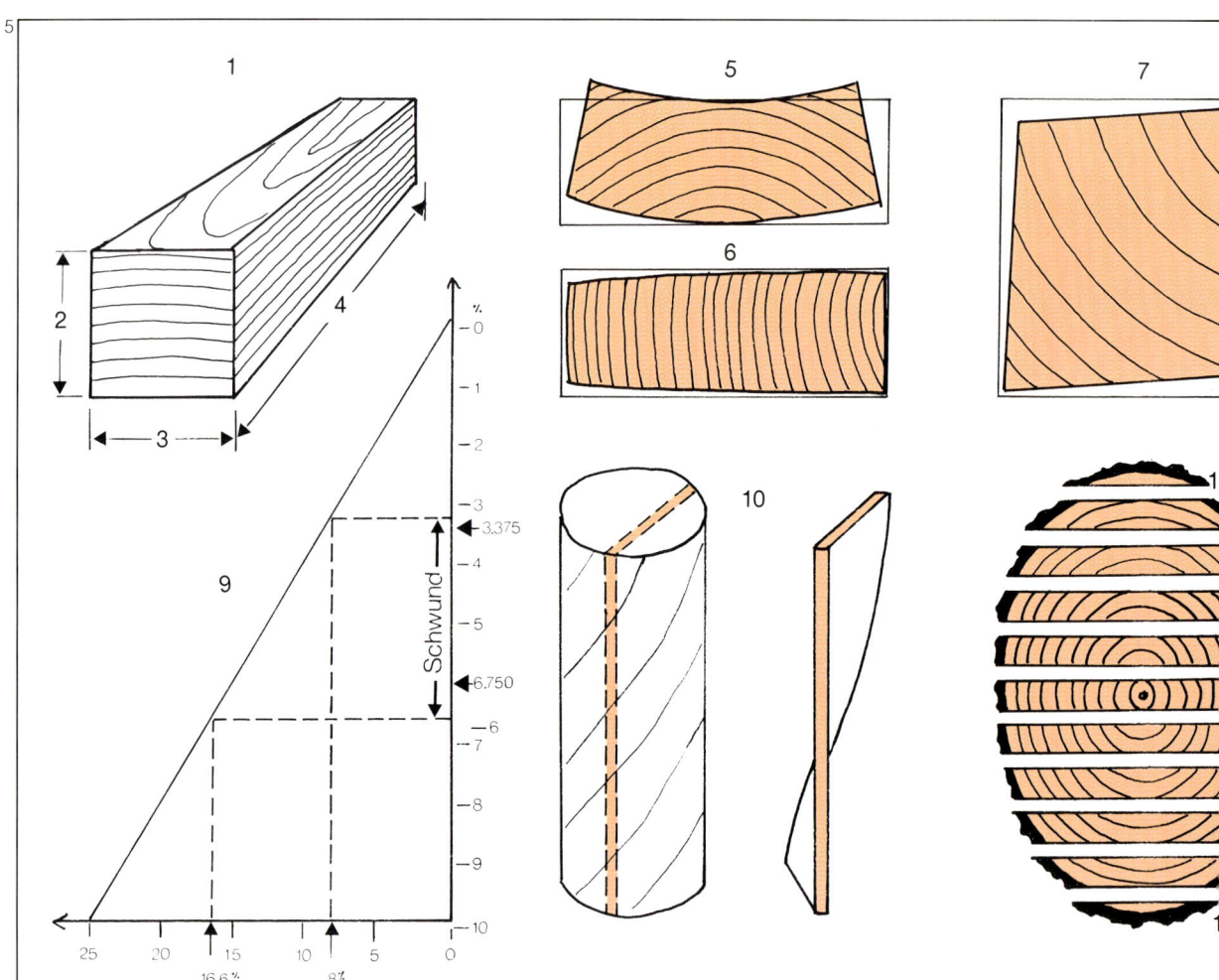

mehr entstehen (über das Verleimen von Vollholz siehe Seite 189).

Das Schwinden des Holzes erfolgt nicht in alle Richtungen gleich stark. Abb. 5.1–4 gibt die durchschnittlichen Schwindmaße des Holzes in den 3 Schnittrichtungen radial, tangential und longitudinal an. Abb. 5.5–8 zeigt die Auswirkungen des Schwindens auf den Querschnitt eines Brettes, eines Kantholzes und eines Rundholzes.

Die Tabelle unten rechts enthält für die gebräuchlichsten Arten die Schwindmaße vom Fasersättigungspunkt bis zur Darre. Diese Angaben allein sind für die Praxis nicht entscheidend. Niemand muß befürchten, daß z.B. eine 1000 mm breite Eichenplatte nach einiger Zeit nur noch 900 mm breit ist, weil Eiche tan-

gential bis zu 10% schwindet, denn Holz wird in der Regel nicht fasergesättigt, sondern mit wesentlich geringerer Holzfeuchte verkauft und verarbeitet. Am besten ist es, wenn man Holz mit der Holzfeuchte verarbeitet, die es später haben wird. Für das mitteleuropäische Klima gelten folgende Orientierungswerte: Holzgegenstände im Freien bekommen im Lauf der Zeit eine Holzfeuchte von 12 bis 16%, in Räumen mit Ofenheizung 10 bis 12% und in Räumen mit Zentralheizung 8 bis 10%.

Werfen des Holzes: Beim Verdunsten des gebundenen Wassers streckt sich das Holz. Das macht sich besonders deutlich bei Brettern bemerkbar, die ja aus dem fasergesättigten Holz geschnitten werden und dann weiter Wasser verlieren. Wird das Brett aus einem drehwüchsigen Stamm geschnitten, so ist es zunächst vollkommen gerade, verdreht sich aber beim Weitertrocknen, wenn das Holz sich streckt (Abb. 5.10). Bretter aus drehwüchsigen Stämmen verarbeitet man am besten überhaupt nicht.

Aber auch bei geradwüchsigen Stämmen treten Verwerfungen auf, weil sich die gebogenen Jahresringe ebenfalls

strecken möchten. Man unterscheidet das Kernbrett, die beiden *Herzbretter* und die *Seitenbretter* (Abb. 5.11–17); in einigen Gegenden wird das Kernbrett Herzbrett genannt, und die beiden Herzbretter werden als Mittelbretter bezeichnet. Beim Kernbrett liegt die Markröhre in der Mitte, die Jahresringe nennt man stehend. Geht der Schnitt durch die Markröhre, entstehen die beiden Herzbretter. Alles andere sind Seitenbretter. Die äußersten Seitenbretter heißen auch noch Schwarten. Beim Brett bezeichnet man die der Markröhre zugewandte Seite als die rechte Seite, die andere als die linke.

Die Seitenbretter wölben sich, und zwar wird die linke Seite hohl, die rechte Seite rund. Diese Wölbung ist um so stärker, je weiter das Seitenbrett vom Kern entfernt ist. Herzbretter knicken an der durchgeschnittenen Markröhre ein, bleiben aber in ihren übrigen Teilen gerade. Sie werden im Querschnitt etwas dünner und schmaler. Kernbretter werden dünner, an der Markröhre weniger als in der Nähe der Rinde; sie werden auch etwas schmaler, bleiben aber insgesamt gerade. An der Markröhre können sie auf beiden Seiten einreißen.

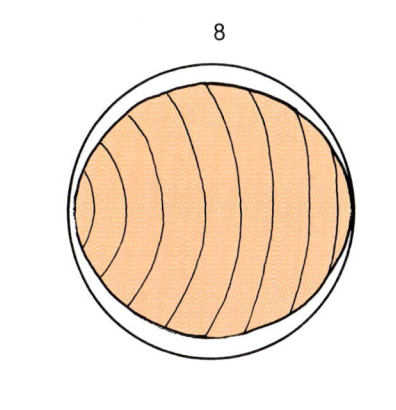

Schwindmaße vom Fasersättigungspunkt bis zur Darre			
		Schwund in %	
HOLZART	longitudinal	tangential	radial
Nadelhölzer			
Fichte	0,3	6–8	3–4
Kiefer	0,4	6–8	3–4
Lärche	0,3	7–9	3–5
Pitchpine	0,2	7–7,5	4–5
Tanne	0,1	7–9	3–4
Laubhölzer			
Afzelia	0,2	4–4,5	2–3
Ahorn	0,5	5–8	3–4
Balsa	0,6	3–5	2–3
Birke	0,6	7–8	5–6
Birnbaum	0,4	7–9	4–5
Eiche	0,4	8–10	4–5
Esche	0,2	7–8	4–5
Kirschbaum	0,3	7–8	4–5
Limba	0,2	4,5–7,5	3–6
Nußbaum	0,5	8–12	5–6
Rotbuche	0,3	8–12	6–9
Rüster	0,3	8	4,5
Teak	0,4	4,5–6	2–3
Weißbuche	0,5	10–12	6–7

Farbe und Zeichnung des Holzes: Viele Menschen finden die natürliche Zeichnung und Farbe bestimmter Holzarten so schön, daß sie Wert darauf legen, am Werkstück das Holz in seiner natürlichen Eigenart zu belassen und nicht anzustreichen. Häufig werden sogar frühere Anstriche wieder entfernt. Da Möbel, Wand- und Deckentäfelungen aus edlen Hölzern für die meisten unerschwinglich sind, werden hier in der Regel Furniere verwendet, dünne Holzblätter aus edlem Holz, die auf die Konstruktion aus einfachem und billigem Holz bzw. Holzplatten aufgeleimt werden (siehe Seite 140).

Schnittware

Der Heimwerker geht nicht in den Wald und fällt selbst den Baum, aus dessen Holz er dann seine Möbel fertigt. Er kauft vielmehr geschnittenes Holz, meist schon gehobelt, in vielen Fällen sogar gefräste oder gedrechselte Halbfertigprodukte für den jeweiligen Verwendungszweck.

Baum fällen und ausformen: Abb. 6 zeigt, wie man einen Baum fällt. Früher wurde die Fallkerbe mit der Axt geschlagen und der Fallschnitt mit der Baumsäge gesägt, heute hat die Motorsäge die Axt und die Baumsäge weitgehend ersetzt (Abb. 7 und 8). Es gibt elektrische Kettensägen und solche mit Zweitaktmotor. Der gefällte Baum wird ausgeformt, das heißt entastet und entwipfelt. Nadelholz wird in der Regel entrindet, um einem eventuellen Befall durch Holzschädlinge vorzubeugen, die den Bereich zwischen Rinde und Stamm besonders lieben. Der Stamm wird je nach Holzqualität abgelängt. Abb. 6 zeigt die Stammeinteilung für Tanne und Fichte aus einem Forst. Der Endstamm liefert das wertvollste Holz.

Baum kennzeichnen: Das Stammholz wird dauerhaft durch eine laufende Nummer gekennzeichnet, z. B. 35. Das wäre der 35. Stamm aus einem bestimmten Holzeinschlag. Danach kommt die Länge des Stammes in Metern, z. B. 7,5. Die nächste Zahl gibt den mittleren Durchmesser in der Mitte des Stammes in Zentimetern an, z. B. 42. Danach folgt einer der Buchstaben A, C oder D, womit die Güteklasse des Hol-

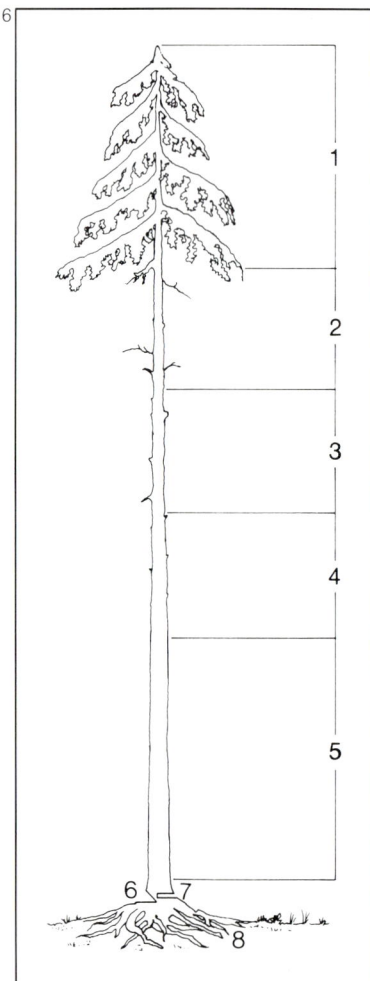

6

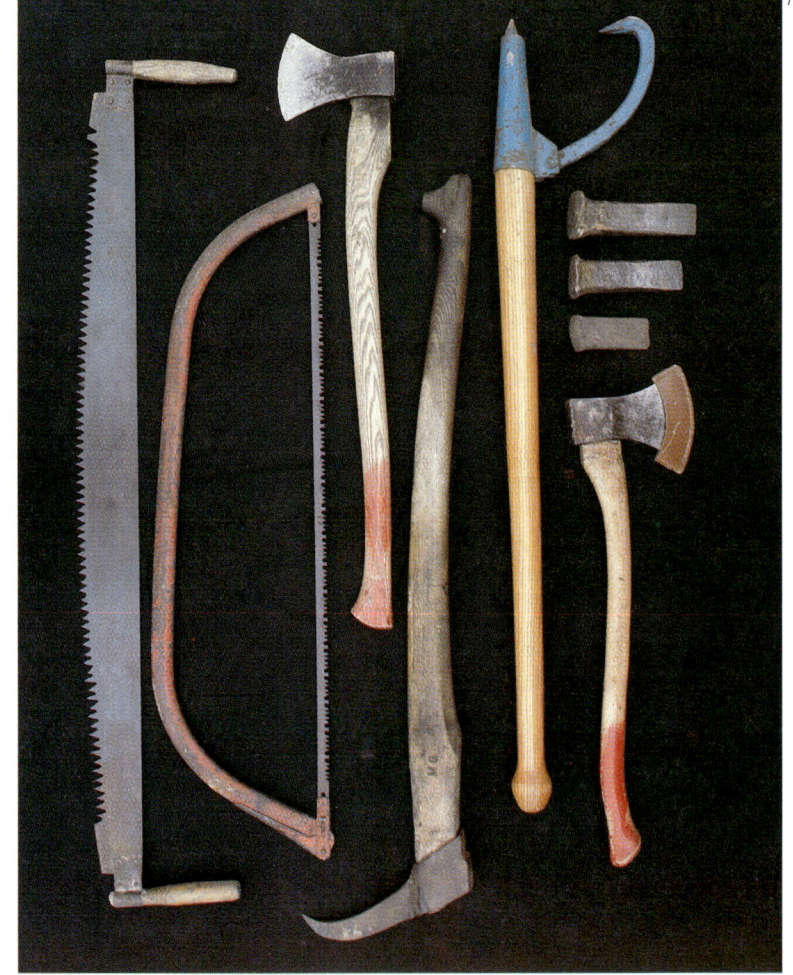

7

zes bezeichnet wird; A ist die beste Güteklasse.

Fehlt die Buchstabenbezeichnung, so bedeutet das Güteklasse B.

Transport und Lagerung: Der Transport des gefällten, ausgeformten und gekennzeichneten Holzes sollte möglichst schnell erfolgen, vor allem beim Nadelholz, damit das Holz nicht durch Pilze und Insekten befallen wird. Kann es nicht sofort eingeschnitten werden, so wird es trocken oder im Wasser gelagert. Dabei hat die Lagerung im Wasser den Vorteil, daß der Stamm gut auslaugt, von Pilzen und Insekten nicht befallen wird, rißfrei bleibt und später leicht geschnitten werden kann.

Schnittholz: Das Stammholz wird im Sägewerk eingeschnitten. Schnittholz ist nach DIN 68252 ein Holzerzeugnis, das durch Sägen von Rundholz parallel zur Stammachse hergestellt wurde.

Balken sind an einer Querschnittseite mindestens 20 cm breit.

Kreuz- oder Rahmenhölzer entstehen durch kreuzweises Aufschneiden des Stammes durch die Markröhre. Die

6 *Nutzung eines Nadelbaumes:*
   1 Brennholz
   2 Industrieholz
   3 Zopfstück für sehr astige Kant-
   hölzer
   4 Mittelstamm, astig, Kanthölzer,
   Bohlen, Bretter
   5 Endstamm, fast astrein, Bohlen,
   Bretter
   6 Fallkerbe, die in Fallrichtung ein-
   gesägt oder eingehauen wird
   7 Fallschnitt gegenüber der Fall-
   kerbe und etwas höher als sie
   8 Wurzelstock.

7 *Baumfällwerkzeug. Von links:*
   Schrot- oder Zugsäge, Bügelsäge,
   Äxte, Stammheber, Keile.

8 *Eine außerordentlich robuste Ket-*
   tensäge mit Benzinmotor von
   McCulloch/Black & Decker, die
   sich beim Sägen automatisch
   schärft.

9 *Hackstöcke sind meist sehr*
   schwer und stehen vielfach nicht
   gut. Daß das nicht so sein muß,
   zeigt dieser dreibeinige Hackstock
   aus Niederbayern.

Querschnittfläche muß mindestens 32 cm^2 betragen.

Kanthölzer sind an einer Querschnittseite mindestens 60 mm breit. Die kleinere Querschnittseite darf höchstens dreimal so klein sein wie die große.

Bohlen sind mindestens 40 mm dick, und die große Querschnittseite ist mindestens doppelt so groß wie die kleine.

Bretter sind mindestens 8 mm und weniger als 45 mm dick. Die Breite muß mindestens 80 mm betragen.

Latten haben einen Querschnitt bis 32 cm^2 und eine Breite bis 80 mm.

Bohlen und Bretter werden ungehobelt und gehobelt geliefert. Ungehobelte Bretter aus Nadelholz sind nach DIN 4071 16, 18, 22, 24, 28 oder 38 mm dick, Bohlen 44, 48, 50, 63, 70 oder 75 mm. Ungehobelte Bretter aus Laubholz sind nach DIN 68372 18, 20, 26, 30 oder 35 mm stark, Bohlen 40, 45, 50, 55, 60, 65, 70, 75, 80, 90 oder 100 mm. Ungehobeltes Schnittholz ist normal zwischen 1500 und 6000 mm lang. Abweichungen von 1 mm bei Brettern und bis zu 2 mm bei Bohlen sind erlaubt. Schließlich sind Bretter und Bohlen entweder unbesäumt, also nur entrindet, oder konisch oder parallel besäumt. Das ist für die Berechnung des Abfalls wichtig. Gehobelte Bretter und Bohlen aus Nadelholz sind nach DIN 4073 13½, 15½, 19½, 25½, 35½, 41½ oder 45½ mm dick, wenn es europäische Hölzer sind, und 9½, 11, 12½, 14, 16, 19½, 22½, 25½, 28½, 40 oder 45 mm dick, wenn es sich um nordische Hölzer handelt. Abweichungen sind jeweils zwischen ½ und 1 mm zulässig.

Schnittware wird in 3 Güteklassen, I, II und III, eingeteilt, wobei I die beste Güte darstellt.

Je weiter das Holz bearbeitet wurde, um so teurer ist es. Es empfiehlt sich, zu überlegen, wo man Vollholz einkauft. Einen Vollholztisch aus Kiefer fertig zu kaufen, ist meist billiger, als in bestimmten Läden – oftmals gerade solchen, die sich für den Heimwerker besonders empfehlen – das gehobelte Kiefernholz zu kaufen, aus dem man den Tisch bauen will. Wer eine Kreissäge hat mit z.B. 50 mm Schnittiefe und einen Hobel, vielleicht sogar einen Abrichthobel und eine Bandsäge, für den wird es finanziell sehr interessant, ungehobelte Schnittware beim Großhändler oder im Sägewerk zu kaufen, vor allem, wenn eine Lagermöglichkeit für das Holz besteht, so daß es weiter trocknen kann.

Trocknen und Lagern

Zwischen der Holzfeuchte und der relativen Luftfeuchtigkeit stellt sich ein Gleichgewicht her. Das Holz ist dann lufttrocken. In Mitteleuropa beträgt die Holzfeuchte lufttrockener Hölzer zwischen Frühjahr und Herbst rund 12 bis 15%, im Winter rund 18 bis 20%. Lufttrockenes Holz eignet sich für Arbeiten, die der freien Luft ausgesetzt sind wie z.B. Fenster, Fensterläden, Außentüren, Balkonverkleidungen, Gartenmöbel. Holz für die Möbelherstellung und den Innenausbau muß weiter getrocknet werden, denn das Feuchtigkeitsgleichgewicht liegt in Innenräumen bei Ofenheizung bei rund 10% und bei Zentralheizung bei rund 8%, jeweils ausgehend von 20 °C Raumtemperatur.

Frisch eingeschnittenes Holz wird im Freien getrocknet, bis es lufttrocken ist. Anfangs ist das unter freiem Himmel möglich, später aber muß das Holz durch ein Dach vor Regen und Sonne geschützt werden. Der Wind muß durch die Holzstäbe hindurchstreichen können (Hauptwindrichtung beachten). Der Boden muß so beschaffen sein, daß auch ein stürmischer Wind nichts hochwirbelt und in das Holz wehen kann; Beton, Stein, Pflaster oder Kies sind geeignet. Die Stapel ruhen auf Lagerhölzern, die auf 30 bis 50 cm hohen (betonierten oder gemauerten oder Holz-) Sockeln liegen. Der Abstand der Lagerhölzer ist um so größer, je dicker die Schnittware ist, denn je dicker, desto geringer ist die Gefahr, daß sich das Brett bzw. die Bohle durchbiegt: bei Brettern bis zu 15 mm Dicke 50 cm Abstand, bei Brettern bis zu 30 mm Dicke bis zu 100 cm Abstand und bei Bohlen nicht mehr als 150 cm Abstand.

Zwischen die einzelnen Bretter bzw. Bohlen werden Stapelleisten gelegt, am besten quadratische Leisten mit einer Kantenlänge von 2,5 cm. Wichtig ist, daß die Stapelleisten alle genau übereinander auf den Lagerhölzern liegen und in jedem Stapelfeld gleich stark sind. Auch nur eine falsch liegende Stapelleiste kann zur Folge haben, daß sich die gesamte darüberliegende Schnittware verzieht.

Damit die Hirnenden nicht zu schnell austrocknen und die Schnittware tief einreißt, werden die Hirnenden mit Farbe oder Wachs bestrichen oder mit Dachpappe oder Brettstücken benagelt.

Die verschiedenen Laubholzarbeiten brauchen eine besondere Behandlung bei der Trocknung; hier fragt man am besten den Fachmann.

Holz für Möbelherstellung und Innenausbau wird, nachdem es lufttrocken ist, in beheizten (Werkstatt-)Räumen weitergetrocknet, z.B. in einem Hängegestell unter der Decke.

Holzarten

Eine absolut zuverlässige Bestimmung der Holzarten ist nur mit Hilfe der Lupe und manchmal sogar des Mikroskops am Hirnschnitt möglich durch Bestimmung der primären Merkmale, die durch technische Mittel nicht verändert werden können (Art und Größe der Poren, Art der Markstrahlen, Gestaltung der Parenchym- oder Speicherzellen, der Jahresringe und der Harzkanäle). In der Praxis richtet man die Aufmerksamkeit auf sekundäre, also veränderbare und bei der gleichen Holzart sehr variable Merkmale wie vor allem Holzfärbung und Zeichnung (Maserung).

Auf den Seiten 141 bis 145 ist das Holz der wichtigsten einheimischen und nordamerikanischen Nadelhölzer (Abb. 10–15), der wichtigsten einheimischen Laubhölzer (Abb. 16–30) sowie der wichtigsten Tropenhölzer (Abb. 31–51) abgebildet.

Furnier

Aus Baumstämmen werden durch Sägen, Messern oder Schälen dünne Holzblätter abgetrennt, die Furniere (Abb. 52 auf Seite 146).

Furniere gibt es aus zwei Gründen: Einmal ist der Bedarf an edlen Hölzern im Möbelbau größer als der Vorrat. Deswegen wird z.B. ein Tisch nicht aus massivem Nußbaum hergestellt, sondern aus sehr viel billigerem Fichtenholz und auf das Fichtenholz Nußbaum geleimt. Edelholzfurniere dienen also der Verschönerung der Oberfläche. Der Handel bezeichnet ein Nußbaum furniertes Möbel als »echt Nußbaum«. Zum anderen werden Furniere zu Platten weiterverarbeitet, die je nach Konstruktion Vollholz in bezug auf Festigkeit, Maßhaltigkeit,

Formbeständigkeit bzw. Formveränderbarkeit bei weitem übertreffen. Sie reißen und verziehen sich nicht, wie es bei Vollholz geschehen kann, wenn es infolge der Trocknung schwindet.

Die Unterscheidung der Furniere in Säge-, Messer- und Schälfurniere bezieht sich auf die Art ihrer Herstellung, die Unterscheidung in Deck-, Rund- und Absperrfurniere auf die Art ihrer Verwendung.

Sägefurniere: Die ersten Furniere wurden als ganz dünne Bretter vom Stamm gesägt (Abb. 53, Seite 147). Diese Herstellungsmethode wird heute kaum noch angewandt, weil sie sehr zeitraubend ist, vom Edelholzstamm mehr zersägt wird, als an Furnier übrigbleibt, die Furniere nicht dünner als 1 mm gesägt werden können und aus all diesen Gründen Sägefurniere außerordentlich teuer sind. Sie haben aber den unbestreitbaren Vorteil, daß sie rißfrei bleiben.

Messerfurniere: Diese Methode, bei der bis auf einen kleinen Rest kein Abfall entsteht, orientiert sich am Vorbild des Hobelns, wo mit Hilfe eines scharfen Messers ein dünner Span vom Holz abgehobelt wird (Abb. 53). Messerfurniere sind bis zu 0,55 mm dünn. Der Stamm wird entweder tangential oder radial aufgeschnitten, so daß die Messerfurniere vom gleichen Stamm ein sehr unterschiedliches Aussehen haben.

Von Nachteil ist bei dieser Herstellungsmethode, daß an der Stelle, an der das Messer am Stamm ansetzt, Spanbrüche auftreten, die man Haarrisse nennt. Mit Hilfe des Druckbalkens und des ziehenden Schnittes kann man die Entstehung von Haarrissen in erträglichen Grenzen halten.

Schälfurniere: Mit den modernen Furnierschälmaschinen können Stämme ohne Verschnitt zu Furnieren von 0,5 bis 10 mm Dicke verarbeitet werden. Wie beim Messerfurnier treten feine Haarrisse auf. Rundschäl- und Exzenterschälfurniere zeigen sehr unterschiedliche Maserungen auch bei der gleichen Holzart. Außerdem kann man einen Stamm ebenso abschälen, wie man einen Bleistift spitzt (Radialschälfurniere). Die dabei entstehenden runden Furnierblätter werden vor allem für runde Tischplatten verwendet.

Deckfurniere: Sie dienen der Verschönerung der Oberfläche und sind bei

10 *Fichte.*

13 *Ramin.*

11 *Oregon.*

14 *Lärche.*

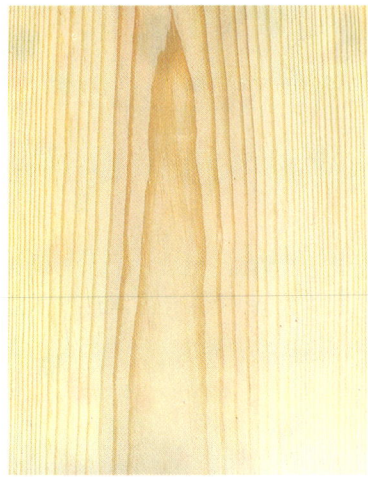

12 *Kiefer.*

15 *Redwood.*

141

16 *Ahorn.*

19 *Birke.*

22 *Traubeneiche.*

17 *Riegelahorn.*

20 *Birnbaum.*

23 *Esche.*

18 *Vogelaugenahorn.*

21 *Roteiche.*

24 *Esche (Maserwuchs).*

25 *Kirsche.*

28 *Rüster (Ulme).*

31 *Afzelia.*

26 *Amerikanischer Nußbaum.*

29 *Rüster (Maserwuchs).*

32 *Balsa.*

27 *Rotbuche.*

30 *Weißbuche.*

33 *Boire.*

143

34 *Bubinga.*

37 *Limba hell.*

40 *Riepel-Mahagoni.*

35 *Koto.*

38 *Limba dunkel.*

41 *Sapelli-Mahagoni.*

144

36 *Lati.*

39 *Mahagoni.*

42 *Tabasco-Mahagoni.*

43 *Makassar-Ebenholz.*

46 *Meranti.*

49 *Rosenholz.*

44 *Makassar.*

47 *Palisander.*

50 *Teak.*

45 *Makoré.*

48 *Pockholz.*

51 *Wengé.*

145

Laubhölzern zwischen 0,55 bis 0,75 mm, bei Nadelhölzern zwischen 0,85 bis 1 mm dick. Deckfurniere gibt es als Langfurniere (L), wenn die Schnittführung parallel zur Stammachse erfolgt, und als Maserfurniere (M), wenn das Furnier aus Wurzelknollen und Stammstücken mit unregelmäßigem Wuchs und infolgedessen stark unregelmäßiger Maserung hergestellt wurde.

Die Bezeichnung eines Furniers lautet z.B.: Messerfurnier (L) 0,70 DIN 4079 – NB. Damit ist ein Furnier bezeichnet nach Herstellungsart (Messerfurnier, Langfurnier), Dicke (0,70 mm nach DIN 4079) und Holzart (Nußbaum).

Deckfurniere werden in der Regel auf Tischler-, Furnier-, Span- und Holzfaserplatten als Trägerplatten aufgeleimt.

Unterfurniere oder Blindfurniere: Sie werden unter dem Deckfurnier aufgeleimt, verhindern das Reißen des Deckfurniers und verbessern die Güte der Plattenoberfläche. Besonders geeignet als Unterfurniere sind 0,65 bis 0,80 mm dicke Nußbaumsplintfurniere.

Absperrfurniere: Sie sind zwischen 1,5 und 3,5 mm dick, werden auf Tischlerplatten oder Vollholz aufgeleimt und haben die Aufgabe, das Arbeiten des Holzes zu verhindern. Das Furnier darf nicht dicker sein als 10% der Plattendicke, weil sonst das Arbeiten des Furniers die gesamte Platte verzieht.

Halbfertigprodukte

Der Handel bietet ein reichhaltiges Sortiment an Halbfabrikaten, Brettern, Leisten und Stäben, die entsprechend ihrer Verwendung bearbeitet worden sind, wie z.B. Nut- und Federbretter, Fußleisten, Türbekleidungen, Türfutter, Hohlkehlleisten, Viertelstäbe usw.

Holzwerkstoffe

Holzwerkstoffe sind vorwiegend Platten, aber auch Formteile, die aus Vollholz zusammengeleimt und aus Holzspänen oder Holzfasern mit Bindemitteln zusammengepreßt und dann weiterverarbeitet werden. Diese modernen Holzwerkstoffe erlauben eine immer rationellere Ausnutzung der Grundsubstanz Holz, zeichnen sich je nach Konstruktion durch Eigenschaften aus, die dem Vollholz in einzelnen Bereichen überlegen sind, kosten zum Teil erheblich weniger als Vollholz und lassen sich schneller und einfacher zusammenbauen. Diese Holzwerkstoffe haben auch Nachteile: Die Bindemittel und Klebstoffe, die zu ihrer Herstellung verwendet werden, z.B. Formaldehyd, und die zum Teil später aus den Platten ausdünsten, sind in gesundheitlicher Hinsicht zumindest nicht unbedenklich. Ein Möbelstück, das lange Zeit benutzt worden ist, trägt natürlich Spuren der Benutzung. Ein Vollholzmöbel gewinnt dadurch und wirkt wertvoller, während ein Spanplattenmöbel, an dem Reparaturen nur bedingt möglich sind, unansehnlich und schäbig wird. Handwerkliche Kunstfertigkeit findet im Umgang mit den meisten Holzwerkstoffen keine sinnvollen Aufgaben, denn diese Werkstoffe sind ja auch geschaffen für die industrielle Serienproduktion.

Nach dem verwendeten Ausgangsmaterial unterscheidet man Lagenhölzer, Holzspan- und Holzfaserplatten. Dazu kommen die Gruppen der Verbundplatten und der kunststoffbeschichteten Platten (Abb. 54).

Lagenhölzer

Sie bestehen aus einzelnen Furnierschichten, die zu Platten oder Formteilen verleimt sind.

Furnierplatten (FU): Bei den Furnierplatten, meist als *Sperrholz* bezeichnet, werden Schälfurniere kreuzweise aufeinandergeleimt, haben also die Funktion von Absperrfurnieren, so daß die einzelnen Furnierschichten nicht mehr arbeiten können. Der Aufbau einer Furnierplatte ist symmetrisch in bezug auf die Stärke der einzelnen Furniere, die Holzart und die Faserrichtung. Es gibt drei-, fünf-, sieben- und noch mehr lagige Furnierplatten. Bei Anwendung der Verleimungsart IF 20 und IW 67 entsteht *Innensperrholz,* das nicht wetterbeständig ist und Kaltwasser nur kurze Zeit ohne Veränderung verträgt. Bei Anwendung der Verleimungsart AW 100 entsteht begrenzt wetterbeständiges und heißwasserfestes *Außensperrholz.*

Furnierplatten werden in folgenden Dicken hergestellt: 0,8; 1; 1,2; 1,5; 2; 2,5; 3; 4; 5; 6; 8; 10; 12; 13; 16; 19; 22; 25; 30 und 38 mm. Außerdem werden 3 Güte-

52

52 *Verschiedene Furnierblätter.*

53 *Furnierherstellung.*
Links Herstellung von Sägefurnieren, rechts von Messerfurnieren:
1 *Furnierblock*
2 *Sägeblatt*
3 *Haltekralle*
4 *Blockwagen*
5 *Furnierhobelmesser*
6 *Druckbalken.*

54 *Holzwerkstoffe im Querschnitt:*
1 *Melaminbeschichtete Spanplatte*
2 *Spanplatte aus sehr feinen Spänen*
3 *Stranggepreßte Röhrenspanplatte (SR)*
4 *Die übliche Spanplatte: Flachpreßplatte FPY*
5 *Melaminbeschichtete Spanplatte mit Stäben als Mittellage im Querschnitt*
6 *wie 5 im Längsschnitt*
7 *Furnierplatte mit 3 Lagen*
8 *Furnierplatte mit 9 Lagen*
9 *Furnierplatte mit 5 Lagen*
10 *Furnierplatte mit 10 Lagen*
11 *Furnierplatte mit 10 Lagen, verdichtet*
12 *Tischlerplatte aus Stäben (ST)*
13 *Tischlerplatte aus Stäbchen (STAE).*

55 *Spanplatten, zum Teil kunststoffbeschichtet.*

56 *Mineralgebundene und feuergeschützte Spanplatten.*

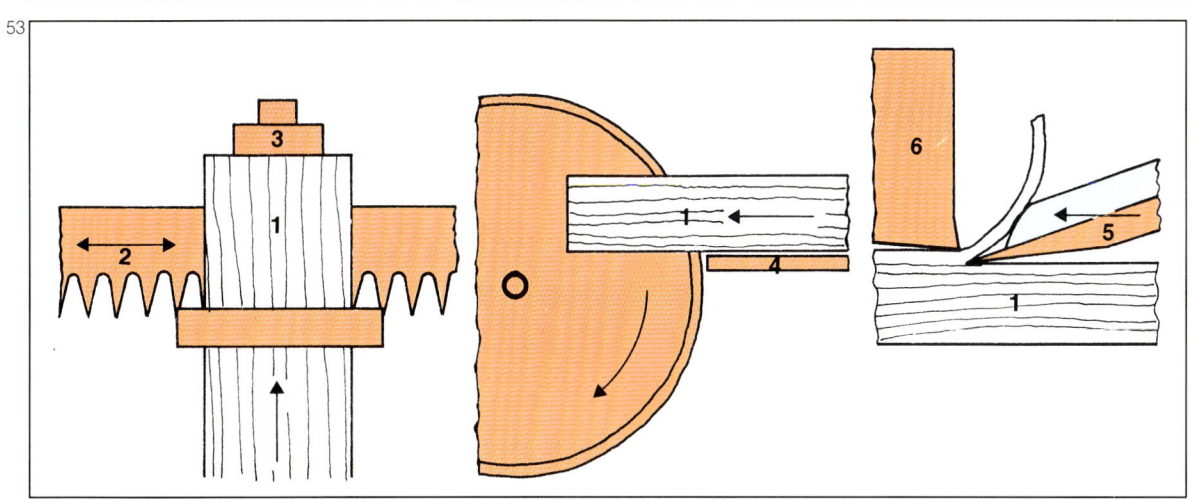

53

54

55

56

147

klassen, I, II und III, unterschieden. Jede Furnierplatte ist gekennzeichnet, z.B. FU 12 I/III AW 100 DIN 68705, das ist eine Furnierplatte von 12 mm Dicke, deren Vorderseite aus einem Deckfurnier der Güteklasse I, deren Rückseite aus einem Deckfurnier der Güteklasse III besteht, heißwasserfest sowie begrenzt wetterbeständig ist und damit der genannten DIN-Norm entspricht.

Furnierplatten haben eine höhere Festigkeit, Maßhaltigkeit und Formbeständigkeit als Vollholz. Sie sind besonders geeignet für großflächige Teile in der Möbelherstellung und im Innenausbau wie z.B. Rückwände, Schubkastenböden und Füllungen. Sie werden aus Abachi, Gabun, Limba, Rotbuche, Pappel, Esche, Fichte und Kiefer hergestellt. Man kann sie wie Vollholz bearbeiten, jedoch empfiehlt sich der Einsatz von hartmetallbestücktem Werkzeug, da normale Schneiden schnell stumpf werden. Infolge der kreuzweisen Verleimung der Furnierlagen können Furnierplatten noch sehr dicht am Rand genagelt und geschraubt werden.

Besondere Furnierplatten sind die *Baufurnierplatten*, vor allem im Fertighausbau verwendet, *Betonschalungsplatten* und *Multiplexplatten* bis zu 80 mm Stärke für Werkbankplatten, Polstermöbelgestelle und ähnliches.

Schichtholz (SCH): Die Schälfurniere werden hier nicht kreuzweise, sondern mit gleichgerichtetem Faserverlauf zusammengeleimt. Dadurch erhalten diese Platten eine große Biege- und Zugfestigkeit in Richtung des Faserverlaufes, was für entsprechende Konstruktionen genutzt wird (Sportgeräte- und Flugzeugbau).

Formlagenhölzer werden aus Rotbuchenfurnier hergestellt. Die Platten werden in Formen zusammengepreßt und verleimt. Der ausgehärtete Leim hält die Furniere in der gewünschten Form. Sind Biegungen nur in einer Ebene erforderlich, nimmt man Schichtholz als Ausgangsmaterial und erhält Formteile, die wesentlich stabiler sind als gebogene Vollholzteile oder Formteile, die aus Vollholz ausgesägt wurden. Sind Biegungen in zwei Ebenen erforderlich, werden Furnierplatten verwendet, bei denen die Furniere kreuzweise verleimt sind, so daß diese Platten auch in zwei Ebenen in gleicher Weise beansprucht werden können.

Kunstharzpreßholz: Die einzelnen Furnierschichten werden mit Kunstharz getränkt und dann unter hohem Druck bei hohen Temperaturen zusammengepreßt. Die dadurch erzielten außergewöhnlich guten Festigkeitseigenschaften werden vor allem für technische Zwecke benötigt.

Holzspanwerkstoffe

Sie werden aus Holzspänen und Kunstharzleimen unter Druck und Wärme hergestellt.

Flachpreßplatten (FPY): Die Späne, vorzugsweise aus Kiefer, Tanne, Fichte, Pappel, Erle, Buche und Birke, aus dünnen Stämmen, Ästen und Abfallholz, liegen parallel zur Plattenebene (Abb. 55). Einschichtplatten bestehen aus einer gleichmäßigen Späneschicht, Drei- und Mehrschichtplatten aus mehreren Schichten von einmal feineren und einmal gröberen Spänen. Das erhöht die Biegefestigkeit, die im übrigen in alle Richtungen gleich groß ist, so daß beim Zuschneiden nicht darauf geachtet zu werden braucht und deshalb weniger Verschnitt anfällt als bei Vollholz. Nachteilig ist vor allem die geringe Querzugfestigkeit, weshalb Schrauben, die vom Rand in die Platte eingedreht werden, sehr leicht ausreißen. Die Gefahr kann durch Vollholzeinleimer (Abb. 156, Seite 204) erheblich vermindert werden.

Flachpreßplatten gibt es in Stärken zwischen 3 und 70 mm, übliche Dicken sind 8, 10, 13, 16, 19, 22, 25, 28, 35 und 40 mm. Die Formate können bis 5200 × 2070 mm groß sein.

Bei der Verleimungsart V 20 sind die Späne mit Harnstoffharzen zusammengeleimt. Diese Platten werden vor allem für großflächige Teile in der Möbelherstellung und im Innenausbau verwendet. Beim Ausbau von Feuchträumen verwendet man FPY mit der Verleimungsart V 100, denn die hierbei verwendeten Phenol- und Resorcinharzleime gewährleisten eine größere Beständigkeit gegen Feuchtigkeit. Bei der Verleimungsart V 100 G wird der Holzwerkstoff noch zusätzlich gegen Pilze geschützt. Solche Platten werden verwendet als Fußbodenunterböden und bei Dachausbauten; es gibt sie auch getränkt mit einem Feuerschutzmittel (Abb. 56).

Strangpreßplatten: Sie gibt es als Vollplatten (SV) und als Röhrenplatten (SR)

mit röhrenförmigen Aussparungen (siehe Abb. 54.3). Im Unterschied zu den Flachpreßplatten liegen die Späne hier rechtwinklig zur Plattenebene. Das hat zur Folge, daß die Biegefestigkeit geringer ist. Diese Platten werden deshalb auch bevorzugt vertikal als Türen und Wandverkleidungen verwendet, die SR-Platten vor allem dann, wenn es auf Gewichtsersparnis ankommt. SV-Platten werden von 8 bis 25 mm Dicke, SR-Platten von 23 bis 120 mm Dicke hergestellt bei einer Plattenbreite von 1250 oder 1850 mm.

Holzfaserplatten (HF)

Das Holz von Kiefer und Fichte, Rapsstroh, Flachs und anderen holzartigen Substanzen wird zerfasert und mit Klebstoffen vermischt. Je nach Verwendungszweck werden sie bei unterschiedlich starken Drücken und unterschiedlich hohen Temperaturen zusammengepreßt.

Holzfaserdämmplatten (HFD): Es handelt sich dabei um poröse Holzfaserplatten (Abb. 57), die in den Dicken von 10, 12, 15, 20, 25, 30, 35, 40 und 50 mm hergestellt und als Deckenverkleidungen, Trennwand- und Türmittellagen zur Wärme- und Schalldämmung (siehe Seite 97/98) verwendet werden.

Hierher gehören auch die Korkdämmplatten (siehe Abb. 57). Bitumengetränkte Holzfaserdämmplatten (BPH) eignen sich besonders für Trittschalldämmung.

Hartfaserplatten (Abb. 58): Es gibt sie je nach Verdichtung mittelhart (HFM), hart (HFH) und extra hart (HFE). Sie sind 3,0, 3,2, 3,5 oder 4 mm dick. Ihr Anwendungsbereich entspricht dem dünner Furnierplatten.

Verbundplatten

Unter diesem Begriff werden alle Platten zusammengefaßt, die aus einer Mittellage und den beiden Decklagen aufgebaut sind. Mittellage und Decklagen können aus den unterschiedlichsten Werkstoffen bestehen. Mittellagen z.B. aus Vollholzleisten, Lagenholz, Span- oder Faserplatten, Schaumharz, aus Wellpappe oder Pappe in Form von Sechseckwaben usw. Decklagen gibt es als Furniere, dünne Span- oder Faserplatten, Kunststoffauflagen, Blech.

Tischlerplatten (TI): Bei den Tischlerplatten besteht die Mittellage aus nebeneinanderliegenden Leisten, die in der Regel miteinander verleimt sind. Auf beiden Seiten der Leisten sind quer zur Faserrichtung Furniere aufgeleimt. Sind die Leisten an den Seiten zum Furnier bis zu 8 mm breit, spricht man von einer Stäbchenmittellage (STAE; siehe Abb. 54.13); bei Leisten zwischen 24 bis 30 mm Breite von Stabmittellage (ST; siehe Abb. 54.12). Die Leisten der Stäbchenmittellage sind so aus dem Stammholz geschnitten, daß sie stehende Jahresringe aufweisen. Solche Tischlerplatten verziehen sich nicht, und der Schwund ist in jeder Richtung nicht größer als der minimale Längenschwund des verwendeten Holzes. Mittellagen bestehen in der Regel aus Fichte, Kiefer, Okoumé, Abachi oder Limba, die Absperrfurniere oder Decklagen aus Okoumé, Buche, Fichte, Limba und Abachi.

Tischlerplatten sind biegefest, formstabil und verhältnismäßig leicht, weshalb sie besonders geeignet sind für Türen und andere großflächige, selbsttragende Bauteile.

Die Verleimungsarten sind IF 20, IW 67 und A 100, selten AW 100, weil Tischlerplatten ohnehin nur bedingt als Außensperrholz eingesetzt werden können. Es werden 2 Güteklassen, I und II, unterschieden. Es gibt 13, 16, 19, 22, 25, 30, 38, 42 und 44 mm dicke Tischlerplatten in den Formaten 1250 × 1730 mm bis 1850 × 5200 mm.

Bautischlerplatten (BTI): Sie besitzen dicke Absperrfurniere aus besonders widerstandsfähigem Holz wie Rotbuche und Makoré und werden bevorzugt nach AW 100 verleimt. Sie werden z.B. im Fertighausbau verwendet.

Sperrtüren: Sie sind aufgrund der Bauweise der Mittellage besonders leicht und besitzen gute Wärmedämmeigenschaften (siehe Seite 464, Abb. 2 und Seite 462).

Kunststoffbeschichtete Platten

Beschichtet werden entweder Flachpreßplatten (KF) oder Hartfaserplatten (KH), und zwar mit Phenol- oder Melaminharzen (siehe Abb. 54.1, 5, 6 und 55). Kunststoffbeschichtete Platten besitzen eine hohe Biegefestigkeit. Ihre Oberfläche ist porenfrei und hart, beständig gegen kochendes Wasser, heiße Töpfe und die üblichen im Haushalt verwendeten Substanzen, dabei geruchs- und

57 *Korkdämmplatten und Holzfaserweichplatte.*

58 *Hartfaserplatte von vorn und von hinten und kunststoffbeschichtet.*

geschmacksneutral und leicht zu reinigen. Aus all diesen Gründen sind sie besonders geeignet für den Bau von Kücheneinrichtungen.

Holzschutz

Dem Holz droht Schaden durch Feuer und Fäulnis. Außerdem ist Holz die beliebte Speise einiger Käferlarven und der Nährboden für Pilze, die das Holz zersetzen. Diese Käferlarven und Pilze werden deshalb als Holzschädlinge bezeichnet.

Gegen *Feuer* kann Holz letztlich nicht wirksam geschützt werden. Bestimmte chemische Lösungen und die Verwendung von Holzwolleleichtbauplatten machen Holz allerdings weniger leicht bis sogar schwer entflammbar, und bereits das kann ein Gebäude vor dem Abbrennen bewahren. Bester Schutz sind ein vorsichtiger Umgang mit offenem Feuer und Funkenflug (z.B. beim Schweißen und Winkelschleifen), eine einwandfreie Elektroinstallation und die sofortige Reparatur schadhafter Leitungen und Geräte.

Fäulnis ist die Folge von ständiger Feuchtigkeit und Nässe. Holz, das naß wird und rechtzeitig wieder trocknen kann, fault nicht. Konstruktiver Holzschutz bedeutet, daß beim Bau mit Holz eine Konstruktionsweise gewählt wird, die vermeidet, daß das Holz feucht wird, bzw. ständig der Feuchtigkeit ausgesetzt ist; Näheres dazu siehe auf der nächsten Seite.

Die Holzoberfläche ist nicht nur empfindlich gegenüber Feuchtigkeit, sondern auch gegen Schmutz aller Art und gegen mechanische Einwirkungen. Es gibt vielfältige Möglichkeiten, die Holzoberfläche vor all diesen schädigenden Einflüssen zu schützen. Das für den Heimwerker Wissenswerte steht im Kapitel »Anstriche« ab Seite 107.

Gesundes Holz, richtig verbaut und von vornherein richtig oberflächenbehandelt, wird von Holzschädlingen nicht befallen. Für diesen vorbeugenden Holzschutz genügen biologische Holzschutzmittel völlig. Problematisch wird es, wenn der *Schädlingsbefall* bereits eingetreten ist. Ein Austausch der befallenen Holzteile kommt meist nicht in Betracht, weil im allgemeinen nicht nur Teile befallen sind, sondern der Befall schon weit fortgeschritten ist – abgesehen von den technischen Schwierigkeiten, der z.B. bereits mit dem Austausch eines Dachsparrens verbunden ist. Hier führt kein Weg an dem Einsatz von Gift, also den von der Chemie angebotenen Holzschutz- bzw. Schädlingsbekämpfungsmitteln, vorbei. In den letzten Jahren wird in zunehmendem Maße bei der Bekämpfung von holzfressenden Käferlarven Heißluft angewendet. Das ist

59  1  2  3

möglicherweise eine Alternative zur Vergiftung der Käferlarven im Holz, einer Methode, die auch für die menschliche Gesundheit abträglich ist.

Konstruktiver Holzschutz

Feuchtes Holz fault und bietet Holzschädlingen einen idealen Nährboden. Konstruktiver Holzschutz sorgt dafür, daß Holz, das unvermeidbar naß wird, nicht feucht bleibt, sondern so schnell, wie es die Witterung erlaubt, wieder trocknet. Konstruktiver Holzschutz wird ergänzt durch entsprechende Oberflächenbehandlung (siehe Kapitel »Anstriche« ab Seite 114).

Holzverkleidung im Außenbereich: Bretter mit Markröhre dürfen nicht als Außenseite verwendet werden, denn die Markröhre fault sehr schnell. Die Bretter sollen senkrecht, nicht waagerecht montiert werden, denn das Wasser fließt an senkrechten Brettern schneller ab. Die holzverkleidete Fassade sollte durch ausreichende Dachüberstände vor Regen geschützt sein, die Holzverkleidung über dem Spritzwasserbereich aufhören.

Damit das Wasser so schnell wie möglich abtropft, muß das Brett unten nach hinten abgeschrägt werden, so daß eine Tropfkante entsteht (siehe Seite 500, Abb. 6.9 a).

Eine Hinterlüftung ist bei einer Außenwandverkleidung aus Holz unverzichtbar. Sie funktioniert nur dann richtig, wenn die Bretter unten nicht auf einen Sockel oder Sims aufstoßen, sondern wenn 1 bis 2 cm Luft ist. Auf Seite 371 ist abgebildet, wie eine Lattenkonstruktion aussieht, die die Hinterlüftung gewährleistet.

Holzverkleidung im Innenbereich: Wenn die Wand hinter der Holzverkleidung trocken ist und bleibt, kann man sie nach Belieben mit Holz verkleiden. Es ist dann unter dem Gesichtspunkt des konstruktiven Holzschutzes nichts zu beachten. Es gibt jedoch viele Wände und Außenmauern, die nach ihrem Bau trocken waren und auch weiterhin trocken bleiben würden, wenn die zu ihnen gehörenden Räume nicht bewohnt würden. Die meisten Leute sind sich darüber nicht im klaren, wieviel Wasserdampf sie tagtäglich in ihrer Wohnung erzeugen – nicht nur beim Kochen und im Bad, sondern vor allem auch beim Ausatmen.

In alten Häusern wachsen an kalten Wintertagen die Eisblumen innen an den Fensterscheiben. In diesen Fällen ist eine Hinterlüftung notwendig.

Aus optischen Gründen soll die Holzverkleidung vom Fußboden bis zur Decke reichen, und zusätzlich gibt es dann noch Fußboden- und Deckenleisten. Das ist möglich, wenn die Wand bzw. Mauer wasserdampfdurchlässig und nicht so konstruiert ist, daß sich der Wasserdampf als Kondenswasser im Hinterlüftungsbereich niederschlägt (siehe Seite 385).

Außenmauern, die mit Kunststoffen aller Art (Kunststofftapete, Kunststoffdämmaterial, Kunststoffmörtel, Kunststoffanstriche) wasserdampfundurchlässig gemacht worden sind, eignen sich nicht für Holzverkleidungen. An diesen Wänden fault sogar der alte Holzschrank.

Fenster, Türen und Fensterläden aus Holz: Beim Bau der Rahmen ist darauf zu achten, daß kein Hirnholzteil am oberen waagerechten Rahmen vorhanden ist, denn die Feuchtigkeit dringt am leichtesten in das Hirnholz ein.

Fenster und Türen sollten in der Maueröffnung nicht bündig mit der Außenfassade abschließen, sondern ein Stück zurückversetzt eingebaut werden, damit sie geschützter vor dem Regen sind.

Fenster besitzen am unteren waagerechten Querholz den sogenannten Wetterschenkel, der das abfließende Regenwasser nach außen führt. So wird verhindert, daß es auf den unteren waagerechten Fensterrahmen und von dort zwischen Rahmen und Mauerwerk gelangt mit der Folge, daß der Fensterrahmen fault und das Mauerwerk durchfeuchtet wird. Damit das Regenwasser nicht an der Unterseite des Wetterschenkels zum Fensterrahmen zurückwandert, wird an dieser Unterseite in der ganzen Länge eine Hohlkehle eingefräst, an der das Regenwasser abtropft (siehe Seite 466, Abb. 3).

Holzpfosten im Freien: Hirnholz, das nach oben gerichtet ist wie zum Beispiel beim Zaunpfosten, wird abgeschrägt und mit einem Brett abgedeckt (siehe Seite 500, Abb. 6). Ein entrindeter Stamm hält der Witterung viel länger stand als aufgeschnittenes Langholz. Wer einen Zaun aus schmalen Holzlatten bauen möchte, sollte deshalb keine dachlattenähnlichen Holzstangen verwenden, sondern halbierte Rundhölzer (siehe Seite 500, Abb. 6), auch für die Querriegel, an die die Zaunlatten hingenagelt werden. Am besten wird Rundung an Rundung genagelt. Ungesäumte Bretter sind zwar nicht gerade, sondern so geformt, wie der Baum gewachsen war, aber sie halten länger als ein besäumtes Brett mit seinen geraden Kanten.

Daß Holzpfosten in der Erde faulen, ist bekannt. Mit Anstreichen und Ankohlen (siehe Seiten 109 und 127) kann man diesen Prozeß um Jahre hinausschieben, aber nicht verhindern. Eine Alternative stellen Beschläge dar, die im Boden einbetoniert werden und auf denen die Pfosten im gewünschten Abstand über dem Boden stehen (siehe Seite 201, Abb. 152).

Die Zaunlatten halten am längsten, wenn sie nicht bis zum Boden reichen und die Pflanzen nicht in den Zaun wachsen; sie sollten einen Abstand von ca. 10 cm vom Boden haben. Sollen Tiere daran gehindert werden, unter dem

59 *Hausbock: 1 Larve, 15 bis 30 mm. 2 Fraßgänge dicht unter der Holzoberfläche von Nadelhölzern, ovale Fluglöcher, 5 bis 10 mm. 3 Käfer, 8 bis 22 mm.*

60 *Klopfkäfer, gewöhnlicher Nagekäfer genannt: 1 Larve, 4 bis 6 mm. 2 Schadensbild: Die Fraßgänge laufen kreuz und quer durch das Holz, viele 1 bis 2 mm große Fluglöcher. 3 Käfer, 2,5 bis 4,5 mm.*

61 *Hausschwamm. Fruchtkörper und Pilzgeflecht (Myzel). Stränge, bis 10 mm dick, überbrücken auch holzfreie Strecken (z. B. Mörtelfugen). Benötigt ca. 20 bis 30% Holzfeuchte. Dieser Schwamm zersetzt die Zellulose, das Holz zerfällt würfelförmig (Destruktionsfäule) und verfärbt sich braun (Braunfäule).*

62 *Brauner Warzenschwamm oder Kellerschwamm mit gelbbraunem Pilzgeflecht an der Oberfläche und braunschwarzen wurzelförmigen Strängen. Der Schwamm benötigt eine Holzfeuchte von ca. 30 bis 60%.*

Zaun in den Garten zu gelangen, so erreicht man dies mit einem alten querliegenden Brett. Wenn das Brett nach ein paar Jahren verfault ist, kann es leichter und billiger ausgewechselt werden als der ganze Zaun.

Ecken und Kanten: Sie sollen leicht abgerundet werden, damit auch hier die Anstrichschicht so dick wie auf den übrigen Flächen haften kann und so das Holz schützt.

Holzschädlinge

Insekten und Pilze, die nur den stehenden Baum oder das frisch geschlagene Holz befallen, sind für den Heimwerker nicht von Bedeutung, denn er wird nur einwandfreies Holz kaufen. Von den Insekten und Pilzen, die fertige Holzbauwerke befallen, nennen wir nur die gefährlichsten und häufigsten.

Hausbock (Abb.59): Er ist der gefährlichste Holzschädling unter den Insekten. Das Weibchen dieses bis zu 22 mm langen schwarzen Käfers legt mehrere hundert Eier in Risse des Kiefernholzes ab, vor allem im Dachstuhl, im Fachwerk, in Fußböden und Türen. Aus den Eiern schlüpfen etwa 2 mm lange weißliche Larven, die viele Jahre bis zur Verpuppung brauchen (man behauptet bis zu 10 Jahren) und unsichtbar unter der Holzoberfläche Gänge durch das Holz fressen. Ausgewachsen sind diese Larven bis zu 30 mm lang. Das Nagen der Larven im trockenen Holz kann man gut hören. Wenn der Hausbock aus der Puppe ausschlüpft, nagt er sich einen Gang nach außen.

Diese Schlupflöcher sind alles, was man von außen von seinem zerstörerischen Werk sieht, bevor alles zusammenstürzt: Schlupflöcher, aus denen frisches Holzmehl rieselt. Sticht man mit einem spitzen Messer in das vom Holzbock befallene Holz, so kann es sein, daß es bis zum Heft eindringt, als sei es nicht Holz, sondern Butter.

Klopfkäfer (Abb.60): Er wird auch Pochkäfer oder gewöhnlicher Nagekäfer genannt und wird bis zu 6 mm lang. Das Weibchen legt 20 bis 40 Eier in Laubholz, aber auch Nadelholz, wobei es bereits befallenes Holz bevorzugt. Die weißen Larven fressen 1 bis 3 Jahre lang unregelmäßige Gänge, oftmals durch die Holzoberfläche hindurch, bis sie sich verpuppen, und werden dabei bis zu 6 mm groß. Vom Klopfkäfer werden vor allem Möbel befallen, die in wenigen Jahren völlig zerstört werden können, weil die Larven regelmäßig in Massen auftreten.

Hausschwamm (Abb.61): Er ist der gefährlichste Pilz. Er befällt Holz und holzartige Baustoffe aller Art, durchdringt Mauern und bildet meterlange Stränge. Die vollständige Entfernung des Pilzgeflechts ist angesichts der Ausdehnung des Hausschwamms meist mit hohen Kosten verbunden. Erfolgt sie nicht, so bildet er sich aus verbliebenen Resten neu. Man kann ihn auch nicht austrocknen, weil er das Wasser notfalls aus der Luft entnimmt. Der Hausschwamm zerstört die Zellwände des Holzes, wodurch es seine Festigkeit verliert,

66

67

schwindet, sich braun verfärbt und in Würfel zerbröckelt. Vom Hausschwamm befallenes Holz muß verbrannt werden. Andauernde Nässe, Dunkelheit und stehende Luft sind die idealen Lebensbedingungen für den Hausschwamm.

Brauner Warzenschwamm (Abb.62): Er wird auch Kellerschwamm genannt, befällt Laub- und Nadelhölzer im Freien wie im Haus und verfügt ebenfalls über eine hohe Zerstörungskraft. Er kann aber erfolgreich bekämpft werden, wenn es gelingt, ihm die Feuchtigkeit zu entziehen, ohne die er nicht überleben kann. Befallenes Holz wird wie beim Hausschwamm braun und zerbröckelt in Würfeln.

Weißer Porenschwamm (Abb.63): Er bevorzugt Nadelholz und befällt es im

Freien wie im Haus. Entzieht man ihm die für sein Wachstum notwendige Feuchtigkeit, so stirbt er nicht ab wie der braune Warzenschwamm, sondern verfällt in eine Ruhestarre und kann noch nach Jahren wieder aufleben. Das zerstörte Holz zeigt braunen Würfelbruch.

Blättlinge (Abb.64): Sie befallen Nadelholz von hoher Holzfeuchte im Freien. Zuerst zerstören sie das Holz im Inneren, so daß es meist zu spät ist, wenn man an der Oberfläche die ersten Anzeichen des Befalls entdeckt: eine streifenförmige oder flächige Rotverfärbung.

Bläuepilz (Abb.65): Er befällt vor allem das Kiefernsplintholz, aber auch andere Holzarten, und verfärbt das Holz bläulich. Der Bläuepilz vermehrt sich sehr schnell und kann in wenigen Stunden einen ganzen Holzstapel befallen. Die Fachleute streiten darüber, ob auch die Festigkeit unter der Bläuefäule leidet oder nur die Schönheit des Holzes.

Hobelbank und Werktische

Die Hobelbank ist der ideale Werktisch für die Holzbearbeitung. Die Anschaffung einer Hobelbank ist für den Heimwerker eine Kostenfrage, in der Regel aber vor allem eine Platzfrage. Wir zeigen deshalb auch Alternativen zur Hobelbank auf, die allerdings immer Ab-

63   *Weißer Porenschwamm. Er verursacht ähnliche Zerstörungen wie der echte Hausschwamm.*

64   *Blättling. Das Pilzgeflecht wächst nur im Inneren von sehr feuchtem Holz (Fenster, Balkone, Zäune), weshalb der Befall meist sehr spät erkannt wird.*

65   *Bläuepilz.*

66   *ULMIA-Hobelbank.*

67   *Vorderzange von unten mit paralleler Spannbackenführung.*

striche bei den optimalen Arbeitsbedingungen bedeuten.

Hobelbank
Abb.66 zeigt eine ULMIA-Hobelbank (Firma Georg Ott), die allen Anforderungen gerecht wird. Bei Qualitätshobelbänken ist die Bankplatte aus gedämpfter Rotbuche, mit stehenden Jahresringen verzahnt verleimt. Die Bankplatte ist etwa ½ m breit, zwischen 1,6 und 2,3 m lang und wiegt zwischen 60 und 140 kg. Sie ruht auf einem massiven Holzgestell, an das sie angeschraubt wird. Die Bankplatte dient als Auflage für das zu bearbeitende Werkstück. Außerdem ist sie mit verschiedenen Vorrichtungen ausgestattet zum Festhalten von Werkstücken jeglicher Form: Die *französische Vorderzange* mit Parallelführung befindet sich vorn links an der Hobel-153

bank (Abb. 67). Auch bei einseitiger Beanspruchung des Spannbackens ist Parallelität gewährleistet. Die deutsche Vorderzange mit dem beweglichen Druckbrett ist kaum noch anzutreffen. Beim Einspannen besonders großer Werkteile in der Vorderzange benutzt man zusätzlich einen *Bankknecht* (Abb. 68).

In die *Hinterzange* werden Werkstücke senkrecht eingespannt oder lange Werkstücke mit Hilfe der Bankhaken waagerecht (Abb. 69). Mit Hilfe von *Seitenbankhaken* können Schubkästen und ähnliche Werkstücke eingespannt werden.

An der Bankplatte befindet sich eine Beilade zum vorübergehenden Ablegen von Werkzeugen, mit denen man gerade arbeitet, damit die Bankplatte als Auflagefläche immer frei bleibt. Das Werkzeug sollte in Griffnähe bei der Hobelbank aufbewahrt sein: an der Wand in Werkzeugschränken oder an Platten mit entsprechenden Halterungen für das Werkzeug oder in einer Kipplade, wenn die Hobelbank frei steht mit dem Vorteil, daß sie von allen Seiten zugänglich ist und große Werkstücke besonders leicht bearbeitet werden können. Man kann das Werkzeug auch in einem Schrank unter der Hobelbank (Abb. 70) unterbringen, der durch sein zusätzliches Gewicht die Standfestigkeit des Werktisches noch erhöht.

Arbeitsregeln: An der Hobelbank sollte man keine Metallarbeiten ausführen, denn die Metallspäne würden sich unvermeidlich in die Bankplatte eingraben und sie als Auflage für Holzwerkstoffe unbrauchbar machen. Wenn irgend möglich, sollte man für die Holz- und die Metallbearbeitung getrennte Arbeitsplätze haben. Geht das aus Platzgründen nicht, dann kann die Hobelbank in einen Werktisch für Metallarbei-

ten in folgender Weise umgerüstet werden: Eine Hartfaserplatte wird größer, aber in der Proportion der Hobelbankplatte zugeschnitten. An sie werden Leisten geschraubt und geklebt, mit denen die Hartfaserplatte auf der Hobelbankplatte vor dem Verrutschen gesichert wird, wobei eine Leiste noch zusätzlich in die Vorderzange eingespannt wird. Wenn die Hartfaserplatte an der Hinterzange eine Aussparung erhält, kann in die Hinterzange ein T-förmiges Holzgestell eingespannt werden, auf das ein Schraubstock montiert wird. Die Lervad-Hobelbank ist serienmäßig mit einer solchen Schutzplatte für Metallarbeiten und Schraubstock ausgerüstet (siehe Abb. 70). Schwere Schlosserarbeiten dürfen an einer so umgerüsteten Hobel-

bank nicht ausgeführt werden, weil durch die Schläge mit einem schweren Hammer das Holzuntergestell in seinen Verbindungen gelockert würde.

Wenn an einem Werkstück auf der Bankplatte gebohrt, gestemmt oder gesägt werden soll, muß zum Schutz der Bankplatte Holz untergelegt werden. So wird vermieden, daß der Bohrer, der Stechbeitel oder die Säge in die Bankplatte geraten.

Die Zangen der Hobelbank sind keine Schraubstöcke. Metallteile dürfen nicht eingespannt werden, denn sie würden die Spannflächen beschädigen.

Die Bankplatte reibt man ab und zu mit Leinöl ein, damit Leimspritzer und Schmutz leichter entfernt werden können. Ausgehärtete Leimspritzer werden

68

69

68 *Bankknecht, links im Einsatz, rechts im Profil.*

69 *Hinterzange. Das Werkstück ist waagerecht zwischen Bankhaken eingespannt.*

70 *Lervad-Hobelbank mit Werkzeugschrank, Schutzplatte und Schraubstock für Metallbearbeitung.*

niemals mit dem Stechbeitel, sondern mit der Ziehklinge entfernt, weil der Stechbeitel erfahrungsgemäß sehr schnell in das Holz eindringt.

Werktische

ULMIA-Vielzweckwerkbank: Sie besteht aus einer Buchenplatte mit Bankhakenlöchern und einer parallel spannenden Hinterzange auf einem Stahlrohrgestell. Sie ist auch für Schlosserarbeiten stabil genug, jedoch muß dann die Buchenplatte durch eine Hartfaserplatte oder Blechauflage geschützt werden.

Workmate 2000 (Black & Decker): Die zusammenlegbare transportable Werkbank kann von einer Person leicht getragen werden, paßt in jeden Kofferraum und kann zur Aufbewahrung an die Wand gehängt werden. Sie ist ein universelles Gerät zum Einspannen von Brettern, Balken, Platten, Rohren, konischen und runden Werkstücken, zum Festhalten für die weitere Bearbeitung und zum Verleimen, verwendbar als Presse und als Sägebock (Abb. 2–7 Seiten 16 und 17). Für Schlosserarbeiten, bei denen mit dem Hammer wuchtige Schläge auf ein Werkstück ausgeführt werden müssen, ist die Workmate nicht geeignet.

Spannwerkzeug

Spannwerkzeuge benötigt man zum Einspannen von Werkteilen, für die weitere Bearbeitung oder zum Zusammenleimen.

Zwingen

Bei den *Schraubzwingen* wird die Spannung mit Hilfe einer Gewindespindel erzeugt, bei den *Klemm-* oder *Exzenterzwingen* durch Umlegen eines Hebels (Abb. 71). Die Abmessungen bei den Zwingen sind sehr unterschiedlich, so wie auch die Werkstücke, die festgehalten oder zusammengehalten werden sollen, sehr unterschiedlich groß sind: Die Spannweite liegt zwischen 100 und 3500 mm und die Ausladung zwischen 50 und 175 mm (bei Stahlbau bis 500 mm). Die ganz großen Schraubzwingen nennt man *Schraubknechte*. Für die Holzbearbeitung gibt es einige

70

Spezialzwingen: die *Kantenzwinge* für das Festkleben von Leisten oder Umleimern, *Flächenspanner* mit kippbaren Spannflächen, die sich jeder Werkform anpassen, *Korpuszwingen* mit großen Spannflächen zum Zusammenspannen aller rechtwinkligen Teile auch mit furnierter oder lackierter Oberfläche (alle Abb. 71) sowie *Minizwingen* für den Bastler und Modellbauer. Bei Reparaturarbeiten in engem Raum stört manchmal die Spindel im Spannbereich. Hier empfiehlt sich die Schnellspannzwinge Monus der Firma Boldt, die es bei einer Ausladung von 150 mm für die Spannweiten 250 und 400 mm gibt.

Leimklammern aus Federstahl können auch an kleinsten Werkstücken mit der dazugehörenden Spreizzange angesetzt werden (Abb. 72). Bei dem niedrigen Anschaffungspreis braucht man mit Leimklammern nicht zu sparen und kann sie in größerer Zahl ansetzen. Leimklammern erzeugen einen ähnlichen starken Druck wie leichte Schraubzwingen.

Damit beim Zusammenleimen zu einer Platte die Bretter exakt in einer Ebene liegen bleiben, stellt man sich aus 4 Bandeisen 2 Pressen her. Abb. 73 zeigt die Anwendung.

Welche speziellen Spannwerkzeuge es für den Zusammenbau von kleinen Rahmen gibt, zeigt Abb. 72.

Schraubstöcke

Nützliche Spezialschraubstöcke für die Holzbearbeitung sind ULMIA-Schraubstöcke entweder mit parallel spannenden Backen oder mit drehbaren Spannbacken für Außen- und Innenspannung (Abb. 74), die im Bankhakenloch befestigt werden. Ein weiteres nützliches Hilfsmittel ist der ULMIA-Hilfsspannstock zur Bearbeitung von Leisten, Stäben und Rahmenteilen, der mit einer Zwinge an jeder Tischplatte befestigt oder in die Hinterzange der Hobelbank eingespannt werden kann (Abb. 75).

Spannvorrichtung SPV 200

Die Vorrichtung von Bosch ist eine sinnvolle Hilfe für den, der sich keine Werkstatt einrichten kann und deshalb für eine kleinere Schreinerarbeit kurzfristig einen Raum in eine Werkstatt um-

71

wandeln muß. Sie ist aber auch sehr gut geeignet für den mobilen Einsatz (siehe Seite 19, Abb.9). Damit ein Werkstück zur Bearbeitung waagerecht oder senkrecht eingespannt werden kann, muß lediglich eine feste Tischplatte vorhanden sein. Mit der Spannvorrichtung können auch Bauteile für die Montage oder zum Verleimen zusammengehalten werden.

Jobber

Der nützliche Helfer für Reparaturarbeiten in Haus und Garten und für Bastler, hergestellt von Black & Decker, ist geeignet für Holz- und Metallarbeiten. Er wird mit Gummisaugfüßen oder Klemmen befestigt. Die maximale Spannweite beträgt 105 mm.

Sägen

Vollholz und Holzwerkstoffe werden mit Sägen getrennt. Alle Sägeaufgaben können mit Handsägen bewältigt werden, aber ab einem gewissen Umfang an Sägearbeiten lohnt sich zweifellos der Einsatz einer elektrischen Säge.

Handsägen

Das Sägeblatt mit den Sägezähnen ist der wichtigste Teil jeder Säge. Entweder wird das Sägeblatt durch ein Gestell oder einen Bügel gespannt, oder es muß selbst so stark oder am Rücken verstärkt sein, daß es die für das Sägen erforderliche Steifigkeit besitzt.
Abb.76 zeigt die Wirkungsweise eines Sägezahnes: Die Hauptschneide der Sägezahnspitze zerfasert das Holz, die Nebenschneiden trennen das Holz sauber aus der Schnittfuge.
Eine Säge arbeitet auf Stoß oder auf

71 *Korpuszwingen (Bessey) und Exzenterzwingen (Bessey, Klemmsia).*

72 *Leim- und Gehrungsklammern von ULMIA und Stanley.*

73 *Jedes Bandeisenpaar besitzt mehrere Löcher, durch die eine Schraube mit Flügelmutter gesteckt wird. Die Spannung wird durch Holzkeile zwischen Holzplatte und Schraube erreicht.*

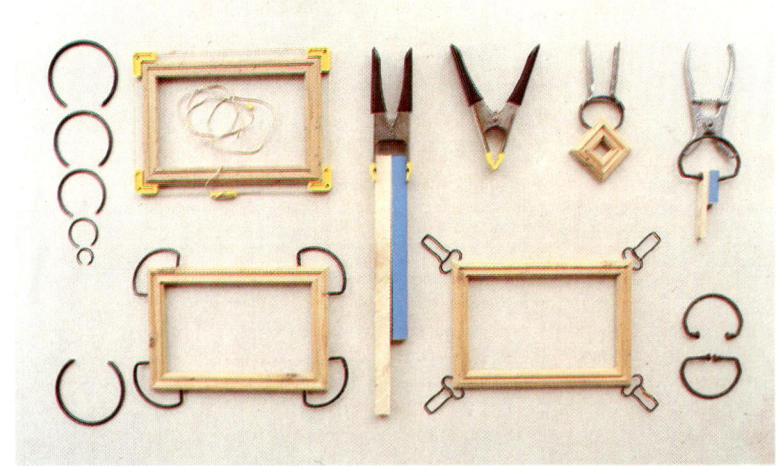

72

73

Zug, je nachdem ob die Sägezähne bei der Einhandsäge von demjenigen, der die Säge führt, wegweisen oder auf ihn gerichtet sind. Abb. 76 zeigt Sägezähne mit verschieden großen Schnittwinkeln, wobei der Keilwinkel mit 60° immer gleich bleibt (Abb. 76.2–4). Je kleiner der Schnittwinkel, um so größer ist zwar die Schnittleistung, aber um so mehr Kraft ist auch erforderlich und um so gröber wird der Sägeschnitt (Abb. 76.2 und 4). Für die Holzbearbeitung verwendet man wegen der leichteren Handhabung und der besseren Schnittgüte Sägen mit einem Schnittwinkel der Zähne zwischen 100 und 120°, also Sägen, die beidseitig oder schwach auf Stoß wirken. Zahnteilung oder Zahnweite nennt man die Entfernung von Zahnspitze zu Zahnspitze. Je größer die Zahnteilung, desto gröber der Schnitt. Die Zahnteilung bei Handsägen nennt man grob, wenn sie zwischen 5,5 und 9 mm und fein, wenn sie unter 2,5 mm liegt.

Im folgenden werden die Grundformen der verschiedenen Handsägen und ihre spezielle Eignung dargestellt:

Zugsägen oder Schrotsägen: Sie dienen zum Fällen von Bäumen und Ablängen von Stämmen und Bohlen (siehe Seite 138, Abb. 7) und werden von zwei Personen bedient.

Gestellsägen (Abb. 77): Sie gibt es in 4 Unterarten: die *Spannsäge* mit 5 mm Zahnteilung und auf Stoß gerichteten großen Zähnen liefert verhältnismäßig grobe Schnitte bei guter Schnittleistung, beim Zuschneiden und Schlitzen. Die *Absetzsäge* mit 3 mm Zahnteilung, de-

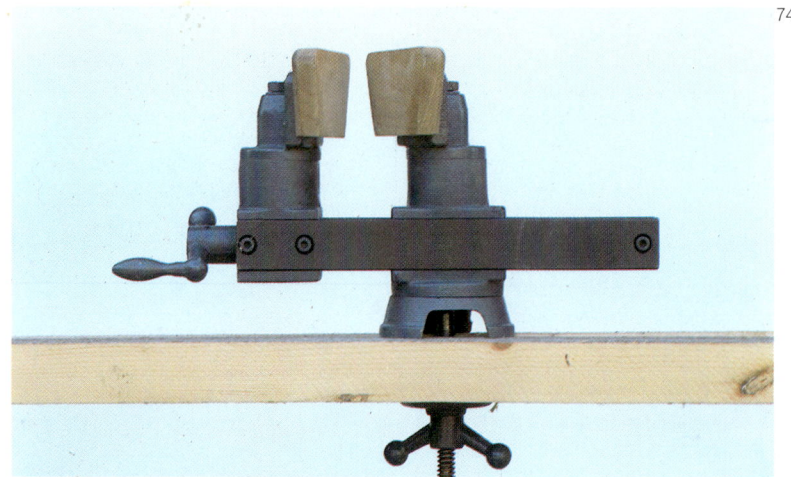

74

75

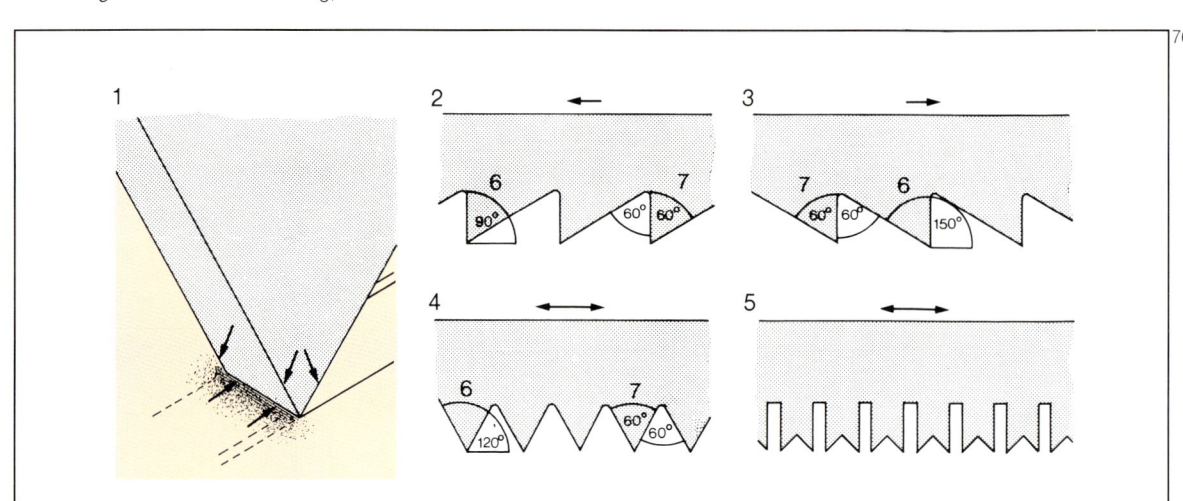

76

ren Zähne nur schwach auf Stoß stehen, eignet sich für feine, saubere und besonders genaue Schnitte, wie man sie beim Absetzen von Zapfen und Anschneiden von Zinken benötigt. Die *Schweifsäge* mit ebenfalls 3 mm Zahnteilung hat ein nur 4 bis 10 mm breites Blatt und wird zum Sägen von Schweifungen verwendet. Bei der *Zimmerersäge* mit 5 mm und der *Schlittersäge* mit 7 mm Zahnweite stehen die Zähne auf Stoß und Zug. Sie liefern schnelle grobe Schnitte. Alle Gestellsägen müssen nach dem Gebrauch entspannt werden.

Bügelsägen (Abb. 7): Sie haben ein genormtes Sägeblatt von 800 mm Länge und 30 mm Breite. In der Regel weisen sie eine M-Zahnung (Abb. 76) auf. Das Sägeblatt wird durch den Bügel gestreckt. Der Schnitt ist grob, die Schnittleistung gut. Verwendet werden die Bügelsägen zum Trennen von Balken, Rundholz, beim Schneiden von Feuerholz und Absägen starker Äste.

Fuchsschwanz (Abb. 77 und 78): Er erhält seine Steifigkeit durch die Blattdicke und hat grobe Zähne, die auf Stoß arbeiten. Man braucht ihn zum Trennen von Platten.

Feinsäge (Abb. 78): Sie hat besonders feine Zähne, die beidseitig wirken. Das Blatt ist am Rücken verstärkt. Es gibt Feinsägen mit geradem und solche mit nach links bzw. rechts gekröpftem Heft, damit man z. B. einen eingeleimten Zapfen unmittelbar an der Wand absägen kann.

Stichsäge (Abb. 78): Man benutzt sie zum Aussägen von Formen aus einer Platte.

Gratsäge (Abb. 78): Sie arbeitet auf Zug und wird zum Herstellen der Gratnut benutzt.

Furniersäge (Abb. 78): Auch sie arbeitet auf Zug und wird zum Trennen des Furniers verwendet.

Laubsäge (Abb. 78): Sie besteht aus einem Metallbügel, zwischen dem sehr feine Sägeblätter für Holz bzw. Metall oder Sägedrähte eingespannt werden (Abb. 88), mit denen engste Kurven in dünnen Platten oder Blechen gesägt werden können.

Sägedraht (Abb. 88): Er besteht aus einem mit Karbid besetzten Draht an zwei Halteringen und zerspant jedes einigermaßen harte Material wie Holz, Metall, Stein, Glas usw. Der Sägeschnitt ist außerordentlich grob. Für Holzarbeiten ist er deshalb unbrauchbar, kann aber die einzige Hilfe sein, um z. B. an einer schwer zugänglichen Stelle eine eingerostete Schraube durchzusägen, die Holzteile zusammenhält.

Elektrische Sägen

Handkreissäge: Man benutzt sie zum Zuschneiden am fest eingespannten Werkstück (Abb. 79 und 80). Der Längs-

74 ULMIA-Schraubstock für Außen- und Innenspannung.

75 ULMIA-Hilfsspannstock zum Hobeln von Leisten.

76 Wirkungsweisen der Säge:
   1 Funktion des Sägezahnes: Der Sägezahn zerfasert mit der Haupt- und den Nebenschneiden das Holz.
   2 Die Säge arbeitet auf Stoß.
   3 Die Säge arbeitet auf Zug.
   2–4 Der Keilwinkel beträgt immer 60° = 1; Schnittwinkel = 2.
   4, 5 Die Säge arbeitet in beide Richtungen.
   5 M-Zahnung
   6 Keilwinkel, immer gleich
   7 Schnittwinkel.

77 Oben: Gestellsägen (Zimmerersäge, Schweifsäge, Absetzsäge), unten: Plattensägen oder Fuchsschwänze.

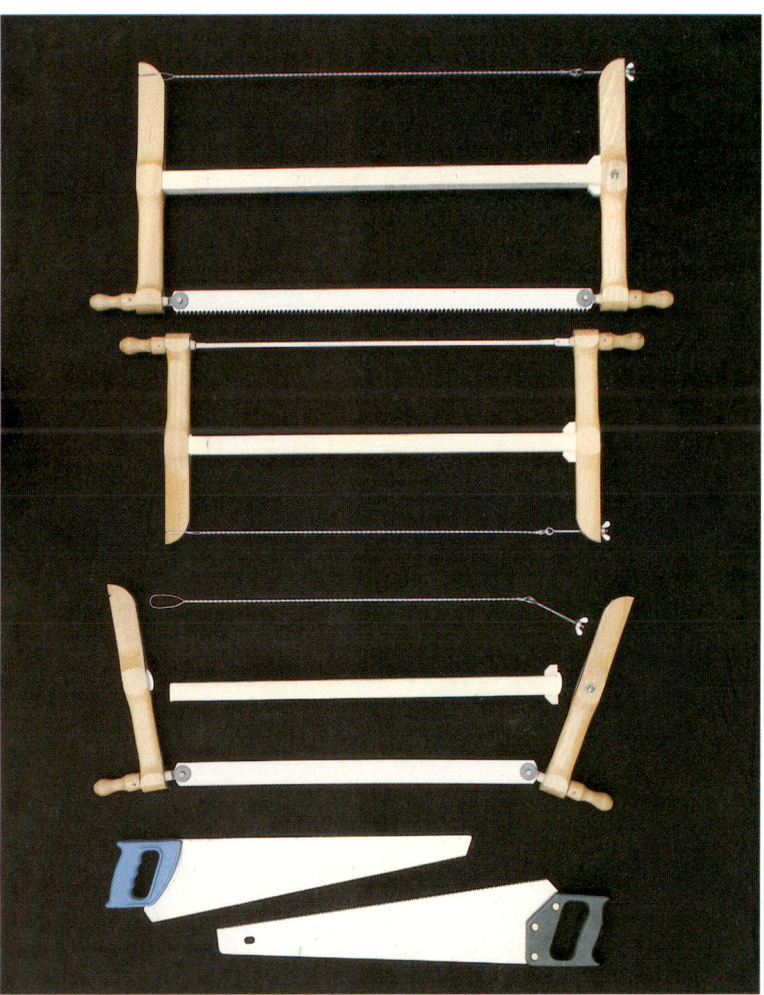
77

anschlag gehört bei allen Modellen zur Serienausstattung. Er ermöglicht exakt parallele Schnitte zu einer geraden Kante. Der Schnittiefenbereich ist von Modell zu Modell verschieden und liegt zwischen 40 und 150 mm. Die Handkreissägen der verschiedenen Firmen erlauben fast alle Gehrungsschnitte und den Einbau in einen Sägetisch, so daß die Handkreissäge auch als stationäre Kreissäge verwendet werden kann, an die dann das Werkstück herangeführt wird. Die Sägetische haben entweder eine Beinhöhe von ca. 35 cm, werden dann am besten auf eine starke Platte montiert, wobei man die Platte mit Zwingen an der Werktischplatte befestigt. Im anderen Fall haben sie Beine mit 85 cm Höhe, besitzen also die richtige Arbeitshöhe, wenn sie auf dem Boden stehen. Es ist vorteilhaft, wenn ein solcher Sägetisch mit einem Auflagerahmen ausgestattet ist wie bei AEG (Abb. 81), so daß die Auflagefläche der Sägetische wesentlich erweitert wird und so auch große Werkstücke sicher an der Kreissäge bearbeitet werden können. Bei den Sägetischen gehören der Seitenanschlag und die Möglichkeit, Gehrungsschnitte auszuführen, regelmäßig zur Serienausstattung.

Für die Sauberkeit am Arbeitsplatz ist es von großem Vorteil, wenn an die Hand- bzw. Tischkreissäge ein Sauggebläse angeschlossen werden kann, das die Späne absaugt, so daß sie nicht in den Raum geblasen werden (Abb. 82).

Das Sägeblatt kann mehr oder weniger schnell ausgewechselt werden. Für die verschiedenen Aufgaben gibt es verschiedene Sägeblätter (Abb. 83), meist nur für Holz, bei AEG auch zum Trennen von Nichteisenblechen. Eine besondere Vorrichtung ist die *Wanknuteinrichtung* (z.B. AEG, Bosch): Hier wird ein Sägeblatt so montiert, daß es in einem bestimmten Bereich bis zu 10 mm hin und her wandert. Mit Hilfe des Wanknutblattes können schnell und präzise Fingerzapfenverbindungen gesägt werden.

Beim Ablängen von kleineren Werkstücken verwendet man einen Abweiskeil. Besteht die Gefahr, daß die das Holz schiebende Hand in die unmittelbare Nähe des Blattes kommt, benutzt man einen Schiebestock.

Universalkreissäge: Sie ist ein ideales Werkzeug für den Profiheimwerker. Ihre

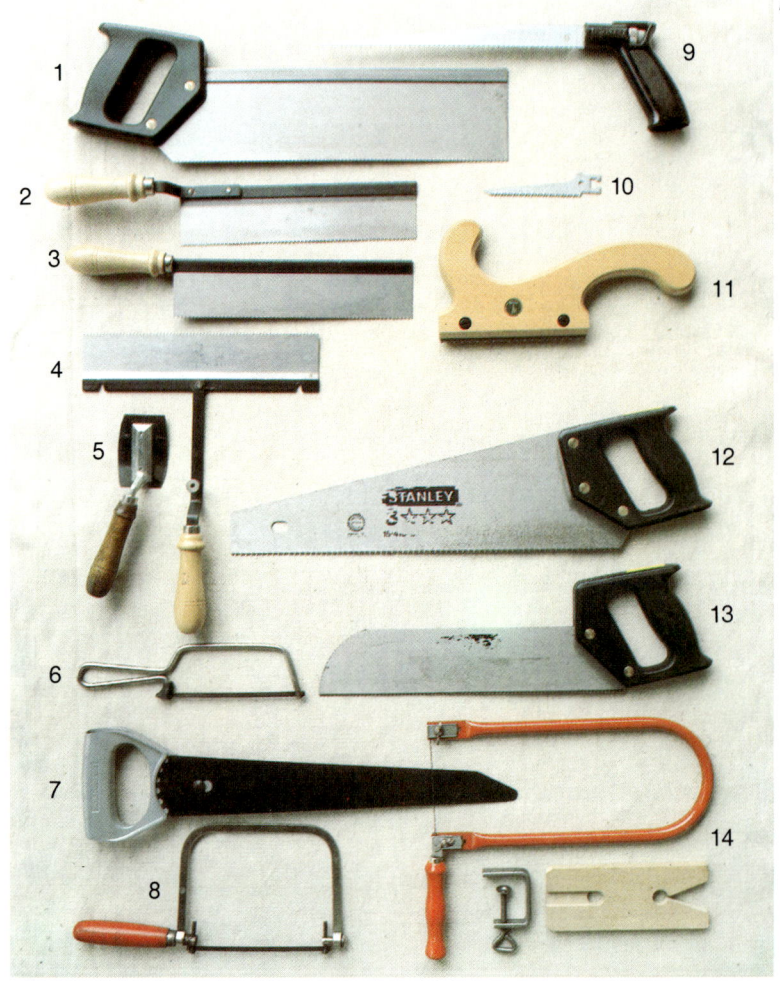

78

Anschaffung lohnt sich nicht für jemand, der nur ein Regal für den Keller oder einen Garderobenschrank aus Spanplatten zusammenbaut.

Keine Wünsche offen läßt die Inca-Feinschnitt-Kreissäge-Universal-Compacta (Abb. 84). Mit ihr gelingen präzise Quer- und Winkelschnitte sowie Schrägschnitte. Sie ist eingerichtet für das Nuten mit der Wanknutscheibe, das Zinken, Fräsen, Zapfenschneiden, Schlitzen, Kehlen, Profilfräsen und Langlochbohren (Abb. 85). Zum Ablängen von großen Bohlen und Platten steht ein Auflagerahmen zur Verfügung. Er ist so robust, daß die maximale Schnittiefe von 55 mm voll ausgenutzt werden kann, z.B. für Längsschnitte durch Bohlen. Für die exakte Führung der Bohle

ist der Einsatz eines Rollenbockes zu empfehlen. Schließlich können die Werkstücke mit diesem Universalwerkzeug auch mit der Scheibe oder der Walze geschliffen werden. Trotz all dieser Bearbeitungsmöglichkeiten ist diese Kreissäge kompakt und mit ihren 25 kg auch noch transportabel. Es gibt ein Lehrbuch für den Umgang mit dieser Profiheimwerkermaschine.

Stichsäge: Man benötigt sie zum Aussägen von Innenformen und für Kurvenschnitte. Im Unterschied zur Handstichsäge muß kein Loch vorgebohrt werden. Die elektrische Stichsäge wird, wie dies Abb. 86 zeigt, auf das Werkstück aufgesetzt und mit Gefühl, während die Säge arbeitet, in das Holz gedrückt (Tauchschnitt). Die Schnittiefe, die in

Holz bis 50 mm reicht, kann in Holz nur zur Hälfte ausgenutzt werden, wenn exakte maßhaltige rechtwinklige Schnitte durch das Werkstück erforderlich sind. Bei den meisten Modellen ist die Fußplatte schwenkbar, so daß schräge Schnitte bis zu 45° möglich sind. Außerdem gibt es Führungen für gerade Schnitte parallel zu einer geraden Kante und für Kreisschnitte (Abb. 87). Manche Stichsägen können verkehrt herum in einen kleinen Sägetisch eingebaut werden und sind so für kleine Werkstücke ein Kreis- und Bandsägenersatz.

Für die Stichsäge gibt es eine große Auswahl von Stichsägeblättern für die verschiedensten Materialien (Abb. 88).

Bandsäge: Diese Säge mit Parallelanschlag und schwenkbarem Sägetisch ist ein Werkzeug für den Profi. Mit ihr können schnelle exakte Längs-, Quer-, Kurven- und Gehrungsschnitte ausge-

78 *Sägen:*
  1 Fuchsschwanz (Stanley) mit verstärktem Rücken
  2 Rechtsgekröpfte Feinsäge (Lux)
  3 Feinsäge mit geradem Griff
  4 Feinsäge, als rechts- und linksgekröpft verwendbar
  5 Furniersäge (Ulmia)
  6 Kleine Bügelsäge mit auswechselbarem Blatt für Metall und Hartholz
  7 Allzwecksäge mit verstellbarem Blatt (Stanley)
  8 Bügelsäge für tiefe Schnitte in Metall und Hartholz
  9 Stichsäge
  10 Mit auswechselbarem Blatt (Stanley)
  11 Gratsäge (Ulmia)
  12 Plattensäge (Stanley)
  13 Universalsäge zum Sägen von Schlitzen, Nuten und Furnieren (Stanley)
  14 Laubsäge für Holz und Metall mit Laubsägetisch.

79 *Zerteilen einer großen Spanplatte mit Hilfe eines Plattenhalters von Häfele. Die Handkreissäge wird an einer Latte als Anschlag entlanggeführt, die mit Schraubzwingen befestigt ist.*

80 *Zimmermannshandkreissäge (Festo).*

161

85

81 Stationäre Kreissäge mit Auflagerahmen einschließlich Führungsan-
schlag.

82 Tischkreissäge mit Absaugevor-
richtung.

83 Kreissägeblätter (AEG und Black &
Decker). Feinzahnsägeblätter (1, 5,
7, 8) verwendet man für besonders
saubere und für Querschnitte. 5 ist
ein robustes Sägeblatt für Fußböden, das auch Nägel durchsägt.
7 ist ein Hobelsägeblatt für Fein-
schnitte in Vollholz über 10 mm
Dicke. Grob gezahnte Sägeblätter

(Wolfszahn) eignen sich für schnelle und grobe Schnitte (3, 4, 6). Hartmetallbestückte grobe Zähne verwendet man für Tischler-, Span-
und Hartfaserplatten, resopal- und
kunststoffbeschichtete Platten; das
Blatt bleibt länger scharf, kann aber
nicht nachgeschliffen werden,
wenn es stumpf wird. 2 ist ein Spe-
zialblatt für das Wanknuten.

84 Universalkreissäge für den an-
spruchsvollen Möbelbau (Inca).

85 Langlochbohrer an der Inca-Universalkreissäge.

führt werden. Auch hier gibt es verschiedene Sägebänder für die unterschiedlichen Schnitte ins Holz, besonders kräftige für reine Längsschnitte
und feinere für Kurvenschnitte. Inca liefert außerdem Sägebänder für Nichtmetalle, ein Laubsägeblatt und ein Band-
messer für Textilien und Schaumstoffe.
Die Schnitthöhe einer Bandsäge setzt
ihren Einsatzmöglichkeiten Grenzen.
Sie beträgt bei der Profibandsäge von
Inca 155 mm. Bei Längsschnitten durch
Bohlen ist ein absolut fester Stand der
Bandsäge entweder auf einem eigenen
Gestell oder auf einem entsprechenden
Werktisch sowie eine gleichmäßige
Führung der Bohle mit Hilfe eines Rol-
lenbockes unbedingt erforderlich.
Beim Hochkantschneiden verwendet
man zur sicheren Führung des Werk-

stückes einen Anlegewinkel. Nach der
Arbeit wird das Sägeband entspannt
und der Bandsäge deutlich sichtbar das
Schild »entspannt« umgehängt.
Dekupiersäge (Abb. 89): Sie ist prak-
tisch eine große elektrische Laubsäge.
Gehrungssäge (Abb. 90): Sie dient ausschließlich der Herstellung von Holzverbindungen, für die man ganz exakte
Gehrungsschnitte benötigt.
Lochkreissäge: Mit diesem Vorsatzgerät
für die Bohrmaschine mit verschiedenen Sägeeinsätzen (Abb. 91) können in
Platten Löcher mit einem Durchmesser
bis zu 60 mm gesägt werden.
Rechteckige Ausschnitte aus einer Platte können außer mit der elektrischen
Stichsäge auch mit einer Handsäge von
Stanley (siehe Seite 160, Abb. 78.13)
herausgesägt werden, und zwar mit den

86 *Tauchschnitt mit der Stichsäge (Black & Decker): In die Platte, aus der etwas ausgesägt werden soll, muß für das Sägeblatt kein Loch gebohrt werden, sondern die Stichsäge sägt selbst das Loch, wenn man sie so ansetzt, wie es auf der Abbildung zu sehen ist und sie allmählich in ihre übliche Sägehaltung bringt.*

87 *Stichsäge beim Kreisschnitt mit Schneideführung (Holzher).*

88 *Sägeblätter für kleine Sägen:*
   1 Bügelsäge feinzahnig
   2 Elektrische Dekupiersäge
   3 Laubsägeblatt grob für Holz
   4 Laubsägeblatt fein für Holz

86

87

89

88

5 Laubsägeblatt für Metall
6 Laubsägedraht für Holz, mit dem man nach allen Richtungen sägen kann
7 Stichsägeblatt für Holz
8 Stichsägeblatt für Metall
9 Stichsägeblatt für Kurvenschnitte in Holz
10 Karbidbeschichteter Handsägedraht für Metall, Keramik und Glas
11 Stichsägeblatt für Weichholz.

89 Dekupiersäge (Metabo) mit schwenkbarer Arbeitsplatte und Gebläse zum Freihalten der Schnittlinie.

90 Präzisionsgehrungssäge (Ulmia).

91 Bohrmaschinenbetriebene Lochsäge.

90

Sägezähnen an der Rundung des Blattes.

Die Technik des Sägens
Manchmal reicht es, wenn man mit einer Säge durch das Holz durchkommt. Wenn das genügt, braucht man keine Kenntnisse auf dem Gebiet der Technik des Sägens. Für solche Arbeiten sollte man allerdings auch keine Sägen benutzen, die für Schreinerarbeiten bestimmt sind.
Einspannen des Werkstücks: Das Werkstück muß so fest eingespannt werden, daß es dem Sägedruck nicht

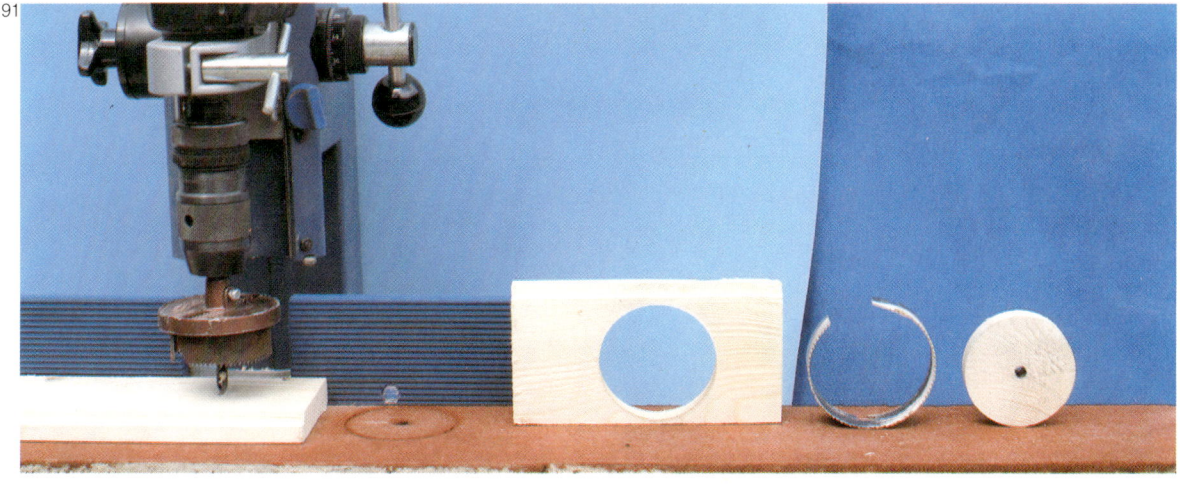

91

ausweichen und auch nicht federn kann. Sehr hilfreich ist es, das Werkstück so in die Hobelbank einzuspannen, daß die Hobelbankkante und das Sägeblatt beim Sägen parallel zueinander verlaufen. Man erhält so einen exakten Schnitt.

Führung der Säge: Die Säge wird mit festem Griff geführt. Die Sägebewegungen sollen gleichmäßig sein und so ausholend, daß das gesamte Sägeblatt eingesetzt wird. Bei Sägen, die auf Stoß schneiden, wird die Säge mit leichtem bis mäßigem Druck vorwärtsgestoßen und ohne Druck zurückgeholt, entsprechend umgekehrt bei Sägen, die auf Zug arbeiten. Ist mehr Krafteinsatz erfor-

derlich, damit die Säge sägt, muß sie gerichtet werden.

Bei einer auf Stoß arbeitenden Säge wird der Schnitt an der vorderen, dem Sägenden zugewandten Kante angesetzt. Zuerst wird die Säge entgegen der Stoßrichtung gezogen, so daß das Holz ganz leicht eingekerbt wird. Dabei wird das Sägeblatt mit dem Daumen der anderen Hand geführt. Dann erfolgt vorsichtig der erste Stoß schräg nach oben, so daß die Säge an der gewünschten Stelle ins Holz schneidet. Das Sägeblatt wird weiter vom Daumen geführt, wobei jetzt allerdings Vorsicht geboten ist, denn wenn die Säge springt, kann sie den Daumen verletzen. Umgekehrt ist das Vorgehen bei der Zugsäge.

Die letzten Sägestöße werden leicht und vorsichtig ausgeführt. Dabei wird der Teil, der abgesägt wird, bis zum Schluß hochgehalten, damit er nicht unter dem eigenen Gewicht abbricht und dabei das Holz einreißt. Kann man diesen Teil nicht allein halten, so braucht man einen Helfer zum Halten oder verwendet einen Rollenbock oder sägt davor von der Rückseite ein.

Schnittlinie: Sie wird stets deutlich sichtbar angezeichnet. Beim Sägen kontrolliert man ständig, ob der Schnitt auch exakt verläuft. Es wird nicht auf der Schnittlinie gesägt, sondern die Schnittlinie ist die Begrenzung des Sägeschnittes, wobei der Sägeschnitt auf die Abfallseite gehört und die Schnittlinie zum Werkstück.

92 *Verstellbare Gehrungslade und Feinsäge ohne verstärkten Rücken für tiefere Schnitte (Stanley).*

93 *Gehrungsladen aus Buchenholz und aus Alu mit einer austauschbaren Sohle aus einer Spanplatte.*

94 *Abrichten, Schränken und Schärfen einer Säge:*
1 Gratbildung an den Spitzen der Sägezähne beim Schärfen mit der Dreikantfeile
2 Wirkung des Schränkens: 1 ungeschränkt, die Säge klemmt, sobald sie über die Zähne ins Holz eindringt; 2 schwach geschränkt; 3 stark geschränkt; 4 zu stark geschränkt; 5 einseitig geschränkt; 6 die Sägezähne werden durch Schärfen und Abnutzung kürzer, deshalb nimmt die Schränkung ab, so daß nachgeschränkt werden muß.
3 Gefeilt wird entgegen der Stoßbzw. Zugrichtung, bei der beidseitig wirkenden Säge entweder in Stoß- oder in Zugrichtung.
4 Feilrichtung
5 Arbeitsrichtung der Säge (Stoß oder Zug)
6 Unterschiedlich lange Sägezähne werden erst mit der Flachfeile gestutzt und dann mit der Dreikantfeile in ihre ursprüngliche Form gebracht.

95 *Schränkzange und Führungshilfe für das Schärfen der Säge mit der Dreikantfeile (Westfalia).*

92

93

Schneidladen: Sie sind Führungshilfen beim Sägen. Bei der elektrischen Kapp- und Gehrungssäge und bei der handgeführten Gehrungssäge ist die Säge mit der Führung verbunden. Weniger exakte, aber immer noch viel genauere Schnitte, als wenn man freihändig sägen würde, liefert die Verwendung einer Gehrungslade (Abb. 92 und 93).

Wenn man von einem größeren Holzstück ein Teil ganz genau absägen will, so kann man entlang des geplanten Sägeschnittes ein Brett oder Kantholz mit Schraubzwingen oder Nägeln befestigen und als Führungshilfe benutzen.

Instandhalten der Sägen

Mit Terpentin wird das Harz vom Sägeblatt entfernt. Im übrigen müssen die Sägeblätter wie jedes eiserne Werkzeug vor Rost geschützt werden (Seite 24).

Sägeblätter aus gehärtetem Stahl haben eine sehr viel höhere Standzeit als Sägeblätter aus nicht gehärtetem Werkzeugstahl, d. h. sie sind sehr viel länger scharf. Aber auch sie werden im Lauf der Zeit stumpf. Sie können nicht geschärft werden, denn die Feilen bestehen ebenfalls aus gehärtetem Stahl, und der Versuch, eine Säge damit zu schärfen, würde dazu führen, daß die Feilen unbrauchbar werden. Solche Sägeblätter muß man wegwerfen, wenn sie nicht mehr ausreichend schneiden. Sägeblätter aus einfachem Werkzeugstahl werden verhältnismäßig schnell stumpf und müssen regelmäßig neu geschränkt und geschärft, ab und zu auch noch abgerichtet werden (Abb. 94). Die Reihenfolge ist immer: Abrichten, Schränken, Schärfen, wobei das Abrichten nur selten und das Schränken nicht immer erforderlich ist. Dazu spannt man das Sägeblatt so zwischen zwei Bandeisen oder Hartholzbretter in einen Schraubstock ein, daß es nicht federt.

Abrichten: Sind die Sägezähne aus irgendeinem Grund verschieden lang geworden – am häufigsten durch falsches Scharffeilen –, werden sie mit einer Flachfeile auf gleiche Höhe abgefeilt (Abb. 94.4).

Schränken: Stünden die Sägezähne alle in einer Ebene, so würde eine solche Säge sehr bald im Holz festklemmen.

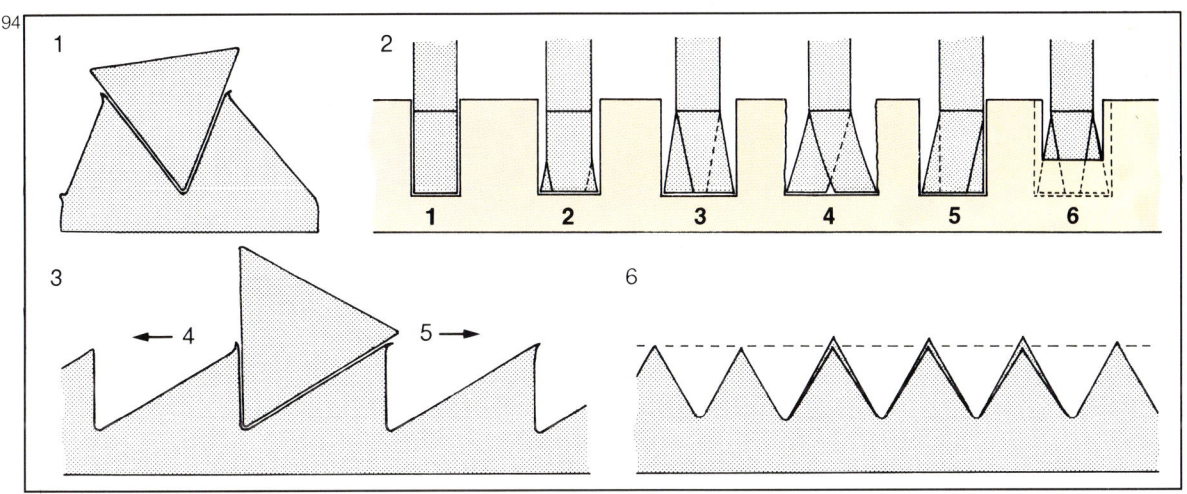

Damit das nicht geschieht, werden die Zähne abwechselnd leicht nach links und nach rechts verbogen, so daß die Sägezähne eine Schnittfuge erzeugen, die etwas breiter ist als das Sägeblatt (Abb. 94.2). Die Schränkweite darf nicht mehr als die doppelte Blattdicke betragen, die Schränktiefe nur etwa die Hälfte der Zahnhöhe, weil sonst die Gefahr besteht, daß der Sägezahn am Zahngrund abbricht. Die Schränkweite wird im Lauf der Benutzung geringer, vor allem durch mehrfaches Feilen, so daß nachgeschränkt werden muß. Dies geschieht mit einer Schränkzange (Abb. 95), mit der Knicklänge und Knickwinkel für jede Säge eingestellt werden können. Alle anderen Methoden liefern zu ungleichmäßige Arbeitsergebnisse.

Sägen für sehr weiches und feuchtes Holz müssen mehr geschränkt werden als Sägen für hartes und trockenes Holz. Sägen für grobe Schnitte werden stärker geschränkt, für feine Schnitte wenig und, wenn nur Schnitte von geringer Tiefe gesägt werden sollen, überhaupt nicht (z.B. kleine Feinsägen, Grat- und Furniersägen).

Wenn die Sägezähne breiter sind als das Sägeblatt, entfällt jedes Schränken.

Schärfen: Die stumpfe Säge wird mit einer feinhiebigen Dreikantfeile geschärft (Abb.95). Die Dreikantfeile paßt genau in den Keilwinkel von stets 60° zwischen den Sägezähnen. Wenn das Sägeblatt waagerecht eingespannt wurde, bewegt man die Feile ebenfalls waagerecht im rechten Winkel zum Sägeblatt mit leichtem Druck zwischen den Sägezähnen hindurch. Dadurch entstehen zwei Grate, von denen nur der eine in Stoßrichtung nützlich ist. Deshalb beginnt man mit dem Feilen an dem Ende des Sägeblattes, von dem aus man das Feilen gegen die Stoß- bzw. gegen die Zugrichtung fortsetzen kann. Die Zähne der Stichsäge werden abwechselnd nach rechts und links schräg gefeilt.

Band- und Kreissägeblätter kann man grundsätzlich auch selbst nachschränken und schärfen, aber ohne entsprechende Schärfmaschinen ist das Ergebnis unbefriedigend, und die Anschaffung solcher Maschinen lohnt sich für den Heimwerker nicht. Am besten bringt man deshalb stumpf gewordene Band- und Kreissägeblätter zu einem Schreiner oder Tischler.

Reinigen der Sägeblätter: Harz verklebt die Sägeblätter und wird mit Spiritus entfernt. Ab und zu sollte das Sägeblatt mit einem Öllappen abgewischt werden. Rostbekämpfung siehe Seite 24.

Hacken und Spalten

Holz kann man je nach Holzart längs zum Stamm mehr oder weniger gut spalten, quer zum Stamm überhaupt nicht. Die Spaltfähigkeit des Holzes wird genutzt, wenn man Feuerholz macht. Man braucht dazu Axt, Beil und Hackstock (Abb.7 und 9). Bei schwer spalt-

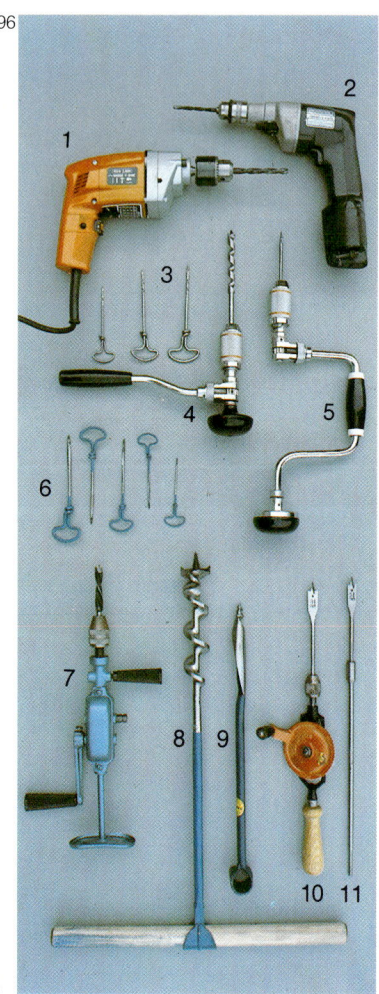

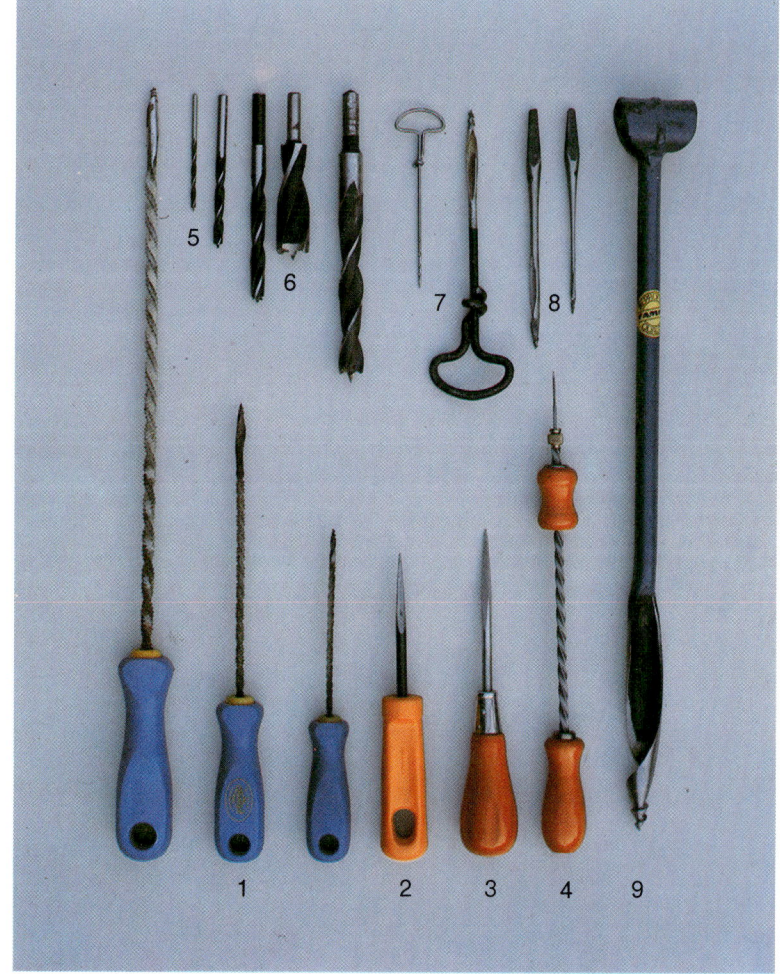

barem Holz verwendet man Keile oder spezielle keilförmige Äxte (Westfalia).

Bohren

Bohren ist eine spanabhebende Technik: Mit dem sich drehenden und zu-

96 Werkzeug zum Bohren:
1 Leichte elektrische Bohrmaschine mit Rechts- und Linkslauf (Holzher)
2 Akkubetriebene Bohrmaschine (Black & Decker)
3 Nagelbohrer
4 Spezialbohrwinde für Arbeiten

an schwer zugänglichen Stellen mit Knarre (Stanley)
5 Bohrwinde mit Knarre (Stanley)
6 Nagelbohrer
7 Brusthandbohrmaschine (Famag)
8 Stangen-Schlangenbohrer (Irwing-Form) bis 60 mm Durchmesser (Famag)
9 Stangen-Schneckenbohrer bis 40 mm Durchmesser (Famag)
10 Handbohrmaschine (Stanley)
11 Bohrer mit Verlängerungsschaft.

97 Werkzeug zum Bohren:
1 Bohrraspeln, Stichlinge
2 Aufreiber, Reibahle
3 Spitzbohrer zum Stechen eines

kleinen Loches für kleine Schrauben
4 Drillbohrer für dünne Sperrholzplatten
5 Spiralbohrer für Bohrmaschinen.
6 Maschinenholzbohrer mit Zentrierspitze
7 Nagelbohrer
8 Winden-Schneckenbohrer
9 Stangen-Schneckenbohrer.

98 Maschinenholzbohrer (Famag):
1 Flachzentrumsbohrer
2 Verstellbarer Zentrumsbohrer
3 Schlangenbohrer Lewis-Form mit Vierkantkolben
4 Standardholzbohrer mit Zentrierspitze
5 Langlochbohrer.

99 1 Astlochbohrer
2 Forstner-Bohrer
3 Tiefenanschlag (Friweg)
4 Bohrtiefensteller (Famag)
5 Tiefenstellring (Famag)
6 Bohrersenker oder Aufsteckversenker (Famag)
7 Verstellbarer Versenkbohrer für das Versenken von Schrauben (Stanley)
8 Stopfenschneider zum Herstellen passender Holzstopfen für den verstellbaren Versenkbohrer (Stanley)
9 Bohrwindensenker
10 Handsenker.

98

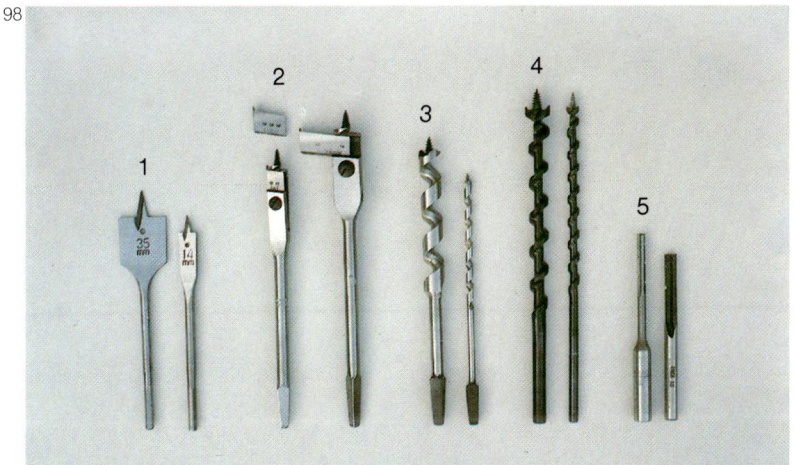

99

gleich schneidenden Bohrer werden Löcher für Schrauben, Nägel, Dübel und Beschläge, Langlöcher für Zapfen sowie Äste aus Brettern gebohrt.

Handbohrer

Nagelbohrer, Handbohrer mit Öhr, Bohrwinde, Handbohrmaschine (Abb. 96 und 97): Der Nagel- oder Schweizerbohrer mit einem Durchmesser von 2 bis 12 mm wird mit der Hand gedreht. Das Drehmoment wird wesentlich erhöht, wenn der Bohrer mit einem Öhr ausgestattet ist, durch das ein Holzknebel gesteckt wird. Solche Bohrer gibt es bis zu einem Durchmesser von 60 mm und für 500 mm Gesamtlänge. Sehr viel schneller lassen sich Schlangenbohrer mit der Bohrwinde drehen, die es auch

mit Ratsche oder Knarre gibt. In die Bohrwinde können Bohrer eingespannt werden, die einen Vierkantschaft besitzen. Durch Druck auf den Drehgriff wird der Bohrer ins Holz vorgeschoben. Bei Handbohrmaschinen dreht sich der Bohrer noch schneller: Bei einer Kurbelumdrehung dreht sich der Bohrer 7mal bzw. 3mal, je nachdem welches Übersetzungsverhältnis eingestellt wurde. Das Bohrfutter der Handbohrmaschine nimmt Bohrer mit Zylinderschaft bis zu 13 mm Schaftdurchmesser auf.

Bohrerarten (Abb. 98 und 99): Schnekkenbohrer, Zentrumsbohrer und Schlangenbohrer sind für den Handbetrieb vorgesehen. Den *Zentrumsbohrer* gibt es mit verstellbarem Messer, so daß mit dem gleichen Bohrer verschieden gro-

ße Bohrlöcher gebohrt werden können. *Schlangenbohrer* gibt es in mehreren Formen, benannt nach ihren Konstrukteuren Irwin, Douglas und Lewis. Die Irwin-Form ist der Standardbohrer für weiches und auch hartes Holz, die Douglas- und die Lewis-Form sind speziell für Hartholz geeignet und liefern besonders sauber geschnittene Löcher.

In den elektrischen Handbohrmaschinen können für das Bohren von Holz die *Spiralbohrer* verwendet werden, die auch zum Bohren von Metall Verwendung finden. Außerdem gibt es die speziellen Holzspiralbohrer mit Zentrierspitze und Vorschneidern. Einzelheiten über Aufbau und Wirkungsweise des Spiralbohrers stehen im Kapitel »Metall« auf Seite 224.

100 *Aufbau eines Stechbeitels:*
   1 Zwinge
   2 Heft oder Griff
   3 Aufbohrung
   4 Angel
   5 Krone
   6 Hals
   7 Klinge oder Blatt
     mit Fase
   8 Holzbrett.

101 *Stemm- und Schnitzwerkzeug:*
   1 Verschiedene Stechbeitel (gerade zum Teil mit Schneidenschutz, Hohl- und Lochbeitel)
   2 Stechbeitel im Kunststoffheft, sehr robust (Stanley)
   3 Holzhammer oder Klöpfel
   4 Schnitzeisen
   5 Schnitzmesser
   6 Zugmesser
   7 Schnitzeisen, die nur mit der Hand getrieben werden dürfen, da sie keine Zwinge besitzen.

102 *Ausstemmen eines Zapfenloches:*
   1 Vorstechen
   2 2 mm vor dem Riß ansetzen und ins Holz stemmen. Eisen umdrehen und scheibenweise das Holz bis zur vorgesehenen Tiefe ausstemmen.
   3 Mit dem letzten Stich die Lochgröße sauber ausstemmen.
   4 Mit dem Ausstemmen kann auch in der Mitte angefangen und nach beiden Seiten fortgesetzt werden.

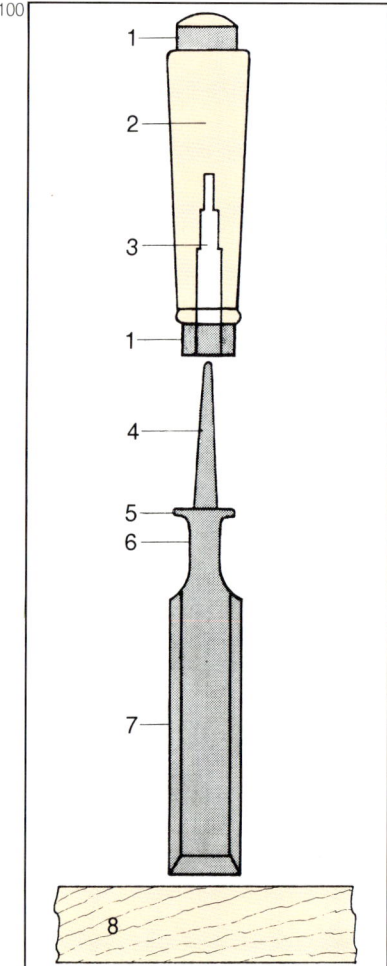

100

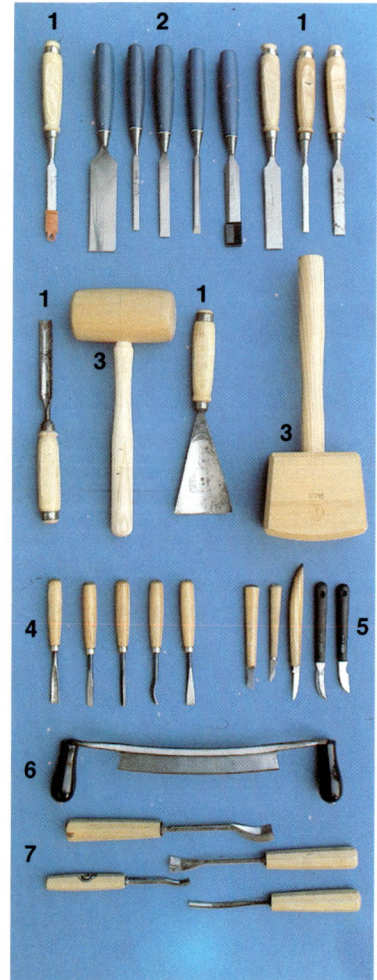

101

Forstner- und Kunstbohrer dienen vor allem zum Ausbohren von Ästen, in die dann Holzscheiben eingeleimt werden, und zum Ausbohren von Löchern für Topfscharniere.

Mit Langlochbohrern werden Zapfenlöcher mit einer Langlochbohreinrichtung gebohrt, wie es sie z.B. an der Inca-Universalkreissäge (Abb. 84 und 85 Seite 163) gibt. Geeignet ist auch eine Bohrmaschine mit Frästisch (Abb. 118).

Mit dem Krauskopf, den es für Hand- und Maschinenbetrieb gibt, sowie Maschinenversenkern kann das Bohrloch so erweitert werden, daß der Kopf der für das Bohrloch vorgesehenen Schraube darin Platz findet. Es gibt Versenker für Versenk- bzw. Linsenkopfschrauben

(Winkel 90°) und für Zylinderkopfschrauben (rechtwinklige Versenker). Aufsteckversenker werden auf den Spiralbohrer an der gewünschten Stelle festgeschraubt, so daß Bohren und Versenken in einem Arbeitsgang erfolgt (Abb. 99).

Tiefenstellringe dienen bei den Spiralbohrern zum Einstellen der gewünschten Bohrtiefe. Für jede Bohrergröße ist ein besonderer Stellring erforderlich (Abb. 99). Man kann sich aber auch aus einem Stück Hartholz einen Distanzklotz für die gewünschte Entfernung anfertigen: durch das Loch im Klotz steckt man den Bohrer.

Der Stichling (Abb. 97) ist vorn ein Schneckenbohrer und im übrigen Teil eine Bohrsäge. Mit diesem Werkzeug,

das ziemlich grob arbeitet, kann ein Loch erweitert werden.

Im Aufbau keine Bohrer, jedoch von der Funktion her sind Spitzbohrer und Reibahle (Abb. 97), mit denen Löcher für kleine Schrauben ins Holz vorgestochen werden. Der Spitzbohrer hat einen runden, die Reibahle einen kantigen Dorn.

Elektrische Handbohrmaschine

Wer sehr viel mit Holz arbeitet, sollte sich neben der üblichen Schlagbohrmaschine noch eine kleine leichte Zweitbohrmaschine zulegen mit Rechts- und Linkslauf zum Ein- und Ausdrehen von Schrauben, die bequem auch längere Zeit mit einer Hand geführt werden kann; sehr praktisch ist auch eine akkubetriebene Bohrmaschine (Abb. 96).

Technik des Bohrens

Beim Bohren in weichem Holz gibt es nichts Besonderes zu beachten. Je härter das Holz wird, um so ähnlicher wird das Bohren dem Bohren in Metall: Große Bohrlöcher werden mit Bohrern mit kleinerem Durchmesser vorgebohrt; der Bohrer wird beim Bohren von tiefen Löchern ab und zu aus dem Bohrloch gezogen und das Bohrmehl entfernt.

Wenn das Bohrmehl zu qualmen beginnt, dann ist der Bohrer zu heiß geworden; es muß dann mit geringerem Druck und häufigeren Unterbrechungen gebohrt werden.

Bohrer schärfen

Spiralbohrer können nachgeschliffen werden (siehe Seite 226 und Seite 255). Stumpfe Vorschneider werden von innen und unten gefeilt, was um so schwieriger wird, je kleiner der Bohrerdurchmesser ist. Maschinenholzspiralbohrer kann man mit der Schleifmaschine in einfache Bohrer verwandeln.

Stemmen

Stemmen ist eine Trenntechnik zum Aushauen von Vertiefungen im Holz, von Zapfenlöchern, zum Einlassen von Beschlägen, zum Ausstemmen von Zinken, Schwalbenschwänzen und Gratnuten.

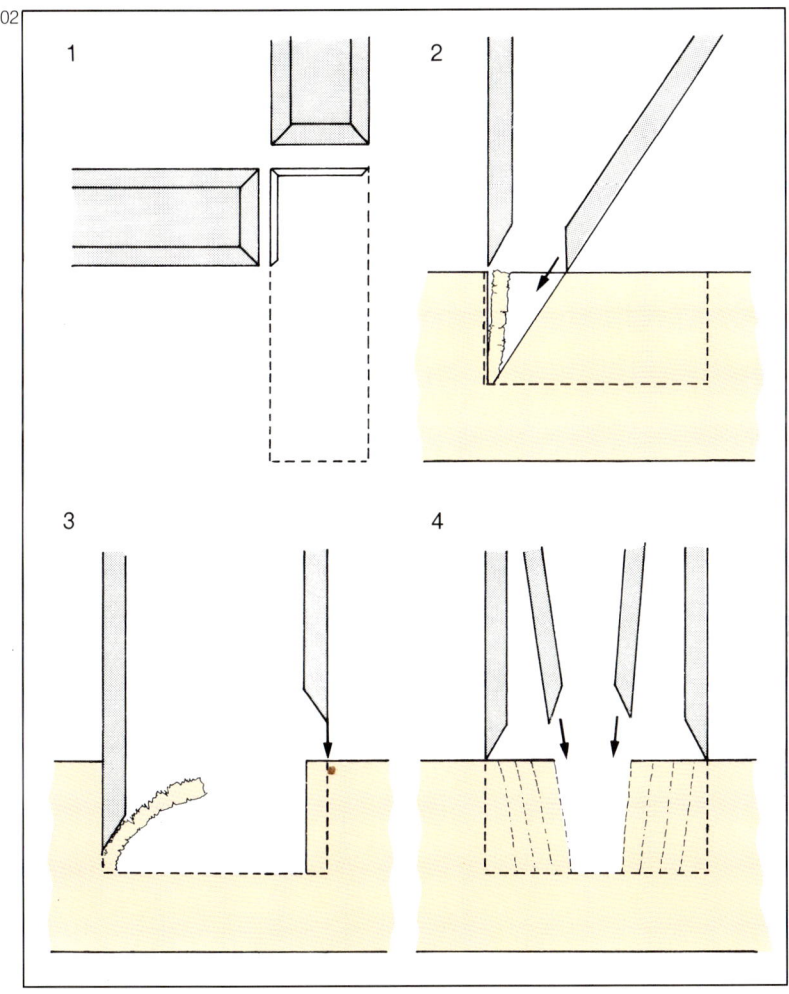

102

103 *Fasen beim Stech- und Lochbeitel:*
　1 *Die Fase beträgt 25°. Der gera-*
　de Schnitt ist Theorie, da die
　Schleifscheibe rund ist.
　2 *Leicht gekrümmter Fasenschliff*
　3 *Doppelte Fase zum Ausstem-*
　men tiefer Löcher.

104 *Konstruktionsprinzip des Hobels:*
　1 *Werkstück*
　2 *Spandurchgang*
　3 *Span*
　4 *Spanloch*
　5 *Hobeleisen*
　6 *Hobelmaulvorderkante oder*
　Spanbrechkante oder Druckkan-
　te.

105 *Schlichthobel (Ulmia).*

106 *Wirkungsweise und Aufbau eines*
　Hobels:
　1 *α = Keilwinkel, der in der Regel*
　25° beträgt. β = Schnittwinkel: Er
　beträgt beim amerikanischen
　Hirnholzhobel 34°, bei der
　Rauhbank, beim Schrupp- und
　Schlichthobel sowie beim Dop-
　pelhobel 45°, beim Putzhobel
　49°, beim Reformputzhobel 50°
　und beim Zahnhobel 75–80°.
　2 *1 Spiegelseite, 2 Schneide, 3 Fa-*
　se, 4 Rücken
　3 *1 Hobelmaulvorderkante,*
　2 Spanloch, 3 Spandurchgang,
　4 Hobeleisen
　4 *1 Hobeleisen, 2 Klappe, die den*
　Span in eine Lage zwingt, in der
　er besser abgetrennt werden
　kann.
　5 *Aufbau eines Reform-Putzho-*
　bels: 1 Nase, 2 Handschoner,
　3 Schlagknopf, 4 nachstellbare
　Platte oder beweglicher Spund,
　5 Hobeleisen, 6 Klappe, 7 Keil,
　8 Schraubbolzen zum Befesti-
　gen des Keils, 9 Spannschraube
　zur Befestigung des Hobelei-
　sens, 10 Zugschraube zum Fest-
　ziehen der eingestellten Platte,
　11 Stellschraube zur Feineinstel-
　lung der Spanöffnung, 12 Sohle.

Stemmwerkzeug

Abb. 100 zeigt den Aufbau eines Stechbeitels, der aus Klinge (Blatt) und Heft
besteht. Wie man eine Klinge in einem
Holzheft befestigt, ist auf Seite 170 be-

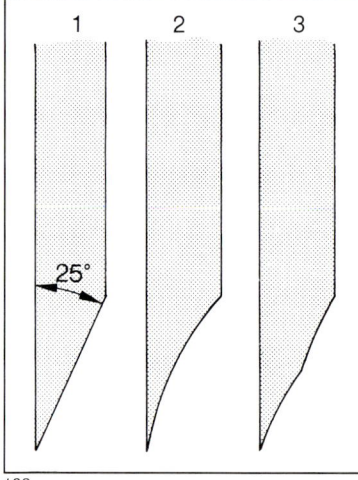

103

schrieben. Der Stechbeitel wird mit dem
Schreinerklöpfel oder dem Holzhammer
ins Holz getrieben (Abb. 101). Besitzt
der Stechbeitel keine Griffzwinge, so
wird er nur mit der Hand getrieben und
ist ein Werkzeug, das bevorzugt für
Schnitz-, jedoch kaum für Schreinerarbeiten verwendet wird (Abb. 101). Stechbeitel, deren Klinge in ein schlagfestes
Kunststoffheft eingelassen sind, werden
mit einem Hammer getrieben. Stechbeitel sollten eine Nebenfase haben, damit
man auch aus jeder Ecke das Holz sauber herausstemmen kann. Die Klinge
sollte in der ganzen Länge gehärtet
sein, damit haltbare Schneiden nachgeschliffen werden können, solange noch
etwas von der Klinge vorhanden ist.
Stechbeitel: Es gibt sie von 3 bis

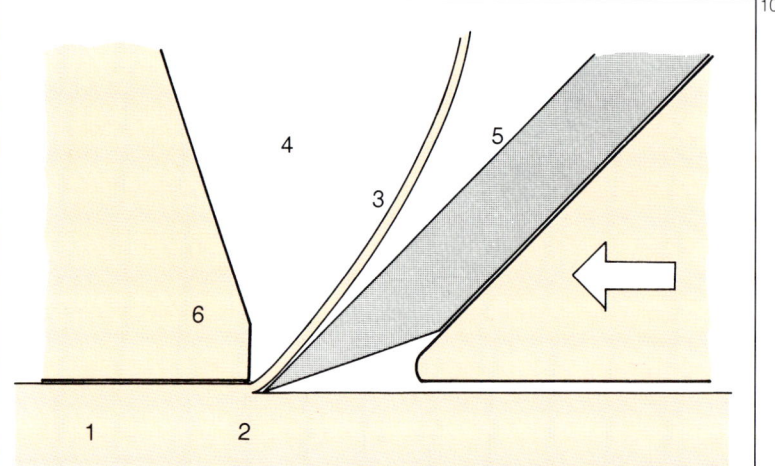

104

105

50 mm Breite. 6, 10, 12, 16, 18 und 25 mm sind die üblichen Breiten.

Lochbeitel: Sie werden zum Ausstemmen von Zapfenlöchern verwendet und sind zwischen 4 und 26 mm breit. Lochbeitel haben einen verstärkten, sich nach oben verjüngenden Querschnitt und sind besonders geeignet, schnell und tief ins Holz einzudringen.

Hohlbeitel: Sie werden zum Einlassen von runden Beschlägen und zum Nacharbeiten an Kehlen verwendet. Sie sind zwischen 4 und 32 mm breit.

Technik des Stemmens

Abb. 102 zeigt das Ausstemmen eines Zapfenlochs. Das Stech- bzw. Locheisen muß genauso breit sein wie das Loch breit werden soll. Beim Ausstemmen tiefer Löcher wechseln das senkrechte Einstemmen an der Lochwand und das darauffolgende Ausheben der Späne ständig miteinander ab. Geht das Loch durch das Werkstück durch, so wird es von einer Seite nur bis zur Mitte ausgestemmt. Dann dreht man das Werkstück und stemmt das Loch von der entgegengesetzten Seite fertig aus.

Schärfen der Stechbeitel

Stechbeitel werden am Schleifbock geschliffen und am Abziehstein abgezogen (Seite 255–258). Stechbeitel haben eine gerade Fase von 25° oder 30°. Lochbeitel haben eine hohlgeschliffene Fase, wobei manchmal eine zweite angeschliffen wird, um das Eindringen des Lochbeitels ins Holz zu erleichtern (Abb. 103). Hohl- und Lochbeitel werden freihändig geschliffen. Für den Hohlbeitel benötigt man einen runden Abziehstein. Stechbeitel sollte man mit einer Einspannvorrichtung abziehen (z. B. von Stanley), da dies die beste Gewähr für eine gleichmäßige Fase bietet. (siehe Seite 257, Abb. 53).

Hobeln

Beim Hobeln werden Späne von der Holzoberfläche abgetrennt.

Aufbau des Hobels

Konstruktionsprinzip: Es ist über die

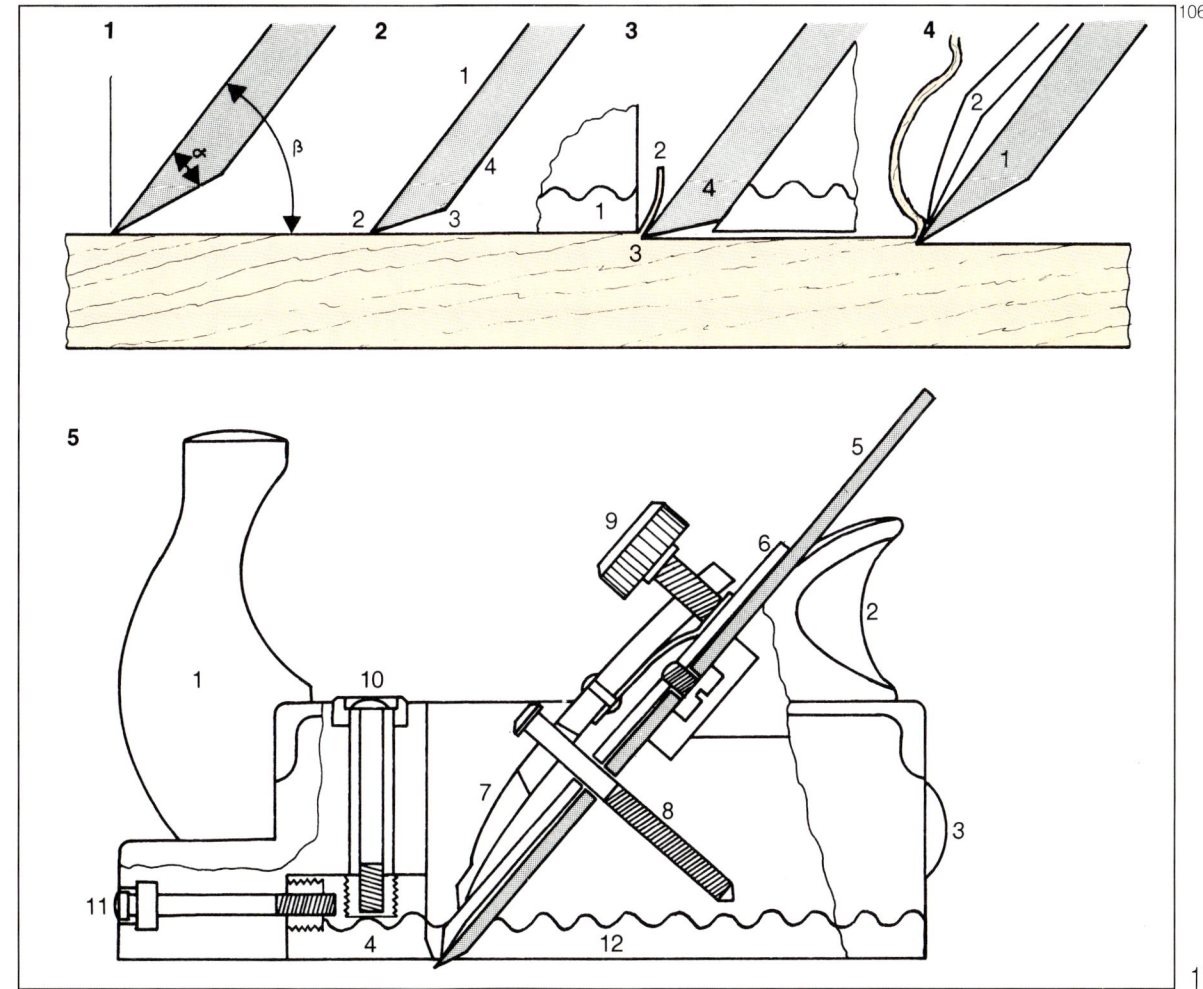

106

107

109

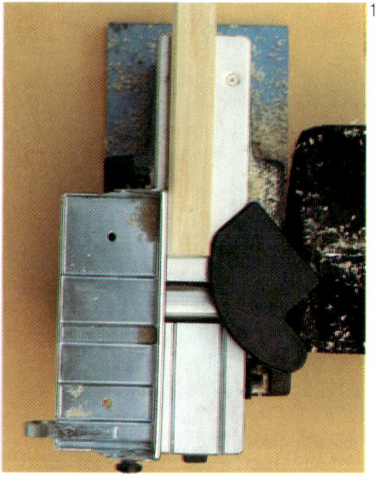
110

Jahrhunderte gleichgeblieben (Abb. 104 und 105): Im Hobelkörper befindet sich eine Aussparung, das Spanloch, in dem das Hobeleisen befestigt ist. Das Hobeleisen ragt aus dem Hobelmaul, einem Schlitz in der Sohle des Hobelkörpers, heraus. Beim Vorwärtsbewegen des Hobels trennt das Hobeleisen einen Span ab. Der Span gelangt durch das Hobelmaul in das Spanloch und tritt von dort aus.

ULMIA-Hobel: Wie ein Hobel im einzelnen aufgebaut ist und wie er bedient wird, wird am Beispiel eines bewährten Reform-Putzhobels aus Holz dargestellt (Abb. 106):

Der Hobelkörper besteht aus gedämpftem Rotbuchen- oder Birnbaumholz, auf das in konischer Verzahnung die Sohle

aus Weißbuche oder dem noch härteren Pockholz aufgeleimt ist. Der Hobel wird mit beiden Händen geführt, und zwar mit der einen Hand vorn an der Nase und mit der anderen Hand hinten am Handschoner oder Handschutz.

Das Hobeleisen wird entweder mit einem Keil aus Holz zwischen Hobelkörper und Handschoner einerseits und dem Keilwiderlager oder den Keilwangen andererseits mit einem leichten Hammerschlag festgeklemmt. Bei zu starkem Keildruck kann sich der Hobel verspannen. Bei richtigem Keildruck kann der Keil durch seitliche Bewegungen mit der Hand gelöst werden. Zum Zurückholen eines zu weit vorstehenden Hobeleisens genügt ein leichter Schlag auf den Schlagknopf. Bei neuen

Hobelmodellen ist das Hobeleisen mit einem Schraubbolzen im Hobelkörper befestigt.

Hobeleisen: Es ist der wichtigste Teil des Hobels. Es besteht aus Baustahl, dem am Spiegel Werkzeugstahl aufgeschweißt ist.

Ein zweiseitig angeschliffener Keil, der in Faserrichtung ins Holz getrieben wird, folgt dem Faserverlauf und bildet dabei einen Vorspalt im Holz. Für das Hobeln ist so ein Keil ungeeignet, denn der Faserverlauf erfolgt ja nur manchmal und dann zufällig der gewünschten Schnittebene. Das Hobeleisen muß also in der Lage sein, die Fasern durchzuschneiden. Das geschieht, wenn das Hobeleisen einseitig angeschliffen wird. Die angeschliffene Fläche, Fase genannt, bil-

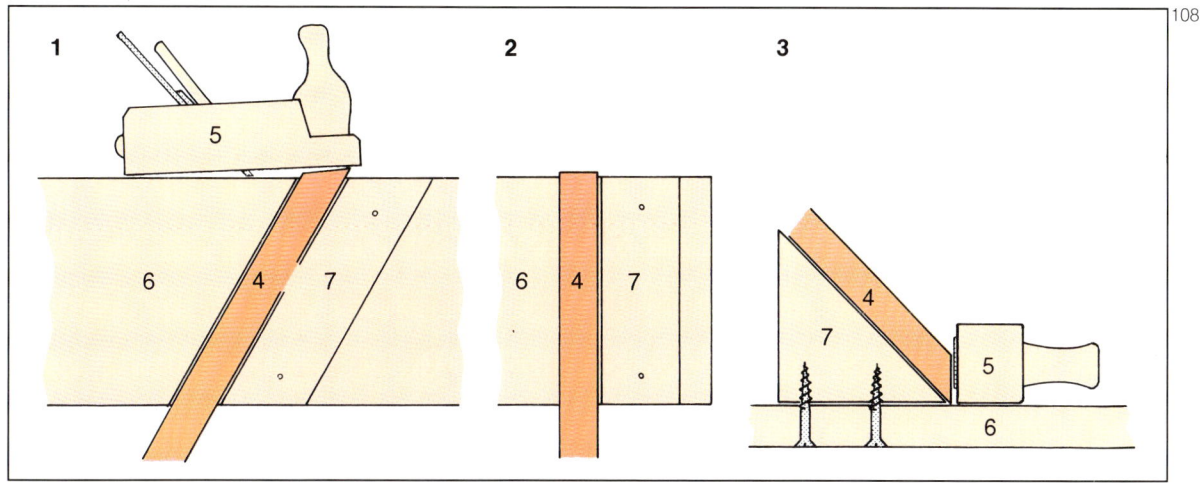

108

111

det mit dem Spiegel die Schneide (Abb. 106).

Der Keilwinkel (Abb. 106) beträgt in der Regel 25°. Wird er kleiner, so besteht die Gefahr, daß die Schneide abbricht. Der Schnittwinkel (Abb. 106) reicht von 80° beim Zahnhobel bis zu 12° beim amerikanischen Blockhobel. Je größer der Schnittwinkel, um so mehr schabt das Hobeleisen, je kleiner, um so mehr schneidet es.

Mit dem einseitigen Anschliff des Hobeleisens ist das Problem noch nicht ausreichend gelöst, daß bei Fasern, die aus der Schnittebene nach unten laufen, infolge des Vorspaltens die Tendenz besteht, daß das Holz unerwünscht einreißt. Dies wird dadurch verhindert, daß der Span möglichst bald

nach dem Lösen wegbricht. Das bewirkt zum einen die Vorderkante des Hobelmauls, wegen ihrer Funktion Spanbrechkante genannt (Abb. 104), zum anderen die Brechkante beim Doppelhobeleisen (Abb. 106.4). Je feiner der Span ist, um so näher muß die Klappe, die mit dem Hobeleisen die Brechkante bildet, an der Schneide sein (beim Doppelhobel und der Rauhbank ½ mm, beim Putzhobel ¼ mm).

Beim Faserverlauf aus der Schnittebene nach oben genügt ein ausreichend scharfes Hobeleisen und der Arbeitsdruck des Hobels, daß der Schnitt in der gewünschten Ebene erfolgt.

Stanley-Eisenhobel (Abb. 107): Er wurde vor etwa 100 Jahren von Leonhard Bailey entwickelt. Der Hobelkörper be-

steht aus widerstandsfähigem Grauguß. Die Sohle ist glatt oder gerillt. Ihre Gleitfähigkeit kann man durch etwas Kerzenwachs erhöhen. Es gibt den Eisenhobel für alle Hobelarten. 1980 erhielt ein solcher Hobel im Verbrauchertest das Prädikat »gut«. Die meisten Eisenhobel arbeiten mit dem traditionellen Hobeleisen. Der Universalhobel RB 10 ist mit auswechselbaren schmalen Klingen ausgerüstet, die nicht mehr nachgeschliffen, sondern ausgetauscht wer-

107 Rauhbank (Stanley).

108 Selbstgebaute Stoßladen:
1 Gehrungslade
2 Stoßlade
3 Füglade
4 Werkstück
5 Putzhobel
6 Brett, auf das im gewünschten Winkel ein passendes Holzteil montiert wird, das als Anschlag für das Werkstück dient.
7 Aufgeschraubtes Brett bzw. Formholz als Anschlag.

109 Elektrischer Hobel mit Falzanschlag und Spansack (Metabo).

110 Elektrischer Hobel von oben, festmontiert, als kleiner Abrichthobel im stationären Einsatz (Black & Decker).

111 Hobelmaschine für den Profiheimwerker, hier als Abrichthobel (Inca).

175

den, wenn sie stumpf geworden sind. Viele Stanley-Hobel besitzen eine Feineinstellung für die Schnittiefe und eine weitere Einstellmöglichkeit, damit die Schneide genau parallel zur Hobelsohle steht.

Hobelarten

Die verschiedenen Hobel sind DIN-genormt, wobei sich die DIN-Vorschriften vor allem auf Form und Breite des Hobeleisens beziehen. Man unterteilt sie in Flächenhobel (Schrupp-, Schlicht-, Doppel-, Putz-, Hirnholz- und Blockhobel) und Formhobel (alle übrigen Hobel).

Schrupp- oder Schropphobel: Er besitzt ein bogenförmiges angeschliffenes, 33 mm breites Eisen und wird zum Abhobeln dicker Holzschichten oder starker Unebenheiten verwendet.

Schlichthobel: Er hat ein Einfachhobeleisen von 45, 48 oder 51 mm Breite und wird als erster Hobel verwendet, wenn bereits eine einigermaßen ebene, aber noch ganz rauhe Oberfläche vorhanden ist, die geglättet werden soll.

Rauhbank (Abb. 107): Sie besitzt ein Doppelhobeleisen in einer Breite von 57 oder 60 mm. Mit ihm kann auch gegen die Faser gehobelt werden. Die Rauhbank wird nach dem Schlichthobel eingesetzt, um die Oberfläche weiter zu glätten und gerade Fugen und Kanten herzustellen. Das wird vor allem auch durch ihre Länge von 600 mm erreicht. Sie wird neben dem Putzhobel am häufigsten gebraucht.

Doppelhobel (Abb. 107): Er ist eine verkürzte Rauhbank, besitzt ebenfalls ein Doppelhobeleisen, und zwar in den Breiten von 45, 48, 51, 57 und 60 mm, und wird vor allem bei kleinen Werkstücken anstelle der Rauhbank eingesetzt.

Putzhobel: Er ist noch etwas kürzer als der Doppelhobel. Sein Doppelhobeleisen ist 45, 48 oder 51 mm breit. Mit dem Putzhobel wird die Feinarbeit ausgeführt. Zum Verengen des Hobelmaules nach dem Abrichten kann der Teil der Sohle vor dem Hobelmaul verstellt werden.

Zahnhobel: Bei ihm sind in das 48 mm breite Hobeleisen an der Spiegelfläche kleine Rillen eingefräst, die an der Schneide feine Zähne bilden. Die feine Zahnteilung beträgt 0,75 mm, die mittlere 1 mm und die grobe 1,25 mm. Dieser Hobel wird zum Aufrauhen bereits gehobelter Holzflächen verwendet.

Simshobel: Ihn gibt es mit Einfach- und mit Doppelhobeleisen in den Breiten von 10 bis 33 mm. Er wird zum Aushobeln von Falzen und Profilkanten benutzt. Befindet sich das Hobeleisen ganz vorn am Hobel, so kann man mit diesem Simshobel sehr gut Ecken ausputzen.

Falzhobel: Er hat einen verstellbaren Tiefen- und Breitenanschlag und dient, wie der Name sagt, zum Falzen. Er verliert an Bedeutung, weil heute Falze elektrisch gefräst oder mit dem Elektrohobel hergestellt werden.

Türfalzhobel: Dieses Spezialwerkzeug weist an jeder Stirnseite ein Hobeleisen auf und kann an der bereits eingebauten Tür bis in die Ecken eingesetzt werden.

Nuthobel: Er dient zum Aushobeln von Nuten, ist mit verschieden breiten Eisen ausgestattet und zusätzlich in Breite und Tiefe verstellbar. Mit dem Wangenhobel werden Nute verbreitert. Auch diese Hobel geraten immer mehr außer Gebrauch, weil Nute heutzutage vor allem gefräst werden.

Grathobel (Abb. 134, Seite 188): Man verwendet ihn zum Anhobeln von Gratfedern. Er ist der Grundhobel zum Aushobeln der Gratnut, nachdem sie mit der Gratsäge und dem Stechbeitel vorgearbeitet worden ist. Gratverbindungen werden heute in der Regel gefräst.

Hirnholzhobel: Er hat ein besonders flach stehendes Hobeleisen und dient zum Bestoßen der Hirnholzseite eines Werkstückes.

Blockhobel: Die Hobel von Stanley mit ihren flachen Schnittwinkeln von 12° bzw. 20° eignen sich besonders gut für die Arbeit an schwierig gefasertem Holz, Stirnseiten und Kunststoffplatten, zum Brechen von Kanten und Ecken und zum Bearbeiten von gekurvten und kleinen Werkstücken. Sie werden mit einer Hand geführt.

Profilhobel: Sie gibt es für verschiedene Profile.

Schiffshobel: Er hat eine verstellbare Sohle, so daß er sowohl auf konvexen als auch konkaven Flächen eingesetzt werden kann.

Die Technik des Hobelns

Es sieht so einfach aus, wenn der Schreiner mit dem Hobel über das Brett fährt, daß es zischt, und lang gekringelte Hobelspäne aus dem Hobel hervorkommen. Versucht man es zum erstenmal selbst mit einem auch noch selbst eingestellten Hobel, dann geschieht entweder gar nichts, oder man bleibt ständig hängen, und zum Schluß sieht das Brett aus wie ein Sturzacker. Das gekonnte Hobeln mit der Hand ist eine handwerkliche Kunst. Für den Heimwerker genügt es meist, mit dem Hobel so gut umgehen zu können, daß er Holzarbeiten selbst durchführen kann, bei denen es nicht auf den Millimeter ankommt. Das läßt sich mit etwas Übung ziemlich leicht erlernen.

Das Einstellen des Hobeleisens: Man hält den Hobel mit der Sohle nach oben in Augenhöhe mit der Hobelnase zum Gesicht und schaut über die Sohle, um zu prüfen, ob die Schneide für die Spanstärke richtig aus der Sohle herausragt. Durch leichte Schläge mit dem Hammer auf das Hobeleisen kommt es weiter heraus, durch leichte Schläge auf den Schlagknopf wird das Hobeleisen geringfügig zurückgeholt. Das Hobeleisen ist bei richtiger Einstellung gerade noch zu sehen und völlig parallel zur Sohle. Im übrigen ist das ein Vorgang, den man nicht durch Beschreiben und Nachlesen, sondern nur durch Auspro-

112 *Die gleiche Hobelmaschine wie Abb. 111, als Dickenhobel benutzt (Inca).*

113 *Ursachen für
das Verstopfen des Hobelmauls:
1 Keil sperrt
2 Klappe sperrt, weil Spiegelseite des Hobeleisens falsch abgezogen wurde.*

114 *Schneidformen von Hobeleisen:
1 Doppelhobel und Rauhbankeisen
2 Schlichthobeleisen
1 und 2 mit abgerundeten Ecken
3 Schrupphobeleisen.*

115 *Die Funktion der Ziehklinge 2 entspricht der Funktionsweise des Hobels 1:
1 Klappe
2 Hobeleisen
3 Ziehklinge
4 Grat.*

bieren lernen kann. Ist das Hobeleisen zu weit herausgekommen, wird der Keil gelockert, das Hobeleisen mit der Hand in den Hobel zurückgenommen, und das Einstellen beginnt von vorn. Der Keil wird durch leichte seitliche Schläge mit dem Hammer gelöst. Befindet sich das Hobeleisen in der richtigen Stellung, so wird es durch einen Schlag auf den Keil festgekeilt.

Körperhaltung: Beim Hobeln kommt es auf die richtige Körperhaltung an: Man slellt sich etwas breitbeinig hin, so daß das Körpergewicht leicht von einem Bein auf das andere verlagert werden kann. Gehobelt wird nicht nur mit den Armen, sondern der ganze Oberkörper bewegt sich mit. Das ist vor allem beim Hobeln von langen Holzteilen wichtig.

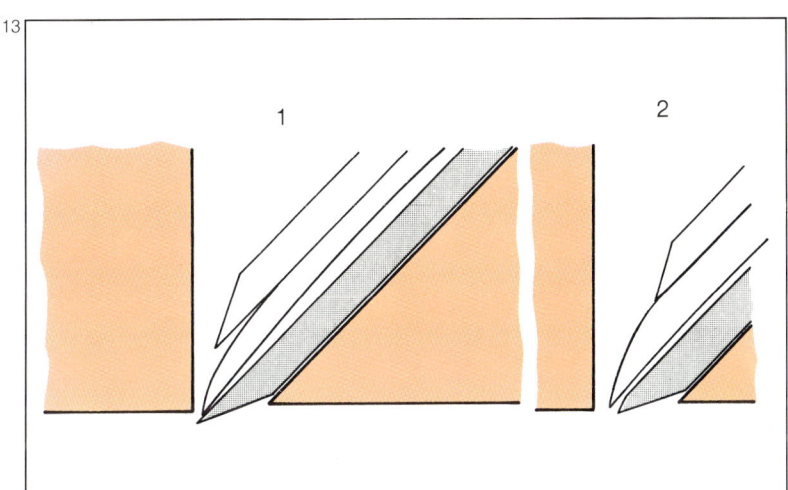

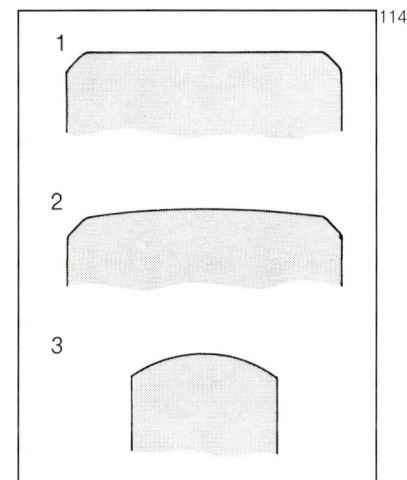

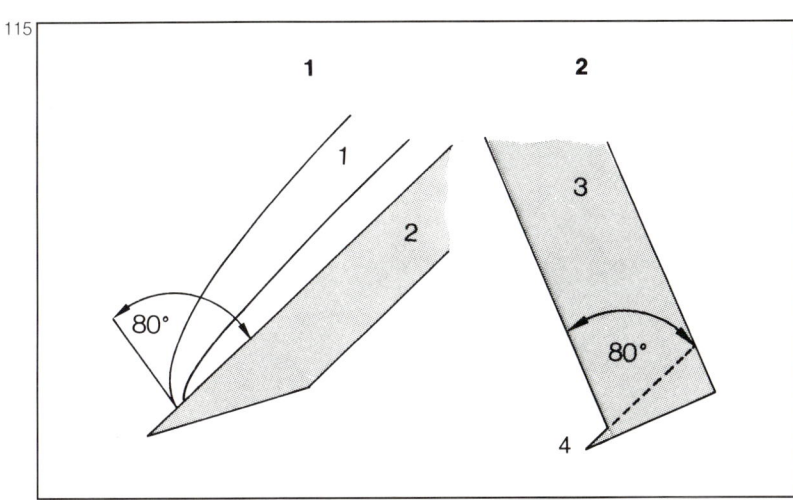

Keinesfalls darf man beim Hobeln mitlaufen, denn dann kann man den Hobel nicht ständig waagerecht halten und zugleich einen gleichmäßigen Druck auf den Hobel ausüben.

Führung des Hobels bei Langholz: Bei der Bearbeitung eines Werkstücks muß man darauf achten, daß am Anfang und am Ende der Hobel nicht kippt. Deshalb drückt man am Anfang den vorderen Teil des Hobels stärker, am Ende des Werkstücks vermindert man den Druck auf das Vorderteil des Hobels. Für längere Holzteile darf kein kurzer Hobel benutzt werden. Man verwendet statt dessen die Rauhbank.

Stirnholz hobeln: Stirnholz wird immer von der Kante aus zur Mitte hin gehobelt, also erst von der einen Seite zur

177

Mitte, dann von der anderen Seite zur Mitte. Hobelt man von der Mitte zur Kante, platzt das Holz von der Kante ab.

Stoßladen: Sie sind ein nützliches Hilfswerkzeug zur Führung des Putz- oder Hirnholzhobels bei der abschließenden Feinarbeit, wenn es darum geht, ein Werkteil vor dem Zusammenfügen paßgenau abzurichten. Nachgehobelt wird vor allem, wenn der Sägeschnitt zu grob ist. Die Abb. 108 zeigt selbstgebaute Stoßladen, die auf der Hobelbank eingespannt oder mit Schraubzwingen festgeklemmt werden. Der Hobel muß sehr sorgfältig geführt werden, damit er nur das Werkstück abhobelt, nicht aber auch die Stoßlade, was sich trotzdem nicht immer vermeiden läßt, so daß die Stoßlade nachgerichtet werden muß. So genau kann man nur mit einem einwandfrei scharfen Hobel arbeiten.

Elektrohobel

Eine Walze, auf der zwei Hobelmesser auswechselbar montiert sind, dreht sich je nach Modell mit einer Umlaufgeschwindigkeit von 10 000 bis 18 000 Umdrehungen pro Minute. Die Sohlen von Elektrohobeln sind bis zu 82 mm breit und 290 mm lang. Die Spanstärke kann verschieden eingestellt werden von 0 bis 3 mm. Elektrohobel sind regelmäßig mit einem Seiten-, oft auch mit einem Gehrungsanschlag ausgestattet. Man kann mit ihnen falzen bis zu einer Tiefe von 25 mm. Die neueren Modelle sind fast alle mit einer Vorrichtung zum Anschluß eines Saugschlauches für einen Sauger oder den üblichen Haushaltsstaubsauger oder einen Spansack (der allerdings sehr schnell gefüllt ist) ausgestattet (Abb. 109). Sehr vorteilhaft ist es, wenn man den Hobel in einen stationären Hobel umrüsten kann, also in einen Abrichthobel für kleine Werkstücke (Abb. 110).

Abricht- und Dickenhobelmaschine

Bei der Abrichthobelmaschine dreht sich in der Mitte des Abrichttisches eine Messerwelle. Das Werkstück wird auf den Abrichttisch aufgelegt und mit der Hand gegen die sich drehende Messerwelle geführt, die an der jeweiligen Unterseite des Werkstücks Holz abhobelt. Man verwendet diese Maschine zum Abrichten von Brettern und Kanthölzern, zum Anstoßen von Winkelkanten, zum

Fügen, Kehlen und Fälzen. Abrichten heißt, Holzflächen so zu bearbeiten, daß sie schließlich völlig eben und glatt sind. Anstoßen von Winkelkanten bedeutet, daß die Schmalseite eines Brettes oder einer Bohle nicht nur glatt und eben gehobelt wird, sondern zum Schluß genau im rechten Winkel zu den Breitseiten steht. Fügen ist die Bearbeitung von Schmalseiten der Bretter, die zusammengeleimt werden sollen. Bei der Dickenhobelmaschine wird das Werkstück auf einen Arbeitstisch gelegt, der sich unter der Messerwelle befindet. Das Werkstück wird durch Walzen mechanisch an der Messerwelle vorbeigeführt, die von der jeweiligen Oberseite des Werkstücks Holz abhobelt. Diese Maschine wird zum Hobeln von Brettern und Bohlen auf das gewünschte Dickenmaß benutzt.

Abricht- und Dickenhobelmaschine sind oft in einer Maschine kombiniert (Abb. 111 und 112).

Pflege des Hobels

Die Hobelsohle aus Holz wird im Gebrauch abgenutzt. Damit sie vollkommen glatt und eben bleibt, muß sie immer wieder abgeschliffen werden. Reicht das nicht aus, so wird die Hobelsohle an der Hobelabrichtmaschine oder mit der Rauhbank abgehobelt. Man bezeichnet diesen Vorgang als Abrichten. Beim Abrichten muß das Hobeleisen im Hobel festgekeilt sein – allerdings nur so tief, daß es beim Abrichten nicht stört –, denn die Hobelsohle verzieht sich minimal durch das Einkeilen des Hobeleisens.

Durch mehrmaliges Abrichten wird das Hobelmaul größer. Der Putzhobel, bei dem das Abrichten am häufigsten vorkommt, wird dadurch schnell unbrauchbar. Der Hobel wird deshalb nicht unbrauchbar. Man kann aus der Hobelsohle die schadhafte Stelle ausstemmen und eine kleine Hartholzplatte (Spund) einleimen, die die neue Spanbrechkante bildet. Einfacher ist es jedoch, einen Putzhobel zu kaufen, bei dem der Teil der Hobelsohle vor der Spanbrechkante beweglich ist (beweglicher Spund) und mit einer Stellschraube nachgestellt und einer Klemmschraube so fixiert werden kann, daß nach dem Abrichten das Hobelmaul wieder so eng ist, wie es ursprünglich war.

Beim eisernen Hobel entfallen diese Pflegearbeiten. Harz wird mit Spiritus entfernt.

Wenn ein Hobel verstopft, die Späne also nicht ohne Schwierigkeiten aus dem Spanloch herauskommen, dann liegt das daran, daß die Späne entweder am Keil oder an der Klappe hängenbleiben, weil diese Teile des Hobels nicht auf der Klappe bzw. im Hobeleisen schlüssig anliegen (Abb. 113). Entsprechend müssen der Keil, die Klappe oder das Hobeleisen nachgerichtet werden.

Legt man den Hobel aus der Hand, dann stellt man ihn nicht auf die Sohle, sondern legt ihn auf die Seite, damit die Schneide nicht beschädigt wird. Nach der Arbeit sollte das Hobeleisen zurückgezogen und fixiert werden, so daß es zum Schutz der Schneide und wegen der Verletzungsgefahr nicht mehr aus dem Hobelmaul herausragt.

Schärfen des Hobeleisens

Abb. 114 zeigt verschiedene Formen des Hobeleisens.

Hobeleisen werden am Schleifbock geschliffen und bekommen am Abziehstein ihre letzte Schärfe. Alles Nähere steht auf Seiten 255–258.

Ziehen und Schaben

Das Ziehen mit der Ziehklinge dient der feinsten Spanabnahme nach Beendigung der Arbeit mit dem Putzhobel. Weiches Holz läßt sich mit der Ziehklinge nicht bearbeiten. Ziehklingen gibt es als rechteckige oder schwanenhalsförmige Stahlbleche, als Schaber mit auswechselbaren Klingen und als Ziehklingen- oder Schabhobel (siehe Seite 120, Abb. 16). Schaber und Schabhobel werden vor allem zum Entfernen von Lack und Leim verwendet.

Gratanziehen

Der Grat an der Ziehklinge ist die Schneide, mit der das Holz abgespant wird (Abb. 115). Der Grat nutzt sich ziemlich schnell ab und muß deshalb immer wieder neu hergestellt (angezogen) werden. Dazu spannt man die Ziehklinge zwischen 2 Hartholzklötze in den Schraubstock, entfernt mit einer feinhiebigen Feile die Reste des alten Grates und feilt die Kante rechtwinklig.

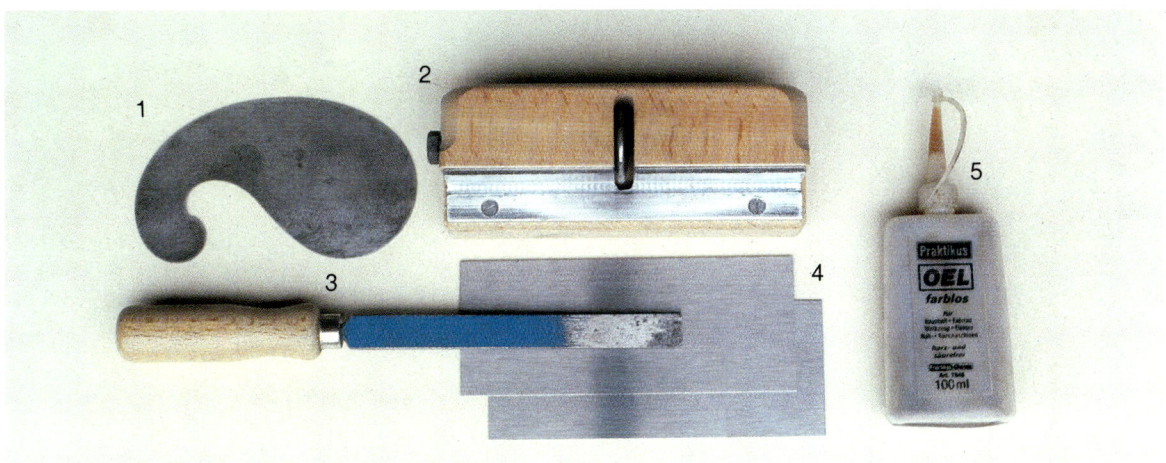

116

116 *1 Ziehklinge für Rundungen,*
2 Ziehklingen-Gratzieher (Ulmia),
3 Ziehklingenstahl, 4 zwei recht-
eckige Ziehklingen, 5 Öl.

Das gelingt am besten, wenn man mehrere Ziehklingen zusammen einspannt und befeilt, weil dann die Feilfläche breiter ist. Nach dem Feilen wird die Kante mit dem Abziehstein in kreisenden Bewegungen bearbeitet, bis keine Feilspuren und Scharten mehr sichtbar sind und die Kante einwandfrei scharf ist. Nun wird die Ziehklinge flach auf die Werktischplatte gelegt und mit dem eingefetteten Ziehklingenstahl (Abb. 116) mehrfach kräftig auf der Ziehklinge im Bereich der Kante auf beiden Seiten flach hin und her gestrichen. Durch diese Kaltverformung wird die Kante verdichtet und etwas vorgezogen. Dann spannt man die Ziehklinge wieder wie zuvor ein und bildet mit dem Ziehklingenstahl mit einem einzigen Strich mit mittlerem Druck entlang der Kantenschmalseite den Grat, der von der Kante der Ziehklinge seitlich wegsteht: Der Grat wird angezogen. Er wird stärker, wenn das Anziehen 1- bis 2mal wiederholt wird.
Wesentlich einfacher geht es, wenn man einen Ziehklingen-Gratzieher benutzt, der sich auch zum Anziehen des Schneidgrates am Ziehklingenhobel eignet (Abb. 116). Nach dem Feilen wird die Ziehklinge an den Kanten und Flächen gut geölt oder gefettet, ebenso der Führungswinkel am Gratzieher. Die

Ziehklinge wird eingespannt. Mit dem Gratzieher fährt man erst mit leichtem, dann mit wachsendem Druck über die Kante hin und her, bis der Grat so ausgebildet ist, wie man ihn haben will. Den Grat kann man durch Bestreichen mit dem Ziehklingenstahl von beiden Seiten des Grates (Abb. 116) mehrfach wieder aufrichten, bis er eben abgenutzt ist und neu angezogen werden muß.
Die Ziehklinge muß man zum Schutz des Grates sorgfältig getrennt von anderem Werkzeug aufbewahren, am besten in einem geschlitzten Klotz.

Fräsen

Fräsen ist eine spanabhebende Technik zum Herstellen von Holzverbindungen mit Falz, Nut und Feder, Gratnut und Feder, zum Fräsen von Kanten und Langlöchern, zum Herstellen von Profilen und zur Verzierung der Oberfläche mit Einkerbungen.
Die Arbeit wird mit Hilfe von Fräsköpfen ausgeführt (Abb. 117), die von einem Elektromotor angetrieben werden. Sie drehen sich im Leerlauf pro Minute ca. 25 000 mal um sich selbst. Für den Heimwerker ist das Fräsen erst durch die Entwicklung der Elektroheimwerkergeräte möglich geworden.
Es steht ein vielseitiges Programm von Fräsköpfen zur Verfügung. Erhältlich sind Nutmesser von 1,5 bis 4 mm, Nutfräser von 5 bis 24 mm, Hohlkehl-, V-Nut-, Kanten-, Umleimer-, Gratfräser,

Fräser mit Anlaufzapfen und verschiedene Profilfräser.

Bohrmaschinenfräsständer
AEG hat einen Bohr- und Fräsständer entwickelt, in dem jede Bohrmaschine mit einem Spannhalsdurchmesser von 43 mm (Euronorm) gefräst werden kann (Abb. 118). Der Bohrständer muß festgeschraubt werden, am zweckmäßigsten auf einer Platte, die dann mit Zwingen am Werktisch befestigt wird.

Oberfräse
Das Werkstück ist eingespannt, die Oberfräse wird mit beiden Händen freihändig geführt (Abb. 119). Die Oberfräsen sind mit einem Seiten- und einem Kreisanschlag zur parallelen bzw. Kreisführung und einer Kantenfräseinrichtung zum Fräsen von geraden und kurvigen Kanten ausgestattet. Die Frästiefe reicht bis 50 mm. Manche Oberfräse kann in eine stationäre Fräse umgewandelt werden (Abb. 120).
Bei Bosch läßt sich der Motorteil der Oberfräse als Geradschleifer verwenden, in den Korundschleifstifte eingesetzt werden.

Die Technik des Fräsens
Der Fräskopf dreht sich im Uhrzeigersinn. Beim Fräsen muß immer entgegen der Drehrichtung des Fräskopfes gearbeitet werden.
Das bedeutet, daß bei der Bohrmaschinenfräse das Werkstück immer von links nach rechts am Fräskopf vorbeigeführt werden muß. Bei der Kantenbear

179

117

118

beitung mit der freihändig geführten Oberfräse muß man mit der Fräse entgegen dem Uhrzeigersinn um das eingespannte Werkstück herumarbeiten. Bei der stationär eingesetzten Oberfräse muß das Werkstück von rechts nach links am Fräskopf vorbeigeführt werden. Der Fräskopf mit seinen rund 25 000 Umdrehungen pro Minute entwickelt eine erhebliche Kraft. Deshalb muß beim freihändigen Arbeiten die Oberfräse mit beiden Händen sicher geführt und das Werkstück fest eingespannt werden. Entsprechend muß bei einer stationären Fräse für einen festen Stand der Maschine gesorgt werden.

Raspeln und Feilen

Hobeln, Raspeln, Feilen und Schleifen sind spanabhebende Techniken. Die Raspeln und Feilen (Abb. 121) und ihre Einsatzmöglichkeiten schließen die Lücke zwischen dem Hobel und dem Schleifpapier. Die groben Raspeln und die Feilen setzt man zur Holzbearbeitung ein, um ein grob geformtes Werkstück weiterzubearbeiten, ihm die gewünschte endgültige Form zu geben. Raspeln und Feilen werden vor allem bei Arbeiten an kurvigen Werkstücken benötigt, z. B. für die Weiterbearbeitung eines geschwungenen Stuhlbeines oder einer Armlehne.

Raspeln

Sie bestehen aus dem Blatt mit der An-

119

120

121

117 *Fräsköpfe zum Einsatz in der Ober-fräse oder einer Bohrmaschine: links und rechts Kantenfräser mit Anlaufzapfen, dazwischen Fräsköp-fe für eine Hohlkehle, Gratnut und Nut (Metabo).*

118 *Bohrmaschine im Fräsständer als stationäre Fräse (AEG).*

119 *Oberfräse mit Seitenanschlag beim Fräsen einer Nut (Black & Decker).*

120 *Oberfräse unter einem Sägetisch montiert mit Absaugvorrichtung; nur der Fräskopf ist sichtbar (AEG).*

121 *Verschiedene Raspeln und Feilen für die Holzbearbeitung (u. a. Fa-mag und Tirem).*

gel und dem Griff. Wie das Blatt sicher und gerade im Holzgriff befestigt wird, findet sich auf Seite 170. Kunststoffgriffe sind üblich geworden.

Der Querschnitt einer Raspel ist flach-stumpf, halbrund oder rund. Die Raspel-zähne werden maschinell in den Werk-zeugstahl gehauen. Die Raspelzähne stehen auf Lücke. Der einzelne Zahn wird als Hieb bezeichnet. Der größte Hieb hat die Nr. 1, der feinste die Nr. 3. Die Anzahl der Hiebe pro cm² (zwi-schen 7 und 28) behauener Fläche er-gibt die Hiebzahl. Je kleiner die Hieb-zahl, desto gröber der Hieb. Das gilt nur für Raspeln gleicher Länge. Je länger nämlich eine Raspel ist, desto weniger Raspelhiebe finden sich auf einem cm², obwohl die Hiebnummer die gleiche

bleibt. Die Länge beträgt 160, 200, 250 oder 320 mm.

Nach dem Prinzip der Säge ist die Sä-geraspel konstruiert (Abb. 121), die auf der einen Seite mit gröberen, auf der anderen mit feineren Zähnen ausgestat-tet ist.

Feilen

Alles Wissenswerte über Feilen findet sich auf Seite 228.

Surform

Diese Werkzeuge gehören zu einem universellen Programm der Oberflä-chenbearbeitung (Abb. 122): Hobeln, Raspeln, Feilen und Schleifen von Holz und Holzwerkstoffen aller Art, von Kunststoff, Gips, Spachtelmassen,

Nichteisenmetallen, Linoleum, Keramik. Die auswechselbaren Blätter bestehen aus mehreren hundert rasiermesser-scharfen Stahlschneiden, die das Mate-rial abspanen und durch das Blatt nach oben auswerfen, ohne daß es sich zu-setzt.

Arbeitsregeln

Das zu bearbeitende Werkstück sollte fest eingespannt sein, die Raspel bzw. Feile mit beiden Händen geführt wer-den. Nur beim Vorwärtsführen der Ras-pel bzw. Feile wird Druck ausgeübt, nicht beim Zurückholen, da dies das Werkzeug stumpf machen würde.

Raspeln und Feilen, die für die Holzbe-

181

arbeitung verwendet werden, dürfen nicht – auch nicht ausnahmsweise – zur Metallverarbeitung verwendet werden, denn die feinen Metallspäne setzen sich im Holz fest, verhindern eine optimale Bearbeitung der Holzoberfläche und machen Hobel, Stechbeitel und Säge stumpf.

Raspeln und Feilen, deren Zähne verstopft sind, was vor allem bei harzreichem Holz sehr schnell geschieht, legt man in heißes Wasser, läßt die Holzspäne quellen und bürstet sie dann mit einer Wurzelbürste aus. Ab und zu ist eine Behandlung mit einem Rostschutzmittel angebracht.

Raspeln und Feilen dürfen nie mit ihrer Hiebfläche aufeinandergelegt werden, weil sie sonst schnell stumpf werden. Raspeln und Feilen sollten einzeln aufbewahrt werden, und zwar in einer Halterung oder an einer Schlaufe im Griff hängend.

Drechseln

Beim Drechseln dreht sich das Werkstück um seine eigene Achse. Ein Drehstahl wird so mit seiner Schneide an das rotierende Werkstück herangeführt, daß er einen Span abschält. Mit dieser uralten Technik, schon vor 2700 Jahren

122 *Surform-Werkzeuge zum Hobeln, Raspeln, Feilen und Schleifen von Werkstoffen aller Art außer Eisen (Stanley).*

123 *Haltung des Drehstahls beim Drechseln.*

124 *Mit diesem Gerät, das auch als Bohrständer verwendet werden kann, wird der Rohling zum Längsdrehen eingespannt (Metabo).*

125 *Die Baumscheibe muß noch möglichst kreisrund gesägt werden, z. B. mit einer Stichsäge. Das Werkstück wird an einer Planscheibe festgeschraubt, die von einer Bohrmaschine angetrieben wird. Die linke Auflage dient zur Bearbeitung der Außenseite des Werkstücks, die rechte Auflage zum Aushöhlen (Metabo).*

in Europa bekannt, werden Schalen, Dosen und Teller, Füße für Schränke, Lampen, Tische und Stühle, Schmuckstäbe für Geländer, Spielzeug und andere symmetrisch runde Werkteile gedreht.

Zum Drechseln braucht man eine Drehbank, in der der Holzrohling mit eingespannt werden kann, sowie verschiedene Drehstähle, mit denen man dem Rohling die gewünschte Form gibt.

Drehbank

Die Hersteller von Heimwerkergeräten haben in ihrem Programm stets auch eine Drehbank, die mit einer Bohrmaschine angetrieben wird. Die Drehbank ist im wesentlichen eine Einspannvorrichtung, die verhindert, daß das Werkstück

weggeschleudert wird, wenn es sich immer schneller um seine eigene Längsachse dreht. Es muß so fest eingespannt sein, daß es auch während der Bearbeitung mit dem Drehstahl seine Lage nicht verändert, sondern sich völlig gleichmäßig und ruhig dreht. Die Drehstähle werden auf eine verstellbare Auflage gestützt und mit der Hand geführt.

Es gibt zwei Methoden, das Werkstück einzuspannen:

Längsdrehen: Das Werkstück wird zwischen zwei sich mitdrehende Spitzen bzw. Spannfutter eingespannt (Abb. 124). Von dem Abstand zwischen den beiden Spitzen hängt es ab, wie lang das Werkstück sein kann. Aus der Art dieser Einspannung folgt, daß das

122

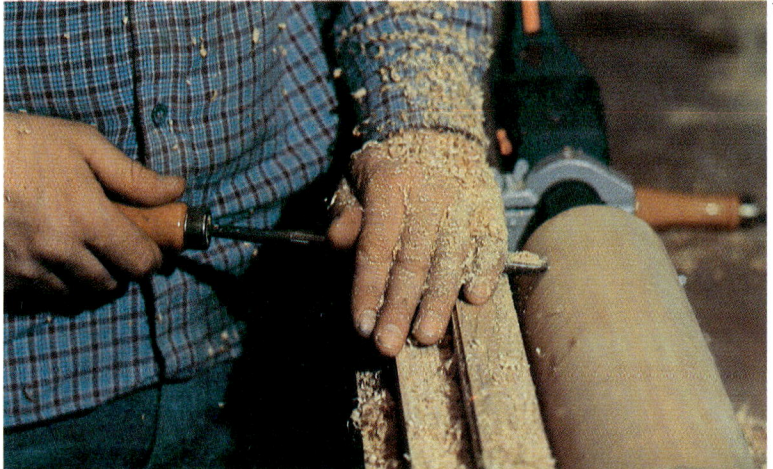

123

Werkstück nur an seiner Außenseite bearbeitet werden kann. So entsteht z.B. ein Lampenfuß oder ein Kegel.

Querdrehen: Das Werkstück wird nur an einer Seite an einer Planscheibe (Abb.125) oder einem Mitnehmer befestigt. Deshalb kann es auch an der der Planscheibe bzw. dem Mitnehmer gegenüberliegenden Seite bearbeitet werden. Nach dieser Einspannmethode werden Hohlkörper wie Schalen und Teller gedrechselt.

Rohling

Weiches und zugleich faseriges Holz ist zum Drechseln nicht geeignet, denn es läßt sich nicht vermeiden, daß aus dem weichen Holz immer wieder Holzfasern ausreißen, so daß keine völlig glatte Oberfläche entsteht. Man muß dann in einem solchen Fall mit Schleifpapier nacharbeiten. Nadelhölzer sind mit Ausnahme von Lärchenholz zu weich. Die meisten Laubhölzer sind fest und hart genug. Ahorn, Birke, Buche und Esche weisen eine ruhige, helle Maserung auf. Mahagoni, Nußbaum und Teak zeigen eine dunkle Tönung. Besonders lebhaft ist die Maserung bei den meisten Eichenarten, bei Kirsche, Ölbaum, Pflaume und Rüster.

Es eignet sich nur trockenes und astfreies Holz. Entweder verwendet man ein natürliches Ast- oder Stammstück, oder man formt den Rohling, der zum Schluß eine zylindrische Form haben muß, aus einem Bohlenstück, das achtkantig gehobelt wird.

Drehstähle

Sie sind den Stechbeiteln und Schnitzeisen verwandt.

Röhren (Abb.126): Die breite Schrupp- oder Schroppröhre von 20 bis 30 mm Breite wird für die groben Arbeiten verwendet. Die Form- oder Schlichtröhre von 5 bis 20 mm Breite dient zum Schlichten, d.h. zum Glätten der Oberfläche sowie zum Drehen von Rundungen, vor allem der Rundkerbe und der Hohlkerbe (Abb.127). Die Schneiden der Röhre werden nur von der Unterseite angeschliffen.

Meißel (Abb.126): Sie haben eine schräge Schneide, die beim Drehmeißel von beiden Seiten gleichschenklig und beim Flachmeißel nur von einer Seite angeschliffen wird. Mit der vorderen

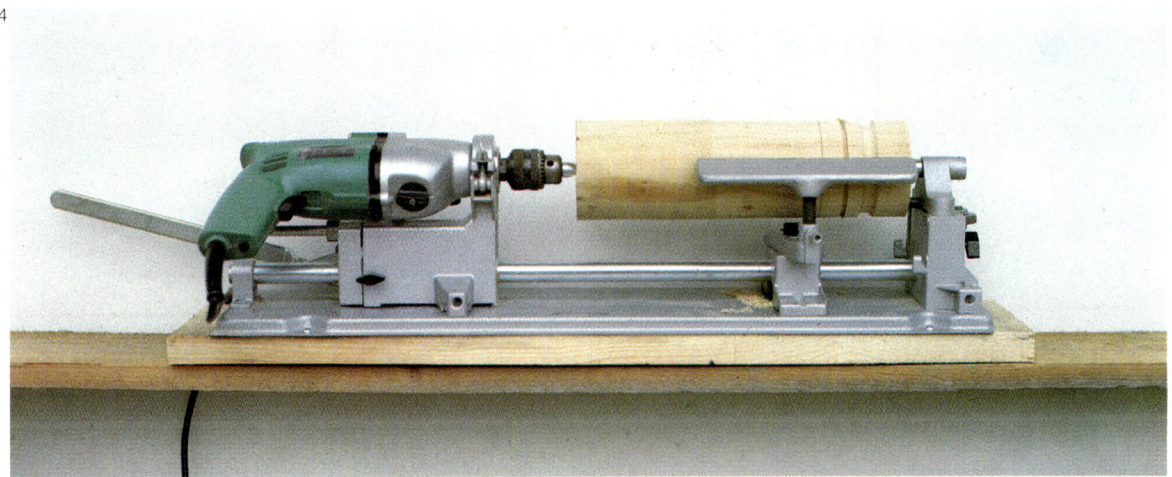

124

125

Spitze können Spitzkerben und rechte Winkel sauber ausgedreht werden (Abb.127). Die gesamte Länge der Schneide wird zum Schlichten von Flächen eingesetzt. Die hintere, stumpfe Spitze verwendet man zum Schlichten von gewölbten Flächen.

Abstechstahl (Abb.126): Er ist ein Meißel, bei dem die Schmalseite angeschliffen wird und die Schneide bildet. Mit dem Abstechstahl trennt man das fertig gedrechselte Werkstück von den Enden ab, an denen es von den Spitzen festgehalten wird bzw. mit Schrauben an der Planscheibe befestigt wurde. Das letzte Stück wird mit der Feinsäge durchgesägt. So erreicht man, daß am fertigen Werkstück keine Haltespuren zu sehen sind.

183

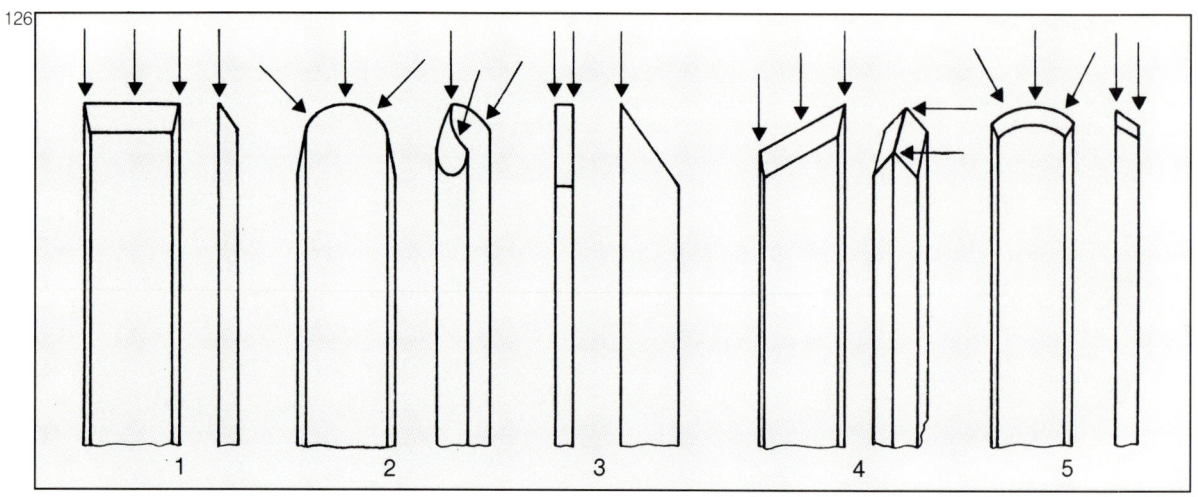

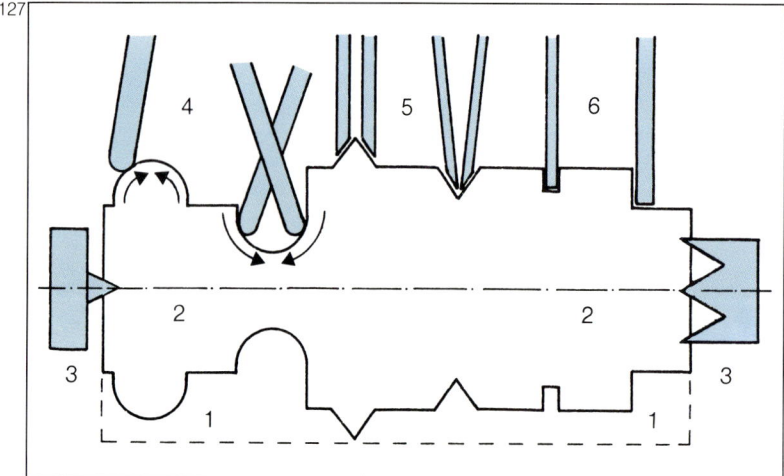

Bodeneisen, Hakenstähle und Krumm-stähle: Sie dienen zum Ausdrehen von tiefen Hohlkörpern wie Büchsen und Dosen.

Die Technik des Drechselns

Arbeitshaltung und Werkzeugführung (Abb.123): Gedrechselt wird im Stehen. Das Werkstück muß sich etwa in Höhe der Taille befinden. Die Werkzeugauflage wird möglichst dicht an das Werkstück hingeführt und festgeschraubt. Das Werkstück darf die Werkzeugauflage nicht berühren, sondern muß sich frei drehen. Je nach Fortschreiten der Arbeit muß die Werkzeugauflage neu eingestellt werden.

Die eine Hand drückt den Drehstahl fest auf die Werkzeugauflage, die andere

führt den Drehstahl am anderen Ende wie an einem langen Hebel.

Das Werkstück dreht sich gegen die Schneide des Drehstahls. Je weicher das Holz ist, um so kleiner soll der Schnittwinkel sein. Das wird erreicht durch das Anschleifen einer längeren Fase und durch die Stellung der Schneide zum Werkstück (Abb.128). Zuerst wird der Rohling in einen genau ausgewuchteten zylindrischen Körper verwandelt. Wenn das geschehen ist, erzeugt der richtig geführte Drehstahl einen langen Span, er schält das Holz spanförmig ab. Auch beim Drechseln soll man mit der Holzfaser arbeiten, wann immer das geht, also beim Glätten der Außenseite: Der Drehstahl wird nicht nur langsam und gleichmäßig vor-

geschoben entsprechend der Spanabnahme, sondern zugleich entweder von rechts nach links oder umgekehrt bewegt. Nur der mittlere Teil der Schneide des Drehmeißels sollte beim Schlichten mit dem Werkstück in Kontakt kommen, damit nicht versehentlich die vordere Spitze des Drehmeißels in das Holz eindringt, sich dann festhakt, Holz herausbricht und eine tiefe Spur hinterläßt – im Endstadium der Bearbeitung eine kleinere Katastrophe. Je flacher die Wölbung des Zylinders, um so breiter sollte deshalb der Drehmeißel sein, der eingesetzt wird.

Beim Querdrehen wird das Innere des Hohlkörpers zunächst mit großen Bohrern vorgeformt.

Einspannen: Beim Längsdrehen wird das Werkstück an beiden Enden eingespannt. Dabei gibt es keine Probleme. Man muß lediglich darauf achten, daß der Rohling länger ist als der geplante Gegenstand, wenn das obere und das untere Ende abgestochen und abgesägt werden sollen, damit am fertigen Werkstück keine Haltespuren mehr zu sehen sind.

Beim Querdrehen gibt es für die hier dargestellten Heimwerkerdrehbänke mehrere Einspannmöglichkeiten:

Kleine Gegenstände, die aufgrund ihrer geringen Masse nur eine geringe Fliehkraft entwickeln (z.B. Eierbecher), kann man mit dem Mitnehmer direkt an der Antriebsmaschine befestigen. Eine einzelne Schraube, die nach dem Auswuchten genau in der Achse des Werkstücks sitzt, hält dieses.

Beim Querdrehen verwendet man eine Planscheibe, die drei radiale Spalten aufweist, durch die Schrauben in den Rohling eingedreht werden und ihn so festhalten (Abb. 129).

Glätten: An die fertig gedrehte Form hält man Schleifpapier verschiedener Körnung, um der Oberfläche die letzte Glätte zu geben. Dabei ist darauf zu achten, daß z.B. die Kanten von Spitzkerben nicht verschliffen werden.

Schärfen der Drehstähle

Hier gilt im wesentlichen das gleiche wie beim Schärfen von Stechbeiteln (siehe Seiten 255–258).

Röhren und Flachmeißel werden nur von einer Seite angeschliffen, Drehmeißel und Abstechmeißel von beiden Seiten so, daß im Profil ein gleichschenkliges Dreieck entsteht. Je weicher das Holz ist, das bearbeitet werden soll, um so länger und flacher muß die Fase werden.

126 *Drehstähle. Die Pfeile zeigen die Schneide, 1, 4 und 5 verschiedene Flachmeißel, 2 Schrupp- und Schlichtröhre, 3 Abstechstahl.*

127 *Wirkungsweise der Drehstähle. 1 Rohling in Form eines Zylinders, 2 das geformte Werkstück, 3 mitdrehende Spitzen, zwischen die das Werkstück eingespannt ist, 4 Röhren, 5 Meißel, 6 Abstechstahl.*

128 *Der Rohling dreht sich gegen den Drehstahl. Je härter das Holz ist, um so größer muß der Winkel sein, mit dem der Drehstahl an das Holz geführt wird. 1 weiches Holz, z.B. Linde; 2 hartes Holz, z.B. Eiche; 3 sehr hartes Holz, z.B. Olive.*

129 *Befestigen eines Rohlings. Links: Zunächst wird der Rohling 2 an der Drehscheibe 1 von außen bearbeitet. Rechts: Dann wird das Werkstück 3 mit der Unterseite an der Drehscheibe 1 festgeschraubt und innen ausgehöhlt. 4 sind die Drehstähle, die zum Formen eingesetzt werden. 5 ist der Abstechstahl, mit dem zum Schluß das fertige Werkstück von der Drehscheibe vorsichtig abgestochen wird.*

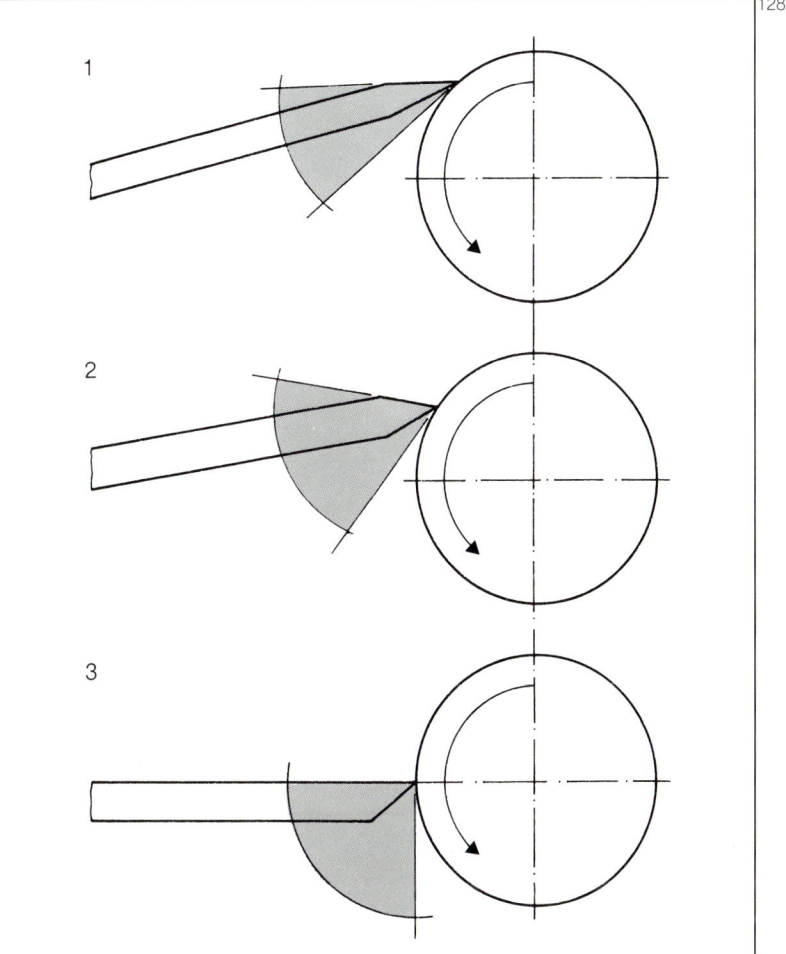

128

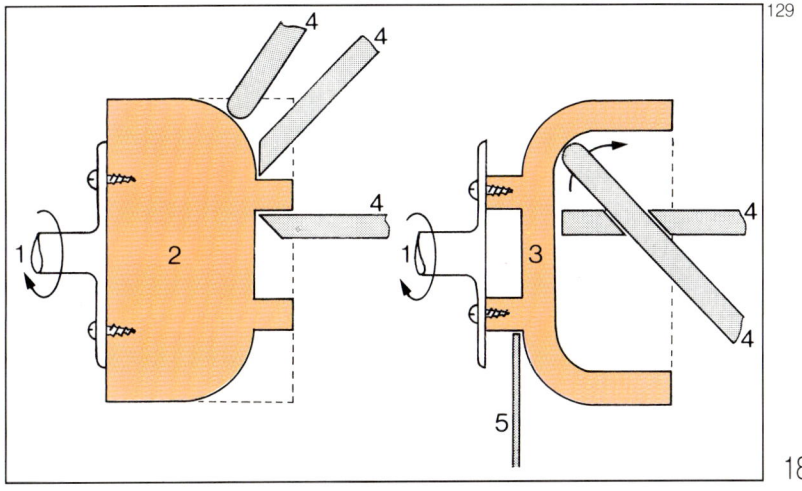

129

185

130 Dübeleisen zur Herstellung von Holzdübeln aus Rundstäben, darüber Dübelanspitzer.

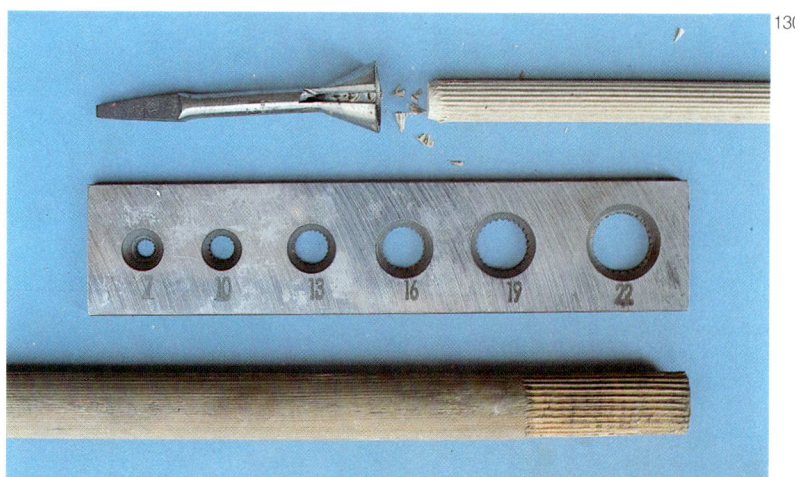
130

131 Links Dübelmarkierer. Rechts wurde in das untere Brett das Dübelloch gebohrt, der Markierungsknopf in das Dübelloch gesetzt, das eine mit dem anderen Werkstück in der gewünschten Lage zusammengeführt und angedrückt, so daß sich die Spitze des Dübelmarkierers in das Holz drückt: Damit ist für das Bohren des gegenüberliegenden Dübellochs die Mitte genau markiert. Solche Dübelmarkierer gibt es für die Durchmesser 6, 8 und 10 mm.

132 Mit diesen beiden Geräten werden die Bretter, die im rechten Winkel miteinander verdübelt werden sollen, festgehalten. Die eine Halterung dient zugleich als Führung für den Bohrer, hier mit Tiefeneinstellung (Black & Decker).

131

133 Zusammenleimen von Brettern:
2, 4, 6, 8, 10 und 12 zeigen übertrieben, wie sich das Schwinden des Holzes auswirkt, wenn Bretter aus verschiedenen Stammteilen und je nach Verlauf der Jahresringe zusammengeleimt werden (1, 3, 5, 7, 9, 11). 2 ist am besten, aber selten zu verwirklichen, weil es viel mehr Seitenbretter als Kernbretter gibt; 10 ist falsch, weil Kern- an Splintholz stößt; 12 ist falsch, weil wertvolle Kernbretter mit Seitenbrettern verleimt worden sind.
13 zeigt das Zusammenzeichnen der vier Bretter und die gebräuchlichen Dreieckszeichen.
14 und 15 zeigen, wie benachbarte Bretter zusammen behobelt werden, so daß sie paßgenaue Fugen erhalten. Es kommt also nicht darauf an, daß die Hobelkante im rechten Winkel verläuft, wichtig ist nur, daß die Breite des Hobeleisens gleichzeitig über beide Brettkanten reicht.
Bei 16 liegen die Bretter paßgenau gehobelt in der richtigen Reihenfolge fertig zum Verleimen; 17 und 18 zeigen, wie die Brettkanten gleichzeitig mit Leim bestrichen werden.

132

Schnitzen und Holzbildhauerei

Das Schnitzen als kunsthandwerkliche Technik und die Holzbildhauerei werden in diesem Buch nicht behandelt. Das Schnitzmesser und einige Schnitzeisen sind jedoch Werkzeuge, die auch der Heimwerker oft sinnvoll einsetzen kann (Seite 170, Abb.101). Bei der Restaurierung alter Möbel ist es manchmal unumgänglich, ein beschädigtes oder verlorengegangenes Teil nachzuschnitzen.

Beim Schnitzen kommt es wie so oft bei der Bearbeitung von Holz darauf an, den Verlauf der Faser zu beachten. Man darf niemals in die Faser schnitzen oder stemmen, sondern immer nur mit ihr oder gegen sie, weil sonst die Gefahr besteht, daß sich das Holz spaltet.

Holzverbindungen

Holzverbindungen sind Konstruktionen, mit denen Holzteile zu einem Werkstück zusammengefügt werden. Die Teile können lösbar oder unlösbar miteinander verbunden sein. Verbindungen, die geleimt bzw. geklebt worden sind, entweder allein oder zusätzlich zu einer anderen Verbindungstechnik, sind unlösbar. Starr, aber mehr oder weniger leicht lösbar sind Verbindungen, die bei der Verwendung von Nägeln, Schrauben, Holzdübeln, Federn und Lamellen als Verbindungsmittel oder aufgrund der besonderen Konstruktion der Holzteile entstehen. Beschläge liefern starre oder bewegliche, verhältnismäßig leicht lösbare Verbindungen.

Um in die große Anzahl von Holzverbindungen eine Ordnung zu bringen, geht man am besten vom Bau eines Schrankes aus Vollholz mit Zwischenfächern aus: Zunächst müssen aus einzelnen Brettern breite Holzflächen hergestellt werden (Breitenverbindungen siehe Seite 189). Die Holzflächen werden dann an den Ecken miteinander zu einem Kasten verbunden (Kasteneckverbindungen siehe Seite 191). Bei dem Einbau von Zwischenfächern entstehen

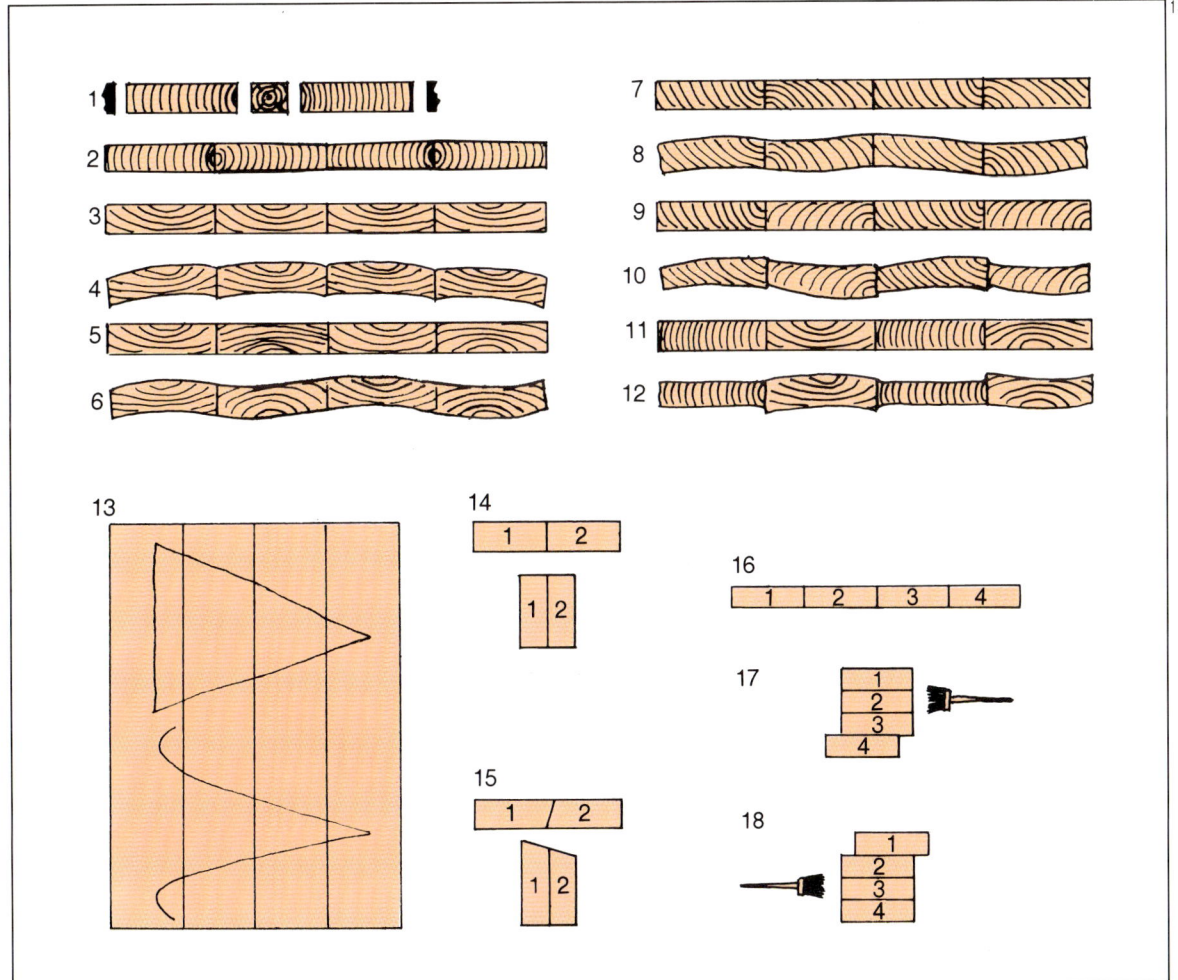

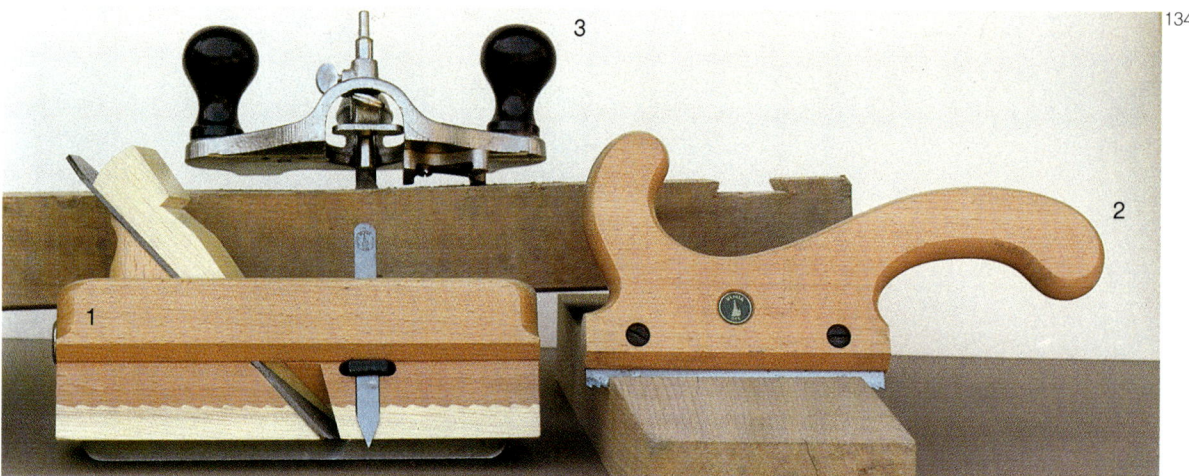

134

T-förmige Verbindungen (Mittelverbindungen siehe Seite 195). Weil das Holz arbeitet, verändern sich Vollholzflächen besonders stark; bei Flächen aus Rahmen und Füllung ist dieser Nachteil wesentlich eingeschränkt (Rahmenverbindungen siehe Seite 196). Längsverbindungen werden auf Seite 199, Gestellverbindungen auf Seite 199 dargestellt.

Sehr viele Holzverbindungen, die sich für das Verbinden von Vollholz eignen, sind für das Verbinden von Holzwerkstoffen, insbesondere von Spanplatten, ungeeignet. Über die Besonderheit, Spanplatten miteinander zuverlässig zu verbinden, erfährt man Näheres auf Seite 199.

Zimmermannsverbindungen mit Hilfe von Nagelbeschlägen sind auf Seite 200 zu finden.

Die Darstellung komplizierterer Verbindungen in nachvollziehbaren Arbeitsschritten sprengt die Möglichkeiten dieses Buches. In diesem Fall wird verwiesen auf den Lehrgang »Türen- und Fensterbau«. Hilfreich ist auch der Lehrgang »Holzverbindungen und Verbindungselemente«. Siehe Literaturverzeichnis Seite 536.

Verbindungsmittel

Nägel und Schrauben sind ab Seite 47, Beschläge ab Seite 488 und Kleber ab Seite 80 dargestellt.

Holzdübel: Es handelt sich dabei um längsgeriffelte Rundstabstücke aus Buchenholz zwischen 3 und 30 mm Durchmesser. Sie sind an beiden Enden an-

134 *Werkzeug zum Herstellen der Gratnut und Gratleiste, 1 Grathobel (Ulmia) zum Herstellen der Gratleiste, 2 Gratsäge (Ulmia) mit in der Tiefe verstellbarem Sägeblatt zum Einsägen der schrägen Gratnut, 3 Grundhobel (Stanley) zum Aushobeln der Gratnut.*

135 *Grat- und Hirnleisten:*
1 stehende Gratleiste, 2 und 3 liegende Gratleiste, 3 mit falsch ausgewähltem Holz für die Leiste. Ab 4 verschiedene Hirnholzleisten; sie dürfen nur geleimt werden bei Flächen bis 18 cm Breite. Breitere Vollholzflächen dürfen nur in der Mitte mit der Gratleiste verleimt oder verbunden (5) werden.

136 *Unverleimte Breitenverbindungen:*
1, 4–6 Überfälzte Fuge
2, 7–9 Nut-und-Feder-Verbindung, auch gespundete Fuge genannt
3 Gefederte Fuge.

137 *Profilkralle zum Festnageln eines Nut- und Federbrettes auf einer Lattenkonstruktion an der Decke mit Hilfe eines Schlaginstruments, das den Nagel magnetisch in der richtigen Lage hält (Häfele).*

138 *Montagezangen für die Montage von Profilbrettern. Sie fixieren das festzunagelnde Brett in der richtigen Position, so daß die Montage auch von einer Person allein vorgenommen werden kann (Häfele).*

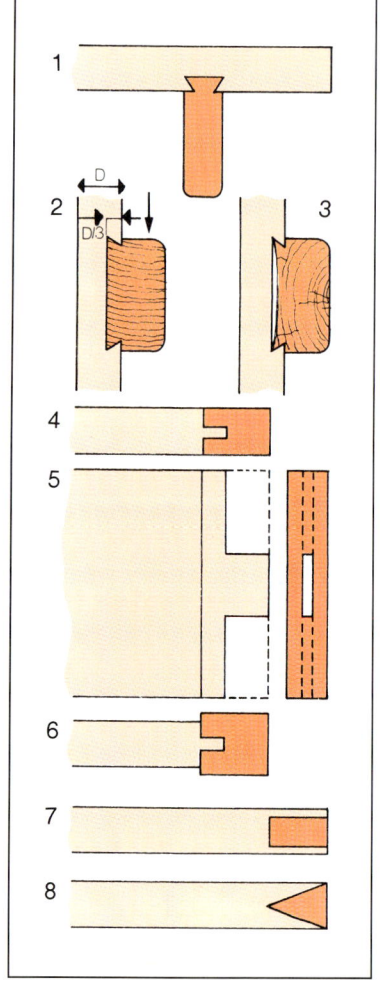

135

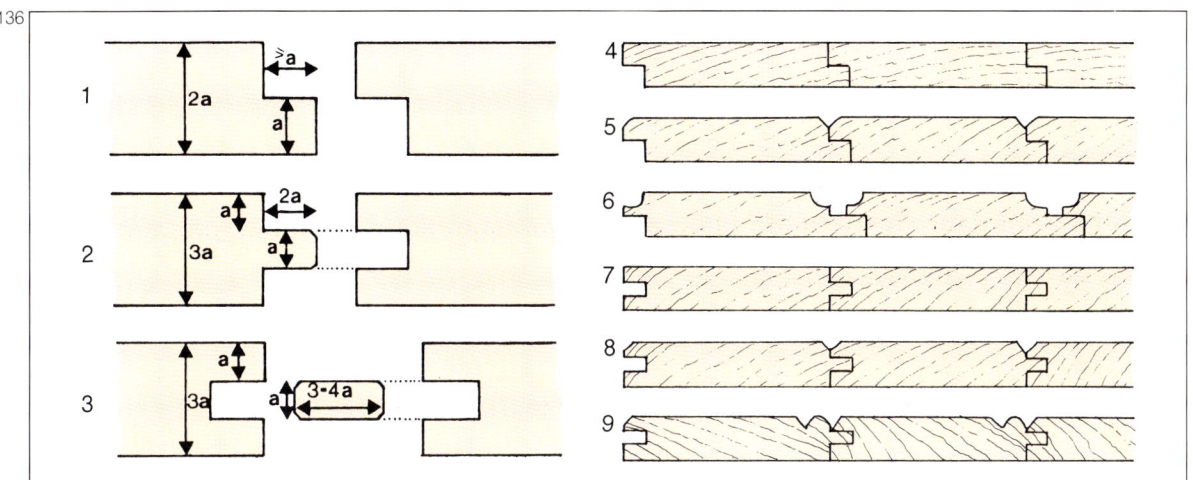

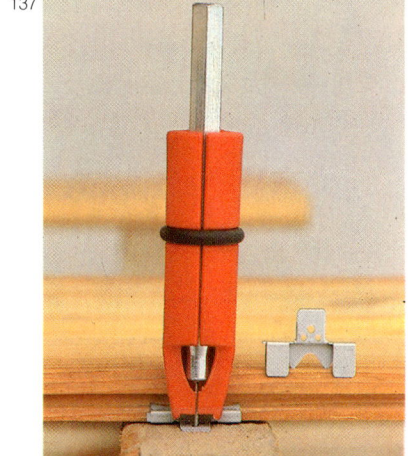

gespitzt. Man kann fertige Dübel und Dübelholzstangen kaufen, von denen man sich Dübel in der gewünschten Länge absägt. Mit Hilfe eines Dübeleisens und eines Dübelanspitzers kann man auch Dübel aus Rundholzstangen selbst herstellen (Abb. 130).

Dübeln: In die beiden Werkteile, die miteinander verbunden werden sollen, werden Löcher so gebohrt, daß der Dübel in beiden Löchern steckend und zusätzlich mit Leim bestrichen die Werkteile in der gewünschten Weise unlösbar zusammenhält. Die beiden Dübellöcher müssen etwa 2 mm länger sein als die Hälfte der Dübellänge, damit der Leim, den der Dübel beim Einschlagen vor sie herschiebt, Platz findet und man die Fuge zwischen den Werkstücken ganz dicht bekommt.

Der Dübel hält optimal, wenn er etwa halb so stark ist wie die Bretter, die er verbindet (Abb. 140). Wenn man den Dübel einschlägt, sollte man ihn erst einmal bis auf den Grund des Loches schlagen, denn der überschüssige Leim drückt ihn wieder etwas zurück. Damit das Dübelloch die richtige Tiefe bekommt, wird es mit einem Tiefenanschlag gebohrt (Seite 171).

Die Abb. 131 und 132 zeigen, mit welchen Hilfsmitteln erreicht wird, daß die Dübellöcher in den beiden Werkteilen exakt an der richtigen Stelle gebohrt werden.

Federn und Lamellen: Diese hölzernen Verbindungsmittel vergrößern die Festigkeit, wenn sie genau in die Nut passen. Sie werden ebenfalls eingeleimt.

Man unterscheidet Lang- und Querholzfedern.

Solche Federn kann man auch als Streifen aus Furnierplatten sägen.

Winkelfedern aus Sperrholz verstärken eine Tischler- und Spanplattenverbindung wesentlich. Sie sind auch im Handel erhältlich.

Lamellen aus Buchenholz sind 4 mm dick und dem Kreisbogen des für die Nut verwendeten Fräsers angepaßt. Sie sind wie die Dübel geriffelt, um die Leimfläche zu vergrößern (Abb. 140.8).

Beschläge: Sie sind auf Seite 488 dargestellt.

Verleimte Breitenverbindungen

Bei Fach- oder Einlegeböden, Arbeitsplatten, den Seitenteilen von Schränken, Türfüllungen usw. benötigt man breite und fugenlose Flächen. Sie sind breiter, als man sie aus einem Stamm schneiden kann. Solche Flächen müssen deshalb aus einzelnen Brettern zusammengeleimt werden.

Auswahl der Bretter: Beim Zusammenleimen von Brettern zu einer breiten Fläche müssen unbedingt die Schwundrichtung und das Arbeiten des Holzes berücksichtigt werden (siehe Seite 135). Es spielt auch eine Rolle, ob es sich bei den Brettern um Herz-, Kern- oder Seitenbretter handelt.

Stehen Kernbretter zur Verfügung, wird Kern an Kern und Splint an Splint geleimt. So erhält man ein schönes Holzbild und vermindert außerdem Spannungen in der Klebfuge, da Kernholz auf Feuchtigkeitsschwankungen langsamer reagiert, also langsamer quillt und schwindet als Splintholz.

Da beim Einschnitt des Stammes nur ein Kernbrett und viele Seitenbretter anfallen, müssen überwiegend Seitenbretter verarbeitet werden.

Da die linke Seite des Seitenbrettes beim Austrocknen hohl wird (siehe Seite 137), besteht die Gefahr, daß sie einreißt, wenn das Brett durch die Konstruktion gewaltsam gerade gehalten wird. Deshalb wird bei Vollholzwerkstücken die rechte Seite als Ansichtsseite benutzt. Die an der abgewandten Seite auftretenden Risse muß man in Kauf nehmen. Das gilt für genagelte wie für verleimte Flächen. Soll die Fläche freistehend verwendet werden, so daß keine Konstruktion sie gerade halten kann, muß man damit rechnen, daß die gesamte Fläche rund wird. Dem kann man dadurch entgegenwirken, daß man für eine Seite der Fläche abwechselnd rechte und linke Seiten der zu verleimenden Bretter verwendet (Abb. 133).

Zusammenzeichnen der Bretter: Die für die Verleimung ausgewählten Bretter werden in der vorgesehenen Lage mit Ziffern oder einem Dreieck, auch Spitzzeichen genannt, zusammengezeichnet, wie dies Abb. 133 zeigt. Auf diese Weise behält jedes Brett den ihm einmal zugewiesenen Platz.

Fügen der Brettkanten: Kanten werden vor dem Verleimen gefügt. Das bedeutet: Sie müssen so gehobelt werden, daß sie genau aneinander passen. Am einfachsten lassen sich Kanten mit dem elektrischen Abrichthobel fügen. Wenn dieses professionelle Werkzeug nicht zur Verfügung steht, wird mit der Rauhbank gefügt:

Zwei Bretter werden jeweils mit dem Zeichen nach innen zusammengeklappt, in die Vorderwange der Hobelbank gespannt, und zwar so, daß die beiden Kanten gleichzeitig mit der Rauhbank behobelt werden können. Dabei funktioniert diese Methode nur, wenn das Hobeleisen der Rauhbank breiter ist als die beiden Bretter zusammen dick sind. Beim Hobeln ist nicht unbedingt auf Rechtwinkligkeit zu achten, denn zurückgeklappt passen die Bretter auch bei einer Abweichung vom rechten Winkel exakt zusammen (Abb. 133).

Verleimen der Bretter: Zum Leimauftrag werden die Bretter aufeinandergelegt,

wie dies Abb. 133 zeigt, so daß alle rechten bzw. alle linken Innenkanten eine Fläche bilden und zusammen mit Leim bestrichen werden können. Die Bretter werden dann zusammengespannt. Dazu verwendet man Schraubzwingen. Besonders geeignet ist die Bandeisenpresse, die auf Seite 157, Abb. 73, zu sehen ist. Sie preßt die zu verleimenden Bretter zusammen und verhindert zugleich, daß sie sich hochwölben.

Gratleisten: Das sind Leisten mit einem an einer Kante angearbeiteten Grat, der in eine die Holzfläche eingeschnittene oder maschinell eingefräste Gratnut eingeschoben wird. Stellt man die Verbindung von Hand her, so wird zuerst mit dem Grathobel der Grat in die Gratleiste angestoßen. Danach kann die Gratnut auf der Brettunterseite angerissen und diese aus dem Brett ausgearbeitet werden. Als Werkzeuge werden hierfür die Gratsäge und der Grundhobel benutzt (Abb. 134). Wird die Gratnut maschinell mit der Oberfräse hergestellt, so kann man auch umgekehrt die Gratleiste in die eingefräste Gratnut einpassen.

Man unterscheidet stehende und liegende Gratleisten (Abb. 135.1–3). Die *stehende Gratleiste* ist schmal und hoch, so daß das Schwindmaß in der Breite des Grates nur gering ist. Dadurch kann sie sich in der Gratnut nicht so leicht lockern. Sie wird in der Hauptsache für stark belastete, liegende Flächen verwendet, weil die stehende Gratleiste die Last besser trägt. *Liegende Gratleisten* sind breit und flach und werden meist für stehende Flächen wie zum Beispiel bei Türen verwendet. Besonders bei der liegenden Gratleiste ist ihrer größeren Breite wegen darauf zu achten, daß sie stehende Jahresringe aufweist. Gratleisten mit liegenden Jahresringen können sich werfen und in der Gratnut lockern.

Da bei der Gratung Langholz und Querholz verbunden werden, liegen die extremsten Schwindmaße übereinander. Die breite Querholzfläche muß auf der Gratleiste ungehindert arbeiten können. Das ist nur möglich, wenn der Grat in der Gratnut an den Enden Luft hat und die Gratleiste nur an einem Ende eingeleimt wird.

Hirnleisten: Sie verhindern das Werfen von schmalen Vollholzflächen (Abb.

135). Hirnleisten können vor die Hirnenden gefedert, gezapft und gekeilt oder in die Hirnenden eingeleimt sein. Bei geleimten Hirnholzleisten dürfen die Flächen höchstens 180 mm breit sein. An breiteren Vollholzflächen dürfen die Hirnholzleisten nur in der Mitte mit dem Querholz verleimt oder verbunden werden.

Sicherung durch Dübel oder Federn: Eine erhöhte Haltbarkeit kann durch Dübel oder Federn in der Fuge erreicht werden (siehe Seite 188 und 192 und Abb. 140).

Kronenfuge

Bei Arbeitsplatten, die besonders stark beansprucht werden, wird eine erhöhte Fugenfestigkeit dadurch erreicht, daß man die Leimfläche vergrößert. Dies geschieht mit der Tischfräse und einem Fugenverleimfräskopf, der in der Höhe so eingestellt werden muß, daß die Kronenfuge genau in der Mitte der Brettkante eingefräst wird.

Unverleimte Breitenverbindungen

Größere Vollholzflächen, die als Fußboden-, Wand- und Deckenverkleidung dienen sollen, darf man nicht zusammenleimen oder -dübeln, weil dann die einzelnen Bretter zuwenig arbeiten könnten.

Eine schnelle und grobe Methode besteht darin, die einzelnen Bretter auf eine Querleiste zu nageln. Die Querleiste kann durch ein Bandeisen ersetzt werden, das zugleich die Aufgabe eines Bandscharnieres für eine Tür oder einen Kastendeckel übernehmen könnte.

Auswahl der Bretter: Es werden sowohl die Kern- und Herz- als auch die Seitenbretter verwendet, wobei bei den Kern- und Herzbrettern die Markzone herausgetrennt werden muß, weil das Holz an dieser Stelle einreißt. Im Unterschied zu den verleimten Breitenverbindungen werden die Bretter nicht abwechselnd mit ihrer linken und rechten Seite nebeneinandergelegt. Bei Wand- und Deckenverkleidungen wird die rechte Seite als Sichtseite bevorzugt, weil die Zeichnung des Holzes, insbesondere bei Nadelhölzern, auf der rechten Seite ausdrucksvoller ist als auf der linken. Bei Fußbodendielen und Treppenstufen sollte allerdings die linke Brettseite die Sichtfläche sein, denn an der rechten Seite können sich durch Alterung und Austrocknung die harten Jahresringe von den weichen an den auslaufenden Fladerspitzen lösen. Dadurch reißt das Holz an der Oberfläche ein und splittert, und es kann zu Verletzungen kommen. Allerdings muß man bei der linken Brettseite ein Hohlwerden der Bretter, das sogenannte Schüsseln, in Kauf nehmen.

Überfälzte Fuge: Dies ist die einfachste Möglichkeit, eine breite Vollholzfläche aus einzelnen Brettern herzustellen. Dabei erhält jedes Brett einen Wechselfalz (Abb. 136). Beide Falze haben dieselbe Abmessung. Die Falzhöhe beträgt die Hälfte der Brettdicke, die Falztiefe kann davon abweichen. Die Fuge kann bei Wand- und Deckenverkleidungen dekorativ gestaltet werden (Abb. 136). Einen Falz kann man herstellen mit der Feinsäge, dem Sims- oder dem Elektrohobel, mit einem Fräskopf oder der Wanknutscheibe.

Nut und Feder: Dies ist die am weitesten verbreitete Verbindung bei Holzfußböden sowie Wand- und Deckenverkleidungen aus Holz (Abb. 136). Sie heißt auch gespundete Fuge, ist sehr viel dichter als die überfälzte Fuge und kann ebenso wie diese dekorativ gestaltet werden. Nut- und Federbretter können auf der Unterkonstruktion unsichtbar durch Verwendung spezieller Metallklammern festgenagelt werden (Abb. 137 und 138). Die Feder liegt bei Fußbodenbrettern unterhalb der Mitte der Brettdicke. Dadurch kann die Abnutzungsschicht später abgeschliffen werden, ohne daß die obere Wange der Nut zu stark geschwächt wird. Eine Nut kann hergestellt werden mit dem Nuthobel oder einem Fräskopf. Die Feder entsteht durch das Ausarbeiten von 2 Falzen.

Gefederte Fuge: Bei ihr werden beide Längskanten des Brettes genutet (Abb. 136). Die Federn stellt man gesondert aus Sperrholz oder Hartfaserplatten her. Die Feder sollte ungefähr so breit sein wie das Brett dick ist, die Federdikke etwa ⅓ der Brettdicke betragen. Die Federn müssen etwas schmaler als die beiden Nuttiefen zusammen sein, wenn die Fugen in der Fläche dicht werden sollen. Auch bei dieser Konstruktion können die Fugen sichtbar gestaltet werden. Diese Breitenverbindung wird ähnlich wie die gespundete Fuge bei Wand- und Deckenverkleidungen,

Haustüraufdoppelungen und anderen Arbeiten verwendet.

Unverleimte Bretter mit stumpfer Fuge: Sie können durch eine Gratleiste am Werfen gehindert werden (siehe Seite 190). So wurden früher vor allem Tischplatten gebaut.

Kasteneckverbindungen

Diese Verbindungen dienen dem rechtwinkligen Zusammenfügen von breiten Flächen an ihren Enden. Werden Vollholzflächen miteinander verbunden, dann ist es erforderlich, insbesondere, wenn die Verbindung verleimt werden soll, daß man nur Langholz mit Langholz und Querholz mit Querholz verbindet, denn Vollholz arbeitet in der Länge weniger als in der Breite. Kämen bei ei-

ner Verbindung Teile mit unterschiedlichen Schwindmaßen zusammen, so würde entweder die Verbindung aufplatzen oder das Holz an irgendeiner Stelle reißen.

Genagelte Kasteneckverbindung: Wenig belastbar sind die stumpfe und die

139 *Kasteneckverbindungen:*
    1 Genagelt; schwalbenschwanz-
      förmiges Nageln erhöht die Halt-
      barkeit.
    2 In Eckleiste genagelt, sehr halt-
      bar; geschraubt sehr haltbar und
      lösbar.
    3 Ausgefälzte Schraubverbindung.
    4 Ausgefälzte Nagelverbindung
      mit durchgehender Sichtfläche.

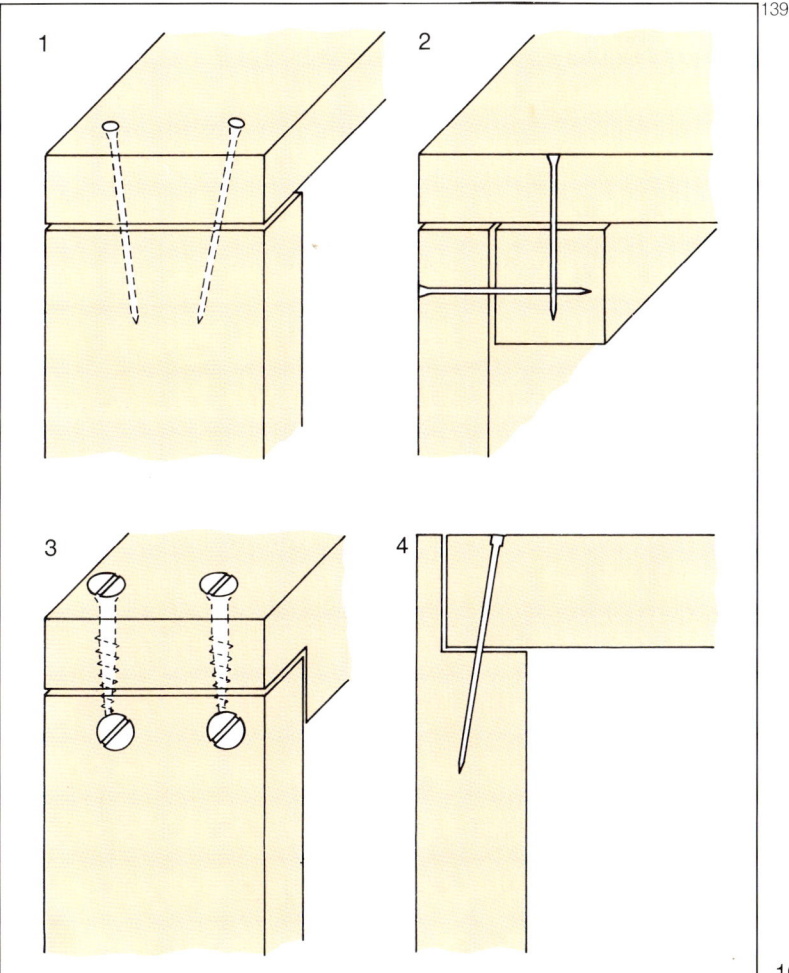

139

191

ausgefälzte Nagelung (Abb. 139.1). Eine Transportkiste wird jedoch sehr haltbar, wenn bei der Nagelung eine ausreichend starke Eckleiste verwendet wird (Abb. 139.2). Die Bretter sollten bei einer solchen Kiste mit der rechten Seite nach außen verwendet werden, da die linke Seite reißt.

Geschraubte Kasteneckverbindungen: Stumpf ins Hirnholz geschraubt, entsteht eine Verbindung, die noch weniger belastbar ist als eine stumpf genagelte Eckverbindung, denn die Schrauben zerschneiden die Holzfasern. Ein fester Verband entsteht durch das Anbringen von Eckleisten wie in Abb. 139.2, wobei die Bohrungen versetzt angebracht werden müssen.

Das ist zwar keine besonders fachmännische, dafür aber eine lösbare Verbindung.

Gefederte Kasteneckverbindungen (Abb. 140): Die Federdicke sollte bei der angefrästen Feder nicht mehr als ¼ bis ⅓ der Brettdicke betragen, weil sonst die Gefahr besteht, daß die Wange abschert. Die Nut sollte nicht tiefer als ⁴⁄₁₀ der Brettstärke eingenutet werden. Die Feder darf bei Außenecken keinesfalls zu stark sein, sondern muß genau in die Nut passen, damit die Eckverbindung beim Zusammenbau nicht aufgesprengt wird. Die Verbindung wird zusätzlich verleimt.

Die gefederte Eckverbindung eignet sich nicht für Spanplatten.

Auf Gehrung gefederte Kasteneckverbindungen: Bei gefederten Ecken auf Gehrung muß die Feder möglichst dicht an die Innenkante gesetzt werden, damit diese so breit wie möglich sein kann und die Gehrung nicht beim Einleimen der Feder auseinandergedrängt wird (Abb. 140.3, 4, 8). Gehrungen in Verbindung mit Lamellen, Winkelfedern aus Holz oder Kunststoff, die im Handel in verschiedenen Größen erhältlich sind, ergeben eine belastbare Konstruktion.

Gedübelte Kasteneckverbindungen: Man unterscheidet die stumpfe Dübelung und die Dübelung auf Gehrung (Abb. 140.5–7). Bei der letzteren können gerade Dübel oder Winkeldübel verwendet werden. Wie man erreicht, daß die Dübellöcher exakt sitzen, so daß eine paßgenaue Verbindung entsteht, ist auf Seite 189 dargestellt.

Fingerzinkung: Bei dieser Eckverbindung verlaufen alle Schnitte parallel zueinander (Abb. 141.1). Deshalb zieht diese Verbindung beim Zusammenbau nicht von selbst an, sondern muß mit Hilfe von Zwingen verleimt werden.

Die Fingerzinkung wird entweder mit der Absetz- oder Feinsäge und dem Stechbeitel hergestellt, gefräst oder mit der Wanknutscheibe gesägt.

Schwalbenschwanzzinkung: Sie ist die stabilste und eine zugleich schmückende Verbindung, besonders geeignet für Schubkästen, Schranksockel, Kisten usw. aus Vollholz. Außerdem stellt sie eine Art Gesellenstück des Heimwerkers dar. Die so zusammengebauten Vollholzflächen können ungehindert schwinden und quellen, sich aber nicht werfen.

Einfache Schwalbenschwanzzinkung: Bei dieser Verbindung sind die Zinken und Schwalbenschwänze sichtbar. Im folgenden wird Schritt für Schritt beschrieben, wie diese Verbindung hergestellt wird (Abb. 142); beim Lesen erscheint es schwieriger, als es ist:

Die Zinken und Schwalbenschwänze sollen wegen der größeren Haltbarkeit und des besseren Aussehens gleichmäßig über die Kante verteilt werden.

Zunächst wird die Holzbreite durch die Holzdicke dividiert, z.B. 250 mm : 20 mm = 12,5. Diese Zahl ist die Grundlage für die Ermittlung der Anzahl der Zinken. Die Zahl wird auf die nächste ganze gerade Zahl auf- oder abgerundet, denn die Anzahl der Zinken muß immer eine gerade Zahl sein. Im vorliegenden Fall wird 12,5 auf 12 abgerundet. Die Abmessung der Zinken:

Die Holzbreite wird durch die Anzahl der Zinken dividiert, 250 mm : 12 = 20 mm und 10 mm Rest. Die Zinken und Schwalben sind also am Grund 20 mm breit. Man fängt am Kantenneck immer mit einem halben Zinken an, zu dem noch die Hälfte des Restes hinzugezählt wird, hier also 10 mm (= halbe Zinkenbreite) + 5 mm (= Hälfte des Restes von 10 mm) = 15 mm. Die Schräge der Zinken – und damit automatisch auch der Schwalben – beträgt 1:6.

Danach werden diese Maße auf das Zinken- und das Schwalbenstück übertragen. Beide Bretter werden vorher zusammengespannt, zusammengezeichnet, damit man immer weiß, wie die Bretter zusammengehören, und die

Hirnholzkanten werden rechtwinklig bestoßen. Mit dem Streichmaß wird die Breite des Zinkenstückes auf die Innenseite des Schwalbenstückes übertragen und umgekehrt. Das ist bei unterschiedlicher Holzbreite notwendig; bei gleicher Holzbreite genügt eine Einstellung des Streichmaßes. Auf der Rißlinie des Zinkenstückes zeichnet man die Punkte an, an denen die Zinken beginnen: erst 15 mm, dann 11 mal 20 mm, so daß zum Schluß noch einmal 15 mm übrigbleiben müssen, wenn man genau gearbeitet hat (15 + 11 mal 20 + 15 = 250 mm Holzbreite). Diese Punkte werden an die Kante übertragen, und dann wird auf die Stirnholzseite die Zinkenschräge angezeichnet; dazu verwendet man die Schmiege. Die später abfallenden Teile kennzeichnet man mit einem Kreuz.

Mit einer Fein- oder Absetzsäge werden die Zinken entlang der angezeichneten Schrägen bis zum Streichmaßriß eingesägt. Der Sägeschnitt muß neben der angezeichneten Linie im abfallenden Teil verlaufen. Dann wird erst die vordere Hälfte der abfallenden Teile mit einem Stechbeitel und zum Schluß der Rest bis zur Streichmaßlinie herausge-

140 *Gefederte und gedübelte Kasteneckverbindungen:*

1, 2 Gefederte Außenecken

3 Auf Gehrung gefedert: Die äußere Feder ist falsch, die innere Feder richtig gesetzt.

4 Auf Gehrung gefedert mit einer Winkelfeder aus Holz bzw. Kunststoff

5–7 Gedübelte Eckverbindungen mit geraden bzw. Winkeldübeln

8 Auf Gehrung gefedert mit einer Lamello-Feder.

141 *Fingerzapfen oder Fingerzinken:*

1 Eckverbindung, die nur hält, wenn sie zusätzlich verleimt wird.

2, 3 Einbau eines Zwischenbodens. 3 zeigt das Verkeilen des Fingerzapfens. Der Keil muß quer zur Faser des Brettes verlaufen, in das die Zapfenlöcher geschlagen wurden. Vor dem Zusammenkeilen müssen die Fingerzangen angefast werden, da sonst die Gefahr besteht, daß die Außenseite aufbricht.

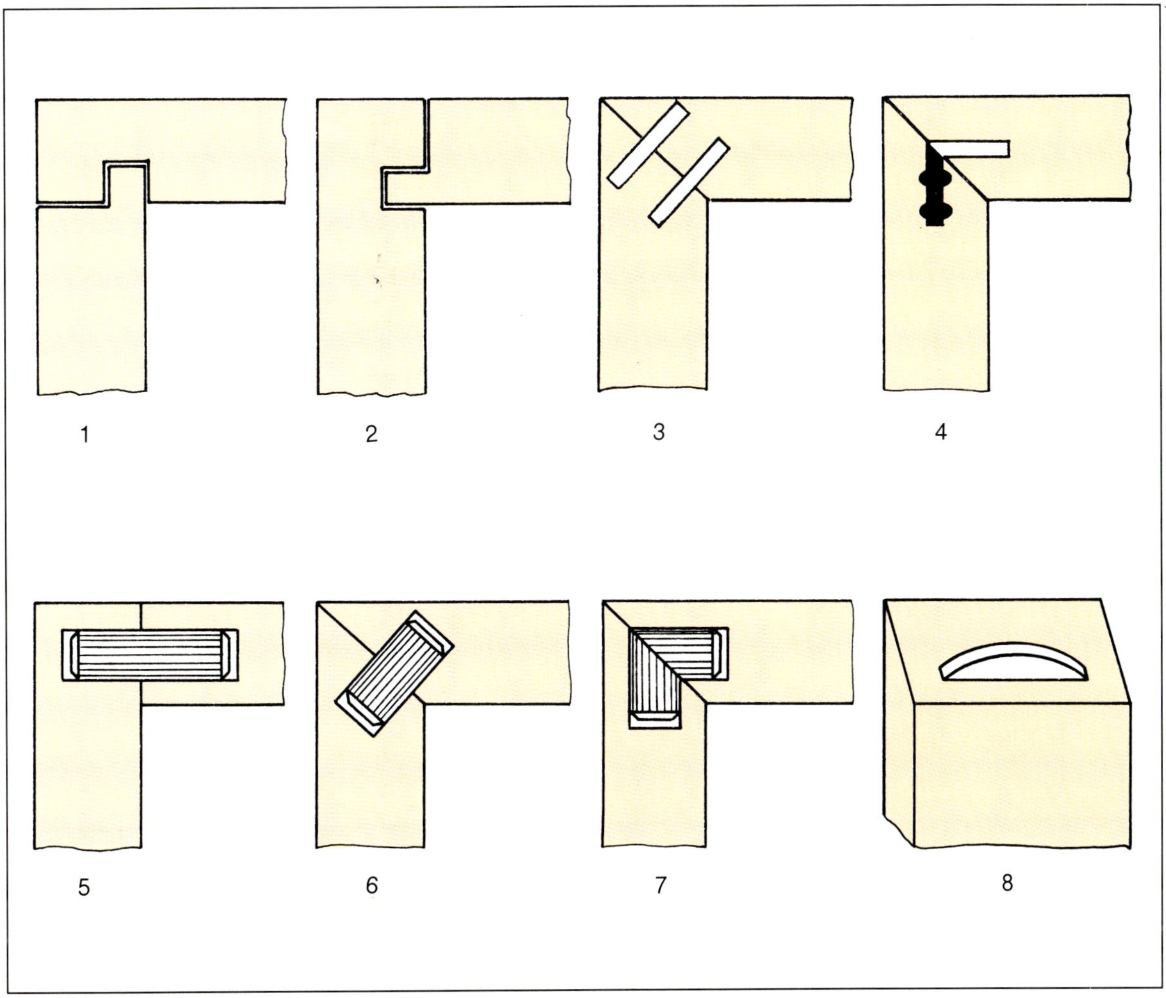

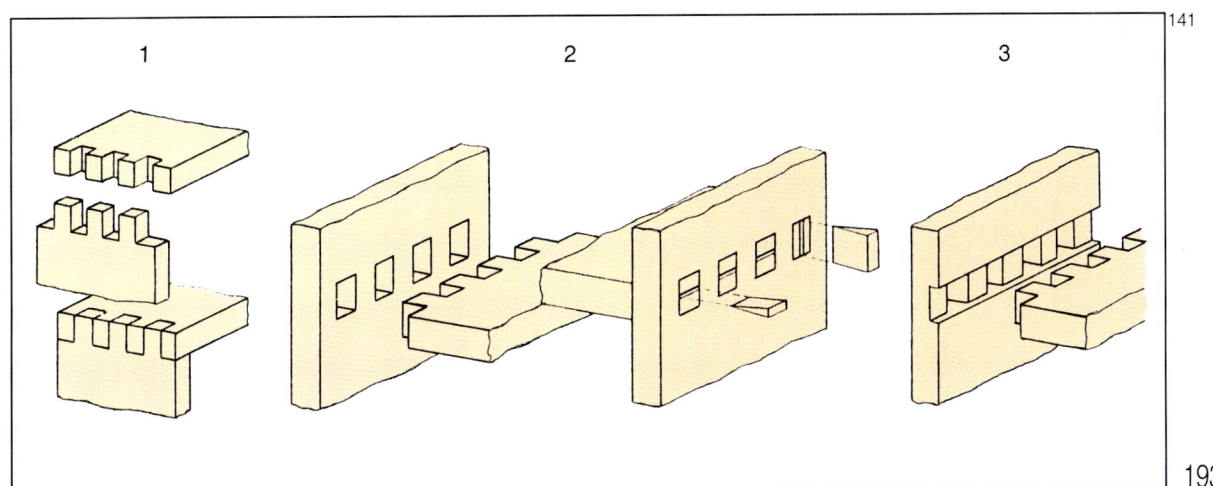

142 Herstellung einer
Schwalbenschwanzverbindung:
1 Schwalben und Zinken sowie
die Zeichenseite vom Zusammenzeichnen
2 Anreißen der Zinken an der
Brettinnenkante
3 Zinkenschräge
4 Mit einem Gehrungswinkel die
Zinkenschräge einstellen und
auf die Hirnholzseite von 2 anreißen
5 Anreißen der Schwalben-
schwänze mit dem Spitzbohrer
6 Anschneiden der Zinken, leicht
keilförmig vom Riß abweichen
7 Anschneiden der Schwalbenschwänze; die Fase des Spitz-
bohrerrisses muß übrigbleiben

8 Zinken freistemmen
9 Schwalben freistemmen.

143 Schwalbenschwanzfräse (Black &
Decker).

stemmt, wobei man von beiden Seiten
arbeitet.
Wenn das Zinkenstück fertig ist, wird es
entsprechend der Anzeichnung auf das
liegende Schwalbenstück gestellt. Geschieht das richtig, so steht die Innenkante des Zinkenstückes am Streichmaßriß des Schwalbenstückes. Mit einem Bleistift werden die Zinken auf den
Streichmaßriß übertragen. Dann kippt
man das Zinkenstück in Richtung Kante
des Schwalbenstückes und überträgt

die Zinkenschräge, so daß nunmehr die
Schwalbenschräge angezeichnet ist,
markiert die abfallenden Stücke mit einem Kreuz und sägt und stemmt aus
wie zuvor.
Die äußeren Zinken werden mit einer
Schraubzwinge am Aufplatzen gehindert, beide Werkteile verputzt und geschliffen und probeweise zusammengesteckt (mit dem Hammer unter Verwendung eines Zulageklotzes). Wenn dann
nichts mehr nachgearbeitet werden
muß, werden sie mit Leim bestrichen,
endgültig zusammengefügt und ausge-
winkelt.
Bei der einfachen Schwalbenschwanzzinkung sieht man die Verbindung von
beiden Seiten, bei der halbverdeckten
Zinkung nur von einer Seite und bei der

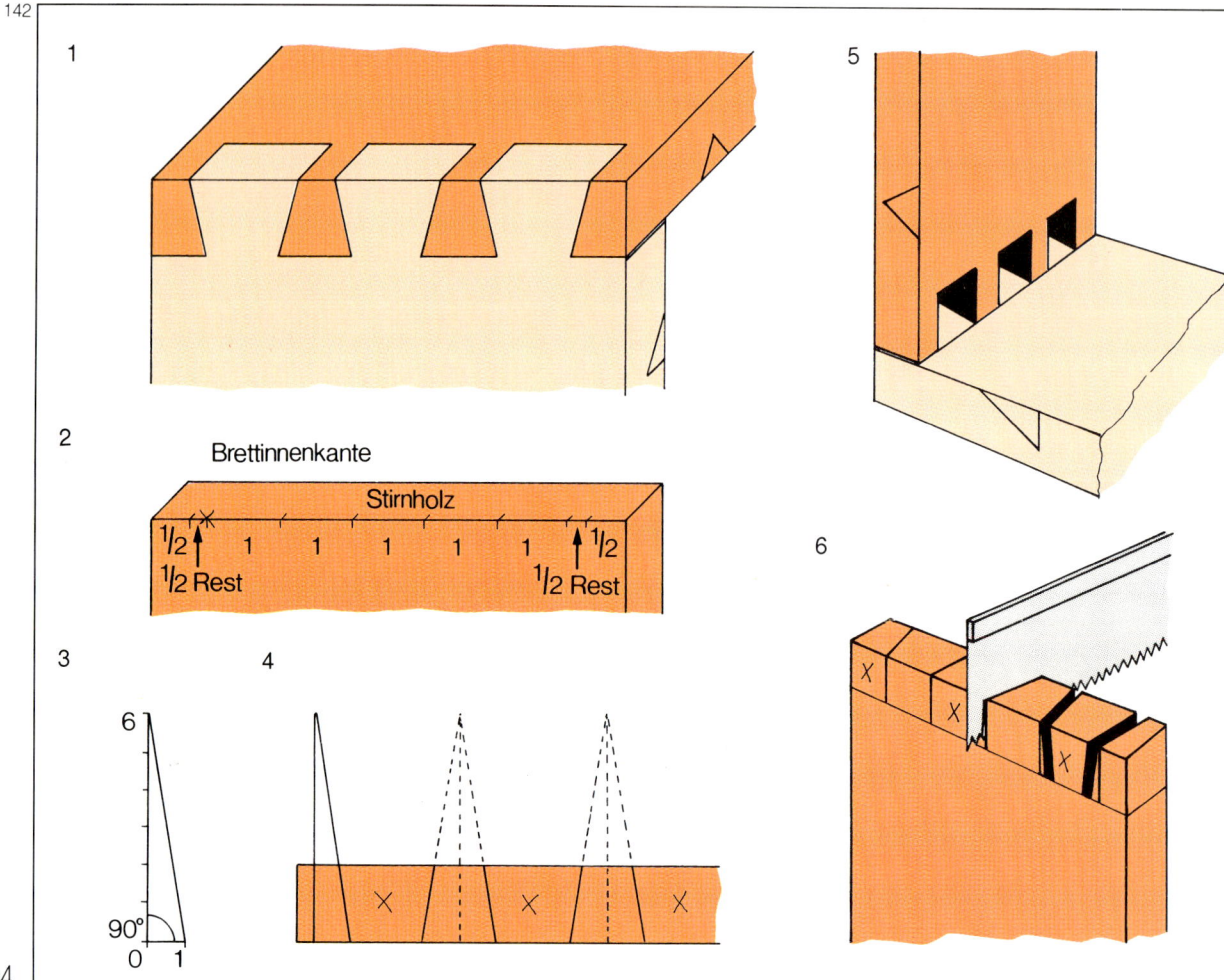

142

Gehrungszinkung überhaupt nicht. Letztere eignet sich deshalb besonders für die Verarbeitung bereits furnierter Bretter. In diesem Fall wird auf Fachliteratur verwiesen.

Mit der Zinkenfräse von Black & Decker als Vorsatzgerät für eine Bohrmaschine können Schwalbenschwänze und Zinken mit 10 mm Länge und 12 mm Breite gefräst werden, allerdings nicht in weichem, faserigem Holz wie z.B. Fichte (Abb. 143).

T-förmige Mittelverbindungen

Sie haben vor allem die Aufgabe, waagerechte Fachböden mit senkrechten Seitenwänden zu verbinden.

Stumpf geleimt und genagelt: Ein so mit der Seitenwand verbundener Zwischenboden (Abb. 144.1) ist nicht besonders belastbar, abgesehen davon, daß diese Verbindung unfachmännisch ist.

Bodenträger: Man kann an die Seitenwände links und rechts in der gewünschten Höhe waagerechte Leisten anschrauben, auf denen die Zwischenböden lose eingelegt werden (Abb. 144.5). Ist mit einem Schwinden der Vollholzseiten zu rechnen, so muß dies durch einen Schlitz in der Auflageleiste bei einem Schraubenloch berücksichtigt werden (Abb. 144.6–8).

Der Handel liefert eine Vielzahl von Bodenträgern (siehe Seite 488, Abb. 13), die sich alle recht schnell montieren lassen.

Gedübelte T-förmige Mittelverbindungen (Abb. 144.2): Sie ist eine besonders haltbare Verbindung. Da der Bohrer für das Bohren des Dübelloches sehr tief in das Brett bohren muß, empfiehlt sich die Verwendung eines spitzenlosen Forstner-Bohrers, damit nicht versehentlich die Bohrerspitze durch das Brett dringt. Wenn es nicht auf das Aussehen ankommt, kann die Seitenwand auch durchgebohrt werden.

Eingesetzte Feder: Sie wird als Querholzfeder in der Vollholzverbindung und als Langholzfeder im Plattenbau verwendet.

Eingefräste Feder als Mittelverbindung (Abb. 144.3): Sie entspricht der gefederten Eckverbindung. Die Feder sollte an der Unterseite des Zwischenbodens angebracht werden und mindestens halb so dick sein wie der Boden.

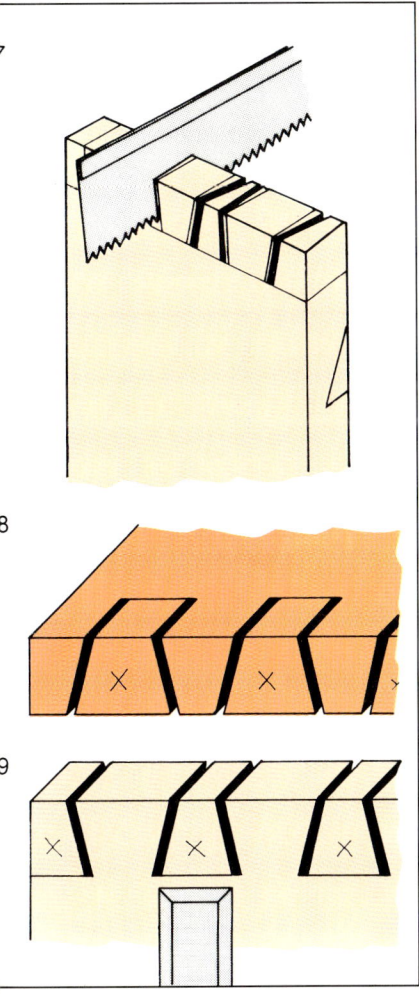

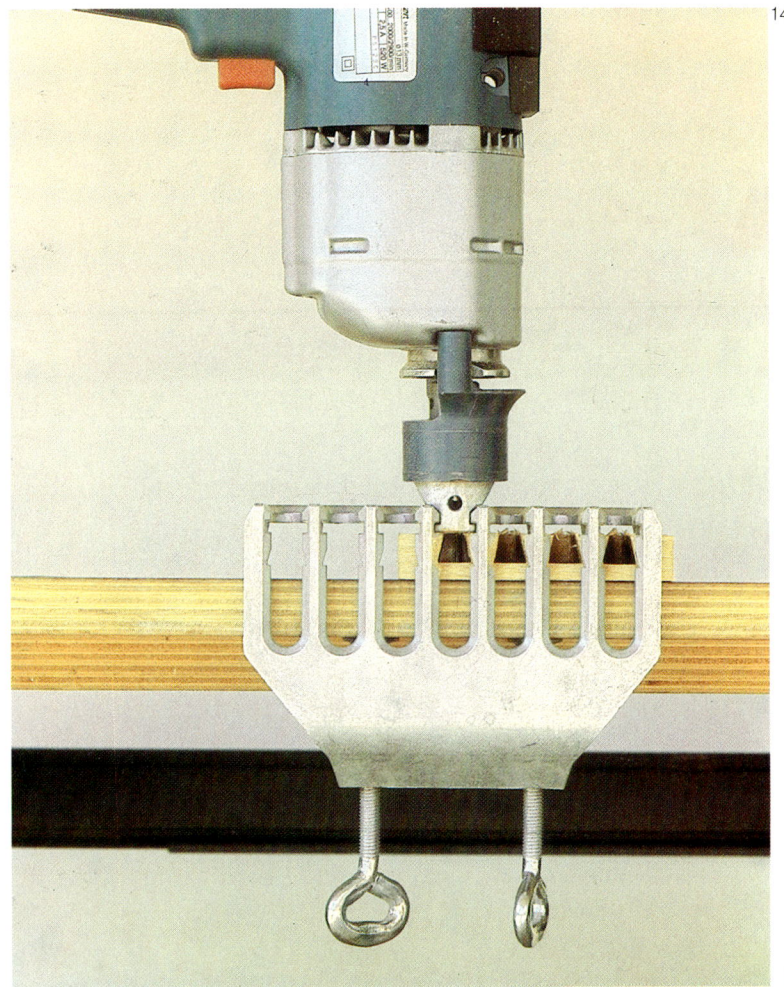

143

195

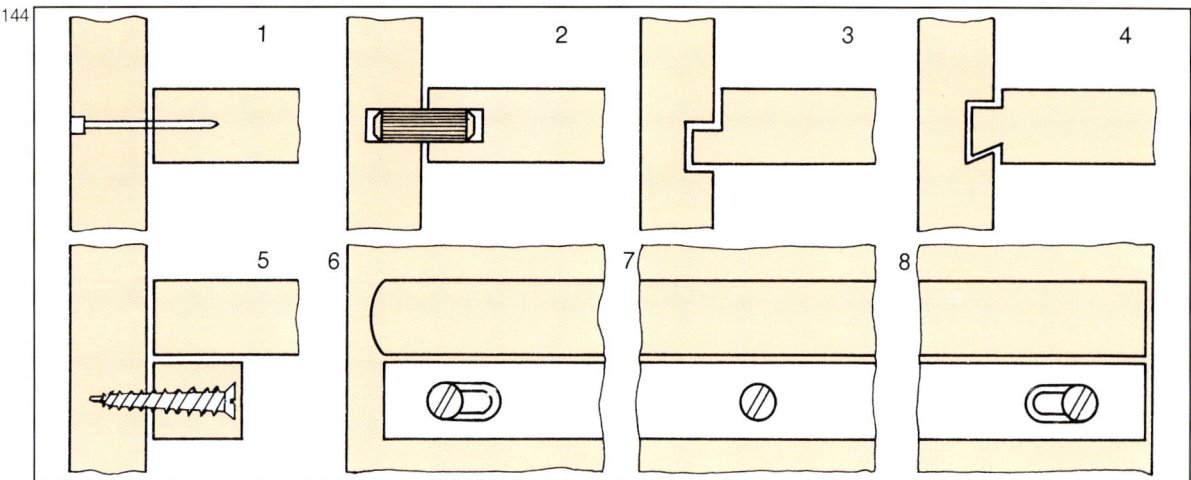

Fingerzapfenverbindung: 2 bis 4 Zapfen, die durch das Seitenteil des Regals oder Schrankes gehen, genügen, um dem Zwischenfach einen stabilen Halt zu geben. Dabei muß der Zwischenboden selbst 3 bis 4 mm tief in die Seitenwand eingelassen werden. Die Fingerzapfenlöcher müssen an beiden Seiten angerissen und ausgestemmt werden. Die Zapfen werden angefast, damit sie beim Zusammenbau nicht an der Außenseite der Seitenwand Holz herausbrechen. Außerdem wird vor dem Zusammenbau ein Schlitz in den Zapfen gesägt, in den nach dem Zusammenbau von außen ein Keil getrieben wird. Es ist darauf zu achten, daß der Keil seine Sprengwirkung nicht quer zur Maserung des Seitenbrettes entfaltet, da sonst die Gefahr besteht, daß er das gesamte Seitenbrett sprengt (Abb. 141.2; Seite 193).

Gegratete Mittelverbindung: Die Gratnut soll höchstens ein Drittel in das Seitenteil eingeschnitten werden. Der Grat wird mit dem Grathobel angestoßen oder an der Fräse mit einem Winkel von nur 70 bis 75° angefräst, damit das Holz vom Grat nicht abscheren kann. Für Zwischenböden wird häufig kein zwei-, sondern nur ein einseitiger Grat verwendet (Abb. 144.4).

Rahmenverbindungen und -füllungen

Rahmen sind das tragende und aussteifende Konstruktionselement für eine Holzfüllung, z.B. bei einer Tür oder einer Glasscheibe beim Fenster.

Auswahl des Holzes: Seitenbretter sind ungeeignet. Am geeignetsten sind astfreie Holzbohlen mit geradem Maserverlauf und stehenden Jahresringen, weil bei diesem Holz die Gefahr am geringsten ist, daß durch das Schwinden des Holzes der Rahmen verzogen wird.

Zusammenzeichnen: Das Zusammenzeichnen verhindert, daß die Werkstücke während der Bearbeitung vertauscht oder gedreht werden. Besteht der Rahmen aus Kanthölzern, werden diese so gelegt, daß die rechte Seite nach außen zeigt (Seite 137). Dann werden die beiden Rahmenquerhölzer mit ihren Innenseiten aneinandergelegt und mit einem Dreieck zusammengezeichnet. Ebenso verfährt man mit den beiden Rahmenlängshölzern.

Das Ablängen der Quer- und Längshölzer erfolgt nicht vor dem Zusammenzeichnen, sondern erst im Zusammenhang mit der Herstellung der Rahmeneckverbindung.

Schlitz und Zapfen, Anreißen: Schlitz und Zapfen ergeben belastbare Rahmenverbindungen. Der Schlitz befindet sich in der Regel im aufrechten Rahmenteil, den man auch Fries nennt und der äußerlich von unten bis oben durchgeht; die Zapfen sind am Rahmenquerholz. Bei besonders belasteten Eckverbindungen oder bei dicken Rahmenhölzern können Doppelzapfen angeschnitten werden. Der Zapfen wird entweder rechtwinklig (Abb. 146.8) oder einseitig auf Gehrung (Abb. 147.2) abgesetzt. Soll in den Rahmen eine Füllung fest eingebaut werden, wird die Innenseite des Rahmens mit einer Nut versehen. Wenn Füllungen austauschbar sein sollen wie z.B. beim Fenster, weil die Glasscheibe zu Bruch gehen kann, wird die Innenseite des Rahmens mit einem Falz versehen. Die Hauptsichtseite des Rahmens wird beim Übergang zur Füllung oftmals mit einem Profil geschmückt. Bei Fensterrahmen wird die Innenseite des Rahmens angefast.

Die Schlitz-Zapfen-Verbindung gehört zum Einmaleins des Schreiners. Im folgenden wird die Herstellung einer einfachen rechtwinkligen Schlitz-Zapfen-Verbindung mit der Absetzsäge und dem Stechbeitel ausführlich dargestellt. Wer dies mehrmals in Ruhe geübt hat, ist in der Lage, auch die kompliziertesten Rahmeneckverbindungen auf der Basis von Schlitz und Zapfen herzustellen.

Die Rahmenhölzer werden so mit Dreiecken zusammengezeichnet, daß man immer weiß, wohin welches Rahmenholz gehört und welche Position es einnimmt (Abb. 146.1–3). Die Rahmenseiten, auf der jeweils ein Teil der Dreiecke zu sehen ist, nennt man die Zeichenseite.

Die Innenkante jedes der vier Rahmenhölzer ist die Winkelkante mit dem Winkelzeichen (Abb. 146.4). Die Winkelkante ist der Ausgangspunkt für alle Maße, die an einem Werkstück angerissen werden. Von ihr hängt das Gelingen der Arbeit ab. Kauft man sich fertig zugeschnittene Bretter, Bohlen oder Balken, sind diese maschinell zugeschnittenen Halbfabrikate in der Regel gerade, und die Kanten stehen im rechten Winkel zueinander (Abb. 146.4). Eine Überprüfung empfiehlt sich. Ist die Kante nicht gerade und im Winkel, muß mit dem Hobel nachgerichtet werden.

Zuerst werden die Außenrisse angerissen (Abb. 146.5 und 6). Dazu legt man jeweils die Längs- bzw. die Querrahmenhölzer so zusammen, daß die Innenkanten nach oben und die Dreieck-

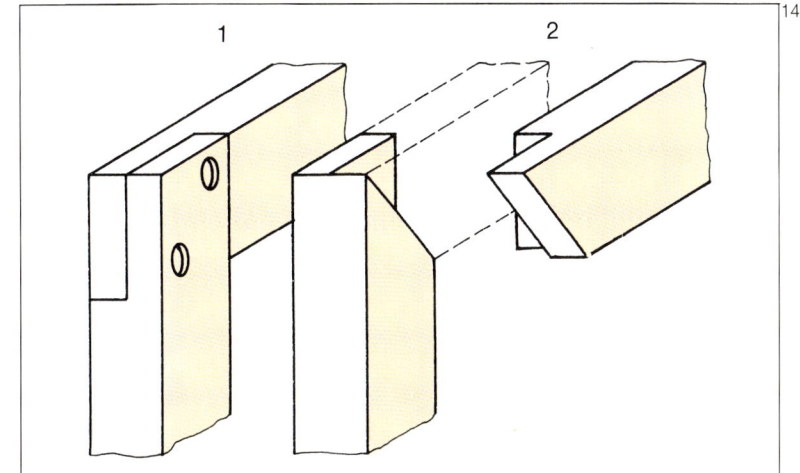

144 *T-förmige Mittelverbindungen:*
   1 Genagelt
   2 Gedübelt
   3 Die unten angefräste Feder hält mehr aus als eine oben angefräste Feder.
   4 Einseitig gegratet
   5 Angeschraubte Leiste
   6–8 Bei breiten Vollholzflächen wird die angeschraubte Leiste links und rechts mit einem Schwundschlitz versehen.

145 *Überblattete Rahmeneckverbindungen.*

146 *Schlitzen und Zapfen:*
   1 und 2 Zusammenzeichnen der Rahmenhölzer
   3 Die vier Rahmenhölzer in ihrer richtigen Position, gekennzeichnet durch das Zusammenzeichnen
   4 Die Innenkante jedes Rahmenholzes ist die Winkelkante, Ausgangspunkt für alle Messungen
   5 Risse am Längsrahmen und
   6 am Querrahmen: 1 Außenriß, 2 Lichtriß, 3 Streichmaßriß, 4 Markierungen vom Zusammenzeichnen
   7 Verlauf der Sägeschnitte am Längsrahmen = Schlitzstück. Das mittlere Drittel ist mit einem Kreuz markiert und wird herausgesägt, bzw. -gestemmt. Dadurch entsteht der Schlitz.
   8 Verlauf der Sägeschnitte am Querrahmen = Zapfenstück. Die Kreuze markieren die beiden äußeren Drittel, die abgesägt werden.
   9–11 Ausstemmen des Schlitzes. Man beginnt 2 mm vor dem Riß (9). Zum Schluß wird leicht hinterstemmt (11).
   12 Freisägen des Zapfens, dabei leicht hinterschneiden.

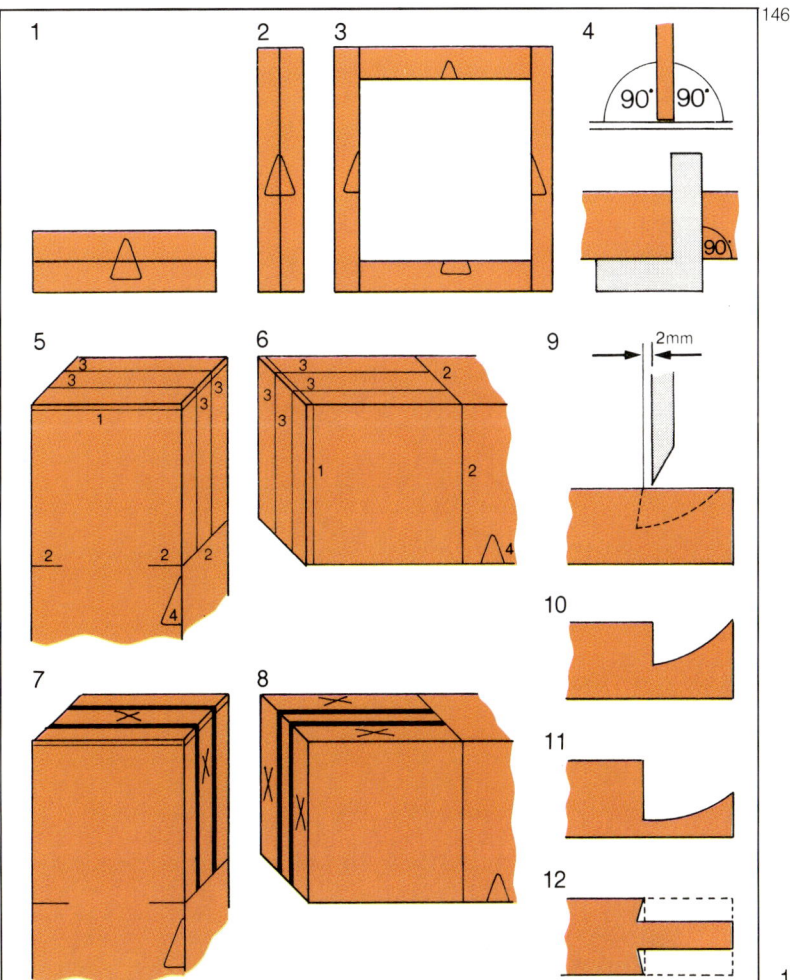

147 *Gestell- oder Zargenverbindungen:*
  1 Gedübelt. Die Dübel werden möglichst weit an der Außenkante der Füße eingesetzt und auf Gehrung geschnitten, damit sie möglichst weit ins Holz eingeleimt werden können.
  2 Gestemmte Gestellverbindung: 1 auf Gehrung geschnittener Zapfen, 2 Nutzapfen
  3 Die drei Teile können zu einer außerordentlich haltbaren Gestellverbindung zusammengesteckt werden. Der Doppelschwalbenschwanz im Fußteil hält alles zusammen.

148 *Lösbare Gestellverbindung. Durch das Bein kommt eine Inbusschraube (Bolzen mit Innensechskantkopf), die in einen Quermutterbolzen eingeschraubt wird, der von unten oder innen in die Querzarge eingelassen wurde. In der gleichen Weise wird das Bein an der Längszarge befestigt.*

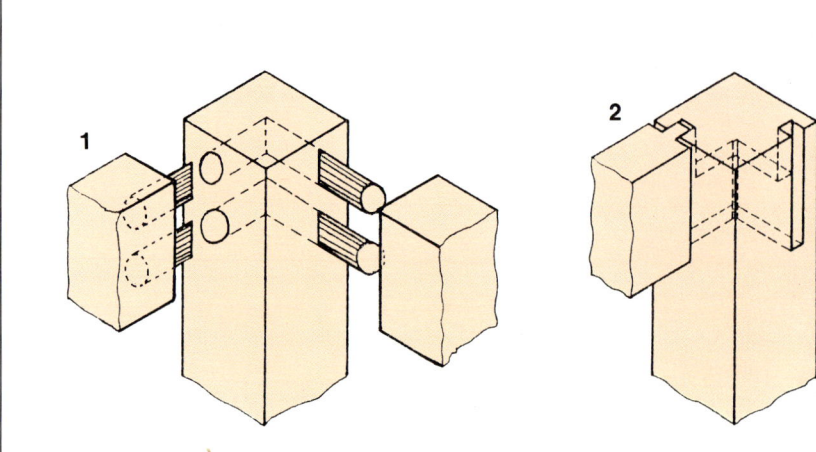

zeichen nach außen zu liegen kommen. Die Außenrisse am einen Ende werden mit einem Winkel angerissen. Von diesem Außenriß aus messend, wird am anderen Ende je nach der gewünschten Länge der andere Außenriß angezeichnet. Anschließend werden die Außenrisse mit dem Winkel über die jeweils drei anderen Seiten von jedem Rahmenteil überwinkelt oder umgewinkelt.
Als nächstes werden die Schlitze an den aufrechten Rahmenhölzern angerissen (Abb. 146.5). Zu diesem Zweck wird das Rahmenholz so hingelegt, daß die Zeichenseite nach oben zeigt. Das jeweils richtige Querholz wird mit dem vorgesehenen Ende bündig und im rechten Winkel an den Außenriß gelegt und der sog. Lichtriß nur am Anfang und am Ende leicht mit dem Bleistift angedeutet (Abb. 146.5), denn entlang diesem Riß wird nicht gesägt. Dann wird der Lichtriß auf die Innen- und Außenkante überwinkelt. Die Lichtmaße an den vier Rahmenteilen bilden an den Innenseiten ein Rechteck, durch das das Licht kommt. Soweit Rahmenhölzer gleich breit sind, kann man sich das Anreißen vereinfachen und arbeitet lediglich mit einem beliebigen Querholz als Maß. Bei Rahmen verschiedener

Breite der Rahmenhölzer muß jedoch so vorgegangen werden wie beschrieben. Ganz allgemein gilt, daß zusammengehörige Stücke mit gleichen Abmessungen auch zusammen bearbeitet werden.
In entsprechender Weise wird die Rahmenbreite auf die Rahmenquerhölzer übertragen. Auch dort werden die Lichtrisse angerissen, allerdings an allen vier Seiten des Querholzes (Abb. 146.6), da beim Sägen des Zapfens von allen vier Seiten des Querholzes Holz weggenommen wird.
Nun reißt man mit dem Streichmaß an den Innen- und Außenkanten die Linien an, an denen entlang gesägt wird (Abb. 146.5 und 6). Üblicherweise ist der Zapfen ein Drittel so dick wie das Holz. Die Haltbarkeit der Verbindung bei schmalen Rahmen erhöht, wenn der Zapfen etwas dicker gemacht wird als ein Drittel.
Bei den Schlitzhölzern wird das mittlere Drittel entfernt. Bei den Zapfenhölzern bleibt das mittlere Drittel stehen, und die beiden äußeren Drittel werden entfernt. Alle Teile, die man entfernt, werden am Hirnholzende und an den Innen- und Außenkanten mit einem Kreuz gekennzeichnet (Abb. 146.7 und 8).
Der Sägeschnitt verläuft immer in dem abfallenden Holzteil, also in den Teilen, die mit einem Kreuz gekennzeichnet sind (Abb. 146.7 und 8). Das Schlitzstück wird mit einem Stechbeitel ausgestemmt. Dazu schraubt man das Rahmenholz hochkant z. B. mit einer Schraubzwinge an einem in der Vorder-

zange eingespannten Brett fest. Zunächst setzt man 2 mm vor dem Lichtriß den Stechbeitel an, spant bis zur Mitte der Rahmenholzbreite aus, wobei man leicht hinterstemmt (Abb. 146.9–11).
Am Querrahmen werden die Seitenteile abgesägt. Dabei wird ganz leicht hintersägt (Abb. 146.12).
Wem eine Bandsäge zur Verfügung steht, der benötigt zur Herstellung der für Schlitz und Zapfen erforderlichen Sägeschnitte wesentlich weniger handwerkliches Können: Mit Hilfe des Anschlages werden die Schnitte exakt ausgeführt.
Sind die Rahmenteile gezapft und geschlitzt, werden probeweise Zapfen und Schlitze zusammengesteckt und erforderlichenfalls nachgearbeitet, dann mit Leim bestrichen und zusammengespannt. Danach erfolgt das Ablängen, also das Absägen der überstehenden Zapfen und Schlitzteile mit der Feinsäge.
Beim genuteten und gefälzten Rahmen wird der Zapfen um die Nuten- bzw. Falztiefe schmaler, so daß im Fries ein Loch entstehen würde, wenn man dies beim Anreißen nicht berücksichtigt.
Gedübelter Rahmen: Bei der gedübelten Rahmeneckverbindung können die Rahmen stumpf, auf Gehrung, mit oder ohne Nutzapfen, mit Profil oder mit Konterprofil zusammengedübelt werden (ähnlich wie Abb. 147.1–2).
Die Verwendung eines Nutzapfens ist dann von Vorteil, wenn es sich um besonders breite Rahmenhölzer handelt, die stärker zusammentrocknen oder

198

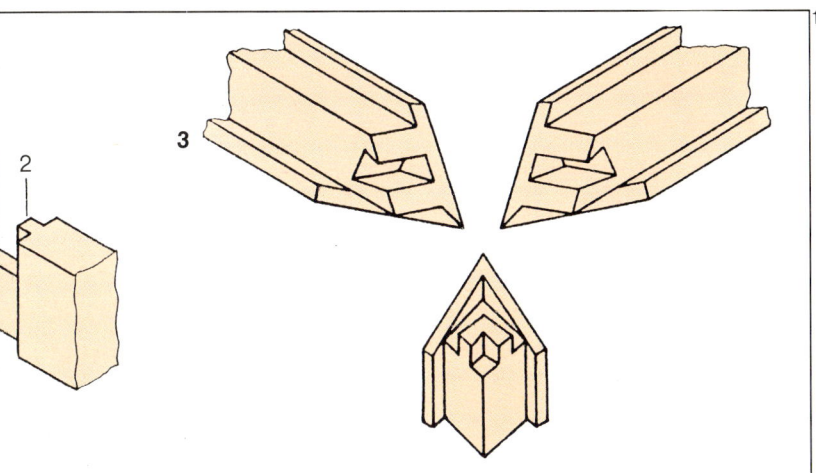

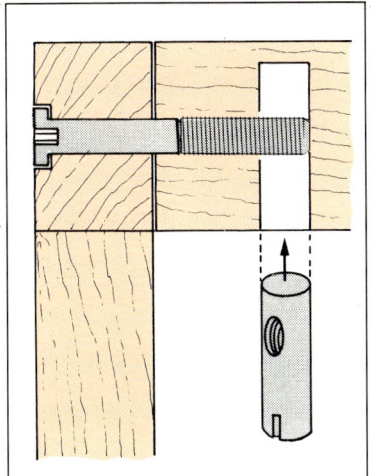

sich werfen können. Bei der Herstellung einer gedübelten Rahmeneckverbindung ist besonders darauf zu achten, daß der Bohrer absolut senkrecht ins Holz eindringt, da sonst der Rahmen beim Zusammenbau schief werden könnte; am besten verwendet man einen Bohrer im Bohrständer.

Für die Länge und Stärke der erforderlichen Dübel seien folgende Beispiele genannt: Für eine leichte Möbeltür braucht man zwei 8 mm dicke Dübel von 50 bis 60 mm Länge, für eine Zimmer- oder Haustür sollten die Dübel 100 bis 120 mm lang und 12 bis 15 mm stark sein.

Überblattung: Dies ist die einfachste Eckverbindung im Rahmenbau, allerdings wenig belastbar. Wer eine Überblattung paßgenau ausführen kann, der ist genauso in der Lage, eine Schlitz-Zapfen-Verbindung herzustellen. Die Überblattung wird verleimt und muß zusätzlich durch Nägel oder Schrauben gesichert werden, damit sie überhaupt einiger Belastung standhält (Abb. 145.1).

Gefederter Rahmen: Dies ist ausreichend für leichtere Bilderrahmen. Die Rahmen sägt man auf Gehrung, und entweder wird am Außeneck das mittlere Drittel herausgesägt und -gestemmt für eine Feder in Form eines rechtwinkligen Dreiecks, oder das mittlere Drittel wird an der Gehrungsseite für eine Feder bzw. Lamelle herausgefräst.

Füllungen: Füllungen können aus Vollholz, Sperrholz, Spanplatten, Hartfaserplatten oder Glas bestehen. Sie können entweder in den Rahmen eingenutet oder in einen Falz eingelegt und verleistet werden. Mit Hilfe von Füllungsstäben und Kehlstoßleisten können die Flächen sehr stark gegliedert werden.

Das Konstruktionsprinzip einer haltbaren und zugleich lösbaren dreidimensionalen Rahmeneckverbindung zeigt die Abb. 147.3.

Gestellverbindungen

Diese Verbindungen dienen dem Zweck, Füße mit Zargen zu verbinden. Die Zargen sind der Rahmen, auf dem z. B. die Tischplatte ruht.

Die gezapfte oder gestemmte (Abb. 147.2) und die gedübelte Gestellverbindung (Abb. 147.1) bieten trotz fachgerechter Herstellung und Verleimung keine ausreichende Festigkeit, wenn z. B. bei unsachgemäßem Umgang mit einem Tisch der Fuß wie ein Hebel auf die Eckverbindung wirkt. Für solche Aufgaben sind Gestellverbindungen mit Hilfe der Innensechskantschraube und dem Quermutterbolzen (Abb. 148) gut geeignet und haben den weiteren Vorteil, daß sie lösbar sind.

Längsverbindungen

Sie ermöglichen das Zusammensetzen von Holz in Richtung der Holzfaser und werden als verleimte Keilzinkung von der Holzindustrie erfolgreich angewandt. Diese Methode, eine sehr haltbare Längsverbindung herzustellen, steht dem Heimwerker nicht zur Verfügung. Er muß auf Überblattung, Schlitz und Zapfen oder die Treppenstufenver-

leimung zurückgreifen. Diese Längsverbindungen wird man nur anwenden, wenn es nicht anders geht, z. B. bei Reparaturen oder beim Bau eines Rahmens für einen runden Tisch.

Eine Besonderheit zeigt die Abb. 149: eine lösbare Längsverbindung, die sowohl für gerade als auch für gebogene Werkstücke angewandt werden kann.

Sprossenverbindungen

Sprossen werden in der Regel kreuzweise überblattet. Die Sprossenhölzer erhalten meist eine Fase oder ein Profil und einen Falz zur Aufnahme der Glasscheibe oder Holzfüllung. Hinsichtlich ihrer Herstellung sei auf den Lehrgang »Türen- und Fensterbau« im Literaturverzeichnis Seite 536 verwiesen.

Spanplattenverbindungen

Spanplatten werden vor allem im Möbelbau verwendet.

Spanplattenhalter: Damit die beabsichtigten Verbindungen gelingen, ist es notwendig, daß die meist ziemlich unhandlichen und schweren Plattenteile in der richtigen Position gehalten werden. Die Abb. 150 und 151 zeigen geeignete Hilfsgeräte für diesen Zweck. Die Haltbarkeit der Verbindungen und der angebrachten Beschläge hängt wesentlich von der Qualität der Spanplatten ab. Eine fünfschichtige Spanplatte mit einer Mittellage aus feinen Spänen liefert erheblich festere Verbindungen als eine dreischichtige mit einer Mittellage aus groben Spänen. Jede Spanplattenverbindung steht in ihrer Haltbarkeit hinter

199

der entsprechenden Verbindung in Vollholz zurück.

Kasteneckverbindungen: Man kann Spanplatten durch Dübel und Leim miteinander verbinden. Damit beim Bohren Dübellöcher nicht aufplatzen und beim Einschlagen der Dübel die Spanplatte nicht beschädigt wird, hält man die Spanplatte an der Dübellochstelle mit einer Zwinge zusammen.

Noch haltbarer ist die Verbindung, wenn man an die Stirnseiten der Spanplatten eine Eckleiste dübelt und leimt.

Spanplatten lassen sich auch gut fingerzinken (siehe auch Seite 192).

Beim Zinken mit der Kreissäge sollte man unbedingt ein hartmetallbestücktes Sägeblatt benutzen, weil jedes andere durch den sehr harten Leim, der die

Späne in der Spanplatte zusammenhält, stumpf wird.

Man kann in die Seitenkanten auch Nuten einfräsen und die Platten mit Hilfe von Winkelfedern verbinden (siehe auch Seite 192).

Geschraubte Eckverbindungen werden nur dann haltbar, wenn zuvor für jede Schraube ein Hartholzdübel eingeleimt wurde. Soll an die Kante ein Klavierband angeschraubt werden, fräst man eine Nut zum Einleimen einer Hartholzleiste anstelle der vielen einzelnen Dübel.

T-förmige Mittelverbindungen: Man erhält sie durch das Anfräsen einer Feder, die an der Unterseite der Zwischenplatte angebracht werden muß.

Außerdem kann man Zwischenböden

mit Hilfe von Bodenträgern einbauen (siehe Seite 488).

Zimmermannsverbindungen, Holzverbinder

In früheren Zeiten sind mehrstöckige Häuser, große seetüchtige Schiffe und Brücken aus Holzbalken kunstvoll zusammengefügt worden. Damit die Holzverbindungen, für die kein Metall verwendet wurde, sondern auch wieder Holz, den schweren Belastungen standhielten, waren besondere Verbindungen erforderlich, die Zimmermannsverbindungen. Sie werden z.T. heute noch im Dachstuhlbau angewandt.

Grundsätzlich ist es auch dem Heimwerker möglich, sich das entsprechende Wissen und Können anzueignen

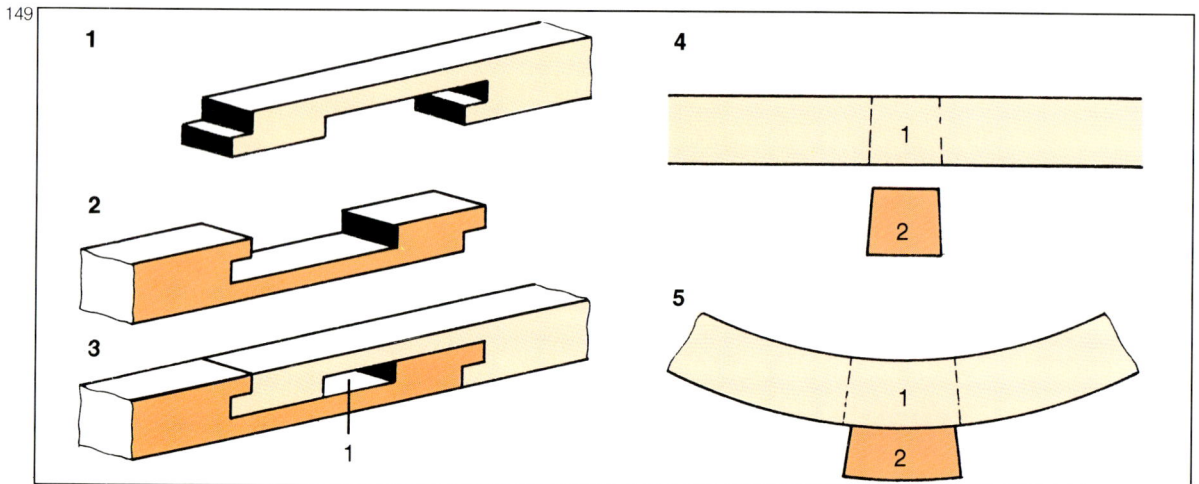

und einen einfachen Dachstuhl oder die Holzkonstruktion für ein Gartenhaus oder eine Garage selbst zu entwerfen und zu bauen. Im Rahmen dieses Buches ist es allerdings nur möglich, auf entsprechende Literatur zu verweisen. Die Lehrgänge »Holzbau« I bis III zeigen in einzelnen Arbeitsschritten u.a. die Herstellung eines Pfettendaches und eines Sparrendaches (siehe Literaturverzeichnis Seite 536).

Der Baumarkt bietet jedoch mit den Holzverbinder-Beschlägen eine Möglichkeit, Holzbalken einfach, schnell und sicher selbst für kleinere tragende Holzkonstruktionen zu verbinden (Abb. 152). Als Nägel sollten nur die von den Beschlägeherstellern angebotenen Spezialnägel verwendet werden.

151

149 *Verkeilte lösbare Längsverbindung:*
  1 Rechter Teil
  2 Linker Teil
  3 Rechter und linker Teil zusammengesteckt
  4 Gerade Längsverbindung mit Keil (2) und Schlitz (1)
  5 Gebogene Längsverbindung mit Keil (2) und Schlitz (1).

150 *Mit diesen Schnell-Spannzwingen werden (Span-)Platten im rechten Winkel für den Zusammenbau festgehalten für stumpfe oder auf Gehrung geschnittene Eckverbindungen (Häfele).*

151 *Eine Winkelspann- und Bohrlehre für die elektrische Bohrmaschine für das Zusammendübeln von Spanplatten (Häfele).*

152 *Holzverbinder:*
  1 Winkelverbinder mit Verstärkungsrippe
  2 Winkelverbinder
  3 Sparrenpfettenanker
  4 Balkenschuhe
  5 Kleiner Pfostenanker zum Einschrauben
  6 Pfostenanker zum Einbetonieren
  7 Kammnägel
  8 Vielzweckverbinder
  9 Flachverbinder
  10 Universalverbinder
  11 Bauklammer.

152

Furnieren, Umleimen

Furnieren ist das Aufleimen von Furnier (siehe Seite 140), dünnen Blättern aus Holz, auf einen anderen, billigeren Holzwerkstoff, den man in seiner Eigenschaft als Träger des Furniers *Blindholz* nennt. Kunststoffbeläge mit Holzdekor dürfen in Deutschland nicht als Furniere, ein Spanplattenschrank mit Nußbaumfurnier darf dagegen als »echt Nußbaum« bezeichnet werden.

Das Furnieren dient in erster Linie dazu, edle und damit teurere und nicht in großen Mengen vorhandene Hölzer rationeller zu verwenden und einem größeren Käuferkreis zugänglich zu machen. Bei der kunsthandwerklichen Furnierin-

tarsie werden ganze Bilder aus Furnierteilen zusammengesetzt. Furnieren führt zu einer erhöhten Formstabilität des Werkstücks bzw. des Werkstoffes.

Auf Seite 536 ist weitere Literatur angegeben.

Furnierarten

Man unterscheidet Furniere nach dem Verwendungszweck und der Herstellungsart.

Deckfurnier: Es bildet die Sichtfläche. Man unterscheidet das *Außenfurnier* als äußere Sichtfläche von Möbeln und *Innenfurnier* als Sichtfläche im Inneren eines Möbelstückes.

Unterfurnier oder Blindfurnier: Es wird unter dem Deckfurnier quer oder diagonal zur Faserrichtung des Furniers auf-

geleimt und verhindert so die Rißbildung im Deckfurnier.

Absperrfurnier: Es soll die Form eines Werkstückes stabil halten, z. B. eine gewölbte Fläche.

Lagerung und Auswahl

Wenn ein Stamm der Länge nach in Furnierblätter aufgeschnitten wird (Säge- und Messerfurniere), so werden die Furnierblätter in der gleichen Reihenfolge gelagert, wie sie aus dem Stamm geschnitten wurden. Zwei benachbarte Furnierblätter können zu einem Spiegelfurnier, vier benachbarte Furnierblätter zu einem Kreuzfurnier zusammengelegt werden.

Furniere reagieren besonders empfindlich auf Schwankungen der Luftfeuchtig-

153

keit und verändern ihr Aussehen unter der Einwirkung des Tageslichtes. Aus diesen Gründen müssen sie in einem dunklen, gleichmäßig trockenen Raum gelagert werden. Die Holzfeuchte sollte zwischen 6 und 10% betragen. In zu trockenen Räumen würden die Furniere spröde und brüchig werden, in zu feuchten wellig.

Grundregeln

Platten werden von beiden Seiten furniert, damit sie sich nicht verziehen. Außen- und Innenfurniere müssen dabei gleich stark sein plus/minus 0,1 mm. Beim Furnieren auf Vollholz müssen die Fasern in die gleiche Richtung laufen, beim Furnieren auf einer Tischlerplatte sollten sich die Fasern im rechten Winkel kreuzen, und auf Spanplatten kann das Furnier beliebig geklebt werden. Unter- oder Blindfurniere verhindern die Rißbildung von Deckfurnieren, wenn sie quer oder diagonal zur Faserrichtung des Deckfurniers aufgeleimt werden. Zuerst werden die Kanten furniert und dann die großen Flächen.

Zuschneiden, Fügen, Zusammensetzen

Furniere werden mit der Furniersäge (Abb.153) oder einem scharfen Messer oder auch einer kräftigen Schere auseinandergesägt oder -geschnitten. Sehr nützlich ist ein Stahllineal als Schneide- bzw. Sägeführung, das fest auf das Furnier gedrückt werden muß, besser noch mit einer Zwinge festgespannt wird. Schnitte quer zur Faserrichtung werden von außen zur Mitte vorgenommen, damit die Ränder nicht ausreißen.

Zum Fügen legt man das Furnier zwischen zwei Bretter mit geraden und rechtwinkligen Kanten und hobelt mit

153 *Furnierwerkzeug:*
1 *Furniereisen mit ausgestanzten Furnieren für die Reparatur von schadhaften Stellen (Ulmia)*
2 *Furniersäge (Ulmia)*
3 *Furnierklebstreifen*
4 *Furnierstifte*
5 *Scheren*
6 *Messer und Stahllineal zum Entlangschneiden.*

154 *Zwei verschiedene Streifenfurnierschneider (Ulmia).*

dem Abrichthobel oder der Rauhbank mit ganz leichtem Druck das überstehende Furnier ab.

Nach dem Fügen werden die einzelnen Furnierteile fugendicht zusammengesetzt, erforderlichenfalls mit Furnierstiften festgeheftet und dann die Fugen mit Furnierklebstreifen, die 20 oder 25 cm breit sind, überklebt. Die Hirnholzenden der Furnierstücke an den Außenkanten werden mit Klebstreifen gegen Einreißen gesichert.

Furnierleim und Leimauftrag

Es gibt für den Heimwerkerbereich keinen speziellen Furnierleim. Geeignet sind Kontaktkleber.

Der Leim kann aufgetragen werden mit einem Kunststoffleimkamm (gezahnter

154

Spachtel), mit einem Pinsel ohne metallische Zwinge oder mit dem Leimroller, einer Schaumgummiwalze, die in ein Gefäß, in das der Leim kommt, so eingebaut ist, daß die Walze stets gleichmäßig Leim abgibt.

Der Leim muß gleichmäßig dünn überall auf das Blindholz aufgetragen werden. Wichtig ist, daß der Klebstoff die richtige Zähflüssigkeit besitzt. Das ist der Fall, wenn er mäßig schnell von einem Holzstab als Faden abfließt.

Ist der Leim zu dünnflüssig oder wird zuwenig Leim aufgetragen, entstehen leimfreie Stellen, die man Kürschner nennt. Sie geben ein besonderes Geräusch von sich, wenn man darüber streicht oder darauf klopft. Häufig werden sie erst sichtbar, wenn die furnierte

Fläche gewässert, gebeizt oder lackiert wird. Kürschner muß man aufschneiden, dann gibt man Leim ein und klebt die Stelle nach.

Ist der Leim zu dünnflüssig, und sind zu große Mengen aufgetragen, kann er durch die Poren des Furnieres durchschlagen. Der Kunststoffkleber muß dann entfernt werden, insbesondere wenn gebeizt werden soll, denn die damit gefüllten Poren werden beim Beizen dunkel, wenn der Kleber Beize aufnimmt, und hell, wenn er keine aufnimmt. Frischer PVAC-Leim wird mit warmem Wasser abgewaschen, ansonsten muß er mit Aceton gelöst und abgewaschen werden. Kleber werden mit den von den Herstellern angegebenen Lösungsmitteln entfernt. Kondensa-

tionsleimdurchschläge lassen sich nicht entfernen. Oxalsäure läßt Glutinleim quellen, so daß er abgebürstet werden kann. Danach muß das Holz gewaschen werden. Bei dunklen Hölzern kann man den Leim mit Erdfarbe färben, so daß durchschlagender Leim kaum sichtbar ist.

Ist der Leim zu dickflüssig und zu reichlich aufgetragen, entstehen Leimwülste, die aufgeschnitten werden müssen, so daß der überschüssige Klebstoff entweichen kann. Dann erneut pressen.

Furniere auflegen und pressen

Nach dem Leimauftrag steht nur eine bestimmte Zeit für das Auflegen des Furnieres und das Pressen zur Verfügung, die sogenannte offene Zeit. Bei

203

komplizierteren Furnieren muß alles gut vorbereitet sein, damit die offene Zeit des Klebers nicht überschritten wird. Nach dem Leimauftrag auf einer Seite des Blindholzes wird das Furnier aufgelegt und darauf das Furnierpapier für den Fall eines Leimdurchschlags. Das Furnier wird mit Klebstreifen gegen Verrutschen gesichert, dann dreht man das Ganze, so daß die untere Seite des Blindholzes oben liegt. Nunmehr wird sie mit Leim eingestrichen und das Gegenfurnier aufgelegt. Unter und über der zu furnierenden Platte liegen größere kräftige plane Platten, die dem Druckausgleich dienen. Mit Zulagenhölzern und Zwingen kann man selbst eine Ersatzfurnierpresse bauen. Bei der Verwendung von Kontaktklebern ist kein besonderer Druck erforderlich.

Furnieradern
Abb. 154 zeigt einen Streifenfurnierschneider, mit dem aus dem Furnier eine Ader herausgeschnitten wird. Mit dem Streifenschneider fertigt man eine neue Ader, die dann eingelegt wird.

Abschlußarbeiten
Nachdem das Furnier fest klebt, werden die überstehenden Teile an den Rändern mit einem Furnierkantenbeschneider (Abb. 155) entfernt. Bei Schnitten quer zur Faser wird der Kantenschneider von außen nach innen geführt, damit

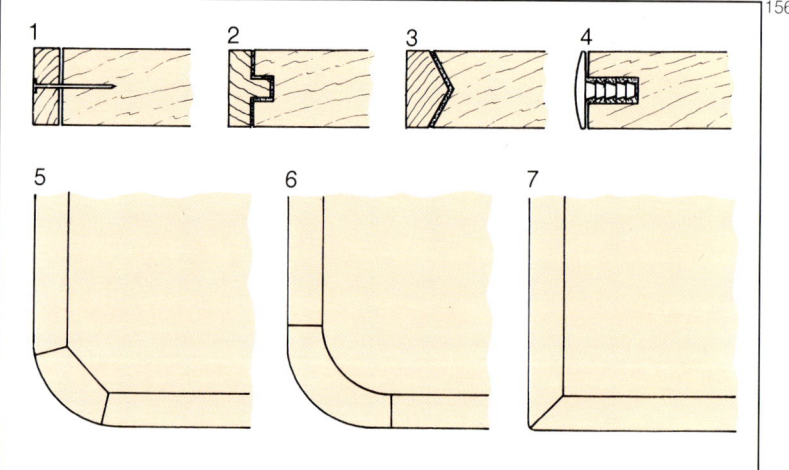

155 *Furnierkantenbeschneider (Ulmia).*

156 *Kantenumleimer:*
1–3 Auf Vollholz geleimt und zusätzlich genagelt (1) und genutet (2 und 3)
4 Aus Kunststoff
5, 6 Zwei Möglichkeiten für eine Vollholzkante an einem runden Eck.
7 Vollholzkante auf Gehrung geschnitten

157 *Mit der Kantenzwinge (links waagerecht), die an jeder handelsüblichen Schraubzwinge befestigt werden kann (Bessey), wird die Vollholzleiste beim Verleimen an die Spanplattenkante angepreßt. Rechts ein Aufreibhammer, mit dem Furniere an die Kante angepreßt werden.*

das Furnier nicht einreißt. Das Klebeband und das Furnierpapier werden abgezogen oder abgeschliffen, die Furnieroberfläche bei Hartholzfurnier zieht man mit der Ziehklinge ab und schleift danach mit feinem Schleifpapier Körnung 220 bis 280. Als Oberflächenbehandlung kommen Beizen, Mattieren, Lackieren und Polieren in Betracht.

Ausschlageisen

Schadhafte Stellen im Furnier können mit einem Ausschlageisen ausgestanzt werden. Mit dem gleichen Eisen stanzt man aus einem passenden Furnier ein einwandfreies Stück aus und klebt es in die auszubessernde Fläche ein. Solche Ausschlageisen gibt es in Größen zwischen 13 und 65 mm Durchmesser (Abb. 153).

Kantenumleimer

Auf die Kanten des Blindholzes werden Umleimer aus Vollholz, Furnieren oder Kunststoff angebracht (Abb. 156). Die Kerbe für den Massivholzeinleimer muß gefräst werden. Der Massivholzumleimer wird an die Kante geklebt, zusätz-lich auch genagelt (Nägel mit Stauchkopf versenken) oder geschraubt. Umleimer werden mit einer Spezialzwinge an die Kante gepreßt (Abb. 157).

Für den PVC-Umleimer und für ein Leichtmetallprofil muß eine Nut in die Kante gefräst werden; Kontaktkleber verwenden.

Der Endlosumleimer aus PVC wird um 10% kürzer zugeschnitten, als der Umfang der Tischkante beträgt. Die Enden werden miteinander verschweißt (siehe Seite 270), die Kante und der Umleimer mit Kontaktkleber eingestrichen, der Umleimer im Backofen auf ca. 80 °C erwärmt und auf die Tischplatte gespannt. Nach dem Erkalten sitzt der Umleimer außerordentlich fest. Kantenfolien = Kunststoffumleimer von der Rolle mit einer Schmelzkleberbeschichtung werden mit dem Bügeleisen aufgebügelt und die überstehenden Teile mit dem Kantenhobel abgeschnitten.

Umleimer und Massivholzeinleimer werden aufgeklebt, bevor die Flächen furniert werden, wenn die Leimfuge unsichtbar sein soll.

Der Vollholzumleimer wird zur Umran-dung, wenn man ihn an die bereits fertig furnierte Fläche anklebt.

Oberflächenbehandlung und Oberflächengestaltung

Die unbehandelte Holzoberfläche ist empfindlich gegen Schmutz aller Art, Feuchtigkeit, Druck und Schädlingsbefall. Durch entsprechende Anstriche kann Holz gegen Beschädigungen dieser Art weitgehend geschützt werden. Durchsichtige Anstriche betonen zusätzlich die besondere Schönheit der Holzmaserung und Holzfärbung. Alles für den Heimwerker Wissenswerte findet sich im Kapitel »Anstriche« ab Seite 107.

Vollholz kann durch Kerbschnitzen und Brandmalerei künstlerisch gestaltet werden. Weiterführende Literatur siehe Verzeichnis Seite 536.

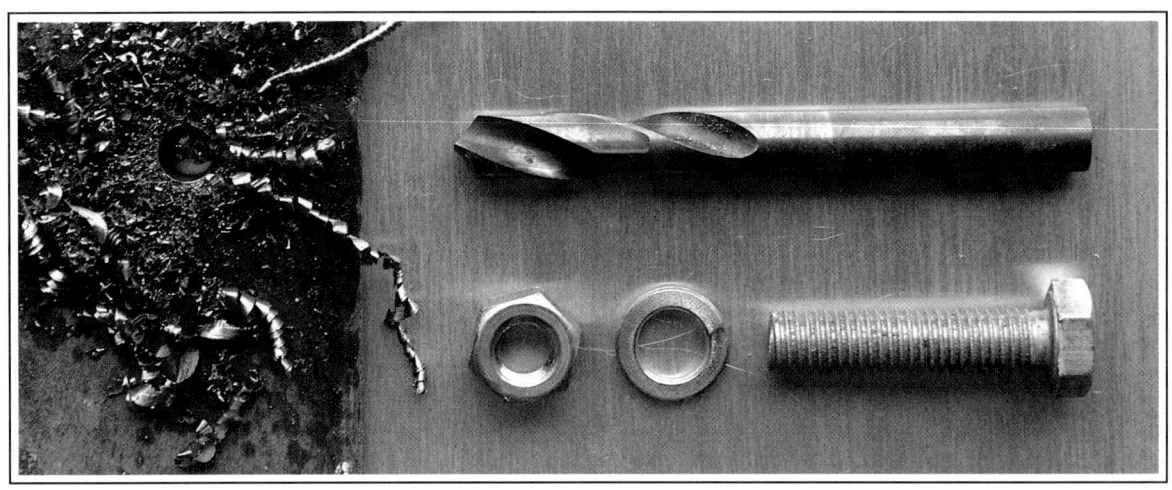

Metall

Metall ist sehr viel härter als Holz und deshalb auch schwieriger zu bearbeiten. Man benötigt für die Metallbearbeitung mehr Werkzeug als für die Holzbearbeitung, und das geht ins Geld. Außerdem nimmt die Metallbearbeitung weitaus mehr Zeit in Anspruch. Ein Hobbymarkt für den Materialeinkauf existiert bisher nur in Ansätzen. Man ist im wesentlichen auf den Fachhandel angewiesen. Trotzdem: Metall ist für viele Zwecke ein unverzichtbarer Werkstoff, und für seine Bearbeitung gibt es inzwischen viele preisgünstige und auch für den Heimwerker ohne Fachausbildung verwendbare Werkzeuge, die eine fachlich einwandfreie Bearbeitung ermöglichen.

In diesem Kapitel wird informiert über die verschiedenen im Heimwerkerbereich eingesetzten Metalle, über ihre Eigenschaften und das für sie benötigte Werkzeug, wenn man Metall trennen, verbinden, formen und seine Oberfläche bearbeiten will. Wer die grundlegenden Bearbeitungstechniken gründlich erlernen möchte, dem seien die Übungshefte des Bundesinstituts für Berufsbildung empfohlen (siehe Seite 536). Andere Fundgruben sind die Tabellenbücher Metall und Metalltechnik (siehe Seite 536).

Die Installation von Rohren, das Reparieren von Karosserieschäden und von schadhaft gewordenen Metallverbindungen sind Anwendungsfälle für die Metallbearbeitung durch den Heimwerker. Das Anfertigen eines Treppen- oder Balkongeländers, eines Gartentores oder -zaunes, das Herstellen von Tischgestellen, Gefäßen, Lampenfüßen, Gardinenstangen, Beschlägen geht in den Bereich des Kunsthandwerks, denn viele dieser Gegenstände sind nicht nur nützlich, sondern sollen auch schön sein. Was der Mensch in diesem Bereich geschaffen hat, gehört zu den unvergänglichen Zeugnissen seiner Kultur. Ganze Epochen tragen den Namen von Metallen (Bronzezeit, Eisenzeit).

Eigenschaften der Metalle

Die ganze Welt, Menschen, Tiere und Pflanzen, Sonne, Mond und Sterne und natürlich auch die Erde bestehen aus chemischen Elementen, also aus Substanzen, die sich mit chemischen Methoden nicht weiter zerlegen lassen. 1980 waren 105 Elemente zweifelsfrei bekannt. 81 davon sind stabil, die übrigen zerfallen entweder sehr schnell oder können nur künstlich hergestellt werden. Von den 81 stabilen Elementen sind 65 Metalle. Sie kommen in der Natur nur selten in reiner Form vor wie z.B. gediegenes Gold. Meist findet man sie als Erz, also vermischt mit anderen Substanzen, von denen das Metall erst getrennt werden muß. Das geschieht in technisch aufwendigen Verfahren (Reduktion, Schmelzen, Elektrolyse). Beim Herstellen von Legierungen schlägt man den umgekehrten Weg ein: Dem geschmolzenen reinen Metall werden eine oder mehrere Substanzen beigemischt. Zum Teil sind das selbst wieder Metalle, zum Teil auch Nichtmetalle. Beim Abkühlen und Erstarren dieser Schmelze entsteht eine Legierung, die andere Eigenschaften besitzt als die Ausgangsstoffe, z.B. eine größere Härte. Die handelsüblichen Stahl- und Aluminiumsorten sowie Bronze und Messing sind Legierungen. Ein weiteres Verfahren, metallische Werkstoffe von besonderer Härte herzustellen (Hartmetalle), ist das Sintern: Pulverförmige Metallkarbide werden bis knapp unter den Schmelzpunkt erhitzt und dann unter hohem Druck zusammengebacken. Oftmals setzt man keramische Substanzen zu. Hartmetalle werden häufig unter dem Namen Widia gehandelt (WIeDIAmant).

Metalle haben einen kristallinen Aufbau, jedes Metall seinen eigenen. Dieser kristalline Aufbau verändert sich durch Krafteinwirkung sowie durch Erwärmen bzw. Abkühlen. Dadurch verändern sich auch bestimmte Eigenschaften des Metalls. Für Handwerk und Industrie sind vor allem die physikalischen und technologischen Eigenschaften der Metalle von Interesse:

Festigkeit

Darunter versteht man den Widerstand, den der Werkstoff einer Verformung und Trennung durch äußere Krafteinwirkung entgegensetzt. Die hohe Festigkeit vieler Metalle macht sie geeignet für die verschiedensten Aufgaben. So wird die Maschinenschraube auf Zug, der Niet auf Abscherung, der Haken und die Welle auf Biegung, die Kugel im Kugellager und die Stütze auf Druck und der Bohrer auf Verdrehung beansprucht. Je nach der Art des Kraftansatzes spricht man von Zug- und Zerreißfestigkeit, Biegefestigkeit, Druck- und Verdrehfestigkeit.

Härte

Sie ist eng verwandt mit der Festigkeit. Man versteht unter der Härte eines Metalls seinen Widerstand gegen das Eindringen eines anderen festen Stoffes.
Am Beispiel des Stahls soll verdeutlicht werden, wie sich die Härte des gleichen Metallstücks verändert und beim gleichen Metall Härte einmal zusammen mit Sprödigkeit, ein anderes Mal mit plastischer Verformbarkeit oder Elastizität auftritt. Ausglühen oder Weichglühen, Härten und Anlassen sind die Stichworte:
Das Werkzeug, mit dem man einen Werkstoff zerteilen oder mit dem man etwas abspanen will, muß härter sein als der Werkstoff, damit die Bearbeitung möglich ist. Aus diesem Grund muß gehärteter Stahl, bevor er bearbeitet werden kann, durch Erhitzen bis zum Hellrotglühen und anschließend durch möglichst langsames Abkühlen weich gemacht (= enthärtet) werden, damit das Werkzeug, das ja auch nur aus gehärtetem Stahl besteht, etwas ausrichten kann. Wenn der Stahl dann fertig bearbeitet ist, soll er natürlich seine ursprüngliche Härte wiederbekommen. Dies erreicht man durch Härten: Der Stahl wird erneut erhitzt, bis er hellrot

glüht, und dann rasch in kaltem Wasser abgekühlt, wobei das Werkstück zur Vermeidung von Spannungen senkrecht in das kalte Wasser oder Öl eingetaucht und darin hin- und hergeschwenkt wird. Der Stahl ist jetzt wieder äußerst hart, aber zugleich spröde, eine oftmals unerwünschte Eigenschaft (Glashärte). Diese Sprödigkeit kann man dem Stahl durch Anlassen wieder nehmen.
Anlassen ist das langsame Erwärmen des Stahles. Dabei vergrößern sich die Kristalle, aus denen der Stahl besteht, und die Härte vermindert sich. Beim Erwärmen treten die sogenannten Anlaßfarben auf, die jeweils bestimmten Temperaturen entsprechen: der kalte Stahl ist blank, hellgelb 220 °C, gelbbraun 245 °C, braunrot 265 °C, rotblau 285 °C, blaugrau 310 °C. Ist die gewünschte Härte erreicht, also die entsprechende Anlaßfarbe zu sehen, wird der Stahl abgeschreckt.

Elastizität

Darunter versteht man die Fähigkeit eines Werkstoffes, von sich aus seine ursprüngliche Form oder Lage wieder einnehmen zu können, nachdem die Krafteinwirkung aufgehört hat, die die Form- oder Lageveränderung bewirkte. Harte Metalle sind meist elastisch, weiche plastisch. Durch Schlaghärtung ist es möglich, weiche Metalle härter und spröder oder auch elastischer zu machen.

Plastische Verformbarkeit

Zähigkeit, Dehnbarkeit, Streckbarkeit, Schmiedbarkeit und plastische Verformbarkeit meinen alle die Fähigkeit eines Metalls, Formveränderungen durch Biegen, Treiben, Ziehen, Drücken, Pressen, Walzen und Schmieden ohne Bruch zuzulassen. Der Gegensatz dazu ist die Sprödigkeit eines Metalls, nämlich die Eigenschaft, unter einer Belastung zu brechen. Bei der Kaltverformung wird ein ursprünglich gut schmiedbares Metall oftmals härter und spröder (Schlaghärtung), so daß es sich der weiteren Bearbeitung immer mehr widersetzt. Durch Ausglühen, also Erhitzen und langsames Abkühlenlassen geht die innere Spannung im Werkstück und damit die Sprödigkeit verloren, und das Werkstück wird wieder schmiedbar wie zuvor.

Leitungsfähigkeit

Die unterschiedlich gute Leitungsfähigkeit der Metalle für Elektrizität und Wärme sowie die Wärmeausdehnung sind für den Heimwerker nicht von Interesse.

Korrosionsbeständigkeit

Der Begriff Korrosion (vom lateinischen Wort corrodere = zernagen) umfaßt alle Zerstörungen des Metalls, die von der Oberfläche ausgehen. Die bekannteste Korrosionserscheinung ist das Rosten des Eisens. Nichteisenmetalle (NE-Metalle) sind in der Luft korrosionsbeständig und meist auch widerstandsfähig gegen Säuren und Laugen. Diese Korrosionsbeständigkeit entsteht dadurch, daß sich an der Oberfläche der Nichteisenmetalle eine dünne Oxydschicht bildet, also eine chemische Verbindung des Nichteisenmetalls mit dem Luftsauerstoff, die als Schutzschicht gegen die Einwirkung weiterer Substanzen von außen wirkt.

Eisen und Stahl

Kaum jemand hat jemals Eisen in der Hand gehabt. Das, was immer als Eisen bezeichnet wird, ist in Wirklichkeit Stahl. Chemisch reines Eisen ist technisch unbrauchbar.
Aus dem Eisenerz wird im Hochofen kohlenstoffreiches Roheisen gewonnen, das entweder silicium- oder manganhaltig ist.

Gußeisen

Siliciumhaltiges Roheisen ist grau, und daraus werden der Grauguß und anderes Gußeisen hergestellt. Der Kohlenstoff ist im Grauguß nicht ins kristalline Gefüge des Eisens eingebaut, sondern bleibt ein Fremdkörper. Das hat zur Folge, daß der Grauguß bei entsprechender Belastung an diesen Stellen bricht oder zerspringt. Grauguß ist hart, aber äußerst spröde. Der normale Grauguß ist weder schmiedbar, noch kann er gehärtet werden. Dafür zeichnet er sich durch seine sehr gute Gleitfähigkeit aus. Außerdem kann er sehr gut in die schwierigsten Formen gegossen werden und läßt sich auch gut spanabhebend bearbeiten. Neben dem normalen Grauguß gibt es einige spezielle Gußsorten, darunter den Temperguß, der in 207 gewissen Grenzen geschmiedet werden kann, was aber für den Heimwerker ohne Bedeutung ist. Er hat mit Grauguß in der Regel nur bei Reparaturarbeiten zu tun.

Stahl

Manganhaltiges Roheisen aus dem Hochofen ist weiß und das Ausgangsmaterial für die Stahlgewinnung. Stahl unterscheidet sich von Roheisen durch seinen geringeren Gehalt an Kohlenstoff. Stahlherstellung ist daher nichts anderes als die Verbrennung des im Roheisen enthaltenen Kohlenstoffs. Sinkt der Kohlenstoffanteil unter 2,06%, wird das Roheisen schmiedbar. Das liegt aber nicht allein am geringeren Kohlenstoffgehalt, sondern vor allem auch daran, daß bei diesem Verbrennungsprozeß der Kohlenstoff als Eisenkarbid chemisch gebunden wird. In dieser Form ist der Kohlenstoff biegefähig, aber noch nicht härtbar (durch Erwärmen auf eine bestimmte Temperatur und anschließendes Abschrecken). Diese Eigenschaft erhält der Stahl erst bei einem Kohlenstoffgehalt unter 1,7%, verliert sie aber wieder, wenn der Kohlenstoffgehalt unter 0,5% gesenkt wird. Je größer der Anteil an Eisenkarbiden im Stahl ist, um so härter ist der Stahl, denn Eisenkarbid ist 270mal härter als chemisch reines Eisen.

Jetzt versteht man auch den Satz: Stahl ist schmiedbares Eisen, also Eisen, das einen Kohlenstoffanteil unter 2,06% in Form von Eisenkarbiden enthält. Ein Teil des schmiedbaren Eisens ist zusätzlich noch härtbar, nämlich dann, wenn der Kohlenstoffgehalt zwischen 0,5 und 1,7% liegt.

Den härtbaren Stahl nennt man *Werkzeugstahl*. Dazu gehören HSS-Stähle (= High Speed Steel = Hochleistungsschnellschnittstahl), der HSSE-Stahl (ein HSS-Stahl, der höhere Temperaturen aushält, was die Standzeit einer Schneide an einem Werkzeug erheblich erhöht) und der SHSS-Stahl. Stahl mit einem Kohlenstoffgehalt von 1,7 bis 2,06% nennt man *Baustahl*. Er ist schmiedbar und von Ausnahmen abgesehen nicht härtbar. Mit dieser Art von Stahl hat es der Heimwerker in erster Linie zu tun. Es gibt den Baustahl in den unterschiedlichsten Handelsformen (siehe Seite 210).

Stahl wird in unzähligen Varianten mit anderen Metallen wie Chrom, Nickel, Kobalt, Wolfram, Vanadium, Molybdän und Mangan sowie dem Halbmetall Silicium legiert. Dadurch werden je nach Legierung u.a. die Eigenschaften Festigkeit, Härte, Härtbarkeit, Hitzebeständigkeit und Korrosionsbeständigkeit verbessert.

Nichteisenmetalle (NE-Metalle)

Dazu gehören Leichtmetalle (Dichte kleiner als 3,5 g pro cm^3) wie Aluminium, Schwermetalle wie Blei und Gold, Edelmetalle wie Gold und Silber, Legierungen wie Bronze und Messing. Sämtliche Nichteisenmetalle zeichnen sich durch eine im Verhältnis zu nichtlegiertem Stahl sehr hohe bis optimale Korrosionsbeständigkeit aus.

Aluminium

Dieses Leichtmetall ist silberglänzend, der Schmelzpunkt liegt bei 658 °C. Im Handel kommt es nur als Legierung vor. Neben Stahl ist Alu, wie man Aluminium abgekürzt im allgemeinen bezeichnet, der vielseitigste Metallwerkstoff und kann im Heimwerkerbereich überall eingesetzt werden, wo man Metall zur Bewältigung praktischer Aufgaben benötigt. Alu zeichnet sich durch hohe Festigkeit bei geringem Gewicht aus (etwa 3mal so leicht wie Stahl), ist leichter zerlegbar als Stahl (sägen, bohren, Gewinde schneiden), leichter biegbar, kann gelötet und geschweißt werden, ist schmied- und gießbar (beim Gießen muß allerdings die hohe Erstarrungsschrumpfung von 7% beachtet werden).

Alu wird legiert mit Kupfer, Magnesium, Mangan, Nickel und Silicium. Dadurch entstehen Legierungen mit sehr unterschiedlichen Eigenschaften: Je nach Bedarf ist die Legierung besonders fest, aushärtbar, korrosions- und witterungsbeständig, sogar seewasserfest.

Beim Hämmern wird Alu hart und muß deshalb für die weitere Bearbeitung ab und zu ausgeglüht werden. Da man nicht ohne weiteres erkennen kann, wann die erforderliche Temperatur erreicht ist, stellt man sie mit einem Holzspan fest: Beginnt er zu rauchen, wenn man ihn auf das erhitzte Aluminium drückt, ist die Glühtemperatur erreicht. Glüht man kupfer-, magnesium- und siliciumlegiertes Aluminium bei 500 °C und schreckt es in Wasser ab, so ist der Werkstoff für einige Stunden weich und geschmeidig, härtet aber bei normaler Temperatur wieder aus und hat nach 12 Stunden die Härte und Festigkeit von Baustahl. Diese Tatsache kann man sich bei der Bewältigung mancher Aufgabe zunutze machen.

Handelsbezeichnungen für Aluminiumlegierungen sind Duraluminium für mechanisch hochbeanspruchbare Bauteile (Kennfarbe rot), Hydronalium für mechanisch mittelbeanspruchte Bauteile, nicht aushärtbar, dafür gut polier- und schweißbar und korrosionsbeständig (Kennfarbe grüngelb), und Anticorodal für mittlere Festigkeitsbeanspruchung, aushärtbar, formbar und korrosionsbeständig (Kennfarbe weiß), besonders geeignet für den Heimwerker. Eloxal ist Aluminium, an dessen Oberfläche künstlich eine Oxydschicht erzeugt wurde (elektrisch oxydiertes Aluminium), die einen hervorragenden Korrosionsschutz gewährt.

Beim Zusammenbau mit schweren Metallen, wie z.B. Stahl oder Kupfer, muß Alu von dem schweren Metall isoliert werden, damit die Verbindung nicht infolge elektromechanischer Korrosion zerstört wird (siehe Seite 255).

Alu besitzt eine hohe Leitungsfähigkeit für Elektrizität und Wärme.

Blei

Grau mit einem Schimmer ins Bläuliche ist dieses Metall mit einem Schmelzpunkt von nur 327 °C. Blei ist sehr schwer und sehr weich. Legiert mit 15% Antimon erhält es die dreifache Härte (Hartblei). Es läßt sich hämmern, ohne dabei hart zu werden, ist sehr gut gießbar und säurefest gegenüber bestimmten Säuren (z.B. Schwefelsäure, Salzsäure, Flußsäure), wird dagegen angegriffen von frischem Kalk- und Zementmörtel, Kohlen- und Salpetersäure, Essig und weichem Wasser.

Blei und seine Verbindungen sind sehr giftig, weshalb man Geschirr mit Bleiglasuren und Bleifarben meiden sollte. Früher ist Blei wegen seiner Korrosionsbeständigkeit gegenüber Luft und Feuchtigkeit bevorzugt für Wasserleitungen verwendet worden, was bei hartem

Wasser an und für sich unbedenklich ist, da sich bei solchem Wasser im Rohr eine Bleikarbonatschicht bildet, die in hartem Wasser nicht löslich und daher unschädlich ist, aber die Bleikarbonatschicht kann wieder durch andere Substanzen im Wasser zerstört werden.

Im Heimwerkerbereich kommt es vor, daß etwas aus Blei repariert werden muß. Man kann Blei schweißen, wobei auf die niedrige Schmelztemperatur zu achten ist (siehe Seite 237).

Außerdem ist Blei wegen seines hohen Gewichts und seiner guten Gießbarkeit als Gewicht z. B. für eine Standlampe u. ä. geeignet.

Bronze

Das ist eine Legierung von Kupfer und Zinn mit einem Mindestgehalt an Kupfer von 78%. Die Legierung ist härter als Kupfer oder Zinn hart sind. Noch härter und von größerer Korrosionsbeständigkeit sind Aluminiumbronzen, eine Legierung von Kupfer mit Aluminium. Bronze ist vor allem hervorragend geeignet für das Gießen, insbesondere für das Glokkengießen.

Gold

Sein Schmelzpunkt liegt bei 1360 °C. In chemisch reiner Form (= Feingold) ist es zu weich für Gebrauchsgegenstände. Deshalb wird es nur legiert mit Kupfer und Silber verwandt.

Den Feingoldgehalt in einer Goldlegierung drückt man in Karat aus.

Diese Bezeichnung stammt aus der Geschichte des Goldhandels: Der Samen des Johannisbeerbaumes (Ceratonia siliqua) wurde von den arabischen Händlern als Gewichtseinheit im Goldhandel benutzt; aus »Ceratonia« wurde »Karat«.

24karätiges Gold ist chemisch reines Gold, also Feingold. 18karätiges Gold besteht zu $\frac{750}{1000}$ aus Feingold, 14karätiges zu $\frac{585}{1000}$ und 8karätiges zu $\frac{330}{1000}$ aus Feingold. Letzteres darf im Handel nicht mehr als Gold bezeichnet werden.

Gold ist das dehnbarste aller Metalle. Ein Gramm Gold läßt sich zu einem 2 km langen Golddraht ausziehen. Zum mechanischen Vergolden wird Gold zu Blattgold geschlagen, dünnsten Blättern von $\frac{1}{5000}$ mm Stärke.

Mit dem Galvanisieren kann man andere Metalle auch chemisch vergolden (siehe Seite 255).

Kupfer

Dieses Metall ist in reinem Zustand hellrot und hat einen Schmelzpunkt von 1083 °C. Seinen Namen hat es von der Insel Zypern, wo bereits im Altertum Kupfer gewonnen wurde. Kupfer besitzt ähnliche Eigenschaften wie Aluminium, ist aber wesentlich schwerer. Es ist an sich weich und läßt sich kalt und warm sehr gut formen, biegen, treiben und hämmern; es ist sehr dehnbar. Beim Hämmern wird Kupfer bald so hart, daß man es nicht weiter bearbeiten kann. Durch Ausglühen wird es enthärtet: Man erhitzt das Kupfer bis zur Kirschrotglut, läßt es hinterher abkühlen oder schreckt es in kaltem Wasser ab, was beim Kupfer im Unterschied zum Stahl keine erneute Härte zur Folge hat. Der sich beim Ausglühen bildende Zunder fällt beim Abschrecken ab. Kupfer kann man gut hart- und weichlöten. Es besitzt eine hohe Leitungsfähigkeit für Elektrizität und Wärme und war in der Vergangenheit sehr witterungsbeständig durch die mattglänzende grüne Patina, die sich unter der Einwirkung von kohlensaurem Regen als Kupferkarbonat bildet und das Kupfer vor weiterer Korrosion schützt. Diese Patina entsteht nicht in einer ruß- und schwefelgeschwängerten Luft, wie sie für Industriestaaten allmählich typisch wird. Von ähnlich grüner Farbe wie die ungiftige kohlensaure Patina ist der sehr giftige Grünspan, eine Kupferverbindung mit organischen Säuren, weshalb Kupfergefäße, die mit Nahrungsmitteln in Berührung kommen, innen verzinnt sein müssen.

Kupfer wird für Bedachungen, für Dampf- und Warmwasserleitungen, Kochgeschirre, Pfannen und dergleichen mehr verwendet.

Messing

Das ist eine Legierung aus Kupfer und Zinn mit einem Kupferanteil zwischen 60 und 90%. Je höher der Kupferanteil ist, um so besser ist die Kaltverformbarkeit. Messing mit geringem Kupferanteil ist hellgelb und verändert seine Farbe mit steigendem Kupferanteil über goldgelb – grüngelb – goldrot bis zum typischen Kupferrot. Messing ist hart und witterungsbeständig, gut spanbar und kann in enthärtetem = ausgeglühtem Zustand (Glühtemperatur 200 bis 300 °C) gut gebogen und getrieben werden. Zinkreiches Messing ist Gußmessing und wird, wie der Name sagt, zum Gießen verwendet.

Messing findet Anwendung für Schlösser und Beschläge, Holzschrauben und Niete und für kunstgewerbliche Arbeiten.

Silber

Der Schmelzpunkt dieses weißglänzenden, weichen und sehr dehnbaren Metalls liegt bei 961 °C. Legiert mit Kupfer, wird es erheblich härter. Die üblichen Feingehalte betragen $\frac{935}{1000}$, $\frac{835}{1000}$, $\frac{800}{1000}$. Verwandt wird es zum Versilbern (siehe Seite 255) von Bestecken, Schmuck und anderen kunsthandwerklichen Gegenständen.

Zink

Bei 419 °C schmilzt dieses bläulich-weiße Metall. Es ist das bevorzugte Material der Spengler für Dacheindeckungen, Regenrohre, Verkleidungen, denn eine harte, graue Patina bildet einen guten Korrosionsschutz gegen alle Witterungseinflüsse (mit Ausnahme von Ruß, das Zink chemisch zersetzt). Zink ist gut lötbar.

Zinkblech muß quer zur Walzrichtung gebogen werden, da es bei gewöhnlicher Temperatur ziemlich spröde ist und beim Biegen leicht bricht. Das kann man durch Erwärmen auf etwa 150 °C vermeiden: Zink kann dann sogar gut gehämmert werden, während es bei einer Erwärmung auf ungefähr 200 °C wieder spröde wird.

Zink ist widerstandsfähig gegen Laugen und wird deshalb für Eimer, Wannen und dergleichen verwendet. Dagegen ist es leicht lösbar durch Säuren und darf deshalb nicht mit Nahrungsmitteln in Berührung kommen, da Zinkverbindungen giftig sind. Durch Verzinken werden Stahlbleche sehr gut gegen Korrosion geschützt. Zink kann mit anderen Metallen wie Stahl oder Kupfer ein galvanisches Element bilden (siehe Seite 255) und wird dann allmählich zerfressen.

Zinn

Dieses silberhelle Metall hat einen sehr niedrigen Schmelzpunkt von 232 °C. Es ist weich und geschmeidig, hämmer- und dehnbar, gibt beim Biegen das typische »Zinngeschrei« von sich, ein Knirschen, das von den Kristallen erzeugt wird, deren Lage beim Biegen verändert wird. Bei Temperaturen unter −18 °C zerfällt Zinn zu Staub (Zinnstaub); vorher bilden sich graue Flekken (Zinnpest). Zinn ist widerstandsfähig gegen organische Säuren und deshalb zur Aufbewahrung von Nahrungsmitteln sehr geeignet. Zu diesem Zweck wird vor allem Weißblech verwendet, ein beiderseitig verzinntes Stahlblech.

Handelsformen für Metalle

Der Handel stellt für Industrie und Handwerk ein umfangreiches Programm an gewalzten oder gezogenen Fertigerzeugnissen zur Verfügung, aus denen in aller Regel sämtliche gewünschten Konstruktionen hergestellt werden können. In Heimwerkergeschäften erhält man davon nur einen sehr kleinen Teil, und dort sind die Produkte auch viel teurer als im Fachhandel.

Bleche, Folien, Platten
Alu, Kupfer, Messing, Silber und Zink kann man als Blech kaufen, ebenso Stahl als Schwarzblech und als verbleites, verzinktes, verzinntes oder Weißblech (Abb. 1). Blech wird in Tafeln verkauft. Bei Alu, Zink, Schwarz- und verzinktem Stahlblech sind die Tafeln 2 × 1 m groß, bei Weißblech 76 × 53 cm, bei anderen Metallen sind die Tafelgrößen verschieden. Die Dicke schwankt zwischen Zehntelmillimeter und Millimetern. So ist z. B. Stahlblech zwischen 0,18 und 2,75 mm stark (Feinblech), Alu zwischen 0,2 und 5 mm, Kupfer zwischen 0,1 und 5 mm und Zink zwischen 0,15 und 6 mm. Ist das ausgewalzte Material noch dünner, spricht man von Folien (Alufolie, Stanniol und Silberpapier = Zinkfolie), ist es noch stärker, von Platten. Eisenblech, das stärker als 4,75 mm ist, nennt man Flacheisen bzw. Flachstahl. Für besondere Aufgaben gibt es Lochbleche und Streckmetallgitter (Seite 304).

Vollstäbe, Profilstäbe, Rohre
Es gibt Vierkant-, Flach-, Halbrund-, Rund- und Sechskantstäbe, Winkel-, U-, T-, Doppel-T-, Z-Profilstäbe und Rohre in den unterschiedlichsten Abmessungen (Abb. 2).

Draht, Drahtgeflechte
Drahtgeflechte braucht der Heimwerker vor allem für Zäune und beim Bauen (Abb. 3). Zum Schutz gegen Rost sind Drähte kunststoffummantelt.

Die Grundausstattung in der Metallwerkstatt

Werkzeuge zum Messen und Anreißen, zum Festhalten und zum Schlagen gehören zur Grundausstattung. Alle metallbearbeitenden Spezialwerkzeuge jedoch sollte man sich nur anschaffen, wenn man sie für bestimmte Arbeiten benötigt.

Eine grundsätzliche Bemerkung erscheint notwendig: Wer mit der Metallbearbeitung anfängt, besitzt meist schon eine gut eingerichtete Werkstatt für die Holzbearbeitung und viel handwerkliche Erfahrung. Dann kommt der Tag, wo er einen Metallgegenstand zu bearbeiten hat und es sich auch zutraut. Wahrscheinlich fehlen das geeignete Werkzeug und der geeignete Arbeitsplatz. Soll man neues Werkzeug kaufen, was man doch nur selten braucht, oder das Werkstück zum Schlosser bringen und wochenlang warten? Da man sich für keine der beiden Lösungen begeistern kann, wird der Metallgegenstand kurzerhand in die Hobelbank einge-

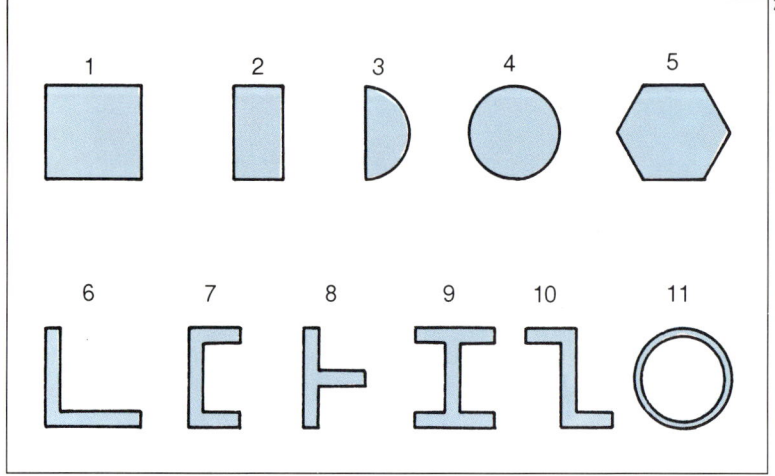

spannt, wird gebohrt, als ob es Holz wäre, bis der Bohrer raucht und blau anläuft, denn Öl zum Kühlen gibt es nicht in einer Holzwerkstatt. Die scharfen Späne liegen auf der Hobelbank herum, graben sich ein, und zum Schluß reißt sich das Werkzeug los, weil kein Bohrständer mit einem Maschinenschraubstock verwendet wurde. Vielleicht kommt der Heimwerker dann zu der Einsicht: Holzbearbeitung und Metallbearbeitung brauchen ihr eigenes Werkzeug und grundsätzlich ihren eigenen Arbeitsplatz. Wo letzteres nicht möglich ist, aber auf die Bearbeitung beider Werkstoffe nicht verzichtet werden soll, setzt das eiserne Disziplin und ganz ungewöhnliche Sauberkeit am Arbeitsplatz voraus, denn Metallspäne

und Metallstaub sind schädlich für jedes holzbearbeitende Werkzeug und für das Holz selbst.

Werkzeuge zum Messen und Anreißen
Es werden zum Messen benötigt: ein Gliedermeterstab (= Zollstock) und ein Bandmaß, am besten aus Stahl; ein Stahllineal von 30 oder 50 cm Länge zum Messen; ein Lineal von 1–2 m Länge aus Stahl oder Aluminium zum Anreißen; eine Schieblehre; Innen- und Außentaster; ein Anschlagwinkel, am besten aus Stahl, aber der Schreinerwinkel tut es auch; eine Schmiege zum Überprüfen von Winkeln. Wasserwaage, Senklot, Gehrungsmaß und Winkelmesser können für bestimmte spezielle Meßaufgaben notwendig werden, eben-

so das Mikrometer, wenn genauer als Zehntelmillimeter gemessen werden muß, was im Heimwerkerbereich unwahrscheinlich ist.
Zum Anreißen benötigt man eine Reißnadel, einen Metallzirkel mit Feststellschraube und einen Körner. Diese Werkzeuge sind auf Seite 45, Abb.9 zu sehen. Auf Seite 46 ist dargestellt, wie man damit umgeht.

Werktisch
Für Metallarbeiten braucht man einen Werktisch auf Stahlrohrfüßen mit einer

3

1 Bleche, oxydiert und stellenweise blank gerieben:
   1 Aluminium
   2 Silber
   3 Verrostetes Blech
   4 Stahlblech
   5 Messing
   6 Kupfer mit Grünspan.

2 Stabstähle (1–5) und Formstähle (6–11), wie sie der Handel liefert:
   1 Vierkant ab 8 mm Seitenlänge
   2 Flachstahl (Breite ab 12 mm, Dicke ab 5 mm) und Bandstahl (Breite ab 10 mm, Dicke ab 0,8 mm)
   3 Halbrundstahl
   4 Rundstahl, Durchmesser ab 5 mm
   5 Sechskantstahl
   6 Winkelstahl, Schenkellänge und Dicke in mm angegeben
   7 U-Stahl, Außenabstand zwischen den Schenkeln in cm angegeben
   8 T-Stahl, Fußbreite und Höhe in cm angegeben
   9 Doppel-T-Stahl
   10 Z-Stahl, Höhe in cm angegeben
   11 Rohr, Außendurchmesser und Wanddicke in mm angegeben.

3 Drahtgeflechte:
   1 Baustahlmatte
   2 Sechskantgeflecht
   3 Sechskantgeflecht
   4 Vierkantgeflecht
   5 Geflecht für Drahtzaun
   6 Punktgeschweißtes Drahtgitter
   7 Estricharmierungsgitter
   8 Punktgeschweißtes Drahtgitter
   9 Wellengitter.

211

4 Schlosserwerkstatt:
Im Mittelpunkt steht eine Werkbank von Zelenka aus Bauelementen mit einer massiven Buchensperrholzplatte, links ein verschließbarer Schrankunterbau, rechts Schubläden mit Einsätzen für Kleinteile. Vierbeiniger und damit kippfester Werkstatthocker (ebenfalls Zelenka).

5 Stahlgeschmiedeter Parallelschraubstock mit Höhenverstellgerät und rundherum drehbar (Peddinghaus). Für den Schraubstock gibt es als wichtiges Zubehör Rohr- und Kunststoffspannbacken.

dicken Buchenplatte darauf, die zusätzlich noch mit Blech beschlagen sein kann. Das ist die einzig richtige, weil dauerhafte Lösung. Sehr sinnvoll wäre eine zusätzliche Ausrüstung mit Zwischenablage, Schubfächern oder einem verschließbaren Unterbau zur griffbereiten Aufbewahrung von Werkzeug und Werkmaterial. Die Zwischenablage darf den Füßen nicht im Weg sein. Sie sollte deshalb nur so weit nach vorn reichen, daß genügend Platz bleibt, um sich auf einem Hocker an den Werktisch setzen zu können. Die richtige Arbeitshaltung im Stehen erfordert oft, daß der eine Fuß nach vorn gesetzt wird. Wenn man etwas auf dem Werktisch bearbeitet, muß also ein Fuß unter den Tisch gestellt werden können. Bei einem Unter-

bau ist das gleiche zu beachten: Entweder darf er nicht bis auf den Boden reichen, sondern muß genügend Platz lassen, daß der Fuß bequem darunter paßt, oder er muß entsprechend weit hinten beginnen oder darf kein durchgehender Unterbau sein.
Zelenka-Werktische erfüllen diese Bedingungen in optimaler Weise (Abb. 4). Das Lieferprogramm basiert auf einem Baukastensystem, das jedem Wunsch gerecht wird.
Der Werktisch muß so standfest sein, daß er auch bei der Bearbeitung schwerer Gegenstände durch kräftige horizontale Hammerschläge nicht verschoben wird. Ist der Werktisch nicht von sich aus schwer genug, so legt man zum Beispiel in die Zwischenabla-

4

ge einen Eisenträger. Wenn der Werktisch einen festen Platz hat, kann man auch die Füße mit einem Winkeleisen am Boden befestigen, muß sich aber darüber im klaren sein, daß jetzt die Verbindung zwischen Füßen und Platte besonders stark beansprucht wird. Unter Holzfüßen nagelt man Lederstücke, die ein Verrutschen verhindern.

Schraubstock

Der Schraubstock mit Werktisch ist das wichtigste Einspannwerkzeug für die Metallbearbeitung. Ein guter Schraubstock ist nicht gerade billig. Aber es wäre verkehrt, bei dieser Anschaffung sparen zu wollen. Damit fällt die Wahl nicht auf einen zwar erheblich billigeren, aber eben auch nicht unverwüstlichen, ge-

gossenen Schraubstock, sondern auf einen zur Gänze im Gesenk geschmiedeten Parallelschraubstock (Abb. 5). Dieser Schraubstock hat seinen Namen deshalb, weil seine Backen immer parallel zueinander stehen. Die Backen sollten mindestens 100 mm breit sein. Damit weiche Materialien nicht von der Riffelung der stählernen Backen beschädigt werden, muß der Schraubstock mit glatten Kunststoffbacken ausgestattet werden können. Außerdem sollte er auch zum Einspannen von Rohren bis 3 Zoll geeignet sein. Der Parallelschraubstock sollte einen ausreichend großen Voramboß besitzen, der kräftige Schläge auf Dauer nur aushält, wenn der ganze Schraubstock geschmiedet ist. Nützlich ist auch ein

Drehteller, der es erlaubt, den Schraubstock samt dem eingespannten Werkstück beliebig zu drehen. Das kann bei der Bearbeitung eine große Erleichterung sein und ist von Vorteil beim Arbeiten auf dem Voramboß.

Für die Montage des Schraubstocks auf dem Werktisch ist folgendes zu beachten:

Der Schraubstock wird auf die Platte des Werktisches geschraubt, nahe am Rand und über einem Fuß. Wenn der am Schraubstock Arbeitende aufrecht vor ihm steht und die Faust unter sein Kinn hält, soll der Ellbogen gerade noch den Schraubstock berühren. Das ist die ideale Höhe des Schraubstocks insbesondere für Feilarbeiten. Die Firma Peddinghaus liefert ein Höhenverstellgerät

5

213

6 *Gripzange, Kombizangen, Feilkloben.*

7 *Zwingen (Bessey):*
  *1 Hebelzwinge für besonders
     schnelles Spannen*
  2 C-Schraubzwinge
  *3 Die bewährte Schraubzwinge von
     10 bis 350 cm Spannweite und
     mit einer Ausladung von 50 bis
     500 mm*
  4 Hochleistungszwinge
  5 Ganzstahl-Bastlerzwinge
  6 Minizwinge aus Aluminium.

8 *Amboß (Peddinghaus).*

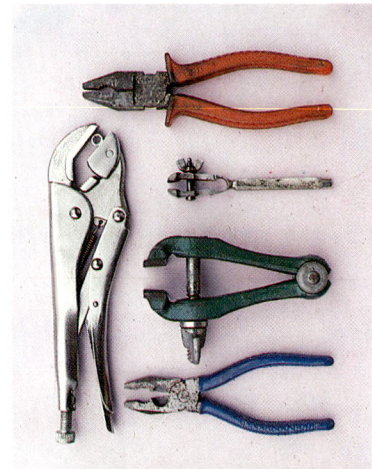

6 für Schraubstöcke (Abb.5), das zugleich
den Drehteller ersetzt.
Werkstücke, die kleiner als die Backen-
breite sind, werden in der Mitte der
Backen eingespannt, um eine Überbeanspruchung der Spindel oder gar einen Backenbruch durch einseitige Belastung zu vermeiden. Muß das Werkstück zwischen den Backen an der
Seite eingespannt werden, muß auf der
anderen Seite ein gleich starkes Metallstück miteingespannt werden. Das
Werkstück muß so eingespannt werden, daß die zu bearbeitende Stelle
nicht federt. Mit Hilfe einer leicht selbst
zu bauenden Spannzange kann die
Spannwirkung des Schraubstocks verbreitert werden: Aus einem 1–1,5 m langen Winkelstahl 40 × 4 cm wird in der

Mitte ein Schenkel in einer Länge von etwa 20 cm herausgesägt.

Das Einspannen durch Drehen des Knebels darf nur mit der Hand erfolgen, ohne daß man den Knebel beispielsweise durch ein Rohr verlängert. Der Schraubstock ist so dimensioniert, daß mit durchschnittlicher Kraft die volle Spannwirkung erzielt werden kann.

Der Schraubstock muß regelmäßig von Spänen gereinigt, die Spindel ab und zu geölt werden.

Zangen und Feilkloben

Kombinationszange (= Kombizange), Flachzange, Universalgripzange und Feilkloben (Abb. 6) dienen zum Festhalten kleiner Werkstücke. Mit der Kombizange kann zugleich Draht abgezwickt

und können dünne Rohre und Rundstäbe festgehalten werden. Die Gripzange kann festgestellt werden, so daß sie in ihrer Funktionsweise zwischen Zange und Feilkloben steht. Manche Feilkloben können in den Schraubstock eingespannt werden.

Zwingen

Von diesen Werkzeugen sollte man mehrere Ausführungen mit verschiedenen Spannweiten und Ausladungen besitzen (Abb. 7).

Schlagunterlagen

Der Schlosser verwendet eine Richtplatte und einen Amboß. Die *Richtplatte* besteht aus 5 bis 6 cm dickem Gußeisen. Sie gibt es ab 30 × 30 cm Bahnflä-

che, und man braucht sie vor allem zum Richten von Blech und Draht. Für harte Schläge mit einem schweren Hammer ist sie ungeeignet (Gußeisen ist spröde), dafür steht der *Amboß* zur Verfügung (Abb. 8). Die Anschaffung eines ausreichend großen Ambosses (mindestens 20 kg und 80 mm Bahnbreite) lohnt sich nur für schwere Schlosser- und Schmiedearbeiten.

Für kleinere Arbeiten empfehlenswert ist die Richtplatte von Westfalia/Bilstein mit Stechamboß und einer Reihe anderer nützlicher Zusatzwerkzeuge (Abb. 9). Der Heimwerker kann sich auch mit einer 2 cm dicken Eisenplatte 30 × 40 cm mit einer glatten Oberfläche als Richtplatte und einem Stück Eisenbahnschiene oder einem Stück Doppel-T-

8

Träger als kleinem Ersatzamboß behelfen.

Hämmer

Beim Hammer unterscheidet man den Kopf mit Bahn (= flache Seite) und Finne (= Spitze) sowie den Stiel. Bahn und Finne sind bei Qualitätshämmern gehärtet. Der Hammerkopf wiegt zwischen 50 g und 10 kg.

Die Gewichtsangabe ist auf dem Hammerkopf eingestanzt.

Der 500 g schwere Schlosserhammer wird am häufigsten gebraucht. Ein leichterer Hammer von 150 oder 200 g und ein schwerer von 1000 g sind zusätzlich zu empfehlen.

Für die Blechbearbeitung und überall dort, wo die Oberfläche keine Schlagspuren zeigen soll, werden Gummi- oder Kunststoffhämmer verwendet (siehe Seite 249, Abb. 44).

Die Stiele sind aus Esche, Weißbuche oder Hickory oder aus Kunststoff. Besondere Aufmerksamkeit verdienen die bruchsicheren Hammerstiele von Friweg aus präpariertem Buchenholz mit Sicherheitsringkeilen. Abb. 20 auf Seite 26 zeigt, wie ein üblicher Hammerstiel aus Holz mit einem Keil im Hammerkopf befestigt wird. Wenn der Stiel angebrochen ist oder der Kopf locker, darf mit dem Hammer auf keinen Fall weitergearbeitet werden, denn ein davonfliegender Hammerkopf kann zu schweren Unfällen und Beschädigungen führen. Sollte sich bei der Benutzung des Hammers an der Bahn ein

Grat bilden, muß dieser sofort abgefeilt werden.

Sägen

Das Sägen ist die vom Heimwerker am häufigsten angewandte Trenntechnik bei der Metallbearbeitung.

Richtiges Sägen mit dem Metallsägebogen

Vorwiegend wird der Metallsägebogen, auch Bogensäge oder Bügelsäge genannt, eingesetzt (Abb. 10): Das Metallsägeblatt, 25 cm oder 30 cm lang, wird in einem Metallbügel mittels Kreuzloch und Flügelschraube straff gespannt,

9

216

und zwar so, daß die Zähne des Säge-blattes nach vorn gerichtet sind, denn die Bügelsäge arbeitet auf Stoß. Das Sägeblatt ist entweder wellenförmig, oder die Zähne sind geschränkt (ab-wechselnd nach links und rechts gebo-gen) oder gestaucht (der Zahn verstärkt sich nach unten). Dadurch wird der Sä-geschlitz breiter als das Sägeblatt dick ist, das sonst in der Schnittfuge fest-klemmen würde. In allen drei Fällen wir-ken die Zähne beim Vorwärtsbewegen wie viele kleine Meißel und spanen das Metall. Dabei führt man die Säge mit der einen Hand und übt mit der anderen beim Vorwärtsbewegen einen leichten Druck auf die Säge aus. Das Rück-wärtsziehen der Säge geschieht ohne Druck. Die Sägebewegung darf nicht ruckartig, heftig und schnell erfolgen, sondern soll gleichmäßig und ruhig ge-schehen, wobei das Sägeblatt von vorn bis hinten durchgezogen wird. Auf die-se Weise erzielt man die größte Schnitt-leistung und sorgt für die größtmögliche Standzeit des Werkzeugs.

Das Sägeblatt kann in der Bügelsäge um 90° nach rechts oder links und um 180° gedreht eingespannt werden; das vergrößert die Einsatzmöglichkeiten dieser Säge beträchtlich. Man kann auch mehrere Sägeblätter nebeneinan-der in den Bügel einspannen zum Sä-gen von Nuten und Schlitzen. Es gibt verstellbare Sägebögen, in die man so-wohl Sägeblätter mit 25 als auch 30 cm einspannen kann. In einigen Fällen kön-nen im Bügel Ersatzsägeblätter unter-gebracht werden.

Zahnteilung der Sägeblätter: Sie gibt an, wieviel Zähne auf einen Zoll kom-men, also auf 25,4 mm Länge. Bei einer groben Teilung hat das Sägeblatt bis 16, bei einer mittleren 18 bis 24 und bei einer Feinteilung 28 bis 32 Zähne pro Zoll. Eine Grobteilung verwendet man zum Sägen von weichen Metallen wie Aluminium und Kupfer, die mittlere Tei-lung für Bronze und Baustahl, die Fein-teilung für gehärtete Stähle, aber vor al-lem für Bleche, dünnwandige Profile und Rohre, weil beim Sägen minde-stens drei Zähne mit dem Werkstück Kontakt haben sollen. Es gibt auch Sä-geblätter, die an einem Ende eine feine-re Teilung als im übrigen Bereich ha-ben: Diese feinere Teilung erleichtert das Ansägen. Metallsägeblätter können nicht geschärft werden, wenn sie stumpf geworden sind.

9 *Hammer und Unterlagen:*
  1 *Schweißstock*
  2 *Fäuste mit polierter, gehärteter Oberfläche zum Einstecken in den Amboß*
  3 *Verschiedene Treibhämmer*
  4 *Ein Stück Eisenbahnschiene als kleiner Ersatzamboß*
  5 *Kleiner Tischamboß*
  6 *Vario-Werker von Bilstein mit Richtplatte links, Blechschere und Presse rechts und dazwischen Verlängerungsstück mit Pilz, Schlagplatte und zugleich Druck-platte für die Presse, Fuß, auch für Schuhreparaturen, Mini-Amboß, Treibmulde und Werkzeug zum Biegen und Runden.*

10 *Metallsägen:*
  1 *Bügelsäge mit senkrecht stehen-dem Sägeblatt, darunter ein-spannbarer Sägedraht*
  2 *Sägegriff zum Einspannen von (abgebrochenen) Metallsägeblät-tern zum Sägen an schwer zu-gänglichen Stellen (Stanley)*
  3 *Laubsäge mit Metallsägeblatt*
  4-6 *Weitere Bügelsägen mit aus-wechselbarem Blatt, letztere mit querstehendem Blatt für tiefe Schnitte und verstellbar für Blätter mit verschiedener Länge (Stan-ley).*

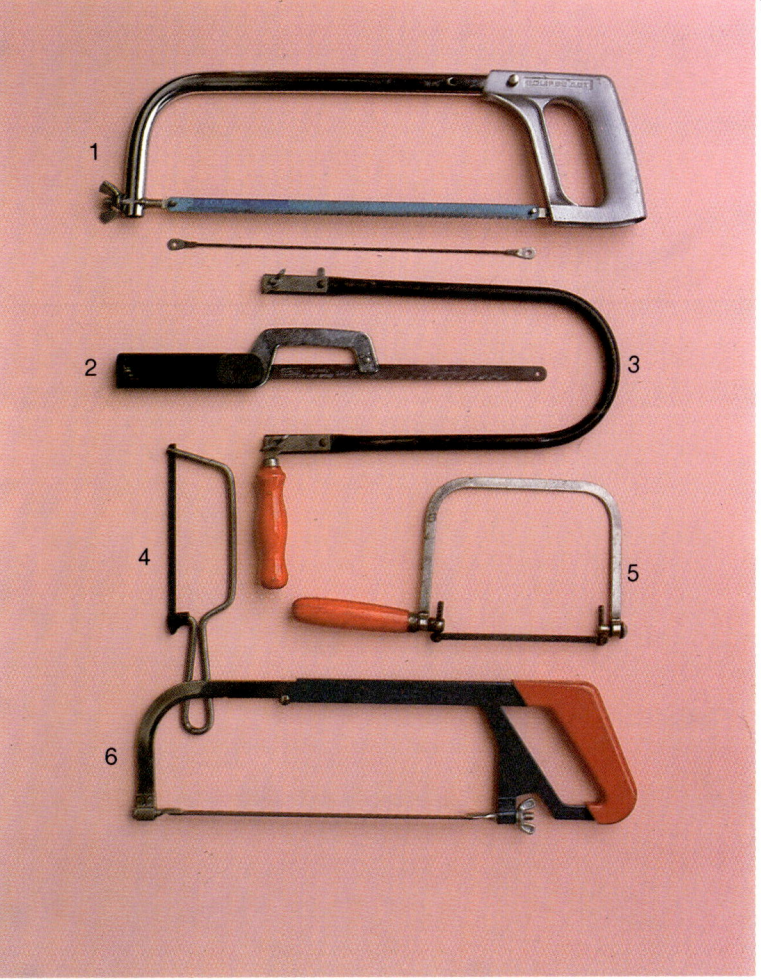

10

217

Letzten Endes ist es billiger, die teuren Sägeblätter aus dem besten Material zu kaufen, also zumindest aus HSS-Stahl, weil sie wesentlich länger als Sägeblätter aus weniger gutem Material benutzt werden können und nicht auf eine unsachgemäße Behandlung mit einem Ausbrechen von Zähnen oder Zerbrechen des Blattes reagieren.

Bricht dennoch einmal ein Sägeblatt und muß man die Sägearbeit mit einem neuen Blatt fortsetzen, so dreht man das Werkstück und beginnt von der Rückseite mit einem neuen Schnitt, weil die Zähne eines neuen Sägeblattes noch nicht abgenutzt und deshalb breiter sind, so daß dieses neue Sägeblatt in der alten Schnittfuge klemmt.

Ansägen: Es erfolgt mit einem flachen Winkel zum Werkzeug an der körperabgewandten Kante (siehe Seite 17, Abb. 5). Wenn man zuvor den Sägeschnitt mit einer Dreikantfeile anfeilt, erleichtert dies das Ansägen sehr. Bei langen Sägeschnitten wird entlang der Anrißlinie im Abstand weniger Zentimeter vorgekörnt. Beim Sägen bleibt die Anrißlinie mit der halben Körnung stehen.

Rohr sägen: Rohre werden nicht in einem Schnitt durchsägt, sondern abschnittweise: An der Rißlinie wird so weit gesägt, bis die Rohrwand durchgetrennt ist, dann wird das Rohr ein Stück weiter gedreht, erneut eingespannt und erneut gesägt und so rund um das Rohr herum. Auf diese Weise erreicht man einen guten Schnitt durch das Rohr und vermeidet, daß die Sägezähne an der Rohrwandung hängenbleiben und abbrechen.

Zum Ablängen von Installationsrohren benutzt man einen Rohrschneider, ein einfach zu handhabendes Werkzeug, das selbst dafür sorgt, daß das Rohr im rechten Winkel abgeschnitten wird.

Gewindestangen sägen: Damit das Gewinde nicht beschädigt wird, wird die Gewindestange zwischen Kunststoffbacken oder zwischen Holzstücke in den Schraubstock eingespannt. Nach dem Absägen ist es meist nicht möglich, die Mutter auf das Gewinde zu drehen. Der Rand der Schnittstelle muß mit der Feile vorsichtig angefaßt werden, damit die Mutter greift.

Beim Ablängen einer Schraube schraubt man zuvor eine Mutter auf und spannt die Schraube mit Schraubenkopf und Mutter in den Schraubstock ein. Nach dem Absägen kann man die Mutter abdrehen, die dabei die Gewindegänge an der Schnittstelle so zurechtdrückt, daß die Mutter wieder leicht ab- und aufgeschraubt werden kann.

Andere Metallsägen

Unter verschiedenen Namen (*Dekupier-, Mini-, Pucksäge:* Abb. 10) gibt es Sägen, die nach dem gleichen Konstruktionsprinzip gebaut sind wie der Handsägebogen, jedoch wesentlich kleiner und mit einer feine Teilung. Diese Sägen dienen vor allem zum Ablängen von entsprechend dünnen Stangen, Profilen, Schrauben, usw.

Für noch feinere Arbeiten verwendet man die *Laubsäge* (siehe Seite 160, Abb. 78) mit speziellen Metallsägeblättern (siehe Seite 165, Abb. 88), mit der insbesondere auch Kurvenschnitte in Blech bis zu erheblicher Stärke ausgeführt werden können. Mit der Laubsäge und den davor genannten kleineren Metallsägen können keine exakten Schnitte durchgeführt werden, denn das Sägeblatt ist zu schmal und läßt sich über ein bestimmtes Maß hinaus nicht spannen. Für exakte Schnitte stehen die *Feinsäge* und die *Tafelsäge* zur Verfügung, die sich äußerlich nicht von den entsprechenden Holzsägen unterscheiden. Die Tafelsäge wird zum Teilen von Blechtafeln aller Art verwendet, die Feinsäge für maßhaltige Schnitte durch Profilstäbe aller Art aus weichem Stahl, Aluminium, Messing, Kupfer, aber auch Resopal und harten Kunststoffen.

Sehr praktisch ist ein Sägebogen, in dem man entweder abgebrochene Sägeblätter wieder verwenden oder in den man ein ganzes Sägeblatt so einspannen kann, daß die Säge als Stichsäge benutzt werden kann (Abb. 10). Das ist immer dann praktisch, wenn man sonst nicht an eine bestimmte Stelle hinkommt.

Für jede *elektrische Stichsäge* (siehe Seite 164, Abb. 86 und 87) gibt es spezielle Sägeblätter für Weichmetalle (also weiches Aluminium, weiches Messing, weiches Kupfer usw.) und für harte Metalle einschließlich Stahl. Gute Stichsägen durchtrennen bis zu 15 mm starke weiche Metalle und bis zu 6 mm starke Stahlbleche durchschnittlicher Härte. Stichsägen sind besonders geeignet für enge Kurvenschnitte und wenn es darum geht, etwas aus einem großen Stück herauszusägen. Der Verschleiß an Stichsägeblättern ist allerdings recht hoch, so daß man elektrische Stichsägen bei der Metallbearbeitung nur dort einsetzen sollte, wo man das angestrebte Ziel mit einem anderen Werkzeug nicht erreichen kann.

Sägefehler

Wenn das Werkstück beim Sägen federt, also ungenügend eingespannt ist, verklemmt sich die Säge leicht, und es besteht die Gefahr, daß Zähne ausbrechen.

Die Säge klemmt auch dann, wenn man sie nicht von vorn bis hinten durchzieht, sondern immer nur einen Teil des Sägeblattes benutzt. Dann nutzt sich dieser Teil besonders stark ab, das heißt, er wird schmaler. Will man dann die Säge durchziehen, geht's nicht mehr ohne Klemmen.

Ein zuwenig gespanntes Sägeblatt weicht seitlich aus, so daß schiefe Schnitte entstehen. Das gleiche passiert, wenn mit zuviel Druck gesägt wird.

Wenn ein Sägeblatt bricht, dann ist es entweder nicht gerade durch den Schnitt geführt worden, oder es war zuwenig gespannt.

Beim Rückwärtsziehen der Säge darf man keinen Druck auf die Säge ausüben, weil sonst die Zähne stumpf werden und sogar abbrechen können.

Schneiden

Diese Trenntechnik beschränkt sich für den Heimwerker auf das Schneiden von Blechen bis zu wenigen Millimetern Stärke.

Blechhandscheren

Handscheren werden zum Schneiden von dünnen Blechen verwendet (Stahlblech bis 1,5 mm, Alu-, Kupfer-, Messingblech je nach Härte bis etwa 3 mm).

Ein vollständiger Satz besteht aus 3 Blechscheren: eine für Linkskurven, eine für gerade Schnitte und eine für Rechtskurven (Abb. 11).

Für gerade Schnittverläufe kauft man am besten eine *Durchlaufschere,* auch

11 *Blechscheren:*
  1 *Durchlauf- oder Tafelschere (Ro-thenberger)*
  2 *Blechschere für Rechtskurven mit grünem Griff = Steuerbord = rechts (Stanley)*
  3 *Blechschere für gerade Schnitte (Stanley)*
  4 *Blechschere für Linkskurven mit rotem Griff = Backbord = links (Stanley); alle Scheren selbstöff-nend.*

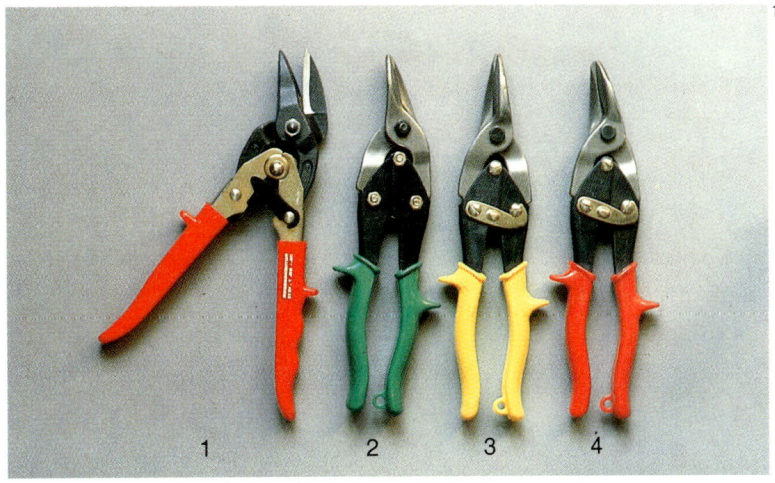

11

Tafelschere genannt. Sie ist besonders für lange Schnitte geeignet, also zum Teilen großer Blechtafeln. Im Unterschied zur normalen gerade schneidenden Blechschere bleiben beide Hebel, mit denen die Tafelschere bedient wird, über dem Blech.

Kurven-, Loch- oder *Figurenscheren* sind entweder nur für Kurvenschnitte linksherum oder Kurvenschnitte rechtsherum geeignet. Gerade Ausschnitte kann man mit ihnen ebenfalls machen, wenn auch nicht so optimal wie mit einer eigens dafür konstruierten Gerade-ausschere. Auf der Schere ist vermerkt, für welche Art von Kurven sie geeignet ist.

Um die Rißlinie, der der Schnitt folgen soll, während des Schneidens sehen zu können, wäre es günstig, die Schnitte linksherum mit der rechten Hand und rechtsherum mit der linken auszuführen. Da Rechts- und Linkshänder jeweils mit der anderen Hand meist recht ungeschickt sind, bleibt nichts anderes übrig, als eine etwas unbequeme Arbeitshaltung einzunehmen und häufig nachzufassen, wenn z.B. der Rechtshänder eine Kurve rechtsherum schneidet und zugleich ständig die Rißlinie sehen will.

Der Hauptunterschied in der Konstruktion der Figurenscheren besteht darin, daß bei den Scheren für Linkskurven die Schneide, die sich beim Schneiden unter dem Blech befindet, links vom Schnitt angebracht ist, während es bei rechts schneidenden Figurenscheren gerade umgekehrt ist.

Die Schere läßt sich im Schenkelgelenk verstellen. Ist die Schraube zu stark angezogen, klemmt die Schere, ist sie locker, kaut die Schere beim Schneiden, das heißt, es gibt keinen sauberen Schnitt.

Die Blechschneidetechnik

Beim Schneiden mit der Handschere schiebt man das Blech möglichst weit in das geöffnete Maul der Schere, drückt dann die Hebel zusammen, aber nicht vollständig, nutzt also nicht bei jedem Schnitt die gesamte Schnittlänge aus. Man öffnet vielmehr die Schere nach ⅘ der Schnittlänge wieder (bei einfacheren Scheren geschieht das etwas mühsam mit dem kleinen und dem Ringfinger, bei bequemeren Modellen erledigt dies eine starke Feder), schiebt die Schere nach, schneidet weiter, öffnet wieder und so fort. Würde man die Schere ganz zusammendrücken, so würde das Blech unmittelbar an der Spitze der Schere ein kleines Stück einreißen.

Bei einer links schneidenden Schere biegt sich der linke Blechteil beim Schneiden und beim Nachschieben nach oben, der rechte nach unten (bei rechts schneidenden Scheren ist es entsprechend umgekehrt). Das muß auch sein, damit Platz entsteht für die Blechschere und die sie führende Hand. Da die Schnittkanten der Bleche sehr scharf sind und nicht zu vermeiden ist, daß die Hand mit den Kanten in Berührung kommt, sollten unbedingt Arbeitshandschuhe beim Blechschneiden getragen werden, um Verletzungen zu vermeiden.

Beim Schneiden entsteht an der Schnittkante ein Grat, der nach einer Seite gebogen ist. Bei dickeren Blechen wird er abgefeilt, bei dünneren mit einem Holz- oder Gummihammer aus-geklopft, wobei der Grat nach unten auf die Schlagunterlage gelegt wird, damit er nicht die Hammerbahn beschädigt. Da das Blechschneiden eine recht grobe Trenntechnik ist und in aller Regel nachgearbeitet werden muß, darf beim Anreißen der Schnittlinie eine Zugabe nicht vergessen werden. Ihre Größe hängt vor allem vom handwerklichen Geschick ab, das heißt, davon, wieviel man später noch abfeilen muß.

Will man aus einem Blech ein Loch ausschneiden, so fällt die innere Fläche als Abfall an, wenn man die Blechschere einsetzen will. Denn zunächst muß man mit Meißeln ein Loch schaffen, das groß genug ist für das Maul der Blechschere, mit der dann das Loch erweitert wird, wobei sich der Schnitt schließlich in einer spiralförmigen Linie der Rißlinie nähert.

Mechanischer Knabber

Dieses Werkzeug arbeitet nach einem anderen Prinzip als die Schere: Es trennt einen schmalen Streifen aus dem Blech heraus (Abb.12). Der Knabber ist für gerade Schnitte und Kurvenschnitte mit verhältnismäßig großem Radius geeignet und liefert saubere Schnittkanten, die kaum nachgearbeitet werden müssen. Schwarzblech bis 1,2 mm und Kunststoff bis 2 mm, auch in gebogener und gewellter Form, läßt sich mit diesem Werkzeug trennen.

Elektrokurvenschere und Elektroknabber

Sie kommen für den Heimwerker nur in

219

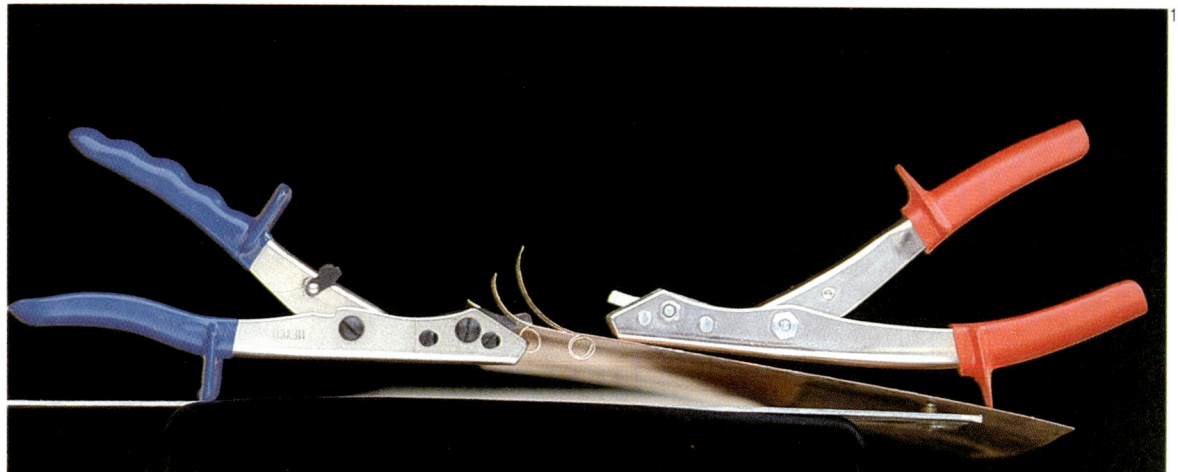

12 *Mechanische Blechknabber (Heyco und Rothenberger). Sie trennen Stahlblech ohne Verformung bis zu 1,2 mm Dicke und Kunststoffe bis 2 mm.*

13 *Elektrokurvenschere für Stahlbleche bis 3,5 mm Dicke (AEG).*

14 *Elektroknabber, besonders geeignet für geformte und verformte (Stahl-) Bleche (AEG).*

15 *Meißel:*
  1 *Steinspitzmeißel (Tirem)*
  2 *Spitzmeißel*
  3, 6 *Kreuzmeißel (Lux)*
  4 *Durchschläger (Lux)*
  5 *Aushaumeißel für Rundungen in Blech*
  7, 8 *Locheisen (Westfalia)*
  9 *Fliesenmeißel*
  10 *Flachmeißel für Metall (Lux)*
  11, 14 *Elektrikermeißel (Lux)*
  12 *Steinflachmeißel (Tirem)*
  13 *Schlitzmeißel (Lux).*

Betracht, wenn er sehr viel Blech verarbeitet.

Die AEG-Kurvenscheren z.B. (Abb. 13) eignen sich für Schnitte in hochlegierten Stählen und nichtrostendem Stahlblech bis 2,5 mm, normalem Stahl bis 3,5 und Aluminium bis 4,5 mm Dicke, haben als kleinsten Radius für Kurvenschnitte nur 15 mm, liefern gratfreie exakte Schnitte auch in Wellblech und können stationär

eingesetzt werden. Die AEG-Knabber sind Stanzwerkzeuge: In rascher Folge werden Teile ausgestanzt, so daß ein Trennschnitt entsteht – gerade oder gebogen, wie man es wünscht (Abb. 14). Diese Knabber sind besonders geeignet, um aus verformten bzw. geformten Blech- und Kunststoffteilen etwas auszuschneiden.

Meißeln

Den Meißel kann man nur für grobe Arbeiten gebrauchen. Man darf die Zugabe nicht vergessen, weil nach dem Meißeln mit der Feile nachgearbeitet werden muß.

1   2   3   4   5   9   10   11   12   13   14

6   7   8

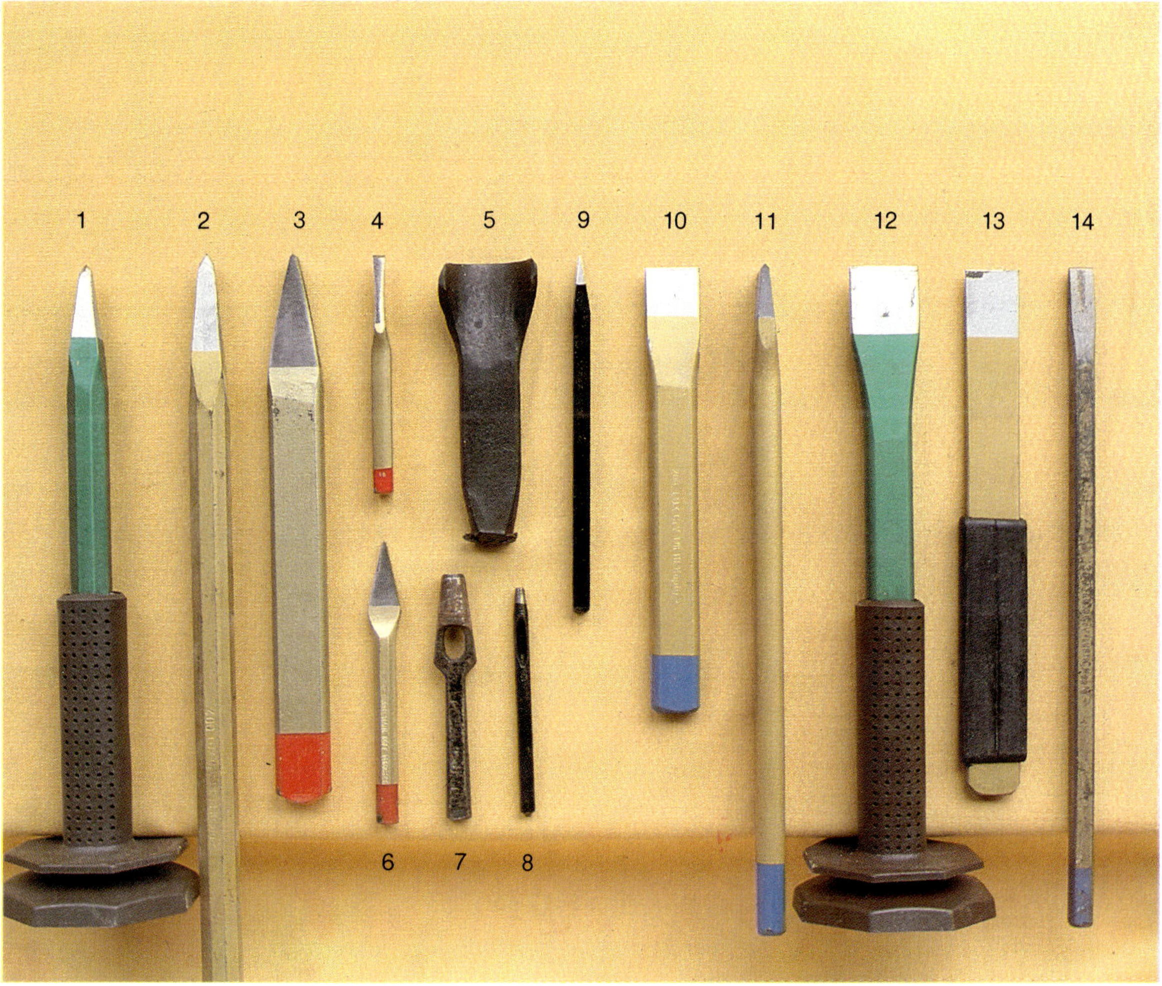

Meißelarten

Der wichtigste ist der *Flachmeißel* mit seiner geraden Schneide zum Trennen oder Zerteilen von Blech- und Flachstahl, zum Abschlagen von Niet- oder Schraubenköpfen, zum Scheren und Spannen (Abb. 15).

Der *Aushaumeißel* dient mit seiner bogenförmigen Schneide zum Aushauen von runden Formen aus Blech, das *Locheisen* mit seiner ringförmigen Schneide zum Aushauen von Löchern aus Blech. Der *Kreuzmeißel* mit seiner schmalen, geraden Schneide wird zum Aushauen von Nuten verwendet, der halbrunde *Nutenmeißel* zum Herausschlagen von Rinnen.

Mit dem *Spitzmeißel* werden Ecken gesäubert.

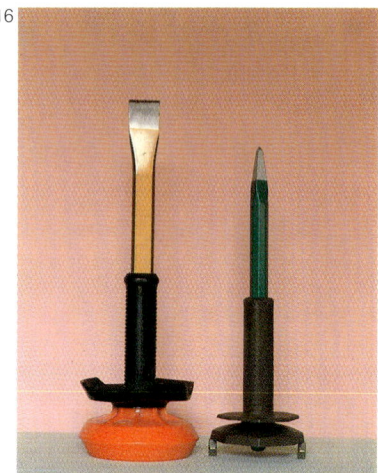

16

17

Der Umgang mit dem Meißel

Der Meißel hat eine keilförmige Schneide, einen Schaft und einen Kopf, auf den der Hammer schlägt. Die Hammerschläge werden nicht aus dem Hand- oder Ellbogengelenk geführt, sondern aus dem Schultergelenk, also mit Wucht. Dabei schaut man nicht auf den Kopf des Meißels, sondern beobachtet, wie die Meißelschneide arbeitet. Will man die den Meißel führende Hand vor Fehlschlägen schützen, verwendet man Meißel mit einem Schutzgriff (Abb. 16). Die Schneide des Meißels besteht aus gehärtetem Werkzeugstahl. Man kann mit einem Werkzeug nur Material bearbeiten, das weicher ist, mit Werkzeug aus gehärtetem Stahl also z. B. Baustahl. Würde man mit einem Meißel auf gehärteten Stahl schlagen, würde der Meißel abprallen, die Schneide würde sofort stumpf. Es könnte sogar passieren, daß ein Stück der Schneide abbricht. Im Schaft nimmt die Härte zum Kopf hin immer weiter ab, der Kopf selbst ist weich. Das darf auch nicht anders sein, denn jede Hammerbahn ist gehärtet. Wäre der Meißelkopf ebenfalls gehärtet, entstünden zumindest Prellschäge und vom Kopf und/oder dem Hammer würden Teile abbrechen. Weil der Kopf aber weich ist, verformt er sich allmählich unter den Hammerschlägen, franst am Rand aus, bildet einen Bart. Dieser Bart muß ständig abgeschliffen werden, vor allem auch, um Verletzungen zu vermeiden. Der Keilwinkel, den die Schneide bildet, ist der Härte des jeweiligen Werkstücks angepaßt. Je härter das Werkstück, um so größer ist

der Keilwinkel: bei Stahl über St 50 über 80°, bei Stahl bis St 42 70°, bei weichen Metallen 30–50°. Ein Keilwinkel von 60° entspricht den meisten Anforderungen. Ist der Keilwinkel zu klein, dringt der Meißel zwar gut in den Werkstoff ein, klemmt jedoch leicht, und die Schneide bricht leicht ab. Ist der Keilwinkel zu groß, greift der Meißel den Werkstoff nicht an und ist deshalb für die vorgesehene Arbeit nicht brauchbar. Bei der starken Beanspruchung des Meißels wird die Schneide verhältnismäßig schnell stumpf und muß deshalb regelmäßig nachgeschliffen werden. Ist sie deformiert, muß eine neue Schneide angeschliffen werden. Wie das geschieht, steht auf Seite 256. Meißel kann man selbst herstellen: Man formt aus

16 *Schutzgriffe für Meißel (alles von Tirem). Die Schutzhandgriffe fangen Fehlschläge ab und schützen vor Prellschlägen. Durch die Ausschaltung der Verletzungsgefahr durch Fehlschläge können stärkere Schläge ausgeführt werden, was die Leistung erheblich steigert.*

17 *Haltung des Meißels beim Abscheren.*

18 *Winkelschleifer im Trennständer (Black & Decker). Die glühenden Metallteilchen fliegen gegen ein Blech und fallen auf einen Zementboden.*

einem passenden Stück Baustahl den Meißel. Die Schneide muß gehärtet, der übrige Meißel „weich" sein. Wie man das erreicht, steht auf Seite 207.

Flachstahl trennen: Zum Trennen wird Flachstahl auf den Amboß gelegt, mit einer Blechunterlage dazwischen, damit die Meißelschneide nicht direkt auf die Amboßbahn gelangt, wenn sie den Flachstahl durchtrennt. Blech wird zum Trennen auf eine Hartholzunterlage gelegt, der Meißel wird senkrecht auf das Blech bzw. den Flachstahl gestellt. Die Meißelschneide wirkt als Keil und treibt das Metall auseinander. Beim Trennen von Blech ist es nicht erforderlich, daß mit dem Meißel durchgeschlagen wird. Es genügt, entlang der Rißlinie zu kerben. Dann legt man das Blech mit der

Kerblinie knapp an die Werktischkante. Unter den Hammerschlägen reißt das Blech entlang der Kerblinie durch.

Abspanen: Wenn von einem Metallstück mehrere Millimeter Material abgenommen werden müssen, kann man vor dem Feilen mit dem Meißel grob vorarbeiten. Zu diesem Zweck muß das Werkstück ganz fest in den Schraubstock gespannt werden. Wie schräg der Meißel zu halten ist, damit er einen möglichst gleichmäßigen Span abnimmt, muß im Einzelfall ausprobiert werden. Allgemein kann man sagen: Wird der Meißel zu steil gehalten, gräbt er sich in das Werkstück ein, wird er zu flach gehalten, rutscht er ab. Beim Wegstemmen wird das letzte Stück nicht in der gleichen Richtung weggemeißelt

wie das Material zuvor, sondern von der entgegengesetzten Seite her.

Breite Nuten: Bei sehr breiten Nuten haut man zunächst mehrere getrennte Nutbahnen nebeneinander aus und stemmt die stehengebliebenen Teile mit dem Flachmeißel weg.

Abscheren: Von kleineren, dicken Blechen können Streifen abgeschert werden. Zu diesem Zweck wird das Werkstück zunächst entlang der Rißlinie mit dem Meißel gekerbt und dann so in den Schraubstock gespannt, daß die Rißlinie gerade noch zu sehen ist. Die Schraubstockbahnen werden durch Winkeleisen geschützt. Dann wird mit dem Meißel schräg von der Seite das überflüssige Material entlang der Kerblinie an der Schraubstockkante (bzw.

18

223

an der Kante des den Schraubstock schützenden Winkeleisens) abgeschlagen, was man »abscheren« nennt (Abb. 17).

Aus Blech ausmeißeln: Zum Ausmeißeln aus Blech verwendet man Meißel mit einem Keilwinkel von 40–60°. Beim Ausmeißeln von Rundungen werden Meißel mit einer gebogenen Schneide verwendet. Das Blech wird auf eine ungehärtete Stahlplatte gelegt. Das Blech wird nicht sofort durchtrennt, sondern mit dem Meißel werden entlang der Anrißlinie erst Kerben geschlagen, die nach dem ersten Durchgang allmählich vertieft werden. Dieses allmähliche Durchtrennen verhindert, daß im Blech mehr Spannungen entstehen als unvermeidlich.

Trennen mit Trennscheibe

Korund ist nach Diamant das härteste Mineral und härter als Stahl. Eine Trennscheibe für Metall besteht aus Korund als Schleifmittel. Das Trennen mit der Trennscheibe geht erheblich schneller als z. B. Sägen. In der Praxis werden auf diese Weise sogar T-Träger getrennt.

Als Antriebsmaschine für eine Trennscheibe wird in der Regel ein Winkelschleifer verwendet. Es gibt Dutzende von Winkelschleifern, die in Preis und Leistung miteinander vergleichbar sind. Anhand der Arbeiten, die sich der Heimwerker vornimmt, muß er prüfen, ob er mit einer Trennscheibe mit einem Durchmesser von 115 mm auskommt oder Trennscheiben mit einem größeren Durchmesser benötigt (150, 180, 230 oder sogar 300 mm).

Für Heimwerker, die in größerem Umfang schlossern, ist ein Winkelschleifer interessant, der in einem Trennständer stationär montiert werden kann (Abb. 18).

Weitgehend unbekannt ist, daß viele Hand- und Tischkreissägen mit einer Metalltrennscheibe ausgestattet werden können, mit der man dünne Stahlprofile und Stahlbleche trennen kann.

Beim Arbeiten mit der Trennscheibe muß zum Schutz der Augen vor Verletzungen immer eine Schutzbrille getragen werden.

Das Bohren

Beim Bohren wird spanabhebend ein (zumeist) zylindrisches Loch in den Werkstoff geschnitten. Man bohrt durchgehende Löcher, Sacklöcher und bohrt vorhandene Löcher auf, erweitert sie also.

Der Spiralbohrer

Bohrer werden aus Werkzeugstahl oder (S)HSS-Stählen hergestellt. Die Schneiden können mit Hartmetall besetzt sein. Je besser das Bohrermaterial, desto teurer der Bohrer, aber auch um so höher seine Standzeit.

Abb. 19 zeigt den Bau eines Spiralbohrers; die beiden Hauptschneiden und die sie im Kernbereich verbindende Querschneide bilden die Spitze des Bohrers. Der Winkel, den die Hauptschneiden miteinander bilden, ist der Spitzenwinkel. Je härter das Metall, um so kleiner ist der optimale Spitzenwinkel (Aluminium 140°, Messing 130°, Stahl durchschnittlicher Härte 118°).

Am seitlichen Ende der Hauptschneiden setzen die Nebenschneiden an, die sich spiralförmig und meist mit Rechtsdrall, also rechtsherum, um den Bohrer winden. Zur Stabilität des Bohrers sind die Nebenschneiden als Fasen gebaut. Der Abstand von Fase zu Fase gibt den Durchmesser des Bohrers an. Neben den Nebenschneiden verlaufen die Span- oder Wendelnuten, durch die die Späne nach oben transportiert werden. Der Winkel, den die Spannut mit der Längsachse bildet, gibt die Steigung der Spannut an (Drallwinkel). Für jedes Metall gibt es einen optimalen Drallwinkel (Messing 15°, Stahl 30°, Aluminium 40°, Kupfer 54°), was aber nur für die Serienproduktion bedeutsam ist.

Die Bohrer, mit denen der Heimwerker arbeitet, haben in der Regel einen Zylinderschaft und einen Durchmesser von 2 bis 16 mm. Bohrer mit einem größeren Durchmesser (bis 100 mm) haben einen Morsekegelschaft, der noch fester als ein Zylinderschaft mit der Antriebsmaschine verbunden werden kann.

Bohrmaschinen und Bohrständer

Die wichtigste Antriebsmaschine für das Bohren in Metall ist die elektrische Handbohrmaschine. Aus der Hand kann man jedoch keine genauen Lö-

cher bohren. Dazu benötigt man eine stationäre Antriebsmaschine. Mit Hilfe eines Bohrständers kann die Handbohrmaschine in eine solche stationäre Bohrmaschine verwandelt werden (Abb. 20).

Das ist schon ein erheblicher Fortschritt. Wer jedoch nicht nur Löcher zum Durchstecken eines Bolzens u. ä. bohrt, sondern genauer arbeiten muß, der wird schließlich eine Tischbohrmaschine brauchen, denn bei Bohrlöchern, die mit einer Handbohrmaschine im Bohrständer gebohrt wurden, muß man doch erhebliche Toleranzen in Kauf nehmen.

Es wäre allerdings ein Irrtum, zu glauben, ohne Elektrobohrer könne man nicht in Metall bohren. Eine handbetriebene Brustbohrmaschine nimmt Bohrer bis zu einer Stärke von 13 mm und eine Handbohrmaschine bis zu 8 mm Stärke auf (siehe Seite 168, Abb. 96). Das Bohren in Metall geht dann zwar langsamer und kostet mehr Kraft, aber es geht, und das Arbeitsergebnis ist nicht schlechter als bei einer elektrischen Handbohrmaschine ohne Bohrständer.

Die Technik des Bohrens

Anreißen und Körnen: Das Bohren beginnt damit, daß auf dem Werkstück die Mitte des Bohrlochs angerissen und mit dem Körner kräftig gekörnt wird, damit

19 *Aufbau eines rechtsdrehenden Spiralbohrers:*
1 *Hinterschliffene Hauptschneiden*
2 *Nebenschneide*
3 *Durch die Spannute werden die Späne beim Bohren selbsttätig herausbefördert*
4 *Bohrerdurchmesser.*

20 *Elektrobohrer mit verschiedenen Drehgeschwindigkeiten im Bohrständer (Black & Decker). Der Bohrständer ist auf einer Platte montiert, die mit Zwingen am Werktisch befestigt wird.*
Das Werkstück ist in einem Maschinenschraubstock eingespannt, der mit dem Bohrständertisch fest verbunden werden kann.
Auf diese Weise kann der Heimwerker bis zu einem halben mm genau bohren.

die Bohrerspitze nicht verläuft. Wenn der Bohrer trotzdem auswandert, kann das korrigiert werden, solange noch nicht die ganze Bohrerspitze ins Werkstück eingedrungen ist: Mit dem Körner oder einem Spitzmeißel wird eine Grube dorthin geschlagen, wo der Bohrer beim Weiterbohren hinrutschen soll; notfalls wiederholen. *Werkstück einspannen:* Das Werkstück muß fest eingespannt sein, damit es sich nicht bewegen kann, am besten in einen Maschinenschraubstock auf dem Bohrständer. Nur das Bohren mit dem Bohrständer gewährleistet, daß die Bohrung genau senkrecht in das Werkstück geht.
Vorschub: Der sich drehende Bohrer wird gegen das Werkstück gedrückt.

Das nennt man Vorschub. Ist der Vorschub zu groß, kann viel passieren: Teile der Schneide des Bohrers können abbrechen. Der ganze Bohrer kann abbrechen, was besonders bei dünnen Bohrern passiert. Der Bohrer wird zu heiß und glüht aus, wird weich und stumpf. Das geschieht auch bei einer zu großen Drehgeschwindigkeit. Bei einigen Metallen kann das durch die Verwendung von Schneidöl, Bohremulsionen oder Seifenwasser vermieden werden, so bei Stahl, Messing und Bronze, wodurch die Reibung an der Schneidstelle herabgesetzt wird. Bei Aluminiumlegierungen und Kupfer verwendet man Petroleum als Schmiermittel. Grauguß und Zink werden trocken gebohrt. Hier hilft als Schutz vor Überhitzung des

Bohrers nur, ab und zu ausreichende Pausen zu machen. Je dicker der Bohrer ist, eine desto langsamere Drehzahl wählt man. Beim Bohren mit einer Tischbohrmaschine empfiehlt es sich, Drehzahl und Vorschub nicht nach dem Gefühl einzustellen. Man sollte vielmehr entsprechende Tabellen benutzen, in denen die geeignete Drehzahl und der Vorschub für die verschiedenen Werkstoffe und Bohrerdurchmesser angegeben sind.
Sacklochbohrungen: Bei tiefen Sacklochbohrungen (tiefer als der fünffache Bohrerdurchmesser) muß der Bohrer herausgezogen und von Spänen befreit werden. Für Sacklochbohrungen verwendet man einen verstellbaren Tiefenanschlag, mit dem schnell die ge-

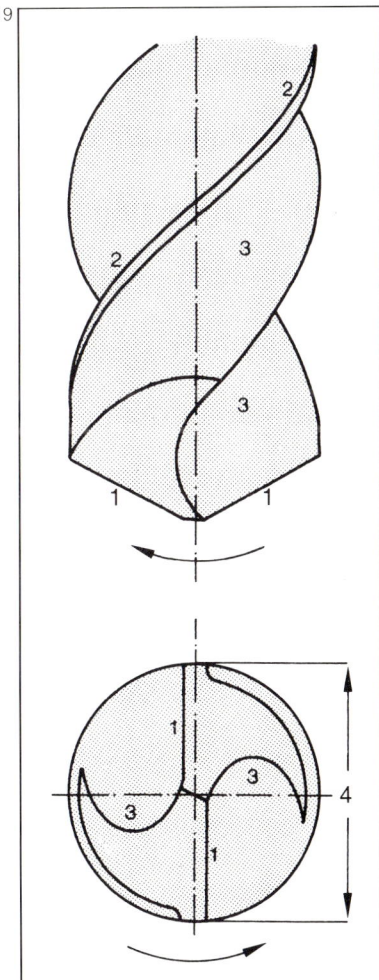

wünschte Bohrertiefe eingestellt werden kann (siehe Seite 169, Abb. 99).

Durchbohren: Bei Durchbohrungen besteht eine kritische Phase, wenn der Bohrer das Werkstück durchbohrt. Dabei bildet sich am Bohrlochrand ein Grat, in dem sich der Bohrer mit der Nebenschneide verhaken kann, so daß er beschädigt wird oder gar abbricht. Um diese Folgen zu vermeiden, wird in dieser Phase langsamer und mit geringerem Vorschub gebohrt. Bei Durchbohrungen ohne Bohrständer legt man unter das Werkstück ein Stück Hartholz, in das der Bohrer eindringen kann.

Werden Metallteile durchbohrt, damit sie dann an mehreren Stellen miteinander verbunden werden können, z. B. mit Schrauben oder Nieten, müssen die Bohrlöcher genau übereinstimmen. Das erreicht man nur, wenn die beiden Werkstücke gleichzeitig durchbohrt werden, wobei sie sich nicht gegeneinander verschieben dürfen. Zu diesem Zweck fixiert man die beiden Werkstücke nach der ersten Durchbohrung mit einer passenden Schraube und Gegenmutter.

Will man Federstahl oder anderen gehärteten Stahl durchbohren, so muß das Werkstück vor dem Bohren ausgeglüht und danach gehärtet werden (siehe Seite 207).

Blech bohren: Zum Bohren durch dünnes Blech verwendet man am besten einen Kegelfräser, mit dem ein zuvor gebohrtes dünnes Loch bis zum gewünschten Maß erweitert werden kann. Mit den üblichen Spiralbohrern erhält man in Blech, das nicht etwa ⅓ dicker ist als der Bohrerdurchmesser, keine maßhaltigen Bohrlöcher. Man braucht dafür einen Spiralbohrer mit Zentrumsspitze. Selbstverständlich muß eine Unterlage vorhanden sein, in die der Bohrer eindringen kann, und das Blech muß unverrückbar festgespannt sein, weil sonst die Gefahr besteht, daß es sich losreißt und herumwirbelt; das Blech wirkt dann wie ein scharfes Messer.

Abgebrochener Bohrer: Einen abgebrochenen Bohrer versucht man vorsichtig mit einer Zange herauszuziehen, wobei man den Bohrer linksherum dreht. Ist der Bohrer schon durch das Werkstück durchgedrungen, geht das meist nicht mehr. Dann muß man den Bohrer mit dem Durchschlag aus dem Loch herausschlagen. Läßt sich das nicht bewerkstelligen, weil die Bruchstelle zu schräg ist, muß sie geschliffen werden, z. B. mit einer Schleifscheibe aus Korund, keinesfalls mit einer Feile, weil diese an dem Bohrer, der ja aus gehärtetem Stahl besteht, sofort stumpf werden würde. Geht das auch nicht, weil der Bohrer im Bohrloch abgebrochen ist, dann läßt man ihn am besten stecken. Wenn das nicht möglich ist, muß der Bohrer insgesamt ausgebohrt werden, was zu einer Beschädigung des Werkstücks führt, das dann vor der Weiterverarbeitung repariert werden muß.

Versenker und Reibahle

Am Rand des Bohrlochs entsteht ein scharfer Grat, beim Durchbohren besonders an der Seite, an der der Bohrer

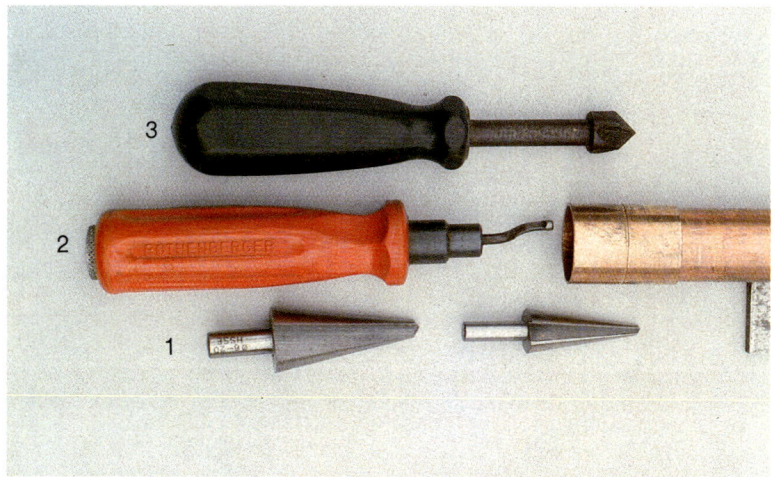

21

aus dem Werkstück austritt. Diesen Grat entfernt man mit dem Versenker, den es für Hand- und Elektrobetrieb gibt, oder einen Entgrater (Abb. 21). Der Versenker kann auch benutzt werden, um die trichterförmige Aussparung für den Kopf der Senkschraube und des Senkkopfnietes auszubohren. Meist wird zu diesem Zweck ein Bohrer mit einem entsprechend größeren Durchmesser benutzt, was jedoch nur als Notlösung angesehen werden kann. Die Reibahle wird der Heimwerker kaum benötigen, denn sie dient dazu, Bohrlöcher durch Schälen oder Reiben auf hundertstel Millimeter paßgenau nachzuarbeiten, z. B. für Stiftverbindungen. Soll ein Bohrloch mit der Reibahle nachgearbeitet werden, wählt man für die Bohrung einen bis zu 0,3 mm kleineren Bohrerdurchmesser und arbeitet den Rest mit der Reibahle nach. Es gibt Reibahlen für einen bestimmten Bohrlochdurchmesser und verstellbare Reibahlen. Die Reibahle wird mit dem Windeisen gedreht.

Nachschleifen: Jeder Bohrer wird stumpf und muß dann nachgeschliffen werden. Nur Bohrer aus erstklassigem Stahl (z. B. SHSS) bringen noch nach mehrmaligem Nachschleifen eine gute Bohrleistung. Zum Nachschleifen sollte man ein Bohrschleifgerät (Abb. 22) verwenden, weil man anders keine genau symmetrische Bohrerspitze schleifen kann. Greift der Bohrer jedoch nicht mittig an, wird das Loch größer als der Bohrerdurchmesser. Sind die Haupt-

21 1 *Blechschälbohrer zum Bohren und Erweitern von Löchern in Stahl, Nichteisenmetallen und Kunststoffen*
2 *Entgraten für Rohre und Kanten aller Art mit auswechselbarem Messer (Rothenberger)*
3 *Handsenker zum Entgraten von Bohrlöchern.*

22 *Bohrerschleifgerät (Westfalia).*

schneiden verschieden lang, schneidet der Bohrer nur mit einer Schneide, so daß er wegen Überlastung dieser Schneide bald wieder stumpf ist. Auch abgebrochene Bohrer können wieder angeschliffen werden, jedoch

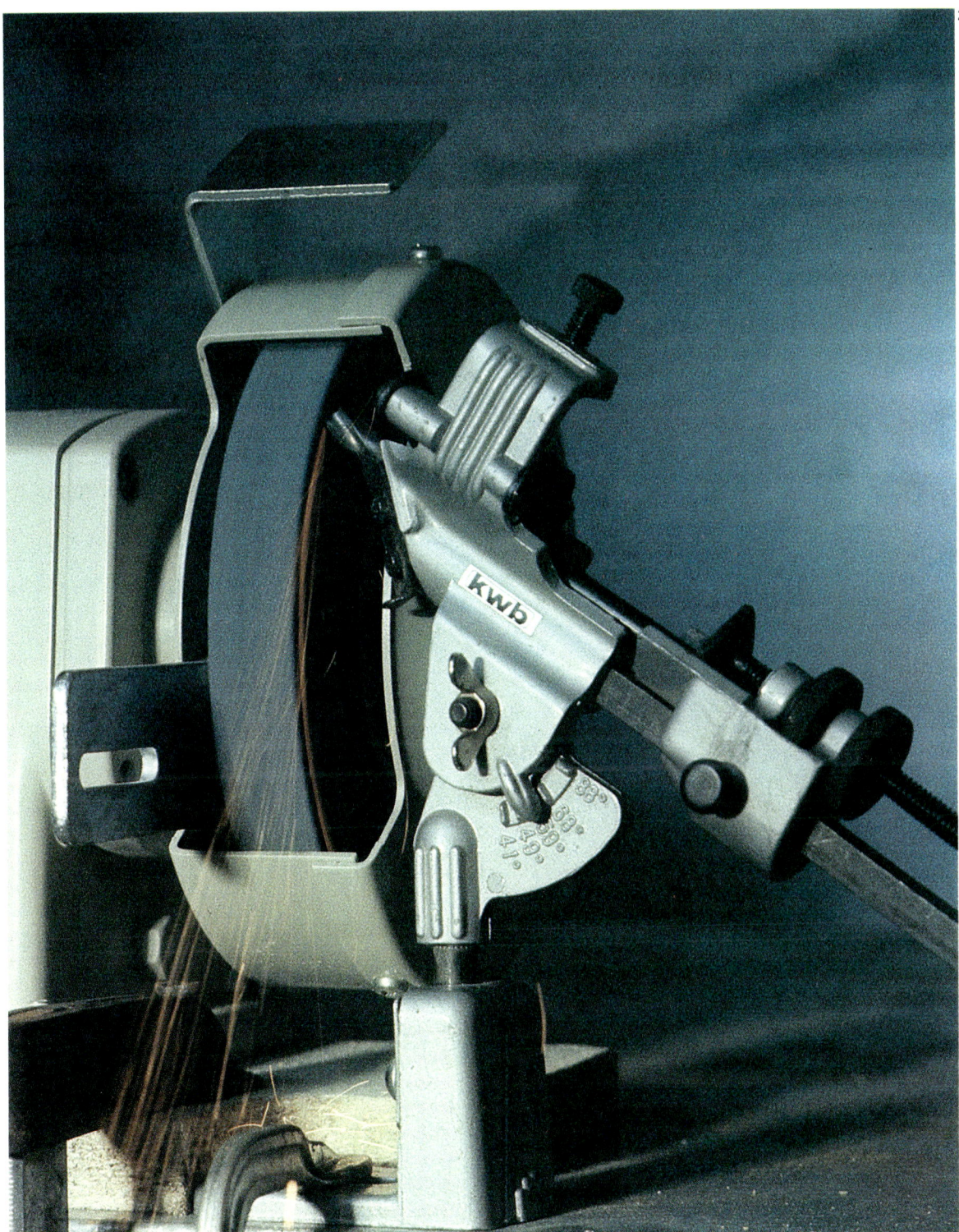

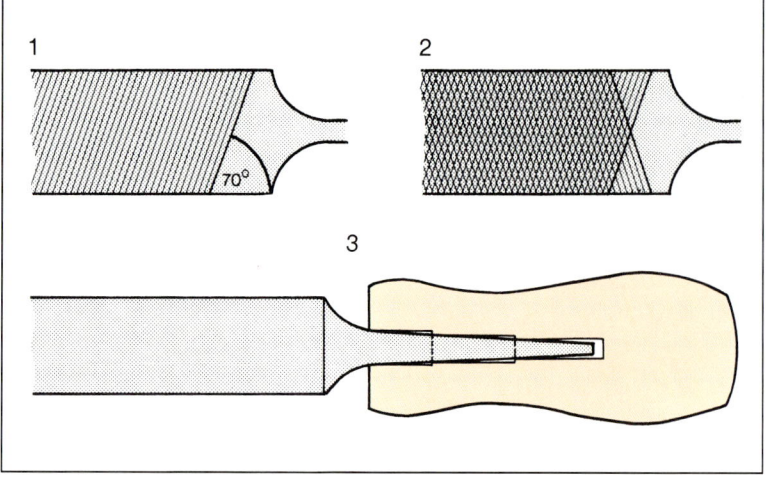

22

23 1 *Einhiebiges Feilenblatt*
   2 *Doppelhiebiges Feilenblatt*
   3 *Befestigen des Feilenheftes in den Aufbohrungen eines Holzgriffes.*

24 *Links und rechts Schlosserfeilen, in der Mitte oben Schlüsselfeilen, unten Riffelfeilen, dazwischen Messingdrahtbürste zum Reinigen der Feilen.*

hat das nur einen Sinn, wenn die Spannut noch lang genug ist für die vorgesehenen Bohrungen. Soll tiefer gebohrt werden, als die Spannut lang ist, ist der Bohrer unbrauchbar, weil dann die Späne nicht aus dem Bohrloch transportiert werden können.

Feilen

Gefeilt wird, wenn von einem Werkstück mehrere zehntel Millimeter oder auch Millimeter Metall, aber auch Rost oder Zunder abgetragen werden müssen, wenn eine Kante zu brechen oder eine ebene oder gekrümmte Oberfläche zu glätten ist. Ebenso wie bei der Metallsäge spanen bei der Feile viele hintereinanderliegende Feilzähne den Werkstoff ab. Das Grobfeilen nennt man Schruppen, das Feinfeilen Schlichten.

Die Feile
Sie besteht aus Feilenblatt, Angel und Heft (Abb. 23). Blatt und Heft werden oft getrennt verkauft, was aber nicht dazu verleiten sollte, mit dem Blatt ohne Heft zu arbeiten, denn das kann zu Verletzungen der die Feile haltenden Hand führen und erschwert eine sachgemäße Arbeit sehr.
Zur sachgemäßen Befestigung des Blattes im Heft wird die Feile auf eine Holzunterlage gestellt und der Griff mit dem Holzhammer auf die Feile geschlagen. Ein Holzheft muß zuvor entsprechend den Maßen der Angel stufenförmig aufgebohrt werden (Abb. 23).
Vor der Montage sollte man entscheiden, wie man die Feilen aufbewahren will, entweder frei hängend oder auf einem Lappen liegend. Sollen sie hängen, muß der Griff nötigenfalls für eine Schnur durchbohrt werden. Feilen, die

aufeinanderliegen, werden sehr schnell stumpf.
Feilen unterscheidet man nach ihrer Größe, der Form des Querschnitts, der Hiebart, der Hiebzahl und der Zahnform.
Größe: Die größten sind die Schlosserfeilen, auch Werkstatt-, Dutzend- oder Armfeilen genannt; sie sind bis zu 40 cm lang. Die Schlüsselfeilen haben eine Länge von 12 bis 15 cm, die Nadel- und Riffelfeilen unter 10 cm (Abb. 24). *Form des Querschnitts:* flach, halbrund, rund, dreikant und vierkant. Dazu kommen dann noch Sonderformen wie messer-, schwert-, und vogelzungenförmige Feilen. Die Flachfeile gibt es mit spitzen und stumpfen Spitzen; manchmal ist eine ihrer beiden Schmalseiten als Einhiebfeile ausgebildet.
Hiebart: Es gibt Einhiebfeilen mit 70° Hiebwinkel, Einhiebfeilen mit bogenförmigem Hieb, Kreuz- oder Doppelhieb, mit einem Grund- oder Unterhieb von 70° und einem Oberhieb von 55° sowie Feilen mit Raspelhieb (siehe Seite 181, Abb. 121).
Hiebzahl oder Hiebweise: Sie gibt die Anzahl der Feilzähne je Zentimeter Feilenlänge an. Man unterscheidet 6 Hiebarten, NR 0 bis NR 5 (grob, Bastard, halbschlicht, schlicht, doppelschlicht, feinschlicht; Schroppfeilen sind die groben und zum Teil auch die Bastard-Feilen).
Zahnform: Die gehauene Feile hat eine schabende Wirkung der Feilzähne, während die teureren, gefrästen Feilen

eine schneidende Wirkung mit einer besseren Spanabfuhr aufweisen. Schneidende Wirkung haben ebenfalls die Surformblätter, von denen die feinen Schnittblätter zur Bearbeitung von NE-Metallen verwendet werden können (siehe auch Seite 181).
In einer gut eingerichteten Werkstatt benötigt man für die Stahlbearbeitung als Grundausstattung Schlosserfeilen der verschiedenen Querschnitte von 25 cm Länge mit der Hiebzahl NR 2 und NR 3 sowie einen Satz Schlüsselfeilen. Diese Grundausstattung erweitert man je nach den speziellen Anforderungen. Für weiche Metalle, wie Blei, Zinn und Aluminium, dienen vor allem die Raspel und die Einhiebfeile.
In einer mit Kreide eingeriebenen Feile setzen sich Späne nicht so leicht fest. Von Spänen wird die Feile mit Hilfe einer Feilenbürste gesäubert. Späne, die sich immer noch nicht lösen, werden mit einem Messingblech ausgekratzt. Eine verölte Feile ist ohne Wirkung. Man entfettet sie mit Petroleum. Feilen und Raspeln, die man für Metallarbeiten verwendet, sind ungeeignet für die gleichzeitige Verwendung bei Holzarbeiten (siehe Seite 154).

Die Technik des Feilens
Zum Feilen muß das Werkstück fest eingespannt werden. Es darf nicht federn. Gefeilt wird auf Stoß, d. h. die Feile wird unter mäßigem Druck und mit mäßigem Tempo gleichmäßig vorwärtsgeschoben bis gestoßen. Die Spanabnah-

24

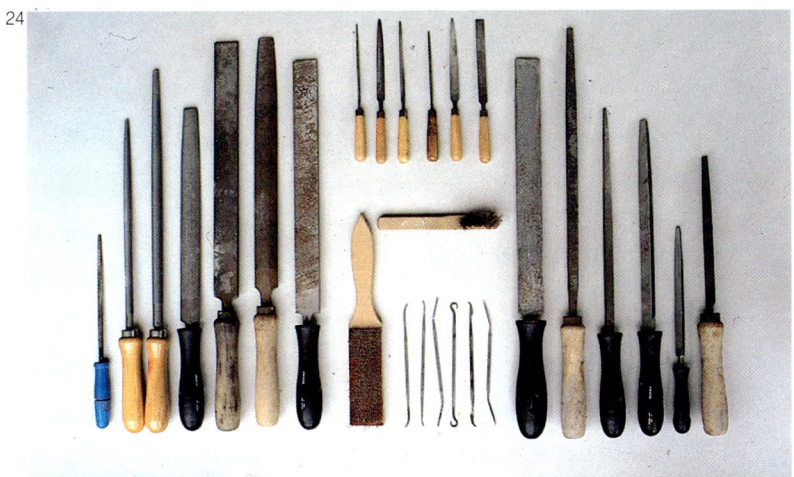

me erfolgt beim Vorwärtsschieben der Feile. Damit eine möglichst ebene Fläche entsteht, muß die Feile beim Vorwärtsstoßen immer waagerecht geführt werden. Das erfordert ein Einspannen des Werkstücks in einer bestimmten Höhe: der Unterarm, der das Feilenheft führt, muß sich waagerecht hin- und herbewegen können. Ein höhenverstellbarer Schraubstock ist praktisch, wenn er von unterschiedlich großen Menschen benutzt werden soll. Die andere Hand führt die Feilenspitze. Bei kleinen Feilen wird die Spitze mit Daumen und zwei bis drei Fingern gehalten. Bei großen Feilen liegt der Ballen auf der Feile, und die Finger halten die Spitze.

Um ein gleichmäßiges Arbeitsergebnis zu erreichen, führt man die Feile diagonal über das Werkstück und wechselt dabei öfters die Feilrichtung entweder durch Veränderung des eigenen Standorts oder Drehen des Schraubstocks. Der Mensch ist schließlich kein Roboter, bei dem jede Feilbewegung exakt waagerecht verläuft. Selbst bei geübten Handwerkern treten geringe Abweichungen von der idealen Feilbewegung auf. Damit sich diese Fehler nicht addieren, wechselt man die Feilrichtung mehrfach, so daß sie sich tendenziell ausgleichen.

Will man Rost und Zunder abfeilen, so nimmt man eine alte Feile, weil jedes noch so scharfe Werkzeug bei dieser Arbeit schnell stumpf wird und die Rostpartikel ihr Werk auf der Feile fortsetzen.

Gehärteten Stahl darf man niemals zu feilen versuchen, denn die Feile würde sofort stumpf werden.

Einen besonders sauberen Feilstrich erzielt man, wenn man die Feile mit Kreide einreibt. Die Kreide verhindert, daß sich Feilspäne im Feilenprofil festsetzen und Riefen in das Werkstück kratzen.

Beim Feilen von Rundungen beginnt man bewußt mit eckigen Formen, die man immer mehr der beabsichtigten Rundung annähert.

Beim Feilen eines Zapfens wird das Werkstück senkrecht so in den Schraubstock gespannt, daß das untere Ende des Zapfens mit dem Winkeleisen zum Schutz der Schraubstockbacken abschließt. Man verwendet eine Flachfeile und setzt sie mit einer glatten Schmalseite nach unten an, feilt zunächst eine 4-, dann eine 8kantige Säule und schließlich den Zapfen. Beim Feilen aller Art von Rundungen ist es wichtig, die Arbeit in kurzen Abständen zu kontrollieren, und zwar von verschiedenen Seiten. Ob man für diese Kontrolle Meßwerkzeuge oder Schablonen einsetzt, hängt davon ab, wie genau die Arbeit sein muß.

Gewindeverbindungen

Die Verbindung von Werkteilen mit Maschinenschrauben ist die wichtigste mechanische lösbare Verbindung. Ent-

weder werden die Werkteile durchbohrt, wird die Schraube durchgesteckt und eine Gegenmutter aufgeschraubt, oder im unteren Werkteil befindet sich ein Sackloch mit Innengewinde, in das man eine Schraube eindreht. Alles Notwendige über Maschinenschrauben findet sich auf den Seiten 54 bis 56. Im folgenden Kapitel wird dargestellt, wie man in ein Sackloch ein Innengewinde, bzw. an einen Bolzen ein Außengewinde schneidet.

Innengewinde schneiden

Zum Schneiden eines metrischen Innen- oder Muttergewindes braucht man einen Gewindeschneidsatz. Er besteht aus dem insgesamt kegelförmigen Vorschneider, erkennbar an einem Ring um den Schaft, aus dem an der Spitze kegelförmigen Mittelschneider (2 Ringe) und dem zylindrischen Fertigschneider (3 Ringe). Der Vorschneider nimmt etwa 20%, der Mittelschneider etwa 30% und der Fertigschneider 50% des Werkstoffs ab. Die Gewindeschneider werden mit der Hand mit dem Windeisen (siehe Seite 56, Abb. 18) in das Kernloch gedreht.

Der Kernlochdurchmesser muß 20% kleiner sein als der Durchmesser des Gewindes, das geschnitten werden soll (Kerndurchmesser = Gewindedurchmesser × 8:10; für ein Muttergewinde M6 muß also mit einem 5-mm-Bohrer das Kernloch gebohrt werden). Das Bohrloch wird angesenkt, damit der Vorschneider angesetzt werden kann. Schmiermittel werden ebenso verwendet wie beim Bohren (siehe Seite 225).

Die Gewindeschneider sind empfindliche Werkzeuge, die leicht abbrechen. Sie werden in Viertel- und Halbdrehungen mit jeweils geringfügigem Zurückdrehen und neuem Ansetzen mit Gefühl und ohne jede Gewaltanwendung eingedreht. Bei Widerstand sofort stoppen und neu ansetzen. Bei Sacklöchern sollte man den Gewindeschneider immer wieder herausdrehen und die Späne aus dem Bohrloch entfernen. Das Sackloch muß 1 bis 2 mm tiefer sein, als das Gewinde tief werden soll, damit für die Spitze des Gewindeschneiders im Bohrloch Platz ist. Stößt der Gewindeschneider ans Ende des Sacklochs und wird trotzdem weitergedreht, bricht er ab.

Selbstverständlich kann die Kernlochbohrung auch durch das Werkstück gehen und mit Innengewinde versehen werden. Auf diese Weise kann man sich Muttern besonderer Form anfertigen. Häufiger ist jedoch der Fall, daß ein Gewinde ausgeleiert ist und ein neues Muttergewinde mit einem größeren Durchmesser eingeschnitten wird.

Man kann auch mit einem Elektrobohrer mit langsamer Drehzahl ein Gewinde einzuschneiden versuchen. Bei dieser Art des Antriebs der Gewindeschneider kann man jedoch nicht mit dem nötigen Feingefühl arbeiten, so daß man oft nicht rasch genug auf Widerstand reagiert und dann der Gewindeschneider abbricht. Das Windeisen ist für den Ungeübten zu bevorzugen.

Bricht ein Gewindeschneider ab, so muß man Glück haben, daß der Schaft noch so weit aus dem Bohrloch herausragt, daß man ihn mit der Zange pakken, vorsichtig nach links und zurück drehen und dann herausdrehen kann.

Ist der Gewindeschneider im Bohrloch abgebrochen, dann braucht man Spezialwerkzeug, einen Gewindeschneiderherauszieher, der in die Schneidbohrerrillen eingreift. Der Versuch, auszubohren, ist zwecklos, denn die Gewindeschneider bestehen aus gehärtetem Stahl. Wenn nichts hilft, bleibt außer dem Steckenlassen nur noch das gewaltsame Herausschlagen mit Durchschlag, Meißel, Schneidbrenner, was natürlich das Werkstück beschädigt.

Außengewinde schneiden

Metrische Außen- oder Bolzengewinde werden in einem Arbeitsgang mit dem Schneideisen geschnitten. Schneideisen ohne Verstellmöglichkeit dienen zum Nachschneiden schadhafter Gewinde, Schneideisen mit Schlitz sind in bestimmtem Umfang verstellbar und werden zum Schneiden neuer Gewinde bis 16 mm benutzt.

Zum Schneideisen gehört ein spezieller Schneideisenhalter. Das Schneideisen wird mit der Beschriftung nach oben so in den Halter gesetzt, daß die Einstellschraube des Halters in den Schlitz des Schneideisens gedreht werden kann, bis die Schraube anliegt. Dann wird sie noch zwei volle Umdrehungen zur Spannung des Schneideisens weitergedreht und dann das Schneideisen mit den Halteschrauben fixiert.

Zunächst wird der Bolzen senkrecht in einen Schraubstock gespannt, das Bolzenende wird angefast (abgeschrägt) und dann das Schneideisen genau im rechten Winkel zur Bolzenachse, also waagerecht, mit der Beschriftung nach unten angesetzt. Dann dreht man das Schneideisen ohne Benutzung des Halters unter leichtem Druck rechtsherum, bis es zu schneiden beginnt. Dann wird mit dem Schneideisenhalter mit beiden Händen ohne Druck weitergedreht und dabei wie beim Bohren geschmiert (siehe Seite 225).

Nieten

Diese Technik, die sehr haltbare Verbindungen schafft, die ohne Zerstörung nicht mehr gelöst werden können, ist im Kapitel »Befestigen und Verbinden« auf Seite 68 dargestellt.

Kleben und Kaltschweißen

Diese Verfahren sind ein Ergebnis der chemischen Forschung und deshalb verhältnismäßig neu. Bei sachgemäßer Anwendung werden ohne Werkzeugaufwand sehr haltbare Verbindungen geschaffen. Alles Wissenswerte steht darüber im Kapitel »Klebstoffe, Kitte und Spachtelmassen« auf Seite 82.

Löten

Das Löten ist sehr viel einfacher, als man im allgemeinen annimmt. Wer den folgenden Text aufmerksam durcharbeitet und dann einige Probelötungen durchgeführt hat, wird immer wieder auf diese vielseitige, praktische und billige Verbindungstechnik zurückgreifen.

Löten ist eine Technik, feste Metallteile mit Hilfe von geschmolzenem Metall sehr haltbar, dauerhaft, unbeweglich, luft- und wasserdicht miteinander zu verbinden. Sie wurde bereits vor rund 5000 Jahren von den Ägyptern entdeckt. Sämtliche in diesem Buch angegebenen Metalle lassen sich löten.

Löten und Schweißen sind miteinander eng verwandt (Abb. 25). Im Unterschied zum Schweißen, bei dem die Ränder der zu verbindenden Metallteile selbst angeschmolzen werden, so daß die Metalle miteinander verschmelzen und dadurch die innigste überhaupt denkbare Verbindung entsteht, werden beim Löten die zu verbindenden Metallteile nur angewärmt, bleiben aber fest. Als Verbindungsmittel (Lot) werden Metallegierungen verwendet, die bei der Anwärmtemperatur bereits schmelzen. Das flüssige Lot legiert dann mit der erwärmten Oberfläche der zu verbindenden Teile. Damit nicht Oxyde (chemische Verbindungen von Grundstoffen [z.B. Metallen] mit Sauerstoff, insbesondere mit dem Sauerstoff der Luft) dieses Legieren beeinträchtigen oder gar unmöglich machen, muß ein sogenanntes Flußmittel zugesetzt werden. Während beim Löten also der Schmelzpunkt des Lotes deutlich unter dem Schmelzpunkt der zu verbindenden Teile liegt, sind beim Schweißen diese Schmelzpunkte zumindest annähernd gleich.

Eine einwandfrei ausgeführte Lötverbindung hält in der Regel höheren Zug- und Druckkräften stand als der Grundwerkstoff. Bestimmte Lötverbindungen können sogar gebogen und verdreht werden. Löt- und Schweißverbindungen nennt man ebenso wie Klebeverbindungen stoffschlüssig, weil die Verbindungsstelle zwischen den Werkteilen vollständig mit einem Zusatzstoff (Lot, Schweißdraht, Kleber) ausgefüllt wird im Unterschied zu kaltschlüssigen, z.B. Schraubenverbindungen.

Wo ursprünglich ausschließlich Metall als Werkstoff verwendet wurde, wird heute vielfach Kunststoff eingesetzt, so z.B. bei der Rohrinstallation, bei Dachrinnen und beim Bau von Behältnissen aller Art. Insofern wendet man das Löten nicht mehr im gleichen Umfang an wie früher. Es wird jedoch seine Bedeutung als Technik der Metallverbindung behalten, vor allem wenn es um die Reparatur von Metallgegenständen geht.

Grundbegriffe

Ohne ein wenig Theorie versteht man nicht, was beim Löten vor sich geht und findet sich auch nicht mit dem scheinbar unübersehbaren Angebot von Loten und Flußmitteln zurecht.

Beim Löten muß die Lötstelle so weit

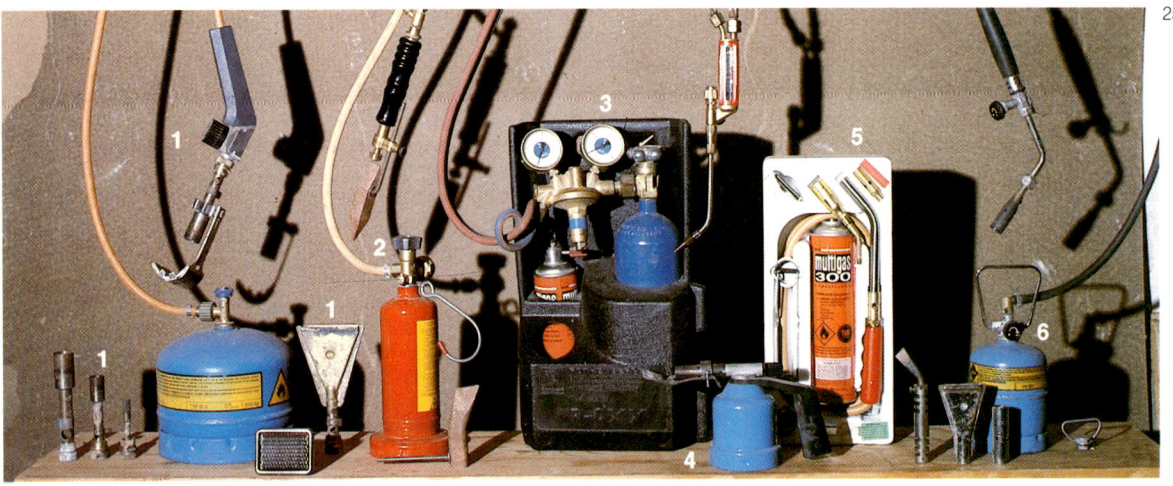

25 *Gaslöt- und Schweißgeräte:*
1 *Lötgerät mit Flammenschutz, das an jede Propangasflasche angeschlossen werden kann (Camping-Gas)*
2 *Propankleinstflasche zum Aufhängen*
3 *Hartlöt- und Kleinschweißgerät (Rothenberger)*
4 *Lötgerät, das mit einer Camping-Gas-Kartusche betrieben wird (Camping-Gas)*
5 *Lötset für Weich- und Hartlötungen (Rothenberger)*
6 *Propangas-Lötgerät mit Lötspitze, Flachbrenner zum Abbrennen von Farbe, Normalbrenner (Camping-Gas).*

angewärmt werden, daß zwar das Lot schmilzt, nicht aber das Metall der zu verbindenden Teile. Das Lot ist immer eine Legierung. Diese Legierungen schmelzen nicht bei einer bestimmten Temperatur, sondern beginnen bei einer bestimmten Temperatur weich zu werden (Solidus-Temperatur von lateinisch solidus = fest), und werden erst bei einer höheren Temperatur vollständig flüssig (Liquidus-Temperatur von lateinisch liquidus = flüssig). Den Bereich zwischen Solidus- und Liquidus-Temperatur nennt man den Schmelzbereich oder das Schmelzintervall des Lotes. Die Arbeitstemperatur ist die Temperatur, bei der das Legieren des flüssigen Lotes mit den angewärmten Metallteilen geschieht. Es beginnt je nach Lot und

Grundwerkstoff im oberen Schmelzbereich, kann aber auch über der Liquidus-Temperatur liegen.
Die Lötzeit ist die Zeitspanne vom Beginn des Aufwärmens der Lötstelle bis zum Erstarren des Lotes. In dieser Zeitspanne muß der eigentliche Lötvorgang durchgeführt werden. Die Lötzeit ist begrenzt durch die Eigenschaften des Flußmittels, das bereits vor dem Erwärmen der Lötstelle aufgetragen werden muß, aber im allgemeinen nur 4 bis 5 Minuten aktiv ist. Das Lötgerät muß also genügend Wärme abgeben, so daß nach längstens 2 Minuten das Aufwärmen abgeschlossen ist, ohne das Werkstück, Lot oder Flußmittel in einer zu heißen Flamme Schaden nehmen.
Man unterscheidet Weichlöten, Hartlöten und Hochtemperaturlöten. Letzteres spielt im Heimwerkerbereich keine Rolle. Die Löttechnik ist beim Weich- und Hartlöten die gleiche, der Unterschied besteht lediglich darin, daß beim Weichlöten die Arbeitstemperatur unter 450 °C liegt, beim Hartlöten über 450 °C (beim Hochtemperaturlöten im allgemeinen zwischen 600 und 900 °C). Hartlötverbindungen sind von größter Festigkeit, hitzebeständig und können bei Verwendung von Kupferlot gehämmert werden, und zwar um so besser, je höher der Kupfergehalt im Lot ist. Weichlötverbindungen sind biegsam.

Lötgeräte
Sie liefern die zum Erwärmen der Lötstelle und zum Schmelzen des Lotes erforderliche Wärme.

Lötkolben: Er ist nur zum Weichlöten geeignet und wird vor allem zum Löten von Blechen verwendet (Abb. 26). Er besteht im wesentlichen aus einem Kupferstück, in dem Wärme gespeichert wird, mit der man dann die Lötstelle erwärmt und das Lot abschmilzt. Bei größeren Werkstücken, wie z. B. Bedachungen, verwendet man bis zu 500 g schwere Kupferstücke in der Form eines Hammers oder einer Spitze, bei kleineren Werkstücken, wie elektrischen Schaltungen, Kupferstücke, die wie ein gebogener Schraubenzieher aussehen (Abb. 27). Die Kupferspitze gibt ständig Wärme an die zu verbindenden Metallteile, das Lot und die Luft ab; ihr muß also ständig Wärmeenergie zugeführt werden. Das geschieht entweder durch eine offene Flamme, die von Propan- oder Butangas, Benzin oder Petroleum gespeist wird, oder durch eine elektrische Heizspule. Elektrische Lötgeräte gibt es mit sehr unterschiedlicher Leistung je nach Verwendungszweck von 25 bis 500 Watt.
Bevor man mit einem neu gekauften Lötkolben zu löten beginnen kann, muß die Kupferspitze von Oxyd befreit und verzinnt werden: Man erwärmt sie und reibt sie an einem Salmiakstein hin und her, wobei man etwas Lötzinn an der Kupferspitze abschmilzt. Hat die Lötspitze die richtige Temperatur, so zischt der Salmiak unter leichter Dampfentwicklung auf, und das Zinn verteilt sich gleichmäßig auf der blanken Kupferspitze. Nur an einer so verzinnten Spitze bleibt genügend Lot für die weitere Löt-

arbeit haften. Ist die Kupferspitze zu heiß, entsteht eine starke Dampfentwicklung, und das Lötzinn oxydiert zu grauschwarzer Asche, während die Spitze kein Zinn festhält. Ist die Spitze nicht heiß genug, zischt der Salmiak nicht.

An den einfacheren Kupferspitzen bildet sich beim Löten allmählich eine Oxydschicht, die die Wärmeleitfähigkeit erheblich beeinträchtigt und bei elektrischen Lötkolben zu einer Überhitzung des Heizelements führen kann. Diese Zunderschicht entfernt man von der kalten Spitze mit einer Feile und verzinnt die Spitze erneut.

Die im Handel angebotenen zunderfesten Spitzen stellen gegenüber den einfachen Spitzen eine erhebliche Verbesserung dar. Es ist jedoch am besten, mit einer wirklich zunderfreien Spitze zu arbeiten, z.B. der Ersadur-Dauerlötspitze, bei der ein Abwischen mit dem Lappen zur Lötbereitschaft genügt und die Behandlung mit Feile und Salmiakstein entfällt.

Damit der heiße Lötkolben keine Löcher in die Tischplatte brennt, wenn man ihn aus der Hand legt, biegt man sich aus Draht einen Ständer.

Lötpistolen: Diese elektrischen Lötgeräte dienen zum Weichlöten und werden nur bei kleinen Lötarbeiten eingesetzt. Sie zeichnen sich vor allem dadurch

aus, daß sie schon wenige Sekunden nach dem Einschalten betriebsbereit sind. Es gibt Geräte mit auswechselbarer Spitze und mit einer Lötstellenbeleuchtung, aber auch netzunabhängige, batteriebetriebene Lötpistolen, die wieder aufgeladen werden können. Und schließlich sind manche Lötpistolen auch für andere Arbeiten geeignet, z.B. zum Schneiden von Styropor und zum Schweißen von Thermoplasten (siehe Seite 270).

Elektrisches Widerstandslötgerät: Es handelt sich dabei um ein spezielles Lötgerät für die Installation von Kupferrohren.

Lötbrenner, Lötlampe (Abb. 28): Bei diesen Lötgeräten wird mit der offenen Flamme gearbeitet. Der Lötbrenner

dient zum Hartlöten. Mit der Lötlampe kann man nur niedrig schmelzende Hartlote verarbeiten. Beide Gerätetypen sind natürlich auch zum Weichlöten geeignet, darüber hinaus zum Abbrennen von Farbe, zum Biegen und Richten.

Die Lötlampe wird mit Benzin, Spiritus oder Petroleum betrieben, der Lötbrenner mit Flüssiggas (Propan oder Butan) entweder aus einer Kartusche von 100 oder 200 g oder aus Flaschen zwischen einem halben und 10 kg Inhalt.

Wer hartlöten und schweißen will, sollte prüfen, ob er nicht anstelle eines Lötbrenners und eines Schweißgerätes ein autogenes Schweißgerät anschafft, das auch zum Hartlöten geeignet ist (siehe Seite 243).

Für das Arbeiten mit der offenen Flam-

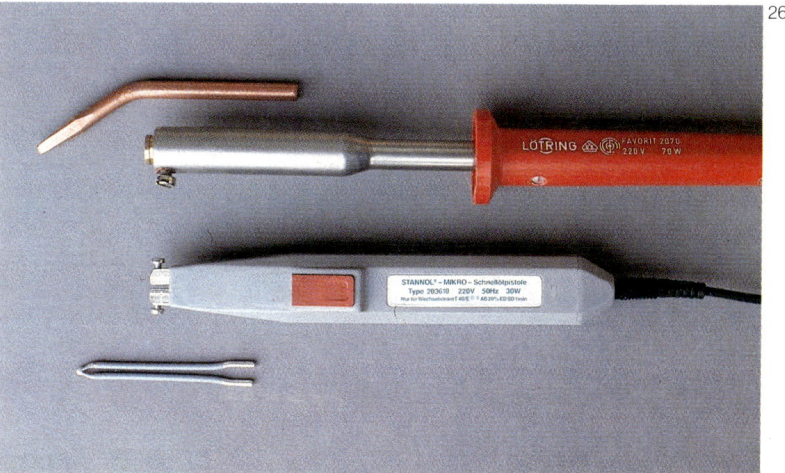

26

26 *Elektrische Lötgeräte:*
   Oben Elektrolötkolben mit auswechselbaren Kupferspitzen (Lötring).
   Unten Schnellötpistole mit auswechselbaren Spitzen (Stannol).

27 *1 + 2 Lötspitzen für Gaslötgerät:*
   3 alter Salmiakstein
   4 neuer Salmiakstein mit verzunderter Spitze
   5 Lötspitze für Elektrolötkolben.

28 *Lötgeräte:*
   1 Camping-Gas-Lötgerät mit Druckminderer im Griffstück (Camping-Gas)
   2 Benzinlötlampe, zuverlässig und leistungsstark
   3 Propangasflasche zum Aufhängen. Das Kupferstück muß für das Heißmachen nach oben gedreht werden.

27

me braucht man eine feuerfeste Unterlage. Bisher wurde dafür eine Asbestplatte verwendet. Gesundheitliche Bedenken sprechen jedoch gegen die Verwendung dieses Materials. Als Alternative bieten sich Platten aus Kunststein, Schamotte, Hartholz oder Ziegel an. Metallplatten als Unterlage sind nicht empfehlenswert, weil sie die Wärme viel zu schnell aus dem Werkstück ableiten. Beim Löten mit der offenen Flamme entstehen in geringem Maße gesundheitsschädliche Dämpfe. Deshalb sollte man Lötarbeiten nur in einem gut gelüfteten Raum ausführen.

Flußmittel

Unmittelbar nachdem die zu verbindenden Metallteile so gründlich gereinigt worden sind, daß das blanke Metall zutage tritt, wird auf die Lötstelle ein geeignetes Flußmittel aufgetragen. Das Flußmittel verhindert die erneute Oxydation des blanken Metalls, die vor allem beim Erwärmen um mehrere 100 °C in Sekundenschnelle eintreten würde und zur Folge hätte, daß das Lot nicht mit dem blanken Metall in Verbindung kommt und somit auch nicht mit ihm legieren kann. Zugleich verhindert das Flußmittel die Oxydation auf dem Lot und verkleinert dessen Oberflächenspannung. Dadurch wird das Lot ganz dünnflüssig, breitet sich optimal aus und dringt selbst in Spalten ein, die nur Bruchteile eines Millimeters breit sind. In gewissem Umfang löst das Flußmittel sogar Oxyde, was aber nicht zur irrigen Annahme führen darf, man könne es auch als Rostlöser benutzen.

Hartlot, in beschränktem Umfang aber auch Weichlot, wird in Form von stricknadelähnlichen Stäben in den Handel gebracht (Abb. 29). Diese Stäbe enthalten zugleich das Flußmittel entweder als Mantel außen um das Lot herum oder als Seele innen. Beim Weichlöten ist das Flußmittel in vielen Fällen getrennt vom Lot. Weichlotflußmittel gibt es in verschiedener Form: salbenartig, als Paste, als Pulver und flüssig. Diese Flußmittel werden nach dem Reinigen und vor dem Erwärmen mit einem Pinsel auf die Lötstelle aufgetragen oder aufgestreut, so daß sie das blanke Metall gleichmäßig abdecken.

Flußmittel entfalten ihre Wirkung nur in

28

geschmolzenem Zustand; sie müssen einerseits so zäh sein, daß sie auch an vertikalen Flächen gut haften, und zugleich so beweglich, daß das geschmolzene Lot das Flußmittel aus dem Lötspalt heraustreiben kann. Außerdem entfaltet jedes Flußmittel seine Wirkung nur in einem bestimmten Temperaturbereich. Wird dieser Temperaturbereich überschritten, verbrennt das Flußmittel. Daraus folgt, daß die Arbeitstemperatur des zu verwendenden Lotes im Wirkungstemperaturbereich des Flußmittels liegen muß. Flußmittel dürfen nicht mit der Haut in Berührung kommen. Man muß vor allem Schleimhäute, Atmungsorgane und Augen vor diesen aggressiven Substanzen schützen.

Flußmittelrückstände müssen nach dem Löten in der Regel vom Werkstück entfernt werden, weil sie auch dieses angreifen. Die gründlichste Säuberung erzielt man mit einer der handelsüblichen Beizen, die auf etwa 40 °C erwärmt wird. Für Stahl ist eine 10%ige Salzsäurelösung üblich und für Kupfer eine 10%ige Schwefelsäurelösung. Eine andere Reinigungsmethode besteht darin, das noch heiße Werkstück in kaltem Wasser abzuschrecken oder das abgekühlte Werkstück in heißem Wasser abzuschrubben.

Es gibt kein Universal-Flußmittel. Deshalb ist es notwendig, über die Art der Bezeichnung Bescheid zu wissen, damit man das richtige Flußmittel herausfindet, falls man es nicht vorzieht, eine fachkundige Beratung in Anspruch zu nehmen. Die verschiedenen Flußmittelgruppen sind nach DIN 8511 geregelt: Danach gibt es Flußmittel für das Weichlöten mit Schwermetallen mit den Gruppenbezeichnungen F-SW 11 bis F-SW 32 (dabei bedeutet F = Flußmittel, S = Schwermetall, W = Weichlöten). Die Rückstände der Flußmittel F-SW 31 und F-SW 32 wirken ausnahmsweise korrodierend. F-LW 1 bis F-LW 3 sind für das Weichlöten von Leichtmetall (= L), also vor allem Aluminium geeignet; oberhalb 300 °C verbrennen diese Flußmittel. Flußmittel für das Hartlöten (= H) von Schwermetallen findet man in den Gruppen F-SH 1 bis F-SH 4, für das Löten von Leichtmetallen in den Gruppen F-LH 1 (Flußmittelrückstände mit verdünnter Salpetersäure oder heißem Wasser abwaschen) und F-LH 2 (Flußmittel können auf dem Werkstück blei-

ben, aber die Lötstelle muß vor Nässe geschützt werden).

Je nach Herstellerfirma werden die Flußmittel unter verschiedenen Handelsnamen angeboten.

Lot

Lot gibt es als Stangen, Draht, Paste und Pulver (Abb. 29) und Lotlegierungen noch zahlreicher als Flußmittel. Die Auswahl des Lotes richtet sich zum einen nach dem Schmelzpunkt der zu verbindenden Metallteile. Die Arbeitstemperatur des Lotes sollte deutlich unter dem Schmelzpunkt der möglicherweise verschiedenen Metallteile liegen, die verbunden werden sollen, damit nicht bereits bei einer geringfügigen Überschreitung der optimalen Arbeitstemperatur die Metallteile selbst schmelzen. Dann hängt die Auswahl des Lotes davon ab, welche Eigenschaften die Lötstelle aufweisen muß, ob sie z.B. hitze- oder kältebeständig, ob sie mechanischen Belastungen standhalten soll. Und schließlich hängt die Auswahl vom Lötverfahren ab, ob weich oder hart, ob im Spalten- oder Fugenverfahren gelötet werden soll (nächste Spalte).

Die einschlägige DIN-Norm 1707 umfaßt 51 Weichlote. Einen besonders weiten und wichtigen Anwendungsbereich haben die Lote L-SN SB 5 und L-SN AG 5, also Zinnlegierungen mit einem Anteil von 5% Antimon bzw. Silber mit einer Arbeitstemperatur von 230 bis 240 °C, die für die Kupferrohrinstallation für Kalt- und Warmwasser, für Heizungsanlagen und in der Lebensmittelindustrie eingesetzt werden. Lötzinn in Stangenform trägt die Bezeichnungen 40, 50 und 60, was den Prozentanteil des Zinns in diesen Weichloten angibt. Der jeweils dazugehörige Schmelzpunkt liegt bei 235, 210 und 190 °C, also um so niedriger, je höher der Zinnanteil ist.

In der Gruppe der Hartlote gibt es die besonders niedrig schmelzenden Lote auf Aluminium-Basis, darunter das besonders zum Spaltlöten von Aluminiumlegierungen aller Art geeignete L-Al Si 12. Ebenfalls tief schmelzende Hartlote sind die silberhaltigen Lote mit weniger als 20% Silberanteil, so z.B. L-AG 2 P mit einem verhältnismäßig großen Schmelzbereich von 650–810 °C zum Hartlöten von Kupfer und allen mögli-

chen Kupferlegierungen in allen Bereichen, wo Kupfer eingesetzt wird. Aus der Gruppe der silberhaltigen Hartlote mit einem Silbergehalt von mindestens 20% Silber ist besonders zu erwähnen das Lot L-AG 40 CD, das tiefstschmelzende Hartlot (595–630 °C), das vor allem zum Spaltlöten von Stahl, Kupfer und Messing verwandt wird. Die Kupferbasislote haben Schmelzpunkte um die 900 °C und werden unter anderem eingesetzt beim Hartlöten von Stahl, Temperguß, Kupfer und Kupferlegierungen, z.B. L-Cu Zn 40, L-Cu Zn 39 SN und das sogenannte Neusilberlot L-CuNi 10 Zn 42.

Wichtig ist noch zu wissen, daß Kupfer-, Silber- und Weichlote eine optimale Haltbarkeit bei Lötspaltenbreiten von nur 0,05 bzw. 0,05 bis 0,1 mm bewirken, während Aluminiumlote für breite Spalten geeignet sind (0,2 bis 0,4 mm).

Die genannten Lote – das gleiche gilt für die Flußmittel – werden von den verschiedenen Herstellerfirmen unter verschiedenen Namen gehandelt. Da sie jedoch zugleich mit den DIN-Bezeichnungen versehen sind, ist es für denjenigen, der die hier dargestellten Kenntnisse besitzt, nicht schwer, sich ein Bild von den Einsatzmöglichkeiten eines Lotes zu machen. Für speziellere Aufgaben wird die Einholung eines fachkundigen Rates empfohlen.

Die Technik des Lötens

Spaltlöten und Fugenlöten: Ist der Abstand zwischen den zu verlötenden Werkstücken kleiner als 0,5 mm, nennt man das einen Spalt. Ist der Abstand

29 *Lote:*
   1 Flußmittelumhülltes Lot (Camping-Gas), 2 Lötpulver (Degussa, Rothenberger), 3 Lötpaste (Stannol), 4 Weichlot, 5 Stangenlötzinn, 6 Hartlot für Kupferlötungen ohne Flußmittel (Rothenberger).

30 *Stoßarten:*
   1 Spalt, 2 V-Naht, 3 Y-Naht, 4 X-Naht.

31 *Lötgerechtes Konstruieren bei Blech- (1–6), Rohr- (7–11) und Drahtverbindungen (12–16).*
   1, 2, 14 und 16 sind nur wenig belastbar.

größer als 0,5 mm oder stoßen die Werkstücke so aneinander, daß sie ein V oder X bilden (Abb. 30), spricht man von einer Fuge.

Beim Spaltlöten dringt das flüssige Lot aufgrund einer Kapillarwirkung in den Spalt.

Beim Fugenlöten bewirkt die Schwerkraft, daß das abgeschmolzene Lot die Fuge ausfüllt.

Das Fugenlöten ähnelt sehr dem Nach-links-Schweißverfahren (siehe Seite 247). Es findet Anwendung beim Verbinden von verzinkten Stahlrohren, weil bei dieser Methode die verzinkte Außenfläche der Rohre nicht so stark erhitzt wird, daß das Zink verbrennt und das Rohr damit seinen Korrosionsschutz verliert. Die Lötstelle wird dick

mit Flußmittel eingestrichen und der Stahl in der Fuge nur bis Kirschröte erwärmt. Die Flamme darf nicht auf das Rohr gerichtet werden, sondern nur auf den Lötstab (L-CuZn 39 SN).

Die meisten Lötverbindungen werden im Spaltlötverfahren hergestellt, das im folgenden detailliert dargestellt wird:

Lötgerechtes Konstruieren: Die Flächen an den Werkstücken, die durch das Löten miteinander verbunden werden, müssen ausreichend groß sein, damit eine ausreichende Festigkeit erzielt wird. Bei dünnwandigen Werkteilen muß eine Form der Überlappung, des Falzens, Bördelns oder Abkantens gewählt werden, damit eine ausreichend breite Lötnaht hergestellt werden kann (Abb. 31). Die Überlappung bzw. der

Falz sollen dabei das Drei- bis Sechsfache der Wandstärke des dünneren Werkteils betragen. Mit einer Absetzzange (Abb. 32) kann man solche Überlappungen sehr schnell herstellen. Wie man Drähte richtig verlötet, zeigt die Abb. 31.

Wichtig ist, daß der Spalt zwischen den zu verbindenden Werkteilen den für das gewählte Lot optimalen Abstand nicht überschreitet und dieser möglichst gleichmäßig parallel ist. Das setzt exaktes Arbeiten bei der Herstellung der Einzelteile voraus.

Lötflächen säubern: Die Lötstellen müssen vollständig und gründlich von allen Fremdstoffen befreit werden, also von Schmutz, Rost, Fett, Öl, Lack usw., denn nur das blanke Metall nimmt das Lot an.

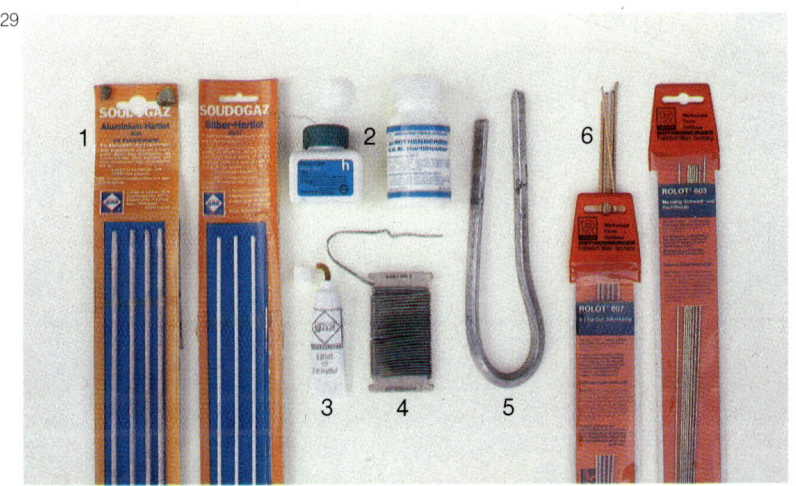

29

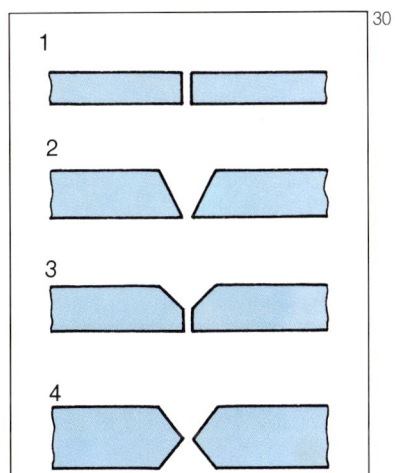

30

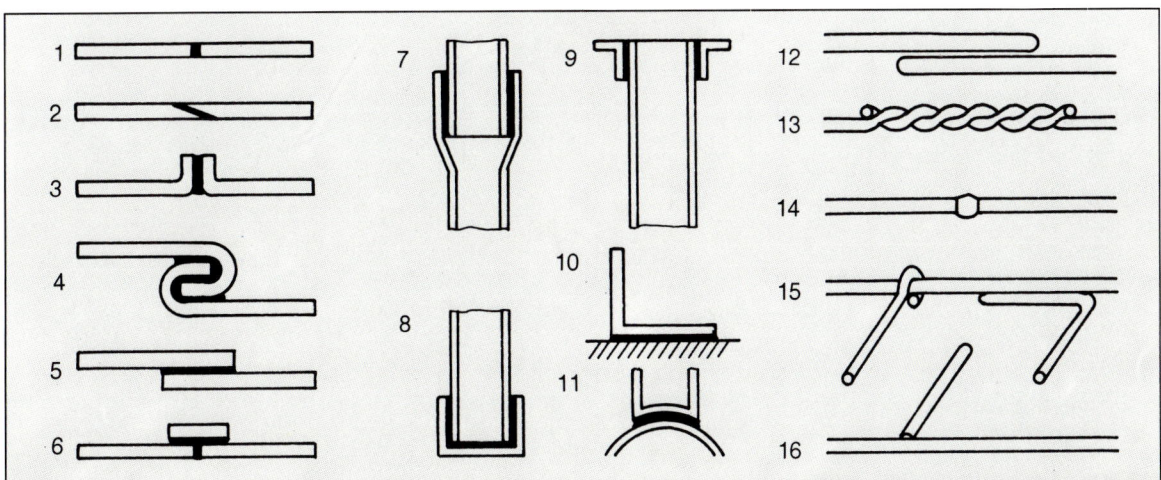

31

Die Reinigung erfolgt mechanisch durch Schmirgeln, Schaben oder Schleifen, bzw. chemisch mit Tri- oder Tetrachlorkohlenstoff. Die Lötflächen sollen auch frei sein von Rillen und Kratzern.

Flußmittel auftragen: Auf die gereinigte kalte Lötfläche wird das Flußmittel mit einem Pinsel gleichmäßig deckend aufgetragen. Wird Lot verwendet, das das Flußmittel bereits enthält, wird nicht zusätzlich Flußmittel aufgetragen.

Verzinnen: Wenn man Bleche verlötet, insbesondere bei überlappenden oder Falzverbindungen, empfiehlt es sich sehr, die Lötstellen an den einzelnen Werkteilen vor dem Zusammenfügen und Verlöten zu verzinnen, weil sich das Lot auf den verzinnten Lötflächen sehr viel besser ausbreitet. Die Lötstellen werden nach dem Reinigen mit Lötfett eingestrichen, erwärmt und schräg gehalten. Am oberen Ende der Lötstelle wird ein Tropfen Lötzinn abgeschmolzen und mit dem Kolben abwärts über die ganze Lötfläche gezogen. Während das Lötfett zischend verdampft, überzieht das Zinn die Lötstelle in einer dünnen Schicht (Abb. 33). Bei Zinkblech ist das vorherige Verzinnen nicht erforderlich.

Werkstück fixieren: Die Werkstücke werden in die Position gebracht, in der sie verlötet werden sollen, und mit Hilfe von Einspannwerkzeugen fixiert. Wenn man die Werkstücke im Schraubstock festhält, muß verhindert werden, daß er selbst stark aufgewärmt wird. Befindet sich die Lötstelle zu dicht am Schraubstock, muß er durch Holz zwischen Backen und Werkstück isoliert werden. Als Werkzeuge zum sicheren Fixieren sind neben den Schraubzwingen aller Art, Klemmfedern, Wäscheklammern, Draht zum Umwickeln, vor allem die Schweißergripzangen (Abb. 34) zu nennen.

Lötstellen erwärmen: Die gesamte Lötstelle wird gleichmäßig mit dem Lötkolben erwärmt, erst kurz mit weicher, dann mit harter Flamme (siehe Seite 243/244), bis nach mindestens 3 Minuten die Arbeitstemperatur erreicht ist, bei der das richtig ausgewählte Lot schmilzt. Diese Arbeitstemperatur soll nicht überschritten werden. Bei Stahl, Kupfer und Messing erkennt man das Erreichen der erforderlichen Temperatur an der Farbe des glühenden Metalls: dunkle Rotglut bei Stahl, helle Rotglut

bei Kupfer und Messing. Beim Erreichen der Arbeitstemperatur schmilzt zuerst das Flußmittel, dann das Lot am erwärmten Werkstück.

Löten: Ist das gesamte Flußmittel geschmolzen, wird das ebenfalls vorgewärmte Lot an den Lötspalt gebracht. Es schmilzt durch die Berührung mit dem auf Arbeitstemperatur gebrachten Werkstücken, und das geschmolzene Lot dringt in den Lötspalt ein. Das Lot wird also nicht in der offenen Flamme abgeschmolzen. Der weitere Einsatz der Lötgeräte dient nur dazu, die Arbeitstemperatur zu halten, also den Wärmeverlust durch Ableiten im Metall und Abstrahlen an die Luft auszugleichen.

Wenn zwei Lötstellen dicht nebeneinanderliegen, muß die bereits gelötete mit einem nassen Tuch gekühlt werden, wenn die zweite Stelle gelötet wird, weil sonst die Gefahr besteht, daß die erste wieder aufgeht.

Werkstück abkühlen lassen: Die Fixierung darf erst gelöst werden, wenn das Lot erstarrt ist. Man kann das Werkstück an der Luft erkalten lassen oder in kaltem Wasser abschrecken, was aber bei einigen Metallen zu einer Härtung führt, die oft nicht gewünscht ist (Stahl, Kupfer).

Flußmittelreste entfernen: Die meisten Flußmittel müssen gründlich entfernt werden, weil sie sonst Korrosion des Metalls verursachen würden. Welche Flußmittel auf welche Weise entfernt werden, findet sich auf Seite 234.

32

Lot entfernen: Zum Schluß wird überflüssiges Lot außerhalb der Lötnaht mit einer Zinkfeile oder einem Schaber entfernt. Vorsicht ist geboten bei verzinkten, verzinnten und verbleiten Blechen, damit nicht das Zink, Zinn oder Blei an der Oberfläche beschädigt wird, wodurch das Blech seinen Korrosionsschutz verlieren würde.

Verboten: Nicht löten darf der Laie alle Arten von Gefäßen, die zuvor brennbare Flüssigkeiten oder Gase enthalten haben.

Kupferrohr löten: Kupferrohr wird in gleichbleibendem Durchmesser geliefert. Man kann das Rohr aufbördeln, so daß die Rohre zum Verlöten ineinandergesteckt werden können. Für den Heimwerker ist das Löten mit Fittings (siehe Abb. 8 auf Seite 431) interessanter, denn es erspart die Anschaffung des Bördelwerkzeugs und die Arbeit des Aufbördelns; natürlich kosten die Fittings auch Geld.

Das schmutz- und fettfreie und entgratete Rohrende wird mit Flußmittel eingestrichen, der gewünschte Fitting draufgesteckt. Zwischen Fitting und Rohr ist nur ein schmaler Spalt. Das Rohr und der Fitting werden mit einem elektrischen Widerstandsgerät (z. B. Fa. Georg Fischer) oder mit der Flamme auf Löttemperatur gebracht, das Lot an den Spalt gehalten. Bei richtiger Temperatur schmilzt das Lot ab und zischt in den Spalt. Die Lötung ist fertig. Von besonderem Vorteil ist das elektrische Lötgerät bei kunststoffummantelten Kupferrohren (Wicu-Rohre, siehe Seite 434, Abb. 11), weil keine Flamme das Dämmaterial beschädigen kann. Die Kunststoffhülle wird aufgeschnitten, zurückgeklappt und die Lötstelle nachträglich wieder isoliert.

Blei löten: Es ist in Wirklichkeit kein Löten, sondern Schweißen, denn die zu verbindenden Werkstücke aus Blei schmelzen gleichzeitig mit dem Lot. Eine andere Methode kommt ohne Lot aus: Die Werkstücke werden einfach überlappend zusammengeschmolzen.

Lötfehler

Die häufigsten Fehler sind eine zu geringe oder zu starke Erwärmung der Lötstelle, also das Nichteinhalten der richtigen Arbeitstemperatur. Hier sind Übung und Erfahrung unerläßlich. Wurde nicht ausreichend erwärmt, so kommt es nicht zum Legieren zwischen Lot und Werkstück, und es entsteht eine sogenannte Kleblötung, bei der das Lot nur auf der Oberfläche des Werkstücks aufsitzt und bei der geringsten Belastung abplatzt. Wird die Arbeitstemperatur überschritten, so verbrennt das Flußmittel, auf dem Werkstück bilden sich sofort Oxyde und Zunder, und eine einwandfreie Lötung ist nicht mehr möglich.

Damit kommen wir zu einer anderen sehr häufigen Fehlergruppe: Die Lötstellen werden oftmals nicht ausreichend gereinigt, das heißt, nicht von allen Fremdstoffen befreit. An diesen Stellen kann es keine haltbaren Lötverbindungen geben. Beim Fixieren dürfen die Werkteile nicht zusammengepreßt wer-

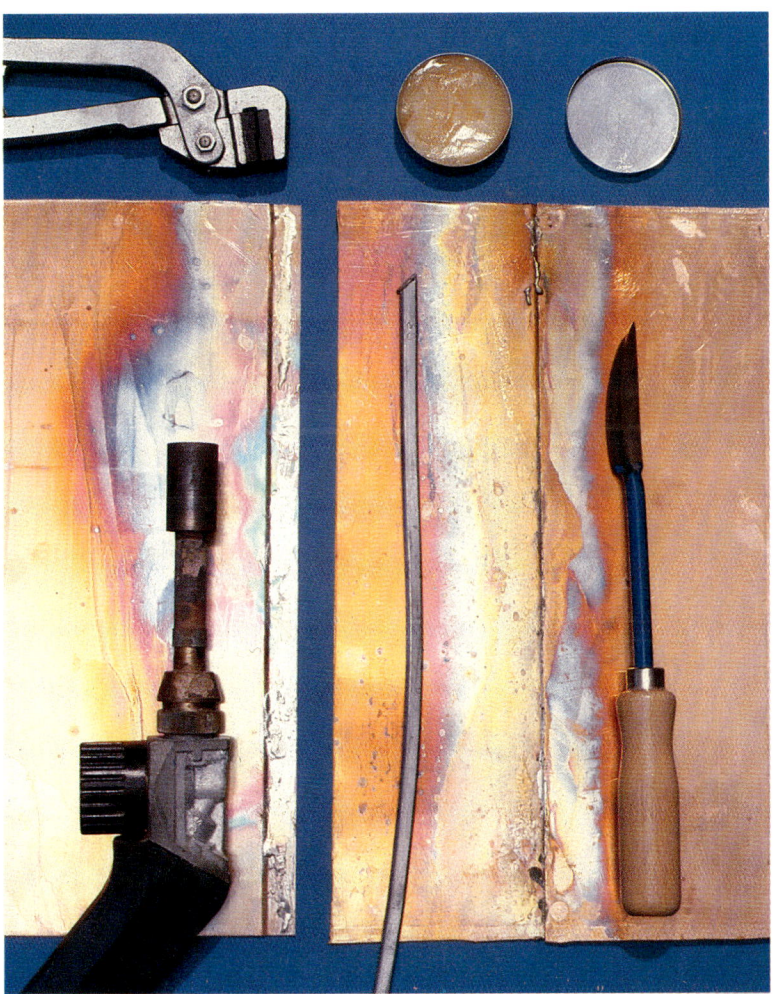

33

32 *Absetzzange zum Absetzen von Blechen bis 1 mm Stärke (Rothenberger).*

33 *Das Verlöten geht sehr viel besser, wenn die zu verlötenden Werkstückflächen vorher verzinnt werden. Links verzinntes Blech.*
Rechts aufeinandergelegte verzinnte Bleche. Mit dem Lötkolben werden die Lötstellen erwärmt, bis das Zinn zwischen den Werkstücken an den verzinnten Stellen schmilzt. Lot zugeben. Werkteile aneinanderdrücken.
Mit dem Dreikantschaber wird überstehendes Lot entfernt.

den, so daß zum Schluß der Lötspalt fehlt. Ist der Lötspalt breiter als für die verwendete Lötung erforderlich, erreicht die Verbindung nicht die theoretisch denkbare Haltbarkeit.

Schweißen

Beim Schweißen werden die zu verbindenden Werkstücke an ihren Rändern angeschmolzen und durch Zugabe von geschmolzenem artgleichem Metall (Schweißmaterial) miteinander verbunden. Schweißen liefert die haltbarste Verbindung überhaupt. Diese Verbindungen sind wie Lötverbindungen wasser- und luftdicht. Schweißen wird vor

allem bei Stahl angewandt. Die benötigten Schweißtemperaturen werden entweder mit Hilfe des elektrischen Stromes oder mit brennbaren Gasen erzeugt.

Das Elektro- oder Lichtbogenschweißen ist sehr viel einfacher zu erlernen als das autogene oder Gasschweißen. Dafür ist die für das autogene Schweißen benötigte Schweißausrüstung nicht nur zum Schweißen verwendbar, sondern auch zum Löten, zum Brennschneiden, zum Erwärmen, zum Biegen, Richten und Ausglühen von Metall, während die Elektroausrüstung nur zum Schweißen benutzt werden kann.

Werkzeuge zum Elektroschweißen
Von den verschiedenen E-Schweißver-

fahren, Lichtbogen-(Schmelz-)schweißen, Punktschweißen, Bolzenschweißen, Schutzgasschweißen (WIG-, MIG- und MAG-Verfahren), ist hier nur das Lichtbogenschweißen von Interesse. Die anderen Verfahren sind zwar auch einfach zu handhaben, aber wegen der hohen Anschaffungskosten der dafür erforderlichen Schweißgeräte nur bei so häufigem Einsatz sinnvoll, wie er beim Heimwerker wohl kaum vorkommt.

Eine Ausrüstung für das Lichtbogenschweißen besteht aus einem Schweißgerät mit 2 Anschlußkabeln. An dem einen Kabel befindet sich die Masseklemme, die an dem Werkstück befestigt wird, am anderen der Elektrodenhalter, auch Schweißzange genannt, in die die Elektrode eingeklemmt wird

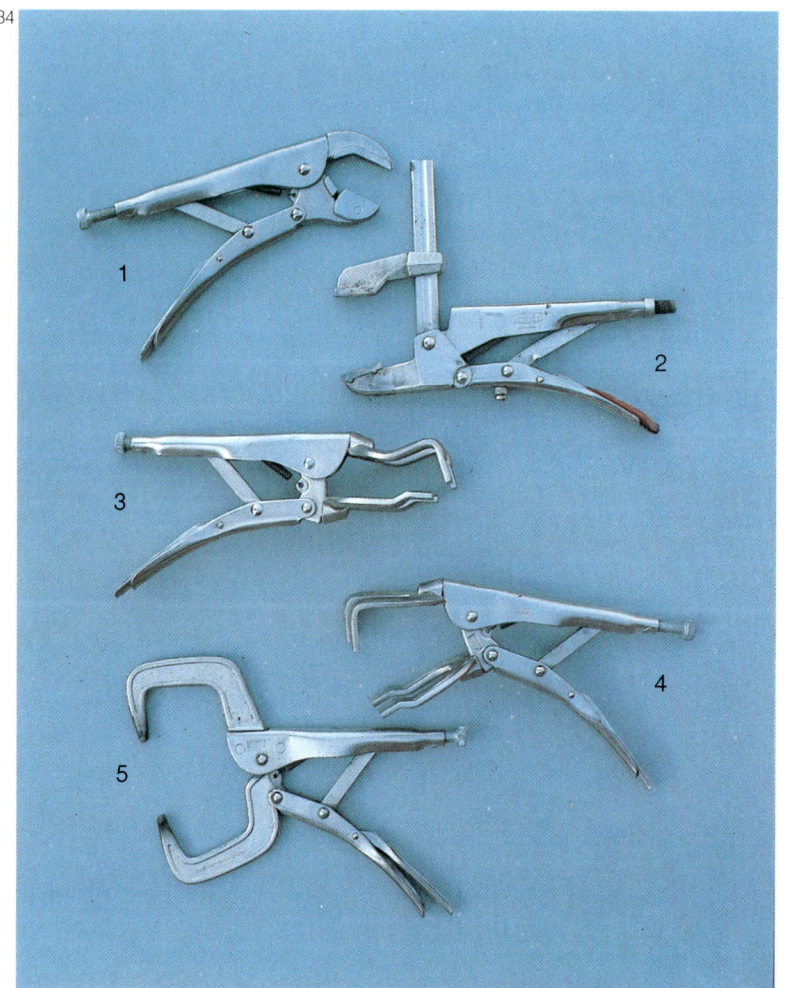

34

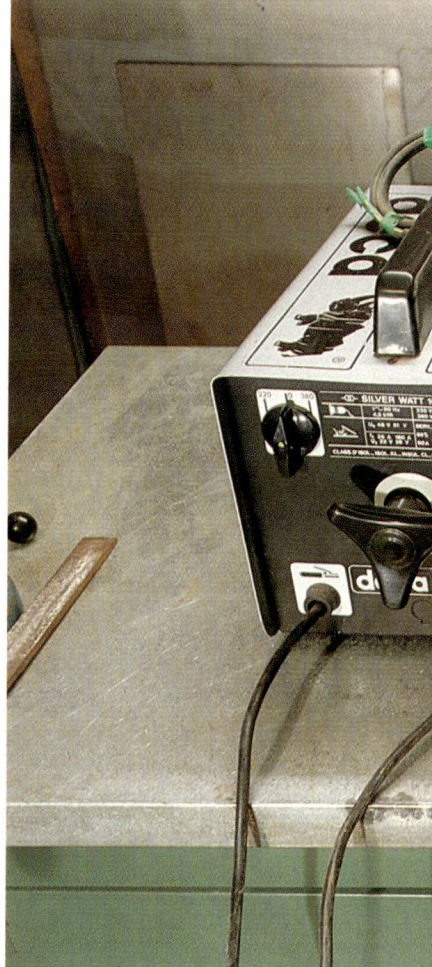

34 Gripzangen (Bessey, Heyco), die mit einer Hand gespannt werden können, nach dem Loslassen nicht aufgehen, aber leicht mit einer Hand wieder gelöst werden können:
1 Parallelgripzange mit beweglicher Unterwange
2 Eine Kombination von Gripzange und Schraubzwinge durch die verschiebbare Oberwange
3 Schweißergripzange zum Halten von Rohren
4 Schweißergripzange zum Halten von Profilen und Blechen
5 Klammergripzange für schwer erreichbare Haltepunkte.

35 Elektroschweißgerät (Westfalia) mit Schweißplatzausrüstung: Elektro-denhalter, Masseklemme und Polzwinge, Schutzschirm, Schlackenhammer.
Auf der Stahlblechplatte des Zelenka-Werktisches liegen zwei Eisen, die im rechten Winkel zusammengeschweißt werden sollen. Am Werktisch ist die Masseklemme angeschlossen.

(Abb. 35). Die erforderliche Schweißtemperatur wird vom Lichtbogen zwischen der Elektrodenspitze und dem Werkstück erzeugt. Es handelt sich also um einen Stromkreislauf: Vom Transformator durch das Massekabel in das Werkstück, über den Lichtbogen in die Elektrode und durch das Elektrodenkabel zum Transformator bzw. umgekehrt (Wechselstrom).

Das Schweißgerät soll einen Strom liefern, der die Elektrode zum Schmelzen bringt und die Ränder der zu verbindenden Werkstücke anschmilzt. In der Regel wandeln die Schweißgeräte den Netzstrom in Schweißstrom um, denn mit Netzstrom kann man nicht schweißen, weil er viel zuwenig Hitze entwickelt und wegen seiner hohen Spannung lebensgefährlich ist. Man unterscheidet 3 Typen von Schweißgeräten:
Schweißtransformator: Er transformiert den Wechselstrom aus der Steckdose mit hoher Voltzahl (220 oder 380 Volt) und niedriger Amperezahl (z.B. 6 oder 10 Ampere) in einen zum E-Schweißen geeigneten Wechselstrom von niedriger

Voltzahl und hoher Amperezahl. Es gibt Schweißtrafos, die sowohl an Stromquellen mit 220 Volt als auch an solche mit 380 Volt angeschlossen werden können.

Schweißtrafos sind unterschiedlich leistungsstark. Je dickere Bleche geschweißt werden sollen, um so mehr Ampere muß der Schweißtrafo abgeben können. Die Qualität eines Schweißtrafos hängt entscheidend von der Einschaltdauer (ED) im Dauerbetrieb ab. Die Angabe der Einschaltdauer bezieht sich auf ein Zeitintervall von 5 Minuten. 40% ED z.B. bedeuten also, daß man nach 2 Minuten Schweißen 3 Minuten warten muß, damit das Gerät abkühlt. Entweder schaltet ein thermischer Überlastungsschutz das Gerät bei einer bestimmten Temperatur automatisch ab, oder es leuchtet eine Kontrollampe auf, die anzeigt, daß man jetzt aufhören muß zu schweißen, was man dann oft übersieht und dadurch Schäden des Trafos verursacht. Ein Schweißtrafo mit 60% ED bei 60 Ampere, 35% ED bei 90 Ampere und 30% ED bei 110 Ampere genügt völlig den Ansprüchen des Heimwerkers.

Kurzschlüsse lassen sich nicht immer vermeiden (Kleben der Elektrode siehe Seite 242). Billige Geräte brennen sehr schnell durch, weil die Wicklungen, die aus Kupfer sein sollten, oft nur aus minderwertigen Legierungen hergestellt wurden. Das Elektrodenkabel sollte aus 188fädiger gummiummantelter Kupferlitze bestehen und nicht, wie häufig angeboten, aus 48- oder gar nur aus 32fädiger Litze mit Kunststoffummantelung. Ein solches Elektrodenkabel minderer Qualität wird sehr bald brüchig, und mit einem schadhaften Kabel darf unter keinen Umständen gearbeitet werden. Vor dem Kauf eines Schweißgerätes muß allerdings erst einmal geprüft werden, ob die elektrische Leitung, an die der Trafo angeschlossen werden soll, mit einer ausreichenden Sicherung versehen ist (meist 16 oder 20 Ampere) und ob gegebenenfalls ein Dreiphasenstrom angeschlossen werden kann (siehe Seite 453).

Schweißgleichrichter: Diese Fortentwicklung des Schweißtransformators nimmt dreiphasigen Wechselstrom auf, transformiert ihn zunächst in einen Wechselstrom mit niedrigerer Spannung und verwandelt ihn dann in Gleichstrom, der nicht so gefährlich ist wie Wechselstrom.

Schweißgenerator oder Schweißumformer: Er liefert ebenfalls Gleichstrom. Der Generator wird entweder mit Netzstrom betrieben oder mit einem Benzinmotor, so daß hier also ein vom Stromnetz unabhängiges Schweißgerät zur Verfügung steht.

Schweißplatzausrüstung: Vom Lichtbogen geht eine stark ultraviolette Strahlung aus, die die Netzhaut der Augen verbrennt, aber auch sonst das Körpergewebe schädigt. Außerdem fliegen beim E-Schweißen ständig kleine glühende Metallteilchen umher. Der Schweißer muß deshalb zum Schutz seiner Gesundheit zumindest einen Schutzschirm für Gesicht und Kopf benutzen mit einer graugrünen Schutzglasscheibe der DIN-Schutzstufe 9. Außerdem muß er Arbeitshandschuhe aus Leder tragen. Bei häufigem E-Schweißen sollte unbedingt eine Lederschürze zur Vermeidung von nicht auszuschließenden Erbgutschädigungen getragen werden.

Zum Entfernen der Schlacke von der Schweißnaht benötigt man einen Schlackenhammer und eine Drahtbürste. Oftmals werden zum Säubern der Schweißnaht auch Winkelschleifer eingesetzt. Es muß für eine sehr gute Belüftung am Arbeitsplatz gesorgt werden. Beim häufigen E-Schweißen ist ein Schweißtisch mit oberer und unterer Absaugung eine optimale Lösung.

Elektroden: Es gibt eine sehr große Anzahl von Elektroden. Am einfachsten ist es, wenn man der Empfehlung des Schweißgeräteherstellers folgt und die für das Schweißgerät getesteten Elektroden verwendet. In der Regel wird es sich dabei um dünne (d), mitteldicke (m) oder sehr dicke (s) umhüllte Elektroden vom Typ Titanoxyd (Ti) handeln. Der Titanoxydtyp ist für das Schweißen mit Gleich- und mit Wechselstrom geeignet, besitzt eine gute Spaltüberbrückung, kann in allen Lagen benutzt werden, also z.B. auch für Überkopfschweißen, und hat den Vorzug, daß die Schlacke leicht entfernt werden kann. Die Elektroden sind 30 oder 35 cm lang, 1,5 mm, 2,25 mm, 3,25 mm, 4 oder 5 mm stark. Je stärker die Bleche sind, die zusammengeschweißt werden sollen, um so dickere Elektroden werden verwendet und um so größer muß die

Stromstärke sein. Hier berät der Fachhandel.

Die Umhüllung der Elektrode schmilzt unter Freisetzung von Gasen mit der Elektrode ab und bildet auf der Schweißnaht eine Schlackenschicht. Schlacke und Gas schützen das Schmelzbad, also die entstehende Schweißnaht, vor dem Sauerstoff und dem Stickstoff aus der Luft. Nach dem Erkalten wird die Schlacke mit dem Schlackenhammer abgeschlagen.

Sind Elektroden feucht geworden, müssen sie getrocknet werden, 30 Minuten bei 250°C, z.B. im Backofen.

Die Technik des E-Schweißens

Vorbereitung der Schweißnaht: Falls es die Naht, die man schweißen will, erfordert, werden die Kanten der Werkstücke entsprechend Abb.30 geschliffen und dabei auch von Rost, Öl, Schmutz, Farbe und Schlacke gereinigt. Dann fixiert man die beiden Teile, die miteinander verschweißt werden sollen, in der

36 *Schweißnähte beim E-Schweißen:*
   1–7 Horizontale Nähte
   1 Einseitige Kehlnaht
     bei T-Stoß
   2 Doppelte Kehlnaht bei
     T-Stoß
   3 Überlappstoß
   4 Eckstoß für dickere Bleche
   5 T-Stoß mit angefastem Werkstück
   6 V-Naht
   7 Eckstoß mit Kehlnaht
   8 Quernaht
   9 Überkopfnaht
   10 Steignaht
   11 Fallnaht.

37 *Blechschweißen und Vorgaben beim Schweißen und Löten:*
   1 Lange Blechnaht im Pendelschritt schweißen
   2 Vorgabe beim Schweißen von Blechtafeln
   3 Nach dem Erkalten liegen die zusammengeschweißten Bleche bei richtiger Vorgabe in einer Ebene.
   4 Aufbiegen der Nahtränder beim Flicken eines kleinen Loches
   5 Beim Flicken eines großen Loches wird ein gewölbtes Blechteil eingesetzt.
   6 Vorgabe bei einseitiger Kehlnaht.

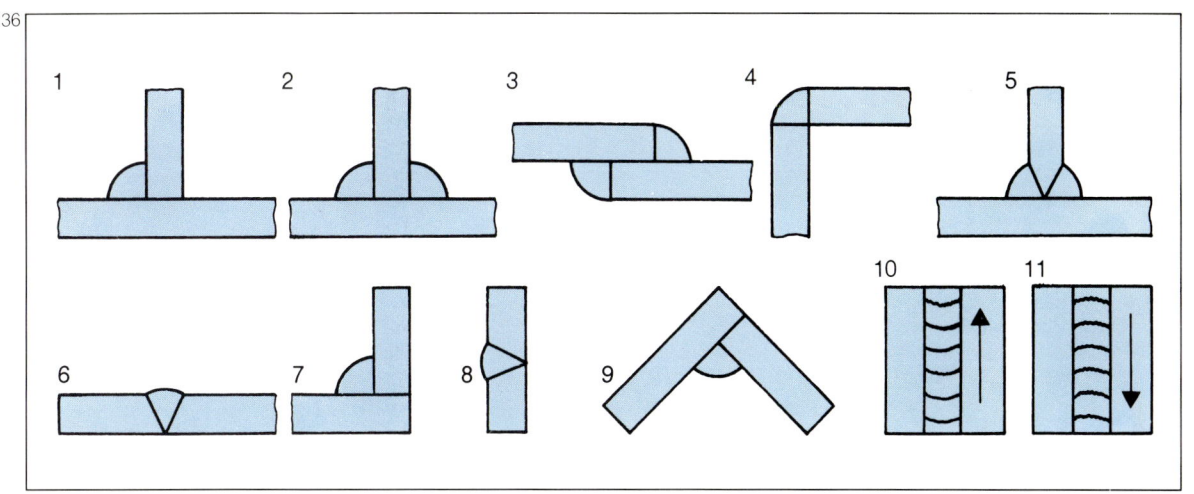

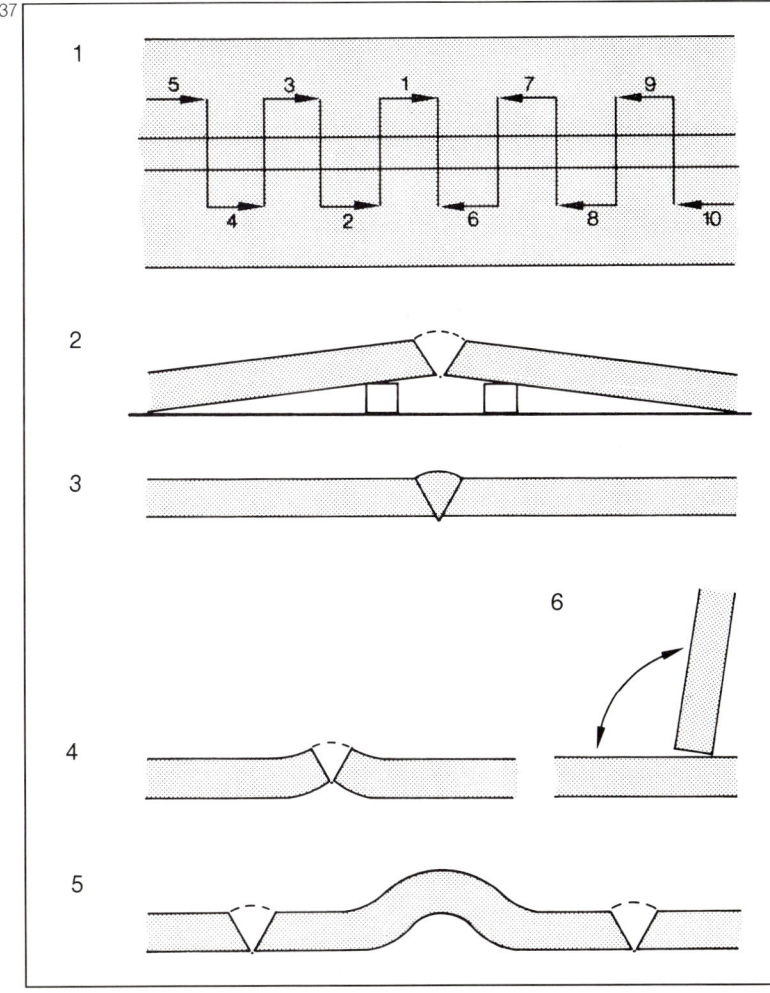

richtigen Lage zueinander. Abb. 36 zeigt die wichtigsten Schweißnähte. Wenn möglich, wird die Wannenlage gewählt, das heißt, die Schweißnaht liegt waagerecht quer vor dem Schweißer.

Bei einer V- oder Y-Naht legt man die Werkstücke, wie dies Abb. 37 zeigt, denn beim Erkalten zieht sich die Schweißnaht zusammen, so daß die beiden Bleche zum Schluß in einer Ebene liegen.

Massekabel befestigen: Das Massekabel wird mit der Masseklemme entweder direkt am Werkstück oder an der Unterlage befestigt, auf der das Werkstück festgeschraubt ist, falls die Unterlage aus Metall ist und deshalb den Strom leiten kann. Oder das Massekabel wird an der Öse einer Polschweißzwinge (Abb. 35), mit der das Werkstück fixiert wurde, festgeklemmt.

Lichtbogen zünden (Abb. 38): Es wird die für die Schweißnaht richtige Elektrode ausgewählt, mit dem blanken Metallschaft in den Elektrodenhalter geklemmt und am Trafo die für die gewählte Elektrode erforderliche Schweißstromstärke eingestellt. Beim E-Schweißen sollte man vorsorglich isoliert auf Holz oder Gummi stehen. Nun muß der Lichtbogen gezündet werden. Zu diesem Zweck tippt man mit der Spitze der Elektrode auf das Werkstück, und zwar dort, wo man zu schweißen beginnen will, hebt aber die Elektrode sofort wieder ein kleines Stück ab und bringt sie in die Schweißposition. Abb. 38 zeigt die richtige Haltung der Elektrode. Mit dem Abheben ist der Lichtbogen entstan-

241

den, der bestehenbleibt, wenn die Elektrode nicht zu weit vom Werkstück gehalten wird. Wichtig ist die Einhaltung des richtigen Abstands, weil sonst der Lichtbogen abreißt oder die Elektrode am Werkstück klebenbleibt. Er beträgt das Einhalb- bis Dreifache des Durchmessers des Elektrodenkerns (also ohne Ummantelung).

An den beiden Enden des Lichtbogens entsteht sofort eine Hitze von rund 4200 °C, die das Metall an dieser Stelle in Sekundenschnelle schmelzen läßt. Deshalb muß die Elektrode auch sofort in Schweißposition gebracht werden, damit die Ränder der Werkstücke gleichzeitig mit ihr zu schmelzen beginnen. Es entstehen zwei Schmelzbäder: eines an der Elektrode und eines an den Werkstückrändern (beim Verbindungsschweißen) bzw. auf dem Werkstück (beim Auftragsschweißen). Sie vereinigen sich zu einem Schmelzbad, in dem sich das Metall des Werkstücks und das Metall der Elektrode miteinander vermischen. Wandert der Lichtbogen weiter, erstarrt das Schmelzbad sofort, weil die Wärme vom umgebenden Metall des Werkstücks abgeleitet wird.

Strichraupe und Pendelraupe (Abb. 38): Zuerst wird die Elektrode gleichmäßig entlang der Schweißnaht geführt. Die so entstehende Naht nennt man eine Strichraupe. Die richtige Schweißgeschwindigkeit ist gegeben, wenn die Schlacke die Schweißnaht vollständig bedeckt. Muß man das Schweißen unterbrechen, z. B. weil die Einschaltdauer abgelaufen ist oder die Elektrode zu Ende geht, wird die Elektrode am vorläufigen Ende der Schweißnaht nach rückwärts hochgezogen und so der Lichtbogen unterbrochen. Bevor man das Schweißen an dieser Stelle fortsetzen kann, muß nach Erkalten der Schweißnaht die Schlacke am Ende der Strichraupe abgeschlagen werden. Dann zündet man den Lichtbogen und beginnt etwa 5 mm vor dem Ende der Strichraupe mit ihrer Fortsetzung.

Abgesehen von dünnen Blechen besteht eine Schweißnaht aus mehreren Raupen. Bevor die nächste Raupe geschweißt werden kann, muß zuvor die Schlacke über der letzten Raupe sehr gründlich mit dem Schlackenhammer und der Drahtbürste entfernt werden. Schweißnähte können aus mehreren

Strichraupen aufgebaut werden (Abb. 38).

Bei der Wannenlage wird in der Praxis die Decklage als Pendelraupe geschweißt (Abb. 38), das heißt, die Elektrode macht innerhalb der Grundbewegung von links nach rechts eine hin- und herpendelnde Bewegung. Horizontale und Überkopfnähte werden aus mehreren Strichraupen aufgebaut.

Pilgerschritt: Bei langen Nähten entstehen im Werkstück erhebliche Spannungen durch die Quer- und Längsschrumpfung der Naht und des erwärmten Werkstücks. Das kann dazu führen, daß sich dieses so verzieht, daß es unbrauchbar wird.

Dem begegnet man dadurch, daß man nicht ganz links mit der Schweißnaht beginnt und bis zum Ende ganz rechts durchschweißt, sondern im Pilgerschritt schweißt (Abb. 37).

Festkleben der Elektrode: Wenn die Elektrode festklebt, reißt man sie mit einem kräftigen kurzen Ruck wieder los. Keinesfalls darf man in dieser Situation den Trafo ausschalten. Notfalls öffnet man den Elektrodenschalter und läßt die Elektrode los, um den Stromkreis zu unterbrechen, denn jedes Kleben ist nichts anderes als ein Kurzschluß, der den Trafo außerordentlich belastet. Diese Panne kommt sogar bei den besten E-Schweißern ab und zu vor. Ein Kurzschluß entsteht auch dann, wenn man den Elektrodenhalter versehentlich auf das Werkstück ablegt.

Magnetfeld: Es überrascht den Unkundigen immer wieder, wenn sich der Lichtbogen zur Seite bewegt oder gar außer Kontrolle gerät, ohne daß ein Luftzug bemerkbar ist, der im übrigen diese Wirkung auch nicht hervorrufen könnte. Die Ursache ist ein magnetisches Feld, das beim E-Schweißen entsteht. Man muß jeweils an Ort und Stelle ausprobieren, wie man dieser Beeinträchtigung entgegenwirken kann: durch veränderte Haltung der Elektrode, durch Verlegen des Stromanschlusses am Werkstück, durch Wegrücken vom Stahl, den man zum Schweißen nicht benötigt. Wegen dieser Entstehung eines Magnetfeldes muß der Platz, auf dem der Trafo steht, von Metallspänen gesäubert sein, denn er wird mit dem Einschalten magnetisch und zieht die Metallspäne an.

Nacharbeiten: Am Schluß wird die

Schweißnaht am besten mit einem Winkelschleifer geglättet.

Schweißnahtfehler: Im Wurzelbereich der V-Naht wird oftmals nicht richtig durchgeschweißt. Diesen Fehler kann man nachträglich korrigieren, indem man von der Gegenseite die Kappnaht anbringt. Wird beim Aufbau von Schweißnähten aus mehreren Schweißraupen die Schlacke nicht gründlich entfernt, entstehen Schlackeneinschlüsse, die die Haltbarkeit mindern. Wenn mit zu starkem Strom geschweißt wird, verursacht das einen Einbrand, der das Werkstück schwächt.

Bei zu niedriger Stromstärke wird das Metall nicht richtig flüssig, sondern nur breiig, so daß es auch nicht verschmelzen kann.

Nicht schweißen: Bestimmte Schweißarbeiten sollte der Heimwerker, der sich das Schweißen selbst beigebracht hat, nicht ausführen: hochbeanspruchte Schweißnähte an Druckkesseln, der Anhängerkupplung, Laufschienen, Schweißnähte an Behältern, die zuvor brennbare Flüssigkeit oder Gas enthalten haben, sowie Schweißarbeiten an tragenden Teilen.

38 *Elektroschweißen:*

1 *Durch kurzes Auftippen der Elektroden entsteht ein Kurzschluß.*

2 *Lichtbogen zwischen Elektrode und Werkstück*

3 *Arbeitshaltung der Elektrode und Schweißrichtung*

4 *Unterbrechung des Lichtbogens durch Bewegen der Elektrode in Pfeilrichtung*

5 *Zünden des Lichtbogens: 1 auftippen, 2 über das Werkstück ziehen, 3 abheben, 4 in Schweißposition bringen*

6 *Schmelzbad: 1 Werkstück, 2 Raupe, unten im Einbrand, 3 Schlackenschicht, 4 im Lichtbogen schmilzt das Ende des Elektrodenkerns und fliegt im Magnetfeld als Zusatzwerkstoff in die Schweißnaht, 5 Gashülle, 6 Elektrodenkern, 7 Elektrodenumhüllung*

7 *Aufbau einer V-Naht. Decklage als Pendelraupe, Kapp- und Mittellagen als Strichraupe*

8 *Alle Mittel- und Decklagen als Pendelraupe.*

Werkzeuge zum autogenen Schweißen und Schneiden

Ein autogenes Schweißgerät (Abb. 39) besteht aus einer Brenngas- und einer Sauerstoffflasche mit je einem Druckminderer, einem Griffstück mit verschiedenen Brennereinsätzen zum Schweißen und Schneiden und aus Verbindungsschläuchen zwischen den Flaschen und dem Griffstück. Dazu braucht man noch einen Gasanzünder und eine Schutzbrille der Schutzstufe 4 sowie Schweißstäbe. Wenn im folgenden Text immer wieder auf Unfallgefahren beim Umgang mit einer solchen Schweißausrüstung aufmerksam gemacht wird, so heißt das nicht, daß es sich beim Schweißen um eine gefährliche Angelegenheit handelt. Wer mit der Schweiß-ausrüstung richtig umgeht, wird keinen Unfall haben. Auto fahren ist jedenfalls gefährlicher als Schweißen.

Flamme: Die Schweißflamme wird von einem Gemisch brennbarer Gase, von Luftsauerstoff und zusätzlich reinem Sauerstoff aus der Flasche erzeugt. Ohne Flaschensauerstoff wird die zum Schweißen erforderliche Temperatur nicht erreicht. Das am häufigsten verwendete Brenngas ist Acetylen, denn es ist billig und entwickelt die höchste Temperatur. Andere Brenngase sind Propan, Butan, Erdgas und Wasserstoff. Abb. 40 zeigt den Aufbau der Flamme aus Kegel und Hüllflamme. Die Schweißzone der Flamme liegt je nach Flammengröße etwa 2 bis 5 mm vor dem Flammenkegel. Die Flammenkegel und Schweißzone umgebende Hüllflamme entsteht durch den Zutritt von Luftsauerstoff. Die sich dabei bildenden Gase bilden um die Flamme einen gasförmigen Schutzmantel, der der Luft den Zutritt zur Schweißzone verwehrt. Die Temperatur im Schweißbereich beträgt rund 3200 °C.

Die Acetylen- und Sauerstoffflamme nennt man neutral, wenn man Acetylen und Flaschensauerstoff im Verhältnis 1:1 mischt. Man erkennt sie an dem scharf abgegrenzten, weiß leuchtenden Flammenkegel und an den Punkten, die bis zum Verlöschen aus einem einzigen glühenden Punkt bestehen. Der Flammenkegel züngelt an der Spitze kaum merklich.

Man unterscheidet die weiche und die

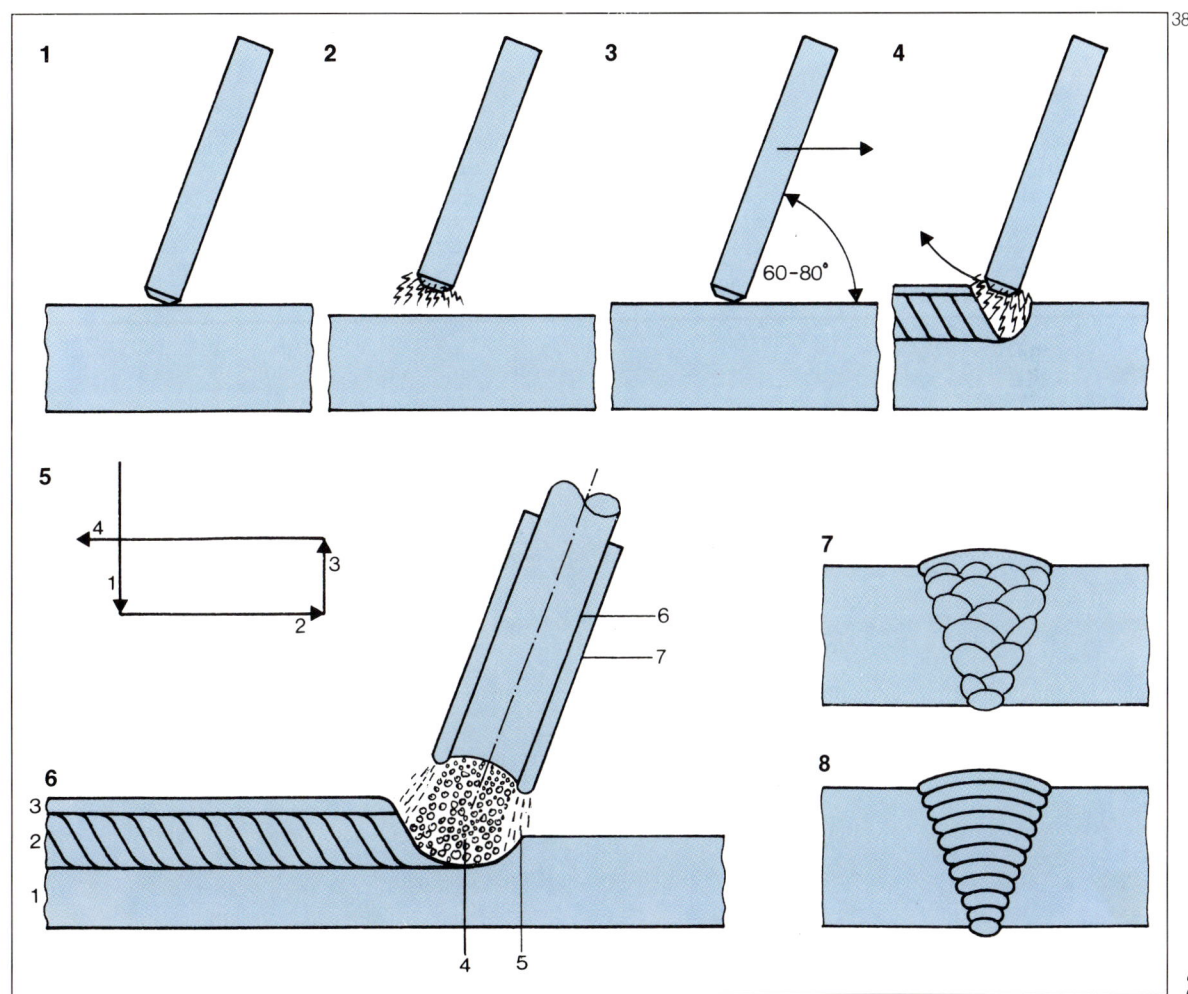

harte neutrale Flamme. Der Flammenkern besitzt die Form eines Kegels. Je größer die Ausströmgeschwindigkeit des Gasgemisches aus dem Brennermundstück ist, desto spitzer wird der Kegel und desto härter die Flamme. Umgekehrt: Je kleiner die Ausströmgeschwindigkeit, um so weicher die Flamme, die Form des Flammenkegels wird stumpf und schließlich fast zylindrisch. Die weiche neutrale Flamme wird gebraucht zum Schweißen an dünnwandigen Stahlblechen und ist deshalb für den Heimwerker besonders wichtig. Je dicker die Bleche, desto härter soll die Flamme sein.

Die Acetylen-Überschußflamme benötigt man bei Auftragsschweißungen sowie beim Schweißen von Gußeisen und Leichtmetallen. Da sie überschüssigen Kohlenstoff enthält, wird beim Schweißen von Stahl die Schweißnaht härter, aber zugleich spröder (siehe Seite 207 und 208). Man erkennt sie daran, daß der Flammenkegel zerrupft und gelblich aussieht.

Die Sauerstoffüberschußflamme benutzt man zum Messingschweißen, kann sie aber auch wegen der heißen Flamme zum Richten, Härten und Wärmen verwenden. Man erkennt sie an dem kürzeren und bläulich werdenden Kegel und dem lebhaften Funkensprühen, wobei die glühenden Tröpfchen zum Schluß sternförmig zerplatzen. Ein geringer Sauerstoffüberschuß bis zu 10% fördert die Schweißgeschwindigkeit, ein großer Sauerstoffüberschuß führt zum Verbrennen des Stahls.

Gasflaschen und Druckminderer: Man kann die Flaschen kaufen oder leihen. Es gibt sie mit einem Rauminhalt von 5, 10, 20, 40 und 50 Litern.

Der Sauerstoff wird mit einem Druck bis zu 200 bar in die Flasche gepreßt. Der jeweilige Flaschendruck ist auf einem Manometer des Druckminderers ablesbar; er nimmt mit dem Verbrauch des Sauerstoffs ab. Aus dem jeweiligen Flaschendruck und dem Rauminhalt der Flasche kann errechnet werden, wieviel Sauerstoff sich noch in der Flasche befindet: Flaschendruck mal Flaschenvolumen = Gasmenge im drucklosen Zustand. Danach hat eine Sauerstoffflasche von 20 Liter Fassungsvermögen,

aufgefüllt mit 150 bar 3000 Liter Sauerstoff = 3 m³. Beträgt der Druck nach der Schweißarbeit nur noch 100 bar, so sind also noch 2000 Liter Sauerstoff in der Flasche, 1000 Liter wurden verbraucht. Acetylen wird mit einem Druck von 15–18 bar in die Flasche gepreßt. Aufgrund der Eigenart des Acetylens kann der Flaschenvorrat nicht so berechnet werden, wie dies beim Sauerstoff möglich ist. Eine grobe Berechnung des noch vorhandenen Vorrates ist aber dann möglich, wenn die volle Sauerstoff- und die volle Acetylenflasche gleichzeitig in Gebrauch genommen werden, weil Sauerstoff und Acetylen im Verhältnis 1 : 1 verbraucht werden. Man orientiert sich dann am Sauerstoffverbrauch.

39

39 *Autogene Schweißgeräte, bestehend aus einer blauen Sauerstoff- und einer gelben Acetylenflasche, die beide an der Wand befestigt sind, Druckminderer und Griffstück mit Schläuchen (alles von Zinser), Gasanzünder und Schutzbrille oder hochklappbarer Schutzhelm mit auswechselbaren Fenstern.*

40 *Aufbau der Schweißflamme:*
1 Brennerdüse
2 Flammkern
3 Schweißbereich bis ca. 3000 °C
4 Streuflamme
5 Arbeitsstück.

41 *Druckminderer mit Flammenrückschlagsicherung (Zinser), gelb für Acetylen, blau für Sauerstoff.*

Damit die Gasflaschen nicht zu einem lebensgefährlichen Sprengkörper werden, müssen sie aufrecht gestellt und vor dem Umfallen gesichert werden: entweder in einem Transportwagen oder tragbaren Gestell zum Einsatz an verschiedenen Orten oder an einem festen Platz mit einem Rundstahlbügel oder einer Kette, die an der Wand befestigt werden kann. Es muß darauf geachtet werden, daß die Flaschen nicht übermäßig erwärmt werden, damit sie nicht explodieren; direkte Sonneneinstrahlung ist bereits zuviel Wärme.

An der unterschiedlichen Farbe der Flaschen erkennt man, welches Gas sie enthalten: Sauerstoffflaschen sind blau, Acetylenflaschen gelb, Propangasflaschen grau angestrichen. Mit den ho-

hen Drücken in den Gasflaschen kann nicht geschweißt werden. Deshalb wird an die Flasche je ein Druckminderer (Abb. 41) angeschlossen, der den Sauerstoff in der Regel mit 2,5 bar und das Acetylen je nach Brennerart mit 0,7 bis 1,0 bar in die Verbindungsschläuche entläßt, die zum Brenner führen. Der jeweils richtige Arbeitsdruck wird an den Druckminderern mit der Einstellschraube eingestellt, einem Knebelgriff am unteren Ende des Druckminderers. Druckminderer sind mit der gleichen Farbe gekennzeichnet wie die Flaschen: blau für Sauerstoff, gelb für Acetylen. Um jede Verwechslung auszuschließen, sind die Anschlüsse der Druckminderer an das Ventil der Sauerstoff- bzw. an das der Acetylenflasche völlig verschieden

konstruiert. Die Gewinde der Sauerstoff-Druckminderer dürfen nicht mit Öl oder anderen fetthaltigen Stoffen geschmiert werden, denn Sauerstoff kann sich an solchen Substanzen unter Bildung einer intensiven Stichflamme selbst entzünden. Beide Druckminderer sind empfindliche Geräte, die ebenso sorgsam wie eine Uhr behandelt werden müssen.

Beschädigungen der Druckminderer können dazu führen, daß Sauerstoff bzw. Acetylen ausströmt. Acetylen bildet mit Sauerstoff oder Luft das hochexplosive Knallgas. Sauerstoffdurchtränkte Substanzen, z.B. Kleidung (!), brennen wie Zunder. Während man Acetylen schon in geringer Konzentration riecht, ist Sauerstoff geruch- und farblos. Zum Schutz der Druckminderer gibt es Druckbügel.

Schläuche: Der Sauerstoffschlauch ist blau und dünner als der rote Acetylenschlauch. Beide Schläuche sollten mindestens 5 m lang sein, damit man den Sicherheitsabstand von etwa 3 m zwischen Arbeitsplatz und Gasflaschen einhalten kann. Sie müssen beweglich sein und zugleich außerordentlich strapazierfähig, werden sie doch auch bei größter Sorgfalt von glühenden Schweißpartikeln und spitzen Metallteilen getroffen, und man wird versehentlich auf sie treten. Die Schläuche sollten mit Schlauchschellen an den Druckminderern und am Griffstück befestigt werden.

Undichte Stellen schneidet man heraus und schiebt ein dünnes Messingröhr-

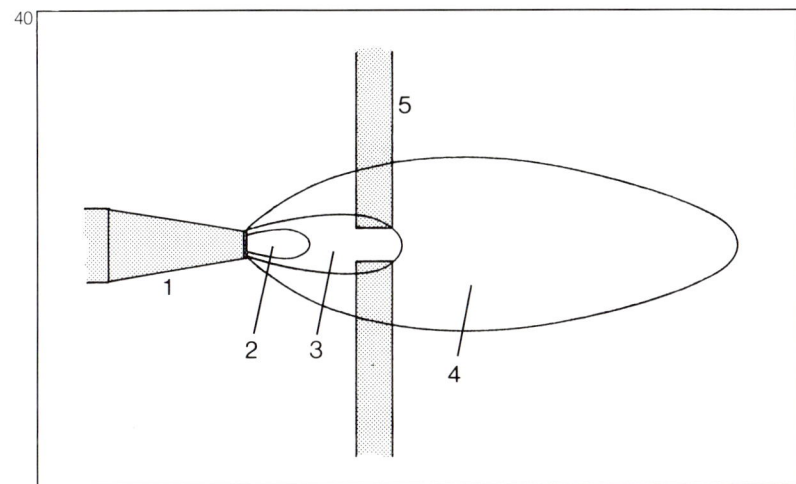

40

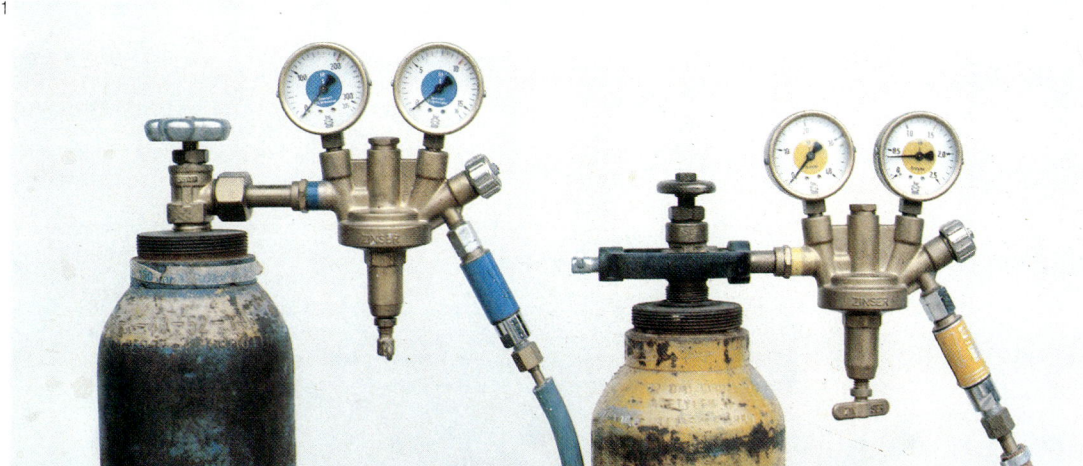

41

245

chen ein. Die Schlauchenden werden mit Schlauchklemmen befestigt. Auf keinen Fall darf man Kupferrohr verwenden, weil sich Acetylen an Grünspan entzünden kann.

Schweißbrenner: Er besteht aus einem Griffstück, auch Handstück oder Griffrohr genannt, an dem verschiedene Brennereinsätze montiert werden. Mit den Ventilrädern am Griffstück für Sauerstoff und Brenngas wird die Flamme eingestellt. Im Schweißbrenner werden Sauerstoff und Brenngas gemischt. Das Gasgemisch muß mit einer größeren Geschwindigkeit aus dem Brennermundstück herauskommen als die Zündgeschwindigkeit groß ist, mit der die Flamme sich im Gasgemisch ausdehnt, sonst entsteht ein Rückschlag, der nicht automatisch zu einem Unfall führt, aber doch dazu führen kann. Es gibt sowohl für das Griffstück als auch für die Druckminderer Rückschlagsicherungen, aber auch rückschlagfreie Griffstücke.

Schweißeinsätze: Sie haben unterschiedliche Querschnitte und Längen je nach der Stärke des Stahls, der geschweißt werden soll. Üblicherweise gibt es zu einem Griffrohr 6 Schweißeinsätze: für Stahlblechdicken von 0,5 bis 1 mm, über 1 bis 2 mm, über 2 bis 4 mm, über 4 bis 6 mm, über 6 bis 9 mm und über 9 bis 14 mm, außerdem auch noch Sondergrößen für Bleche von unter 0,5 und über 14 mm. Der jeweilige Schweißbereich ist neben dem erforderlichen Sauerstoffdruck auf dem Mischrohr eingeschlagen.

Metallspritzer am Mundstück versucht man mit dem Schweißdraht abzustreifen. Wenn das nicht geht, muß der Brenner abgestellt und das Mundstück in kaltes Wasser getaucht werden, so daß die Spritzer abspringen. Ist das Mundstück verstopft, darf es nur mit dem dafür konstruierten Düsenbohrer gereinigt werden. Bei allen anderen Geräten besteht die Gefahr, daß das Düsenloch im Brennermundstück beschädigt wird und dann keine einwandfreie Schweißflamme mehr eingestellt werden kann. Ein praktisches Gerät ist der Gassparer: Muß man während des Schweißens unterbrechen und den Schweißbrenner aus der Hand legen, so hängt man ihn in die Gabel des Gassparers, der bewirkt, daß die Schweißflamme erlischt, ohne daß die Ventile

geschlossen werden müssen. Am Gassparer brennt ständig eine kleine Flamme, an der man den Brenner mit der richtigen Einstellung sofort wieder entzünden kann. Auf diese Weise wird der Brenner, der ja ein Präzisionswerkzeug ist und entsprechend behandelt werden sollte, schonend und sicher aufbewahrt.

Schweißdraht und Flußmittel: Der Schweißdraht liefert das Zusatzmetall, mit dem die Fuge zwischen den zu verbindenden Metallteilen geschlossen oder auf das Werkstück aufgeschweißt wird. Im Unterschied zum Löten können nur artgleiche Metalle verbunden werden, wobei der Zusatzwerkstoff ebenfalls artgleich sein muß. Bei Stahl und Kupfer sind im Unterschied zu den übrigen Metallen keine zusätzlichen Flußmittel erforderlich.

Die Schweißnähte sind nach DIN 8554 genormt. Der Heimwerker benötigt Schweißstäbe der Größe I und II. Sie sind in der Regel 1 m lang, je nach Blechstärke 1 bis 8 mm stark und zum Schutz gegen Korrosion verkupfert.

Schneidbrenner: Wird an das Griffrohr des Schweißbrenners anstelle eines Brennereinsatzes ein Schneidbrenner montiert, so kann man mit Hilfe dieses Gerätes Stahl wie mit einem Messer schneiden, und zwar in einem Arbeitsgang bis zu einer Stärke von 300 mm mit scharfen Kanten und glatten Trennflächen. Diese Technik nennt man autogenes Brennschneiden. Der Heimwerker benutzt sie z. B. zum Ausschneiden der zu verschweißenden Teile und zum Formen der Schweißfuge. Der Schneidbrenner besitzt am Mundstück 2 Düsen: Aus der einen strömt wie beim Schweißgerät ein Gas-Sauerstoff-Gemisch. Mit dieser Flamme wird der Stahl auf Hellrotglut erhitzt. Aus der zweiten Düse kommt reiner Sauerstoff. Gelangt dieser Sauerstoffstrahl auf den erhitzten Stahl, so verbrennt der Stahl zu Eisenoxyd, das vom Schneidsauerstoffstrahl aus der Schnittfuge herausgeblasen wird.

Voraussetzung für jegliches Brennschneiden ist, daß die Zündtemperatur (die Temperatur, bei der sich das Metall besonders leicht mit Sauerstoff zu einem Oxyd verbindet) deutlich unter der Schmelztemperatur des Metalls liegt. Das Metall wird also nicht aufgeschmolzen. Bei Stahl liegt die Zündtemperatur

bei rund 1350 °C, die Schmelztemperatur bei rund 1520 °C.

Die Technik des autogenen Schweißens

Vorbereitung des autogenen Schweißens: Dazu gehört das Reinigen der Nahtzone, je nach Nahtart das Anfasen der Werkstücke, das Fixieren und Heften unter Berücksichtigung einer Vorgabe. Alle diese Vorgänge sind beim E-Schweißen auf den Seiten 240 und 241 dargestellt.

Stumpf-, Stirn- und Kehlnähte (Abb. 36): Das bevorzugte Gebiet des autogenen Schweißens sind die Stumpfnähte mit besonderer Bedeutung der I-Naht für den Heimwerker, während die V- und X-Nähte viel seltener zur Anwendung kommen. Kehlnähte sind mit Ausnahme der Ecknaht technisch nicht einfach zu schweißen, da es zwischen den Werkteilen keinen Spalt gibt, durch den die Flamme hindurchblasen kann, so daß die einwandfreie Schweißung der Wurzel erheblich erschwert wird. Wer ein E-Schweißgerät besitzt, sollte Kehlnähte mit dem Lichtbogen schweißen.

I-, V-, X- und Y-Nähte sind Stumpfstoßverbindungen, die I-Naht für Bleche bis 4 mm Stärke, die V-Naht für Bleche bis 12 mm und die X-Naht für Bleche über 12 mm Stärke. Bei einer Blechstärke bis 2 mm werden Schweißdrähte mit einem Durchmesser von 2 mm verwendet, bei Blechstärken bis 6 mm Schweißdrähte mit 3 mm Durchmesser, bei Blechstärken bis 10 mm Schweißdrähte mit einem Durchmesser von 4 mm und darüber Schweißdrähte mit 5 mm Durchmesser. Der kleinste Abstand zwischen den Blechen beträgt bei der I-Naht 0,5 bis 3 mm, bei der V-Naht 3 mm und bei der X-Naht 4 mm.

Anzünden: Zunächst wird das Sauerstoff- und dann das Acetylenventil mit einer gleichmäßigen, nicht ruckartigen Bewegung geöffnet und das Gasgemisch vor dem Brennermundstück entzündet. Um die neutrale Flamme zu erhalten, beginnt man mit einem Acetylenüberschuß und drosselt das Acetylenventil so lange, bis die neutrale Flamme entstanden ist.

Abstellen des Brenners: Den Brenner stellt man ab, indem man erst das Acetylen- und dann das Sauerstoffventil schließt. Danach schließt man die Flaschenventile und öffnet die Ventile an den Druckminderern, damit die Drücke aus den Verbindungsschläuchen entweichen können.

Nach-rechts-Schweißen: Der Schweißvorgang wird am Beispiel der Wannenposition (siehe Seite 241) dargestellt. Beim Nach-rechts-Schweißen wird die Schweißnaht von links nach rechts hergestellt (Abb. 42). Die Kegelspitze der Flamme richtet sich auf die Mitte der Schweißfuge, und zwar zunächst auf das linke Ende. Das Schweißdrahtende befindet sich bereits zum Vorwärmen in der Flamme, aber nicht in deren Schmelzbereich. Wenn die Nahtwände in das Schmelzbad übergehen, wird der Schweißdraht in das Schmelzbad an der Wurzel der Fuge getaucht und in einer Pendelbewegung schräg links aufwärts gezogen. Auf diese Weise wird das vom Schweißdraht abschmelzende Metall vom Wurzelgrund bis zum oberen Rand der Nahtwände mit dem Grundwerkstoff vermischt, verschmilzt also. Die Flamme bewegt man entsprechend dem Fortschreiten dieses Schweißvorganges ganz gleichmäßig und ruhig entlang der Naht nach rechts, so daß das Schmelzbad in der Fuge mitwandern kann. Der Schweißdraht wird dabei immer wieder in das Schmelzbad an der Wurzel eingetaucht, das Metall vom Schweißdraht nur in der Flamme abgeschmolzen und nicht abgetropft. Dieses Nach-rechts-Schweißverfahren wird bei Blechen ab einer Stärke von 3 bis 4 mm ausschließlich angewandt, weil bei diesem Verfahren der Gasverbrauch bezogen auf die Schweißleistung erheblich niedriger ist als bei der zweiten Schweißmethode, dem Nach-links-Schweißen.

Nach-links-Schweißen: Dieses Verfahren, anwendbar bis zu Blechstärken von 3 bis 4 mm, wird deshalb in der Praxis normalerweise angewandt, weil die meisten Schweißer Rechtshänder sind und ihre linke Hand nicht so geschickt ist. Beim Nach-links-Schweißen (Abb. 42) führt nämlich die linke Hand den Schweißdraht ohne die etwas komplizierte Pendelbewegung von rechts nach links. Sie taucht den Schweißdraht immer wieder in das Schmelzbad an der Wurzel der Fuge und hebt ihn in der Fuge empor, oftmals auch so, daß Zusatzmetall in der Flamme in die Fuge abgetropft wird (das wegen der damit verbundenen Aufnahme von Sauerstoff

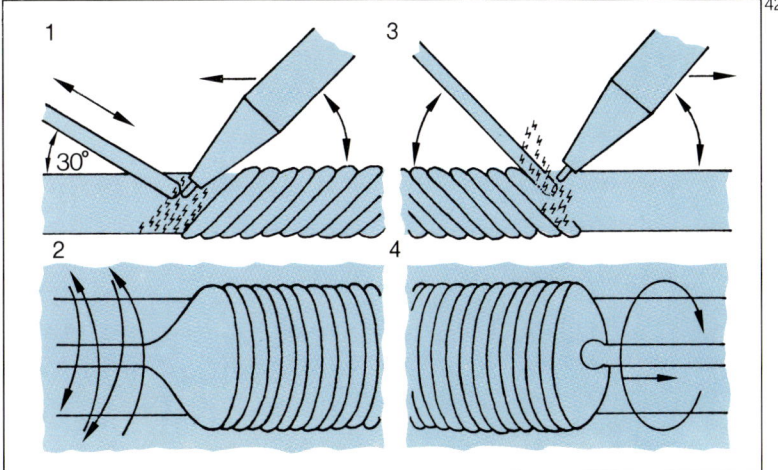

42 1, 2 *Nach-links-Schweißen*
3, 4 *Nach-rechts-Schweißen*
1, 3 *Links der Schweißdraht, rechts der Brenner.*
Die Pfeile zeigen, in welche Richtung und mit welcher Neigung Schweißdraht und Brenner bewegt werden.
2 *Bewegung des Brenners*
4 *Bewegung des Schweißdrahtes.*

und Stickstoff aus der Luft nicht optimal ist). Die geschicktere rechte Hand dagegen vollführt mit der Flamme eine Pendelbewegung in der Fuge und bewegt dabei die Flamme von rechts nach links.

Schweißfehler: Mangelhaftes Durchschweißen an der Wurzel schließt die Fuge nicht vollständig. Der Schweißvorgang war dann im Wurzelbereich nicht gründlich genug oder zu schnell. Eine zu starke Erhitzung des Nahtbereiches und zuwenig Rührbewegungen mit dem Schweißdraht im Wurzelbereich führen dazu, daß das gesamte Schweißbad nach unten durchsackt.

Bei Sauerstoffüberschuß in der Flamme oder nicht ausreichend gereinigten Nahträndern entstehen Schlacken im Schmelzbad. Kühlt das Schmelzbad zu schnell ab, können die in der Schmelze gelösten Gase nicht entweichen und bilden feine Poren. Schlacken und Poren sind potentielle Bruchstellen.

Eine ungleichmäßige Erhitzung der Flanken der Schweißfuge kann dazu führen, daß nicht an allen Stellen ein

Schmelzbad entsteht. Die Folge davon ist, daß sich Grund- und Zusatzwerkstoff nicht durchmischen, sondern nur als Klebebindung oberflächlich aneinander lagern, eine Verbindung, die bei Belastung sofort aufplatzt.

Kerben neben der Schweißnaht entstehen durch zu starkes Anschmelzen der Flanken, besonders häufig bei Kehlnähten.

Flammschutz: Beim Schweißen an bereits installierten Anlagen benutzt man eine Flammschutzmatte, die bis 3000 °C aushält, wenn die Gefahr besteht, daß andere Bauteile entzündet oder sonst durch die Flamme beschädigt werden können.

Das Brennschneiden

Die Oberfläche des Stahls muß metallisch rein sein. Nach der Entfernung grober Verunreinigungen genügt in der Regel ein Bestreichen der Schnittzone mit der Heizflamme des Brenners. Sie stellt man als neutrale Flamme ein (siehe Seite 243/244). Bevor man jedoch mit dem Brennschneiden anfangen kann, muß man das Schneidsauerstoffventil einmal probeweise öffnen und die Heizflamme danach regulieren. Die Angaben der Herstellerfirmen des Schneidbrenners über die einzustellenden Drücke sind genau einzuhalten. Zuerst wird der Anfang der Schnittlinie an einer Kante auf Hellrotglut erwärmt und dann das Schneidsauerstoffventil geöffnet, so daß der Schneidsauerstoff mit erheblichem Druck (mehrere bar) auf die Schnittlinie an der Kante auftrifft. 247

43 *Brennschneiden (Zinser).*

44 *Abkanteisen aus zwei Winkeleisen, von denen das untere in ein Holz eingelassen und festgeschraubt wurde. Zwischen die Winkeleisen wird das Blech geschoben. Mit einem Kunststoffhammer (Heyco) wird das Blech abgekantet. Das Abkanteisen kann mit Zwingen am Werktisch befestigt werden.*

Das entstehende Oxyd wird, von der Kante her beginnend, durchgeblasen, so daß die Schnittfuge durch den Werkstoff entsteht (Abb. 43). Bei Innenschnitten muß zuvor ein Loch gebohrt werden, damit man mit dem Schneidbrenner zu arbeiten beginnen kann. Die Schnittgeschwindigkeit ist vom Hersteller vorgeschrieben. Wird sie beachtet, entsteht ein glatter Schnitt mit scharfen Kanten.

Beim Schneiden dünner Bleche ist öfters der Fehler zu beobachten, daß die Heizflamme zu stark ist, so daß die obere Kante angeschmolzen wird und dann die untere verschweißt.

Biegen und Falzen

Biegen ist eine mechanische Umformtechnik. Ungehärteter Stahl, weiches Kupfer, weiches Messing und weiches Aluminium sowie die anderen Nichteisenmetalle können sehr gut kalt gebogen werden. Gehärteter Stahl und hartes Kupfer, Messing und Alu lassen sich schlecht biegen und brechen leicht bei scharfkantigem Biegen. Man kann sie jedoch durch Erwärmen enthärten, so daß sie sehr gut biegbar werden, vor allem wenn sie noch warm sind.

Wird ein Werkstück gebogen, so wird sein Gefüge an der Außenseite gedehnt, gestreckt, und es treten hier Zugspannungen auf, während das Gefüge an der Innenseite der Biegung gestaucht wird. Je kleiner der Biegeradius im Verhältnis zur Dicke des Werkstücks ist, das gebogen werden soll, um so größer ist die Gefahr, daß sich an der Außenseite der Biegung Risse bilden und das Werkstück bricht. Der Biegeradius (Abb. 45) bei verhältnismäßig weichem Stahl (St 37) beträgt z. B. das

Eineinhalbfache der Dicke des Werkstoffs, bei weichem Alu, Messing und Kupfer das Ein- und Anderthalbfache, bei hartem Messing und Kupfer das Eineinhalbfache bis Zweifache und das Drei- bis Vierfache bei hartem Alu.

Falzen ist eine Verbindungstechnik für Bleche, die scharfkantiges Abbiegen oder Abkanten zur Voraussetzung hat.

Bleche abkanten und falzen

Für das Runden, Bördeln und Schweifen, das vor allem bei kunsthandwerklichen Arbeiten vorkommt, wird auf Spezialliteratur verwiesen (Seite 536).

Gerade abkanten und falzen: Zuerst wird die Biegelinie auf dem Blech angerissen (siehe Seite 46), bei Aluminium angezeichnet, weil das Alublech sonst an der Rißlinie bricht. Bei harten Blechen muß die Biegekante quer zur Walzrichtung verlaufen, um ein Brechen zu vermeiden. Wenn zwei Biegungen im rechten Winkel zueinander erfolgen sollen, dann wird jede Biegung im Winkel von 45° zur Walzrichtung gebogen. Die Walzrichtung verläuft in aller Regel parallel zur Längsseite der Blechtafel und ist meist auch an streifenförmigen Bahnen erkennbar. Kann man die Walzrichtung nicht erkennen, macht man an einem Blechstück eine Biegeprobe durch mehrmaliges Hin- und Herbiegen: Wird mit der Walzrichtung gebogen, bricht das Blech schneller.

Das Blech wird zum scharfkantigen Biegen beidseitig auf der ganzen Biegelänge eingespannt, entweder im Schraub-

stock zwischen Winkeleisen oder in einem selbstgebauten Abkanteisen (Abb. 44). Die Biegelinie muß dabei parallel über der Einspannvorrichtung sichtbar sein, und zwar in einem Abstand, der genau der Blechstärke entspricht.

Beim Falzen wird zunächst an beiden Blechteilen ein Rand abgekantet, der je nach Blechdicke zwischen 3–12 mm sein kann und beim Zuschneiden als Falzzugabe nicht vergessen werden darf. Danach wird der Falz umgeschlagen (Abb. 45), die Falze werden ineinandergehängt und auf einer harten, glatten Unterlage mit dem Hammer flachgeschlagen.

Das obere Blech wird dann unmittelbar neben dem Falz mit einem Flacheisen

44

oder Hartholzblock (je nach Stärke des Bleches) durchgesetzt (Abb. 45). Auf diese Weise wird das Auseinanderrutschen des Falzes verhindert und bewirkt, daß die gefalzte Verbindung auf einer Seite eben ist. Zum Schluß wird die Falznaht flachgeklopft.

Dieser so entstandene Doppelfalz wird durch zusätzliches Verlöten absolut wasserdicht. Will man verlöten, sollte das Blech in der Falzbreite vor dem Falzen verzinnt werden (siehe Seite 236).

Sehr praktisch ist der Handabkanter zum Falzen von Blechen bis 0,8 mm Stärke (Abb. 46).

Rundbiegen: Zylindrische Formen entstehen dadurch, daß man das Blech um ein starkwandiges Rohrstück schlägt, das als Formkern dient, oder auf einem

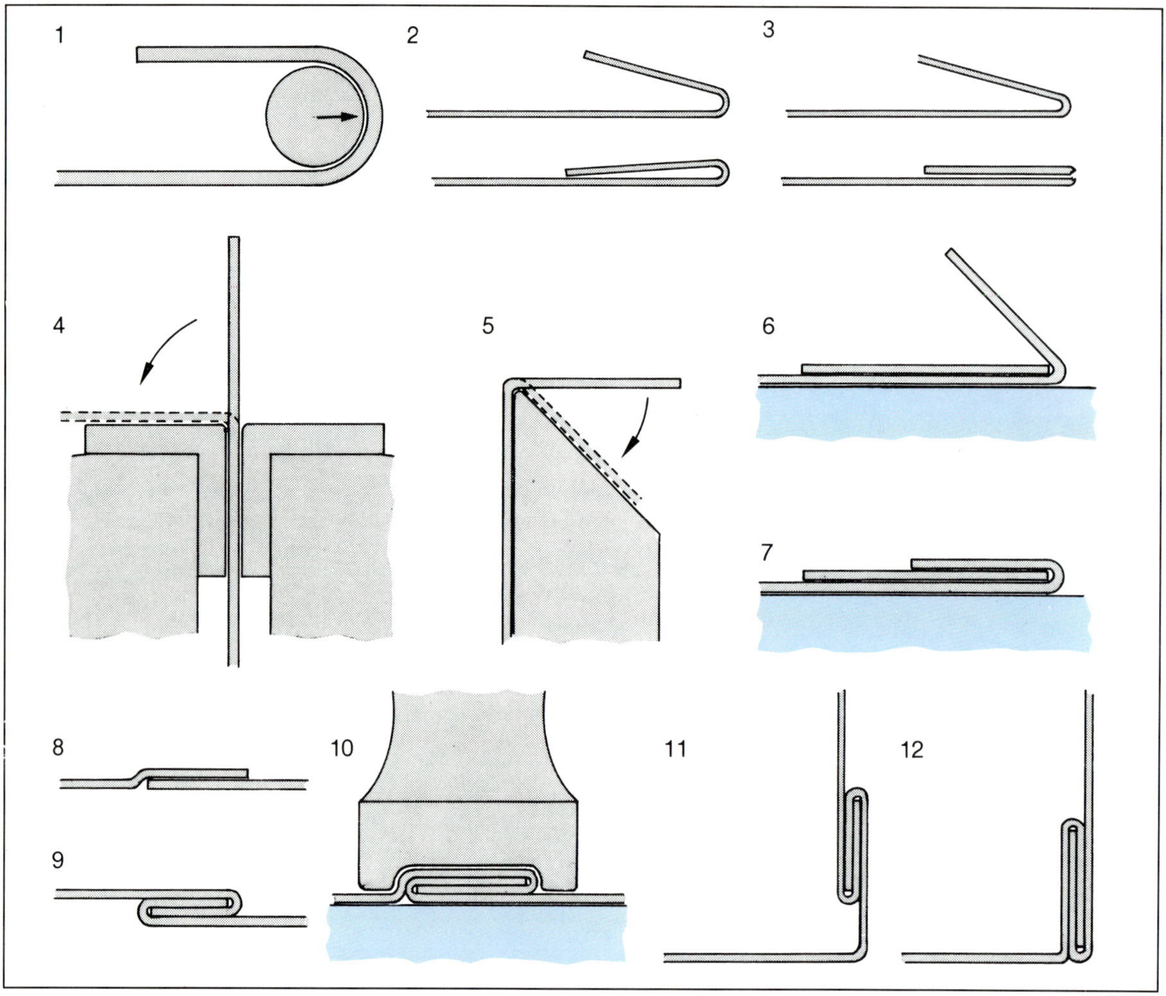

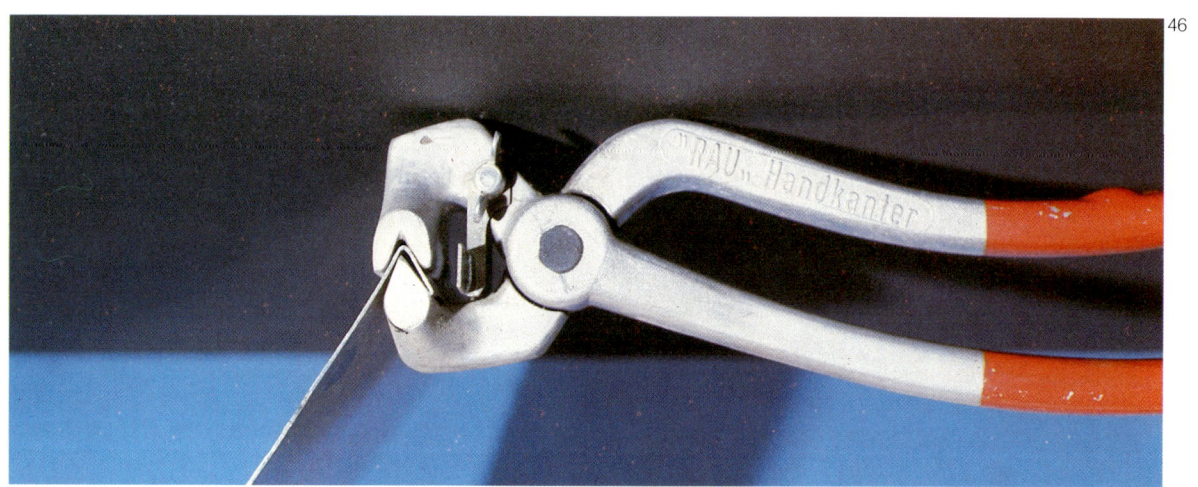

45 *Biegen und Falzen:*
   1 Der Biegeradius ist bei jedem Metall verschieden. Wird er beim Biegen nicht eingehalten, bricht das Metall.
   2 Richtiger Umschlag = mit Biegeradius
   3 Falscher Umschlag = ohne Biegeradius = Blech bricht
   4 Blech zwischen zwei Winkeleisen in den Schraubstock einspannen zum Abkanten
   5 Biegen des Blechs am Umschlageisen
   6, 7 Beim Falz zuschlagen, ein Blech beilegen
   8, 9, 11, 12 Abkantmöglichkeiten für Blechverbindungen
   10 Mit dem Falzmeißel wird der Falz durchgesetzt und damit gesichert.

46 *Handabkanter bis 0,8 mm Blechstärke für Abkantungen bis 20 mm Breite (Rau). Auf dem Bild sieht man nur das Umbiegen über 90°. Mit der gleichen Zange ist aber auch das Umschlagen möglich, das hier ein Umdrücken ist.*

47 *Herstellung eines drahtverstärkten Blechrandes:*
   1 ⅓ der angerissenen 2½ Drahtstärken abkanten
   2 Die gesamte Anschlagbreite abkanten
   3 Den Draht eindrücken, das Blech umschlagen und ausrunden.

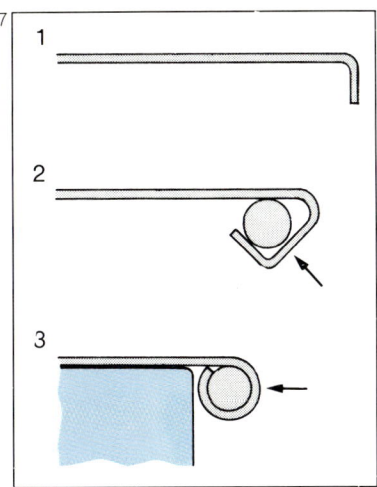

Schweifstock rund biegt. Für andere Rundungen muß man zunächst aus Hartholz einen Formkern herstellen, der bei elastischen, federnden Blechen etwas kleiner sein muß als die gewünschte Rundung.

Soll ein Zylinder gefalzt werden, muß kurz nach Beginn des Rundens der nach innen umgeschlagene Falz geschlagen werden. Die Falze werden ineinandergehängt, durchgesetzt und flachgeschlagen.

Bördeln und Schweifen: Beim Bördeln wird an einer Rundblechscheibe der Rand so umgeschlagen, daß er schließlich in einem rechten Winkel zur Scheibe steht und das Ganze wie ein flaches rundes Kuchenblech aussieht. Beim Schweifen wird der Rand eines Blechzylinders so nach außen umgeschlagen, daß er rechtwinklig absteht.

Beide Techniken werden benötigt, wenn man z. B. für eine runde Blechbüchse den Boden und den Deckel herstellen will (siehe Literaturverzeichnis Seite 536).

Randverstärken: Der Rand unterliegt meist einer besonderen Beanspruchung. Durch das Umschlagen eines Falzes wird er verstärkt, und zugleich verschwindet die scharfe Kante, an der man sich sonst leicht verletzen könnte. Noch stabiler wird der Rand, wenn der Falz um einen Draht herumgeschlagen wird. Der Falz muß 2½mal so breit sein wie der Draht dick ist. Beim Umschlagen des Falzes wird ein Blechstreifen eingelegt, der so dick ist wie der Draht. Dann legt man den Draht ein und klopft den Rand herum (Abb. 47).

Flachstahl biegen

Damit ein dicker Stab beim Biegen an der Biegestelle einen rechtwinkligen Querschnitt erhält, wird das Werkstück an der Biegestelle bis zur Weißglut erhitzt, das Werkstück links und rechts davon in Wasser abgekühlt, so daß nur noch die Biegestelle heiß ist. Dann stößt man das Werkstück abwechselnd mit dem einen und dem anderen Ende kräftig auf den Amboß auf, so daß sich das Metall an der erhitzten Stelle staucht. Nach dem Biegen ist von der Stauchung nichts mehr zu sehen.

Beim Biegen von Flachstahl muß kräftig zugeschlagen werden. Damit sich der Hammerschlag genau dort auswirkt, wo man es beabsichtigt, schlägt man nicht unmittelbar auf das Werkstück, sondern benutzt als übertragendes Element ein Stück Flachstahl, das die Kraft des Hammerschlags genau an die gewünschte Stelle leitet.

Über Kunstschlosserarbeiten informiert die Fachliteratur auf Seite 536.

Winkelstahlbiegen

Das Winkelprofil muß vor dem Biegen ausgeklinkt werden, wie das die Abb. 48 zeigt.

Rohrbiegen

Beim Rohrbiegen kommt es darauf an, einen Knick des Rohres zu vermeiden. Das erreicht man mit verschiedenen *Rohrbiegegeräten*, als Einhandbiegegerät bis 90°-Bogen und als Zweihandbiegegerät für Bogen bis 180°. Jedes Biegegerät ist nur für einen bestimmten Rohrdurchmesser geeignet. Da Rohrbiegen fast nur bei Installationsarbeiten vorkommt, sollte man erst entscheiden, was für Rohrstärken verarbeitet werden und danach das Biegegerät kaufen.

Ein behelfsmäßiges Biegen besteht darin, das Rohr mit feinem Sand zu füllen, an beiden Seiten fest zuzustöpseln, das Rohr an der Biegestelle zu erwärmen und dann zu biegen. Ist die Biegestelle zu nahe an einem Ende und reicht die Kraft zum Biegen nicht aus, verlängert man das Rohr mit einem dünneren Rohr oder Rundstab, die mit dem Außendurchmesser möglichst genau in das Rohr passen.

Drahtbiegen

Draht wird mit der Flachzange kantig gebogen, Ösen biegt man mit der Rundzange. Aus hartem Stahldraht, den man kaufen kann, lassen sich Zug- und Druckfedern mit einer selbstgebauten Wickelmaschine herstellen:

Ein Hartholzklotz wird z. B. mit Löchern von 3, 4, 6 und 8 mm Durchmesser durchbohrt. Durch die Löcher steckt man passende Rundstäbe, deren eines Ende zu einer Kurbel gebogen ist, während das andere durchbohrt ist. In dieses Loch wird der Stahldraht gesteckt und dann die Kurbel gedreht, bis die Spirale die gewünschte Länge erhalten hat (Abb. 49). Soll aus der Spirale eine *Zugfeder* werden, biegt man die Enden zu einer offenen Öse um, mit der man die Zugfeder einhängen kann. Soll aus der Spirale eine *Druckfeder* wer-

48 Winkelprofil biegen:
  1 Anreißen der Biegestelle
  2 Lage des Sägeschnittes
  3 Winkelprofil nach dem Biegen in
    der Aufsicht. Der Sägeschnitt
    kann zugeschweißt werden.

49 Federn biegen:
  1 Kurbel, Knebel
  2 Hartholzklotz als Lager
  3 Rundstab mit Loch, durch das der
    Draht gesteckt wird
  4 Aufgewickelter Draht
  5 Zange.

50 Wirkungen des
  Hämmerns auf Blech:
  1 Stauchen: harter Hammer, weiche
    Unterlage (Luft), darunter harte
    Unterlage
    a man kann stauchen, bis das
      Blech überall der harten Unter-
      lage anliegt
    b wenn man weiter hämmert,
      streckt sich das Metall und
      wölbt sich seitlich auf (harter
      Hammer, harte Unterlage)
  2 Treiben: harter Hammer, weiche
    Unterlage: das Metall wird ge-
    dehnt.

51 Verzogenes Blech mit dem Spannhammer richten: Man beginnt mit
  den Schlägen in der Mitte und führt
  sie der Diagonale folgend in die vier
  Ecken in der angegebenen Reihenfolge aus.

den, zieht man die Feder etwas über
den Dehnungspunkt auseinander und
kneift die Enden ab.

Kaltschmieden, Treiben, Richten, Ausbeulen

Beim Biegen wird das Werkstück außen
in der Biegung gestreckt und innen gestaucht. Auf dem Strecken und Stauchen beruhen alle Techniken, mit denen
Metalle spanlos umgeformt werden.
Viele Metalle sind im kalten Zustand zäh
und schmiedbar, z.B. Gold, Silber, Kupfer, Messing, Zinn und Aluminium. Diese

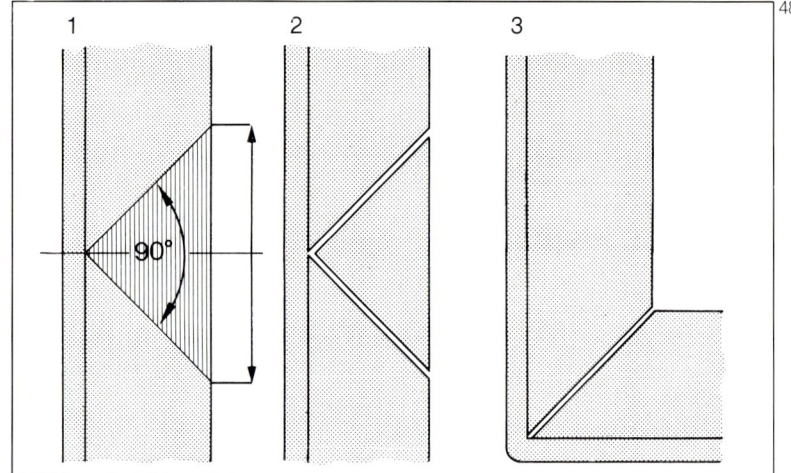

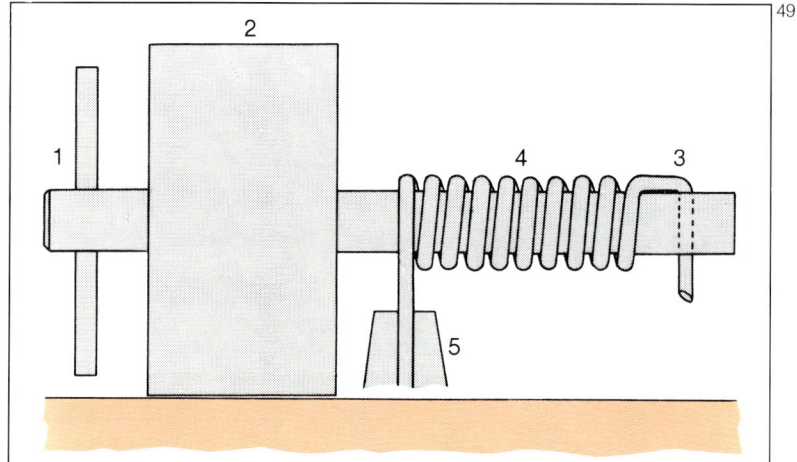

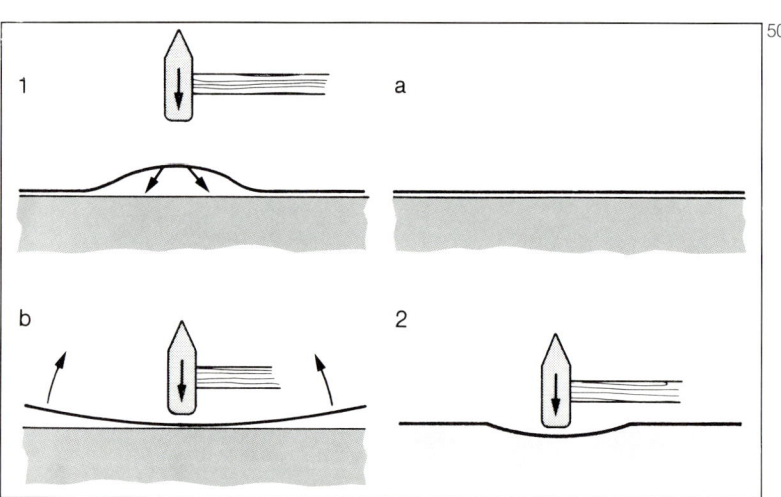

Metalle können durch Hammerschläge auseinandergetrieben (breitgeschlagen, gestreckt) werden, ohne daß das Metall seinen Zusammenhalt verliert. Sie können durch Hammerschläge auch zusammengetrieben (glattgeschlagen, eingeebnet, gestaucht) werden.

Beim Strecken vermindert sich der Querschnitt des Werkstücks, beim Stauchen nimmt er zu.

Während des Streckens und Stauchens als der Summe sehr vieler Hammerschläge wird das Material immer spröder, bis die Gefahr besteht, daß es reißt oder bricht. Deshalb muß es zwischendurch immer wieder spannungsfrei geglüht und gebeizt werden.

Die Formbarkeit durch Hammerschläge wird durch Erwärmen des schmiedba-

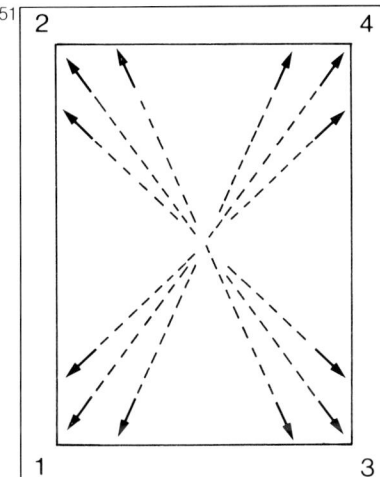

ren Metalls wesentlich erhöht. Dieses Warmschmieden ist als die Arbeit des Schmiedes bekannt, der das glühendgemachte Schmiedeeisen unter wuchtigen Schlägen auf dem Amboß formt. Schmiedeeisen ist schmiedbarer Stahl (siehe Seite 208).

Weiterführende Literatur über das Biegen ist auf Seite 536 angegeben. Grundsätzliches über das Treiben, einer Form des Kaltschmiedens, steht in der nächsten Spalte und auf Seite 258.

Hammer und Unterlage

Schlägt man mit einem Hammer auf Metall so hängt die Wirkung des Schlages von der Härte der Unterlage und der Härte des Hammers ab (Abb. 50). Dabei ist natürlich Voraussetzung, daß

der Hammerschlag im Verhältnis zum Werkstück grundsätzlich geeignet ist, es zu (ver-)formen.

Harte Unterlage – harter Hammer: Sind Hammer und Unterlage härter als das Werkstück, so bewirkt der Hammerschlag, daß das Material zur Seite ausweicht: Es wird breitgeschlagen, gestreckt, und der Querschnitt des Metalls wird an der Schlagstelle dünner. Beispiel: Ein Blech liegt auf der gehärteten Bahn des Ambosses und wird mit einem Schlosserhammer, dessen Bahn und Finne ebenfalls aus gehärtetem Stahl, bearbeitet.

Weiche Unterlage – harter Hammer: Ist die Unterlage weicher als der Hammer und das Werkstück, so weicht das Metall nicht zur Seite aus, wenn darauf geschlagen wird, sondern in Richtung der weichen Unterlage. Dies macht man sich bei der Reparatur eines verbeulten Bleches zunutze. Dabei ist die Luft unter der Beule eine besonders weiche Unterlage. Schlägt man mit einem Hammer auf die Beule – bei dünnen (Auto-) Stahlblechen genügt ein Kunststoffhammer –, wird das Metall gestaucht; es weicht in Richtung der weichen Unterlage, also der Luft, aus. Auf diese Weise wird das Blech glattgeschlagen, die Beule eingeebnet.

Nach dem gleichen Prinzip kann man aber auch beim Treiben arbeiten: Schlägt man mit einem Hammer mit gehärteter Bahn (Schlosserhammer, Treibhammer) auf das gerade Blech, so bekommt es an der Schlagstelle eine Vertiefung, denn die Unterlage, auf der das Blech liegt, gibt nach (z. B. die Bleiplatte oder der [Hart-]Holzklotz, auf dem das Blech für die Treibarbeit liegt). Durch den Hammerschlag wird das Blech an der Schlagstelle gestreckt.

Harte Unterlage – weicher Hammer: Ist die Unterlage härter als das Werkstück, der Hammer aber weicher als das Werkstück, so kann dieses aufgrund des Hammerschlages weder in Richtung Unterlage ausweichen, noch streckt es sich seitwärts. Die Schlagenergie geht in den weichen Hammer zurück. Dies macht man sich für das Richten von verzogenen Blechen zunutze: Solange Luft hinter dem verbeulten Blech ist, wird das Blech gestaucht und glattgeschlagen; sobald das geschehen ist, können weitere Schläge das Blech nicht ungewollt wieder verformen.

Richten und Ausbeulen

Richten ist das Beseitigen von nichtgewollten Verformungen, die als Beschädigungen z. B. beim Transport oder durch unsachgemäße Lagerung oder Überbeanspruchung entstehen. Solche Verformungen sind aber auch eine zwar unerwünschte, jedoch unvermeidbare Begleiterscheinung bestimmter metallverarbeitender Techniken, wie z. B. das Verziehen des Bleches beim Schweißen oder das Verziehen des Blechrandes beim Blechschneiden. Das Richten geschieht entweder mechanisch mit Hilfe von Hammerschlägen oder durch Zurückbiegen mit der Zange oder dem Schraubstock oder thermisch mit der Heizflamme des Schweißbrenners.

Verzogene Bleche: Sie werden mit einem Schonhammer aus Holz, Gummi oder Kunststoff bei dünnen Blechen, sonst mit einem Spannhammer bei dicken Blechen gerichtet. Das Blech wird auf die Richtplatte gelegt. Man beginnt mit den Schlägen in der Mitte und wandert diagonal in die Eckbereiche, wie das Abb. 51 zeigt. Die Schläge werden gleichmäßig und nicht zu stark locker aus dem Handgelenk geführt. Doppelschläge auf die gleiche Stelle sind zu vermeiden.

Verbeulte Blechtafeln: Man legt sie mit der Beule nach oben auf eine glatte, harte Unterlage und schlägt mit dem Schonhammer auf die Beule. Als Hammer benutzt man einen Kunststoff-, Gummi- oder Holzhammer, denn er muß weicher sein als das zu richtende Metall, damit keine neuen Verformungen im Blech entstehen und es nicht gespannt wird. Durch die Hammerschläge wird das Material gestaucht, und die Beule verschwindet. Sobald das Material Kontakt zur Unterlage bekommt, muß bei Nichteisenmetallen mit dem Schlagen aufgehört werden, weil sonst an dieser Stelle eine Schlagstreckung des Materials erfolgt.

Nach der gleichen Methode werden Verformungen im gewölbten Blech beseitigt. Der häufigste Anwendungsfall ist das Ausbeulen von Blechschäden an der Autokarosserie. Als Unterlage benutzt man verschieden geformte Fäuste (siehe Seite 216, Abb. 9). Es handelt sich dabei um stählerne Werkzeuge mit gehärteter und in der Regel gewölbter Oberfläche, die man mit der einen Hand gegen das Blech hält, während man mit der anderen mit dem Hammer darauf schlägt. Die Fäuste müssen so gehalten werden, daß unter der Beule, die man einebnen will, Luft zwischen Blech und Faust ist.

Eine andere Methode des Ausbeulens besteht darin, spiralförmig nach außen um die Beule herum durch Hammerschläge das Material zu strecken. Dazu benötigt man die Kombination »harte Unterlage – harter Hammer« (siehe oben). Je weiter von der Beule entfernt die Schläge erfolgen, um so stärker müssen sie sein. Keinesfalls darf bei dieser Methode direkt auf die Beule geschlagen werden.

Eine großflächige Beule im Blech kann man auch sehr gut mit der Heizflamme eines Schweißbrenners beseitigen: Man erwärmt den Bereich um den Gipfel der Beule, so daß sich das Metall ausdehnt. Das führt in dem Bereich, wo das Blech nicht erwärmt wurde, zu einer Stauchung im Metall. Sie bleibt nach dem Abkühlen erhalten, während sich das Blech dort, wo es sich in der Folge der Erwärmung ausgedehnt hat, beim Abkühlen wieder zusammenzieht. Unter dem Einfluß der Flamme verstärkt sich zunächst die Verformung, verschwindet aber nach dem Abkühlen. Für die richtige Anwendung dieser Methode muß man Erfahrungen sammeln.

Flacheisen richten: Verbogene Stücke werden mit der Hohlseite nach unten auf eine harte Unterlage gelegt und geradegeschlagen. Aus kleinen Stücken drückt man mit Hilfe des Schraubstocks die Verformung heraus. Verdrehte Stäbe spannt man in den Schraubstock, packt den Stab mit einer geeigneten Zange oder einem Dreheisen, Vierkantstäbe z.B. mit einem Schraubenschlüssel, und biegt das Material wieder zurecht. Durch Erwärmen der verbogenen Stellen kann das Richten erheblich erleichtert werden.

Rohre richten: Ist das Rohr eingedrückt, treibt man einen Dorn aus Metall (bei weichen Metallen aus Hartholz) in das Rohr ein. Einen solchen Dorn muß man sich selbst anfertigen.

Ein Rohr, das sich verzogen hat, wird auf der Außenseite des Bogens auf Rotglut angewärmt. Zunächst verstärkt sich die Biegung, denn die erwärmten Teile wollen sich ausdehnen, stoßen aber an die benachbarten kalten Zonen des Werkstücks, so daß eine Stauchung

entsteht, die beim Abkühlen als Zugspannung wirkt und das Rohr entgegen dem Bogen zieht. Im Bedarfsfall muß das Richten mittels aufgebrachter Wärme mehrfach wiederholt werden.

Draht richten: Dünne und mittelstarke Drähte befestigt man mit einem Ende an einem festen Halt und zieht am anderen Ende mehrmals ruckartig an. Stärkere Drähte werden mit der Flachzange geradegebogen, sehr starke Drähte (ebenso Nägel) auf der Richtplatte oder dem Amboß geradegeklopft.

Oberflächenbehandlung

Zur Oberflächenbehandlung gehören alle Techniken, die die Oberfläche glätten, sie gestalten, schützen und verschönern. Im folgenden Text werden diese Techniken stichwortartig aufgezählt, denn das meiste sprengt den Rahmen eines Handwerksbuches und gehört entweder in den kunsthandwerklichen Bereich oder wird in großtechnischen Verfahren angewandt.

Andere Themen sind im Kapitel »Anstriche« ausführlich dargestellt, auf das an den entsprechenden Stellen verwiesen wird.

Schleifen und Anstreichen

Beim Glätten der Oberfläche kommen erst grobe, dann immer feinere Schleifmittel zum Einsatz. Schlußbehandlung ist das Polieren, die feinste Art zu schleifen, mit der spiegelnde Oberflächen von vollkommener Glätte erzeugt werden. Daß solche glatten Oberflächen weniger Angriffspunkte für schädigende Einflüsse bieten als rauhe, bedarf keiner weiteren Erklärung.

Beim Schleifen werden von den Schleifkörnern mikroskopisch kleine Späne vom Werkstück abgenommen. In der metallbearbeitenden Industrie ist das Schleifen (und Polieren) die Schlußbehandlung, um höchste Maßgenauigkeit und äußerst glatte Oberflächen zu erzielen. Schleifen im Heimwerkerbereich ist im Verhältnis dazu eine sehr grobe Tätigkeit und wird vor allem angewandt zum Entrosten und zur Herstellung einer blanken Metalloberfläche für einen Anstrich. Deshalb wird das Schleifen auch

im Kapitel »Anstriche« behandelt (siehe Seite 128). Soweit das Schleifen zum Schärfen von Werkzeug dient, findet sich Näheres dazu ab Seite 255.

Oberflächengestaltende Techniken

Auf Seite 536 ist weiterführende Literatur für diese zum kunsthandwerklichen Bereich gehörenden Techniken angegeben.

Ätzen: Säure greift unedle Metalle wie z.B. Kupfer, Messing, Zink und Eisen an. Diese Tatsache macht man sich zunutze beim Ätzen von Bildern, bei der die Säure Vertiefungen in das Metall frißt. Die Teile, die stehenbleiben sollen, werden mit Asphaltlack abgedeckt und damit vor der Einwirkung der Säure geschützt.

Gravieren: Mit kleinen Meißeln und Sticheln werden Ornamente und Schriftzüge in die Metalloberfläche eingraviert. Es handelt sich um eine spanabhebende Technik.

Ziselieren: In das auf einer weichen Unterlage liegende Blech werden mit Hammer und Punzen Reliefs getrieben oder gedrückt.

Punzieren: Benutzt man die Punzen als Stempel und reiht Einschlag neben Einschlag, so entstehen Ornamente.

Filigranarbeiten: Es handelt sich dabei um feinste Drahtlötarbeiten.

Tauschieren: Aus der Metalloberfläche wird mit einem feinen Meißel eine Nut herausgemeißelt, in die ein entsprechend dimensionierter weicher Draht eines anderen Metalls, z.B. Silber, eingehämmert wird.

Chemische Oberflächenveredelung

Im folgenden Text wird stichwortartig aufgezählt, was es in diesem Bereich an Möglichkeiten gibt. Wer sich näher damit befassen möchte, findet weiterführende Literatur auf Seite 536.

Wer nicht bereit ist, die übrigbleibenden Säurebäder als Sondermüll zu entsorgen, sollte auf chemische Oberflächenveredelungen ganz verzichten.

Färben und Patinieren: Durch Ausglühen und anschließendes Beizen in einem heißen Säurebad wird aus einer Legierung das unedle Metall herausgelöst, so daß z.B. ein Gegenstand aus einer niederkarätigen Goldlegierung zum Schluß aussieht, als sei er aus purem Gold. Durch das Einwirken der verschiedenen Säuren auf die verschienen Metalle lassen sich sehr viele Färbungen dauerhaft erzielen.

Brünieren: Auf der Metalloberfläche wird im Brünierbad, einer konzentrierten Lösung aus Ätznatron und Oxydationsmitteln, eine dünne Oxydschicht erzeugt. Auf diese Weise kann Stahl von Hellbraun bis Schwarz gefärbt werden.

Schwarzbrennen: Erwärmt man den Stahl bis zur schwachen Dunkelrotglut, taucht ihn danach in Öl und erwärmt dann das Eisen nochmals, bis das Öl ein- bzw. abgebrannt ist, hat das Werkstück eine mattglänzende schwarze Oberfläche bekommen, die einen guten Schutz gegen Rost darstellt.

Überzug mit Metall

Das Werkstück wird mit einer hauchdünnen Metallschicht überzogen (versilbern, verkupfern, verzinnen, verzinken, verchromen, vernickeln, eloxieren [Aluminium wird mit einer Aluminiumoxydschicht überzogen]). Das geschieht durch Eintauchen in ein flüssiges Metallbad (z. B. feuerverzinnen), chemisch durch Eintauchen des Gegenstandes in eine Metallsalzlösung oder elektrisch durch Anwendung der Elektrolyse (= galvanisieren). Auf Seite 536 ist weiterführende Literatur angegeben.

Emaillieren

Bei dieser Technik wird auf die Metalloberfläche ein außerordentlich haltbarer und widerstandsfähiger Überzug aufgeschmolzen. Das Email besteht aus verschiedenen Quarz-, Feld- und Flußspaten, aus Soda und Borax. Email dient entweder vorrangig dem Schutz des Metalls, so bei emaillierten Wannen, Gefäßen und Schildern oder der Herstellung von Schmuck. Auf Seite 536 ist angegeben, wo man Näheres darüber erfährt.

Zementüberzug

Stahl wird durch Überziehen mit Zement vor dem Rosten infolge der Witterungseinflüsse geschützt. Diese Tatsache wird beim Stahlbetonbau genutzt.

Einölen und Fetten

Das Einreiben der blanken Metalloberfläche mit säurefreien Ölen und Fetten ist bei der Werkzeugpflege die wichtigste Methode des Schutzes vor Korrosion.

Korrosion

Unter diesem Begriff sind alle Zerstörungserscheinungen an metallischen Werkstoffen zusammengefaßt, die infolge chemischer oder elektromechanischer Wirkungen von der Oberfläche ausgehen.

Chemische Korrosion

Am bekanntesten ist der Rostfraß bei Eisen und Stahl. Wie man sich davor schützen und was man gegen Rost tun kann, findet sich auf Seite 128.

Die chemischen Zerstörungen werden hervorgerufen durch die Stoffe in der Luft und im Wasser in Form von Sauerstoff, Rauchgasen, Industrieabgasen, die zusammen mit Wasser mehr oder weniger schwache Säuren und Laugen bilden.

Eine Korrosionsschicht führt nicht in jedem Fall zur Zerstörung des gesamten Gegenstandes, sondern kann ihn auch schützen. Bei Kupfer z. B. entsteht als Korrosionsschicht die Patina, die das Kupfer vor weiteren schädigenden Witterungseinflüssen schützt, so daß die Korrosion nach Bildung der Patina aufhört. Beim Aluminium wird in großtechnischen Verfahren die Aluminiumoxydschicht als bester Schutz für das Aluminium verstärkt (= eloxieren). Anders ist dies beim Baustahl, dem am häufigsten eingesetzten metallischen Werkstoff: Der Rost frißt sich im Laufe der Zeit durch jeden noch so dicken Baustahl. Es gibt Stahlsorten, die durch Zusätze von Nickel, Chrom, Wolfram, Titan, Molybdän widerstandsfähig gegen Rost gemacht worden sind und nichtrostend genannt werden, was aber nicht bedeutet, daß sie gegen alle aggressiven Substanzen beständig wären; auch an ihnen nagt der Zahn der Zeit mit Erfolg.

Gegen Korrosion hilft nur der Schutz des Metalls durch eine entsprechende Oberflächenbehandlung, die verhindert, daß die schädigenden Stoffe mit dem Metall Kontakt erhalten (siehe Seite 128). Das klingt einfacher, als es ist. Das Problem besteht darin, daß die das Metall schützende Schicht immer sehr dünn ist und leicht auf mechanische Weise beschädigt werden kann, so daß die Luft wieder direkt mit dem Metall in Kontakt kommt. Jeder kennt das Pro-

blem vom Auto her: Mit einem winzigen kleinen Lackschaden fängt es an, und nach zwei Jahren ist die Karosserie durchgerostet. Aber nicht nur Beschädigungen schaffen Ansatzstellen für Korrosion, sondern auch bei der fachlich einwandfreien Bearbeitung selbst entstehen solche Ansatzstellen, wenn z. B. Löcher für die Befestigung gebohrt oder die Blechtafel durchgeschnitten werden muß. Und schließlich sind auch die das Metall schützenden Schichten selbst nicht absolut beständig gegen die zum Teil außerordentlich aggressiven Substanzen in der Luft. Wenn also Stahl verwendet werden muß, der Abgasen, feuchter Luft oder der Bodenfeuchtigkeit ausgesetzt ist, gibt es keinen Schutz von Dauer. Die Korrosion kann durch ständige Pflege und Erneuerung des Oberflächenschutzes und später durch ständige Rostbekämpfung in ihren schädlichen Auswirkungen erheblich verlangsamt werden.

Aber am Ende siegt der Rost, und die zerstörten Teile müssen ausgetauscht werden.

Elektromechanische Korrosion

Stoßen verschiedene Metalle aneinander – was auch innerhalb des Gefüges eines Werkstoffes der Fall sein kann, wenn er aus verschiedenen Metallen besteht (Legierungen) – und kommt Feuchtigkeit hinzu, entstehen galvanische Elemente, durch die das unedlere Metall durch Elektrolyse aufgelöst wird.

Diese Erscheinung ist vor allem beim Bau von Wasserleitungen zu beachten (siehe Seite 436)

Werkzeug schärfen

Alle spanenden und trennenden Werkzeuge werden durch den Gebrauch stumpf, um so schneller, je härter der zu bearbeitende Werkstoff ist, also am schnellsten bei metallbearbeitenden Werkzeugen. Dazu kommt der oftmals unsachgemäße Umgang mit den Werkzeugen, der die Schneiden beschädigt. So wird beim Bohren in Metall, in Beton, in Hartholz der Bohrer so strapaziert, daß er infolge Reibungshitze blau anläuft und ausglüht. Dadurch verliert der Werkzeugstahl seine Härte. Oder der 255

Stechbeitel wird als Stemmeisen zum Heraushebeln eines Nagels verwendet – kein Wunder, wenn ein Teil der Schneide ausbricht. Oder der Hobel wird unachtsam auf anderes Werkzeug gelegt mit der Folge, daß die empfindliche Schneide des Hobeleisens beschädigt wird.

Wer Spaß an handwerklicher Betätigung hat und gute Arbeitsergebnisse erzielen will, braucht scharfes Werkzeug. Das ist auch eine Voraussetzung zur Verhütung von Unfällen, denn stumpfe Werkzeuge verleiten dazu, die mangelnde Leistung des Werkzeuges durch übergroßen Krafteinsatz, durch Gewalt auszugleichen, was mit Verletzungsgefahren verbunden ist.

Mit Ausnahme der hartmetallbestückten Werkzeuge (z.B. Steinbohrer, bestimmte Kreissägeblätter) kann der Heimwerker sein Werkzeug selbst schärfen. Er braucht dazu eine Schleifscheibe und einen Abziehstein. Da aber erfahrungsgemäß das eigenhändige und richtige Schärfen des Werkzeugs im Heimwerkerbereich sehr vernachlässigt wird, soll auf eine andere Möglichkeit aufmerksam gemacht werden, sein Werkzeug regelmäßig scharf zu halten: Man sucht sich einen Handwerker in der Nähe und bittet ihn, das Werkzeug mitzuschleifen. Das kostet nicht viel. Es gibt auch Handwerksbetriebe, die sich auf das Schärfen von Werkzeug spezialisiert haben. Was jeder Heimwerker jedoch selbst können sollte, ist das Abziehen, denn eine Schneide, die durch Gebrauch ihre optimale Schärfe verloren hat, kann mehrmals am Abziehstein wieder scharf gemacht werden, bevor erneut geschliffen werden muß.

Doppelschleifbock

Alle namhaften Hersteller von Elektrowerkzeugen bieten preisgünstige und leistungsstarke Doppelschleifböcke an. *Schleifscheibe:* Die Doppelschleifböcke sind in der Regel mit einer Sandstein- und Karborundscheibe ausgestattet. Karborund, chemisch Siliciumcarbid, ist eine Verbindung von Kieselsäure und Kohlenstoff, die fast so hart ist wie Diamant.

Vor dem Aufspannen wird die Schleifscheibe mit der Klangprobe auf einwandfreie Beschaffenheit geprüft. Die Scheibe wird auf einen Dorn gehängt und mit einem Hartholz darauf geklopft.

Einwandfreie Scheiben haben einen hellen Klang, angerissene Scheiben klirren.

Für die Schleifmaschine dürfen nur die dafür vorgesehenen Scheiben verwendet werden. Sie lassen sich ohne Gewalt mit der Hand auf die Spindel stecken. Keinesfalls dürfen Scheiben aufgebohrt werden. Zwischen die Scheibe und den Spannflansch gehört eine elastische Zwischenlage aus Pappe oder Gummi.

Nach jedem Aufspannen muß ein Probelauf von mehreren Minuten durchgeführt werden, um zu prüfen, ob die Scheibe einwandfrei sitzt. Vorsorglich sollte man in Deckung gehen.

Die Werkstückauflage ist so einzustellen, daß der Abstand zur Scheibe höchstens 3 mm beträgt. So wird verhindert, daß das Werkstück von der Scheibe mitgerissen wird.

Unfallgefahr: Es sollte selbstverständlich sein, daß entweder eine Schutzbrille getragen oder der Klarsichtschutz benutzt wird, mit dem die Maschinen regelmäßig ausgestattet sind. Zwar sind die Schleifscheiben weitgehend durch Schutzhauben abgedeckt, aber das ist keine Garantie dafür, daß nicht doch ein Sandkörnchen von der Schleifscheibe oder ein Metallteilchen vom Werkstück ins Auge fliegt und dann schwere Verletzungen verursachen kann.

Technik des Schleifens: Vor dem Anschalten der Schleifscheiben wird die Werkzeugauflage so eingestellt, daß das Werkzeug im gewünschten Winkel an die Schleifscheibe geschoben werden kann. Ein Gefäß mit kaltem Wasser zum Abkühlen des Werkzeugs muß immer bereitstehen. Dann wird der Schleifbock eingeschaltet. Er muß am Werktisch oder einer Unterlage fest montiert sein, damit er auch im Einsatz ruhig stehenbleibt. Die Schleifscheiben drehen sich gegen das zu schleifende Werkzeug.

Besteht ein Werkzeug aus Fase und Spiegelseite, wie z.B. das Hobeleisen, der Stechbeitel und die Schere, so darf nur die Fase geschliffen werden. Sie bekommt durch das Schleifen an der runden Schleifscheibe automatisch einen leichten Hohlschliff. Je größer der Durchmesser des Schleifsteins, um so besser, denn um so geringer wird der Hohlschliff, der, wenn er zu stark ist, die

Schneide schwächt, die dann leicht ausbricht.

Beim Schleifen wird das Werkzeug so am Schleifstein hin und her geführt, daß die gesamte Breite der Schleifscheibe benutzt wird. Nur so wird eine ungleichmäßige Abnutzung der Schleifscheibe verhindert.

Die Schneide erwärmt sich durch die Reibung an der Schleifscheibe sehr schnell, und es besteht die Gefahr, daß das Werkzeug an der Schneide ausglüht, dadurch seine Härte verliert, mit der Folge, daß die Schneide auch bei normaler Benutzung sofort wieder stumpf werden würde. Damit das nicht geschieht, wird das Werkzeug bereits nach kurzem Kontakt mit der Schleifscheibe – 3 Sekunden können schon zuviel sein – zum Abkühlen ins Wasser getaucht. Ist die Schneide beim Schleifen gelb oder blau angelaufen, ist es bereits zu spät. Dieser Teil des Werkzeugs muß vorsichtig abgeschliffen werden, ohne daß der Stahl wieder anläuft. Den Stahl wieder zu härten, ist theoretisch möglich (siehe Seite 207), aber wenn man die genaue Zusammensetzung des Werkzeugstahls nicht kennt, ist es reine Glückssache, wenn man beim Härten genau den Härtegrad erreicht, der ausreichend ist. Zugleich darf der Stahl nicht so spröde werden, daß die Schneide ausbricht. Am besten ist es deshalb, das Werkzeug immer wieder abzukühlen, lieber dreimal zuviel als einmal zuwenig, damit es nicht zum Ausglühen kommt.

Geschliffen wird, bis an der Spiegelseite ein feiner Grat entstanden ist, der dann mit dem Abziehstein entfernt wird.

Welche Schnittwinkel angeschliffen werden müssen, ist bei den jeweiligen Werkzeugen nachzulesen: Hobeleisen Seite 172, Meißel Seite 222, Spiralbohrer Seite 224, Stechbeitel Seite 172.

Am Meißel entsteht beim ganz normalen Gebrauch ein Bart, der ebenfalls regelmäßig weggeschliffen werden muß (siehe auch Seite 222).

Abziehstein

Der Abziehstein wird nach dem Schleifen an der Schleifscheibe zum Wegschleifen des feinen Grates an der Spiegelseite benutzt, aber auch zum Aufbau einer neuen Schneide bei einem Werkzeug, dessen Schneide die opti-

52

53

male Schärfe verloren hat, ansonsten aber in Ordnung ist und deshalb nicht an der Schleifscheibe neu geschliffen werden muß.

Abziehsteine sind nicht zu harte, aber besonders fein und gleichmäßig strukturierte Natursteine. Am bekanntesten sind die Belgischen Brocken für das Schleifen mit Wasser und die Arkansas-Steine für das Schleifen mit Öl. Es gibt auch Kunststeine für Wasser- oder Ölschliff.

Abziehsteine werden nie trocken benutzt. Zu ihrer optimalen Verwendung höhlt man ein dickes Brett so aus, daß sie darin einen festen Halt finden (Abb. 53).

Es gibt auch geformte Abziehsteine. Man braucht sie zum Schärfen von Drechsel- und Schnitzeisen mit gekrümmten Schneiden.

Bei der Benutzung des Abziehsteines besteht immer die Gefahr, daß er nicht in seiner gesamten Fläche gleichmäßig in Anspruch genommen wird, sondern besonders im mittleren Bereich. Das hat zur Folge, daß er sich dort schneller abnutzt als an der Seite und allmählich eine Vertiefung entsteht. Einen solchen Abziehstein kann man für das Schärfen nicht mehr verwenden.

Fase und Spiegel abziehen: Nach dem Schleifen an der Schleifscheibe wird das Werkzeug, z. B. das Hobeleisen, so mit der Fase auf den nassen Abziehstein gesetzt, daß die Fase voll aufliegt. Sie wird in kreisförmigen Bewegungen über den Abziehstein geführt. Dann dreht man das Werkzeug um, legt es mit der Spiegelseite flach auf den Abziehstein und bewegt es seitlich hin und

52 *Doppelschleifbock (AEG) mit Funkenschutz dicht an der Schleifscheibe und zusätzlichem Klarsichtfunkenschutz. Der Funkenflug zeigt die Drehrichtung der Scheibe gegen die Schneide. Die selbstgebaute Auflage ermöglicht, den Stechbeitel im richtigen Winkel an die Scheibe zu führen.*

53 *Abziehen: Arkansasstein in Holzrahmen für den Ölschliff. Führungshilfe von Stanley für das Abziehen der Fase des Stechbeitels. Form-Abziehsteine für gekrümmte Schneiden.*

257

her (Abb. 53). Beide Vorgänge wechseln mehrfach miteinander ab. Um die Schneide etwas haltbarer zu machen, setzt man sie zum Schluß steil auf den Stein und führt sie zwei- bis viermal ganz leicht darüber.

Rundungen schleifen: Ein Beil zum Beispiel wird mit einem Abziehstein mit einer gröberen Körnung in der Weise geschliffen, daß man mit dem Stein an der Schneide entlangfährt, einmal auf der einen, einmal auf der anderen Seite, mehrfach wechseln. Schleifen und entgraten sind hier ein Arbeitsgang. Das gilt natürlich nur für ein Beil, das ständig gepflegt wird. Ein Beil mit einer 1 bis 2 mm breiten »Schneide« und voller Einkerbungen muß erst wieder in einen Zustand gebracht werden, der es erlaubt, den Abziehstein einzusetzen. Die Grobarbeit wird entweder an der Schleifscheibe vorgenommen oder mit der Feile.

Brotschneidemaschinen: Sie werden geschärft, indem man einen Abziehstein mit feinster Körnung während des Drehens mit leichtem Druck an die Schneide hält.

Dengeln

Mit dieser Technik werden Sensen und Sicheln geschärft.

Das Sensen- bzw. Sichelblatt besteht aus weichem, kalt schmiedbarem Werkzeugstahl. Das Blatt wird auf eine stählerne Faust gelegt, die in einem Holz steckt. Die Schneide bearbeitet man mit einem Hammer. Unter den Hammerschlägen wird das Metall an der Schneide breitgeschlagen, so daß das Blatt dünn wird (Abb. 54). Anschließend streicht man mit einem nassen Wetzstein an der Schneide einmal von der einen, einmal von der anderen Seite entlang.

Gemäht wird in den frühen Morgenstunden, wenn sich noch Tau in der Wiese befindet, so daß die Pflanzenstengel noch prall sind. Dann bieten sie der Sense einen größtmöglichen Widerstand und können leicht abgeschnitten werden, statt sich umzulegen, was passiert, wenn die Stengel unter der Einwirkung der Sonne und der ansteigenden Tagestemperatur etwas welk geworden sind.

Andere Schleifgeräte

Es gibt eine Reihe von Werkzeugen, die

sehr gut zum Schleifen benutzt werden können:

Der Wheeler von Black & Decker (Abb. 13 Seite 118) besitzt eine Schleifplatte, auf die selbstklebende Schleifscheiben aus Korund befestigt werden können. Korund ist ein Mineral, das fast so hart ist wie Diamant. Bekannt ist er als Edelstein: als Saphir (blauer Korund) und Rubin (roter Korund). Als unansehnlicher Diamantspat wird er zum Schleifen verwendet.

Für Bohrmaschinen gibt es Einsätze, die mit Korundschleifpapier überzogen sind. Daran lassen sich Beile, Messer und Scheren schleifen.

An die Bohrmaschine kann eine biegsame Welle angeschlossen werden, bestückt mit einsetzbaren Schleifköpfen, mit denen sich kleine und schwer zu erreichende Schneiden schleifen lassen.

Formende Metallbearbeitungstechniken

In der Industrie und im Kunsthandwerk gibt es eine Reihe von Techniken, die im Heimwerkerbereich wohl kaum zur Anwendung kommen, aber in diesem Buch zumindest genannt werden sollen, um den Überblick über die formenden Techniken der Metallbearbeitung zu vervollständigen.

54 *Dengeln: Das Sensenblatt liegt auf einem Steckamboß. Durch die Hammerschläge entlang der Schneide wird das Sensenblatt dünner und härter. Man beginnt mit dem Dengeln in der Mitte des Blattes und wandert mit den Schlägen zu den jeweiligen Enden links und rechts.*

Schmieden

Wird Schmiedeeisen, formbarer Stahl, auf helle Rotglut erwärmt, wird es so weich, daß es durch kräftige Hammerschläge geformt werden kann. Beim Schmieden kühlt es ab. Wenn dunkle Rotglut erreicht ist, muß es wieder erwärmt werden, damit weitergeschmiedet werden kann. Anderenfalls besteht die Gefahr, daß das Schmiedeeisen reißt.

Treiben

1 bis 2 mm dicke Bleche aus Silber, Kupfer, Messing oder Aluminium können kalt geschmiedet werden. So entstehen Schalen und Gefäße aller Art. Durch die vielen Hammerschläge verliert das Metall allmählich seine Formbarkeit, es wird hart und spröde. Damit es weiter getrieben werden kann, muß es zwischengeglüht werden, d.h., es wird mit der Flamme der Lötlampe oder des Brenners bis zur Rotglut auf ca. 600 °C erwärmt, wodurch es die Spannung verliert, die es durch die Hammerschläge bekommen hat. Infolge des Zwischenglühens bildet sich auf der Metalloberfläche eine harte Zunder-

schicht. Sie muß vor dem Weiterhämmern entfernt werden, weil sonst der Zunder in die Metalloberfläche eingeschlagen wird und nicht mehr entfernt werden kann, was das beabsichtigte Aussehen beeinträchtigt. Das Entfernen der Zunderschicht erfolgt durch Eintauchen des Werkstückes in ein Schwefelsäurebad. Das Literaturverzeichnis auf Seite 536 gibt weiterführende Literatur an.

Gießen

Das Metall wird durch Erwärmen flüssig gemacht und in eine vorbereitete Form gegossen, in der es erstarrt. So entstehen Glocken und Metallplastiken (siehe Literaturverzeichnis Seite 536).

Drücken

Bei dieser Technik werden Bleche industriell unter starkem Druck umgeformt, bis sie der Form des Futters entsprechen. Auf diese Weise werden z.B. Pfannen, Schalen und Lampenschirme hergestellt.

Stanzen

Hier liegt das Werkstück zwischen dem Stempel und einer Matrize. Der Stempel drückt aus dem Blech eine bestimmte Form heraus.

Drehen und Fräsen

Es handelt sich dabei um eine spanabhebende Technik, die mit großen Maschinen, Drehbänken und Fräsmaschinen, ausgeführt wird.

Gleit- und Schmiermittel

Werden Maschinen und Motoren nicht geschmiert, laufen sie heiß, fressen sich

fest und sind nicht mehr zu gebrauchen. Gleit- und Schmiermittel bilden an Teilen, die sich frei bewegen sollen, einen dünnen Film.
Ihre Aufzählung erfolgt alphabetisch und ist nicht beschränkt auf den Schutz von Metall:

Bohrölemulsion

Sie besteht aus Öl und Wasser und dient als Schmier- und Kühlmittel beim Bohren, Drehen und Fräsen.

Gleitlagerfette

Diese Schmiermittel für Gelenke und Kugellager, auch als Konsistenzfette, Maschinenfette, Staufferfett bekannt, bestehen aus Öl, das schmiert, und Seife, die dem Fett so viel Festigkeit gibt, daß es nicht wegfließt.

Glyzerin

Es fühlt sich zwar ölig an, ist jedoch kein Öl.
Man setzt es überall dort ein, wo das Schmiermittel mit Gummi in Berührung kommt und der Gummi vom Öl angegriffen würde.
Mit Glyzerin eingeriebener Gummi bleibt geschmeidig.

Graphit

Dieses Gleitmittel ist zu Pulver gemahlener reiner Kohlenstoff. Graphit verharzt nicht wie Öl und verbindet sich nicht mit Schmutz, sondern bleibt gleitfähig. Deshalb wird es zum Schmieren von Schlössern eingesetzt.
Graphitpulver gibt es in kleinen Sprühflaschen.

Kriechöl

Dieses besonders dünnflüssige Öl kriecht in die feinsten Spalten und unterwandert sogar Feuchtigkeit. Es wird zum Lösen festgerosteter Schrauben und als Starthilfe für Motoren verwen-

det, wo es die Kriechströme unterbricht, die besonders bei feuchtem Wetter entstehen und das Anspringen erschweren.

Mineralöl

Mineralöl ist ein Sammelname, der darauf hinweist, daß diese Öle im Gegensatz zu pflanzlichen und tierischen Ölen aus Kohle oder Erdöl gewonnen wurden.
Die Skala reicht von leichten, hellgelben, dünnflüssigen Ölen bis zu fast schwarzen, schweren Maschinenölen mit sehr unterschiedlichen Einsatzbereichen vom Motorenschmiermittel bis zum Rostschutz.
Besondere Erwähnung verdient das Waffenöl, mit dem Feinmechanik gepflegt wird, das Leder und Gewebe imprägniert und das in der Werkstatt als erstes Wundbehandlungsmittel benutzt werden kann, da es desinfiziert.

Talkum

Dieses sehr weiche Mineral ist als Puder im Handel.
Es schützt Gummi vor dem Austrocknen, verhindert, daß Gummi aneinanderklebt und erleichtert das Anlegen von enger Gummikleidung.

Wachs

Wachs ist eines der ältesten Gleitmittel (Kerzenreste in einer Schale sammeln). Eingewachste Schrauben lassen sich viel leichter ins Holz eindrehen, Schubkästen gleiten besser, Reißverschlüsse lassen sich wieder ohne Probleme auf- und zuziehen.

Zahnradschmiere

Dieses Schmiermittel besteht aus unterschiedlichen Mischungen von Mineralölen, Talg, Teer, Graphit und Wachs, je nachdem, welche Werkstoffe aufeinandertreffen.

GLAS

In diesem Kapitel wird der Werkstoff Glas vorgestellt, werden die verschiedenen Glasarten und ihr Verwendungsbereich beschrieben und die für den Heimwerker noch durchführbaren Arbeiten mit Glas dargestellt.

Die Verglasung von Fenstern wird im Kapitel »Fenster und Türen« auf Seite 471 behandelt; auf glasähnliche Kunststoffe wird im Kapitel »Kunststoffe« (Seite 265) eingegangen.

Geschichtliches

Mineralien, die glasähnlichen Charakter haben, standen dem Menschen bereits zur Verfügung, noch ehe er Glas herstellen konnte; so z.B. Obsidian, das im östlichen Mittelmeerraum als Handelsware Bedeutung hatte und zur Herstellung von Messern, Pfeilen und Speerspitzen verwandt wurde; den Azteken war der Obsidian ebenfalls bekannt, sie verarbeiteten ihn für Kult- und Gebrauchsgegenstände.

Der Werkstoff Glas kam, so wird vermutet, zunächst zufällig zustande – nämlich bei der Töpferei, die schon 8000 v.Chr. in Oberägypten zu finden war –, und zwar als farbige Glasur auf Keramiken und/oder als Zufallsprodukt der Bronzeschmelze. Als eigenständiges Material wurde Glas etwa ab 1500 v.Chr. in Ägypten hergestellt und zu Glasgefäßen verformt.

Grundlegend für das gesamte Glasmacherhandwerk war die Erfindung der *Glasmacherpfeife* durch syrische Handwerker um das Jahr 200 v.Chr. Dieses 100 bis 150 cm lange Eisenrohr hat an dem einen Ende ein Mundstück und einen wärmeisolierten Griff, auf der anderen Seite eine knopfartige Erweiterung. Damit nimmt man das flüssige Glas aus der Schmelze und bläst es zu einem Hohlkörper auf. Mit der Glasmacherpfeife wurde auch jahrhundertelang Flachglas hergestellt; dafür hat man das geblasene Glas aufgeschnitten und in noch warmem Zustand geglättet. Die im 14.Jahrhundert in Frankreich aufgekommene Herstellung von Butzenscheiben besteht nur in einer geringfügigen Abwandlung der bis dahin praktizierten Flachglasherstellung. Für Glas, das man später zur Spiegelherstellung verwenden konnte, wurde 1688 unter Ludwig XIV. in Frankreich das Plattengießverfahren erfunden; ab 1900 erst war es möglich, Flachglas aus der Schmelze zu ziehen und ab etwa 1920, Flachglas maschinell herzustellen.

Der Begriff Glas leitet sich ab vom althochdeutschen Wort für Bernstein, »glaza«. Bernstein tauschten die Germanen um die Zeitenwende gegen das von römischen Kaufleuten mitgeführte Glas, »vitrum«. Die deutsche Glasmacherkunst geht auf venezianische Glasmacher zurück, die im Mittelalter hier *Glashütten* errichteten.

Diese mittelalterliche Glasindustrie wurde in den Waldgebieten der Mittelgebirge ansässig.

Die als Flußmittel verwendete Pottasche (Kaliumcarbonat) gab dem deutschen Glas seine grüne Farbe, man nannte es Waldglas.

Was ist Glas?

Als Grundlage der Glasherstellung diente bis ins 18.Jahrhundert Quarz, SiO_2 (Siliciumdioxyd). Bei der Erhitzung bricht das Kristallgitter des Quarzes zusammen, erkaltet die Schmelze, dann erstarren die Bestandteile ohne Kristallisation, die Moleküle verbleiben in einer Netzwerkstruktur. Als Glas bezeichnet man eine eingefrorene unterkühlte Flüssigkeit, die bei normalen Umwelttemperaturen den Charakter eines festen Körpers hat.

Da Quarz erst bei einer Temperatur von 1710 °C schmilzt, werden ihm Flußmittel zur Herabsetzung des Schmelzpunktes zugesetzt, so Soda (Natriumcarbonat), Pottasche (Kaliumcarbonat), Blei- und Borsalze, auch Kalk und in geringen Mengen Ton. Je weniger Flußmittel dem Grundstoff zugesetzt werden, je höher also das Glas erschmolzen wird, desto korrosionsbeständiger ist es.

Als Grundlage zur Glasherstellung werden heute auch andere Sauerstoffverbindungen, die die Fähigkeit zur Glasbildung haben, benutzt, so z.B. Oxyde von Bor (B), Germanium (Ge), Phosphor (P) und Arsen (As) –, um die wichtigsten zu nennen. Industriell hergestellte Gläser sind zum größten Teil aus Kalknatronglas (auf der Grundlage von Quarz).

Glasähnliche Kunststoffe kann man strenggenommen nicht als Glas bezeichnen; unter diesen Begriff fallen nur aus anorganischen Substanzen gewonnene Glasprodukte, wogegen sich das Kunststoffglas auf organischer Basis aufbaut.

Handelsformen

Man unterteilt Glasprodukte in *Flachglas, Hohlglas, Glasrohr* und *Spezialglas*. Hohlglas – dazu gehören Behälterglas, Wirtschaftsglas, Bauhohlglas und medizinisch-technisches Hohlglas – kann mundgeblasen, maschinengeblasen oder gepreßt hergestellt werden. Glasrohr für Ampullen, Fläschchen, Leuchtstoffröhren u.a. wird über verschiedene Rohrziehverfahren hergestellt. Spezialglas ist nicht durch seine Herstellungs- oder Erscheinungsform bestimmt, sondern durch seine Anwendung, der die Spezialgläser in ihren Eigenschaften angepaßt sein müssen. Zu den Spezialgläsern zählt man spezielle Gläser für die Pharma-, Elektro- und Elektronikindustrie und solche für optische Geräte.

Für die Weiterverarbeitung durch den Heimwerker kommt hauptsächlich Flachglas in Betracht. Hohlglas wird in Form von Glasbausteinen verwendet, wenn man im Gebäude, z.B. im Treppenhaus, Tageslicht haben will, aber kein Fenster. Ästhetisch sind das meist zweifelhafte Lösungen (siehe im übrigen Seite 290). *Glaswolle* wird auf Seite 93 behandelt.

Flachglas

Flachglas interessiert den Heimwerker im wesentlichen als Fensterglas.

Tafelglas: Dieses Glasprodukt bezeichnet man auch als Fenster- oder Ziehglas – Ziehglas, weil es über verschiedene maschinell-industrielle Verfahren aus der Glasschmelze gezogen wird. Es ist beiderseits plan und hat »feuerblanke« Oberflächen. Fensterglas ist in verschiedenen Stärken im Handel erhältlich. Das zwischen 0,9 und 1,6 mm starke Dünnglas verwendet man zum Verglasen von Bildern und als Schutzglas für Geräte. Das zur Verglasung von Fenstern gebräuchliche Fensterglas wird in drei verschiedene Dicken unterteilt: einfache Dicke (ED) = 1,8 mm, mittlere Dicke (MD) = 2,8 mm und doppelte Dicke (DD) = 3,8 mm. Ab einer Stärke von 4,5 mm (bis zu 6,5 mm) bezeichnet man Tafelglas als *Dickglas*.

Zum Einbau in einen Fensterrahmen kann man aber nicht Glas in jeder Stärke verwenden, da die Glasstärken unterschiedlich biegsam sind und die Dicke dem Format entsprechend gewählt werden muß, damit die Scheibe nicht sofort durch den Winddruck zerbricht. Für eine Scheibe bis 45 cm Breite und 120 cm Höhe genügt ED-Glas, für Scheiben von 70 cm Breite bis 195 cm Höhe MD-Glas und von 120 cm Breite bis 155 cm Höhe DD-Glas. Bei größeren Formaten muß man dickeres Glas verwenden. In jedem Fall ist es das beste, sich bezüglich der Wahl der Glasstärke für ein bestimmtes Format vom Glaser bzw. Glaslieferanten beraten zu lassen. Will man wärmedämmend verglasen, so ist Zwei- bzw. Dreischeiben-Isolierglas erforderlich (siehe unten und Seite 467). Tafelglas muß, wenn es länger gelagert wird, trocken stehen, denn in feuchten Räumen kann durch Kondensation ein Wasserfilm entstehen, der die Glasoberfläche auslaugt, d.h. die Scheibe blind oder buntschillernd werden läßt.

Zur Verglasung von Treibhäusern und Frühbeeten (siehe Seite 510) verwendet man Fensterglas schlechterer Qualität, das als *Gartenblankglas* im Handel erhältlich ist.

Gußglas: Gußglas ist nicht ganz durchsichtiges gegossenes und gewalztes Flachglas und wird mit oder ohne Drahteinlage hergestellt. Gußglas setzt man dort ein, wo zwar ein Lichteinfall,

aber keine Durchsicht erwünscht oder notwendig ist, wie z.B. in Fenstern von Sanitärräumen, zum Einsatz in Türen, beim Vordach oder Wintergartendach (hier jeweils drahtverstärktes), zur Raumunterteilung, als Tischplatte und für Innen- und Außenleuchten. Diese Glasscheiben sind 4 bis 9 mm dick und können auch in Zweischeiben-Isolierglas eingebaut werden.

Eine Art des Gußglases sei noch besonders erwähnt; das *Gartenklarglas*. Es hat eine genörpelte Oberfläche und lichtstreuende Wirkung und wird wie Gartenblankglas für Gewächshäuser und Frühbeete verwendet.

Spiegelglas: Spiegelglas ist ein besonders klares und verzerrungsfreies Glas. Es diente weitgehend als Grundlage für die Herstellung von Spiegeln und als Ausgangsprodukt für die Flachglasveredelung. Seit den 60er Jahren benutzt man statt Spiegelglas zunehmend Floatglas.

Floatglas: Dieser Glaswerkstoff hat Spiegelglasqualität und ist dem Fensterglas ähnlich, wobei er beide Arten zunehmend verdrängt. Er beruht auf einem neuen Fertigungsverfahren. Mit Floatglas werden Verglasungen im Hochbau vorgenommen, es dient als Basismaterial für die Spiegelherstellung und die Produktion von Sicherheitsglas, wie man es hauptsächlich im Kraftfahrzeugbau und bei anderen Verkehrsmitteln verwendet.

Sicherheitsglas: Sicherheitsglas ist veredeltes Spiegel- oder Floatglas. Wenn es bricht, zerfällt es in viele kleine Teile und es entstehen keine gefährlichen Splitter. Verbundsicherheitsglas wird wegen der geringeren Verletzungsgefahr für Ganzglas-Türanlagen, Windschutzscheiben u.ä. verwendet.

Isolierglas: Diese Glasart besteht aus einer Einheit von zwei oder auch drei Glasscheiben, zwischen denen sich ein hermetisch abgeschlossener und entfeuchteter Zwischenraum befindet. Diese Gläser sind erheblich schall- und wärmedämmender als Einfachfenster (dazu S. 467). Auch Sprossenfenster kann man mit Isolierglas fertigen lassen; das ist wichtig für die Altbaurenovierung, weil die ansonsten übliche einflächige Verglasung von Altbauten mit Isoliergläsern blicklos wirkt, d.h. den ursprünglich beabsichtigten Gesamteindruck zerstört.

UV-Strahlen-durchlässiges Glas: Normales Fensterglas läßt nur langwellige, ultraviolette Strahlen durch. Biologisch wirksam ist jedoch erst das größere Spektrum der kurzwelligen UV-Strahlen: Diese töten krankheitserregende Bakterien und Pilze, ohne sie können Pflanzen, Tiere und Menschen keine Vitamine aufbauen, sie fördern das Zellen- und Körperwachstum sowie die Blutbildung.

Neuerdings wird auch Glas zur Verglasung von Fenstern, Türen und Gewächshäusern hergestellt, das die UV-Strahlen sogar in diesem unteren Wellenbereich durchläßt. Es wird z. B. von der Deutschen Spezialglas AG in Delligsen unter der Bezeichnung Sanalux-Glas hergestellt.

Entspiegeltes Glas: Bei Bildern oder Vitrinen stört oft der Spiegelungseffekt des Glases, wobei man statt des Bildes oder des Gegenstandes nur sich selbst sieht. In diesen Fällen kann anstelle des normalen Glases entspiegeltes Glas verwendet werden. Vor dem Kauf sollte man sich jedoch bei einem Fachmann vergewissern, ob es auch das richtige Glas für die gewünschte Anwendung ist. So eignet sich z. B. seidenmatt geätztes Glas nur zur Verglasung von Bildern bei direkter Auflage.

Antikglas: Es ahmt die Struktur alten, mundgeblasenen Glases nach, hat also eine unregelmäßige Oberfläche und Blasen im Innern. Antikglas gibt es mundgeblasen oder maschinell verfertigt. Unter Verwendung von Blei- oder Messingstegen kann man es zur Verglasung von Möbeln, für Fenster, Türen und Trennwände benutzen.

Überfangglas: Dies ist ein farbloses Glas, das von einer farbigen oder getrübten Glasschicht umgeben ist. Am verbreitetsten ist das Milchüberfangglas, durch welches das Licht diffus,

gleichmäßig und schattenarm hindurchdringt. Man kann es z. B. zur indirekten Beleuchtung, für Lichtbänder und -wände verwenden, für Leuchttische (Fotoatelier) ist es das gebräuchliche Glasmaterial.

Glasverarbeitung

Glas bricht leicht. Besonders große Glasscheiben ohne Fassung können beim Transport außerhalb und innerhalb der Werkstatt leichter zu Bruch gehen, als man denkt. Zum Schutz der Hände müssen Arbeitshandschuhe getragen werden. Größere Scheiben werden mit einem »Sauger« transportiert, einem

Gummihandschuh mit Saugnäpfen, doch das kommt für den Heimwerker in der Regel nicht in Frage. Es gibt auch spezielle Tragegurte für Glasscheiben und Manschetten, die besonders die Pulsadern und Sehnen des Unterarmes schützen.

Glas schneiden und brechen
Auch bei dieser Tätigkeit sollten, wenn Scheiben angefaßt werden müssen, deren Kanten noch nicht gebrochen sind, Arbeitshandschuhe getragen werden.

Werkzeug: Zum Glasschneiden braucht man einen *Glasschneider* oder *Glasdiamanten* (er benötigt weniger Druck als der Schneider), ein Lineal und für besondere Fälle eine Glasbrechzange. Zum Schneiden von Kreisen gibt es

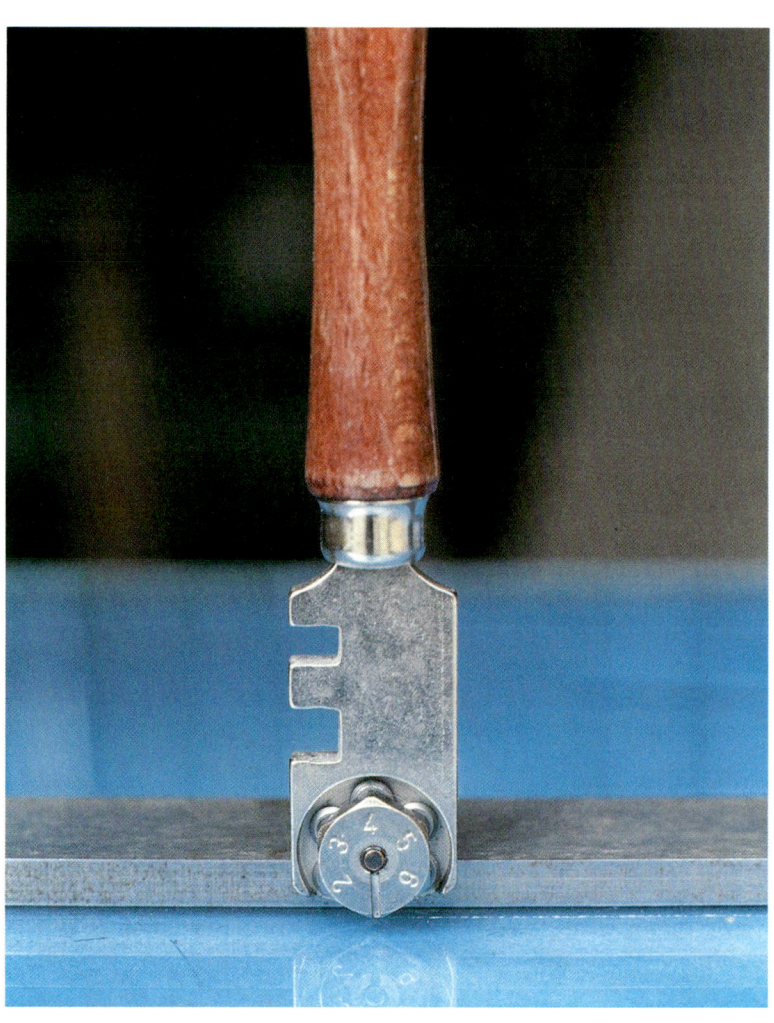

1 *Glasschneider beim Schneiden mit Stahllineal.*

2 *Glasbrechen mit der Hand über eine Kante.*

3 *Glasbrechen mit dem Glasschneider.*

4 *Glasbrechen mit der Hand über eine Leiste.*

spezielle Rundschneider; der Heimwerker behilft sich mit einer selbsthergestellten Schablone. Zum Festhalten der Scheibe kann hierfür auch ein Gummisauger nützlich sein. Markierungen werden mit einem Fettstift angebracht, weil er an Glas haftet.

Schneiden und Brechen: Mit dem Glasschneider oder Glasdiamanten wird das Glas nur angeritzt, nicht durchgeschnitten. Dazu muß die Glasscheibe vollflächig auf eine völlig ebene, nicht zu harte Unterlage gelegt werden, z.B. einen mit Filz bespannten oder mit Zeitungspapier bzw. Pappe belegten Werktisch. Das Rädchen wird genau senkrecht am Lineal oder einer glattrandigen Latte aufgesetzt (Abb.1). Will man auf den Millimeter genau schneiden, muß der

Abstand zwischen dem Rädchen des Glasschneiders bzw. der Diamantspitze des Glasdiamanten und der Schnittlinie bei der Festlegung der Schnittlinie hinzugerechnet bzw. abgezogen werden. Man zieht den Glasschneider mit einem ruhigen Schnitt und unter gleichmäßigem Druck (entlang des Lineals) in einem Zug durch. Das Glas muß »singen«, d.h. das Schneiden erzeugt ein gleichmäßiges Knirschgeräusch. Glas muß schon beim ersten Ansatz genau geschnitten werden, Korrekturen sind schwierig und führen leicht zum Bruch. Gelingt es nicht, das Glas in einem Zug anzuritzen, darf man keinesfalls am Ende der bereits gezogenen Schnittlinie neu ansetzen, weil das Glas dann quer zu diesem Ansatzpunkt brechen kann.

Es muß also parallel zu dieser Linie erneut geschnitten und der Rand dann – was aufwendig ist – durch »Abknabbern« des überstehenden Streifens eingeebnet werden.

Glas muß sofort nach dem Schneiden gebrochen werden, weil es an der Schnittlinie unter Spannung steht.

Will man von kleineren Glasscheiben einen breiten Streifen abbrechen, legt man die Scheibe mit der Schnittlinie an die Werktischkante und drückt das überstehende Stück entschlossen mit der Hand weg (Abb.2). Schmale Streifen werden mit dem Glasschneider abgetrennt. Man klopft mit dem Kopf des Glasschneiders zuerst von unten gegen den Riß, faßt den Streifen mit der Kerbe des Glasschneiders und knickt nach

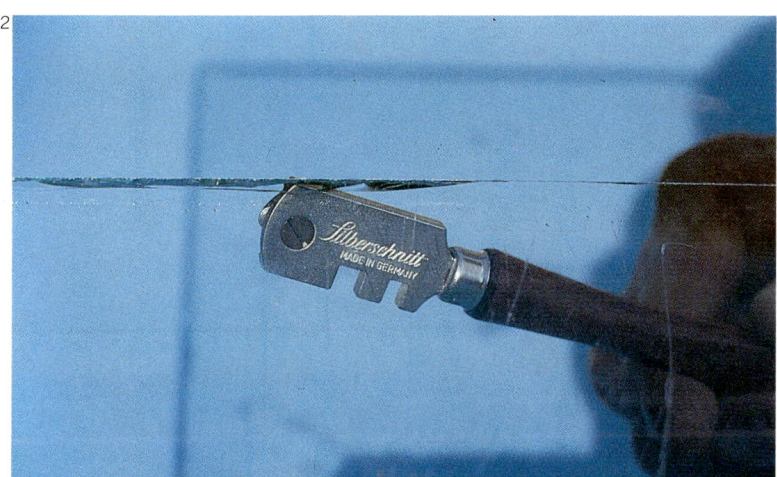

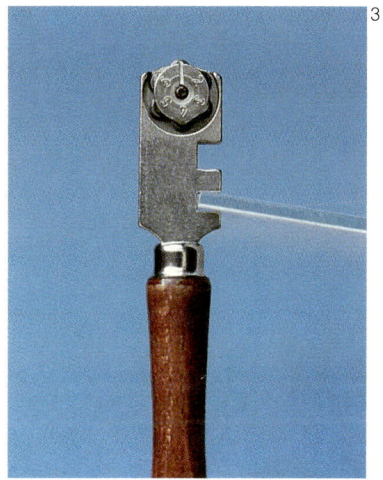

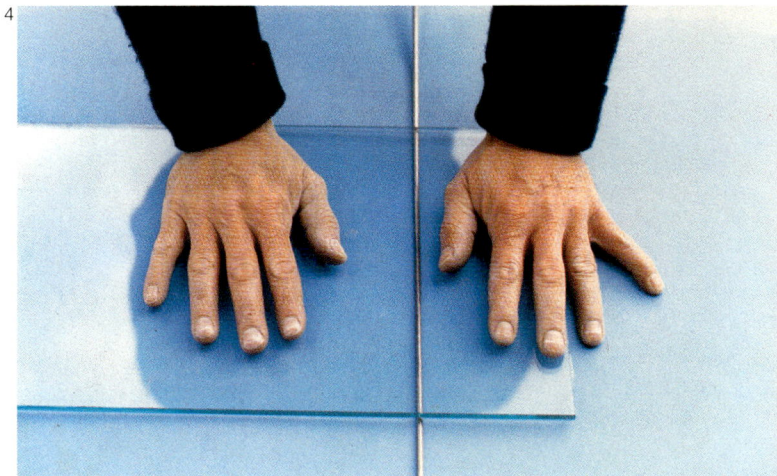

unten ab (Abb.3). Ebenso funktioniert das Abbrechen von Streifen mit einer speziellen *Glasbrechzange*. Größere Scheiben legt man mit der Schnittlinie auf eine recht- oder dreieckige Leiste und bricht mit leichtem beidseitigem Handdruck (Abb.4).

Rundungen zieht man mit einem speziellen *Rundschneider* oder mit einer Schablone und dem normalen Glasschneider. Wird das Innere der Rundung als Glasfläche (z.B. eine runde Glasscheibe) benötigt, reißt man die Abfallglasfläche bis zum Rundungsriß (nicht darüber hinweg!) in kleinen Abschnitten an und bricht diese Abschnitte weg, oder man lockert den Glaskreis durch vorsichtiges Klopfen nach unten und hebt die Kreisscheibe mit einem 263

Gummisauger heraus. Benötigt man die Restfläche, in der eine kreisrunde Aussparung übrigbleiben soll, so unterteilt man das Kreisinnere in Schnittradien (Segmente) und bricht diese Kreisausschnitte heraus; zur Verringerung der Bruchgefahr dürfen die Radiusschnitte nicht über den Mittelpunkt des Kreises hinausgezogen werden, sondern sie müssen jeweils einzeln bis zum Mittelpunkt hin gezogen werden.

Will man eine Glasflasche abschneiden, wird die Schnittlinie fest mit einem dünnen Wollfaden umwickelt. Man tränkt den Zwirn mit Petroleum oder Spiritus und brennt ihn ab. Sofort danach taucht man die Flasche in kaltes Wasser ein, der Flaschenhals bricht vom Flaschenbauch weg, die Kante muß abgeschliffen werden. Man kann eine Flasche auch mit einem Karbidsägedraht abschneiden.

Glas schleifen

Zum Entgraten der Glaskanten verwendet man Schleifpapier oder Korundumoder Speckstein. Das Schleifen der Kante erfolgt unter ständiger Wasserzufuhr und so lange entlang der Schnittkante, bis diese die gewünschte Form erreicht hat, einfacher ist der Weg zum Glaser.

Glas bohren

Zu Befestigungszwecken oder zur Sicherung schwieriger Formschnitte in Glas kann es notwendig sein, Glas zu durchbohren. Man kann Glas mit einer Handleier mit angeschliffener Dreikantfeile durchbohren, mit einem Kombibohrer, der auch Stein und Fliesen schneidet, mit einem Diamantbohrer oder einem speziellen Glasbohrer. Die Bohrerspitze muß ständig mit Terpentin, Petroleum, Essig oder Wasser gekühlt werden. Auf einer flachen Glasscheibe kann man die Flüssigkeit mittels eines Kitt- oder Plastilinringes um das Bohrloch herum abgrenzen. Das jeweilige Bohrwerkzeug wird mit langsamen Umdrehungen bzw. niederer Tourenzahl angesetzt, hat es gegriffen, bohrt man bei gleichbleibender Umdrehungszahl mit sehr geringem Druck weiter.

Glas kleben

Glaskleber sind zu 98% lichtdurchlässig, die Klebestellen also kaum sichtbar; die Klebeverbindung kommt rasch zustande (10 bis 15 Sekunden bei Sonnenlicht, 2 Minuten bei trübem Wetter). Man klebt damit zerbrochene Trinkgläser, Glasvasen und -figuren, als Überbrückung für die Zeit bis zu ihrem Auswechseln sogar zerbrochene Fensterscheiben, die man auch mit einer anderen Glasscheibe überkleben kann. Metallknöpfe und -griffe sind an Glas klebbar.

Bleiverglasung

Mit Blei verglasen kann man Fenster-, Türen- und Zwischenwandflächen einfach strukturierter Bleisprossenmusterung und kompliziertere Schmuckfenster, Glasbilder oder Lampenschirme.

Grundmaterial: Zur Verwendung kommen farbloses und/oder farbiges Antikglas, einfaches Fensterglas – das man selbst mit speziellen Glasfarben bemalen kann –, Buntglas oder Opaleszentglas; letzteres hat eine marmorierte Struktur, ist bunt oder opalfarbig (milchig), kaum durchsichtig, aber lichtdurchlässig.

Das Blei ist im Handel als Fensterblei in verschiedenen Breiten und Profilen erhältlich, für die Ränder gibt es Randblei, für die Binnenverarbeitung Blei mit Doppel-T-Profil, beides kantig oder halbrund. Die Bleiprofile gibt es auch messingüberzogen.

Werkzeug und Hilfsmittel: Für den Arbeitsvorgang benötigt man Glasschneidewerkzeug (siehe Seite 262), einen Lötkolben, Lötzinn und Lötwasser, Schleifmaterial, ein Messer, Nägel, Papier und Bleistift, evtl. Fensterkitt, einen Holzstab und eine harte Bürste.

Als Arbeitsunterlage benutzt man bei flächiger Verarbeitung am besten eine mit einigen Lagen Zeitungspapier abgedeckte Tischlerplatte, Hohlformen (Lampenschirme) verglast man über ein der gewünschten Form entsprechendes Hartschaumformteil, das man entweder selbst anfertigt oder das im fertigen Bausatz bereits vorhanden ist.

Verarbeitung: Für den Zuschnitt wird durchsichtiges Glas auf den auf Papier selbst verfertigten oder fertig gekauften Entwurf gelegt, auf undurchsichtiges Glas sind die Schnittlinien vorzuzeichnen (am besten mit Pappschablonen).

Mit geraden Schnittlinien (Abfallglas wird abgebrochen) nähert man sich den schwierigeren konvexen und konkaven Rundungen (siehe »Glasschneiden«, Seite 262).

Sind alle Einzelteile ausgeschnitten, schleift man die Ränder der Glasstücke glatt, damit sie möglichst genau und fest in die Bleiprofile passen. Dann schiebt man die Glasstücke in die Nuten der mit dem Messer zugeschnittenen und gegebenenfalls der Form des jeweiligen Glasstückes entsprechend zurechtgebogenen Bleiprofile. Soll das Gefüge wasserdicht sein (Fenster- und Türverglasungen, ein in einen Fensterrahmen einzupassendes Glasbild), gibt man Fensterkitt an die Bleistreifen und drückt ihn mit einer harten Bürste in die Nute ein. Die Kittreste werden mit einem Holzstab, nicht mit einem Metallgegenstand entfernt, weil damit das Bleiprofil zerstört werden kann. Anschließend reinigt man die Oberfläche.

Nun kann man das Gefüge Stück für Stück zusammenbauen; dabei wird jedes bleiumrandete Glasstück mit in die Tischlerplatte eingeschlagenen Nägeln festgehalten und die Verbindungsstellen verlötet, zuerst die Vorderseite, dann die Rückseite.

Die Tiffany-Methode

Einfacher und für feinere Arbeiten geeigneter als die herkömmliche Bleisprossenverarbeitung ist die von Louis Comfort Tiffany im Jugendstil entwickelte Tiffany-Methode, vorgeschnittene Glasstücke zu einem Muster oder Bild zusammenzufügen.

Anstelle der Bleiprofile werden selbstklebende Kupferstreifen verwendet, mit denen die zugeschnittenen Glasstücke eingefaßt und mit einem harten Gegenstand festgedrückt werden. Man legt das Bild zusammen, pinselt die Kupferfolie mit Lötwasser ein und verlötet alle zentralen Stellen mit einem Punkt. Auf alle Kupferstreifen läßt man mit dem Lötkolben erhitztes Lötzinn auffließen, so daß die Kupferstreifen vollkommen davon überzogen werden.

Wenn die Vorder- und die Rückseite verlötet sind, werden die Lötzinnränder mit Patinaflüssigkeit abgebürstet, dadurch erhält das Lötzinn ein bleiähnliches Aussehen.

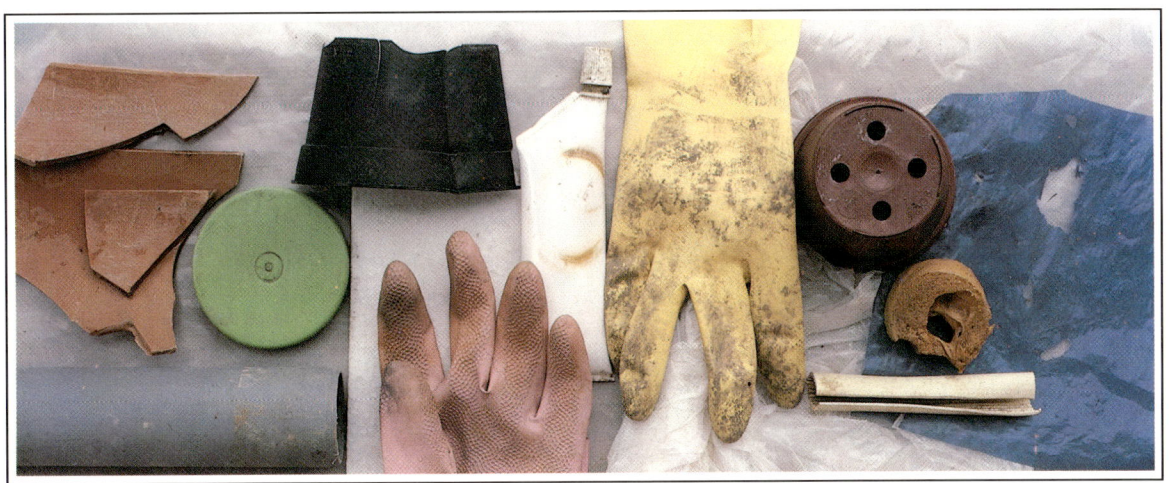

KUNSTSTOFFE

Man hat unsere Zeit – nicht ganz zu Unrecht – als Kunststoffzeitalter bezeichnet. Man spricht bisweilen von einer »Plastikkultur« – wobei der zivilisationskritische Unterton nicht zu überhören ist. Es wäre sicher interessant, einmal das unaufhaltsame Vordringen dieser neuen Klasse von Werkstoffen auf seine Gründe hin zu untersuchen. Ergebnis dieser Untersuchung würde unter anderem wohl sein, daß der Siegeszug der Kunststoffe eng mit deren Eigenschaften verknüpft ist. War es doch das Ziel der Kunststoffentwicklung, Rohstoffe bzw. Werkstoffe zu erschaffen, die besser sind als die bisher bekannten, sowohl im Hinblick auf ihre Bearbeitbarkeit als auf ihren Gebrauchswert. Im Mittelpunkt dieser Entwicklung stand wohl die Kostenfrage, denn Kunststoffteile lassen sich auch in kompliziertesten Formen sehr billig produzieren, solange die Stückzahl genügend groß ist. Aber auch andere Gründe sind für den Einsatz von Kunststoffen maßgeblich, so z. B. die Gewichtsreduzierung im Automobilbau oder die Tatsache, daß Dichtungs- und Dämmwerkstoffe aus Kunststoff natürlichen Werkstoffen zum Teil überlegen sind.

Der Kunststoffbau ist nicht wie der traditionelle Möbelbau oder die Schlosserei aus dem Handwerk hervorgegangen, sondern aus der industriellen Fertigung. Die Verarbeitung von Kunststoff hat deshalb noch nicht die handwerkliche Tradition ausbilden können, die die Verarbeitung anderer Werkstoffe hat und die ein Fundus ist, aus dem der Heimwerker schöpfen kann. Die Verarbeitung von Kunststoffen zu Hause steht daher erst am Anfang.

Zunächst einmal wird es vor allem darum gehen, einen zerbrochenen Kunststoffgegenstand zu reparieren. Um das materialgerecht bewerkstelligen zu können, ist eine grundlegende Materialkenntnis unerläßlich.

Materialkunde

Es gibt keinen Universalkunststoff, dafür aber für verschiedene Zwecke verschiedene Spezialkunststoffe, die unterschiedlich zu verarbeiten sind.

Da die Entwicklung neuer Kunststoffe noch in vollem Gange ist, trat erst in den letzten Jahren eine problematische Seite der Kunststoffherstellung in den Vordergrund: Die komplexen großindustriellen Verfahren der Kunststoffherstellung finden keine Entsprechung in der Natur. Wie sich diese Stoffe wieder in den Naturkreislauf zurückführen lassen, ist weitgehend unbekannt.

Den meisten Kunststoffen sind Zuschlagstoffe beigefügt, die hochgiftig sind (z. B. Cadmium, Quecksilber), dazu noch völlig neue synthetische Gifte wie PCB, das in vielen Weichmachern zu finden ist. Spuren von PCB sind schon in allen Wirbeltieren nachweisbar, und man weiß, daß es Erbgutschäden hervorrufen kann. Trotzdem werden diese Weichmacher weiter verwendet.

Zum anderen bereiten Kunststoffe erhebliche Probleme bei ihrer Beseitigung. Pflanzliche und mineralische Stoffe kann die Natur wieder in ihren Ausgangszustand zurückführen; damit bleiben diese Stoffe im natürlichen Kreislauf (Stichwort: Holzfäule). Die meisten Kunststoffe entwickeln bei der Verbrennung giftige Gase, und bei der Lagerung auf Deponien entstehen giftige Sickerwässer. Bis Techniken entwickelt werden, die eine problemlosere Beseitigung gewährleisten, sollte man Kunststoffe zurückhaltend einsetzen. In vielen Fällen kann man auf natürliche Materialien zurückgreifen, z. B. auf natürliche Anstriche, auf mineralische Putze ohne weitere Zusätze, auf Holz und Metall usw.

Im folgenden Text werden die wichtigsten der im Handel befindlichen Kunststoffe sowie deren Handelsformen und Eigenschaften dargestellt. Auf die chemischen Verfahren der Kunststoffherstellung geht dieses Buch nicht näher ein zugunsten genauer Angaben über die Verarbeitung und der Beschreibung der Materialeigenschaften.

Thermoplaste (Plastomere)

Thermoplaste werden bei Erwärmung weich und erhärten bei Abkühlung. Sie bestehen aus Fadenmolekülen, die miteinander verfilzt sind. Bei Erwärmung nimmt der Grad der Verfilzung aufgrund der Molekülschwingungen ab, der Kunststoff wird elastisch, um bei noch höherer Temperatur plastisch zu werden: Der Kunststoff wird zähflüssig. Bei Abkühlung verläuft der Vorgang umgekehrt. Eine Überschreitung der Temperatur zersetzt den Kunststoff. Thermoplaste können im festen Zustand spanabhebend verarbeitet werden. Biegen, Ziehen und Blasen sind die Verformungsmöglichkeiten im plastischen Zustand. Im weichen Zustand können Thermoplaste gewalzt, gespritzt, gepreßt oder verschäumt werden.

Polyvinylchlorid (PVC): Hart-PVC ist bis 80 °C hart, wird bei weiterer Erwärmung elastisch und bei 165 °C plastisch und weich. Hart-PVC ist bei normaler Temperatur weitgehend säure- und lösungsmittelbeständig. Es läßt sich gut mechanisch bearbeiten und ist in erwärmtem Zustand leicht formbar. Der Werkstoff läßt sich gut schweißen und verkleben. Er wird verwendet zur Herstellung von Rohren, Behältern, Bodenplatten, Holzplattenbeschichtungen, Kunststoffmöbel, Gehäuse, Isolationswerkstoff für elektrische Anlagen.

Weich-PVC entsteht durch den Zusatz von Weichmachern. Bis −20 °C bleibt es gummielastisch, fest allerdings nur bis zu einer Temperatur von etwa 40 °C. Im Gegensatz zu Hart-PVC besitzt es keine Säure- und Lösungsmittelbeständigkeit. Folien, Bodenbeläge, Kabelisolationen, Stecker, Kantenumleimer, Treppenkanten, Sockelleisten, Vorhänge (mit Textilverstärkung), Kunstleder, Bezugsstoffe, Tischtücher – dies alles wird aus PVC in verschiedenen »Weichheitsgraden« gefertigt. Und nicht zuletzt die meisten Verpackungen.

Wird PVC zu weit erhitzt, so entstehen Chlor- und Salzsäuredämpfe, die giftig bzw. ätzend sind. Deshalb ist Vorsicht bei Schweißarbeiten geboten. Im Falle eines Brandes, etwa bei elektrischen Anlagen oder bei einem Fahrzeugbrand, ist das Einatmen des Rauchs zu meiden. PVC sollte man nicht in unmittelbaren Kontakt mit Lebensmitteln bringen. Fast jeder PVC-Werkstoff enthält Weichmacher, die durch organische Säuren angegriffen werden, d. h., bestimmte Verbindungen lösen sich zu einem geringen Teil in den Lebensmitteln auf. Dieser geringe Teil ist nicht nur für den Geschmack, sondern auch für die Gesundheit zuviel. Die Innenverkleidung von Kühlschränken ist hier ein gutes Beispiel: Organische Säuren lösen die Weichmacher innerhalb einiger Jahre heraus. Das Material wird spröde und bricht bei Belastungen auf. Die Kühlschranktür ist meist das erste Opfer. Die Türdichtung wird hart und erfüllt schließlich nicht mehr hundertprozentig ihre Funktion. Dem Verbraucher kann nur geraten werden, die Lebensmittel nicht offen im Kühlschrank zu lagern – im Interesse einer längeren Lebensdauer des Gerätes.

Polyvinylacetat (PVAC): Dieser mit PVC verwandte Kunststoff ist ein durchscheinend weißer und elastischer Werkstoff. In Wasser fein verteilt und mit Weichmachern versehen, wird er als Leim eingesetzt (Weißleim).

Polystyrol (PS): Der glasklare Kunststoff ist hart und spröde, bis 70 °C wärmebeständig und beliebig einfärbbar, gegen Säure, Laugen, Salze und Alkohol beständig, nicht lösungsmittelbeständig, leicht verarbeitbar, klebbar, schweißbar, schäumbar. Schaumplatten aus Polystyrol, z. B. Styropor, müssen mit einem besonderen Klebstoff verklebt werden. Im ABS-Kunststoff, einem besonders bruchfesten und schlagfesten Kunststoff, ist neben Acrylnitril und Butadien auch Polystyrol enthalten. Aus Polystyrol werden Massenartikel des täglichen Bedarfs hergestellt. Zahnputzbecher, Besteckkästen, Verpackungen, Klarsichtboxen, Möbelteile wie Schubkästen, Kleinmöbel, Möbelbeschläge, Plattenspielerdeckel werden aus schlagfesteren PS-Sorten gefertigt. Geschäumtes Polystyrol (Styropor) wird zur Wärmedämmung innen und außen, als Verpackungsmaterial und zur Schalldämmung (Trittschalldämmplatten in Estrichen) eingesetzt (siehe Seite 96).

Polyethylen (PE): Hochdruck-Polyethylen ist weicher als Niederdruck-Polyethylen. In reinem Zustand ist der Kunststoff milchig-weiß durchscheinend. Seine Oberfläche fühlt sich wachsartig an. Selbst bei −50 °C ist PE noch elastisch. Sein Schmelzpunkt liegt bei ca. 115 °C. PE ist resistent gegen Säuren, Laugen und Salze, aber auch gegen die meisten Lösungsmittel. Es kann spanend bearbeitet werden und ist in erwärmtem Zustand gut formbar. PE läßt sich leicht schweißen, kann aber nicht geklebt werden. Aus Hart-PE bestehen Beschläge, Gleitschienen, Behälter wie Kanister, Plastikschüsseln sowie Kübel. Wasserrohre für Trinkwasser sind sowohl aus Hart- wie aus Weich-PE. Weich-PE ist der Rohstoff für Folien, Abdeckfolien, Bautenschutzfolien, Dampfsperren, Skibeläge. Die geliebten Plastiktüten bestehen meist ebenfalls aus PE. In der Lebensmittelverpackung spielt PE eine sehr wichtige Rolle, da es von allen Kunststoffen am unbedenklichsten erscheint.

Acrylglas (PMMA): Es ist besser bekannt unter den Markennamen Plexiglas und Resartglas. PMMA ist ein glasklarer, harter, sehr stoßfester, lichtechter Kunststoff, nur halb so schwer wie normales Glas, jedoch kratzempfindlicher, läßt sich spanabhebend bearbeiten, kleben, polieren und kann bei ca. 130 °C plastisch verformt werden. PMMA ist nicht schweißbar und wird anstelle von Glas verwendet, wenn es auf Stoßfestigkeit ankommt. Die Verbundglasscheibe im Auto hat Zwischenschichten aus PMMA. Aquarien, Türverglasungen, Tischplatten, Plattenspielerdeckel sind oft aus PMMA hergestellt.

Polyamide (PA): Sie sind besser bekannt unter den Markennamen Perlon, Nylon und Ultramid. Ungefärbt ist der verschleißfeste und zähharte Kunststoff milchig-weiß bis gelblich. Er läßt sich spanend bearbeiten, kleben und schweißen. Keilriemen und Reifen z. B. sind durch PA-Fasern verstärkt. Polyamide werden auch für mechanisch stark beanspruchte Teile, Möbelbeschläge, Zahnräder usw. verwendet. Letztere laufen auch ohne Schmierung geräuscharm.

Polycarbonat (PC): Es handelt sich dabei um einen im reinen Zustand glasklaren, harten und elastischen Kunststoff von sehr großer Schlagfestigkeit. Seine

Eigenschaften lassen sich durch Glasfasern noch verbessern. Er ist beständig gegen Säuren, Alkohole, Benzin, Fette und Öle. Lediglich gegen Laugen wird er angegriffen. PC ist schwer entflammbar, spanend zu bearbeiten, kleb- und schweißbar. PC wird überall dort eingesetzt, wo äußerst starke Beanspruchungen auftreten, z.B. bei Gehäusen von Bohrmaschinen und Staubsaugern, Möbelbeschlägen, Verkehrsampeln, Straßenlampen. Als durchsichtige Platte wird er zur Verglasung von Telefonzellen, Sportanlagen, Treppengeländerfüllungen eingesetzt. Bei schußsicheren Bankschaltern findet dieser Werkstoff ebenfalls Verwendung.

Polyisobutylen (PIB): Dieser nicht allzu elastische Kunststoff findet Verwendung für Dichtungsbahnen und Dachbelagsbahnen. Er ist verschweiß- und verklebbar.

Duroplaste (Duromere)

Duroplaste sind nach dem Aushärten auch durch starke Erwärmung nicht erweich- oder schmelzbar. Die Makromoleküle der Duroplaste sind räumlich vernetzt. Der Zusammenhang kann nur durch Zerstörung dieser Struktur aufgelöst werden. Die Vorprodukte dieser Kunststoffe sind in der Regel flüssig. Die Eigenschaften können durch Beimengungen von Füllstoffen wie Gesteinsmehl, Holzmehl oder Textilfasern variiert werden. Duroplaste lassen sich spanend gut bearbeiten, sind kleb- und schäumbar, aber nicht warm verformbar oder schweißbar. Der Aushärtungsprozeß des Kunststoffs kann allerdings unterbrochen werden: In diesem Zustand lassen sich Duroplaste spanlos verformen.

Phenolharz (PF): Dieses gelbe bis dunkelbraune, unlösliche, unschmelzbare Harz ist schwer entflammbar und beginnt bei allzu großer Hitzeentwicklung zu qualmen und zu verkoken. Nicht voll ausgehärtete Phenolharze kommen als Phenol- oder Resorcinharzleime in den Handel. Sie sind Rohstoffe für Preßmassen. Furniere, die mit Phenolharz getränkt sind, ergeben Preßschichtholz. Aus mit Papier und Textilien versehenem PF entstehen Hartgewebe bzw. Schichtpreßstoffplatten. Wenn PF Treibmittel zugesetzt werden, bilden sich Hartschäume. Hartschaumplatten sind an ihrer dunkelrotbraunen Farbe zu er-

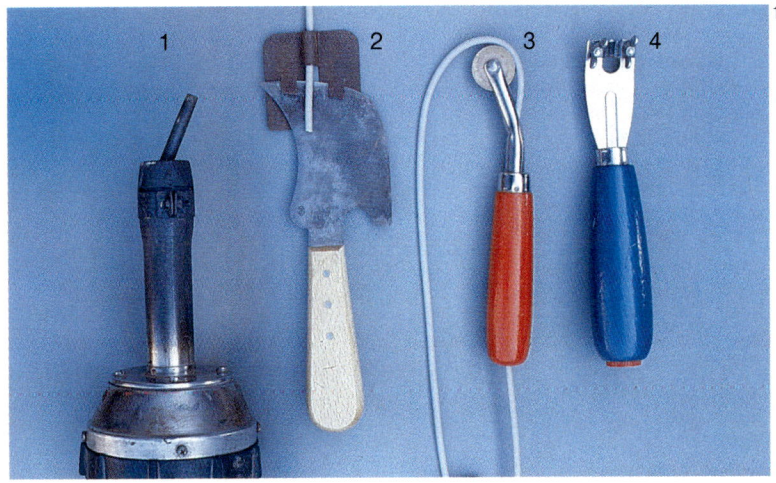

1 1 *Heißluftschweißgerät (z.B. Zinser).*
2 *Messer zur Nachbehandlung der Naht.*
3 *Andruckrolle mit Kunststoff-schweißdraht.*
4 *Nutschneider.*

kennen und haben gute Wärmedämmungseigenschaften. Phenolharz ist häufig in elektrischen Geräten als Isoliermaterial zu finden. Auch Leiterplatten bestehen häufig aus diesem Werkstoff.

Harnstoffharz (UF): Das farblose, glasklare Harz läßt sich beliebig einfärben und ist hart und spröde. Aushärtung durch Zusatz von Härtern oder durch Erwärmung. Vorkondensiert findet es als Holzleim Verwendung (Kauritleim). Lösungsmittelfeste, abriebfeste, lichtechte Lacküberzüge können auf der Basis von UF hergestellt werden. UF findet Verwendung bei der Spanplattenherstellung. Verschäumt kann dieses Harz für Wärmedämmung eingesetzt werden (siehe Seite 96). Schichtpreßstoffplatten aus UF finden ebenfalls Verwendung in elektrischen Anlagen, als Leiterplatten, Isolationswerkstoff usw.

Melaminharz (MF): Dieser Kunststoff ist mit dem Harnstoffharz in den Eigenschaften verwandt, jedoch noch transparenter als dieser. Er wird ebenfalls als Bindemittel in der Spanplattenindustrie verwendet. Kunststoffbeschichtete Holzwerkstoffe sind melaminharzgetränkt. Aus MF werden Haushaltsgegenstände wie Eßgeschirr usw. gepreßt.

Ungesättigte Polyesterharze (UP): Sie gehören im Gegensatz zu den gesättigten (Polycarbonate) zu den Duroplasten. Die beiden Grundstoffe, ungesättigter Polyester und Styrol, ergeben vermengt ein allerdings sehr langsam aushärtendes Harz. Deshalb werden neben Härtern auch Beschleuniger zugesetzt. In

reinem Zustand ergibt das ein glasklares, beliebig einfärbbares Harz, das poliert werden kann. Polyesterharz wird als Lack zur Oberflächenbeschichtung verwendet. Bei Verstärkung mit Glasfasern ergeben sich besonders gute Festigkeitswerte. Balkonverkleidungen, Bedachungen, Behälterbau (Silos und Kläranlagen), Karosseriebau und Bootsherstellung sind die Domänen dieses Kunststoffs. Für Metallverbindungen werden Klebeharze hergestellt.

Epoxydharz (EP): Das in reinem Zustand honiggelbe Harz ist im flüssigen Zustand giftig. Bei der Verarbeitung frei werdende Dämpfe reizen die Haut. Das ausgehärtete Harz ist geruchlos, geschmacksfrei und ungiftig, chemikalien- und lösungsmittelresistent. In den Eigenschaften ist EP verwandt mit den Polyesterharzen. Die Haftung auf Metalloberflächen ist außerordentlich gut. EP dient als Rohstoff für Einbrennlacke und Metallkleber und kann mit Glasfasern verstärkt werden.

Polyurethanharze (PUR): Je nach Stärke der Vernetzung handelt es sich um harte bis gummielastisch weiche Werkstoffe, die eine gewisse Beständigkeit gegenüber Lösungsmitteln, Säuren, Salzen und Laugen aufweisen. Harte Polyurethanharze werden als DD-Lacke (Autolacke, Versiegelungslack) verwendet. Auch der Zwei- oder Dreikomponentenkleber hat PUR als Grundsubstanz. Elastische Varianten werden als Dichtungsmittel für Dehnungsfugen verwendet. Polyurethanschäume sind wohl die bekanntesten Produkte von PUR. Ob es sich um Wärmedämmung im Bauwesen, um Isoliermaßnahmen in der Kältetechnik, um Montageschaum bei der Türen- und Fenstermontage handelt – überall dort wird PUR-Schaum eingesetzt (siehe Seite 96). Formteile in der Polsterindustrie bestehen ebenso aus diesem Stoff wie Karosseriehohlräume damit ausgeschäumt werden.

Teflon: Dieser Kunststoff wird für Gleitlager und Gleitdichtungen verwendet. Es gibt für ihn keine Erweichung wie bei den Thermoplasten. Er besitzt aber auch nicht die typischen Eigenschaften der Duroplaste. Nicht klebbar, nicht schweißbar; löst sich bei 260 °C in Dampf auf.

Elastomere

Es handelt sich dabei um elastische Kunststoffe, die im Unterschied zu anderen ihre Gummielastizität weitgehend temperaturunabhängig beibehalten. Ähnlich wie die Duroplaste bestehen sie aus einem Netz von Makromolekülen, das jedoch wesentlich weitmaschiger ist. Die Verbindungsstellen der Makromoleküle bleiben bei einer Verformung erhalten. Die Summe aller Molekülkräfte bewirkt nach Ende der Belastung wieder eine Rückstellung der Molekülstruktur in die Anfangsstellung. Vulkanisieren heißt, daß die Vernetzung der Fadenmoleküle erst nach der Verformung hergestellt wird.

Styrol-Butadien-Kautschuk (SBR): Dieser Kunststoff ist im Molekülaufbau mit dem Naturkautschuk verwandt und wird wie dieser mit Schwefel vulkanisiert. Hinsichtlich Wärme- und Alterungsbeständigkeit ist SBR dem Naturkautschuk überlegen. Eine Abart (NBR-Perbunan) ist besonders öl- und schmiermittelresistent und deshalb ein wichtiger Dichtungswerkstoff. Kunstkautschukarten sind an ihrem lang anhaltenden unangenehmen Geruch erkennbar.

Butylkautschuk (IIR): Er ist vulkanisierbar und wird als Weichschaumgummi z.B. für Fugendichtungsbänder verwendet. Fugendichtungsmassen werden ebenfalls aus IIR hergestellt.

Polychloropren-Kautschuk (CR; Neopren): Er wird zu Kleb- und Dichtungsmassen verarbeitet. Fugen- und Dichtungsprofile werden aus diesem Kautschuk hergestellt.

Polysulfidkautschuk (SR): Dieser Kunststoff ist als Ein- und Zweikomponentenmasse unter dem Namen Thiokol im Handel. Sie wird zur Abdichtung von Bewegungsfugen im Baugewerbe eingesetzt (Betonfertigteile, Einbau von Fenstern und Türen, Stahl-Glas-Übergänge).

Polyurethankautschuk (PUR): Der abriebfeste, alterungsbeständige braune Kunststoff dient in verschiedener Porengröße und Porenstruktur hauptsächlich als Rohstoff für die Polster- und Matratzenindustrie. Er ist leicht schneid- und klebbar.

Silikone (SI): Sie sind ölartige, wasserklare Kunststoffe, die statt Kohlenstoff Silicium in der Molekülstruktur aufweisen. Neben *Silikonöl* (Imprägnierung) und *Silikonharz* ist besonders der *Silikonkautschuk* bekannt. Alle Silikone sind äußerst wasserabstoßend, klebstoffabweisend, wärmebeständig und ölfest. Silikon wird als Dichtungsmasse für elastische Fugen im Außen- und Innenbereich eingesetzt, Silikonschläuche werden als temperaturbeständige elastische Kabelisolierung verwendet. Silikon wird auch als Schutzüberzug eingesetzt.

Kunststoffverarbeitung

Für den Heimwerker stehen die Materialeigenschaften des Werkstoffs im Vordergrund. So kann z.B. der niedere Schmelzpunkt der Thermoplaste negative Auswirkungen auf die Bearbeitbarkeit haben.

Es muß mit Verformung und Verbrennung gerechnet werden, da Kunststoffe nicht allzu wärmebeständig sind. Kunststoff besitzt einen großen Wärmedehnungskoeffizienten. Deshalb wirft er sich, vor allem, wenn er mit anderen Werkstoffen verbunden wird. Wer z.B. eine Platte aus Kunststoff einfach an die Wand dübelt oder bei der Verkleidung seines Balkons und seines Vordachs mit Kunststoffplatten so vorgeht, als

wolle er eine Blechplatte festschrauben, wird erfahren, daß sich der Kunststoff wellt. Wer in einen Holzrahmen statt einer Glasscheibe eine Kunststoffscheibe (Makrolon) einsetzt und diese so verklotzt wie eine Glasscheibe, wird erleben, wie entweder der Rahmen aus dem Leim geht, oder wie sich die Scheibe wirft. Die Befestigung von Kunststoff soll so erfolgen, daß er sich in einem gewissen Spielraum sowohl dehnen als auch zusammenziehen kann. Größere Bohrlöcher, Aluminiumschienen, in denen er beweglich lagert, usw. sind geeignete Maßnahmen, um eine saubere Verbindung von Kunststoffen mit anderen Materialien zu erreichen. Anders sieht es aus, wenn der Kunststoff nur als Deckschicht, als Lack, Überzug, oder Beschichtung auf anderen Materialien aufgetragen ist.

Spanende Kunststoffverformung

Außer den Temperaturproblemen wirft sie keine besonderen Probleme auf, wobei gegenüber Holz und Metall Unterschiede zu beachten sind. Härtere Kunststoffe wird man eher mit Metallwerkzeugen, weichere mit Holzwerkzeugen bearbeiten. Außerdem sind spezielle Sägeblätter für Kunststoff erhältlich (Stichsäge- und Bügelsägeblätter). Beim Bohren sollte man Kunststoffbohrer verwenden, die sich durch einen kleineren Spitzenwinkel und eine steilere Spanführung vom Metallbohrer unterscheiden. Duroplaste sollten allerdings mit einem normalen Bohrer gebohrt werden. Das Feilen von Kunststoffen ist besser mit gefrästen als mit gehauenen Feilen zu bewerkstelligen, um das Schmieren zu verhindern (Hobelfräserfeile bzw. Surformfeile). Kunststoffplatten aus Hartplastik können mit einem Messer geritzt und dann gebrochen werden. Platten aus Weichplastik sind unter Umständen nur mit einem Messer zu trennen. Es ist notwendig, auszuprobieren, welches Werkzeug für die Kunststoffbearbeitung am geeignetsten ist, da Spezialwerkzeuge für den Heimwerker noch nicht in der Vielfalt angeboten werden, die für eine werkstoffgerechte Verarbeitung notwendig wäre. Wegen der schlechten Wärmeleitung und der Schmieranfälligkeit von Kunststoffen (so nennt man das Schmelzen von Kunststoffen während der spanenden Bearbeitung an den Schneiden) werden

Werkzeuge sehr schnell stumpf. Wer also viele kunststoffbeschichtete Platten mit der Kreissäge sägt, bohrt usw., tut gut daran, sich hartmetallbestückte Werkzeuge anzuschaffen. Wer vorhat, viel mit geschäumten Kunststoffen zu arbeiten, kann sich entweder ein Styroporschneidegerät oder einen entsprechenden Vorsatz zum Lötkolben anschaffen. Wie damit zu hantieren ist, wird man nach einigen Probeschnitten selbst herausgefunden haben. Bei allen spanenden Kunststoffbearbeitungsmethoden muß darauf geachtet werden, daß die Werkzeuge und das Material nicht überhitzt werden. Auch beim Polieren von Kunststoffen gilt: Zuerst wird ein Feinschliff mit Schleifpapier (naß schleifen) hergestellt, um dann auf der Polierscheibe mit entsprechend feinem Poliermittel eine glänzende Oberfläche herzustellen.

Spanlose Verformung bei Kunststoffen

Sie ist grundsätzlich verschieden bei Thermoplasten und bei Duroplasten. Thermoplaste sind unter Wärmeeinwirkung verformbar. Duroplaste können geformt werden, wenn sie noch nicht voll ausgehärtet sind, d.h. der chemische Prozeß ihrer Herstellung noch nicht abgeschlossen ist: Eine Variante davon ist der Aufbau von glasfaserverstärkten Formen auf Polyester – oder Epoxydharzbasis, eine andere das Gießen in Formen (z.B. das Eingießen von Sammlerstücken in Gießharz). Eine Sonderstellung nimmt das Schäumen ein: Dabei entsteht nach der chemischen Reaktion von Aushärtung und Gasentwicklung ein Kunststoff, der mit geheiztem Werkzeug geschnitten bzw. geformt werden kann.

Warmformungsarten: Von den Warmformungsarten bei Thermoplasten wird dem Heimwerker das *Biegen* noch am geläufigsten sein (Tiefziehen und Formpressen wird an der fehlenden Maschinen- und Werkzeugausstattung scheitern). Als Biegeunterlage spannt man Rundholz mit einem dem Biegeradius entsprechenden Durchmesser ein. Mit einem Heißluftgerät wird der Kunststoff an der Biegekante so lange gleichmäßig erwärmt, bis er sich ohne große Kraftanstrengung biegen läßt. Um die Biegekraft gleichmäßig zu verteilen, ist es ratsam, die Kunststoffplatte auf

beiden Seiten einzuspannen. Bei stärkeren Kunststoffplatten empfiehlt sich die Verwendung einer Isolierpaste, die im Bereich der Biegekante aufgestrichen wird. Dann entfernt man die Paste an dem zu erwärmenden Bereich, so daß die Wärme nur dort einwirken kann. Die Isolierpaste verfärbt sich überall dort, wo schon die ausreichende Wärme vorhanden ist. Behelfsweise ist eine Abdeckung mit Holz möglich. Da Kunststoff ein schlechter Wärmeleiter ist, wird nur der freibleibende Streifen erhitzt. Beim Biegen von Rohren aus Kunststoff ist eine Sandfüllung angebracht. Bei allen Biegeversuchen ist zu berücksichtigen, daß der Kunststoff nach dem Erkalten zum Teil dazu neigt, wieder in die Anfangsstellung zurückzukehren, der Biegewinkel also größer zu wählen ist.

Kaltformungsarten: Die Kaltformung von Kunststoffen, in diesem Fall von Duroplasten, kann durch *Gießen* geschehen: Die Komponenten Gießharz, Härter und eventuell ein Beschleuniger werden angerührt in den Proportionen, die der Hersteller vorschreibt. Vorsicht! Gießharz, Härter, Beschleuniger, Reiniger und Schleifstaub solcher Kunststoffe sind giftig! Es ist notwendig, Handschuhe (Wegwerfhandschuhe) zu tragen. Kommt dennoch Gießharz mit der Haut in Kontakt, ist dieses sofort mit Reiniger zu entfernen. Anschließend muß man den Reiniger wiederum (mit Wasser) abwaschen. Sollte Gießharz an die Schleimhäute (Auge, Mund, Nase) kommen, ist sofort ein Arzt aufzusuchen. Das Gießharz wird in dem auf der Packung angegebenen Verhältnis möglichst blasenfrei – also langsam – verrührt. Man rührt nur die Menge an, die für die erste Schicht (Grundschicht) erforderlich ist. Nach einer kurzen Wartezeit, in der den trotzdem auftretenden Luftblasen Gelegenheit gelassen wird, aufzusteigen, kann mit dem Gießen begonnen werden, indem man in die mit Trennmittel behandelte Form die Grundschicht blasenfrei eingießt. Bei Raumtemperatur von 20 °C beginnt das Gießharz nach 20 bis 30 Minuten auszuhärten. Bevor es zu hart wird, legt man das einzugießende Objekt auf das Harz. Nach weiteren 30 Minuten dürfte es so weit fixiert sein, daß mit dem Gießen fortgefahren werden kann, ohne daß die Gefahr besteht, das Objekt zu verschie-

ben. Dazu wird wiederum eine Gießharzmischung angesetzt, die für die nächste Schicht von höchstens 1 bis 2 cm Stärke ausreicht. Es sollten nie mehr als 2 cm auf einmal vergossen werden, da die bei der chemischen Reaktion frei werdende Wärme abgeführt werden muß. Nun ist Gießharz wie alle Kunststoffe ein schlechter Wärmeleiter, und es würde zu Wärmestaus kommen, wären die Schichten stärker, was zur Verfärbung und – wegen des großen Wärmedehnungskoeffizienten von Kunststoffen – zu Spannungsrissen führt. Soll das Objekt höher stehen, ist demzufolge auch die Grundschicht aus mehreren Schichten aufzubauen. Der Aushärtevorgang der jeweiligen unteren Schicht sollte noch nicht voll abgeschlossen sein, wenn mit dem Gießen fortgefahren wird, um eine einwandfreie Verbindung zu erhalten. Eventuelle Luftblasen können mit dem Zahnstocher entfernt werden. Sind alle Schichten gegossen, läßt man das Harz 24 Stunden lang aushärten, verschließt dann den Guß in einer Polyethylenose relativ luftdicht. Kühlschrankdosen bzw. ausgewaschene Weißleimbehälter sind dafür am besten geeignet. Das Gebinde wird im Backrohr auf etwa 50 °C erwärmt. Nach 3 Stunden nimmt man den Guß aus dem Backofen und dem Behälter und läßt ihn bei Raumtemperatur auskühlen. Das Objekt müßte sich jetzt problemlos aus der Form lösen lassen. Ist das nicht der Fall, sollte die Prozedur mit dem Backrohr wiederholt werden. Die Hauptarbeit beginnt erst jetzt: Die unebene, klebrige Oberfläche muß geschliffen und poliert werden, um dem Objekt den Glanz zu verschaffen, den es haben soll.

Das *Laminieren* ist eine andere Variante der Formung von Kunststoffteilen. Mit dieser Technik können sowohl Körper wie Schiffsrümpfe, Stoßstangen usw. aus glasfaserverstärktem Kunststoff aufgebaut als auch Reparaturen von solchen Gegenständen ausgeführt werden. Auch bei der Kfz-Reparatur wird diese Technik von Laien oft angewandt. Das Kunststoffpflaster wird nicht allzu lange halten, allein schon wegen der unterschiedlichen Wärmedehnungskoeffizienten. Sinnvoller ist diese Art des Reparierens bei Kunststoffmöbeln, -booten, -surfbrettern.

Wenn mit dieser Technik Gegenstände 269

aufgebaut werden sollen, ist zunächst ein Modell anzufertigen.

Meßglas, Meßbecher bzw. Waage sind für das richtige Mischungsverhältnis wichtig. Der Blick auf die Uhr und das Thermometer hilft, die Topfzeit, d. h. Verarbeitungszeit, einzuhalten. Zuerst wird die Form mit einem Trennmittel behandelt. Trennmittel sind Wachs, Vaseline, Trennlack. Dann wird die Sichtseite als Feinschicht von Hartpolyesterharz mit einem Spezialpinsel in die Form gestrichen. Auf die aufgelegten Glasfasermatten (von denen es je nach Beanspruchung verschiedene gibt) wird das Harz aufgetragen. Kleinere Flächen bestreicht man besser mit dem Pinsel, größere mit einer Rolle. Luftblasen werden mit einem Metallscheibenroller ausgewalzt. Der Vorgang – Glasfasern auflegen und aufstreichen – wiederholt sich –, daher Laminiertechnik. Wegen der ätzenden Wirkung der Harzkombination und der Schnittverletzungsgefahr bei Glasfasern sollte man nur mit Handschuhen arbeiten. Die Dämpfe sind giftig – daher ist für Belüftung und Atemschutz zu sorgen.

Die letzte Schicht Glasfaser wird wiederum mit einer Feinschicht von Hartpolyesterharz vorversiegelt. Die letzte Schicht Glasfaser wird verschliffen, wodurch man schon eine ziemlich glatte Oberfläche erzielt. Ist die Harzschutzschicht nach dem Aushärten klebrig, muß mit einem Polyester-LT-Lack gestrichen werden. Eine Alternative dazu ist das Überspachteln mit Autospachtel. Nach dem Schleifen kann mit beliebiger Farbe lackiert werden, während Polyesterharz nach dem LT-Lack mit DD-Lacken (Zweikomponentenlack) zu streichen ist.

Unter Luftabschluß trocknet Polyester klebfrei. Dazu wird das Laminat mit einer Polyethylenfolie luftblasenfrei abgeschlossen.

Je nach Anwendungsart sind verschiedene Polyesterharzkombinationen im Handel. *Epoxydharz* ist teurer und wird nur bei extremer Beanspruchung eingesetzt. Es verbindet sich sehr gut mit Me-

tall – ja manche Metallkleber sind auf dieser Basis aufgebaut. Das *Standardpolyesterharz* mit Härter und Kobaltbeschleuniger wird im allgemeinen zum Aufbau von Gegenständen verwendet, während *schnell härtendes Polyesterharz* und *Polyesterspachtel* für Reparaturen dienen. Reines Harz muß in Kombination mit Glasfasermatten verarbeitet werden. *Feinschichtharz* (Hartpolyesterharz) wird mit dem entsprechenden Härter und den entsprechenden Farbstoffen für Außenseiten verwendet: Damit läßt sich eine glatte dekorative und beanspruchbare Außenseite herstellen, die nicht mehr lackiert werden muß.

Verbinden von Kunststoffteilen

Bei Thermoplasten kann das Verbinden durch *Schweißen* geschehen. Bei Polyethylen z. B. ist Schweißen die einzige Möglichkeit einer Verbindung, da es nicht klebbar ist. Auf Lösungsmittelbasis arbeitende Kleber lösen diesen Kunststoff nicht an, Zweikomponentenklebstoffe können keine Adhäsion vorfinden, ihrer Kohäsion entsprechen würde. (Dieser Kunststoff wird für Skibeläge gerade wegen seiner geringen Adhäsion eingesetzt.) Skibeläge repariert man, indem man entweder flüssiges Polyethylen eintropft oder Polyethylenstreifen aufbügelt. Danach wird der Belag plan abgeschliffen. Bei einigem Geschick kann diese Technik auch zur Reparatur von Plastikhaushaltgerät aus Polyethylen bzw. Kinderspielzeug eingesetzt werden. Polyethylenfolien werden mit Folienschweißgeräten oder Warmluftgeräten verschweißt. Sie sind als Haushaltgerät in den meisten Haushalten zu finden, die ein Tiefkühlgerät besitzen.

Polyvinyl verschweißt man ähnlich wie Metall (Abb. 1). Der Schweißdraht ist aus PVC und wird raupenförmig mit dem Heißluftgerät eingeschmolzen. Zu diesen Geräten gibt es einen Schweißspiegel, der sich vorgespannt erwärmt. An diesen werden die zu verschweißenden Kunststoffteile so lange gepreßt, bis sie zu erweichen beginnen. Dann

nimmt man den Schweißspiegel weg und preßt die zu verschweißenden Teile bis zur Abkühlung aneinander.

Beim *Kleben* von Kunststoffen steht kein wirklicher Alleskleber zur Verfügung, ebensowenig wie es einen Universalkunststoff gibt. Auch wenn mancher Hersteller damit wirbt, so genügt ein Blick auf die Packung: Polystyrol kann damit nicht geklebt werden. Polyethylen und Polypropylen können fast überhaupt nicht geklebt werden. Sie werden durch Schweißen verbunden. Trotzdem lohnt es sich, eine Tube Kunststoffalleskleber im Haus zu haben, da zumindest vorübergehend nahezu alle Kunststoffklebeprobleme damit bewältigt werden können. Natürlich kann dieser Alleskleber nicht alles: Der für den jeweiligen Kunststoff entwickelte Spezialkleber wird in jedem Fall die besseren Klebeverbindungen liefern. Lösungsmittelkleber lösen den Kunststoff an. Er dient vorwiegend dem Verkleben von Thermoplasten. Es entstehen zwei angelöste Zonen, in denen der Kunststoff weich wird und sich unter Druck aneinanderfügen läßt. Nach dem Verdunsten des Lösungsmittels entsteht eine feste Molekülverbindung, die eine Festigkeit der Klebstoffe verursacht, die nahe an die der Grundwerkstoffe heranreicht.

Kontaktkleber eignen sich für großflächige Verbindungen. Sie sind Lösungen von Elastomeren (Synthesekautschukarten). Beide Flächen werden dünn mit dem Kleber bestrichen (oft ist es sinnvoll, den Kleber mit der entsprechenden Verdünnung zu verdünnen). Erst nachdem das Lösungsmittel verdampft ist, werden die beiden Flächen unter Druck aneinandergepreßt. Damit lassen sich verschiedenartige Stoffe, also auch verschiedene Kunststoffe, miteinander verbinden.

Reaktionskleber (Zwei- und Dreikomponentenkleber) werden dort angewendet, wo Lösungs- oder Kontaktkleber nicht anwendbar sind. Der Kleber ist selbst ein Kunststoff, und zwar entweder Thermoplast oder Duroplast.

PAPIER, PAPPE,
LEDER, TEXTILIEN, GUMMI

In diesem Kapitel ist der Umgang mit Materialien dargestellt, aus denen viele Gegenstände des täglichen Lebens bestehen. Da der Heimwerker auch solche Objekte erhalten und im Einzelfall selbst herstellen will, ist es für ihn wichtig, zu wissen, wie er mit diesen Materialien umzugehen hat.

Papier und Pappe

Papiere und Pappen werden heute fast ausschließlich aus Holzschliff, Wasser und Füllstoffen hergestellt. Früher verwendete man Webhadern, die in Holzgefäßen (Bütten) eingestampft wurden und aus denen die Papiermasse mit der Hand geschöpft wurde (daher der Name »handgeschöpftes Büttenpapier«).
Aus Papieren und Pappen kann man nützliche Dinge herstellen, mit ihnen lassen sich Gegenstände verschönern. Man braucht diese Materialien aber auch dann, wenn man Reparaturen ausführen will, z.B. eingerissene Buchseiten ausbessern oder für ein Buch einen neuen Umschlag anfertigen.

Papiere werden auch im Bauwesen eingesetzt, z.B. als Grundmaterial für Dämmstoffe (siehe Seite 91), zur Feuchtigkeitsisolierung sowie zum Wind- und Staubschutz (ab Seite 102) und kunststoffbeschichtet als Dampfbremse oder Dampfsperre (ab Seite 102).

Das Material
Papiere und Pappen gibt es in verschiedenen Stärken, die meist durch die Gewichtsangabe pro Quadratmeter angezeigt wird, z.B. 80 g.
Stärkeres Papier bezeichnet man als Karton, Produkte über 600 g/m^2 nennt man Pappe.
Papiere und Pappen gibt es durchgefärbt oder beschichtet in den unterschiedlichsten Farbtönen und mit verschiedenen Oberflächenstrukturen. Sie sind je nach der Zusammensetzung der Rohstoffe und der Oberflächenbehandlung sehr saugfähig, weniger saugfähig oder kaum saugfähig, was Auswirkungen auf die Verarbeitung, insbesondere das Kleben, hat.
Sehr dünne, transparente Papiere wie *Durchschlagpapier* oder *Japanpapier* eignen sich besonders zum Ausbessern von Buchseiten, feste, nicht transparente Papiere als Vorsatzpapier bei Buchreparaturen.
Graupappe gibt es in Stärken bis zu 4 mm. Sie ist sehr widerstandsfähig, läßt sich nach dem Einritzen biegen und wird zur Herstellung von Mappen, Schachteln und zur Herstellung von Einbanddeckeln bei Büchern verwendet.
Weiße Holzpappe bricht beim Biegen. Sie wird vor allem für Passepartouts oder Bilderrückwände verwendet.

Schneiden
Zum Schneiden von Papier und Karton verwendet man eine einfache Papierschere, für Karton eine robuste Schere. Gerade Schnitte erzielt man nur mit einem Metallineal und einem Cutter- oder Allzweckmesser (Abb. 1). Pappe wird mit dem Cutter am Metallineal entlang zuerst mit wenig Druck angeritzt, dann mit stärkerem Druck, notfalls mit mehreren Schnitten, durchgetrennt. Bei allen Schneidearbeiten empfiehlt sich eine klingenschonende Unterlage, z.B. ein Stück Karton, eine Preßspan- oder eine Spanplatte. Gerade beim Schneiden von dünnerem Papier ist es wichtig, daß die Unterlage sehr eben ist. Werden häufig Arbeiten mit Papier ausgeführt,

1 *Werkzeuge zum Schneiden:*
  1 Cuttermesser mit Abbrechklinge
  2 Allzweckschere für sämtliche Materialien einschließlich Drahtgewebe
  3, 5, 8 Haushaltsscheren unterschiedlicher Größe
  4 Papierschere
  6 Schere am Taschenmesser
  7 Zackenschere
  9 Schwere Stoffschere, die auch zum Schneiden von Teppichen verwendet werden kann.

2 *Arbeiten mit Papier und Pappe:*
  1 Mappe mit Zugbändern
  2 Mappe mit Leinwandrücken
  3 Schachtel mit eingeschlagener Lasche (links) und ohne Lasche

(rechts). Gestrichelte Linien werden geritzt, durchgezogene Linien durchgeschnitten.

4 Beziehen eines Schutzumschlags, eines Papiers oder einer Pappe mit Klebefolie.

empfiehlt sich eine spezielle Kunststoffunterlage.

Kleben

Das Kleben von Papier sieht einfacher aus, als es ist. Man muß dabei auf die Eigenschaften des Papiers (z.B. saugfähig oder weniger saugfähig), des Klebers (mehr oder weniger wasserhaltig) und des Untergrunds (Material und Saugfähigkeit) achten.

Papiere und Pappen dehnen sich aus, wenn sie feucht werden, und schrumpfen wieder beim Trocknen. Dehnen sich Papiere noch aus, wenn sie bereits verklebt sind, entstehen Falten und Blasen, dehnen sich dünnere Papiere vor dem Kleben zu lange, reißen sie möglicherweise beim Trocknen.

Verwendet werden für kleinere Arbeiten spezielle Papierkleber, doch empfiehlt sich für größere Arbeiten Tapetenkleister. Wenn die Verbindung haltbarer werden soll, z.B. beim Binden von Büchern, verwendet man Weißleim oder Buchbinderleim. Möglich ist ein Verkleben auch mit Wiederaufnahmeklebern, lösungsmittelhaltigen Sprühklebern oder doppelseitig klebender Folie. Sollen z.B. wertvolle Plakate oder Fotos auf

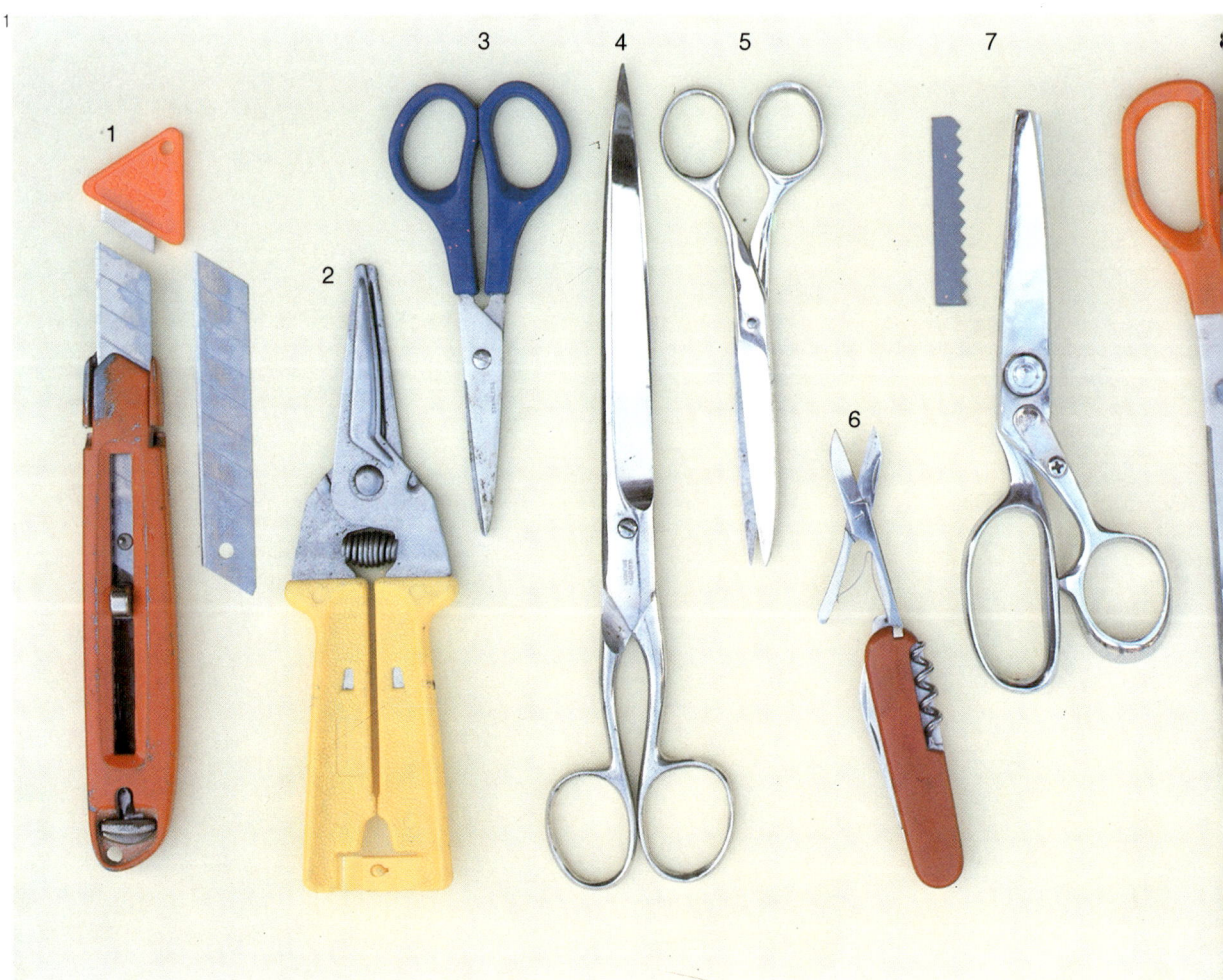

festen Unterlagen aufgebracht werden, sollte man immer eine sachkundige Beratung in Anspruch nehmen und im Zweifelsfall einen Rahmen mit entspiegeltem Glas vorziehen.

Falzen und Biegen

Zum Falzen von Papier verwendet man das Falzbein. Will man Pappe biegen, wenn man eine Schachtel herstellen will, sollte man nur Graupappe verwenden und diese etwa bis zwei Drittel ihrer Stärke anritzen.

Mappen

Mappen mit *Zugbändern* (Abb.2) sind ideal zum Aufbewahren von Zeitschriften, aber auch Aktenstücken, die nicht gelocht werden sollen. Die Rückenbrei-

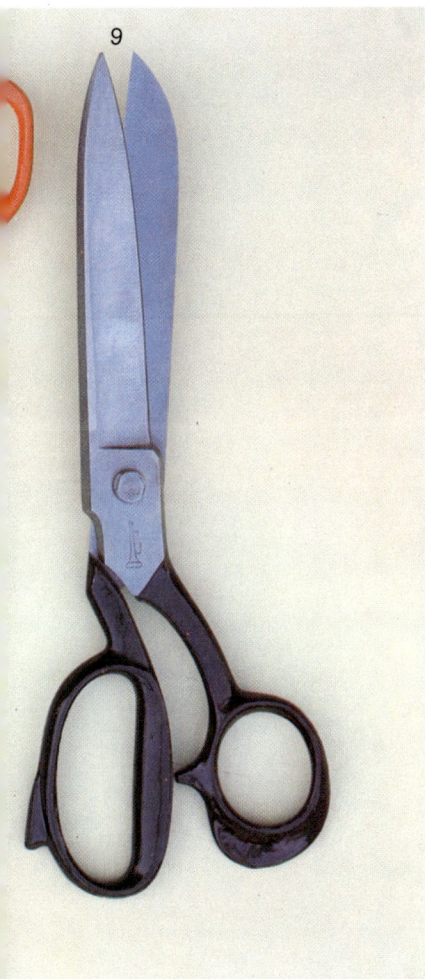

2

1

2

3

Pappenstärke

4

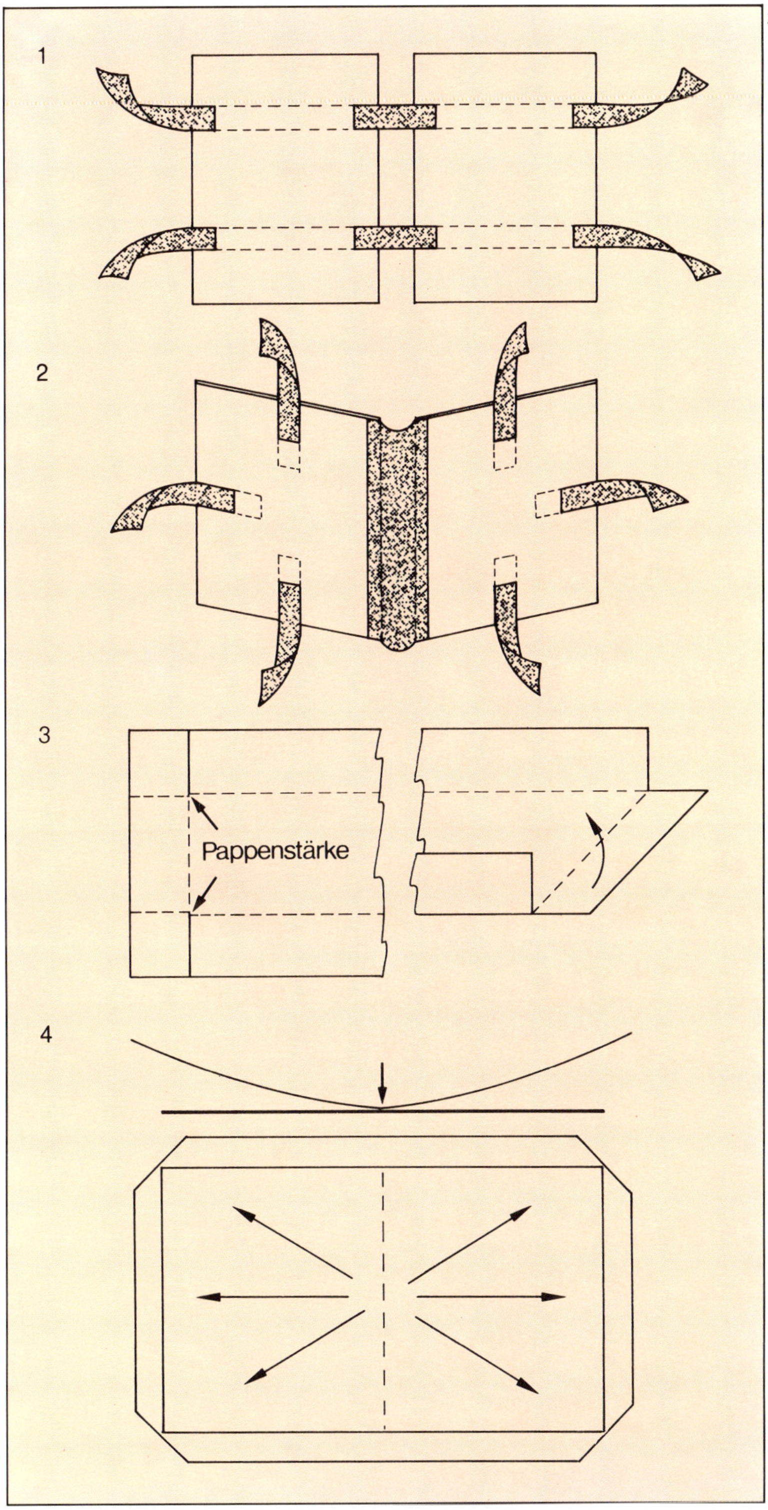

te läßt sich beliebig variieren, da das Leinenband, das die Mappe zusammenhält, an keiner Stelle verklebt wird.

Mappen mit *Leinwandrücken* (Abb.2) dienen zum Aufbewahren von Skizzen, Bildern und Plänen. Rücken und Leinwandstreifen werden am besten mit Weißleim geklebt.

Beide Arten von Mappen kann man vollständig mit Papier überziehen, wobei man am besten Tapetenkleister ganz dünn aufträgt, oder mit Leinen, wozu man am besten Buchbinder- oder Weißleim verwendet und diesen auf den Untergrund aufträgt. Da die Ecken besonders anfällig für Beschädigungen sind, werden sie mit Papier- oder Leinwandstreifen verstärkt.

Schachteln

Zur Herstellung einer Schachtel (Abb.2) verwendet man Graupappe mit einer Stärke von 2 bis 3 mm. Die Pappe wird dort, wo sie hochgebogen wird, bis etwa zwei Drittel der Stärke angeritzt. Beim Anfertigen des Deckels muß die Pappenstärke berücksichtigt werden. Die Kanten können mit Papier oder Leinwandstreifen verstärkt werden.

Plakate

Plakate werden beschädigt, wenn man sie mit Reißnägeln, vor allem aber mit transparenten Klebestreifen an Wänden befestigt.

Plakate, die zur Anbringung an Plakatsäulen oder -wänden vorgesehen waren, kann man mit Tapetenkleister auf eine stabile Preßspan- oder Spanplatte aufkleben. Stabil muß die Unterlage deshalb sein, weil beim Trocknen wie bei Tapeten eine Trockenspannung entsteht, die die Unterlage verziehen kann. Saugfähige Untergründe werden mit verdünntem Tapetenkleister vorgeleimt. Der Kleister wird auf die Rückseite des Plakats aufgetragen, danach soll das Plakat einige Minuten weichen, damit es später keine Blasen wirft. Schließlich wird es vorsichtig aufgelegt und mit einer Gummirolle, einer Bürste oder einem sauberen Lappen angedrückt bzw. angerieben.

Für wertvollere Gegenstände wie Kunstdrucke, Kalenderblätter oder Fotos ist dieses Verfahren nicht geeignet, da das Material unter Umständen durch den wasserhaltigen Kleister zerstört wird.

Passepartout

Ein Passepartout ist eine aus Karton geschnittene Umrahmung für eine Graphik, einen Holzschnitt, für Fotos oder Kalenderblätter. Als Deckblatt wird weißer oder einfarbiger Passepartoutkarton verwendet. Aus diesem Deckblatt wird die Größe des zu rahmenden Stücks ausgeschnitten. Die Befestigung auf der Unterlage erfolgt durch einen gefalzten Papierstreifen, wobei eine Seite des Streifens am oberen Ende der Graphik, die andere an der Kartonunterlage festgeklebt wird.

Buchbinderarbeiten

Für Arbeiten an Büchern verwendet man graue Buchbinderpappe (Buchrücken), ein nicht zu glattes, aber auch nicht zu saugfähiges Papier zwischen 100 und 120 g als Vorsatzpapier, für Ausbesserungen an Buchseiten dünnes Papier, Transparent- und Japanpapier.

Ausbessern von Papier: Buchseiten sind häufig dort, wo sie gefalzt sind, beschädigt, oft eingerissen. Sie werden mit schmalen Streifen aus Durchschlag- oder Japanpapier verstärkt. Nach dem gleichen Prinzip lassen sich auch ausgefranste Ecken oder eingerissene Seiten ausbessern. Grundregel ist, daß das Papier, das zur Verstärkung verwendet wird, dünner sein soll als das zu verstärkende.

Herstellung eines neuen Bucheinbands: Bücher sind entweder fadengeheftet, d.h. die Seiten sind einzeln und werden mit einem Faden an den Buchrücken geheftet, oder sie werden beschnitten, eingeritzt oder aufgerauht, mit Leim bestrichen und durch ein Gewebeband zusammengehalten. Letztere Bindemethode ist weit verbreitet, weil sie wesentlich billiger ist, doch ist sie auch anfälliger für Schäden.

Wie man einen Bucheinband erneuert, ist in Abb.3 dargestellt.

Leder

Leder wird aus den Häuten von Tieren, vor allem von Rindern, Kälbern, Schweinen und Ziegen, hergestellt. Es wird entweder in der gesamten Materialstärke verarbeitet, z.B. Schuhsohlen, oder aber gespalten (Spaltleder).

Schneiden

Womit man Leder schneiden kann, hängt von der Lederstärke ab. Dünnere Leder lassen sich mit der Schere schneiden, für dickere Leder verwendet man am besten das Ledermesser (Abb.4), notfalls auch ein Allzweckmesser. Die Klinge des Ledermessers weist eine leichte Rundung auf, geschärft wird das Messer an einem Abziehstein, Abziehstahl oder Abziehleder.

Gerade Schnitte erzielt man mit einem Metallineal. Stärkere Leder müssen dann, wenn sie überlappt werden, aber nicht zu stark auftragen sollen, abgeschrägt, »geschärft« werden (Abb.5). Als Führung des Messers kann man eine gerade Kante, z.B. die Tischkante, verwenden.

Kleben

Zum Kleben von Leder verwendet man meist Kontaktkleber, am besten einen

3 *Erneuerung eines Bucheinbands:*

1 *Gazestreifen von Resten des alten Einbands und des Vorsatzpapiers so gut es geht befreien, ihn dabei nötigenfalls anfeuchten. Der Gazestreifen verbindet Buchblock mit Einband.*

2 *Vorsatzpapier in doppelter Größe der Buchseiten zuschneiden, falzen, an der Gaze und etwa 1 cm breit an der ersten Buchseite festkleben.*

3 *Buchdeckel aus stabiler Graupappe etwas größer als den Buchblock zuschneiden.*

4 *Buchrücken aus dünner, flexibler Pappe zuschneiden; er wird etwas gerundet und muß in dieser Form so breit sein wie Buch inklusive Einband.*

5 *Bucheinband aus geeignetem Papier oder Buchbinderleinen zuschneiden, Buchdeckel und -rücken aufkleben, zwischen Rücken und Deckel etwa 2 bis 4 mm Zwischenraum für den Falz berücksichtigen.*

6 *Buchblock einlegen und Vorsatzpapier mit den Buchdeckeln verkleben.*

7 *Falz mit Scherenrücken eindrücken, Buch beschweren, Kleberreste entfernen und Buch beschweren.*

8 *Falzbein.*

274

Spezialkleber wie Kövulfix. Die zu verklebenden Teile müssen trocken, fett- und staubfrei sein und aufgerauht werden, man muß sie also vorher mit einem speziellen Aufrauher oder mit grobem Sandpapier oder mit einer Raspel aufrauhen. Der Kleber wird auf beide Teile, möglicherweise zweimal aufgetragen, nach der vorgeschriebenen Wartezeit zusammengepreßt, wobei ein Zusammenklopfen mit einem Schusterhammer mit flachem Kopf die Verbindung haltbarer macht.

Nähen

Zum Nähen von Leder verwendet man Leinenzwirn; Kunstfasern würden an den Nahtenden leichter wieder herausrutschen. Der Zwirn wird durch Bienenwachs gezogen, damit er gut rutscht und nicht aufscheuert.

Zum Nähen verwendet man entweder eine stärkere Nadel mit Fingerhut oder eine Ahle (Abb. 4). Bei dickeren Ledern muß man die Löcher mit dem Pfriem oder einer Dreikantnadel vorstechen.

Stichlänge und Fadenstärke hängen einerseits ab von dekorativen Absichten, andererseits aber auch von der Belastung auf Abrieb und Zug. Kürzere Stiche mit etwas dünnerem Faden halten besser als weite Stiche mit dickerem Faden, da die Belastung gleichmäßiger verteilt wird und sich dünnere Fäden nicht so leicht durchscheuern.

Grundsätzlich kann Leder auch mit Nähmaschine und Ledernadel genäht werden, jedoch setzt die Lederstärke dem Einsatz von Haushaltsnähmaschinen Grenzen. Ausbessern sollte man Ledernähte nicht mit der Maschine, da das Leder meist durch die unterschiedlichen Stichlängen zerstochen wird und daher an der Nahtstelle reißt.

Die meisten Reparaturarbeiten können mit den in Abb. 5 dargestellten Nähten ausgeführt werden.

Zur Reparatur von Tragriemen sollten die Hauptbelastungspunkte mit einer x-förmigen Naht zusätzlich gesichert werden (Abb. 5).

Sind alte Nahtlöcher schon ausgerissen, muß die Stelle mit einem dünnen Lederstreifen verstärkt werden. Das Verstärkungsleder wird auf die schadhafte Stelle geklebt, am besten mit Kontaktkleber.

Lochen

Kleine Löcher werden mit der Lochzange hergestellt (Abb. 4). Um die Schneiden zu schonen, wird dabei ein Stück Hartpappe oder ein altes Lederstück untergelegt. Größere Löcher stellt man mit dem Locheisen her (siehe Seite 69, Abb. 42). Auch hier gilt, daß man eine feste, aber schneidenschonende Unterlage benutzt. Löcher können durch Ösen verstärkt werden (dazu Seite 73).

Nieten

Nieten ergeben eine haltbare Verbindung und müssen bisweilen z.B. an Griffen von Aktentaschen oder an der Gürtelschnalle ersetzt werden. Die Technik des Nietens ist auf Seite 68 und 72 dargestellt.

Reinigen und Pflegen

Reinigung und Pflege des Leders richten sich nach der Verschmutzung, Beanspruchung, Lederart und dem Wert des Leders. Grundsätzlich gilt, daß starke Hitze das Leder austrocknet und starke Sonneneinstrahlung zum Verblassen führen kann. Wertvollere Leder wie bei Ledermöbeln oder Ledertaschen sollten nicht mit Schuhpflegemitteln behandelt werden, auch nicht mit lösungsmittelhaltigen Produkten wie Fleckenwasser, Terpentin oder Benzin. Stärkere Verschmutzungen lassen sich meist mit handwarmem Wasser, einem weichen Baumwollappen und mit Lösungen aus Neutralseife, bestimmten neutralen Feinwaschmitteln, Sattelseife oder Spiritus entfernen.

Das Leder sollte dabei nie durchfeuchtet werden. Bei Rauhleder (Veloursleder, häufig auch Wildleder genannt) wird der angetrocknete Schmutz aufgebürstet. Mit einer Wildlederbürste lassen sich abgenutzte Stellen häufig wieder aufrauhen. Flecken sollten sofort mit saugfähigem Papier oder Tuch aufgenommen und wie oben beschrieben nachbehandelt werden. Bei Möbelleder sollte man unbedingt auf die Pflegehinweise der Hersteller achten.

Altem, rissigem und trockenem Leder müssen die Nährsubstanzen zurückgegeben werden. Dazu gibt es je nach Anwendungsbereich Produkte, die unter der Bezeichnung Lederöl, Lederfett, Ledercreme oder Ledermilch angeboten werden.

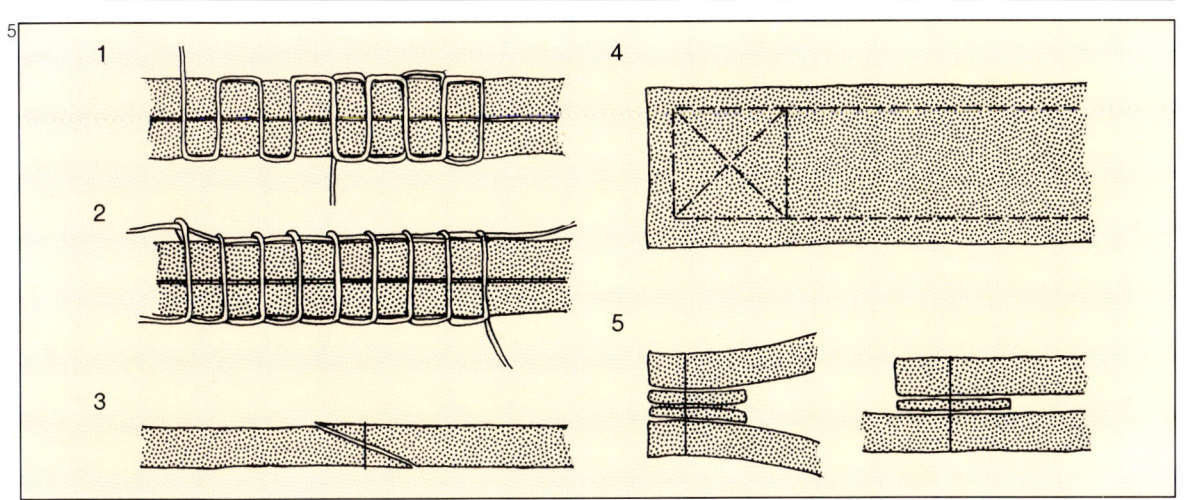

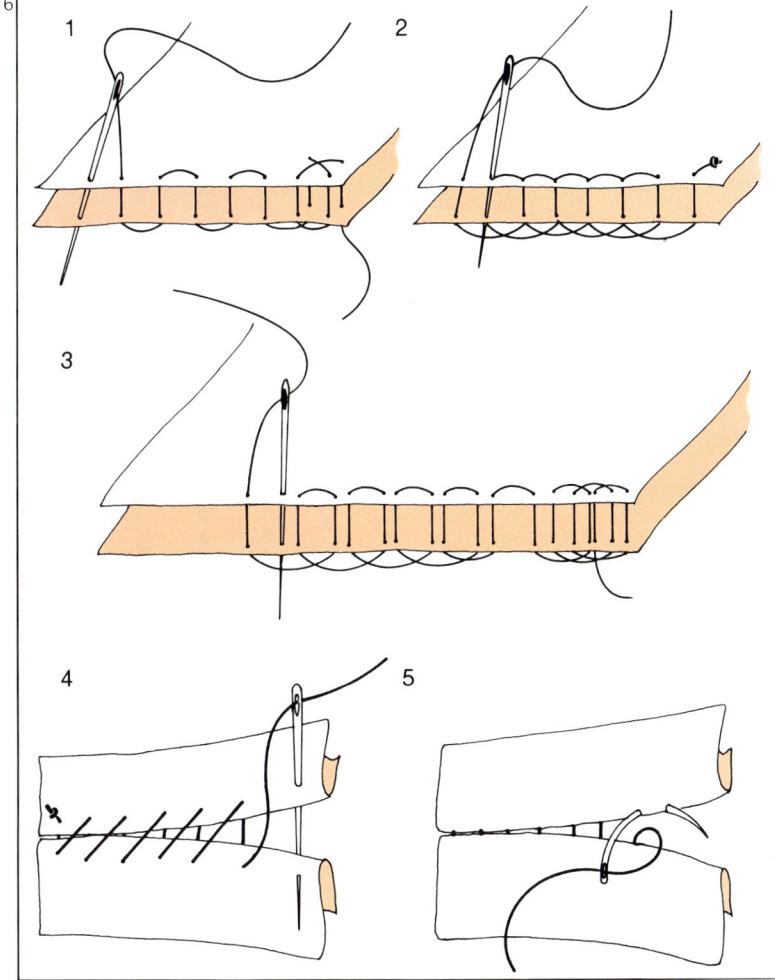

4 Werkzeug zur Bearbeitung von Leder:
  1 Revolverlochzange
  2 Ledermesser.
  3 Gebogene Dreikantnadel zum Vor-
    stechen von Nahtlöchern an
    schwer zugänglichen Stellen
  4 Rundnadeln
  5 Ahle mit Fadenspule
  6 Pfriem zum Vorstechen von Nahtlö-
    chern
  7 Schneidenadeln

5 Bearbeitung von Leder:
  1 Einfache Ledernaht, mit der man
    die meisten Reparaturen ausführen
    kann.
  2 Sattlernaht, die mit Hilfe der Ahle
    und einer zweiten Nadel hergestellt
    wird.
  3 Abschrägen des Leders für Verbin-
    dungen, die nicht auftragen sollen.
  4 Verstärkung einer Tragriemennaht.
  5 Verstärkung der Nahtstellen mit
    aufgeklebten Lederstreifen.

6 Einfache Handnähte für Textilien und
  Möglichkeiten des Vernähens am
  Nahtbeginn und Nahtende:
  1 Heftstich
  2 Steppstich
  3 Hinterstich
  4 Überwendlicher Stich
  5 Verzogener Vorderstich.

Für wertvolle Leder gibt es Spezialmittel (z. B. Plian-Creme, Maroquin-Lederbalsam), die hartem, brüchigem Leder wieder eine gewisse Geschmeidigkeit zurückgeben und zugleich eine gute reinigende Wirkung haben, wie man an dem auf Seite 271 dargestellten Buchrücken erkennen kann.

Besohlen von Schuhen

Schuhsohlen sind heute meist nicht mehr aus Leder, sondern aus Hartgummi oder Kunststoff hergestellt. Ob man Schuhe selbst besohlen kann, hängt von mehreren Umständen ab:
Voraussetzung ist ein geeigneter Kleber und die Möglichkeit, für die neue Sohle eine relativ ebene Klebeoberfläche herzustellen, z. B. durch Schleifen, Raspeln oder durch das Abziehen der alten Sohle, wenn diese schon einmal ausgebessert worden ist. Dieses Abziehen kann schwierig sein, denn Kontaktkleber halten meist so gut, daß der Schuh dabei zerstört wird.
Die zu verklebenden Stellen müssen aufgerauht werden, die neuen Sohlen werden mit etwas Überstand zugeschnitten. Die Art des Klebers richtet sich nach den Herstellerhinweisen. In der Regel werden Kontaktkleber verwendet, die auf beiden zu verklebenden Teilen aufgetragen werden. Auf poröse Ledersohlen wird der Kleber eventuell zweimal aufgetragen. Nach einer Wartezeit von etwa 20 Minuten (der Kleber darf bei Berühren keine Fäden mehr ziehen) werden die Teile zusammengefügt. Hier ist Vorsicht geboten, denn einmal zusammengebrachte Teile lassen sich nur schwer wieder trennen. Es empfiehlt sich, eventuell ein Stück Butterbrotpapier zwischen die Klebeflächen zu legen.
Die Klebeflächen müssen stark zusammengepreßt werden. Ein hoher Preßdruck entsteht, wenn die Sohle mit dem Hammer (am besten mit einem flachköpfigen Schusterhammer) auf einer Metallunterlage (am besten einem kleinen Dreifuß) festgeklopft wird. An den Rändern hilft man eventuell mit einer Flachzange nach.
Überstehende Ränder werden nach dem Kleben mit einem scharfen Messer entfernt und mit Schleifpapier nachbehandelt.
Die Ränder von Ledersohlen werden mit Schuhfarbe eingestrichen.

Wer nähere Informationen über Schuhreparaturen braucht, findet dazu Literatur auf Seite 536.

Textilien

Textilien werden aus pflanzlichen, tierischen oder synthetisch gewonnenen Fasern hergestellt.

Eigenschaften

Textilien unterscheiden sich hinsichtlich ihres Feuchtigkeitsverhaltens, ihrer Festigkeit und ihrer Oberflächenstruktur. Manche Textilfasern (Baumwolle, Wolle) nehmen Feuchtigkeit auf und sind daher angenehm zu tragen. Sie sind jedoch weniger geeignet, wenn sie einer ständigen Feuchtigkeitseinwirkung ausgesetzt sind, z. B. an Balkonmöbeln. Entscheidend für die Festigkeit und Strapazierfähigkeit von Textilien sind die Qualität der Verarbeitung, die Gewebeart, die Echtheit der Farben und die Faserart. Mischgewebe vereinigen verschiedene Eigenschaften von Natur- und Chemiefasern.
Baumwolle: Sie ist eine feinfädige Pflanzenfaser, saugt Feuchtigkeit auf und ist daher hautsympathisch. Baumwolle guter Qualität ist scheuerfest.
Leinen: Es handelt sich dabei um eine sehr haltbare feste Faser. Sie nimmt viel Feuchtigkeit auf, ist angenehm glatt und flusenfest, jedoch je nach Ausrüstung wasserempfindlich, d. h., sie kann einlaufen.
Wollfasern: Sie sind elastisch, knitterarm und wärmeisolierend, können viel Feuchtigkeit aufnehmen und sind anfällig für Mottenfraß (siehe unten).
Chemiefasern: Erzeugnisse wie Polyacryl oder Polyamid nehmen kaum Feuchtigkeit auf, sind pflegeleicht und im allgemeinen sehr strapazierfähig, weshalb sie häufig Naturfasern beigemischt werden.

Schneiden

Geschnitten werden Textilien mit der Schere, am besten mit einer Stoffschere (Abb. 1).
Eine Zackenschere (Zickzackschere; Abb. 1) verhindert das Ausfransen der Schnittkante.
Viele Textilarten kann man genau entlang der Webfäden trennen, indem man

den Rand mit der Schere anzwickt und dann die Bahn mit beiden Händen reißt.

Nähen

Genäht werden können Textilien natürlich mit der Nähmaschine. Vor allem dann, wenn es um Reparaturen geht, wird man in vielen Fällen mit der Hand nähen müssen. Dazu stehen eine Vielzahl von Nadelgrößen und -formen zur Verfügung, z. B. Rundnadeln. Mit den in Abb. 6 dargestellten Stichen wird man die meisten Arbeiten bewältigen können.

Risse ausbessern

Will man Risse in Stoffen ausbessern, die einer gewissen Spannung ausgesetzt sind, z. B. bei Garten- und Campingmöbeln oder Zelten und Segeln, muß man einen Flicken aufsetzen, der die Rißstelle entlastet. Wie man dabei vorgeht, zeigt Abb. 7.

Spannen

Das Spannen von Textilien wird notwendig, wenn man eine Stoffverspannung an Wänden anbringen oder Möbel neu beziehen will. Befestigt wird mit Tackerklammern, Blaustiften oder Ziernägeln. Immer dann, wenn die Spannung groß ist, muß der Stoff eingeschlagen werden, damit er nicht ausreißt.
Gespannt werden in der Regel zuerst

7 *Ein Loch oder einen Riß flicken:*
  1 Loch
  2 Diagonal einschneiden, Stoff auf die Seite umfalten, auf der der Flicken daraufgenäht wird (Umschlagkante).
  3 Flicken mit eingeschlagenen Kanten aufnähen, Umschlagkante am Flicken festnähen.

8 *Bespannen eines Rahmens:*
  1 Stoffbahn befestigen
  2,3 Von der Mitte aus nach beiden Seiten mit leichtem Zug spannen und befestigen
  4 Starker Zug und Befestigung auf der gegenüberliegenden Seite
  5,6 Starker Zug in angegebener Richtung
  7,8 Spannung der kürzeren Seiten mit leichtem Zug.

9 *Herstellen einer Bootsmannsnaht.*

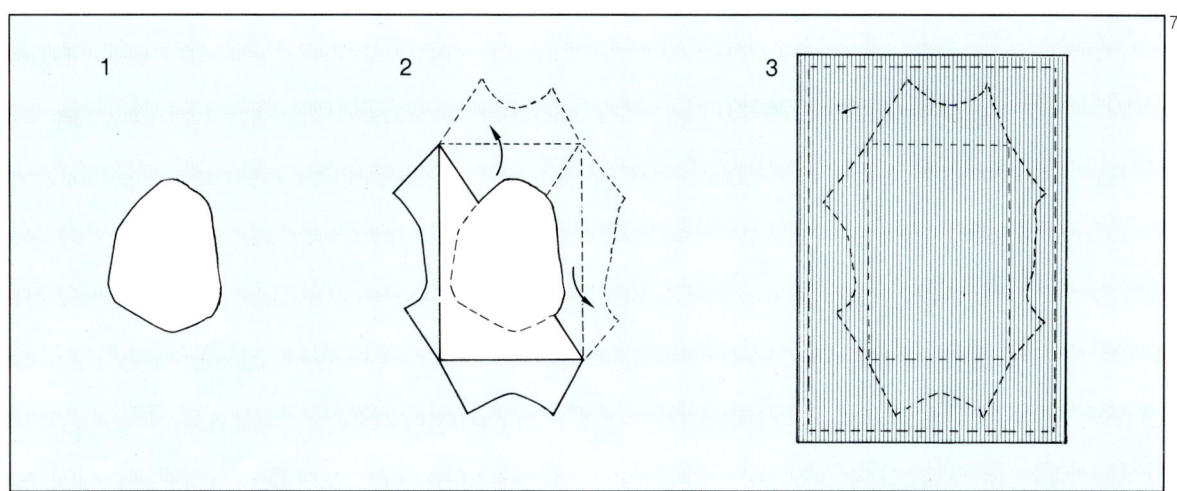

die längeren Seiten. Wie man bei der Bespannung eines Rahmens vorgeht, zeigt Abb. 8. Analog geht man auch bei Möbelbespannungen vor, doch wird der Bezugsstoff vorher genau ausgerichtet und mit Steckern provisorisch befestigt.

Ecken spannt man immer zum Schluß. Der Stoff wird dabei so eingefaltet, daß die Falte am wenigsten stört.

Versieht man einen besäumten Stoff mit Ösen (siehe dazu Seite 72, Abb. 47), kann er mit Hilfe einer Schnur ebenfalls gut gespannt werden, z.B. als Sichtschutz bei Balkongeländern.

Reinigen und Pflegen

Grundsätzlich sollte man beim Kauf von Stoffen, Möbeln und Teppichen Pflege-anleitungen der Hersteller beachten. Die Grundpflege besteht in Saugen und Ausklopfen im Freien. Ein gelegentliches Ausbürsten mit Essigwasser beugt gröberen Verschmutzungen vor und kann niedergetretenen Flor wieder aufrichten.

Zur gründlichen Reinigung von Teppichen eignen sich Teppichreinigungspulver. Möglich ist eine gründlichere Reinigung von Textilien auch durch schwache Laugen aus Woll- oder Feinwaschmitteln, wobei man mit klarem Wasser nacharbeiten sollte. Nicht fest verklebte Teppiche dürfen nicht zu feucht behandelt werden, da sich sonst Wellen bilden können. Flecken entfernt man am besten, solange sie noch frisch sind. Bevor man zu speziellen Fleckentfer-

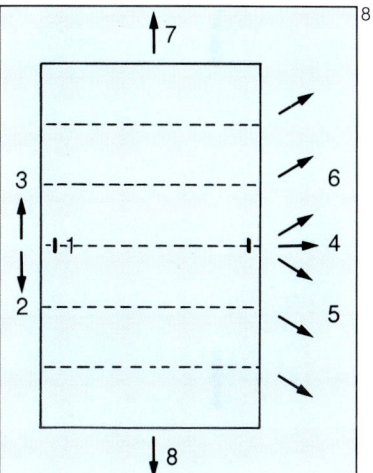

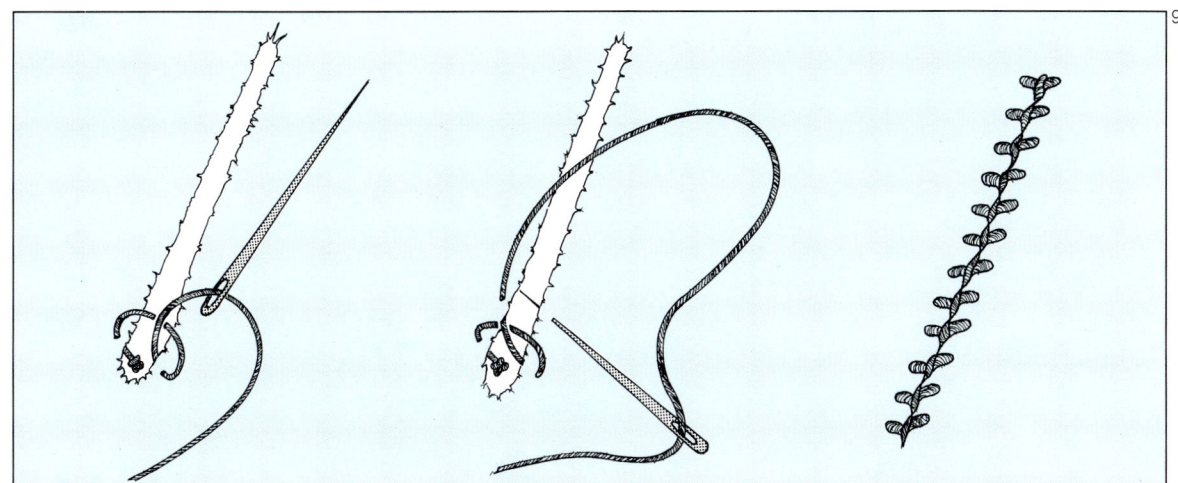

nern greift, sollte man es mit lauwarmem Wasser und Laugen aus wenig aggressiven Waschmitteln probieren.

Imprägnieren

Bei bestimmten Textilprodukten, z. B. älteren Baumwollzelten, kann eine Abdichtung gegen Feuchtigkeit durch Imprägnierung notwendig werden. Imprägniermittel gibt es zum Streichen, zum Sprühen und als Tauchbad. Am besten arbeitet man im Freien oder in gut belüfteten Räumen, da Imprägniermittel gesundheitlich bedenkliche Inhaltsstoffe enthalten können. Nähte werden mit Spezialmassen behandelt.

Mottenschutz

Motten sind kleine Schmetterlingsarten. Gefährlich für Textilien ist nur die Kleidermotte. Sie hat eine Flügelspannweite von etwa 11 mm und ist ocker- bis graugelb. Sie legt ihre Eier an Wolle, Filz, Roßhaar und Pelze, die den ausschlüpfenden Raupen als Nahrung dienen, im allgemeinen jedoch nicht an saubere pflanzliche und synthetische Fasern. Wollfasern werden daher in der Regel bereits bei der Herstellung mit mottenschützenden Wirkstoffen imprägniert. Sie brauchen in diesem Fall keinen zusätzlichen Mottenschutz.

Mottenkugeln und -strips, die zwischen Gewebe eingelegt werden, sind aufgrund der enthaltenen Wirkstoffe in gesundheitlicher Hinsicht nicht unumstritten. Vorbeugend gegen Mottenbefall wirkt häufiges Lüften und Ausklopfen von gefährdeten Materialien.

Gummi und Kunststoffhäute

Gummi ist in vielen Anwendungsbereichen durch Kunststoffmaterialien ersetzt worden, z. B. bestehen »Gummi«-Boote heute häufig aus PVC. Deshalb ist es wichtig, zu wissen, aus welchem Material ein Produkt hergestellt wurde. Denn nur dann kann man es richtig bearbeiten und reparieren.

Gummi ist in der Regel elastischer als andere Kunststoffprodukte. Es läßt sich dehnen und kehrt wieder in die ursprüngliche Form zurück. Gummi setzt der Reibung einen höheren Widerstand entgegen, z. B. beim Reiben zwischen den Fingern, an einem Steinboden oder auf dem gleichen Material.

Gummi

Gummi wird aus Naturkautschuk, dem milchig-weißen Saft (Latex) des Kautschukbaumes, und Füllstoffen hergestellt. Aus ihm stellt man z. B. Reifen, Schläuche, Dichtungen sowie Spiel- und Sportartikel her. Bei einer höheren Zugabe von Schwefel entsteht Hartgummi, der z. B. beim Besohlen von Schuhen Verwendung findet.

Das Kleben von Gummi ist eigentlich ein Vulkanisieren, d. h. die Oberfläche des Materials wird durch den Kleber angelöst und so z. B. mit einem Flicken verbunden. Am bekanntesten ist dieser Klebevorgang durch das Flicken von Fahrradschläuchen.

Gummimaterialien behalten durch das Einreiben mit Glyzerin ihre Elastizität bei, sie werden nicht spröde und rissig. Talkumpuder, ein fein gemahlenes natürliches Mineral, setzt den Reibungswiderstand von Gummioberflächen herab, was z. B. beim Einziehen eines Fahrradschlauches hilfreich sein kann.

Gummi- und Kunststoffhäute

Schlauchboote, Planschbecken oder Luftmatratzen werden heute häufig nicht aus Gummi, sondern aus anderen Materialien hergestellt, meist aus PVC. Will man Reparaturen durchführen – und reparieren bedeutet in diesen Fällen meist flicken –, so muß man sich vergewissern, mit welchem Material man es zu tun hat, und Kleber sowie Flicken danach auswählen. Hersteller empfehlen oft bestimmte Kleber oder Reparatursets. Reparaturanleitungen sollte man daher aufbewahren.

Gewebeverstärkte Gummi- und Kunststoffhäute

Überall, wo größere Beanspruchungen auftreten, werden gewebeverstärkte Kunststoffhäute eingesetzt, z. B. bei Faltbooten. Auch hier gilt bei Reparaturen hinsichtlich der Auswahl des Klebers und des Flickens das bereits Gesagte. Vorher wird der Riß jedoch mit einer Bootsmannsnaht verschlossen (Abb. 9). Die Bootsmannsnaht sorgt für eine haltbarere Verbindung, da sie die Klebeverbindung zusätzlich verstärkt. Außerdem schiebt sich das Material beim Verkleben nicht übereinander.

BAUSTOFFE

Als Baustoffe waren bis vor wenigen Jahrzehnten Holz, Lehm, Kalk und handgeformte Ziegel vorherrschend. Die moderne Baustoffindustrie hat eine Vielzahl von Produkten entwickelt, die zum einen häufig preisgünstiger sind, zum andern aber durch Heimwerker besser verarbeitet werden können. Darüber hinaus werden Baustoffe heute mit den unterschiedlichsten Eigenschaften hergestellt, z.B. mit besonders guter Wärmedämmung, mit besonders guter Druckbelastbarkeit oder mit besonders arbeitssparender Verarbeitung.

Im folgenden Text werden die wichtigsten Baustoffe beschrieben, die sich für den Heimwerker zur Verarbeitung eignen. Dämmstoffe werden ab Seite 85 dargestellt, Materialien zur Bauwerksabdichtung gegen Feuchtigkeit ab Seite 101. Was hinsichtlich der Planung bei größeren Bauvorhaben zu beachten ist und welche Baukonstruktionen möglich sind, ist im Kapitel »Rohbau, Umbau, Sanierung« eingehend beschrieben. Für die Bearbeitung von Holz und Metallen wird auf die gleichlautenden Kapitel verwiesen.

Nicht dargestellt werden kann in diesem Kapitel der Lehmbau, da er Wissen über die Lehmarten und eigene Verarbeitungstechniken voraussetzt. Literatur zum Lehmbau findet sich auf Seite 536.

Werkzeuge und Baumaschinen

Werkzeuge zum Messen sind ab Seite 41 dargestellt. Für die Verarbeitung von Baustoffen werden davon insbesondere die *Wasserwaage,* die *Schlauchwaage* und das *Lot* gebraucht.

Kellen (Abb. 1) werden zur Verarbeitung von Mörtel und Spachtelmassen verwendet. Ob man zum Mauern oder Putzen Viereck- oder Dreieckkellen verwendet, ist für den Heimwerker eher eine Geschmacksfrage. Fugenkellen dienen zum Verfugen von Mauerwerk und zum Verpressen von Spalten und Schlitzen unterschiedlicher Breite. Kleinere Kellen können für Spachtel- oder Stuckarbeiten eingesetzt werden. Herzkellen verwenden die Fliesenleger für die Verlegung von Fliesen im Dickbettverfahren (dazu Seite 368), Innen- und Außeneckkellen braucht man zur Herstellung sauberer Ecken und Kanten.

Darüber hinaus benötigt man meist Werkzeuge zum Glätten von Oberflächen (Abb. 2). Die Estrichkelle dient zum Glätten von Estrichflächen, die Traufel (Glättkelle) wird darüber hinaus zum Aufziehen von Putz oder Feinputz ver-

wendet. Eine Aluputzplatte dient zum Abziehen von angeworfenem Putz. Zum gleichen Zweck kann auch ein Holzbrett mit einer geraden Kante und etwa 10 cm Breite und der entsprechenden Länge verwendet werden.

Längere *Putzlatten* aus Alu oder Holzlatten mit zwei genau parallelen Kanten dienen als Richtscheit oder Setzlatte. Man kann mit der Wasserwaage prüfen, ob eine Mauer genau senkrecht aufgezogen wurde und auch die Waagerechte überprüfen. Zusätzlich kann man mit dem Bleistift noch einzelne Steinschichten anzeichnen und so prüfen, ob die richtige Höhe eingehalten wird. Die *Richt-* oder *Fluchtschnur* dient dazu, daß nach dem Hochmauern der Eckpunkte auch die dazwischenliegenden Steine in der Flucht verlegt werden können. Das *Reibebrett* aus Holz oder Kunststoff dient zum Ebnen und Verdichten von Putzflächen, *Schwamm-* und *Filzbretter* zur Herstellung von Feinputzflächen. Filzbretter werden vor dem ersten Gebrauch über einer Flamme etwas angesengt, damit überstehende Borsten keine Spuren hinterlassen, mit dem feinporigen Schwammbrett lassen sich sehr feine Oberflächen erzielen.

Sollen größere Mengen an Mörtel verarbeitet werden, braucht man eine Mörtelwanne aus Kunststoff. Soll Kalk selbst gelöscht werden, zusätzlich eine Wanne aus Metall.

Ein *Maurerpinsel* (Abb.3) dient je nach Härte der Borsten zum Säubern von Fugen und Mauerwerk oder zum Annässen der Mauersteine, *Putzhaken* werden zum Befestigen von Putzlatten verwendet, der *Maurerhammer* zum Zuschlagen von Steinen, *Fäustel, Flach-* und *Spitzmeißel* zur Herstellung von Schlitzen und Durchbrüchen. Der *Zimmererhammer* eignet sich vor allem für Arbeiten am Dach. Wird die Spitze in den Balken eingeschlagen, ist er immer griffbereit, außerdem kann man mit ihm Nägel ziehen.

Für kleinere Ab- und Durchbrucharbeiten verwendet man den elektrisch betriebenen *Bohr- und Meißelhammer* (Abb.4). Man kann damit Mauerwerk, in beschränktem Ausmaß auch Beton abbrechen und durch einen Bohrereinsatz tiefe und starke Löcher bohren, z.B. für Kabel- und Rohrdurchführungen. Für umfangreiche Abbrucharbeiten wird am besten ein *Preßlufthammer* eingesetzt, den man sich leihen muß.

Baumaschinen werden vom Heimwerker nur in beschränktem Umfang eingesetzt. Zur Herstellung größerer Mengen Mörtel ist ein *Mörtelmischer* zu empfeh-

len (Abb.5). Man kann ihn preiswert gebraucht kaufen, aber auch wie die meisten Baumaschinen ausleihen.

Wer auf der Baustelle noch keinen Strom hat, kann den Mörtelmischer mit einem Notstromaggregat betreiben, mit dem auch alle anderen elektrischen Werkzeuge und Haushaltsgeräte angetrieben werden können. An Baumaschinen kommen noch in Betracht *Vibrationsrüttler* zum Verdichten von Beton sowie *Rüttler* zum Verdichten von Erdreich, Kies oder Splitt beim Verlegen von Platten und Anlegen von Wegen. *Schalungsbretter* kann man ebenfalls leihen. Kleine Schalungen stellt man aus Abfallholz wie Brettstücke und Kanthölzer verschiedener Länge selbst her (siehe Seite 308).

Die Werkzeugpflege besteht zum einen in der gewissenhaften Reinigung. Bereits abgebundener Beton läßt sich nur noch mit roher Gewalt entfernen. Hat sich Beton z.B. erst einmal in der Trommel des Mörtelmischers festgesetzt, wird die Schicht von Tag zu Tag dicker, bis man dann zum Hammer greift, damit zwar Erfolg hat, aber auch die Oberfläche der Trommel beschädigt. Abgelagerte Mörtel- oder Betonreste lassen sich häufig noch dadurch befriedigend aus Mischtrommeln beseitigen, wenn man Wasser und möglichst scharfkantigen Splitt oder Schotter in die Trommel gibt und sie eine gewisse Zeit laufen läßt. Für Mörtelwannen, Kellen, Pinsel und Spachtel gilt das gleiche. Nur Mörtel aus Luftkalken (dazu Seite 290) kann

1 *Kellen (Lux):*
   1 *Viereckkellen*
   2 *Dreieckkellen*
   3 *Fugenkellen*
   4 *Herzkellen*
   5 *Inneneck- und Außeneckkellen.*

2 *Hilfsmittel zum Glätten von Oberflächen:*
   1 *Estrichkelle*
   2 *Filzbrett*
   3 *Feinporiges Schwammbrett*
   4 *Grobporiges Schwammbrett*
   5 *Glättkelle (Traufel)*
   6 *Reibebrett aus Holz*
   7 *Aluputzlatte.*

3 *Maurerwerkzeug (Lux):*
   Obere Reihe von links: Maurerpinsel, Knieschoner, Maurerhaken bzw. Putzhaken, Spachtel, Gipsbecher aus Kunststoff.
   Untere Reihe von links: Blechnapf, Maurerhammer, Gummihammer, Fäustel, Flach- und Spitzmeißel, Zimmererhammer.

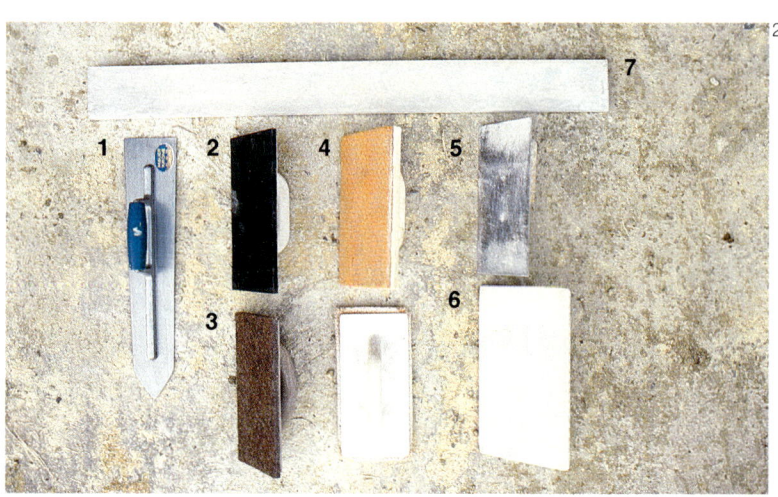

man durch Abdecken mit Wasser bis zum nächsten Tag aufbewahren, Feinputzmörtel meist auch noch länger.

Werden Werkzeuge längere Zeit nicht gebraucht, und sind sie erhöhter Luftfeuchtigkeit ausgesetzt, so empfiehlt es sich, die Metallteile dünn einzuölen.

Transportmittel

Die Kenntnis einzelner Transportmittel kann die Arbeit am Bau wesentlich erleichtern. Vom Transportaufwand hängt es im wesentlichen ab, welche Arbeiten vom Heimwerker rentabel selbst durchgeführt werden können.

Kleinere Mengen an Mörtel werden in *Kunststoffkübeln* transportiert, für obere Stockwerke empfiehlt sich eine *Seilrolle*. Der Kübel wird dabei an einem Stahlhaken eingehängt. Größere Mengen werden mit dem *Schubkarren* transportiert. Eine gewisse Höhendifferenz, z.B. Erdoberfläche–Kellersohle, kann mit Bohlen überbrückt werden. Für den Transport größerer Mengen in die einzelnen Stockwerke muß man wieder auf die Seilrolle zurückgreifen.

Für größere Mengen und größere Höhendifferenzen kann ein *Bauaufzug* oder ein *Kran* die Arbeit wesentlich erleichtern. Diese Hilfsmittel stehen jedoch in der Regel nur den Baufirmen zur Verfügung. Für den Heimwerker kann ein *Förderband* die gleichen Dienste leisten, doch läßt sich mit ihm nur

eine Höhendifferenz bis zu einem Stockwerk überbrücken. Viele Transportprobleme können auch *LKW-Kräne* bei der Anlieferung von Baustoffen lösen. Man kann den Transport wesentlich vereinfachen, wenn man sich einen Baustellenplan anlegt, um die Wege kurz zu halten.

Gerüste

Gerüste dienen dazu, Arbeit an sonst nicht erreichbaren Stellen zu ermöglichen. Sie werden für Mauer-, Putz-, Anstrich- und Dachdeckerarbeiten eingesetzt. Leitern (siehe Seite 33) sind in der Regel nur für geringfügige Ausbesse-

3

rungsmaßnahmen geeignet, da sie den Bewegungsspielraum einschränken und keine ausreichende Arbeitssicherheit bieten.

Die Auswahl des geeigneten Gerüsts richtet sich nach den durchzuführenden Arbeiten. Die Arbeitsfläche besteht in der Regel aus Holzbohlen, die auf Tragstreben aufgelegt werden. Man muß

4 *Bohr- und Meißelhammer (Black & Decker).*

5 *Anmachen und Transport von Mörtel. Mörtelmischer (Lescha), Wasserschlauch, rechts ein Notstromaggregat (Bosch), links Wassertonne, Schaufel, Eimer, Schubkarre.*

entweder ausreichend starke Bohlen verwenden oder auf einen geringeren Abstand der Tragstreben achten. Die Bohlen müssen durch Anschlagen von Brettern gegen seitliches Verschieben gesichert werden. Besondere Unfallgefahr besteht durch das Kippen von Bohlen bei außenseitiger Belastung.

Bockgerüste

Sie werden vor allem beim Mauern und Putzen eingesetzt. Der Untergrund muß ausreichend tragfähig sein, Unebenheiten müssen durch Unterlegen von Brettern oder Bohlenstücken ausgeglichen werden. Gerüste aus Holzböcken sind nicht verstellbar. Verstellbare Metallböcke kann man den erforderlichen oder günstigen Arbeitshöhen anpassen.

Stahlrohrgerüste

Sie werden vor allem bei Außenputzarbeiten und Malerarbeiten eingesetzt und bestehen aus Stahlrohrelementen, die ineinandergesteckt und untereinander verstrebt werden.

Fahrbare Gerüste: Man setzt sie vorzugsweise bei Malerarbeiten ein. Sie müssen auf ausreichend tragfähigem Untergrund stehen und können durch seitliche Ausleger stabilisiert werden. Auf wenig tragfähigem Untergrund kann man sie auf Holzbohlen bewegen. Häufig kann man diese Gerüste sehr günstig ausleihen, vor allem dann, wenn man das Baumaterial (z. B. Fassadenfarben) von der gleichen Firma bezieht.

Je nach Bodenbeschaffenheit und Gerüsthöhe sind in der Regel 2 bis 3 Personen nötig, um das Gerät zu schieben. Fahrbare Gerüste haben meist eine feste Arbeitsbühne und sind für Arbeitshöhen bis zu 14 m erhältlich. Die Firmen stellen häufig bei der Anlieferung einen Fachmann zum Aufbau zur Verfügung.

Feststehende Gerüste: Man setzt sie vor allem bei Putz- und Außenrenovierungsarbeiten ein, Arbeiten also, bei denen es darauf ankommt, alle Stellen jederzeit erreichen zu können. Auch sie müssen auf festem Untergrund stehen, der nötigenfalls durch dicke Bohlen hergestellt werden muß. Das Gerüst wird an mehreren Stellen fest im Mauerwerk verankert und so vor dem Umstürzen geschützt. Feststehende Gerüste sollten nur durch die Verleihfirma selbst, auf jeden Fall aber unter Anleitung eines Fachmanns aufgestellt werden.

Hängegerüste

Sie werden dort eingesetzt, wo eine Anbringung von stehenden Stahlrohrgerüsten nicht möglich oder zu aufwendig ist, z. B. bei Dacharbeiten. Häufig dienen sie als Arbeitsbühne, haben jedoch auch die Aufgabe, gegen Absturz zu sichern. Sie können am Dachsparren befestigt werden oder werden durch Maueröffnungen im Innern des Hauses stabilisiert.

Steine

Steine werden vorwiegend zur Errichtung von Mauern verwendet, manche Produkte eignen sich auch zur Ausbildung von Decken. Man unterscheidet grundsätzlich zwischen natürlichen Steinen (z. B. Bruchsteinen) und künstlich hergestellten. Im folgenden Text werden zuerst Mauersteine dargestellt sowie Produkte aus den gleichen Grundmaterialien für andere Verwendungsbereiche. Den Fußbodenbelägen aus Platten und Pflastersteinen ist ein eigener Abschnitt gewidmet.

Eigenschaften der Mauersteine

Mauersteine bestehen aus verschiedenen Grundmaterialien und haben deshalb unterschiedliche Eigenschaften. Auch das Herstellungsverfahren beeinflußt die Eigenschaften bei künstlichen Steinen.

Festigkeit: Alle künstlich hergestellten Mauersteine werden in verschiedenen Festigkeitsklassen gefertigt. Je stärker das Mauerwerk durch die Auflast von darüberliegenden Mauern, Decken und Dachkonstruktionen belastet wird, um so höher muß die Steinfestigkeit sein. Für viele Arbeiten des Heimwerkers ist eine niedrige Festigkeitsklasse ausreichend, für größere Vorhaben wird sie in der statischen Beurteilung festgelegt.

Rohdichte: So nennt man das Gewicht von Mauersteinen pro Kubikmeter (m³) oder pro Kubikdezimeter (dm³). Die Rohdichte eines Materials kann verringert werden durch Lochung von Steinen oder deren Porosierung, d. h. durch Zugabe von Mitteln, die eine poröse Struktur ergeben. Hohlblocksteine sind fünfseitig geschlossene Steine, die große Kammern besitzen. Sie werden so vermauert, daß die Öffnung nach unten zeigt. Übliche Rohdichten von Mauersteinen können der untenstehenden Tabelle entnommen werden.

Wärmedämmung: Als Grundregel gilt, daß Mauersteine hoher Rohdichte schlecht, Mauersteine mit geringer Rohdichte gut wärmedämmend sind. Eine gute Wärmedämmung kann bei manchen Materialien nur in Verbindung mit Dämmstoffen erzielt werden. Wärmeleitzahlen verschiedener Baustoffe finden sich in untenstehender Tabelle.

Schalldämmung: Die Schalldämmung nimmt mit der Rohdichte der Mauersteine zu. So sind z. B. bei gleicher Wanddicke Vollsteine besser schalldämmend als gelochte Steine, Kalksandsteine und Vollziegel besser schalldämmend als Gasbetonsteine. Die Schalldämmung kann jedoch verbessert werden durch Vergrößerung des Flächengewichts, d. h. des Gewichts pro m² Mauerfläche, also durch eine größere Mauerstärke (siehe dazu auch Seite 98).

Saugfähigkeit: Mauersteine aus verschiedenen Grundmaterialien weisen je nach Grundmaterial und Herstellungsverfahren eine unterschiedlich hohe Saugfähigkeit auf. Stark wassersaugend ist Gasbeton, mittel bis hoch saugfähig Ziegel und Kalksandstein, wenig saugfähig Leichtbetonsteine und Klinker. Die Saugfähigkeit eines Materials ist wichtig für die Verarbeitung. Wird dem Mauer- und Putzmörtel nämlich das Anmachwasser entzogen, kann er nicht abbinden und aushärten. Die Folge ist entweder ein Putz von geringer Haftfähigkeit oder ein Fugenmörtel geringer Druckfestigkeit. Saugfähige Untergründe müssen daher je nach Wetter- und Tempe-

Stoffwerte einzelner ausgewählter Baustoffe			
Baustoff	Rohdichte kg/m³	Wärmeleitfähigkeit $\frac{W}{m\,K}$	Diffusionswiderstandszahl
Mauerwerk aus			
Leichthochlochziegeln	700–1000	0,30–0,45	5– 10
Vollziegeln	1200–2000	0,50–0,96	5– 10
Vollklinkern	2000	1,0	100
Kalksandsteinen	1000–2200	0,50–1,3	5– 25
Hüttensteinen	1000–2000	0,47–0,76	70–100
Gasbetonsteinen	500– 800	0,22–0,29	5– 10
Leichtbetonsteinen	500–2000	0,22–1,0	5– 15
Normalbeton	2400	2,1	70–150

285

raturverhältnissen unterschiedlich stark vorgenäßt werden.

Oberflächenstruktur: Manche Mauersteine haben eine glatte Oberflächenstruktur (Kalksandstein, Vollziegel), manche eine rauhe (bestimmte Ziegel, Leichtbetonsteine). Bei rauhen Oberflächen kann sich ein Putz mit dem Untergrund verzahnen, so daß auf einen Spritzbewurf meist verzichtet werden kann. Bei glatten Oberflächen ist ein Spritzbewurf erforderlich, der die Haftung des Putzes auf dem Untergrund wesentlich verbessert.

Diffusionswiderstand: Verschiedene Mauersteine lassen den in Gebäuden entstandenen Wasserdampf besser oder schlechter nach draußen entweichen, sind also mehr oder weniger atmungsaktiv. Die Beachtung des Diffusionswiderstands ist vor allem bei der Kombination mit Dämmstoffen von Bedeutung, da bei unsachgemäßen Konstruktionen Bauschäden entstehen können. Näheres dazu findet sich ab Seite 385. Die Diffusionsfähigkeit einzelner Baustoffe kann der Tabelle auf S. 285 entnommen werden, die von Dämmstoffen der Tabelle auf Seite 86.

Schwindverhalten: Steine aus verschiedenen Materialien zeigen nach der Austrocknung des Mauerwerks und aufgrund der Belastung unterschiedliches Schwindverhalten, d.h. sie werden dabei etwas kleiner. Deshalb sollte man ein Bauwerk möglichst aus einheitlichem Grundmaterial errichten, auf Mischmauerwerk aber verzichten. Bei der Errichtung eines Mischmauerwerks kann die Bildung von Rissen an den Anschlußstellen nicht ausgeschlossen werden.

Bearbeitung: Kleinformatige Vollsteine werden mit dem Maurerhammer so zugeschlagen, daß die scharfe Kante des Hammers in einem 90°-Winkel auf die Seitenfläche des Steins auftrifft. Große gelochte Steine rillt man an allen Seiten mit dem Hammer ein und schlägt sie dann zu. Bei Hochlochziegeln entsteht dabei häufig Bruch. Beim Vermauern von Großformaten sollte man daher fehlende Längen mit Kleinformaten ausgleichen. Gasbetonsteine sind so weich, daß sie sich mit einer genügend großen Säge zuschneiden lassen. Alle Steinarten kann man auch mit der Trennscheibe auf das gewünschte Maß bringen.

Natursteine

Sie werden aus Steinbrüchen gewonnen. Da sie eine hohe Rohdichte besitzen, sind sie schlecht wärmedämmend und werden daher im Wohnungsbau nur noch zu dekorativen Zwecken eingesetzt. Sie eignen sich unbearbeitet vor allem zur Ausbildung von Trockenmauerwerk, d.h., sie werden ohne Mörtel kunstvoll aufgeschichtet (Abb. 6). Auch bei der Terrassierung von Gärten kann man mit Natursteinen ansprechende Wirkungen erzielen (dazu S. 498). Bearbeitete Steine lassen sich z.B. zum Aufmauern von Gartenmauern einsetzen. In diesem Fall sollten die Steine möglichst rissefrei und hohlraumarm sein, damit kein Wasser eindringen kann. Das führt nämlich im Winter zu häßlichen Frostschäden.

Ziegel

Grundstoffe für die Herstellung von Ziegeln sind Ton, Lehm oder ähnliche Stoffe wie Mergel oder Schieferton. Diese lassen sich im angefeuchteten Zustand leicht formen. Die feuchten Rohlinge werden in Trockenkammern langsam getrocknet und dann bei Temperaturen bis zu 1200 °C gebrannt. Durch den Brand erhält der Ziegel eine hohe Festigkeit.

Mauerziegel (Abb. 7): Dies ist der Oberbegriff für alle Ziegel, die zum Bauen von Wänden verwendet werden. Man unterscheidet grundsätzlich zwischen Hintermauerziegeln und Vormauerziegeln.

Hintermauerziegel werden im allgemeinen verputzt oder verblendet, da sie nicht frost- und witterungsbeständig sind. Sie werden als Voll- oder Lochziegel hergestellt. Leichthochlochziegel haben einen Lochanteil bis zu 50% der Grundfläche. Häufig wird das Ziegelmaterial zusätzlich porosiert. Beim Porotonziegel geschieht das durch Beimengung von Polystyrolperlen, die beim Brennen verdampfen und gut sichtbare Lufthohlräume zurücklassen (Abb. 8). Bei anderen Ziegelarten geschieht die Porosierung durch Beimischung von Sägespänen, wobei nach dem Brennen zahlreiche unregelmäßige, meist für das Auge kaum erkennbare Lufträume zurückbleiben. Aufgrund der vielen Lufteinschlüsse ermöglichen porosierte Ziegel eine besonders gute Wärmedämmung.

Vormauerziegel werden für Ziegelschicht- und Verblendmauerwerk eingesetzt. Man stellt sie als Voll- oder Lochziegel in verschiedenen Oberflächenstrukturen und Farbnuancen her. Eine besondere Art der Vormauerziegel ist der Klinker. Klinkersteine sind bei hohen Temperaturen besonders dicht gebrannte Ziegel, deren Oberfläche gesintert, d.h. infolge der hohen Brenntemperatur glasig geworden ist. Sie werden als Vormauerziegel oder zur Ausbildung von Kaminmauerwerk über Dach eingesetzt.

Mauerziegel genügen den unterschiedlichsten Anforderungen. Vollziegel mit hoher Rohdichte sind gut schalldämmend, porosierte Hochlochziegel sehr gut wärmedämmend. Sie haben nur eine geringe Temperaturdehnung, ein geringes Schwindmaß, einen relativ niedrigen Diffusionswiderstand und sind daher atmungsaktive Baustoffe. Klinker dagegen sind weitgehend wasser- und wasserdampfundurchlässig.

Deckenziegel: Sie sind besonders geformte Ziegel, die auf Stahlbetonträger gelegt und mit Beton vergossen werden (siehe Seite 328, Abb. 7). Es werden auch Konstruktionen in Verbindung mit Holzbalkendecken angeboten.

Tonhohlplatten: Sie eignen sich vor allem für verschiedene Deckenkonstruktionen (siehe Seite 328/29, Abb. 7, 8).

Dachziegel: Man stellt sie in verschiedenen Formen her. Wie mit ihnen ein Dach gedeckt wird, ist ab Seite 336 dargestellt.

Kalksandsteine

Kalksandsteine (Abb. 9–12) werden aus Kalk und Sand bestimmter Körnung unter Zugabe von Wasser hergestellt. Die

6 *Trockenmauerwerk aus Natursteinen.*

7 *Mauerziegel verschiedener Formate:*
  1 *Ungebrannter Stein*
  2 *Klinker*
  3 *U-Schale für Installationsleitungen oder Ringanker.*

8 *Porosierung von Ziegeln:*
  1 *Vollziegel*
  2 *Porotonziegel*
  3 *Poren durch Sägemehlzugabe.*

durchgemischten Bestandteile werden geformt und unter Dampfdruck gehärtet. Kalksandsteine finden als Mauersteine Verwendung.

Angeboten werden Vollsteine, Lochsteine und Hohlblocksteine.

Wie bei Ziegeln stellt man Kalksandsteine als Hintermauersteine und als frostbeständige Vormauersteine her.

Kalksandsteine werden in der Regel nur als kleinformatige Baustoffe, als sog. Verblendsteine, verwendet.

Sie können strukturierte Oberflächen besitzen und müssen hinsichtlich der Formgebung besonders hohe Ansprüche erfüllen.

Für Außensichtmauerwerk müssen sie zudem frostbeständig sein, es darf auch zu keinen Ausblühungen und Verfärbungen kommen. Kalksandsteine sind vergleichsweise schlecht wärmedämmend, aufgrund ihrer relativ hohen Rohdichte jedoch gut schalldämmend. Sie ergeben einen saugenden Untergrund, haben eine glatte Oberfläche, so daß beim Verputzen ein Spritzbewurf zu empfehlen ist.

9 *Unterschiedliche Steinformate bei bindemittelhaltigen Steinen:*
   1 Kalksandsteine
   2 Leichtbetonsteine
   3 Gasbetonsteine.

10 *Steinstrukturen:*
   1 Gasbetonplanblock
   2 Gasbetonmauerstein
   3 Kalksandstein
   4 Blähbetonstein
   5 Bimsbetonstein
   6 Betonstein.

11 *Kalksandsteine, von oben gesehen.*

12 *Die gleichen Steine, von unten gesehen.*

13 *Bodenbeläge aus Stein:*
   1 Pflasterklinker zur Verlegung im Freien
   2 Unterschiedliche Betonpflastersteine
   3 Terrassenbelag aus Alpenmarmor
   4 Waschbetonsteinplatte
   5 Natursteinplatten
   6 Rasengitterstein.

Gasbetonwerkstoffe

Diese Baustoffe (Abb. 9 und 10) werden aus Quarzsand, Zement und Kalk hergestellt. Durch die Zugabe eines Treibmittels bilden sich bei der Herstellung gleichmäßig verteilte feine Luftporen. Diese Luftporen bewirken, daß Gasbetonbauteile nur ein geringes Gewicht und eine sehr gute Wärmedämmung besitzen. Aus dem gleichen Grund sind Gasbetonprodukte aber schlechter schalldämmend.

Mauersteine: Sie haben eine relativ rauhe Oberflächenstruktur und werden mit normalem Mörtel vermauert.

Planblocksteine: Es handelt sich bei ihnen um besonders maßgenau hergestellte Steine, die mit einem Spezialmörtel verklebt werden, der in etwa 3 mm

Stärke auf Stoß- und Lagerfuge aufgekämmt wird. Das ist ein Verfahren, das Heimwerker besonders anspricht. Deshalb werden von den Herstellern auch ausführliche Verarbeitungshinweise und Spezialwerkzeuge für diese Methode angeboten.

Wandtafeln: Diese größeren Bauelemente bis zu 3,50 m Höhe und ½ m Breite eignen sich besonders für den nachträglichen Einbau von leichten Zwischenwänden.

Deckenplatten: Sie bestehen aus bewehrtem Gasbeton, werden auf das Mauerwerk verlegt und schaffen sofort einen begehbaren Untergrund. Fugen und Verankerungen müssen mit Beton vergossen werden.

Dachplatten: Diese großformatigen

9

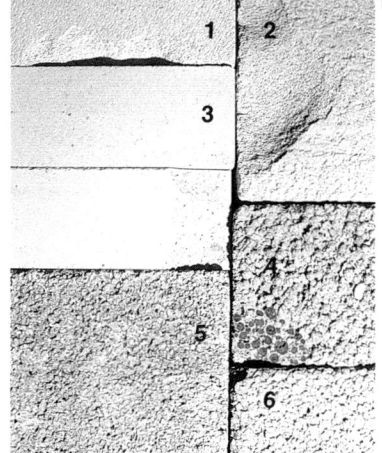

10

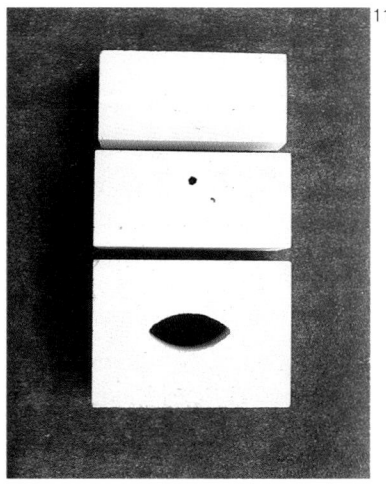

11

12

Montagebauteile werden auf tragenden Wänden verlegt und verankert. Es handelt sich dabei um ein Massivdach, das ohne Dachsparren auskommen kann. Die Gasbetonflächen werden nach der Montage wie bei einem normalen Dach mit Konterlattung und Lattung versehen, eventuell mit einer zusätzlichen Wärmedämmung.

Leichtbetonsteine

Betonsteine mit geringer Rohdichte werden als Leichtbetonsteine bezeichnet (Abb. 9 und 10). Ihr geringes Gewicht wird durch leichte Zuschläge von Bims und Blähton erzielt. Dadurch erhalten Leichtbetonsteine eine gute Wärmedämmung. Sie nehmen wenig Feuchtigkeit auf, lassen jedoch Dampfdiffusion zu. Durch ihre rauhe Oberfläche ermöglichen sie eine gute Putzhaftung.

Leichtbetonsteine sind als Vollsteine, großformatige Hohlblocksteine, Wandbauplatten und Schornsteinformstücke erhältlich.

Betonsteine

Betonsteine (Abb. 10) besitzen eine hohe Rohdichte und daher eine schlechte Wärmedämmung. Für den Wohnungsbau haben sie praktisch keine Bedeutung, doch können sie für untergeordnete Zwecke eingesetzt werden.

Bodenbeläge aus Stein

Bodenbeläge aus Stein werden je nach Ausführung als Platten, Fliesen oder Pflaster bezeichnet (Abb. 13). Sie sind formbeständig, wasser-, abrieb- sowie eindruckfest und haben eine lange Lebensdauer. Sie sind tritthart und weisen eine hohe Wärmeableitung auf. Deshalb sind sie gut als Beläge über Fußbodenheizungen geeignet, ansonsten jedoch fußkalt. Bodenbeläge aus Stein eignen sich je nach Ausführung für den Innenbereich, frostsichere Steine für Terrassen, Balkon und Garten. Die Verlegung von Fliesen- und Plattenbelägen im Wohnbereich ist auf den Seiten 354 und 366 dargestellt, das Verlegen von Pflastern im Freien auf S. 495.

Naturwerksteinplatten: Sie werden aus den in Steinbrüchen vorkommenden Gesteinen gewonnen. Die Oberfläche kann spaltrauh, geschliffen oder feinge-

13

schliffen hergestellt werden. Die Verlegung erfolgt in einem 2 bis 3 cm dicken Mörtelbett. Naturwerksteinplatten sind z. B. als Solnhofer Platten, als Travertin oder Marmor bekannt.

Ziegeltonplatten und Pflasterklinker: Die aus hochwertigem Ton bestehenden Platten werden je nach Ausführung im Mörtelbett, im Sand- oder Splittbett oder schwimmend verlegt.

Keramische Platten: Man stellt sie aus einem Gemisch von Quarz, Kaolin, Feldspat und Ton her. Sie sind glasiert oder unglasiert und eignen sich je nach Ausführung zur Verlegung im Mörtelbett oder zur Verklebung mit Fliesenkleber.

Betonwerksteinplatten: Man fertigt sie in unterschiedlichen Ausführungen, z. B. fein geschliffen, ausgewaschen (Waschbeton), als Rasengittersteine für Garagenzufahrten.

Glasbausteine

Glasbausteine sind Voll- oder Hohlsteine und werden dort eingesetzt, wo Mauern lichtdurchlässig sein sollen. Glasbausteinflächen müssen in tragenden Wänden wegen zu hoher Belastung eventuell mit einem Sturz überdeckt werden (Beratung ist hier unerläßlich). Der Mörtel darf nicht zu weich sein, da Glasbausteine keine Flüssigkeit aufnehmen. Betongläser werden in Decken eingebaut und können zum Teil eine so hohe Festigkeit erreichen, daß sie befahren werden können.

Schamottesteine

Schamottesteine werden aus Ton hergestellt, bei besonders hohen Temperaturen gebrannt und halten die extremsten Wärmewechsel aus, ohne zu springen. Sie werden daher zum Bau von gemauerten Öfen, Kachelöfen oder doppelwandigen Schornsteinen eingesetzt (siehe Seite 331, Abb. 9).

Bindemittel

Zur Herstellung von Mörtel und Beton benötigt man Bindemittel. Sie erhärten mit Zuschlagstoffen wie Sand oder Kies und ergeben mit ihnen einen künstlich hergestellten Stein. Je nach Verwendungszweck werden Baukalke, Zemente, Mischbinder und Gips eingesetzt.

Baukalke

Kalke werden vollständig oder im wesentlichen aus Kalkstein gewonnen. Der Kalkstein wird bei hohen Temperaturen gebrannt, wobei man ihm das chemisch gebundene Wasser entzieht. Es entsteht Branntkalk. Wird diesem wieder Wasser zugesetzt, zerfällt er unter hoher Hitzeentwicklung zu einem Kalkbrei, dem Sumpfkalk. Vermischt man ihn mit Sand, entsteht Kalkmörtel (Abb. 14).

Das Grundprinzip der Kalkherstellung gilt für alle Bindemittel, doch lassen sich durch veränderte Rohstoffzusammensetzung und Herstellung pulverförmige Bindemittel mit unterschiedlichen Eigenschaften gewinnen.

Luftkalke: Es handelt sich dabei um Kalke, die nach dem Anmachen an der Luft unter Einwirkung von Kohlendioxyd erhärten. Bis zur vollständigen Erhärtung können Wochen bis Monate vergehen. Luftkalkmörtel dürfen in dieser Zeit nicht mit luftundurchlässigen Materialien wie Tapeten abgedeckt werden. Zu den Luftkalken zählen Sumpfkalke, Kalkhydrat (fabrikmäßig gelöschter Kalk in Pulverform) sowie feingemahlener Branntkalk in Pulverform, der vor dem Verarbeiten noch gelöscht werden muß.

Wasserkalke oder hydraulische Kalke: So werden Kalke bezeichnet, die auch unter Luftabschluß erhärten. Sie binden rascher ab und werden im allgemeinen fester als Luftkalke. Hochhydraulische Kalke unterscheiden sich von hydraulischen durch ihre wesentlich höhere Mindestfestigkeit. Für die Herstellung von Wasserkalken verwendet man Mergel, ein Gemisch aus Kalk und Ton.

Traßkalke: Sie entstehen durch Zugabe von Traß, einem vulkanischen Tuffgestein. Traß verleiht dem Mörtel eine höhere Druckfestigkeit, so daß Traßkalk von Baubiologen für viele Konstruktionen anstelle von Zement empfohlen wird. Durch die Porosität des Tuffgesteins bleibt Traßkalk trotz seiner hohen Festigkeit atmungsaktiv.

Lieferformen: Manche Kalke können sofort verarbeitet werden, z. B. Sumpfkalk oder manche in Säcken gelieferte Kalke wie Kalkhydrat oder hochhydraulische Kalke. Manche jedoch müssen vorher gelöscht werden und eine bestimmte Zeit liegen, ehe man sie verarbeiten kann (Beispiel für einen Sackaufdruck: »Nach dem Einsumpfen in 12 Stunden verarbeitbar«).

Das Löschen von Kalken (Einsumpfen): Diese Arbeit ist nicht ungefährlich, da dabei große Hitze entsteht. Man sollte in jedem Fall eine Schutzbrille tragen. Das Einsumpfen geschieht in Metallwannen. Für 50 kg Kalk werden 150 Liter Wasser benötigt. Der Kalk wird unter Rühren ins Wasser eingestreut.

Vorsichtsmaßregeln: Kalk kann schwere Verätzungen der Schleimhäute hervorrufen. Gefährdet sind vor allem die Augen. Kalkspritzer und Kalkmörtelspritzer müssen daher sofort mit viel klarem Wasser (saubere Hände Voraussetzung!) ausgewaschen werden. Dann sollte man umgehend einen Arzt aufsuchen.

Zemente

Zemente werden zur Herstellung von Mörtel und Beton verwendet. Sie erhärten an der Luft und unter Wasser und erreichen höhere Druckfestigkeiten als Baukalke. Man stellt sie aus bestimmten Anteilen von Kalkstein und Ton her, so daß sie hinsichtlich der Zusammensetzung den Wasserkalken verwandt sind. Daneben werden je nach Zementart noch Eisenerz, Hüttensand oder Traß beigegeben.

Festigkeitsklassen: Zemente müssen eine gewisse Druckfestigkeit erreichen und werden daher in Festigkeitsklassen von Z 25 bis Z 55 eingeteilt. Die Zahl gibt dabei die Mindestdruckfestigkeit in N/mm^2 nach 28 Tagen an. Mit L werden Zemente mit langsamer, mit F solche mit hoher Anfangserhärtung zusätzlich gekennzeichnet.

Portlandzement (PZ): Er enthält neben den Rohstoffen zur Zementherstellung keine weiteren Bestandteile. Der Name rührt daher, daß der Stein aus dem ersten Zement, 1824 in England gebrannt, einem Kalkstein glich, der auf der Halbinsel Portland abgebaut wurde. Portlandzement ist die gebräuchlichste Zementart, die Festigkeitsklasse Z 35 ist für den Heimwerker ausreichend.

Eisenportlandzement: Er enthält zusätzlich Hüttensand, *Hochofenzement* einen hohen Anteil an Hüttensand, *Traßzement* zusätzlich Traß. Hochofenzemente und Traßzemente besitzen eine höhere Beständigkeit gegen sulfathaltiges Wasser.

Putz- und Mauerbinder (PM-Binder)

Putz- und Mauerbinder sind Bindemittel, die in Anwendung und Festigkeit etwa dem hochhydraulischen Kalk gleichkommen. Sie werden, wie der Name sagt, zu Putz- und Mauermörteln verarbeitet.

Gipse

Gips kann aus in der Natur vorkommendem Gipsstein durch Brennen hergestellt werden oder chemisch erzeugt werden. Baubiologen empfehlen die Verwendung von Naturgips wegen dessen niedrigerer radioaktiver Belastung.

Metallteile in Gips können rosten. Daher eignen sich hier nur verzinkte Metalle, oder es sollte ein Rostschutz vorgesehen werden. Gipse werden zu Putz- und Estricharbeiten eingesetzt, dienen zur Herstellung von Gipskarton- und Gipsfaserplatten, Wandbauplatten und Fußbodenelementen und sind Bestandteil von Spachtelmassen.

Stuckgips: Er bindet schnell ab und wird z.B. zum Einsetzen von Dübeln, zum Ausbessern von Wandflächen und für Stuckarbeiten eingesetzt. Beim Anmachen ist darauf zu achten, daß der Gips unter Rühren in das Wasser eingestreut wird. Das umgekehrte Vorgehen führt zu Klumpenbildung.

Putzgipse: Bei ihnen kann man durch Zugabe von Erstarrungsverzögerern eine Verarbeitungszeit bis zu 6 Stunden erreichen. Sollen größere Wandflächen verputzt werden, so sollte man sich hinsichtlich der Eigenschaften und Verarbeitung beraten lassen.

Lagerung von Bindemitteln

Bindemittel müssen trocken gelagert werden, z.B. in einem Schuppen, und zum Schutz vor Luftfeuchtigkeit zusätzlich mit Planen abgedeckt werden.

Besonders feuchtigkeitsempfindlich sind Zemente. Lassen sich Klumpen, die sich durch Feuchtigkeitseinwirkung gebildet haben, zwischen den Fingern zerdrücken, so kann er noch verwendet werden, doch verringert sich dabei die Festigkeit des Mörtels oder Betons. Auch bei trockener Lagerung verliert der Zement nach einigen Monaten erheblich an Festigkeit.

Kalke sind wesentlich länger lagerfähig. Sumpfkalk muß von Zeit zu Zeit wieder mit Wasser bedeckt werden. Sumpfkalk muß vor Frost geschützt werden. Gefrorener Sumpfkalk kann in der Regel nicht

mehr verwendet werden, da er bröckelig wird und der Mörtel an Festigkeit verlieren würde.

Zuschlagstoffe

Zuschlagstoffe sind in der Regel ein Gemenge aus mineralischen Körnern. Sie können natürlich vorkommen wie Sand und Kies oder künstlich hergestellt werden wie Blähton oder Hüttensand. Die Eigenschaften der Zuschlagstoffe bestimmen neben anderen Faktoren die Güte des Mörtels oder des Betons.

Zuschlagstoffe müssen eine bestimmte Eigenfestigkeit besitzen, deshalb sind

verwitterte und weiche Gesteine nicht geeignet. Der Anteil an tonigen und lehmigen Bestandteilen sollte möglichst gering sein, da sie mit Wasser schmieren und die Bindemittel die Zuschlagkörner nicht ausreichend abbinden können.

Man gibt bei Bestellungen beim Kieswerk an, zu welchem Zweck man den

14 *Kalk:*
   1 Kalkstein
   2 Gebrannter Kalk
      (Stückkalk)
   3 Weißfeinkalk
   4 Sumpfkalk
   5 Kalkmörtel
   6 Kalkanstrich.

14

Zuschlag verwenden will, und erhält so den richtigen Zuschlagstoff.

Sand

Zuschlagstoffe mit einer Korngröße bis zu 8 mm werden als Sand bezeichnet. Sand dient zur Herstellung von Mörteln und Estrichen. Gut geeignet für diese Zwecke sind Sande, mit denen ein hohlraumarmes Gefüge entsteht. Sand mit scharfkantigen Kornformen ist besser als Sand mit runden, rollenden Körnern.

Feinstsand: Es handelt sich dabei um Sand mit Korndurchmessern bis zu 0,25 mm (Abb. 15). Er wird zur Herstellung von Feinputz verwendet. Feinputze sind jedoch auch als Fertigputze erhältlich.

Grobsand: Dieser Sand gemischter Körnung mit Korndurchmessern bis zu 8 mm (Abb. 16) wird zur Herstellung von Putz- und Mauermörteln sowie Estrichen verwendet.

Kies

Kies dient zur Herstellung von Beton (Abb. 17). Er hat Korngrößen bis zu 60 mm, oft auch mehr. Zur Herstellung von Beton sollte Kies so beschaffen sein, daß sich ein möglichst hohlraumarmes Gefüge ergibt. Baugrubenaushub ist daher in den meisten Fällen für höherwertige Betone ungeeignet. Besonders hohe Anforderungen an die Kornzusammensetzung werden bei der Herstellung von Sperrbeton gestellt.

Schotter ist ein rundkörniger oder scharfkantiger Kies, bei dem die Körner

mit geringem Durchmesser fehlen. Er dient z. B. als Spritzwasserschutz an Außenwänden. *Splitt* ist scharfkantiger, gebrochener Kies mittlerer Körnung. Er dient zur Verlegung von Platten und Pflastersteinen.

Drainagekies ist ein abgestuftes Korngemisch, das das Einschwemmen von feinen Erdteilchen in Drainagerohre verhindert.

Leichtzuschläge

Leichtzuschlagstoffe werden zur Herstellung von wärmedämmenden Leichtbetonsteinen und Wärmedämmörteln verwendet. Anwendung finden Blähton (siehe Seite 95), Blähschiefer (siehe Seite 95), Perlite (siehe Seite 94), Polystyrolperlen (siehe Seite 96) und Bims, ein vulkanisches Naturgestein (Abb. 10).

Wasser

Wasser dient zum Anmachen von Mörteln und Beton. Es soll möglichst rein sein. Deshalb ist am besten Leitungswasser zu verwenden.

Schmutziges, durch Erdbestandteile verunreinigtes, schlammhaltiges Wasser ist nicht geeignet. Säure- und laugenhaltige Wasser verursachen Zerstörungen und Ausblühungen an Putz oder Mauer, auch Moor- und Meerwasser, Industrieabwasser und Wasser aus schwefelhaltigen Quellen sind meist ungeeignet.

Mörtel

Mörtel sind Gemenge aus Bindemitteln, Zuschlägen und Wasser. Man unterscheidet zwischen Mauermörteln, Putzmörteln und Estrichmörteln.

Herstellung

Bindemittel, Zuschlagstoffe und Wasser müssen innig miteinander vermischt werden. Die Reihenfolge der Mischung richtet sich nach der Herstellungsart.

Mischen mit der Hand: Kleine Mengen können in einem Kunststoffkübel angerührt werden, etwas größere in einem Schubkarren, große Mengen in Mörtelpfannen.

Zuschlagstoffe und pulverförmige Bindemittel werden zuerst trocken mit der Kelle oder Mörtelhaue gut durchgemischt, dann erst wird das Wasser zugegeben.

Sumpfkalk wird mit Wasser und etwas Sand zu einer dickflüssigen Masse verrührt. Der Restsand wird darübergestreut und sorgfältig mit der Mörtelrühre eingearbeitet.

Mischen mit der Maschine: Größere Mengen lassen sich wesentlich leichter mit der Maschine mischen. Für Heimwerker eignet sich ein Trommelmischer (Abb. 5), der auch für 220-V-Anschlüsse erhältlich ist. Zuerst wird Wasser in die Trommel gegeben, dann das Bindemittel. Durch den sich bildenden Bindemittelleim wird gewährleistet, daß sich die Zuschlagstoffe gleichmäßig mit dem Bindemittel vermischen. Gibt man zuviel

15 *Feinstsand.*

16 *Grobsand.*

17 *Kies.*

18 *Konsistenz von Mörteln und Betonen:*
   1 Spritzbewurf aus hochhydraulischem Kalk
   2 Kalkmörtel zum Putzen
   3 Steifer Beton
   4 Plastischer Beton
   5 Estrichmörtel.

Wasser zu, kann man den Mörtel meist nur noch dadurch eindicken, indem man so viel Zuschlagstoffe und Bindemittel nachfüllt, daß die Maschine überläuft. Die Trommelöffnung ist seitlich nach oben geneigt; für trockene Mörtel sollte die Öffnung mehr in die Waagerechte zeigen.

Mörtelgruppen, Eigenschaften, Einsatzbereiche

Nicht alle Mörtel sind für alle Zwecke geeignet. Neben baustatischen Gesichtspunkten müssen bei der Mörtelverwendung auch der Bautenschutz und die raumklimatischen Auswirkungen bedacht werden.

Mörtelgruppen: Mörtel, die ähnliche Eigenschaften aufweisen, werden in Mörtelgruppen eingeordnet. Mörtel der Gruppe I sind Kalkmörtel, Mörtel der Gruppe II werden aus hochhydraulischem Kalk, Putz- und Mauerbindern oder aus Kalk und Zement hergestellt. Die Mörtelgruppe III umfaßt Zementmörtel, die Mörtelgruppe IV Gipsmörtel. Mörtel der Gruppe I sind nicht zulässig für Wanddicken unter 24 cm, bei Gewölben und Kellermauerwerk. Bei größeren Bauvorhaben mit tragenden Mauern sollte man sich über die Zulässigkeit von Mörtelgruppen für den jeweiligen Zweck informieren.

Kalkmörtel: Mörtel, die mit Luftkalken (siehe Seite 290) wie Sumpfkalk hergestellt werden, erhärten relativ langsam. Sie dürfen in dieser Zeit nicht luftdicht abgeschlossen werden, z.B. nicht mit dichten Tapeten zugedeckt werden. Mörtel mit Wasserkalken (siehe Seite 290) erhärten schneller und erreichen im allgemeinen eine höhere Festigkeit. Kalkmörtel erreichen im Vergleich zu anderen Mörtelgruppen eine relativ geringe Festigkeit, doch sind sie für Projekte, die der Heimwerker selbst durchführt, ausreichend. Sie besitzen eine hohe Elastizität, was der Bildung von Rissen vorbeugt, sind geschmeidig und daher gut zu verarbeiten, gut wasserdampfdurchlässig, feuchtigkeitsregulierend und daher raumklimatisch als günstig zu beurteilen. Sie sind verwendbar als Mauermörtel bei nicht erdberührenden Mauern und als Mörtel für Innenputze. Für Heimwerker eignen sich Kalke, die sofort verarbeitet werden können (Informationen auf Säcken beachten).

Kalkzementmörtel: Man stellt sie aus den Bindemitteln Kalk und Zement her. Sie haben eine größere Dichte als Kalkmörtel, erreichen eine höhere Festigkeit, besitzen jedoch eine geringere Elastizität, sind weniger gut zu verarbeiten und weniger wärmedämmend. Sie sind weniger wasserdampfdurchlässig und nehmen auch weniger Feuchtigkeit auf. Sie werden daher z.B. zum Aufsetzen von Firstziegeln und als Mauermörtel bei erdberührenden Wänden verwendet. Mörtel aus hochhydraulischen Kalken und Putz- und Mauerbindern erreichen eine ähnlich hohe Festigkeit und sind besser zu verarbeiten. Diese Mörtel sind sehr gebräuchlich, weil sie sich für Außen- und Innenputze sowie als Mauermörtel eignen.

Zementmörtel: Sie erreichen eine sehr hohe Festigkeit, sind jedoch schlecht zu verarbeiten. Deshalb wird ihnen häufig Kalk zugesetzt, jedoch darf der Zementanteil dabei nicht verringert werden. Zementmörtel sind spröde, nehmen sehr wenig Feuchtigkeit auf und sind wenig wasserdampfdurchlässig. Sie eignen sich daher vor allem für erdberührende Mauern und werden dort eingesetzt, wo hohe Druckbelastungen aufgenommen werden müssen, z.B. beim Auflegen von Stürzen, als Sockelputz zur Vermeidung von Spritzwasserschäden und zur Herstellung von Sichtmauerwerk, das der Witterung ausgesetzt ist. Als Putze für Außen- und Innenwände sind sie nicht geeignet. Aus Zementmörtel werden auch Estriche hergestellt. Da es sich bei Zementmörtel im Grunde um eine Sonderform des Betons handelt, sind sie sehr schlecht wärmedämmend.

Gipsmörtel: Sie eignen sich nur für Innenputze und für Gipsestriche, sind gut feuchtigkeitsregulierend und lassen Wasserdampfdiffusion zu, so daß sie raumklimatisch günstig wirken. Die kurze Abbindezeit von Gips kann durch Erstarrungsverzögerer auf bis zu 6 Stunden ausgedehnt werden. Gipsmörtel sind feuchtigkeitsempfindlich und daher für Räume mit dauerndem hohem Luftfeuchtigkeitsanfall und Spritzwasserbelastung nicht geeignet. Sie können jedoch für Bäder und Küchen im Wohnungsbau in der Regel eingesetzt werden. Gipsmörteln kann zwar Kalk, darf aber kein Zement zugesetzt werden.

Reine Gipsputze werden meist einlagig in Stärken von 5 bis 10 mm mit der Traufel aufgetragen und damit geglättet. 293

Manche Putze können auch gefilzt werden oder unterschiedliche Oberflächenstrukturen erhalten. Gipsputze sind für normale Untergründe wie Ziegel und Kalksandsteine oder schwierige Untergründe wie Betonflächen erhältlich.

Konsistenz von Mörteln: Mörteln muß unterschiedlich viel Wasser zugegeben werden, zum einen, weil von Fall zu Fall trockener oder feuchter oder nasser Sand verwendet wird, zum anderen, weil sie zu unterschiedlichen Zwecken eingesetzt werden.

Zum Herstellen eines Spritzbewurfs braucht man relativ flüssigen Mörtel (Abb. 18), zum Mauern und Putzen aber einen eher cremigen (Abb. 18). Doch muß hier auch nach dem Einsatzgebiet unterschieden werden. Werden z. B. wenig saugfähige Steine vermauert, so wird man einen etwas steiferen Mörtel, d. h. einen etwas trockeneren, verwenden, bei saugfähigem Mauerwerk oder bei großer Hitze einen etwas flüssigeren.

Mauermörtel

Die Mischungsverhältnisse für Mauermörtel können der untenstehenden Tabelle entnommen werden.

Wer nicht von vornherein einer bestimmten Mischung den Vorzug gibt, dem sei das Mauern mit hochhydraulischen Kalken oder Putz- und Mauerbindern (PM-Binder) empfohlen. Die Mischung 1:4,5 reicht aus für alle nichttragenden Zwischenwände, für Gartenmauern, zur Errichtung einer Garage oder eines Gartenhauses. Wer höher belastete Mauern errichten will, sollte zur Sicherheit das Mischungsverhältnis 1:3 wählen. Bei größeren Bauvorhaben mit tragenden Mauern sollte man sich über die Zulässigkeit der einzelnen Mörtelgruppen für den jeweiligen Zweck informieren.

Putzmörtel

Putze mit den Bindemitteln Kalk und Zement werden meist mehrlagig aufgetragen. Als Faustregel gilt, daß die Festigkeit der einzelnen Putzschichten zur Oberfläche hin abnehmen sollte. Es darf also nie Zementmörtel auf Kalkmörtel aufgebracht werden. Das hätte Rißbildung oder gar das Abplatzen des Putzes zur Folge. Das gilt auch für Putzreparaturen und Ausbesserungen.

Putze aus gleichen Bindemitteln: Für mehrlagige Putze sind sehr viele Mischungsverhältnisse denkbar. Gerade für den Heimwerker ist es wichtig, daß nicht zu viele verschiedene Bindemittel eingekauft werden müssen. Im Grunde lassen sich sowohl Innen- wie Außenputze mit den gleichen Bindemitteln herstellen, mit denen gemauert wird, nämlich mit hochhydraulischen Kalken sowie Putz- und Mörtelbindern. Dabei muß besonders darauf geachtet werden, daß der jeweils folgenden Putzschicht nicht mehr Bindemittel beigemischt wird, sondern eher etwas weniger. Das kann man ganz einfach dadurch erreichen, daß man pro Raumteil Bindemittel etwas mehr Sand zugibt, z. B. einen viertel bis halben Raumteil mehr Sand.

Für Außenputze empfiehlt sich ein Spritzbewurf aus 1 Raumteil hochhydraulischem Kalk oder Putz- und Mörtelbinder und 3 Teilen Sand. Als untere Putzschicht wird das gleiche Mischungsverhältnis gewählt, als Oberputz, der der Strukturgebung dient, die Mischung 1:3,5.

Für Innenputze kann der Spritzbewurf ebenfalls aus 1 Raumteil hochhydraulischem Kalk oder Putz- und Mörtelbinder und 3 Raumteilen Sand bestehen. Der Putz wird im Mischungsverhältnis 1:4 gemischt und dadurch etwas poröser, was sich günstig auf das Feuchtigkeitsaufnahmevermögen auswirkt. Der Innenputz wird noch mit einer Feinputzschicht abgedeckt.

Putze aus verschiedenen Bindemitteln: Für Putze haben sich auch folgende Mischungsverhältnisse bewährt:

Putz 1: Spritzbewurf aus 1 Raumteil hochhydraulischem Kalk und 3 Raumteilen Sand, Putz aus 1 Raumteil Kalkteig, Kalkhydrat oder hydraulischem Kalk und 3–4 Raumteilen Sand. Dieser Putz eignet sich gut für Innenputze und wird in diesem Fall mit Feinputzmörtel abgedeckt. Er eignet sich auch für Außenputze, wenn nicht mit hoher Niederschlags- oder Spritzwasserbelastung zu rechnen ist. Die zweite Schicht, die beim Außenputz meist zur Strukturgebung aufgetragen wird (dazu weiter unten auf Seite 304), sollte etwas mehr Sand pro Raumteil Bindemittel enthalten.

Putz 2: Spritzbewurf aus 1 Raumteil Zement und 3 Raumteilen Sand, Putz aus 1 Raumteil hochhydraulischem Kalk oder Putz- und Mörtelbinder und 3 Raumteilen Sand. Dieser Putz wird für Außenwände mit höherer Niederschlags- oder Spritzwasserbelastung verwendet. Auch hier gilt, daß der zweiten Putzschicht etwas mehr Sand pro Raumteil Bindemittel zugegeben wird.

Zementputze: Für Putze im Sockelbereich und an erdberührenden Mauern werden Spritzbewurf, Unter- und Oberputz aus Zementmörtel der Mischung 1:3 hergestellt.

Sperrputz: Sie werden auf Seite 104 dargestellt.

Deckenputze: Hier mischt man etwas Gips bei. Die Haftfähigkeit wird dadurch verbessert, doch muß der Putz je nach

Mischungsverhältnisse für Mauermörtel in Raumteilen						
Mörtelgruppe	Luftkalk und Wasserkalk		Hydraul. Kalk	Hochhydraul. Kalk, Putz- und Mauerbinder	Zement	Sand
	Kalkteig	Kalkhydrat				
I	1					4
		1				3
			1			3
				1		4,5
II	1,5				1	8
		2			1	8
				1		3
IIa		1			1	6
				2	1	8
III					1	4

Abbindezeit des Gipses meist sehr zügig verarbeitet werden.

Feinputzmörtel: Sie werden in der Regel fertig gekauft und sind für den Innensowie für den Außenbereich erhältlich. Kleinere Mengen kann man selbst herstellen, wenn man Feinstsand hat oder aus Grobsand siebt und auf 3 Teile Sand etwa 1 Teil Kalk zugibt. Für den Außenbereich sollte etwas Zement zugegeben werden. Der Feinputz sollte jedoch nicht härter werden als die darunterliegende Schicht.

Estrichmörtel

Die Herstellung eines Zementestrichs und des dazu erforderlichen Mörtels (Abb. 18) wird ab Seite 344 beschrieben.

Fertigmörtel, Spezialmörtel, Spachtelmassen

Fertigmörtel sind fertige Mischungen, die meist in Säcken geliefert werden und die man nur noch mit Wasser anrühren muß. Sie können die Arbeit des Heimwerkers wesentlich erleichtern, wenn man z.B. nur geringe Mengen benötigt oder wenn kein Platz zur Lagerung von Zuschlagstoffen zur Verfügung steht.

Fertigmörtel gibt es in allen Mischungen, also z.B. fertige Kalkmörtel, Kalkzementmörtel, Zementmörtel, Gipsmörtel und Estrichmörtel sowie Feinputzmörtel für innen und außen.

Im folgenden Text werden daher nur Spezialmischungen dargestellt. Häufig enthalten diese Mischungen Kunststoffzusätze, die entweder der besseren Haftung oder der besseren Verarbeitbarkeit dienen.

Die Angaben des Herstellers über Eignung, Untergrundvorbereitung und Verarbeitung müssen dabei jeweils beachtet werden.

Kunstharzmörtelputze: Diese Fertigmörtel enthalten Kunststoffzusätze und lassen sich daher auch in geringen Schichtstärken einlagig verarbeiten. Sie werden mit der Glättkelle (Traufel) auf die Wand aufgebracht und lassen sich unterschiedlich strukturieren. Die Hersteller liefern ausführliches Informationsmaterial. Bei Schäden ist es notwendig, wieder einen Putz der möglichst gleichen Zusammensetzung zu erhalten, damit die gleiche Wirkung ohne Rißbildung erzielt werden kann. Kunststoffzusätze führen häufig zu einer

dampfsperrenden Wirkung, so daß sie in raumklimatischer Hinsicht ungünstig sind.

Haftputze: Sie sind im wesentlichen Gips-Kalk-Mischungen, zeichnen sich durch ihre besonders gute Haftfähigkeit aus und werden im Innenbereich eingesetzt.

Edelputze: Es handelt sich dabei um Fertigputze mit besonders ausgewählten Zuschlagstoffen. Am bekanntesten ist der Kratzputz, ein Putz, der nach dem Auftragen geebnet und kurz vor der vollständigen Erhärtung mit einer rauhen Bürste behandelt wird und so seine Struktur erhält.

Dämmputze: Sie enthalten Leichtzuschlagstoffe und können zum Teil auch in Stärken von 5 und mehr Zentimetern aufgetragen werden.

In diesen Stärken kann die Wärmedämmung einer Mauer wesentlich verbessert werden.

Leichtmauermörtel: Sie enthalten ebenfalls Leichtzuschlagstoffe und können die Wärmedämmung einer Mauer verbessern.

Blitzzement: Er erhärtet bereits in wenigen Minuten und wird überall dort eingesetzt, wo es um schnelles Befestigen geht (z.B. beim Einsetzen von Dübeln, Setzen von Geländern, Befestigen von Rohrleitungen) oder um schnelle Reparaturen.

Fließestrich: Er ist eine zementgebundene Masse, die zur Reparatur von Estrichflächen eingesetzt wird. Man kann ihn auch in Stärken von nur wenigen Millimetern auftragen. Er verläuft nach der groben Verteilung von selbst zu einer ebenen Oberfläche.

Schamottemörtel: Man setzt ihn überall dort ein, wo mit großer Hitze gerechnet werden muß, z.B. beim Bau von gemauerten Öfen und Kachelöfen.

Baukleber: Sie dienen je nach Zusammensetzung entweder zum punktweisen Verkleben von Gipskartonplatten oder zur Verlegung von Fliesen- und Plattenbelägen (siehe dazu Seite 354 und 366).

Betonspachtelmassen: Man verwendet sie zur Reparatur von Betonflächen, z.B. zur Ausbesserung von Kiesnestern oder abgesprungenen Ecken.

Spachtelmassen für innen: Sie dienen zum Füllen von kleineren Putzrissen, Löchern wie Dübellöchern und Fugen in Putz, Stein, Mauerwerk, zum Abglätten

von rauhen Flächen, zum Verfugen von Gipskartonplatten usw. (z.B. moltofill).

Spachtelmassen für draußen sind wasserfeste Werkstoffe auf Zementbasis; sie können auch in Feuchträumen eingesetzt werden. Man bessert damit Risse, Löcher, Unebenheiten an Fassaden, Außenmauerwerk, an ausgetretenen Steintreppen usw. aus.

Flächenfüllspachtel: Diese Spezialspachtelmassen für große Innenflächen ergeben einwandfreie Untergründe für Tapeten, Anstriche, Wandfliesen und Mosaik. Sie eignen sich auch als Makulaturspachtel sowie als Tapezieruntergrund und Maluntergrund (z.B. molto-Füllspachtel).

Mauern bauen

In diesem Kapitel wird der Heimwerker mit den Grundlagen des Mauerbaus vertraut gemacht.

Fundamente werden auf Seite 317, die Arten und Aufgaben von Mauern auf Seite 322 dargestellt.

Grundlagen

Der Heimwerker kann mit Hilfe der folgenden Ausführungen und Abbildungen einfache nichttragende Mauern wie Wohnungstrennwände oder Gartenmauern errichten. Man kann jedoch auch größere Projekte selbst in Angriff nehmen, wenn umfangreiche Vorüberlegungen angestellt werden, man auf fachliche Beratung durch den Architekten oder Baustoffhersteller zurückgreift und Steinformate wählt, mit denen einfache Verbände, Eckverbindungen, Maueranschlüsse und Mauerkreuzungen möglich sind.

Materialbedarf: Gibt man beim Baustoffhändler Länge, Dicke und Höhe einer Mauer an, wird er aus Tabellen den Bedarf an Mauersteinen schnell ermitteln können.

Für 1 m³ Mauerwerk rechnet man überschlagsmäßig bei Kleinformaten mit 270 Liter Mörtel, bei Großformaten entsprechend weniger. 3 Teile Sand und 1 Teil Bindemittel ergeben 3 Raumteile Mörtel. Für 270 Liter Mörtel benötigt man daher etwa 270 Liter Sand und 90 Liter Bindemittel.

Steinformate: Mauersteine haben auf den ersten Blick äußerst seltsame Ma-

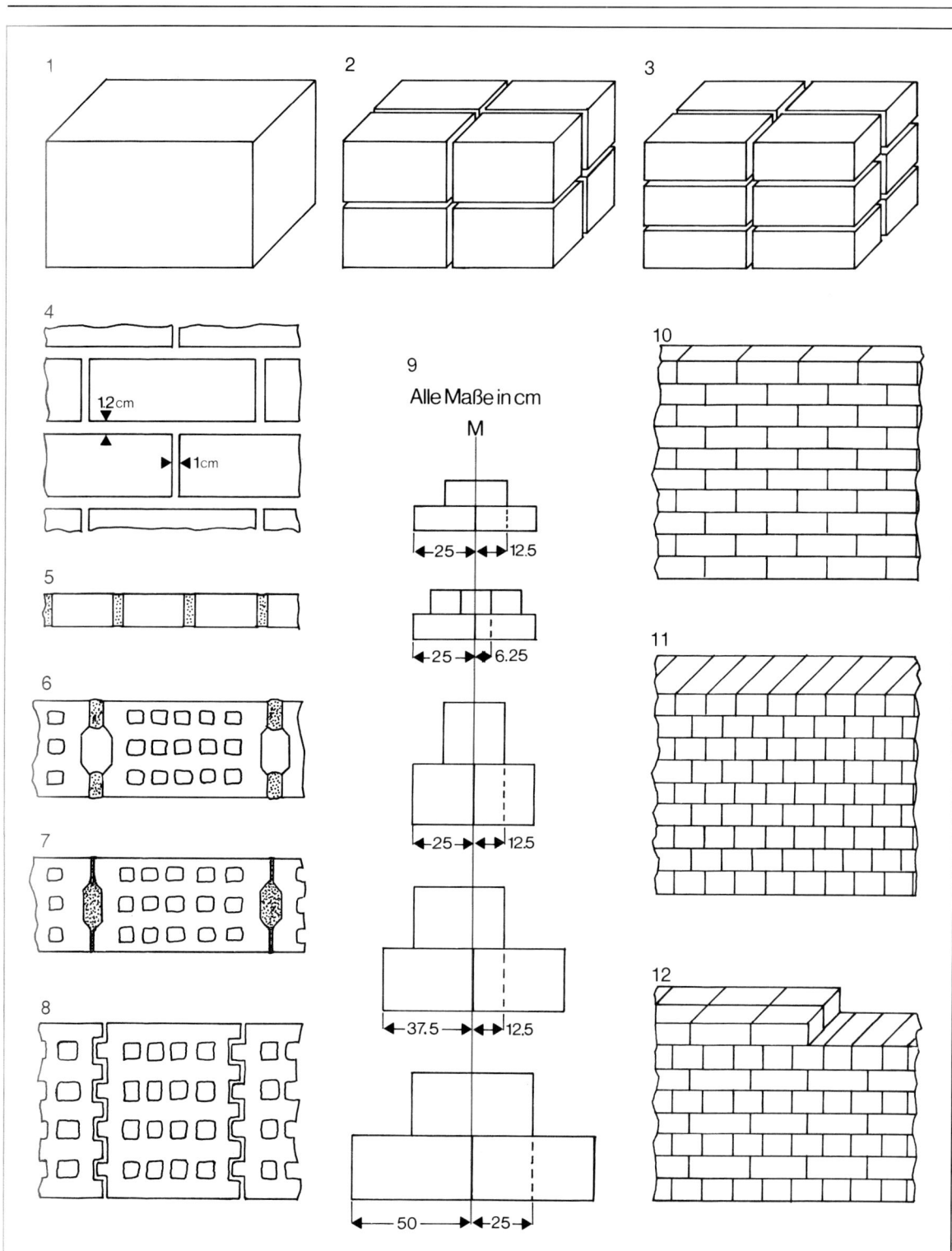

1

2

3

4

1.2 cm

1 cm

5

6

7

8

9

Alle Maße in cm

M

←25→ ←12.5

←25→ 6.25

←25→ ←12.5

←37.5→ ←12.5

←50→ ←25→

10

11

12

ße. Ihre Größen sind jedoch so genormt, daß Längen, Breiten und Höhen unter Berücksichtigung der Mörtelfugen immer einen Teil von einem Meter ergeben. Ein Stein mit der Länge 49 cm, einer Breite von 24 cm und einer Höhe von 23,8 cm ergibt mit Mörtelfugen von 1 cm, 1 cm und 1,2 cm ein Volumen von 50 × 25 × 25 cm. Das Volumen dieses Steins kann auch mit kleinformatigen Steinen erreicht werden (Abb. 19).

Da die Fugenbreite bei Bauplänen berücksichtigt wird, ergeben sich Abmessungen, die auf den ersten Blick unverständlich sind, z.B. Mauerlängen von 7,99 m. Diese Mauerlänge kann erreicht werden durch 32 Bausteine von 24 cm Länge. Werden diese Bausteine aneinandergefügt, so entstehen 31 Stoßfugen. Berechnung:

$$32 × 24 \text{ cm} = 7,68 \text{ m}$$
$$\underline{31 × 1 \text{ cm} = 0,31 \text{ m}}$$
Mauerlänge   7,99 m

Stoß- und Lagerfugen (Abb. 19): Mauersteine werden durch Mörtel verbunden. Damit wird auch eine gleichmäßige Druckübertragung gewährleistet. Als Stoßfugen werden die senkrecht verlaufenden, als Lagerfugen die waagerecht verlaufenden Fugen bezeichnet. Stoßfu-

19 *Grundlagen des Mauerbaus:*
   1–3 Steinformate
   1 Format 49 × 24 × 23,8 cm
   2 Format 24 × 11,5 × 11,3 cm
   3 Format 24 × 11,5 × 7,2 cm
   4–8 Stoß- und Lagerfugen
   4 Fugendicke
   5 Vollfugige Vermörtelung der
     Stoßfuge
   6 Vermörtelung der Kopfflächen
   7 Knirsche Vermauerung
   8 Vermauerung ohne Stoßfugen-
     mörtel
   9 Überbindemaße unterschiedli-
     cher Steinformate (Mörtelfugen
     mitgerechnet)
   10 Läuferverband
   11 Binderverband
   12 Kreuzverband.

20 *Steinverlegeschema einer 11,5 cm dicken Mauer mit Eckverbindung, verschiedenen Mauerabschlüssen, -einbindungen und -kreuzungen (Format 24 × 11,5 × 5,2/7,2/11,3). 1 Ansicht, 2 erste Schicht, 3 zweite Schicht.*

297

gen sind im allgemeinen 1 cm, Lagerfugen 1,2 cm dick. Zwar ist über die Fugendicke auch ein gewisser Maßausgleich möglich, doch sollte von dieser Regel nicht allzusehr abgewichen werden.

Ausbildung der Stoßfugen (Abb. 19): Stoßfugen können im Gegensatz zu den Lagerfugen unterschiedlich ausgebildet werden. Bei kleinen Steinformaten werden sie voll vermörtelt. Bei Großformaten mit Mörteltaschen ist es möglich, nur die Kopfflächen mit Mörtel anzuwerfen, die Mörteltasche dagegen freizulassen. Dadurch können große Mörtelmengen gespart werden.

Möglich ist bei Steinen mit Mörteltaschen auch die sogenannte knirsche Vermauerung.

In diesem Fall werden die Kopfflächen dicht aneinandergestoßen und die Mörteltaschen mit etwas dünnflüssigerem Mörtel vergossen.

Dies ist eine besonders arbeitssparende Stoßfugenausbildung. Soll eine bestimmte Maßordnung eingehalten werden, so muß man in diesem Fall auf Formate zurückgreifen, die etwas größer ausfallen und somit die fehlenden Millimeter der Mörtelfuge ausgleichen. Schließlich werden Mauersteine angeboten, die ganz ohne Stoßfugenmörtel auskommen, z. B. Poroton-T-Ziegel.

Überbindung von Mauersteinen: Stoßfugen von zwei übereinanderliegenden Schichten müssen jeweils versetzt sein, damit eine genügend große Stabilität des Mauerwerks erreicht wird.

Bautechnische Vorschrift ist, daß das Überbindemaß den 0,4fachen Wert der Steinhöhe erreichen muß, mindestens jedoch 4,5 cm. Für Steine, die 23,8 cm hoch sind, beträgt die Fugenüberdeckung also etwa 10 cm.

In der Regel wird die Stoßfugenüberdeckung jedoch so gewählt, wie in Abb. 19 dargestellt wird. Dadurch ist ge-

21 *Steinverlegeschema einer 24 cm dicken Mauer (Format 24 × 11,5 × 5,2/7,2/11,3). 1 Ansicht, 2 erste Schicht, 3 zweite Schicht.*

22 *Steinverlegeschema einer 24 cm dicken Mauer mit großformatigen Steinen (Format 36,5 × 24 × 23,8). 1 Ansicht, 2 erste Schicht, 3 zweite Schicht.*

währleistet, daß gute Mauereinbindungen und Eckverbindungen möglich sind.

Mauerverbände und Mauerstärken: Die Versetzung der Stoßfugen nennt man auch Mauern im Verband. Die Bezeichnungen für die wichtigsten Verbandarten sind in Abb. 19 gezeigt. Auf diesen grundlegenden Mauerverbänden beruhen die Steinverlegeschemata für verschiedene Mauerstärken (Abb. 20 bis 25).

Verzahnung: Mauerwerkteile aus verschiedenen Steinformaten müssen nach dem Grundprinzip miteinander verzahnt werden, das in Abb. 26 dargestellt ist.

Vorgehen

Die für den Bau von Mauern geeigneten Mörtel und ihre Herstellung werden ab Seite 292 beschrieben.

Untergrund: Mauern können nur auf tragfähigem Untergrund errichtet werden. Tragfähige Untergründe sind Fundamente (siehe Seite 317) oder bereits vorhandene Mauern, z. B. Kellermauern auf Fundamenten. Betondecken können z. B. für einen Dachausbau oder die Errichtung von Zwischenwänden genügend tragfähig sein, doch ist eine statische Beurteilung meist unerläßlich. Man sollte in diesen Fällen auf möglichst leichte Baustoffe wie Gasbeton oder auf

23 *Steinverlegeschema einer 36,5 cm dicken Mauer (Format 36,5 × 24 × 23,8). 1 Ansicht, 2 erste Schicht, 3 zweite Schicht.*

24 *Ausbildung von Anschlägen für Fenster und Türen, wenn keine geraden Laibungen erwünscht sind:*
   1 Mauer von 24 cm Stärke mit Kleinformaten
   2 Mauer 36,5 cm mit Großformaten
   3 Mauer 36,5 cm mit Kleinformaten.

25 *Überdecken von Fenster- und Türöffnungen mit Stürzen: links Schnitt, rechts Vorderansicht:*
   1 Stürze
   2 Mauersteine höherer Druckfestigkeit.

26 *Verzahnung von Mauerwerk aus unterschiedlichen Steinformaten.*

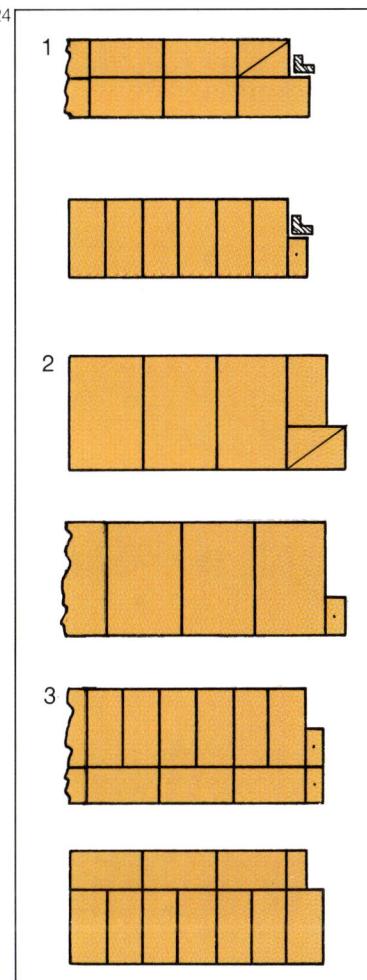

Leichtbaukonstruktionen wie Holzverkleidungen oder Gipskartonverkleidungen auf Holz- oder Metallständern zurückgreifen.

Erste Schicht: Der Untergrund für das Mauerwerk muß genau waagerecht sein. Kleinere Unebenheiten bis zu 2 cm können beim Verlegen der ersten Steinschicht mit Mörtel ausgeglichen werden. Größere Unebenheiten sollten einige Stunden vorher oder am Tag zuvor mit Zementmörtel beseitigt werden. Er muß vor dem Setzen der ersten Mauersteinschicht fest sein, d. h., er darf durch die Druckbelastung nicht mehr verformbar sein. Betonausgleichsschichten von über 10 cm sollten einige Tage ausgehärtet sein.

Um rationell arbeiten zu können, sollten Mauersteine, Mörtelkasten und Werkzeuge an einem günstigen Platz in Griffnähe gelagert werden.

Kommt es darauf an, daß bestimmte Maße eingehalten werden, empfiehlt es sich, die Steine für die erste Schicht trocken auszulegen. Die Stoßfugen werden dabei mit etwa 1 cm berücksichtigt und am besten mit dem Zimmererbleistift auf den Untergrund gezeichnet. Die Mörtelfugen können dabei um 1 bis 2 mm so verändert werden, daß unnötige Abfälle durch Zuschlagen von Teilsteinen vermieden werden.

Die Steine werden danach wieder weggenommen, die Ecksteine mit Hilfe des Winkels ausgerichtet und ins Mörtelbett gesetzt.

Der Mörtel wird mit der Kelle aufgetragen und grob glattgestrichen. Er darf beim Verlegen der Steine noch nicht zu trocken sein, sie sollen im Mörtelbett schwimmen. Deshalb empfiehlt es sich, ihn anfangs nur wenige Steinlängen aufzutragen. Die erste Reihe von Steinen wird dann ins Mörtelbett verlegt und mit Handdruck, Kellenstiel oder Maurerhammer nach der Richtschnur ausgerichtet. Diese sollte dabei immer 1 mm außerhalb der vorgesehenen äußeren Steinkante verlaufen. Hohlblocksteine werden immer so verlegt, daß die Öffnungen nach unten zeigen.

Kleinformatige Steine werden auf der Kopfseite mit einem Mörtelklecks versehen und an die Kante des bereits gesetzten Steins gedrückt. Die Verfugung geschieht bei mittelformatigen Steinen und bei Längsfugen durch Ausstochern

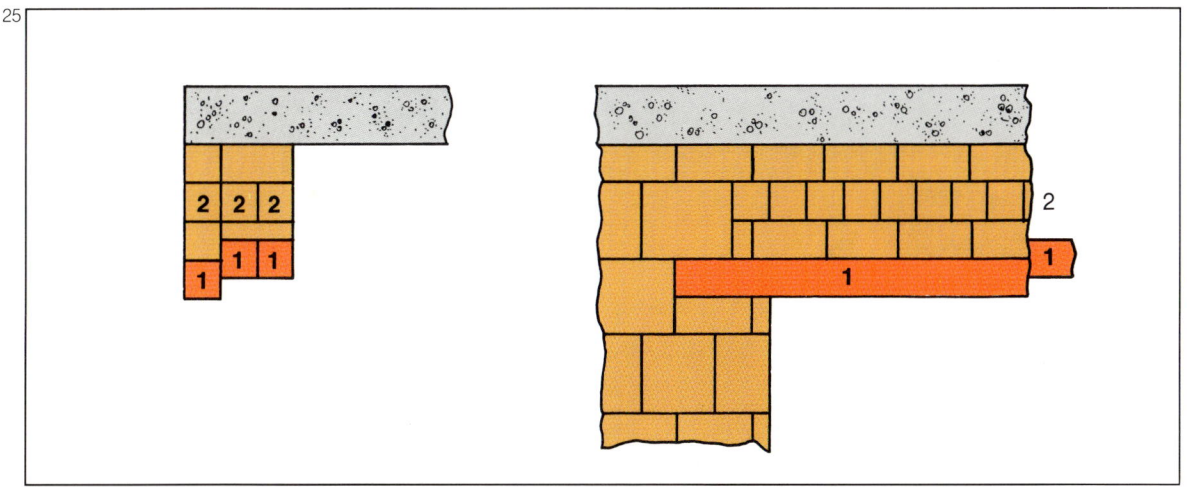

der Stoßfugen mit der Maurerkelle. »Knirsch« verlegte Steine werden in einer Reihe verlegt und danach mit etwas dünnflüssigerem Mörtel mit einem Schöpfer oder einer Schnabelkanne ausgegossen. Diese Verlegung ist daher besonders arbeitssparend. Herausquellender Mörtel wird mit der Kelle abgezogen, in den Mörtelkasten zurückgegeben und mit dem frischen Mörtel verrührt. Da ihm meist schon Feuchtigkeit entzogen wurde, eignet er sich nicht zum direkten Aufbringen auf das Mauerwerk. Saugfähige Steine müssen mit dem Maurerpinsel vorgenäßt werden, damit dem Mörtel nicht vorschnell Feuchtigkeit entzogen wird. Der Mörtel könnte dann nicht mehr abbinden und nur eine sehr geringe Druckfestigkeit erreichen. Bei heißem oder windigem Wetter oder bei frisch gebrannten Steinen muß stark vorgenäßt werden.

Wenn ein Stein verlegt ist, muß er an seinem Platz bleiben. Wird er in eine andere Lage geklopft, wenn der Mörtel bereits angezogen hat, ist kein Abbinden mehr möglich.

Mauern aufziehen: Nachdem die erste Schicht ins Mörtelbett gelegt und verfugt ist, werden die Ecken hochgemauert, bei großformatigen Steinen auf 3, bei kleinformatigen auf 8 oder 10 Schichten. Da die Ecke der Richtpunkt für die ganze Mauer ist, muß das sehr sorgfältig geschehen. Die Schichten müssen genau senkrecht übereinanderliegen, und die Schichthöhen müssen eingehalten werden. Nach dem Hochmauern der Ecken jeweils die Zwischenräume ausgemauert.

Vertikale: Bei kleineren Höhen wird die Prüfung der Vertikale mit der Wasserwaage vorgenommen, bei größeren verwendet man das Lot. Größere Höhen können jedoch auch mit dem Richtscheit überprüft werden. Wird es an die Mauer angelegt, kann mit der Wasserwaage der senkrechte Verlauf der Mauer geprüft werden. Sind die Ecken genau senkrecht hochgemauert, wird durch die Fluchtschnur gewährleistet, daß auch die Zwischenräume senkrecht hochgezogen werden.

Horizontale und Flucht: Die Waagrechte wird bei kurzen Mauerstücken mit der Wasserwaage geprüft, bei mittleren Längen mit Wasserwaage und Setzlatte, bei großen Längen mit der Schlauchwaage.

Sind die Ecken lotrecht und maßgerecht ausgeführt, werden alle weiteren Aufgaben von der Fluchtschnur übernommen. Sie wird so an den Mauerecken angebracht, daß sie die obere Steinkante markiert und zugleich sichert, daß alle Steine in einer Flucht liegen.

Damit ist bei sachgerechter Ausführung des Mauerwerks zugleich gesichert, daß die Vertikale der zwischen den Ecken liegenden Steine stimmt.

Schichtmeßlatte: Schichthöhen müssen genau eingehalten werden. Das geschieht am einfachsten mit der Schichtmeßlatte, einer Latte, auf der die einzelnen Schichten unter Berücksichtigung der Mörtelfugen markiert werden.

Stürze: Maueröffnungen wie Fenster- und Türöffnungen werden mit Stürzen überdeckt (Abb. 25). Sie müssen den Druck von oben aufnehmen und ihn auf das Mauerwerk an beiden Seiten der Öffnung übertragen. Sie müssen deshalb die geeignete Belastbarkeit besitzen und je nach Länge der Maueröffnung mit einer gewissen Länge auf dem Mauerwerk aufliegen. Stürze werden am besten auf Zementmörtel verlegt. Auf ihnen muß möglicherweise mit Steinen höherer Druckfestigkeit weitergemauert werden.

Betonstürze mit Ziegelummantelung lassen sich später besser verputzen. Für Gasbetonmauern sollten Gasbetonstürze verwendet werden. Es sind auch wärmedämmende Stürze auf dem Markt, und solche, die zugleich als Rolladenkasten dienen.

Sperrpappe: Für eine horizontale Abdichtung von Mauerwerk gegen aufsteigende Feuchtigkeit wird eine dafür geeignete Sperrpappe eingelegt. Sie wird so breit zugeschnitten, daß sich ein günstiger Anschluß zur senkrechten Abdichtung ergibt. Die Pappe wird auf eine etwa 1 cm dicke senkrechte geebnete Mörtelschicht satt aufgelegt und an den Stoßstellen etwa 10 cm überlappt. Bei Beanspruchung durch Stau- und Grundwasser wird sie 10 cm überlappt und verklebt. Es folgt eine weitere Mörtelschicht von etwa 1 cm Stärke, auf der wie üblich weitergemauert wird. Eine Beschädigung dieser Sperrschicht muß durch sorgfältiges Arbeiten vermieden werden (siehe dazu Seite 319 und 105).

Schäden durch Frost: Besteht Frostgefahr, sollten die Arbeiten an der Mauer eingestellt werden, denn bei Frost wird das Abbinden des Mörtels verhindert. Außerdem besitzt gefrorener frischer Mörtel eine Sprengwirkung, da Eis ein größeres Volumen hat als die gleiche Menge Wasser. Dadurch werden die Steine gelockert.

Gefrorene Baustoffe dürfen nicht verarbeitet werden. Auf gefrorenem Mauerwerk darf nicht weitergemauert werden. Durch den Einsatz von Salzen zum Auftauen können Schäden am Mauerwerk auftreten. Frisches Mauerwerk ist rechtzeitig vor Frost zu schützen, z.B. durch Abdecken. Mauerwerk, das durch Frost beschädigt ist, muß vor dem Weiterarbeiten abgetragen werden.

Mauern verputzen

Das Aufbringen eines Putzes gehört zu den schwierigeren Aufgaben eines Maurers. Bevor sich ein Heimwerker an die Gestaltung größerer Flächen wagt, sollte er dort üben, wo keine so hohen Ansprüche gestellt werden wie an ständig bewohnte Räume. Dargestellt wird im folgenden Text die Ausführung von herkömmlichen Putzen an Wandmauerwerk. Das Verputzen von Decken ist dem ungeübten Heimwerker nicht zu empfehlen. Mischungsverhältnisse für Putzmörtel sind auf S. 294 dargestellt.

Die Reparatur von Putzschäden und Putzrissen wird auf den Seiten 323 und 360 dargestellt. Für den Bedarf an Zuschlagstoffen und Bindemitteln gilt das auf Seite 295 Gesagte.

Innenputze

Innenputze haben in der Regel die Aufgabe, eine möglichst ebene Oberfläche herzustellen. Sie dienen als Untergrund für Anstriche, Tapeten oder Fliesenbeläge. Sie sollen feuchtigkeitsregulierend wirken, d.h., bei hoher Luftfeuchtigkeit Wasserdampf aufnehmen und bei geringer Luftfeuchtigkeit wieder an die Raumluft abgeben. Daher sind für Innenputze vor allem Kalk- und Gipsmörtel gut geeignet.

Der Innenputz sollte aus den genannten Gründen auch nicht großflächig mit

27 *Aufbau eines Innenputzes:*
   1 Putzgrund (Ziegel)
   2 Spritzbewurf aus hochhydrauli-
   schem Kalk
   3 Putz mit Weißkalk
   4 Feinputz.

feuchtigkeitssperrenden Materialien wie Fliesenbelägen, Kunststoff- oder Metalltapeten abgedeckt werden. Das gilt vor allem für Räume mit hoher Feuchtigkeitsentwicklung wie Küchen und Bäder. Im folgenden Text wird die Herstellung eines Kalkputzes oder Putzes aus PM-Bindern beschrieben. Vieles gilt auch für Gipsputze. Bei der Verarbeitung von Gipsputzen sollte man sich jedoch über Verarbeitungszeit und Anbringung zusätzlich beraten lassen.

Aufbau: Der Innenputz besteht in der Regel aus 3 Schichten (Abb.27): dem Spritzbewurf, der entweder die Saugfähigkeit des Mauerwerks herabsetzen oder bei glatten Oberflächen die Haftung des Putzes verbessern soll, der eigentlichen Putzschicht von etwa 13 mm Dicke und einer Feinputzschicht von etwa 2 mm Stärke.

Die Festigkeit der einzelnen Schichten sollte von der ersten über die zweite zur dritten Putzschicht abnehmen. Das heißt, in keinem Fall Zementmörtel auf Kalkmörtel aufbringen. In diesen Fällen käme es mit hoher Wahrscheinlichkeit zu Putzschäden wie Rissen oder Abblättern.

Häufig wird der Spritzbewurf aus dünnflüssigem Zementmörtel hergestellt,

doch ist auch hochhydraulischer Kalkmörtel, Kalkzementmörtel oder Mörtel aus Putz und Mauerbindern möglich.

Putzgrund: So wird die Fläche bezeichnet, auf die der Putzmörtel aufgebracht wird. Er besteht in der Regel aus Mauerwerk, Beton oder Holzwolleleichtbauplatten. Holzteile werden mit Putzträgern überspannt.

Der Putzgrund muß frei von losen Bestandteilen sein. Mörtelspritzer, Sand oder Staubteile müssen vorher mit einer rauhen Bürste oder mit einem rauhen Besen gründlich entfernt werden. Betonflächen sollten nach dem Ausschalen mit Nagelbrett oder Stahlbesen aufgerauht, Schalölrückstände mit geeigneten Lösungsmitteln entfernt werden.

Die Putzarbeiten können erst begonnen werden, wenn der Putzgrund ausreichend trocken ist. Ist er noch zu feucht, kann sich der Mörtel nicht ausreichend mit dem Untergrund verbinden. Ein zu reichliches Vornässen hat die gleichen Folgen.

Die Haftung des Putzmörtels wird auch beeinträchtigt bei stark saugendem Mauerwerk, da dem Mörtel das zum Abbinden benötigte Wasser zu schnell entzogen wird. Die Saugfähigkeit muß deshalb durch einen Spritzbewurf herabgesetzt werden, oder man muß den Untergrund gut vornässen.

Der Putz muß sich mit dem Untergrund fest verzahnen können. Da das bei Mauersteinen mit glatter Oberfläche schlecht möglich ist, sollte man Lager- und Stoßfugen nicht bis zur Mauerober-

fläche ausfüllen und einen Spritzbewurf aufbringen.

Spritzbewurf: Er wird in der Regel so aufgebracht, daß er warzenförmig die Mauer bedeckt. Beim Verputzen von altem Mauerwerk wird er fast deckend aufgebracht, aber so, daß die Mauerstruktur noch sichtbar bleibt. Der Spritzbewurfmörtel ist im Vergleich zum Putzmörtel dünnflüssig. Er muß eine höhere Härte erreichen als der Putzmörtel.

Der Spritzbewurf muß vor Putzbeginn so hart sein, daß man ihn mit dem Finger nicht mehr abreiben kann. Das ist häufig nach 12 Stunden der Fall.

Anwurftechnik: Der Mörtel muß mit so starkem Schwung angeworfen werden, daß er Lufteinschlüsse zwischen Mauerwerk und Putz verdrängt und dabei schon eine gewisse Verdichtung erfährt. Der Putzer steht dabei mit der Schulter zur Wand, den Mörtelkasten möglichst vor sich stehend. Der Mörtel wird mit der Kellenkante, die zur Wand zeigt, aufgenommen und aus dem Handgelenk heraus so an die Wand geworfen, daß er in etwa 8 mm dicken Fladen haftenbleibt. Die Kelle wird dazu im unteren Arbeitsbereich mit einer leichten Drehung senkrecht hochgezogen (Abb.28), in Brust- und Kopfhöhe seitlich verzogen. Die Anwurftechnik kann beim Aufbringen des Spritzbewurfs geübt werden. Die zweite Fladenschicht wird erst dann aufgebracht, wenn die erste Schicht so weit angezogen hat, daß sie die zweite tragen kann.

Mörtel kann arbeitstechnisch wesentlich einfacher auch mit der Traufel aufgebracht werden; er wird dabei in mehreren Lagen aufgezogen wie eine Feinputzschicht (Abb. 29).

Putzlehren: Mit ihnen lassen sich möglichst ebene, genau waage- und senkrechte Putzoberflächen erzielen. Putzlehren können aus Mörtelstreifen hergestellt werden (Abb. 29). Auch gerade Holzleisten oder Metallschienen können diese Aufgabe übernehmen (Abb. 30).

Eckschutzschienen: Sie ermöglichen das Putzen sauberer Kanten und schützen den Putz vor Beschädigung.

Putzträger (Abb. 31): Sie dienen unterschiedlichen Zwecken. Holzbalken dürfen nicht überputzt werden, da es aufgrund unterschiedlicher Dehnungseigenschaften zu Rißbildungen kommt, Stahlträger können nicht direkt überputzt werden. Sie werden daher mit Putzträgern überzogen. Unebenheiten, die wesentlich tiefer als 2 cm sind, werden mit einem Ausgleichsputz ausgeglichen und mit Putzträgern überspannt, da sonst die Bildung von Rissen zu befürchten ist (Abb. 30). Putzträger können auch zur Verhinderung oder Beseitigung von Spannungsrissen eingesetzt werden (siehe Seite 360) und können Schlitze freitragend überspannen. Weit verbreitet als Putzträger sind Schilfrohrmatten, Ziegeldrahtgewebe und Streckmetall.

Schilfrohrmatten sind nach allen Seiten biegsam und werden zum Verputzen von Holzdecken und -wänden verwendet.

Ziegeldrahtgewebe ist ebenfalls dafür geeignet und ermöglicht eine gute Putzhaftung, ist nach allen Seiten elastisch, dient zum Überputzen von Holzbalken und zur Ummantelung von Stahlträgern.

Rippenstreckmetall ist in Richtung der Rippen steif und eignet sich daher zusätzlich zum Überspannen von Schlitzen, wobei die Rippen quer zum Schlitz verlaufen, zur Verhinderung und zum Beseitigen von Spannungsrissen, wobei die Rippen quer zum vorhandenen oder zu erwartenden Riß verlaufen (z. B. an der Anschlußstelle verschiedener Baustoffe) und zum Verputzen von abgehängten Decken (siehe Seite 329, Abb. 8). Da es Rippenstreckmetall in verschiedenen Ausführungen gibt, müssen die Herstellerinformationen hinsichtlich der Eignung berücksichtigt werden.

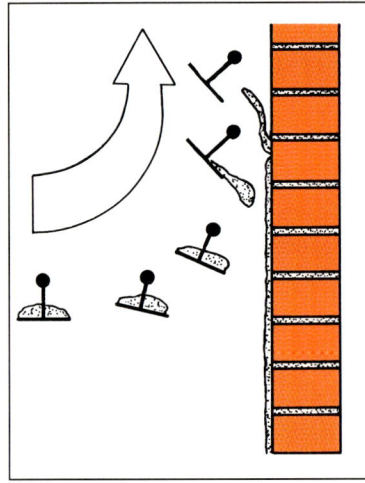

28 *Anwurftechnik.*

29 *Arbeitsablauf beim Verputzen:*
1 *Eventuell Ausgleichsputz auftragen und Putzträger verlegen. Mörtelpunkte setzen und ausrichten.*
2 *Mörtelleisten herstellen.*
3 *Zuerst obere Abschnitte putzen, mit gerader Latte abziehen.*
4 *Mit Reibebrett ebnen und verdichten.*
5 *Feinputz mit der Glättkelle auftragen.*
6 *Mit Schwamm- oder Filzbrett glätten.*

Deckenbalken: Sie dürfen nicht vollständig eingeputzt werden und sind so auf dem Mauerwerk aufgelegt, daß sie nach allen Seiten Raum zum Arbeiten haben. Die Anschlußfuge darf nicht vollständig zugeputzt werden, da es sonst mit hoher Wahrscheinlichkeit zur Bildung von Putzrissen kommt. Alte Holzbalken sind in dieser Hinsicht weit weniger problematisch.

Feinputz: In der Regel wird dann, wenn die Putzschicht angezogen hat, der Feinputz mit der Traufel (Abb. 2) aufgebracht. Die Sandkörner der unteren Putzschicht dürfen sich beim Glätten des Feinputzes mit dem Schwamm- oder Filzbrett nicht mehr verreiben lassen.

Wird der Feinputz erst dann aufgebracht, wenn die Putzschicht schon trocken ist, muß ausreichend vorgenäßt

28 werden, damit ihm nicht Feuchtigkeit entzogen wird und er nicht mehr oder nur noch durch häufiges Eintauchen des Schwammbretts in Wasser geglättet werden kann.

Häufige Putzfehler: Sandet die Oberfläche des Putzes beim Glätten mit dem Reibebrett ab, enthält er zuwenig Bindemittel oder es wurde zuwenig vorgenäßt.

Fließt der Mörtel die Wand herab, ist er zu dünn, oder er wurde mit falschem Schwung angeworfen, oder der Untergrund wurde zu stark vorgenäßt.

Löst sich der Mörtel fladig ab, wurde der Untergrund zuwenig angenäßt, die Oberfläche des Untergrunds zuwenig aufgerauht. Der häufigste Putzfehler, der zum Abrutschen oder Abblättern des noch nassen Putzmörtels führt, ist der falsche Standort zur Wand oder sind zu starke Bewegungen mit dem Ellbogen oder dem Schultergelenk.

Außenputz

Das für Innenputze Gesagte gilt sinngemäß auch für den Außenputz. Er wird in einer Stärke von etwa 2 cm aufgetragen. Wenn Außenwände der Feuchtigkeit ausgesetzt sind, eignen sich hier Kalkzementmörtel, Mörtel aus Putz- und Mauerbindern und Mörtel mit hochhydraulischen Kalken.

Die erste Putzschicht, die möglicherweise auf einem Spritzbewurf zu liegen kommt, wird nur grob abgezogen und durch Reiben geglättet. Zu starkes Reiben erhöht den Bindemittelgehalt an der Oberfläche, was zu Schwindrissen führt und zur schlechten Haftung des Oberputzes. Der Unterputz wird vor dem Erstarren mit einer Nagelleiste aufgerauht.

Der Oberputz hat im wesentlichen dekorative Aufgaben. Im folgenden Text werden die wichtigsten Gestaltungsmöglichkeiten kurz beschrieben.

Glatt- oder Reibeputz: Er ist für Innen- und Außenwände geeignet. Dazu benötigt man relativ wasserarmen Mörtel, der in kleinen Flächen angeworfen wird. Er darf nach dem Abziehen nicht zu kräftig und zu lange glattgerieben werden, da sich sonst das Bindemittel an der Oberfläche anreichert, was zu feinen Schwindrissen führen kann.

Kellenstrichputz: Der angeworfene und abgezogene Mörtel wird so mit der Glättkelle verdichtet, daß der Kellen-

strich sichtbar bleibt. Die Striche können waagerecht, bogen- oder fächerförmig ausgeführt werden und eine unterschiedlich starke Struktur ergeben.

Spritzputz (Abb. 32): Man stellt ihn her, indem man als letzten Auftrag einen dünnen Mörtelbrei in kleinen Mengen auf die Kellenspitze nimmt und ihn gleichmäßig über die Fläche spritzt. Die Drehung des Handgelenks muß dabei schnell und gleichmäßig sein, da der Putz sonst unregelmäßig wird. Mischt man dem Sand Perlkies bei, entsteht eine gröbere Oberflächenstruktur (Abb. 33).

Scheibenputz: Als letzte Putzschicht wird grobkörniger Mörtel verwendet. Er wird angeworfen und mit der Holzscheibe (Reibebrett) waagerecht, senkrecht oder kreisförmig verrieben. Die Kieskörner werden dabei von der Scheibe erfaßt, wodurch verschieden lange und tiefe Rillen entstehen (Abb. 34). Das waagerechte Verreiben betont die Breite, das senkrechte Verreiben die Höhengliederung des Gebäudes. Soll die Struktur gleichmäßiger erscheinen, wird dem Sand Perlkies zugesetzt.

Besenspritzputz: Für diesen Putz ist dünnflüssiger Mörtel aus Sand feinster und gleichmäßiger Körnung geeignet. Ein Reisigbesen wird in den Mörtelbrei getaucht und gegen ein Lattenholz geschlagen, wodurch der Mörtel fein verteilt an den Unterputz spritzt.

Kammputz: Er wird aus fettem, feinkörnigem Mörtel hergestellt. Der angeworfene Mörtel, der leicht zu erstarren beginnt, wird mit einer Latte gekämmt, in die reihenförmig im Abstand von 10 bis 15 mm Nägel eingeschlagen sind, die etwa 15 mm hervorstehen.

Verputzen von Holzwolleleichtbauplatten

Nur trockene Platten bieten einen guten Putzgrund. Die Platten müssen dichtgestoßen im Verband, also stoßversetzt verlegt werden (siehe Seite 89, Abb. 2) bei Wänden im waagerechten Verband. Der Untergrund sollte vor der Verlegung trocken sein.

Die Fugen werden mit einem Baunetzband bewehrt, das die Bildung von Rissen verhindert. Der Spritzbewurf, der sofort nach dem Anbringen der Platten volldeckend aufgebracht wird, hat in diesem Fall die Aufgabe, die Platten vor dem Anmachwasser zu schützen. Er

sollte daher hellgrau aufgetrocknet sein, bevor der Putz aufgebracht wird.

Empfohlen wird von der Firma Heraklith auch folgende baubiologische Konstruktion auf magnesitgebundenen Holzwolleleichtbauplatten: Die Fugen werden in einer Breite von 10 cm mit Jutegewebe armiert, das auf Weißfeinkalkmörtel fest angedrückt wird. Nach dem Antrocknen erfolgt der Spritzbewurf und nach dem Auftrocknen der Putz (Abb. 35).

Beton und Betonieren

Beton ist ein künstlicher Stein, der aus Zement, Kies und Wasser hergestellt wird. Der Zement bildet mit Wasser Zementstein, der die Zuschlagstoffe umhüllt und so miteinander verbindet.

Normalbeton wird aus Zement, Kies und Wasser hergestellt.

Magerbeton ist ein Beton mit geringerer Zementzugabe und damit geringerer Druckfestigkeit. *Sperrbeton* ist ein wasserdichter Beton (siehe Seite 104). *Stahlbeton* ist ein mit Baustahl armierter Beton, wie er z.B. zur Herstellung von Betondecken erforderlich ist. *Leichtbeton* enthält leichte Zuschläge wie Bims, Blähton und Blähschiefer und wird vor-

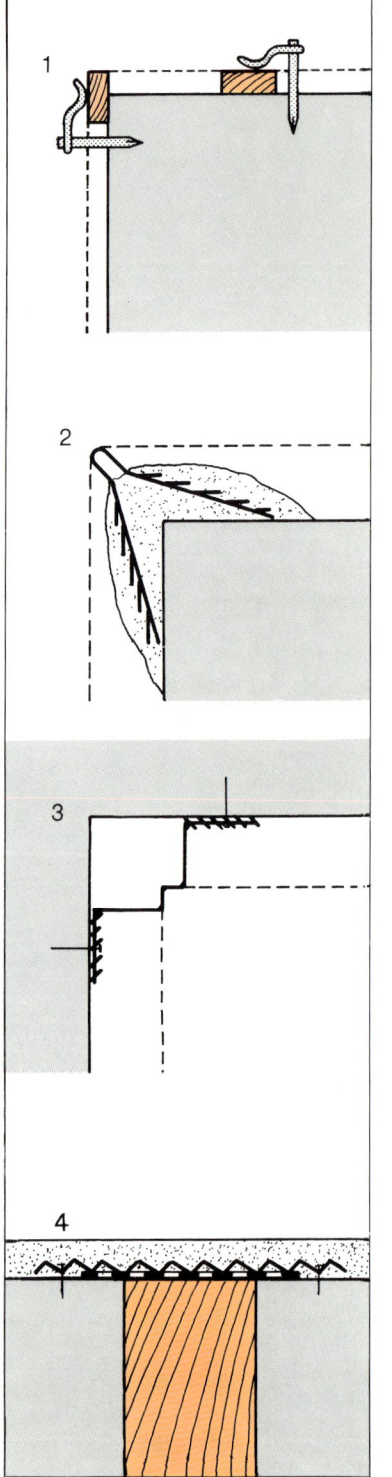

30

30 *Hilfsmittel zum Putzen:*
   1 *Putzlehre aus Holz*
   2 *Eckschutzschiene für Außenecken*
   3 *Eckschiene für Innenecken*
   4 *Überspannung eines Holzbalkens mit Bitumenpappe und Putzträger.*

31 *Putzträger:*
   1 *Schilfrohrmatte*
   2 *Ziegeldrahtgewebe*
   3 *Rippenstreckmetall.*

32 *Feinkörniger Spritzputz.*

33 *Grobkörniger Spritzputz.*

34 *Scheibenputz.*

35 *Verputzen von Holzwolleleichtbauplatten:*
   1 *Fugen mit Baunetzband armiert*
   2 *Fugen mit Jutegewebe armiert.*

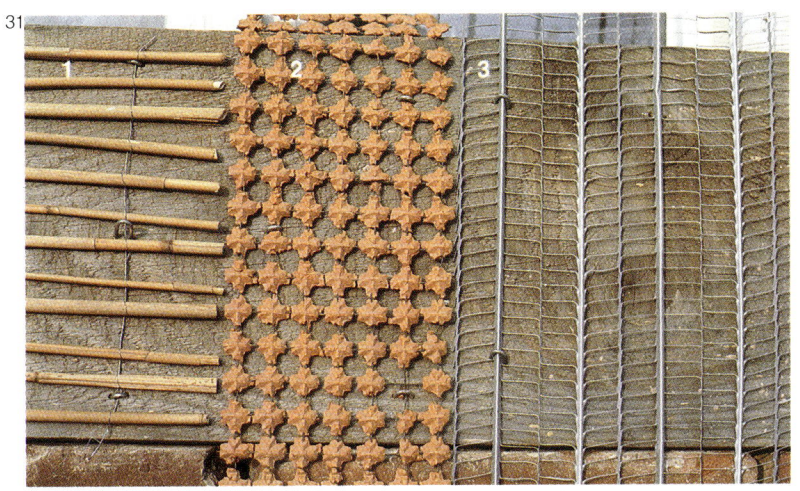

zugsweise zur Herstellung von Leichtbetonsteinen verwendet.

Anforderungen

Betonieren ist schwieriger, als es auf den ersten Blick aussieht. Zwar sind Zement, Wasser und Kies schnell zusammengemischt, doch kann ein Laie nicht beurteilen, zu welchem Zweck sein Beton geeignet ist. Denn die Festigkeit des Betons, auf die es bei vielen Konstruktionen ankommt, hängt ab von der Festigkeitsklasse des Zements, von der Kornzusammensetzung des Zuschlagstoffs und von der Menge des zugegebenen Wassers. Wird nun für eine bestimmte Konstruktion eine bestimmte Betonfestigkeit vorgeschrieben, z.B. für Fundamente, kommt es auf die sehr ge-

naue Einhaltung der Mischungsverhältnisse an. Für Baufachleute werden sie in Kilogramm und Liter angegeben. Da diese Mischungsverhältnisse vom Heimwerker in der Praxis kaum erzielt werden können, wird die Herstellung von Beton mit ganz bestimmten Eigenschaften für ihn nicht in Frage kommen. Man sollte in diesem Fall auf Fertigbeton zurückgreifen.

An Stahlbetonbauteilen wie Decken und Kellermauern sollte sich der Heimwerker nicht versuchen, da hier neben der Betonherstellung auch noch umfangreiche Kenntnisse über Schalarbeiten und Baustahlverwendung nötig sind.

Zutrauen kann sich jeder die Herstellung eines Betons ohne höhere Ansprüche, beispielsweise für Fundamen-

te von Gartenmauern, Gartenumgrenzungen, Betonplatten, für das Betonieren einer kleinen Gartenfläche, eines Fundaments für Garage, Gartenhaus usw.

Herstellung

Beton wird wie Mörtel hergestellt. Beim Mischen von Hand werden also zuerst Zuschlagstoffe und Bindemittel trocken gemischt, dann erst wird Wasser zugegeben. Beim Mischen mit der Maschine gibt man zuerst Wasser, dann Zement und zum Schluß erst Kies zu.

Die Zugabe von Wasser ist abhängig vom Einsatzzweck. Grundsätzlich kann gesagt werden, daß eine höhere Wasserzugabe die Festigkeit des Betons herabsetzt, weil durch das Verdunsten feine Poren entstehen.

Ein plastischer Beton (Abb. 18) läßt sich durch Stochern verdichten, er fließt. Ein steifer Beton (Abb. 18) übt weniger Druck auf die Schalung aus und ist z.B. notwendig, wenn man eine Treppe betonieren will, da auch der Druck auf die unten liegenden Stufen verringert wird.

Mischung und Materialbedarf

Als Bindemittel ist für den Heimwerker Portlandzement der Festigkeitsklasse Z 35 ausreichend. In den meisten Fällen wird ein weicher Beton am ehesten zur Verarbeitung geeignet sein.

Die Angabe korrekter Mischungsverhältnisse ist schwierig, da die Festigkeit von verschiedenen Faktoren abhängig ist. Folgende Mischungen dürften im allgemeinen ausreichend sein, wenn man weichen Beton herstellt:

Fundamente für Gartenmauern 1:8, d.h. 1 Raumteil Zement Z 35 auf 8 Raumteile Kies, Fundamente für ein Gartenhaus, eine Garage, für eine Betontreppe 1:6, ein baustahlmattenbewehrtes Plattenfundament für eine Garage, ein Gartenhaus oder eine Terrasse bei nicht bindigen Untergründen sowie für Betontreppen auf Erdreich 1:5 bis 1:4.

Will man Betonplatten selbst herstellen, ist die Mischung vom Verwendungszweck abhängig. Da Platten häufig in geringen Stärken hergestellt werden, wird als Zuschlagstoff Sand verwendet. Für Platten, die in der ganzen Fläche auf Erdreich aufliegen oder nicht belastet sind, reicht eine Mischung 1:5 aus, d.h. 1 Teil Zement auf 5 Teile Sand. Für auf Druck belastete Platten, wie sie z.B. zur

Abdeckung von Schächten nötig sind, empfiehlt sich eine Mischung 1:3 und eine Armierung mit Estrichgitter (siehe Seite 211, Abb. 3). Für 1 m³ Beton rechnet man erfahrungsgemäß mit 1,2 m³ Zuschlagstoffen. Bei einem Mischungsverhältnis von 1:8 sind daher 1,2 m³:8 = 150 Liter Zement nötig. Etwa 38 Liter Zement ergeben einen Sack von 50 kg Gewicht. Der Zementbedarf beträgt also für 1 m³ Beton etwa 4 Säcke à 50 kg, bei anderen Mischungsverhältnissen entsprechend mehr oder weniger.

Schalungen

Um dem Beton eine Form zu geben, ist eine Schalung nötig. Für einfache Bauteile in festem Erdreich kann dieses selbst als Schalung dienen, z.B. bei Streifenfundamenten. Ansonsten ist eine Verschalung mit Brettern, bei größeren Vorhaben mit Schaltafeln nötig. Einfache Schalungen werden in Abb. 36 dargestellt. Die Schalung für eine einfache Außentreppe findet sich in Abb. 11 auf Seite 333. Die Schalung muß so konstruiert werden, daß sie durch den beträchtlichen Druck, den die weiche Betonmasse auf die Begrenzungen ausübt, nicht verbogen wird. Das Einstreichen der Schalungshölzer, vor allem der Schaltafeln, mit Schalöl erleichtert das Ausschalen und schützt die Hölzer.

Verdichtung

Steifer Beton wird durch Stampfen verdichtet, z.B. mit Rund- und Kanthölzern. Plastischer Beton (Abb. 18) durch Rütteln oder Stampfen, weicher Beton durch Stochern. Fachleute bedienen sich elektrischer Rüttelgeräte.

Je besser ein Beton verdichtet ist, desto höher ist auch seine Festigkeit. Er wird je nach Konsistenz in Lagen zwischen 10 und 30 cm eingebracht. Die jeweils nächste Lage muß aufgebracht werden, bevor die erste angezogen hat. Sonst ergeben sich Arbeitsfugen, die wasserdurchlässig sind und Risse bilden.

Nachbehandlung

Betonflächen dürfen erst dann ausgeschalt werden, wenn der Beton erhärtet ist. Das ist je nach Konstruktion, Zementart und Witterungsbedingungen meist nach 3 bis 6 Tagen der Fall. Es muß darauf geachtet werden, daß dem Beton nicht zuviel Wasser entzogen

wird. Der Wasserverlust kann bei starkem Wind, bei hohen Lufttemperaturen oder bei direkter Sonneneinstrahlung so hoch sein, daß der Beton nicht mehr genügend abbinden kann und somit nur eine sehr geringe Festigkeit erreicht. Er muß in diesen Fällen abgedeckt und durch Begießen mit der Gießkanne oder dem Gartenschlauch feucht gehalten werden.

Oberflächen

Werden an die Betonoberflächen bestimmte Anforderungen gestellt wie bei Betonplatten der unterschiedlichsten Größen, z.B. glatte oder geriffelte Oberflächen, empfiehlt sich die Verwendung von Beton trockener Konsistenz. Wird eine sehr glatte Oberfläche gewünscht, sollte Estrichmörtel verwendet werden, der mit Zement überpudert wird. Dieser Zement wird mit der Glättkelle (Traufel) in die Oberfläche eingearbeitet, daß er feucht und glänzend wird. Mit einer Walze kann die Oberfläche auch strukturiert und somit aufgerauht werden, ohne an Abriebfestigkeit einzubüßen.

36 *Einfache Schalungen für Betonarbeiten:*
   1 Ausheben von Streifenfundamenten bei festem Erdreich.
      1 Richtig: senkrecht abstechen, Bohlen verhindern das Abbrechen der Erdbodenkante.
      2 Falsch: Fundament in Keilform kann sich bei starker Belastung senken.
   2 Bretterschalung eines Streifenfundaments oder eines Mauersockels.
      1 Rundhölzer in die Erde rammen.
      2 Bretter oder Schaltafeln befestigen.
      3 Stütze gegen seitliches Verschieben durch den Betondruck anbringen.
      4 Brettlasche zur zusätzlichen Sicherung.
   3 Schacht gegen Erdreich.
      1 Rundhölzer
      2 Bretter, Schaltafeln
      3 Verstrebung
      4 Beton
      5 Brettlasche
   4 Gießen von mehreren Betonplatten durch Lattenschalung.

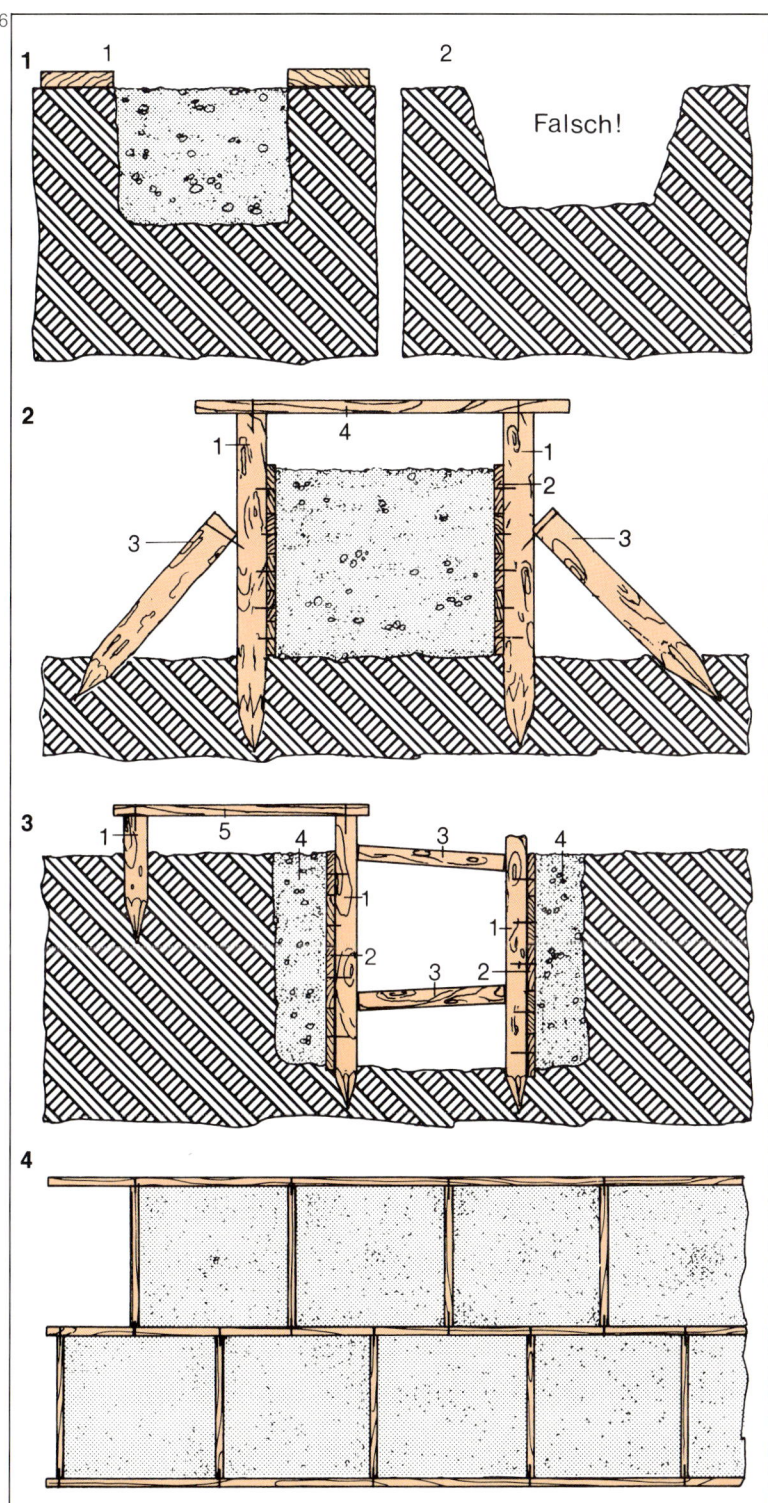

Werkstoffe für den Trockenbau

Trockenbauarbeiten gehören zu den Ausbauarbeiten. Die Werkstoffe werden dabei meist trocken verarbeitet, d.h. ohne Mörtel. In der Regel fällt daher bei diesen Arbeiten weniger Schmutz an, bzw. Schmutz läßt sich leichter beseitigen. Auch Maßnahmen zum Wärme-, Schall- und Brandschutz werden zu den Trockenbauarbeiten gezählt.

Gipskarton- und Gipsfaserplatten

Gipskartonplatten bestehen aus einem ausgewalzten Gipskern, der mit einer Kartonummantelung fest verbunden ist. Gipsfaserplatten bestehen durchgehend aus einem Gemisch aus Gips und Zellulosefasern. Diese Produkte dienen z.B. zur Errichtung von leichten Zwischenwänden, zur Herstellung von ebenen Oberflächen auf Mauerwerk ohne Putzmörtel (Trockenputz), zur Verkleidung von Decken, zur Abdeckung von Dämmaterialien und zum Dachausbau.

Die Hersteller bieten umfangreiches Informationsmaterial über die Verarbeitung ihrer Produkte an, z.B. über Befestigung, Befestigungsabstände, Verfugung, Nachbehandlung für Verfliesungen, Tapeten usw.

Baubiologen empfehlen Produkte aus Naturgips, da dieser eine wesentlich niedrigere Radioaktivität aufweist als hergestellter Gips.

Befestigung: Gipskartonplatten werden in der Regel mit Schrauben auf Kanthölzern und Metallschienen befestigt oder an Wände mit Ansetzklebern angeklebt. Manche Produkte können an senkrechten Flächen auch mit Spezialnägeln befestigt werden. Die Abstände der Kanthölzer oder Metallschienen richten sich nach der Größe der Platten und sind den Herstellerinformationen zu entnehmen. Bei Holzunterkonstruktionen sollte darauf geachtet werden, daß die Platten mindestens 20 mm auf Holz aufliegen und daß nur scharfkantig geschnittenes Holz verwendet wird. Das Holz sollte außerdem sehr gut ausgetrocknet sein, um spätere Verwerfungen zu vermeiden. Für Metallschienen eignen sich Schnellbauschrauben, die mit einem Bauschrauber oder einem geeigneten

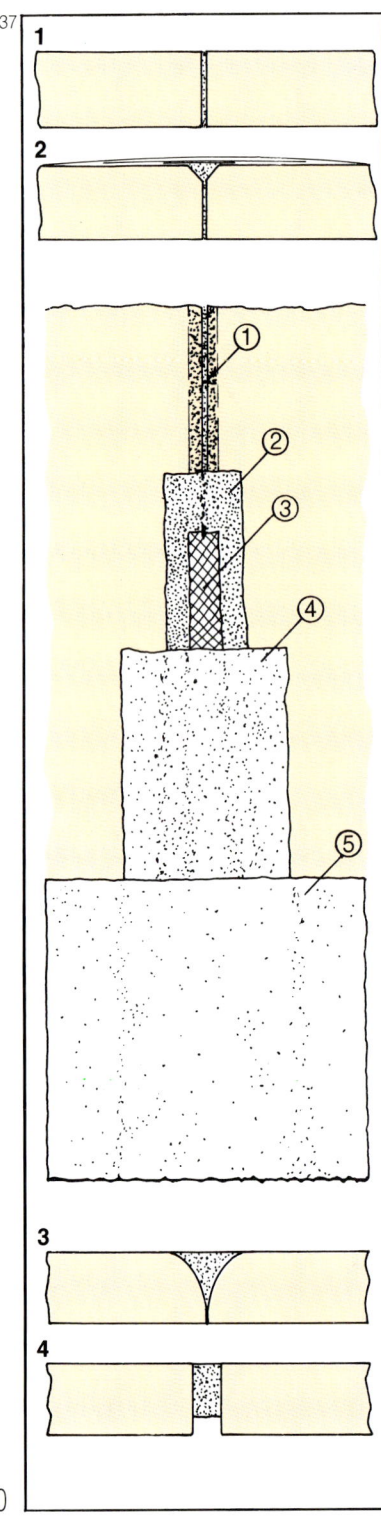

37

1

2

3

4

310

Bohrmaschinenaufsatz eingetrieben werden. Nägel und Schrauben sollten so versenkt werden, daß eine Verspachtelung möglich ist, jedoch nicht so tief, daß der Gipskern zerstört wird.

Bearbeitung: Gipskarton- und Gipsfaserplatten können mit üblichem Handwerkszeug bearbeitet werden. Sie werden mit dem Fuchsschwanz oder der Handkreissäge auf die richtige Größe zugeschnitten oder mit einem Allzweckmesser angeritzt und über eine feste Kante gebrochen. Ein Kantenhobel dient im letzterem Fall zum Glätten der Bruchkanten. Mit einem Bohrmaschinenfräsaufsatz lassen sich Elektrosteckdosen oder Verteilerdosen einfräsen. Aussparungen werden mit einer Stichsäge oder mit dem Stichling hergestellt. Eckschutzschienen dienen zum Schutz der Ecken durch Stoßbeanspruchung.

Wandanschlüsse: Stoßen Gipskartonplatten an verputztes Mauerwerk, so wird ein Bewehrungsstreifen stumpf gegen die Putzschicht gestoßen. Sollen Gipskartonplatten eingeputzt werden, trennt man sie durch ein selbstklebendes Band vom Putzbereich. Sollen die Anschlußstellen nicht sichtbar bleiben, empfiehlt sich die Ausbildung einer Hohlkehle mit dauerelastischen Dichtungsmassen, die je nach Oberflächengestaltung überstreichbar oder tapezierbar sein sollen.

Gipskartonplattenanschlüsse über Eck werden mit einem Bewehrungsstreifen über Eck eingespachtelt.

37 *Verfugen von Gipskarton- bzw.*
Gipsfaserplatten:
1 Vollkantige Platte ohne Fugenverspachtelung
2 Breites Ausspachteln der Stoßfuge
1 Zuerst Fuge schließen,
2 schmal vorspachteln,
3 Bewehrungsstreifen eindrücken,
4 dann etwa 25 cm breit,
5 zum Schluß etwa 50 cm breit flach verspachteln und Fläche verschleifen.
3 Ebenflächige Verspachtelung bei gerundeten Kanten
4 Zuspachteln der Stoßfugen bei Gipsfaserplatten (Fermacell).

Verfugen: Gipskarton- und Gipsfaserplatten sind mit verschiedenen Kantenausbildungen erhältlich, die unterschiedliche Verspachtelungstechniken erfordern. Es sollte daher bereits beim Einkauf darauf geachtet werden, daß eine zeitsparende Verspachtelung möglich ist. Die verschiedenen Methoden werden in Abb. 37 dargestellt. Als Fugenmaterial dienen die von den Herstellern empfohlenen Produkte. Innenecken werden mit dem Inneneckspachtel verfugt, Außenecken mit dem Außeneckspachtel.

Nachbehandlung: Sie richtet sich nach den Empfehlungen des Herstellers. Manche Produkte müssen vor dem Fliesen oder Tapezieren grundiert werden, bei manchen ist diese Nachbehandlung überflüssig. Ein breites Verspachteln ist bei einer Verfliesung nicht möglich.

Ausbessern: Kleine Oberflächenschäden werden mit Spachtelmassen ausgeglichen. Größere Beschädigungen schneidet man mit der Stichsäge aus. Danach werden Plattenstreifen zugeschnitten und mit Ansetzmörtel an der Plattenrückseite angesetzt. Die Paßplatte wird ebenfalls mit Ansetzmörtel vorsichtig auf die Streifen aufgesetzt, die Fugen werden verspachtelt.

Verbundelemente: Gipsbaustoffe sind auch als Verbundelemente erhältlich, d.h., sie sind mit Dämmschichten beschichtet. Ihre Befestigung erfolgt häufig durch Anblenden mit geeigneten Bauklebern.

Fußbodenelemente aus Gips
Sie dienen zur Herstellung ebener Fußbodenflächen und können so den arbeitsaufwendigen Estrich ersetzen. Unebenheiten kann man mit den von den Herstellern angebotenen Trockenschüttungen ausgleichen. Die Gipselemente sind mit Nut und Feder versehen und werden verklebt. Durch Beschichtung mit wärme- oder schalldämmenden Materialien läßt sich zugleich eine gute Wärme-, Trittschall- oder Luftschalldämmung erzielen.

Gipswandbauplatten
Es handelt sich dabei um Platten von etwa 10 cm Dicke, die mit Nut und Feder versehen sind und sich somit zur Errichtung von Trennwänden eignen. Nut und Feder werden miteinander verklebt.

Holzwolleleichtbauplatten

Sie werden auf Seite 88 dargestellt. Das Putzen von Holzwolleleichtbauplatten wird auf Seite 306 beschrieben.

Die Baubiologie

Die Baubiologie untersucht die Wechselwirkung zwischen Mensch, Bauwerk und Umwelt und wendet das gewonnene Wissen praktisch an. Im Zentrum der baubiologischen Untersuchungen und Veröffentlichungen stehen die gesundheitliche Verträglichkeit von Baustoffen und Einrichtungsgegenständen sowie ökologische Gesichtspunkte bei der Herstellung und Beseitigung von Baumaterialien. Dabei wird oft auf altbewährte Materialien und Arbeitstechniken zurückgegriffen, zugleich aber werden neue Produkte entwickelt, die modernen Ansprüchen gerecht werden, z.B. in der Oberflächenbehandlung.

Die Baubiologie ist im Grunde entstanden als Gegenbewegung zur Architektur der letzten Jahrzehnte, die die menschlichen Bedürfnisse häufig vernachlässigt hat, die Beton und Kunststoffe zu den beherrschenden Baustoffen gemacht hat, sowie die ökologische Diskussion, die immer mehr die Problematik vieler Baustoffe und Einrichtungsgegenstände, insbesondere die Gesundheitsgefahren, ans Tageslicht gefördert hat.

Die Beurteilung von Baustoffen

Baustoffe, Oberflächenbehandlungsmittel und Einrichtungsgegenstände sollten keine oder nur äußerst geringe Mengen an gesundheitsschädlichen Stoffen enthalten, wie Formaldehyd, Asbest, PCP oder PCB.

Die radioaktive Belastung des Menschen ist in geschlossenen Räumen häufig größer als im Freien. Sie hängt ab von Art, Menge und Herkunft der verwendeten Baumaterialien. Um gesundheitliche Risiken auszuschalten, sollten Materialien mit erhöhter radioaktiver Belastung vermieden werden. Höher radioaktiv belastet sind z.B. meist Gesteine vulkanischen Ursprungs wie Bims oder Granit, aber auch viele aus industriellen Reststoffen hergestellte Produkte wie Schlacken (Schlackenbeton, Schlackenwolle), Hochofenzement oder Chemiegips. Daneben spielt die Atmungsaktivität von Baustoffen, d.h. die Durchlässigkeit für Wasserdampf und in gewissem Ausmaß auch für Luft, die Wärmedämm- und Wärmespeicherfähigkeit von Baustoffen eine große Rolle. Baubiologen empfehlen natürliche Baustoffe und Materialien, wobei Ziegel, Lehm, Holz und Kalk eine zentrale Rolle spielen. Als Dämmstoffe werden insbesondere magnesitgebundene Holzwolleleichtbauplatten (siehe Seite 88), Produkte aus Kokosfasern und Korkdämmstoffe empfohlen (dazu ab Seite 90). Als Anstriche kommen vor allem Kalk-, Leim- und Silikatfarben für Wände und Decken, Produkte auf der Basis von Bienenwachs, Naturharz und Rindenextrakten für Holz in Betracht.

Standort

Bei der Errichtung von Häusern oder Siedlungen sollten gesundheitliche und ökologische Gesichtspunkte Berücksichtigung finden. Insbesondere wird Wert gelegt auf die Ausrichtung nach der Sonne, auf die Vermeidung von Lärmbelastungen, auf die Möglichkeit der passiven Nutzung der Sonnenenergie und die Vermeidung von elektromagnetischen Wechselfeldern.

Elektrobiologie

Das Magnetfeld der Erde ist mit Meßgeräten exakt nachweisbar und hat in Abhängigkeit des Standorts eine gewisse Intensität. Dieses Magnetfeld sollte einerseits nicht völlig abgeschirmt werden, z.B. durch großflächige Verwendung von Streckmetall oder Stahlbetondecken (Faradayscher Käfig), andererseits nicht zu intensiv sein.

Daneben entstehen in modernen Wohnungen durch Leitungen, Steckdosen, Lampen und Elektrogeräte elektromagnetische Felder, die sich störend auf das menschliche Wohlbefinden, vor allem in der Ruhephase, auswirken können. Baubiologen empfehlen daher Standortuntersuchungen bei Neubauten sowie eine Elektroinstallation mit abgeschirmten Leitungen und Dosen oder die Verwendung von Netzfreischaltern (dazu Seite 454 und Seite 456).

Die Heizung

Die Art der Heizung hat einen großen Einfluß auf das Wohlbefinden des einzelnen. Empfohlen werden von Baubiologen Systeme mit hoher Strahlungswärmeabgabe, z.B. Kachelgrundöfen. Abgeraten wird von Heizungen mit hohem Konvektionsanteil, die im wesentlichen durch Luftumwälzung funktionieren.

Weitere Informationen

Bei der Darstellung von Baustoffen, Baukonstruktionen sowie beim Innenausbau und der Oberflächenbehandlung wurden im vorliegenden Buch auch baubiologische Aspekte berücksichtigt. Nähere Informationen über die Baubiologie sind erhältlich beim Institut für Baubiologie + Oekologie, D-8201 Neubeuern, insbesondere über die Schriftenreihe »Gesundes Wohnen« und die Zeitschrift »Wohnung + Gesundheit«. Detailliertere Informationen über Baukonstruktionen bietet das Werk »Baukonstruktionen und Baustoffe« (Seite 536).

ROHBAU, UMBAU, SANIERUNG

Dieses Kapitel schildert die Entstehung eines Hauses von der Planung bis zum fertigen Rohbau. Die Kenntnis davon, welche Funktion die einzelnen Teile des Hauses haben und wie sie zusammenhängen, ist Voraussetzung für eine aktive Mitarbeit bei der Planung und eine sinnvolle Kontrolle der Handwerker, die den Bau ausführen. Auf die Arbeiten, die man selbst ausführen kann, um Geld zu sparen, wird besonders aufmerksam gemacht. Welche Baustoffe es gibt, wie man sie verarbeitet, welche Werkzeuge man benötigt und wie man damit umgeht, steht im Kapitel »Baustoffe« ab Seite 281. Dort wird auch das Verputzen der Innenwände und Decken beschrieben. Für die gesamte Infrastruktur des Hauses ist das Kapitel »Energie im Haus« ab Seite 382 von zentraler Bedeutung. Die Themen Heizung und Warmwasser, Brauchwasser und Abwasser, Gas und Elektrizität, Fenster und Türen sind in einzelnen Kapiteln behandelt, ebenso die Holz- und Metallbearbeitung. Wer genauere Informationen und detailliertere Arbeitsanweisungen benötigt, dem werden vor allem Lehrbücher empfohlen, die in den Berufsschulen verwendet werden.

Eine Fundgrube an Informationen enthält Friedrichs »Tabellenbuch Bau- und Holztechnik« (siehe Seite 536).

Alle größeren Hersteller von Baustoffen geben Werbeschriften für ihre Produkte heraus. Man erhält dieses Material von den Herstellern direkt, wenn man sie anschreibt, in den Baumärkten, im Baustoffhandel und von den verschiedenen Vereinigungen der Baustoffindustrie; die Adressen finden sich auf Seite 536.

Bei diesem Informationsmaterial muß man berücksichtigen, daß es sich um Eigenwerbung handelt. Wenn sich also jemand für Betondachsteine entschieden hat, dann sollte er sich Informationsmaterial des betreffenden Herstellers besorgen, denn dann wird er umfassend über die verschiedenen Größen, Preise und Verarbeitungstechniken in Kenntnis gesetzt. Über die Nachteile von Betondachplatten und über die Vorteile anderer Dachplatten erfährt er aus diesem Informationsmaterial allerdings nichts.

Insgesamt stehen Beton und Kunststoffe beim heutigen Marktangebot im Vordergrund, denn mit diesen Materialien kann oft billiger gebaut werden als mit Holz und Ziegel. Die Auffassung, daß es nicht allein auf die Herstellungskosten ankommt, gewinnt an Boden, und so werden immer häufiger ökologische und baubiologische Gesichtspunkte beachtet.

Dazu Näheres auf Seite 311.

Bauplanung, Bauleitung, Bauüberwachung

In einem Buch, das die Möglichkeiten zum Selbermachen im handwerklichen Bereich aufzeigen will, ist bei der Erörterung umfangreicher Baumaßnahmen die Frage entscheidend, welche Arbeiten der Bauherr selber ausführen kann, und zwar unter zwei Gesichtspunkten: Ohne Eigenleistungen könnten viele Bauvorhaben aus finanziellen Gründen nicht durchgeführt werden. Nur durch umfangreiche Eigenleistung im planerischen Bereich kann man sich ein Zuhause schaffen, in dem man sich wohl fühlt und das die Persönlichkeit seiner Bewohner widerspiegelt: die Wohnumwelt als dritte Haut des Menschen.

Architekten, Bauingenieure, Statiker, Bauzeichner und Bauleiter, einzeln und in Großteams, bieten dem Bauherrn ihre Dienste an. Man sollte sich ihnen nicht ausliefern, sondern ihre speziellen Fähigkeiten für die Teilbereiche in Anspruch nehmen, in denen man mangels Kenntnissen auf ihr Fachwissen zurückgreifen und mangels Zeit ihre Leistungen in Anspruch nehmen muß. Das ganze Baugeschehen sollte vom Bauherrn bestimmt und nicht nur von ihm bezahlt werden. Die Planung eines Neubaus beginnt mit der Entwicklung einer Konzeption entsprechend den Wünschen seiner künftigen Bewohner und reicht bis zu einer genehmigungsfähigen Bauvorlage einschließlich eines Kostenvoranschlags und eines Finanzierungsplanes. Die Bauvorlage wird der zuständigen Baubehörde zur Genehmigung eingereicht. Ist die Baugenehmigung erteilt, kann mit der Bauausführung begonnen werden, was jedoch nicht sofort der Fall sein muß. Für die Bauausführung sind detaillierte Bauzeichnungen und Terminpläne erforderlich. Im Rahmen der Bauleitung müssen rechtzeitig die verschiedenen Handwerker beauftragt und ihre Arbeiten überwacht, müssen die Baustoffe bestellt und muß für ihren Antransport und ihre Lagerung gesorgt werden. Schließlich ist die Baustelle selbst in Ordnung zu halten.

Die Planungsarbeit gestaltet sich bei einer Altbausanierung naturgemäß anders als bei einem Neubau. Es kommt darauf an, das Erhaltenswerte zu erkennen und im Rahmen der vorhandenen Bausubstanz eine Lösung zu entwikkeln, die den Ansprüchen an den heutigen Wohnkomfort genügt. Einfacher ist eine Wohnungsrenovierung. Aber auch hier ist rechtzeitiges Planen, Entwerfen und Organisieren ein Bestandteil der gesamten Arbeit, die man nicht gründlich genug machen kann, will man Doppelarbeit, Pfusch, unnötige Geldausgaben und alle damit verbundenen Enttäuschungen vermeiden.

Die folgenden Informationen geben einen Überblick darüber, was bei der Bauplanung und Bauleitung alles getan werden muß, so daß jeder künftige Bauherr rechtzeitig mit dem Planen beginnen kann. Die Qualität einer Planung hängt ganz wesentlich davon ab, daß man sich genug Zeit dafür läßt, Zeit für eine intensive Beschäftigung mit dem Bauvorhaben.

Über Nachbarschaftshilfe, Schwarzarbeit, Sonntagsarbeit usw. informiert das Kapitel »Gesetzeskunde, Unfallverhütung, Umweltschutz« ab Seite 38.

Die Wunschplanung

Ob man einen Neubau plant oder einen Umbau, eine Sanierung oder eine Renovierung: Am Anfang sollten die Wünsche klar formuliert werden ohne Rücksicht auf Kosten und Vorschriften. Kompromisse, Einschränkungen, Verzichte stellen sich später von selbst ein. Bei dieser Wunschplanung steht die Wohnqualität an erster Stelle: Behaglichkeit, gesundes Wohnen, energie- und umweltbewußtes Bauen, eine sinnvolle Integration moderner Haustechnik. Wichtig ist, sich darüber klar zu werden, warum vieles, was der moderne Serienhaus- und Wohnungsbau hervorgebracht hat, so kalt und steril wirkt, und zu erkennen, was uns heute noch an alten Bauernhäusern und Bauernstuben anzieht. Das führt dann auch zu einem Nachdenken über die eigene Lebensweise.

Informationsquellen

Für angehende Bauherren gibt es viele und gute Informationsmöglichkeiten für jeden Bereich der Planung, des Baugenehmigungsverfahrens und der Bauausführung. Denn die Baustoffindustrie, Kreditinstitute, Bausparkassen und Architekten stellen sich in zunehmendem Maße darauf ein, daß Bauherren von der Planung über die Herstellung des Rohbaus bis zum Innenausbau mitentscheiden und zum Teil persönlich mitarbeiten wollen, und nicht mehr nur als Bauherren unterschreiben, was ihnen von anderen vorgelegt wird, und zahlen.

Die im Literaturverzeichnis auf Seite 536 genannten Bücher enthalten Informationen für den Bauherrn, die er braucht, Informationen zur Planung von Neubauten, Altbausanierung, Renovierungen, zur Finanzierung von Bauvorhaben angesichts der Fördermöglichkeiten aus öffentlichen Geldern und Steuerersparnissen, über das Baugenehmigungsverfahren, über energiesparendes Bauen, über die vielen Produkte, die der Baumarkt anbietet, und ihre Bezugsquellen, über Baukonstruktionen. Die Bücher enthalten in der Regel auch Checklisten für die Finanzplanung, Grundstücksprüfung, Gesamtbaukosten, was man sinnvoll in Eigenleistung tun kann unter Berücksichtigung des Schwierigkeitsgrades und des Kraftbedarfs, für den Raumbedarf, für detaillierte Terminplanung für die Bauausführung usw. sowie Regeln, die jeder, der beim Bauen eine Eigenleistung erbringen will, beachten sollte.

Daneben gibt es eine Reihe von regelmäßig erscheinenden Zeitschriften, von denen »zuhause«, »selbermachen« (Schwerpunkt Ausbau, Einrichtung), »test« (Schwerpunkt Produktinformationen), »Althausmodernisierung«, »Wohnung und Gesundheit«, die Zeitschrift der Baubiologen, genannt seien (Adressen siehe Seite 536). Informationsmaterial erhält man auch von den verschiedenen Bausparkassen.

Der Besuch eines der beiden Bauzentren in der Bundesrepublik, in Hamburg und München, sowie von Handwerksmessen ist sehr nützlich, wenn man sich genügend Zeit dafür nimmt und konkrete Fragen parat hat. Sonst verwirrt die Vielfalt der angebotenen Informationen eher, was dann nicht selten dazu führt, daß man sich für das nächste Angebot entscheidet, was nicht immer das beste ist.

Der Arbeitskreis Altbauerneuerung e.V. in 4000 Düsseldorf, Graf-Adolf-Str. 61 erteilt Beratung.

Manche Volkshochschulen führen Kurse für angehende Bauherren durch.

Eigenleistung

Eine Eigenleistung ist möglich in den drei Bereichen Bauplanung, Bauleitung und -aufsicht sowie Bauausführung: Man kann mit einem fertigen maßstabsgetreuen Plan zu einem Architekten gehen und ihn beauftragen, den Plan in eine genehmigungsfähige Bauvorlage umzusetzen, also den Entwurf nach statischen Gesichtspunkten und unter Beachtung der gesetzlichen Bestimmungen zu prüfen und, soweit erforderlich, zu ändern und zu verbessern. Da diese Arbeit nur einen Teil der üblichen Architektenleistung ausmacht, sollte man mit ihm eine von der HOAI (Honorarordnung für Architekten und Ingenieure) nach unten abweichende schriftliche Honorarvereinbarung treffen. Der Architekt sollte auch die Aufgabe übernehmen, die Baugenehmigung zu beschaffen.

Um die Beauftragung der Handwerker durch Ausschreibungen (mehrere Firmen werden aufgefordert, ein Kostenangebot für bestimmte Arbeitsleistungen zu machen), das Bestellen der Baumaterialien, die Beaufsichtigung der Handwerker und die Abnahme der Arbeiten kann sich der Bauherr grundsätzlich auch selbst kümmern, aber das setzt einige fachliche Kenntnis voraus und die Fähigkeit, mit den Leuten vom Bau umzugehen. Außerdem sollte man zumindest jeden zweiten Tag, in entscheidenden Bauphasen aber täglich zu wechselnden Zeiten und oft stundenlang auf der Baustelle sein können. Dazu fehlt den meisten Bauherren die Zeit. Eine Eigenleistung kann im Bereich der Bauleitung sinnvoll erbracht werden durch die aktive Teilnahme an der Beauftragung der Handwerker unter den Gesichtspunkten der Kosten, der Zuverlässigkeit und der Qualität ihrer Arbeit, durch das Vergleichen von Baustoffpreisen und die Überwachung der Tätigkeit des Bauleiters (der der Architekt sein kann, aber auch der Polier der Baufirma) vor Ort und damit auch die Kontrolle der Tätigkeit der Handwerker, so daß einem keine schlechte Arbeit untergeschoben werden kann. Diese Art von Eigenleistung erspart nicht von vornherein Geld, denn die Bauleitung muß bezahlt werden. Man kann aber erreichen, daß so pünktlich und handwerklich einwandfrei gearbeitet wird, wie einem das bei Auftragserteilung immer versprochen wird.

Eine Eigenleistung kann weiter durch persönliche Mitarbeit am Bau erbracht werden. Wer handwerklich geschickt ist und viel Kraft und Ausdauer hat, zudem bereit ist, für zwei Jahre den gesamten Urlaub, fast jedes Wochenende und noch manchen Feierabend bis in die Nacht für die Arbeit an seinem Bau zu opfern, der kann maximal rund 30% der Gesamtbaukosten sparen, die für den Rohbau und den Ausbau bis zur Bezugsfertigkeit anfallen. Nicht enthalten in diesen Gesamtbaukosten sind die Ausgaben für den Grundstückserwerb, die Planungsleistungen des Architekten, das Baugenehmigungsverfahren und ähnliche Nebenkosten.

Sehr viele Bauherren, die das Optimum an Eigenleistung erbringen wollten, haben sich damit überfordert. Sie konnten das selbstgesteckte Ziel nur mit Mühe und Not erreichen, und viele haben zurückstecken müssen. Wenn dann nicht genügend Geld vorhanden ist, um die Arbeit in Auftrag zu geben, dann sind Bauruinen das Ergebnis der Bemühungen.

In dem auf S. 536 genannten Buch »Preiswert bauen« ist genau dargestellt, in welchem Umfang einzelne Arbeiten bei den verschiedenen Gewerken sinnvoll selber gemacht werden können, auf welche Schwierigkeiten ein Bauherr mit Eigenleistung dabei stößt, wie anstrengend die Arbeit ist und welche Einsparung dabei erzielt werden kann.

Methoden der Eigenleistung: Wer sich zur Eigenleistung entschließt, kann unter mehreren grundlegend verschiedenen Verfahren auswählen: Er baut konventionell oder er baut mit einem Bausatz, oder er übernimmt nur den Ausbau eines Rohbaus, oder er kauft sich ein altes Haus, das er selbst saniert und umbaut.

Konventionell wird die Bauweise genannt, bei der man für ein bestimmtes Bauvorhaben einen eigenen Bauplan von Anfang an neu entwickelt, die Handwerker beauftragt, das Material zusammenkauft und das Haus Stein für Stein errichtet. Die Bauleitung hat die mitunter recht schwierige Aufgabe, alles miteinander zu koordinieren, so daß der Bau in der geplanten Zeit errichtet werden kann.

Wer ein individuelles, von den üblichen Normen abweichendes Haus bauen will, muß so bauen.

Zeitsparend sind die nächsten beiden Methoden: Beim Bau mit einem Bausatz bekommt der Bauherr zum Festpreis mit Liefer- und Termingarantie alles, was er zur Errichtung des Rohbaus benötigt, wenn er will, mit der gesamten Installation: von der Bauzeichnung über das Werkzeug und das vollständige Baumaterial bis zur genauen Bau- und Montageanleitung. Man kann sich auch den Rohbau fertig hinstellen lassen und sich auf Eigenleistungen beim Ausbau beschränken. Hauptnachteil ist, daß man nur zwischen bestimmten Katalogtypen wählen kann und Sonderwünsche nur gegen erheblichen Aufpreis verwirklicht werden können. Natürlich sind die Einsparungsmöglichkeiten, bezogen auf die Gesamtkosten, viel geringer. Zu den Festpreisen kommen meist noch erhebliche Nebenkosten hinzu.

Wer ein altes Haus kaufen will, das saniert werden muß und bei dieser Gelegenheit entsprechend den eigenen Bedürfnissen umgebaut werden soll, steht meist vor der Aufgabe, andere Kaufinteressenten aus dem Felde zu schlagen, also schnell zu entscheiden. Das steht dem Bestreben entgegen, sich vor dem Kauf ein genaues Bild von der Bausubstanz, vom Umfang und den Schwierigkeiten der Sanierungsarbeit und den damit verbundenen Kosten zu machen. Oft hat man aber die Katze im Sack gekauft, und dann muß man Glück haben, wenn die Sanierung nicht teurer kommt als ein Neubau. Für diesen Weg sollte sich nur entschließen, wer damit leben kann, daß nicht alles perfekt wird oder wer über genügend Geld verfügt.

Gewährleistung

Der Architekt, der Statiker, die Baufirma und die Handwerker haften für eine sachgemäße Ausführung der von ihnen übernommenen Arbeiten innerhalb eines bestimmten Zeitraumes von der Abnahme an.

Über die Einzelheiten sollte sich jeder Bauherr genau informieren.

Die Auftragnehmer sind verpflichtet, Mängel zu beseitigen. Tun sie es nicht, kann die Mängelbeseitigung auf ihre Kosten einer anderen Firma in Auftrag gegeben werden. Ist die Mängelbeseitigung nicht möglich, kommt eine Wertminderung in Betracht.

Diese Gewährleistungsansprüche entfallen ersatzlos für alle Arbeiten, die in Eigenleistung erbracht werden – ein wichtiger Umstand, der den angehenden Bauherrn veranlassen sollte, selbstkritisch zu prüfen, ob er wirklich in der Lage ist, die Eigenleistung einwandfrei und zeitgerecht zu erbringen, die er sich aus Gründen der Kostenersparnis vornimmt.

Schutz gegen Unfälle und ihre Folgen

Auf einer Baustelle kann es jederzeit zu einem Unfall kommen. Ein einziger Unfall kann die gesamte Kalkulation in Frage stellen, wenn der Bauherr für die Folgen selbst aufkommen muß.

Nach der Reichsversicherungsordnung (RVO) muß jeder mit Bauarbeiten Beschäftigte gegen Arbeitsunfälle versichert sein. Diese gesetzlich vorgeschriebene Versicherungspflicht gilt nicht nur für die Angestellten einer Baufirma, sondern auch für Verwandte und Bekannte, die einem Bauherrn helfen. Eine private Haftpflicht- oder Unfallversicherung ist kein Ersatz für die gesetzliche Unfallversicherung bei der Berufsgenossenschaft.

Bauherren mit Eigenleistung sind für die

314

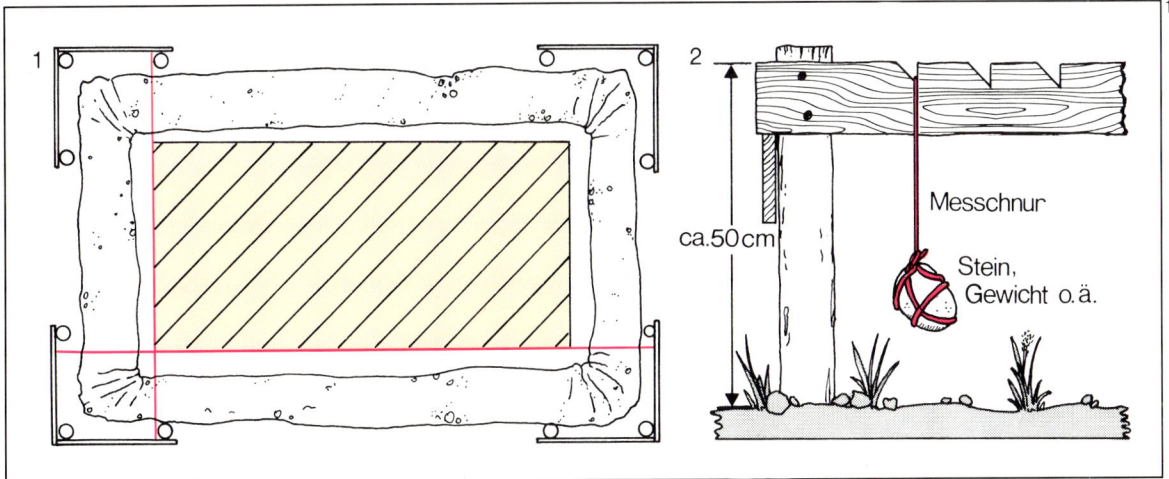

1 *Schnurgerüst:*
1 Baugrube von oben mit zwei ge-
spannten Drähten zur Markierung
der Grundflächen
2 Detail.

Bauberufsgenossenschaft Unternehmer. Die Bauberufsgenossenschaft will
die Namen derer wissen, die am Bau
helfen, wieviel Arbeitsstunden sie geleistet haben, ob sie ein Entgelt erhielten
und wie hoch es war. Der Bauherr, der
mit öffentlichen Mitteln bzw. steuerbe-
günstigt baut, kann beitragsfrei bleiben,
wenn die Helfer unentgeltlich auf Gegenseitigkeit mitarbeiten.
Der gesetzliche Unfallversicherungs-
schutz erstreckt sich auf den Bauherrn,
seine Angehörigen und die am Bau be-
schäftigten Personen.
Die Versicherungswirtschaft bietet dem
Grundstücksbesitzer und Bauherrn eine
Reihe von Versicherungen an, die ihm
erhebliche Risiken abnehmen:
Die *Grundstückshaftpflichtversicherung*
schützt vor der Inanspruchnahme für
Schäden, die Dritte auf einem nicht ord-
nungsgemäß gesicherten unbebauten
Grundstück und den angrenzenden
Wegen erleiden.
Sie wird abgelöst von der *Bauherrenhaftpflichtversicherung,* die vom Ausheben der Baugrube an bis zum Einzug
gilt. Sie sichert den Bauherrn mit einer
Prämie von etwa 1‰ der Bausumme
gegen Rückgriffe der Bauberufsgenossenschaft ab.
Besonders wichtig ist die *Bauwesen-*

versicherung, die Schäden ersetzt, die
während der Bauzeit durch unvorherge-
sehene Ereignisse eintreten:
Höhere Gewalt und Elementarereignis-
se wie Erdbeben, Erdrutsch, Über-
schwemmung, Hochwasser; ungewöhnliche Witterungseinflüsse wie Regen, Sturm, Hagel, Frost und dergleichen; Diebstahl und Einbruch; Diebstahl von eingebauten Materialien und
Bauteilen; mutwillige und vorsätzliche
Beschädigungen oder Zerstörungen
durch unbekannte Personen; Unge-
schicklichkeit, Fahrlässigkeit, Böswillig-
keit der Erfüllungsgehilfen; Konstruk-
tions- und Materialfehler sowie Fehler
der statischen Berechnungen; Fehler
bei der Bauausführung und mangelnde
Bauaufsicht.
Eine spezielle Versicherung ist die *Feuerversicherung* für den Rohbau, die in
der Regel für 6 bis 12 Monate beitragsfrei gewährt wird, wenn man die ohnehin notwendige *Gebäudeversicherung*
schon bei Baubeginn abschließt.

Baugrube anlegen

Fast alle bewohnten Gebäude werden
heute unterkellert. Kellerräume dienen
zur Lagerung von Brennstoffen, zur Aufstellung der Zentralheizungsanlage, als
Waschküche und Trockenraum, zur Aufbewahrung von Lebensmitteln. Sie können zu Wohnräumen ausgebaut oder
als Werkstatt genutzt werden.
Für den Keller muß die Baugrube aus-

gehoben werden. Das beginnt damit,
daß die wertvolle Humusschicht über
der Baugrube, im allgemeinen nicht
mehr als 10 bis 20 cm dick, abgetragen
und zwischengelagert wird, bis man sie
nach Fertigstellung des Rohbaus zur
Anlage des Gartens wieder verwendet.
Es sollte nicht nur der Humus über der
Baugrube abgetragen werden, sondern
auch derjenige, der durch Baustellen-
fahrzeuge, die Mörtelmischmaschine
und die Lagerung von Baustoffen ver-
dorben werden könnte. Kleine Bäume
und Sträucher können mit dem gesamten Wurzelballen umgesetzt werden, am
besten natürlich dorthin, wo sie auch
nach Abschluß der Bauarbeiten bleiben.
Große, jahrzehntealte Bäume läßt man
wenn irgend möglich stehen, ganz abgesehen davon, daß man für das Fällen
möglicherweise eine behördliche Genehmigung braucht. Auch starke Behin-
derungen bei der Durchführung der
Bauarbeiten und dadurch entstehende
Mehrkosten sollte man in Kauf nehmen,
insbesondere wenn die Bäume später
als Windschutz oder als Schattenspen-
der dienen können. Den Humus deckt
man während der Lagerung mit der
ausgestochenen Grasnarbe, mit ge-
schnittenem Gras, Reisig oder ähnlichem ab.
Das Abtragen der Humusschicht ist
zwar in Eigenleistung möglich, doch
sehr zeitaufwendig, so daß man diese
Arbeit am besten der Planierraupe
überläßt. Das gleiche gilt für den Aus-
hub der Baugrube. Wer viel Zeit und viel
Kraft hat, kann es selber machen. Ver-

nünftigerweise läßt man einen Bagger kommen.

Die Baugrube muß so groß werden, daß eventuelle Nachfolgearbeiten an der Außenmauer durchgeführt werden können, wie z. B. das Verputzen und Abdichten der Kellermauer. Jede Baugrube bekommt eine Böschung, damit das Abrutschen von Erdmassen, v. a. nach längeren Regenfällen, vermieden wird. Der Böschungswinkel richtet sich nach der Bodenbeschaffenheit. Bei nichtbindigen Böden ist im allgemeinen eine Verschalung erforderlich.

Schnurgerüst

Das Schnurgerüst wird erstellt, um den Grundriß des Gebäudes im Gelände genau festlegen zu können. Zuerst werden die Gebäudeecken nach der Flurkarte und dem Lageplan eingemessen und abgesteckt.

Das besorgt ein öffentlich bestellter Vermessungsingenieur. Alles Weitere kann man selbst machen, muß aber das fertige Schnurgerüst von der Baubehörde genehmigen lassen, bevor die Erdarbeiten beginnen.

Für jedes Gebäudeeck wird ein Schnurbock fest in den Boden gerammt in einem sicheren Abstand zur vorgesehenen Böschung des Aushubs (Abb. 1). Er besteht aus drei Pfählen, die mit genau waagerecht ausgerichteten Brettern zusammengenagelt werden. Die Bretter an der Längsflucht des Gebäudes befinden sich etwa 50 cm über der späteren Fußbodenhöhe des Erdgeschosses. Man schneidet in die Bretter nach dem Bauplan Kerben ein, durch die Schnüre zum gegenüberliegenden Schnurbock gespannt werden. Von den Schnüren kann in die Baugrube gelotet werden. Auf diese Weise wird die Lage und Breite der Fundamente, der Kellerwände und der Erdgeschoßwände bestimmt.

2 Herstellen eines rechten Winkels mit Hilfe des Satzes von Pythagoras.

3 Fundamente:
1 Streifenfundamente
2 Plattenfundament
3 Tiefgründung.

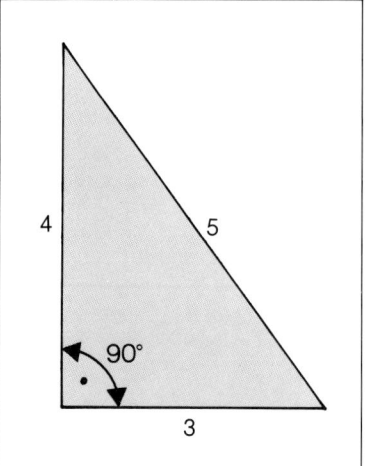

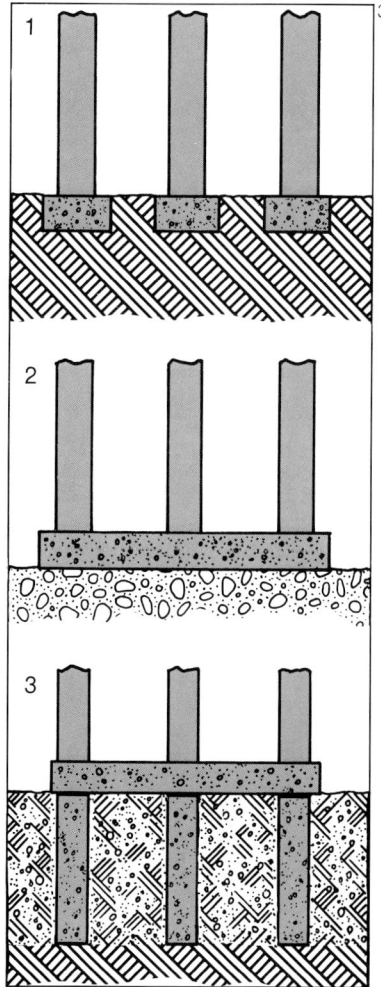

Man kann einen exakten rechten Winkel ohne spezielles Meßinstrument herstellen, indem man den Satz des griechischen Philosophen Pythagoras anwendet. Man bildet ein Dreieck, dessen längste Seite 5 Maßeinheiten mißt und dessen Schenkel 3 und 4 Maßeinheiten messen. Der Winkel, den die kürzeren Schenkel dann bilden, ist ein exakter rechter Winkel (Abb. 2). Die Länge der Maßeinheit kann beliebig gewählt werden.

Baustelleneinrichtung

Hat man wie üblich den Rohbau einer Baufirma in Auftrag gegeben, ist die Einrichtung der Baustelle Sache des Bauunternehmers. Zur Baustelleneinrichtung gehören die Maschinen und Geräte, die zur Erstellung des Bauwerkes notwendig sind: Die Beton- und Mörtelmischanlage, Betonstahlbiegemaschinen, Betonverdichtungsgeräte, die Baukreissäge, als Transportmittel der Baukran, eventuell Förderbänder und Bauaufzüge. Geeignete Lagerflächen für Mauersteine, Sand und Kies, Baustahl und Bauholz müssen vorhanden sein, trockene Lagerungsmöglichkeiten für Zement und Kalk.

Wichtig ist die Zufahrt für Lieferfahrzeuge. Sie sollten leicht be- und entladen werden können, Kies und Sand in der Nähe des Mischers kippen können. Die Einfahrt sollte so befestigt werden, daß bei schlechtem Wetter die Straße nicht verschmutzt wird.

Geräte und Baustoffe werden so gelagert, daß die Wege möglichst kurz sind und sich alles im Schwenkbereich des Kranes befindet.

Die Baustelle benötigt Wasser, das man aus dem nächsten Hydranten der öffentlichen Wasserversorgung bezieht (Bauwasseranschluß mit Zähler). Für die Stromversorgung muß ein Baustromverteiler mit Zähler installiert werden, der vom zuständigen E-Werk abgenommen wird. Besonders wichtig zur Verhütung von Stromunfällen ist die korrekte Erdungsanlage: Die Erdklemme des Baustromverteilers wird durch eine isolierte Kupferlitze von mindestens 16 mm^2 Querschnitt mit dem Stab- oder

Banderder verbunden. Für den Zustand der elektrischen Anlage ist ein Verantwortlicher zu benennen.

Der Bauzaun grenzt den Bauplatz von öffentlichen Straßen oder Wegen ab und behindert das Betreten der Baustelle durch Unbefugte. In Einzelfällen ist die Aufstellung von Verkehrsschildern in Absprache mit der zuständigen Behörde und die Sicherung der Baustelle nachts mit Laternen und Blinklichtern erforderlich. Verbotsschilder gegen unbefugtes Betreten sind zur Begrenzung der Haftung des Bauherrn bei Unfällen empfehlenswert.

Für den, der seine Gartenmauer, seine Garage oder einen Anbau selber baut, kommt vieles nicht in Betracht, was bei der Erstellung eines Hauses an Baustelleneinrichtung erforderlich ist. Statt des Kranes wird mit dem Schubkarren transportiert, Baustahl wird nicht gebogen, und für den Betrieb des Mörtelmischers genügt der 220-V-Strom aus dem Haus nebenan. Gleichwohl gilt auch hier, daß der Arbeitsplatz, die Arbeitswege und die Lagermöglichkeiten für die Baustoffe genau bedacht werden müssen, um Leerlauf und Arbeitsunfälle zu vermeiden.

Abwasserrohre verlegen

In den Falleitungen wird das Abwasser aus Toilette, Bad und Küche geführt und mündet in die Grundleitung unter dem Haus, die entweder an die öffentliche Kanalisation oder ein privates Abwasserbeseitigungssystem angeschlossen ist (siehe dazu Seite 446). Eventuell müssen noch vor der Fundamentgründung die Gräben für die Grundleitung ausgehoben werden. Das Gefälle muß mindestens 1 : 50 betragen, also auf 1 m eine Neigung von 2 cm haben. Die Rohre, Formstücke aus glasiertem Steinzeug oder Kunststoff, sollen allseitig von 10 cm Sand umgeben sein. Die Muffen liegen entgegengesetzt zur Fließrichtung des Abwassers.

Wo es erforderlich ist, müssen Vorkehrungen gegen einen Rückstau des Abwassers getroffen werden (dazu Seite 451). Außerdem braucht man einen Kontrollschacht mit einer Reinigungsöff-nung, der meist außerhalb des Gebäudes gebaut wird.

Fundament gründen

Die Fundamente (= die Gründung) haben die Aufgabe, ungleichmäßige Setzungen des Bauwerkes zu verhindern, denn das könnte Mauerrisse und Schiefstellung wie beim schiefen Turm von Pisa zur Folge haben bis zur Baufälligkeit wegen Einsturzgefahr. Die Fundamente sollen die Belastungen durch das Bauwerk gleichmäßig an den Untergrund weitergeben (Abb. 3).

Gründungsarten

Jede Bodenart besitzt nur eine bestimmte Tragfähigkeit. Die Wahl des richtigen Fundaments richtet sich also nach der Bodenbeschaffenheit. Sehr tragfähiger Untergrund ist Fels. Einen gut tragfähigen Baugrund ergeben bindige Böden wie Lehm und Ton, weniger tragfähig sind nichtbindige aus Kies und Sand. Aufgeschüttete und organische Böden wie z.B. Torf sind starken Setzungen unterworfen und daher als Baugrund problematisch.

Tiefgründungen: Sie werden auf stark wasserhaltigen oder moorigen Böden angewendet. Die wenig tragfähigen Schichten werden bis zum darunterliegenden, höher belastbaren Baugrund mit Pfeilern oder Pfählen durchstoßen.

Flachgründungen: Sie sind sehr viel häufiger. Streifenfundamente bestehen meist aus unbewehrtem Beton und werden unter gleichmäßig belasteten Wänden auf tragfähigem Untergrund errichtet. Einzelfundamente dienen der Aufnahme von Einzellasten, z.B. bei Schornsteinen oder Mauerpfeilern. Fundamentplatten aus Stahlbeton werden für Gründungen auf wenig oder unterschiedlich tragendem Baugrund verwendet. Die Last wird auf die ganze Platte verteilt, die Bodenpressung ist gleichmäßig.

Wannengründungen: Sie sind nötig, wenn auch waagerechte oder schräge Kräfte vom Fundament aufgenommen werden müssen. Die hochgezogenen, mit der Fundamentplatte fest verbundenen Betonmauern leiten diese Kräfte in den Baugrund ab.

Die Herstellung eines Streifenfundamentes

Die Gründungssohle muß so tief liegen, daß das Wasser darunter auch bei stärkster Kälte nicht gefriert. 80 cm reichen im allgemeinen aus, je nach den örtlichen Gegebenheiten muß man bis zu 120 cm oder noch tiefer gehen.

Die Fundamentgräben müssen sehr sorgfältig, genau senkrecht und gleichmäßig tief ausgehoben werden (dazu siehe Seite 308, Abb. 36). Das geschieht heute noch mit Spaten und Hacke, ist also eine geeignete Arbeit zum Selbermachen, wenn man Lohnkosten sparen will. Der Abtransport des Aushubs erfolgt im Schubkarren auf Bohlen. Damit die Ränder der Fundamentgräben nicht einfallen, müssen sie bei Kies oder Sand durch eine einfache Seitenverschalung gesichert werden. Bei Lehm und Ton genügt es, auf den Boden Bohlen zu legen, die bis an den Rand des Fundamentgrabens reichen.

Die Gründungsart des Fundamentes, seine Abmessungen nach Breite und Höhe, die Bewehrung und die Betongüte sind, vom Statiker berechnet, bei einfachen Bauwerken den Ausführungszeichnungen, sonst dem Fundamentplan zu entnehmen. Bei Neubauten ist der Einbau eines Fundamenterders zum Schutz gegen Korrosion im Beton und zum Spannungsausgleich zwischen Metallen und elektrischen Anlagen im Haus vorgeschrieben.

Der Beton wird über Rutschen in Lagen von etwa 10 cm in die Fundamentgräben geschüttet und jeweils gründlich verdichtet. Die Oberfläche der Fundamente muß genau waagerecht sein, ist also mit Latte und Wasserwaage zu prüfen.

Die konstruktive Ausführung des Sohlenbodens hängt zum einen von der Bodenbeschaffenheit und zum anderen davon ab, ob der Sohlenboden der Kellerfußboden wird oder der Raum nicht unterkellert ist. Genaueres findet sich auf Seite 320.

Feuchtigkeitsschutz

Das Gebäude muß vor eindringender Feuchtigkeit aus dem Bodenbereich geschützt werden, denn Nässe im Keller und aufsteigende Feuchtigkeit in den Mauern führt zu einem ungesunden Wohnklima, fördert Fäulnis und Rost, erhöht ganz wesentlich die Heizkosten und zerstört langfristig die Bausubstanz.

Feuchteschutz besteht einmal aus dem Drainieren, um das Wasser möglichst schnell aus dem unmittelbaren Bereich im Boden um das Haus herum abzuleiten, und aus der Isolierung der Grundmauern im Boden gegen Feuchtigkeit. Auf eine sorgfältige Bauausführung ist größter Wert zu legen. Ebenso ist es falsch, bei den Materialkosten zu sparen. Es ist viel einfacher und billiger, von vornherein zu verhindern, daß Mauern feucht werden, als feuchte Mauern zu sanieren.

Mittel, die sich zur Abdichtung gegen Feuchtigkeit eignen, werden ab Seite 101 beschrieben.

Bodenfeuchtigkeit (Abb. 4)

Sie entsteht durch das Versickern der Niederschläge und durch das Hochsaugen von Grundwasser. Erdberührende Mauern können bei Beanspruchung durch Bodenfeuchtigkeit mit bituminösen Anstrichen, Dichtungsschlämmen oder Sperrputzen abgedichtet werden. Als horizontale Sperrschicht im Mauerwerk wird eine 500er Bitumenpappe in die Lagerfuge eingelegt und an den Stoßstellen etwa 10 cm überlappt. Erdberührende Betonplatten können auf einer Schotterschicht aufgebracht werden, die das Hochsaugen von Feuchtigkeit unterbindet. Wird eine Bodenplatte direkt auf Erdreich ausgeführt, so reichen das Auslegen von Dichtungsbahnen oder Dachpappen und eine Überlappung von 10 cm unter Estrichen oder Holzböden aus.

Möglich ist in diesem Fall auch die Ausbildung des Fußbodens aus Lehm, Ziegel- oder Holzpflastern, falls kein Plattenfundament erforderlich ist (siehe Seite 320).

Stauwasser am Bauwerk (Abb. 4)

Es entsteht, wenn die Grundmauern in Lehm oder Tonschichten hineinragen, die das Sickerwasser von den Niederschlägen nicht oder nur sehr langsam durchlassen, so daß es sich auf der undurchlässigen oder schwer durchlässigen Schicht staut. Das kann direkt an der Erdoberfläche geschehen, wenn sie aus Lehm besteht, aber auch unterirdisch, wenn sich unter der wasserdurchlässigen Schicht im Fundamentbereich eine Lehmschicht befindet. Das Stauwasser wird drückend, wenn das Niederschlagswasser und Sickerwasser infolge einer Neigung der wasserundurchlässigen Schicht zum Haus hin fließen.

Dazu muß kein Hang dasein, denn auch in einer Ebene kann die darunterliegende wasserundurchlässige Schicht geneigt sein.

Ist nur mit kurzzeitigem drückendem Stauwasser zu rechnen, d. h., können die Erdschichten das Niederschlagswasser in kurzer Zeit wieder abführen, so eignen sich zur Abdichtung der Kelleraußenwände bituminöse Anstriche, Dichtungsschlämmen und Sperrputze auch dann, wenn eine wirksame Drainage vorgesehen wird. Die in die Lagerfugen eingelegten Pappstreifen werden 10 cm überlappt und verklebt. Die erdberührende Bodenfläche wird als Betonplatte ausgebildet. Stellt man sie nicht aus Sperrbeton her, muß sie mit Dichtungsschlämmen, Sperrestrichen oder mit vollflächig verklebten Dichtungsbahnen abgedichtet werden.

Ist mit langanhaltendem Stauwasser zu rechnen, muß bei der Abdichtung wie bei Grundwasser verfahren werden.

Grundwasser (Abb. 4)

Die Höhe des Grundwasserspiegels ist im wesentlichen von der Niederschlagsmenge abhängig und ist somit Schwankungen unterworfen. So kann unter Umständen beim Baugrubenaushub kein Grundwasser vorhanden sein, das Gebäude aber dennoch grundwassergefährdet sein.

Die Abdichtung der Kellersohle und der Außenwände erfolgt durch Sperrbeton, am besten in Form einer wasserdichten Wanne. Möglich ist auch eine Abdichtung der Außenmauern durch drei vollflächig verklebte Dichtungsbahnen und der Kellersohle aus zwei vollflächig verklebten Dichtungsbahnen möglich. Die Pappe in den Lagerfugen wird 10 cm überlappt und verklebt.

Selbst winzige Kiesnester im Beton oder kleine, mangelhaft abgedichtete Stellen können zu schweren Schäden führen.

Deshalb ist der Schutz gegen Grundwasser Sache einer Fachfirma.

Spritzwasser

Trifft Regen im Sockelbereich auf ebene harte Oberflächen auf, so ist vor allem an der Wetterseite mit Durchfeuchtung des Sockelbereichs zu rechnen (Abb. 4). Spritzwasserbelastung kann in vielen Fällen durch konstruktive Maßnahmen, z. B. ausreichende Dachüberstände, verhindert werden. Sie kann auch durch Anbringung einer etwa 40 bis 50 cm breiten Schotterschicht wesentlich vermindert werden. Wird die Kelleraußenwand mit Dichtungsschlämmen oder Sperrputz abgedichtet, kann diese Abdichtung bis zur Oberkante des Sockels hochgeführt werden. Bei Dichtungsschlämmen ist außerdem noch ein zusätzlicher Putz erforderlich. In vielen Fällen reicht die Ausführung eines Zementputzes aus, da ja auch Farbschichten vor Feuchtigkeitsbeanspruchung schützen.

Die Oberfläche des Erdreichs oder des Gehbelags sollte nach außen geneigt sein, damit das Wasser aus dem Sockelbereich weggeleitet wird.

4 *Feuchtigkeitsbeanspruchung von*
erdberührenden Bauteilen und Lage
der Sperrschicht:
1 Grundwasser
  1 Erdreich
  2 Betonwand
  3 Abdichtung durch Sperrbeton-
   wanne
  4 Grundwasser
2 Bodenfeuchtigkeit
  1 Erdreich
  2 Sickerwasser
  3 Senkrechte und waagerechte
   Sperrschicht
  4 Betonwand
  5 Bodenfeuchtigkeit
  6 Grundwasser
  7 Abdichtung der Kellersohle
3 Spritzwasser
  1 Geländeoberfläche
  2 Spritzwasser
  3 Sperrschichten
  4 Betonwand
4 Hang- und Stauwasser
  1 Abfließende Niederschläge
  2 Oberflächenwasser
  3 Sperrschichten
  4 Betonwand
  5 Abdichtung der Kellersohle
  6 Wasserdurchlässige Schicht
  7 Wasserundurchlässige Schicht.

Auf bituminösen Anstrichen haften keine Putze, deshalb können sie nicht über die Erdoberfläche hochgeführt werden. Hier ist ein Zement- oder Sperrputz zu empfehlen, der an der Unterseite gut mit dem Anstrich zu verbinden ist.

Lage und Ausführung von Sperrschichten

Es gibt keine allgemein verbindliche Regel, die genau die Lage der waagerechten und senkrechten Sperrschichten vorschreibt. Grundlegend kann gesagt werden, daß die Sperrschichten so ausgebildet werden müssen, daß ein unerwünschtes Eindringen von Feuchtigkeit oder Wasser in Räume, möglichst auch ins Mauerwerk ausgeschlossen wird (Abb. 5). Im besonderen hängt die Lage der Sperrschichten auch davon ab, ob ein Gebäude unterkellert ist, welchem Zweck ein Keller dienen soll, wie hoch die Kellerdecke über der Erdoberfläche zu liegen kommt und wie hoch mit einer Spritzwasserbeanspruchung zu rechnen ist.

Kellersohle: Wird die Kellersohle nicht aus Sperrbeton hergestellt, so erfolgt die Abdichtung auf einer tragfähigen Betonplatte durch Auflegen oder Aufkleben von Dichtungsbahnen oder Aufbringen von Dichtungsschlämmen oder Sperrestrichen. Ein Unterlegen von Dichtungsbahnen unter die Betonplatte kann zu Beschädigungen bei den Arbeiten führen und deshalb die Dichtungswirkung in Frage stellen.

Fußböden in nicht unterkellerten Räu- men: Sie können auch auf Balkenkonstruktionen aufgebracht werden. Die Holzbalken, die den Fußboden tragen sollen, werden auf kleine Mauerpfeiler aufgelegt. Ein Hochsteigen der Feuchtigkeit kann verhindert werden, wenn in die erste Lagerfuge und unter dem Balken Bitumenpappe eingelegt wird (siehe Seite 347, Abb. 2).

Horizontale Mauerwerksabdichtung: Werden die Kelleraußenwände aus Mauersteinen errichtet, muß dafür gesorgt werden, daß keine Feuchtigkeit hochsteigen, weder aus dem Erdreich noch aus der Spritzwasserbelastung, und Schäden verursachen kann.

Die unterste Abdichtung (Abb. 5) ist unerläßlich. Das Einlegen von Pappe erfolgt dort, wo der einfachste Anschluß

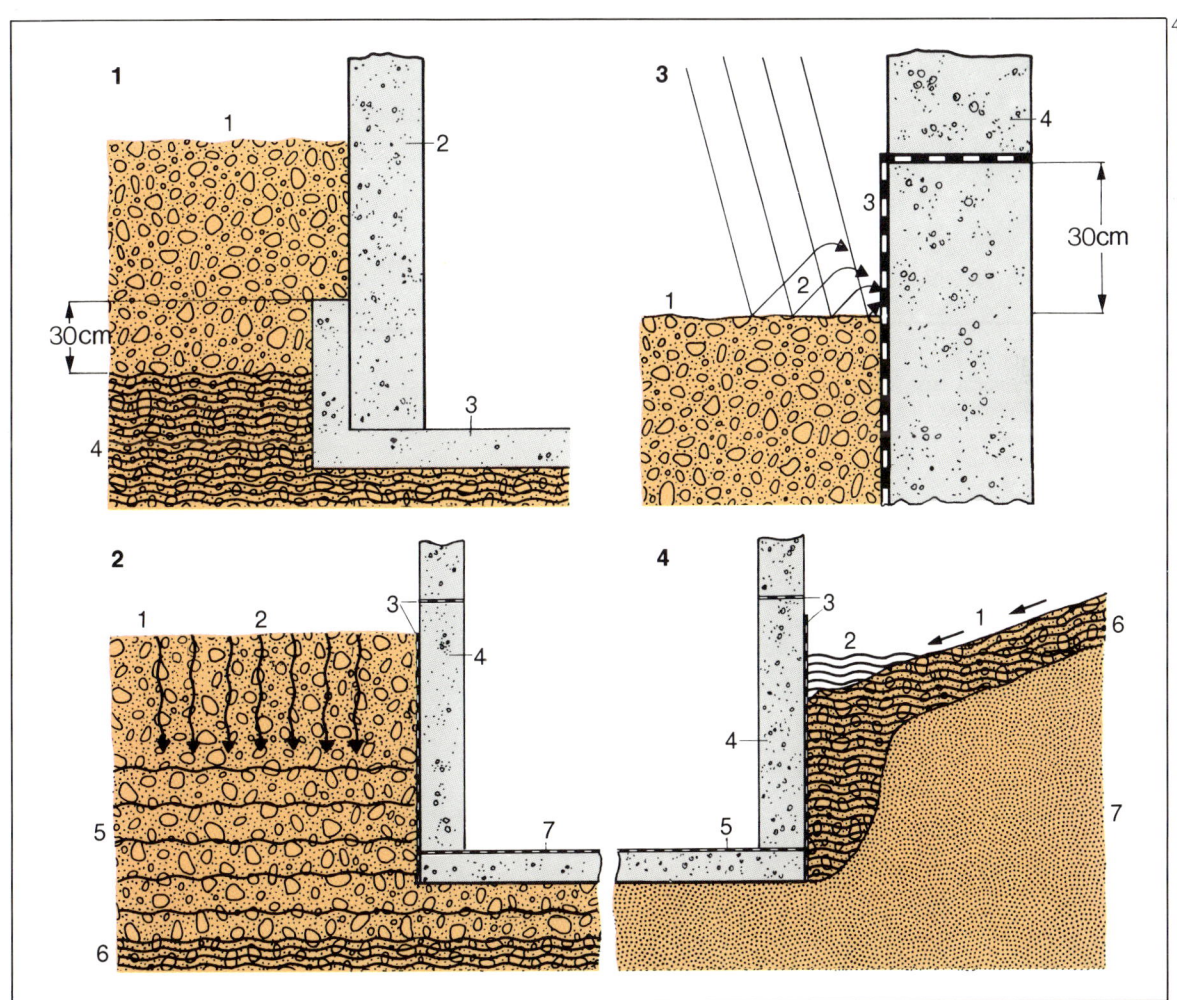

an die Kellersohlenabdichtung erzielt werden kann, das ist häufig unter, manchmal auch über der ersten Steinschicht. Häufig werden jedoch weitere waagerechte Sperrschichten angeordnet. Eine knapp unter der Erdoberfläche angebrachte Sperrschicht schützt vor eventuellen Schäden der Kelleraußenwandabdichtung, eine etwa 30 bis 50 cm über der Erdoberfläche, meist auf der Kellerdecke angebrachte Schicht vor Schädigungen durch Spritzwasser. Vor allem bei der untersten Sperrschicht muß darauf geachtet werden, daß ein wasserdichter Anschluß zur Abdichtung der Kelleraußenwände hergestellt wird. Die technische Ausführung der Sperrschicht ist auf Seite 302 beschrieben.

Außenabdichtung der Kellerwände: Sie ist die günstigste Möglichkeit der Abdichtung, weil dadurch das Mauerwerk trocken bleibt. Zwischen Kelleraußenwänden und Fundament wird aus Zementmörtel eine Hohlkehle gebildet. Dazu wird der Mörtel aufgetragen und mit einer Flasche gerundet. Dadurch ist eine bessere Abdichtung der Anschlußstelle möglich. Bei einer Abdichtung mit bituminösen Anstrichen, Dichtungsschlämmen und Dichtungsbahnen ist über der Erdoberfläche ein zusätzlicher Putz nötig.

Da bituminöse Stoffe keinen Putz tragen können, ist besonders darauf zu achten, daß der Übergang zwischen Abdichtung und Putz dicht ausgeführt wird (Abb. 5).

Innenabdichtung der Kellerwände: Sie empfiehlt sich nur in Ausnahmefällen, da der gesamte Wandquerschnitt nach wie vor dauernd durchfeuchtet bleibt. Das kann langfristig zur Zerstörung der Putzschichten führen. Bituminöse Anstriche und Dichtungsbahnen sind hier weniger geeignet, da sie für Putze nicht tragfähig sind. Die Innenabdichtung hat den weiteren Nachteil, daß sie nicht beschädigt werden darf. Es kann hier also nicht genagelt, gedübelt und somit keine Wandverkleidung angebracht werden. Möglich ist allerdings eine Wandverkleidung, die auf eine Konstruktion aufgebracht wird, die der von leichten Trennwänden ähnlich ist (siehe Seite 373).

Eine Innenabdichtung hat allerdings den Vorteil, daß Schadstellen leicht nachgebessert werden können.

Drainage

Unter Drainagemaßnahmen versteht man Maßnahmen zur Entwässerung des Bodens. Mit Hilfe von Drainage kann an Bauwerken Sickerwasser zügig abgeleitet werden und somit die Bildung von Stauwasser verhindert werden. Das hat den großen Vorteil, daß in vielen Fällen auf weniger aufwendige Maßnahmen zur Abdichtung erdberührender Bauteile zurückgegriffen werden kann.

Eine Drainage wird meist als Ringdrainage ausgeführt (Abb. 5). Dazu werden um das ganze Haus spezielle Drainagerohre aus Ton, Beton oder Kunststoff verlegt, die das Wasser aufnehmen und in die Kanalisation oder in einen Bach oder Teich leiten. Das Wasser tritt dabei durch feine Ritzen oder durch die Poren des Materials ein. Der Durchmesser der Rohre hängt ab von der zu erwartenden Wasserbelastung, beträgt jedoch häufig 10 cm.

Die Rohre werden mit einem Gefälle von mindestens 1% verlegt, d.h. ein Gefälle von 1 cm auf 1 m. Die Rohre sollten zwischen der Oberkante und Unterkante des Fundaments eingebracht werden. Man umgibt sie allseits mit 20 cm Drainagekies, der aufgrund der speziellen Körnung das Einschwemmen von feinen Erdteilchen und damit ein Zuschwemmen der Eintrittsöffnungen verhindert. Als zusätzliche Sicherheitsmaßnahmen wird das Einbringen des Kieses in eine spezielle Filtermatte aus Kunststoff oder die Verwendung von kokosfaserummantelten Drainagerohren empfohlen.

Keller

Sind die Fundamente gegründet, kann mit dem Bau der Kellerräume begonnen werden. Die Auswahl der Baustoffe wird sich dabei häufig nach der Beanspruchung der erdberührenden Flächen durch Bodenfeuchtigkeit, Stau- oder Grundwasser richten. Welche Maßnahmen zum Feuchtigkeitsschutz nötig sind, wird ab Seite 317 dargestellt, einzelne Abdichtungsmaterialien finden sich auf Seite 101, der Kellerausbau einschließlich der nachträglichen Wärmedämmung wird auf Seite 380 behandelt.

Kellersohle

Sind Plattenfundamente vorgesehen worden, ist damit gleichzeitig eine Kellersohle vorhanden. Auf dieses Fundament können verschiedene Fußböden direkt aufgebracht werden.

Ansonsten müssen Überlegungen angestellt werden, wie die Räume genutzt werden sollen und welche Fußbodenkonstruktionen sich hierfür besonders eignen.

Betonplatte: Häufig wird ein Betonunterboden vorgesehen, da sich damit zugleich eine gute Feuchtigkeitsisolierung erzielen läßt. Sie sollte auf den Fundamenten aufliegen, je nach Untergrund eine bestimmte Dicke und Festigkeit haben und eventuell mit Baustahl bewehrt werden, damit ein Reißen verhindert wird, vor allem dann, wenn mit höherer Feuchtigkeitsbeanspruchung gerechnet werden muß.

Lehmboden: Ist nur mit Bodenfeuchtigkeit zu rechnen, und besteht der Untergrund aus Lehm, so braucht er nur ge-

5 *Ausführung der Sperrschichten von Drainage und Spritzwasserschutz:*
1 *Beanspruchung durch Hang Stau- und Spritzwasser*
  1 *Sperrschicht gegen ansteigendes Spritzwasser z. B. bei Sichtmauerwerk*
  2 *Harter Bodenbelag*
  3 *Baugrubenverfüllung*
  4 *Sperrschicht gegen Schäden an vertikaler Außenabdichtung*
  5 *Vertikale Außenabdichtung*
  6 *Kellersohlenabdichtung*
  7 *Hohlkehle aus Zementmörtel*
  8 *Drainagerohr*
  9 *Drainagekies*
2 *Beanspruchung durch Bodenfeuchtigkeit und Spritzwasser*
  1 *Außenputz*
  2 *Außenputz aus Zementmörtel*
  3 *Sperrschicht gegen Schäden an Sockelputz oder vertikaler Außenabdichtung*
  4 *Grobkörniger Rundkornschotter zur Verringerung von Spritzwasser*
  5 *Baugrubenverfüllung*
  6 *Vertikale Außenabdichtung*
  7, 8 *Anschluß von Kellersohlenabdichtung an horizontale Sperrschicht bei nachträglicher Ausführung der Kellersohle.*

ebnet zu werden. Lockere Lehmstellen werden verdichtet. Entstehen beim Trocknen Risse, werden diese mit in Wasser verrührtem Lehm aufgefüllt. Da der Fußboden direkt der Erdfeuchte ausgesetzt ist, erhält man im Keller ein kühles und relativ feuchtes Klima, das für das Einkellern und Überwintern von Kartoffeln und Gemüse von Vorteil ist.

Pflasterboden: Ein ähnliches Raumklima erhält man, wenn man Pflastermaterial oder Holzpflaster verlegt. Zuerst schüttet man auf den verdichteten Erdboden eine etwa 5 cm dicke Sandschicht auf, dann werden die Pflasterstücke ins Sandbett geklopft und die Fugen mit Sand vollgekehrt, bei wasserdurchlässigem Unterboden auch vollgeschlämmt. Holzpflaster sind

Rundholz- und Balkenstücke, die mit der Hirnholzseite verlegt werden. Sie sind fußwärmer als Ziegelpflaster.

Kellermauern

Auch die Ausführung der Kellermauern wird sich nach der beabsichtigten Nutzung und den erforderlichen Feuchtigkeitsmaßnahmen richten. Durch eine überlegte Planung können erhebliche Kosten gespart werden. Denn falls die Errichtung der Mauern selbst ausgeführt werden kann, aber dafür aufwendige zusätzliche Abdichtungsmaßnahmen durchgeführt werden müssen, kann man durch Eigenleistung möglicherweise schlechter fahren.

Betonmauern: Häufig werden Kelleraußenmauern aus Beton hergestellt. Es

sind zwar aufwendige Schalungen notwendig, doch entfallen zusätzliche Abdichtungsmaßnahmen, wenn die Mauern aus Sperrbeton hergestellt werden. Auch eine Außenabdichtung mit Dichtungsschlämmen oder bituminösen Aufstrichen ist weniger zeitaufwendig, da die Sperrschichten direkt auf die Betonfläche aufgebracht werden können.

Mauerwerk: Kelleraußenwände aus Mauersteinen können zwar selbst hergestellt werden, benötigen aber für manche Abdichtungen einen Ausgleichsputz. Hier empfehlen sich spachtelfähige Abdichtungsmassen, die mit der Traufel aufgebracht werden. Bei Beanspruchung durch Stau- und Grundwasser sind sehr aufwendige Abdich-

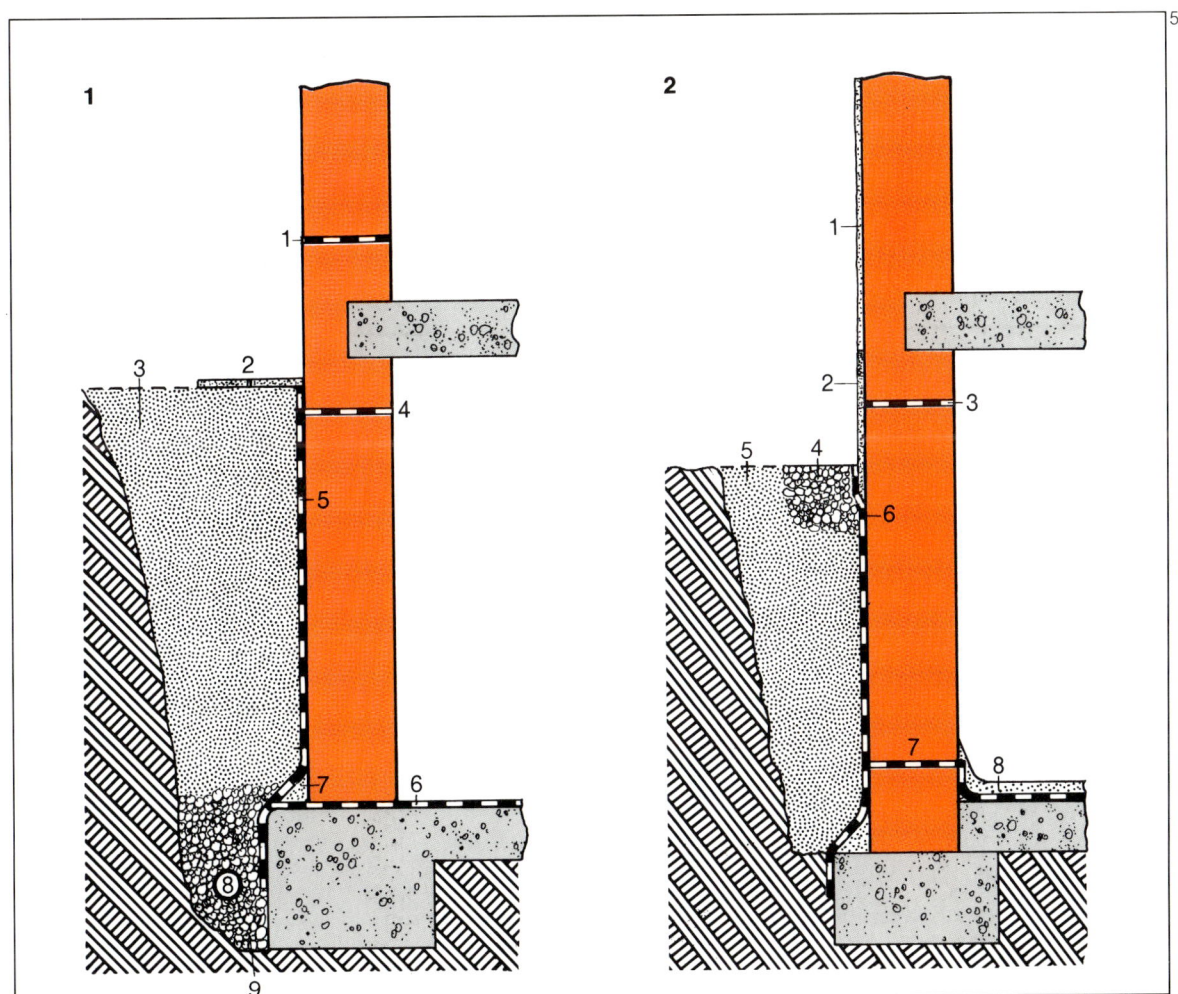

tungsmaßnahmen erforderlich. Bei Verwendung von saugfähigen Mauersteinen ist die Gefahr der Durchfeuchtung bei Beschädigung der Sperrschichten, z.B. bei der Verfüllung der Baugrube, groß.

Kellerbausätze: Sie bestehen meist aus Schalsteinen, die sich trocken verlegen lassen und anschließend mit Beton vergossen werden.

Verarbeitungsanleitungen sind von den Herstellern erhältlich.

Auch hier sollte bedacht werden, ob nicht bei Eigenleistung durch aufwendige Abdichtungsmaßnahmen eine Kosteneinsparung in Frage gestellt wird.

Wärmedämmung: Werden Kellermauern aus wenig wärmedämmendem Material hergestellt, kann eine zusätzliche Wärmedämmung notwendig oder sinnvoll sein. Zur Außenanbringung eignen sich Platten aus extrudierten Polystyrolhartschaum, da sie gut wärmedämmend sind und wenig Feuchtigkeit aufnehmen.

Sie werden mit Klebern, die auf Material und Untergrund abgestimmt sein müssen, auf die Mauerwerksoberfläche aufgeklebt.

Möglich ist auch eine Innendämmung. Sie wird auf Seite 381 behandelt.

Verfüllen der Baugrube: Werden Kellermauern als Mauerwerk ausgeführt, sind in Ausnahmefällen auch Konstruktionen zugelassen, bei denen die Innenmauern nicht mit den Außenmauern gleichzeitig hochgezogen werden. Die Innenmauern werden dabei ohne Verzahnung an die Außenmauern stumpf gestoßen. In diesem Fall darf die Baugrube erst verfüllt werden, wenn die tragenden und anstreifenden Innenwände errichtet sind, da der Druck der Erdschichten die Standfestigkeit des Mauerwerks gefährden könnte.

In allen anderen Fällen hängt der Zeitpunkt der Verfüllung von der Ausführung der Sperrschichten ab. In der Regel sollte möglichst bald verfüllt werden, bei Emulsionen erst nach deren Austrocknung.

Das Verfüllen der Baugrube darf die Dichtungsschichten nicht beschädigen. Deshalb sollte man die Abdichtung entweder mit geeigneten Platten vor Beschädigung schützen oder die Verfüllung mit Hand vornehmen und an die Mauerfläche keinen scharfkantigen Bauschutt einbringen.

Wandmauerwerk

Wandmauerwerk wird in verschiedenen Stärken ausgeführt und hat unterschiedliche Aufgaben zu erfüllen.

Aufgaben

Für viele Arbeiten wie das Anbringen von Schlitzen, Mauerschlitzen oder für Mauerdurchbrüche ist es wichtig zu wissen, welche Aufgaben die jeweilige Mauer zu erfüllen hat. Das ist entweder aus den Bauplänen ersichtlich oder muß durch eine statische Beurteilung ermittelt werden.

Tragende Mauern: Sie tragen die darüberliegenden Lasten, also das Gewicht der darüberliegenden Mauern, die Decken und die gesamte Dachkonstruktion.

Aussteifende Mauern: Sie dienen der Knickaussteifung, d.h., sie schützen eine Mauer vor dem seitlichen Wegknicken.

Nichttragende Mauern: Sie tragen im wesentlichen nur ihr Eigengewicht.

Dimensionierung

Die Dicke der Mauern richtet sich zum einen nach statischen Gesichtspunkten, zum anderen nach den Anforderungen des Wärme- und Schallschutzes. Man sollte bei Außenmauern bedenken, daß die Wärmeverluste durch die Wahl von Baustoffen mit guter Wärmedämmfähigkeit erheblich verringert werden können. Die Wärmedämmung kann durch Vergrößerung der Mauerstärke erheblich verbessert werden. Anzustreben sind k-Werte von 0,4 bis 0,6, also wesentlich bessere Werte als von der Wärmeschutzverordnung vorgeschrieben werden. Der relativ geringe Mehraufwand für dickere Mauern oder für Baustoffe sehr guter Dämmfähigkeit macht sich langfristig in jedem Fall bezahlt. Empfehlenswert sind massive Außenmauern, die nicht noch zusätzlich gedämmt werden müssen. Zum einen sind Dämmkonstruktionen viel reparaturanfälliger, zum anderen kann die Sonneneinstrahlung bei massiven Außenmauern im Süden und Westen in der Übergangszeit, aber auch im Winter Wärme speichern und somit die Heizkosten verringern. Eine Dämmschicht verzögert zwar die Wärmeverluste, verhindert aber auch diese Wärmegewinne.

Mauersanierung

Feuchtes Mauerwerk führt zu einem erheblich höheren Energieverbrauch an Heizkosten, beeinträchtigt das Wohnklima und die Gesundheit. Die langfristige Folge ist die Zerstörung der Bausubstanz. Der Putz springt ab, und die Mauern verwittern unter dem Einfluß von Frost, Mauersalzen und Pilzen.

Das Optimale ist eine Totalsanierung. Aber oft fehlt das Geld, um diese Arbeit in Auftrag zu geben, oder die Zeit zum Selbermachen. Die Alternative ist nicht, gar nichts zu tun, sondern eine Schadenbegrenzung und ein Zeitgewinn, indem man den fortschreitenden Verfall durch einfache Baumaßnahmen verlangsamt oder gar zum Stillstand bringt (z.B. Dach abdichten, drainieren), bis man genügend Geld, Zeit und Energie für eine Totalsanierung hat. Abreißen und neu bauen ist bei feuchtem Mauerwerk oft billiger als eine Sanierung, aber wenn man ein altes Haus in seinem Stil und mit seiner besonderen Atmosphäre erhalten will, bleibt einem keine Wahl.

Zunächst ist es unerläßlich, die Ursachen der Feuchtigkeit im Mauerwerk herauszufinden, denn eine Sanierung hat nur dann Erfolg, wenn es gelingt, das Eindringen neuer Feuchtigkeit in die Mauern mit absoluter Sicherheit zu unterbinden. Damit ist aber noch keine Entscheidung zugunsten der Sanierung gefallen, denn es kommt außerdem darauf an, ob die Mauern austrocknen können, was schwierig ist, wenn die Räume ständig bewohnt werden, und ob nicht Mauersalze die Steine beim Austrocknen zermürben.

Ursachen der Mauerfeuchtigkeit können Kondenswasser, Niederschläge und Bodenfeuchtigkeit bzw. Stau- und Grundwasser sein.

Kondenswasser, Tauwasser

Es entsteht dadurch, daß sich Wasserdampf an einem kalten Gegenstand als Wasser niederschlägt, kondensiert (dazu siehe Seite 385). Dazu kommt es in geschlossenen Räumen, wenn die Luftfeuchtigkeit zu hoch oder die Oberflächentemperatur der Raumumschließungsflächen (Wände, Fensterscheiben, Türen) zu niedrig ist. Da in Raumecken die Oberflächentemperaturen am niedrigsten sind, vor allem wenn es sich um

Außenmauern handelt, sind sie am meisten gefährdet: Schimmelpilze siedeln sich an und bilden häßliche schwarze Flecken. Wie man diesem Problem begegnen kann, wird ab Seite 360 dargestellt.

Undichtigkeiten

Häufig kommt es zu einer Durchfeuchtung durch Undichtigkeiten an Dach, Dachrinne, Fenster- und Türlaibung sowie durch Risse im Mauerwerk und Schäden am Putz.

Dachschaden: Schadhafte Dachsteine werden ausgewechselt, gelockerte Firstziegel neu gesetzt (siehe Seite 336). Durchgerostete Dachrinnen, Regenfallrohre (siehe Seite 339), Trauf- oder Kaminbleche werden geflickt oder ausgewechselt. Eine schadhafte Abdichtung am Kamin und undichte Fenster- und Türlaibungen werden mit elastischer Dichtungsmasse abgedichtet. Ist der Rahmen bereits verfault, muß er ausgebessert oder ausgewechselt werden (siehe Seite 468).

Mauerrisse: Sie entstehen meist als Setzrisse durch die gesamte Wandstärke. Eine Reparatur lohnt in den meisten Fällen nur, wenn man sich über die Ursachen der Setzungsbewegungen im klaren ist und sie beseitigt.

Werden die Fundamente von Regen oder Sickerwasser unterspült, wird man die Ursache selbst abstellen können durch eine sachgemäße Ableitung des Regenwassers oder das Anlegen einer Drainage. Sind die Fundamente nicht mehr tragfähig genug, kann der Untergrund durch Einpressen von Spezialgemischen, häufig Zement-Ton-Gemischen, verdichtet werden. Erforderlich kann auch eine Mauerwerksverfestigung durch Stahlanker oder eine Verstärkung von Wänden und Pfeilern sein. Kleinere Rißbewegungen, die nach Umbauarbeiten auftreten, sind auf eine veränderte Lastverteilung zurückzuführen und klingen meist nach einer bestimmten Zeit ab. In vielen Fällen wird man zur Ergründung der Ursachen Bausachverständige zu Rate ziehen müssen.

Man kann sich vergewissern, ob eine Setzbewegung noch andauert, indem man an einer regengeschützten Stelle auf den Riß eine Gipsmarkierung setzt. Sie reißt, wenn sich der Riß erweitert. Ist eine Rißbewegung mit Sicherheit abgeklungen, und sind keine statischen Probleme zu erwarten, kann man die schadhaften Stellen mit Mörtel verfüllen. Schmale Risse sollten auf 2 bis 3 cm Breite verbreitert werden, damit sich der Reparaturmörtel besser einbringen und verdichten läßt. Lose Bestandteile müssen entfernt, saugfähiger Untergrund muß vorgenäßt werden. Der verwendete Mörtel sollte dem ursprünglichen möglichst ähnlich sein, also wird Kalkputz am besten wieder mit Kalkmörtel ausgebessert.

Sind nur noch sehr geringfügige Rißbewegungen zu erwarten, erfolgt die Reparatur wie bei Spannungsrissen. Da Setzbewegungen und die Behebung des Schadens Monate dauern können, sollte man den Mauerriß wenigstens provisorisch mit Putz oder Dichtungsmassen füllen, damit nicht zusätzlich Nässe eindringt und der Schaden noch vergrößert wird.

Spannungsrisse und Schwindrisse: Darauf wird auf Seite 360 näher eingegangen.

Putzschäden: Die Reparatur von begrenzten Putzschäden ist auf Seite 360 dargestellt. Ist der Putz großflächig mürbe, locker oder verwittert, empfiehlt sich das Aufbringen eines neuen Putzes. Dazu wird der alte überall mit dem Hammer abgeschlagen, auch dort, wo er noch fest haftet. Eine Putzfräse leistet hier gute Dienste, macht allerdings auch viel Schmutz. Die Oberfläche muß sorgfältig von losen Bestandteilen gereinigt und gut abgekehrt werden. Bei älterem Bauwerk ist vor dem Putzen ein voll deckender Spritzbewurf zu empfehlen. Problematisch, wenn auch vielfach unvermeidlich, ist das Verputzen noch feuchter Flächen. Bleibt das Mauerwerk auch nach Sanierungsmaßnahmen feucht, sind über kurz oder lang neue Putzschäden zu befürchten.

Bodenfeuchtigkeit

Die Durchfeuchtung des Mauerwerks von unten ist meist auf eine fehlende oder mangelhaft ausgeführte Bauwerkabdichtung zurückzuführen. Die Kapillarkräfte in den Mauersteinen und im Kalkputz bzw. Kalkmörtel ziehen die Feuchtigkeit nach oben, so daß das Mauerwerk auch noch 2 m über der Erdoberfläche feucht sein kann. Gelangt Frost in die Mauer, gefriert das Wasser und dehnt sich dabei aus. Aus winzigen Rissen werden immer größere, der Putz blättert ab, und von den Ziegeln werden immer größere Teile abgesprengt.

Vertikale Außenabdichtung: Sie ist nur dann möglich, wenn die Außenmauer bis zum Fundament ausgegraben werden kann. Das ist die beste Lösung, wenn zu erwarten ist, daß die durchfeuchtete Mauer nach der Isolierung zur Innenseite hin austrocknen kann.

Ein Problem liegt darin, daß die Wandfläche durchfeuchtet ist, möglicherweise auch Salze eingeschwemmt wurden und so die Haftung des Putzes erschwert wird. Die Außenfläche sollte also nach dem Aufgraben möglichst lange abtrocknen können. Die Dichtungsmaterialien richten sich nach der Feuchtigkeitsbeanspruchung. Die Auswahl und Verarbeitung der Dichtungsmaterialien erfolgt wie bei einem Neubau und ist ab Seite 317 dargestellt.

Vertikale Innenabdichtung: Sie ist zwar sehr problematisch, weil auch nach einer solchen Abdichtung der gesamte Wandquerschnitt durchfeuchtet bleibt, aber manchmal ist sie die einzig mögliche Lösung. Bedacht werden sollte, daß die ins Mauerwerk eingedrungene Feuchtigkeit zuvor die Möglichkeit hatte, innen abzutrocknen und ihr dieser Weg nun versperrt wird. Das kann zur Folge haben, daß die Feuchtigkeit im Mauerwerk nach oben steigt und bisher trockene Bauteile schädigt. Es müßte also eine horizontale Sperrschicht zusätzlich so angeordnet werden, daß ein Ansteigen der Feuchtigkeit im Mauerwerk nach oben unterbunden wird.

Ein weiteres Problem der Innenabdichtung besteht darin, daß die Luftfeuchtigkeit nicht mehr nach außen wandern kann und sich so auf der isolierten Oberfläche niederschlägt. Als Sperrmittel kommen Sperrputze, Dichtungsschlämmen und vollflächig verklebte Bahnen in Betracht.

Horizontalabdichtung: Sie ist durch mechanische und chemische Verfahren möglich und soll das Aufsteigen der Feuchtigkeit im Mauerwerk unterbinden. Die Horizontalabdichtung ist in den meisten Fällen eine Arbeit, die von Fachfirmen ausgeführt werden sollte. Beim Sägeverfahren wird das Mauerwerk Stück für Stück horizontal an den Fugen durchgesägt und mit Kunststoff-, Metall- oder Bitumenbahnen abgedichtet. Beim Maueraustauschverfahren wird das alte Mauerwerk Stück für Stück ausgestemmt, isoliert und wieder ausgemauert bzw. mit Mörtel verpreßt. Besitzt das Mauerwerk eine durchgehende Lagerfuge, kann mit hohem Druck ein gewelltes, korrosionsbeständiges Edelstahlblech in die Lagerfuge eingetrieben werden und so für die Abdichtung sorgen. Diese Methode ist wesentlich preisgünstiger als die beiden anderen mechanischen Verfahren. Bei den chemischen Verfahren werden bestimmte Chemikalien, z.B. Kombinationen von Silikaten und Silikonaten, durch Bohrlöcher ins Mauerwerk eingespritzt. Da die Mauer eine Mittel aufsaugen muß, ist diese Methode vor allem bei saugfähigem Mauerwerk (z.B. Ziegel) geeignet. Die langfristigen Auswirkungen auf das Mauerwerk sind nicht bekannt.

Mauersalze

Die zerstörerische Wirkung von Mauersalzen kann so groß sein, daß dieser Vorgang zu Recht als Mauerfraß bezeichnet wird.

Entstehung und Wirkungsweise: Die Feuchtigkeit, die in das Mauerwerk eindringt, kann im Boden vorhandene Salze einschwemmen. Mauersalze können auch durch die Verwendung von Frostschutzmitteln in Mörtel und Beton entstehen und durch eine mangelhafte Isolierung gegen Urin in Viehställen. Verdunstet die Feuchtigkeit an der Oberfläche der Mauer, entstehen Salzkristalle, bekannt als weißliche Salzausblühungen. Diese Kristalle haben zum Teil eine weitaus größere Sprengkraft als Frost, zermürben den Stein und sprengen Putz und Bitumenanstriche zur Feuchtigkeitsisolierung ab. Einer feuchten Mauer sieht man die Mauersalze oft nicht an.

Bekämpfung: Salze reichern sich an Stellen an, an denen die ins Mauerwerk eingedrungene Feuchtigkeit verdunstet. Durch das Abschlagen des Putzes und durch das etwa 2 cm tiefe Auskratzen der Mörtelfugen können bis zu 90% der Mauersalze entfernt werden. Die Mauer sollte anschließend möglichst lange Zeit zum Austrocknen haben, wobei man die dabei noch auftretenden Ausblühungen mit einer harten Bürste entfernt. Ob nun durch dieses Verfahren eine genügend große Menge an Salzen entfernt werden konnte, kann nur eine chemische Analyse zeigen, die allerdings sehr teuer ist. Diese Analyse könnte auch aufzeigen, ob und wie die restlichen Salze neutralisiert werden können. In vielen Fällen wird man jedoch ohne diese teuren Maßnahmen versuchen, die Wand neu zu verputzen. Wie einzelne Putze wirken, ist auf Seite 361 dargestellt. Eine ausführliche Beratung wird in vielen Fällen unerläßlich sein.

Austrocknen der Mauer

Ist dafür gesorgt, daß keine Feuchtigkeit mehr in die Mauer eindringen kann, verdunstet das Wasser allmählich, um so schneller, je trockener die Luft ist, die die Wände bestreicht. Am billigsten ist es, gut zu lüften und abzuwarten.

Nachts lüften: Es ist sehr viel besser als tagsüber zu lüften, vorausgesetzt, daß die Außenluft nachts kälter ist als die Luft in dem Raum, dessen Wände austrocknen sollen. Der Grund ist, daß kalte Luft weniger Wasserdampf enthält als warme Luft. Gelangt nun die kalte Luft von außen in den warmen Raum, erwärmt sie sich und kann nun mehr Wasserdampf aufnehmen und abtransportieren.

Anbohren des Mauerwerks und Einsetzen von Kunststoffröhren: Diese Maßnahme, die die Verdunstung der Feuchtigkeit begünstigen soll, führt in der Regel zu keinem nennenswerten Erfolg, schwächt aber die Mauer.

Elektro-Osmose: Sie besteht in der Erzeugung von elektrischen Spannungsfeldern. Dadurch kann das Mauerwerk ebenfalls entfeuchtet werden.

Hinterlüftete Außenfassade: Sie sorgt dafür, daß keine weitere Feuchtigkeit eindringt und daß die Feuchtigkeit an der Mauer nach außen verdunsten kann (siehe dazu Seite 343 und 397).

Mauerdurchbrüche und Schlitze

Veränderungen bzw. Arbeiten am Wandmauerwerk bedürfen immer sorgfältiger Vorüberlegungen. Viele Arbeiten können vom Heimwerker problemlos selbst durchgeführt werden, doch kann eine falsche Beurteilung der baulichen Gegebenheiten auch zu schwerwiegenden Sach- und Personenschäden führen.

Mauerdurchbrüche

Mauerdurchbrüche können die Raumaufteilung einer Wohnung erheblich verbessern, für bessere Kommunikationsmöglichkeiten sorgen oder in Außenwänden nötig werden, z.B. beim Einsetzen von Fenstern oder bei der Schaffung von Zugängen. Beim Versetzen von Türen und Fenstern sind die gleichen Vorüberlegungen anzustellen.

Statische Probleme: Ist ein Mauerdurchbruch geplant, so muß man sich vergewissern, ob es sich um eine tragende, aussteifende oder nichttragende Mauer handelt (siehe Seite 322). Eine nichttragende Mauer liegt zweifelsfrei nur dann vor, wenn sie nachträglich als reine Trennmauer eingezogen wurde oder aus dem Bauplan eindeutig hervorgeht, daß es sich um eine nichttragende Mauer handelt und keine Umbaumaßnahmen stattgefunden haben. Nicht zweifelsfrei urteilen kann man danach, ob sich über oder unter der Mauer eine Wand befindet, denn es ist möglich, daß Lasten durch Stürze oder Stahlschienen übertragen wurden, auch nicht danach, welche Mauerstärke vorliegt, denn tragende Mauern sind auch in geringen Stärken möglich. Handelt es sich nicht zweifelsfrei um eine nichttragende Mauer, muß wie bei tragenden Mauern vorgegangen werden.

Nichttragende Mauern: Mauerwerk darf nie von unten nach oben aus- oder abgebrochen werden, sondern man geht immer von oben nach unten vor, um das Herabstürzen von Steinen oder das Einstürzen von Mauerwerksteilen zu vermeiden.

Soll eine Öffnung ausgebrochen werden, die bis zur Decke reichen soll, wird sie an der Mauer angezeichnet. Dann

6   *Mauerdurchbruch:*
    1 Anzeichnen der Öffnung
    2 Abschlagen des Putzes und Herausbrechen der Sturzöffnung
    3 Einlegen des Sturzes
    4 Verpressen der Schlitze
    5 Laibungen begradigen, gerades Brett einspannen und verputzen
    6 Vorgehen bei tragenden Mauern
       1 Halbe Mauerstärke ausbrechen
       2 Sturz einsetzen und verpressen
       3 Zweite Hälfte ausbrechen
       4 Sturz einsetzen und verpressen.

bricht man die erste Steinschicht mit Hammer und Meißel heraus. Beim weiteren Herausbrechen sollte darauf geachtet werden, daß möglichst wenige Steine lockergeschlagen werden, also sollte der Meißel immer möglichst senkrecht angesetzt werden.

Will man z. B. nur eine Öffnung für eine Tür ausbrechen (Abb. 6), kann man anders vorgehen. In diesem Fall muß die Öffnung mit einem Sturz überdeckt werden, der die Mauerwerkslast auf das verbleibende Mauerwerk überträgt. Man zeichnet die Türöffnung an, wobei man nach allen Seiten etwa 2 bis 3 cm Spiel miteinberechnen sollte. An der oberen Kante wird nun die Größe des Sturzes, der auf beiden Seiten je nach zu erwartender Belastung etwa 25 cm aufliegen

sollte, aufgezeichnet. Man bricht zuerst die Sturzöffnung aus und muß nun abschätzen, ob das darüberliegende Mauerwerk so lange hält, bis man den Sturz eingemauert hat. In der Regel werden die angezeichnete Sturzöffnung und die Mauerwerksfugen nicht übereinstimmen, so daß man tiefer ausbricht und den Sturz mit Zementmörtel und kleinformatigen Mauersteinen oder durch Unterlage von Betonplatten bis in die gewünschte Höhe bringt. Bei stärkeren Mauern geht man am besten so vor, daß man zwei Stürze vorsieht, die nacheinander ausgebrochen und vermauert werden. Die verbleibende Fuge zwischen Sturz und altem Mauerwerk wird mit druckfesten Mörteln wie Zement- oder Kalkzementmörtel mit der Fugen-

kelle dicht verpreßt. Dann erfolgt der Ausbruch wie zuvor beschrieben.

Besteht die Gefahr, daß die Mauersteine über der Sturzöffnung herunterbrechen, muß man bis zur Decke ausbrechen und nach Einsetzen des Sturzes wieder hochmauern.

Tragende und aussteifende Mauern: Hier müssen die Lasten und Kräfte berücksichtigt werden, die von der Mauer auf den Baugrund übertragen werden sollen. Da in jedem Fall Abstützungsmaßnahmen notwendig sind, muß die Decken- und Fußbodenkonstruktion bekannt sein. Ungeeignet für Abstützungsmaßnahmen sind zum Beispiel Dielenböden, schwimmende Estriche, Decken mit Gipskartonverkleidungen oder mit verputzten Holzwolleleichtbau-

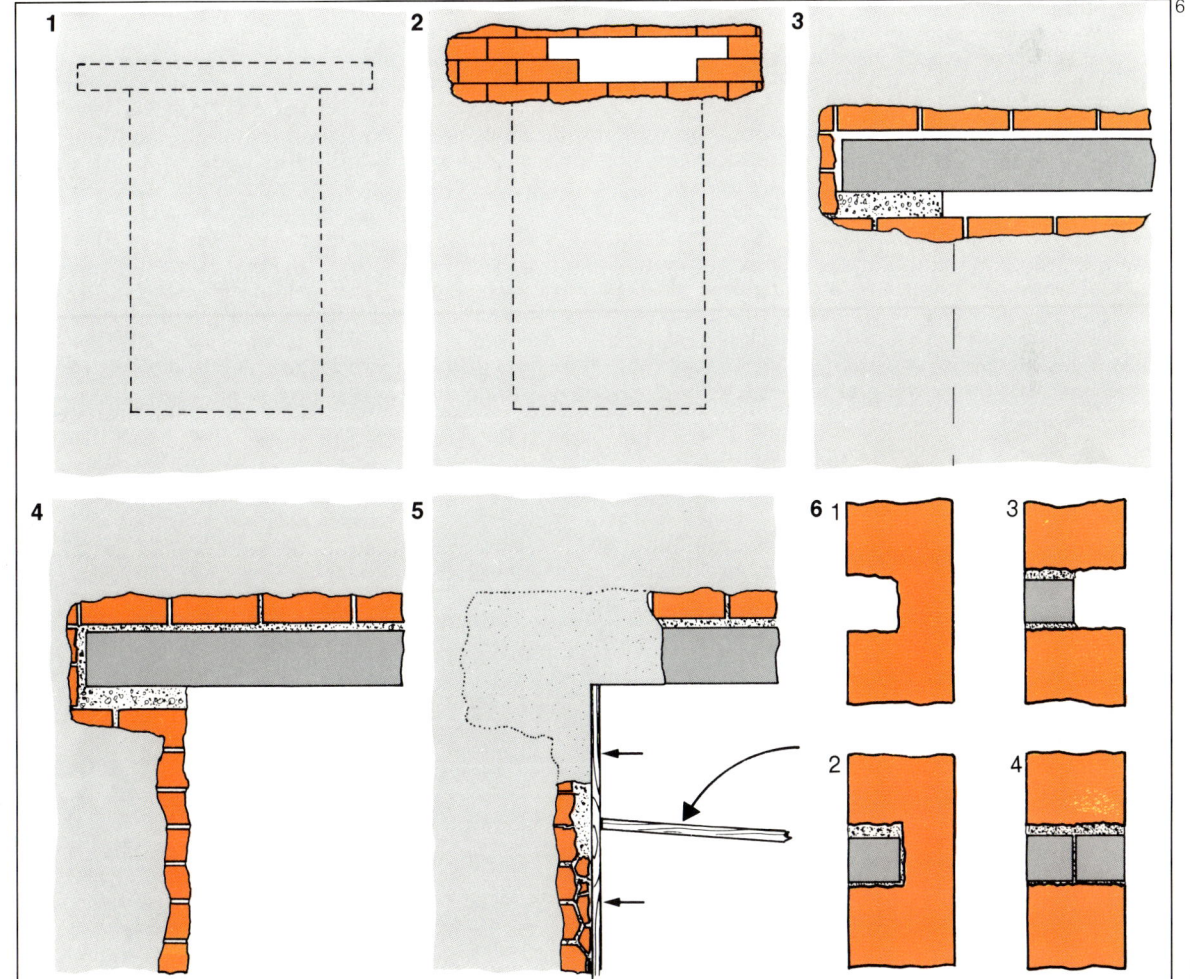

6

platten. Besser geeignet sind Betonfußböden und Betondecken. Abgestützt werden müssen tragende Teile wie Holzbalken oder Stahlträger in Decken. In vielen Fällen muß auch das Mauerwerk über dem geplanten Durchbruch abgestützt werden, z. B. dadurch, daß man kleine quadratische Maueröffnungen über der Durchbruchstelle ausbricht und quer zur Mauer mit tragfähigen Holzbalken abstützt. Als Stützen werden am besten Stahlstützen verwendet, wobei eventuell Bohlen untergelegt werden müssen.

Zur zusätzlichen Absicherung geht man in zwei Schritten vor. Zuerst wird die Sturzöffnung für die halbe Mauerwerksdicke ausgebrochen. Erst wenn der Sturz eingesetzt und der Mörtel tragfähig geworden ist, wird die zweite Hälfte in Angriff genommen.

Es soll nachdrücklich darauf hingewiesen werden, daß es sich lohnt, einen Baustatiker zu Rate zu ziehen, da die Kosten im Vergleich zum Schaden, der entstehen kann, gering sind.

Nachfolgearbeiten: Ist der Sturz eingesetzt und die Mauer ausgebrochen, mauert man locker gewordene Steine sorgfältig ein und richtet das Mauerwerk senkrecht aus. Dazu verwendet man Putzmörtel, der dann zum Ausgleich von größeren Unebenheiten dienen kann, wenn man kleinere Steinstücke mitverarbeitet. Danach spannt man ein Brett so in die Öffnung, daß die Kante bündig mit dem alten Wandputz abschließt, bringt eventuell einen Spritzbewurf auf und putzt die einzelnen Flächen zu. Soll die Maueröffnung so verbleiben, müssen anschließend die Laibungen verputzt werden.

Soll eine Tür eingesetzt werden, so müssen möglicherweise vor dem senkrechten Ausrichten der Laibungen Dübelsteine oder konisch zugeschnittene Holzdübel eingesetzt werden. Das Setzen von Türen und Fenstern wird auf Seite 462 und 468 beschrieben.

Mauerschlitze

Elektro- und Wasserleitungen werden heute in der Regel unter Putz gelegt. Da die Putzstärke meist nur etwa 1,5 bis 2 cm beträgt, ist das Herstellen von Mauerschlitzen nötig. Das kann vom Heimwerker selbst durchgeführt werden, wenn er baustatische Gesichtspunkte nicht außer acht läßt.

Früher wurden alle Schlitze von Hand geschlagen, und der Heimwerker konnte erhebliche Lohnkosten sparen, wenn er die Arbeiten selbst durchführte. Die Einsparungen sind heute wesentlich geringer, da in der Regel Mauerfräsen eingesetzt werden, die Ränder der Schlitze mit einer Trennscheibe zugeschnitten und dann mit Hammer und Meißel ausgebrochen werden. Für Verteilerdosen gibt es Fräsaufsätze für Bohrmaschinen. Nicht erlaubt sind Schlitze und Aussparungen in Schornsteinwandungen.

Senkrechte Schlitze: Sie sind in nichttragenden Mauern unproblematischer als in tragenden und aussteifenden und können beim Neubau bereits bei der Planung berücksichtigt werden. Es empfiehlt sich die Zusammenfassung von mehreren Leitungen. Verwendet man beim Aufmauern sogenannte U-Schalen, erspart man sich später das aufwendige Schlitzen. Senkrechte Schlitze dürfen in tragenden und aussteifenden Wänden nur in einer bestimmten Breite und Tiefe ausgeführt werden, um die Standfestigkeit der Mauern nicht zu beeinträchtigen. Senkrechte Schlitze dürfen außerdem nur in bestimmten Abständen ausgeführt werden. Die DIN-Bestimmungen sind in der untenstehenden Tabelle enthalten.

Waagerechte Schlitze: Sie sollten in nichttragenden Wänden möglichst nur im oberen oder unteren Drittel der Mauer und nur in geringer Stärke ausgeführt werden.

Bei tragenden Wänden sind waagerechte Schlitze nur zulässig, wenn die Wanddicke mindestens 24 cm beträgt, die Schlitzhöhe höchstens 6 cm und die Schlitztiefe höchstens 3 cm. Es dürfen maximal 2 Schlitze in jeder Wand vorgesehen werden, die einen gegenseitigen Abstand von 50 cm haben müssen. Schlitze dürfen nur im oberen oder im unteren Drittel der Wand ausgeführt werden. Bei Hohlblocksteinen (Seite 285) dürfen Schlitze nur bis zu einer Tiefe von 1 cm und im Bereich eines Wanddrittels nur auf einer Wandseite ausgeführt werden. Einkammerhohlblocksteine dürfen nicht geschlitzt werden. Soll von den Bestimmungen abgewichen werden, muß ein rechnerischer Nachweis über die Tragfähigkeit durchgeführt werden.

Schließen der Schlitze: Schmale Schlitze geringer Tiefe, die z.B. beim Verlegen von Elektroleitungen hergestellt werden, können einfach verputzt werden. Dazu eignet sich ein Vorspritz mit dünnflüssigem Mörtel und nach dem Antrocknen ein Putzmörtel normaler Konsistenz.

Zum Verfüllen und gleichzeitigen Dämmen von wasserführenden Rohren ist wärmedämmender Leichtmauermörtel geeignet, z.B. Perlite-Dämmörtel. Er kann angeworfen werden, besser ist jedoch ein Hinterfüllen des Schlitzes, wobei ein Reibebrett als Schalung dient.

Wird eine Wärmedämmung z.B. mit Mineralwolle durchgeführt, wird die Öffnung mit einem Putzträger überspannt. Am besten geeignet ist Rippenstreckmetall, mit dem je nach Dicke des Putzträgers eine freie Überspannung bis 50 cm, ja bis 1,20 m möglich ist. Bei

Dicke der Wand	Aussparungen in gemauertem Verband		gefräste Schlitze		Mindestabstand d. Aussparungen u. Schlitze	Abstand von Öffnungen	Abstand v. Wandverbindung
	Breite	Restwanddicke	Breite	Tiefe			
cm	cm	cm	cm	cm	cm	cm	cm
11,5	–	–		≤2			
17,5	≤51	≥11,5		≤3			
24	≤51	≥11,5	≤Wanddicke	≤4	199	≥36,5	≥24
30	≤63,5	≥17,5		≤5			
≥36,5	≤76	≥24		≤6			

Ohne Nachweis zulässige senkrechte Aussparungen und Schlitze in auszusteifenden oder aussteifenden Wänden

sehr breiten Öffnungen empfiehlt sich jedoch die Ausbildung einer hinteren Begrenzung der Putzfläche mit Holzwolleleichtbauplatten, da der Putz sonst praktisch in der Luft hängt und sehr stoßempfindlich ist.

Decken

Decken trennen die einzelnen Geschosse eines Bauwerks und übernehmen in vielen Fällen auch eine aussteifende Funktion. Da Außenwände häufig aus leichten Baumaterialien hergestellt werden, um die Wärmeverluste zu begrenzen, können schwere Decken durch ihre gute Wärmespeicherfähigkeit positiv ausgleichend auf das Raumklima wirken.

Manche Deckenkonstruktionen sind auch für den Heimwerker geeignet und empfehlen sich bei Altbausanierungen. Den Aufbau von Decken sollte man jedoch auch kennen, wenn man Gegenstände befestigen will oder Mauerdurchbrüche oder Mauerschlitze ausführen will. Nachfolgearbeiten wie Deckenverkleidungen, Estriche und Fußbodenbeläge sowie zusätzliche Wärme- und Schallschutzmaßnahmen werden im Kapitel »Trockenbau, Innenausbau, Renovierung« dargestellt.

Aufgaben

Da Decken unterschiedliche Funktionen haben, sollte man sich bei der Planung immer darüber im klaren sein, welche zusätzlichen Arbeiten beim Innenausbau nötig sind, z.B. Maßnahmen zur Verbesserung des Wärme- und Schallschutzes.

Tragende und aussteifende Funktion: Decken sollen die Fußbodenkonstruktion sowie die Einrichtungsgegenstände tragen und die Belastung auf die tragenden Mauern übertragen. Sie müssen daher je nach verwendetem Baumaterial eine bestimmte Dicke haben und in einer bestimmten Breite auf dem Mauerwerk aufliegen. Sie haben darüber hinaus eine aussteifende Funktion, d.h., sie sollen das Mauerwerk untereinander verbinden und es gegen Verschiebungen sichern.

Wärmedämmung: In vielen Fällen ist eine gute Wärmedämmung erwünscht. Ortbeton und Fertigteildecken aus Be-

ton besitzen eine hohe Wärmeleitfähigkeit, so daß gegenüber kalten Räumen immer gedämmt werden sollte. Eine bessere Wärmedämmung weisen Deckenelemente aus Leichtbeton, Gasbeton und Ziegeldecken auf. Bei Stahlträgerdecken und Holzbalkendecken kommt es auf die Füllung der Zwischenräume an.

Schalldämmung: Je höher die Masse einer Decke ist, desto höher ist auch die Luftschalldämmung. Die Trittschalldämmung muß bei allen Deckenkonstruktionen verbessert werden, wenn höhere Anforderungen gestellt werden. Der Aufwand für guten Trittschallschutz ist im wesentlichen von der Fußbodenkonstruktion abhängig (siehe Seite 98).

Brandschutz von Decken: Er hängt von den verwendeten Materialien sowie von Deckenverkleidung und Fußbodenkonstruktion ab. Eine Holzbalkendecke mit Profilbrettverkleidung wird in eine niedrigere Brandschutzklasse eingestuft als eine solche mit verputzten Holzwolleleichtbauplatten, die feuerhemmend wirken. Obwohl Stahlbeton aus nicht brennbaren Bestandteilen besteht, kann der Brandschutz relativ niedrig sein, da Beton ein guter Wärmeleiter ist und Baustahl bei bestimmten Temperaturen weich wird, so daß die Decke absackt. Auch anbetonierte Holzwolleleichtbauplatten bringen eine Verbesserung. Bei Fußbodenkonstruktionen kann der Brandschutz durch Verwendung von Brandschutzplatten verbessert werden.

Ortbetondecken

Sie werden an Ort und Stelle in eine Schalung eingebracht und mit Baustahlmatten bewehrt. Da dazu umfangreiche Kenntnisse über die Herstellung des Betons, über Mischungsverhältnis, Sieblinien der Zuschlagstoffe, Wasserzugabe usw., über Baustahl und Schalungsarbeiten nötig sind, eignen sich Ortbetondecken für Heimwerker nicht. Da diese Decken Wärme sehr gut weiterleiten, ist gegenüber kalten Räumen eine Wärmedämmung anzuraten. Die Luftschalldämmung ist aufgrund des hohen Gewichts gut und kann durch Vergrößerung der Plattendicke noch verbessert werden. Zur Trittschalldämmung empfehlen sich je nach Anforderung weiche Fußbodenbeläge oder schwimmende Fußbodenkonstruktio-

nen. Anbetonierte Holzwolleleichtbauplatten verringern die Wärmebrücken im Eckbereich, bieten einen guten Putzgrund und verbessern den Brandschutz (Abb. 7).

Fertigteildecken

Fabrikmäßig hergestellte Fertigteile aus Beton oder Gasbeton in unterschiedlicher Länge und Breite werden durch einen Baukran oder durch einen LKW-Kran an Ort und Stelle gebracht und dort nach den statischen Berechnungen verlegt. Schalungsarbeiten entfallen, die Decken können sofort begangen werden (Abb. 7).

Ziegeldecken

Diese Decken werden aus speziellen, besonders tragfähigen Einhängeziegeln hergestellt (Abb. 7). Diese Ziegel werden auf spezielle Stahlbetonträger gelegt, die mit Ziegelschalen ummantelt sind und deshalb einen guten Putzgrund bieten. Die verbleibenden Zwischenräume werden mit Beton ausgegossen. Das Gewicht der Gitterträger ist so bemessen, daß sie meist von zwei Personen auf Decken verlegt werden können. Ziegeldecken sind daher gut zur Verarbeitung für den Heimwerker geeignet. Sie sind ein guter Putzträger und weisen eine bessere Wärmedämmung als Betondecken auf. Sie eignen sich auch zur Altbaumodernisierung, z.B. zum Ersetzen von morschen Holzbalkendecken. Statische Berechnungen und Verlegepläne sowie weitere Informationen werden von den Herstellerfirmen angeboten.

Stahlträgerdecken

Tragende Elemente sind ausreichend bemessene Doppel-T-Träger, die eine möglichst breite Auflagefläche haben sollten (Abb. 7). Diese Träger werden an ihren Auflageflächen in Zementmörtel mit hoher Druckfestigkeit satt eingelegt. In die Zwischenräume können Tonhohlplatten (Hourdisplatten) eingelegt und bis zur Oberkante des Trägers mit Leichtbeton ausgegossen werden. Werden die Schienen mit speziellen Verkleidungssteinen ummantelt, ergibt sich ein guter durchgehender Putzgrund. Spezielle als Träger miteingelegte Holzlatten ermöglichen bei anderen Systemen das Anbringen eines Putzträgers.

Da Stahl im Vergleich zu anderen Bau- 327

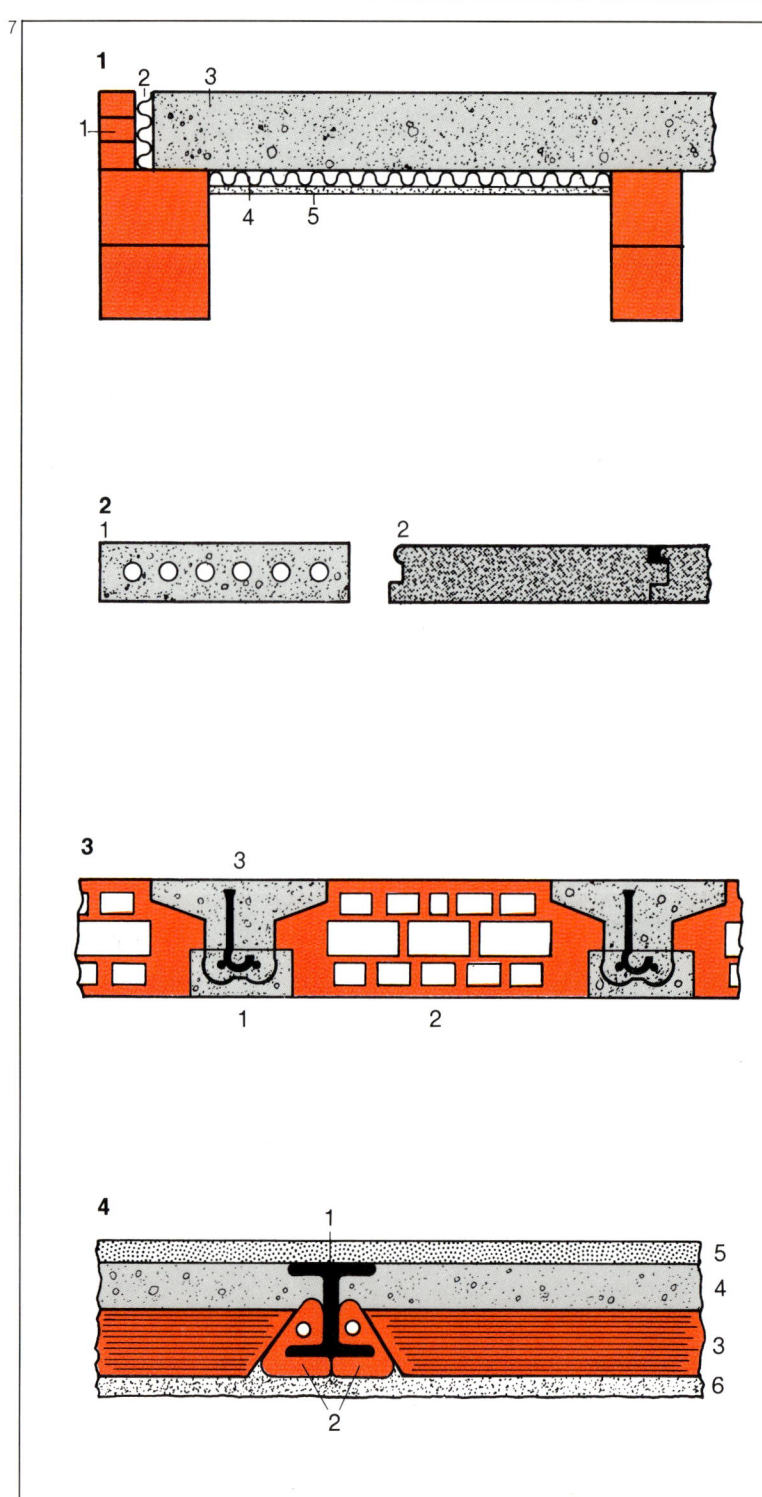

7   *Massivdecken:*
   1 *Ortbetondecke*
     1 *Mauersteine zur Erzielung ei-*
       nes einheitlichen Putzgrundes
     2 *Wärmedämmung zur Vermei-*
       dung von Wärmebrücken
     3 *Ortbetondecke*
     4 *Holzwolleleichtbauplatte zur*
       Wärmedämmung und als Putz-
       träger
     5 *Putz*
   2 *Fertigteildecken*
     1 *Aus Beton*
     2 *Aus Gasbeton*
   3 *Ziegeldecke*
     1 *Stahlbetonträger*
     2 *Einhängeziegel*
     3 *Betonverguß*
   4 *Stahlträgerdecke*
     1 *Stahlträger*
     2 *Ziegelummantelung*
     3 *Tonhohlplatten*
       (Hourdis)
     4 *Leichtbeton*
     5 *Estrich*
     6 *Putz.*

8   *Holzbalkendecken unterschiedli-*
   chen Aufbaus:
   1 *Häufiger Aufbau von älteren Holz-*
     balkendecken
     1 *Dielung*
     2 *Schüttung (Strohlehm, Sand,*
       Schlacke)
     3 *Tragschalung für*
       Schüttung
     4 *Tragschalung für Putz*
     5 *Schilfrohrmatten*
     6 *Putz*
   2 *Holzbalkendecke mit Trittschall-,*
     Luftschall- und Wärmedämmung
     1 *Dielen*
     2 *Spannhölzer*
     3 *Streifen aus Trittschalldämm-*
       platten
     4 *Wärmedämmende*
       Materialien
     5 *Schalldämmende Materialien*
     6 *Lattung für Tragschalung*
     7 *Lattung 50/30 mm quer zu den*
       Balken
     8 *Holzwolleleichtbauplatten*
       25 mm
     9 *Putz*
   3 *Holzbalkendecke mit Trittschall-*
     dämmung und Putz auf Putzträger
     1 *Spanplatte*
     2 *Trittschalldämmplatte*
     3 *Schalung*

4 Lattung
5 Haken
6 Starker Draht
7 Abgehängter Rundstahl und daran befestigtes Rippenstreckmetall
8 Putz

4 Holzbalkendecke mit Tonplatten und unterseitiger Verkleidung
1 Tonhohlplatte
2 Holzbalken
3 Lattung quer zu den Balken
4 Gipskartonplatten (links), Profilbretter (rechts)

5 Holzbalkendecke mit Tonplatten und sichtbaren Balken
1 Estrich
2 Trittschalldämmplatten
3 Tonhohlplatten
4 Traglattung
5 Gipskarton- oder Holzverkleidung.

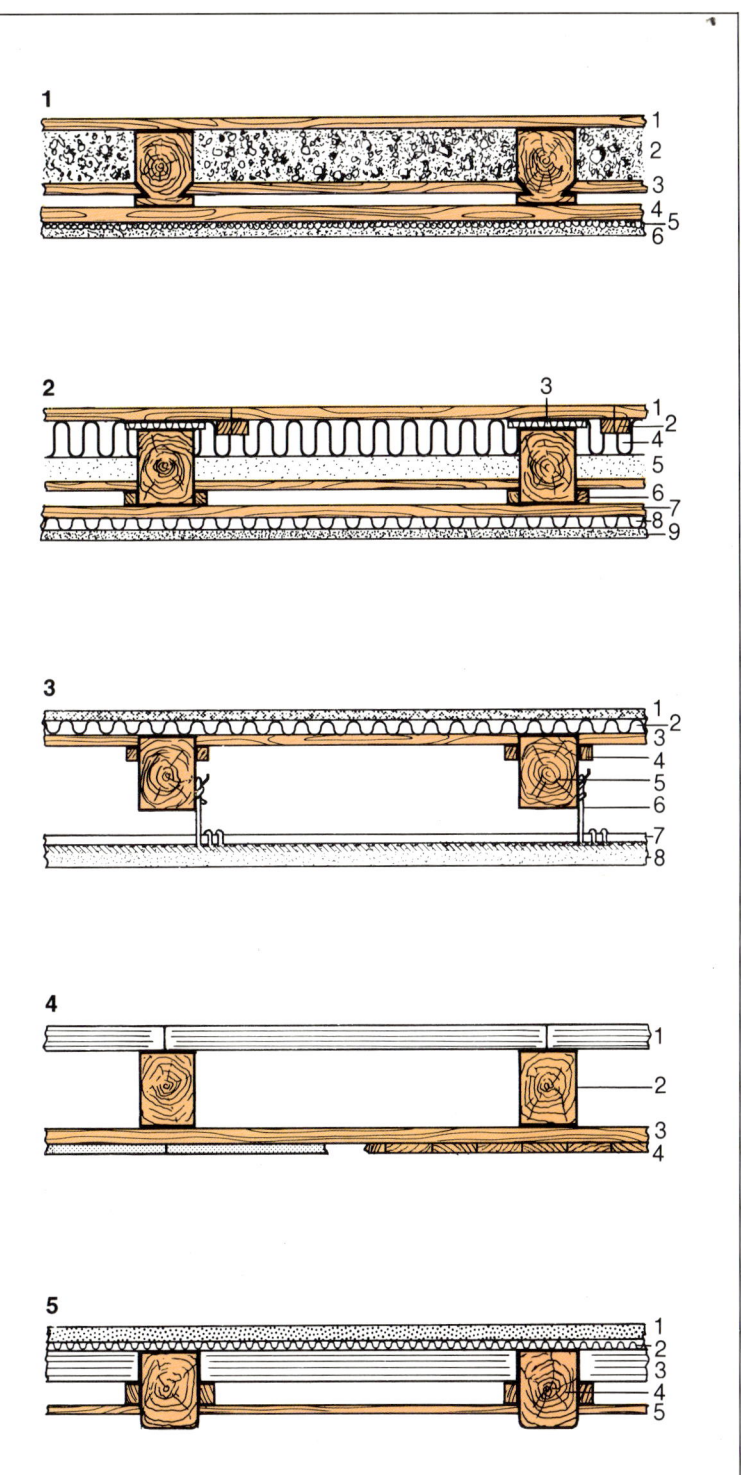

stoffen eine äußerst hohe Wärmeleitfähigkeit besitzt, entstehen bei dieser Konstruktion erhebliche Wärmebrükken. Ist sie Luftfeuchtigkeit ausgesetzt und ist der darüber liegende Raum nicht beheizt, kann es entlang der Träger zur Durchfeuchtung und Schimmelbildung kommen.

Es sollte in diesem Fall auf der warmen Seite eine möglichst dampfdichte Wärmedämmung oder auf der kalten Seite eine dampfdurchlässige, möglichst hohe Dämmschicht angebracht werden.

Holzbalkendecken

Die Wände werden mit Holzbalken überspannt, die als Untergrund für Fußbodenkonstruktion und Deckenverkleidung dienen. Die Balkenzwischenräume werden mit wärme- oder schalldämmenden Stoffen ausgefüllt. Einen herkömmlichen, weitverbreiteten Aufbau einer Balkendecke zeigt Abb. 8.

Aufbau: Der Balkenabstand liegt häufig zwischen 60 und 85 cm, ist allerdings abhängig von der Balkenstärke und der gewünschten Fußbodenkonstruktion. Sollen z.B. Dielenböden direkt auf die Holzbalken verlegt werden, muß bei größerem Balkenabstand die Stärke der Dielen zunehmen, damit sie sich nicht durchbiegen und knarren. Um das Gebäude wirksam zu versteifen, müssen einzelne Balken mit speziellen Stahllaschen in den Außenwänden verankert werden. Außerdem ist für bestimmte Konstruktionen im Wohnungsbau ein Ringanker um die Außenmauer vorgeschrieben, der aus baustahlbewehrtem Ortbeton hergestellt und am einfachsten in U-Schalen (siehe Seite 287, Abb. 7) eingebracht wird. Er dient zur Aussteifung des Gebäudes und der Verklammerung. Zwischen Mauerwerk und Holzbalken soll ein Spalt von etwa 1 cm verbleiben, damit sie „arbeiten" können, entstehende Fugen werden mit dauerelastischer Dichtungsmasse verschlossen. Die Balkenköpfe in Außenmauern werden gut wärmegedämmt. Den Bau einer größeren Holzbalkendecke sollte man nur unter Anleitung eines Fachmanns durchführen.

Fußböden und Deckenverkleidungen: In Abb. 8 ist eine Auswahl von Konstruktionen zu sehen, die je nach Voraussetzung und Anforderungen miteinander kombiniert werden können. Die Verlegung der einzelnen Fußböden wird ab Seite 344 dargestellt.

Wärmedämmung: Kommt es bei einer Holzbalkendecke nur auf die Wärmedämmung an, z. B. bei einer Decke gegen den Speicher, werden die Balkenzwischenräume auf einem Zwischenboden mit Korkschrot, Perlite, Dämmatten oder Dämmplatten ausgefüllt bzw. ausgelegt. Bei der Verwendung von Schüttmaterialien ist häufig das Unterlegen von Baupapieren als Rieselschutz sinnvoll. Wärmedämmung kann sinnvoll mit Maßnahmen der Schalldämmung kombiniert werden.

Schalldämmung: Da die Schalldämmung mit dem Flächengewicht der Decke zunimmt, empfiehlt sich in diesem Fall das Auffüllen der Balkenzwischenräume mit schweren Materialien. Die Tragfähigkeit der Holzbalken setzt jedoch dem Füllungsgewicht Grenzen. Bei Neubauten sollte die spätere Füllung bei der Berechnung der Balkenstärke oder des Balkenabstands bereits bei der Planung berücksichtigt werden.

Möglich ist eine Füllung mit trockenem humusfreiem Sand, der am besten geglüht sein sollte, um Kleinlebewesen und Mikroorganismen abzutöten. Man kann ihn selbst herstellen, indem man ihn in einer alten feuerfesten Wanne über offenem Feuer »röstet« und gut durchrührt.

Gut geeignet, da verarbeitungsfähig erhältlich, sind Schüttungen aus feinkörnigem Blähton mit möglichst hoher Rohdichte.

Geeignet ist auch Ziegelsplitt, den man aus Ziegeleiabfällen selbst herstellen kann, wenn er nicht angeboten wird. Er sollte möglichst feinkörnig sein, damit die Schallwellen nicht durch Hohlräume die Decke durchdringen können. Einfacher ist das Auslegen des Zwischenbodens mit Vollziegelsteinen und dem Verfüllen der Ritzen mit feinem Sand. Mörtelfüllungen sind möglich, doch müssen sie gut gegen die Holzbalken isoliert werden, damit sich das Holz nicht mit Feuchtigkeit vollsaugt und dann verstärkt zu arbeiten anfängt. Mörtelfüllungen müssen gut ausgetrocknet sein, ehe man z. B. Holzfußböden verlegt, da sich diese bei Feuchtigkeitseinwirkung werfen können.

Eine Trittschalldämmung erfolgt über die Unterbrechung des Schallweges, z. B. durch Auflegen der Fußbodentraghölzer auf Kokos- oder Mineralfaserdämmstreifen oder eine schwimmende Fußbodenkonstruktion (siehe dazu Näheres ab Seite 344).

Sanierung von Holzbalkendecken

Eine Sanierung von Holzbalkendecken wird in der Regel bei größeren Umbauarbeiten oder Sanierungsmaßnahmen gleich mit durchgeführt. Doch sollten auch Anzeichen wie größere Putzrisse in der Decke, Durchbiegungen, feuchte Stellen an Fußböden und Decken ernst genommen werden, da sie auf mögliche Schäden hindeuten. Eine einwandfreie Untersuchung der Decken ist nur durch Entfernen der Fußböden oder Deckenverkleidung möglich. In manchen Fällen eignet sich allerdings die Endoskopmethode, die zerstörungsarm arbeitet, weil nur ein kleines Loch in den Bodenbelag gebohrt werden muß. Das Endoskop besteht aus einer Röhre mit einer Lichtquelle und einem optischen System, das das Bild zum Auge weiterführt. Auch eine Entnahme von Bohrkernen kann zur Untersuchung der Balken herangezogen werden.

Geschädigt sind Holzbalkendecken häufig durch Feuchtigkeitseinwirkung, durch tierische Schädlinge und durch Schwammbefall (siehe Seite 149). Morsche Holzbalken müssen ausgetauscht werden. Sind nur die Balken-

köpfe geschädigt, können sie abgesägt, ersetzt und durch seitliche Anlaschung von Bohlen stabilisiert werden. Möglich ist auch der Ersatz der Balkenköpfe durch Kunstharzmörtel.

Schwieriger ist eine Sanierung bei Schädlingsbefall. Die befallenen Balken müssen dann auf ihre Tragfähigkeit untersucht werden.

Hausschwamm befindet sich nicht nur im Holz, sondern auch im Mauerwerk, vor allem in Mörtelfugen. Bei der Sanierung muß bedacht werden, daß das weitere Eindringen von Feuchtigkeit, die der Schwamm zum Wachstum braucht, ausgeschlossen werden muß. Er geht bei Feuchtigkeitsmangel in eine Trockenstarre über, die oft jahrzehntelang andauert. Bei erneutem Vorhandensein von Feuchtigkeit kann der Schwamm wieder auftreten. Das befallene Holz ist in alle Richtungen etwa 1 m über dem sichtbaren Befall hinaus zu entfernen, das verbleibende Holz sollte imprägniert werden. Nötig sind auch das Säubern des Mauerwerks, das Auskratzen der Fugen, das zur Abtötung der Wurzeln erforderliche Erhitzen des Mauerwerks sowie dessen Austrocknung. Ist eine Sanierung des Balkens nicht möglich, nicht wünschenswert, oder besteht erneut die Gefahr des Schädlingsbefalls, so eignen sich Ziegel- und Stahlträgerdecken als Ersatz, da sie mit relativ niedrigem Aufwand selbst ausgeführt werden können.

Schornstein

Der Schornstein hat die Aufgabe, die Verbrennungsgase ins Freie zu befördern. Der Schornsteinzug entsteht dadurch, daß die heißen Gase ein geringeres spezifisches Gewicht haben als die kältere Umgebungsluft. Damit möglichst wenig Wärme ungenutzt verlorengeht, muß der Schornstein genau auf die Heizung abgestimmt sein. Die Abgastemperaturen dürfen im Normalfall 160 °C nicht unterschreiten, da das meist die Versottung des Kamins zur Folge hat (siehe Seite 331). Je 20 °C höhere Abgastemperatur geht etwa 1% der eingesetzten Energie verloren.

Vorschriften

Für den Bau von Schornsteinen gelten

strenge technische Vorschriften hinsichtlich der Verwendung von nichtbrennbaren Baumaterialien und hinsichtlich der Konstruktion. Schornsteinmauerwerk darf nicht geschwächt werden, es dürfen also keine Schlitze geschlagen oder keine Dübel angebracht werden. Leichtbrennbare Stoffe dürfen den Schornstein nicht berühren. Holzbalken müssen mindestens 5 cm von den Schornsteinaußenflächen entfernt sein, Fußbodenbeläge, Sockelleisten und Dachplatten mindestens 1 cm. Wegen der hohen Temperaturschwankungen im Schornstein müssen zu den umgebenden Bauteilen Trennstreifen eingelegt werden.

Die Reinigungsöffnungen müssen leicht zugänglich sein. Die Schornsteinhöhe über Dach richtet sich nach der Dachneigung. Schornsteine sollten möglichst nicht an Außenmauern liegen, da die Schornsteinwände sonst zu stark auskühlen. Dadurch müssen die Abgastemperaturen höher gehalten werden, um eine Versottung zu verhindern.

Es können nicht beliebig viele Wärmeerzeuger an einen Schornstein angeschlossen werden. Wählt man eine Zentralheizung, sollte in jedem Fall ein zweiter Schornstein eingebaut werden, an den Einzelöfen angeschlossen werden können.

In allen Fragen, die mit dem Schornstein zusammenhängen, läßt man sich am besten vom Schornsteinfegermeister ausführlich beraten.

In manchen Fällen können bei Gasheizungen die Abgase direkt über die Außenmauer ins Freie geführt werden. Das kann vor allem bei Modernisierungsmaßnahmen viel Arbeit und Kosten sparen.

Eigenbau von Schornsteinen

Die Errichtung von Schornsteinen aus Mauerziegeln ist für den Heimwerker nicht empfehlenswert, da bei den meisten Querschnitten Teilsteine vermauert werden müssen. Relativ einfach lassen sich Formsteine aus Leichtbeton (Abb. 9) verarbeiten, die es auch mit mehreren Schornsteinzügen und in allen gebräuchlichen Querschnitten gibt. Dazu gibt es Steine mit bereits eingebauten Reinigungsöffnungen und Ofenrohranschlüssen sowie zusätzlichen Entlüftungsschlitzen. Aufgrund der ge-

nau angepaßten Querschnitte und der guten Wärmedämmung können die Abgastemperaturen niedrig gehalten werden. Da Innenecken ausgerundet sind und die Innenfläche sehr eben ist, entstehen weniger Reibungsverluste, wodurch der Zug verbessert wird. Vor allem bei Schornsteingruppen wird zudem Nutzfläche eingespart, weil die Schornsteinwandungen dünner sind. Beim Bau von Schornsteinen ist auf ein ausreichendes Fundament zu achten. Die Fugen der Innenflächen müssen glatt verstrichen werden. Gemauert wird mit Kalkzementmörtel.

Schwierigkeiten bereitet die Ausbildung von frostsicherem Mauerwerk über Dach. Dazu werden unter Dach Auskragungen aus Beton angebracht (Fertigteile), auf denen Formsteine mit frostsicherem Material, z. B. Klinker, ummauert werden. Möglich ist auch die Anbringung eines fertigen Schornsteinkopfes. Dazu wird allerdings ein Kran benötigt.

Die Abdichtung zwischen Schornstein und Dachhaut erfolgt über Kaminbleche. Ein Heimwerker, der sich mit der Metallbearbeitung auskennt, kann das selber machen, ansonsten beauftragt man den Spengler. Die kleine Fuge zwischen Kaminmauerwerk und Blech wird mit geeigneter dauerelastischer Dichtungsmasse ausgepreßt.

Das Schornsteinmauerwerk muß durch eine Abdeckung, z. B. eine Betonplatte, vor Feuchtigkeitseinwirkung von oben geschützt werden.

Bei zweischaligen Schornsteinen muß

9 *Schornsteinfertigelemente mit Schamotterohr und Wärmedämmung.*

zwischen Formteil und Innenrohr oben eine Stahlmanschette angebracht werden, die Dehnung und Schrumpfung ermöglicht.

Versottung eines Schornsteins

Bei Schornsteinen mit zu großem Querschnitt kommt es häufig zur Durchfeuchtung oder sogar zu einer Versottung des Kamins. Die Rauchgase werden durch die Kamininnenflächen zu stark abgekühlt, so daß der Wasserdampf, der sich in den Verbrennungsgasen befindet, kondensiert. Während es bei Gasheizungen nur zur Durchfeuchtung kommt, entsteht bei Ölheizungen an den Schornsteininnenflächen schweflige Säure, die das Mauerwerk zerstört (dazu Näheres auf Seite 404). Diese Versottung ist an der Braunfärbung der Schornsteinaußenflächen erkennbar. Um eine völlige Zerstörung zu verhindern, muß der Querschnitt verkleinert werden. Das geschieht durch die nachträgliche Einführung von säurebeständigen Schamotterohren. Edelstahlrohre eignen sich nur für Gasheizungen und sind nie ganz korrosionsbeständig. Durch die Schornsteinöffnung über Dach werden die Rohrstücke mit Spezialzangen eingeführt. Nicht wärmedämmende Rohrstücke werden mit erhärtender Wärmedämmasse hinterfüllt, mineralwolleummantelte Formstücke mit Abstandshaltern versehen. Bei

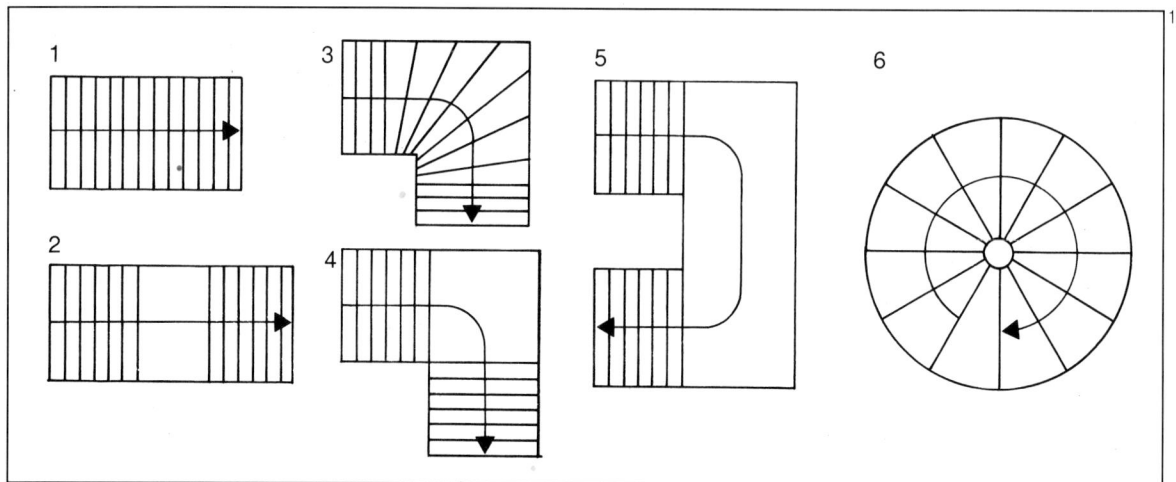

10 Treppenformen:
  1 Gerade Treppe
  2 Gerade Treppe mit
    Podest
  3 Treppe mit Wendelstufen
  4 Winkeltreppe
  5 U-Treppe
  6 Spindeltreppe.

11 Bau einfacher Treppen:
  1 Ausmessen von Treppen und Be-
    rechnung von Stufenhöhen und
    -breiten
    1 Höhe
    2 Treppengrundmaß
    3 Durchgangshöhe
  2 Bezeichnung von Treppenstufen
    1 Trittstufe
    2 Setzstufe
    3 Treppenwange
  3 Einfache Holztreppen
    1 Aufgesattelte Treppe. Die Wan-
      ge wird zugeschnitten, die Tritt-
      stufen werden aufgedübelt
      oder aufgeschraubt.
    2 Gestemmte Treppe mit Trittstu-
      fen (unten) und mit Tritt- und
      Setzstufen (oben). Die Stufen
      werden etwa 2 cm tief in etwa 5
      bis 6 cm breite Wangen einge-
      stemmt.
    3 Die Wangen werden mit durch-
      gehenden Schrauben zusam-
      mengehalten (etwa 10 mm star-
      kes Rundeisen mit Endgewin-
      de oder Gewindestangen).
    4 Prinzip der Auflagerung der Wan-
      gen und der dabei auftretenden
      Kräfte

5 Schalung einer einfachen Betontreppe
6 Fertigteiltreppe
7 Plattenbelag auf Betontreppe, in
  Mörtel gebettet oder verklebt
8 Gemauerte Treppe
  1 Tragfähiger Untergrund, z.B.
    Lehm, Beton
  2 Vollziegel, im Freien frostsiche-
    re Ziegel, z.B. Klinker
  3 Ziegelrollschicht, d.h. hochkant
    gestellte Ziegel
  4 Mörtel, im Inneren Kalkzement-
    mörtel, im Freien Zement oder
    Traßzementmörtel.

letzterer Methode entsteht eine Hinterlüftung, die ein Austrocknen des Kamins begünstigt. Zudem kann der Ka-
mineinsatz später ausgewechselt werden, wenn man z.B. wegen einer Vergrößerung der Heizanlage einen größeren Kaminquerschnitt benötigt, was bei
der Hinterlüftung mit Wärmedämmasse
unmöglich ist.
Die Schamotterohre gibt es auch mit
Rauchrohröffnungen. Schwierig ist es,
die gewünschte Höhe der Öffnung zu
erreichen. Das ist möglich durch eine
genaue Messung mit dem Lot und der
Kürzung des ersten Stücks oder durch
Versetzung des Kaminanschlusses. Ein
Selbstbau lohnt jedoch nur, wenn man
das nötige Werkzeug (Spezialzange,
eventuell Blechhaube zum Hinterfüllen)
ausleihen kann.
Diese Arbeit ist nicht ungefährlich, da
ein Teil des Dachs abgedeckt oder ein

Gerüst angebracht werden muß. Ein
Selbsteinbau kommt also nur in Frage,
wenn man sich sicher auf dem Dach
bewegen kann, eine Dachöffnung herstellen und nachträglich wieder verschließen kann. Eine Absturzsicherung
schreibt die Berufsgenossenschaft vor.

Ofenanschlüsse
Ist ein Ofenanschluß geplant, muß immer vorher der Schornsteinfeger konsultiert werden, ob der Schornstein
überhaupt einen weiteren Anschluß verträgt. Um das Ofenrohr einführen zu
können, muß eine Rohrmanschette eingemauert werden, in die das Rauchrohr
eingeführt werden kann. Es muß darauf
geachtet werden, daß der Querschnitt
dieser Manschette auf den Rohrdurchmesser abgestimmt ist. Ofenanschlüsse am gleichen Schornstein und in der
gleichen Etage, z.B. bei zwei nebeneinander liegenden Zimmern, sollten etwa
50 cm in der Höhe versetzt sein.
Das Schornsteinmauerwerk muß mit
Hammer und Meißel ausgebrochen
werden. Besondere Vorsicht ist bei älteren brüchigen Schornsteinen geboten.
Die Mauersteine werden gesäubert und
eventuell vorgenäßt, die Ecken mit Kalkzementmörtel gerundet. Danach wird
auf den oberen Teil der Rohrmanschette
Mörtel aufgetragen. Sie wird nun so in
die Öffnung eingedreht, daß sie dicht
ist. Innen und außen verstreicht man sie
gut mit Spachtel und Fingern.
Ist der Schornstein bereits mit Schamotterohren ausgekleidet, müssen in

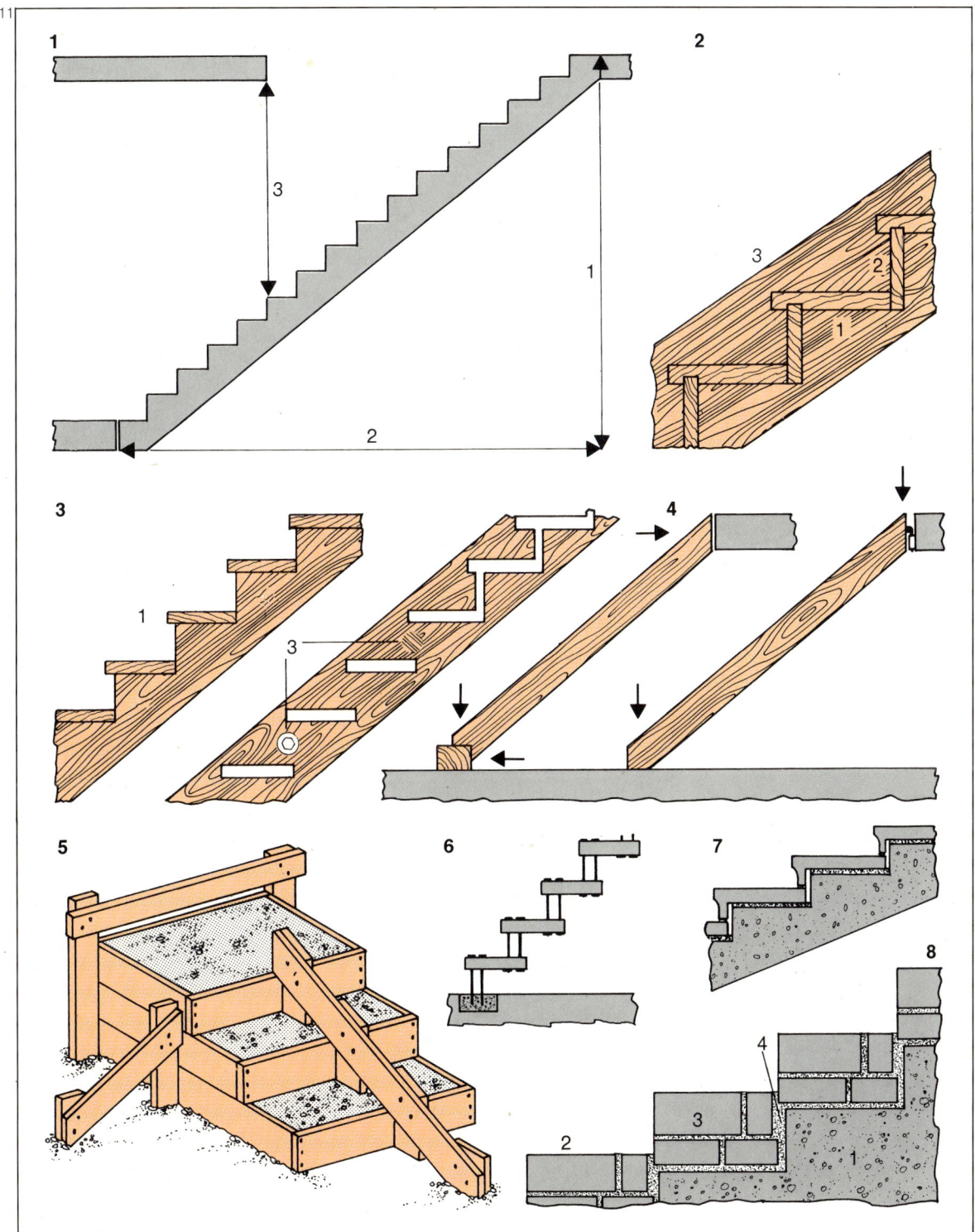

diese Rohre Öffnungen gebohrt werden. Da Schamotte ein sehr hartes Material ist, kann das nur mit speziellen harten Bohrern geschehen.

Treppen und Geländer

Treppen dienen zur Überwindung von Höhenunterschieden innerhalb und außerhalb von Gebäuden. Als Baumaterialien kommen Holz, Natursteine, Mauer-

12 *Reparatur und Renovierung von Treppen, knarrende Treppen:*

1–3 Neue Stufenbeläge

1 Teppichbelag
  1 Stahlprofil als Kantenschutz anbringen
  2 Teppichbelag verkleben

2 Parkett auf ausgetretenen Treppenstufen
  1 Holzprofil anfertigen und befestigen
  2 Ausgetretene Stellen ausspachteln
  3 Spanplatte aufschrauben
  4 Parkett verkleben

3 Teppichbelag auf ausgetretenen Treppenstufen
  1 Holzprofil anfertigen
  2 Spanplatte zuschneiden
  3 Abgetretene Stellen ausspachteln und Spanplatte anschrauben
  4 Teppichbelag verdeckt befestigen
  5 Holzprofil anschrauben und Teppich verkleben

4–6 Knarrende Treppenstufen
  4 Verschrauben und Verspachteln der Schraubstellen von Tritt- und Setzstufe
  5 Hochkeilen der Trittstufe und Verschraubung durch die Setzstufe mittels einer Holzleiste
  6 Einkeilen eines leicht gewölbten Brettstücks

7–8 Knarren an Wangenauflageflächen
  7 Schräge Verschraubung
  8 Verkeilen und Verleimen.

13 *Einfache Treppengeländer.*

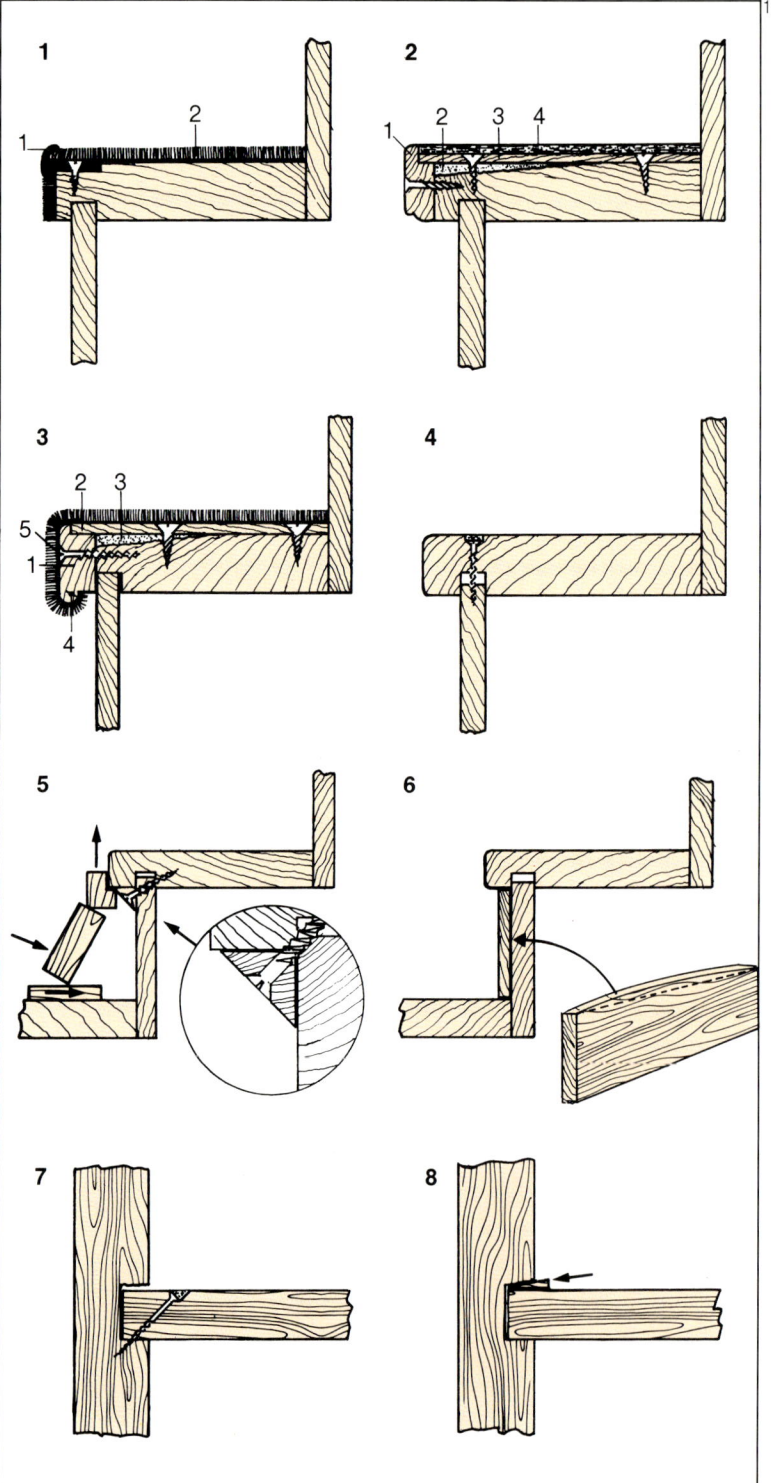

13

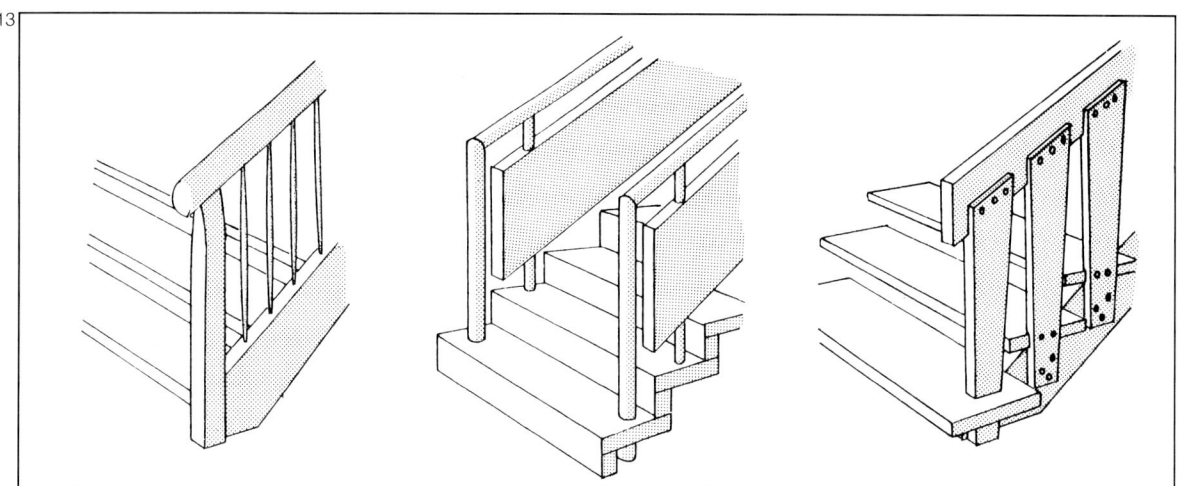

steine, Beton und Metall in Frage. Für Außentreppen, die extremen Witterungseinflüssen ausgesetzt sind, eignen sich Natursteine, Beton und frostbeständige Mauersteine.

Treppenformen
Die Form der Treppe (Abb.10) wird bestimmt durch die Größe des Bauwerks, durch den zur Verfügung stehenden Raum sowie durch die beabsichtigte Nutzung. Man unterscheidet grundsätzlich zwischen Treppen mit geraden und Treppen mit gewendelten Läufen. Gewendelte Treppen beanspruchen bei gleicher Stufenhöhe weniger Grundfläche als gerade Treppen. Sie sind jedoch nicht so sicher und bequem zu begehen, vor allem für Kinder und ältere Menschen. Auch der Transport von Möbelstücken kann größere Schwierigkeiten bereiten. Das gilt insbesondere für Spindeltreppen, die oft mit weniger als einem Quadratmeter Grundfläche auskommen, sich jedoch nur für den Transport kleiner Möbel eignen.

Treppensteigung
Treppen, die häufig benützt werden, sollen bequem begangen werden können, d.h. ohne übermäßige Kraftanstrengung. Stufenhöhe und Auftrittsbreite müssen daher der menschlichen Schrittlänge angepaßt werden. Bleibt sie unberücksichtigt, kann es zu Unfallgefahren durch Stolpern kommen.
Für die Berechnung von Stufenhöhe (s) und Auftrittsbreite (a) werden von Treppenbauern verschiedene Regeln angewendet. Die durchschnittliche Schrittlänge wird mit 63 cm angenommen. Diese Schrittlänge verkürzt sich bei Steigungen um das Doppelte der zu überwindenden Höhe. Die Schrittmaßregel lautet also: Stufenbreite a = 63 cm − 2 × Stufenhöhe. Beispiel: Bei einer Steigung von 17 cm sollte die Stufenbreite etwa 29 cm betragen (a = 63 − 2 × 17 = 29). Die Maße werden als besonders günstig für den Wohnungsbau angesehen. Für die Überwindung von 250 cm werden daher 16 Stufen benötigt. Gemessen wird dabei von der Oberkante des fertigen Fußbodens des unteren Geschosses bis zur Oberkante des fertigen Fußbodens des Obergeschosses. Weicht man allzusehr von der Regel ab, ist die Treppe unbequem oder auch gefährlich zu begehen.
Treppen können auch nach anderen Regeln berechnet werden. Treppen, die nach der Formel a − s = 12 berechnet werden, sind besonders bequem zu begehen (Bequemlichkeitsregel), solche, die nach der Formel a + s = 46 berechnet werden, besonders sicher (Sicherheitsregel).
Man liegt jedoch häufig in der Durchgangshöhe und im Treppengrundmaß fest, so daß man in der Praxis Näherungswerte suchen muß.

Selbstbau von Treppen
Einfache Treppen aus Holz kann man selber bauen. Was dabei beachtet werden muß, ist in Abb.11 dargestellt.
Treppen können auch aus Ziegelsteinen hergestellt werden. Dazu ist jedoch möglicherweise ein ausreichendes Betonfundament nötig (Abb.11).
Der Bau einer freitragenden Betontreppe ist für den Heimwerker nicht durchführbar. Möglich ist jedoch die Herstellung einer Betontreppe auf Erdreich. Wie man sich dazu eine Schalung herstellen kann, ist in Abb.11 dargestellt.
Der Beton, der nicht zu flüssig sein darf, wird in der Regel von unten nach oben eingebracht. In vielen Fällen wird für eine Betontreppe ein Fundament nötig sein. Wie ein solches Fundament aussieht, ist auf Seite 497 in Abb.3 gezeigt.
Für den Selbstbau von Treppen werden eine Fülle von Fertigteiltreppen angeboten, häufig Stahlgerüste mit Stufen aus Holz.

Reparaturen an Treppen
Wie man schadhafte, ausgetretene und knarrende Treppen reparieren kann, zeigt Abb.12.

Handlauf und Geländer
Ein Handlauf soll griffig sein, um Halt und Sicherheit zu gewähren und möglicherweise auch das Treppensteigen zu erleichtern. In der Regel sollen sich Handläufe 90 cm über der Vorderkante der Trittstufe befinden. Einfache Handläufe kann man aus dicken Seilen herstellen, die mit Manschetten am Mauerwerk befestigt werden. Wesentlich aufwendiger sind Handläufe aus Holz oder Metall.
Treppengeländer dienen der Sicherheit 335

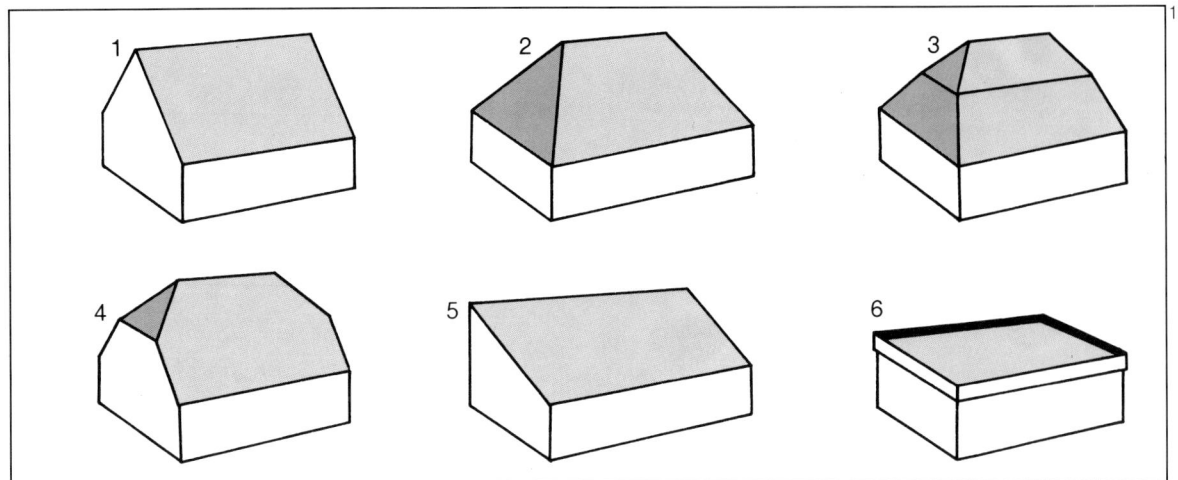

und werden dort gebaut, wo die Treppe nach der Seite offen ist. Einfache Geländer zeigt Abb. 13.

Dach

Das Dach bietet Schutz gegen Regen, Schnee und Wind. Ein Holzdachstuhl hat früher Jahrhunderte überdauert. Die Dachformen waren entstanden aus dem Wechselspiel zwischen den klimatischen Bedingungen, dem vorhandenen Bedachungsmaterial und der Hauptaufgabe, die das Dach erfüllen sollte. Von steilen Dächern lief der Regen schnell herunter, und der Schnee rutschte ab. Wo es keinen Schnee gab, genügten flache Dächer. Flache Dächer trifft man jedoch auch in schneereichen Gegenden an. In diesem Fall soll eine dicke Schneeschicht auf dem Dach in den kalten Wintermonaten als Wärmedämmung wirken. Dafür müssen Dachstühle gebaut werden, die die tonnenschwere Schneelast aushalten.

Das Dach wurde einst mit Naturmaterialien gedeckt, mit Stroh, Holzschindeln, Steinplatten oder Schiefer. Ab dem Mittelalter wurde in Mitteleuropa der Dachziegel aus gebranntem Ton das beherrschende Bedachungsmaterial. Das ist bis ins 20. Jahrhundert so geblieben. Erst die Entwicklung neuer Baustoffe, hier insbesondere des Stahlbetons, hat neue Dachkonstruktionen ermöglicht und damit auch die Dachformen verändert: Es entstanden insbesondere die Bauten mit dem von unten unsichtbaren Flachdach.

Das geneigte Dach mit über 25° Neigung ist steil genug, so daß der Regen abläuft und unter der Dachhaut wirklich alles trocken bleibt. Die Feuchtigkeit aus den Wohnräumen steigt durch die oberste Geschoßdecke in den Speicher, und die Luft im Speicher steht im ständigen ungehinderten Austausch mit der Außenluft, eine optimale Belüftung der Dachhaut. Die Temperaturen auf und unter der Dachhaut unterscheiden sich kaum. Ist es draußen kalt, ist es auch unter der Dachhaut kalt, weshalb man hier von einem Kaltdach spricht.

Dächer mit einer Neigung unter 15° bezeichnet man als Flachdach. Hier sind Dachhaut und Wärmedämmung meist miteinander verbunden. Das Dach mit der Wärmedämmung liegt unmittelbar auf der obersten Geschoßdecke, unter die eine Dampfsperre eingebaut werden muß, damit die Feuchtigkeit aus den Wohnräumen die Wärmedämmung nicht durchfeuchtet und damit zerstört und wirkungslos macht. Diese Art von Flachdach wird als Warmdach bezeichnet.

Zwischen diesem einschaligen Warmflachdach und dem steilen zweischaligen Kaltdach gibt es inzwischen eine Mischform, die vor allem daraus entstanden ist, daß der Speicher immer mehr als Wohnraum genutzt wird, was voraussetzt, daß auch durch den Wind keine Feuchtigkeit und kein Staub unter die Dachhaut gelangen (Verschalung, Unterspannbahnen) und die Dachhaut

zugleich wärmegedämmt ist. Das Problem bei diesen Konstruktionen ist die Belüftung der Dachhaut.

Die wichtigsten Dachformen sind in der Abb. 14 zu sehen.

Dachstuhl

Der Dachstuhl dient zur Auflage der Dachabdichtung. Er muß diese Lasten aufnehmen können und an das Mauerwerk übertragen. Die Errichtung des Dachstuhls ist in der Regel Zimmermannsarbeit. Da für die Montage mehrere Personen nötig sind, können freiwillige Helfer die Lohnkosten senken.

Vor allem für kleinere und einfache Dachkonstruktionen bieten Holzbaufirmen komplette Bausätze an, die vom Bauherrn entweder selbst oder unter Aufsicht einer Firmenfachkraft montiert werden können. Die Montage ist mit einfachem Werkzeug und mit einfachen Holzverbindungen möglich (Nägel, Schrauben, Metallwinkel).

Auf eine eingehende Beratung hinsichtlich der Ausbildung der Auflager (Beton- oder Mauerwerkskonstruktion) des Firstmauerwerks sowie des Umgangs mit den Befestigungsmaterialien und auf eine Bauanleitung sollte großer Wert gelegt werden.

Ein einfaches Pultdach zeigt Abb. 21. Die Sparren werden mit Nägeln befestigt, möglich ist eine Befestigung auch mit Holzverbindern (siehe Seite 201, Abb. 152).

Ziegeldach decken

Auf dem Dach darf nur arbeiten, wer

14 *Dachformen:*
  1 Satteldach
  2 Walmdach
  3 Mansardwalmdach
  4 Krüppelwalmdach
  5 Pultdach
  6 Flachdach.

15 *Doppeldeckung mit Biberschwanz-ziegeln.*

16 *Deckung mit Flachdachpfannen: Die waagerecht verlaufenden Falze verhindern das Eintreiben von Regen und Flugschnee bei flachgeneigten Dächern.*

17 *Deckung mit Betondachsteinen (Eternit).*

schwindelfrei ist und sich absolut sicher auf Latten und Dachdeckerleitern bewegen kann. Eine Sicherung gegen Absturz ist vorgeschrieben und dringend zu empfehlen. Absturzsicherungen müssen immer am Sparren, sie dürfen niemals an morschen Dachlatten oder brüchigem Kaminmauerwerk befestigt werden.

Bei allen Arbeiten am Dach muß so sorgfältig vorgegangen werden, daß kein Dachziegel oder Werkzeug herunterfällt. Bewohner und Passanten müssen durch entsprechende Hinweisschilder oder Absperren des Gehweges auf die nie ganz auszuschließende Gefahr aufmerksam gemacht werden, daß etwas herunterfallen könnte.

Zur Entscheidung über die Konstruktion der Dachhaut, zur Beurteilung der Frage, welche Dachziegel für das konkrete Dach geeignet sind, für die richtige Berechnung des Bedarfs an Dachziegeln und des Abstandes der Dachlatten sollte man eine fachkundige Beratung in Anspruch nehmen. Das Dachdecken ist gefährlicher und setzt mehr handwerkliche Kenntnisse voraus, als man im allgemeinen annimmt. Deshalb beschränkt sich generell die Arbeit des Heimwerkers am Dach auf die regelmäßige Wartung und die Durchführung kleinerer Reparaturen.

Dachziegelsorten: Dachziegel sind unterschiedlich geformte Platten mit einer Nase an der Rückseite, mit der die Dachplatte an die Dachlatte gehängt wird. Sie bestanden früher ausschließlich aus gebranntem Ton oder Lehm.

Heute werden sie sehr häufig aus Beton gefertigt, der ziegelrot eingefärbt ist; aber auch andere Farben sind erhältlich.

Die wichtigsten Dachziegelsorten, die bei uns Verwendung finden, sind die Biberschwänze, die Flachdachpfannen und die Falzziegel. Wie sie aussehen und wie mit ihnen gedeckt wird, zeigen die Abb. 15 bis 17. Zu allen Ziegelsorten gibt es Sonderformen: Firstziegel, Lüftungsziegel, Ortgangziegel sowie Teilgrößen für Dachausgänge und Dachanschlüsse.

Verschalung: Bis zu einer Neigung von 25° muß das Dach verschalt oder mit einer Unterspannbahn abgedichtet werden, damit keine Feuchtigkeit von außen unter das Dach gelangt. Die Verschalung ist heute auch bei Dächern mit größerem Neigungswinkel üblich, wenn sie später ausgebaut werden sollen. Unterspannbahnen sind wasserdichte, fadenverstärkte Kunststoffolien, Bitumenbahnen mit Gewebeeinlage oder spezielle Baupapiere. Sie werden frei über den Sparren gespannt und angeheftet, und zwar parallel zur Traufe mit einer Überlappung von 10 bis 15 cm. Meist wird über der Unterspannbahn auf den Sparren eine Konterlattung angebracht.

Bei verschalten Unterdächern werden meist 24 mm dicke Bretter auf die Sparren genagelt und Bitumen- oder Kunststoffbahnen oder spezielle Baupapiere (zu diesen Materialien ab Seite 101) mit Dachpappennägeln darauf befestigt. Werden die Bretter mit kleinem Fugenabstand verlegt, so kann Kondenswasser leichter verdunsten, wenn es sich zwischen Schalung und Abdichtung bildet.

Da sich auch zwischen Dachhaut und Abdichtung Kondenswasser bilden kann, muß eine Be- und Entlüftung zwischen Traufe und First möglich sein. Die Belüftung ist ausreichend, wenn auf der Verschalung eine Konterlattung angebracht wird, an der Traufe Entlüftungsschlitze freigelassen und am First Entlüftungsziegel angebracht werden. Die Entlüftung kann beim Trockenfirst auch direkt über die Firstziegel erfolgen. Belüftet werden muß auch der Raum zwischen Verschalung und Dämmschicht (Abb. 20).

Lattung: Dachziegel werden meist auf Holzlatten verlegt. Zwar bieten Hersteller von Wärmedämmaterialien auch Dachkonstruktionen an, auf die die Dachziegel entweder direkt in ausgesparte Nuten oder auf Metalleisten, die am Dämmstoff befestigt sind, aufgelegt werden, doch liegen keine ausreichenden Erfahrungen über die Haltbarkeit dieser Konstruktionen vor.

Der Querschnitt der Holzlatten ist abhängig von der gewählten Dachsteindeckung, d.h. dem Gewicht der Dachziegel, und beträgt meist 3 × 5 cm. Die Dachlattung wird entweder direkt auf den Sparren aufgebracht und am Ende auf die Mitte des Sparrens gestoßen oder auf der Konterlattung, wenn eine Hinterlüftung erforderlich ist. Die verwendeten Drahtstifte müssen eine ausreichende Länge haben, damit Lattung und Deckung zuverlässig festgehalten werden.

Der Abstand zwischen den Latten muß überall gleich sein, was man am besten mit einer Lehre erreicht. Sie müssen genau waagerecht verlaufen.

Der Abstand der Dachlatten richtet sich nach der Dachneigung und nach der Art der verwendeten Werkstoffe. Manche Dachziegel sind in ihrer Überdeckung von ihrer Form her festgelegt, manche lassen eine Veränderung zu. Die Mindestüberdeckung darf dabei aber nicht unterschritten werden.

Die Latte am First muß so angebracht werden, daß Firstziegel einwandfrei aufgelegt werden können. Der Abstand vom Sparrenende ist abhängig von der Nasenlänge und von der Ausbildung als Trocken- oder Naßfirst. Er beträgt in der Regel 3 bis 5 cm.

Sparrenlänge und Dachvorsprung werden bei der Planung so festgelegt, daß sich Länge und Breite der Dachflächen in ganze Ziegelbreiten aufteilen lassen.

Traufe: Die Ausbildung des unteren Teils des Dachs hängt davon ab, ob eine direkte Einleitung des Wassers in die Dachrinne möglich ist oder über ein Traufblech erfolgen soll.

First (Abb. 18, 19): Die Ausbildung des Firstes ist bei einigen Dachsteinen als Trockenfirst möglich. Die Firststeine werden dabei nur mit einer Klammer an einer Firstlatte befestigt, die mit einem Firstlattenhalter am Sparren festgenagelt wird. Der unbelüftete First wird mit einem Klebeband abgedichtet. Eine Belüftung ist mit einem Kunststoffprofil möglich. Firstziegel werden jedoch meist in ein Kalkzementmörtelbett verlegt. Die Verfugung muß sehr sorgfältig geschehen, weil ein Eindringen von Wasser zur Absprengung von Mörtelteilen und langfristig zur Lockerung des Firstziegels führt. Firstziegel werden so verlegt, daß sie gegenüber der Wetterseite möglichst wenig Angriffsfläche bieten.

Ortgänge: Der Abschluß der Deckung zur Giebelseite wird als Ortgang bezeichnet. Er kann auf verschiedene Weise ausgebildet werden, z. B. durch Auflegen der Dachlatten auf das Mauerwerk, durch Überstand und unterseitige Holzverkleidung. Für letztere Konstruktion stehen Ortgangpfannen zur Verfügung (Abb. 20). Ortgangpfannen sollten durch Nagelung der Klammern gegen Sturm gesichert werden.

Dachsanierung

Dachstuhl und Dacheindeckung müssen alle paar Jahre sorgfältig auf Schäden geprüft werden, denn solange der Schaden nur gering ist, kann er mit geringem Aufwand beseitigt werden.

Schäden am Dachstuhl: Sie treten auf durch Feuchtigkeit und Schädlingsbefall. Sind einzelne Dachbalken nur an bestimmten Stellen durchfeuchtet, und haben sie ihre Tragkraft verloren, kann man sich häufig eine Menge Geld sparen, wenn man jeweils zwei Bohlen seitlich anlascht und die Balken so wieder stabilisiert (Abb. 21). Das Thema Holzschädlinge und Holzschutz ist ab Seite 149 dargestellt.

Schäden an der Dachhaut: Sie treten auf durch schadhafte Dach- und Firstziegel und häufig an der Abdichtung des Kamins. Einfach ist die Auswechslung schadhafter Ziegel, wenn man sie von vorne vornehmen kann. Die benachbarten Ziegel werden dabei etwas angehoben. Muß man das Dach öffnen, weil größere Flächen schadhaft sind oder sich die Ziegel gegen das Auswechseln von innen sperren, ist Vorsicht geboten. Man sollte auf das Angurten dann nicht verzichten. Sind viele Dachziegel schadhaft, so empfiehlt sich das streifenweise Umdecken des Dachs.

Bei Biberschwanzziegeln tritt häufig der Fall ein, daß der neu einzusetzende Ziegel nicht paßt. Er muß dann schmaler gemacht werden, entweder mit der

18 *Firstdeckung in Mörtel (Naßfirst).*

19 *Trockenfirst mit Betondachsteinen:*
   1 Firststein
   2 Firstklammer
   3 Firsteinleger
   4 Firstlatte
   5 Firstlattenhalter
   6 Firstendscheibe
   7 Firstlüftungsprofil.

18

Trennscheibe oder indem man ihn auf das Dachdeckereisen legt und mit dem Metallstiel des Dachdeckerhammers einen schmalen Streifen abschlägt.

Beim Umdecken des Dachs sollte man auch gleich die Nagelung der Dachlatten prüfen und mit verzinkten Nägeln nachnageln.

Flachdach

Als Flachdach bezeichnet man Dächer mit einer Neigung unter 15°. Auch hier muß wie bei einem Steildach für die Abführung der Niederschlagsfeuchtigkeit gesorgt werden. In der Regel erfolgt die Abdichtung durch das Verkleben von mehreren Bitumenbahnen. Diese müssen ausreichend überlappt und stoßversetzt verlegt werden. Damit die Abdichtung auch lückenlos funktioniert, kommt es auf die richtige Verarbeitung der Materialien an.

Ist das Dach völlig eben, z.B. als Betondecke ausgebildet, muß vorher ein Gefälleestrich mit einem Gefälle von mindestens 3 cm pro Meter verlegt werden.

Die Entwässerung erfolgt häufig über Dachrinnen, doch ist über Einläufe auch eine Entwässerung innerhalb der Dachfläche möglich. Von großer Wichtigkeit ist auch die Herstellung von dichten Anschlüssen, z.B. bei einer Angrenzung an Mauerwerk.

Wesentlich schwieriger wird eine Flachdachkonstruktion, wenn die darunter befindlichen Räume beheizt und bewohnt werden. Dann ist eine Wärmedämmung erforderlich, die am besten zwischen Dach und Bitumenabdichtung aufgebracht wird. Gut geeignet für diese Dämmung sind stark belastbare Materialien aus extrudiertem Polystyrol. Da diese Dämmschicht und die darüberliegenden Bitumenbahnen praktisch eine Dampfsperre darstellen, muß auch auf der Raumseite an der Decke eine

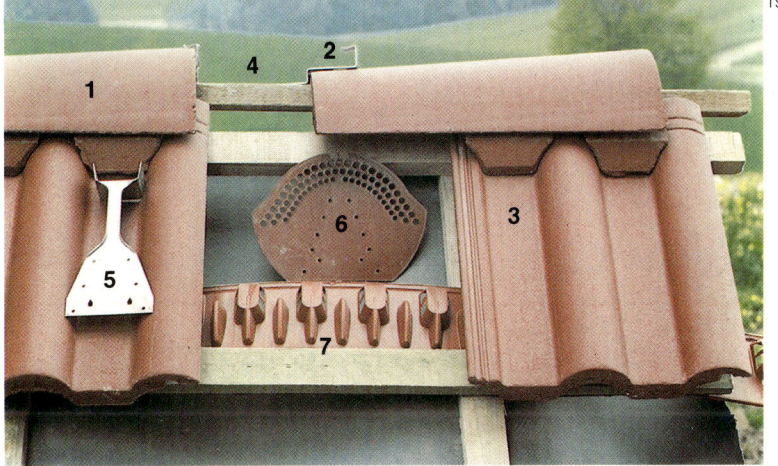

19

Dampfsperre angebracht werden, da es sonst zur Durchfeuchtung von Decke und Dämmstoff kommt.

Die Bitumenbahnen können sich im Sommer stark aufheizen und dadurch brüchig und undicht werden. Man deckt sie daher mit rundkörnigem Schotter ab, auf den wiederum Plattenbeläge aufgebracht werden können.

Wer selber ein solches Flachdach bauen will, sollte sich vorher gründlich informieren, da solche Konstruktionen sehr schadensanfällig sind. Dasselbe gilt auch dann, wenn Schäden auftreten, da häufig selbst Dachdecker und Architekten über zuwenig Wissen hinsichtlich des Dachaufbaus besitzen.

Einen Überblick über einzelne Flachdachkonstruktionen und die wichtigsten Mängel und Abhilfemaßnahmen bietet die Zeitschrift »test« Nr. 11/85. Wo an Flachdächern Fehler gemacht werden können und wie man sie vermeiden kann, zeigt der Band »Schwachstellen. Bd. 1: Flachdächer, Dachterrassen, Balkone« (Seite 537).

Dachrinne

Dachrinnen werden aus Kunststoff, Stahlblech, Kupferblech und Aluminium angeboten, wobei die verzinkten Stahlblechprofile zur Korrosion neigen, daher häufiger gestrichen und ausgebessert werden müssen.

Rinnenstücke: Man legt sie in Rinnenhalter ein, die am Dachsparren befestigt werden (Abb. 22). Pro Meter sollte mindestens ein Gefälle von 3 mm eingehal-

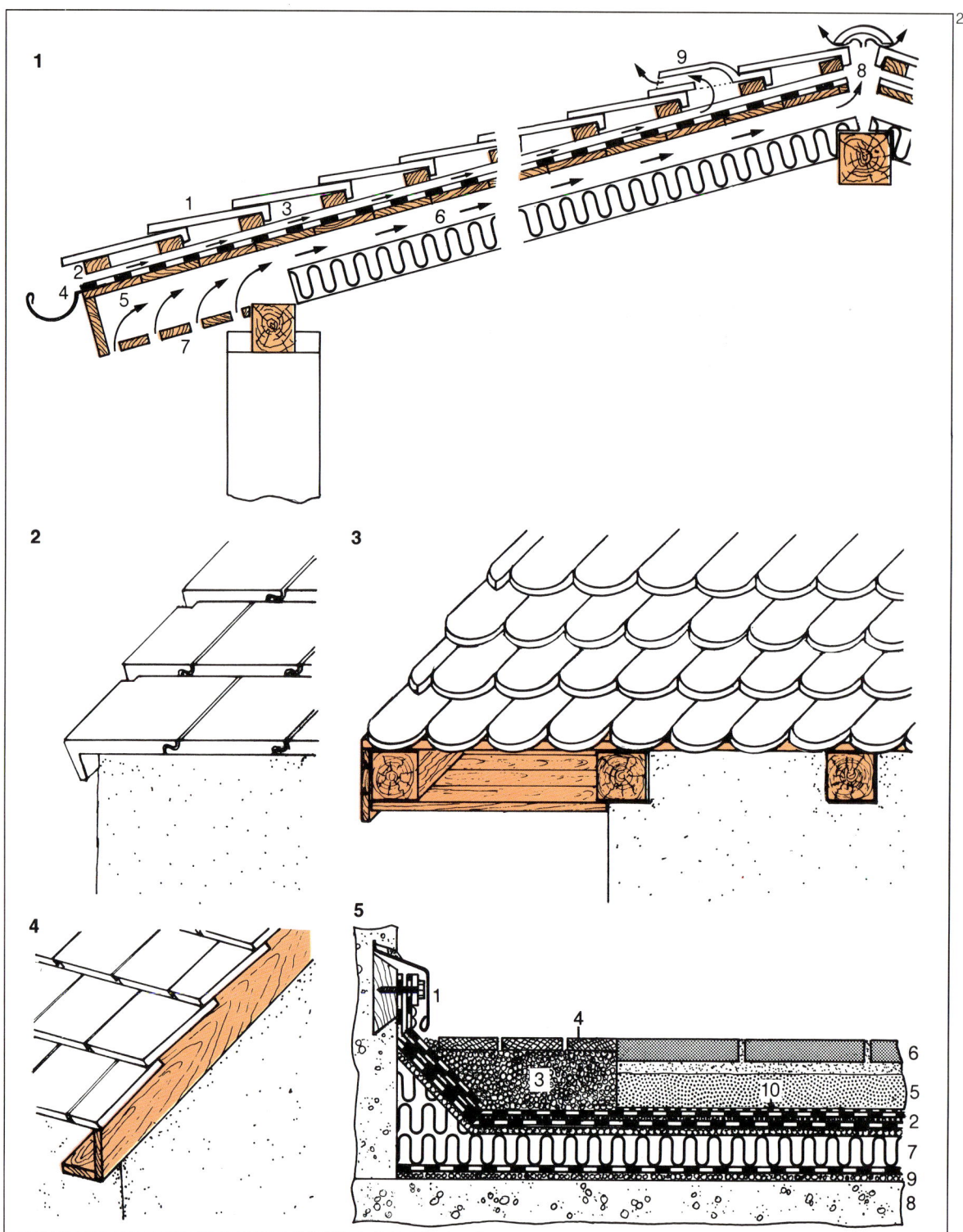

20 Dachaufbau, Hinterlüftung, Ortgang-
　ausbildung:
　1 Hinterlüftung der Dachkonstruk-
　　tion
　　1 Dachziegel
　　2 Lattung
　　3 Konterlattung
　　4 Unterspannbahn
　　5 Verschalung
　　6 Dachsparrenzwischenraum
　　7 Belüftung der Dachsparrenzwi-
　　　schenräume über Aussparun-
　　　gen in der Verkleidung
　　8 Entlüftung über Trockenfirst und
　　　Firstlüftungsprofil
　　9 Be- und Entlüftung des Zwi-
　　　schenraums zwischen Dachzie-
　　　geldeckung und Unterspann-
　　　bahn über Entlüftersteine
　2 Ortgangausbildung durch Aufle-
　　gen der Dachsteine auf Mauer-
　　werk
　3 Ortgangausbildung und Verklei-
　　dung bei überstehendem Dach
　4 Ortgangausbildung mit gezähnter
　　Abdeckleiste
　5 Flachdach
　　1 Wandanschlußblech
　　2 Verklebte Dichtungsbahnen
　　3 Abdeckung mit Rundkorn-
　　　schotter (Rollkies)
　　4 Pflasterbelag auf Rollkies
　　5 Estrich
　　6 Pflaster im Mörtelbett
　　7 Dämmplatte
　　8 Betondecke
　　9 Kleberschicht
　　10 Gleitschicht für Dehnungen
　　　des Estrichs (Folie)

21 Pultdach und Dachsanierung,
　1a Aufbau eines Pultdaches.
　1b Detailpunkte
　　1 Pfette mit Maueranker
　　2 Nagel
　　3 Einkerbung des Sparrens
　2 Stabilisierung von nicht mehr aus-
　　reichend tragfähigen Holzbalken
　　durch seitliches Anlaschen von
　　Bohlen
　3 Einziehen eines Stützbalkens und
　　Befestigung mit Holzlaschen oder
　　Holzverbindern
　4 Stabilisierung eines Balkens mit
　　Stahlschiene.

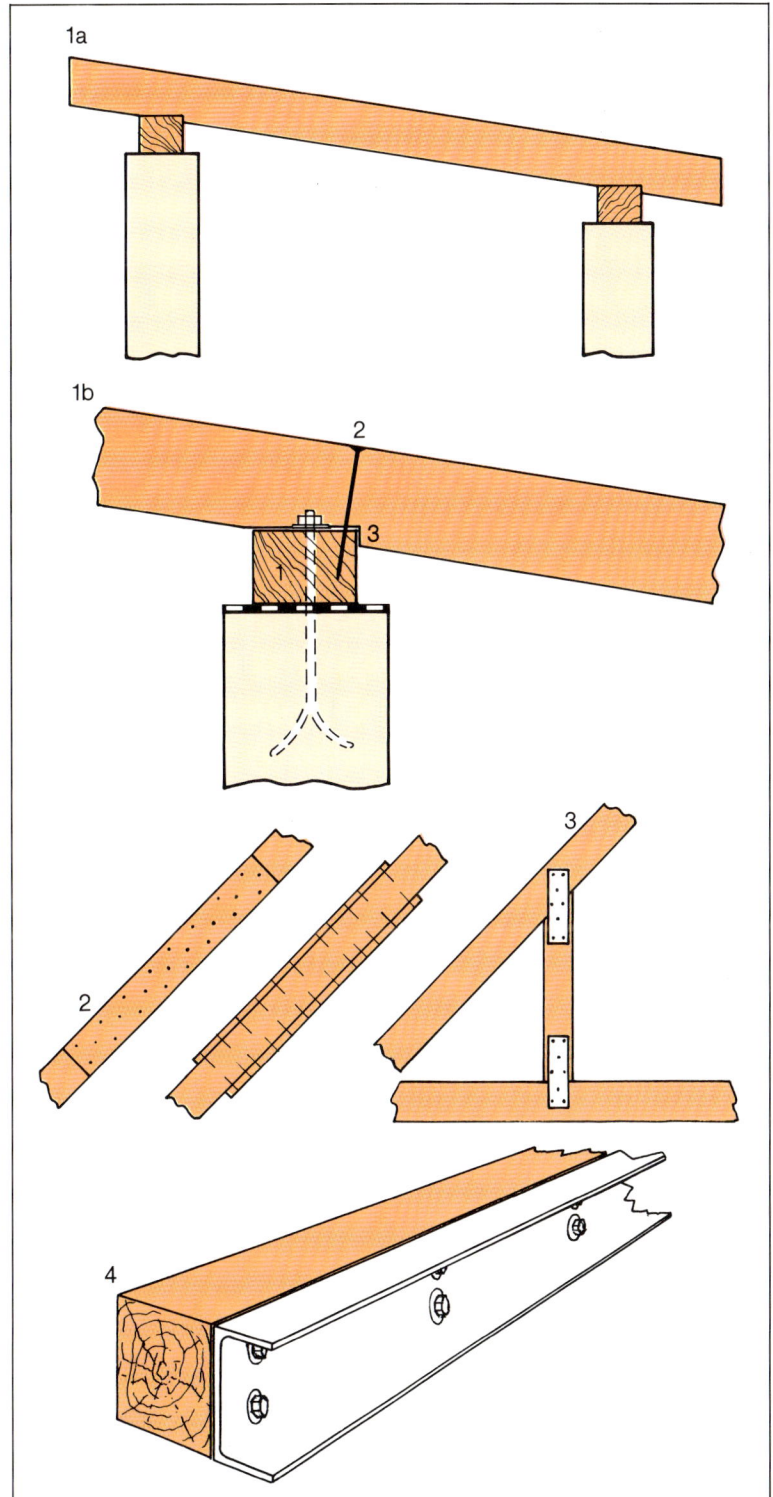

21

341

22

22 *Dachrinnen und Zubehör:*
  1 *Rinne*
  2 *Rinnenboden*
  3 *Rinneneisen mit Federn zur Befestigung der Rinne*
  4 *Stutzen*
  5 *Fallrohr*
  6 *Schelle*
  7 *Bogen*
  8 *Regenablauf zum ebenerdigen Einbau mit Laubfangkorb (Kessel).*

23 *Verfugen von Sichtmauerwerk:*
  1 *Fuge 1 cm tief auskratzen.*
  2 *Bündige Verfugung: Sehr gute Lösung*
  3 *Gerundete Verfugung: Gute Lösung*
  4 *Überstehender Fugmörtel führt zur Durchfeuchtung und zu Frostschäden.*
  5 *Auch hier ist Durchfeuchtung möglich*
  6 *Schlechte Haftung des Fugmörtels.*

ten werden. Zuerst werden der erste und der letzte Halter befestigt, danach die dazwischenliegenden mit Hilfe einer gespannten Schnur ausgerichtet. Der Abstand der Rinne vom Haus sollte mindestens 3 cm betragen, die Außenkante der Rinne sollte etwa 1,5 cm tiefer liegen, damit überlaufendes Wasser nicht das Mauerwerk durchfeuchtet.
Die Verbindung der einzelnen Rinnenteile erfolgt je nach Grundmaterial durch spezielle Verbindungsklammern mit eingearbeiteten Dichtungen, durch Verkleben der Nähte oder durch Löten und Nieten. Es muß darauf geachtet werden, daß sich die Rinnen dehnen können. Also müssen möglicherweise bei starren Verbindungen Dehnungsprofile eingearbeitet werden. Der Übergang von der Dachfläche zur Dachrinne kann durch ein Traufblech überbrückt werden, das mit speziellen Haken an der Dachverschalung festgehalten wird.
Fallrohre: Man befestigt sie mit Rohrschellen in einem Abstand von 2 bis 3 m an der Wand. Gekrümmte Rohrstücke und Muffen ermöglichen die Richtungsänderung der Fallrohre. Gegen die Verstopfung hilft ein spezieller Laubfänger, der in die Öffnung des Fallrohrs eingesteckt wird.

Wartung der Regenrinnen: Sie empfiehlt sich meist im Herbst, weil dann zugleich Laub und Moosbewuchs entfernt werden können. Verzinkte Stahlblechrinnen müssen in größeren Zeitabständen vor allem innen, aber auch außen gestrichen werden. Angerostete Stellen werden mit Stahlbürste und Schleifpapier vorbehandelt. Für innen empfehlen sich spezielle Zinkgrundierungen. Ist noch keine Korrosion vorhanden, sind Teeranstriche als Schutzanstrich geeignet.

Reparatur: Kleinere undichte Stellen werden ausgeschnitten und mit einem Paßstück verlötet oder verklebt. Zur Reparatur können auch selbstklebende Dichtungsbandagen eingesetzt werden. Größere Teile muß man absägen und ersetzen. Sie werden entweder verlötet oder mit geeigneten Verbindungsstücken verbunden.

Arbeiten an der Fassade

Die Fassade ist neben Dachform und Anordnung von Fenstern und Türen das wichtigste äußere Gestaltungselement eines Gebäudes. Sie hat die Aufgabe, das Mauerwerk vor Feuchtigkeit zu schützen und so vor der Zerstörung zu bewahren.

Putz
Die für Außenmauern geeigneten Putze sowie ihre Verarbeitung werden auf Seite 294 und 304 dargestellt. Die Sanierung von Mauerwerk wird auf Seite 322 beschrieben; was man bei der Ausbesserung oder Erneuerung von Putzen auf geschädigtem Mauerwerk beachten sollte, findet sich auf Seite 323.

Anstriche
Anstriche dienen der Verschönerung;

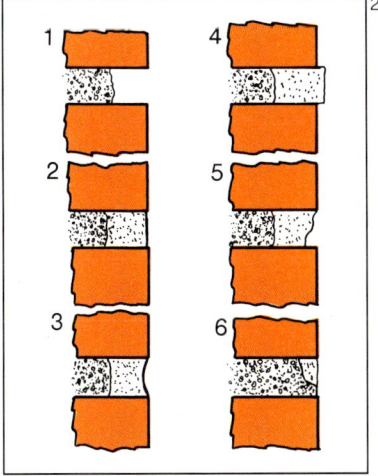

daneben unterstützen sie den Putz bei seiner Aufgabe, das Mauerwerk zu schützen. Welche Anstriche in Frage kommen und wie sie verarbeitet werden, ist im Kapitel »Anstriche« dargestellt.

Bei Neubauten sollte auf einen konstruktiven Fassadenschutz geachtet werden, d.h., das Mauerwerk sollte durch ausreichende Dachüberstände vor der Witterung möglichst gut geschützt werden. Denn dauernd feuchte Außenflächen begünstigen den Moosbefall, der vor Ausführung eines neuen Anstrichs mit chemischen Mitteln bekämpft werden muß. Verwenden sollte man bei neuen Fassadenanstrichen möglichst dampfdurchlässige Farben. Zwar kommt es häufig bei den meist kunststoffvergüteten Außenfarben beim ersten Anstrich zu keinen Schäden, doch können mehrere Farbschichten so dampfbremsend wirken, daß das Mauerwerk durchfeuchtet und langfristig stark geschädigt wird.

Sichtmauerwerk
Die Ausbildung von Sichtmauerwerk an Fassaden erfordert frostsichere Materialien wie Vormauerziegel oder Verblendersteine aus Kalksandstein. Gemauert wird mit feuchtigkeitsunempfindlichem Mörtel wie Kalkzementmörtel. Verfugt wird bei Außenmauern mit Zementmörtel (1 Raumteil Zement, 3 Raumteile Sand), dem zur besseren Verarbeitbarkeit Kalk zugegeben wird, oder mit Traßkalkmörtel, im Innenbereich auch mit Kalkzement- oder Kalkmörtel.

Die Fugen werden bereits beim Aufmauern mindestens 1,5 cm tief ausgekratzt (Abb. 23).

Man sollte mit dem Verfugen warten, bis die Setzungsbewegungen abgeklungen sind, da sonst der Fugmörtel herausgequetscht wird.

Die Fugen werden sorgfältig von Mörtelresten gereinigt und vorgenäßt. Mörtel mit zu hohem Bindemittelanteil reißt und wird undicht, zu magerer Mörtel erreicht nur eine geringe Festigkeit. Der Mörtel sollte plastisch sein, damit er sich gut mit der Fugenkelle einstreichen läßt.

Ein Zement- oder Kalkschleier wird mit einem Tuch entfernt. Die Fassade muß später meist mit sauberem Wasser, durch leichtes Überschleifen der Steine oder mit Spezialreinigern gereinigt werden.

Hinterlüftete Fassade
Eine außenseitige Wärmedämmung mit Holz-, Schindel- oder Zementplattenverkleidung wird als hinterlüftete Fassade bezeichnet (siehe dazu Seite 396, Abb. 11, und Seite 371). Das Grundprinzip ist einfach, doch sollte größte Sorgfalt auf die Auswahl des richtigen Befestigungsmittels gelegt werden, da das Gewicht der Konstruktion inklusive Verkleidung beachtlich sein kann. Die Verkleidung erfolgt durch Holzverbretterung (siehe Seite 371, Abb. 15), wobei man unten eine Tropfkante ausbilden sollte (dazu Seite 500, Abb. 6.9a), durch Faserzementplatten oder Holzschindeln.

TROCKENBAU,
INNENAUSBAU, RENOVIERUNG

Innenausbauarbeiten sind Arbeiten, die den Rohbau bewohnbar machen oder den bewohnbaren Raum erweitern, z.B. durch den Ausbau des Kellers oder Dachraums. Viele dieser Arbeiten werden im Trockenbauverfahren durchgeführt, d.h. man verwendet vorgefertigte Teile, die im wesentlichen »trocken« verarbeitet werden, z.B. Gipskarton-, Span- und Sperrholzplatten. Auch Maßnahmen des Wärme- und Schallschutzes gehören zu den Trockenbauarbeiten.

Fast alle Arbeiten können auch anfallen, wenn Wohnungen oder ganze Gebäude modernisiert oder renoviert werden sollen. Dargestellt werden in diesem Kapitel im wesentlichen Konstruktionsmöglichkeiten für verschiedene Aufgabenstellungen. Die Be- und Verarbeitung von Baustoffen wird ab Seite 281 dargestellt, die von Dämmstoffen ab Seite 85, die Wahl geeigneter Befestigungsmittel wie Nägel, Schrauben und Dübel ab Seite 47, die von Klebern ab Seite 80, Anstriche ab Seite 107. Besonders wichtige Heimwerkertätigkeiten wie das Legen des Estrichs, das Tapezieren und Fliesenlegen sind in diesem Kapitel umfassend dargestellt.

Die Heizungs-, Gas-, Wasser- und Elektroinstallationen sowie das Setzen von Fenstern und Türen werden in eigenen Kapiteln behandelt.

Fußböden

Mit keinem anderen Teil eines Gebäudes steht der Mensch in einem solch engen Kontakt wie mit dem Fußboden. Sein Aufbau und seine Oberflächengestaltung sind daher von außerordentlicher Bedeutung. Ein Fußboden soll tragfähig, eben, leicht zu reinigen, fußwarm, in manchen Fällen feuchtigkeitsunempfindlich sein und ästhetisch befriedigen. Fußböden über dem Erdreich müssen vor Feuchtigkeit und Kälte von unten schützen, Fußböden über bewohnten Räumen sollen eine wirksame Trittschalldämmung besitzen.

Dargestellt werden in diesem Abschnitt alle Fußbodenbeläge und die Herstellung aller Untergründe, die für den Heimwerker in Betracht kommen. Einen Überblick über unterschiedliche Fußbodenkonstruktionen gibt Abb. 2.

Bei Altbaumodernisierungen ist unter

Umständen der Einzug einer neuen Tragkonstruktion wünschenswert. Geeignete Möglichkeiten werden auf Seite 327 dargestellt.

Estrich

Der Estrich ist ein auf einem tragenden Untergrund oder auf einer zwischenliegenden Trenn- oder Dämmschicht aufgetragener ebener Fußbodenbelag. Der Estrich dient entweder direkt als Nutzfläche, z.B. in Kellern, Speichern oder Garagen, oder als Unterboden für Fußbodenbeläge wie Teppiche, Fliesen, aber auch für einige Arten von Holzfußböden. Estriche können je nach Aufbau auch Aufgaben des Feuchtigkeitsschutzes und der Wärme- und Schalldämmung erfüllen.

Verbundestriche liegen unmittelbar auf dem tragenden Untergrund wie Betondecken, Gasbetonboden oder Ziegeldecken. Verbundestriche sind dort geeignet, wo keine besonderen Anforderungen an den Feuchtigkeitsschutz, an Wärme- und Schalldämmung gestellt werden. Nur die Luftschalldämmung wird aufgrund der erhöhten Flächenmasse etwas verbessert.

Soll der Estrich vor aufsteigender

Feuchtigkeit oder die Rohdecke vor Feuchtigkeit aus Naßräumen geschützt werden, wird der Estrich auf einer Trennschicht in Form einer Feuchtigkeitssperre verlegt.

Ein schwimmender Estrich wird auf einer Dämmschicht aufgebracht. Er hat keine Verbindung zur Rohdecke und den Wänden, schwimmt also gleichsam auf der Dämmschicht. Verwendung finden spezielle Trittschalldämmplatten, wenn es vor allem um den Trittschallschutz geht, oder belastbare Wärmedämmstoffe, wenn der Wärmeschutz im Vordergrund steht.

Verbundestrich: Soll mit dem Estrich eine vorgeschriebene Höhe erreicht werden, empfiehlt es sich, diese Höhe an den Wandflächen zu markieren. Bei Rohbauten ist in der Regel in jedem Raum ein Meterriß angebracht, der die Höhe von 1 m über der Oberkante des Fertigbodens markiert. Dieser Meterriß wird mit der Schlauchwaage oder auch dem Richtscheit an alle Wandflächen übertragen. Von den einzelnen Markierungen wird dann die gewünschte Estrichhöhe heruntergemessen. Fehlt dieser Meterriß, können zur Einmessung auch Hilfshöhen angelegt werden.

Im Normalfall reicht jedoch das Auslegen von Lehren aus (Abb.1). Um eine gleichmäßig ebene Oberfläche zu erzielen, legt man im Abstand von etwa 1 m gerade Kanthölzer aus und stellt mit Richtscheit, Wasserwaage, nötigenfalls mit unterlegten Holzkeilen eine genau horizontale Linie her. Soll nicht die gesamte Bodenfläche mit einem Estrich bedeckt werden, werden Begrenzungen aus Kanthölzern hergestellt und durch Verkeilen oder Annageln von Laschen gesichert, damit sie nicht durch den Druck der Mörtelmasse verschoben werden.

Üblich ist die Herstellung von Estrich aus Zement, Sand und Wasser. Bei einer Estrichstärke von 3,5 bis 5 cm, die den meisten Anforderungen gerecht wird, werden Zement und Sand im Verhältnis von 1:3 gemischt, wobei Sand mit einer Körnung von 0 bis 8 mm verwendet wird. Je stärker der Estrich wird, um so größere Körnung – bis zu 16 mm – und um so mehr Sand – bis zu 5 Raumteilen auf einen Raumteil Zement – kann verwendet werden.

Dem Zement-Sand-Gemisch wird nur

1 *Abziehen einer Estrichfläche.*

wenig Wasser zugegeben. Der fertige Estrichmörtel ist erdfeucht und im Verhältnis zum Putzmörtel trocken (siehe Seite 293, Abb.18). Es muß sehr gründlich gemischt werden, damit keine Kies- oder Zementnester im Estrich bestehenbleiben. Ist der Estrich zu naß, bilden sich an der Oberfläche Wasserstellen, so daß nicht ausreichend geglättet werden kann und die Oberfläche nach dem Abbinden des Wassers rauh bleibt.

Der Verbundestrich wird in einer Stärke von mindestens 3,5 cm aufgebracht. Die beste Verbindung mit Betonuntergrund wird erreicht, wenn der Estrich kurz nach dem Anziehen des Unterbetons aufgebracht wird. Das wird jedoch nur in den seltensten Fällen möglich sein. Alle Mörtelreste, Farb- und Bauschuttreste auf der Rohdecke müssen mit Hammer, Spachtel und Besen sorgfältig entfernt werden, damit eine genügende Haftung möglich ist. Die Oberfläche muß so eben sein, daß der Estrich überall eine Mindestdicke von etwa 3,5 cm erreicht. Größere Unebenheiten und größere Löcher werden mit einem Ausgleichsestrich aus Zementmörtel beseitigt. Die ausgeglichenen Stellen müssen vor dem Aufbringen des Estrichs gehärtet sein. Anschließend wird der Untergrund so weit vorgenäßt, bis er kein Wasser mehr aufnimmt. Auf den feuchten Untergrund wird eine Zementsandschlämme aus verdünntem

Estrichmörtel mit einem rauhen Besen so eingefegt, daß die Besenstriche möglichst noch zu sehen sind. Ist eine Betonoberfläche, auf die der Estrich aufgebracht werden soll, sehr glatt, sollte sie mit einem geeigneten Haftmittel eingestrichen werden.

Der Estrichmörtel wird nun etwa 1 cm über Lehrenhöhe eingefüllt und mit der Kelle oder dem Schaufelrücken verdichtet. Es sollte dabei in Abschnitten gearbeitet werden. Der überschüssige Estrichmörtel wird mit dem Abziehbrett, das auf die Lehren gestellt wird, in einer Zickzackbewegung abgezogen (Abb.1). Vertiefungen werden ausgebessert und erneut abgezogen. Danach entfernt man die Lehren und füllt die zurückbleibenden Hohlräume mit Mörtel. Der Mörtel muß gut verdichtet werden und wird mit einem geraden Brett abgezogen. Die ebene Estrichfläche reibt man nun mit dem Reibebrett ab, wodurch vor allem die Oberflächenschichten nachverdichtet werden. Die endgültige Glättung erfolgt mit der Traufel oder besser mit einer Estrichkelle (siehe Seite 282, Abb.2). Sie wird mit einer Kante aufgelegt, eine Kante hebt man leicht an. Da die Spitze der Estrichkelle leicht nach oben gebogen ist, entstehen beim Glätten keine Grate. Durch das Glätten reichert sich Bindemittel an der Oberfläche an, so daß die Poren geschlossen werden und die Oberfläche glatt und glänzend wird.

Wenn man eine besonders glatte Oberfläche wünscht, wird die Oberfläche mit Zement eingepudert und dieser mit der in Wasser getauchten Glätt- oder Estrichkelle in die feuchte Oberfläche so eingerieben, daß der Zement durchfeuchtet wird und sich eine glänzende Oberfläche bildet.

Zum Abreiben und Glätten muß die Estrichfläche nochmals betreten werden. Estrichleger benutzen dazu zwei Schemel mit dünnen Metallfüßen zum Daraufstehen und können sich so auf der Fläche bewegen, ohne den Estrich wesentlich zu beschädigen. In der Regel genügt auch ein Kniebrett von etwa 50 bis 60 cm Größe oder eine geeignete Bohle, vorausgesetzt, daß der Estrich nur mit der unbedingt notwendigen Menge an Wasser angemacht worden ist.

Der Estrich muß, nachdem er leicht erhärtet ist, befeuchtet und mindestens

7 Tage lang durch Abdecken mit Folien feucht gehalten werden. Er sollte während dieser Zeit nicht betreten werden.

Grenzt der Fußboden an eine feuchte Mauer, muß er von der Mauer mit einer Bitumenpappe isoliert werden.

Estrich auf Trennschicht (Abb.2): Soll auf einen Betonboden, der an das Erdreich grenzt, ein Estrich verlegt werden, der absolut trocken bleiben muß, weil der Raum z.B. als Wohnraum genutzt werden soll, werden auf den Unterboden Bitumenbahnen ausgerollt, etwa 10 cm überlappt und an den Rändern bis zur Oberkante des Estrichs hochgezogen. Da der Estrich nicht direkt mit dem Unterboden verbunden ist, sollte er hier mit mindestens in 4 cm Stärke ausgeführt werden.

Der Unterboden muß wie beim Verbundestrich gesäubert werden. Spitze Steine und Grate müssen entfernt werden, damit die Trennschicht nicht beschädigt wird. Die Trennschicht darf aus diesem Grunde auch nur auf Holzbohlen befahren und begangen werden.

In Räumen, in denen sich sehr viel Feuchtigkeit bildet, kann es passieren, daß durch Fliesenfugen Estrich und Unterboden durchfeuchtet werden. Hier muß man entweder geeignete Polyethylenfolien auslegen, etwa 10 cm überlappen und mit einem Quellschweißmittel verschweißen oder die Bitumenbahn mit Kaltkleber an den Kanten verkleben. Zur Isolierung von erdberührenden Fußböden siehe auch Seite 319.

Estrich auf Dämmschicht (schwimmender Estrich) (Abb.2): Schwimmende Estriche kommen in Frage, wenn besonderer Trittschallschutz oder Wärmedämmung erwünscht ist.

Für den Trittschallschutz kommen nur spezielle Trittschalldämmplatten in Betracht. Sie haben in der Regel eine Stärke von etwa 2 bis 3 cm und werden auf der Basis von Mineralfasern, Kokosfasern und Polystyrol angeboten. Dämmstoffe, die für den Trittschallschutz geeignet sind, müssen das Zeichen »T« auf der Produktinformation aufweisen. Trittschalldämmplatten tragen in gewissem Umfang auch zum Wärmeschutz bei. Eine Verbesserung der Luftschalldämmung wird nur bei Mineralwolle oder Kokosfaserprodukten erreicht. Kunststoffplatten verbessern die Luft-

schalldämmung nicht, da sie spröde sind und daher die Schallwellen weiterleiten.

Ist vor allem Wärmeschutz gewünscht, so werden ausreichend belastbare Wärmedämmplatten größerer Stärke verwendet. Dadurch wurden bei Mineral- und Kokosfaserprodukten zugleich ein ausreichender Trittschallschutz und eine verbesserte Luftschalldämmung erreicht.

Auch Fußbodenheizungen werden mit schwimmenden Estrichen versehen.

Dämmschichten dürfen nicht auf erdberührenden, feuchten Fußböden aufgebracht werden, da sonst das Dämmmaterial feucht wird und dadurch die Dämmwirkung aufgehoben wird. Das gleiche gilt für den Kontakt zu einer feuchten Mauer. In diesen Fällen muß eine Feuchtigkeitssperre in Form einer verschweißten Kunststoffolie oder von verklebten Bitumenbahnen zwischengelegt werden.

Die Dämmschicht muß mit einer wasserundurchlässigen Schicht, z.B. Ölpapier, abgedeckt werden, damit eine Durchfeuchtung des Dämmstoffs beim Aufbringen des Estrichs vermieden wird. Außerdem verhindert diese Trennschicht, daß Mörtel in den Dämmstoff eindringt und möglicherweise Schall- oder Wärmebrücken entstehen. Es muß so sorgfältig gearbeitet werden, daß die Trennschicht nicht beschädigt wird. Sie soll deshalb nur auf Bohlen begangen werden. Der schwimmende Estrich darf auch keinen Kontakt zur Wand haben. Am Rand werden daher Randdämmstreifen angebracht, um eine Schallübertragung zu vermeiden und eine Wärmedehnung bei Fußbodenheizungen zu ermöglichen.

Liegt der Fußboden über kalten Räumen oder offenen Durchfahrten, so sollte bei Verwendung von Mineralwolle und Kokosfasern eine Dampfsperre in Form von Kunststoffolien oder verklebten Bitumenbahnen über der Mineralwolle eingezogen werden. Sonst kann es in der kalten Jahreszeit zur Kondensation von Wasserdampf und dadurch zur Durchfeuchtung des Dämmstoffs kommen.

Faserdämmstoffe drücken sich bei der Belastung etwas zusammen. Das muß bei der Verarbeitung berücksichtigt werden. Da der Estrich keinen Kontakt zum Unterboden hat, wird er bei Belastung

2 *Fußbodenkonstruktionen:*
  1–5 Fußböden auf tragenden Decken
  1 Schwimmender Estrich
    1 Teppichbelag
    2 Estrich
    3 Schutzschicht, z.B. Ölpapier
    4 Dämmschicht, z.B. Trittschalldämmplatte
    5 Betondecke
  2 Trittschalldämmender Dielenboden
    1 Dielenbretter
    2 Kanthölzer
    3 Streifen aus Trittschalldämmplatten
    4 Betondecke
  3 Estrich auf Holzbalkendecke
    1 Fliesen- oder Plattenbelag
    2 Estrich
    3 Schutzschicht, z.B. Ölpapier
    4 Belastbare Wärme- oder Trittschalldämmplatte
    5 Schalungsbretter
    6 Holzbalken
    Weitere Konstruktionen für Holzbalkendecken siehe Seite 329
  4 Trockenestrich auf Fußbodenheizung
    1 Ziegeltonplatten mit Nut und Feder (Erolit-Trockenestrich)
    2 Fußbodenheizungsrohre in Dämmschicht
    3 Betondecke
  5 Ausgleich eines schiefen Dielenbodens
    1 Teppichbelag
    2 Spanplatten
    3 Schüttmaterial, z.B. Perlite, Blähschiefer
    4 Alter Dielenboden
    5 Holzbalken
  6–8 Erdberührende Fußböden
  6 Holzfußboden
    1 Dielenbretter
    2 Kanthölzer
    3 Sperrschicht, z.B. Bitumenpappe
    4 Betonschicht, etwa 10 cm dick
    5 Schotterschicht
    6 Erdreich
  7 Estrich mit Feuchtigkeitsisolierung
    1 Estrich
    2 Sperrschicht, z.B. Bitumenpappe
    3 Betonschicht, etwa 10 cm dick
    4 Schotterschicht

5 Erdreich
6 Mauerwerk
8 Fußboden auf Holzbalken
  1 Neuer Dielenboden
  2 Dämmschicht
  3 Alter Dielenboden
  4 Holzbalken
  5 Sperrschichten
  6 Mauerpfeiler
  7 Putz
  8 Mauerwerk
  9 Erdreich.

auch auf Biegung beansprucht. Die Estrichstärke sollte deshalb zur Vermeidung von Rißbildung und starker einseitiger Belastung mindestens 4,5 cm betragen.

Armierter Estrich: Die Gefahr, daß ein Estrich reißt, wird wesentlich verringert, wenn eine Estricharmierung eingebracht wird. Im Notfall sind auch schon Maschendrahtbahnen verwendet worden, besser ist es jedoch, spezielle Armierungsgitter zu verwenden (Seite 211, Abb. 3). Die Gefahr der Rißbildung besteht vor allem bei schwimmenden Estrichen. Fliesenböden können schon bei kleinen Rissen aufplatzen, während Risse unter einem lose ausgelegten Teppichbelag nicht sichtbar sind. Der Estrich muß in diesem Fall in zwei Arbeitsgängen aufgebracht werden. Das Gitter wird in der unteren Hälfte des Estrichs eingelegt, etwa in der Höhe von einem Drittel der Gesamtestrichdikke. Die Gitter werden an den Rändern

mit Drähten so verbunden, daß ein einheitliches, unverschiebbares Gittergewebe auf der gesamten Fläche aufliegt.

Traßzement- und Traßkalkestriche: Sie werden von Baubiologen anstelle von reinen Zementestrichen empfohlen. Diese Estriche gelten als atmungsaktiver und besser feuchtigkeitsregulierend. Traßkalkestriche erreichen jedoch bei einem Mischungsverhältnis von 1:3 nur eine geringe Festigkeit. Durch Erhöhung des Bindemittelanteils auf 1:2 entsteht so fetter Mörtel, daß mit der Bildung von Schwindrissen zu rechnen ist. Traßkalkestriche können daher als schwimmende Estriche nicht empfohlen werden und als Verbundestriche nur dort, wo keine hohe Festigkeit erreicht

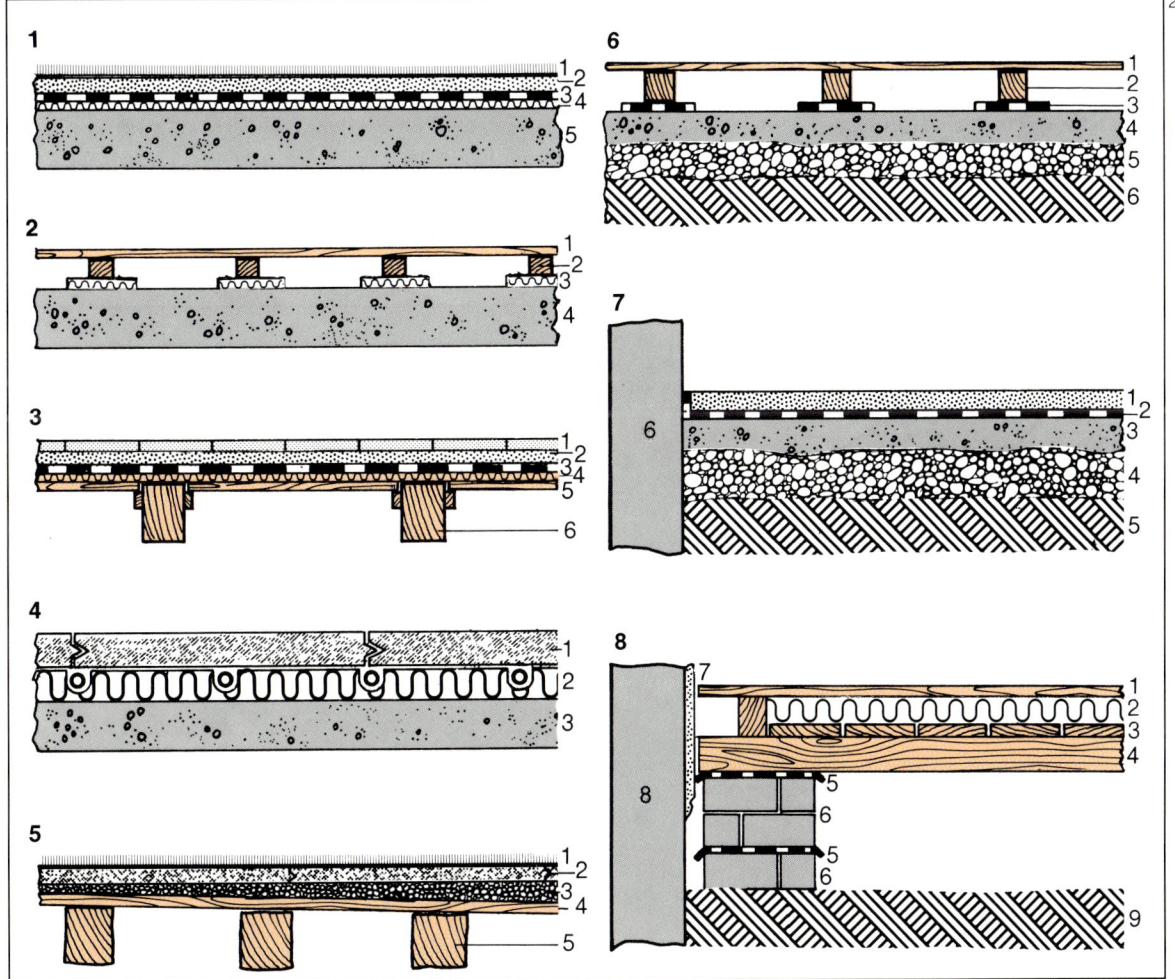

werden muß. Traßzement- und Traßkalkestriche müssen länger feucht gehalten werden. Traßkalkestriche erreichen erst nach einer längeren Wartezeit von etwa 4 Wochen eine Festigkeit, die Schäden beim Weiterarbeiten ausschließt.

Estrich mit Gefälle (Gefälleestrich): Gefälleestriche sind dann nötig, wenn große Mengen an Wasser schnell abgeführt werden sollen, z. B. in der Waschküche.

Man führt sie in der Regel als Verbundestriche aus. Dabei werden die Estrichlehren sternförmig mit einem Gefälle von 2%, d. h. 2 cm pro Meter zum Ablauf geführt.

Dehnungsfugen: Estrichplatten können nicht in beliebiger Größe ausgeführt werden, da es durch Dehnungen und Schrumpfungen zu Rißbildung kommt. Die Größe einer Platte sollte 30 m², auf Fußbodenheizungen 25 m² und außerdem eine Länge von 6 m nicht überschreiten. Die frei gelassenen Dehnungsfugen von etwa 1 cm Breite kann man mit dauerelastischer Dichtungsmasse füllen oder mit Spezialprofilen abdecken. Sie dürfen mit Plattenbelägen nicht überklebt werden.

Estriche auf Holzbalkendecken (Abb. 2): Sie sind immer problematisch, da Holz arbeitet. Es gibt allerdings Ausführungen von Estrichen auf Holzbalkendecken, die lange Zeit ohne Schäden geblieben sind.

Auf keinen Fall darf der Estrich auf Balken und Bretter aufgebracht werden. Gute Ergebnisse lassen sich nur dann erzielen, wenn eine Zwischenschicht in Form von Trittschalldämmplatten eingebracht wird, die kleinere Bewegungen des Untergrunds auffangen kann. Eine Armierung ist hier in jedem Fall zu empfehlen. Großer Wert sollte darauf gelegt werden, daß eine Durchfeuchtung der Holzkonstruktion vermieden wird. Die Dämmschicht muß also in Naßräumen durch Belegen mit verschweißten Folien oder verklebten Bitumenbahnen sehr gut abgedichtet werden.

Ein gewisses Risiko besteht immer, so daß solche Estriche von Fachfirmen in der Regel nicht ausgeführt werden.

Reparatur alter Estrichflächen: Wurde dem Estrich zuwenig Bindemittel zugesetzt, oder wurde die Oberfläche durch die Zugabe von zuviel Wasser rauh, fängt sie an zu bröseln. Abhilfe schafft hier ein Härter oder ein spezieller An-

strich, der auf die Oberfläche aufgetragen wird.

Ist der Estrich durch starke Beanspruchung abgenutzt, uneben und somit nicht geeignet für das Verlegen von Fliesen, kann die Oberfläche mit Fließestrich überzogen werden. Fließestrich ist ein fertiger Estrich auf Zementbasis mit Kunststoffzusätzen, der selbst verläuft und nur mit der Traufel geglättet werden muß. Er kann auch in einer Stärke von wenigen Millimetern aufgetragen werden. Herstellerinformationen über Eignung und Verarbeitung sollten beachtet bzw. angefordert werden.

Haarrisse, feine Risse an der Oberfläche, die durch Schwinden bei der Trocknung entstanden sind, brauchen nicht verfüllt zu werden.

Ist der Estrich in der ganzen Stärke durchgerissen, muß der Riß repariert werden. Der Riß wird verbreitert, senkrecht zum Riß werden Rillen eingefräst oder schmale Spalten mit Hammer und Meißel hergestellt. Darin legt man Sanierklammern ein und vergießt alle Fugen mit einem speziellen Kunstharzmörtel.

Trockenestriche

Tragfähige ebene Flächen, die ohne Verwendung von nassem Mörtel im Trockenbauverfahren hergestellt werden können, werden als Trockenestriche bezeichnet. Sie verursachen bei der Herstellung wesentlich weniger Schmutz und sind schon kurze Zeit nach der Verlegung begeh- und somit nutzbar. Sie sind daher besonders für Modernisierungsmaßnahmen geeignet.

Angeboten werden Platten auf Gipsbasis, die umlaufend mit Nut und Feder ausgestattet sind, zugesägt und verleimt werden. Neben einfachen Werkzeugen wie Hammer und Säge sind Montagehilfen zum Zusammentreiben der Platten zu empfehlen, da diese Elemente sonst an den Kanten leicht beschädigt werden. Für Naßräume empfehlen die Hersteller mit chemischen Mitteln behandelte Platten. Ebene Flächen können auch mit Ziegelelementen hergestellt werden, die ebenfalls umlaufend Nut und Feder besitzen und mit einem Spezialkleber zusammengefügt werden (Abb. 2). Genauere Informationen über die Verarbeitung und Eignung liegen in Merkblättern vor oder sollten bei den Herstellern angefordert werden.

Spanplatten

Mit Spanplatten läßt sich ein ausreichend ebener und belastbarer Fußboden herstellen, der als Untergrund für Teppiche, Kunststoffbeläge und Klebeparkett, in Ausnahmefällen auch für Fliesenbeläge, geeignet ist. Das Aufbringen von Fliesen birgt immer ein gewisses Risiko wegen der unterschiedlichen Festigkeit und des unterschiedlichen Schwingungsverhaltens. Fliesen auf Spanplatten sind auf keinen Fall geeignet, wenn der Untergrund durch Rütteln stark beansprucht wird, z. B. durch Waschmaschinen.

Wird ein sehr ebener Fußboden gewünscht, sollten immer Spanplatten mit Nut und Feder verwendet werden. Für Naßräume sind nur epoxydharzverleimte Spanplatten geeignet. Formaldehydgebundene Spanplatten in der Wohnung müssen der niedrigsten Schadstoffemissionsklasse angehören.

Spanplatten sind vor allem für Wohnungsrenovierungen geeignet, da sie sich mit wenigen Werkzeugen bearbeiten lassen und bei ihrer Bearbeitung relativ wenig Schmutz anfällt. Bei der Verlegung von Spanplatten sollte immer ein Verlegeplan erstellt werden, um unnötige Abfälle zu vermeiden.

Spanplatten mit Nut und Feder werden stoßversetzt durch Zwischenlegen eines weichen Schlagholzes zusammengetrieben, und zwar immer von der Nutseite her, damit die empfindliche Feder nicht beschädigt wird.

Ausgleich unebener Dielenböden: Soll auf alten Dielenböden mit wenig Aufwand eine ebene Oberfläche hergestellt werden, so können Spanplatten einfach

3 *Holzfußböden:*
1 *Landhausdiele*
2 *Lamellenparkett*
3 *Mosaikparkett*
4 *Stabparkett (oben roh, unten versiegelt)*
5 *Korkparkett*
6 *Lärchendiele (gewachst)*
7 *Renovierung eines alten Dielenbodens. Alte Farbschichten (links) wurden abgehobelt, die Oberfläche geschliffen (Mitte) und mit Naturharzöl imprägniert und gewachst (rechts). Alte Nagellöcher werden mit passendem Holzkitt verspachtelt.*

aufgeschraubt werden. Die Platten sollen stoßversetzt quer zur Verlegerichtung der alten Fußbodenbretter verlegt werden. Ein Unterlegen von Baufilz dämmt den Trittschall. Kleinere Wellen oder Neigungen können durch aufgeleimte Holzstreifen ausgeglichen werden. Können die Spanplatten vollflächig aufliegen, werden dünnere Platten verwendet. Sollen sie Wellen oder Neigungen ausgleichen, sollten mindestens 21 mm starke Platten gewählt werden.

Zu bedenken ist, daß durch das Aufschrauben der Platten der Untergrund viele Löcher bekommt und deshalb später kaum noch zu verwenden ist. Möglich ist auch eine Verlegung durch Verleimen von Nut und Feder. Die

Spanplatten können zwar nur noch ausgebaut werden, indem sie fast völlig zerstört werden, doch bleibt der Unterboden unbeschädigt.

Schwimmende Verlegung: Die Spanplatten haben dabei keinen Kontakt zum Untergrund, sie schwimmen auf einer Dämmschicht von Trittschalldämmplatten, belastbaren Wärmedämmplatten oder geeignetem Schüttmaterial. Eine schwimmende Verlegung ist möglich auf Rohbetondecken, Holzbalkendecken, aber auch auf alten Bretterböden.

Eine Verlegung auf Trittschalldämmplatten und Wärmedämmplatten ist nur möglich bei ebenen Untergründen, da die Spanplatten vollflächig auf der Dämmschicht aufliegen sollen. Mit

Schüttmaterialien lassen sich Unebenheiten leicht ausgleichen, weshalb sie für solche Konstruktionen häufiger in Frage kommen.

Als Schüttmaterialien kommen bituminiertes Perlite sowie spezielle Blähton- und Blähschieferschüttungen in Betracht.

Wird Schüttmaterial auf Holzbalkendecken aufgebracht, muß ein festes Baupapier oder eine Folie untergelegt werden, damit das feinkörnige Material nicht in die Zwischenräume des Fehlbodens rieselt. Die Mindestschütthöhe richtet sich nach den Empfehlungen des Herstellers und beträgt häufig 2 bis 4 cm. Um eine horizontale Oberfläche zu erhalten, werden Lehren in Form von Kanthölzern ausgelegt, mit der Wasser-

3

waage ausgerichtet und möglicherweise stellenweise unterkeilt. Das Schüttmaterial schüttet man zwischen den Lehren aus, verdichtet es durch Rütteln und zieht es mit einem Richtscheit ab. Danach werden die Lehren herausgenommen, die Zwischenräume verfüllt und abgezogen. Dieses Verfahren kann immer nur für eine Reihe von Platten angewendet werden, da sich das Schüttmaterial selbst bei Betreten auf Bohlen leicht verschiebt. Deshalb sollte man die gewünschte Höhe mit Klötzen auf den Balken markieren, damit die nächste Lehrenreihe in der richtigen Höhe angesetzt werden kann.

Die Spanplatten werden stoßversetzt mit einem leichten Schlagholz zusammengetrieben, nachdem die Nut oder die Feder eingeleimt worden ist.

Bei schwimmender Verlegung ist es besonders wichtig, einen Verlegeplan zu erarbeiten, damit an vielbegangenen Stellen oder am Rand, der mit Möbeln schwer belastet wird, keine schmalen Streifen eingesetzt werden müssen. Diese sind der Belastung nicht gewachsen und können abgedrückt werden oder sich durchbiegen.

Ausgleich schiefer Fußböden: Die schwimmende Verlegung mit Spanplatten ist ebenfalls gut geeignet zum Ausgleich schiefer Fußböden (Abb. 2). Stellen mit großer Schütthöhe müssen dabei besonders gut verdichtet werden, damit es nachträglich nicht zum Absakken dieser Flächen kommt.

Nachbehandlung: Die Stoßfugen sollten nach dem Verlegen verschliffen werden, da sich kleine Unebenheiten bei Teppichböden und Kunststoffbelägen durchdrücken können.

Dielen

Ein Dielenboden war ursprünglich ein Boden aus einfachen Brettern verschiedener Stärke oder Breite, die von oben entweder direkt auf Stützbalken oder auf Kanthölzern sichtbar genagelt wurden. Heute werden auch Fußböden aus unbehandelten, massiven, mit Nut und Federn versehenen Fußbodenbrettern als Dielenböden bezeichnet. Nut und Feder bewirken eine bessere Stabilisierung, so daß sich die Bretter weniger durchbiegen. Landhausdielen (Abb. 3) sind Dielenelemente, die bei kürzeren Dielen an allen vier Seiten, bei längeren an zwei Seiten mit Nut und Feder ver-

sehen und mehrschichtig wie Fertigparkettelemente aufgebaut sind. Sie sind fertig oberflächenbehandelt und werden wie Fertigparkett verarbeitet (siehe Seite 352).

Holzauswahl: Für Dielenböden sollten nur gut abgelagerte und gut getrocknete Hölzer verwendet werden. Es besteht sonst die Gefahr, daß das Holz nachschwindet und sich wirft. Am besten sollten sich die Dielen einige Tage, mindestens jedoch 24 Stunden, durch Lagerung in dem Raum, in dem sie verlegt werden, akklimatisieren können.

Dielen auf Massivböden: Dielenböden auf Massivdecken werden auf Kanthölzer oder Dachlatten verlegt und durch die Feder in einem Winkel von etwa 45° an die Unterlage genagelt oder festgetackert. Die Hölzer werden mit der Wasserwaage horizontal ausgerichtet und mit aufgeleimten oder aufgenagelten Holzstreifen ausgeglichen. Die Traghölzer und das erste Dielenbrett fixiert man mit Keilen gegen das Verrutschen beim Zusammentreiben der Bretter in einem Abstand von 1 bis 1,5 cm von der Wand (Abb. 4). Denn Holz dehnt sich oder schrumpft bei unterschiedlicher Feuchtigkeit.

Die Nagelung muß so vorsichtig erfolgen, daß die Dielenkante nicht beschädigt wird. Man nimmt am besten einen Durchschlag zu Hilfe. Einfacher, wenn auch aufwendiger, was das Gerät betrifft, ist die Befestigung mit einem Takker oder Nagelgerät.

Die weiteren Bretter werden mit einem Abfallstück als Unterlage mit dem Hammer zusammengetrieben. Arbeitet man allein, können Bauklammern zum Zusammentreiben der Bretter verwendet werden. Bei den letzten Brettern muß die Nut mit Hebelwirkung auf die Feder getrieben werden. Man sollte sich deshalb die besten und geradesten Bretter bis zum Schluß aufheben, wenn man Ware zweiter Wahl verwendet.

Das Anfangsbrett kann zusätzlich, das Endbrett muß von oben sichtbar befestigt werden. Die Nägel können versenkt, die Vertiefungen mit Holzkitt verspachtelt werden.

Dielenbretter müssen abgeschliffen und oberflächenbehandelt werden. Zum Schleifen werden spezielle Schleifmaschinen oder Bandschleifer eingesetzt.

Dielen auf Holzbalkendecken: Falls die

Holzbalken einen genügend kleinen Abstand haben oder die Dielen ausreichend stark sind, können die Dielen direkt auf die Balken aufgenagelt werden. Dabei wird in der Regel ein Höhenausgleich mit dünnen Holzstreifen nötig sein. Bei zu großen Abständen der einzelnen Balken wird ein Grundgerüst aus genügend starken Kanthölzern quer zu den Holzbalken aufgenagelt oder aufgeschraubt.

Wärme- und Schalldämmung: Eine Verbesserung der Wärmedämmung wird erreicht, wenn die Zwischenräume zwischen den Kanthölzern mit Dämmstoffen wie Mineralfasermatten, Korkschrot oder Perlite ausgefüllt werden. Soll ein ausreichender Trittschallschutz erzielt werden, werden die Kanthölzer auf dikken Filzstreifen oder Dämmstoffstreifen aus Mineralfasern oder Kokosfasern verlegt (Abb. 2).

Parkett

Früher war der Parkettboden nur für reiche Leute erschwinglich und außerordentlich empfindlich. Heute sind Parkettböden infolge neuer Fertigungsmethoden und Versiegelungstechniken preiswert und für fast alle Zwecke verwendbar.

Stabparkettbeläge: Sie werden aus Parkettstäben oder Parkettriemen herge-

4 *Verlegung eines Dielenbodens:*
   1 *Draufsicht*
      1 *Keile zur Sicherung des Wandabstands*
      2 *Zugeschnittene Dielen*
      3 *Befestigung der ersten Diele mit Nägeln oder Schrauben*
      4 *Bauklammer zur Verlegung eines Dielenbodens ohne Helfer*
      5 *Keil zum Zusammentreiben der Bretter*
      6, 7 *Nivellierung der Kanthölzer durch Holzleisten oder -streifen*
      8 *Probeweises Zusammenpassen, um z. B. Verformungen oder Holzmaserungen zu ermitteln*
   2 *Frontansicht*
      1 *Wasserwaage*
      2 *Richtscheit*
      3 *Kanthölzer*
      4 *Holzleisten oder -streifen.*

stellt, massiven Hölzern von etwa 4 bis 8 cm Breite und 25 bis 100 cm Länge, die mit Nut und Feder versehen sind oder ringsum Nuten aufweisen und durch Hirnholzfedern verbunden werden (Abb.3).

Stabparkett kann auf trockenen, ebenen, festen Untergründen verlegt werden. Estriche müssen vor der Verlegung ausgetrocknet sein und dürfen nur sehr geringfügige Unebenheiten aufweisen. Alte Bodenbeläge müssen möglicherweise abgeschliffen oder durch Aufnageln von Unterlagsmaterial ausgeglichen werden. Knarrende oder lockere Dielen müssen festgeschraubt werden.

Die Parkettstäbe sollten vor dem Verlegen einige Tage Zeit haben, sich an das Raumklima anzupassen. Bei der Ausführung der Verlegearbeiten ist eine Raumtemperatur von mindestens 16°C empfehlenswert.

Auf Estrichen ist eine Verklebung der Parkettstäbe möglich. Dazu ist möglicherweise ein Voranstrich des Untergrunds nötig. Bei einer schwimmenden Verlegung des Estrichs und auf alten Dielen müssen Nut und Feder bzw. die Hirnholzfedern verleimt werden. Durch Unterlegen von Filzpappe kann der Trittschall gedämpft werden. Durch verschiedene Anordnung der Hölzer lassen sich die unterschiedlichsten Muster erzielen (Abb.5). Stabparkettbeläge müssen nach der Verlegung verschliffen werden.

Stabparkett kann mit biologischen Mitteln oberflächenbehandelt oder versiegelt werden. Zu bedenken ist, daß durch biologische Mittel wie Wachse die kleinen Fugenzwischenräume sichtbar bleiben und daß die Pflege strapazierter Parkettbeläge zeitaufwendig ist.

Eine Versiegelung verschließt die Zwischenräume und die Holzporen. Sie ist außerordentlich strapazierfähig und macht den Parkettboden pflegeleicht.

Mosaikparkett: Mosaikparkett entsteht aus relativ dünnen, schmalen und kurzen Holzlamellen, die mosaikartig zu Platten zusammengesetzt und meist auf einem Grundgewebe befestigt sind, so daß größere Flächen in einem Arbeitsgang verlegt werden können (Abb.3). Von einem Lamellenparkett spricht man,

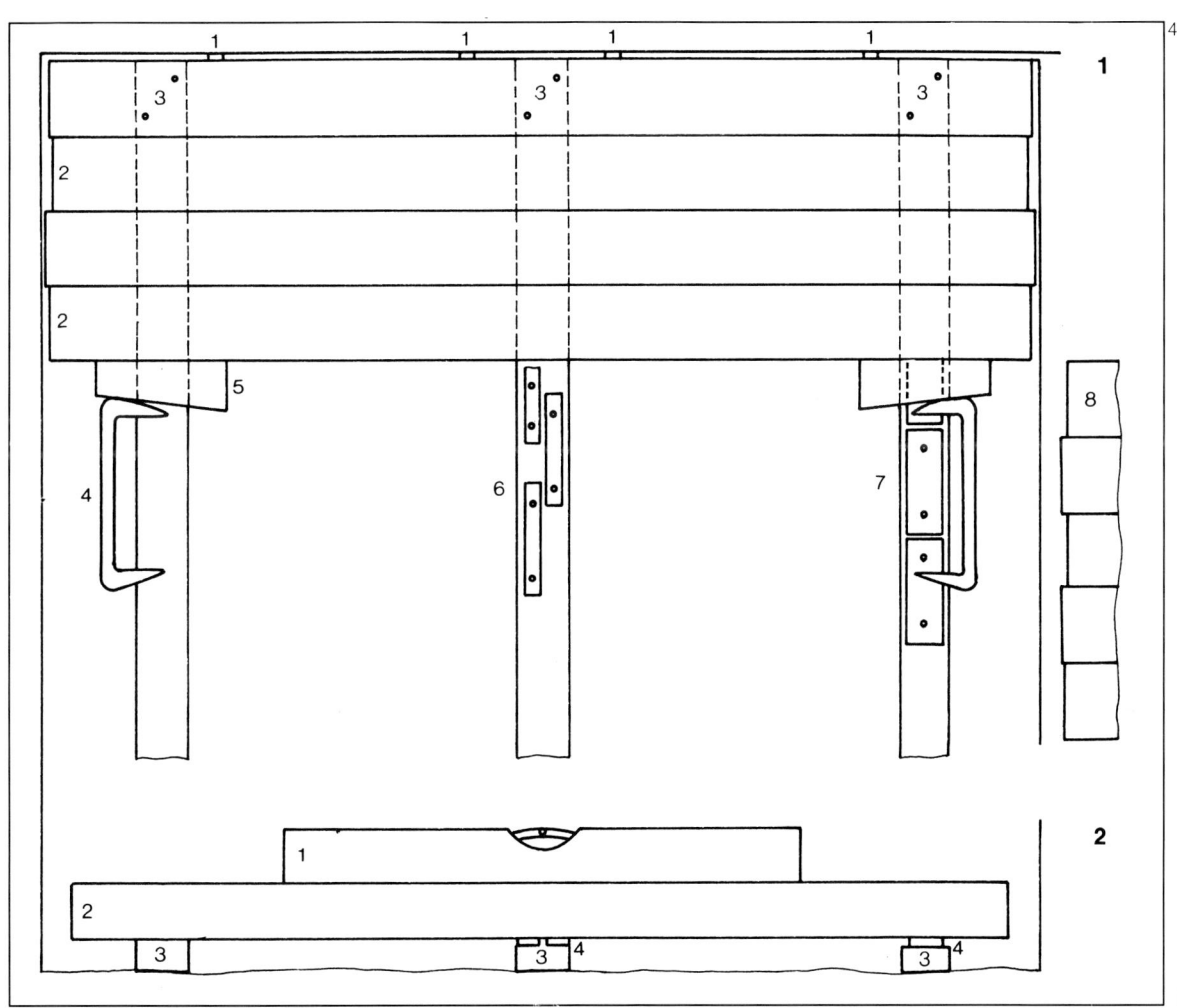

351

wenn die Lamellen hochkant verklebt werden.

Mosaikparkett kann auf Estrichen und Spanplattenböden mit Parkettklebstoff verklebt werden. An die Ebenheit des Untergrunds sind hohe Anforderungen zu stellen. Durch parallele oder diagonale Verlegung der einzelnen Platten lassen sich unterschiedliche Wirkungen erzielen. Auch Mosaikparkett muß abgeschliffen und oberflächenbehandelt werden.

Fertigparkett

Fertigparkett (Abb. 3) ist industriell hergestellter, fertig oberflächenbehandelter Fußbodenbelag, der nach der Montage keiner weiteren Nachbehandlung wie Abschleifen oder Lackieren mehr bedarf. Diese Fußbodenelemente sind mehrschichtig aufgebaut. Sie bestehen aus einer dünnen Nutzschicht aus Edelhölzern und zwei Tragschichten. Da die Faserrichtung der einzelnen Schichten abwechselnd verläuft, wird eine hohe Stabilität erreicht: Das Holz wirft sich nicht und schwindet kaum.

Fertigparkettelemente sind je auf einer Längs- und Breitseite mit Nut und Feder versehen und können daher einfach verbunden werden. Es entsteht kaum Abfall, da das Reststück einer Reihe in der nächsten Reihe als Anfangsstück dient. An allen Rändern sollte eine etwa 10 bis 15 mm breite Dehnungsfuge freigelassen werden, da das Holz durch verschiedene Feuchtigkeitseinwirkungen sich dehnen oder schrumpfen kann. Die Elemente werden daher an der Seite, an der die Verlegung beginnt, mit Abstandsklötzen so verkeilt, daß beim Zusammenklopfen keine Verschiebungen mehr möglich sind. Das Zusammentreiben geschieht entweder mit einem Abfallstück oder mit einem Schlagklotz aus weichem Holz. Werden die Elemente mit einem Schlagholz zusammengeklopft, so empfiehlt sich eine Verlegung, bei der die Feder in die Nut eingetrieben wird, weil hier die Gefahr, daß Hölzer beschädigt werden, geringer ist. Eine Nagelung kann hier auch durch die Feder erfolgen. Wenn man allein arbeitet, empfiehlt sich die Verkeilung mittels Bauklammern (Abb. 4).

Verlegung auf Lagerhölzern: Sie erfolgt im Grunde wie die Verlegung von Dielenbrettern mit dem Unterschied, daß das Reststück einer Reihe als Anfangs-

stück für die nächste Reihe verwendet werden kann. Die Parkettelemente dürfen sich nicht durchbiegen. Das Durchbiegen kann verhindert werden, wenn die Abstände der Verlegehölzer verkleinert werden oder die Parkettstärke größer gewählt wird. In der Regel sollte die Dicke der Elemente bei der Verlegung auf Kanthölzer mindestens 22 mm betragen. Wärme- und Schalldämmung erfolgen wie bei der Verlegung von Dielenböden.

Schwimmende Verlegung: Fertigparkett kann auf Spanplatten, Trockenestrichen und ebenen Estrichen schwimmend verlegt werden. Die Elemente haben dabei keine Verbindung mit dem Untergrund. Nut und Feder werden mit Weißleim verleimt, so daß eine stabile Parkettplatte entsteht. Zur schwimmenden Verlegung eignen sich sowohl Elemente in Dielenform als auch kleinere Elemente mit verschiedenen Abmessungen, mit denen sich auch Muster bilden lassen.

Der Untergrund bei der schwimmenden Verlegung muß sehr eben sein, damit die fertige Parkettplatte vollflächig aufliegt. Auf Spanplatten genügen als Unterlage für den Ausgleich kleiner Unebenheiten in der Regel ausgerollte Wellpappenstreifen. Bei schwimmender Verlegung auf Estrichen muß zumindest eine etwa 3 mm dicke Filzunterlage verwendet werden, da die Unebenheiten hier in der Regel größer sind. Zwar kann diese Filzunterlage den Trittschall etwas dämmen, doch sollte man bei höheren Anforderungen spezielle Trittschalldämmplatten verwenden.

Parkett und Fußbodenheizung

Eine Verlegung von Fertigparkett, Stab- und Mosaikparkett ist auch auf Fußbodenheizungen möglich, wenn die Vorlauftemperatur höchstens +55 °C beträgt. Die Heizrohre sollten möglichst einen Abstand von etwa 15 cm untereinander haben.

Der Estrich muß vor der Verlegearbeit vorgeheizt werden. Bei der Verlegung des Belags sollte die Oberflächentemperatur des Estrichs zwischen 15° und 18 °C liegen. Die nach DIN für Parkettböden zulässige Holzfeuchte von 9% sollte auf keinen Fall überschritten werden.

Während der Heizperiode können an den Nähten feine oder kleine Fugen

auftreten. Dies ist aufgrund der Eigenschaften des Holzes unvermeidlich.

Will man diese Arbeit selbst durchführen, sollte man ausführliche Informationen über das Aufheizen des Estrichs und die Wiederinbetriebnahme der Heizung nach Verlegen einholen.

Renovierung alter Holzfußböden

Alte Dielenböden, die noch ohne Nut und Feder verlegt wurden, können in der Regel abgeschliffen werden, ohne daß dabei Probleme entstehen (Abb. 3). Dielenböden mit Nut und Feder können im Laufe ihres Lebens etwa dreimal abgeschliffen werden. Bei Fertigparkettelementen sollte zuerst die Dicke der Nutzschicht ermittelt werden, bevor man sich vorsichtig mit dem Bandschleifer an die Arbeit macht. Parkett aus Vollholz kann in der Regel mehrmals neu abgeschliffen werden.

Die Möglichkeiten der Oberflächenbehandlung nach dem Abschleifen sind ab Seite 114 dargestellt.

Das Knarren von alten Dielenböden kann störend wirken. Es ist meist auf geschwundenes Holz oder dadurch locker sitzende Nägel zurückzuführen. In diesem Fall ist es am einfachsten, die feste Verbindung mit dem Untergrund durch zusätzliche Schrauben wieder herzustellen. Wegen des Knarrens wird man sich kaum zum Herausreißen des alten Dielenbodens und zu seiner Neuverlegung entschließen.

Sind die Dielen stark geschwunden, und haben sich bereits Ritzen gebildet, gibt es folgende Möglichkeiten der Abhilfe: Die Fugen werden mit geeigneten Spachtelmassen ausgefüllt, was jedoch nur als Notlösung angesehen werden kann. Das Hauptproblem ist, daß sich unter der Fuge in aller Regel ein ziemlich großer Hohlraum befindet, so daß die Fugenmasse keinen festen Untergrund hat und deshalb im Laufe der Zeit nachgeben wird. Das Ausschäumen und anschließende Auffüllen mit Epoxydharz oder die Verwendung von elastischen Dichtungsmassen auf Silikon-

5 *Parkettmuster:*
   1 Schiffsbodenmuster
   2 Fischgrätmuster
   3, 6 Würfelmuster
   4, 7, 8 Flechtmuster
   5 Parkettplättchen.

basis können brauchbare Ergebnisse liefern.

Bei sehr breiten Spalten können Holzleisten passend zugehobelt und eingeleimt werden.

Neuere Dielenböden mit Nut und Feder können in der Regel sehr viel leichter ausgebaut und neu verlegt werden, wenn sich Ritzen durch Schwinden des Holzes gebildet haben.

Ist eine Renovierung der alten Böden nicht erwünscht, zu teuer oder zu aufwendig, können Spanplatten aufgeschraubt oder schwimmend verlegt werden und so einen neuen, ebenen Untergrund schaffen. Möglich ist auch das Aufbringen von neuen Dielen oder Parkettelementen. Die Verlegerichtung verläuft dabei grundsätzlich quer zur alten.

Korkparkett

Korkparkett (Abb. 3) wird aus Preßkork in quadratischen Platten von 3 bis 6 mm Stärke und von etwa 30 cm Seitenlänge hergestellt. Es wird immer auf den Untergrund verklebt.

Dieser Fußbodenbelag ist rutschfest, sehr widerstandsfähig, feuchtigkeitsunempfindlich, atmungsaktiv und fußwarm. Er ist daher besonders für Untergründe geeignet, die eine hohe Wärmeleitfähigkeit besitzen, z.B. Beton.

Untergrund für die Verlegung von Korkparkett: Er muß fest, eben, trocken, fett- und staubfrei sein. Teppichböden und federnde oder auch ausgetretene Dielenböden sind für Korkparkett ungeeignet. Alte Kleberreste müssen abgespachtelt oder abgeschliffen werden. Korkparkettbeläge zeigen ihre positiven Eigenschaften gerade dann, wenn sie atmen können. Deshalb sollten alte Untergründe wie PVC- oder Linoleumbeläge entfernt werden.

Verlegung: Die Parkettplatten müssen sich vor dem Verlegen akklimatisieren können, d.h., sie sollten etwa 2 bis 3 Tage vor dem Verlegen ausgepackt und im Raum ausgelegt werden. Die Verlegung erfolgt nach dem Prinzip für Teppichfliesen. Dabei sollte man jedoch beachten, daß die frischgeklebten Platten nicht sofort begangen werden dürfen.

Die Ränder der einzelnen Platten müssen eventuell beschwert werden, da die Gefahr besteht, daß sie sich aufrichten.

Nachbehandlung: Nach dem Verlegen der Platten sollte der Kleber etwa 24 Stunden zum Abbinden haben. Das Korkparkett kann nun mit einer Naturharzimprägnierung bestrichen und mit Bienenwachsanstrichen sowie mit Hartwachs nachbehandelt werden. Die Wachsschicht wird von Zeit zu Zeit aufpoliert und etwa 1- bis 2mal jährlich nachgewachst.

Korkparkett sollte nicht mit Kunstharzanstrichen versehen werden. Diese Anstriche verhindern die Regulierung der Luftfeuchte und können sich elektrostatisch aufladen.

Bodenfliesen

Alles Wichtige über Fliesen und ihre Bearbeitung ist beim Thema »Wandfliesen« auf Seite 366 dargestellt. Der folgende Text beschreibt nur die Besonderheiten, die beim Fliesen des Bodens auftreten.

Fliesen sind feuchtigkeitsunempfindlich und leicht zu reinigen. Sie finden deshalb vor allem in Naßräumen Verwendung. Wegen ihrer guten Wärmeleitfähigkeit wirken sie fußkalt. Aus dem gleichen Grund jedoch sind sie ideale Beläge für Fußbodenheizungen.

Bodenfliesen werden für verschiedene Beanspruchungsklassen angeboten. Bei höchster Beanspruchung ist unglasiertes Steinzeugmaterial zu empfehlen, da die Glasur im Laufe der Zeit durch Abrieb beschädigt oder völlig zerstört werden kann.

Große Fliesen nennt man Platten (siehe Seite 289). Sollen sie im Freien verlegt werden, müssen sie aus frostsicherem Material hergestellt sein. Die Bearbeitung und das Verlegen von stärkeren keramischen Bodenplatten und Natursteinplatten im Sandbett ist im Kapitel »Garten, Terrasse, Balkon« auf Seite 495 dargestellt.

Bodenfliesen können im Dickbettverfahren verlegt werden, d.h. in einem etwa 20 mm dicken Mörtelbett. Das Dickbettverfahren eignet sich nur für stabile Estriche oder andere massive Untergründe. Mit diesem Verfahren können auch kleinere Unebenheiten des Untergrunds ausgeglichen werden.

Im Dünnbettverfahren werden die Fliesen mit speziellen Klebern in eine etwa 2 bis 3 mm dicke Klebeschicht verlegt, die mit der Zahnspachtel hergestellt wird.

Dickbettverfahren: Bei diesem Verfahren werden Fliesen im Mörtelbett verlegt. Der Untergrund muß für dieses Verfahren sehr fest sein, damit in der Mörtelschicht keine Risse entstehen können. Ungeeignet ist dieses Verfahren für Spanplattenböden. Große Unebenheiten auf der Rohdecke müssen vorher mit Zementmörtel ausgeglichen werden, da die Mörtelschicht an allen Stellen etwa die gleiche Dicke haben sollte.

Als Mörtel zur Plattenverlegung dient Zementmörtel (Mischung 1:4 bis 1:6) oder Traßkalkmörtel, wenn keine sehr hohe Festigkeit erreicht werden soll. Die Konsistenz des Mörtels ist in der Regel steifplastisch. Hinsichtlich der Konsistenz des Mörtels, eines möglicherweise erforderlichen Vornässens der Platten und Einpuderns der abgezogenen Mörteloberfläche mit Zement sowie der Verwendung von Traßkalkmörtel bei zementempfindlichen Natursteinen sollte eine fachkundige Beratung in Anspruch genommen werden.

Der Mörtel wird etwas überhöht in einer Stärke von 3 cm aufgetragen, die Fliesen werden mit dem Hammerstiel oder Gummihammer satt eingeklopft. Damit überall die gleiche Höhe eingehalten werden kann, verlegt man an verschiedenen Stellen des Raums, vor allem in den Ecken und bei größeren Flächen zusätzlich dazwischen, provisorisch Einzelfliesen und richtet sie mit Richtscheit und Wasserwaage aus; sie werden später wieder herausgenommen. Mit einer Fliesenhexe (Abb. 14) kann man die Fliesen exakt ausrichten, mit dem Richtscheit die Höhe der Fliesen kontrollieren. Fliesen und Fugen müssen immer sofort von Mörtelresten gesäubert werden, damit ein einheitliches Verfugen möglich ist. Bis zum Verfugen muß in der Regel eine Zeit zwischen 2 und 4 Tagen verstreichen.

Dünnbettverfahren: Auch für dieses Verfahren muß der Untergrund schwingungsfrei sein. Es eignet sich auch für Böden aus Spanplatten, wenn diese so fest auf einem alten Dielenbelag geschraubt worden sind, daß Schwingungen des Untergrunds ausgeschlossen sind und spezielle Kleber und Fugenmassen verwendet werden. Die Spanplatten sollten in diesem Fall mindestens 22 mm stark sein. Sollen auf Spanplattenuntergründen später Geräte stehen, die Rüttel- oder Schwingbewegungen verursachen, z. B. Waschmaschinen, so sollte man auf jeden Fall Kunststoffbeläge bevorzugen.

An die Sauberkeit und Glätte des Untergrunds werden wesentlich höhere Anforderungen gestellt als beim Dickbettverfahren. Er muß trocken sein, frei von Ölresten, frei von losen Bestandteilen, Mörtel- oder Gipsresten und sehr eben. Mit dem Dünnbettverfahren können Unebenheiten des Untergrunds über 1 bis 2 mm nicht ausgeglichen werden. Deshalb muß der Boden vorher mit geeigneten Spachtel- oder Ausgleichsmassen vorbehandelt werden.

Die Auswahl des Klebers richtet sich nach dem Untergrund. Auf manchen Untergründen, z. B. Untergründen auf Gipsbasis, sind vorher Grundierungen anzubringen.

Der Kleber wird mit der Traufel auf den vorbereiteten Untergrund aufgetragen und mit einem Zahnspachtel sorgfältig aufgekämmt. Für kleinformatige und dünnere Beläge reicht eine Zahnung von 3 mm aus, für größerformatige Fliesen ist eine Zahnung von 5 mm zu empfehlen. Großformatige Platten größerer Stärke sollten im Mörtelbett verlegt werden.

Wegen der beim Kleben mit lösemittelhaltigen Klebern entstehenden Dämpfe sollte nicht bei geschlossenen Fenstern gearbeitet werden.

Die Fliese muß auf den Kammlinien so gut aufliegen, daß etwa 60 bis 80% der Fliesenrückseite mit dem Kleber benetzt sind, nachdem die Fliese ins Klebebett gedrückt wurde. Bodenunebenheiten und Fehler beim Verlegen rächen sich hier eher als Fehler beim Verfliesen einer Wand. Fliesen, die nur auf einer Seite auf Kleber aufliegen, können los- oder abbrechen. Liegt die Bodenfliese auf Mulden nur an den Außenrändern auf, bricht sie in der Mitte durch. Liegen die Fliesen nicht in einer Ebene, sammelt sich Schmutzwasser, möglicherweise dringt Feuchtigkeit in den Untergrund.

Die frischverklebten Bodenfliesen sollten bis zum Abbinden des Klebers nicht betreten werden. Bis zum Verfugen muß je nach Kleber, Untergrund und Temperaturverhältnissen eine Zeit von 2 bis 4 Tagen verstreichen.

Fugen: Die Fugenbreite liegt bei Bodenfliesen zwischen 2 und 10 mm. Fugen unter 2 mm sollten auf jeden Fall vermieden werden, da sie sich nicht sicher verschließen lassen. Bei Fugen über 10 mm sind Schwindrisse zu befürchten. Für verschiedene Fugenbreiten und Ansprüche, z. B. Wasserdichtheit, werden verschiedene Fugenmassen in diversen Farbtönen angeboten. Bei Bodenfliesen ist von einer schmutzempfindlichen Farbe, z. B. Weiß, abzuraten. Für Naßräume sollten spezielle, wasserundurchlässige Fugenmassen verwendet werden. Aus Feinstsand und Zement der Mischung 3:1 kann man eine Fugenmasse, die keinen höheren Beanspruchungen ausgesetzt wird, auch selbst herstellen.

Die angerührte oder fertige Fugenmasse wird mit dem Gummispachtel auf dem Untergrund verteilt und in die Fugen eingestrichen. Die Nachbearbeitung erfolgt mit einem steifen Schwamm. Fugenmassenreste auf den Fliesen werden mit dem Schwamm entfernt. Ein Zementschleier kann bei unglasierten Fliesen später mit einem trockenen Tuch entfernt werden. Bei unglasierten Fliesen mit rauher Oberfläche müssen spezielle Zementschleierentferner eingesetzt werden.

Linoleum

Linoleum (Abb. 7) wird aus Leinöl unter Zugabe von Harzen, Kork- und Holzmehl sowie Farbzusätzen hergestellt und auf ein Jutegewebe aufgewalzt. Es wird in einer Stärke von 2 bis 4,5 mm angeboten. Linoleum ist äußerst strapazierfähig und wird vollflächig auf dem Untergrund verklebt.

Untergrundvorbereitung: Linoleum ist zur Verlegung auf alle Untergründe geeignet, wenn sie trocken sind. Estriche müssen gut ausgetrocknet sein. Zementestriche z. B. dürfen nur noch eine Restfeuchte von 2,5%, Anhydridestriche von 0,5% aufweisen. Nach der Verlegung eines Estrichs müssen daher etwa 4 bis 6 Wochen verstreichen. Der Untergrund muß sehr eben sein, von Staub, Schmutzteilchen und kleinsten Sandkörnern gereinigt werden, da sich diese an der Oberfläche durchdrücken. Alte Parkett- und Dielenböden müssen durch Spanplatten ausgeglichen werden.

Raumklima: Die Temperatur am Untergrund darf nicht unter 15 °C liegen. Eine relative Luftfeuchtigkeit von über 70% ist durch entsprechende Vorkehrungen wie häufiges Lüften zu vermeiden. Die Linoleumrollen werden am Tag vor der Verlegung leicht gelockert im Raum aufgestellt, bis sie sich akklimatisiert haben und schmiegsam und elastisch werden.

Bearbeitung: Berufsmäßige Bodenleger verwenden spezielle Arbeitsgeräte, die aber für ein einmaliges Verlegen eines Bodens nicht angeschafft werden müssen. Bei sorgfältigem Arbeiten sind ein scharfes Allzweckmesser und ein Stahllineal zum Beschneiden der Ränder und Nahtstellen ausreichend (Abb. 6).

Verlegung: Man sollte bei der Verlegung darauf achten, daß sich möglichst wenige Nahtstellen ergeben. Die Bahnen sollten so verlegt werden, daß die Nähte auf die Hauptlichtquelle zulaufen.

Die ausgerollten Bahnen werden an den Nähten um etwa 5 cm überlappt und an den Rändern grob zugeschnitten. Die Kopfenden werden eingewalkt, d. h. gegengebogen. Man schlägt nun eine ausgerollte Bahn in Längsrichtung um und bestreicht den Untergrund mit Kleber, der mit einem Zahnspachtel aufgekämmt wird. An den Nahtstellen wird ein etwa 10 cm breiter Streifen freigelassen. Die Bahn wird von der Mitte zu den Rändern hin fest angerieben und an den Rändern beschwert (Metallteile, in Lappen gewickelte Ziegelsteine o. ä.).

Die nächsten Bahnen werden ebenso behandelt, wobei sich die einzelnen Bahnen um etwa 5 cm überlappen sollen.

Vor dem Einstreichen der etwa 10 cm breiten, noch nicht mit Kleber eingestrichenen Streifen an den Nahtstellen werden die Kanten beschnitten.

Grundsätzlich werden beide Längskanten in einer Breite von etwa 1 bis 1,5 cm beschnitten. Zuerst wird eine gerade Kante bei einer Bahn mit Stahllineal und Klinge hergestellt. Die unten liegende Bahn wird nun entlang der oben liegenden geschnittenen Bahnkante mit der Messerspitze angeritzt und dann mit der Hakenklinge in entgegengesetzter Richtung geschnitten.

Nun werden die Streifen unter den Nähten mit Kleber bestrichen und die Bahnen auf den Untergrund festgedrückt. Es empfiehlt sich eine Beschwerung.

Zum Schluß schneidet man alle Ränder zur endgültigen Form zu.

Linoleum kann unter Umständen nach der Verklebung in der Breite etwas zunehmen. Stauchungen beim Zusammenkleben der Nähte müssen daher auf jeden Fall vermieden werden. Diese Formänderung hängt jedoch weitgehend vom Kleber ab. Man wird daher um eine gute fachliche Beratung nicht herumkommen, wobei auch geklärt werden muß, ob die Bahnen genau auf Stoß zugeschnitten werden können oder ob ein ganz kleiner Fugenzwischenraum vorgesehen werden soll.

Ein Verschluß der Fuge ist mit Schmelzschweißdraht möglich, wenn man sich ein Handschweißgerät ausleihen kann (Seite 267, Abb. 1). Der Fugenverschluß ist in jedem Fall bei saugfähigen Untergründen wie z.B. Spanplatten zu empfehlen. Das Beschneiden des Linoleums und die Führung der Messerklinge sollten vorher an Abfallstücken geübt werden, damit man ein Gefühl für dieses Material bekommt.

Reinigung und Pflege: Linoleum wird am besten nur mit warmem Wasser gereinigt, auf keinen Fall jedoch mit scharfen Reinigungsmitteln. Wenn man es von Zeit zu Zeit mit Bohnerwachs ein-

6 *Werkzeug zur Bearbeitung von Fußbodenbelägen:*
  1 Teppichschere
  2 Haftgitter für lose Verlegung
  3 Teppichdruckknöpfe
  4 Allzweckmesser,
  Universalmesser
  5 Trapezklinge, z.B. zum Schneiden von Kunststoff- und Teppichfliesen, dünnen und weichen Bodenbelägen, Teppichen in Raumecken
  6 Hakenklingen, z.B. zum Schneiden von Linoleum, Kunststoffbelägen, Teppichen, vor allem bei harten Untergründen
  7 Doppelseitiges Klebeband.

7 *Fußbodenbeläge:*
  1 Linoleum
  2 Kunststoffbelag
  3 Kokosteppich mit rutschfester Rückenbeschichtung
  4 Wollteppiche (Bouclé) mit Juterücken
  5 Velours aus Kunstfaser und Ermittlung der Florrichtung
  6 Nadelfilzfliese.

reibt, hält es mindestens ebensolange wie qualitativ hochwertige Kunststoffböden.

Teppichböden

Teppiche als Fußbodenbeläge (Abb. 7) haben sich in den letzten Jahrzehnten immer mehr durchgesetzt, vor allem deshalb, weil sie durch moderne Fertigungsmethoden relativ preisgünstig geworden sind. Teppichbodenbeläge weisen eindeutige Vorzüge auf: Sie sind fußwarm und daher vor allem auf Unterböden geeignet, die eine hohe Wärmeleitfähigkeit besitzen, z.B. auf Estrichen. Sie können den Trittschall wirksam dämpfen und somit eine Lärmbelästigung der Nachbarn reduzieren. Flauschige Teppiche mit langem Flor wirken

zudem luftschalldämpfend. Als Belag mit weicher Oberfläche ist er angenehm zu begehen.

Als Nachteile sind zu nennen die begrenzte Haltbarkeit, die je nach Qualität und Beanspruchung zwischen 4 und 14 Jahren liegt, jedoch auch höher liegen kann, und die Verschmutzung, die ihn nicht für alle Bereiche geeignet und eine häufige Reinigung nötig macht.

Herstellung: Zur Herstellung von Teppichen werden häufig Chemiefasern, jedoch auch tierische und pflanzliche Fasern wie Wolle, Kokos oder Sisal verwendet.

Teppiche werden nach verschiedenen Verfahren hergestellt.

Das *Weben* ist die älteste Art der maschinellen Teppichherstellung. Der Tep-

6

pich entsteht dabei in einem Arbeitsgang

Beim *Tuften* wird das Oberflächenmaterial nach dem Nähmaschinenprinzip in ein bereits fertiges Trägermaterial schlingenförmig eingenadelt. Die Schlingen müssen bei dieser Technik auf der Rückseite durch eine Kunststoffbeschichtung fixiert werden.

Nadelfilzware entsteht durch das mechanische Verfestigen von Fasern, meist unter Zugabe von chemischen Bindemitteln. Nadelfilz wird häufig als Teppichfliese angeboten.

Die Nutzschicht des Teppichs, auch Pol oder Flor genannt, kann auf verschiedene Weise gestaltet werden: Bei *Schlingenware (Bouclé)* ist die Polschlinge geschlossen, bei *Velours (Schnitt)* ist

sie aufgeschnitten, wodurch eine samtartige Oberfläche entsteht.

Die Teppichunterseite kann mit einem zusätzlichen Rücken versehen werden, wofür meist Jutegewebe, Latexschaum oder PVC verwendet werden. Der Teppichboden wird dadurch elastischer und die Trittschalldämmung erhöht. Wenn der Teppich auf den Untergrund geklebt werden soll, muß der Kleber auf das Material der Rückenbeschichtung abgestimmt werden.

Eignung: Über die Eignung von Teppichen für verschiedene Beanspruchungen geben häufig verschiedene Symbole Auskunft. Bei Teppichen, die von der Europäischen Teppichgemeinschaft geprüft wurden, einem Zusammenschluß verschiedener Teppichhersteller,

gibt ein Teppichsiegel Auskunft über Komfort und Strapazierfähigkeit des jeweiligen Produkts. Einzelne Zusatzsymbole informieren über besondere Eignungsbereiche und Eigenschaften. Teppiche, die für Beanspruchung durch Schreibtischstühle oder Sessel mit Rollen geeignet sind, tragen das Symbol der Stuhlrolle. Das Treppensymbol bezeichnet eine Qualität, die der besonderen Belastung auf Treppenstufen und -kanten gewachsen ist. Für Naßräume wie Badezimmer und WC sind Teppiche mit dem Symbol des tropfenden Hahns geeignet. Teppiche, die antistatisch ausgerüstet sind, bei denen man also keinen elektrischen Schlag bekommt, wenn man Gegenstände berührt, sind mit dem Blitzsymbol gekennzeichnet. Das Symbol für eine Fußbodenheizung besagt, daß dieser Teppich dem Wärmefluß von unten nach oben keinen großen Widerstand entgegensetzt und hier sinnvoll eingesetzt werden kann.

Die Eignung von Teppichböden wird von anderen Herstellern auch mit den Ziffern von 1 bis 5 nachgewiesen. Die Ziffer 1 steht dabei für die geringste, die Ziffer 5 für die höchste Beanspruchung.

Handelsformen: Teppichböden werden in Breiten bis zu 6 m angeboten. Damit lassen sich fast alle Räume ohne Stoßfuge verlegen. Daneben werden getuftete Teppiche und Nadelfilzware auch als Teppichfliesen angeboten. Selbstklebende Teppichfliesen erhalten bereits bei der Herstellung einen Kleberauftrag, der bei der Verlegung durch das Abziehen einer Schutzfolie wirksam wird. Daneben werden selbstliegende Teppichfliesen angeboten, die aufgrund ihrer rutschfesten Rückenbeschichtung keine weitere Befestigung mehr brauchen (Abb. 8).

Vorbereitung des Untergrunds: Teppichböden können auf allen Estrichen sowie Holzböden und Spanplatten verlegt werden. Auch alte Linoleum- und Kunststoffbeläge sind als Untergrund geeignet, falls diese noch fest haften. Alte Textilböden müssen in der Regel vor der Neuverlegung entfernt werden. Nur auf dünnen flachen Textilbelägen ist ein loses Auslegen in manchen Fällen möglich.

Die Oberfläche muß eben und trocken sein. Je dünner ein Teppich ist, desto eher drücken sich Unebenheiten des

7

357

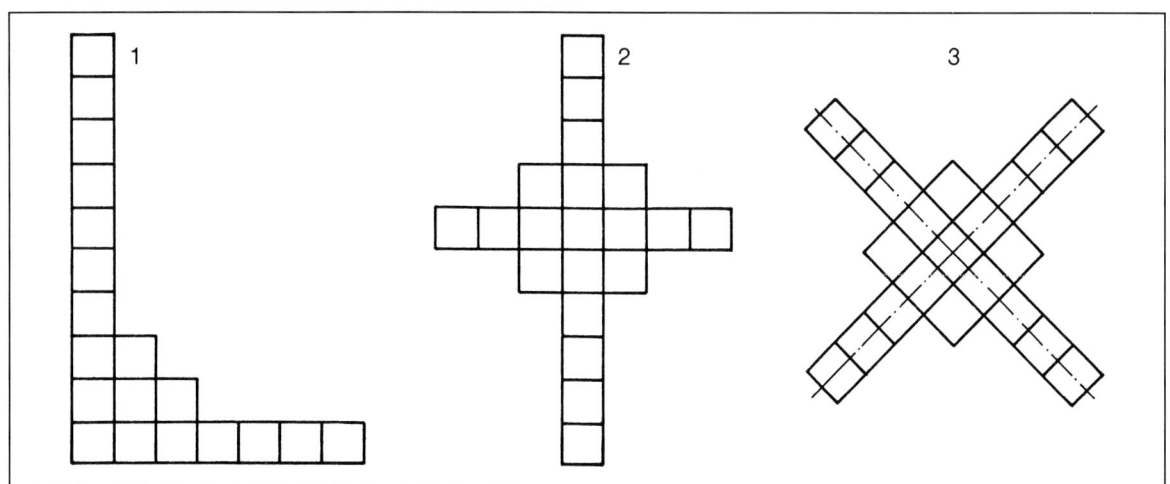

8 *Verlegung von Teppichfliesen:*
  1 Bei rechtwinkligen Räumen
  2 Bei großen oder nicht rechtwinkligen Räumen
  3 Bei diagonalem Muster.

Untergrunds durch. Verzogene Dielenböden oder alte Parkettböden muß man also möglicherweise abschleifen oder mit Spanplatten belegen. Stoßfugen von Spanplatten müssen verschliffen werden. Kleine Haarrisse in Estrichböden stören nicht. Breitere Setzrisse, die durch die gesamte Estrichfläche gehen, müssen mit geeigneten Reparaturmassen vergossen bzw. verspachtelt werden. Wenn man hohe Anforderungen an den Untergrund stellt, sollten die Risse mit Sanierklammern geschlossen werden (siehe Seite 348).

Überall dort, wo ein Teppich voll verklebt werden soll, muß auf die Wahl des richtigen Klebers geachtet werden, was sowohl von der Rückenbeschichtung des Teppichbelags als auch vom Untergrund abhängt. Möglicherweise sind auch besondere Vorarbeiten am Untergrund nötig, z. B. Voranstriche. Hier sollte man sich im Fachgeschäft ausführlich beraten lassen oder sich beim Hersteller informieren.

Einpassen der Teppiche: Der Teppich wird nach Beendigung der Vorarbeiten ausgerollt, wobei Hindernisse wie Kamine oder vorspringende Ecken grob ausgeschnitten werden. Der Feinzuschnitt erfolgt je nach Verlegeart entweder dann, wenn sich Wellen ausgelegt haben (lose Verlegung), nachdem eine Wandseite eingepaßt und angeklebt wurde und der Teppich nach der anderen Seite leicht gespannt wurde (Verlegung mit doppelseitigem Klebeband) oder nach dem Verspannen oder der vollflächigen Verklebung, wenn noch mit einer geringfügigen Dehnung zu rechnen ist. Denn Streifen von 5 cm Breite können besser abgetrennt werden als Streifen von nur 3 oder 4 mm Breite. Der Zuschnitt erfolgt am besten mit einem Universalmesser und einer Trapezklinge (Abb. 6). Man drückt dabei den Teppich mit dem Messerrücken mehrmals in die Kehle bzw. Ecke und schneidet dann ab. Schwere Teppiche aus widerstandsfähigen Materialien wie Kokosteppiche werden mit der Teppichschere zugeschnitten. Kokos- und Sisalteppiche müssen bei loser Verlegung nach einer gewissen Zeit nachgeschnitten werden, da sie sich bei hoher Beanspruchung dehnen.

Schnittkanten und Nähte: In vielen Fällen wird auch das Beschneiden der Nähte erforderlich sein. Bei dünnen Nadelfilzbelägen werden die überlappten Bahnen entlang eines Stahllineals mit Trapez- oder Hakenklinge in einem Schnitt durchtrennt. Bei Teppichen erfolgt der Zuschnitt Naht für Naht. Man kann bei dünneren Belägen eine Trapezklinge verwenden, bei manchen empfiehlt sich eine Hakenklinge. Die Naht kann man auch mit speziellen Nahtschneidern beschneiden, die je nach Klingenstellung für unterschiedliche Beläge geeignet sind. In diesem Fall sollte man mit einer Nagel- oder Schraubenzieherspitze den Zwischenraum zwischen zwei Florreihen markieren und dort schneiden. Die Nähte müssen nach der Verlegung so fest miteinander verbunden sein, daß sie kaum sichtbar sind und auf keinen Fall aufstehen.

Die einfachste Verbindung besteht darin, entlang der Naht ein beidseitig selbstklebendes Band (Abb. 6) an den Untergrund zu kleben und den Teppich darauf festzudrücken. Diese Verbindung ist jedoch nur begrenzt haltbar und nicht möglich, wenn der Teppich gespannt werden soll. Haltbarer ist ein Zusammenkleben durch ein etwa 6 bis 10 cm breites Vliesband. Es wird entlang der zurückgeschlagenen Teppichkanten ausgerollt, mit Kontaktkleber bestrichen und dann Kante für Kante aufgedrückt.

Für schmelzkleberbeschichtete Bänder benötigt man ein Konfektioniergerät, das die Klebeschicht bei verschiedenen Wärmestufen, die auf die Rückenbeschichtung abgestimmt sein müssen, aktiviert. Während man mit einer Hand das Gerät mit einer Geschwindigkeit von etwa 60 bis 100 cm pro Minute auf dem Band entlangschiebt, drückt man mit der anderen Hand die Teppichkanten aneinander und auf dem Klebeband fest.

Teppiche mit Webkanten werden vernäht, und zwar so verdeckt, daß die Fäden durch die Abnutzung nicht durchgescheuert werden. Alle 50 cm wird ein neuer Faden verwendet, damit sich durch einen gerissenen Faden nur ein bestimmter Abschnitt, nicht aber die ganze Naht lockert.

Lose Verlegung: Der Teppich wird dabei an keiner Stelle mit dem Unterboden verbunden. Eine lose Verlegung ist möglich, wenn der Unterboden und die Rückenbeschichtung rutschfest sind, die Räume nicht allzu groß sind und die Beanspruchung nicht allzu hoch ist. Der Untergrund wird dabei in der Regel nicht beschädigt. Manche Rückenbeschichtungen können mit versiegeltem Parkett Verbindungen eingehen. Es empfiehlt sich hier, eine Trennschicht in Form von Packpapier unterzulegen. Möglich ist eine lose Verlegung auch auf einem nichtklebenden rutschfesten Haftgitter, in manchen Fällen auch mit Teppichdruckknöpfen (Abb. 6).

Verlegung mit doppelseitigem Klebeband: Der Teppich wird dabei nur an den Rändern und Nahtstellen mit einem doppelseitig klebenden Band befestigt. Der Untergrund muß absolut fettfrei und trocken sein und darf nicht staubig oder bröselig sein. Nachdem der Teppich ausgelegt und an den Rändern zugeschnitten ist, werden die Kanten zurückgeklappt, das Klebeband ausgerollt, mit einem Stück Tuch oder einem Teppichabfall am Unterboden festgedrückt, danach wird die Papierschutzschicht abgezogen und der Teppich gut angerieben. An Türen und Durchgängen sollten zwei Streifen Klebeband im Abstand von etwa 10 cm angebracht werden. Bei stärkerer Beanspruchung des Teppichs kann durch diagonales oder gitterartiges Anbringen des Klebebandes die Wellenbildung verhindert werden.

Da Klebebänder wesentlich leichter zu entfernen sind als vollflächig verklebte Teppiche, sollte man diese Form von Teppichverlegung bevorzugen, vor allem in Mietwohnungen.

Verlegung auf Haftgitter: Der Teppich wird auf ein beiderseitig mit Haftkleber versehenes Gitter auf dem Fußboden befestigt. Man sollte bei den Herstellerangaben darauf achten, ob der Teppich später vom Gitter und das Haftgitter vom Untergrund ohne Probleme abgezogen werden kann.

Vollflächige Verklebung: Sie schafft zwar die beste Verbindung mit dem Untergrund, verursacht aber auch die meisten Probleme, wenn der Teppich ausgewechselt werden soll. Die Wahl des Klebers ist abhängig von der Beschaffenheit des Untergrunds, der Rückenbeschichtung des Bodenbelags und der späteren Beanspruchung. So werden für Stuhlrollen und für Fußbodenheizung geeignete Kleber angeboten.

Soll eine ganzflächige Verklebung erfolgen, so sollte man sog. Wiederaufnahmekleber verwenden. Ein Teppichboden läßt sich so später problemloser abnehmen oder auswechseln. Schmale Bahnen, die sich nicht umklappen lassen, werden Bahn für Bahn verlegt. Dabei wird immer nur Kleber für eine Bahn aufgetragen.

Breite Bahnen werden zur Hälfte zurückgeschlagen, und der frei werdende Untergrund wird mit Klebstoff bestrichen. Nähte werden hier Kante für Kante ins Klebebett eingedrückt.

Spannen von Teppichböden: Diese Methode eignet sich für alle Unterböden. Der Teppich wird auf die schräg stehenden Nägel einer Nagelleiste gehakt, die an den Rändern des Fußbodens mit Schrauben, Nägeln, Dübeln oder Klebern befestigt wird.

Teppichreparaturen: Beulen im Bodenbelag werden aufgeschnitten. Nach dem Ausbessern des Untergrunds wird der Belag darauf oder bei empfindlichen Untergründen auf eine geeignete Pappe verklebt. Das Ausbessern von größeren Schäden setzt voraus, daß man sich bei der Verlegung ein Reststück aufbewahrt hat. Das neue Teppichstück wird nach dem Muster ausgerichtet, an den Rändern festgehalten und an einem Stahllineal mit Doppelschnitt eingeschnitten. Brandlöcher und Flecken werden mit dem Locheisen ausgestanzt. Nach einer Teppichreinigung sind ausgebesserte Stellen weniger sichtbar. Ähnlich lassen sich auch Linoleum- und Kunststoffbeläge ausbessern. Stehen Teppichecken auf, wird ein Stoffdreieck auf Zug zur Mitte hin aufgenäht.

Kunststoffbeläge

Kunststoffbeläge (Abb. 7) werden heute meist auf PVC-Basis hergestellt. Sie vereinigen die Vorzüge des Teppichbodens und die schnelle Verlegbarkeit mit einem Vorzug der Fliesen, der Feuchtigkeitsunempfindlichkeit. Ihre Verwendung ist ganz besonders dort angebracht, wo feuchtigkeitsempfindliche Untergründe durch Fliesenbeläge nicht ausreichend abgedichtet werden können und wo Untergründe für Fliesenbeläge nicht geeignet sind, z.B. auf manchen Spanplattenkonstruktionen.

Kunststoffbeläge werden wie Teppiche in Bahnen und in Fliesenform angeboten. Kunststofffliesen müssen verklebt werden, während sich manche Beläge auf bestimmten Untergründen auch lose oder mit doppelseitigem Klebeband verlegen lassen. Beläge mit Filzen oder aus gummiartig beschichteten Materialien können den Trittschall dämpfen, sind fußwärmer als unbeschichtete Beläge, sind jedoch empfindlicher gegen schwere punktförmige Lasten wie Stuhlbeine und Möbelfüße.

Kunststoffbeläge sollten nicht bei zu niedrigen Raumtemperaturen verlegt werden, da sie dann wenig geschmeidig sind. Die Bahnen sollten vor dem Verlegen ausgerollt werden und eine genügend lange Zeit zum Ausliegen erhalten.

Für dünnere, unbeschichtete Beläge ist eine besonders sorgfältige Vorbereitung des Untergrunds nötig, da sich auch kleine Sandkörner an der Oberfläche durchdrücken. Ältere Estriche sind sorgfältig auszubessern. Kanten und Stoßfugen von Spanplatten müssen verschliffen werden. Alte Holzböden müssen möglicherweise mit Spanplatten belegt werden, weil sich aufstehende Bretterkanten oder Rillen an der Oberfläche bemerkbar machen und diese Stellen auch schneller abgenutzt werden.

Kunststoffbeläge, die auf dem Untergrund verrutschen, können nicht lose verlegt werden. An Nahtkanten wird doppelseitiges Klebeband untergelegt.

Sollen Beläge voll verklebt werden, ist damit zu rechnen, daß der Untergrund bei späterer Ablösung in Mitleidenschaft gezogen oder zerstört wird. Die Wahl des Klebers hängt vom Untergrund und dem zu verklebenden Material ab.

Die Vorbereitung des Untergrunds richtet sich nach den Empfehlungen der Klebemittelhersteller. Die einzelnen Bahnen werden nach den Grundsätzen für Linoleumbeläge verlegt. Nahtkanten bei dünneren Belägen können mit geeigneten Klingen (Abb. 6) auch in einem Arbeitsgang im Doppelschnitt beschnitten werden.

Sockelleisten

Sockelleisten werden aus Holz, Kunststoff oder als Teppichleiste angeboten. Sie haben vor allem die Aufgabe, einen sauberen Fußbodenabschluß zu bilden. Es werden jedoch auch Produkte angeboten, die je nach Größe Elektro- oder Rohrleitungen abdecken können. Hohe Kunststoffprofile mit Dämmaterialien können Wärmebrücken im Fußbodenbereich abschwächen.

Die Auswahl des Materials und die Befestigung richten sich nach Fußboden- und Wandbeschaffenheit. Niedrige Holzleisten werden auf Holzböden am Boden befestigt. Bei schwimmenden Estrichen empfehlen sich Leisten, die höher sind und daher an der Wand befestigt werden können. Die Leisten sollten dabei möglichst wenig Kontakt zum Fußboden haben, also schräg angeschnitten sein. Kunststoffprofile, die elastisch sind, leiten den Schall weniger weiter als starre Profile. Befestigt wird je nach Untergrund mit Stahlnägeln oder verzinkten kleinköpfigen Drahtstiften.

Teppichleisten mit Webkante werden in der Regel an die Wand geklebt. Daneben gibt es Kunststoffprofile, die an die Wand genagelt und in die Teppichstreifen eingeklebt werden.

Ist eine Unterlüftung des Fußbodens erwünscht, so werden Holzleisten verwendet, in die man Aussparungen einschneidet.

Wände

In diesem Abschnitt werden die Konstruktion von Zwischenwänden sowie die verschiedenen Gestaltungsmöglichkeiten der Wandoberflächen im Haus dargestellt. Alles Wichtige über tragende Wände findet sich im Kapitel »Rohbau, Umbau, Sanierung« ab Seite 322.

Putz und Putzschäden

Das Verputzen ist im Kapitel »Baustoffe« ab Seite 302 beschrieben. Im folgenden Text geht es um die Ausbesserung von Putzen im Innenbereich. Da Anstriche und Tapeten auf Putzflächen einwandfrei haften sollen, müssen diese bei Renovierungsarbeiten überprüft und möglicherweise ausgebessert werden.

Der Mörtel, der zur Ausbesserung von Putzen verwendet wird, sollte dem Grundmaterial möglichst ähnlich sein, da sonst neue Schäden in Form von Putzrissen nicht ausgeschlossen werden können. So wird zur Ausbesserung von Kalkmörtelputz am besten wieder Kalkmörtel verwendet. Wenn man nicht weiß, was z. B. für ein kunststoffhaltiger Fertigputz verwendet wurde, dann ist man auf sein Glück angewiesen. Für kleinere Reparaturen kann man auch Gips oder gipsähnliche Spachtelmassen verwenden.

Für alle Ausbesserungsarbeiten gilt, daß der Untergrund von losen Bestandteilen wie lockeren Putzresten, Sand und Staub gesäubert werden muß. Stark saugende Untergründe wie Ziegel- oder Gasbetonmauerwerk müssen vor dem Aufbringen des neuen Putzes angenäßt werden. Für größere Flächen ist ein Spritzbewurf aus Zementmörtel anzuraten.

Putzrisse: Sie können verschiedene Ursachen haben. Feine, fast unsichtbare Haarrisse, die in verschiedenen Richtungen verlaufen, sind meist auf ein Schwinden des Mörtels zurückzuführen. Sie können mit Spachtelmassen verschlossen werden. Meist braucht man gar nichts zu unternehmen, denn sie werden durch Anstriche zugeschlämmt und können ohne weitere Vorbehandlung übertapeziert werden.

Spannungsrisse entstehen dort, wo verschiedene Baumaterialien aufeinanderstoßen. Die Risse sind auf verschiedene Dehnungseigenschaften dieser Baustoffe oder bei Holzuntergründen auf das Arbeiten des Holzes zurückzuführen. Die Risse verlaufen meist relativ geradlinig entlang der Berührungsstelle. Hilft das Verfüllen des Risses mit Feinputz, Füllspachtel oder Gips nicht weiter, kann der Schaden in den meisten Fällen durch Überbrückung der betroffenen Stellen durch einen Putzträger beseitigt werden. Der Unterputz muß im Bereich des Risses je nach Breite des Risses in einer Breite von 20 bis 40 cm bis auf den Putzgrund abgeschlagen werden. In Höhe des Risses wird ein Streifen Bitumenpappe in einer Breite von 10 bis 20 cm untergelegt und mit Rippenstreckmetall über die gesamte Breite des freigelegten Putzgrundes überspannt, wobei die Rippen quer zum Riß verlaufen müssen. Danach folgt ein volldeckender Spritzbewurf, dann der Unterputz und schließlich der Feinputz. Holz- und Metallteile müssen vollständig nach beiden Seiten etwa 15 bis 20 cm überspannt werden.

Die Problematik von Setzrissen wird auf Seite 323 dargestellt. Putzrisse lassen sich häufig auch mit elastischen Dichtungsmassen verfüllen. Das führt häufig zum Erfolg und ist wesentlich weniger aufwendig als die Putzträgermethode. Immer wiederkehrende Risse lassen sich auch mit einer Spezialtapete aus Glasfasergewebe tapezieren, die dann überstrichen wird.

Schlitze, Löcher und größere Putzschäden: Größere Flächen von abgeschlagenem Putz werden mit Putzmörtel und Feinputz ausgebessert. Eine Reparatur dieser Flächen kann sich auch zutrauen, wer vor dem Putzen einer ganzen Wandfläche zurückschreckt. Der Mörtel muß nicht unbedingt mit der Kelle angeworfen, sondern kann auch mit der Traufel aufgebracht werden, wenn er fest genug angedrückt wird. In Schlitze läßt sich der Mörtel auch mit der Spachtel eindrücken. Sollen kleine Mauerdurchbrüche, z. B. für Installationsleitungen, zugeputzt werden, empfiehlt sich in jedem Fall, kleinere Brocken aus saugfähigen Mauersteinen mitzuverarbeiten. Der Unterputz wird mit dem Reibebrett so tief abgerieben, daß die Feinputzschicht ohne Überstände aufgebracht werden kann.

Schimmelbildung: Sie tritt auf Wandflächen auf, die längere Zeit Feuchtigkeit ausgesetzt sind. Handelt es sich dabei um aufsteigende Erdfeuchtigkeit, müssen die im nächsten Abschnitt aufgezeigten Maßnahmen in Erwägung gezogen werden.

Eine zu große Durchfeuchtung von Putz und Mauerwerk kann jedoch auf die Kondensation von Wasserdampf an kalten Oberflächen zurückzuführen sein. So tritt Schimmelbildung in der Regel in Raumecken und Außenmauern am häufigsten in der Küche und im Bad, jedoch auch im Decken- und Fußbodenbereich, wenn die Betondecken nicht oder nur ungenügend gedämmt sind. Die Schäden, die sich in Form von schwarzen oder grauen Flecken bemerkbar machen, treten fast ausschließlich im Winterhalbjahr auf, da in dieser Zeit die Oberflächentemperaturen der Wandflächen sehr stark absinken, was zum Niederschlag von Wasserdampf führen kann (dazu siehe Seite 385). Lediglich durch Änderung des Nutzverhaltens kann der Pilzbefall in manchen Fällen gänzlich verhindert, in vielen Fällen jedoch vermindert werden.

Die befallenen Stellen werden sorgfältig abgebürstet. Möbelstücke sollten nicht an kalte Außenmauern gestellt werden. Ist das aus Platzgründen unvermeidlich, sollte man den Abstand von mindestens 5 cm vorsehen, damit die Luft zirkulieren und die Feuchtigkeit wieder abtrocknen kann. In Räumen, in denen viel Feuchtigkeit anfällt wie in Küchen und Bädern, kann durch richtiges, nämlich mehrmals kurzes, etwa 5–10minütiges Lüften die Luftfeuchtigkeit herabgesetzt werden, was zur Abtrocknung beitragen kann. Eine Erhöhung der Raumtemperatur in wenig beheizten Zimmern führt auch zu höheren Oberflächentemperaturen und verringert so die Durchfeuchtung.

Eine Innendämmung kann das Problem nur dann lösen, wenn weitgehend wasserdampfundurchlässige Materialien verwendet werden oder eine Dampfsperre angebracht wird. Ein Überkleben der befallenen Stellen durch dünne Polystyroluntertapeten löst das Problem in der Regel nicht. In den meisten Fällen führt das über kurz oder lang zur Ablösung der mit Spezialkleister geklebten Bahnen. Sind nur kleinere Flächen betroffen, kann man versuchen, die Oberflächentemperatur durch Abschlagen des alten Putzes und Anbringen eines Dämmputzes zu erhöhen. Das kann, muß aber nicht helfen.

Durch eine Außendämmung kann der Pilzbefall beseitigt werden, denn sie bewirkt, daß das Mauerwerk wärmer bleibt. Fungizide (pilztötende) Mittel merzen zwar den Pilzbefall vorübergehend aus, sind jedoch gesundheitsschädlich und beseitigen nicht die Ursachen.

Schäden durch aufsteigende Feuchtigkeit und Salze: Sie treten in erdberührenden Wänden auf. Da auch schon eine leichte Durchfeuchtung die Wärmedämmung einer Wand und damit die Temperatur erheblich herabsetzt, kommt es zusätzlich zur Kondensation von Wasserdampf auf diesen Flächen. Eine auf Dauer befriedigende Lösung kann nur durch horizontale und vertikale Isolierung des Mauerwerks erreicht werden (siehe Seite 323).

Eine Dauersanierung ist sehr teuer und aufwendig. Es gibt einfachere Methoden, die Schädigungen erträglich zu gestalten, so daß man damit leben kann. Bei Putzschäden durch feuchte Mauern aufgrund der in der Mauer aufsteigenden Erdfeuchte und der durch Mauersalze angezogenen Luftfeuchtigkeit gilt ausnahmslos, daß die Mauern vor dem erneuten Eindringen von flüssigem Wasser (Regenwasser, Hangwasser, Grundwasser, Kondenswasser) geschützt werden müssen. Das Entscheidende ist dann die Vorbehandlung der Mauer (siehe dazu Seite 324) und die Auswahl des Innen- und des Außenputzes.

Zu bevorzugen sind Putze, die wasserdampfdurchlässig sind, damit die in der Mauer verbliebene Feuchtigkeit allmählich durch den Putz nach außen gelangen kann. Hierzu gehören Diffusionsputze, die aufgrund einer besonderen Mischung unterschiedlicher Korngrößen besonders porös sind, ohne deshalb entscheidend an Festigkeit einzubüßen. Hierzu gehören weiter alle Kalkputze. Besondere Erwähnung verdient der Naturputz Topisolit, geeignet für innen und außen, atmungsaktiv, feuchtigkeitsregulierend, ein Leichtputz, der die Feuchtigkeit aus der Mauer herausläßt, so daß eine feuchte Mauer im Laufe der Zeit trocken wird, vorausgesetzt, es gelangt nicht ständig neues Wasser in die Mauer.

Bei Mauern voller Mauersalze werden vor allem Sanierungsputze verwendet, die Kunststoffzusätze enthalten. Diese Sanierungsputze haften um einige Jahre länger an der Mauer und werden nicht so schnell von den Salzen abgesprengt wie der übliche Kalkputz. Die Oberfläche der Sanierungsputze bleibt trocken. Ihr entscheidender Nachteil ist aber, daß sie die Feuchtigkeit in der Mauer nicht herauslassen, sondern einsperren. Das kann nur dadurch einigermaßen ausgeglichen werden, daß die Außenmauer wasserdampfdurchlässig verputzt wird, also keinesfalls mit einem Zementputz, weil sonst die Feuchtigkeit in der Mauer nur höher steigt, als sie vorher war. Zementputz haftet zwar gut und hat in sich eine hohe Festigkeit, was aber nicht davor bewahrt, daß er von Mauersalzen im Laufe der Zeit abgesprengt werden kann, was dann großflächig geschieht.

Diffusionsputze, Topisolit und Sanierungsputze muß man fertig kaufen; sie sind nicht billig. Kalkputze und Zementputze kann man selbst herstellen (siehe Seite 294).

Absandende Putzflächen: Sie werden mit Tiefengrund behandelt.

Anstriche

Alle für Wandflächen geeigneten Farben und die Anstrichtechniken sind im Kapitel »Anstriche« ab Seite 107 dargestellt.

Mit Farben kann ein Raum optisch verändert werden. Helle Farben lassen ihn größer, dunkle Farben kleiner erscheinen. Auch die Gestaltung der einzelnen Wandflächen mit unterschiedlichen Farben kann eine Raumwirkung verändern.

Sollen Wände mit Anstrichen versehen werden, so sind hohe Anforderungen an den Untergrund zu stellen, wenn man einen handwerklich einwandfreien, ebenmäßigen Anstrich erreichen will: Er muß sehr eben sein, darf keine Überhöhungen und Vertiefungen aufweisen und muß eine gleichmäßige Oberflächenstruktur haben. Vergipste Flächen wirken meist zu glatt, frischer Feinputz neben bereits gestrichenen Flächen zu rauh. Eine relativ gleichmäßige Oberflächenstruktur läßt sich erreichen, wenn Dübellöcher mit Feinputz gefüllt, alle frischen Feinputzflächen nach dem Trocknen mit feinem Schleifpapier geschliffen, danach vorgestrichen und nochmals feingeschliffen werden.

Alte Anstriche müssen entfernt werden, wenn sie abzublättern beginnen, da Farbränder nach dem Streichen sichtbar bleiben. Leimfarben werden mit der Bürste naßgemacht und dann mit einem Schwamm abgewaschen. Andere Farbschichten lassen sich zum Teil trocken abspachteln, zum Teil unter Zuhilfenahme von Wasser, in schwierigen Fällen nur mit Farblösemitteln.

Tapeten

Die Tapete – früher als Wandschmuck in Form von Ledertapeten, Stofftapeten und bemalten Tapeten nur für reiche Leute erschwinglich – fand erst mit der Erfindung der Papiermaschine weitere Verbreitung und wurde in den letzten Jahrzehnten zum bedeutendsten Gestaltungsmittel für Wände und Decken. Ihr unbestrittener Vorzug besteht darin, daß es sich dabei um ein Material handelt, das keiner weiteren Nachbehandlung mehr bedarf und mit dem sich aufgrund der unübersehbaren Vielfalt von Farben und Mustern unbegrenzt viele Wirkungen erzielen lassen.

Tapetenarten: Alle Wandbekleidungen, deren Rückseite aus tapezierbarem Papier besteht, werden als Tapete bezeichnet, auch wenn die Oberfläche aus anderem Material besteht. Einzelne Tapetensymbole und ihre Bedeutung sind in Abb. 9. dargestellt. *Papiertapeten* bestehen ganz aus Papier. Die billigeren *Naturelltapeten* aus leichterem ungefärbtem Papier, bei denen das Muster unmittelbar auf das zum Teil sichtbar bleibende Papier aufgedruckt ist, werden kaum noch angeboten. *Fondtapeten* erhalten vor dem Musterdruck einen lichtechten Farbauftrag, der das Papier ganz abdeckt und dadurch ein Vergilben verhindert. *Prägetapeten* haben eine strukturierte Oberfläche. *Velourstapeten* werden musterartig oder vollständig mit geschnittenen oder gemahlenen Textilfasern durch Auftrag eines Klebers oder durch ein elektrostatisches Verfahren überzogen.

Textiltapeten werden mit verschiedenen Naturmaterialien wie Gräsern, Kork oder Holzfurnieren gestaltet. Bei *Metalltapeten* bringt man dünne Metallfolien, meist Aluminiumfolien, auf Papier auf. *Wandbildtapeten,* z.B. Fototapeten, zeigen großformatige, wandfüllende Motive, die beim Tapezieren aus einzelnen Bahnen oder Bogen zusammengefügt werden.

Kunststofftapeten, auch *Vinyltapeten* genannt, sind mit einer Schicht aus Polyvinylchlorid (PVC) überzogen. Je nach Stärke des Auftrags entstehen dabei abwaschbare bzw. wischfeste, aber auch dampfbremsende bis dampfsperrende Tapeten.

Rauhfasertapeten müssen in der Regel gestrichen werden. Sie bestehen aus zwei Papierschichten, zwischen die Holzspäne eingestreut sind. Sie lassen sich besonders einfach verarbeiten und können Unebenheiten auf Wänden gut ausgleichen.

Daneben werden *Untertapeten* angeboten, die überklebt werden. Am bekanntesten sind die etwa 3 mm starken Styroportapeten, die mit einem geeigneten Spezialkleber verarbeitet werden, wobei hier die Wand mit einer Zahnspachtel

eingestrichen wird. Der wärmedämmende Effekt dieser Tapeten sollte jedoch nicht überschätzt werden.

Muster und Farben: Sie können die optische Wirkung von zu kleinen, zu großen, zu niedrigen oder zu hohen Räumen deutlich verändern. Die Wände rücken näher, wenn man große Muster mit kräftigen Farben verwendet. Ein Raum mit hellen Farben und dezenten Mustern wirkt weiter und größer. Muster mit senkrechter Betonung lassen einen Raum höher und schmaler, Muster mit waagerechter Betonung niedriger und breiter erscheinen. Ein niedriger Raum wirkt höher, wenn man die Decke hell und ohne Muster gestaltet, ein hoher Raum niedriger, wenn die Decke dunkler gehalten wird.

Man unterscheidet ansatzfreie Muster und Muster mit Rapport ohne Ansatz. Der Rapport gibt an, nach welcher Höhe sich ein Muster wiederholt. Die Musterhöhe kann sehr verschieden sein: 20 cm, 50 cm, 1 m. Sie spielt bei der Berechnung des Tapetenbedarfs eine wichtige Rolle.

Tapetenbedarf: Eine Tapetenrolle ist normalerweise 53 cm breit und 10,05 m lang. Sie reicht also für etwa 5 m².
Die Tapetenindustrie empfiehlt, den Tapetenbedarf wie folgt zu berechnen: Man multipliziert den Raumumfang mit der Raumhöhe, dividiert dieses Zwischenergebnis durch 5 und rundet auf die nächste ganze Zahl auf. Damit erhält man die Anzahl der Tapetenrollen. Bei dieser Berechnungsmethode werden die Fenster- und Türflächen als Zugabe für Verschnitt mit einbezogen. Bei sehr vielen Fenstern und Türen führt dies dazu, daß eine nicht unbeträchtliche Menge an Tapete übrigbleibt. Bei der Verwendung von Rapport-Tapeten können Raumhöhe und Ansatz so schlecht übereinstimmen, daß von jeder Rolle große Teile nicht verwendet werden können, so daß man mehr Rollen einkaufen muß, als nach dieser Berechnungsmethode erforderlich wäre. Ansatzfreie Tapeten sind daher vom Verbrauch her am sparsamsten.
Rauhfasertapeten haben andere Maße.

Werkzeug: Zum Schneiden der Tapetenbahnen und Einkleistern ist ein zusammenklappbarer Tapeziertisch zu empfehlen. Er kostet weniger als 50,– DM und ist aufgeklappt ca. 3 m lang. Notfalls reicht auch ein Küchen-

tisch oder eine Spanplatte auf Holzböcken.
Die Tapezierwerkzeuge zeigt Abb. 10. Dazu kommt noch eine große Malerbürste zum Einkleistern. Ein stabiler Stuhl mit einer geraden, festen Sitzfläche reicht zum Ankleben der Tapete aus, wenn man leicht bis zur Zimmerdecke hochlangen kann. Ansonsten braucht man eine standfeste, frei stehende Leiter.

Vorbereitung des Untergrunds: Der Untergrund muß fest sowie frei von losen Bestandteilen und sollte leicht saugfähig sein. Vor allem bei dünnen Tapeten drücken sich Unebenheiten des Untergrunds, z.B. Stellen mit abgeblätterter Farbe, schlecht verspachtelte Dübellöcher, rauher Putz und einzelne Sandkörner, so durch, daß sie nach dem Tapezieren sichtbar bleiben. Der Untergrund muß hier also besonders gut verspachtelt, geglättet und abgeschliffen werden. Als sehr unempfindlich gegen rauhe Untergründe erweisen sich Rauhfasertapeten.
Wasserlösliche Farben müssen mit einer alten Malerbürste vorgenäßt und mit einem Schwamm abgewaschen werden. Lose Farbreste und abblätternde Farbe sind sorgfältig, entweder trocken oder naß, mit dem Spachtel zu entfernen, in schwierigen Fällen mit Hilfe eines Farbentfernungsmittels. Alte Lackanstriche werden mit dem Schleifpapier gut aufgerauht oder angelaugt und mit Dispersionsfarbe vorgestrichen. Ebenfalls vorgestrichen werden müssen frische Putzstellen, da der Feinputz absandet und der Tapete daher eine ungenügende Haftfläche bietet. Größere Flächen frischen Putzes sind mit Streichmakulatur vorzubehandeln. Streichmakulatur ist Papierzellulose, die mit Wasser angerührt wird.
Glatte, saugfähige Untergründe werden mit verdünntem Kleister, rauhe Untergründe mit Streichmakulatur vorgestrichen. Alte Tapeten sollten nur in Ausnahmefällen überklebt werden und nur dann, wenn sie noch einwandfrei haften. Tapeten mit Kunststoffbeschichtung oder Rauhfaser bieten für die neue Tapete keine ausreichende Haftung. Zum Lösen der Tapeten werden sie mit Wasser vorgenäßt. Wenn sie gut durchgeweicht sind, zieht man sie vorsichtig und in möglichst großen Stücken ab. Tapeten mit Kunststoffbeschichtung

9 Tapetensymbole und ihre Bedeutung.

Zeichen auf Qualitätstapeten dienen dazu, Aussagen über die Qualität des Materials zu machen, und geben wichtige Hinweise für die richtige Verarbeitung:

1 Wasserbeständig:
Frische Kleisterflecken können mit feuchtem Schwamm abgetupft werden.

2 Waschbeständig:
Leichte Verschmutzung kann mit nassem Schwamm gereinigt werden.

3 Hochwaschbeständig:
Verschmutzungen, außer Ölen und Fetten und dergleichen, können mit leichter Seifenlauge und Schwamm gereinigt werden.

4 Scheuerbeständig:
Verschmutzungen, die wasserlöslich sind, können mit milder Seifenlauge oder mildem Scheuermittel, mit Schwamm oder weicher Bürste gereinigt werden.

5 Ausreichend lichtbeständig

6 Gut lichtbeständig

7 Restlos trocken abziehbar:
Die Tapete läßt sich beim Renovieren ohne Rückstand trocken von der Wand abziehen.

8 Spaltbar trocken abziehbar:
Die Oberschicht der Tapete läßt sich trocken abziehen, die Unterschicht bleibt als Makulatur auf der Wand.

9 Wand einkleistern:
Nicht die Tapetenrückseite, sondern der Untergrund wird mit Kleister oder Kleber eingestrichen.

10 Vorgekleistert:
Tapeten mit rückseitiger Klebeschicht, die durch Wasseraufnahme aktiviert wird.

11 Dupliert:
Hinweis auf hochwertige Prägetapeten in 2 Papierschichten. Die Prägung bleibt beim Tapezieren erhalten.

12 Musterhöhe/Versatz:
Musterhöhe in cm. Bei Versatz jeweils um die Hälfte verschieben.

13 Ansatzfrei:
Muster brauchen beim Kleben nicht beachtet zu werden.

14 Gerader Ansatz:
Gleiche Muster in gleicher Höhe nebeneinander

15 Versetzter Ansatz:
Das Muster ist auf der nächsten Bahn jeweils um die Hälfte zu verschieben.

16 Passender Stoff:
Zu diesen Tapeten werden passende Stoffe angeboten.

17 In Pfeilrichtung tapezieren:
Die Pfeilspitze muß bei der Tapezierung immer in Richtung Decke zeigen.

18 Gestürzt kleben:
Jede 2. Bahn auf den Kopf stellen.

müssen vor dem Einweichen gut angeschliffen oder mit einer Perforierwalze eingerieffelt werden, damit die Feuchtigkeit durchdringen und den Tapetenkleister lösen kann. In hartnäckigen Fällen hilft spezieller Tapetenlöser.

Am einfachsten ist das Ablösen von alten Tapeten bei vollständig trocken abziehbaren oder spaltbaren Tapeten. Restlos trocken abziehbare Tapeten lassen sich vollständig von der Wand abziehen, während bei spaltbaren Tapeten die Unterschicht als Makulatur an der Wand haftenbleibt.

Tapezierklima: Ideal für das Tapezieren ist eine Raumtemperatur von etwa 18°C. Bei zu niedrigen Temperaturen trocknen die einzelnen Bahnen zu langsam, wobei Flecken entstehen können.

363

Trocknen sie bei zu hohen Temperaturen zu schnell, können die Nähte aufplatzen, und die möglicherweise entstandenen Blasen bleiben erhalten. Aus dem gleichen Grund sollte auch Zugluft möglichst vermieden werden.

Kleister: Verwendet wird für leichte und normal schwere Papiertapeten Methylzellulosekleister (MC-Kleister), der aus Buchenholzzellulose hergestellt wird. Für schwere Papiertapeten und für Rauhfaser wird MC-Spezialkleister verwendet. Durch Kunststoffzusätze wird seine Klebekraft erhöht. Abweichende Angaben der Tapetenhersteller auf Beipackzetteln müssen berücksichtigt werden.

Der Kleister wird unter ständigem Rühren so vorsichtig in die auf der Kleisterpackung angegebene Wassermenge eingerührt, daß sich keine Klumpen bilden. Grundsätzlich gilt, daß der Kleister um so dicker angerührt werden muß, je schwerer die Tapeten sind. Normalkleister sollte 20 Minuten, Spezialkleister etwa 30 Minuten quellen. Sie werden vor Gebrauch nochmals kräftig durchgerührt.

Tapetenkleister kann lange aufbewahrt werden. Es sollte daher eine kleine Menge in einem verschlossenen Glas gelagert werden, um nachträglich aufstehende Ecken oder Kanten nachkleben zu können.

Zuschneiden der Tapetenbahnen: Die Länge der Tapetenbahnen wird ermittelt, indem die größte Raumhöhe gemessen und etwa 5 bis 10 cm für den Verschnitt zugegeben werden.

Bei ansatzfreien Tapeten kann fortlaufend geschnitten werden. Bei Rapport im geraden Ansatz sind alle Bahnen gleich. Bei versetztem Rapport muß jede zweite Bahn um die Hälfte der Rapporthöhe versetzt zugeschnitten werden.

Rauhfasertapeten werden am besten umgeknickt und mit einem scharfen Messer geschnitten. Dadurch ergibt sich eine faserige Kante, die Überlappungen und Ecken weniger sichtbar macht. Dasselbe Verfahren ist auch bei anderen Tapeten möglich, doch sollte man, wenn die Kante ausfasert, besser mit der Schere schneiden oder mit dem Haumesser, das entlang des Stahlbandes geführt wird (Abb. 10).

Einkleistern der Bahnen: Eine Bahn wird mit der Sichtseite nach unten an die dem Heimwerker abgewandte Seitenkante des Tapeziertisches gelegt. Die Hälfte der Tapete an der Seitenkante wird mit einer einfachen Malerbürste mit Kleister gleichförmig eingestrichen. Dann wird die Tapetenbahn an die Vorderkante des Tisches gezogen und die andere Hälfte eingestrichen.

Die Bürste sollte nur bis zur halben Borstenlänge in den Kleister eingetaucht werden, da sonst die Gefahr besteht, daß der Kleister an manchen Stellen zu dick aufgetragen wird. Besonders gründlich sind Kanten und Ecken einzustreichen. Wird hier zuwenig Kleister aufgetragen, steht die Tapete nach dem Trocknen auf.

Von Zeit zu Zeit werden die Kanten des Tapeziertisches mit einem Spachtel und einem trockenen Lappen von herabtropfendem Kleister gereinigt. Wer viele trockene Lappen braucht, sollte den Kleister besser mit einem feuchten Lappen abwischen und den Lappen immer wieder ausspülen. Auf glatten Fußböden besteht durch Kleisterflecken erhöhte Ausrutschgefahr.

Die eingekleisterte Tapetenbahn wird zusammengelegt, und zwar werden beide Enden der Tapetenbahn zur Mitte hin zusammengefaltet, so daß die eingekleisterten Unterseiten aufeinander zu liegen kommen. Die Tapetenränder müssen dabei genau aufeinanderliegen, damit sie nicht austrocknen, was zur Folge hätte, daß sie dann nicht mehr an der Wand haften. Ist die Tapetenbahn fertig zusammengefaltet, sollte der obere zusammengefaltete Teil etwa ⅓, der untere Teil etwa ⅔ ausmachen. Am oberen Ende der Tapetenbahn kann zusätzlich ein etwa 4 cm breiter Streifen umgeschlagen werden, was ein Ansetzen der Tapete an die Wand unter der Decke insbesondere bei dünnen Tapeten erleichtert. Das Zusammenfalten der Tapetenbahn ist notwendig, damit man die Bahnen zur Wand tragen und ankleben kann. Die zusammengefaltete Bahn kann man über eine Stuhllehne hängen und so mehrere Bahnen zum Tapezieren vorbereiten.

Weichzeiten: Tapeten dehnen sich nach dem Einstreichen aus. Wenn sie dann an der Wand trocknen, versuchen sie, sich wieder zusammenzuziehen. Dadurch entsteht eine Spannung, kleine Falten und Blasen verschwinden, und es entsteht eine ebene Oberfläche.

Sehr dünne Tapeten sollte man etwa 5 Minuten weichen lassen, normale Tapeten etwa 10 Minuten, schwere Tapeten und Rauhfaser etwa 15 bis 20 Minuten. Spezialtapeten brauchen möglicherweise andere Weichzeiten. Hier sollte man die Herstellerangaben beachten oder sich im Fachgeschäft eingehend beraten lassen. Eine Tapetenbahn kann dann verarbeitet werden, wenn sie sich geschmeidig anfühlt. Weichen die Bahnen zu lange, reißen sie leicht beim Ankleben, oder die Nähte springen beim Trocknen aufgrund zu hoher Spannung auf. Ist die Einweichzeit zu kurz bemessen worden, bilden sich Falten und Blasen, da sich die Bahnen dann noch an den Wänden ausdehnen. Kleinere Blasen verschwinden meist beim Trocknen. Bei großflächigen Blasen muß die Tapetenbahn nochmals von der Wand genommen, neu angelegt und möglicherweise zuvor leicht nachgekleistert werden. Manchmal hilft ein Aufstechen und Andrücken der Blase. Das ist nicht fachmännisch, aber besser, als wenn man die Blasen später deutlich sieht.

Bei Tapeten mit Rapport sollte auf gleiche Weichzeiten aller Bahnen geachtet werden, da sich sonst das Muster durch unterschiedliche Ausdehnung der einzelnen Bahnen verschiebt und nicht mehr zusammenpaßt.

Stoß oder Überlappung: Dünne Tapeten werden an den Stößen etwa 1 bis 2 mm überlappt geklebt, normal schwere bis schwere Tapeten auf Stoß tapeziert. Diese Methode erfordert zwar etwas mehr Geschicklichkeit, wirkt jedoch optisch wesentlich besser. Oft können kleine störende Fugen, die durch Unebenheiten der Wände entstehen, mit leichten Schlägen der Handkante in Richtung der Fuge geschlossen werden.

Bei sehr schiefen Wänden sind Überlappungen meist nicht zu umgehen. Hier sollten dann besser leichtere Tape-

10 Tapezierwerkzeuge:
1 Haumesser
2 Tapetenschere
3 Tapezierbürste
4 Nahtroller
5 Moosgummiwalze
6 Stahlband zum Beschneiden von Tapeten mit dem Haumesser.

ten verwendet werden, da die Stöße sonst sehr unangenehm auffallen.

Tapezierrichtung: Es wird immer von den Hauptlichtquellen weg in den Raum tapeziert, also vom Fenster weg. Dadurch werden die sich überlappenden Nahtstellen aufgehellt und können keine Schatten werfen.

Ausloten: Jede erste Bahn auf einer Wand sollte ausgelotet werden, damit auch die nächsten Bahnen gerade angesetzt werden können und sich das Muster nicht verschiebt. Das Ausloten ist bei Mustertapeten wesentlich wichtiger als bei Rauhfasertapeten. Markierungen an der Wand dürfen nicht mit wasserlöslichen Stiften angebracht werden.

Kleben der Bahnen: Die Tapetenbahn wird an den beiden oberen Ecken angefaßt. Die Bahn rollt sich in der Regel durch ihr Eigengewicht von selbst ab. Droht sie zu schnell abzurutschen, so kann gebremst werden, indem man die Bahn mit dem Knie an der Wand festhält.

Die Deckenkante ist in den meisten Fällen nicht völlig gerade. Deshalb empfiehlt es sich, die Tapete erst an der Decke passend zuzuschneiden. Die Bahn wird also mit Überstand an der Decke nach den geloteten Markierungen angesetzt. Bei überlappender Tapezierweise wird die Bahn von der Mitte aus nach beiden Seiten blasenfrei angedrückt.

Bei unempfindlichen Tapeten verwendet man dazu die Tapetenbürste, bei empfindlichen Tapeten eine Moosgummiwalze.

Wird auf Stoß tapeziert, muß die jeweils nächste Bahn nach der Kante der bereits geklebten Bahn ausgerichtet und anschließend zur anderen Kante hin angedrückt werden.

Deckenanschluß: Der zur Decke überstehende Streifen wird mit dem Scherenrücken, besser mit einem dünnen Bleistift markiert und abgeschnitten. So ergibt sich an jeder Stelle ein sauberer Deckenabschluß.

Fußbodenabschluß: Genauso wird am Fußboden verfahren. Man kann bis zur Fußbodenleiste tapezieren oder die Leiste abnehmen. Bei häufigem Tapezieren wird die Leiste dadurch aber stark in Anspruch genommen. Es werden auch

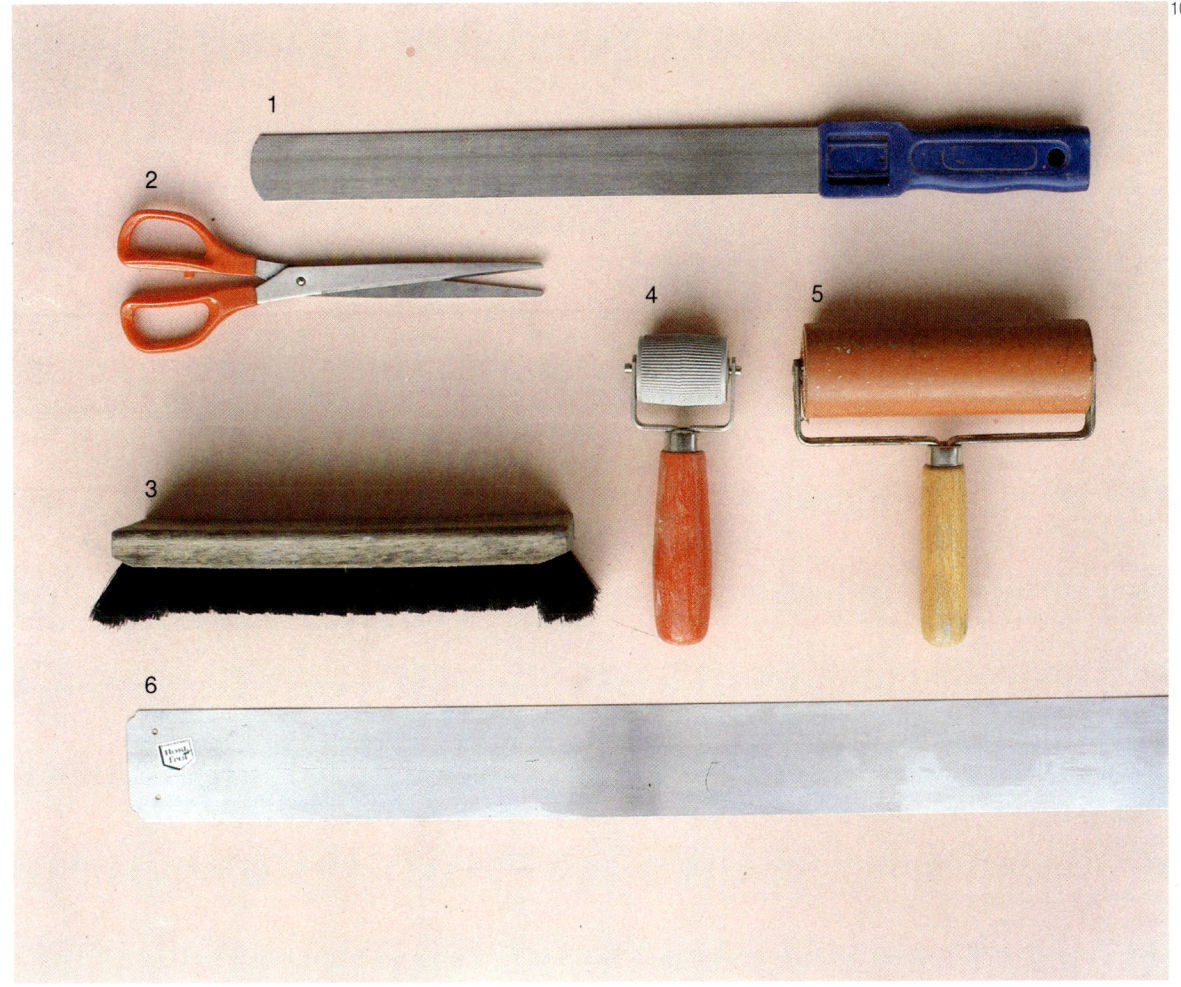

Fußbodenleisten angeboten, die einfach aufgesteckt und daher leicht entfernt werden können.

Ecken: Die Tapetenbahnen werden im trockenen Zustand so geschnitten, daß sie an allen Stellen etwa 1 bis 2 cm über die Raumecken reichen. Bei schiefen Ecken muß der Überstand an manchen Stellen quer eingeschnitten werden. Bei Mustertapeten lassen sich dabei optische Beeinträchtigungen nicht vermeiden.

Türen: Bei Mustertapeten wird fortlaufend von einer Seite der Tür zur anderen tapeziert. Die Türöffnung wird bereits bei den trockenen Bahnen ausgeschnitten, wobei man einen Überstand von 2 bis 3 cm stehen läßt, um Ungleichmäßigkeiten am Rahmen ausgleichen zu können. Dadurch ergibt sich über der Tür ein fortlaufendes Muster.

Bei einfarbigen Tapeten ist es einfacher, an der anderen Seite mit einer ganzen Bahn weiterzutapezieren und den passenden Streifen über dem Türstock nachträglich einzufügen. Im trockenen Zustand genau passend zuschneiden kann man die Tapetenbahnen nicht, da sie sich beim Weichen ausdehnen.

Fensterlaibungen: Man tapeziert sie in der Regel separat. Nur bei geraden Kanten und nicht allzu breiten Laibungen kann man die Bahn gleich um die Ecke gehen lassen.

Heizkörper: Sie sollten nur so weit hinterklebt werden, daß der optische Gesamteindruck stimmt. Man sollte bedenken, daß die Tapeten auch wieder abgelöst werden müssen.

Nägel, Schrauben, Haken: Dübellöcher, kleinere Nägel und Schrauben müssen nicht entfernt werden. Die Tapete wird einfach darauf gedrückt und durchstoßen. Der kleine Riß kann so geschlossen werden, daß er nicht mehr sichtbar ist. Größere Nägel, Schrauben und Haken müssen entfernt werden, da die Tapete sonst zu stark beschädigt wird. Damit man Dübellöcher wiederfindet, steckt man kleine Nägel mit der Spitze nach außen oder Zahnstocher in die Löcher, die dann die Tapete durchstechen.

Steckdosen und Ofenringe: Das Schutzgehäuse wird abgeschraubt und die Tapete vorsichtig in Kreisform so zugeschnitten, daß die Schnittkante später knapp verdeckt wird. Vorsicht: Vor dem Abschrauben des Schutzgehäuses müssen die Sicherungen herausgedreht werden.

Ofenringe werden ebenfalls vorher abgenommen. Muß man das Ofenrohr entfernen, weil es beim Tapezieren zu sehr stört, sollte das vor dem Tapezieren geschehen. Man verstopft dabei das Ofenrohr gegen den Ruß mit Zeitungspapier (bei Benutzung des Kamins Brandgefahr, Ofenrohrdeckel benutzen).

Kniffe für Rauhfasertapeten: Überlappungen von Rauhfaserbahnen, z.B. an Fensterlaibungen, sind weniger sichtbar, wenn die schmalen Laibungsstreifen im trockenen Zustand mit einem Messer abgetrennt werden oder wenn der grob zugeschnittene Laibungsstreifen an der Wand entlang einer breiten Spachtel gerissen wird. Streicht man die Nahtstellen mit etwas verdünnter Farbe vor, sind die Ansatzstellen später fast unsichtbar.

Nach der gleichen Methode werden Rauhfasertapeten auch ausgebessert.

Wandfliesen

Fliesen sind das am besten geeignete Material für die Wände in Küche, Bad und Toilette, soweit an diese Wände ständig Wasser, Wasserdampf und Schmutz aller Art gelangen. Eine Fliesenwand ist wasserdicht und leicht zu reinigen. Daraus den Schluß zu ziehen, daß man dann am besten das ganze Bad fliest, wäre falsch. Gerade in Bad und Küche, wo viel Wasserdampf entsteht, ist der Putz das wichtigste Mittel, überschüssigen Wasserdampf aufzunehmen und später bei niedrigerer Luftfeuchtigkeit wieder abzugeben. Deshalb sollte man aus raumklimatischen Gründen nur so weit fliesen, wie es nötig ist – in Bädern, Küchen und Toiletten also nur so weit, wie mit Spritzwasser und anderen Spritzern zu rechnen ist.

Warenkunde: Fliesenbeläge sind mineralische Baustoffe, die als Wand- und Bodenbeläge verwendet werden. Sie bestehen aus unterschiedlichen Anteilen von Ton, Quarz und Feldspat. *Steingutfliesen* haben einen hohen Quarzgehalt. Dadurch entsteht ein poröser Scherben, der relativ viel Wasser aufnehmen kann. Sie sind deshalb nicht geeignet zur Verlegung im Außenbereich. *Steinzeugfliesen* nehmen wenig Wasser auf. Unglasierte Steinzeugfliesen sollten überall dort verwendet werden, wo sehr hohe Beanspruchungen, z.B. durch Abrieb, auftreten (eine Glasur könnte unter ständiger Benutzung abgerieben werden).

Fliesen werden in den verschiedensten Formen, Farben und Formaten hergestellt. Sehr kleine Formate werden auch als *Mosaik* bezeichnet. Sie sind meist auf Netze vorgeklebt, so daß größere Flächen in einem Arbeitsgang verlegt werden können. Als *Riemchen* werden Fliesenformate bezeichnet, deren Kantenlängen mindestens ein Verhältnis von 3:1 aufweisen. Aufgrund ihrer Form dienen sie häufig zur Imitation von Sichtmauerwerk.

Bedarf: Der Fliesenbedarf richtet sich nach der zu fliesenden Fläche, nach dem zu erwartenden Abfall, nach der Breite der Fugen und nach den realen Fliesenmaßen. Die realen Fliesenmaße dürfen um bis zu 3 mm von den Nennmaßen nach unten abweichen, d.h., Fliesen mit einem Nennmaß von 150 mm Kantenlänge können also ein tatsächliches Maß von nur 147 mm aufweisen.

Für kleinere Formate werden die Fugen schmäler, für größere Formate breiter ausgeführt. Die Fugen sollten nicht schmäler als 2 mm sein, da der Fugmörtel dann nicht mehr dicht genug angebracht werden kann, und nicht breiter als 10 mm, da sonst Schwindrisse zu befürchten sind. Werden spezielle Fugmassen verwendet, so sollte man die Fugenbreite vor dem Einkauf festlegen, da für verschiedene Breiten verschiedene Produkte angeboten werden.

Werkzeug: Das Werkzeug zum Fliesenlegen und die Fliesenbearbeitung sind auf den Abb. 11 und 12 zu sehen.

Schneiden der Fliesen: Die Glasur wird mit dem Fliesenschneider angeritzt und die Fliese nach hinten über die Kante des Schneiders gebrochen. Für das Schneiden weniger Fliesen kann man sich auch mit einem Glasschneider behelfen und die angeritzte Fliese an der Tischkante oder über einen runden Metallstab, z.B. einen großen Nagel, brechen. Alle gebrochenen Fliesenkanten werden mit Schleifstein oder Schmirgelpapier entgratet und eben geschliffen.

Schmale Streifen sollten durch eine geeignete Aufteilung der Fliesen möglichst vermieden werden, da das Brechen einige Übung erfordert. Das Zerbrechen des Fliesenstreifens beim Abbrechen kann man dadurch vermeiden, daß man mit einer Trennscheibe die Fliese auf der unglasierten Seite entlang der Bruchlinie schwächt.

Aussparungen und Löcher: Sie werden mit einem Stift auf der Fliese angezeichnet. Mit dem Körner werden Ansatzpunkte für den Gesteinsbohrer oder Hartmetallbohrer geschaffen. Mit ausgeschaltetem Schlag und zu Beginn mit niedriger Drehzahl bohrt man kranzförmig Löcher von 4 bis 5 mm vor und erweitert mit einem stärkeren Bohrer. Das Mittelstück wird dann vorsichtig herausgebrochen, herausgeschlagen oder ausgesägt.

Sind Hindernisse an der zu fliesenden Wand nicht abmontierbar, muß die Fliese geteilt und an der Wand wieder zusammengesetzt werden.

11 *Fliesenwerkzeuge und Bearbeitung der Fliesen.*
Links von oben nach unten: Fliesenritzer, Filzstift, Glasschneider, Habichtschnabelzange zum Auszwicken von engen Aussparungen und Ecken, Sägeblatt und Feinsäge, Körner, Gesteinsbohrer, vorgebohrte und teilweise ausgesägte Aussparung.
Rechts von oben nach unten: Winkel, Trennschleifer, Stichsäge, mit dem Spitzhammer geschlagene Aussparung.

12 *Fliesenschneider.*

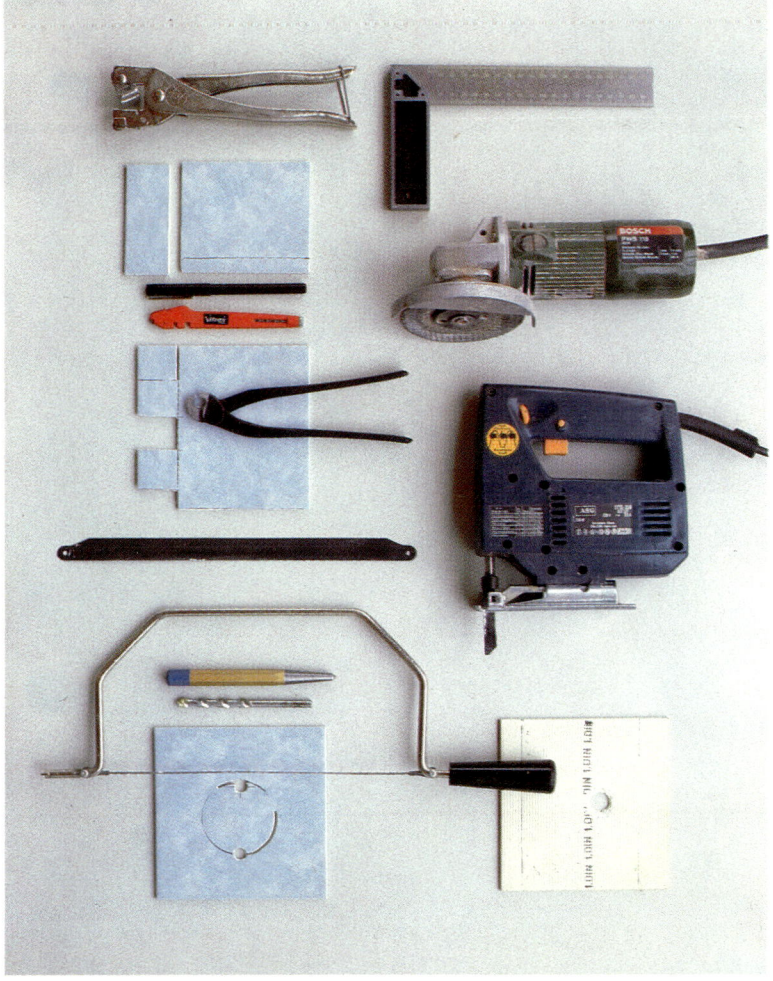

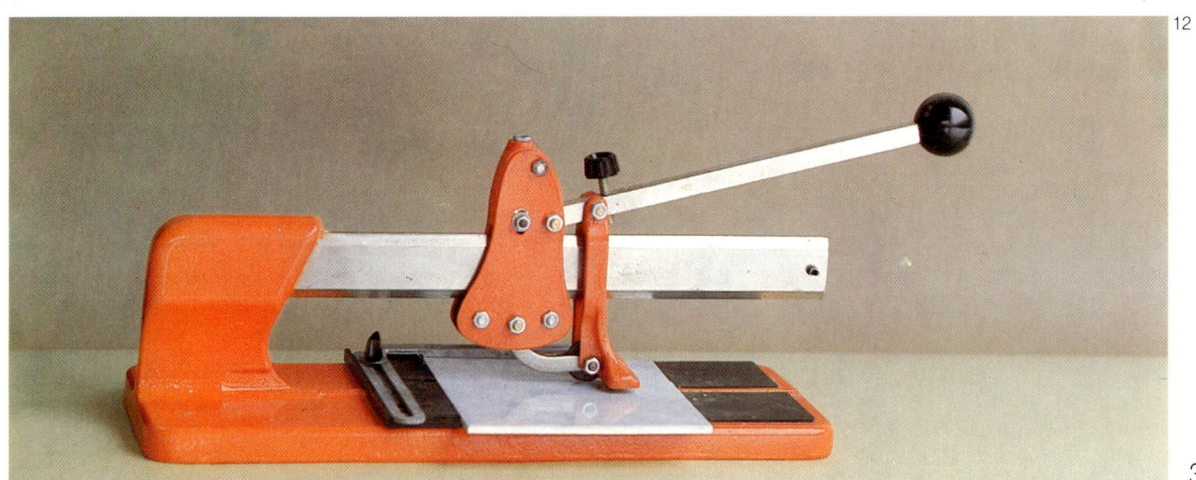

Möglich ist das Herstellen einer kreisförmigen Aussparung auch durch das Durchschlagen der Fliese mit dem Spitzhammer und dem weiteren Auszwicken mit der Fliesenlochzange. Die Bruchgefahr ist hier aber größer. Wer öfters fliesen will, kann sich einen speziellen Lochschneider zulegen.

Aussparungen in Eckform werden mit dem Fliesenschneider angeritzt und mit der Brechzange ausgebrochen.

Anordnung der Fliesen: Hier spielen die persönlichen Anforderungen und der persönliche Geschmack eine wesentliche Rolle. In der Regel verfährt man so, daß Teilfliesen unten verlegt werden und die obere Verlegereihe mit ganzen Fliesen abschließt. Ebenso verlegt man die Ränder mit Teilfliesen. Ein Ausgleich

zogen wird, weil sonst der Spritzbewurf schlechter an dem Mauerwerk haftet.

Der Spritzbewurf muß noch nicht hellgrau getrocknet sein, aber doch so weit angezogen haben, daß er mit dem Finger nicht mehr abgerieben, geschweige denn verschmiert werden kann. Erst danach kann mit dem eigentlichen Anlegen der Fliesen begonnen werden. Je nach Untergrund muß man unterschiedlich lange warten. Auf Beton dauert das Abbinden am längsten, so lange, daß für einen Ungeübten immer die Gefahr besteht, daß noch nach Stunden alle Fliesen wieder abfallen. Deshalb ist von einer Verlegung von Fliesen im Dickbettverfahren auf Betonuntergrund abzuraten.

Der Mörtel zum Ansetzen der Fliesen

wird aus einem Raumteil Zement und 4 bis 6 Raumteilen Sand hergestellt und sollte etwas trockener als Mauermörtel sein. Werden nur kleinere Mengen benötigt, kann Fliesenmörtel auch als fertig gemischter Trockenmörtel gekauft werden. Sowohl zu feuchter als auch zu trockener Mörtel führt zum Abfallen der Fliesen. Im Dickbettverfahren wird immer von unten nach oben verfliest.

Soll mit der letzten Fliesenreihe eine genau festgelegte Höhe erreicht werden, muß das Auflagebrett durch Ausmessen unter Berücksichtigung einer bestimmten Höhe angebracht werden (Abb. 13). Teilfliesen am Fußbodenabschluß können erst nach der Entfernung des Auflagebretts angebracht werden.

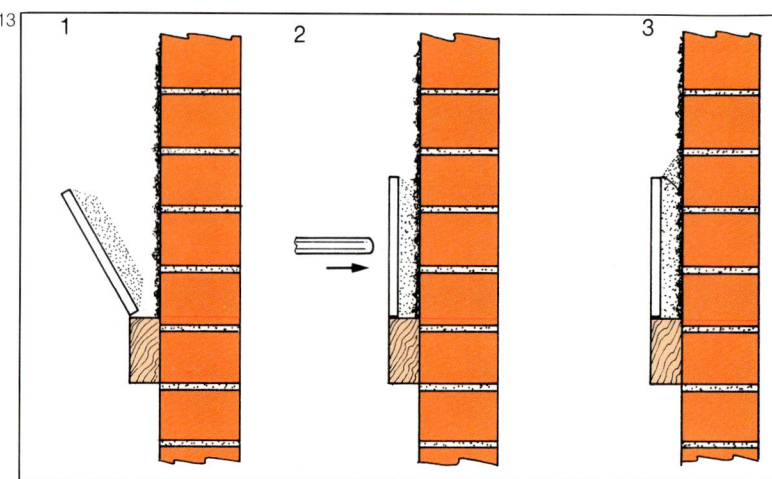

über die Veränderung der Fugenbreite ist schwierig, jedoch möglich.

Verlegung im Dickbettverfahren: Die Fliesen werden auf eine etwa 15 bis 20 mm dicke Schicht aus Zementmörtel an die Wand gedrückt. Das Dickbettverfahren ist für Ungeübte schwierig. Voraussetzung für eine haltbare Verlegung ist ein gleichmäßiger, fester, sauberer, tragfähiger Untergrund aus solidem Mauerwerk. Schmutz- und Staubreste, Mörtelreste und alte Putzschichten müssen gründlich entfernt werden.

Auf die so vorbereitete Wandfläche wird ein grobkörniger, fast deckender Spritzbewurf aus Zementmörtel aufgebracht. Saugfähige Wände müssen vorher angefeuchtet werden, damit dem Mörtel das Anmachwasser nicht vorzeitig ent-

13 *Fliesen*
   im Dickbettverfahren:
   1 *Ansetzen der Fliese auf*
      Setzlatte
   2 *Anklopfen*
      mit dem Kellenstiel
   3 *Hinterfüllung der Fliese mit einem*
      Mörtelkeil zur Verlegung der
      nächsten Fliesenreihe.

14 *Fliesen*
   im Dünnbettverfahren:
   1 *Fliesenhexe*
   2 *Fugenkreuze*
   3 *Fliesenlegerkeile*
   4 *Gummispachtel*
      zum Verfugen
   5 *Wasserwaage*
   6 *Kammspachteln.*

An beiden Enden des Auflagebretts wird je eine Fliese auf das Brett an die Wand gesetzt. Auf die beiden Fliesen wird die Fliesenhexe (Abb. 14) gesetzt. Der Fliesenhexengummi legt die obere Vorderkante der Zwischenfliesen fest. Jetzt geht es richtig los, von einer Seite zur anderen, Reihe nach Reihe. Der Mörtel wird mit einer Kelle, am besten mit einer Herzkelle, in einer Dicke von etwa 2,5 cm auf die Fliesenrückseite aufgetragen und an den Rändern schräg abgestrichen. Die Fliese wird schräg auf das Auflagebrett gesetzt und mit leichtem Andrücken senkrecht gestellt. Um eine gute Verdichtung des Mörtels zu erreichen, wird die Fliese mit dem Kellenstiel an der Wand festgeklopft, hervorquellender Mörtel abge-

streift. Der Mörtel verzahnt sich in dem Spritzbewurf. Die vertikale Lage muß mit der Wasserwaage überprüft werden. Am Ende der ersten Reihe muß die Fliese, die nur zur Festlegung der Horizontalen durch die Fliesenhexe gedacht war, wieder abgenommen werden. Mörtelreste werden mit Kelle und Bürste sorgfältig entfernt, bevor die Fliese wieder verwendet werden kann.

Der gleichbleibende Fugenabstand bei den Querfugen wird durch spezielle Holzkeile gesichert, die im Fachhandel erhältlich sind. Vor dem Anbringen der nächsten Fliesenreihe wird der Mörtel in der oberen Fuge keilförmig überfüllt, damit das Gewicht der nächsten Fliese gleichmäßig verteilt wird. Vor dem Ansetzen der nächsten Fliesenreihe muß

die untere Reihe so weit angezogen haben, daß sie die nächste tragen kann.

Wenn der Mörtel, der die Fliesen mit dem Spritzbewurf verbindet, abgebunden hat, wird das Auflagebrett entfernt und die unterste Fliesenreihe verlegt, ganze Fliesen, Fliesenstreifen, Fliesensockelleisten, je nachdem, was ausgewählt wurde.

Verlegung im Dünnbettverfahren (Abb. 14): Die Fliesen werden in diesem weitverbreiteten und für den Heimwerker wesentlich einfacheren Verfahren in einem etwa 3 bis 5 mm dicken Klebemörtelbett verlegt, das mit einem Zahnspachtel hergestellt wird.

Fliesen können mit diesem Verfahren beinahe auf alle Untergründe verlegt werden, auch auf Holzspan- und Gips-

14

kartonplatten, ja sogar auf alte Fliesenbeläge.

Für die verschiedenen Untergründe werden von den Herstellern verschiedene Kleber angeboten. Verwendung finden Dispersionskleber, Kunstharzkleber und Zementkleber mit Kunststoffzusätzen. Für die Wahl des geeigneten Klebers sollten die Informationsbroschüren der Hersteller herangezogen werden. Es werden auch Spezialkleber angeboten, die einen relativ wasserdichten Belag ermöglichen und die Wartezeit bis zum Verfugen wesentlich abkürzen.

In Bereichen, in denen Wandflächen verstärkt einer Spritzwasserbeanspruchung ausgesetzt sind, z.B. in häufig benützten Duschen, sollten Wandbaustoffe, Vorputze und Kleber sowie Fugmassen aus feuchtigkeitsunempfindlichen Materialien bestehen. Denn an den Rändern und durch Haarrisse in den Fugen kann Feuchtigkeit in den Untergrund gelangen und zum Abplatzen der Fliesen führen.

Ein gut geeigneter Untergrund ist ein Unterputz aus Kalkzement- oder Zementmörtel von mindestens 1 cm Stärke. Die Oberfläche soll eben, aber nur grob abgezogen sein, damit sich der Kleber gut mit dem Untergrund verzahnen kann. Der Putz muß vor dem Verfliesen ausreichend trocken sein, da eine Austrocknung der Wand durch den Fliesenbelag erschwert wird.

Gasbetonplansteine können direkt verfliest werden, wenn man die Oberflächen vorher mit einem geeigneten Mittel grundiert.

Es gibt Gipskartonplatten, die für Feuchträume geeignet sind. Für das Verfliesen müssen sie meist grundiert werden. Die Platten dürfen zur Verlegung von Fliesen nicht breitflächig verspachtelt werden. Gipskartonplatten in Duschen sind problematisch. Man sollte hier zumindest die Seitenflächen mitgrundieren und besonders wasserdichte Fugenkitte wählen. Das gleiche gilt für Holzspanplatten. Sie müssen wasserfest verleimt sein und am besten eine mehrmalige Grundierung erhalten.

Gipskartonplatten oder Holzspanplatten müssen außerdem, wenn sie im Dünnbettverfahren gefliest werden sollen, eine ausreichende Dicke haben, damit die Platten nicht ins Schwingen geraten können und den Fliesenbelag zum Abplatzen bringen. Bei Holzunterkonstruk-

tionen ist darauf zu achten, daß nur ausreichend trockenes Bauholz verwendet wird, da sich feuchtes Holz eher verziehen kann als trockenes. Die Abstände der Konstruktionshölzer sollten nicht größer als 42 cm sein. Sind größere Abstände unvermeidlich, sollten weitere Querriegel angebracht werden.

Rohrdurchführungen sowie Wand- und Fußbodenanschlüsse bei Gipskarton- und Holzspankonstruktionen sind sehr sorgfältig mit dauerelastischer Dichtungsmasse vor Feuchtigkeit zu schützen. Gipsputze und gipshaltige Putze sind in Räumen mit hohem Feuchtigkeitsanfall ohnehin problematisch, denn Gips quillt unter Feuchtigkeitseinwirkung und verliert seine Festigkeit. Ist Gipsputz vorhanden, und soll darauf gefliest werden, müssen die zu fliesende Fläche und ein breiter Streifen darum herum mehrmals mit geeigneten wasserabweisenden Mitteln imprägniert werden. Sehr glatte Gipsputze sollten außerdem vorher mit grobem Schleifpapier aufgerauht werden. Feinputzflächen sind als Untergrund sehr problematisch, da sie meist eine zu geringe Tragfähigkeit besitzen. Sie sollten mit Hammer, Spachtel und Drahtbürste bis zum Untergrund entfernt werden.

Völlig ungeeignete Untergründe sind Tapeten und alle Farbschichten. Sie müssen gründlich entfernt werden.

Der Kleber wird nach Herstellervorschrift an- oder aufgerührt und mit der Traufel oder der glatten Seite des Zahnspachtels auf den Untergrund aufgetragen. Da die Kleber je nach Zusammensetzung und Raumklima nach 10 bis 30 Minuten abbinden, darf nur so viel aufgetragen werden, wie in dieser Zeit verarbeitet werden kann. Bleibt beim Betupfen mit dem Finger kein Kleber mehr haften, ist er für die weitere Verlegung nicht mehr geeignet und muß ersetzt werden.

Nach dem Auftrag wird der Kleber mit dem Zahnspachtel aufgekämmt, die oberste Reihe waagerecht, damit keine Feuchtigkeit durch die schmalen Kanäle hinter die Verfliesung dringen kann, die übrige Fläche senkrecht. Die Fliese wird ins Klebebett gedrückt. Dadurch kommen etwa 60 bis 80% der Fliesenrückseite mit dem Kleber in Kontakt.

Die Verfliesung erfolgt in der Regel von unten nach oben, wobei die Aufsetzlatte eine horizontale Verlegung garantiert, in

Ausnahmefällen kann sie auch von oben nach unten erfolgen. Um gleichmäßige Fugen erzielen zu können, werden bei der Dünnbettverlegung Fugenkreuze verwendet, die später von der Fugenmasse überdeckt werden.

Verfugen: Nach dem Verlegen des Abschnitts und vor dem Hartwerden des Mörtels werden Mörtel- oder Kleberreste aus den Fugen entfernt, am besten mit einem entsprechend zugeschnittenen Holzstäbchen. Der Mörtel oder Kleber muß nun genügend Zeit zum Abbinden haben. Deshalb muß man bis zum Verfugen etwa 2 bis 4 Tage warten. Wird der Kleber auf wasserdichte Oberflächen aufgebracht, z.B. auf alte Fliesenbeläge, muß eventuell noch länger gewartet werden.

Zur Verfugung von Wandflächen ist fertiger Fugenzement gebräuchlich, der in verschiedenen Farbtönen erhältlich ist. Werden besonders hohe Ansprüche an die Wasserdichtheit gestellt, sollten Fugenkitte auf Epoxydharzbasis verwendet werden.

Der angemachte Fugenkitt wird mit dem Gummispachtel auf die Fliesenfläche aufgetragen und gleichzeitig möglichst gut in die Fugen gepreßt. Wer das zum ersten Mal macht, sollte nur kleine Mengen an Fugenmasse anrühren, da man das Voranschreiten dieser Arbeit leicht überschätzen kann. Die Fugen werden mit einem feuchten Schwamm nachgerieben und dabei gleichmäßig gestaltet. Der überschüssige Zement wird von Zeit zu Zeit aus dem Schwamm herausgewaschen. Der verbliebene feine Zementschleier kann bei glatt glasierten Fliesen nach dem Trocknen mit einem trockenen Tuch entfernt werden. Bei unglasierten Steinzeugfliesen mit relativ rauher Oberfläche geschieht die Reinigung unmittelbar nach dem Verfugen mit einem Spezialmittel. Möglicherweise muß dieser Arbeitsgang nach dem

15 *Holzverkleidungen:*
  1 Verschiedene Profilierungen und Befestigungspunkte der Bretter
  2 Eckausbildungen
    1–3 Eckausbildungen bei waagerechter Verbretterung
    4–6 Eckausbildungen bei senkrechter Verbretterung
  3 Möglichkeit zur Hinterlüftung von Holzverkleidungen.

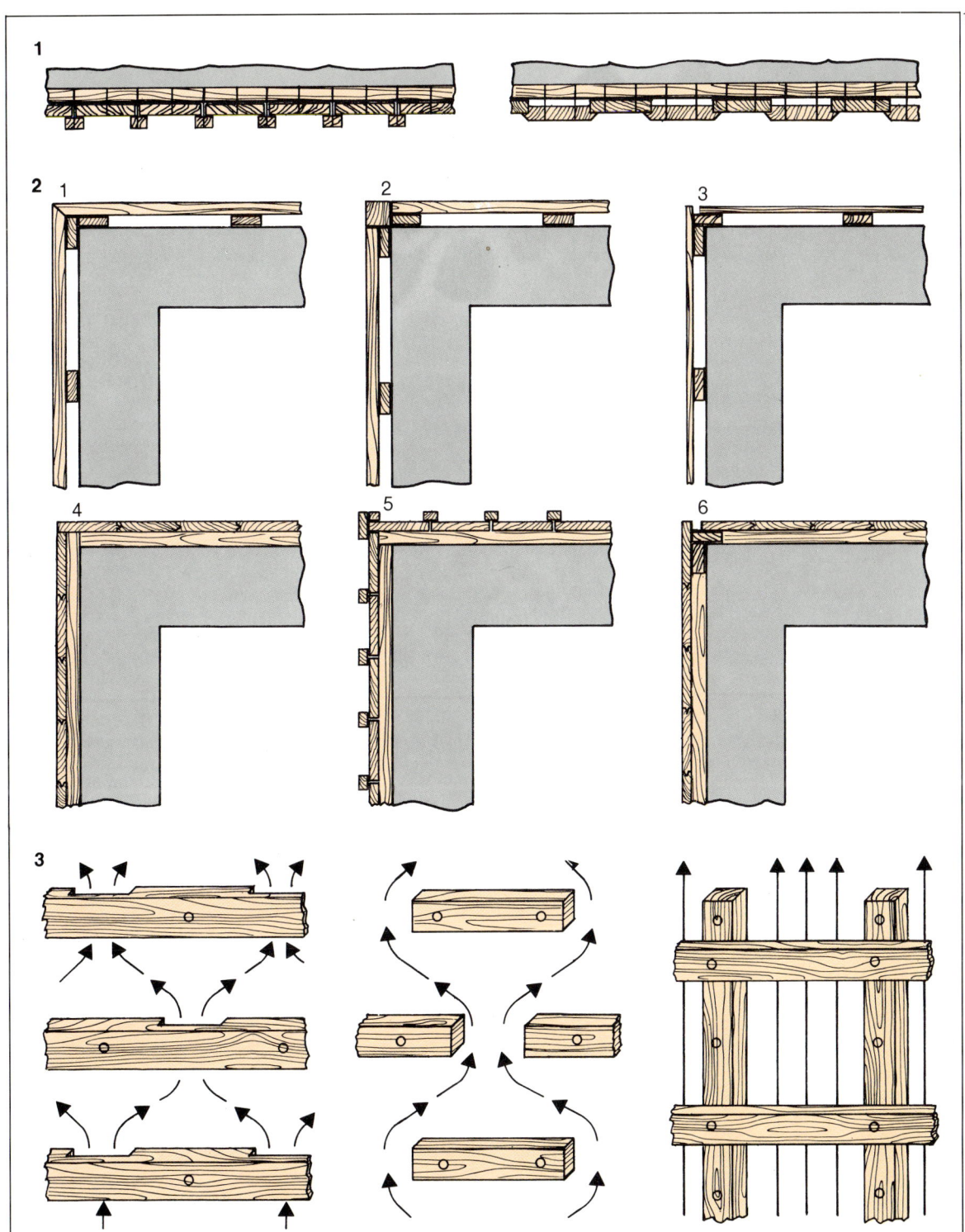

15

Trocknen der Fugen wiederholt werden. Alle Dehnungsfugen und Anschlüsse der Fliesenfläche zu anderen Materialien mit anderen Dehnungseigenschaften müssen mit dauerelastischer Dichtungsmasse ausgeführt werden, z.B. Anschluß einer Fliesenfläche zu einem schwimmenden Estrich, zu einer Gipskartonplatte, aber auch aneinanderstoßende Gipskartonplatten. Das Verfugen mit dauerelastischer Dichtungsmasse ist auf Seite 101 dargestellt.

Kunststoffbeläge

Kunststoffbeläge haben eine feuchtigkeitssperrende Wirkung und sind deshalb für Wandflächen bei Beanspruchung durch Spritzwasser geeignet. Sie können auf Wände aufgeklebt werden, die trocken, rissefrei und frei von losen Bestandteilen sind. Abblätternde Farbschichten müssen entfernt werden. Auch mehrere Farbschichten sind kein geeigneter tragfähiger Untergrund.

Kunststoffwandbeläge werden meist als Meterware von etwa 80 cm Breite angeboten und meist mit einem Dispersionskleber, der mit dem Zahnspachtel auf die Rückseite des Belags aufgetragen wird, verklebt. Die Nähte drückt man mit einem Nahtroller besonders sorgfältig an.

Der Vorteil von Kunststoffbelägen besteht darin, daß Feuchtigkeitsschutz, z.B. in Küchen, schnell und in der Regel auch kostengünstiger ausgeführt werden kann.

Holzverkleidungen

Eine Verkleidung der Wände mit Holz (Abb. 15) setzt keine besonderen Vorbereitungen des Untergrunds voraus Holzprodukte besitzen eine gute Wärmedämmung, verhindern niedrige Oberflächentemperaturen der Wandflächen im Winter und wirken feuchtigkeitsregulierend. Holzflächen können auf verschiedene Weise geschützt und oberflächenbehandelt werden (siehe Seite 114). Für die Verkleidung von Wänden kommen Profilbretter und Paneele in Betracht.

Profilbretter: Man bezeichnet sie häufig etwas vereinfachend als Nut- und Federbretter. Sie werden in verschiedenen Holzarten, verschiedenen Längen, Breiten und Profilierungen angeboten und können senkrecht, waagerecht und diagonal montiert werden. Die waagerech-te Montage verleiht dem Raum mehr Breite, die senkrechte mehr Höhe.

Profilbretter werden auf einer Unterkonstruktion aus Dachlatten befestigt, die an die Wand gedübelt werden. Der Abstand der einzelnen Latten sollte etwa 60 cm nicht überschreiten. Die Profilbretter werden entweder durch unsichtbare Nagelung durch die Nut oder mit Montagekrallen befestigt. Montagekrallen haben den Vorteil, daß die Bretter beim späteren Ausbau nicht beschädigt werden (Seite 188, Abb. 137).

Den Abschluß können verschiedene Leistenprofile bilden oder eine Schattenfuge, ein Spalt, der mit einer speziellen Handkreissäge (Schattenfugensäge, z.B. von Festo) hergestellt wird.

In Feuchträumen wie Bad oder Küche muß für eine ausreichende Hinterlüftung der Konstruktion gesorgt werden (Abb. 15). Am Boden muß die Luft ungehindert ein-, an der Decke ungehindert austreten können. Dadurch kann Kondenswasser wieder abtrocknen, und eine Durchfeuchtung der Wand mit anschließender Schimmelbildung kann vermieden werden. Das kann am besten geschehen durch eine Konterlattung, bei Platzmangel jedoch auch durch Einkerbung oder unterbrochene Lattung. Eine Hinterlüftung ist auch zu empfehlen, wenn die Holzverkleidung auf Wände aufgebracht wird, die im Winter sehr niedrige Oberflächentemperaturen haben, z.B. auf Betonwände (Abb. 15).

In Feuchträumen muß bei waagerechter Montage der Profilbretter darauf geachtet werden, daß die Feder immer nach oben zeigt, damit kein Kondenswasser in die Nut eindringen kann. Unten muß eine Tropfkante vorgesehen werden, d.h. eine Abschrägung nach hinten.

Paneele (auch Täfelbretter genannt): Sie bestehen aus einem dünnen, meist schon lackierten Edelholzfurnier, das auf eine Sperrholzplatte aufgeleimt ist. Auch Paneele werden nach dem Nut- und-Feder-Prinzip verbunden. Sie besitzen eine umlaufende Nut, in die die Feder als eigener Holzstreifen eingesetzt wird. Die Verlegung geschieht entweder geschlossen, wobei die Feder nicht sichtbar ist, oder offen, so daß die einzelnen Paneele durch die ebenfalls furnierte Feder getrennt sind.

Paneele sind in Brettform bis zur quadratischen Kassettenform erhältlich.

Die Befestigung der Paneele auf der Holzunterkonstruktion geschieht mit Spezialklammern, die im Gegensatz zu den Montagekrallen der Profilbretter zwei Haltelaschen besitzen.

Soll eine Paneelverkleidung an der Decke mit einer Schattenfuge abgeschlossen werden, empfiehlt es sich, von oben nach unten zu arbeiten, damit das letzte Stück, das in der Regel zugesägt werden muß, unten zu liegen kommt.

Stoffverspannung

Darunter versteht man ein großflächiges Verkleiden von Wänden oder Decken mit Stoff. Es erfolgt durch das Spannen von Stoff, entweder direkt auf der Wand oder auf Rahmen, die nachträglich zusammenmontiert werden.

Rahmenmontage: Sie ist die technisch einfachste Möglichkeit, eine Wand mit Stoff zu verkleiden. Zuerst werden stabile Holzrahmen hergestellt. Die Breite des Rahmens richtet sich in der Regel nach der Breite der Stoffbahnen. Die Rahmen dürfen nicht zu groß gewählt werden, damit der Stoff so fest gespannt werden kann, daß er nicht durchhängt. Das Bespannen auf große Rahmen erfordert eine geeignete Stoffqualität.

Der Stoff wird auf der Rückseite des Rahmens festgetackert. Er muß also so zugeschnitten werden, daß an der Rückseite ein genügend breiter Streifen für die Befestigung zur Verfügung steht. Der Stoff wird an einer Ecke mit zwei Klammern festgeheftet, dann mit mittlerem Zug zur anderen Ecke gespannt und mit der anderen Hand festgetackert.

Die Spannung der ersten Stoffseite erfolgt immer an der längeren Kante. Danach spannt man die gegenüberliegende Seite, und zwar mit der gleichen Zugstärke, zum Schluß die beiden schmäleren Kanten. Die Ecken bleiben dabei noch frei, und zwar in einem Abstand von etwa 5 cm. Sie werden zum Schluß behandelt, da hier der Stoff eingeschlagen werden muß. Er wird an der Seite eingeschlagen, wo es am wenigsten stört, zum Beispiel bei deckenhohen Rahmen so, daß der Einschlag oben zu liegen kommt (vor allem bei dickeren Stoffen wichtig) und somit zum nächsten Rahmen kein Spalt entsteht.

Die Rahmen werden nun durch Drahtstifte auf eine geeignete Holzunterlagtung fixiert oder dort in Halterungen eingehängt.

Spannelemente: Es werden spezielle Spannelemente aus Metall oder Kunststoff angeboten, die man an die Wand schraubt und in die der Stoff eingelegt wird. Der Vorteil dieser Elemente besteht darin, daß der Stoff herausgenommen und von Zeit zu Zeit gewaschen werden kann.

Holzkonstruktion: Die profimäßige Wandverkleidung wird zwar auch mit einer Holzkonstruktion hergestellt, doch erfolgt die Verkleidung abschnittsweise an der Wand (Abb. 16). Der Nachteil dieser Methode besteht darin, daß sowohl an der letzten Kante als auch an Dekken und Fußböden eine Zierleiste angebracht werden muß. Stoffstreifen werden dabei auf der Rückseite von dünnen, gerundeten Holzleisten mit doppelseitigem Klebeband, besser mit Tackernadeln befestigt. Die Leisten werden mit kopflosen Drahtstiften an der Holzunterkonstruktion befestigt.

Zwischenwände bauen

Zwischenwände dienen der Aufteilung von Räumen. Die Konstruktion richtet sich nach den Anforderungen, die an eine Zwischenwand gestellt werden. Soll die Abtrennung auf Dauer erfolgen, wird man ein haltbares System wählen, ansonsten aber auf leicht demontierbare Systeme zurückgreifen, bei denen das verwendete Material auch wiederverwendet werden kann.

Eine doppelschalige Konstruktion dient der Schalldämmung. Für eine gute Wärmedämmung muß Wärmedämmaterial von etwa 8 cm Dicke eingebracht werden. Soll eine Tür eingebaut werden, muß die Konstruktion so stabil sein, daß sie das Gewicht der Tür tragen kann.

Eine Abteilung von Räumen ist auch mit Schiebe- und Falttüren möglich. Genaueres dazu findet sich auf Seite 464.

Massive Zwischenwände: Sie kommen nur dann in Frage, wenn der Fußboden genügend tragfähig ist, wenn also die Wand auf einer Fundamentplatte oder einer tragenden Mauer errichtet werden kann. Wände geringer Höhe aus leichten Baustoffen können auch auf einem stabilen Fußboden errichtet werden. Besonders gut sind dafür Gasbetonsteine

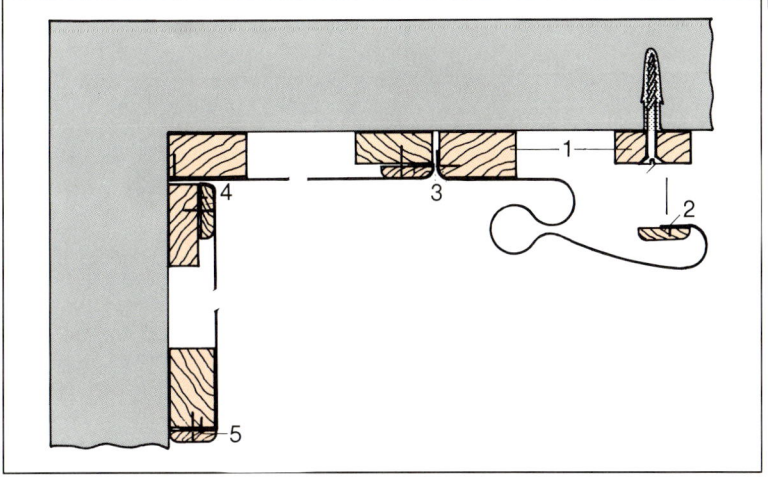

16

16 *Stoffverspannung:*
   1 *Festgedübelte Latte*
   2 *Befestigen der Stoffbahn an gerundeter Holzleiste*
   3 *Verdeckte Befestigung der Stoffbahn*
   4 *Eckausbildung*
   5 *Abschluß.*

geeignet. Eine statische Prüfung ist in Zweifelsfällen unerläßlich.

Eine ausreichende Stabilität kann nur erreicht und Risse an den Anschlußstellen zum bestehenden Mauerwerk können nur dann vermieden werden, wenn die neue Mauer in das vorhandene Mauerwerk verzahnt wird (siehe Seite 300, Abb. 26). Treffen unterschiedliche Materialien aufeinander, z. B. Gasbeton und Ziegel, sollten die Ecken zusätzlich mit einem Kunstfasergewebe unter Putz armiert werden.

Leichte Zwischenwände (Abb. 17): Sie bestehen aus einer Holzkonstruktion, auf die auf beiden Seiten Profilbretter, Holzwolleleichtbauplatten, Spanplatten oder Gipskartonplatten befestigt werden.

Soll die Trennwand nur mit Profilbrettern verkleidet werden, reichen für die Unterkonstruktion stärkere Dachlatten, z. B. 30/50 mm, aus. Weil alle anderen Verkleidungen ein erheblich höheres Gewicht haben, und da die Platten an den Rändern angeschraubt werden müssen, sollten hier Kanthölzer von mindestens 50 mm Seitenlänge Verwendung finden.

Zuerst wird ein Holzrahmen an Boden, Decke und Wände gedübelt. An Hohlstellen werden dünnere Holzstreifen untergelegt, damit die Konstruktion möglichst wenig schwingen kann. Das ist besonders wichtig bei Gipskartonplatten, die später verfugt, oder bei allen Leichtbauplatten, die später gefliest werden sollen.

In diesen Holzrahmen werden Querrie-

gel oder senkrechte Riegel genau eingepaßt. Der Abstand der Riegel sollte nicht größer als 60 cm sein, bei erhöhter Schlagbeanspruchung oder späterer Verfliesung nicht größer als 42 cm. Ein Abstand der Riegel von 62,5 cm ist bei Gipskartonplatten häufig durch die Höhe oder Breite der Platten bestimmt. In diesem Fall sollten zusätzliche Querriegel angebracht werden.

Profilbretter werden verdeckt an die Unterkonstruktion genagelt, an Flächen, an denen Spritzwasser nicht ausgeschlossen werden kann, mit der Feder nach oben.

Wird eine Wärmedämmung gewünscht, so werden die Riegelzwischenräume mit Wärmedämmaterialien ausgefüllt. In Frage kommen hier Randleistenfilze, die an den Rändern an die Riegel getackert werden, oder Dämmplatten. Der Abstand der Riegel orientiert sich dabei auch an den Formaten des Dämmaterials. Hohlstellen an Fußboden, Decke und Wand werden ebenfalls mit Dämmaterial ausgestopft. Das wirkt auch schalldämmend. Bei höheren Anforderungen an die Schalldämmung werden die Riegel an Fußboden, Decke und

Wänden auf Dämmstreifen befestigt. Eine befriedigende Schalldämmung ist jedoch nur durch einen zweischaligen Aufbau möglich. Als Dämmaterialien kommen Kokosfilze und Mineralfasern in Betracht. Die Schalldämmung wird durch einen größeren Abstand der beiden Schalen verbessert. Die Luftschalldämmung wird zusätzlich verbessert, wenn man das Gewicht der Verkleidung vergrößert, z.B. durch Aufdoppelung einer Gipskartonwand, oder wenn man spezielle luftschallschluckende Materialien verwendet. Eine Verbesserung des Trittschallschutzes wird nur erreicht, wenn auch der Fußboden zwischen beiden Räumen getrennt wird. Das ist nur möglich bei schwimmenden Estrichen oder bei manchen Holzbodenkonstruktionen.

Konstruktion mit Metallschienen: An Fußboden, Decke und Wänden werden U-förmige Schienen angeschraubt, die mit C-förmigen, senkrecht stehenden Schienen verschraubt werden. Diese Konstruktion findet bei der Verkleidung mit Gipskartonplatten Verwendung. Die Platten werden mit speziellen Schnellbauschrauben befestigt.

Für die Wärme- und Schalldämmung gilt das für die Holzkonstruktion Gesagte (Abb. 17).

Innendämmung

Am häufigsten werden Innendämmaßnahmen aus Gründen des Wärmeschutzes durchgeführt, seltener aus Gründen des Schallschutzes. Ob eine Wärmedämmung zugleich eine Schalldämmung darstellt und umgekehrt, hängt im wesentlichen von den verwendeten Materialien und von der Konstruktion ab (siehe Seite 98). Eine Innendämmung kann von jedem Heimwerker selbst durchgeführt und auf einzelne Wandflächen begrenzt werden. Sie ist auch in Mietwohnungen möglich und vergleichsweise kostengünstig. Für eine Wärmedämmung innen genügt es nicht, an den Wänden irgendein Wärmedämmaterial zu befestigen. Das kann, wenn es nicht richtig gemacht wird, langfristig mehr Schaden anrichten, als es momentan Heizkosten einspart.

Auswirkungen: Die Anbringung einer Wärmedämmschicht soll den Wärmedurchgang durch die Außenwände verzögern und damit Heizkosten einspa-

ren. Je dicker die Dämmschicht ist, die angebracht wird, desto höher ist auch die Einsparung. Durch die Innendämmung kommt es jedoch in der gedämmten Wand zu einem anderen Temperaturverlauf: In der kalten Jahreszeit, wenn die Außenwand auskühlt, verlagert sich die Frostgrenze nach innen (siehe Seite 399, Abb. 12). Wasserrohre, die zeitweise oder stets kaltes Wasser führen und bisher nicht eingefroren sind, können jetzt einfrieren und platzen. Rohre, in denen ständig Warmwasser zirkuliert, sind davon meist nicht betroffen, doch steigen die Wärmeverluste des zirkulierenden Warmwassers an. Während es vorher dazu beigetragen hat, die Wandflächen zu erwärmen, wandert die Wärme nach der Innen-

dämmung fast ausschließlich nach draußen.

Wenn die Außenmauer hinter der Wärmedämmung stark abkühlt, kann es dort zur Kondensation von Wasserdampf kommen. Das hat eine Durchfeuchtung des Dämmstoffs zur Folge. Feuchter Dämmstoff leitet die Wärme ab, so daß die Wärmedämmung vergebens war. Außerdem kann es zur Schimmelbildung und zur Zerstörung des Putzes kommen.

Dämmstoffe sind unterschiedlich wasserdampfdurchlässig. Mineralwolle läßt viel Wasserdampf bis zur Wand durchdringen, während manche Kunststoffe einen großen Teil des Wasserdampfs abhalten (siehe Tabelle Seite 86). Je feuchter ein Raum, je niedriger der

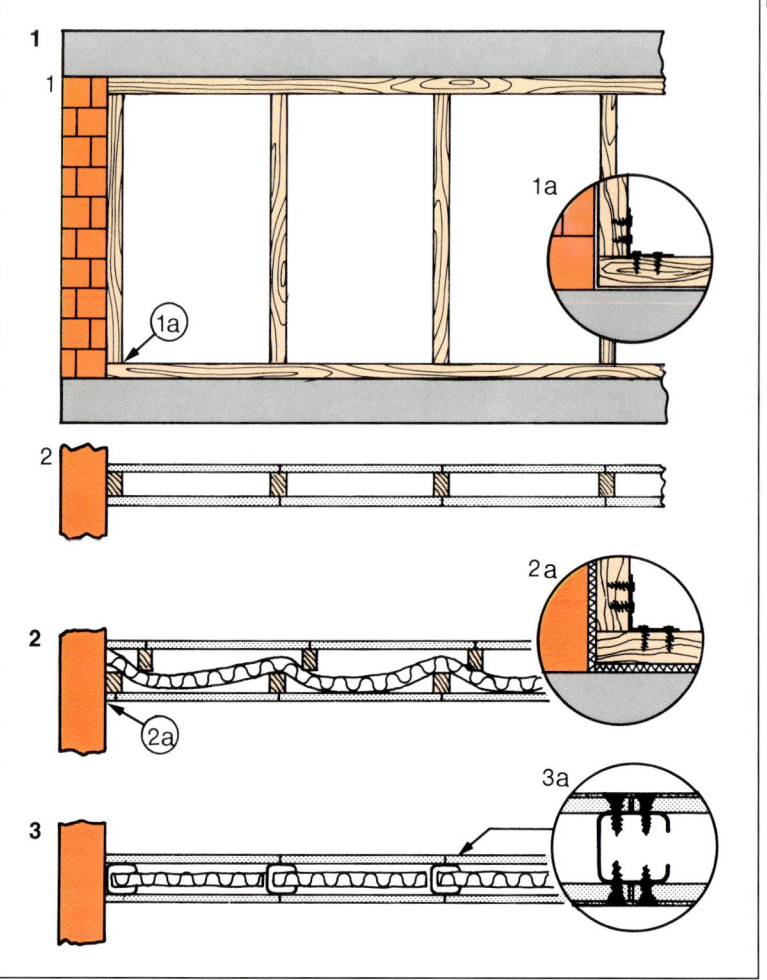

17 *Leichte Zwischenwände:*
  1 *Holzkonstruktion mit Gipskarton-verkleidung*
    1 *Holzrahmenkonstruktion*
    1a *Eckausbildung*
    2 *Gipskartonverkleidung*
  2 *Schalldämmende doppelschalige Holzkonstruktion. Der Zwischenraum ist mit schalldämmenden Materialien wie Mineralfasern oder Kokosfasern hinterfüllt, Kanthölzer sind auf Dämmstreifen gelagert (2a)*
  3 *Konstruktion mit C-förmigen Metallschienen.*

18 *Wärme- und schalldämmende Wandkonstruktionen:*
  1 *Wärmedämmende Konstruktion mit Kanthölzern*
    1 *Mauerwerk*
    2 *Kanthölzer*
    3 *Wärmedämmaterial*
    4 *Verkleidung*
  2 *Wärme- oder schalldämmende Konstruktion mit Gipskartonverbundplatten*
    1 *Mauerwerk*
    2 *Ansetzmörtel*
    3 *Verbundplatte (Polystyrol: wärmedämmend, Mineralfaser: wärme- und schalldämmend)*
    4 *Gipskarton*
  3 *Schalldämmende Konstruktion mit Kokoswandplatten (emfa)*
    1 *Mauerwerk*
    2 *Kokoswandplatten mit geeignetem Mörtel auf tragendem Untergrund angesetzt*
    3 *Gipsputz*
    4 *Gipskartonplatte auf Ansetzmörtel*
  4 *Schalldämmende Konstruktion mit Holzwolleleichtbauplatten*
    1 *Mauerwerk*
    2 *Luftschicht, besser: Auskleiden mit Mineralfasern*
    3 *Holzpfosten, zwischen Decken eingespannt*
    4 *Holzwolleleichtbauplatten*
    5 *Putz*
  5 *Schalldämmung mit Schwingholz*
    1 *Mauerwerk*
    2 *Schwingholz mit Mörtel auf tragendem Untergrund*
    3 *Schwingholz, durch Kokosfaserstreifen gedübelt*
    4 *Kokosfaser-, Mineralwolleplatte*
    5 *Gipskartonplatte.*

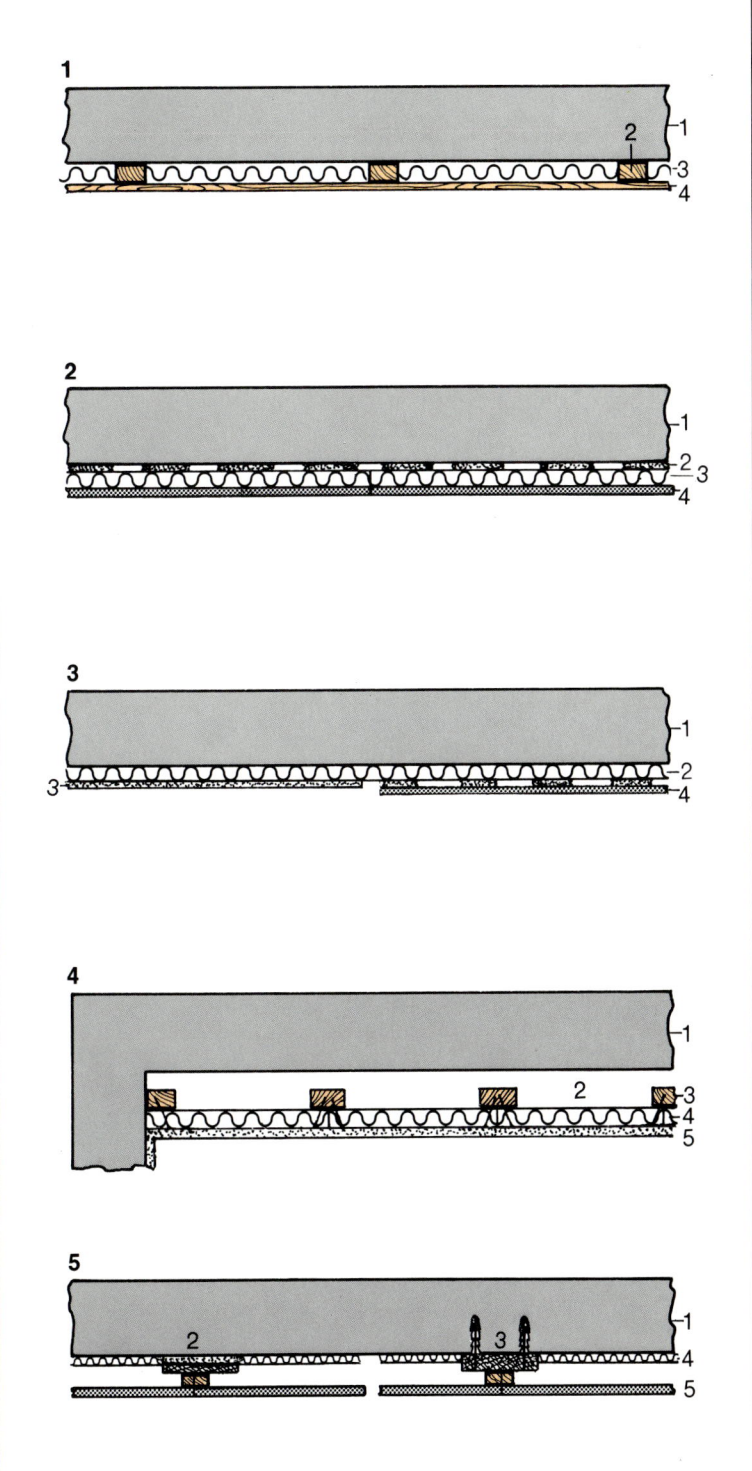

Diffusionswiderstand eines Dämmstoffs und je höher der Diffusionswiderstand der Außenmauer ist, desto eher sind Feuchtigkeitsschäden der genannten Art zu befürchten, und desto eher ist eine Dampfsperre zu empfehlen. Dampfsperren sind auch unbedingt erforderlich bei dampfdichten Außenbeschichtungen wie Bitumenanstrichen sowie relativ dampfdichtem Mauerwerk aus Beton, Klinker und Natursteinen. Dazu Näheres ab Seite 385 und in Abb. 3 auf Seite 386.

Konstruktionen zur Wärmedämmung: Am häufigsten stellt man eine Holzunterkonstruktion aus Latten oder stärkeren Kanthölzern her und füllt die Zwischenräume mit Dämmstoff aus. Holzunterkonstruktion und Dämmstoff werden mit Profilbrettern, Paneelen oder Gipskartonplatten verkleidet (Abb. 18). Bei einer Verkleidung mit Profilbrettern kann sich der Abstand der Traghölzer meist an den Dämmstoffbreiten orientieren. Eine Verkleidung mit kleinformatigen Paneelen macht eine zusätzliche Konterlattung erforderlich. Auch bei einer Verkleidung mit Gipskartonplatten kann eine Konterlattung materialsparend sein. Bei Rohbauten können zur zusätzlichen Wärmedämmung auch Verbundplatten verwendet werden, z. B. Gipskartonplatten, auf die bereits ein Dämmstoff aufgebracht ist. Diese Platten werden mit Ansatzmörtel auf das unverputzte Mauerwerk punktweise verklebt.

Konstruktionen zur Schalldämmung: Einzelne schalldämmende Konstruktionen und Elemente sind in Abb. 18 und 19 dargestellt. Die Grundlagen der Schalldämmung sind auf Seite 98 behandelt.

Decken

Die Gestaltung von Decken kann den Gesamteindruck eines Raumes wesentlich verändern. Handwerklich unterscheidet sie sich nur wenig von der Gestaltung der Wände.

Putz

Als Putze kommen für die Decke die gleichen in Frage wie für die Wände. Wer keine Übung im Verputzen von Wänden hat, sollte das Deckenverputzen einem Fachmann überlassen.

Für die Reparatur von Putzen gilt weitgehend das auf Seite 360 Dargestellte. Ältere Decken mit Holzunterschalung haben als Putzträger meist Schilfrohrmatten. Soll eine größere Putzfläche ausgebessert werden, so empfiehlt sich eine Ausbesserung mit Schilfrohrmatten, Ziegeldrahtgewebe oder Streckmetall. Setzt man dem Kalkmörtel etwas Gips zu, so wird seine Haftung im nassen Zustand verbessert. Der Mörtel sollte etwas dünnflüssiger sein und in dünneren Fladen aufgebracht werden. Die nächste Schicht darf erst aufgebracht werden, wenn die untere bereits angezogen hat, da sich der Putz aufgrund des Eigengewichts leicht großflächig löst.

Anstriche

Die Farbgebung der Decke kann die Raumwirkung optisch wesentlich beeinflussen. So sollten niedrige oder normal hohe Decken weiß oder hell gehalten werden. Anstriche mit kräftigen oder dunkleren Farben können die Raumhöhe optisch verringern. Der Anstrich an der Decke erfolgt immer vor der Gestaltung der Wandflächen. Die Vorbereitung des Untergrunds wird wie bei Innenwänden gehandhabt und wird auf Seite 361 dargestellt.

Zuerst werden die Ecken mit einem kleinen Pinsel vorgestrichen. Decken sollten vom Lichteinfall weg gestrichen werden, damit kleinere Unebenheiten des Farbauftrags keine Schatten werfen.

Muß das Streichen von Decken unterbrochen werden, so sollte die Farbe an der Ansatzstelle dünn ausgerollt oder ausgestrichen werden, damit beim Weiterstreichen keine Farbwülste sichtbar bleiben.

Tapeten

Decken werden weit weniger häufig tapeziert als Wandflächen. Der Grund dafür liegt darin, daß durch Tapeten an der Decke der Eindruck einer geschlossenen Schachtel entsteht. Relativ häufig verwendet man für Decken Rauhfasertapeten. Sie gleichen Unebenheiten gut aus und können in verschiedenen Farbtönen gestrichen werden.

Grundsätzlich gelten die gleichen Richtlinien wie für das Tapezieren von Wänden. Da jedoch die Schwerkraft dem Ansetzen der Tapete entgegenwirkt,

sollte man beim Tapezieren von Decken am besten zu zweit arbeiten. Der Partner hält dabei mit einem Besen das Ende der Bahn hoch, bis die Tapete angedrückt ist.

Sollen auch die Wände tapeziert werden, läßt man die Tapete etwa 1 bis 2 cm über die Deckenkante herunterreichen. Eine Kante, die sich auf Wandtapeten nicht durchdrückt, erhält man, wenn man sie entlang eines Spachtels reißt.

Die Nähte verlaufen zu den Hauptlichtquellen und bleiben so weitgehend unsichtbar.

Holzverkleidungen

Decken können wie Wandflächen mit Profilbrettern oder Paneelen verkleidet werden. Neben der Konstruktion mit Holzlatten ist eine Befestigung mit Metallschienen möglich. Da alle Befestigungspunkte auf Zug beansprucht werden, sollte hier mit Dübeln und Schrauben nicht gespart werden und der Abstand der Latten bzw. Schienen geringer sein als bei Wandverkleidungen.

Holzkonstruktion: Die Traglattung wird hergestellt wie bei der Verkleidung von Wandflächen.

Metallschienen: Statt der Holzlattung werden Metallschienen an der Decke befestigt, in die Spezialkrallen eingeschoben werden können, an denen die Holzverkleidung befestigt wird.

Das letzte Brett wird mit Colorpins (Farbnägel) befestigt. Bei Paneelen empfiehlt sich hier besondere Sorgfalt, damit die Farbe durch die Hammerschläge nicht abblättert.

Kassettendecken sollen aus optischen Gründen nicht beschnitten werden. Um hier einen guten optischen Eindruck zu erreichen, muß die Fläche vorher genau aufgeteilt werden. Die frei bleibenden Streifen an den Rändern können mit dazu passenden Profilbrettern verkleidet werden.

Abgehängte Decken

Eine Verringerung der Raumhöhe kann aus optischen Gründen wünschenswert sein. Sie trägt in den meisten Fällen auch zu einer Verringerung der Heizkosten bei, vor allem dann, wenn die abgehängte Decke mit wärmedämmendem Material hinterfüllt wird. Vor allem in Wohnräumen können die Zuglufterscheinungen, die auf der Luftumwälzung durch das Heizen beruhen, vermindert werden.

Holzkonstruktion (Abb. 20): Das Traggerüst wird bei leichten Verkleidungen aus Holzlatten, bei etwas schwereren Verkleidungen aus Kanthölzern hergestellt.

Die Grundlattung wird im Abstand von etwa 60 cm an die Decke gedübelt, bei Holzbalkendecken an die Balken angeschraubt. Sind die Holzbalken sichtbar, bietet sich eine seitliche Verschraubung an. Sie gibt dem Gerüst besseren Halt. Die Traglattung, also die Lattung, an der die Verkleidung später befestigt wird, hängt man mit senkrechten Latten ab. Werden die senkrechten Latten abwechselnd an beiden Seiten der Grundlatten befestigt, erhöht sich die Stabilität der gesamten Konstruktion. Eine weitere Erhöhung der Stabilität erreicht man durch eine Konterlattung.

Abhänger: Sie empfehlen sich bei schwereren Verkleidungen wie Gipskartonplatten. Zuerst wird die Fluchtlinie für die Deckenabhänger markiert (Latte, Schnurschlag). Die Metallabhänger werden auf dieser Fluchtlinie in einem Abstand von etwa 80 cm mit Dübeln an der Decke befestigt. Die Abhängerreihen sollen für Profilbretter einen Ab-

19 *Schalldämmende Elemente (emfa):*
   1 Schwingholz zur Dämmung der
     Wände
   2 Dreileistenschwingholz zur
     Schalldämmung von Decken
   3 Schwingblech und Ausführung
     der schalldämmenden Konstruk-
     tion.

20 *Abgehängte Decken:*
   1 Abhängung mit Lattenkonstruk-
     tion
     1 Latte oder Kantholz
     2 Abhängelattung
     3 Lattung
     4 Konterlattung
     5 Gipskarton
   2 Verringerung der Deckenhöhe bei
     schmalen Räumen
     1 Kantholz
     2 Lattung
     3 Profilbretter
   3 Optische Verringerung der Raum-
     höhe
     1 Lattung
     2 Bretter in Lattung eingepaßt.

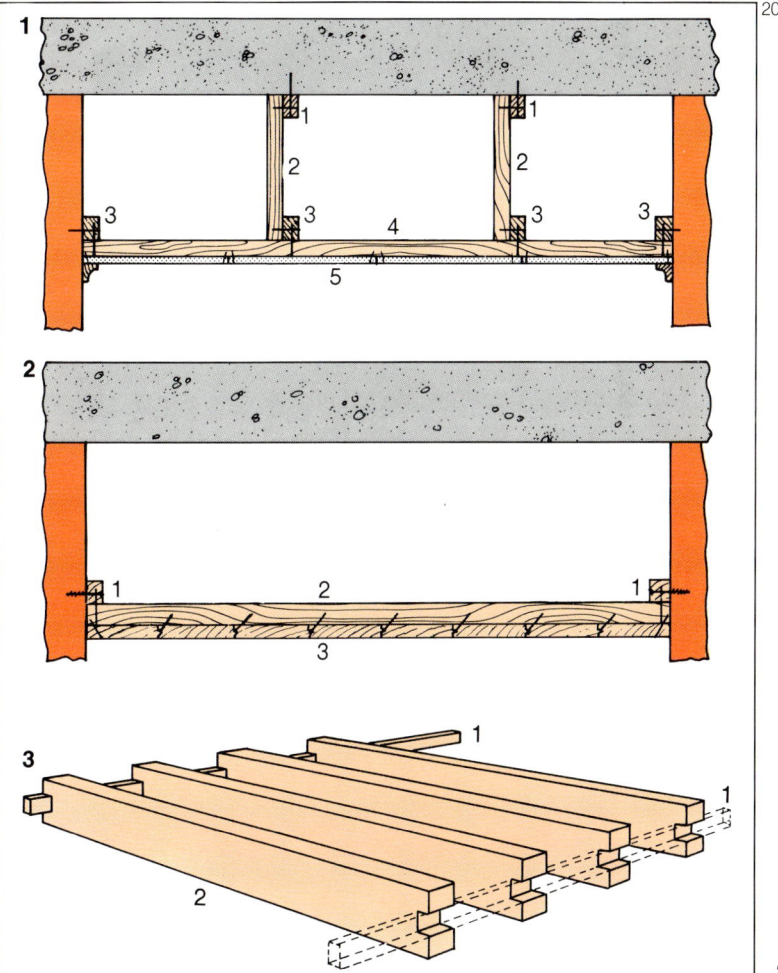

377

stand von 60 cm, für Gipskartonplatten von 42 cm haben.

An Holzbalken werden die Abhänger seitlich befestigt. Abhänger mit einem Justieranteil können durch ihre Lochung mit einem verzinkten Nagel millimetergenau auf die gewünschte Höhe justiert werden. An die Justierhänger werden Holzlatten verschraubt. Eine Konterlattung erhöht auch hier die Stabilität des Traggerüsts.

Dachausbau

Der Dachraum läßt sich auf verschiedene Arten nutzen. So können zusätzliche Wohnräume und abgeschlossene Wohnungen entstehen. Bei Beachtung der Vorschriften kann in vielen Fällen auch die Heizungsanlage im Dach installiert werden.

Zum Dachausbau sind im Grunde keine anderen handwerklichen Techniken erforderlich als zum Innenausbau. Tätigkeiten wie Gestaltung des Fußbodens, Bau von Trennwänden, Wandverkleidungen sowie Installationen sind in den entsprechenden Kapiteln dargestellt. Im folgenden Text wird nur auf die Probleme eingegangen, die beim Dachausbau besondere Beachtung verdienen.

Vorüberlegungen

Bevor mit dem Ausbau begonnen wird, sind der Dachstuhl und die Holzbalkendecke gründlich auf Schädlingsbefall und auf Feuchtigkeitsschäden durch eine undichte Dachhaut zu untersuchen. Gegebenenfalls müssen die Ursachen beseitigt werden, denn die Zerstörung schreitet hinter der späteren Verkleidung fort, bis eines Tages ein Trägerbalken zusammenbricht.

Einzelne nur leicht angemoderte Balken können meist auf einfache Weise repariert werden (siehe Seite 338). Die Verwendung von Holzschutzmitteln zur Bekämpfung von Schädlingen ist ab Seite 126 dargestellt.

Die Tragfähigkeit der Dachkonstruktion darf durch den Ausbau nicht geschwächt werden. Änderungen an der Balkenkonstruktion müssen vorher statisch berechnet werden. Sie sollten nur unter fachmännischer Anleitung erfolgen. Nachträglich eingezogene Zwischenwände belasten die Deckenkonstruktion und müssen daher hinsichtlich der Statik beurteilt werden. Deshalb wird ein Dachausbau in der Regel mit Leichtbauelementen durchgeführt, um Gewicht zu sparen.

Dachschrägen

Wird das Dach zu Wohnräumen ausgebaut, die das ganze Jahr hindurch genutzt werden, so ist eine Wärmedämmung der Dachschrägen unbedingt erforderlich. Im Grunde genommen handelt es sich dabei um eine typische Heimwerkertätigkeit, doch werden hier Fehler gemacht, die zu schwerwiegenden Bauschäden führen können.

Luftfeuchtigkeit: Durch den Dachausbau, insbesondere durch die Anbringung einer Wärmedämmung, wird die Dachhautkonstruktion bauphysikalisch völlig verändert. Bei einem Dach ohne Verschalung wird der Luftraum im Dach nur durch die Dachziegel von der Außenluft getrennt. Hier ist ein ständiger Luftaustausch über feine Ritzen und Spalten möglich.

Werden jedoch die Dachschrägen gedämmt und die Dachräume als Wohnraum genutzt, ist die Luftfeuchtigkeit unter dem Dach viel größer als draußen und der Ausgleich der Luftfeuchtigkeit erschwert. Die warme Raumluft kann relativ viel Luftfeuchtigkeit aufnehmen. Der Wasserdampf hat das Bestreben, nach außen zu wandern, kühlt in der Wärmedämmschicht ab und kondensiert. Die Folge ist die Durchfeuchtung des Dämmstoffs und der anliegenden Holzteile, die schon nach wenigen Jahren stark geschädigt sein können und schließlich durchfaulen. Bei Durchfeuchtung ist die Dämmwirkung stark reduziert oder gar völlig aufgehoben.

Deshalb ist in jedem Fall für eine ausreichende Hinterlüftung des Dämmstoffs zu sorgen. Das heißt: Der Dämmstoff darf nicht an den Dachziegeln oder der Bretterverschalung anliegen. Ein Abstand von mindestens 2 cm zur Dachhaut ist notwendig, damit die Feuchtigkeit wieder verdunsten kann, z.B. am nächsten Tag, wenn die Temperaturen insgesamt höher sind oder weil die Sonne aufs Dach scheint. Die Wärmedämmung muß so angebracht werden, daß ein Zirkulieren der Luft hinter der Wärmedämmung möglich ist. Wird das Dach von der Traufe bis zum First gedämmt (Abb. 21), ist ein Zirkulieren der Luft nur möglich, wenn über Lüftungsschlitze in der Mauer und durch Lüftungsziegel ein Lufteintritt und -austritt ungehindert möglich ist (dazu Seite 340, Abb. 20). Bei Altbauten kann das manchmal nur mit unverhältnismäßig hohem Aufwand verwirklicht werden. Hier kommt in Betracht, daß nur ein Teil der Dachschräge gedämmt wird. In diesem Fall ist eine Hinterlüftung vom unteren Bereich zum Firstbereich möglich.

Abhängig von der Wahl der Dämmstoffe und der Menge der anfallenden Feuchtigkeit muß eine Dampfbremse oder sogar eine Dampfsperre eingezogen werden. Die Entscheidung darüber, welche Maßnahme im konkreten Fall ergriffen werden soll, ist selbst für Fachleute schwierig. Sie empfehlen aus Vorsicht meist die Anbringung einer Dampfsperre, die Durchfeuchtungsprobleme bei einer fachgerechten Verarbeitung ausschließt. Doch kann dadurch das Wohnklima in nicht unerheblichem Maße beeinträchtigt werden, da nur noch die Giebelseiten als »atmende« Wände verbleiben.

Am ehesten wird man sich in Feuchträumen wie Küche und Bad zu einer Dampfsperre entschließen. Bei guter Lüftung reicht in der Regel aber auch eine Dampfbremse.

Faserdämmstoffe haben einen sehr niedrigen Diffusionswiderstand, lassen also die Luftfeuchtigkeit ungehindert durch. Auch hier ist eine Dampfbremse oder -sperre zu empfehlen. Werden Dämmstoffe wie Korkplatten, Holzwolleleichtbauplatten oder Kunststoffe in Räumen eingebaut, in denen nicht mit überdurchschnittlicher Wasserdampfentwicklung zu rechnen ist, sind Dampfbremsen und Dampfsperren entbehrlich. Im Zweifelsfall sollte man sich vom Architekten eine Berechnung durchführen lassen.

Dämmung zwischen den Sparren: Der Dämmstoff wird so zwischen die Sparren eingebracht, daß deren Unterseite direkt oder unter Zuhilfenahme einer Konterlattung als Untergrund für die Verkleidung dienen kann.

Randleistenfilze sind mit Alufolie kaschiert und werden an den Rändern an der Unterseite des Sparrens festgetakkert. Dadurch ist zugleich eine Dampfsperre eingebaut. Die Matten sollten etwas breiter sein als die Sparrenabstän-

21 *Dachausbau:*

1 *Verschiedene Möglichkeiten der Wärmedämmung*
- 1 *Dämmung der gesamten Dachschräge*
- 2 *Dämmung des Dachbodens*
- 3 *Dämmung beim Ausbau des Dachs*

2 *Dämmung zwischen den Sparren*
- 1 *Dachziegel*
- 2 *Lattung*
- 3 *Konterlattung*
- 4 *Luftschicht*
- 5 *Unterspannbahn*
- 6 *Dachverschalung*
- 7 *Sparren*
- 8 *Lüftungsspalt*
- 9 *Randleistenfilz mit Alukaschierung*

3 *Dämmung zwischen den Sparren*
- 1 *Dachverschalung*
- 2 *Sparren*
- 3 *Lüftungsspalt*
- 4 *Befestigung durch schräge Nagelung bei festen und sehr leichten Dämmstoffen*
- 5 *Befestigung des Dämmaterials mit Halteleisten*

4 *Dämmung unter den Sparren*
- 1 *Dachverschalung*
- 2 *Sparren*
- 3 *Luftschicht*
- 4 *Lattung quer zu den Sparren*
- 5 *Holzwolleleichtbauplatten*

5 *Dämmung über den Sparren*
- 1 *Dachlattung*
- 2 *Konterlattung*
- 3 *Lüftungsspalt*
- 4 *Unterspannbahn*
- 5 *Dämmschicht, z.B. Holzwolleleichtbauplatten*
- 6 *Sparren*

6 *Notbehelf zum Schutz des Dachraums bei undichtem Dach oder der Wärmedämmung bei Dachausbau. Die Feuchtigkeit muß entweder in die Dachrinne abgeführt oder durch Gefäße aufgefangen werden.*
- 1 *Dachziegel*
- 2 *Dachlattung*
- 3 *Unterspannbahn, z.B. Kunststofffolie*
- 4 *Halteleisten*
- 5 *Sparren.*

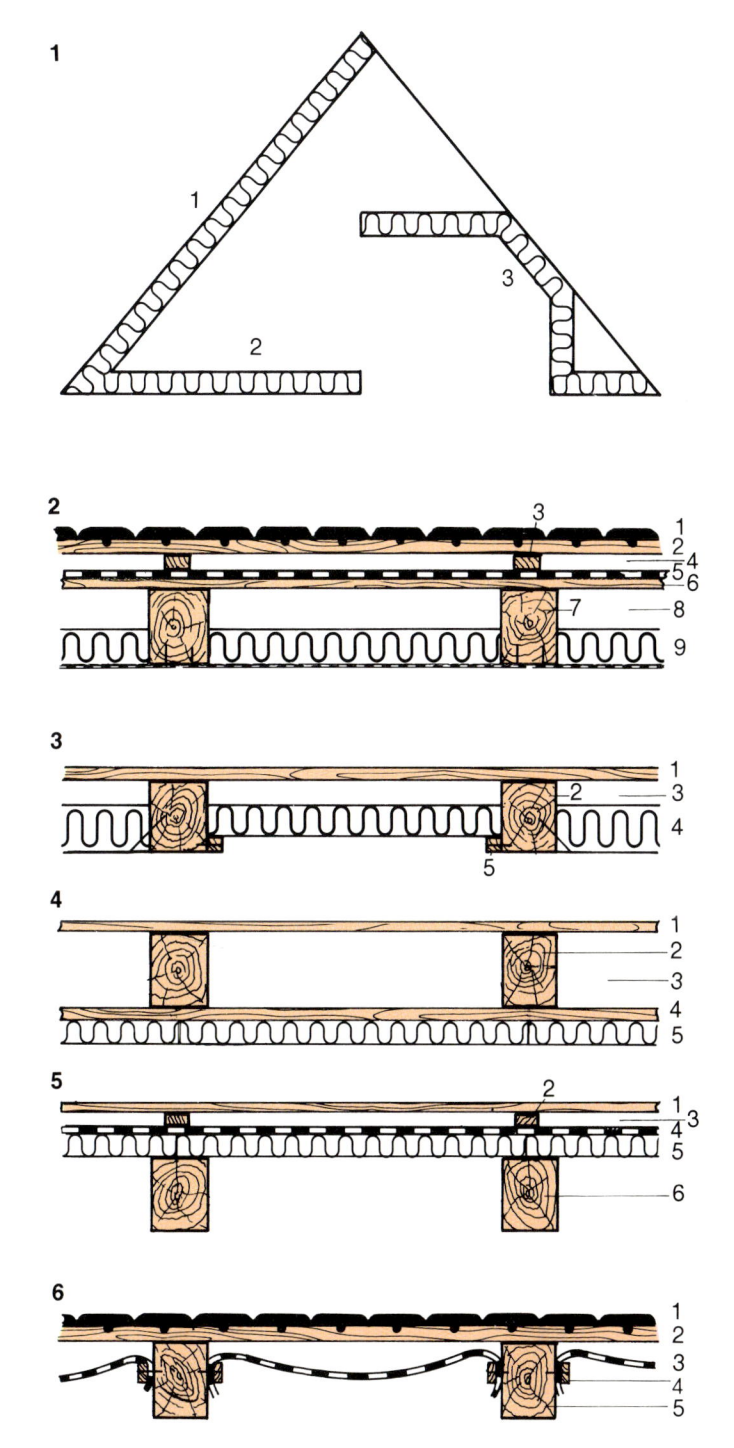

379

de, damit keine Wärmebrücken entstehen. Für unregelmäßige Sparrenabstände eignen sich Dämmstoffkeile aus Mineralfasern, die mit wenig Abfall verschiedenen Breiten angepaßt werden können. Ist eine Dampfbremse wünschenswert, wird sie in Form von Folien oder Alubahnen an den Sparren festgetackert und mit Spezialbändern sorgfältig verklebt.

Dämmstoffplatten lassen sich mit Leisten, die an den Sparren befestigt werden, vor dem Abrutschen bewahren.

Wer Wärmebrücken völlig ausschalten will, bringt zusätzlich eine dünne Dämmschicht unter den Sparren an.

Ein Ausschäumen der Sparrenzwischenräume ist nicht anzuraten, da der Schaum bei Schäden nur schwer wieder entfernt werden kann.

Dämmung unter den Sparren: Dabei bleiben die Sparrenzwischenräume frei. Geeignet ist diese Methode nur bei Holzwolleleichtbauplatten und bei Gipskartonverbundplatten, d.h. Gipskartonplatten, auf die eine Wärmedämmschicht bereits bei der Herstellung aufgebracht wurde.

Bei Gipskartonplatten wird die Traglattung quer zu den Sparren im Abstand von etwa 30 cm ausgerichtet.

Dämmung über den Sparren: Dazu müssen die Dachziegel entfernt werden. In Frage kommen hier Holzwolleleichtbauplatten und Kunststoffplatten. Das Dach muß dabei nicht völlig abgedeckt werden, sondern es genügt, wenn es abschnittsweise umgedeckt wird. In der Regel verbindet man diese Methode jedoch mit dem Neudecken des Daches.

Fußboden

Grundsätzlich sind für den Dachausbau die gleichen Fußbodenkonstruktionen möglich wie für die übrigen Wohnräume.

Wärmedämmung: Auch wenn der Speicher nicht ausgebaut ist, oder wenn die Dachräume im Winter nur zeitweise beheizt werden, empfiehlt sich eine Wärmedämmung für den Fußboden, da sonst ein nicht unbeträchtlicher Teil der Heizenergie durch die Decke der darunter liegenden Räume in den kalten Speicher verlorengeht.

Am einfachsten läßt sich eine Wärmedämmung bei Holzbalkendecken durchführen. Sie weisen zum Speicher hin meist keine wärmedämmende

Schüttung auf. Die Balkenzwischenräume können nach Entfernung des alten Gehbelags einfach mit Perlite, Korkschrot, Blähton, aber auch Kork- und Mineralfaser- oder Kunststoffplatten ausgefüllt werden.

Sind Betondecken vorhanden, die die Wärme gut nach oben ableiten, kommt ein schwimmender Estrich auf einer Wärmedämmschicht in Betracht.

Es genügt in der Regel, die Teile des Speichers zu dämmen, unter denen geheizt wird.

Konstruktionen: Die Ausführung der einzelnen Fußbodenkonstruktionen ist ab Seite 344 beschrieben.

Decken

Sofern man im Dachraum überhaupt eine Decke einziehen will, benutzt man als Tragkonstruktion die horizontalen Querbalken, die zur Aussteifung des Dachstuhls dienen. Bei anderen Dachkonstruktionen müssen mit Hilfe von Holzverbindern Balken eingezogen werden, die die Deckenverkleidung tragen kann. Als Verkleidung kommen Profilbretter, Paneele, Gipskarton- und Holzwolleleichtbauplatten in Frage.

Die Wärmedämmung wird in allen Fällen am besten zwischen die Querbalken eingebracht. Wärmedämmaterialien, die Feinstäube abgeben können, sollten dabei eine Grundlage aus dampfdurchlässigem Baupapier erhalten.

Verkleidungen

Als Verkleidungen kommen Profilbretter, Paneele und Gipskartonplatten, bei einer Dämmung unter den Sparren mit Holzwolleleichtbauplatten auch die Aufbringung eines Putzes in Frage.

Fenster

Dachfenster sind in die Dachschräge integriert. In der Regel bietet selbst der Einbau von größeren Dachfenstern keine statischen Probleme. Eventuell muß ein Balkenstück herausgetrennt und die Belastung durch Querbalken auf die nächstliegenden Sparren übertragen werden. Näheres über den Einbau findet sich auf Seite 471.

Daneben gibt es die Möglichkeit, Dachgauben für Fensteröffnungen vorzusehen. Neben Fertigprodukten aus Kunststoff werden von Holzfirmen auch Selbstbausätze für Dachgauben angeboten. Hier können Fenster eingebaut

werden, die auch für normale Wohnräume angeboten werden.

Schornstein

Beim Dachausbau muß berücksichtigt werden, daß der Schornsteinfeger die Reinigungsöffnungen bequem und gefahrlos erreichen soll. Möglicherweise ist ein Versetzen der Reinigungsöffnung nach oben angebracht.

Ein Ausbau der Zentralheizung für den Dachraum ist meist möglich. Bei größeren Räumen besteht jedoch die Gefahr, daß die Heizleistung des vorhandenen Kessels zu gering ist. Sollen Einzelöfen angeschlossen werden, muß der Schornsteinfegermeister konsultiert werden. Gasheizungen ermöglichen auch die Abführung der Abgase über einen ohne viel Aufwand zu installierenden Stahlrohrkamin über Dach.

Der Schornstein darf durch den Ausbau in seiner Funktion nicht beeinträchtigt werden. Alle Holzbauteile müssen mindestens 5 cm von der Schornsteinoberfläche entfernt sein. Dübel dürfen im Schornstein nicht angebracht werden. Soll der Schornstein verkleidet werden, muß eine selbsttragende Konstruktion gewählt werden.

Kellerausbau

Kellerräume sind vielseitig nutzbar. Oft nehmen sie die Heizungsanlage auf und dienen als Wasch-, Trocken- und Vorratsräume. Der Keller ist gut geeignet für den Einbau einer Sauna oder einer Werkstatt, kann aber auch zu Wohnräumen mit zeitweiser oder dauernder Nutzung ausgebaut werden. Andererseits sollte nicht vergessen werden, daß man nicht für jeden Zweck trockene oder gar beheizbare Kellerräume benötigt. Zur Aufbewahrung von Kartoffeln, Hackfrüchten und Obst sind erdfeuchte Lehmböden am besten geeignet.

Feuchtigkeit

Voraussetzung für die Nutzung des Kellers zu Wohnzwecken ist, daß die Fußböden und Wände trocken sind. Feuchte Wände haben nicht nur fast keinen Wärmedämmwert, sie können in vielen Fällen zu Gesundheitsschäden führen. Eine auf Dauer befriedigende Lösung des Feuchtigkeitsproblems läßt sich nur durch eine Isolierung des Fundaments und der Außenmauern erreichen, wie sie auf Seite 323 beschrieben ist. Eine geringfügige Feuchte der Wände kann in manchen Fällen toleriert werden. Eine zeitlich begrenzte Lösung stellt die Erneuerung von geschädigten Putzflächen dar. Welche Putze welche Wirkung erzielen, wird auf Seite 361 dargestellt.

Von einer Innenisolierung des Kellers ist in der Regel abzuraten, da dadurch die Gefahr besteht, daß die Feuchtigkeit, die an den Kellerinnenflächen nicht mehr verdunsten kann, im Mauerwerk weiter nach oben steigt. Auch eine Haltbarkeit über längere Zeiträume ist meist nicht gegeben.

Man muß sich in Fällen schwerer Durchfeuchtung an den Gedanken gewöhnen, aufwendige Isolierungsmaßnahmen durchzuführen, oder auf eine Nutzung des Kellers als Wohn- und Aufenthaltsraum verzichten.

Wärmedämmung

Vor allem bei Betonmauern läßt sich aufgrund der guten Wärmeleitfähigkeit des Materials auch durch ausreichendes Heizen kein angenehmes Raumklima schaffen. Diese Wände müssen also wärmegedämmt werden.

Eine direkte Aufbringung der Wärmedämmung auf die Wandflächen ist nur bei sehr trockenen Mauern sinnvoll, denn sonst durchfeuchten die Dämmstoffe und verlieren ihre Wirkung fast vollständig.

Abhilfe schaffen können hinterlüftete Konstruktionen. Bei sehr geringer Feuchtigkeitsbeanspruchung kann der Dämmstoff auf die Wand aufgebracht und mit einer hinterlüfteten Holzverkleidung bedeckt werden. Sicherer jedoch ist eine Konstruktion, die dem Aufbau von leichten Zwischenwänden ähnlich ist. Hinter dieser Trennwand muß jedoch Luft zirkulieren können, damit die Feuchtigkeit an den Wandoberflächen abtrocknen. Werden Wärmedämmstoffe verwendet, die entstehende Luftfeuchtigkeit ungehindert zur Wand durchlassen, muß eine Dampfbremse eingebaut werden. Dieses Problem ist auf Seite 385 näher behandelt.

Fußböden

Der Fußboden besteht bei älteren Bauten aus Lehm oder Ziegelpflaster, bei neueren Bauten meist aus Beton.

Da Kellerfußböden ans Erdreich grenzen und meist keine Isolierung aufweisen, sind sie besonders feuchtigkeitsempfindlich. Wie hier ein Estrich richtig und wärmegedämmt verlegt wird, wird ab Seite 344 dargestellt.

Sollen Holzböden auf einen nicht isolierten Boden verlegt werden, muß man die Traghölzer bzw. bei schwimmender Verlegung den gesamten Holzfußboden gegen den Erdboden mit Bitumenpappe isolieren. Auch eine Wärmedämmung unter Holzfußböden muß vor Durchfeuchtung geschützt werden.

Decken

Betondecken können unliebsame Wärmebrücken bilden und daher zu einem erhöhten Energieverbrauch beitragen. Eine Wärmedämmung ist in diesem Fall sinnvoll. Ist mit höherem Feuchtigkeitsanfall zu rechnen, sollte man Dämmstoffe mit hohem Diffusionswiderstand verwenden oder eine Dampfbremse anbringen.

Sauna

Das steigende Gesundheitsbewußtsein hat dazu beigetragen, daß das Saunabaden in den letzten Jahren in immer weiteren Bevölkerungskreisen Anhänger gefunden hat.

In einer Sauna herrschen zum Teil Lufttemperaturen bis zu 100 °C. Die trockene Luft macht diese hohen Temperaturen erträglich. Die relative Luftfeuchtigkeit in einer Sauna liegt unter 20%, d.h. die Luft hat nur 20% der Feuchtigkeit aufgenommen, die sie bei dieser Temperatur aufnehmen könnte. Die hohen Temperaturen führen dazu, daß der Körper, der bestrebt ist, seine Körpertemperatur aufrechtzuerhalten, Schweiß absondert.

Jeder, der zum ersten Mal eine Sauna ausprobiert, sollte zuvor den Arzt konsultieren, ob er es auch aus gesundheitlichen Gründen verträgt. Für den gesunden Menschen kann Saunabaden nur vorteilhaft sein. Durch den Wechsel von Heiß und Kalt werden Herz und Kreislauf trainiert, der Stoffwechsel aktiviert, der Körper entschlackt, die Durchblutung gefördert. Saunabaden härtet zudem ab: Saunagänger leiden viel seltener unter Erkältungen.

Platzbedarf

Zu einer Sauna gehören eine Kabine sowie Installationen wie Duschen und eine Ruhemöglichkeit. Saunakabinen kommen bereits mit 3 m² für 2 Personen aus. Größere Grundflächen erhöhen die Behaglichkeit.

Standorte

Saunen können im Keller, Speicher oder in kleinen Anbauten eingerichtet werden.

Der Standort ist abhängig von den Installationsmöglichkeiten.

Grundsätzlich sollte darauf geachtet werden, daß eine Sauna nicht direkt an Wände angebaut, sondern frei in den Raum hineingebaut wird. Denn die Luft, die aus der Saunakabine kommt, ist relativ feucht. Kühlt diese Feuchtigkeit ab, kann sie an den Raumumschließungsflächen kondensieren, z.B. in einem Keller mit Betonmauern oder zu kalten Außenmauern. Diese Feuchtigkeit führt, da sie nur sehr schwer wieder austrocknet, leicht zu Schimmelbildung, Putzschäden oder Schäden an der Saunakabine durch Fäulnis.

Deshalb sollte die Kabine gut hinterlüftet werden, d.h. so installiert werden, daß hinter allen Kabinenflächen in einem Spalt von mindestens 5 cm Luft zirkulieren kann. Soll eine Kabine trotzdem an der Wand befestigt werden, sollte sie an Abstandshölzern angelagert werden.

Das gleiche gilt auch für Wärmedämmaterial, das die Raumumschließungsflächen umgibt.

Sauna im Selbstbau?

Es werden auf dem Markt preisgünstige Selbstbausätze angeboten. Diese Preise kann der Heimwerker nur dann unterbieten, wenn er die Möglichkeit hat, die Hölzer in Spezialgeschäften oder großen Holzhandlungen sehr günstig einzukaufen.

Für die Innenverkleidung kommen vor allem Hemlocktanne oder nordische Fichte in Frage, für Sitzbänke, Auftritte und Ofenschutzgitter Abachi- oder Pappelholz, die Rahmenkonstruktion wird aus heimischer Fichte hergestellt.

Innenteile einer Sauna dürfen auf keinen Fall mit Imprägnierungs- oder Holzschutzmitteln behandelt werden, da Gesundheitsschäden durch Verdampfen dieser Substanzen zu befürchten sind.

ENERGIE IM HAUS

Dieses Kapitel bietet einen Überblick über den Energieverbrauch der Haushalte, über die Energiequellen, die ihnen zur Verfügung stehen, über ihre Vor- und Nachteile und ihre Umweltverträglichkeit sowie über alle Möglichkeiten der Energieeinsparung bei Raumheizung, Warmwasserbereitung und Elektrogeräten. Um die Zusammenhänge zwischen Energieerzeugung, Energienutzung und Energieverlusten, die im Haushalt vor allem in Form von Wärmeverlusten auftreten, begreiflich zu machen, werden häufig verwendete Fachbegriffe im ersten Abschnitt erklärt. Energiesparmaßnahmen stehen häufig in Zusammenhang mit Problemen der Luftfeuchtigkeit. Deshalb werden sie hier mit erörtert.

Energie ist die Fähigkeit, Arbeit zu verrichten. Sie kann in verschiedenen Formen auftreten, z.B. als Bewegungsenergie, als Wärmeenergie oder als elektrische Energie. Man kann verschiedene Formen der Energie in andere umwandeln, z.B. Wärme in Elektrizität und umgekehrt. Wenn man davon spricht, daß Energie verbraucht wird, so heißt das nur, daß sie in eine Form übergeführt wird, die nicht mehr nutzbar ist, z.B. Elektrizität in Wärme.

Fast jede Form der vom Menschen genutzten Energie stammt ursprünglich von der Sonne. Sie gleicht einem riesigen Kernkraftwerk, in dem Wasserstoff in Helium umgewandelt wird, wobei unvorstellbare Energiemengen in Form von elektromagnetischer Strahlung freigesetzt werden. Nur ein verschwindend kleiner Prozentsatz trifft auf die Erde.

Diese Strahlung wird auf der Erdoberfläche in Wärme umgewandelt und ermöglicht so pflanzliches, tierisches und menschliches Leben. Ein Teil dieser Strahlungsenergie wird in den Pflanzen durch den Vorgang der Photosynthese gespeichert. Aus Wasser und Kohlendioxyd werden dabei organische Verbindungen aufgebaut. Ein Teil dieser gespeicherten Energie wird von den Lebewesen verbraucht. Man nennt diesen Vorgang Verbrennung, weil es sich im Grunde um die gleiche chemische Reaktion handelt, die in der Flamme des Feuers stattfindet, nämlich die Zerlegung der organischen Verbindungen in ihre Ausgangsstoffe unter Abgabe von Wärme.

Die im Laufe von Jahrmillionen in Pflanzen und anderen organischen Substanzen gespeicherte Sonnenenergie wurde in Kohle, Erdöl und Erdgas umgewandelt. Diese Energiequellen werden in wenigen Jahrhunderten, zum Teil sogar in wenigen Jahrzehnten verbraucht sein. Die Menschen müssen ihren Umgang mit der Energie ändern, wenn sie künftige Energiekrisen und eine zunehmende Umweltbelastung vermeiden wollen: Sie müssen mit fossilen Energien sparsam umgehen und Energiequellen erschließen, die eine dauerhafte Nutzung ermöglichen und nicht zu einer Zerstörung ihrer Lebensgrundlagen beitragen.

Grundlagen

Soll die Rohenergie für den Menschen nutzbar gemacht werden, muß sie in Wärme oder Strom umgewandelt werden.

Bei dieser Umwandlung geht ein erheblicher Teil der Energie verloren. Ein weiterer Verlust tritt beim Transport der Wärme und der Elektrizität vom Ort der Erzeugung zum Ort der Nutzung ein.

Schließlich geht Wärme durch unerwünschte Wärmeübertragung an die Umwelt verloren. Wärmedämmaßnahmen wirken dem entgegen. Fehler führen zu Bauschäden durch Feuchtigkeit und zu einem ungünstigen Raumklima.

Energieumwandlung

Bei der Umwandlung von Energie in nutzbare Formen treten immer Verluste auf. Je geringer diese gehalten werden können, desto besser ist die Ausnutzung der eingesetzten Energie (Abb. 1).

Primärenergie: So nennt man die in den einzelnen Energieträgern vorhandene Energie, die noch nicht umgewandelt ist, z.B. Kohle, Erdöl, Wind. Die Verluste bei der Umwandlung in direkt nutzbare Energie sind technisch bedingt und können unterschiedlich hoch sein (Abwärme bei Kraftwerken, Raffinerieverluste).

Endenergie: Sie ist die vom Verbraucher bezogene Energie, z.B. Heizöl, Elektrizität. Bei der Umwandlung von Primär- in Endenergie treten vor allem bei der Stromerzeugung sehr hohe Verluste auf.

Nutzenergie: So wird die Energie bezeichnet, die vom Verbraucher letztlich genutzt wird, z.B. Heizwärme, mechanische Energie, Licht. Bei der Umwandlung von End- in Nutzenergie hat es der Verbraucher selbst in der Hand, die Verluste möglichst gering zu halten.

Hilfsenergie: Um End- in Nutzenergie umzuwandeln, sind bei manchen Anlagen Einrichtungen nötig, die zusätzliche Energie verbrauchen, z.B. Strom für Pumpen, Brenner oder Gebläse. Diese Energie wird als Hilfsenergie bezeichnet.

Wärmeübertragung

Der größte Teil der in den Haushalten verbrauchten Energie wird in Form von Wärme genutzt, für Heizen, Kochen und Warmwasserbereitung. Endenergie wird also vor allem in Wärme umgewandelt. Die Wärmeübertragung spielt dabei eine zentrale Rolle.

Zwischen zwei Körpern mit verschiedenen Temperaturen findet immer eine Wärmeübertragung statt, die so lange andauert, bis sich der Temperaturunterschied ausgeglichen hat. Einerseits ist das erwünscht: Ein Heizkörper soll die Wärme an die Raumluft abgeben. Andererseits ist das unerwünscht: Die Wärme im Raum soll nicht an die kältere Außenluft übertragen werden. Je effektiver Endenergie, z.B. Heizöl, also vom Wärmeerzeuger, z.B. Ölheizung, für die Nutzung in Wärme umgewandelt wird und je langsamer Wärme aus den Haushalten nach draußen an die kältere Umwelt verlorengeht, desto weniger Energie wird verbraucht.

Die Wärmeübertragung kann auf verschiedene Arten erfolgen, nämlich durch Wärmestrahlung, durch Wärmeströmung (Konvektion) und Wärmeleitung.

Wärmestrahlung: Sie besteht aus elektromagnetischen Wellen, die zum Teil sichtbar (kurzwellige Sonnenstrahlung), zum Teil unsichtbar sind (langwellige Infrarotstrahlung, Abstrahlung eines Kachelofens). Sie durchdringt die Luft, ohne diese spürbar zu erwärmen. Treffen Wärmestrahlen auf Materie, wird ein Teil reflektiert, ein Teil absorbiert und dadurch in Wärme umgewandelt. Je dunkler ein Gegenstand, desto mehr Strahlung kann absorbiert werden.

Die Wärmestrahlung der Sonne kann auf vielfältige Weise direkt genutzt werden. Fensterglas ist für die kurzwellige Lichtstrahlung durchlässig. Sonnenstrahlung kann daher erheblich an der Erwärmung eines Raumes beteiligt sein, was im Winter erwünscht, im Sommer jedoch unerwünscht ist. Auch die Wärmeabgabe einer Raumheizung kann überwiegend auf Strahlung beruhen, so beim Kachelofen oder bei der Fußbodenheizung. Strahlungswärme wird vom Menschen als sehr angenehm empfunden, so angenehm, daß er sich auch bei sehr niedrigen Lufttemperaturen wohl fühlen kann, z.B. bei einem Sonnenbad im Skiurlaub bei Lufttemperaturen weit unter dem Gefrierpunkt. Übertragen auf die Beheizung von Räumen heißt das: Je größer der Anteil ist, den eine Heizung durch Strahlung an den Raum abgibt, desto niedriger können die Raumtemperaturen gehalten werden. Niedrige Raumlufttemperaturen jedoch bedeuten, daß der Energieverbrauch erheblich reduziert wird.

Wärmeströmung (Konvektion): Sie ist die Wärmeübertragung von einem Ort zum anderen mit Hilfe eines Stoffes, z.B. Wasser oder Luft. So wird das Heizwasser im Kessel erwärmt und strömt zu den Heizkörpern; dort wird die Wärme an den Raum abgegeben, zum Teil als Strahlung, zum Teil durch die Erwärmung der Luft.

Die Konvektion ist um so größer, je größer die Temperaturdifferenz ist zwischen der Wärmequelle und dem Stoff, der die Wärme aufnimmt und überträgt.

Konvektion beruht darauf, daß erwärmte Flüssigkeiten oder gasförmige Stoffe ein geringeres spezifisches Gewicht haben als kalte. Sie erfolgt also nach dem

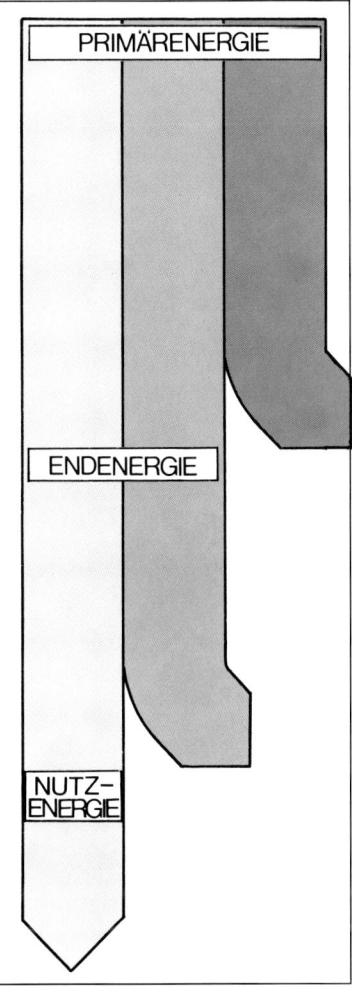

1 *Energieverluste bei der Umwandlung von Primär- in Nutzenergie.*

Schwerkraftprinzip. Warme Luft ist leichter als kalte und steigt nach oben, kaltes Wasser ist schwerer als warmes und sinkt nach unten. Ist jedoch eine schnellere Wärmeübertragung erwünscht, kann sie durch Ventilatoren oder Pumpen beschleunigt werden (erzwungene Konvektion). Eine unerwünschte Form der erzwungenen Konvektion ist der Wärmeverlust eines Hauses durch den Wind. Da Luft ein sehr schlechter Wärmeleiter ist, erfolgt der Wärmeübergang von der Außenwand an die ruhige Außenluft relativ langsam. Da Wind aber die erwärmte Luft wegbläst und ständig kühlere heranführt, wird die Wärmeübertragung beschleunigt. Das ist ähnlich, wie wenn ein kalter Wind durch einen grob gestrickten Pullover pfeift. Man wird in diesem Fall einen windstillen Platz aufsuchen oder seine »Wärmedämmung« verbessern, also eine andere Kleidung wählen, die weniger winddurchlässig ist. Man wird jedoch nicht auf »Dämmaterialien« zurückgreifen, die den Luftaustausch und damit die Verdunstung verhindern, wie z. B. eine Gummihaut, weil es dann sehr schnell unbehaglich unter der Kleidung wird: nämlich feucht.

Wärmeleitung: Sie ist die Wärmeübertragung innerhalb fester Stoffe. Die Wärme wird dabei unmittelbar von Molekül zu Molekül weitergegeben, ohne daß diese ihren Platz wechseln. Hält man einen Holz- und einen Eisenstab in eine Flamme, stellt man fest, daß sie die Wärme unterschiedlich gut leiten. Gute Wärmeleiter sind Metalle, mittlere Baustoffe, ein schlechter Wärmeleiter ist Luft. Die Wärmeleitfähigkeit verschiedener Stoffe kann durch die Wärmeleitzahlen verglichen werden.

Die Wärmeleitung spielt beim Wärmeverlust von Baukörpern eine zentrale Rolle. Verwendet man Materialien, die die Wärme gut leiten, sind die Wärme- und somit Energieverluste hoch.

Ist man ständig mit Materialien in Kontakt, die eine hohe Wärmeleitfähigkeit besitzen, wird dem menschlichen Körper Wärme entzogen. Auf Betonfußböden bekommt man daher sehr schnell kalte Füße.

Verdampfung, Verdunstung: Wird eine Flüssigkeit in einen gasförmigen Zustand übergeführt, so wird dazu sehr viel Wärme benötigt. Zum Verdampfen einer bestimmten Menge Wassers wird etwa fünfmal soviel Energie verbraucht wie für das Aufheizen bis zum Siedepunkt, also bis das Wasser kocht. Diese Energie geht in den Wasserdampf über, ist praktisch in Dampfform gespeichert.

Die Energie, die für das Verdampfen nötig ist, wird einer Wärmequelle oder der Luft entnommen. So befindet sich im Verdampferfach des Kühlschrankes eine Flüssigkeit, die schon bei Temperaturen um den Gefrierpunkt siedet und somit dem Kühlraum Wärme entzieht. Auch eine Wärmepumpe funktioniert nach diesem Prinzip.

Geht eine Flüssigkeit bei Temperaturen unter dem Siedepunkt in den gasförmigen Zustand über, spricht man von Verdunstung. Ist eine Außenwand Regen ausgesetzt, und verdunstet Wasser, so kühlt die Wand aus. Wind kann diesen Vorgang erheblich beschleunigen.

Wärmedurchgang

Eine unerwünschte Wärmeübertragung findet durch die Außenflächen eines Bauteiles statt. Der Gesamtvorgang dieser Wärmeübertragung wird als Wärmedurchgang bezeichnet. Je schneller er vor sich geht, desto größer ist die Wärmemenge, die von der Heizung wieder ersetzt werden muß, und desto höher ist der Heizenergieverbrauch.

Um diesen Wärmeverlust zu messen, bzw. zu berechnen, bedient man sich der Wärmeleitzahl und der Wärmedurchgangszahl.

Wärmeleitzahl (Abb. 2): Der Wärmedurchgang ist abhängig von der Wärmeleitfähigkeit einzelner Baustoffe. Die Wärmeleitfähigkeit wiederum ist abhängig von der Rohstoffdichte des Materials. Eisen hat z. B. eine hohe Dichte, Holz eine niedrige. Materialien mit Lufteinschlüssen leiten die Wärme schlechter, Materialien mit hoher Rohstoffdichte besser. Eine niedrige Wärmeleitfähigkeit reduziert den Energieverbrauch.

Die Wärmeleitzahl ist geeignet für den Vergleich verschiedener Bau- und Dämmstoffe, denn sie gibt an, welche Wärmemenge in 1 Stunde durch 1 m^2 Fläche einer 1 m dicken Materialschicht geleitet wird, und zwar bei einem Temperaturunterschied der Oberfläche von 1 Kelvin; das entspricht 1 °C. Je kleiner die Wärmeleitzahl, desto niedriger ist der Wärmeverlust bei gleicher Materialstärke und gleichen klimatischen Bedingungen.

Ein Baustoff bekommt eine wesentlich höhere Wärmeleitfähigkeit, wenn er feucht wird. Er muß deshalb so verarbeitet werden, daß eine Durchfeuchtung ausgeschlossen bleibt. Wärmeleitzahlen verschiedener Bau- und Dämmstoffe sind in den Tabellen auf Seite 86 und 285 dargestellt.

Wärmedurchgangszahl (k-Wert) (Abb. 2): Da in der Praxis keine Bauteile vorkommen, die genau 1 m Durchmesser haben, muß die Materialstärke bei der Berechnung des Wärmeverlustes berücksichtigt werden.

Der Wärmedurchgang erfolgt in drei Teilvorgängen: dem Übergang der Wärme an die Innenfläche des Bauteils, der Wärmeleitung an die Außenfläche und dem Wärmeübergang an die Außenluft. Diese beiden Wärmeübergänge sind abhängig von der Luftzirkulation innen und der Windgeschwindigkeit außen, da sich bei absoluter Windstille eine dünne dämmende Luftschicht bildet, die den Wärmeübergang stark verzögert. Je stärker die Windbelastung, desto schneller geht also der Wärmeübergang vor sich. Dieser Gesamtvorgang soll durch den k-Wert gemessen werden. Er gibt an, welche Wärmemenge durch 1 m^2 Fläche eines Materials mit einer bestimmten Dicke pro Stunde und 1° Temperaturunterschied durchgeht. Luftbewegung innen und Windgeschwindigkeiten außen werden dabei mit Durchschnittswerten berücksichtigt. Der k-Wert ist deshalb umstritten. Denn der wirkliche Wärmeverlust eines Bauteils kann wesentlich höher sein als der rechnerische (bei ungeschützten Lagen) oder auch wesentlich niedriger (in geschützten Lagen).

Er wird darüber hinaus für Süd- und Nordwände mit den gleichen Zahlenwerten ermittelt, berücksichtigt also nicht die Wärmegewinne der Südfassade durch Sonnenstrahlung. So kann es sein, daß hier zwar durch eine nachträgliche Wärmedämmung der k-Wert verbessert wird und trotzdem keine Energieersparnis eintritt.

Wirtschaftlichkeitsberechnungen, die sich allein auf eine Verbesserung des k-Wertes stützen, sind daher mit Vorsicht zu genießen. Eine Dämmung der Nordwand kann durchaus wirtschaftlicher sein als in einer Berechnung, eine Dämmung der Südwand ist es meist nicht.

Der k-Wert wird für einzelne Bauteile wie Außenwände, Fenster usw. ermittelt. Der mittlere k-Wert darf nach der Wärmeschutzverordnung einen bestimmten Wert nicht überschreiten. Dieser gesetzlich zulässige Wert kann auch ohne Wärmedämmung erreicht werden, wenn Baumaterialien mit niedriger Wärmeleitfähigkeit verwendet werden. Eine Berechnung sollte im Zweifelsfall einem Sachverständigen überlassen werden, da es zur Bestimmung des mittleren k-Wertes verschiedene Verfahren gibt, die für den Laien nur schwer durchschaubar sind.

Wärmedämmung, Wärmespeicherung

Bauteile haben verschiedene Aufgaben zu erfüllen. Im Zuge des Energiesparens wird häufig die Wärmedämmfähigkeit von Baumaterialien überbewertet, die Wärmespeicherfähigkeit jedoch vernachlässigt.

Wärmedämmung: Darunter sollen hier alle Maßnahmen verstanden werden, die das Entweichen von Wärme aus dem Raum, in dem sie genutzt werden soll, verzögert. Wärmedämmung beruht auf der schlechten Wärmeleitfähigkeit von Luft. Je mehr Lufteinschlüsse deshalb in einem Baustoff vorhanden sind, desto höher sind seine Dämmeigenschaften. Deshalb gilt die Faustregel: Je geringer das Gewicht eines Baustoffes, desto höher ist seine Wärmedämmfähigkeit. Die Wärmedämmfähigkeit von Baustoffen läßt sich durch die Wärmeleitzahl vergleichen.

Wärmespeicherung: Wird ein Raum erwärmt, so befindet sich nur ein kleiner Teil der erzeugten Wärme in der Raumluft, der größte Teil wird in den Raumumschließungsflächen wie Wänden, Decken und Fußböden sowie in Einrichtungsgegenständen gespeichert. Deshalb ist es auch noch lange Zeit nach Abschalten der Heizung warm; die Wärme wird langsam an den Raum abgegeben.

Steht keine genügend große Speichermasse zur Verfügung, kann der Raum zwar schnell aufgeheizt werden, er kühlt aber auch sehr schnell wieder aus. Die Raumerwärmung erfolgt fast ausschließlich durch die Erwärmung der Luft. Eine Wärmeabstrahlung der Raumumschließungsflächen wird deshalb bei Innendämmaßnahmen weitgehend ausgeschlossen. Das kann zu einem unbehaglichen Raumklima führen.

Auch in Außenwänden, die längere Zeit von der Sonne beschienen werden, wird Wärme gespeichert und nachts langsam nach innen und außen abgegeben. Eine Wärmedämmung verhindert diesen Energiegewinn.

Luftfeuchtigkeit

Alle Bauteile müssen vor Feuchtigkeit geschützt werden, weil sie durch Verwitterung, Faulen oder Rosten zerstört werden können. Feuchtigkeit tritt auf in Form von Regen und Schnee (Außenwände, Dach), Erdfeuchtigkeit (Grundmauern, Keller) und Luftfeuchtigkeit.

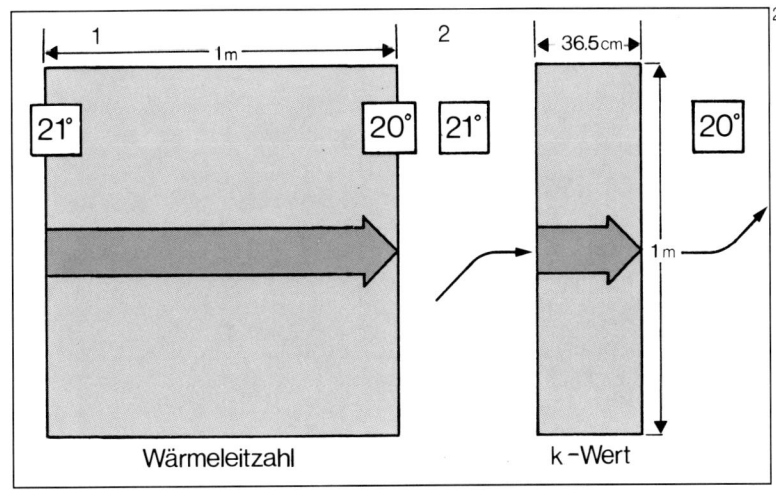

Wärmeleitzahl   **k-Wert**

2 *Graphische Darstellung des Wärmedurchgangs:*
1 Wärmeleitzahl
2 k-Wert.

Die Luft enthält immer eine schwankende Menge an Wasserdampf. Er kann Bauteile durchdringen, dort kondensieren oder sich in kalten Raumecken niederschlagen. Die Folge ist eine Durchfeuchtung oder die Zerstörung von Baustoffen bzw. Schimmelbildung. Durch die Verwendung geeigneter Baustoffe, ihre richtige Verarbeitung sowie Lüftung kann dem Problem Luftfeuchtigkeit wirksam begegnet werden.

Absolute Luftfeuchtigkeit: Durch sie wird angegeben, wieviel Wasserdampf sich in einem bestimmten Rauminhalt befindet, also z.B. 2 g Wasserdampf in 1 m³ Raumluft.

Relative Luftfeuchtigkeit: Luft kann nur eine bestimmte Menge Wasserdampf speichern. Wird diese Menge überschritten, bildet sich Nebel, oder der Wasserdampf schlägt sich an kalten Oberflächen wie Fenstern oder Raumecken in Form von Wasser nieder (= Kondenswasser, Schwitzwasser, Tauwasser).

Warme Luft kann mehr Feuchtigkeit aufnehmen als kalte. Ein Kubikmeter Raumluft kann bei 0 °C z.B. maximal 4,8 g Wasserdampf aufnehmen, bei +10 °C sind es bereits 9,4 g, bei +20 °C sogar 17,3 g. Ist die Luft mit Wasserdampf gesättigt, spricht man von einer relativen Luftfeuchtigkeit von 100%. Die relative Luftfeuchtigkeit gibt an, zu wieviel Prozent die Luft bei einer bestimmten Temperatur mit Wasserdampf gesättigt ist.

Die relative Luftfeuchtigkeit spielt für die Behaglichkeit eine wichtige Rolle. Der Mensch fühlt sich bei einer relativen Luftfeuchtigkeit von 40 bis 60% am wohlsten. Ist sie niedriger, so macht sich das oft durch ein Kratzen im Hals oder durch ausgetrocknete Schleimhäute bemerkbar. Ist sie höher, wird das als Schwüle empfunden, da die Wärmeabgabe des Körpers durch Verdunsten beeinträchtigt wird.

Können die Raumlufttemperaturen niedrig gehalten werden, so werden nicht nur Heizkosten gespart.

Eine niedrigere Temperatur erhöht zugleich die relative Feuchtigkeit und damit das Wohlbefinden in Räumen mit zu trockener Luft.

Relative Luftfeuchtigkeit bei verschiedenen Temperaturen und 2 g Wasserdampf in 1 m³ Luft.	
bei −7 °C	100% relative Luftfeuchtigkeit
bei 0 °C	50%
bei +10 °C	25%
bei +20 °C	13%

Tauwasserbildung: Die Temperaturen in verschiedenen Raumteilen sind unterschiedlich. Tritt an Wandflächen aufgrund der dort relativ niedrigen Temperatur eine Wasserdampfsättigung ein,

385

schlägt sich Feuchtigkeit nieder, indem sich Wasserdampf in feine Wassertröpfchen verwandelt. Sie wird von der Wand aufgesaugt und dann wieder an den Raum zurückgegeben, wenn die Luftfeuchtigkeit zurückgegangen ist. Die Wandoberflächen wirken also luftfeuchtigkeitsregulierend, vor allem in Küchen und Bädern.

Im Winter kann es jedoch bei dauerndem Anfall von Tauwasser dann zu Feuchtigkeitsschäden kommen, wenn die Wandoberflächen nicht mehr abtrocknen können, vor allem in Raumekken von Außenwänden, wo die niedrig-sten Temperaturen gemessen werden. Man erkennt den Schaden meist in Form von schwarzen Flecken auf Tapeten oder Wand (Schimmelpilze). Meist läßt sich das Problem durch häufiges Lüften beseitigt. Denn die kältere Außenluft kann, nachdem sie sich im Raum erwärmt hat, noch sehr viel Feuchtigkeit aufnehmen. Sie muß allerdings an den gefährdeten Stellen vorbeistreichen können. Möbel und Eckbänke dürfen daher nicht direkt an der kalten Mauer aufgestellt werden. Je mehr Feuchtigkeit in einem Raum anfällt, desto häufiger muß gelüftet werden. Je kälter die Außenluft, desto schneller ist der Lüftungsvorgang beendet. Energie wird dabei nicht verschwendet, weil die Luft selbst nur we-nig Wärme speichert und feuchte Bauteile Wärme wesentlich besser leiten als kalte. Eine Auskühlung der Wände muß jedoch verhindert werden; deshalb ist eine Stoßlüftung von 5 bis 10 Minuten angebracht. In kälteren Räumen, z.B. im Schlafzimmer, kann auch eine Erhöhung der Raumtemperatur erforderlich sein.

Da die Tauwasserbildung im wesentlichen von der Oberflächentemperatur der Innenwände abhängt, wird das Problem in der Regel durch eine Außendämmung beseitigt. Im Planungsstadium kann es durch die Wahl von Baustoffen mit geringer Wärmeleitfähigkeit vermieden werden.

Wasserdampfdiffusion: Mit dem Wärmestrom durch die Außenwände findet

3 *Wasserdampfdiffusion bei verschiedenen Baustoffen und Wandkonstruktionen:*

1 Mauerwerk mit mittlerem Diffusionswiderstand, z.B. Ziegelmauerwerk

2 Betonmauer mit hohem Diffusionswiderstand

3 Wärmedämmstoff mit sehr niedrigem Diffusionswiderstand, z.B. Mineralwolle

4 Wärmedämmstoff mit sehr hohem Diffusionswiderstand, z.B. Polystyrol, Polyurethan

5a Dampfbremse

5b Dampfsperre

6–8 Innendämmung

6 Problematische Wandkonstruktion. Die Betonmauer kann den Wasserdampf nicht nach draußen abführen, den der Dämmstoff noch durchläßt. Es bildet sich Tauwasser, Bauteile durchfeuchten.

7 Eine Dampfbremse vermeidet dieses Problem.

8 Unproblematische Wandkonstruktion, z.B. Kork/Ziegel. Beide Bauteile setzen dem Wasserdampfdurchgang ähnlichen Widerstand entgegen.

9–11 Außendämmung

9 Problematische Wandkonstruktion, z.B. Ziegel/Schaumstoff. An der Berührungsstelle kann sich Feuchtigkeit niederschlagen.

10 Unproblematische Wandkonstruktion, z.B. Ziegel/Mineralwolle

11 Hinterlüftete Fassade: Die Luftfeuchtigkeit wird durch die Belüftung abgeführt.

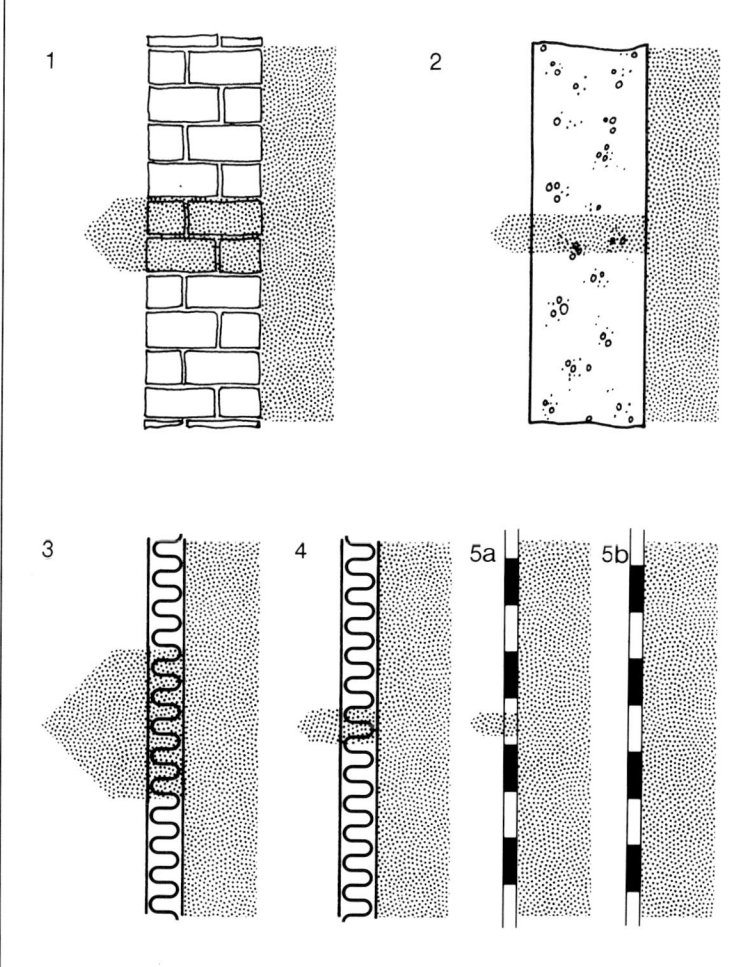

immer auch ein Feuchtigkeitstransport statt. Wie verschiedene Temperaturen das Bestreben haben, sich auszugleichen, so auch eine unterschiedliche Luftfeuchtigkeit innen und außen. Dieser Wasserdampfdurchgang, auch Wasserdampfdiffusion genannt, findet im Winter von innen nach außen statt und spielt bei Bauschäden durch Feuchtigkeit eine entscheidende Rolle. Denn kühlt sich der Wasserdampf bei seiner Wanderung nach draußen so weit ab, daß er im Mauerwerk kondensiert, sind Durchfeuchtung und Frostschäden zu befürchten.

Besondere Beachtung muß der Wasserdampfdiffusion bei allen wärmedämmenden Maßnahmen geschenkt werden, da durch den veränderten Wandaufbau die Diffusionseigenschaften der Wand verändert werden.

Diffusionswiderstand: Einzelne Baustoffe leiten nicht nur die Wärme, sondern auch die Feuchtigkeit besser oder schlechter; sie setzen dem Wasserdampfdurchgang einen mehr oder weniger großen Widerstand entgegen. Bei mehrschichtigen Konstruktionen, z.B. bei einer Wärmedämmung, kann es immer dann zu Problemen kommen, wenn die Materialien dem Wasserdampfdurchgang einen sehr unterschiedlichen Widerstand entgegensetzen. Verglichen wird der Diffusionswiderstand durch Angabe der Diffusionswiderstandszahl. Diffusionswiderstandszahlen für Dämmstoffe finden sich in der Tabelle auf Seite 86, die von Baustoffen

auf Seite 285. Je kleiner diese Zahl ist, desto höher ist die Durchlässigkeit für Wasserdampf.

Zum Beispiel läßt Beton den Wasserdampf nur sehr schlecht durch, Mineralwolle jedoch fast ungehindert. Wird Mineralwolle für eine Innendämmung verwendet, läßt sie den Wasserdampf bis zur Mauer vordringen. Trifft er auf die Betonmauer, die durch die Innendämmung zudem sehr kalt geworden ist, so kann sich Feuchtigkeit niederschlagen. Deshalb muß in diesem Fall eine Dampfsperre oder Dampfbremse angebracht werden, z.B. in Form einer Aluminiumfolie.

Unproblematisch sind alle Konstruktionen, bei denen sich das dampfdurchlässigere Material an der kälteren Seite

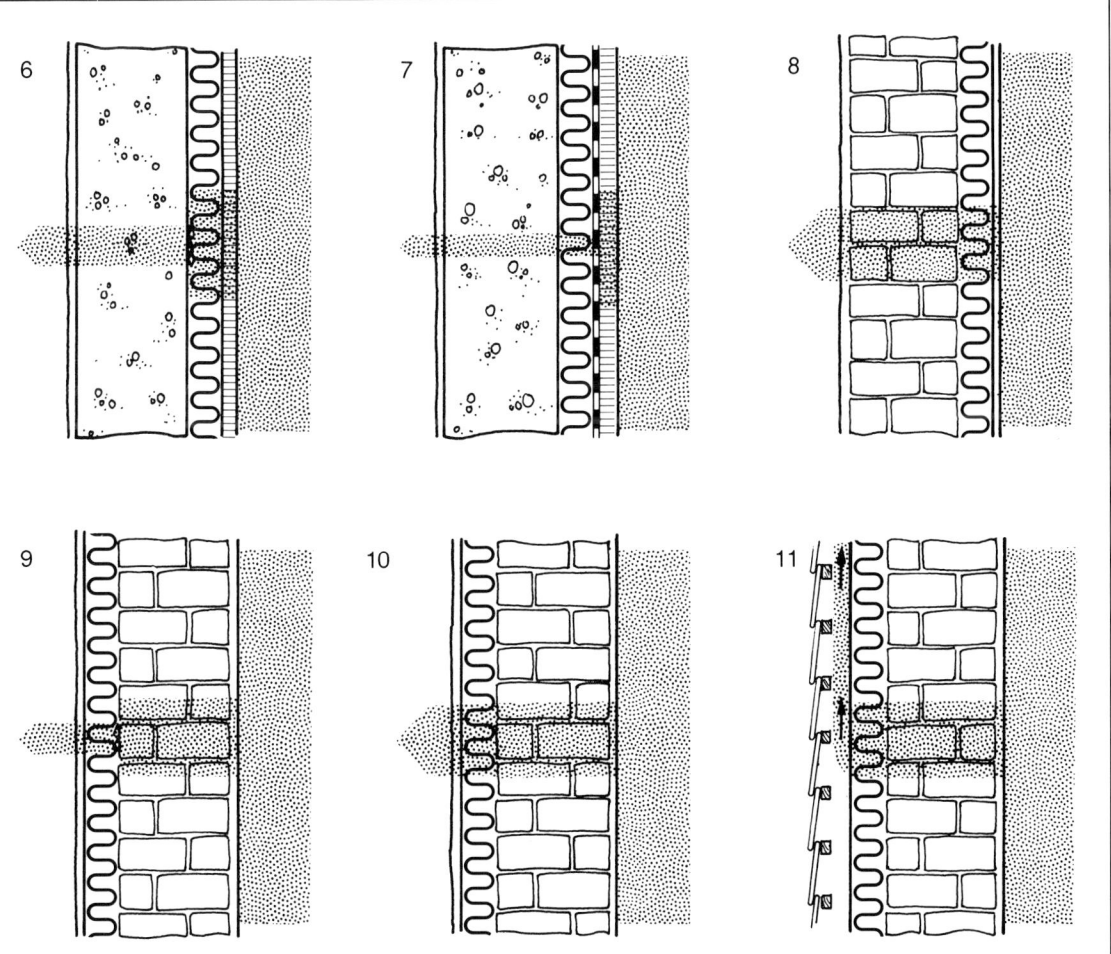

befindet, in diesem Fall also an der Außenseite (Abb. 3).

»Atmende Wände«: Eine Veränderung
des Wandaufbaus, z. B. durch eine Wärmedämmung, kann die Fähigkeit einer
Mauer, Feuchtigkeit aufzunehmen oder
abzugeben, beeinträchtigen oder gar
aufheben. Diese Fähigkeit, Feuchtigkeit
auszugleichen, steckt eigentlich hinter
dem Begriff von der »atmenden Wand«.
Dieser Ausdruck würde mißverstanden,
wenn man glaubte, durch Wände fände
ein nennenswerter Austausch an Luft
statt. Ein gutes Feuchtigkeitsaus-
gleichsvermögen haben unlackiertes
Holz, Gipskartonplatten und viele mineralische Putze, vorausgesetzt, daß sie
nicht mit undurchlässigen Anstrichen
zugestrichen oder mit dampfdichten Tapeten zugeklebt werden. Dampfsperren
verhindern außerdem, daß ein Feuchtig-
keitsüberschuß durch die Wände nach
draußen abwandern kann. Um ein behagliches Raumklima zu schaffen, muß
dieser Nachteil durch Lüftung ausgeglichen werden.
Es ist deshalb für jeden Raum vorteilhaft, wenn er in diesem Sinne möglichst
atmungsaktive Wände besitzt. Darum
sollte man z. B. auch Bäder nicht bis zur
Decke fliesen.

Energiequellen

Für die Versorgung mit Wärme und
Strom stehen heute eine Reihe von
Energiequellen zur Verfügung. Einige
Rohstoffe werden direkt im Haushalt
verbraucht, andere zuvor in Kraftwerken
in Elektrizität umgewandelt.
Manche dieser Energiequellen erneuern
sich ständig, sie regenerieren sich und
werden deshalb auch regenerative
Energiequellen genannt. Darunter sind
zu rechnen: Holz, die Sonnenenergie,
Wind- und Wasserkraft sowie Biogas.
Die geothermische Energie, die im Erd-
innern gespeichert ist, und die Gezei-
tenenergie, gewonnen unter Ausnutzung des Wechsels von Ebbe und Flut,
sind bisher kaum nutzbar.
Zwar decken die regenerativen Energieträger heute erst einen kleinen Teil un-
seres Energiebedarfs, doch wird ihre
Bedeutung in den nächsten Jahrzehnten zunehmen. Denn die heute meistverwendeten Energiequellen wie Kohle,

Erdöl und Erdgas stehen nur begrenzt
zur Verfügung. Seit Beginn der Indu-
strialisierung hat der Verbrauch dieser
Rohstoffe ein Ausmaß angenommen,
daß abzusehen ist, wann die noch vorhandenen Reserven erschöpft sein werden: bei Kohle in wenigen Jahrhunderten, bei Erdöl in Jahrzehnten. Dabei
wird die Förderung der noch vorhandenen Reserven technisch immer schwieriger und damit immer teurer. Verschärft
wird das Problem durch die sprunghafte
Zunahme der Erdbevölkerung und den
damit ständig steigenden Energiebe-
darf.
Es ist deshalb für alle wichtig, sparsam
mit den nicht erneuerbaren Energien
umzugehen und nach Möglichkeiten zu
suchen, diese zu ersetzen. Dazu bieten
sich schon heute viele Möglichkeiten
an.
Energien, deren Verwendung zu keiner
oder zumindest zu einer nur geringen
Belastung der Umwelt führt, wie die
Nutzung der Sonnen-, Wind- und Was-
serenergie, nennt man auch sanfte
Energien.

Holz

Holz war seit den Ursprüngen der
Menschheit die wichtigste Energiequelle. Es wurde erst im 19. Jahrhundert
durch die Kohle und seit der Mitte des
20. Jahrhunderts durch Erdöl und Erdgas weitgehend verdrängt.
Es darf den Wäldern nur so viel Holz zur
Nutzung entnommen werden, wie im
gleichen Zeitraum nachwächst. Ein
Raubbau würde schnell zu einer Zerstörung des natürlichen Gleichgewichts
führen. Das geschieht seit Jahren in
den tropischen Urwäldern vor allem im
Amazonasbecken und in Afrika durch
Brandrodungen und Holzeinschlag für
den Export. Die Folgen sind verhee-
rend: Bodenerosion, Verlust von land-
wirtschaftlicher Anbaufläche, Überschwemmungen. Naturwissenschaftler
befürchten starke negative Auswirkungen auf das gesamte Klima der Erde.
Das in der Bundesrepublik zur Verfügung stehende Nutzungspotential der
Wälder ist aber bei weitem noch nicht
ausgeschöpft. Rechnet man die Abfälle
aus Obstbau und Garten, Industrieabfäl-
len und Verpackungsmaterialien dazu,
könnten mit Holz zusätzlich mehrere
hunderttausend Haushalte beheizt werden.

Holz sollte nur gut getrocknet (Nadelholz mindestens 1 Jahr, Laubhölzer
2 Jahre abgelagert) verbrannt werden.
Holz verbrennt nicht so umweltfreundlich, wie allgemein angenommen wird.
Reine Holzasche ist sehr mineralien-
reich und eignet sich als Dünger für
Garten und Feld. Feuchtigkeit setzt den
Heizwert des Holzes herunter, es kann
außerdem zu unvollständiger Verbrennung und zur erhöhten Entstehung von
Schadstoffen (Kohlenmonoxyd) kommen.
Holz ist in der Regel für die Heizung nur
dort sinnvoll einsetzbar, wo es in ausreichenden Mengen zur Verfügung steht.
Neben Scheitholz können heute Holzbriketts und Hackschnitzel für eine be-
quemere Handhabung der Heizung sorgen. Holzbriketts bestehen aus gepreß-
ten Sägespänen und können die Glut
über längere Zeit halten. Mit Hack-
schnitzeln von mehreren Zentimetern
Länge läßt sich ein Zentralheizungskes-
sel auch automatisch beschicken.
Von einer Verbrennung von kunststoff-
gebundenen Spanplatten und kunststoffbeschichteten Holzteilen wird abgeraten, weil dabei gesundheitsschädliche
Stoffe freigesetzt werden (Formaldehyd
bei Spanplatten).

Kohle

Im Lauf der Erdgeschichte sind Ablagerungen von Pflanzenresten durch den
hohen Druck aufgrund von Erdverschie-
bungen und unter Luftabschluß zu Kohle umgeformt worden. Ältere Ablagerungen wurden durch den wesentlich höheren Druck zu Steinkohle, jüngere Ablagerungen zu Braunkohle. Heizwert
und Schadstoffgehalt sind von Kohlen-
sorte und vom Förderort abhängig.
Grundsätzlich gibt Kohle bei der Verbrennung eine große Menge an Schadstoffen in Form von Schwefeldioxyd und
Kohlenmonoxyd an die Luft ab. Kohle-
kraftwerke ohne Entschwefelungsanla-
gen haben daher einen hohen Anteil an
der Luftverschmutzung und der Entstehung des sauren Regens. Sie gehören
zu den Hauptverursachern des Waldsterbens.
Für den Brennstoff Kohle bestehen in
der Bundesrepublik Eigenvorräte, die
bei gleichbleibendem Verbrauch etwa
200 bis 300 Jahre ausreichen. Kohle
kommt vor allem in Form von Koks und
Briketts in den Handel. Briketts können

die Glut lange halten und senken daher den Bedienungsaufwand. Sie eignen sich auch zur Kombination mit Holzfeuerung.

Öl

Das in den Haushalten verwendete Heizöl EL (extra leichtflüssig) wird in Raffinerien aus Erdöl gewonnen. Erdöl ist entstanden aus Ablagerungen von Pflanzen und Meerestieren, die unter starken Hitze- und Druckeinwirkungen eine große Zahl verschiedener Kohlenstoff-Wasserstoff-Verbindungen bildeten. Erdöl wird in Raffinerien durch Erhitzen nach der Flüchtigkeit der einzelnen Bestandteile getrennt. Dabei entstehen neben Flüssiggasen wie Propan und Butan auch Benzin, Diesel, Heizöl EL für den Hausbrand, Heizöl S (schwer) für industrielle Anlagen und Bitumen (Abb. 4).

Der Ölverbrauch der Bundesrepublik ist nach den enormen Ölpreissteigerungen seit Beginn der 70er Jahre zurückgegangen. Importe aus dem Nahen Osten konnten zum Teil durch Erdöl aus der Nordsee ersetzt werden. Die heimischen Vorkommen sind sehr gering.

Erst die Ölpreissteigerungen haben den Verbrauchern ins Bewußtsein gerufen, daß Erdöl nicht unbegrenzt vorhanden ist. Bei gleichbleibender Förderung dürften die Vorräte noch etwa 50 Jahre reichen.

Inzwischen wird für den Hausbrand schwefelarmes Heizöl angeboten.

Gas

Gase unterscheiden sich nach Herkunft, Gewinnung und Zusammensetzung und haben einen sehr unterschiedlichen Heizwert. Sie verbrennen zu Kohlendioxyd und Wasser und sind daher sehr umweltfreundliche Brennstoffe.

Erdgas: Das brennbare, ungiftige Gas, das zu etwa 90% aus Methan besteht, ist wie Erdöl aus organischen Stoffen unter hohem Druck von Gesteinsschichten entstanden und kann daher zum Teil aus den gleichen Lagerstätten gewonnen werden. Der Verbrauch von Erdgas hat in den letzten Jahren sprunghaft zugenommen, vor allem nach den Ölpreissteigerungen der 70er Jahre. Die Bundesrepublik besitzt nicht unerhebliche Eigenvorräte und hat langfristige Lieferverträge abgeschlos-

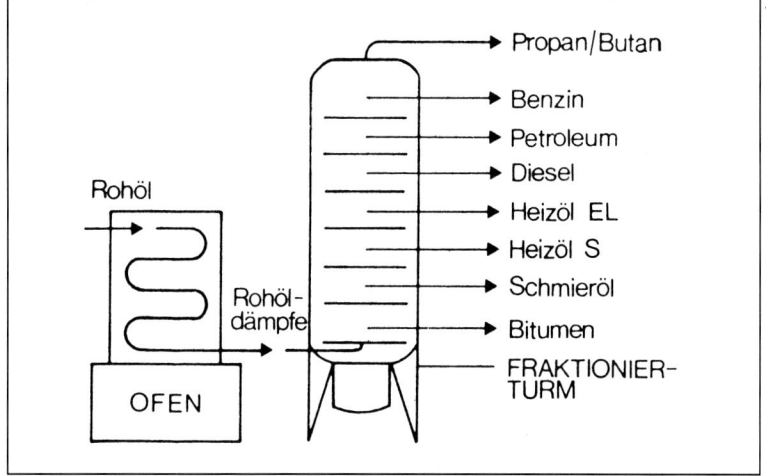

sen, vor allem mit den Niederlanden und der Sowjetunion.

Erdgas deckt etwa 90% des gesamten Gasverbrauchs der Bundesrepublik. Es läßt sich für Warmwasserbereitung und Heizung mit hohen Wirkungsgraden einsetzen. Die Weltvorräte dürften bei gleichbleibendem Verbrauch noch mindestens 60 Jahre reichen.

Flüssiggase (Propan, Butan): Sie entstehen bei der Verarbeitung von Erdöl. Da sich diese Gase bei relativ niedrigem Druck verflüssigen, werden sie in Flaschen abgefüllt, bei größerem Verbrauch in Tanks gespeichert. Da Flüssiggase schwerer sind als Luft, erfordern Lagerung und Verwendung besondere Sicherheitsmaßnahmen (dazu Näheres auf Seite 452). Flüssiggase haben einen hohen Heizwert und eignen sich sowohl für den Klein- als auch für den Großverbrauch in Gebieten, in denen kein Anschluß ans Erdgasnetz möglich ist.

Stadt- und Ferngase: Es handelt sich dabei um Mischgase, die sich aus Gasen zusammensetzen, die bei der Verkokung von Steinkohle und verschiedenen chemischen Umwandlungsprozessen anfallen. Da Stadt- und Ferngas je nach Zusammensetzung einen hohen Anteil an giftigem Kohlenmonoxyd enthalten können, müssen ihnen Geruchsstoffe beigemischt werden. Kohlenmonoxyd ist ein starkes Atemgift, das den Sauerstofftransport im Blut unterbindet und so bei unbemerktem Ausströmen des Gases in kurzer Zeit zum Tode führen kann.

4 *Vereinfachte Darstellung der Rohöldestillation.*

Sonnenenergie

Die größte Energiequelle und eine aus menschlicher Sicht unerschöpfliche stellt die Sonne dar. Sie übermittelt auf die Erdoberfläche jährlich etwa 1300mal mehr Energie als die gesamte Menschheit im gleichen Zeitraum verbraucht. Ein Teil dieser Energie dient zur Verdunstung von Wasser (siehe Seite 390), ein Teil wird in Windenergie umgewandelt (siehe Seite 390), ein Teil in Pflanzen gespeichert, ein Teil steht der direkten oder indirekten Nutzung zur Verfügung.

Die Intensität der Strahlung auf die Erdoberfläche ist unterschiedlich. So kann sie in südlichen Ländern auch von Solarkraftwerken und Sonnenöfen genutzt werden, aber auch in unseren Breiten auf vielfältige Weise ohne Schadstoffbelastung und zum Teil kostenlos zur Einsparung von Energierohstoffen beitragen.

Die Sonnenstrahlung kann durch Wärmegewinne von Fenstern, die sie direkt ins Haus eindringen lassen, und Fassaden, die die Strahlung absorbieren und speichern, direkt und kostenlos zur Raumerwärmung beitragen (siehe Seite 402). Sie kann zur Raumheizung und Warmwasserbereitung genutzt werden durch Sonnenkollektoren und Wärmepumpen (siehe ab Seite 416) sowie durch Solarzellen, die Strom erzeugen (siehe Seite 403).

Wasserkraft

Die Nutzung der Energie fließender Gewässer ist dem Menschen schon seit Jahrtausenden bekannt. Heute wird die Wasserkraft vorwiegend zur Stromerzeugung eingesetzt.

Das wirtschaftlich nutzbare Potential ist in der Bundesrepublik weitgehend ausgeschöpft. Wasserkraftwerke tragen zu etwa 5% zur Stromversorgung der Bundesrepublik bei. Für den einzelnen kommt eine Nutzung in der Regel nur dort in Betracht, wo früher bereits Mühlen oder Kleinkraftwerke bestanden haben. Die Wasserkraft kann hier zur Eigenversorgung mit Strom und Wärme eingesetzt werden. Ein energiewirtschaftliches Problem besteht darin, daß die Elektrizitätsversorgungsunternehmen überschüssigen Strom nur zu sehr ungünstigen Tarifen abnehmen.

Windenergie

Wind entsteht durch unterschiedliche Sonneneinstrahlung und die damit verbundene ungleichmäßige Erwärmung der Erde. Die Windströmungen gleichen die dadurch entstehenden Druckunterschiede in der Atmosphäre (Hoch- und Niederdruckgebiete) aus. Die Nutzung der Windenergie durch den Menschen ist sehr alt. Schon seit etwa 3000 Jahren werden Windmühlen für Bewässerungssysteme und zum Mahlen von Getreide eingesetzt.

Durch die Erfindung der Dampfmaschine wurden sie in den Industrieländern weitgehend verdrängt.

Durch eine Verbindung der Windflügel mit Generatoren läßt sich Strom erzeugen. Der Einsatz ist in der Regel nur dann sinnvoll, wenn die durchschnittliche Windgeschwindigkeit mehr als 18 km/h beträgt. Theoretisch könnten Windgeneratoren einen Anteil des Strombedarfs der Bundesrepublik dekken, der dem der Wasserkraftwerke nahekommt. Ein verstärkter Einsatz von Windenergieanlagen hängt jedoch weitgehend von politischen Grundsatzentscheidungen ab wie Vergabe von Forschungsmitteln, Abnahme von überschüssigem Strom von Kleinproduzenten usw. Das Nachbarland Dänemark hat sich zum Ziel gesetzt, bis zum Jahr 2000 etwa 10% des Strombedarfs und etwa 5% des Heizenergieverbrauchs durch Windenergie zu dekken.

Windgeneratoren können aber auch, an günstigen Standorten eingesetzt, den überwiegenden Teil der Energieversorgung von Kleinverbrauchern übernehmen, also den Wärme- und Stromverbrauch von Einfamilienhäusern, gewerblichen und landwirtschaftlichen Betrieben (siehe Seite 402).

Biogas

Biogas, ein Gemisch aus Methan und Kohlendioxyd und damit dem Erdgas verwandt, entsteht bei der Vergärung von pflanzlichen und tierischen Abfällen unter Sauerstoffabschluß. Es entsteht auf natürliche Weise in Sümpfen, im Grundschlamm von Seen und in geringem Umfang im Darmtrakt von Mensch und Tier.

Es kann künstlich erzeugt werden durch Vergärung von Biomasse, also von Jauche, Mist, Stroh oder anderen pflanzlichen Abfällen und findet daher vor allem in landwirtschaftlichen Betrieben Verwendung. Es kann in größeren Mengen auch bei der Klärung von städtischen Abwässern gewonnen werden (Klärgas). Biogas verbrennt geruchlos und umweltfreundlich. Die Erzeugung hat in den letzten Jahren laufend zugenommen.

Kernenergie

Bei der Spaltung von Atomkernen wird Energie frei, die zur Erzeugung von Elektrizität eingesetzt wird. Kernkraftwerke gelten bei ihren Befürwortern als saubere Kraftwerke, die nur wenig Schadstoffe an die Umwelt abgeben.

Eine Abgabe von radioaktiven Stoffen in Kraftwerken kann zwar reduziert, aber nicht ausgeschlossen werden. Außerdem müssen große Mengen von radioaktivem Material gefördert, bearbeitet, transportiert und wiederaufbereitet werden. Ernstzunehmende Indizien sprechen bereits dafür, daß die Waldsterblichkeit in der Nähe von Lagerhalden und Kernkraftwerken höher ist als anderswo.

Unfälle in Kernkraftwerken könnten katastrophale Folgen haben. Das bei der Wiederaufbereitung anfallende Plutonium gehört zu den giftigsten bekannten Stoffen und kann zum Bau von Atombomben eingesetzt werden. Um zu verhindern, daß auch nur wenige Kilogramm dieses Materials einzelnen Staaten oder Privatpersonen in die Hände

fallen, muß die Überwachung des gesamten Brennstoffkreislaufes so perfekt sein, daß Auswirkungen auf die demokratische Gesellschaftsstruktur beinahe unumgänglich sind. Die nicht mehr verwendbaren Abfälle müssen endgelagert werden. Eine sichere Aufbewahrungsmethode gibt es bis heute noch nicht. Da die Halbwertzeit, d.h. die Zeit, in der die Hälfte des radioaktiven Materials zerfallen ist, bei einigen Stoffen sehr hoch ist, werden sie unsere Nachkommen noch in Jahrtausenden belasten.

Elektrizität

Elektrizität ist die am vielfältigsten einsetzbare Energie. Sie kann direkt Arbeit verrichten (Elektrogeräte), für Kühlung, Wärmeerzeugung und Beleuchtung sorgen.

Sie wird in der Bundesrepublik etwa zur Hälfte aus Stein- und Braunkohle, zu einem guten Drittel aus Kernenergie, sowie aus Erdgas, aus Wasserkraft und aus Heizöl und Müll erzeugt.

Bei der Erzeugung von Strom in Wärmekraftwerken, also in Kraftwerken, die mit Kohle, Gas oder Kernkraft betrieben werden, geht ein großer Teil der eingesetzten Energie durch Abgase, Abwärme und Hochspannungsleitungen verloren. Nur etwa ein Drittel kommt beim Verbraucher an (Abb. 5). Strom sollte also unter energiesparenden Gesichtspunkten nur dort eingesetzt werden, wo es unbedingt nötig ist.

Die Kraftwerkskapazität wird so geplant, daß auch der Spitzenbedarf, der im Winter zwischen 11.00 und 14.00 sowie 17.00 und 19.00 Uhr auftritt, noch gedeckt werden kann. Da die mit Brennstoffen betriebenen Kraftwerke nicht für häufiges An- und Abschalten geeignet sind, entstehen zu bestimmten Zeiten, vor allem nachts, Überkapazitäten, die durch verbilligte Stromtarife abgebaut werden sollen. Energiesparende Maßnahmen sollten darauf abzielen, den Spitzenbedarf der Kraftwerke nicht weiter zu steigern. Alle stromfressenden Haushaltsgeräte sollten daher möglichst nicht zu den Spitzenbedarfszeiten benutzt werden (Elektroherde, Waschmaschine, Trockner, Geschirrspüler).

Umweltbelastung

Grundsätzlich gilt, daß eine Reduzierung des Energieverbrauchs die Schadstoffbelastung wesentlich senken kann.

5 *Stromerzeugung in einem Wärmekraftwerk.*

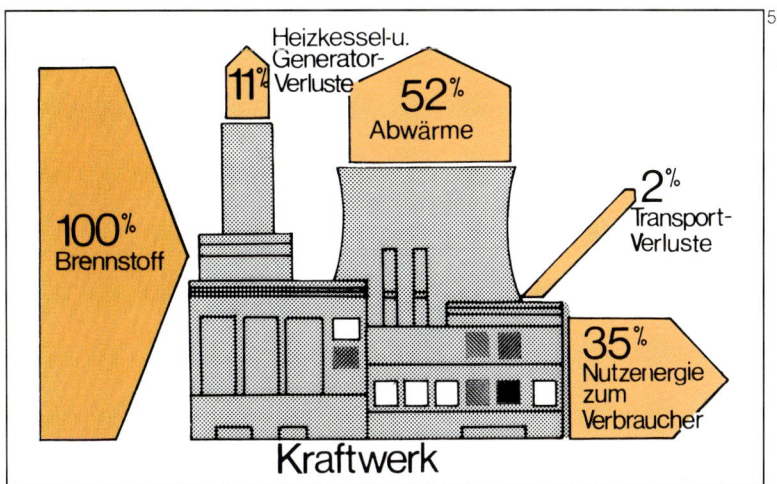

Im übrigen hängt die Umweltbelastung wesentlich von der genutzten Energiequelle ab. Sie ist für die verschiedenen Heiz- und Warmwasserbereitungssysteme sehr unterschiedlich. Keine Schadstoffe produzieren alle Systeme, die die Sonnenwärme passiv sowie die Windenergie und die Wasserkraft nutzen. Wird zur Nutzung der Sonnenenergie zusätzliche Hilfsenergie benötigt, so richtet sich die Umweltbelastung nach dieser Zusatzenergie.

Bei der Verfeuerung im Haushalt gibt Kohle wesentlich mehr Schadstoffe an die Umwelt ab als Heizöl und Gas (siehe nebenstehende Tabelle). Eine Gasheizung ist das umweltfreundlichste Heizungssystem. Strom gilt als besonders saubere Energie. Das trifft jedoch nur auf den Haushalt zu, weil hier bei der Verwendung keine Schadstoffe anfallen. Da aber ein großer Teil des Stroms aus Kohle hergestellt wird und der Brennstoff nur zu einem guten Drittel in Strom umgewandelt wird, ist die Schadstoffbilanz wesentlich ungünstiger als bei einer konventionellen Ölheizung (Abb. 6). Das gilt für elektrische Warmwasserbereiter und Elektrowärmepumpen. Eine Wärmepumpe kann zwar die eingesetzte Energie etwas besser ausnutzen als eine Ölheizung (siehe Seite 419, Abb. 9), doch ist auch hier die Schadstoffbelastung wesentlich höher. Auch die Stromerzeugung durch Kernkraftwerke hat erhebliche Umweltbelastungen zur Folge (siehe Seite 390).

Energieverbrauch

Lange Zeit galt ein Wachstum des Energieverbrauchs als Zeichen wirtschaftlichen und sozialen Fortschritts. Da aber allmählich sichtbar wird, daß die meistverwendeten Energieträger wie Erdöl und Erdgas in absehbarer Zeit ausgebeutet sind, und sie nicht von heute auf morgen ersetzt werden können, wird das Bemühen stärker, sparsam mit den Rohstoffen umzugehen und die Verwendung dauerhafter Energiequellen zu fördern. Jeder Bundesbürger verbraucht ein Vielfaches mehr Energie als ein Bür-

ger eines Entwicklungslandes und mehr als Bürger anderer europäischer Staaten. Würde jeder Mensch auf der Erde soviel Energie verbrauchen, wären die Vorräte bereits in wenigen Jahren erschöpft.

Der größte Teil des Gesamtenergieverbrauchs der Bundesrepublik, nämlich etwa 46%, geht auf das Konto von Haushalten und Kleinverbrauchern. Ca. 80% davon entfallen auf die Heizung, etwa 10% auf die Warmwasserbereitung, 8% auf Elektrogeräte und 2% auf Be-

leuchtung. Da es sich hier um Durchschnittswerte handelt, können die Anteile im Einzelfall höher, aber auch wesentlich niedriger liegen (Abb. 7). Wie das Haus die Heizwärme wieder an die Umwelt abgibt, ist in Abb. 8 dargestellt.

Energie sparen

Energie sparen bedeutet nicht nur, den Energieverbrauch im Haushalt zu sen-

Das geht in die Luft					
	OV	Staub	SO_2	NO_x	CO
Steinkohle	250	250	500	100	6500
Steinkohlenbriketts	500	250	500	50	10000
Steinkohlenkoks	20	100	550	100	7000
Braunkohlenbriketts	150	350	230	50	7000
übrige feste Brennstoffe, Holz	150	350	5	50	7000
Heizöl S	8	30	490	180	10
Heizöl EL	12	2	130	50	50
Gas	2	0,1	1	50	50

Mittlere Schadstoffemission in kg pro Terajoule erzeugter Energie (entspricht etwa 280 000 kWh).

OV: Organische Verbindungen. Verschiedene Kohlenstoff-Wasserstoff-Verbindungen, die zum Teil ungefährlich, zum Teil jedoch erheblich gesundheitsschädigend sind.

SO_2: Schwefeldioxyd. Es verbindet sich mit Wasser zu schwefliger Säure und führt zu schwerwiegenden Umweltschäden wie Waldsterben.

NO_x: Stickoxyde. Sie gehören ebenfalls zu den Hauptverursachern des Waldsterbens.

CO: Kohlenmonoxyd. Das geruchlose Gas führt bei Einatmung zur Beeinträchtigung der Sauerstoffversorgung des Körpers, in höherer Konzentration auch zur Lahmlegung.

391

ken. Energie sparen heißt auch, bei der Wahl der Energiequellen berücksichtigen, daß die Erzeugung von Strom in Kraftwerken und der Transport zum Endverbraucher unvermeidlich mit einem gewaltigen Verlust an Primärenergie verbunden ist und die Stromerzeugung die Umwelt erheblich belastet (siehe auch Seite 390). So kann man durch ein so umfassend verstandenes Energiesparen kurz- und langfristig Geld einsparen sowie zum sparsamen Umgang mit den begrenzten Vorräten an fossiler Energie und zur Schonung unserer natürlichen Lebensgrundlagen beitragen.

Mensch, Wärme, Behaglichkeit

Eine Wohnung soll vor Hitze, Kälte und Nässe schützen und die Bedürfnisse des Menschen nach Ruhe und Entspannung befriedigen. Neben Faktoren wie Größe, Zimmeraufteilung, Lärmbelastung, Luftfeuchtigkeit und Staubbildung spielt die Wärme in unseren Breitengraden eine zentrale Rolle hinsichtlich der Behaglichkeit.

Wärme kann auf verschiedene Weise übertragen und somit empfunden werden. Welches Heizungssystem die Wärme erzeugt, die vom Menschen am behaglichsten empfunden wird, ist umstritten. Die Meinung, man brauche nur für bestimmte Lufttemperaturen zu sorgen und die Behaglichkeit stelle sich automatisch ein, wird weitgehend nicht mehr vertreten.

Wärmehaushalt des Menschen (»erste Haut«): Der gesunde menschliche Körper hat eine nahezu konstante Temperatur von etwa 36,5 °C. Diese Wärme wird durch die Verbrennung von Nahrung aufrechterhalten.

Wäre der Körper nicht in der Lage, Wärme abzugeben, so würde bald eine Überhitzung eintreten. Eine gewisse Entwärmung des Körpers ist notwendig. Ist diese Entwärmung zu groß, so friert man, ist sie zu gering, so fängt man an zu schwitzen.

Kleidung (»zweite Haut«): Die Kleidung hat die Aufgabe, den Körper bei der Temperaturregulierung zu unterstützen. Sie schützt den Körper nicht nur vor Kälte, sondern auch vor Hitze. Zwischen der Hautoberfläche und den verschiedenen Kleidungsstücken bilden sich Luftschichten, die wie Dämmschichten wirken.

Die Kleidung soll scheinbar gegensätzliche Funktionen erfüllen: Einerseits soll sie das Entstehen wärmender Luftschichten ermöglichen, also insbesondere vor Wind und Regen schützen. Andererseits soll sie den Luftaustausch zulassen, damit man nicht in der Kleidung schwitzt und so von innen naß wird. Aus diesem Grund sind luftdichte Kleidungsstücke wie Gummimäntel und -stiefel unangenehm zu tragen.

Räume (»dritte Haut«): Die Räume, in denen der Mensch lebt, betrachten wir als seine dritte Haut. Die Räume haben in bezug auf die Temperaturregelung und das Wohnklima Funktionen zu erfüllen, die denen der Kleidung entsprechen.

Die Lufttemperatur allein ist nicht ausschlaggebend für die Behaglichkeit. Der Mensch kann sich bei sehr niedrigen Lufttemperaturen wohl fühlen, wenn er genügend Strahlungswärme empfängt, z.B. bei einem Sonnenbad im Winter. Hohe Lufttemperaturen verringern nicht die Gesamtwärmeabgabe des Menschen; sie erfolgt nur zu einem größeren Teil durch Verdunstung, d.h. Schwitzen (Abb. 9).

Eine wesentliche Rolle für die Behaglichkeit spielen die Materialien, aus denen Wände, Decken, Fußböden, Fenster und Türen bestehen, und der Anteil der Strahlungswärme. Sind die Oberflächentemperaturen der Raumumschließungsflächen niedrig, so steigt die Wärmeabstrahlung des Menschen an; man empfindet auch bei relativ hohen Lufttemperaturen, daß einem Wärme entzogen wird. Die Wärme, die der Mensch empfindet, ist etwa das Mittel zwischen Lufttemperatur und der Temperatur der Raumumschließungsflächen. Bei einer Oberflächentemperatur von 14 °C und einer Lufttemperatur von 22 °C wird eine Temperatur von 18 °C empfunden. Läßt sich die Oberflächentemperatur erhöhen, so kann die Lufttemperatur gesenkt werden, ohne daß sich an dem Temperaturgefühl des Menschen etwas ändert (Abb. 9). Zugleich führt die Senkung der Lufttemperatur zu einer erheblichen Energieeinsparung, denn wenn die Raumlufttemperatur um etwa 1 °C gesenkt wird, führt das zu einer Heizenergieersparnis von etwa 5%.

Möglich ist die Erhöhung der Oberflächentemperatur durch Auswahl von Baustoffen mit niedriger Wärmeleitfähig-

6 *Schadstoffbelastung von elektrischen Heizsystemen im Vergleich zu einer konventionellen älteren Ölheizung in Prozenten. Nur langfristig kann durch Entstickung und Entschwefelung die Schadstoffbelastung gesenkt werden (Quelle: test 2/1985).*

7 *Durchschnittlicher Energieverbrauch eines Haushalts.*

8 *Mittlere Heizwärmeverluste eines Gebäudes.*
Heizungsverluste 10–30%
Dach 10–20%
Lüftung 10–20%
Fenster 20–40%
Wände 20–50%
Keller 10–15%.

keit, Einbau von Doppelfenstern, Wärmedämmaßnahmen (Abb. 12), Wandverkleidungen, Benutzen von Rolläden und dicken Vorhängen. Auch Windschutzmaßnahmen und Fassadenbewuchs verhindern die Auskühlung und bewirken höhere Oberflächentemperaturen der Innenwände.

Da Strahlungswärme von Menschen als sehr angenehm empfunden wird, können die Lufttemperaturen auch dann niedriger gehalten werden, wenn eine Heizung mit hohem Strahlungsanteil für die Wärmeerzeugung sorgt, z.B. Kachelöfen, gemauerte Öfen, aber auch eine Fußbodenheizung, in geringem Maße Radiatoren.

Die Wärmeverluste des Menschen über die Wärmeleitung sind zwar gering, doch können sie sehr unangenehm sein, vor allem an den Füßen. Eine Erhöhung der Raumtemperatur hat auf diese Wärmeverluste nur wenig Auswirkungen. Zwischen einem Körperteil, in diesem Fall dem Fuß, und dem Fußboden bildet sich bei längerer Berührung eine konstante Temperatur, die Kontakttemperatur genannt wird. Je größer die Wärmeleitfähigkeit des Materials, desto niedriger ist die Kontakttemperatur und desto höher sind die Wärmeverluste. Von großer Bedeutung ist daher die Auswahl von Fußbodenbelägen und anderer Materialien, mit denen der Mensch ständig in Berührung ist; sie sollen dem Körper nur wenig Wärme entziehen. Wolle, Filz, Kork, Holz fühlen

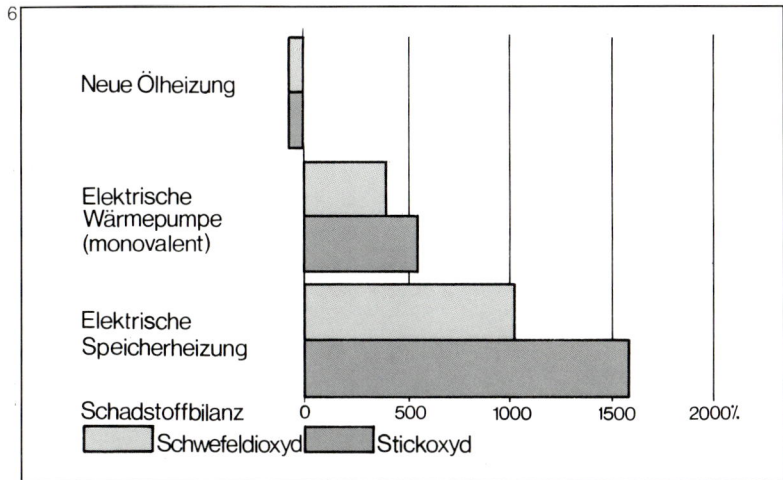

Schadstoffbilanz
Neue Ölheizung / Elektrische Wärmepumpe (monovalent) / Elektrische Speicherheizung

Schwefeldioxyd Stickoxyd

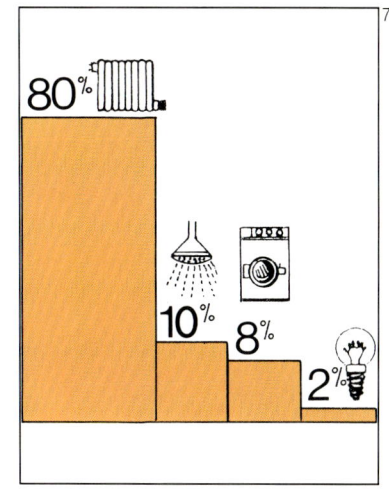

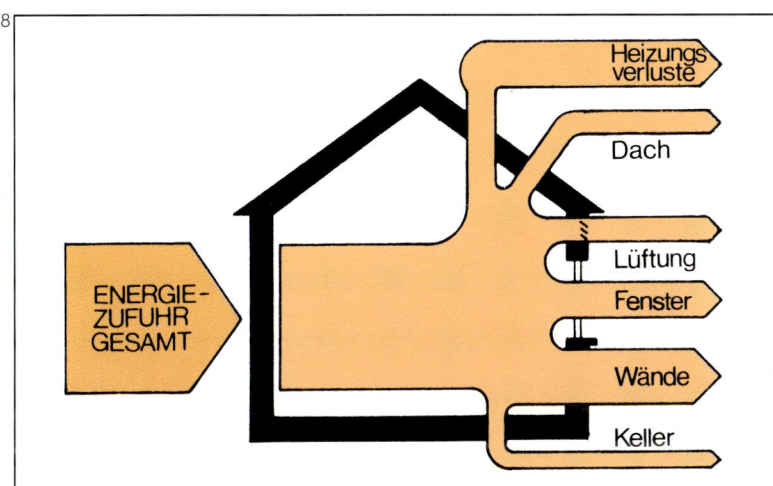

ENERGIE-ZUFUHR GESAMT — Heizungsverluste / Dach / Lüftung / Fenster / Wände / Keller

sich im Unterschied zu Beton, Glas und Metall warm an, auch wenn sie sich im gleichen Raum befinden und nicht wärmer sind als die anderen Materialien.

Sparmaßnahmen durch Nutzverhalten: Je nach Alter, Gesundheit und Tätigkeit fühlen sich Menschen bei unterschiedlichen Temperaturen wohl. In vielen Fällen jedoch hat man sich an viel zu hohe Raumtemperaturen gewöhnt. Kann diese Temperatur um 4 °C gesenkt werden, so bewirkt das bereits eine Energieeinsparung von über 20%. Wird nur dort geheizt, wo es auch nötig ist, und werden unterschiedlich genutzte Räume wie Küche, Wohnzimmer und Schlafzimmer unterschiedlich beheizt, ist eine weitere erhebliche Einsparung möglich. Eine Absenkung der Raumlufttempera-

tur in der Nacht um etwa 5 °C hilft weitere 10% Heizkosten einsparen. Man sollte die Regelung der menschlichen Körpertemperatur nicht allein dem Heizungssystem überlassen. Warme Socken und Wollpullover sparen mehr Energie als viele aufwendige Maßnahmen.

Natürlicher Wärmeschutz

Da der Wärmeverlust eines Gebäudes mit dem Unterschied zwischen Innen- und Außentemperatur zunimmt, führt eine Erhöhung der Außentemperatur zu geringerem Heizenergieverbrauch. Die Vorstellung, man könne die unmittelbar am Haus herrschende Außentemperatur nicht beeinflussen, ist falsch. Das um das Haus herum herrschende Kleinkli-

ma kann vom Menschen durch natürliche Schutzmaßnahmen wärmer gestaltet werden, insbesondere durch Bepflanzungen am oder in der Nähe des Gebäudes. Diese Maßnahmen nutzen vor allem die Sonne und halten den Wind ab. Sie haben auch im Sommer positive Auswirkungen auf die Nutzung von Gebäuden und Außenräumen.

Windschutz (Abb. 10): Der Wärmeverlust durch Wind ist am gesamten Wärmeverlust eines Gebäudes erheblich beteiligt. Windschutzmaßnahmen gehören daher seit Jahrhunderten zum Grundwissen der Architektur.

Die Wärmeabgabe von der Außenwand an die Luft steigt proportional zur Windgeschwindigkeit. Bepflanzungen mit Hecken, Sträuchern oder Bäumen bremsen den Wind oder lenken ihn ab. Dadurch wird der Wärmeverlust erheblich reduziert. Auch blattwerfende Bepflanzungen haben bei dichtem Geäst noch windschützende Wirkung.

Die Temperaturen liegen bei Wind in geschützten Lagen um 2 bis 3 Grad höher als im freien Gelände, an sonnigen Tagen sogar noch wesentlich darüber. Auch bei Windstille herrschen in der Nähe von Hecken und Sträuchern höhere Temperaturen.

Daneben bietet der Windschutz auch Schutz vor mechanischer Zerstörung, Schlagregen sowie Sog- und Wirbelbildungen. Der Außenraum ist besser und länger nutzbar.

Darüber hinaus führen die Erhöhung der Luftfeuchtigkeit, höhere Temperaturen und der Schutz des Erdreichs vor

393

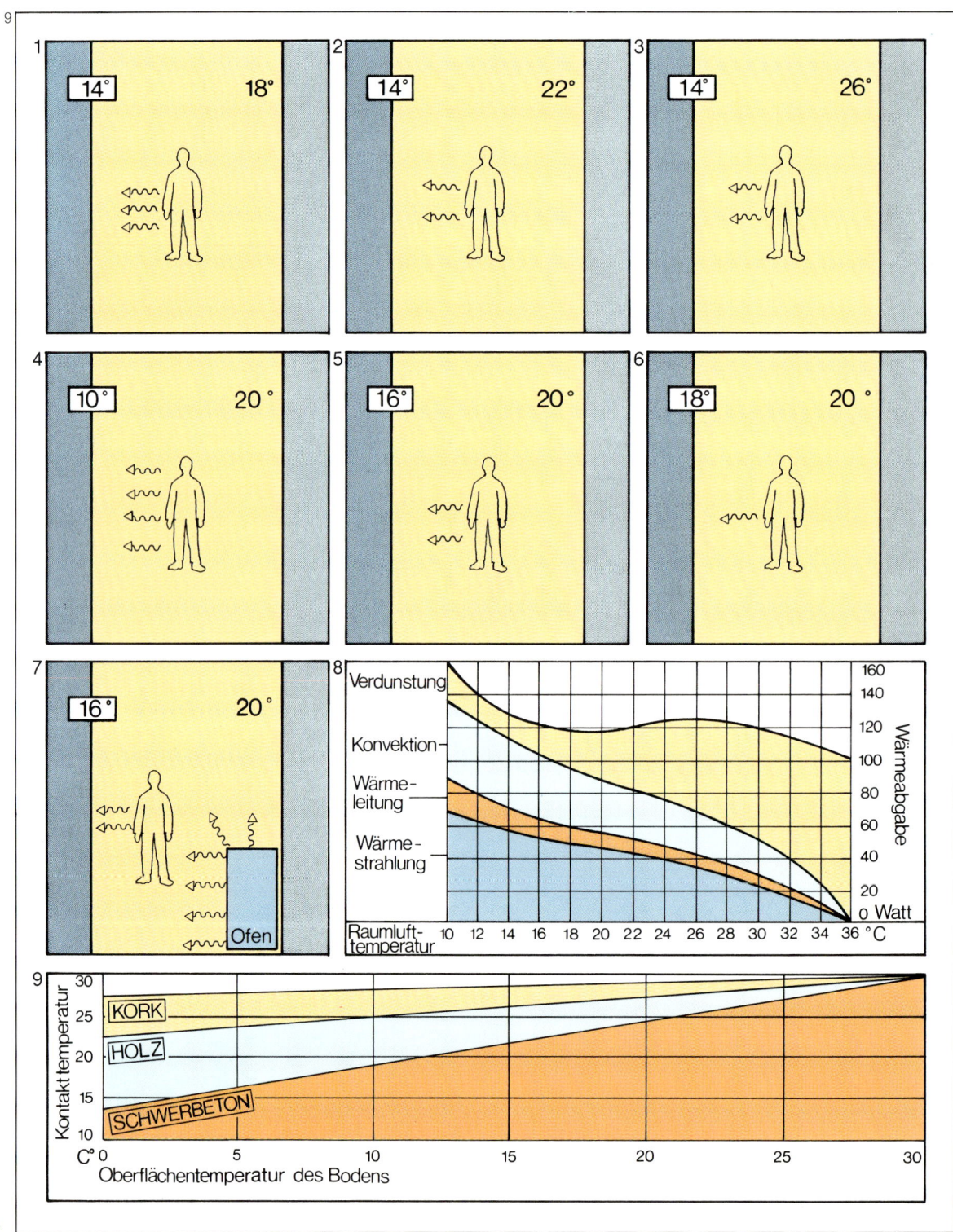

9 *Mensch, Wärme, Behaglichkeit:*
  1–3 Behaglichkeit und Wärmebedarf bei schlecht wärmedämmenden Wänden
  1 Raum wird als kalt empfunden, mittlerer Wärmeverbrauch
  2 Frösteln in Wandnähe, höherer Wärmeverbrauch
  3 Insgesamt warm, aber nicht behaglich, da Raumluft zu warm, sehr hoher Wärmeverbrauch
  4–7 Behaglichkeit und Wärmeverbrauch bei relativ niedrigen Lufttemperaturen
  4 Raum wird als kalt empfunden, hoher Heizwärmeverbrauch
  5 Frösteln in Wandnähe, mittlerer Heizwärmeverbrauch
  6 Behagliches Raumklima, niedriger Wärmeverbrauch
  7 Behaglich in der Nähe einer Wärmequelle, mittlerer Heizwärmeverbrauch
  8 Die Wärmeabgabe eines sitzenden bekleideten Menschen bei unterschiedlichen Raumlufttemperaturen
  9 Fußwarme und fußkalte Bodenbeläge.

10 *Windschutz und Auswirkungen auf den Wärmeverlust von Gebäuden:*
  1 Niedrige Außentemperaturen und Wirbelbildungen erhöhen den Wärmeverlust von Außenwänden.
  2 Windschutzpflanzungen bremsen den Wind ab und ermöglichen wesentlich höhere Außentemperaturen, vor allem bei Sonnenschein.
  3 Mögliche Wärmeverluste über die Außenflächen eines Gebäudes bei freier, geschützter und exponierter Lage.

Erosion zu Ertragssteigerungen im Garten. Außerdem schaffen Windschutzpflanzungen Lebensräume für Vögel, die Schadinsekten vertilgen. Bei der Anlage von Windschutzpflanzungen sollte man auf die Hauptwindrichtungen in der kälteren Jahreszeit achten. Die Sonneneinstrahlung im Winter auf Südwände und Fenster darf nicht behindert werden. Günstig ist hier also das Pflanzen von Laubbäumen, die im Sommer Schatten spenden und somit eine Überhitzung der Räume verhindern, im Win-

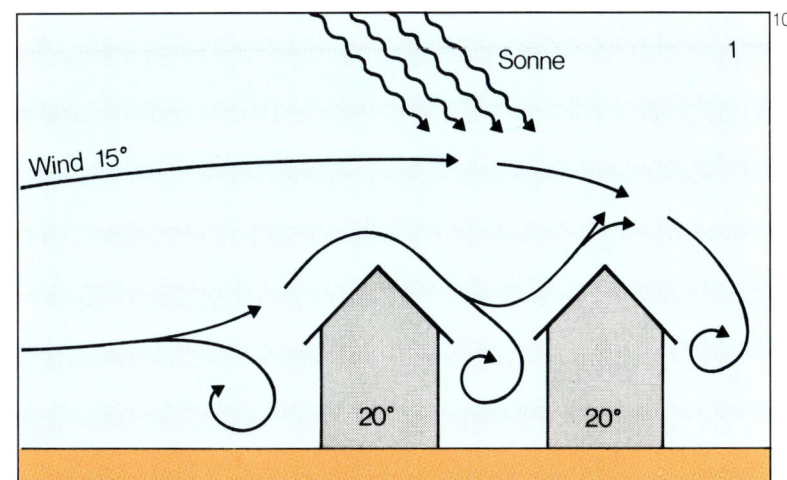

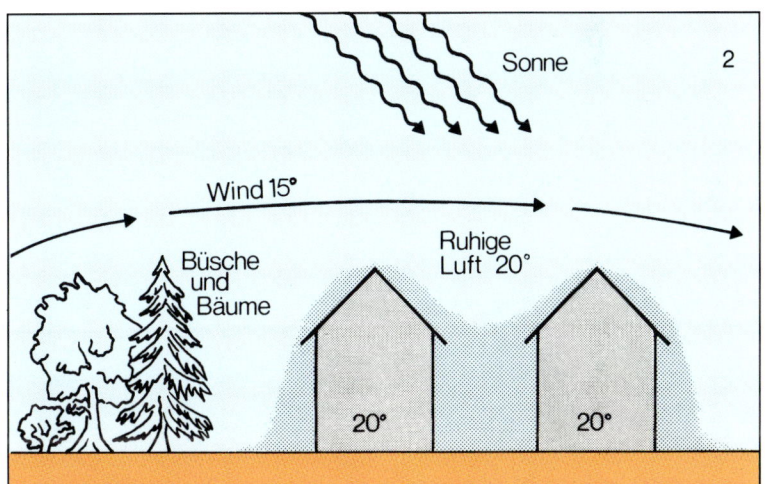

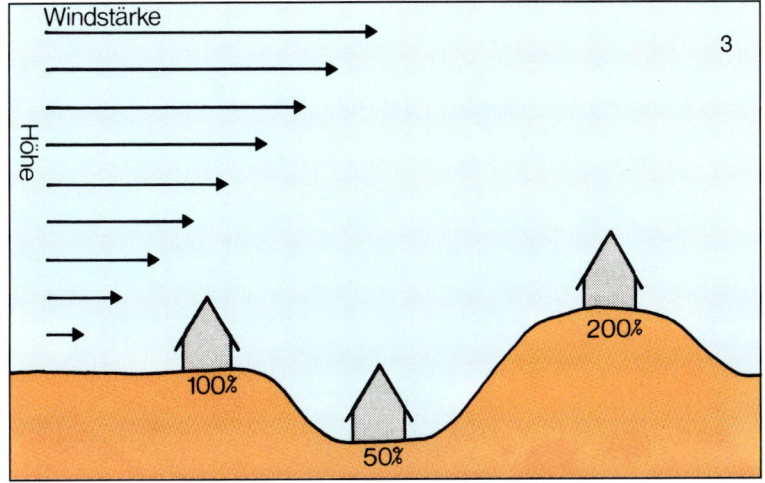

ter aber die Sonnenstrahlung und die damit verbundenen Wärmegewinne nicht behindern.

Fassadenbegrünung: Zwischen Blattwerk und Wand bildet sich ein Luftpolster, das wie eine Wärmedämmschicht wirkt. Das Regenwasser tropft auf den sich überlappenden Blättern ab, dadurch wird der Wärmeentzug in Form von Verdunstungskälte verringert. Auf diese Weise kann der Heizwärmeverbrauch um 5% gesenkt werden, in ungünstigen Hauslagen sogar noch wesentlich mehr.

Hausmauern geben nicht nur Wärme ab, vor allem die Südwände speichern auch Sonnenwärme, so daß in der Übergangszeit eine Beheizung der Räume überflüssig ist und im Winter der Wärmeverbrauch reduziert wird. Deshalb sollte zur Südseite hin blattwerfender Bewuchs gewählt werden, z. B. Obstspalier, an Außenflächen, die nicht oder nur wenig von der Sonne beschienen werden, jedoch immergrüner Bewuchs wie z. B. Efeu. Dient die Fassadenbegrünung im Winter als Wärmeschutz, so wirkt sie im Sommer kühlend, denn sie läßt die Hitze nicht ins Haus eindringen. Zusätzlich wird die Luft mit Sauerstoff angereichert und durch die Blattoberflächen von Staubpartikeln gereinigt. Fassadenbewuchs bietet Lebensraum für Vögel, die eine Vermehrung von Kleintieren verhindern. Der Außenputz wird vor Feuchtigkeit und hohen Temperaturschwankungen geschützt. Nur dort, wo die Putzoberfläche schon stark geschädigt ist, kann es passieren, daß die Haftwurzeln mancher Selbstkletterer in Risse eindringen und diese vergrößern.

Kletterpflanzen (Wurzelkletterer, Selbstkletterer) brauchen keine Kletterhilfen (Efeu, wilder Wein). Andere Arten müssen geführt werden. Dafür kommen Rankgerüste in Form von Draht- und Schnurverspannungen oder Lattenkonstruktionen in Frage (Seite 509).

In Spezialfragen sollte man sich an den Gärtner wenden, der am besten entscheiden kann, welche Arten für welche Standortbedingungen geeignet sind. Näheres in der auf Seite 536 angegebenen Literatur.

Dachbegrünung: Sie wirkt zwar im Sommer kühlend, doch ist die Dämmwirkung im Winter gering, weil die Erdschichten stark durchfeuchtet sind. Soll eine Dachbepflanzung also auch wärmedämmend sein, muß eine Dämmschicht unter das Erdreich verlegt werden.

Dämmen und Dichten

Alle Maßnahmen, die den Wärmedurchgang durch Bauteile verzögern (Wände, Decken, Dach usw.), werden als Dämmmaßnahmen bezeichnet. Unter Dichten werden alle Maßnahmen verstanden, die ein Entweichen von erwärmter Raumluft verhindern. Grundsätzlich ist eine Wärmedämmung nur dort sinnvoll, wo auch geheizt wird. Denn die häufig verbreitete Meinung, man könne durch Wärmedämmung das Eindringen von Kälte in das Haus verhindern, ist physikalisch gesehen falsch. Sie soll vielmehr den Wärmestrom verzögern, der bei kälteren Außentemperaturen immer von innen nach außen geht; verhindern kann sie ihn nicht. Je größer der Temperaturunterschied zwischen zwei Räumen oder Innen- und Außenluft, desto höher sind die Wärmeverluste und desto wirksamer und wirtschaftlicher ist auch eine Wärmedämmung.

Diese Maßnahmen wurden in den letzten Jahren von Industrie und staatlichen Stellen propagiert, vom Staat zum Teil auch finanziell gefördert. Dämm- und Dichtungsmaßnahmen greifen jedoch in den bestehenden Baukörper ein, so daß man sich immer vorher über die Auswirkungen im klaren sein sollte. Wirtschaftlichkeitsberechnungen sind sehr schwierig, weil viele Faktoren bei der Energieeinsparung eine Rolle spielen, z. B. Klima, verwendete Baustoffe, Heizgewohnheiten usw. Werbebroschüren gehen zum Teil von Voraussetzungen aus, die nicht zutreffen.

Zusammenhänge zwischen Wärmedurchgang, Wasserdampfdiffusion und Schalldämmung dürfen bei allen Maßnahmen auf keinen Fall vernachlässigt werden, will man sich Bauschäden und Ärger ersparen (dazu Seite 384).

Im folgenden wird grundsätzlich geklärt, wo Maßnahmen der Wärmedämmung und des Dichtens ansetzen können und was für Vorüberlegungen man anstellen sollte. Die einzelnen Dämmstoffe und Dichtungsmaterialien, ihre Eigenschaften und Bearbeitung werden im Kapitel »Dämmen, Dichten, Isolieren« dargestellt.

Außendämmung: Sie führt oft zu einer geringeren Heizkosteneinsparung, als allgemein vermutet wird. Die Außenwände sind am Wärmeverlust selbst eines frei stehenden Hauses durchschnittlich nur mit etwa 35% am Gesamtwärmeverlust beteiligt. Der Wärmeverlust durch Außenwände hängt ab von der Wärmeleitfähigkeit der verwendeten Baustoffe und von der Wandstärke. Bei Materialien mit hoher Wärmeleitfähigkeit (z. B. Beton) kann sich eine nachträgliche Dämmung durchaus lohnen, bei Baustoffen mit geringer Wärmeleitfähigkeit ist eine Wirtschaftlichkeit zumindest zweifelhaft.

Eine Außendämmung ist möglich durch Anbringen einer sog. Thermohaut oder durch eine hinterlüftete Fassade. Bei der *Thermohaut* wird der Dämmstoff auf die Wand aufgebracht, mit einer Putzarmierung versehen und mit einer dünnen Putzschicht abgedeckt (Abb. 11). Da im Sommer jedoch die Wärme nicht mehr zur Wand weitergeleitet wird, entstehen in der Putzschicht sehr hohe Temperaturen, was bei unsachgemäßer Verarbeitung zu Bauschäden führen kann. Die Putzschicht darf die Wasserdampfdiffusion von innen nach außen nicht behindern. Manche Thermohautsysteme sind schlagempfindlich und damit leicht zu beschädigen. Der Selbstbau einer Thermohaut sollte nur unter Anleitung eines Fachmannes erfolgen.

Günstiger ist das Anbringen einer *hinterlüfteten Fassade.* Zwischen Dämmschicht und Fassadenverkleidung zirkuliert Luft, deshalb ist eine Durchfeuchtung des Dämmstoffs durch Wasserdampfdiffusion ausgeschlossen. Sie eignet sich gut zum Selbstbau.

Zwar wird durch eine Außendämmung ein Entweichen der Wärme verzögert, doch können sonnenbeschienene Bauteile dann auch keine Sonnenstrahlung mehr speichern. Deshalb sollte man nur die im Winterhalbjahr nicht oder nur kurze Zeit von der Sonne beschienenen

11 1 *Hinterlüftete Fassade*
  2 *Thermohaut (1 Putz, 2 Armierung, 3 Dämmstoff, 4 Mauer)*
  3 *Kerndämmung*
  4 *Innendämmung*
  5 *Innendämmung mit Gipskartonplatten*
  6 *Innendämmung mit Randleistenfilzen und Bretterverkleidung.*

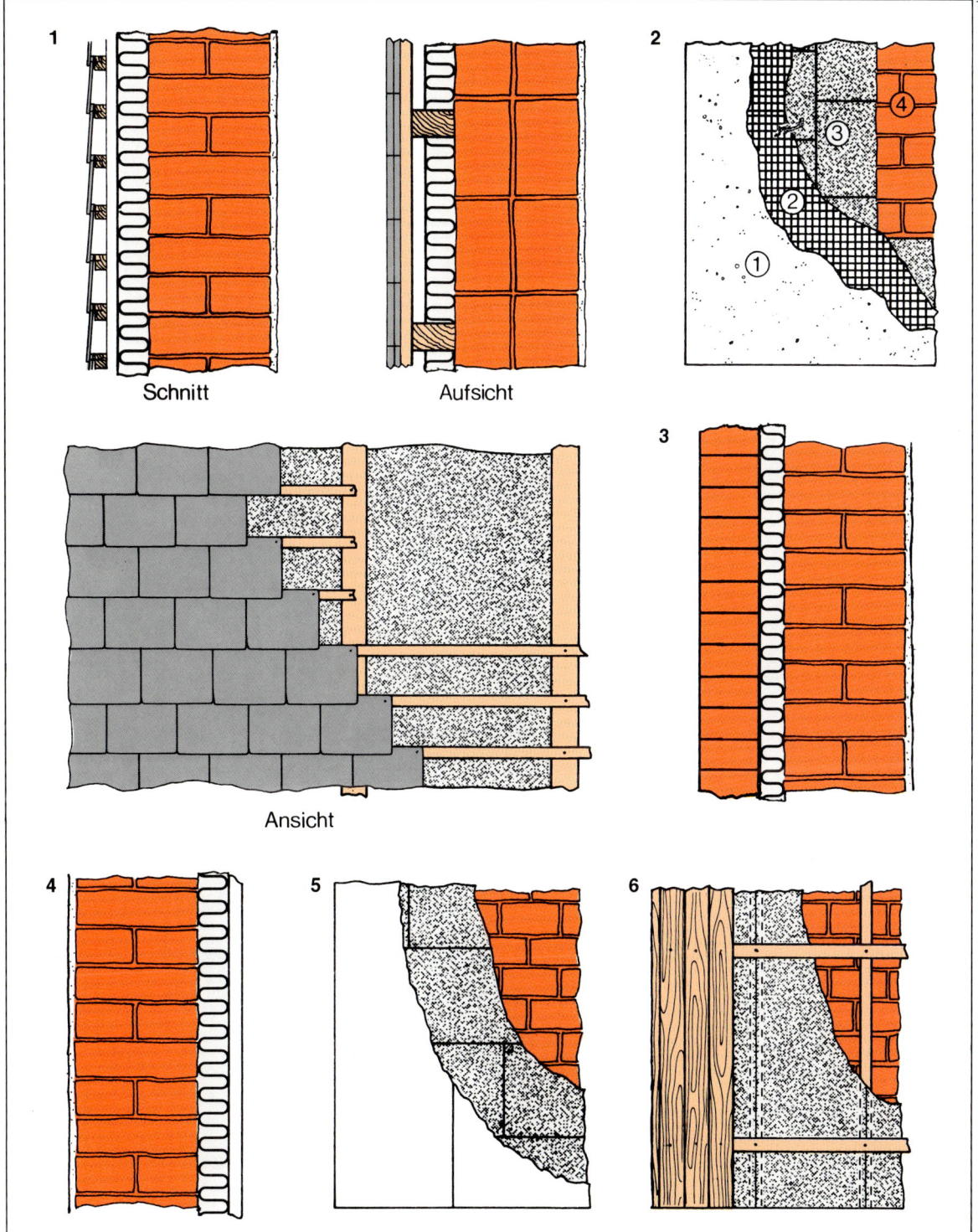

1 Schnitt Aufsicht

2

Ansicht

3

4

5

6

Seiten eines Hauses dämmen (Nord-, Nordwest-, Nordostwände). Die in den Südwänden gespeicherte Sonnenwärme kann zumindest in der Übergangszeit die Heizperiode verkürzen, aber auch im Winter den Aufwand für die Raumheizung verringern.

Unproblematisch sind bei der Außendämmung alle Dämmaterialien, die dampfdurchlässiger sind als die Wand, also einen geringeren Diffusionswiderstand haben. Bei allen Materialien mit höherem Diffusionswiderstand können Probleme auftreten, z.B. bei der Verwendung von Hartschaumplatten. Man sollte daher in diesem Fall vom Architekten eine Berechnung durchführen lassen.

Günstig an der Außendämmung ist weiter, daß die Wärmespeicherfähigkeit der Wände für die Raumwärme voll erhalten bleibt, das heißt, daß die Wände weiter temperaturregulierend für das Raumklima wirken (Abb. 12).

Innendämmung (Abb. 11): Sie bewirkt, daß in den gedämmten Wänden keine Wärme mehr gespeichert werden kann. Dadurch werden die Aufheizzeiten zwar kürzer, doch kühlen die Räume auch schnell wieder aus. Wärmebrücken (siehe unten) können durch Innendämmung nicht beseitigt werden.

Auch hier muß sich das Bauteil mit dem niedrigeren Diffusionswiderstand außen befinden, das mit dem höheren innen. Das heißt, daß eine Dämmung mit Hartschaumplatten in der Regel unproblematisch ist. Wird eine Dämmung mit niedrigerem Diffusionswiderstand innen angebracht, so kann es zur Durchfeuchtung von Dämmstoff und Mauerwerk kommen, vor allem in Räumen mit hohem Feuchtigkeitsanfall wie Küchen und Bädern. Deshalb sollte man hier eine Dampfsperre oder eine Dampfbremse anbringen, die den Feuchtigkeitsdurchgang ganz oder zum großen Teil unterbindet. Unproblematisch sind Dämmstoffe, die einen ähnlich großen Diffusionswiderstand haben wie das Mauerwerk, also zum Beispiel Kork oder Holzwolleleichtbauplatten auf Ziegelmauerwerk (siehe auch Seite 387).

Kerndämmung (Abb. 11): Bei zweischaliger Bauweise, die vor allem in Norddeutschland verbreitet ist, kann der Luftzwischenraum mit Dämmaterial gefüllt werden, z.B. mit Perlite, Styrolflocken oder Ortschaum. Die Wärmespeicherfä-

higkeit der Innenwände bleibt dadurch zwar erhalten, doch ist bei auftretenden Schäden eine Reparatur sehr aufwendig.

Wird bei einem Neubau mit zweischaligem Mauerwerk eine Belüftung zwischen Dämmstoff und Sichtmauerwerk eingeplant, so ist diese Art der Kerndämmung im Grunde wie eine hinterlüftete Fassade zu beurteilen.

Wärmebrücken: Sie sind Bauteile wie Betondecken, Balkone oder Terrassen, die die Wärme wesentlich besser nach draußen leiten als andere Bauteile. Die inneren Oberflächentemperaturen sind deshalb im Bereich von Wärmebrücken meist wesentlich niedriger; es kann daher zu Feuchtigkeitsniederschlag und Schimmel- bzw. Pilzbefall kommen. Die Schimmelbildung kann jedoch häufig auch durch Verringerung der Luftfeuchtigkeit vermieden werden (siehe Seite 360). Pilzvernichtungsmittel (Fungizide) sind giftig und bekämpfen nur die Auswirkung, nicht jedoch die Ursache. Auf die Vermeidung von Wärmebrücken sollte bei der Planung größter Wert gelegt werden, da eine nachträgliche Beseitigung schwierig bis unmöglich ist.

Eine Außendämmung beseitigt Wärmebrücken, die durch Betondecken entstehen. Mit Dämmstoff gefüllte hohe Sockelleisten aus Holz oder Kunststoff können das Problem im Fußbodenbereich lösen. Im Deckenbereich können keilförmige oder Stuckprofilen nachempfundene Hartschaumleisten Abhilfe schaffen. Eine optische Beeinträchtigung ist dabei nicht zu vermeiden.

Heizkörpernischen: Der Wärmeverlust in Heizkörpernischen von Außenwänden ist sehr hoch, da die Wandstärke hier geringer, die Temperatur jedoch wesentlich höher ist als an anderen Wandflächen.

Eine Dämmung ist in jedem Fall zu empfehlen. Ist eine nachträgliche Dämmung zu schwierig, weil Rohre und Heizkörper versetzt werden müssen, so empfehlen sich Reflexionsfolien, die zwar nur eine geringe Eigendämmung haben, jedoch die Strahlungswärme reflektieren. Bei allen Dämmaßnahmen muß darauf geachtet werden, daß zwischen Heizkörper und Wandoberfläche ein Zwischenraum von mindestens 2 cm bleibt.

Rolladenkästen: Sie sollten, falls es

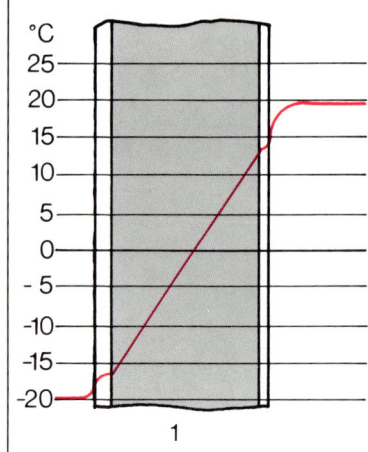

1

möglich ist, mit Dämmstoffplatten ausgekleidet werden, da auch hier der Wärmeverlust groß ist.

Laibungen: Man sollte sie sofort beim Einbau von neuen Fenstern oder Türen gut dämmen.

Das nachträgliche Anbringen von dünnen Schaumstofftapeten hat nur eine geringe Dämmwirkung.

Warmwasserrohre: Sie sollten beim Neubau nicht in Außenwände verlegt, jedoch in jedem Fall gut wärmegedämmt werden (Rohrschalen, Mineralwolle, Dämmörtel). Eine nachträgliche Dämmung von freiliegenden Leitungsrohren ist durch vorgefertigte Rohrschalen aus verschiedenen Grundmaterialien oder Mineralfaserzöpfe möglich. Sie sollten gut an den Rohren anliegen (siehe Seite 433).

Keller: Herrschen im Keller niedrige Temperaturen, ist eine Dämmung der Kellerwände gegen das Erdreich nicht sinnvoll. Bei feuchten Kellerwänden ist von einer Innenwanddämmung grundsätzlich abzuraten (Seite 381).

Der Kellerboden sollte nur dann gedämmt werden, wenn der Keller auch als beheizter Raum genutzt werden soll.

Decken oder Fußböden: Sie sollten immer dann gedämmt werden, wenn man über oder unter dem beheizten Raum keine Wärme benötigt. Wird ein Raum über einer Decke bewohnt, so kommt der größte Teil der aufsteigenden Wärme diesem Raum zugute.

Schwimmende Estriche (Seite 345) oder ein schwimmender Holzfußboden, Auf-

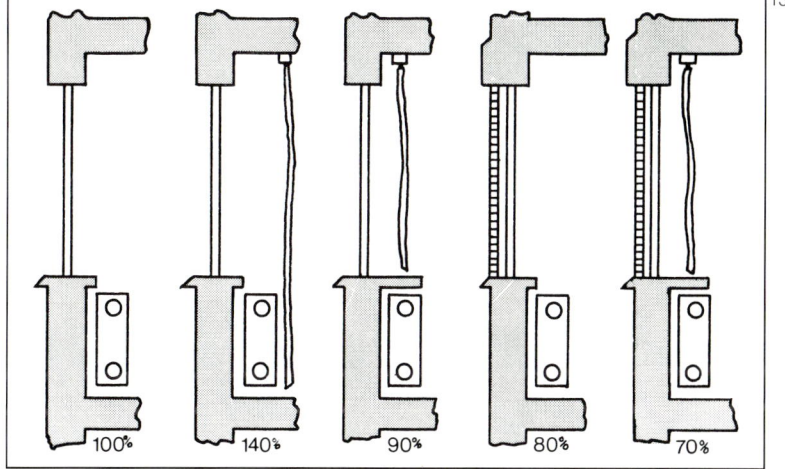

°C / °C scale diagram

2   3   4

12 *Temperaturverlauf in Außenwänden und innere Wandoberflächentemperaturen:*
   1 Ungedämmte Wand
   2 Außendämmung
   3 Innendämmung
   4 Kerndämmung.

13 *Einfluß von Rolläden und Vorhängen auf den Wärmeverlust eines Fensters.*

100%   140%   90%   80%   70%

füllen von Balkenzwischenräumen (Seite 330) oder Anbringen von dicken Dämmstoffplatten an der Decke können die Wärmeverluste begrenzen. Die Dämmung kann dabei an der warmen oder an der kalten Seite erfolgen.

Fußbodenbeläge: Da der Mensch fast ständig mit dem Fußboden in Kontakt ist, kann der Wärmeverlust durch Ableitung von Körperwärme groß sein; man bekommt kalte Füße. Betonfußböden leiten die Wärme gut, sie haben eine niedrige Kontakttemperatur (Abb. 9). Günstig sind Holzfußböden, Bodenbeläge aus Kork oder Filz, Teppiche aus Naturmaterial wie Kokos oder Wolle. Man kann durch Berühren der verschiedenen Materialien feststellen, ob sie als Bodenbelag geeignet sind: Sie fühlen sich »warm« an, obwohl sie sich im gleichen Raum befinden und die gleiche Temperatur haben wie andere Materialien. Die Kontakttemperatur bei der Berührung ist hoch, d. h., diese Materialien entziehen dem Körper nur wenig Wärme.

Dach: Es sollte gedämmt werden, wenn die unmittelbar unter dem Dach liegenden Räume beheizt werden. Eine nachträgliche Dämmung ist in jedem Fall durch Eigenleistung möglich. Soll das Dach später ausgebaut werden, so ist eine Dämmung der Dachschräge sinnvoll. Wird der Dachraum nicht genutzt, so reicht auch ein Auslegen mit Dämmstoffplatten aus (dazu Näheres auf Seite 378).

Vorhänge und Gardinen: Sie können in der Nacht die Wärmeverluste durch die Fenster wesentlich reduzieren, da sich zwischen ihnen und der Fensteroberfläche eine stehende Luftschicht bildet, die wärmedämmend wirkt. Je dicker und flauschiger die Vorhänge, desto besser ist ihre Wirkung. Vorhänge dürfen jedoch Heizkörper nicht verdecken, da sonst die Wärmeverluste zunehmen (Abb. 13). Sie sollten auch das Eindringen der Wintersonne in den Raum nicht behindern.

Läden: Sie wirken durch die Bildung einer stehenden Luftschicht dämmend, auch wenn sie nicht völlig dicht schließen. Rolläden werden aus Holz, Kunststoff und Metall angeboten, wobei Holzläden die beste Dämmwirkung erzielen. Klappläden aus Holz haben aufgrund ihrer höheren Materialstärke eine höhere Eigendämmung, wodurch die Tatsache, daß sie nicht so gut schließen, wieder ausgeglichen wird.

Spezielle Dämmläden erhalten eine Dämmstoffmittellage. Dadurch kann die Wärmedämmwirkung wesentlich verbessert werden. Mit Vorhängen und Rolläden lassen sich die Wärmeverluste durch die Fenster wesentlich verringern (Abb. 13).

Dichten von Fenstern und Türen: Vor allem bei älteren Fenstern und Türen geht viel Wärme durch Undichtigkeit verloren. Abdichtungsmaßnahmen kann jeder selbst durchführen, und sie amortisieren sich in kurzer Zeit (Seite 99). Abdichtungen sind jedoch nicht in jedem Fall zu empfehlen (siehe S. 471).

Verglasung und Rahmenmaterial: Ihr Einfluß auf die Wärmedämmung ist ab Seite 467 dargestellt.

Türen: Sie werden aus verschiedenen Materialien, mit und ohne Dämmstoffeinlage hergestellt. Die Verwendung von Glastüren als Außentüren sollte vermieden werden.

Windfänge können zur Energieersparnis beitragen, weil sie wie ein Wärme-Kälte-Puffer wirken.

Lüften: Energieverschwendend ist eine Dauerlüftung mit gekippten Fenstern. Empfehlenswert ist die Stoßlüftung, wobei Fenster, möglichst beide Türen, für 5 bis 10 Minuten ganz geöffnet werden. Da die Wärmespeicherfähigkeit von Luft gering ist, geht bei der Lüftung nur relativ wenig Wärme verloren. In 1000 m³ Luft ist nur etwa soviel Wärme gespeichert wie in 1 m³ Ziegelsteinmauerwerk.

Verbesserte Wärmeerzeugung und -verteilung

Die durchschnittlichen Energieverluste durch die Wärmeerzeugung können mit etwa 10 bis 30% angenommen werden. Wird die Wärme direkt am Ort des Verbrauchs erzeugt, sind die Wärmeverluste gleichzusetzen mit der Wärme, die mit den Abgasen durch den Schornstein entweicht. Bei Zentralheizungsanlagen kommen noch Verluste hinzu, die durch die Auskühlung des Heizkessels und die Verteilung der Wärme durch die Leitungsrohre entstehen.

Abgasverluste: Sie können nicht beliebig reduziert werden. Bei älteren Häusern ist der Schornsteinquerschnitt so ausgelegt, daß die Abgase von mehreren Einzelöfen abgeführt werden können. Eine Begrenzung der Abgasverluste ist hier nur möglich durch die Feuerungsregulierung. Energiesparend ist ein gleichmäßiges, nicht zu schnelles Aufheizen, sonst wird die Oberfläche

des Wärmeerzeugers zu heiß, und die heißen Abgase entweichen durch den Schornstein. Da Luft ein schlechter Wärmeleiter ist, sind einer schnellen Wärmeübertragung an die Raumluft Grenzen gesetzt.

Für moderne Zentralheizungsanlagen sind ältere Schornsteinquerschnitte meist zu groß. Dadurch muß die Abgastemperatur hoch gehalten werden, weil sich sonst Bestandteile der Abgase, vor allem Schwefeldioxyd, mit dem in den Abgasen vorhandenen Wasserdampf zu Säuren verbinden und an den Schornsteinwänden kondensieren. Das führt zur Zerstörung des Mauerwerks (Versottung des Kamins). Eine Abhilfe kann der Einbau von Schamotte- oder Edelstahlrohren schaffen, die den Querschnitt verkleinern und durch eine Wärmedämmung eine zu schnelle Auskühlung der Abgase verhindern (siehe Seite 331).

Die Abgastemperatur kann gesenkt werden durch eine Reduzierung des Brennstoffdurchsatzes oder den Einbau einer kleineren Brennerdüse.

Eine zu hohe Abgastemperatur kann jedoch auch auftreten durch die Verrußung der Kesselwände, weil dadurch die Wärmeübertragung behindert wird. Die Kesselwände sollten daher regelmäßig von Rußablagerungen befreit werden (siehe Seite 415). Eine ständige Kontrolle ist durch ein Abgasthermometer möglich (siehe Seite 415).

Bereitschaftsverluste, Stillstandsverluste: Sie treten auf, wenn der Brenner nicht in Betrieb ist. Der Heizkessel gibt Wärme an den Heizungsraum ab und kühlt von innen durch den Luftzug über den Schornstein aus.

Der Wärmeverlust an den Heizraum ist abhängig von der Kesselkonstruktion (Wärmedämmung) und der Temperatur des Heizwassers (Kesseltemperatur). Je niedriger die Kesseltemperatur, desto geringer sind auch die Verluste. Die Kesseltemperatur darf aber bei herkömmlichen Heizkesseln nicht unter 65 °C sinken, weil sonst säurehaltige Abgase kondensieren und zur Zerstörung des Brennraums führen können. Moderne Niedertemperaturkessel lösen dieses Problem durch die Verwendung höherwertiger Materialien (siehe Seite 412).

Ist der Kessel zu groß ausgelegt, so erbringt er auch bei sehr niedriger Außen-

temperatur noch zuviel Leistung, erzeugt er mehr Wärme, als momentan gebraucht wird. Sie wird im Kessel praktisch auf Vorrat gespeichert und geht daher teilweise verloren. Deshalb arbeiten die Heizkessel meist bei Spitzenbelastung mit dem besten Wirkungsgrad. Eine richtige Dimensionierung des Heizkessels kann daher die Wärmeverluste spürbar verringern.

Eine Verringerung der Bereitschaftsverluste ist auch möglich durch eine sinnvolle Kombination mit Einzelheizung. Ein Ofen kann dann die Wärmeerzeugung übernehmen, wenn nur wenig Wärme gebraucht wird und daher die Zentralheizung unwirtschaftlich arbeiten würde, z.B. an kalten Sommertagen oder in der Übergangszeit. Wird auch der Spitzenbedarf, der nur wenige Tage im Jahr auftritt, durch die Einzelheizung gedeckt, kann dadurch auch der Heizkessel kleiner ausgelegt werden (siehe Seite 424). Bei einem nachträglichen Anschluß eines Einzelofens an den gleichen Schornstein muß jedoch der Schornsteinfegermeister befragt werden.

Verteilungsverluste, Transportverluste: Sie entstehen bei der Verteilung, also beim Transport der erzeugten Wärme zum Ort des Verbrauchs in den Rohrleitungen. Um den Verlust möglichst niedrig zu halten, sollte die Vorlauftemperatur möglichst niedrig sein. Eine Regelung ist möglich durch Handeinstellung oder durch einen Außentemperaturfühler (siehe Seite 414). Die Rohre müssen außerdem gut wärmegedämmt werden (siehe Seite 433).

Bei der Planung sollte darauf Wert gelegt werden, daß das Rohrsystem möglichst kurz gehalten wird und daß warmwasserführende Rohre nicht in Außenwände verlegt werden.

Die Wärmeabgabe der Heizkörper sollte genau auf den Verbrauch abgestimmt werden. Thermostatventile berücksichtigen auch Wärmegewinne durch die Sonne, durch Haushaltsgeräte und Körperwärme und verhindern somit eine Überheizung der Räume (Seite 414).

Befindet sich Luft in Heizkörpern, was sich durch ein gluckerndes Geräusch und eine schlechte Raumerwärmung bemerkbar macht, müssen sie entlüftet werden, weil die Wärmeübertragung dadurch beeinträchtigt wird (siehe Seite 416).

Bei manchen Heizkörpertypen ist eine Verkleidung erwünscht (z. B. Konvektoren, siehe Seite 412), bei manchen jedoch kann die Wärmeabgabe beeinträchtigt werden, was dann zu einer höheren Temperatur hinter der Verkleidung führt. Dadurch steigen die Wärmeverluste über die Heizkörpernischen an. Auf keinen Fall sollten Heizkörper mit Vorhängen verdeckt werden (siehe Seite 399).

Kesselerneuerung: Moderne Heizkessel, Niedertemperaturkessel und Brennwertkessel nutzen die eingesetzte Energie wesentlich besser aus als ältere. Es sollte daher überlegt werden, ob sich ein Austausch des alten Kessels nicht auch dann lohnt, wenn er noch funktionsfähig ist (siehe Seite 407, Abb. 2). Vor dem Kauf eines neuen Kessels sollte jedoch abgeschätzt werden, ob nicht weitere Energieeinsparungsmaßnahmen durchgeführt werden sollten. Denn dadurch verringert sich der Wärmebedarf, und die Kesselleistung kann kleiner gewählt werden. So werden nicht nur Anschaffungskosten eingespart. Da der neue Heizkessel dem veränderten Bedarf angepaßt wird, verringern sich auch die Stillstandsverluste.

Heizkostenabrechnung: Um den Energieverbrauch von Gebäuden weiter zu verringern, wurde gesetzlich geregelt, daß sich die Abrechnung der Heiz- und Warmwasserkosten am tatsächlichen Verbrauch orientieren muß. Dadurch soll der Anreiz zum sparsamen Heizen verstärkt werden.

Warmwasser

Die Warmwasserbereitung ist mit etwa 10% am Gesamtenergieverbrauch eines Haushalts beteiligt. Da jedoch der Warmwasserverbrauch zwischen 30 und 150 Litern pro Tag und Person schwankt, ist dieser Durchschnittswert nur bedingt aussagekräftig. Einsparungen können ansetzen bei der Wassererwärmung, bei der Wasserverteilung und der Wasserentnahme.

Warmwasserbereitung: Sie kann durch Einzelgeräte erfolgen oder mit der Zentralheizung kombiniert sein (dazu Seite 420 und 424).

Speichertemperatur: Sie sollte geregelt werden können. Um unnötig hohe Abstrahlungsverluste zu vermeiden, sollte die Speichertemperatur in der Regel nicht mehr als 45 °C betragen. Dadurch

verringert sich auch die Gefahr der Kesselsteinbildung. Wird kurzfristig mehr warmes Wasser gebraucht, kann die Temperatur für kurze Zeit erhöht werden. Die benötigte Warmwassermenge kann also über die Speichertemperatur geregelt werden.

Kalkablagerungen: Wenn sie am Wärmetauscher oder an den elektrischen Heizspiralen auftreten, sollten sie vom Fachmann entfernt werden, da der Energieaufwand bereits bei einem Belag von 1 mm um etwa 10% ansteigt.

Wärmedämmung: Sie sollten gut wärmegedämmt sein. Meist kann eine Dämmung auch noch nachträglich angebracht werden. Warmwasserboiler, d. h. ungedämmte Speicher, sollten nur dort eingesetzt werden, wo das erwärmte Wasser sofort verbraucht wird. Auch die Leitungsrohre zu den Entnahmestellen sollten mit Dämmstoff umwickelt werden. Die Dämmstoffdicke sollte mindestens dem Leitungsdurchmesser entsprechen.

Zirkulationsleitungen: Sie vermeiden einen längeren Kaltwasservorlauf bei zentraler Warmwasserbereitung. Das warme Wasser wird ständig durch eine Pumpe umgewälzt, deshalb sind die Wärmeverluste sehr hoch. Durch eine Zeitschaltuhr kann die Zirkulation auf wenige Stunden am Tag beschränkt werden. Bei Ein- oder Zweifamilienhäusern sollte man möglichst ganz auf Zirkulationsleitungen verzichten.

Dusche und Bad: Ein Großteil des Warmwassers wird für das Bad verbraucht. Für ein Vollbad ist etwa dreimal soviel Warmwasser nötig wie für ein fünfminütiges Duschbad.

Mischbatterien: Sie werden ab Seite 436 beschrieben. Dort ist auch zu lesen, wie man mit ihnen Energie sparen kann.

Wassersparende Brauseköpfe: Sie begrenzen die Durchflußmenge und senken somit den Warmwasserverbrauch und die Kosten für die Warmwasserbereitung.

Spülen und Waschen unter laufendem Warmwasser:
Dies sollte man vermeiden, denn in 3 Minuten wird bereits 1 Kilowattstunde Energie verbraucht.

Tropfende Wasserhähne: Man kann sie mit geringem Zeitaufwand selbst reparieren (siehe Seite 438). Bereits ein schwach tropfender Hahn kann monat-

lich bis zu 170 Liter Warmwasser vergeuden.
Bei offenen Warmwasserbereitern (Überlaufgeräten) ist ein Tropfen des Hahnes während der Wassererwärmung unvermeidlich (siehe Seite 423).

Elektrogeräte und Beleuchtung

Haushaltsgeräte sind mit etwa 8%, die Beleuchtung ist mit etwa 2% am Energieverbrauch der Haushalte beteiligt. Da Strom jedoch nur mit großen Verlusten erzeugt werden kann, liegt der Primärenergiebedarf wesentlich höher. Einige Geräte verbrauchen so wenig Strom, daß wirksames Sparen hier nicht lohnt. Bei Großverbrauchern läßt sich jedoch mit wenigen Tricks der Energieverbrauch erheblich senken.

Kauf: Es lohnt sich immer, wenn man sich vor einem Kauf von Elektrogeräten bei der Stiftung Warentest informiert. Die Qualitätsunterschiede sind zum Teil groß, das teurere Produkt ist nicht in jedem Fall auch das bessere. Besonders achten sollte man auf den Strombedarf derjenigen Geräte, die dauernd in Betrieb sind oder sehr häufig benutzt werden, da zwischen verschiedenen Marken und Modellen starke Unterschiede bestehen. Informiert man sich über den Strombedarf eines Geräts in 24 Stunden, kann man sich selbst ausrechnen, nach welcher Zeit sich ein höherer Anschaffungspreis wegen eines niedrigeren Stromverbrauchs rentiert.

Elektroherd: Grundsätzlich gilt, daß Spezialgeräte wie Kaffeemaschine und Eierkocher weniger Energie verbrauchen als der Herd. Kleinere Mengen an Warmwasser sollten mit dem Tauchsieder oder dem Wasserkocher erhitzt werden.
Verbeulte Töpfe, die nicht vollständig auf der Herdplatte aufliegen, sind nicht für den Elektroherd geeignet. Sie verbrauchen bis zu 40% mehr Energie. Topf und Plattengröße sollten übereinstimmen, der Deckel auf dem Topf sollte nicht fehlen. Dadurch kann jeweils bis zu 30% Strom eingespart werden. Schnellkochtöpfe sparen Zeit und verbrauchen je nach Gericht etwa 30% bis 60% weniger Strom. Automatikplatten stimmen die Stromzufuhr auf den Bedarf ab, Umluftbacköfen sparen bis zu 25% Energie für Braten und Backen, weil durch erzwungenen Luftstrom die Wärme schneller an den Backraum übertragen wird.

Kühlschrank: Der Kühlschrank sollte möglichst in einem kühlen Raum aufgestellt werden, nicht neben der Heizung oder neben dem Herd. Die in den Kühlraum eindringende Wärme muß durch erhöhten Energieeinsatz wieder abtransportiert werden. Eine hitzebeständige Dämmplatte zwischen Herd und Kühlschrank kann den Stromverbrauch ein wenig senken.

Das Gerät sollte nicht zu groß gewählt werden, weil der ungenutzte Raum ständig mitgekühlt werden muß. Ist im Haushalt bereits ein Gefriergerät vorhanden, kann man auf ein Gefrierfach verzichten. Die Stromeinsparung kann dadurch bis zu 50% betragen. Eine Kühltemperatur von etwa 7 °C ist in den meisten Fällen ausreichend. Eine 2 Grad niedrigere Temperatur erhöht den Stromverbrauch bereits um etwa 15%. Auch Eisbildung im Gefrierfach erhöht den Stromverbrauch, da das Eis wie eine Dämmschicht wirkt. Deshalb sollte der Kühlschrank regelmäßig abgetaut werden, spätestens jedoch dann, wenn die Eisschicht mehr als 3 mm beträgt.

Kühl-Gefrier-Kombinationen brauchen wesentlich weniger Strom als 2 Einzelgeräte.

Gefriergeräte: Auch Gefriergeräte sollten an einem kühlen Platz aufgestellt, richtig bemessen, voll ausgenutzt und regelmäßig abgetaut werden. Gefrierschränke verbrauchen bis zu 20% mehr Energie als Truhen, da die kalte Luft schwerer ist, beim Öffnen unten herausfließt und durch wärmere ersetzt wird, die wieder abgekühlt werden muß.

Waschmaschinen und Trockner: Das Fassungsvermögen sollte immer ausgenutzt werden, da bei halb und bei ganz gefüllten Maschinen der Energieverbrauch nahezu gleich ist. Viele Wäschestücke werden auch bei niedrigeren Temperaturen sauber, vielfach kann auf eine Vorwäsche verzichtet werden. Falls es möglich ist, sollte die Wäsche an der Luft getrocknet werden, weil der Trockenvorgang beinahe genausoviel Energie verbraucht wie die Wäsche selbst. Auf jeden Fall sollte gut geschleudert werden, da eine geringere Restfeuchte den Stromverbrauch für das Trocknen stark herabsetzt.

Spülmaschine: Der Energieverbrauch einer Spülmaschine hängt im wesentlichen vom Wasserverbrauch ab, der zwischen einzelnen Fabrikaten stark variieren kann. Kurzprogramme arbeiten mit weniger Spülgängen, Schonprogramme mit geringeren Spültemperaturen, Sparprogramme sparen bei nicht voll beladenen Geräten Energie.

Beleuchtung: Die Glühlampe sollte nach dem wirklichen Bedarf ausgewählt werden. Eine 100-Watt-Lampe verbraucht um ⅔ mehr Strom als eine 60-Watt-Lampe. Ein häufiges Ein- und Ausschalten verkürzt die Lebensdauer, so daß sich ein Abschalten nur lohnt, wenn länger als 10 Minuten kein Licht gebraucht wird.

Leuchtstofflampen sind dann besonders vorteilhaft, wenn Licht über einen längeren Zeitraum zur Verfügung stehen soll. Sie verbrauchen bei gleicher Lichtausbeute etwa ⅔ weniger Strom als herkömmliche Glühlampen. Leuchtstofflampen sind auch in Formen erhältlich, die in Glühlampenfassungen passen (Seite 459, Abb. 8). Sie sollten nur abgeschaltet werden, wenn sie mindestens 15 Minuten nicht mehr gebraucht werden, da jede Schaltung die Lebensdauer um etwa 3 Stunden verkürzt. Trotzdem halten sie wesentlich länger als Glühlampen. Dafür sind sie teurer, aber sie amortisieren sich bald.

Passive Nutzung der Sonnenwärme

Die Sonnenwärme kann ohne Aufwand an Geräten oder Anlagen so genutzt werden, daß der Energieverbrauch erheblich gesenkt wird. Diese Nutzung ist zum Teil kostenlos, zum Teil erfolgt sie durch bauliche Maßnahmen, die Energieeinsparungen als Nebeneffekt erzielen.

Fenster: Sie leiten nicht nur Wärme nach draußen, sie können auch zu erheblichen Wärmegewinnen beitragen. Dazu Näheres auf Seite 467.

Fassaden: Sie können, wenn sie von der Sonne beschienen werden, während eines Tages erhebliche Wärmemengen speichern. Die gespeicherte Wärme wird über eine lange Zeit wieder abgegeben, der größte Teil davon in der Nacht. Ein Teil wandert durch die Wand nach innen, sorgt für höhere Oberflächentemperaturen und verringert somit den Wärmebedarf. Im Sommer kann eine Überhitzung der Räume durch blattwerfenden Fassadenbewuchs oder durch Obstspalier verhindert werden.

Wintergärten: Sie werden im Laufe des Tages durch die Sonne wie ein Treibhaus erwärmt. Auch eine diffuse Himmelsstrahlung, d. h. die Strahlung bei bewölktem Himmel, kann zur Erwärmung des Raums beitragen. Durch die erwärmte Pufferzone eines Wintergartens werden nachts die Wärmeverluste des angrenzenden Wohnraums reduziert.

Sonnenhäuser: Sie sind so konstruiert, daß große Glasflächen Teile der Außenmauer und des Daches ersetzen. Während des Tages sind daher besonders hohe Wärmegewinne möglich, nachts jedoch müssen diese Flächen vor allzu großen Verlusten geschützt werden.

Aktive Nutzung der Sonnenwärme

Der finanzielle Aufwand für eine aktive Nutzung der Sonnenenergie ist höher als für eine passive, weil dafür Geräte und Anlagen nötig sind. Es muß in jedem Fall Hilfsenergie eingesetzt werden, um die Umweltwärme auf ein nutzbares Niveau zu bringen, oder um längere sonnenlose Perioden überbrücken zu können.

Sonnenkollektoren: Sie eignen sich zur Warmwasserbereitung, zur Raumheizung und zur Beheizung von Schwimmbädern. Sie werden ab Seite 419 näher behandelt.

Wärmepumpen: Sie nutzen die Umweltwärme und können mit Strom oder Gas betrieben werden. Unter welchen Bedingungen sie sinnvoll eingesetzt werden können, wird ab Seite 416 beschrieben.

Energiedächer, -fassaden, -zäune: Es handelt sich dabei um Systeme, die über große Flächen nicht nur die Sonneneinstrahlung, sondern auch die diffuse Himmelsstrahlung, z. T. auch Kondensationswärme nutzen können. Da sie in Verbindung mit Wärmepumpen eingesetzt werden müssen, sind sie wegen des hohen Kostenaufwands bisher meist noch nicht rentabel.

Eigenenergieerzeugung

Hochwertige Energie selbst zu erzeugen, kann den einzelnen von Versorgungsproblemen und Preissteigerungen für Energierohstoffe weitgehend unabhängig machen. Dazu sind jedoch jeweils ganz bestimmte Voraussetzungen nötig.

Windräder: Sie können bei ausreichenden durchschnittlichen Windgeschwindigkeiten einen großen Teil des Heizwärmebedarts eines Hauses decken und zur Stromversorgung beitragen. Windräder sind in industriell vorgefertigten Ausführungen lieferbar. Für kleinere Anlagen sind Bauanleitungen erhältlich. Über alle Fragen der Windenergienutzung, auch über Möglichkeiten des Selbstbaus, informiert die Deutsche Gesellschaft für Windenergie (Adresse Seite 536).

Biogasanlagen: Sie eignen sich vor allem für landwirtschaftliche Betriebe und lassen sich dann wirtschaftlich einsetzen, wenn eine genügend große Biomasse in Form von Jauche, Mist, Stroh oder sonstigen pflanzlichen Abfällen zur Verfügung steht. Die Anlagen können einen Großteil oder die gesamte Wärmeversorgung eines Betriebs übernehmen. Durch die Möglichkeit einer hohen Eigenleistung bei der Errichtung von Biogasanlagen können die Kosten relativ niedrig gehalten werden.

Wasserkraftanlagen: Sie können in günstigen Fällen die gesamte Wärme- und Stromerzeugung eines Anwesens decken. Aufgrund natürlicher Gegebenheiten wird die Wasserkraftnutzung jedoch nur selten in Frage kommen.

Solarzellen: Sie können Sonnenlicht direkt in Strom umwandeln und werden vor allem zur Stromversorgung von Satelliten eingesetzt. Sie sind noch teuer und deshalb für die private Nutzung bis jetzt nur in Ausnahmefällen wirtschaftlich.

Kraft-Wärme-Kopplung

Bei der Stromerzeugung (Kraft) geht etwa 65% der eingesetzten Energie durch Abwärme (Wärme) nutzlos verloren. Wird diese Wärme für die Versorgung von Haushalten oder Betrieben genutzt, steigt der Wirkungsgrad der Anlagen auf etwa 80%. Fernwärme auf der Basis der Kraft-Wärme-Kopplung kann geliefert werden durch Heizkraftwerke oder Blockheizkraftwerke (siehe Seite 416). Totalenergieanlagen erzeugen Strom und Wärme für kleinere Einheiten (siehe Seite 423). Die Nutzung der Abwärme von Kernkraftwerken ist schwierig, da diese in dünnbesiedelten Gebieten errichtet werden, um bei Störfällen möglichst wenig Menschen zu gefährden. Dadurch sind lange Leitungen erforderlich, was zu hohen Wärmeverlusten beim Transport führt.

Ungeeignete Maßnahmen

Nicht alle angebotenen Produkte zur Energieeinsparung leisten das, was die Werbung verspricht. Manche bringen nur eine geringe Ersparnis bei hohem Investitionsaufwand, manche bewirken das Gegenteil.

Ungeeignet sind *Sonnenschutzfolien,* die auf die Innenfläche des Fensters geklebt werden. Sie können zwar die Wärmestrahlung des Raumes reflektieren, behindern aber auch die Sonneneinstrahlung und reduzieren Energiegewinne durch die Fenster.

Auch *Lüftungsgeräte* mit Wärmerückgewinnung halten meist nicht, was sie versprechen. Sie sind relativ teuer, der Wirkungsgrad ist meist gering.

Der Einbau von *Abgaswärmetauschern,* die die Abgase einer Zentralheizung zur Erwärmung des Kesselwassers nutzen, lohnt nur in Ausnahmefällen. Er rentiert sich möglicherweise bei älteren Heizungsanlagen, ist allerdings relativ teuer. Eine Erneuerung der Heizungsanlage wäre hier sinnvoller.

Wärmerecycler bestehen aus einem Lüftungskanal und einem Gebläse und sollen in Räumen, die nicht durch eine Fußbodenheizung beheizt werden, die warme Luft im Deckenbereich gleichmäßig im Raum verteilen. In der Praxis haben sie jedoch keine meßbaren Auswirkungen auf den Heizenergieverbrauch eines Hauses.

Eine Anbringung von *Dämmstofftapeten* mit nur wenigen Millimetern Stärke kann den Wärmedurchgang nur unwesentlich bremsen.

Ein *Warmwasseranschluß der Waschmaschine* an die zentrale Warmwasserversorgung zur Einsparung von Strom ist nicht zu empfehlen, da dann alle Spülgänge mit Warmwasser durchgeführt werden, wodurch der Einsparungseffekt zunichte gemacht wird.

Probleme beim Energiesparen

Sie treten in der Regel nur auf, wenn Materialien verarbeitet werden, die nicht zusammenpassen. Dadurch kann es zur Durchfeuchtung von Dämmstoff oder Mauerwerk kommen. Feuchtigkeit in den Wänden hat zudem gesundheitsschädliche Auswirkungen. Kommt es zum Niederschlag von Feuchtigkeit an Wandflächen, kann häufig richtiges Lüften Abhilfe schaffen. Bringt es keine Besserung, so sollte die Raumtempera-

tur erhöht werden. Im einzelnen wird auf dieses Problem im Abschnitt »Luftfeuchtigkeit« auf Seite 385 eingegangen.

Wirtschaftlichkeitsüberlegungen

Energiesparmaßnahmen reduzieren den Energieverbrauch, schonen die Umwelt und haben auch positive volkswirtschaftliche Auswirkungen. Für den einzelnen stellt sich jedoch meist die Frage, in welchem Zeitraum sich einzelne Maßnahmen bezahlt machen.

Grundsätzlich sollte man den in Werbebroschüren aufgeführten Angaben über Energieeinsparungen mit Vorsicht begegnen. Meist gehen sie von extremen Bedingungen aus und sind deshalb unrealistisch.

Es kann im Grunde nicht allgemein angegeben werden, wieviel Energie oder wieviel Geld durch eine bestimmte Maßnahme gespart wird.

Erfahrungsgemäß amortisieren sich alle kleineren Dämmaßnahmen sowie das Abdichten von Fenstern und Türen bereits in 1 bis 3 Jahren. Die Dämmung größerer Flächen wird um so rentabler, je größer die Wärmeleitfähigkeit der Außenbauteile ist, je dünner Decken und Wände sind, je größer der Temperaturunterschied zwischen beiden Seiten eines Bauteils und je stärker das Gebäude Wind und Regen ausgesetzt ist. Wenn die Arbeiten in Eigenleistung erbracht werden können, rentieren sich die Dämmaßnahmen wesentlich schneller, da die Materialkosten bedeutend niedriger sind als die Lohnkosten.

Alle Maßnahmen, die durch eine Gestaltung des Kleinklimas wie Bepflanzung mit Hecken oder Sträuchern Energie sparen, brauchen längere Zeit, bis sie wirksam werden. Da sie jedoch viele andere positive Nebenwirkungen haben, sollten sie nicht nur unter dem Aspekt der Energieeinsparung gesehen werden.

Man sollte darüber hinaus nicht vergessen, daß viele Maßnahmen kostenlos sind und nur vom Verhalten des Benutzers abhängen, z.B. die Senkung der Raumtemperaturen, energiebewußter Umgang mit Warmwasser und Elektrogeräten.

Zur Wirtschaftlichkeit von Sonnenkollektoren, Wärmepumpen, Heizungsanlagen, Zubehörteilen und Warmwasserbereitern siehe Seite 418, 420 und 424. 403

Heizung und Warmwasser

Dieses Kapitel bietet einen Überblick über alle Möglichkeiten der Wärmeerzeugung für Heizung und Warmwasserbereitung. Die Wärmeerzeugung ist mit verschiedenen Energiequellen möglich und kann über Einzelgeräte oder zentrale Anlagen erfolgen. Dargestellt wird auch, wie gut einzelne Systeme die eingesetzte Energie ausnutzen und unter welchen Bedingungen sie wirtschaftlich arbeiten. Vor- und Nachteile einzelner Energiequellen sowie alle energiesparenden Maßnahmen werden im Kapitel »Energie im Haus« behandelt. Die Warmwasserbereitung steht im Zusammenhang mit der Versorgung des Haushaltes mit Wasser (Kapitel »Brauchwasser und Abwasser« ab Seite 426). Dort ist auch die Verlegung von Rohren dargestellt.

Grundlagen

Die Wärmeerzeugung im Haushalt geschieht meist durch Verbrennung. Nur ein Teil der dabei frei werdenden Wärme kann genutzt werden, ein Teil geht mit den Verbrennungsgasen verloren. Diese Abgase haben schädliche Auswirkungen auf die Umwelt, können jedoch auch im Kesselraum und im Kamin Schäden verursachen.

Verbrennung

Es handelt sich dabei um eine Reaktion der brennbaren Bestandteile eines Brennstoffs mit dem Sauerstoff der Luft. Diesen Vorgang, bei dem Wärme freigesetzt wird, nennt man Oxydation.

Abgase: Brennbare Bestandteile sind vor allem Kohlenstoff und Wasserstoff. Kohlenstoff (C) verbrennt zu Kohlendioxyd (CO_2). Verläuft die Verbrennung unvollständig, d.h. unter Sauerstoffmangel, so entsteht auch Kohlenmonoxyd (CO), ein geruchloses Gas, das über die Lunge in den Blutkreislauf eindringen und dort die Sauerstoffversorgung lahmlegen kann. Wasserstoff (H) verbrennt zu Wasser (H_2O), das wegen der bei der Verbrennung entstehenden hohen Temperaturen in Form von Wasserdampf auftritt.

Der im Öl, vor allem aber in der Kohle enthaltene Schwefel verbrennt zu Schwefeldioxyd (SO_2). Es verbindet sich mit Wasser zu schwefliger Säure (H_2SO_3). Schweflige Säure kann durch Korrosion den Feuerraum zerstören, zur Versottung des Kamins führen und ruft in Form von saurem Regen Umweltschäden hervor.

Stickoxyde (NO_x), Stickstoff-Sauerstoff-Verbindungen, haben im Zusammenhang mit dem sauren Regen erheblichen Anteil am Waldsterben.

Unbrennbare Bestandteile werden als Staub in die Luft gewirbelt und belasten ebenfalls die Umwelt.

Kesselraum: Wenn der Wasserdampf, der bei der Verbrennung entsteht, bei Brennerstillstand wegen niedriger Heizwassertemperaturen und dadurch niedriger Temperaturen im Brennraum kondensiert, so kann sich schweflige Säure bilden. Sie zerfrißt den Kessel durch Korrosion von innen.

Besonders gefährdet sind Ölkessel, da bei der Verbrennung von Öl sowohl viel Wasserdampf als auch viel Schwefeldioxyd entsteht. Eine Kondensation kann vermieden werden, indem die Kesseltemperatur auf mindestens 65 °C eingestellt wird.

Moderne Niedertemperaturkessel lösen dieses Problem durch neue Konstruktionen und die Verwendung höherwertiger, korrosionsbeständiger Materialien, weshalb die Kesseltemperatur weit unter 65 °C bleiben kann; daher der Name Niedertemperaturkessel.

Gas- und Kohlekessel sind weniger gefährdet, da bei der Verbrennung von Gas zwar viel Wasser entsteht, aber kaum Schwefeldioxyd, bei der Verbrennung von Kohle zwar in unterschiedli-

1 Schornsteinquerschnitt und Abgastemperatur:
1 Schornstein mit großem Querschnitt und hoher Abgastemperatur
2 Schornstein mit verkleinertem
Querschnitt und niedriger Abgastemperatur.

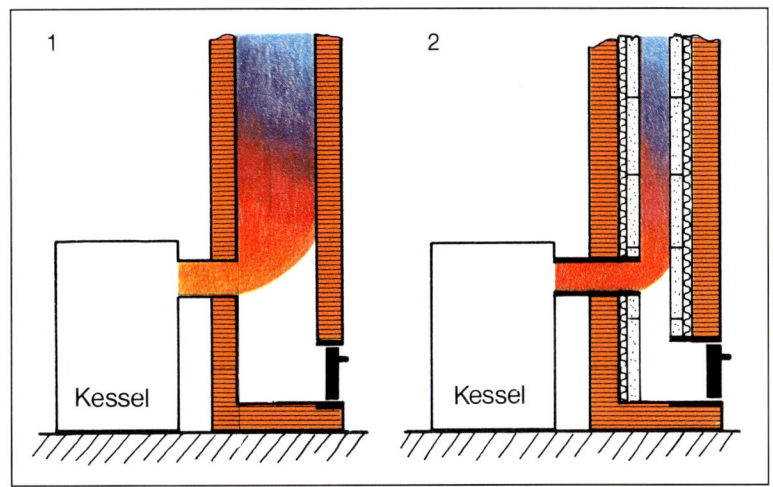

chen Mengen Schwefeldioxyd, aber kaum Wasser anfällt.

Schornstein: Die schädlichen Bestandteile der Abgase müssen durch den Schornstein ins Freie abgeführt werden. Kondensiert Wasserdampf im Kamin, kommt es zur Durchfeuchtung, entstehen bei der Verbrennung auch genügend große Mengen an Schwefeldioxyd, kommt es zur Zerstörung des Mauerwerks. Anzeichen dafür ist eine Braunfärbung der Kaminaußenfläche (Versottung).

Um diese Durchfeuchtung oder Versottung zu vermeiden, muß die Temperatur der Abgase so hoch gehalten werden, daß eine Kondensation verhindert wird. Deshalb benötigen Schornsteine mit großem Querschnitt höhere Abgastemperaturen als solche mit kleinem, da die Kamininnenfläche, die die Abgase abkühlt, dabei wesentlich größer ist (Abb. 1).

Der Schornsteinquerschnitt kann durch Schamotteeinsätze oder Einzug von Edelstahlrohren nachträglich verkleinert werden (siehe Seite 331). Dadurch lassen sich die Abgastemperaturen senken.

Die Verbrennungswärme kann vom Kessel besser ausgenutzt werden.

Umweltbelastung: Wenn die Abgase den Kesselraum und den Schornstein verlassen haben, belasten sie die Umwelt (siehe Seite 390). Jeder, der heizt und Warmwasser verbraucht, trägt also zur Umweltbelastung bei. Deshalb kann auch jeder durch den sparsamen Umgang mit Energie, durch den Einbau von Heizungsanlagen mit einem möglichst hohen Wirkungsgrad und durch regelmäßige Wartung der Anlage dazu beitragen, daß der Schadstoffausstoß verringert wird.

Brennwert – Heizwert

Von verschiedenen Brennstoffen werden unterschiedliche Wärmemengen freigesetzt. Um sie vergleichen zu kön-

nen, werden der Brennwert und der Heizwert ermittelt.

Brennwert: Die Wärmemenge, die bei vollständiger Verbrennung eines Stoffes frei wird, nennt man Brennwert (früher oberer Heizwert H_o), unabhängig davon, ob die Wärme zum Heizen genutzt werden kann oder nicht. Viel Wärme entweicht mit den Verbrennungsgasen aus dem Schornstein in die Landschaft. In diesen Abgasen ist auch Wasser in Form von Wasserdampf enthalten. Die Energie, die nötig war, das Wasser zu verdampfen, ist im Wasserdampf gespeichert und wird bei der Kondensation wieder frei. Bis zur Entwicklung der modernen Brennwertkessel (siehe Seite 412) konnte diese Wärme bisher nicht genutzt werden.

Heizwert: Die Wärmemenge, die bei vollständiger Verbrennung eines Stoffes

frei wird, abzüglich der in Wasserdampfform gespeicherten Energie, wird Heizwert genannt (früher unterer Heizwert H_u). Da Heizungsanlagen bisher nur den unteren Heizwert nutzen konnten, wird der Wirkungsgrad von Heizungsanlagen auf den unteren Heizwert bezogen.

Die neuentwickelten sog. Brennwertkessel können jedoch auch einen großen Teil der Kondensationswärme nutzbar machen. Sie erreichen deshalb, bezogen auf den unteren Heizwert, einen Wirkungsgrad von über 100% (Abb. 2). Zum Vergleich des Heizwerts verschiedener Energiequellen siehe untenstehende Tabelle.

Wirkungsgrad

Die vom Verbraucher bezogene Energie wird durch Öfen, Zentralheizungsanla-

Heizwert (H_u) verschiedener Brennstoffe bezogen auf 1 kWh elektrischen Stroms (Holz: lufttrocken, Kohle: Durchschnittswerte)	
Rotbuche/Eiche	2100 kWh/Raummeter
Kiefer/Lärche	1700 kWh/Raummeter
Fichte	1500 kWh/Raummeter
Steinkohle	8,14 kWh/kg
Koks	7,50 kWh/kg
Braunkohlebriketts	5,60 kWh/kg
Heizöl EL	10,00 kWh/l
Propan	12,87 kWh/kg
Erdgas H	10,00 kWh/m³
Erdgas L	8,80 kWh/m³
Stadtgas	4,50 kWh/m³
Elektrischer Strom	1,00 kWh

405

gen und Warmwasserbereiter unterschiedlich gut ausgenutzt. Der Wirkungsgrad gibt an, welcher Prozentsatz der im Brennstoff enthaltenen Energie als Heizwärme genutzt werden kann. Er bezieht sich auf den unteren Heizwert, in dem die Nutzung der im Wasserdampf gespeicherten Energiemenge nicht enthalten ist. Der Wirkungsgrad berücksichtigt auch nicht die Energieverluste, die z. B. bei der Erzeugung des elektrischen Stroms und seinem Transport entstanden sind, bevor er in den Haushalten der Steckdose entnommen wird. So kann Elektrizität im Haushalt zwar mit einem Wirkungsgrad von beinahe 100% in Wärme umgesetzt werden. Doch da bei der Stromerzeugung die Energieverluste sehr hoch sind, wird die ursprünglich eingesetzte Energie dennoch nur schlecht genutzt.

Bei Einzelöfen ermittelt man den Wirkungsgrad, indem man vom Heizwert die Wärme abzieht, die mit den Abgasen durch den Schornstein entweicht. Eine Senkung der Abgastemperatur und damit eine verbesserte Energieausnutzung kann über die Drosselung der Brennstoffzufuhr oder der Luftzufuhr erfolgen, so daß nicht mehr Wärme entsteht, als an den Raum übertragen werden kann.

Zentralheizungen bestehen aus verschiedenen Anlagenteilen, die die Energie mehr oder weniger gut nutzen können. Für Wärmeerzeugung, Wärmespeicherung und Wärmeverteilung können daher gesonderte Wirkungsgrade ermittelt werden. Der Verbraucher kann hier wie bei den Einzelöfen, aber auch noch auf viele andere Weisen für eine gute Nutzung der Energie sorgen (Abb. 3).

Feuerungstechnischer Wirkungsgrad: Er gibt an, welcher Anteil der erzeugten Wärme während des Brennerbetriebes vom Kesselwasser aufgenommen wird, und hängt ab von Kesselart, Kesselkonstruktion und vom Schornsteinquerschnitt. Ältere Schornsteine mit großem Querschnitt benötigen eine höhere Abgastemperatur, um eine Versottung zu verhindern. Dadurch sinkt der feuerungstechnische Wirkungsgrad.

Die Abgaswärmeverluste werden durch Messung der Abgastemperatur und des Kohlendioxydgehalts der Abgase vom Schornsteinfeger ermittelt. Sie sind gering, wenn die Abgastemperaturen

niedrig, der Kohlendioxydgehalt der Abgase hoch ist. Der feuerungstechnische Wirkungsgrad kann vor allem durch eine Verkleinerung des Schornsteinquerschnitts (dazu Seite 331) oder durch Einbau einer kleineren Brennerdüse verbessert werden. Er kann sich verschlechtern, wenn die Stauscheibe an der Öldüse oder der Brennraum verrußt sind. Deshalb sollte man eine regelmäßige Reinigung vornehmen (siehe Seite 415).

Kesselwirkungsgrad: Der Brenner ist im Jahr etwa 1800 Stunden in Betrieb, das sind 75 volle Tage. Während des Betriebs strahlt der Kessel Wärme an den Heizungsraum ab. Zieht man diese Verluste vom feuerungstechnischen Wirkungsgrad ab, erhält man den Kesselwirkungsgrad. Er hängt neben der Konstruktion und dem Schornsteinquerschnitt von Heizwassertemperatur und Wärmedämmung des Kessels ab. Der mit einer Heizungsanlage erzielbare Kesselwirkungsgrad ist häufig auf Produktinformationen angegeben. Dieser Wert kann jedoch nur bei optimaler Regelung und bei abgestimmtem Schornsteinquerschnitt erreicht werden.

Jahreswirkungsgrad: Die Heizungsanlage wird meist so berechnet, daß der Kessel auch den maximalen Wärmebedarf im Winter abdecken kann. Dieser Bedarf ist jedoch nur wenige Tage im Jahr vorhanden. Der Kessel ist daher den größten Teil des Jahres überdimensioniert, er produziert mehr Wärme als gebraucht wird. Diese im Heizwasser gespeicherte Wärme geht allmählich durch Abstrahlung an den Heizungsraum und durch innere Auskühlung über den Schornsteinzug verloren. Immer dann, wenn nur sehr wenig Wärme verbraucht wird, so an kalten Sommertagen oder in der Übergangszeit, sind die Verluste daher recht hoch. Zieht man diese Verluste vom Kesselwirkungsgrad ab, erhält man den Jahreswirkungsgrad. Er gibt also an, wieviel Wärme in einem Jahr von einer Heizungsanlage bereitgestellt werden kann.

Eine Verbesserung des Jahreswirkungsgrades ist möglich, wenn Einzelöfen dann eingesetzt werden, wenn nur wenig Wärme gebraucht wird und der Heizkessel nur mit hohen Verlusten arbeitet.

Moderne Kessel, die mit niedrigen Tem-

peraturen arbeiten können, sind in der Lage, sich dem Wärmebedarf besser anzupassen. Sie arbeiten deshalb auch mit einem höheren Jahreswirkungsgrad.

Nutzwärme: Beim Wärmetransport zu den Heizkörpern geht durch die Leitungsrohre Wärme verloren (Transportverluste). Eine Verringerung der Verluste ist möglich, indem das Rohrsystem kurz gehalten und nicht in Außenwände verlegt wird. Die Rohre sollten außerdem gut wärmegedämmt werden (siehe Seite 433). Die Wärme, die letztlich vom Verbraucher an Ort und Stelle genutzt werden kann, wird als Nutzwärme bezeichnet.

Optimale Energienutzung: Der eingesetzte Brennstoff wird also gut ausgenutzt, wenn eine gute Heizungsanlage verwendet wird, wenn diese Anlage nicht überdimensioniert ist, möglichst niedrige Kesseltemperaturen eingehalten werden können, der Schornstein genau auf die Heizungsanlage abgestimmt ist, die Transportverluste möglichst klein gehalten werden und der Benutzer dann, wenn nur wenig Wärme gebraucht wird, auf andere Möglichkeiten der Wärmeerzeugung zurückgreift (siehe dazu Seite 424).

Einzelheizung

Die Beheizung der Räume erfolgt durch einzelne Öfen, die die Wärme dort erzeugen, wo sie gebraucht wird. Die Ausstattung sämtlicher Räume einer größeren Wohnung oder eines Ein- oder Zweifamilienhauses mit Einzelöfen ist zwar in bezug auf die Investitionskosten immer noch erheblich günstiger als der Einbau einer Zentralheizung, aber der Wirkungsgrad einer Zentralheizungsanlage ist bei fachmännischer Installation und Wartung in der Regel höher als der von Einzelöfen. Vor allem erfordert deren Bedienung oft wesentlich mehr Arbeit und Zeit als die Bedienung der Zentralheizung, die außerdem auch während einer längeren Abwesenheit eine vorgewählte Raumtemperatur aufrechterhält. Die Bequemlichkeit der Zentralheizung verführt allerdings auch zu einem erhöhten, nicht notwendigen Verbrauch, sogar zur sinnlosen Verschwendung von Heizenergie. Und wenn die Zentralheizung einmal ausfällt, wird es im ganzen Haus kalt.

Angesichts dieser Vor- und Nachteile kann keine allgemeingültige Empfehlung ausgesprochen werden. Die Alternative Einzelöfen oder zentrale Heizungsanlage kann auch falsch sein, denn in vielen Fällen stellt eine kleine zentrale Heizungsanlage zur Deckung des Grundbedarfs und das zusätzliche Heizen mit wenigen Einzelöfen an den wenigen ganz kalten Tagen im Jahr in den wichtigsten Räumen eine optimale Kombination dar. Einzelöfen bieten sich vor allem an für Räume, die selten genutzt werden und auch für kleine Wohnungen.

Der Bedienungsaufwand ist bei Einzelöfen sehr unterschiedlich je nach dem verwendeten Brennstoff. Bei Gas- und Elektroöfen ist er ganz gering, bei Ölöfen mittel, hoch allerdings bei Festbrennstoffen wie Holz und Kohle. Holz, Kohle und Öl müssen bestellt und gelagert werden. Für Holz und Kohle braucht man verhältnismäßig viel Platz. Dazu kommen der Transport zum Ofen, das Nachschüren, bei Holz und Kohle das Ausräumen der Asche und deren Beseitigung. Letzteres kann bei der üblichen Müllbeseitigung Probleme mit sich bringen, weil heiße Asche weder in Plastikmülltonnen noch zu dem übrigen Abfall geschüttet werden darf, denn in der Asche bleibt die Glut lange erhalten, so können Löcher im Kunststoff entstehen und sich Papier und Pappe im Müll entzünden. Aber es gibt nichts Behaglicheres als einen gut eingeheizten Kachelofen.

Festbrennstofföfen

Sie werden mit Holz oder Kohle beheizt und sind in den unterschiedlichsten Formen und Größen erhältlich. Festbrandöfen tragen zum Austausch der verbrauchten Raumluft bei: Das Feuer im Ofen zieht Luft aus dem Raum an, und damit werden auch Tabakqualm, Küchen- und andere Gerüche, Staub, Mikroorganismen usw. angesaugt und

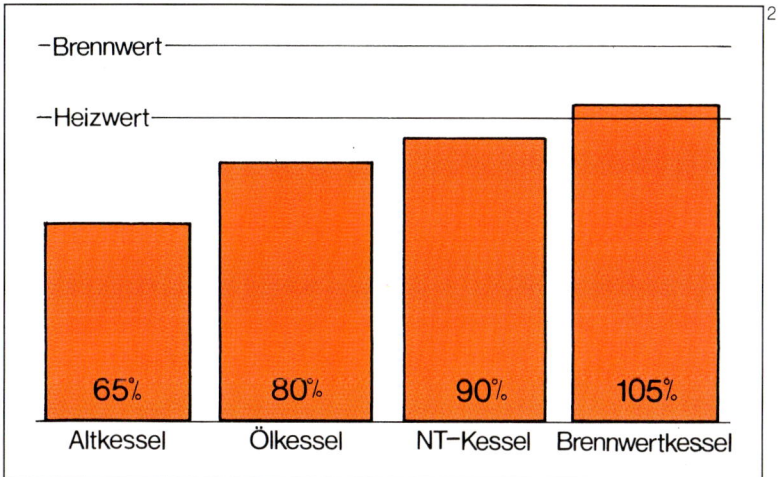

2 *Heizwert und Wirkungsgrad verschiedener Kessel (NT-Kessel: Niedertemperaturkessel).*

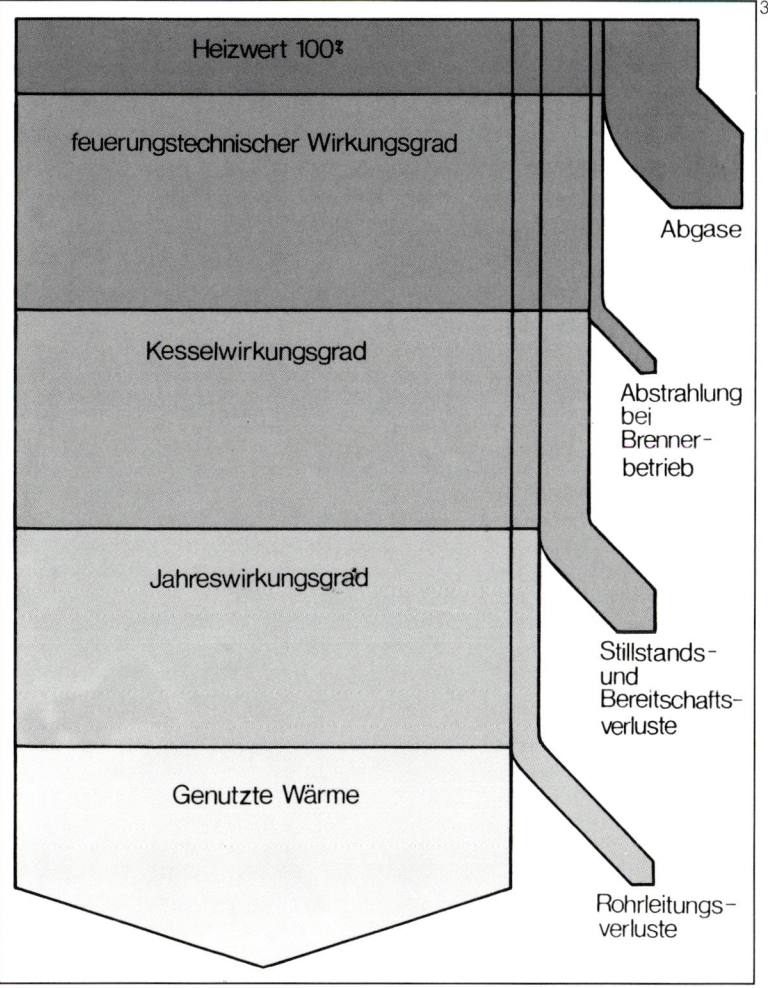

3 *Energieverluste vom Heizwert bis zur genutzten Wärme.*

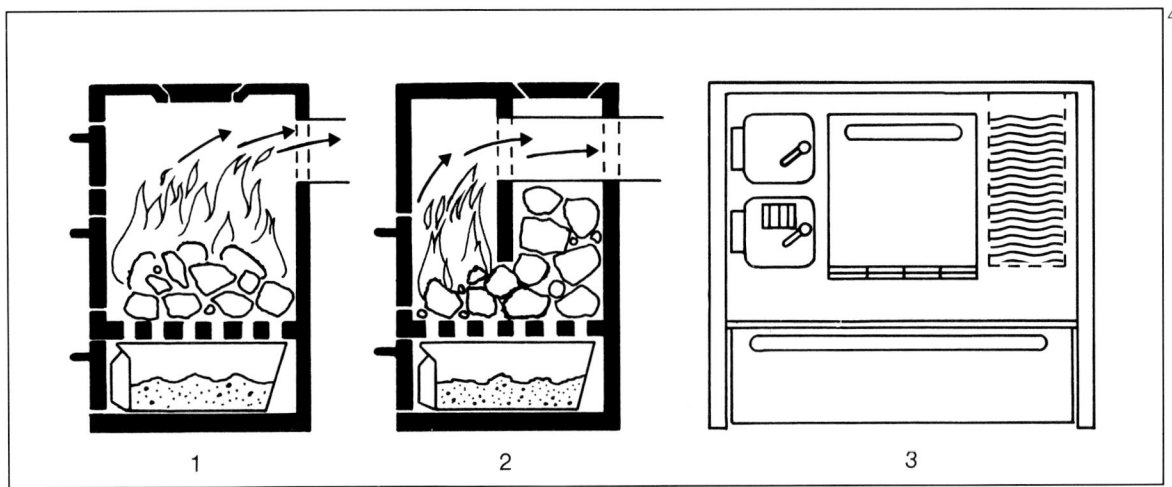

verbrannt bzw. durch den Schornstein ausgestoßen. Diese Luft wird von draußen ersetzt, das aber nur dann, wenn Fenster und Türen nicht völlig dicht sind oder ausreichend gelüftet wird.

Man unterscheidet nach der Bauart zwischen Durchbrand- und Unterbrandöfen.

Durchbrandöfen: Das gesamt eingefüllte Brennmaterial fängt Feuer und brennt ab. Eine Regulierung der Wärmeabgabe ist möglich durch unterschiedliche Luftzufuhr und Einfüllmenge. Bei hohem Wärmebedarf ist eine ständige Bedienung erforderlich (Abb.4).

Unterbrandöfen: Durch die besondere Konstruktion des Ofens brennen nur die unten liegenden Materialien ab, das noch unverbrannte Material rutscht laufend nach. Es ist deshalb eine konstante Feuerung über einen längeren Zeitraum ohne Bedienung möglich (Abb.4).

Herde: Sie dienen in erster Linie zum Kochen, Backen und Braten. Wasser in einem eingebauten Brauchwasserbehälter wird immer dann, wenn der Herd beheizt wird, miterwärmt, so daß stets eine kleine Menge heißen Wassers zur Verfügung steht.

Im Rollkasten des Herdes wird der Tagesbedarf an Brennstoffen aufbewahrt. Herde werden mit Festbrennstoffen beheizt. Das Ofenrohr kommt an der linken oder rechten hinteren Ecke aus dem Herd. Man muß nicht den kürzesten Weg zum Schornstein wählen, denn ein auch nur 1 m langes Ofenrohr heizt die Küche spürbar mit.

Ölöfen

Sie sind sehr verbreitet, weil im Unterschied zur Verbrennung von Festbrennstoffen weniger Bedienungsarbeit und weniger Schmutz anfällt. Dafür riecht es ab und zu nach Öl, weil es beim Einfüllen immer wieder geschieht, daß ein paar Öltropfen danebenfallen. Ein Ölvorratsbehälter (kleiner Öltank) befindet sich neben dem Brennraum und kann je nach Wärmebedarf eine kleine oder größere Menge zur Verbrennung freigeben. Die Heizleistung kann daher sehr gut auf den Wärmebedarf abgestimmt werden. Bei zentraler Ölversorgung werden die einzelnen Öfen laufend vom zentralen Öltank durch eine Pumpe mit Öl versorgt. Ein Nachfüllen ist daher nicht mehr nötig. Solange Ölöfen nach dem Abschalten noch nicht erkaltet sind, dürfen sie nicht wieder angezündet werden, da durch das schnell verdunstende Öl Verpuffungsgefahr besteht.

Gasöfen

Sie werden als reine Heizgeräte oder als Herde angeboten. Ist ein Gasanschluß vorhanden, empfiehlt sich auch die Warmwasserbereitung durch einen Durchlauferhitzer oder einen Speicher. Wo ein Anschluß an ein öffentliches Gasnetz nicht möglich ist, können Propan oder Butan (Flüssiggase) verwendet werden (siehe Seite 389). Bei manchen Gasgeräten können die Verbrennungsgase auch über eine Öffnung in der Außenmauer ins Freie geführt werden.

Kachelöfen

Kachelöfen haben in den letzten Jahren eine Renaissance erlebt. Es gibt sie in unzähligen Formen und Größen. Man unterscheidet zwei Grundbauarten, neben es eine Reihe von Zwischenformen gibt.

Kachelöfen werden auch als Selbstbausätze angeboten.

Grundkachelofen (Abb.5): Er ist eigentlich gemeint, wenn man vom Kachelofen spricht. In der Regel heizt man ihn mit Holz ein- bis zweimal am Tag auf. Die Wärme wird im Ofenmantel gespeichert und langsam an den Raum abgegeben. Da der Kachelofen einen Großteil der Wärme durch Strahlung abgibt, entsteht ein besonders behagliches Raumklima. Er wird nur mit Holz oder zusätzlich mit Briketts beheizt. Steinkohle und Koks dürfen nicht verwendet werden, weil sie örtlich eine zu starke Hitze erzeugen, die Schamottesteine und gußeiserne Teile zerstört.

Der Kachelofen kann in einen Mauer-

4 *Einzelöfen:*
   1 Durchbrandofen
   2 Unterbrandofen
   3 Herd.

5 *Kachelöfen:*
   1 Grundkachelofen mit waagerechter Rauchgasabführung
   2 Grundkachelofen mit senkrechter Rauchgasabführung
   3 Warmluftkachelofen
   4 Gemauerter Ofen.

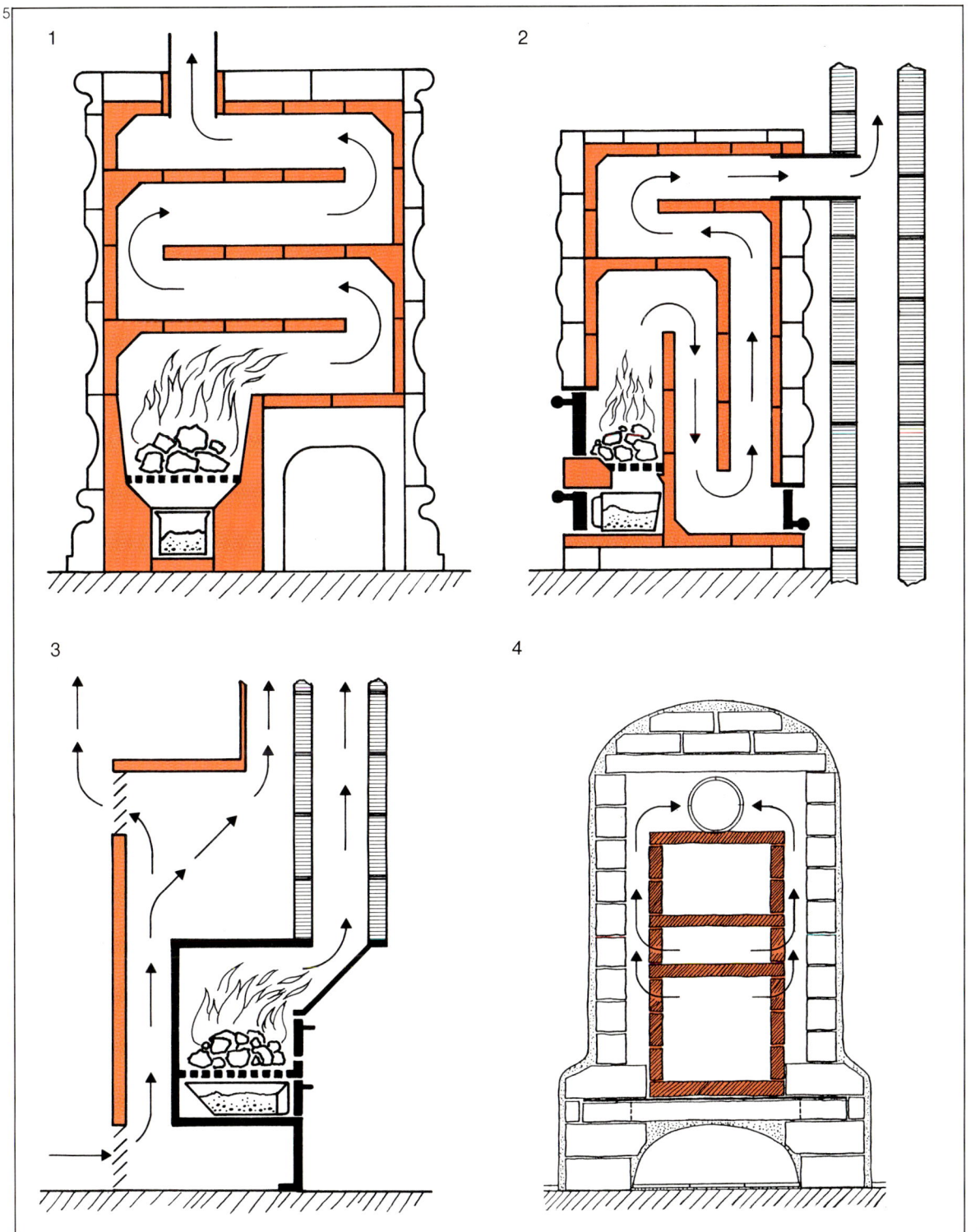

durchbruch eingebaut werden, so daß er zwei Räume zugleich beheizt. Häufig wird er in der Mauer zwischen Wohnzimmer und Flur eingebaut, so daß vom Flur aus gefeuert und die Asche ausgeräumt wird.

Warmluftkachelofen: Er ist streng genommen kein Kachelofen, sondern sieht nur von außen so aus. Die Wärmeabgabe erfolgt zum großen Teil durch Erwärmung der Luft, die am gußeisernen Brennraum vorbeistreicht. Dadurch wird der Raum wesentlich schneller erwärmt. Diese Öfen sind auch zum Dauerbrand geeignet und können mit Holz und Kohle, mit Öl oder Gas beheizt werden. Durch Verlegung von Warmluftschächten lassen sich auch andere Räume miterwärmen oder beheizen (Abb. 6).

Gemauerter Ofen: Er wird in einer überraschend einfachen Weise aus Ziegeln gebaut, die verputzt werden (Abb. 5). Er ist besonders gut zum Selberbauen geeignet (Literatur: Rose, »Der gemauerte Ofen«). Die Wärme wird im Ziegelmauerwerk gespeichert und durch Strahlung abgegeben. Im Prinzip ist der gemauerte Ofen also dem Grundkachelofen vergleichbar. Er erzeugt eine sehr gleichmäßige behagliche Wärme. Wegen seines hohen Gewichtes ist eine statische Prüfung der Belastbarkeit der Decke, die ihn tragen soll, empfehlenswert. Der gemauerte Herd, der ebenfalls in der oben genannten Literatur vorgestellt wird, ist nicht nur zum Kochen, sondern vor allem auch zum Backen geeignet.

Der gemauerte Ofen und der gemauerte Herd werden nur mit Holz beheizt. Es ist möglich, ab und zu ein paar Briketts aufzulegen.

Elektroheizgeräte

Bei der Umwandlung von Strom in Wärme wird zwar ein hoher Wirkungsgrad erreicht, da jedoch zuvor bei der Stromerzeugung hohe Energieverluste aufgetreten sind, sollte man mit Tagstrom sehr sparsam umgehen (siehe Seite 390) und alles unterlassen, was zu einem erhöhten Strombedarf beiträgt. Außerdem ist die Verwendung von Tagstrom zum Heizen sehr teuer. Die Elektrizitätsversorgungsunternehmen bieten Nachtstrom etwa zum halben Preis von Tagstrom an. Strom wird nicht dadurch zum billigen Nachtstrom, daß man den

Strom nachts der Steckdose entnimmt. Ein Nachtstromanschluß muß beim Stromversorgungsunternehmen beantragt werden: Er wird gewährt, wenn der Stromverbrauch des Abnehmers relativ hoch liegt, vorwiegend beim Einsatz von Elektrospeicheröfen.

Elektroheizungen werden oft bei der Sanierung von Altbauten eingesetzt, weil dafür keine Kaminanschlüsse notwendig sind.

Heizlüfter: Sie können sinnvoll dort eingesetzt werden, wo nur selten und nur für kurze Zeit Wärme benötigt wird. In diesem Fall wäre der Einbau eines Ofens oder der Anschluß an eine Zentralheizung viel zu aufwendig. Beim Heizlüfter wird die kühle Luft von einem Ventilator durch die erhitzten Metallspiralen durchgeblasen und dabei erwärmt.

Heizstrahler: Sie geben ihre Wärme weitgehend durch Strahlung ab und werden vor allem in Bädern zum kurzzeitigen Gebrauch eingesetzt.

Elektroradiatoren: Man kann sie an der Steckdose anschließen. Die Flüssigkeit im Heizkörper wird durch einen Heizstab erwärmt. Da diese Radiatoren meist auf Rädern montiert sind, kann man sie an verschiedenen Orten einsetzen. Ein Heizstab kann auch nachträglich in den Radiator einer Zentralheizungsanlage eingebaut werden. Der Einsatz lohnt sich jedoch nur, wenn nur kurze Zeit Wärme benötigt wird, da die Wärmeerzeugung mit Tagstrom teuer ist.

Elektrospeicheröfen: Sie können meist nur mit Nachtstrom betrieben werden. Der Speicherkern wird dabei auf bis zu 600 °C aufgeheizt, die Wärme im Laufe des Tages durch die Erwärmung von Luft an den Raum abgegeben. Eine witterungsabhängige Aufladeautomatik sorgt entsprechend der Außentemperatur daß die nötige Wärmemenge gespeichert wird. Wetterumschwünge und Temperaturstürze kann die Aufladeautomatik allerdings nicht vorhersehen.

Wartung

Um die Wärmeübertragung an den Raum zu verbessern, müssen Einzelöfen, die mit Holz oder Kohle beheizt werden, von Zeit zu Zeit entrußt werden. Bereits eine Rußschicht von 1 mm kann zu einem zusätzlichen Wärmeverlust von 3 % führen.

Bei der chemischen Reinigung wird ein Mittel auf die verrußten Flächen gesprüht, das in Verbindung mit starkem Heizen den Ruß entfernt.

Kleinere Ölöfen können ausgebaut und im Freien mit Spachtel und Bürste gesäubert werden. Bei Herden muß die Herdplatte abgehoben werden, Kachelöfen haben eigene Reinigungsöffnungen. Kann der Schmutz nicht herausgekehrt werden, sollte man zum Staubsauger greifen, die Tüte jedoch danach sofort auswechseln. Auf keinen Fall darf heiße Asche eingesaugt werden.

Ofenrohre können Wärme über ihre Flächen an den Raum übertragen. Verrußte Rohre verschlechtern den Schornsteinzug und behindern diese Wärmeübertragung. Auch sie müssen deshalb regelmäßig entrußt werden. Da eine Reinigung in der Wohnung zu großer Verschmutzung führen kann, müssen sie ausgebaut und ins Freie gebracht werden. Vor dem Transport von Ofenrohren sollte man die Rohrenden mit Zeitungspapier zustopfen. Dicke Rußschichten werden zuerst vorsichtig abgeklopft, der Rest wird mit Spezialbürsten entfernt.

Bei allen Entrußungsarbeiten sollte alte Kleidung getragen werden. Handschuhe ersparen einem das anschließende mühevolle Reinigen der Hände.

Zentralheizung

Von einer Zentralheizung spricht man, wenn eine Wärmequelle sämtliche Räume eines Hauses oder einer Wohnung mit Wärme versorgt. Zentralheizungen können auf verschiedene Weise mit der Warmwasserbereitung gekoppelt werden. Der große Vorteil zentraler Heizungsanlagen besteht darin, daß im Verhältnis zu mehreren Einzelöfen viel weniger Bedienungsarbeit anfällt. Dafür ist die Installation teuer, auch dann, wenn der Heimwerker die Leitungen selbst verlegt. Die Heizkosten werden trotz eines besseren Wirkungsgrades meist nicht niedriger, weil die mit der Zentralheizung verbundene Bequemlichkeit in der Regel zu einem erhöhten Heizwärmeverbrauch führt.

Hinsichtlich der Überlegung Zentralheizung und/oder Einzelöfen siehe auch Seite 406.

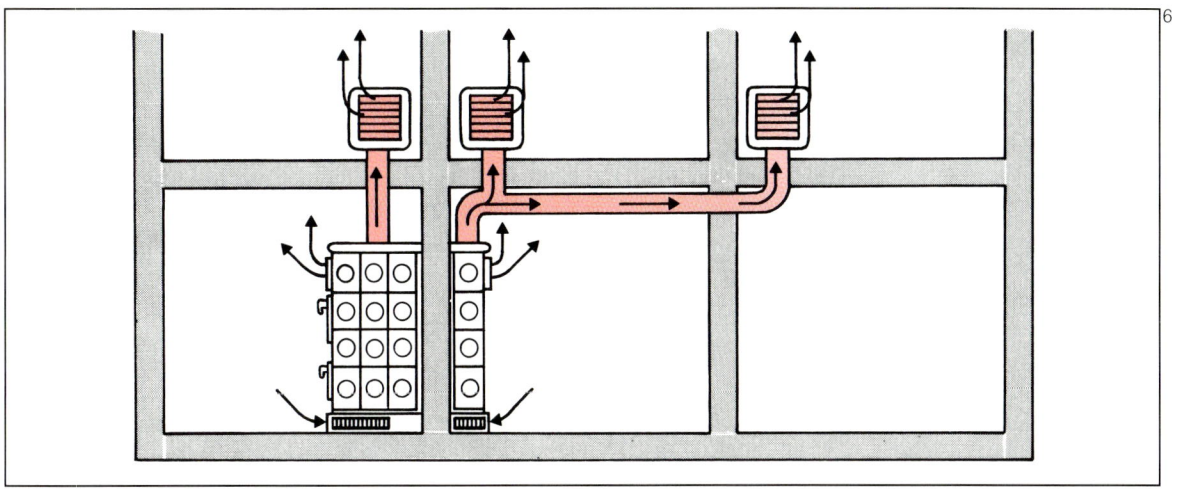

6 *Kachelofenwarmluftheizung für mehrere Räume.*

Wärmeerzeugung

Die Wärmeerzeugung geschieht in einem Kessel, der meist im Keller aufgestellt wird. Als Wärmeerzeuger kommen feste Brennstoffe, Heizöl, Gas oder Strom in Betracht.

Manche Kessel können nur mit einem Brennstoff betrieben werden. Umstellbrandkessel besitzen zwar auch nur einen Feuerraum, doch kann der Brenner ausgewechselt werden, so daß diese Kessel mit Öl oder mit Gas befeuert werden können. Schließlich gibt es die Wechselbrandkessel, bei denen zwei Feuerräume nebeneinander vorhanden sind. In dem einen können Festbrennstoffe, in dem anderen kann Öl verbrannt werden. Die Umstellung ist mit wenigen Handgriffen möglich.

Festbrennstoffkessel: In ihnen werden Holz und/oder Kohle und geeignete Abfälle verbrannt. Dabei verstößt gegen das Immisionsschutzgesetz, wer Müll verbrennt.

Holz muß mindestens ein Jahr, besser sollte es zwei Jahre abgelagert sein. Unter dem Gesichtspunkt des Umweltschutzes ist eine verstärkte Verfeuerung von Kohle nicht wünschenswert, da wesentlich mehr Schadstoffe freigesetzt werden als bei Öl- oder gar bei Gasfeuerung.

Meist ist eine regelmäßige Kontrolle der Feuerung erforderlich. Es gibt aber auch Kessel, die automatisch mit feinkörniger Anthrazitkohle oder Holzschnitzeln beschickt werden.

Ölkessel: Die Feuerung erfolgt über einen Brenner, der sich automatisch an- und ausschaltet. Die Wärmeerzeugung kann daher wesentlich besser reguliert werden als bei Festbrennstoffkesseln, wodurch sich auch der Wirkungsgrad der Heizungsanlage verbessert. Das Heizöl wird aus dem Lagertank angesaugt, durch die Öldüse zerstäubt, durch die Stauscheibe gleichmäßig mit Verbrennungsluft gemischt und durch einen Hochspannungsfunken gezündet. Brennerdüse und Kessel müssen aufeinander abgestimmt sein. Die Leistung des Ölbrenners kann durch den Einbau einer kleineren Düse einem gesunkenen Wärmebedarf, z.B. nach Wärmeschutzmaßnahmen, angepaßt werden. Bei Brennern mit sehr kleiner Leistung ist meist eine Ölvorwärmung sinnvoll, da das Heizöl dadurch dünnflüssiger wird und besser zerstäubt werden kann.

Öl-/Gaskessel: Die meisten Ölkessel werden als Umstellbrandkessel geliefert. Dadurch kann durch einen Austausch des Brenners jederzeit auf Gasheizung umgestellt werden. Das Funktionsprinzip gleicht dem des Ölkessels.

Gasspezialkessel: Sie können nur mit Gas beheizt werden, nach Auswechslung der Düsen auch mit verschiedenen Gasarten. Die Kessel sind mit sogenannten atmosphärischen Brennern ausgestattet. Das Gas wird dabei vor der Verbrennung mit Verbrennungsluft gemischt und anschließend gezündet. Die Wärme wird dabei aber nicht durch eine große Flamme, sondern durch viele kleine Flämmchen erzeugt.

Sie arbeiten relativ leise, so daß sich einige Modelle auch zur Aufstellung in der Wohnung eignen. Die Abgase können meist auch über ein Rohr durch die Außenwand abgeführt werden.

Gasetagenheizung: Es handelt sich hier im Grunde um eine Mischform zwischen Einzel- und Zentralheizung. Alle Heizkörper einer Wohnung werden durch einen Brenner mit Wärme versorgt. Komplizierte Energieverbrauchsabrechnungen erübrigen sich. Geeignet für Gasetagenheizungen sind manche Gasspezialkessel sowie sogenannte Umlaufwasserheizer. Ein Kessel zur Speicherung des Heizungswassers fehlt dabei, die Erwärmung erfolgt nach dem Durchlaufprinzip. Umlaufwasserheizer sind oft gekoppelt mit einem Durchlauferhitzer zur Warmwasserbereitung (Abb. 11).

Elektrozentralheizungen: Die Erzeugung von Wärme kann auf verschiedene Weise erfolgen. Manche Geräte arbeiten wie kleinere Einzelspeicher (siehe Seite 410), mit dem Unterschied, daß die Wärmeverteilung über Heizwasser erfolgt. Möglich ist die Wärmespeicherung auch in einem großen Wassertank, doch sind die finanziellen Aufwendungen für diese Anlage hoch. Daneben werden auch elektrische Fußbodenheizungen angeboten. Bei allen Elektrozentralheizungen sollte man beachten, daß die Aufladung nur zu bestimmten

411

Zeiten erfolgen kann, um eine Überlastung des Stromnetzes zu vermeiden.

Niedertemperaturkessel: Sie vertragen auch Kesseltemperaturen von weit unter 65 °C und können mit Öl oder Gas gefeuert werden. Die Zerstörung des Kessels durch die dabei im Feuerraum entstehende schweflige Säure wird durch die Verwendung korrosionsbeständiger Materialien verhindert. Die Wärmeverluste durch Abstrahlung und Abkühlung sind geringer als bei anderen Kesseln, weil der Unterschied zur Temperatur der Umgebung geringer ist. Die meisten Systeme regeln die Kesseltemperatur direkt nach der Außentemperatur. Eine eigene Vorlauftemperaturregelung (siehe Seite 414) entfällt daher. Allerdings muß der Schornstein genau auf diesen Kesseltyp abgestimmt sein bzw. abgestimmt werden, wenn ein Niedertemperaturkessel nachträglich eingebaut wird.

Besonders geeignet sind diese Kessel für Fußbodenheizung, weil hier über große Flächen geheizt wird, wofür niedrigere Heizwassertemperaturen ausreichen. Die Wärmeabgabe erfolgt mit einem hohen Strahlungsanteil, was als sehr angenehm empfunden wird.

Brennwertkessel: Alle Gas- und Ölkessel, die die in den Abgasen enthaltene Verdampfungsenergie nutzbar machen können, werden Brennwertkessel genannt (siehe Seite 405). Sie werden mit extrem niedrigen Abgastemperaturen betrieben. Muß die Abgastemperatur bei herkömmlichen Kesseln mindestens 160 °C betragen, kann sie bei Brennwertkesseln bis auf 30 °C sinken. Der Wasserdampf verflüssigt sich, die dabei frei werdende Kondensationswärme wird durch einen Wärmeaustauscher genutzt. Da die Abgase dann aber nicht mehr allein durch den Schornstein entweichen können, müssen sie durch einen Ventilator ins Freie befördert werden.

Brennwertkessel dürfen nicht bedenkenlos an einen herkömmlichen Kamin angeschlossen werden. Die Innenwand muß dem aggressiven säurehaltigen Kondensat standhalten können. Für ölbefeuerte Brennwertkessel sind daher keramische Schornsteine zu empfehlen, für gasbeheizte sind auch Edelstahlrohrkonstruktionen denkbar.

Da Gas nur Spuren von Schwefel enthält, ist das Kondensat nur leicht säurehaltig. Es darf daher in die Kanalisation eingeleitet werden.

Dagegen fallen beim schwefelhaltigen Öl im Jahr mehrere tausend Liter schweflige Säure als Kondensat an, das nicht direkt in die Kanalisation gelangen darf. Hersteller von Ölheizgeräten suchen das Problem durch die Neutralisierung der schwefligen Säure zu lösen. Ölheizgeräte sollten also immer auch danach beurteilt werden, wie gut ihnen das gelingt. Für die Neutralisierung des Kondensats sind zusätzliche technische Ausrüstungen nötig. Deshalb sind Ölheizungsanlagen zum Teil wesentlich teurer als solche für Gas. Da sich der Wirkungsgrad von Heizungssystemen immer auf den Heizwert bezieht, kann er bei Brennwertkesseln Werte von über 100% erreichen (Abb. 2).

Warmwasserbereitung: Die Kombination der Zentralheizung mit der Warmwasserbereitung ist weit verbreitet und kann durchaus energiesparend sein. Bei älteren Modellen war dabei der Warmwasserspeicher in den Heizkessel integriert. Die Warmwassererwärmung erfolgte direkt über das Heizungswasser, das Warmwasser hatte also immer die gleiche Temperatur. Das führte bei hohen Kesseltemperaturen auch zu hohen Energieverlusten.

Moderne Kombinationen der Heizung mit der Warmwasserbereitung sind daher getrennt konstruiert. Der Warmwasserspeicher wird zwar auch durch das Heizungswasser aufgeheizt, aber immer nur bis zur gewünschten Temperatur. Da hier schon Temperaturen von etwa 45 °C ausreichend sind, sind auch die Wärmeverluste geringer. Ein getrennter Speicher hat auch den Vorteil, daß die Warmwassererzeugung zugleich mit Sonnenkollektoren oder Warmwasserwärmepumpen kombiniert werden kann. Im Sommer und in der Übergangszeit kann der Sonnenkollektor oder die Wärmepumpe den Großteil des benötigten Warmwassers liefern, ohne daß die Heizung gebraucht wird. Wenn nicht mehr genügend warmes Wasser durch Sonnenkollektoren oder Wärmepumpe erzeugt werden kann, schaltet sich der Heizkessel wieder zu.

Die Warmwasserbereitung kann auch völlig getrennt erfolgen, z.B. über einen kleinen Öl- oder Gasbrenner, der nur den Warmwasserspeicher bedient. Das ist sehr günstig, da der Heizkessel dann den ganzen Sommer außer Betrieb bleiben kann.

Wärmeverteilung

Die im Heizkessel erzeugte Wärme wird durch Luft, Dampf oder Wasser als Wärmeträger an den gewünschten Ort gebracht. Warmluft- oder Dampfheizungen werden selten eingebaut, so daß sich die folgenden Ausführungen auf den Wärmeträger Wasser beschränken.

Durch Rohre wird das im Heizkessel erwärmte Wasser durch Umwälzpumpen oder nach dem Schwerkraftprinzip zu den Heizkörpern transportiert, die die Wärme an den Raum durch Strahlung oder Konvektion abgeben (Abb. 7). Die Rohre sollten gut wärmegedämmt sein, um die Wärmeverluste während des Transports möglichst gering zu halten. Immer mehr geht man dazu über, sie nicht mehr in Außenwände zu verlegen, da hier die Wärmeverluste am größten sind.

Plattenheizkörper: Sie besitzen große glatte oder profilierte Heizflächen bei geringer Tiefe und werden vor allem dort eingesetzt, wo wenig Platz zur Verfügung steht.

Zweireihige Plattenheizkörper sind meist mit Lamellen ausgestattet. Dadurch wird zusätzlich von unten Luft angesaugt, erwärmt und oben an den Raum abgegeben.

Radiatoren: Sie bestehen aus einzelnen Gliedern, die in beliebiger Zahl montiert werden können und somit Heizkörper mit beliebiger Größe und Leistung ergeben. Die Wärmeabgabe erfolgt etwa zu $\frac{2}{3}$ durch Konvektion, zu $\frac{1}{3}$ durch Strahlung.

Konvektoren: Sie bestehen aus senkrechten, schmalen Lamellen oder Rippen, die auf dem waagerecht liegenden Heizrohr so angebracht sind, daß die Luft unten in den Heizkörper eintritt, sich erwärmt und oben wieder austritt. Die Wärmeabgabe erfolgt so fast ausschließlich durch Konvektion (siehe Seite 383).

Konvektoren haben ein relativ niedriges Gewicht und benötigen nur eine geringe Durchflußmenge. Der Raum kann relativ schnell erwärmt werden. Sie sind allerdings schlecht zu reinigen und wirbeln durch den konstanten Luftstrom Staub um.

Eine besondere Form der Konvektoren

412

sind Heizleisten. Sie werden wie Fußleisten an die Wände geschraubt und können daher die Aufstellung von Möbeln erschweren.

Fußbodenheizung: Die Wärmeabgabe erfolgt nicht über einen Heizkörper, sondern über ein langes Rohrsystem, das die Wärme an die gesamte Fußbodenfläche überträgt, die sie dann an den Raum weitergibt. Die Rohre werden auf einer Dämmschicht befestigt und werden mit einem schwimmenden Estrich abgedeckt. Die Wärmeabgabe geschieht im wesentlichen durch Strahlung.

Die Luftumwälzung ist gering, die Temperaturverteilung im Raum gleichmäßig und insofern günstig, als man keine kalten Füße mehr bekommt. An großen Fensterglasflächen kann unangenehmer Zug auftreten, was man bei der Anordnung der Sitzplätze berücksichtigen muß. Gut wärmedämmende Fenster können diese Zugerscheinungen verhindern.

Da das Heizungswasser für die Fußbodenheizung nur maximal 45 °C warm zu sein braucht, genügt hier eine Niedertemperaturheizung oder eine Wärmepumpe. Ungeeignet ist die Fußbodenheizung für Räume, die wenig benutzt werden, dann aber schnell aufgeheizt sein sollen, denn sie ist träge, weil sie mit niedrigen Temperaturen arbeitet. Am sinnvollsten wird die Fußbodenheizung dort eingesetzt, wo eine konstante Raumtemperatur herrschen soll.

Heizkörper werden nicht benötigt, aber die Kombination mit Radiatoren und Konvektoren ist möglich. Sie können z.B. in Räumen aufgestellt werden, die nur unregelmäßig benutzt werden. Über eine Vorlauftemperaturschaltung lassen sich Fußbodenrohre und Heizkörper mit unterschiedlichen Heizwassertemperaturen beschicken.

Ein zusätzlicher Einzelofen, z.B. ein Ka-

chelofen im Wohnzimmer, wo man vorwiegend sitzt und wo deshalb besonders viel Wärme gebraucht wird, nimmt dem grimmigsten Winter seinen Schrecken.

Teppiche erschweren die Wärmeabgabe und dies um so mehr, je dichter sie sind. Deshalb sollte nicht der gesamte Boden mit Teppichen zugedeckt und keinesfalls gummibeschichtete Auslegeware verwendet werden. Reparaturen an den Rohrleitungen sind aufwendig, weil der Fußboden geöffnet werden muß. Deshalb müssen die Rohre sorgfältig verlegt und verbunden werden.

Weitere Flächenheizungen: Die Heizungsrohre können auch in die Decke eingelassen oder nachträglich an die Decke montiert werden. Man spricht

dann von einer *Deckenheizung.* Der Anteil der Strahlungswärmeabgabe ist zwar hoch, doch ist die Wärmeverteilung (Füße, Kopf) ungünstiger.

Die Rohre können auch in die Außenwand verlegt werden, man spricht dann von einer *Wandheizung.* Von den Befürwortern einer Wandheizung wird darauf hingewiesen, daß der Mensch die Wärme so am natürlichsten empfindet, ähnlich wie die Sonnenwärme oder die Wärme eines Kachelofens.

Heizungsregelung

Um eine Zentralheizung energie- und damit kostensparend betreiben zu können, muß sie richtig bedient und geregelt werden. Die Energieeinsparungen können beträchtlich sein. Deshalb

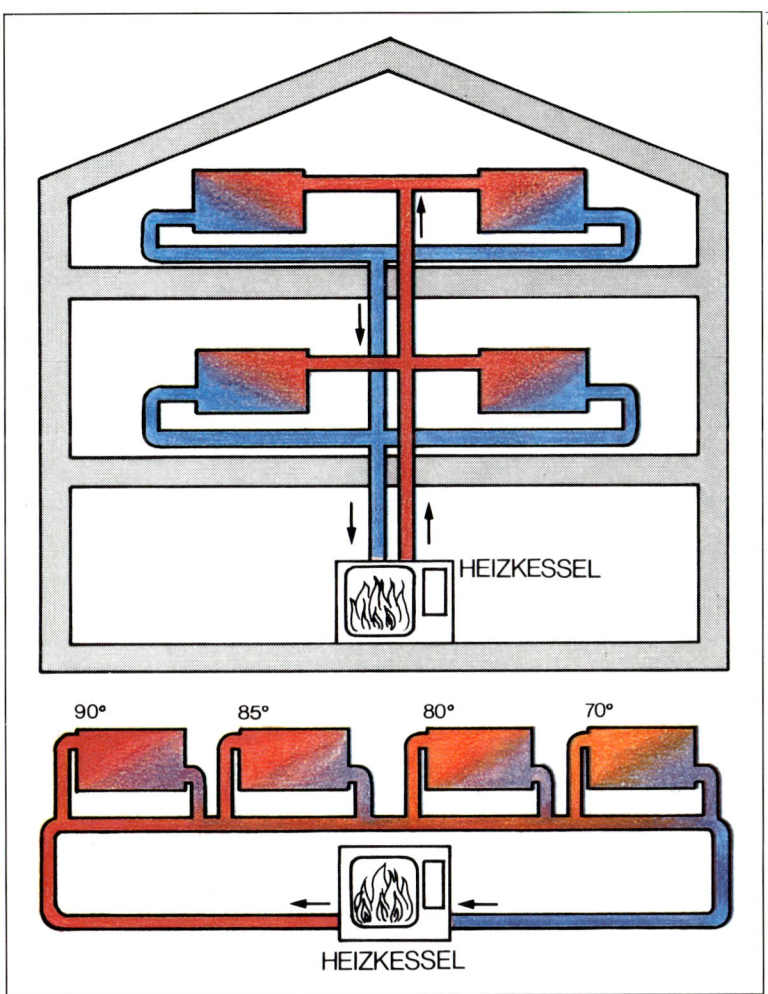

7 *Wärmeverteilung bei Zentralheizungen.*

Oben: Zweirohrsystem. Jeder Heizkörper wird mit Heizwasser gleicher Temperatur versorgt.

Unten: Einrohrsystem. Die Temperatur des Heizwassers nimmt von Heizkörper zu Heizkörper ab.

Dieses System ist daher vor allem für kleinere Etagenheizungen geeignet.

amortisieren sich moderne Regelgeräte bereits in 1 bis 2 Jahren.

Kesseltemperatur: Durch die Verbrennung von Heizstoffen wird im Kessel Wasser erwärmt, das in den Heizkörpern zirkuliert oder bei integrierter Warmwasserbereitung als Brauchwasser verwendet wird. Je größer die Differenz zwischen Heizwasser- und Raumtemperatur, desto größer ist auch der Wärmeverlust durch Abstrahlung und innere Auskühlung. Deshalb sollte die Kesseltemperatur so niedrig eingestellt werden, daß die gewünschte Heizleistung mit dieser Temperatur gerade noch erbracht wird.

Bei herkömmlichen Kesseln darf eine Kesseltemperatur von 65 °C nicht unterschritten werden, da sonst Wasser im Brennraum kondensiert, sich mit Schwefeldioxyd zu schwefliger Säure verbindet, die den Brennraum zerstört. Moderne Niedertemperaturkessel können auch mit niedrigeren Kesseltemperaturen arbeiten, da hier korrosionsbeständige Materialien verwendet werden. Sie können die Temperatur des Heizwassers direkt nach der Außentemperatur regeln. Sie sind deshalb energiesparend, weil dadurch die Abstrahlungs- und Auskühlungsverluste niedriger werden.

Umwälzpumpe: Grundsätzlich ist der Wasserumlauf durch die Heizkörper auch nach dem Schwerkraftprinzip möglich. Da erwärmtes Wasser leichter ist als kaltes, steigt es nach oben, gibt dort die Wärme ab und fließt wieder in den Kessel zurück. Die Umwälzung durch Schwerkraft benötigt jedoch zuviel Zeit. Die Umwälzpumpe beschleunigt den Durchfluß durch die Heizkörper und damit die Wärmeabgabe wesentlich.

Vorlauftemperatur: Das aufgeheizte Wasser fließt zu den Heizkörpern (Vorlauf), gibt dort die Wärme ab und fließt wieder zurück (Rücklauf). Auf dem Transport geht ein Teil der Wärme ungenutzt durch die Leitungsrohre verloren. Je höher die Temperatur des Vorlaufwassers ist, desto höher sind auch die Wärmeverluste. Deshalb sollte das Heizwasser mit möglichst niedriger Temperatur zu den Heizkörpern transportiert werden, d.h. mit möglichst niedriger Vorlauftemperatur.

Moderne Niedertemperaturkessel können die Vorlauftemperatur direkt über die Temperatur des Kesselwassers regeln. Bei konventionellen Kesseln erfolgt die Regelung dadurch, daß dem mindestens 65 °C heißen Kesselwasser abgekühltes Rücklaufwasser beigemischt wird. Bei älteren Anlagen geschieht das durch Handeinstellung. Diese Einstellung ist jedoch ungenau, da die Außentemperaturen und damit der Wärmebedarf sogar im Lauf weniger Stunden schwanken. Moderne Anlagen regeln deshalb die Vorlauftemperatur automatisch nach der Außentemperatur. Ein nachträglicher Einbau einer automatischen Steuerung ist möglich.

Außentemperaturfühler: Er wird an einer nicht von der Sonne beschienenen Seite des Hauses angebracht, mißt dort die Außentemperatur und gibt die Information an den Vorlauftemperaturregler weiter. Dieser mischt dem Vorlaufwasser je nach Außentemperatur und somit je nach Wärmebedarf mehr oder weniger Rücklaufwasser bei.

Heizkurve: Zu jedem zentralen Regler gehört ein Heizkurvendiagramm. Hier wird mit Hand eingestellt, welche Vorlauftemperatur für ein bestimmtes Haus bei einer bestimmten Außentemperatur nötig ist, um den Wärmebedarf decken zu können. Diese Vorlauftemperatur ist abhängig von Lage und Größe des Hauses, vom Wärmeschutz und vom Benutzerverhalten. Beim Einbau einer Heizungsanlage wird die Heizkurve meist vom Heizungsbauer eingestellt. Diese Einstellung sollte jedoch vom Benutzer durch Ausprobieren seinen wirklichen Wärmebedürfnissen angepaßt werden. Das kann zu einer Reduzierung der Wärmeverluste durch die Leitungsrohre beitragen.

Raumthermostat: Er wird in dem für das Heizen wichtigsten Raum, in der Regel also im Wohnzimmer, installiert und auf die gewünschte Temperatur eingestellt. Bei manchen Anlagen, z.B. Kesseln mit atmosphärischem Gasbrenner, kann er direkt die Kesseltemperatur regeln. Ist es im Raum zu kalt, wird das Heizwasser stärker aufgeheizt.

Bei älteren Anlagen, die eine Kesseltemperatur von mindestens 65 °C einhalten müssen, kann der Raumthermostat je nach Wärmebedarf die Umwälzpumpe ein- oder ausschalten. Möglich ist bei elektronischen Reglern auch die Regelung der Vorlauftemperatur.

Eine auf jeden Raum abgestimmte Temperaturregelung läßt sich mit dem Raumthermostat nicht erreichen. Sind bei allen Heizkörpern die Ventile geöffnet, wird die Wärmeabgabe auch an allen Heizkörpern erhöht bzw. gedrosselt. Eine auf jeden Raum abgestimmte Temperaturregelung ist nur durch Thermostatventile möglich.

Moderne Raumthermostate, die mit einer automatischen Heizungsregelung gekoppelt sind, können jedoch die Raumtemperaturen automatisch zu bestimmten Zeiten, z.B. bei Abwesenheit oder in der Nacht absenken.

Thermostatventile: Mit ihnen läßt sich für jeden Raum die gewünschte Temperatur einstellen und beliebig lange konstant halten. Ist die eingestellte Raumtemperatur erreicht, drosselt das Ventil selbsttätig den Wasserdurchlauf und damit die Wärmeabgabe. Dadurch wird ein Überheizen der Räume verhindert, Wärmegewinne durch Sonneneinstrahlung, Beleuchtungskörper oder Körperwärme werden berücksichtigt. Thermostatventile sind sehr preisgünstig und amortisieren sich durch Energieeinsparungen von etwa 15% meist schon in einem Jahr.

Die Raumluft muß ungehindert am Ventil vorbeistreichen können. Wird es z.B. durch einen Vorhang oder eine Heizkörperverkleidung verdeckt, mißt es durch einen auftretenden Wärmestau eine zu hohe Temperatur und die Wärmeabgabe der Heizkörper wird zu gering. Wird ein Raum im Winter gelüftet, sollte die niedrigste Stufe eingestellt werden, weil die Kaltluft die Öffnung des Ventils bewirkt. Schläft man gern bei offenem Fenster, kann die vorbeistreichende Kaltluft ebenfalls zur Öffnung des Ventils und damit zu Wärmeverlusten führen. Reicht eine niedrige Einstellung in diesem Fall nicht aus, sollte hier auf das Thermostatventil verzichtet werden.

Die kleinste Einstellung bietet meist zugleich Schutz vor dem Einfrieren der Heizkörper bei niedrigen Außentemperaturen oder längerer Abwesenheit.

Elektronische Regelung: Moderne Heizungsanlagen haben eine vollelektronische Regelung mit Außentemperaturfühler und Regelung der Kessel- oder Vorlauftemperatur. Die Heizkurve sollte der Benutzer seinen Bedürfnissen anpassen. Möglich bei diesen Regelsystemen ist auch eine automatische Nachtabsenkung der Raumtemperatur bei längerer Abwesenheit oder in der Nacht. In Verbindung mit Thermostatventilen ist eine solche Regelung bedienungsarm und energiesparend. Sie zahlt sich im allgemeinen bereits in 2 bis 3 Jahren aus.

Zubehör

Zum Betreiben von Zentralheizungen sind zusätzliche Einrichtungen zum Teil unabdingbar, zum Teil können sie zur Energieeinsparung sinnvoll eingesetzt werden.

Tankanlagen: Tankanlagen sind nötig für die Bevorratung von Heizöl oder Propangas. Für die Aufstellung von Tankanlagen gelten strenge Richtlinien. Durch sie soll ein Auslaufen von Heizöl und somit meist Grundwasser- und Erdreichverunreinigungen verhindert bzw. eine Explosionsgefahr vermieden werden. Öltankanlagen können im Erdbereich oder im Keller aufgestellt werden. Unterirdische Tanks müssen in regelmäßigen Zeitabständen durch Sachverständige auf ihre Dichtheit geprüft werden.

Werden die Öltanks so groß gewählt, daß das Heizöl für eine ganze Heizperiode gelagert werden kann, können jahreszeitliche Ölpreisschwankungen voll ausgenutzt werden.

Beim Aufstellen von Tankanlagen im Keller verwendet man meist Batterietanks. Sie bestehen aus mehreren, nachträglich miteinander verbundenen kleineren Tanks und können leicht in den Keller transportiert und auch wieder entfernt werden. Kunststofftanks sind korrosionsfest und haben so eine längere Lebenserwartung als Stahltanks. Diese sind schwerer, jedoch meist billiger.

Gastanks dürfen nur im Freien aufgestellt werden, um bei Undichtigkeit eine Explosionsgefahr zu vermeiden. Explosionen von privaten Gastanks sind so gut wie unbekannt.

Ölzähler: Bei einer Ölzentralheizung gibt es zunächst keinen Ölzähler wie beim Erdgas den Gaszähler oder beim Wasser den Wasserzähler. Man kann den Ölstand im Tank nur sehr ungenau messen und stellt dann fest, daß wieder 100 oder 200 Liter verbraucht worden sind. Den Ölzähler zur genauen Kontrolle muß man einbauen lassen. Da eine Zentralheizung ständig Wärme zur Verfügung stellt, wird meist mehr Wärme

verbraucht als bei einer Heizung mit Einzelöfen. Eine Kontrolle des Ölverbrauchs kann zu einem bewußteren Umgang mit Heizöl beitragen. Auch der Verbrauch des Brenners in einer bestimmten Laufzeit kann damit überwacht werden und somit die optimale Einstellung.

Ölvorwärmer: Die Zähigkeit des Heizöls ist in den letzten Jahren ständig gestiegen. Dadurch kann es bei Heizungsanlagen mit niedriger Leistung und kleiner Brennerdüse dazu kommen, daß das Öl nicht mehr optimal zerstäubt werden kann. Das führt zu unvollständiger Verbrennung, zur Verrußung und zu erhöhten Energieverlusten. Deshalb sind in Brennern im niedrigen Leistungsbereich meist Ölvorwärmer eingebaut. Ein nachträglicher Einbau führt zu keinen oder zu nur unwesentlichen Energieeinsparungen.

Betriebsstundenzähler: Mit ihm kann die genaue Brennerlaufzeit ermittelt werden. Sie ist von Bedeutung für die Frage, ob die Kesselleistung richtig dimensioniert, d.h. dem Wärmeverbrauch richtig angepaßt ist. Die Brennerlaufzeit sollte im Jahr etwa 1800 Stunden betragen. Ist die Brennerlaufzeit wesentlich kürzer, vor allem bei zu großer Auslegung der Heizungsleistung oder nach Energiesparmaßnahmen, ist seine Leistung zu hoch. Er produziert mehr Wärme, als jeweils verbraucht wird, was zu hohen Stillstands- und Bereitschaftsverlusten führt. Der Einbau einer kleineren Brennerdüse kann da Abhilfe schaffen. Bei der Neuanschaffung eines Heizkessels kann ein Kessel mit niedrigerer Leistung gewählt werden.

Abgasthermometer: Es wird direkt über die Rauchgasrohröffnung in den Kamin eingebaut. Durch eine regelmäßige Kontrolle der Abgastemperatur kann festgestellt werden, ob der Brenner falsch eingestellt ist oder ob die Kesselwände verrußt sind. Steigt die Abgastemperatur über den üblichen Wert, zeigt dies eine verschlechterte Energieausnutzung an.

Abgasklappe: Steht der Brenner still, so kommt es nicht nur zu Abstrahlungsverlusten des Heizkessels, er kühlt auch von innen durch den Schornsteinzug aus. Das verhindert eine Abgasklappe. Sie unterbindet den Schornsteinzug bei Brennerstillstand. Man unterscheidet thermische Abgasklappen, die mecha-

nisch auf das Ein- und Ausschalten des Brenners reagieren und motorgetriebene, bei denen das Öffnen und Schließen durch eine elektrische Schaltung mit dem Brenner gekoppelt ist.

Zugbegrenzer: Er wird in die Wand des Schornsteins eingebaut. Den optimalen Einbauort läßt man sich am besten vom Schornsteinfeger zeigen.

Der Zugbegrenzer führt Nebenluft in den Schornstein ein, so daß der Schornsteinzug die heiße Luft mit den Abgasen nicht vorschnell aus dem Kessel in den Schornstein zieht. Dadurch kann mehr Wärme an das Heizwasser im Kessel übertragen werden. Außerdem wird durch die Zuführung von Nebenluft die Kondensation des Wasserdampfes im Kamin verzögert und so die Gefahr der Versottung herabgesetzt. Schließlich kann der Schornstein während des Brennerstillstandes belüftet werden, so daß die Feuchtigkeit abtrocknen kann.

Heizkostenverteiler: Sie sollen den Wärmeverbrauch eines Heizkörpers messen und so zu einer gerechten Heizkostenabrechnung beitragen. Dadurch soll verhindert werden, daß unkontrollierter Wärmeverbrauch pauschal auf andere Mietparteien umgewälzt wird. Gebräuchlich sind die Verdunstungsgeräte, die am Heizkörper befestigt werden und eine Flüssigkeit enthalten, die bei Wärmeabgabe der Heizkörper langsam verdunstet. An einer Strichskala wird der Wärmeverbrauch abgelesen und mit anderen Wohneinheiten verglichen.

Elektronische Zähler arbeiten meist genauer, sind dafür jedoch wesentlich teurer.

Wartungsarbeiten

Um laufend die größtmögliche Energiemenge ausnutzen zu können, müssen von Zeit zu Zeit Wartungsarbeiten am Wärmeerzeuger und Wärmeverteiler vorgenommen werden.

Brenner: Er muß vom Fachmann von Zeit zu Zeit gereinigt und neu eingestellt werden.

Rußablagerungen im Feuerraum: Sie können die Wärmeübertragung an das Heizwasser stark beeinträchtigen. Die Abgastemperatur steigt dadurch an, die Verluste werden größer. Der Brenner muß beim Entrußen abgestellt werden (Notaus). Die Brennertür wird geöffnet, 415 der Feuerraum mit Schaber, Spachteln oder speziellen Bürsten gereinigt.

Auch Rußablagerungen an der Stauscheibe, die die Aufgabe hat, das durch die Düse zerstäubte Öl mit Verbrennungsluft zu mischen, können mit einer weichen Drahtbürste entfernt werden.

Die Verwendung chemischer Entrußungsmittel führt zu einer erhöhten Umweltbelastung und kurzfristig zu erhöhtem Heizölverbrauch.

Heizkörper entlüften: Befindet sich Luft in den Heizkörpern, was sich durch ein gluckerndes Geräusch und eine schlechte Wärmeabgabe des Heizkörpers bemerkbar macht, wird die Wärmeabgabe des Heizkörpers stark reduziert. Eine Entlüftung ist über das Entlüftungsventil möglich mit einem speziellen Entlüfterschlüssel, der im Fachhandel erhältlich ist. Wandteile sollten dabei abgedeckt werden, damit sie nicht mit schmutzigem Heizungswasser bespritzt werden.

Zentralheizungen im Selbstbau

Von verschiedenen Firmen (z.B. Braukmann, Exotherm, KH-Zentralheizungen) werden dem Heimwerker Selbstbausätze für Zentralheizungen angeboten. Diese Bausätze bestehen aus weitgehend vormontierten Teilen, die man nach einer Anleitung zusammenbaut. Als Rohrleitungen werden Kupferrohre eingesetzt, die entweder durch Löten oder durch Schneidringverschraubungen verbunden werden (siehe Seite 432, Abb.9). Die Firmen bieten außerdem Montagehilfen an. Es kann durchaus nützlich sein, wenn man sich von verschiedenen Systemen die Montageanleitungen beschafft, um zu sehen, ob man sich die Montage auch zutraut. Man sollte sich über Wartung und Reparatur informieren und darüber vertragliche Vereinbarungen treffen. Zweifellos können bei Aufträgen an den Heizungsbauer durch Eigenleistung (Schlitzen, Zuputzen, Deckendurchbrüche usw.) erhebliche Kosten gespart werden.

Fernheizung

Die Wärme, die bei der Fernheizung genutzt wird, ist in der Regel ein Abfallprodukt bei der Erzeugung von Strom und bei der Müllverbrennung. Statt diese Wärme ungenutzt nach draußen abzuleiten, kann sie zur Beheizung von Gebäuden, Siedlungen und Stadtteilen verwendet werden (Fernheizung). Je weiter der Entstehungsort der Abwärme von den Heizanlagen entfernt ist, um so mehr Wärme geht auf dem Transport verloren. Das spricht für kleine Kraftwerke in der Nähe von Ballungsgebieten anstelle von riesigen Kraftwerken auf dem Land.

Fernheizungen haben also beim Verbraucher neben der Raumersparnis den Vorteil, daß die eingesetzte Primärenergie besser genutzt wird und Fernwärme deshalb preiswert ist. Heizwerke liefern nur Heizwärme, die als Nebenprodukt von industriellen Anlagen anfällt (Müllheizwerke).

Heizkraftwerke liefern Strom und Heizwärme. Der Gesamtwirkungsgrad von Heizkraftwerken kann durch Lieferung von Fernwärme auf bis zu 80% ansteigen. Gegenwärtig arbeitet jedoch nur ein kleiner Prozentsatz der installierten Kraftwerksleistung mit dieser Kraft-Wärme-Kopplung.

Blockheizkraftwerke versorgen mehrere Wohnblocks und werden meist vom Eigentümer betrieben.

Wärmepumpe

Wärmepumpen (Abb.8) können zur Warmwasserbereitung und zum Heizen verwendet werden. Sie waren vor einigen Jahren eine große Hoffnung für Energiesparer. Dazu hat in nicht unerheblichem Maß die Werbung der Hersteller beigetragen, die oft den Anschein erweckte, als lieferten Wärmepumpen die Energie sozusagen kostenlos. Betrachtet man das Problem differenzierter, so sieht man, daß nicht in jedem Fall Energie eingespart wird. Das trifft insbesondere auf Elektrowärmepumpen zu, die einen erheblichen Strombedarf haben. Ganz anders sieht es aus beim Einsatz von Gas- oder Dieselmotoren sowie Absorptionswärmepumpen (Abb.9).

Funktionsweise

Die Funktionsweise einer Wärmepumpe unterscheidet sich nicht wesentlich von der des Kühlschranks. Beim Kühlschrank wird die Wärme durch Einsatz von Hilfsenergie aus dem Nutzraum heraus »gepumpt« und an der Rückseite an die Raumluft abgegeben. Die Wärmepumpe »pumpt« die Energie aus der Umgebung – Außenluft, Grund-, See- und Flußwasser sowie Erdreich – und nutzt sie als Wärme zum Heizen und zur Warmwasserbereitung. Grundsätzlich unterscheidet man nach dem Antrieb zwischen Kompressions- und Absorptionswärmepumpen.

Eine Wärmepumpe gewinnt ihre Energie aus der Umwelt, auch bei relativ niedrigen Temperaturen. Um diese Energie zur Heizung und Warmwasserbereitung sinnvoll nutzen zu können, muß sie auf ein höheres Temperaturniveau gebracht werden. Dies geschieht durch die Verdichtung einer verdampften Flüssigkeit.

Elektrokompressionswärmepumpen: Bei ihnen erfolgt die Verdichtung über einen kleinen Elektromotor.

Gaskompressionswärmepumpen: Für die Verdichtung sorgt ein kleiner Gasmotor. Da die Abwärme des Motors zum großen Teil in den Wärmepumpenkreislauf miteinbezogen werden kann, wird die eingesetzte Primärenergie sehr gut ausgenutzt. Aus 100% eingesetzter Primärenergie entstehen so unter Ausnutzung der Umweltenergie bis zu 160% Nutzenergie (Abb.9).

Kompressionswärmepumpen mit Dieselmotor: Sie sind vergleichbar mit Gaswärmepumpen, doch ergeben sich hier Probleme mit der Abführung der Abgase.

Absorptionswärmepumpe: Sie unterscheidet sich von der Kompressionswärmepumpe im wesentlichen nur im Antriebsteil. Die Verdichtung erfolgt nicht durch einen Motor, sondern ein Lösungsmittel und die Wärme eines Öl-, meist jedoch Gasbrenners. Da eine Absorptionswärmepumpe nahezu ohne bewegliche Teile auskommt, wird ihr eine hohe Lebenserwartung eingeräumt. Absorptionswärmepumpen werden für die Haushzeizung dann interessant, wenn genügend kleine Einheiten in Serienproduktion hergestellt und damit billiger werden.

Wärmequellen

Alle Wärmepumpen nutzen die Umgebungswärme, die letztlich durch die Sonneneinstrahlung entstanden ist. Sie bringen durch Verdichtung die Ver-

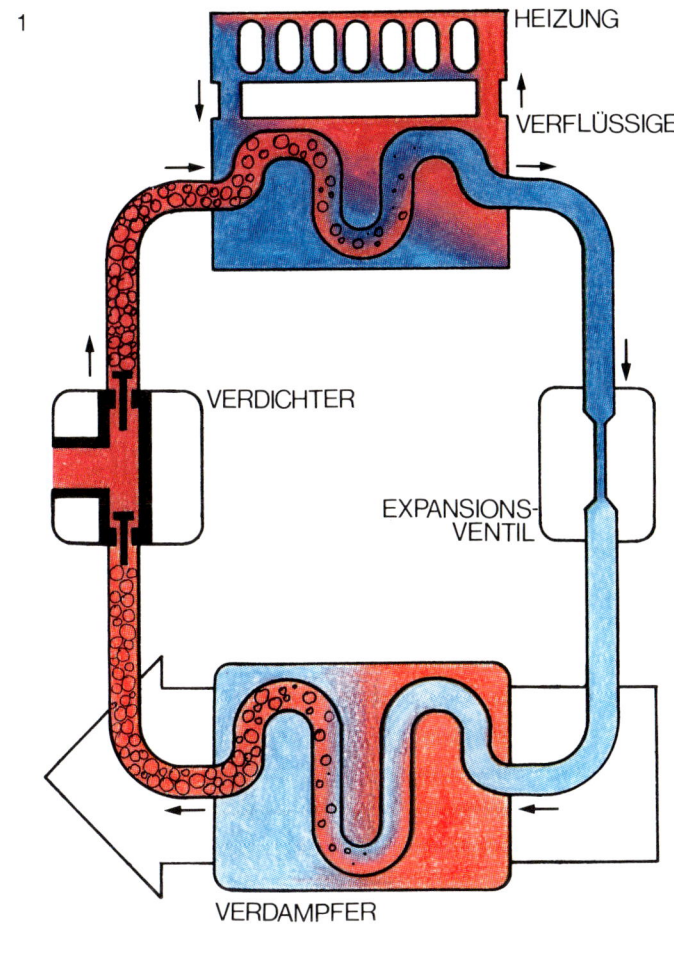

1

HEIZUNG

VERFLÜSSIGER

VERDICHTER

EXPANSIONS-
VENTIL

VERDAMPFER

8 Funktion und Einsatz von Wärmepumpen:
1 Kreislauf des Arbeitsmittels. Es
nimmt Wärme auf, verdampft, wird
komprimiert und dadurch heiß. Es
gibt die Wärme an das Heizwasser ab und geht bei der Wegnah-
me des Drucks wieder in die flüssige Form über.
2 Monovalenter Betrieb einer Wärmepumpe (oben), bivalent-alternativer Betrieb (Mitte) und bivalent-paralleler Betrieb (unten)
3 Arbeitszahlen einer Wärmepumpe
bei verschiedenen Außentemperaturen und Vorlauftemperaturen.
Die Arbeitszahl ist um so größer,
je geringer die Temperaturdifferenz ist, die überwunden werden
muß. Die Arbeitszahl gibt an, wie-
vielmal mehr Energie real gewonnen als zugeführt wird.

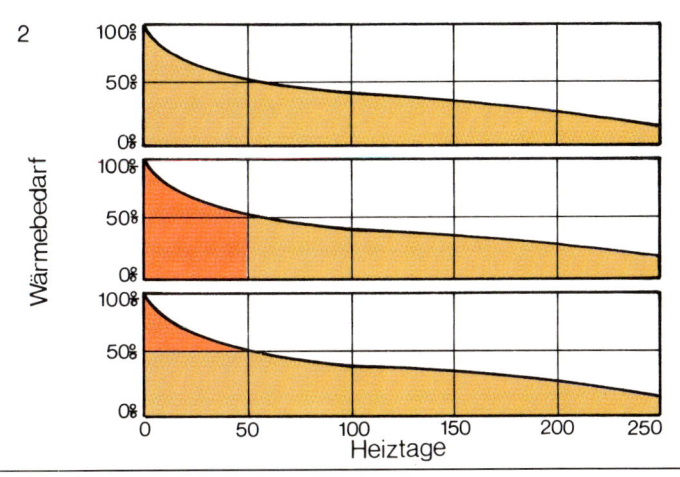

2

Wärmebedarf

100%
50%
0%
100%
50%
0%
100%
50%
0%

0   50   100   150   200   250

Heiztage

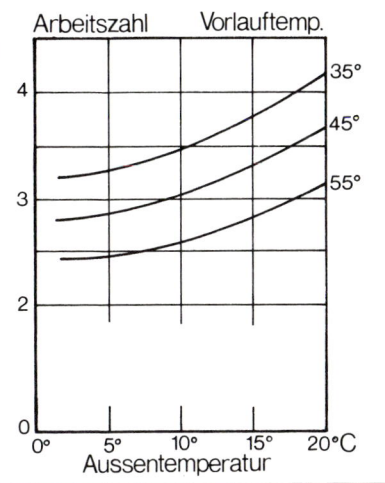

3

Arbeitszahl   Vorlauftemp.

4

3

2

0
0°   5°   10°   15°   20°C

Aussentemperatur

35°
45°
55°

dampferflüssigkeit auf ein höheres Temperaturniveau und arbeiten daher auch bei relativ niedrigen Temperaturen. Da jedoch mit sinkender Temperatur der Stromverbrauch stark ansteigt, können manche Wärmequellen nicht das ganze Jahr hindurch wirtschaftlich genutzt werden.

Luft: Wärmepumpen, die die Wärme der Außenluft nutzen, werden auch als Luft-Wasser-Wärmepumpen bezeichnet. Die Energiequelle ist Luft, der Wärmeverteiler Wasser. Die Investitionskosten sind hier vergleichsweise gering, da außer der Installation des Gerätes kaum zusätzliche Arbeiten anfallen. Der Nachteil von Luft-Wasser-Wärmepumpen besteht darin, daß die Arbeitszahl bei niedrigen Außentemperaturen sinkt (Abb.8). Der Betrieb ist deshalb in der Regel nur bis zu einer Außenlufttemperatur von etwa +3°C sinnvoll. Manche Wärmepumpen arbeiten aber auch bei niedrigeren Temperaturen, doch steigt der Energieverbrauch dann stark an. Deshalb muß zusätzlich ein Kessel installiert werden, der dann die gesamte Wärmeerzeugung übernimmt.

Wasser: In der Regel kommt als Wärmequelle nur Grundwasser in Betracht, da es in einer bestimmten Tiefe z.B. 10 oder aber 80 m, das ganze Jahr hindurch etwa eine Temperatur von +10°C aufweist. Grundsätzlich könnte zwar auch Fluß- oder Seewasser genutzt werden, doch können hier Probleme im Winter nicht ausgeschlossen werden. Wärmepumpen, die Wasser als Wärmequelle nutzen, werden auch als Wasser-Wasser-Wärmepumpen bezeichnet.

Bei Verwendung von Grundwasser wird das Wasser durch eine Pumpe aus einem Grundwasserbrunnen angesaugt, am Verdampfer um etwa 5°C abgekühlt und in einen Schluckbrunnen zurückgeleitet. Welche Auswirkungen das bei umfangreicher Inanspruchnahme hat, ist unbekannt, und insofern bestehen Bedenken. Die Nutzung des Grundwassers ist immer genehmigungspflichtig. Die Investitionskosten sind hier wesentlich höher durch Bohrungsarbeiten, doch steht diese Wärmequelle ganzjährig zur Verfügung. Für längere Kälteperioden sollte man jedoch eine Zusatzheizung einplanen, etwa in Form eines Kachelofens.

Erdreich: In einer Tiefe von etwa 1 bis 1,50 m werden im Erdreich Rohre verlegt, in denen Sole (Wasser mit Frostschutzmittel) zirkuliert und die Erdwärme aufnimmt. Für eine ausreichende Wärmeversorgung ist mindestens die doppelte Fläche des beheizten Wohnraums erforderlich. Die Installation ist sehr kostenintensiv, da mehrere hundert Meter Rohre verlegt werden müssen.

Negative Auswirkungen auf die Vegetation, vor allem auf Bäume, können nicht ausgeschlossen werden, da die Temperatur des Erdreichs durch den Wärmeentzug sinkt.

Sonnenkollektoren und Absorber: Grundsätzlich ist auch eine Kombination der Wärmepumpe mit Sonnenkollektoren und großflächigen Absorbern denkbar, doch wird eine solche Anlage meist an den hohen Investitionskosten scheitern.

Betriebsweise

Ob eine Wärmepumpe den gesamten Wärmebedarf eines Hauses decken kann (monovalenter Betrieb) oder nur einen Teil (bivalenter Betrieb), hängt im wesentlichen von der verwendeten Wärmequelle ab. Dies ist auch für Wirtschaftlichkeitsüberlegungen von großer Bedeutung.

Monovalente Betriebsweise: Sie ist normalerweise nur durch die Verwendung von Grundwasser als Wärmequelle möglich. Da die Wärmepumpe auch an den kältesten Tagen den gesamten Wärmebedarf zu decken hat, muß ihre Leistung groß sein. Ihre Anschaffung ist entsprechend teuer.

Bivalent-alternative Betriebsweise: Sie ist bei Verwendung von Außenluft als Wärmequelle üblich. Die Wärmepumpe arbeitet nur bis zu ca. +3°C Außentemperatur wirtschaftlich. Wird diese Temperatur unterschritten, schaltet sich die Wärmepumpe automatisch ab, die gesamte Wärmeerzeugung wird vom Heizkessel übernommen. Die Wärmepumpe braucht nur für etwa 50% der Gesamtleistung ausgelegt zu werden, dagegen muß der Zusatzkessel so groß dimensioniert sein, daß er auch an den kältesten Tagen den Wärmebedarf allein decken kann.

Bivalent-paralleler Betrieb: Hier übernimmt die Wärmepumpe das ganze Jahr hindurch einen Teil der Wärmeerzeugung. Der Spitzenbedarf, der nur etwa 1 bis 2 Monate im Jahr auftritt, wird durch einen konventionellen Heizkessel übernommen. Da beide Systeme parallel laufen, können Wärmepumpe und Heizkessel kleiner ausgelegt werden. Möglich ist der Parallelbetrieb bei der Verwendung von Grundwasser oder Erdwärme. Grundsätzlich ist auch die Deckung des Spitzenbedarfs durch Einzelöfen möglich.

Wirtschaftlichkeit

Die Frage nach der Wirtschaftlichkeit von Wärmepumpen läßt sich nur bei einer gründlichen Untersuchung des Einzelfalles beantworten weil dabei viele Faktoren eine Rolle spielen.

Folgende Zusammenhänge sind zu bedenken: Eine Wärmepumpe verursacht Investitionen und spart Energie. Wann die Ersparnis die Investitionskosten überwiegt und damit die Anlage rentabel wird, hängt von den Preisen im Einzelfall und der Lebensdauer der Wärmepumpe ab.

Wichtig ist, ob eine Wärmepumpe nur zum Heizen, nur zur Warmwasserbereitung oder in beiden Bereichen eingesetzt wird. Reine Warmwasserwärmepumpen sind günstig in der Anschaffung und arbeiten nur mit der Wärmequelle Luft. Sie arbeiten genau dann mit günstigen Arbeitszahlen, wenn die konventionelle Heizungsanlage die Energie schlecht ausnutzt, nämlich im Sommer und in der Übergangszeit. Der Energieverbrauch kann hier auch vom Benutzer beeinflußt werden. Denn soll in kurzer Zeit eine große Menge an Warmwasser zur Verfügung gestellt werden, steigt der Energieverbrauch stark an.

Sollen Wärmepumpen monovalent eingesetzt werden, ist eine hohe Leistung notwendig. Der Anschaffungspreis dieser Geräte ist relativ hoch. Dazu kommt, daß ein monovalenter Betrieb nur durch Verwendung von Grundwasser oder Erdwärme möglich ist. Dazu sind zwei Grundwasserbrunnen notwendig, die je nach geologischen Gegebenheiten sehr unterschiedliche Investitionskosten verursachen. Eine großflächige Verlegung von Erdrohren ist noch kostenintensiver und kann in der Regel nur bei einem Neubau durchgeführt werden. Nur bei der Luft-Wasser-Wärmepumpe ergeben sich relativ niedrige Investitionskosten, doch hier ist ein zusätzlicher Heizkessel notwendig.

Wärmepumpen arbeiten nur dann mit guten Arbeitszahlen, wenn die Temperaturdifferenz, die sie überwinden müssen, möglichst gering ist. Deshalb eignen sie sich zur Kombination mit Niedertemperaturheizsystemen, die allerdings auch mehr Kosten verursachen können als ein konventionelles Wärmeverteilungssystem.

Kann eine Wärmepumpe auch zur Kühlung von Räumen eingesetzt werden, so ist ein wirtschaftlicher Betrieb wahrscheinlich, da spezielle Kühlanlagen dann nicht mehr nötig sind. Da der Luftbedarf jedoch größer ist, ist der Einsatz nur möglich, wenn große Räume gekühlt werden sollen.

Sonnenkollektoren

Die Sonneneinstrahlung ist jahreszeitlichen Schwankungen unterworfen und in unseren Breiten gerade dann gering, wenn der Wärmebedarf sehr groß ist. Deshalb ist die Sonnenenergie zur Raumheizung nur bedingt geeignet. Die Investitionskosten sind dafür zur Zeit oft noch höher als die erzielbaren Ersparnisse an Heizkosten. Deshalb wird in diesem Kapitel nur die Warmwasserbereitung mit Sonnenkollektoren behandelt. Hier sieht es nämlich wesentlich günstiger aus, da gerade die mit der Zentralheizung gekoppelte Warmwasserbereitung im Sommer sehr unwirtschaftlich arbeitet. In dieser Zeit aber erzielen Sonnenkollektoren ihre größte Leistung.

Könnte die Sonnenwärme, die im Sommer anfällt, über längere Zeit gespeichert werden, so könnte das dem Einsatz von Sonnenenergie für die Raumheizung zum Durchbruch verhelfen. Diese Speicherung könnte auf dem chemischen Weg erfolgen durch Umwandlung von Stoffgemischen. Mit konkreten

Ergebnissen für den Verbraucher ist in nächster Zukunft jedoch noch nicht zu rechnen.

Auskünfte über Bezugsquellen gibt die Deutsche Gesellschaft für Sonnenenergie. Empfehlenswert ist die Broschüre »Solaranlagen im Selbstbau« von Claudia Lorenz-Ladener (Seite 536).

Funktionsweise

Sonnenstrahlung trägt direkt zur Raumerwärmung bei. Um jedoch eine von der Tageszeit unabhängige Nutzung zu ermöglichen, muß Sonnenstrahlung in Wärme umgewandelt und gespeichert werden. Dies geschieht durch die Kollektoranlage.

Kollektor: Sonnenstrahlung wandelt sich in Wärme um, wenn sie auf einen Körper auftrifft und absorbiert wird. Je dunkler ein Körper, desto größer ist die Absorption und damit seine Erwärmung.

Dieses Prinzip machen sich Flachkollektoren zunutze. Sie bestehen aus einer dunklen Absorberplatte, die die Strahlung aufnimmt und an eine Wärmeträgerflüssigkeit abgibt, die durch diese Platte fließt. Um die Wärmeverluste zu begrenzen, wird der Kollektor an der Rückseite und an den Seiten wärmegedämmt und mit einer Glasplatte abgedeckt. Denn das Glas läßt die kurzwellige Sonnenstrahlung zwar durch, doch die langwellige Wärmestrahlung nicht mehr entweichen. Eine Doppelverglasung kann die Wärmeverluste weiter reduzieren.

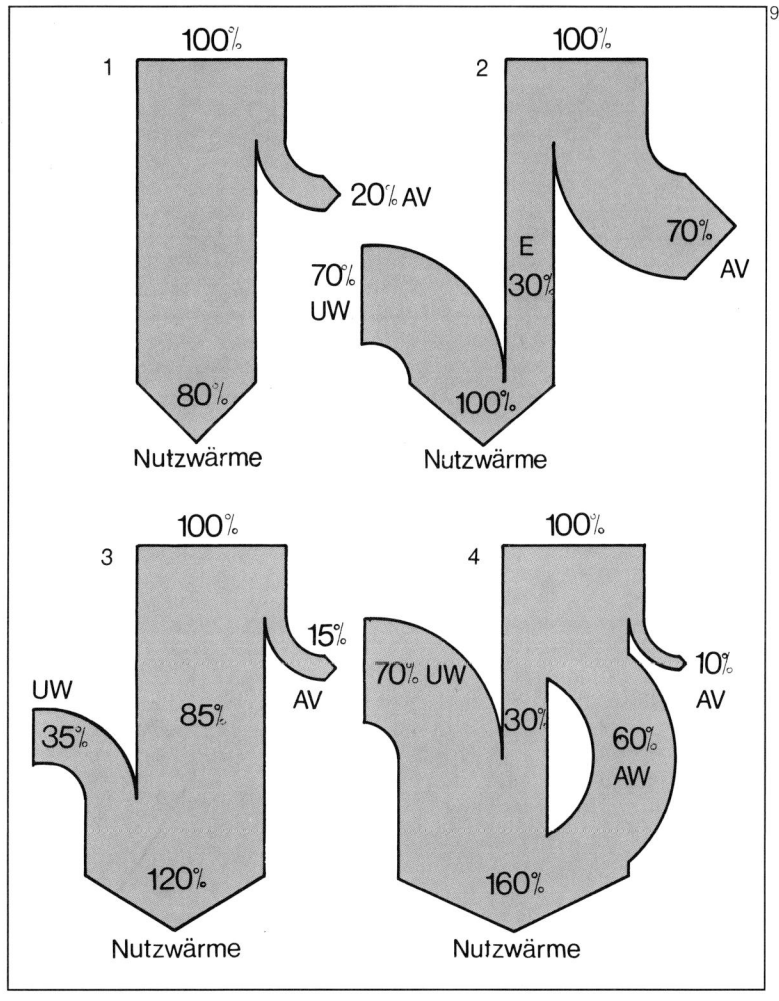

9 *Energieausnutzung von Ölkesseln und verschiedenen Wärmepumpen im Vergleich (AV: Abgasverluste. UW: Umweltwärme. E: elektrischer Strom. AW: Abwärme des Motors):*
1 Ölkessel
2 Elektrowärmepumpe
3 Gasabsorptionswärmepumpe
4 Gaskompressionswärmepumpe.

Konzentrierende Kollektoren bündeln die Strahlung durch einen Hohlspiegel, wodurch die Wärmeträgerflüssigkeit eine höhere Temperatur erreichen kann. Diese Kollektoren können aber eine diffuse Himmelsstrahlung nicht nutzen und werden deshalb in der Praxis kaum eingesetzt.

Vakuumröhrenkollektoren nutzen die Sonnenenergie auch bei geringer Strahlung und niedrigen Temperaturen gut aus.

Kollektoren können auf dem Dach, aber auch an anderen Stellen montiert werden und müssen in einem Winkel von etwa 45° nach Süden ausgerichtet sein.

Wärmetransport: Die Wärmeträgerflüssigkeit, die den Kollektor durchfließt (meist Wasser mit Frostschutzmittel), nimmt die Wärme auf, gibt sie im Warmwasserspeicher durch einen Wärmetauscher ab und fließt abgekühlt wieder in den Kollektor zurück (Abb. 10). Diese Zirkulation kann grundsätzlich über das Schwerkraftprinzip erfolgen. Da die erwärmte Wärmeträgerflüssigkeit ein geringeres spezifisches Gewicht hat als die kühle, steigt sie nach oben, die abgekühlte sinkt nach unten. Die Schwerkraftzirkulation ist deshalb nur dann möglich, wenn sich der Speicher oberhalb des Kollektors befindet. Da die meisten Speicher jedoch im Keller aufgestellt werden, erfolgt in der Regel die erzwungene Zirkulation durch eine Pumpe, die sich dann einschaltet, wenn die Temperatur im Absorber deutlich höher ist als im unteren Teil des Speichers.

Speicher: Der Wärmetauscher befindet sich im unteren Teil des Wärmewasserspeichers und überträgt die Wärme der Trägerflüssigkeit an das Speicherwasser. Je größer der Temperaturunterschied zwischen Speicherwasser und Wärmeträgermedium, desto mehr Wärme kann übertragen werden. Das erwärmte Wasser steigt nach oben und kann für den Verbrauch entnommen werden.

Die Kaltwasserzuleitung befindet sich unten. Sie muß so konstruiert sein, daß die Temperaturschichtung im Speicher aufrechterhalten bleibt.

Die Größe des Speichers muß auf den Warmwasserverbrauch abgestimmt werden. Ist er zu klein, kann nur wenig Wärme gespeichert werden, sonnenlose Tage oder Stunden können nicht überbrückt werden. Der Speicher muß also in jedem Fall wesentlich größer gewählt werden als ein konventioneller Warmwasserspeicher.

Zusatzheizung: Da das Energieangebot der Sonne stark schwankt, muß eine Zusatzheizung installiert werden, die dann einspringt, wenn die Sonnenenergie nicht ausreicht. Diese Zusatzheizung muß im oberen Drittel des Speichers eingebaut werden, da dadurch nur ein Teil des Speicherinhalts erwärmt wird und ein weiterer Wärmegewinn durch die Solaranlage möglich ist. Häufig wird dazu ein elektrischer Heizstab benutzt. Sinnvoll wäre eine zusätzliche Kombination mit einem Wärmeaustauscher, der bei Betrieb einer Zentralheizung mit Heizungswasser beschickt wird. Dadurch könnte die Primärenergie im Winterhalbjahr wesentlich besser genützt werden, da in dieser Zeit der Stromverbrauch hoch ist.

Wirtschaftlichkeit

Die Wirtschaftlichkeit des Einsatzes von Sonnenkollektoren zur Brauchwassererwärmung ist umstritten. Je nachdem, von welcher Berechnungsgrundlage man ausgeht, kommt man zu sehr unterschiedlichen Ergebnissen.

Energieausnutzung: Sonnenenergie ist zwar kostenlos gelieferte Energie, doch um sie konstant nutzen zu können, sind relativ große Investitionen erforderlich, die sich nur dann lohnen, wenn die Anlage gut arbeitet. Untersuchungen der Stiftung Warentest ergaben sehr unterschiedliche Arbeitszahlen für Sonnenkollektoranlagen (Test 1985, 2). Die beste Anlage erreichte im Sommerhalbjahr eine Arbeitszahl von 5,3, d.h. die gewonnene Energie betrug das 5,3fache der für die elektrische Nachheizung und den Betrieb der Umwälzpumpe eingesetzten Energie. Die schlechteste Anlage jedoch arbeitete nur mit einer Arbeitszahl von 1,2. Bei dieser Anlage gewann man also nur wenig mehr Energie, als Hilfsenergie eingesetzt wurde. Gasspeicher oder Gasdurchlauferhitzer hätten die Primärenergie wesentlich besser genutzt.

Relativ schlecht kamen alle Anlagen im Winterhalbjahr weg. In dieser Zeit wurde von ihnen nur wenig mehr Energie produziert, als in Form von Hilfsenergie eingesetzt wurde. Wird in dieser Zeit Strom für die Zusatzheizung verwendet, so heißt das, daß Heizkessel, Gasspeicher oder Ölbadeöfen die Primärenergie wesentlich besser genutzt hätten. Sinnvoll ist deshalb in dieser Zeit eine zusätzliche Nachheizung, die nicht auf Strom basiert.

Anlagekosten: Ob eine Sonnenkollektoranlage wirtschaftlich ist, hängt von den Kosten ab, die für den Einbau entstehen. Fertig gelieferte Kollektoren sind relativ teuer, die Umbauarbeiten relativ aufwendig. Je mehr Eigenleistung erbracht werden kann, desto eher ist auch eine Wirtschaftlichkeit gegeben. Die wichtigsten Eigenleistungen sind die Planung und die Verlegung der Leitungen.

Nicht täuschen lassen sollte man sich von Berechnungen, die die gesamten Kosten z.B. auf einen 10-Jahres-Zeitraum umrechnen. Denn alterungsanfällig ist in der Regel nur der Kollektor, während der Speicher und die Rohrleitungen wesentlich länger benutzt werden können. Für langfristige Überlegungen sollte man dies also in die Rechnung mit einbeziehen.

Warmwasser

Der Energieaufwand für die Warmwasserbereitung beträgt zwar durchschnittlich nur 10% des Gesamtenergieverbrauches eines Haushaltes, doch können hier erhebliche individuelle Unterschiede auftreten, so daß man auch hier Überlegungen anstellen sollte, wie mit möglichst geringem Kostenaufwand das ganze Jahr hindurch Warmwasser bereitgestellt werden kann.

Der tägliche durchschnittliche Warmwasserverbrauch schwankt zwischen 30 und 150 Liter pro Person. Wer sich überlegt, welche Warmwasserbereitung für ihn am günstigsten ist, sollte den Warmwasserverbrauch in seinem Haushalt möglichst genau abschätzen. Jedoch ist nicht nur die benötigte Wassermenge von großer Bedeutung für die Wirtschaftlichkeitsüberlegungen, auch der Verbrauch über einzelne Tage und Wochen ist dabei mit zu berücksichtigen.

Wird Warmwasser regelmäßig in größeren Mengen verbraucht, ist ein anderes Wärmeerzeugungssystem notwendig als bei einem sehr unregelmäßigen Verbrauch.

Grundsätzlich unterscheidet man zwischen Einzel-, Gruppen- und Zentralversorgung, wobei es fließende Übergänge gibt. Von Einzelversorgung spricht man, wenn jede Zapfstelle mit einem Warmwasserbereitungsgerät ausgestattet ist. Sie bietet sich vor allem an, wenn nur wenige Personen versorgt werden sollen, der Wasserverbrauch gering ist oder zu hohe Umbaukosten für eine zentrale Versorgung anfallen würden. Manche Geräte eignen sich auch zur Gruppenversorgung. Dabei können mehrere Zapfstellen, oft auch gleichzeitig, mit Warmwasser versorgt werden. Die Zentralversorgung ist meist mit einer Zentralheizungsanlage (siehe Seite 410) gekoppelt, kann jedoch auch über größere Einzelgeräte erfolgen. Voraussetzung dafür ist die Verlegung eines Rohrleitungssystems, was bei nachträglichem Einbau erhebliche Umbauarbeiten zur Folge haben kann.

Die Warmwasserbereitung ist möglich mit Elektro-, Gas- oder Ölgeräten, kleinere Mengen können oft auch in Verbindung mit Einzelöfen bereitgestellt werden. Eine Koppelung der Warmwasserbereitung mit der Zentralheizung ist üblich. Sie bietet zudem eine Reihe von energiesparenden Möglichkeiten.

Bauarten

Warmwasserbereiter werden in verschiedenen Bauarten angeboten. Die Wahl der Bauart richtet sich nach den individuellen Bedürfnissen und nach dem Energieverbrauch der Geräte. Grundsätzlich unterscheidet man zwischen Vorratswasserheizern (Speicher, Boiler) und Durchlauferhitzern (Abb. 11).

Vorratswasserheizer: Das Wasser wird in Behältern erwärmt und kann eine bestimmte Zeit gespeichert werden. Behälter ohne Wärmedämmung werden als *Boiler* bezeichnet und sind meist nur in Ausführungen bis zu 5 Liter Wasserinhalt erhältlich. Sie sollten nur verwendet werden, wenn das erwärmte Wasser sofort verbraucht wird, da es sehr schnell auskühlt. *Speicher* sind Behälter

mit Wärmedämmung und daher meist teurer, doch kann das Wasser längere Zeit auf der gewünschten Temperatur gehalten werden. Sie sind in den verschiedensten Größen erhältlich.

Aus *Vorratswasserheizern* können in kurzer Zeit größere Mengen an Warmwasser entnommen werden, doch steht nur eine begrenzte Menge zur Verfügung. Ist der Speicher leer, müssen längere Aufheizzeiten in Kauf genommen werden. Vorratswasserheizer werden mit Strom, Gas oder Öl betrieben.

Größere Speicher können mit einer Zentralheizung, mit Warmwasserwärmepumpen oder mit Sonnenkollektoren gekoppelt werden.

Durchlauferhitzer: Das Wasser wird während des Durchflusses durch eine Rohrschlange erwärmt. Dabei kann jede beliebige Wassermenge entnommen werden. Die Menge, die pro Minute zur Verfügung gestellt werden kann, ist jedoch begrenzt, so daß man z.B. längere Zeit für das Füllen einer Badewanne braucht. Es entstehen jedoch nur wenig Wärmeverluste, so daß die Nutzung der jeweils verwendeten Energie immer günstiger ist als bei Vorratswasserheizern. Durchlauferhitzer können auch mehrere Zapfstellen versorgen, doch meist nur eine gleichzeitig. Man kann sie mit Strom oder Gas betreiben.

Elektrogeräte

Elektrogeräte sind vor allem günstig für die Erwärmung kleinerer Mengen von Warmwasser. Sollen größere Speicher

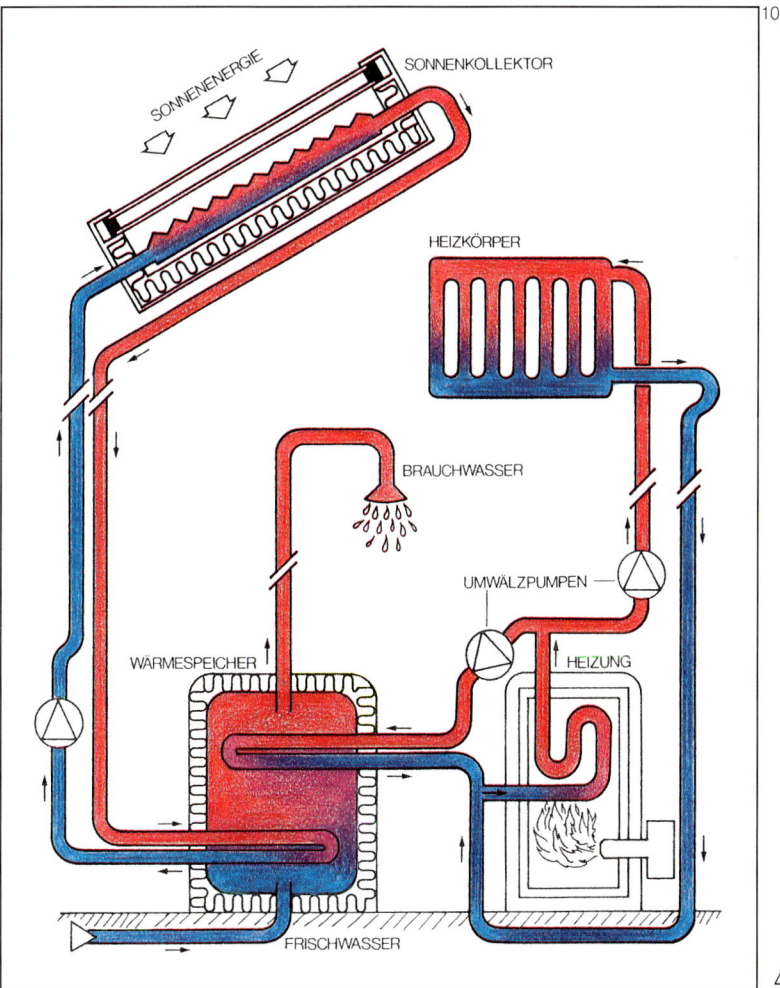

10 *Sonnenkollektor mit Nachheizung des Warmwasserspeichers durch einen Heizkessel.*

10

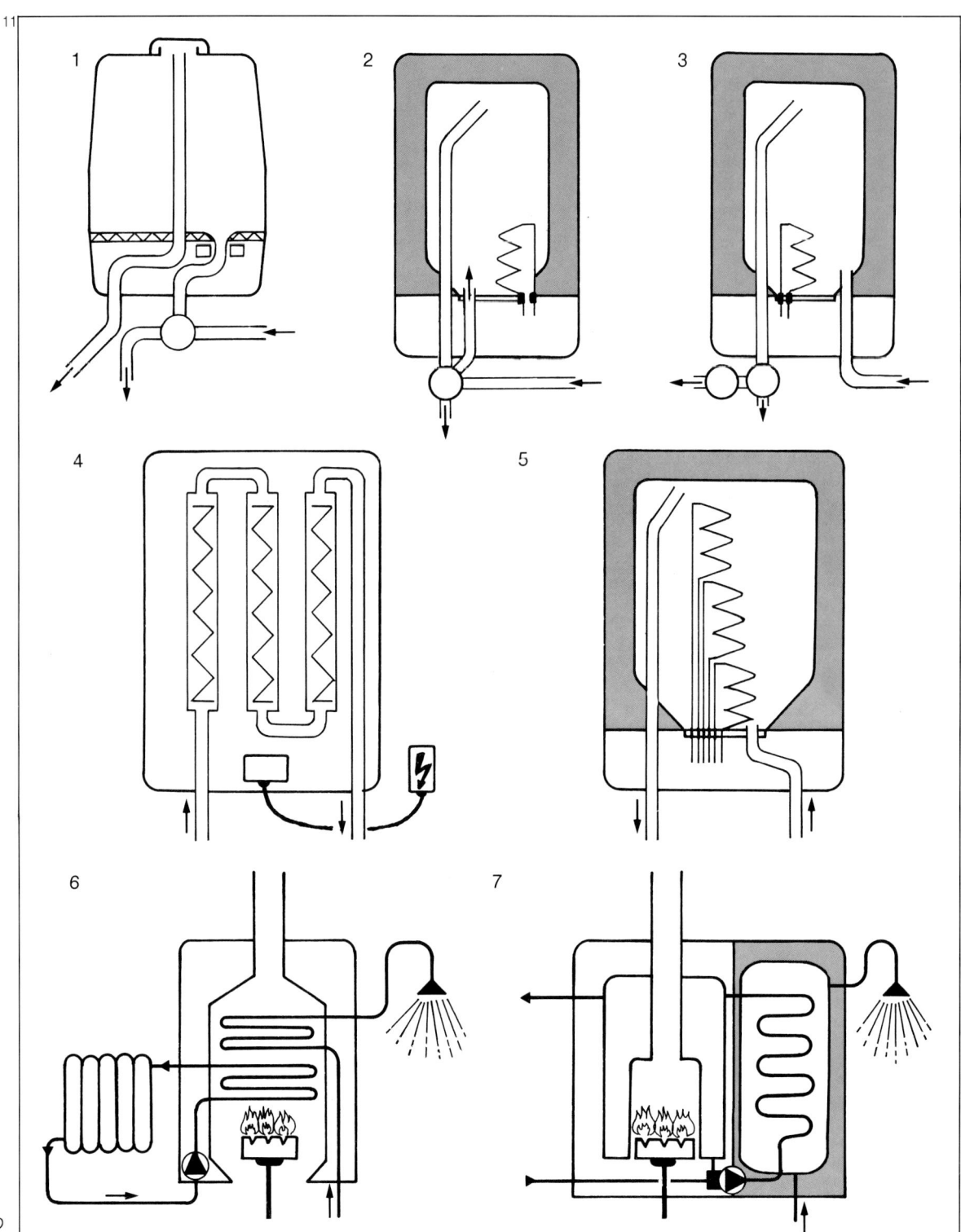

angeschafft werden, so sollte man zuerst prüfen, ob man nicht durch einen Nachtstromanschluß günstigere Tarife in Anspruch nehmen kann, denn die Warmwasserbereitung mit Tagstrom ist im Vergleich mit anderen Energien sehr teuer. Zwar werden durch die Geräte hohe Wirkungsgrade erzielt, teilweise bis zu 99%, doch gehen bei der Herstellung von Elektrizität etwa ⅔ der Primärenergie durch Abwärme und Leitungsverluste verloren, so daß die Energienutzung insgesamt betrachtet nur gering ist. Der Anschluß kleiner Geräte ist über eine Steckdose möglich.

Tauchsieder, Elektrokocher: Sie bieten sich an für die Erwärmung kleinerer Mengen von Warmwasser. Die Energie wird dabei wesentlich günstiger ausgenutzt als bei der Benutzung des Elektroherds.

Kochendwassergeräte: Sie können Wassermengen bis zu 5 Liter erwärmen und werden lediglich als Boiler angeboten. Als Ablaufgeräte können sie nur über die Entnahmestelle montiert werden und haben den Vorteil, daß eine beliebige Menge bis maximal 5 Liter erwärmt werden kann. Die gewünschte Wassermenge wird dabei eingefüllt, erhitzt und dann sofort für den Verbrauch entnommen.

Überlaufgeräte: Man erhält sie als Boiler oder als Speicher. Im Grunde wird bei der Wasserentnahme nicht der Warmwasserhahn aufgedreht, sondern der Kaltwasserzufluß. Durch das unten einströmende kalte Wasser wird das warme Wasser oben durch den Überlauf gedrückt. Diese Geräte können daher über oder unter der Entnahmestelle montiert werden.

Speicher sollten dann verwendet werden, wenn die Wasserentnahme über längere Zeit erfolgt, Boiler nur dann,

11 *Warmwasserbereitung:*
   1 Kochendwassergerät
   2 Überlaufspeichergerät
   3 Druckfestes Speichergerät mit mehreren Zapfstellen
   4 Elektrodurchlauferhitzer
   5 Elektrodurchlaufspeicher
   6 Umlaufwasserheizer zur Warmwassererzeugung und Heizung (Gas)
   7 Gaskessel mit getrenntem Speicher.

wenn die Wassermenge sofort verbraucht wird.

Da sich das kalte Wasser mit dem erwärmten etwas vermischt, ist nie der gesamte Wasserinhalt verfügbar. Das Wasser tropft beim Aufheizen aus dem Überlaufrohr, weil es sich ausdehnt.

Druckfeste Speicher: Sie funktionieren im Grunde wie Überlaufgeräte, stehen aber ständig unter Wasserleitungsdruck. Sie eignen sich zur Versorgung mehrerer Zapfstellen, können bei geeigneter Speichergröße auch alle Entnahmestellen versorgen und an einem beliebigen Ort aufgestellt werden.

Elektrodurchlauferhitzer: Die Erwärmung des Wassers erfolgt hier nach dem Durchflußprinzip. Da die Geräte jedoch in kurzer Zeit eine hohe Leistung erbringen müssen, ist ihr Anschlußwert sehr hoch. Der Wirkungsgrad ist jedoch höher als bei Speichern, weil immer nur diejenige Menge erhitzt wird, die gebraucht wird, und keine Abstrahlungsverluste entstehen.

Elektrodurchlaufspeicher: Sie arbeiten nach dem Prinzip des Überlaufgerätes; bei höherem Verbrauch schaltet sich ein Heizstab mit hohem Anschlußwert zu.

Gasgeräte

Die Warmwasserbereitung mit Gas ist sehr wirtschaftlich, energiesparend und umweltschonend. Da jedoch der technische Aufwand größer ist als bei Elektrogeräten, werden Gasgeräte nur in größeren Ausführungen angeboten.

Druckfeste Speicher: Sie funktionieren im Grunde wie druckfeste Elektrospeicher, die Wärmeerzeugung erfolgt aber über einen Gasbrenner.

Gasdurchlauferhitzer: Sie erwärmen das Wasser nach dem Durchflußprinzip und nützen die Energie besser aus als Speicher, da keine Abstrahlungsverluste auftreten. Gasdurchlauferhitzer gehören wegen ihres hohen Wirkungsgrades und ihrer geringen Anschaffungskosten zu den energiesparendsten und wirtschaftlichsten Warmwassererzeugern.

Verschiedene Warmwasserbereiter

Neben Strom und Gas können auch andere Energieträger zur Warmwasserbereitung beitragen.

Badeöfen: Sie werden als drucklose und druckfeste Speicher angeboten und können mit Holz, Kohle oder Öl be-

heizt werden. Das Badezimmer wird dabei mit erwärmt.

Manche Modelle eignen sich zur Kombination mit einer Zentralheizung. Ist diese in Betrieb, wird zwischen dem inneren und äußeren Mantel Heizwasser durchgeleitet und der Speicherinhalt auf diese Weise erwärmt. Im Sommer, wenn die Warmwasserbereitung durch den Heizkessel unwirtschaftlich ist, erfolgt die Beheizung des Badeofens per Hand.

Herde: Sie können kleinere Mengen an Warmwasser bereitstellen. Oft genügt ein großer Topf auf dem Herd für das Spülwasser. Manche Modelle können auch mit einem Warmwassereinsatz geliefert werden. Wird der Herd nicht genutzt, kann ein Kochendwassergerät die Warmwasserbereitung übernehmen.

Kachelöfen: Man bietet sie auch mit Warmwasserspeicher an. Außerhalb der Heizperiode muß jedoch auf andere Möglichkeiten der Warmwasserbereitung zurückgegriffen werden.

Totalenergieanlagen

Sie versorgen ein Haus mit Strom und Wärme und sind in der Entwicklung und Erprobung zwar weit fortgeschritten, aber noch nicht endgültig ausgereift. Sie werden von einem Dieselmotor angetrieben, der Strom erzeugt. Die Abwärme des Motors wird zur Heizung und Warmwasserbereitung genutzt. Dadurch kann ein hoher Gesamtwirkungsgrad erreicht werden. Ein Problem besteht darin, daß der Stromüberschuß von den Elektrizitätsversorgungsunternehmen nicht oder nur zu sehr ungünstigen Tarifen abgenommen wird.

Kombinationsmöglichkeiten

Werden verschiedene Heizungs- und Warmwasserbereitungssysteme miteinander kombiniert, kann das zu einer wesentlichen Energieeinsparung führen. Die Überlegungen werden sich in der Praxis allerdings nicht allein von Kriterien leiten lassen, die eine maximale Energieeinsparung ergeben. Denn 423 manche Anlagen erfordern hohe Investitionskosten.

Da die Fernheizung den gesamten Bedarf an Wärme übernimmt, fällt dieses Heizungssystem bei den Kombinationsmöglichkeiten weg.

Einzelheizung – Warmwasserbereitung

Beheizt man die ganze Wohnung oder das ganze Haus mit Einzelöfen, so wird auch die Warmwasserversorgung über Einzelgeräte erfolgen. Sinnvoll ist die Erwärmung größerer Mengen über einen Badeofen, kleinerer Mengen durch den Herd oder durch kleine Elektrospeicher.

Wird das Haus mit Öl beheizt, so bietet sich ein Ölbadeofen an. Bei Gasheizung kann ein Gasdurchlauferhitzer oder ein Gasspeicher verwendet werden.

Möglich ist auch der Einsatz von Sonnenkollektoren, doch kann die Nachheizung nur über einen Elektroheizstab erfolgen, was im Winter unwirtschaftlich sein kann.

Einzelheizung – Zentralheizung – Warmwasser

Ist im Haus eine Zentralheizung installiert, wird die Warmwasserbereitung in der Regel mit dem Heizkessel kombiniert sein. Um jedoch hohe Energieverluste durch eine geringe Auslastung des Heizkessels in der Übergangszeit und bei der Warmwasserbereitung im Sommer zu reduzieren, kann eine Kombination mit Einzelheizung oder Warmwasserbereitung mit Einzelgeräten recht sinnvoll sein.

Denkbar ist, daß für die Übergangszeit Einzelöfen installiert werden, die den geringen Wärmebedarf decken, möglicherweise nur in 1 bis 2 Zimmern, wobei ein schlechter Wirkungsgrad der Heizungsanlage vermieden wird. Entschließt man sich dazu, auch den Spitzenbedarf, der nur wenige Tage im Jahr auftritt, mit Einzelöfen zu decken, so kann die Zentralheizungsanlage kleiner ausgelegt werden. Das führt zu Einsparungen an Investitionskosten und zu einem besseren Wirkungsgrad der Heizung.

Für die Warmwasserbereitung kann ein spezieller Badeofen verwendet werden. Ist die Zentralheizung in Betrieb, umfließt das Heizungswasser den Speicher und erwärmt das Wasser. Damit ist zugleich eine Erwärmung des Badezimmers verbunden. Ist die Zentralheizung abgeschaltet, muß der Badeofen von Hand beheizt werden. Für kleinere Mengen an Warmwasser (Spülen) sollte man einen kleinen Elektroboiler oder -speicher benutzen.

Zentralheizung – Wärmepumpe – Warmwasser

Übernimmt die Wärmepumpe nicht die gesamte Wärmeerzeugung, muß zusätzlich ein Heizkessel installiert werden. Bei Wechselbetrieb (bivalent-alternativer Betrieb) wird ein Warmwasserspeicher zwischengeschaltet, der wechselweise vom Heizkessel oder von der Wärmepumpe aufgeheizt wird. Im Parallelbetrieb (bivalent-parallele Betriebsweise) kann die Warmwassererzeugung ähnlich kombiniert werden.

Einzelheizung – Wärmepumpe – Warmwasser

Diese Kombination kann sinnvoll sein, wenn die Wärmepumpe nahezu die gesamte Wärmeerzeugung übernimmt, z.B. bei Verwendung von Grundwasser oder Erdwärme als Wärmequelle. Die Wärmepumpe übernimmt auch die Warmwasserbereitung, der Spitzenbedarf wird durch Einzelöfen bzw. einen Kachelofen gedeckt. Das sind nur wenige Tage im Jahr. Die Leistung der Wärmepumpe kann geringer ausgelegt werden, was geringere Anschaffungskosten zur Folge hat. Der Energieverbrauch im Spitzenlastbereich wird dadurch gesenkt.

Einzelheizung – Sonnenkollektor – Warmwasser

Gute Sonnenkollektoren können im Sommerhalbjahr die eingestrahlte Sonnenenergie gut nutzen, im Winter ist eine Zusatzheizung unumgänglich. Verbunden mit einer elektrischen Zusatzheizung wird die Primärenergie wesentlich besser ausgenutzt als bei Elektrospeichern. Kann man die Zusatzheizung mit Öl oder Gas betreiben, wäre das eine energiesparende, aber eine auch meist teurere Lösung.

Zentralheizung – Sonnenkollektor – Warmwasser

Diese Kombination ist dann sehr energiesparend, wenn die Warmwasserbereitung im Sommer durch den Sonnenkollektor mit elektrischer Nachheizung erfolgt, im Winter die Nachheizung über einen Heizkessel erfolgt.

Energieausnutzung

Verschiedene Kesselarten nutzen die eingesetzte Energie unterschiedlich gut aus. Grobe Anhaltswerte für den Wirkungsgrad gibt Abb. 2.

Bei Einzelwarmwasserbereitern können folgende Wirkungsgrade als Richtwerte angenommen werden: Kohlegefeuerter Wassererhitzer 35%, ölgefeuerter Wassererhitzer 45%, gasgefeuerter Wassererhitzer 60%, Gasdurchlauferhitzer 65%, Elektrowasserspeicher 80% (bezogen auf den Primärenergieverbrauch aufgrund der hohen Verluste bei Stromherstellung und -verteilung 28%), Elektrodurchlauferhitzer 94% (bezogen auf Primärenergieverbrauch 33%).

Wirtschaftlichkeit

Die Überlegungen, welches Heizungs- und Warmwasserbereitungssystem man sich anschaffen soll, werden nicht allein durch Gesichtspunkte der Wirtschaftlichkeit bestimmt. Denn das billigste System ist meist auch dasjenige, das am meisten Bedienungsarbeit erfordert.

Individuelle Gründe

Den größten Einfluß auf die Wahl eines Systems werden individuelle Gründe haben.

Es spielt eine Rolle, wieviel Zeit dem einzelnen zur Bedienung zur Verfügung steht, ob er die Bedienung gesundheitlich leisten kann, wie oft und wieviel Wärme gebraucht wird, ob schnell aufgeheizt oder ständig eine konstante Temperatur gehalten werden muß.

Einerseits sollen die Kosten gering sein, andererseits schonen Systeme mit höheren Investitionskosten sehr häufig die Energiereserven und belasten die Umwelt nicht so stark.

Investitions- und Wartungskosten

Die Kosten für Heizung und Warmwasserbereitung setzen sich zusammen aus Geräte-, Installations-, Wartungs- und Energiekosten.

Die Anschaffungskosten für die einzelnen Geräte müssen verglichen werden, da diese zum Teil zu sehr unterschiedlichen Preisen angeboten werden. Am wenigsten kosten in der Regel Einzelöfen und einzelne Warmwasserbereiter, im mittleren Bereich liegen die Zentralheizungen, im oberen Bereich Kombinationen mit Wärmepumpen und Sonnenkollektoren.

Da der Einbau von Einzelgeräten wenig Schwierigkeiten macht, liegen sie auch bei den Installationskosten günstig. Große Lohnkosten können beim Einbau von Wärmepumpen und Sonnenkollektoren entstehen. Hier kann jedoch viel in Eigenleistung ausgeführt werden, vor allem bei Sonnenkollektoren. Die Geräte müssen zudem günstig gewartet werden können. Bei komplizierten Systemen geschieht das meistens durch auf die eigenen Firmenprodukte spezialisierte Fachleute. Das kostet Geld. Ein Wartungsvertrag kann sich bezahlt machen, wenn man Systeme anschafft, die sich noch in der Entwicklung befinden und noch nicht ausgereift sind.

Energiekosten

Die Preise für Energie werden langfristig nicht sinken, da der Weltenergieverbrauch ständig zunimmt und die Erschließungskosten für Rohstoffreserven steigen.

In den letzten Jahren war eine Annäherung der einzelnen Energiearten bei den Endverbraucherpreisen festzustellen. Pro erzeugte Energieeinheit gibt es in bezug auf den Verbraucherpreis keine eindeutigen Vor- und Nachteile einer Energiequelle, wenn man Tagstrom ausnimmt, der etwa doppelt so teuer ist wie andere Energiequellen.

Die Bundesrepublik hat sich entschieden, ein breites Spektrum von Energiequellen für die Versorgung zu schaffen, um allzu starke Abhängigkeiten zu vermeiden. Deshalb wird es auch in Zukunft zu keinen eindeutigen Preisvorteilen bei einer Energiequelle kommen. Das gilt auch für Kernkraftstrom, wenn man die Kosten für Endlagerung und Abbau ausgedienter Kernkraftwerke mit einbezieht, ganz abgesehen von anderen negativen Folgen der Kernenergienutzung.

Kann eine Energiequelle genutzt werden, mit der ein hoher Wirkungsgrad erzielt wird, kann sich das für die Umwelt lohnen, auch wenn die Lösung etwas teurer ist als andere.

Der Vergleich der Energiepreise muß immer über den Heizwert erfolgen (siehe Tabelle Seite 405). Er kann bei Kohle, Gas und Holz je nach Zusammensetzung und Förderort stark variieren.

Energiesparmaßnahmen können dazu beitragen, das Steigen der Energiepreise zu bremsen.

Staatliche Hilfen

Eingerechnet werden müssen in die Kalkulation auch direkte staatliche Hilfen für energiesparende Maßnahmen, über die die Bauämter Auskunft geben, und Steuererleichterungen (zuständig sind die Finanzämter) für Systeme, die Umweltwärme und regenerative Energiequellen nutzen.

BRAUCHWASSER UND ABWASSER

Dieses Kapitel gibt einen Überblick über alle Arbeiten im Installationsbereich, mit denen ein Heimwerker konfrontiert werden kann. Besonderer Wert gelegt wurde auf die Beschreibung von Tätigkeiten, die man unter dem Begriff Alltagsreparaturen zusammenfassen könnte, z.B. das Dichten von tropfenden Hähnen oder die Reinigung verstopfter Abflüsse. Auch derjenige, der nur kleinere Arbeiten durchführen will, wie den Anschluß von Armaturen oder den Einbau einer neuen Dusche, braucht Informationen über mögliche Rohrverbindungen, über das Abwassersystem, also grundlegende Informationen über das Installationssystem.

Will jemand bei einem Neubau die Wasserinstallation selbst durchführen, wird er Auflagen von den Wasser- oder Stadtwerken bekommen. In der Regel wird er einen verantwortlichen Installateur benennen müssen. Veränderungen an der Installation in bereits bestehenden Bauten können kaum nachgeprüft werden. Für die Schäden, die möglicherweise durch unsachgemäße Arbeiten entstehen, trägt der Heimwerker selbst die Verantwortung. Wer in der Wasserversorgung vom öffentlichen Netz unabhängig ist, sollte in seinem eigenen Interesse die wichtigen Installationsregeln beachten.

Heizung und Warmwasserbereitung sowie die Möglichkeiten der Energieversorgung und des Energiesparens werden in eigenen Kapiteln behandelt. Hinsichtlich baulicher Veränderungen, die bei der Wasserinstallation nötig werden, z.B. das Herstellen und Verschließen von Schlitzen, wird auf die Kapitel »Baustoffe« sowie »Rohbau, Umbau, Sanierung« verwiesen. Wichtige Werkzeuge für Installationsarbeiten sind in den Abb.1 bis 3 dargestellt.

Wasserzufuhr

Informationen über das Wasserversorgungssystem eines Gebäudes braucht nicht nur jeder, der größere Veränderungen vornimmt. Sie können selbst für so einfache Arbeiten wie das Dichten eines Hahns nötig sein.

Wasseranschluß
Jedes Haus hat eine zentrale Wasserzuleitung. In allen Häusern, die von Wasserwerken oder Stadtwerken mit Wasser versorgt werden, ist eine Wasseruhr installiert, die den Wasserverbrauch mißt. In Häusern mit mehreren Wohnungen ist es zweckmäßig, wenn zu jeder Wohneinheit eine eigene Wasseruhr ge-

hört. So können die Wasserverbrauchskosten direkt nach dem Verbrauch abgerechnet werden. Die Installation von Zuleitungen einschließlich der Wasseruhr fällt in den Zuständigkeitsbereich der Wasser- oder Stadtwerke. Hier darf man selbst keine Reparaturen oder Änderungen ausführen.

Wasser absperren
Jeder Hausbewohner sollte wissen, wo er im Notfall das Wasser abdrehen kann.

Das Hauptabsperrventil, also das Ventil, an dem man die Wasserzuleitung für ein ganzes Gebäude abdrehen kann, ist in der Regel gleich hinter der Wasseruhr eingebaut. Häufig kann das Wasser auch an einzelnen Steigleitungen oder für eine einzelne Wohnung abgesperrt werden.

Für kleinere Reparaturen, z.B. Dichten eines tropfenden Hahns, ist eine Absperrung bei Standarmaturen (siehe Seite 438) am Eckventil (siehe Seite 437, Abb.14) möglich.

Wasser ablassen
Ist kein Eckventil vorhanden, oder werden Reparaturen oder Veränderungen an der Wasserversorgung durchgeführt, muß das gesamte in den Leitungen stehende Wasser über der Reparaturstelle

abgelassen werden. Das geschieht durch Öffnen der Armaturen.

Muß der gesamte Wasserinhalt des Leitungssystems abgelassen werden, so geschieht das entweder an einer Steigleitung oder hinter dem Hauptabsperrventil. Dort befindet sich ein kleiner Hahn mit Ablauf.

Für alle Möglichkeiten gilt, daß Armaturen, die über der Ablaßstelle liegen, geöffnet werden sollen, damit durch Luftzufuhr von oben das Wasser nach unten zügig ablaufen kann. In manchen Fällen befindet sich am höchsten Punkt einer Steigleitung eine Verschraubung, die man öffnen muß. Bei neueren Installationen sind Rohrbelüfter eingebaut, die automatisch bei Unterdruck Luft in die Leitung einströmen lassen.

Leitungssystem auffüllen

Man sollte nach Abschluß der Arbeiten den Wasserzulauf nur wenig aufdrehen, weil es sonst zu erheblichen Druckschlägen kommt und das in die Leitung schießende Wasser schwache Stellen im Leitungssystem durchschlagen kann. Es ist günstig, wenn die Zapfstellen dabei geöffnet sind, damit die Luft entweichen kann.

Die Zapfstellen können geschlossen bleiben, wenn eine Rohrbelüftung vorhanden ist.

Rohrbe- und -entlüftung

Um eine Verschmutzung von Trinkwasserleitungen zu verhindern, ist bei Neuanlagen der Einbau von Rohrbe- und -entlüftern vorgeschrieben. Sie sollen auch dann eingebaut werden, wenn größere Änderungen an alten Leitungssystemen vorgenommen werden.

Schmutzwasser kann durch Rücksaugen in die Leitung gelangen und so bei Mehrfamilienhäusern das ganze Haus gefährden, in schlimmen Fällen sogar

ganze Stadtviertel. Es kann dann in Leitungen rückgesaugt werden, wenn eine direkte Verbindung des verunreinigten Wassers mit dem Leitungsnetz besteht, z.B. der Duschschlauch im Wasser der Badewanne liegt, der Hahn geöffnet ist und Unterdruck in den Rohrleitungen entsteht. Unterdruck entsteht z.B. beim Entleeren der Leitung oder bei Rohrbrüchen.

Um das Rücksaugen zu verhindern, werden Rohrbelüfter eingebaut, die zugleich beim Füllen der Leitung als Entlüfter fungieren, und zwar immer am höchsten Punkt der Steigleitung. Der Rohrbelüfter besteht aus einem Schwimmerventil, das durch den Druck des Wassers den Belüfter abdichtet. Entsteht Unterdruck, öffnet sich das

Ventil und läßt Luft nachströmen. So wird das Rücksaugen verhindert, aber nur dann, wenn die Installationsvorschriften beachtet werden (dazu Seite 432). Wasch- und Spülmaschinenanschlüsse benötigen meist eine Armatur mit eingebautem Einzelbelüfter.

Wasserdruck

Druck nennt man die auf eine Flächeneinheit wirkende Kraft. In Flüssigkeiten pflanzt sich der Druck nach allen Seiten in gleicher Größe fort. Rohrleitungen dürfen nur bis zu einem bestimmten Druck belastet werden.

Der Druck wird in der Installationstechnik in bar gemessen. Der Luftdruck ist der Druck, den die Lufthülle auf alle Körper ausübt. Er ist veränderlich und be-

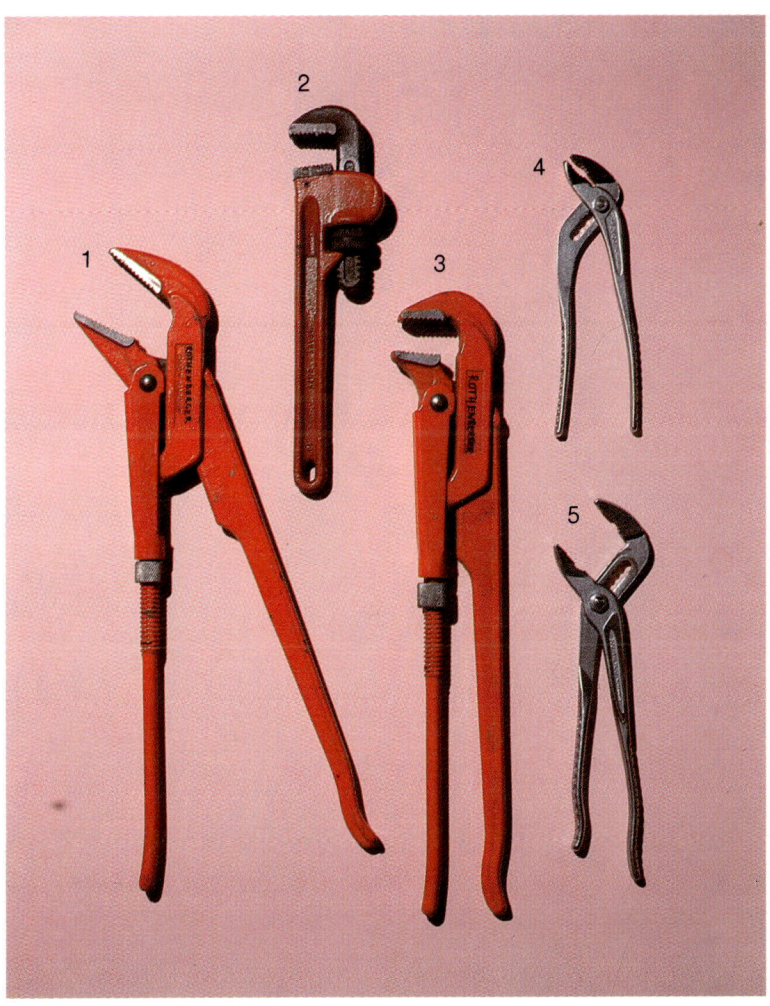

1 Zangen (Rothenberger):
  1 Rohrzange 45° zum Verschrauben von Stahlrohren und Überwurfmuttern (breites Maul)
  2 Einhandrohrzange für Stahlrohre zum ratschenartigen Arbeiten
  3 Rohrzange 90° mit schmalem Maul
  4, 5 Wasserpumpenzangen, preisgünstig und für viele Zwecke einsetzbar.

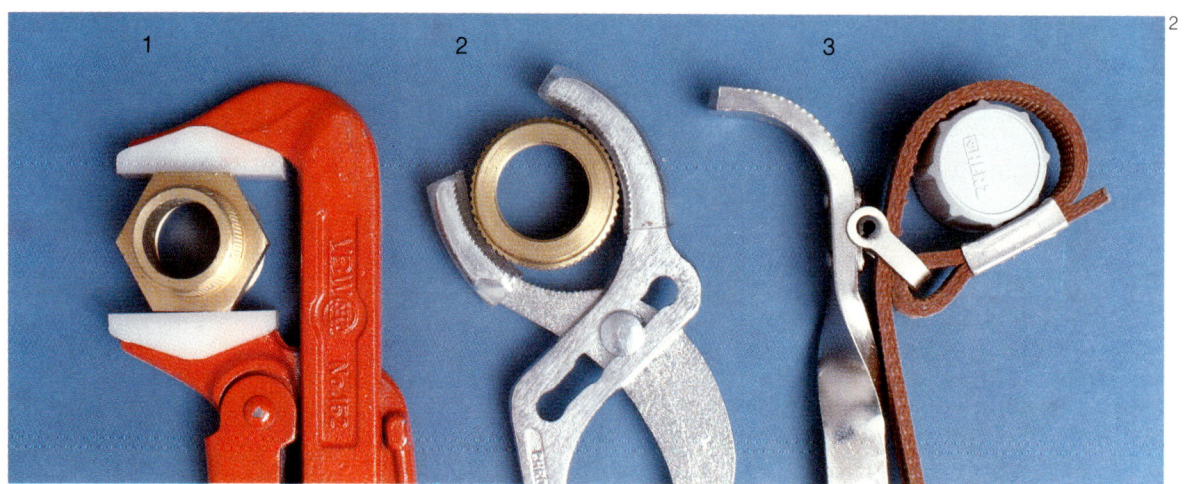

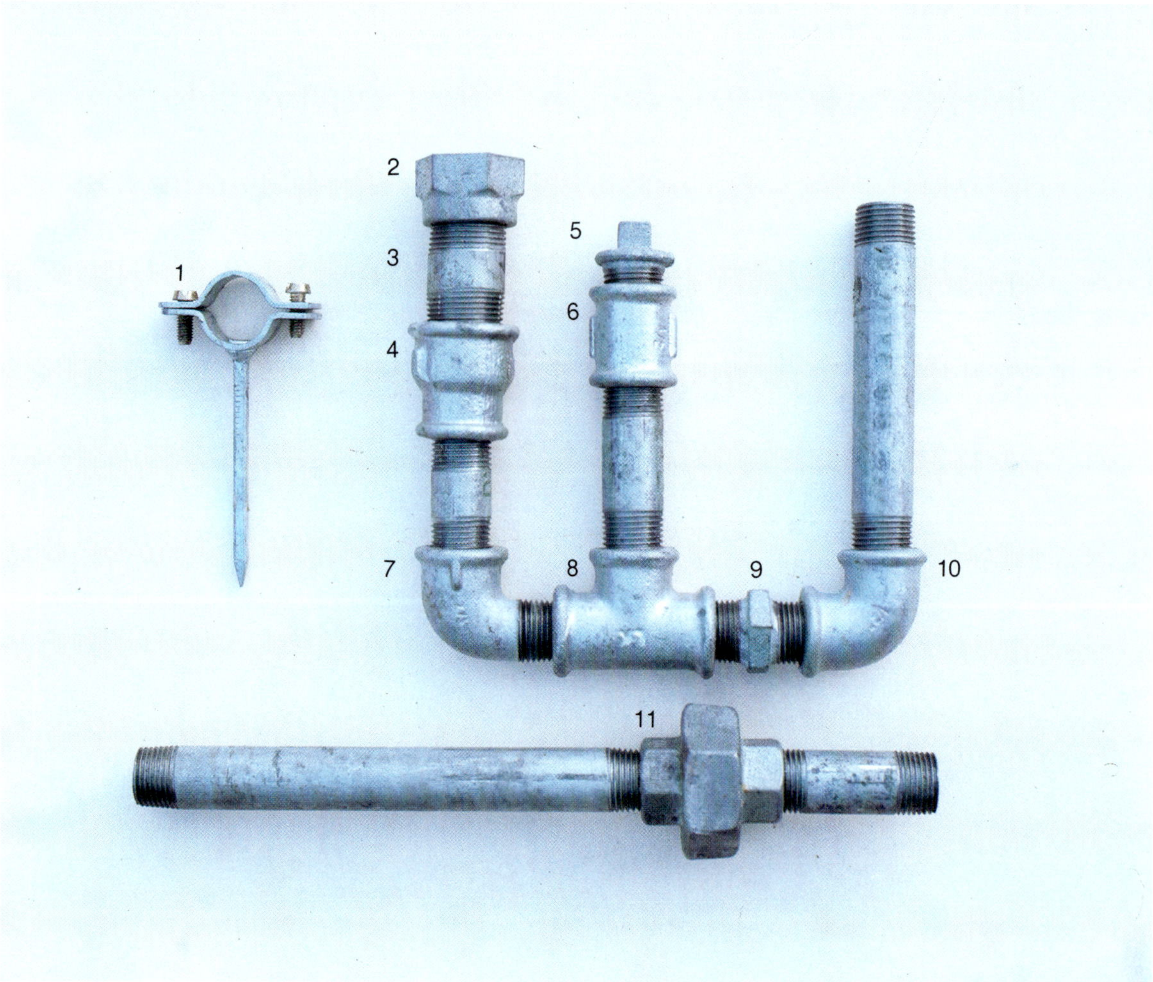

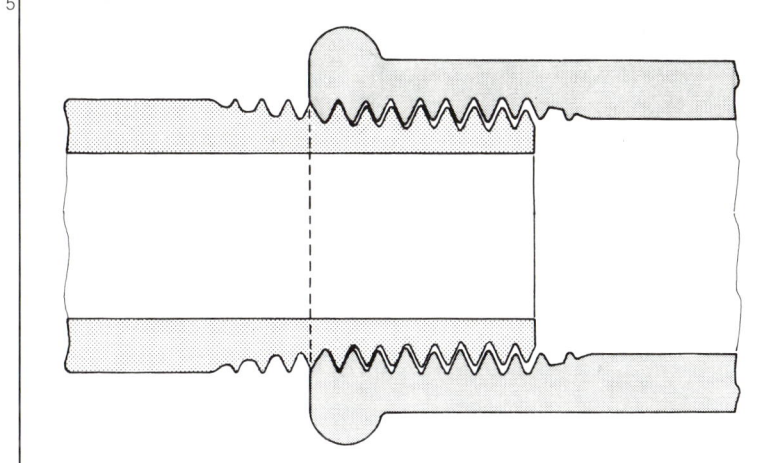

2 *Oberflächenschonende Werkzeuge (Westfalia, Heyco):*
  1 *Armaturenzange mit Kunststoffbacken*
  2 *Siphonzange für runde Verschraubungen mit Kunststoffummantelung*
  3 *Bandschlüssel für runde Verschlüsse bis zu 140 mm Durchmesser.*

3 *Rohrschraubstock.*

4 *Fittings aus verzinktem Stahlrohr (Auswahl):*
  1 *Befestigungsschelle*
  2 *Verschlußkappe*
  3 *Rohrnippel*
  4 *Reduktionsstück von ¾ auf ½ Zoll*
  5 *Stopfen*
  6 *Muffe*
  7 *Winkel mit Innen- und Außengewinde*
  8 *T-Stück für Abzweige*
  9 *Sechskantdoppelnippel*
  10 *Winkel mit Innengewinden*
  11 *Verschraubung.*

5 *Preßdichtung durch Whitworth-Gewinde.*

trägt in Meereshöhe etwa 1000 mbar oder 1 bar. Das Wasser in den Rohrleitungen steht unter einem bestimmten Druck, damit es an der Auslaufstelle ausläuft. Er unterscheidet sich von Ort zu Ort, ja kann von Ortsteil zu Ortsteil verschieden hoch sein und nimmt in höheren Stockwerken ab. Er beträgt häufig zwischen 2 und 5 bar. Wird ein Gebäude mit niedrigem Wasserdruck versorgt, so hat das Auswirkungen auf die Planung der Rohrleitungsdurchmesser. Bei niedrigem Wasserdruck müssen die Rohrleitungen einen größeren Durchmesser haben, damit in gleicher Zeit eine bestimmte Wassermenge abgezapft werden kann. Zu hoher Druck kann z.B. bei Waschmaschinen oder Gasdurchlauferhitzern zu Schäden füh-

ren. Der Wasserdruck kann durch den Einbau von Druckminderern reduziert werden. Wasserführende Leitungen müssen dem zu erwartenden Druck standhalten (Rohrauswahl).

Wasserverbrauch und Umweltschutz
Im Durchschnitt werden in der Bundesrepublik etwa 140 Liter Trinkwasser pro Tag und Einwohner verbraucht. Da Trinkwasser häufig aus Grundwasser gewonnen wird und sich der Wasserverbrauch in den letzten 30 Jahren verdoppelt hat, müssen immer neue, zum Teil weit entfernte Wasserreservoire erschlossen werden, was häufig ungeheure Belastungen der Umwelt zur Folge hat. Jeder kann zum Schutz der Umwelt beitragen, indem er zum spar-

samen Verbrauch von Wasser beiträgt. Möglichkeiten gibt es viele: Bereits bei der Planung kann man sich für eine wassersparende Toilettenspülung entscheiden, in vielen Fällen ist auch eine Nachrüstung möglich. Man kann wassersparende Brauseköpfe einbauen, Einhebelmischer verwenden und vieles mehr.
Ein niedrigerer Wasserverbrauch muß nicht Komfortverzicht bedeuten, Umrüstungen kosten in den meisten Fällen nur wenig Geld und können erhebliche Kosten sparen.

Rohrleitungen

Rohrleitungen werden aus Metall und Kunststoff hergestellt. Man befestigt sie mit Schellen, Clips oder Abhängern. Für die Bearbeitung gilt allgemein, daß sie nach dem Ablängen entgratet werden müssen. Entgrater sind in Abb. 6 und auf Seite 226 dargestellt. Für die Verbindung von Rohren aus unterschiedlichen Materialien werden spezielle Übergangsstücke verwendet.

Stahlrohre

Stahlrohre werden über Gewinde mit Fittings (Formstücken, Abb.4) verbunden. Um die Korrosionsgefahr zu verringern, verwendet man verzinkte Stahlrohre. Stahlrohre werden mit Sägen oder speziellen Rohrabschneidern abgelängt.

Rohrverbindung: Die Außengewinde, also die sichtbaren Gewinde, werden kegelig (konisch) geschnitten (Whitworth-Rohrgewinde). Zwischen dem kegeligen Außengewinde und dem zylindrischen Innengewinde entsteht auf diese Weise eine metallische Preßdichtung (Abb.5). Die zusätzliche Abdichtung erfolgt mit Hanf oder Teflonband. Der Hanf wird entgegen der Aufschraubrichtung breit in die Gewindegänge eingelegt. Man benötigt relativ wenig Hanf; verwendet man zuviel, wird er beim Zusammenschrauben abgestreift. Rauht man das Gewinde zuvor mit einem alten Metallsägeblatt auf, haftet er besser. Er

6 *Werkzeuge und Hilfsmittel zum Gewindeschneiden:*
  1 *Ratschengewindeschneidkluppe*
  2 *Schneidspray zum Einsprühen der Schneidstellen*
  3, 4 *Auswechselbarer Schneidkopf für andere Rohrdurchmesser*
  5 *Entgrater*
  6 *Innen- und Außenfräser*
  7 *Hanf*
  8 *Dichtungskitt*
  9 *Fittings.*

7 *Gewindeschneidkluppe in Arbeitsstellung.*

8 *Kupferrohrfittings und Kupferrohrbearbeitung:*
  1 *Bogen*
  2 *Muffe*
  3 *Winkel*
  4, 5 *T-Stücke*
  6 *Wandscheibe mit Lötstutzen*
  7 *Muffe*
  8 *Verschraubung mit Lötstutzen*
  9 *Verschraubung mit Lötfitting, Überwurfmutter und Dichtung*
  10 *Rohrschneider*
  11 *Stahlwolle.*

wird in die Gewindegänge eingebürstet und zusätzlich mit geeignetem Dichtungskitt bestrichen.

Teflonband wird entsprechend angewendet, doch sollte man hier ein Zurückschrauben auf jeden Fall vermeiden.

Fachgerecht hergestellte Gewinde sollen sich etwa eine halbe bis dreiviertel Gewindelänge mit der Hand eindrehen lassen; die letzten Drehungen werden mit der Rohrzange ausgeführt. Dabei muß mit einer zweiten Rohrzange gegengehalten werden, damit keine anderen Verbindungen verändert werden.

Beim Aufschrauben von Fittings sollte ein Zurückschrauben vermieden werden, vor allem aber bei der Verwendung von Teflonband. Man muß sich also vor-

her überlegen, wie die Endstellung z.B. eines T-Stücks aussehen soll, und aufhören, wenn nicht mehr genug Gewinde für eine weitere volle Umdrehung vorhanden ist.

Gewinde: Sie werden mit Gewindeschneidkluppen hergestellt (Abb.6, 7). Sie besitzen entweder auswechselbare Schneidköpfe oder verstellbare Schneidbacken. Diese Werkzeuge sind jedoch teuer, so daß sich eine Anschaffung in der Regel nicht lohnt. Man sollte sich das Gewinde also von einem Schlosser oder Installateur schneiden lassen oder auf fertige Gewinderohre zurückgreifen, die es in verschiedenen Längen zu kaufen gibt.

Abmessungen: Stahlrohre werden häufig noch in Zoll bemessen. Für die

Hausinstallation verwendet man meist Rohre mit ½ und ¾ Zoll. Gemessen wird der Innendurchmesser (1 Zoll = 25,4 mm).

Kupferrohre

Kupferrohre werden über Lötfittings oder Verschraubungen verbunden (Abb. 8). Es ist verarbeitungsfreundlicher als Stahlrohr und läßt sich mit wesentlich weniger Werkzeug verlegen.

Lieferformen: Kupferrohre werden entweder in Stangen von bis zu 6 Meter (Hartkupfer) oder auf Rollen (Weichkupfer) geliefert. Mit Rollen lassen sich größere Distanzen an einem Stück verlegen. Wicu-Rohre sind bereits kunststoffbeschichtet. Wärmegedämmte Kupferrohrstangen (Wicu plus,

Abb. 11) erübrigen nachträgliche Dämmmaßnahmen.

Kupferrohre in Rollen eignen sich eher für die Verlegung unter Putz, mit Kupferrohr in Stangen lassen sich auf Putz optisch schönere Arbeitsergebnisse erzielen.

Kupferrohre werden nach Außendurchmesser und Wandstärke bemessen, z. B. 18 × 1 (18 mm Außendurchmesser, 1 mm Wandstärke). Die Nennweite (DN, Innendurchmesser) beträgt 16.

Verlöten von Kupferrohren: Siehe dazu Seite 237.

Schneidringverschraubung: Kupferrohre in Stangen können auch durch Verschraubung verbunden werden (Abb. 9). Mit dieser Methode lassen sich jedoch nur Rohrverlängerungen und Abzweige

von 90° herstellen. Diese Verschraubung gilt im allgemeinen als weniger haltbar als Lötverbindungen. Sie ist vor allem anfälliger für Beschädigungen.

Quetschdichtung: Für Kupferrohre, die sichtbar verlegt werden, wie Anschlüsse von Standarmaturen über Eckventil oder Zuleitungen zu Warmwasserbereitern, werden Quetschdichtungen eingesetzt (Abb. 14). Die Verschraubung muß fest, darf aber nicht mit Gewalt angezogen werden, weil dadurch das Rohr zusammengedrückt und die Verbindung undicht wird.

Verlegehinweise: Kupfer darf in Fließrichtung des Wassers nur hinter Stahlrohren verlegt werden. Für den Übergang von Stahlrohren auf Kupferrohre gibt es Fittings, die auf einer Seite ein Gewinde besitzen und an der anderen Seite einen Lötstutzen haben. Für Bogen, Abzweige usw. gibt es eine große Anzahl von Fittings, von denen einige in Abb. 8 dargestellt sind.

Bearbeitung: Kupferrohre können mit der Metallsäge getrennt werden. Eine genau rechtwinklige Schnittstelle erhält man durch Verwendung eines Rohrschneiders (Abb. 8). Das Biegen von Rohren ist auf Seite 251, das Richten von eingedellten oder verzogenen Rohren auf Seite 254 beschrieben.

Kunststoffrohre

Kunststoffrohre werden aus verschiedenen Materialien für unterschiedliche Einsatzbereiche hergestellt. Am häufigsten setzt man Rohre aus PVC oder Polyethylen ein. Manche Produkte sind

7

8

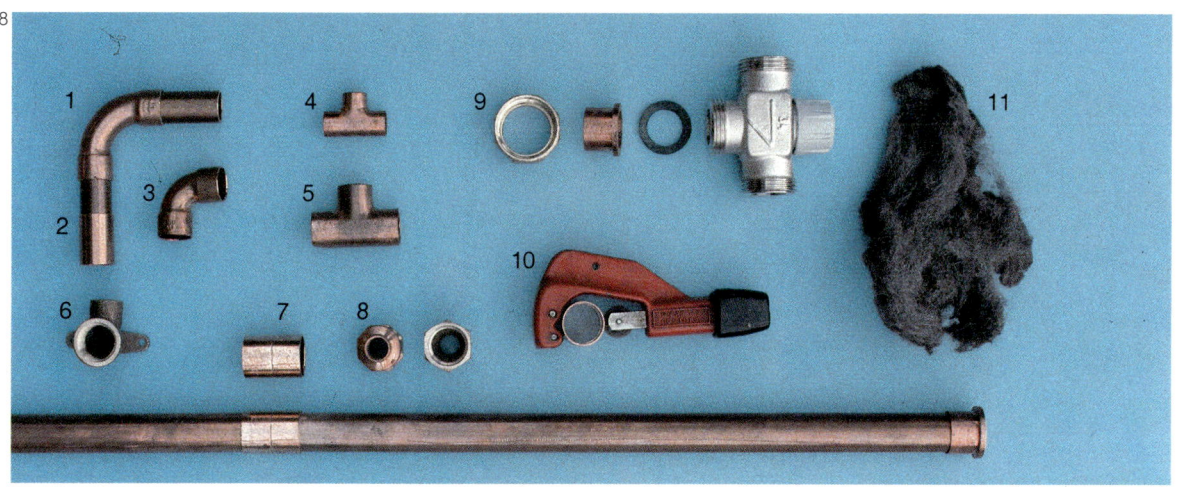

9

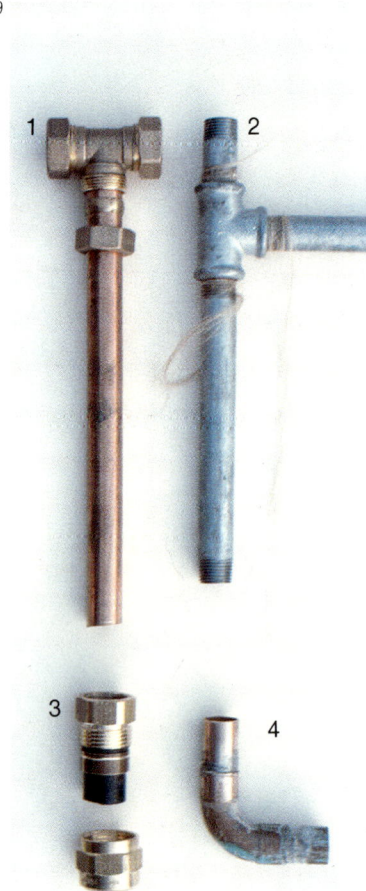

3

4

10

9 Rohrverbindungen:
1 Schneidringverschraubung bei
Kupferrohr
2 Stahlrohrverbindung mit Hanf-
dichtung
3 Verschraubung bei
Kunststoffrohr
4 Lötverbindung bei Kupferrohr.

10 Installationshöhen für Armaturen
und Abzweige von den Steigleitungen zur Vermeidung der Rücksau-
gung von Schmutzwasser.

mehrschichtig aufgebaut und enthalten eine Metallzwischenlage. Gemeinsam ist allen Kunststoffrohren, daß sie nicht korrodieren. Vor allem bei reinen Kunst-stoffrohren ist es wichtig, sich einen ge-nauen Verlegeplan anzulegen, da sie durch Metallsuchgeräte nicht mehr auf-findbar sind.

PVC-Rohre: Sie werden in Stangen ge-liefert und sind in der Regel nur bei Wassertemperaturen bis zu 60 °C ein-setzbar. Bei niedrigen Temperaturen werden sie relativ spröde. Man verbin-det sie über Klebemuffen mit dafür ge-eigneten Klebern. Fittings und Rohren-den müssen fettfrei gemacht werden. Man trägt den Kleber auf die Rohrenden auf und steckt die Fittings zusammen. Nach dem Zusammenstecken soll ein

gleichmäßiger ununterbrochener Kleb-stoffwulst aus der Verbindung quellen, sonst muß der Vorgang mit mehr Kleb-stoff wiederholt werden.

Polyethylen-Rohre: Sie sind elastisch, werden in Rollen geliefert und sind auch bei tiefen Temperaturen biegsam und weich, so daß sie als frostsicher gelten, d.h. sie platzen nicht, wenn das Wasser einfriert. Da sie in Rollen bis zu mehreren hundert Metern lieferbar sind, werden nur wenige Fittings für die Ver-bindung gebraucht. Die Rohrverbin-dung erfolgt über Klemmverbindun-gen.

Bei manchen Systemen muß dabei das Rohrende mit einem Erweiterungsdorn aufgeweitet werden. Dazu werden die Rohre in warmes Wasser getaucht, da-mit sie elastischer werden. Bei anderen Rohrverbindungen verfährt man so, daß man die Enden mit einer Säge trennt, entgratet und mit einem entsprechen-den Fitting verschraubt (Abb. 9). Da hier-

zu kaum Werkzeug benötigt wird, ist diese Verlegemethode für Heimwerker besonders geeignet. Polyethylenrohre werden bei Temperaturen bis zu 80 °C eingesetzt, manche Produkte auch bei noch höheren Temperaturen.

Verlegehinweise
Rohre verlegt man in der Regel senk-recht und waagerecht, nie jedoch schräg über eine Wand. So kann man den Leitungsverlauf später leichter re-konstruieren. Rohre sollten außerdem so verlegt werden, daß man das Wasser vollständig ablassen kann, also mit ei-ner leichten Steigung zur Entnahmestel-le hin. Eine Wellenbildung, z.B. bei Kup-ferrohren von Rollen, sollte vermieden werden.

Kupferrohre dürfen in Fließrichtung des Wassers nur nach Stahlrohren verlegt werden.

Die Rohre müssen von Sand sowie Me-tallspänen gereinigt werden. Warm-wasserführende Rohre müssen so ver-legt werden, daß eine Längendehnung möglich ist.

Jede Steigleitung muß einen Rohrbelüf-ter erhalten (siehe Seite 427). Damit die Rohrbelüftung wirksam werden kann, müssen Abzweige in Steigleitungen mindestens 110 cm über dem Fußbo-den und mindestens 30 cm über dem höchsten Abwasserspiegel der jeweili-gen Entnahmestelle liegen, also z.B. über dem Waschbecken oder Wannen-rand. Bei einer Installationshöhe von 80 cm über dem Fertigfußboden erfolgt der Abzweig also in einer Höhe von

110 cm und wird dann eventuell zum Eckventil heruntergeführt (Abb. 10).

Nach Neuinstallationen oder größeren Reparaturen, vor allem aber dann, wenn Leitungen eingeputzt werden, wird die Leitung »abgedrückt«. Dazu setzt man eine Prüfpumpe ein, die man nach dem Füllen der Leitung an die Wasserleitung anschließt. Der Prüfdruck beträgt in der Regel das Dreifache der zu erwartenden Druckbelastung. Dieser Druck muß mindestens 10 Minuten konstant bleiben; es darf kein Druckabfall auftreten. Wenn man Undichtigkeiten entdeckt, muß repariert werden. Vor dem Anschluß der Armaturen wird die Leitung durchgespült, damit Verunreinigungen ausgeschwemmt werden. Dazu schließt man einen Schlauch an.

Durch Schäden an elektrischen Leitungen oder Geräten, z.B. an einem elektrischen Durchlauferhitzer, kann elektrische Spannung auf das Rohrleitungssystem übertragen und zu einer tödlichen Gefahr werden (z.B. beim Berühren eines Wasserhahns oder beim Baden). Alle metallenen Installationsgegenstände werden daher über eine Potentialausgleichsschiene geerdet. Der Strom nimmt dann bei Schäden nicht mehr den Weg über den menschlichen Körper. Diese Erdung ist Sache des Elektroinstallateurs. Bei Reparaturen und kleineren Änderungen am Leitungssystem muß darauf geachtet werden, daß diese Erdung nicht aufgehoben wird, z.B. wenn ein Stahlrohr durch ein Kunststoffrohr ersetzt wird.

Anschlüsse für Armaturen

Am Ende der Rohrleitungen werden Auslaufarmaturen (Abb. 13) oder Eckventile (Abb. 14) montiert. Damit sie fest sitzen, werden am Rohrende sogenannte Wandscheiben verwendet. Sie haben zwei Laschen mit Schraublöchern und können in Holz geschraubt oder an Mauerwerk gedübelt werden. Diese Wandscheiben gibt es für alle Rohrmaterialien (für Kupfer siehe Abb. 8). Bei untergeordneten Anschlüssen, z.B. im Keller oder im Garten, kann ein einfacher Wasserhahn bei Stahlrohren auch direkt an eine Muffe oder einen Winkel angeschlossen werden. Die Wandscheibe soll mit der fertigen Wandoberfläche abschließen. Liegt sie zu tief, kann mit Verlängerungsstücken ab 5 mm ausgeglichen werden. Werden

Mischbatterien an der Wand angeschlossen (Wandarmaturen), müssen die Wandscheiben in der gleichen Höhe liegen und einen bestimmten Abstand haben. Die Feineinstellung der Anschlüsse erfolgt über sogenannte S-Anschlußbogen, mit denen Maßabweichungen ausgeglichen werden können (Abb. 13).

Nachträgliche Anschlüsse und Abzweige

Ein weiterer Anschluß an Eckventilen läßt sich leicht herstellen: Man setzt ein T-Stück mit Quetschdichtung ein (Abb. 14).

Bei Kupferrohren kann ein Abzweig hergestellt werden, indem ein T-Stück eingesetzt wird. Bei einer Schneidringverschraubung wird so viel herausgeschnitten, daß die Rohrenden bis zum Anschlag in das T-Stück hineinreichen. Die Rohrenden müssen etwas auseinandergedrückt werden, damit das T-Stück eingesetzt werden kann.

Möglich ist ein Abzweig auch durch Einlöten eines T-Stücks. Hier wird die Länge des T-Stücks herausgeschnitten, dann das T-Stück mit Muffen verlötet.

Stahlrohr muß aufgeschnitten werden, anschließend werden beide Rohrteile abgeschraubt. Man muß ein T-Stück einsetzen, und zwar so, daß die Rohrteile mit T-Stück und einer Verschraubung (Abb. 4) die gleiche Länge haben wie das demontierte Rohrstück.

Reparaturen an schadhaften Rohren

Die Rohrleitungen müssen dazu entleert werden. Bei Kupferrohren wird das schadhafte Stück herausgeschnitten, ein gleich langes Stück zugeschnitten und über Muffen eingelötet. Möglich ist auch eine Reparatur mit einer Schneidringverschraubung.

Bei Stahlrohr muß das Rohr abgetrennt und die beiden Rohrteile herausgeschraubt werden. Man fertigt nun ein Stück, das mit einer Verschraubung genauso lang ist wie das demontierte Rohrstück.

Für Notreparaturen von Rissen oder Lecks an Wasserrohren können Zweikomponentenepoxydharzkleber eingesetzt werden. Die undichte Rohrleitung muß entleert, die zu flickende Stelle getrocknet werden. Der Kleber wird in der Umgebung des Risses aufgetragen, dann wickelt man Glasfasergewebe um

die Stelle, anschließend trägt man eine weitere Schicht Kleber auf. Das Rohr sollte jedoch so bald wie möglich ausgewechselt werden.

Auffinden von Rohrleitungen

Der Leitungsverlauf kann durch ein Metallsuchgerät (Abb. 2 auf Seite 455) rekonstruiert werden. Spezielle Geräte können Elektro- und Wasserleitungen unterscheiden. Diese Methode funktioniert nicht bei reinen Kunststoffrohren.

Schutzmaßnahmen für Rohrleitungen

Um Energieverluste möglichst gering zu halten und um die Schäden an Rohrleitungen zu vermeiden, müssen in vielen Fällen Schutzmaßnahmen ergriffen werden.

Wärmeschutz

Warmwasser führende Rohre wie Warmwasserleitungen und Heizungsrohre müssen wärmegedämmt werden, denn der Energieverlust ungedämmter Rohre kann beachtlich sein. Das gilt für freiliegende Rohre genauso wie für Rohre unter Putz. Je größer die Kälte ist, der die Rohre ausgesetzt werden, desto größer sollte auch die Dämmstoffdicke gewählt werden. Eine Faustregel besagt, daß die Dämmstoffdicke mindestens dem Rohrdurchmesser entsprechen sollte. Bei der Verlegung der Leitungen sollte darauf geachtet werden, daß der Dämmstoff später mühelos angebracht werden kann.

Gut geeignet für die Rohrdämmung sind vorgefertigte Schalen aus Weichschaumstoffen oder Mineralfasern (Abb. 11). Alle Schnitt- und Stoßstellen werden mit Spezialbändern verklebt, damit keine Wärmebrücken entstehen. Daneben können Rohrleitungsschlitze auch mit loser Mineralwolle ausgestopft, mit Putzträgern überspannt und verputzt oder mit Dämmörtel (z.B. Perlite-Dämmörtel für Rohrschlitze) ausgefüllt werden.

Die Wärmeverluste können von vornherein geringer gehalten werden, wenn man das Rohrleitungssystem möglichst kurz hält (Planung), Rohre möglichst nicht in Außenwände verlegt und auf 433

Zirkulationsleitungen bei Warmwasser verzichtet.

Frostschutz

Durch das Gefrieren des Wassers in Rohrleitungen wird nicht nur die Wasserzufuhr unterbunden. Da sich Wasser beim Gefrieren ausdehnt, können Rohre brechen oder Verschraubungen auseinandergedrückt werden. Zwar sind manche Produkte aus Kunststoff so elastisch, daß sie diese Dehnung unbeschadet überstehen, doch ist das Auftauen hier besonders schwierig, da diese Rohre Wärme schlecht leiten und zudem empfindlich gegenüber höheren Temperaturen sind.

Wasserleitungen im Erdreich müssen in frostsicherer Tiefe verlegt werden, das

ist nach den klimatischen Gegebenheiten zwischen 80 und 150 cm unter der Erdoberfläche.

Besonders gefährdet sind außerdem Kaltwasserleitungen in Außenwänden, vor allem dann, wenn sie selten oder unregelmäßig benutzt werden. Hier muß eine gute Wärmedämmung vorgesehen werden, die zugleich eine dampfdichte Umhüllung besitzen muß, damit die Kondensation von Wasserdampf und damit eine Durchfeuchtung des Dämmstoffs sowie die Korrosion von Metallrohren verhindert wird.

Wasserleitungen im Freien müssen vor Einbruch des Winters abgesperrt und entleert werden.

Auch selten genutzte Heizungsleitungen können frostgefährdet sein. Hier

sollte ein Thermostatventil montiert werden, das bei niedrigster Stufe vor dem Einfrieren von Heizkörpern und Rohrleitungen schützt.

Bei Neu- und Umbauten sollte man so planen, daß weder Kalt- noch Warmwasser führende Leitungen in Außenwände verlegt werden.

Eingefrorene Leitungen werden aufgetaut, indem man sie mit Tüchern umwickelt und diese mit heißem Wasser begießt oder indem man ihnen mit Heißluftpistolen, einer Wärmelampe, notfalls auch mit einem Fön Wärme zuführt. Dabei sollte der betroffene Wasserhahn geöffnet sein, denn fließendes Wasser beschleunigt den Schmelzprozeß.

Gefährlich ist das Auftauen mit Lötlampen oder Schneidbrennern, da eine zu

11

434

große Hitze das Material angreifen kann. Notfalls muß man den Installateur rufen, der die Leitung mit einem Elektrogerät auftauen kann.

Notdürftige Reparaturen an schadhaft gewordenen Rohrleitungen werden auf Seite 433 dargestellt.

Schallschutz

Schall entsteht in Rohrleitungen durch hohe Fließgeschwindigkeiten des Wassers, durch Richtungsänderungen, durch Querschnittsverengung und schnell schließende Armaturen. Schall pflanzt sich fort in andere Räume über Wände und Decken, besonders gut aber über die Rohrleitungen selbst. Schon bei der Grundrißgestaltung sollte man daher großen Wert darauf legen, daß Wasserleitungen und Armaturen nicht an oder in Wände verlegt werden, die an Ruheräume angrenzen. Rohrleitungen verursachen weniger Geräusche, wenn der Rohrquerschnitt nicht zu eng gewählt und damit die Fließgeschwindigkeit des Wassers nicht zu hoch wird und wenn strömungstechnisch günstige Fittings, z. B. Bogen statt Winkel, verwendet werden. Eine Aus-

11 *Schutzmaßnahmen für Rohrleitungen:*
  1 *Weichschaumstoffrohr mit vorgefertigtem Kunststoffmantel*
  2 *Einkerbung bei Winkeln*
  3 *Filz zur Wärmedämmung an schwer dämmbaren Stellen*
  4 *Kunststoffbeschichteter Filz zum Schutz vor Kondens- und Mörtelwasser*
  5 *Dämmschlauch zum Schutz vor Kondens- und Mörtelwasser*
  6 *Rohrschale aus Mineralfaser zur Wärmedämmung*
  7 *Rohrschale aus Mineralfaser zur Wärmedämmung und Feuchtigkeitsschutz durch Aluminiumfolie*
  8 *Weichschaumstoffrohr mit Klettverschluß zum Wärmeschutz*
  9 *Hartschaumgedämmtes Kupferrohr mit Kunststoffummantelung (Wicu plus)*
  10 *Dämmung von Rohren ungebräuchlicher Maße oder mehrerer eng nebeneinanderliegender Rohre mit Mineralwollebahnen und Verkleben der Stoßstellen mit Aluklebeband.*

breitung des Schalls über Decken und Wände wird vermindert durch Umwickeln der Leitungen mit Faserdämmstoffen, z. B. Filzbändern, durch Verwendung von Rohrbefestigungsschellen mit Gummieinlage, durch Ausfüllen von Rohrschächten mit Faserdämmstoffen oder der Schachtwände mit schallschluckendem Filz.

Man sollte darauf achten, daß geräuscharme Armaturen verwendet werden, z. B. geräuscharme Druckspüler. Die Ausbreitung des Schalls von Armaturen ins Rohrnetz wird stark vermindert, wenn man zwischen Anschlußrohr und Armatur einen Geräuschdämpfer zwischenschaltet, wenn Anschlußstücke mit Filz umwickelt und Gummiringe zwischen Rosette und Wand eingelegt werden.

Auch der Einbau eines Druckminderers kann die Schallbelastung erheblich herabsetzen.

Steinbildung

In der Natur vorkommendes Wasser enthält gelöste Mineralstoffe. Sie können sich unter bestimmten Umständen an den Wandungen der Leitungsrohre anlagern und dadurch die Wasserzufuhr beeinträchtigen, in ungünstigen Fällen völlig unterbinden.

Wasserhärte: Darunter versteht man den Gehalt an Kalzium- und Magnesiumionen, der in Millimol pro Liter (mmol/l) gemessen wird. Unterschieden werden im Waschmittelgesetz 4 Härtebereiche:

Härtebereich	Bezeichnung	Gehalt in mmol/l	frühere Maßeinheit °dH (= Grad deutscher Härte)
1	weiches Wasser	bis 1,3	bis 7
2	mittelhart	1,3 bis 2,5	8 bis 14
3	hart	2,5 bis 3,8	14 bis 21
4	sehr hart	über 3,8	über 21

Die Wasserhärte kann bei den Wasserwerken erfragt werden und ist auf den Wasserrechnungen vermerkt. Von der Wasserhärte ist z. B. die Waschmittelzugabe abhängig, die eine Verkalkung der Maschine verhindert.

Wassertemperatur: Sie spielt eine wesentliche Rolle bei der Bildung von Kalkablagerungen an den Rohrwandungen. Kaltwasser führende Leitungen sind nur selten betroffen. Die Verkalkung von Warmwasserbereitern und Warmwasser führenden Rohren kann weitgehend verhindert werden, wenn man auf eine Wassererhitzung über 60 °C verzichtet. Heizungsrohre sind nicht betroffen, da es sich hier weitgehend um einen geschlossenen Wasserkreislauf handelt.

Enthärtungsanlagen: Sie entfernen die wassersteinbildenden Materialien durch Umwandlung von Kalzium- und Magnesiumsalzen in Natriumsalze. Die Natriumsalze gelangen zum Teil ins Trinkwasser, zum Teil direkt in die Abwasserkanalisation, z. B. bei der Regenerierung der Anlage, und wirken dort umweltschädigend. Gegen Enthärtungsanlagen werden auch gesundheitliche Bedenken geltend gemacht. Kommt man aus bestimmten Gründen um eine Enthärtung nicht herum, sollte man nur eine Teilenthärtung des Wassers durchführen, z. B. für Warmwasser oder Waschmaschinenwasser.

Entkalkung von Geräten und Gegenständen: Sie ist möglich durch spezielle Entkalkungsmittel, wesentlich umweltfreundlicher jedoch durch Einlegen in Essigwasser, z. B. bei Tauchsiedern, Elektrokochern, aber auch bei verkalkten Armaturen oder Auslaufsieben.

Warmwasserbereiter wie Gasdurchlauferhitzer oder Elektrospeicher können durch Kalkablagerungen an Wärmetauschern oder Heizspiralen die Energie nur noch schlecht nutzen und müssen daher von Zeit zu Zeit entkalkt werden. Immer wenn Teile ausgebaut werden müssen und dabei Elektro- oder Gasleitungen abzuklemmen sind, muß der Fachmann geholt werden. Kochendwassergeräte können geöffnet werden und durch Einfüllen des Entkalkungsmittels entkalkt werden.

Korrosionsschutz

Die meisten Metalle werden von Wasser angegriffen. Auf ihrer Oberfläche bilden sich chemische Verbindungen, z. B. Rost bei Eisen, Grünspan bei Kupfer.

435

Unter Umständen können Leitungen völlig zerstört werden. Bei einer Neuinstallation sollte man daher überlegen, ob korrosionsbeständige Kunststoffrohre verwendet werden sollten.

Außenseitige Korrosion von Leitungsrohren: Sie wird vor allem bei hoher Luftfeuchtigkeit und durch Niederschlag von Kondenswasser begünstigt. Führen Rohre kaltes Wasser, so schlägt sich bei hoher Luftfeuchtigkeit Kondenswasser auf der Oberfläche nieder. Man schützt die Rohre mit dampfsperrenden und etwas wärmedämmenden Filzschläuchen (Abb. 11). Kupferrohre sind häufig schon durch eine Kunststoffummantelung vor Korrosion geschützt (Wicu-Rohre). Beim Verlöten dieser Rohre muß die Ummantelung an den Enden aufgeschnitten und mit kunststoffbeschichteten Filzbändern geschützt werden. Auch für Warmwasser führende Rohre sollten die Rohrschalen mit dampfsperrenden Materialien umwickelt werden (z. B. alufolienbeschichtete Mineralfaserschalen).

Metalle sollten nicht direkt mit Mörtel in Berührung kommen, da bei Anwesenheit von Feuchtigkeit die Korrosion ebenfalls gefördert wird. Die Rohre werden durch Rohrschläuche und kunststoffbeschichtete Filzbänder geschützt.

Leitungsrohre sollten außerdem nie eingegipst, sondern nur mit Schnellzement befestigt werden.

Innenseitige Korrosion von Leitungsrohren: Sie hängt im wesentlichen von der chemischen Zusammensetzung des Wassers und von der Wassertemperatur ab. Die genauen Zusammenhänge sind jedoch sehr komplex.

Grundsätzlich kann gesagt werden, daß die Wassertemperatur möglichst 65 °C nicht übersteigen sollte. Um eine Schutzschichtbildung zu fördern, sollten Kupferrohre mit möglichst hohen Temperaturen, Stahlrohre jedoch mit Temperaturen von 50 bis 60 °C eingefahren, d. h. nach der Installation eine gewisse Zeit betrieben werden.

Grundsätzlich sollte ein Eindringen von Fremdstoffen wie Rost-, Sand- und Lehmteilchen durch Filtern des Wassers verhindert werden. Bei der Herstellung von Rohrverbindungen sollte man darauf achten, daß Metallspäne oder Lötreste nicht ins Innere der Leitung gelangen.

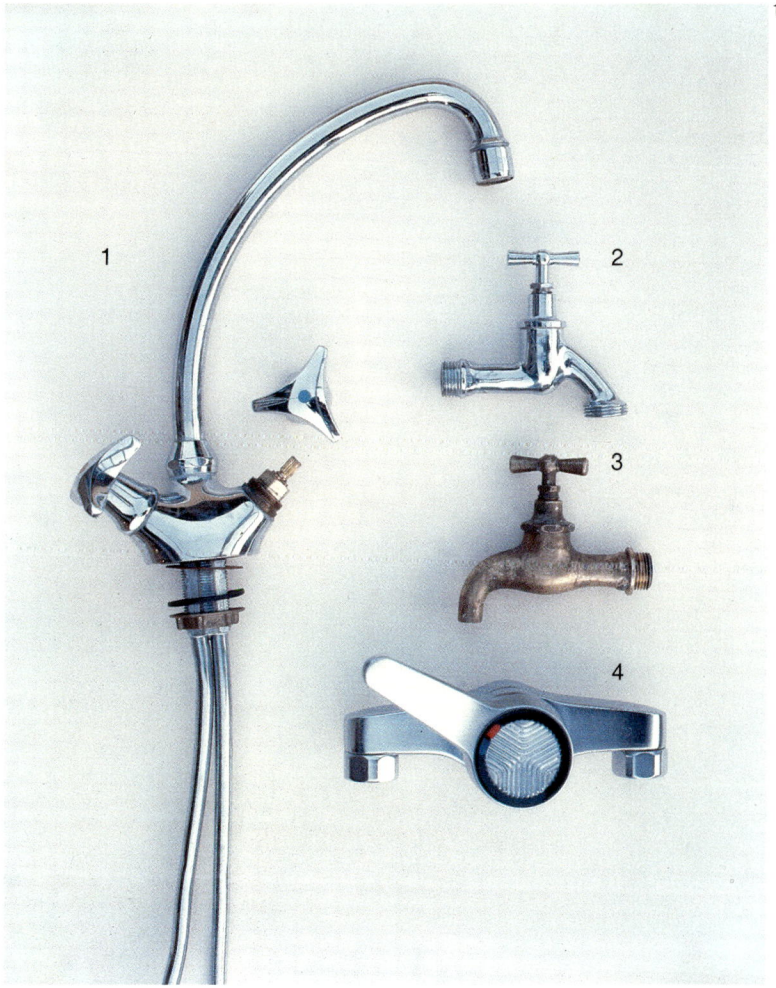

12

Für die Mischinstallation, also die Installation mit unterschiedlichen Rohrmaterialien, gilt: Kupferrohre dürfen in Fließrichtung des Wassers immer nur hinter Stahlrohren verlegt werden, um Korrosion zu verhindern.

Zulaufarmaturen

Zulaufarmaturen versorgen einzelne Verbrauchsstellen mit kaltem oder warmem Wasser.

Wasserhähne (Auslaufventile)
Zulaufarmaturen für Wasch- und Spülbecken sowie Bade- und Duschwannen werden in der Umgangssprache als Wasserhähne bezeichnet, in der Fachsprache heißen sie Auslaufventile.

Bauarten (Abb. 12): *Einfache Auslaufventile* liefern nur kaltes oder warmes Wasser, *Mischbatterien* haben Kalt- und Warmwasseranschluß. *Zweigriffbatterien* besitzen getrennte Bedienungsgriffe für Kalt- und Warmwasser. Die Einregulie-

12 *Wasserhähne (Auslaufventile):*
   1 *Mischbatterie mit Schwenkauslauf und Anschluß über Eckventile (Standarmatur)*
   2 *Einfacher Hahn mit Schlauchanschlußgewinde*
   3 *Einfacher Hahn*
   4 *Einhebelmischer für Wandanschluß (Wandarmatur).*

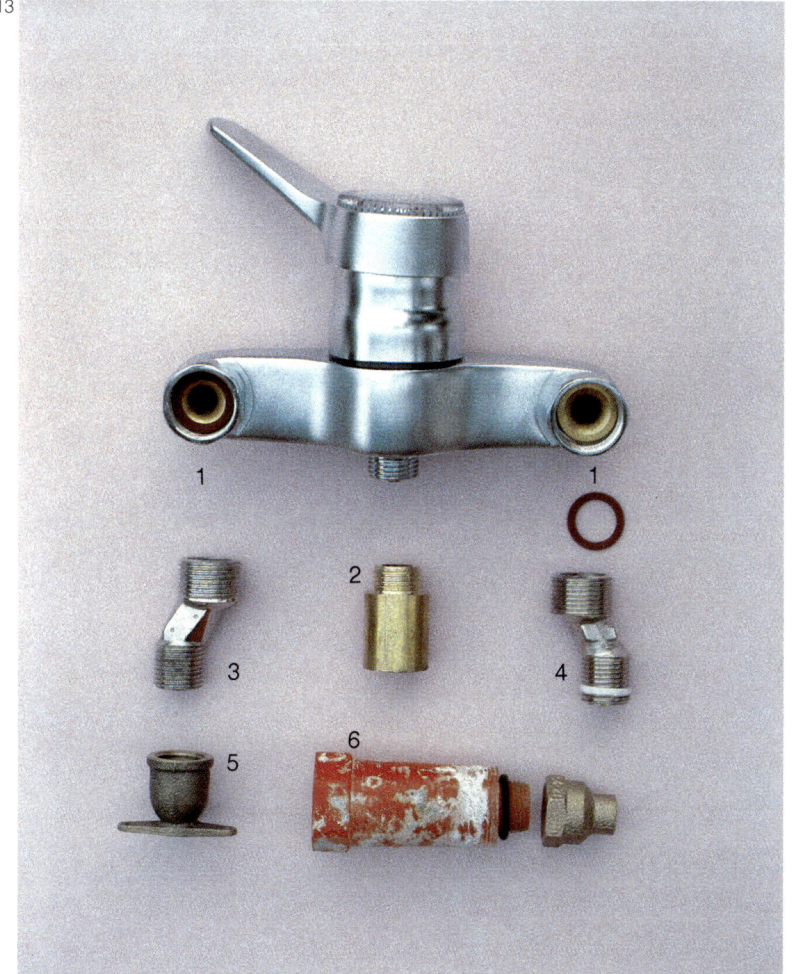

13 *Anschluß einer Wandarmatur:*
   1 *Dichtung zwischen S-Anschluß-stück und Armatur*
   2 *Verlängerungsrohr*
   3 *S-Anschlußstück zur Abdichtung mit Hanf oder Teflonband*
   4 *S-Anschlußstück mit eingearbeitetem Dichtring*
   5 *Wandscheibe mit Lötstutzen für Kupferrohr*
   6 *Baustopfen zum Abdichten beim Abdrücken der Leitungen und zum Schutz vor Verunreinigungen.*

14 *Wasseranschlüsse mit Eckventil:*
   1 *Rosette*
   2 *Eckventil mit eingearbeitetem Dichtring und Anschluß eines verchromten Kupferröhrchens durch Quetschdichtung (z.B. Anschluß einer Standarmatur)*
   3 *Winkel mit Quetschdichtung*
   4 *Verlängerung mit Quetschdichtung*
   5 *Abzweig mit Quetschverschraubung anderer Art.*

15 *Wassersparende Produkte:*
   1 *Der Wasserstrahl am Duschschlauch läßt sich mit einem Knopfdruck ab- und wieder anstellen. Ein mühsames Mischen der Wassertemperatur entfällt.*
   2 *Der Durchflußbegrenzer läßt nicht mehr als 6 Liter Wasser durch, unabhängig vom Wasserdruck und unabhängig davon, wie weit der Hahn geöffnet ist.*

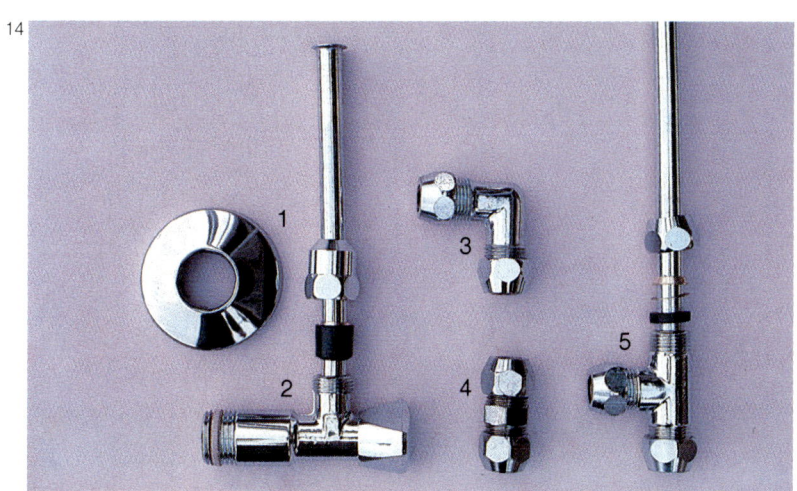

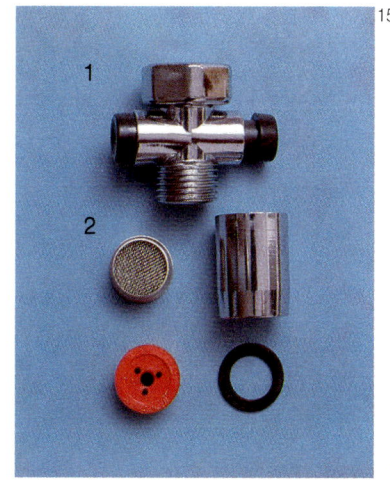

rung einer bestimmten Temperatur, z.B. bei Duschen, dauert eine gewisse Zeit, dabei gehen Wasser und Energie verloren. *Einhebelmischer* regeln durch die Drehbewegung die Wasserauslauftemperatur und durch eine Hubbewegung die Stärke des Wasserstrahls. So kann das Wasser mit einem Handgriff abgestellt und mit gleicher Temperatur wieder angestellt werden. Druckveränderungen in den Leitungen, z.B. beim Abzapfen von kaltem oder warmem Wasser an der gleichen Steigleitung, können jedoch zu Temperaturschwankungen führen. *Thermomischbatterien* ermöglichen die Einstellung einer bestimmten Wassertemperatur, die auch bei Druckschwankungen durch automatische Regelung immer konstant bleibt. Sie lassen sich daher besonders wasser- und energiesparend anwenden.

Wandarmaturen: Man montiert sie an der Wand. Üblich ist das vor allem bei Duschen und Badewannen. Angeschlossen wird an ein Montageelement (Wandscheibe) mit Hanf oder Teflonband. Mischbatterien werden über sog. S-Anschlußstücke montiert, über die je nach Endstellung der Abstand der Armaturenanschlüsse genau einreguliert werden kann (Abb. 13).

Standarmaturen: Sie werden auf dem Sanitärgegenstand montiert. Üblich ist das bei Spülen und Waschbecken.

Auf Stahlblech, also z.B. bei Spülen, wird die dazu erforderliche Öffnung hergestellt, indem man mit einem dünnen Bohrer ringförmig vorbohrt und die Öffnung ausfeilt. Die Öffnung sollte gerade so groß sein, daß die Armatur durchgesteckt werden kann. Der Installateur hat dazu ein Spezialwerkzeug mit Schneidbacken.

Keramikwaschbecken besitzen für Standarmaturen ausgesparte Stellen, die an der Rückseite erkennbar sind. Sie werden von der glasierten Seite aus vorsichtig mit einem Spitzhammer durchgeschlagen, wobei man für den ersten Schlag auch einen Durchschlag verwenden kann.

Standarmaturen werden über biegsame Kupferrohre an Eckventilen durch eine Quetschverschraubung angeschlossen (Abb. 14). Die Kupferrohre werden dabei so gebogen, daß sie auf die Eckventile zulaufen. Häufig kann man die Eckventile dabei etwas drehen, ohne daß die Verschraubung undicht wird. Dadurch

ergibt sich ein besserer Anschluß. In seltenen Fällen müssen die mit der Armatur fest verbundenen Kupferrohre verlängert werden (Abb. 14). Zum Biegen kann eine spezielle Spirale verwendet werden, die über das Kupferrohr gesteckt wird. Dabei verringert sich die Gefahr, daß die Rohre knicken, die Biegung wird gleichmäßiger und schöner. Biegt man von Hand, muß man vorsichtig vorgehen. Durch zu häufiges Biegen und Zurückbiegen wird das Rohr spröde, es kann brechen oder undicht werden.

Wassersparende Produkte: Sie sind in Abb. 15 dargestellt. Daneben gibt es Brauseköpfe mit Durchflußbegrenzung.

Tropfende Hähne und andere Reparaturen

Steter Tropfen höhlt nicht nur den Stein, er führt zur Vergeudung von Wasser und möglicherweise auch von Energie. Reparaturen sind in den meisten Fällen einfach.

Zweifellos das beste Werkzeug zum Lösen von Verschraubungen ist eine Armaturenzange mit Kunststoffbacken (Abb. 2). Sie hat eine gute Hebelwirkung, so daß auch schwer lösbare Verschraubungen keine Schwierigkeiten bereiten, und vermeidet Kratzer auf den Oberflächen. Man kann natürlich auch einen passenden Gabelschlüssel, eine verstellbare Einmaulzange, notfalls auch die Wasserpumpenzange verwenden. Bei gezahnten Zangen muß jedoch unbedingt ein feuchtes Tuch untergelegt werden.

Zur Reparatur von tropfenden Hähnen benötigt man möglicherweise noch einen Schraubenzieher und eine neue Dichtung. Dichtungssätze enthalten die gebräuchlichsten Formen und Größen (Abb. 16).

Tropfender Auslauf: Er kommt am häufigsten vor. Schuld daran ist eine Gummischeibe, die sich im Laufe der Zeit abnützt, spröde wird oder auf der sich Feinteilchen oder Kalk absetzen. Diese Gummidichtung wird geschont, indem man den Wasserhahn nicht mit Gewalt, sondern nur so weit zudreht, daß er dicht ist.

Wenn man diese Dichtung auswechselt, muß das Wasser abgesperrt werden. Das ist in den meisten Fällen möglich an Eckventilen, die sich unter Waschbecken oder Spüle befinden. Problema-

tischer ist es, wenn die Steigleitung oder das Hauptabsperrventil abgesperrt werden muß (siehe dazu Seite 426).

Um zur defekten Dichtung zu gelangen, muß man in vielen Fällen den Handgriff abschrauben (Abb. 17), bei einigen Modellen den Handgriff ruckartig abziehen. In manchen Fällen befindet sich unter dem roten oder blauen Kunststoffknopf auf dem Griff eine Schraube. Der Kunststoffknopf wird mit der Spitze eines Schraubenziehers vorsichtig abgehoben.

Nun liegt das Ventiloberteil frei. Es wird mit Zange oder Gabelschlüssel entgegen dem Uhrzeigersinn herausgedreht. An der Unterseite befindet sich eine Dichtung, die meist mit einer kleinen Mutter oder Schraube gesichert ist. Man entfernt die defekte Dichtung, setzt eine Dichtung der gleichen Größe ein, dreht die Mutter oder Schraube fest, aber nicht mit Gewalt auf und schraubt schließlich die Patrone wieder auf. Es kann danach noch eine kurze Zeit leicht weitertropfen, bis sich die neue Dichtung an den Ventilsitz angepaßt hat.

Tropft es jedoch länger, liegt die Ursache am Ventilsitz. Dort kann sich Kalk ablagern oder Korrosion auftreten, so daß die Dichtung ihre Funktion nicht mehr erfüllen kann. In diesem Fall hilft nur ein Ausfräsen mit einem sogenannten Ventilsitzfräser (Abb. 16). Nur wenn der Ventilsitz nicht allzu tief liegt, wird man mit feinem Schleifpapier Erfolg haben. Der Fräser wird mit der Hand in das Innengewinde eingeschraubt. Durch Drücken des Knopfs und Drehen im Uhrzeigersinn werden die Ablagerungen beseitigt. Zwei bis vier Umdre-

16 *Gebräuchliche Dichtungen:*
1 Dichtungsscheiben zum Abdichten eines tropfenden Auslaufs
2 Dichtungsringe für Schlauchverschraubungen
3 O-Ringe für Drehgelenke
4 Dichtungen für Überwurfmuttern, z.B. bei Wandbatterien, Brauseschläuchen usw.
5 Dichtungssatz für einen Einhebelmischer eines bekannten Herstellers
6 Ventilsitzfräser
7 Fräskopf
8 Dichtungen für Siphonverschraubungen.

hungen genügen meist; man sollte nicht zuviel Material wegnehmen.

Moderne Armaturen werden vielfach nicht mehr mit Gummidichtungen abgedichtet, sondern mit sehr plan geschliffenen Keramikdichtungen. Diese sind wesentlich teurer, werden aber selten undicht. Wird eine solche Dichtung defekt, wird in der Regel das ganze Ventiloberteil ausgewechselt.

Schwenkarm: Bei Armaturen mit Schwenkarm, wie sie vor allem in der Küche verwendet werden, kann es sein, daß bei geöffnetem Hahn am Drehgelenk Wasser austritt. Auch hier muß in der Regel eine Verschraubung gelöst werden, ehe sich der Schwenkarm abziehen läßt. Es kommen zwei O-Ringe zum Vorschein, die ausgewechselt werden müssen. Die neuen Ringe sind mit geeignetem Dichtungsfett, d.h. für solche Zwecke vorgesehenem gesundheitlich unbedenklichem Armaturenfett, einzureiben, weil sich sonst der Schwenkarm nicht drehen läßt.

Das Einreiben mit Dichtungsfett kann auch dann nötig werden, wenn sich der Arm nur noch schwer drehen läßt.

Tropfen am oder aus dem Handgriff: Es kommt vor, wenn die Dichtung an der Stelle, an der sich Ventiloberteil und Armatur berühren, defekt ist (Abb. 17). Man geht vor wie beim Reparieren eines tropfenden Auslaufs, benötigt aber eine andere Dichtung. Selten findet sich die Ursache für den Wasseraustritt aus dem Drehknopf bei den O-Ringen, die im Innern des Ventiloberteils untergebracht sind und die sichtbar werden, wenn man es zerlegt. Diese Ringe müssen jedoch eingefettet werden, wenn sich der Drehknopf nur noch schwer drehen läßt. Dazu verwendet man ein geeignetes Armaturenfett.

Stopfbuchsendichtung: Bei älteren Hähnen ist das Drehgelenk auf eine andere Weise abgedichtet. Die Dichtung wird sichtbar, wenn man eine Kontermutter abschraubt. Tropft es an dieser Stelle, wird man zuerst versuchen, diese Mutter fester anzuziehen. In manchen Fällen ist diese Stelle mit Dichtungsstrick abgedichtet, in manchen Fällen muß eine Dichtung ausgewechselt werden, indem man den Handgriff abschraubt.

Einhebelmischer: Sie besitzen zwei

16

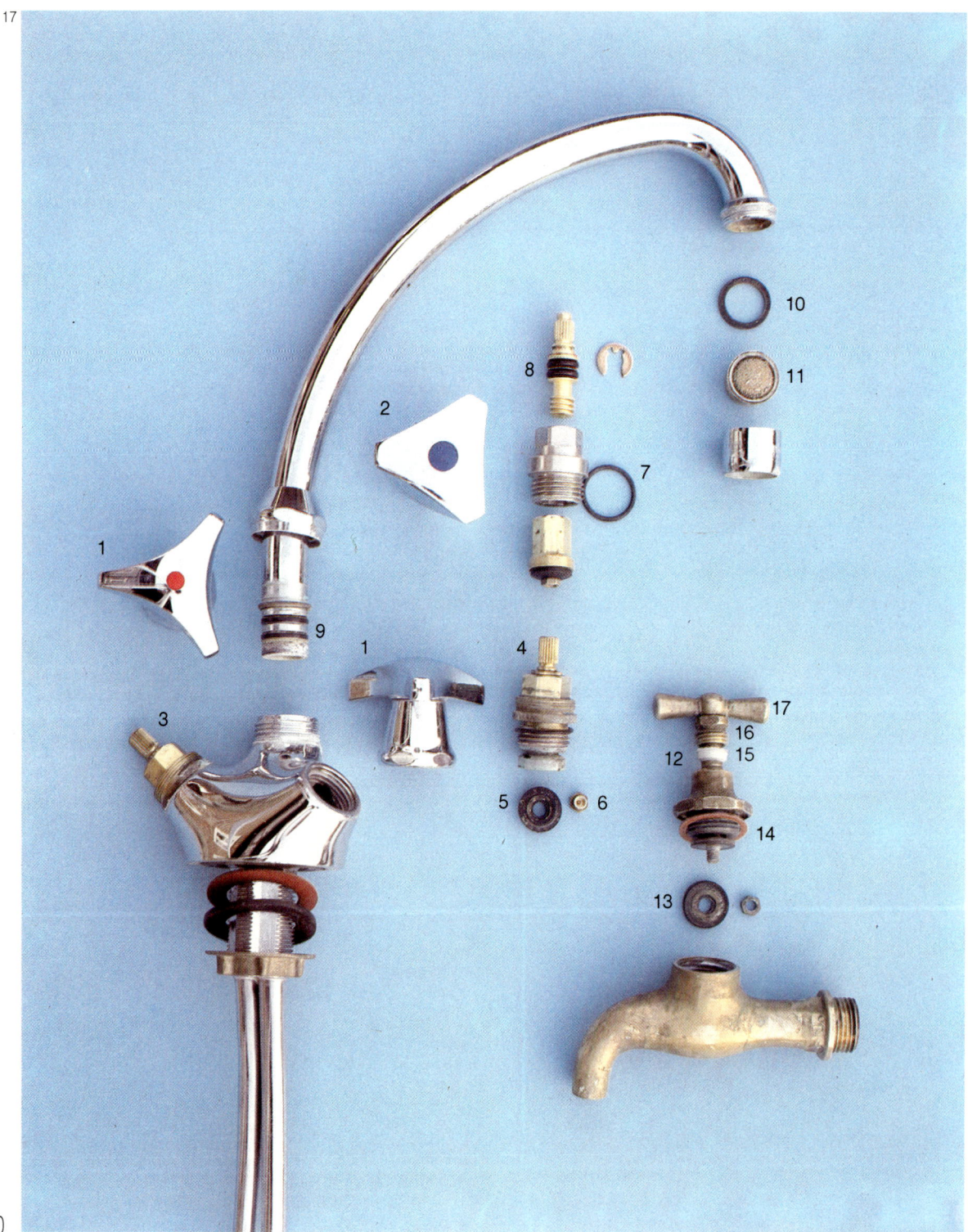

sehr eben geschliffene große Keramikscheiben, die in einer bestimmten Stellung abdichten. Die untere Scheibe hat zwei Zulauföffnungen für Kalt- und Warmwasser, die obere nur eine Auslauföffnung. Je nachdem, wie man die obere Scheibe mit dem Hebel verschiebt, kommt wärmeres oder kälteres Wasser aus dem Hahn. Diese Keramikscheiben haben eine lange Lebensdauer. Sind sie defekt, muß das ganze Innenteil des Hebelmischers ausgewechselt werden. Manchmal sind jedoch auch nur Schmutzablagerungen an den Scheiben oder ein lockerer Hebel die Ursache dafür, daß der Auslauf tropft.
Wenn Wasser zwischen Kartusche und Gehäuse austritt, sind meist die O-Ringe defekt.
Einen Dichtungssatz eines bekannten Herstellers zeigt Abb. 16. Die Ringe müssen mit geeignetem Armaturenfett gut eingefettet werden.
Häufig muß man beim Zerlegen zuerst

17 *Tropfende Hähne und andere Reparaturen. Reparatur eines tropfenden Auslaufs bei einer Mischbatterie:*
1 *Handgriff abschrauben oder*
2 *Handgriff abziehen*
3 *Ventiloberteil abschrauben*
4 *Ventiloberteil*
5 *Gummidichtung*
6 *Halteschraube für Dichtung.*

Wasseraustritt am Drehgelenk: Arbeitsschritte 1 bis 4 wie vorher
7 *O-Ringe auswechseln oder*
8 *Ventiloberteil auseinanderbauen und O-Ringe auswechseln.*

Schwenkarm:
9 *O-Ringe erneuern oder einfetten.*

Auslaufsieb:
10 *Dichtung erneuern*
11 *Sieb reinigen, bei Verkalkung in Essig legen.*

Reparatur eines einfachen Hahns:
12 *Ventiloberteil abschrauben*
13 *Dichtung erneuern bei tropfendem Auslauf*
14 *Dichtung zwischen Ventiloberteil und Ventil*
15 *Stopfbuchsendichtung*
16 *Kontermutter*
17 *Handgriff.*

die obere Zierkappe abheben oder abschrauben, bei manchen Produkten wird eine Schraube sichtbar, wenn man den Hebel ganz hochzieht. Man sollte sich genau merken, wie die Teile zusammengehören oder sich eine Skizze anfertigen.
Duschanschlüsse an Wannenarmaturen: Sie funktionieren in der Regel so, daß sich das Wasser durch Ziehen oder Drücken des Knopfes vom Wannenauslauf auf den Duschschlauch umstellen läßt. Tropft es aus dem Wannenauslauf, wenn die Dusche benutzt wird oder umgekehrt, müssen O-Ringe ausgetauscht werden. Zieht man den Knopf hoch, kann man den Einsatz herausschrauben.
Duschschläuche: Sie können am Armaturenanschluß oder am Übergang zum Brausekopf undicht sein. Hier müssen Dichtungsringe ersetzt werden.

WC-Spülung

Die WC-Spülung verschlingt im Durchschnitt etwa ein Drittel des in einem Haushalt verbrauchten Wassers. Gerade hier sind durch die Wahl wassersparender Klosettschüsseln und -spülungen beträchtliche Wassereinsparungen möglich.
Druckspüler: Sie lassen durch die Betätigung eines Hebels oder eines Knopfes eine bestimmte Wassermenge mit hohem Druck zufließen und schließen nach einer einstellbaren Spülzeit selbsttätig. Der Wasserverbrauch kann bei vielen Modellen durch die Stärke des Druckes reguliert werden.
Voraussetzung für den Einbau von Druckspülern ist, daß der vom Hersteller angegebene Mindestfließdruck an der Entnahmestelle vorhanden ist, das ist bei Normaldruckspülern meist 1,7 bar, bei Niederdruckspülern 0,5 bar.
Druckspüler benötigen in den meisten Fällen eine eigene Steigleitung, vor allem dann, wenn mit gleichzeitiger Betätigung von Armaturen an der gleichen Steigleitung zu rechnen ist. Die Zuleitung zum Druckspüler sollte eine Dimension größer sein als dessen Nenndurchmesser.
Geräuschgedämpfte Druckspüler sind durch ihre aufwendigere Konstruktion so gebaut, daß der Kolben verzögert abhebt; Druckschläge im Rohr bleiben aus.

Druckspüler haben meist auf der Rückseite eine Schraube, bei der die Spülzeit einreguliert werden kann, und unter der Abdeckverschraubung die sog. Hubbegrenzung, mit der man die Spülstärke einregulieren kann.
Installation und Reparatur von Druckspülern sind meist nicht ganz einfach, da Grundkenntnisse hinsichtlich der jeweiligen Konstruktion und Funktion erforderlich sind. Häufig wird bei Schäden der Kolben ausgewechselt, manchmal verhindern auch nur Schmutzteilchen das richtige Funktionieren. Zum Einkauf eines neuen Kolbens benötigt man die genaue Typenbezeichnung.
Spülkästen (Abb. 18): Sie sind vom Wasserdruck und vom Durchmesser der Zuleitung weitgehend unabhängig und eignen sich daher besonders für den nachträglichen Einbau.
Nach der Höhe der Anordnung unterscheidet man tiefhängende Spülkästen (bis zu 50 cm über Toilettensitz). halbhochhängende Spülkästen (50 bis 100 cm) und hochhängende Spülkästen (über 150 cm über Toilettensitz). Hochhängende Spülkästen werden mit Seilzug betätigt, tief- und halbhochhängende mit Hebel, Zugknopf oder Taste.
Spülkästen sind im Innern unterschiedlich, im Prinzip jedoch ähnlich konstruiert. Durch Hebel, Taste oder Seilzug wird eine Saugglocke, ein Standrohr oder eine Gummikugel vom Boden angehoben. Unterschiedliche Druckverhältnisse sorgen dafür, daß das Wasser abläuft.
Ein Schwimmer bewirkt bei ablaufendem Wasser, daß das Zulaufventil geöffnet wird und sich der Spülkasten wieder füllt. Ist eine gewisse Höhe erreicht, wird das Zulaufventil durch den Schwimmer wieder geschlossen. Durch Verstellen des Schwimmkörpers, meist durch eine Stellschraube, kann die Spülwassermenge in gewissem Umfang eingestellt werden.
Spülkästen werden über ein Eckventil mit Kupferrohr angeschlossen. Möglich ist hier auch das Anzapfen einer vorhandenen Wasserleitung mit T-Stück, verchromtem Kupferrohr und Absperrventil. Der Zulauf zum WC-Becken erfolgt durch ein Kunststoffrohr.
Fließt dauernd Wasser in das WC-Bekken, muß entweder die Abflußdichtung gereinigt bzw. ersetzt oder die Zulaufdichtung ausgewechselt werden. Im er-

441

sten Fall bewirkt das ablaufende Wasser eine Öffnung der Zulaufdichtung, im zweiten läuft das Standrohr über.

Der Wasserinhalt des Spülkastens ist im wesentlichen abhängig von der Konstruktion des WC-Beckens als Flachspül-, Tiefspül- oder Absaugeklosett.

Flachspülklosett (Abb.19): Sie haben zwar den Nachteil der Geruchsbelästigung, verbrauchen aber mit etwa 6 bis 10 Liter die geringste Spülwassermenge. Betrieben werden können Flachspülklosetts mit Druckspülern oder kleinen Spülkästen.

Tiefspülklosetts (Abb.19): Bei ihnen fallen die Fäkalien in einen wassergefüllten Trichter, die Geruchsbelästigung wird auf diese Weise vermindert, doch kann Spritzwasser unangenehm sein. Die Spülwassermenge beträgt zwischen 9 und 12 Litern. Als Spülung eignen sich tiefhängende Spülkästen oder Druckspüler mit entsprechender Leistung.

Absaugeklosetts (Abb.19): Sie benötigen mit 12 bis 18 Litern die höchste Spülwassermenge.

Wassersparende Umrüstung von Spülkästen: Spülkästen verbrauchen je nach Ausführung zwischen 6 und 18 Liter reines Trinkwasser für jede Spülung. Moderne Spülkästen sind mit einer Spartaste für »kleine Spülungen« ausgestattet. Die meisten älteren Spülkästen lassen sich problemlos mit wenigen Handgriffen wassersparend umrüsten. Herstellerfirmen bieten Nachrüstsätze an. In den meisten Fällen können die anschließend beschriebenen Methoden bei tiefhängenden Spülkästen zum Erfolg führen. Durch eine Umrüstung lassen sich mehrere tausend Liter Wasser pro Person und Jahr einsparen.

Um den Aufbau des Spülkastens kennenzulernen, hebt man den Deckel ab oder schraubt ihn ab. Bei Spülkästen, bei denen die Spülung mit einem Hebel (also nicht mit einer Taste oder mit einem Zugknopf) betätigt wird, versucht man, das Drehgelenk am Hebel starr zu machen, z.B. durch Umwickeln mit einem Draht oder durch Anbringen einer Rohrschelle. Dadurch kann man die Wasserabgabe regulieren, da durch das Hochziehen des Hebels das Standrohr wieder auf den Spülkastenboden gedrückt wird.

442 Läßt sich diese Methode nicht anwenden, z.B. bei Spülkästen, die mit Druck-

taste betätigt werden, so kann das Standrohr so beschwert werden, daß nur so lange Wasser fließt, wie die Spültaste betätigt wird. Läßt man die Taste los, schließt das Gewicht den Wasserablauf (Abb.20). Solche Gewichte kann man fertig kaufen oder auch selbst herstellen. Man verwendet dazu nichtrostende Materialien, um zu vermeiden, daß sich Rostteile an der Dichtung ablagern und im Wasser aufgelöster Rost zu Ablagerungen am WC-Becken führt.

Eine dritte Methode ist das Anbringen der Sparampel (Abb.20). Der Vorteil dabei ist, daß bei kurzer Betätigung der Spülung eine Menge von etwa 2 bis 3 Litern abläuft, sich jedoch der ganze Spülkasten leert, wenn man den Hebel etwas länger drückt.

Bei manchen Modellen befindet sich am Standrohr unter Wasser ein kleiner Schwimmer. Die Spülwassermenge kann reguliert werden, wenn man ihn beschwert.

Für hochhängende Spülkästen werden ebenfalls Nachrüstsätze angeboten. Der Ablaufmechanismus besteht aus einer Glocke (äußeres Rohr) und einem Innenrohr. Man kann ihn umrüsten, wenn man in die Glocke etwa 5 cm unter der Wasseroberfläche ein etwa 8 mm großes Loch bohrt. Benötigt man die gesamte Wassermenge, muß man den Seilzug so lange festhalten, bis das Wasser abgelaufen ist.

Bei überdimensionierten Spülkästen kann in vielen Fällen durch eine Stellschraube am Schwimmer die Wassermenge auch für die große Spülung in gewissem Umfang reguliert werden. Eine ganz einfache Methode: Man legt einen wasserfesten Stein, z.B. Klinker, oder eine gefüllte Flasche in den Spülkasten. Hier sollte jedoch beachtet werden, daß die Spülwassermenge nicht zu gering wird, da es sonst zu Verstopfungen der Abflußleitungen kommen kann.

Einrichtungs-gegenstände

Die Auswahl von Einrichtungsgegenständen ist eine Geschmacksfrage. Die Montage unterscheidet sich in Details, richtet sich aber im großen und ganzen nach dem gleichen Prinzip.

18 *Aufbau eines Spülkastens (Prinzip):*
   1 Hebel
   2 Schwimmer
   3 Stellschraube
   4 Standrohr
   5 Dichtung am Standrohr
   6 Wasserzulauf
   7 Dichtung
   8 Eckventil
   9 Ablaufrohr.

19 *Klosettbauarten:*
   1 Flachspülklosett
   2 Tiefspülklosett
   3 Absaugeklosett.

20 *Wassersparende Nachrüstsätze für Tiefspülkasten:*
   1 Sparampeln werden gegenüberliegend am Standrohr befestigt
   2 Stabgewicht wird ins Standrohr eingehängt.

Waschbecken

Waschbecken werden meist mit Standventilen ausgestattet. Sie besitzen daher durchschlagbare Ventillöcher, die auf der Rückseite erkennbar sind. Diese werden an der gewünschten Stelle von der glasierten Seite aus, also von oben, mit einem Spitzhammer durchgeschlagen.

Befestigung an massivem Mauerwerk: Sie erfolgt mit Spezialdübeln und -schrauben. Der Dübel wird dazu in die Wand gebracht, die Schraube eingedreht, das Waschbecken über das vorstehende Gewinde gesteckt, anschließend eine Stockschraube aufgedreht, wobei Beilagscheiben untergelegt werden.

Befestigung an Leichtbauwänden: An stabilen Holzquerriegeln (bei Holzständerwänden) oder an vorgefertigten Montageplatten (bei Metallschienenkonstruktionen) können nur leichtere Waschbecken montiert werden. Schwere Sanitärobjekte werden an vorgefertigten Stahlträgerständern befestigt, die die auftretenden Kräfte auf den Fußboden ableiten.

Standwaschbecken: Sie werden auf einer Konsole montiert, die am Fußboden befestigt wird.

Spülen und Ausgußanlagen

Spülen werden häufig mit Standarmaturen mit schwenkbarem Auslauf ausge-

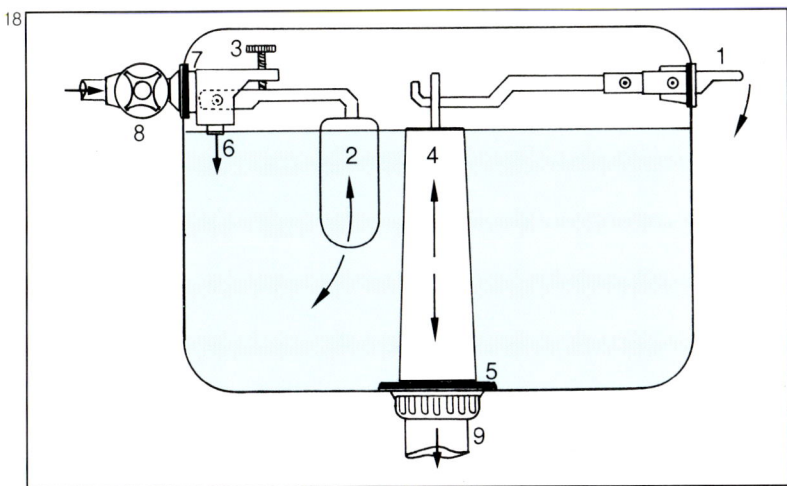

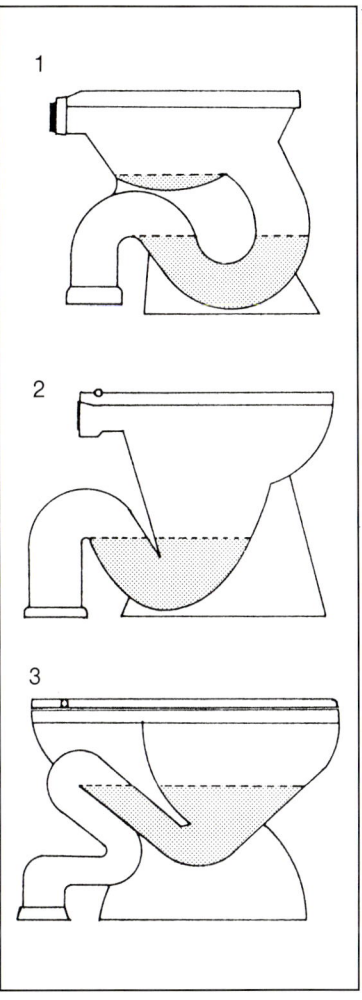

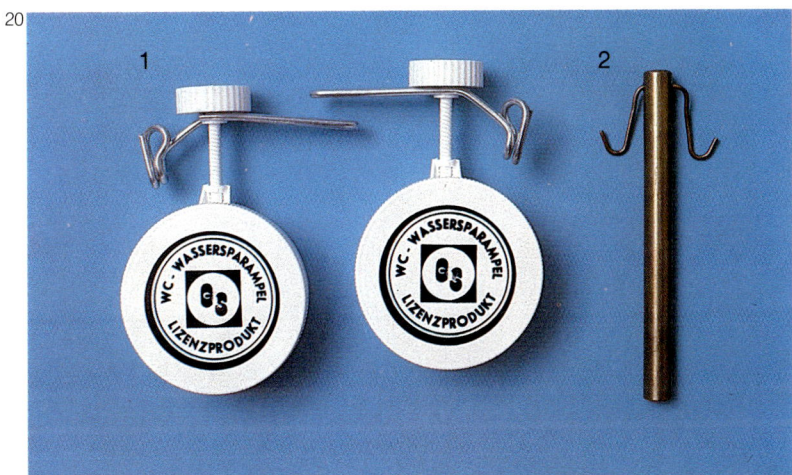

stattet. Wandanschlußfugen dichtet man je nach Bauart mit Kunststoffprofilen oder mit dauerelastischer Dichtungsmasse ab.

Badewannen

Badewannen werden in verschiedenen Größen und Formen angeboten. Kleinere Wannen haben einen geringeren Wasserinhalt und können dadurch Wasserverbrauch und Energiekosten merklich senken. Besonders wasser- und energiesparend sind Wannen, die der Körperform angepaßt sind oder Sitzbadewannen, die vor allem dann montiert werden, wenn wenig Platz zur Verfügung steht.

Die Aufstellung der Wannen richtet sich nach der Konstruktion. Häufig werden Wannen auf Füße gestellt oder in passenden Schaumstoffblöcken verlegt, die direkt verfliest werden können, seltener ist eine Verlegung im Mörtelbett.

In vielen Fällen empfiehlt sich eine schallgedämpfte Aufstellung der Wannen. Unter den Füßen, wenn möglich auch zwischen Wanne und Füßen, werden schalldämmende Zwischenlagen vorgesehen, z.B. Hartgummi- oder Preßkorkstreifen. Sollen Wannen auf punktförmig wenig belastbarem Untergrund aufgestellt werden, z.B. auf Holzbalkendecken oder Ziegeldecken, empfiehlt sich die Übertragung der punktförmigen Lasten mittels Metallplatten oder -streifen auf eine größere Fläche.

Eine Wärmedämmung bewirkt, daß das Badewasser länger warm bleibt. Für moderne Wannen werden daher häufig Schaumstoffblöcke geliefert, in die die Wanne gesetzt wird.

Möglich ist jedoch auch ein Ausstopfen des Hohlraums mit Kokos- oder Mineralfasern und das Ausschäumen mit Ortschaum.

Badewannen müssen in der Regel geerdet werden (siehe dazu Seite 454). Die Befestigung an der Wand erfolgt von unten mit Wandklammern. Fliesenanschlußfugen werden mit Silikon abgedichtet. Badewannen werden meist eingemauert und verfliest. Die Wannenränder müssen dabei auf dem Mauerwerk aufliegen. Das geschieht durch Einpressen von Fugenmörtel. Um nachträglich Verstopfungen beseitigen und Reparaturen durchführen zu können,

443

21 *Kunststoffabflußrohre (HT-Rohre zur*
   Innenentwässerung, Marley):
   1 *Abzweig 87°*
   2 *Reinigungsrohr*
   3 *Bogen 45°*
   4 *Bogen 90°*
   5 *Bogen 67°*
   6 *Bogen 15°*
   7 *Muffenstopfen zum Verschließen*
     einer Öffnung
   8 *Abzweig 45°*
   9 *Überschiebemuffe (dazu auch*
     Abb. 27)
   10 *Reduktionsstück exzentrisch zur*
      Vermeidung von Rückspülungen
   11 *Abzweig 45°*
   12 *Bogen 45°*
   13 *Siphonbogen*
   14 *Reduktion*
   15 *HT-Rohrstück.*

22 *Verstellbare Winkelstücke (Kessel).*

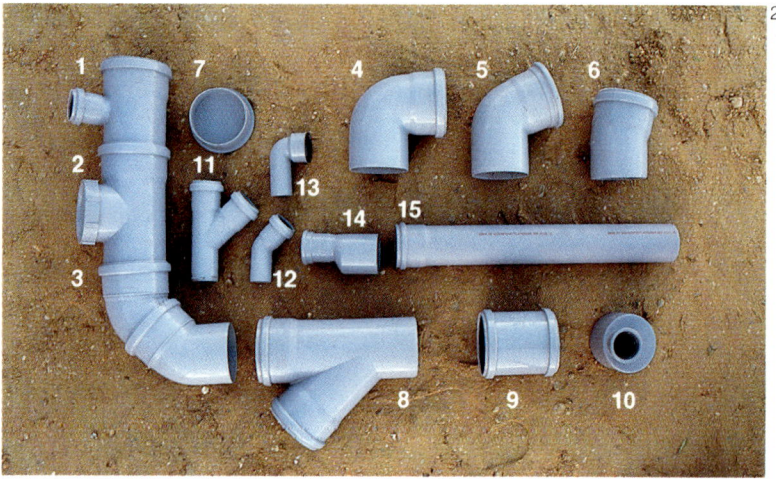

wird dort, wo sich Ab- und Überlauf befinden, eine Kontrolltür eingebaut. Rahmen dazu gibt es fertig zu kaufen.

Duschwannen
Duschwannen sind für verschiedene
Formen, Größen und Zwecke erhältlich.
Sie können in entsprechender Ausstat-
tung zugleich als Sitz- und Kinderwanne
oder als Bidet benutzt werden. Man
montiert sie ähnlich wie Badewannen:
Sie werden in einen Wannenträger aus
Schaumstoff eingelegt oder auf Wan-
nenfüße montiert und eingemauert oder
die mit den Rändern auf einen stabilen
Holzrahmen aufgelegt.
Als Armaturen kommen Wandarmaturen
in Frage. Den höchsten Komfort bieten
Thermomischbatterien, die immer eine
konstante Wassertemperatur halten.
Der Geruchsverschluß sollte für Reparaturarbeiten zugänglich sein (Kontrolltür).
Duschwannen müssen in der Regel ge-
erdet werden (siehe Seite 454).
Der übrige Baderaum wird durch Vor-
hänge oder durch Kabinentüren vor
Spritzwasser geschützt.

Bidets
Bidetanlagen sind Sitzwaschbecken zur
Reinigung des Unterkörpers und können auch als Fußwaschbecken verwendet werden. Man befestigt sie je nach
Ausführung mit Schrauben und Dübeln
am Fußboden oder an stabilen Wänden

oder montiert sie an Leichtbauwänden
an Spezialkonsolen. Der Wasserzulauf
erfolgt über Wand- oder Standarmaturen. Die Wassertemperatur sollte gut
einregulierbar sein, wofür sich Thermomischbatterien besonders gut eignen.

WC
Klosetts werden entweder am Fußboden oder an massiven Wänden mit
Schrauben und Dübeln befestigt oder
bei Leichtbauwänden auf Spezialkonsolen montiert.
Die Spülung kann durch Druckspüler
oder mit Spülkästen erfolgen (siehe
Seite 441).
Wird ein WC nachträglich installiert,
werden oft Spülkästen verwendet, da
Druckspüler häufig eine eigene Steigleitung erfordern. Eine Zuleitung zum
Spülkasten stellt man her, indem man
eine Kaltwasserleitung über ein T-Stück
anzapft. Die Zuleitung erfolgt am besten
über ein verchromtes Kupferrohr. Vor
dem Spülkasten wird ein Eckventil
montiert, damit Reparaturen ohne Absperren der gesamten Wasserzufuhr
möglich sind. Geeignete Rohre und
Rohrverbindungen sind auf Seite 429
dargestellt.

Waschmaschinen
Sie haben einen hohen Strombedarf, so
daß sie möglicherweise an einem eigenen Stromkreis angeschlossen werden
müssen. Der Wasserzufluß erfolgt über
einen Hochdruckgummischlauch, der
an einem Wasserhahn mit Gewinde und
Rohrbelüfter angeschlossen wird (siehe

Seite 427). Der Wasserdruck sollte
durch Schließen des Hahns bei Nicht-
gebrauch ausgeschaltet werden, um
Überschwemmungen beim Platzen des
Schlauchs zu vermeiden. Angeboten
werden spezielle Wasserstopper, die
beim Platzen des Schlauchs automatisch die Wasserzufuhr unterbinden. Die
Stiftung Warentest hat jedoch bei diesen Produkten sehr unterschiedliche
Qualitäten festgestellt, so daß man sich
hier informieren sollte. Bei Neu- oder
Umbauten kann ein Bodenablauf vorgesehen werden.
Der Wasserablauf erfolgt im Keller meist
über einen Bodenablauf, in Wohnungen
über einen relativ steifen Schlauch, der
über das Waschbecken oder den Badewannenrand gehängt wird (am besten
noch zusätzlich befestigt). Möglich ist
ein Ablauf auch über ein eigenes Tauchrohr mit Geruchverschluß, das direkt an
die Abwasserrohre angeschlossen
wird. Das Tauchrohr muß dabei über
den höchsten Wasserstand in der Maschine geführt werden.

Spülmaschinen
Sie werden in der Regel in der Küche
aufgestellt. Das Abwasser wird am besten mit einem Schlauch direkt in einen
Geruchverschluß mit Spülwasseran-
schluß eingeleitet.

Warmwasserbereiter
Welche Möglichkeiten zur Warmwasserbereitung es gibt, ist ab Seite 420 dargestellt. Drucklose kleine Warmwasserspeicher kann der Heimwerker pro-

blemlos selbst montieren. Der Stroman-
schluß erfolgt über eine Steckdose, die
Wasserzuleitung wird mit einem Kupferrohr und Quetschverschraubung hergestellt (Abb. 14). Größere Speicher brauchen eine eigene Stromzuleitung und
müssen vom Elektrofachmann angeschlossen werden.

Abwasser

Auch wer vor größeren Installationsarbeiten zurückschreckt, kann sich an die
Verlegung von Abwasserrohren wagen.
Vor allem Kunststoffprodukte lassen
sich erstaunlich einfach verarbeiten.

Abläufe
Wasch-, Spülbecken- und Wannenab-
läufe erfolgen über ein Sieb, das grobe
Schmutzteile abfängt, damit Verstopfungen vermieden werden. Dieses Sieb mit
einem Ablaufstutzen wird mit einem Unterteil und dieses wiederum mit dem
Geruchsverschluß verschraubt. Die Verschraubung erfolgt entweder über ein
Gewinde am Stutzen oder durch eine
sichtbare Schraube. Die Abdichtung
zwischen Sieb und Waschbecken bzw.
Wanne erfolgt mit geeignetem Dichtungskitt.
Geruchsverschlüsse (Siphons) sind mit
Wasser gefüllt und bilden so eine Sper-
re gegen aufsteigende Kanalgase.
Abbildung 25 zeigt die gebräuchlichsten Bauarten. Bei der Reinigung des
Siphons (siehe Seite 449) müssen un-

terschiedliche Verschraubungen gelöst
werden.
Bodeneinläufe dienen dazu, Wasser aus
Bad oder Kellerräumen abfließen zu lassen.

Abflußrohre
Abflußrohre führen das Abwasser der
Kanalisation oder einer Sickergrube zu.
Will man sie selbst verlegen, muß man
sich Gedanken über die richtige Be-
messung und die Wahl geeigneter Materialien machen. Wenn man sieht, wie
einfach manche Materialien zu bearbeiten sind, wird man sich auch ohne Vorkenntnisse daran wagen, kleinere Arbeiten am Abwassersystem vorzuneh-
men. Sie fallen z. B. beim Einbau einer
Dusche, eines Waschbeckens, eines
Klosetts oder einer Badewanne oder
bei Reparaturen alter defekter Abwasserleitungen an. Man sollte immer eine
größere Zahl verschiedener Formstücke
zur Hand haben, da das geeignete
Stück meist nur an Ort und Stelle ausgewählt werden kann.
Kunststoffrohre (Abb. 21, Abb. 27): Sie
werden von Heimwerkern bevorzugt
verwendet, da sie leicht zu bearbeiten
sind und einfache Rohrverbindungen
hergestellt werden können.
Rohre aus Kunststoff werden aus PVC,
Polyethylen (PE) und Polypropylen (PP)
hergestellt. Rohre aus PVC sind nur bis
zu Temperaturen von etwa 60 °C beständig, wodurch ihr Einsatzbereich
stark eingeschränkt ist. Für Abwässer
mit höheren Temperaturen, wie sie in
der Hausinstallation fast überall anfallen

können, werden sog. HT-Rohre (hoch-
temperaturbeständige Rohre) aus Polyethylen oder Polypropylen verwendet.
Kunststoffrohre, die für die Entwässerung im Hausinnern verwendet werden,
sind grau, Grundleitungen für die Verlegung im Erdreich rotbraun.
Kunststoffrohre haben ein geringes Gewicht und benötigen daher möglicherweise eine zusätzliche Schalldämmung
durch Umwickeln mit Mineralfasern
oder Ausstopfen der Schlitze mit Mineralfasern (z. B. Falleitungen).
Sie können mit einer feinzahnigen Säge
getrennt werden. Die Rohrenden werden anschließend entgratet und leicht
angeschrägt, damit die Dichtungen
nicht beschädigt oder verschoben werden. Die Verbindung von Kunststoffrohren erfolgt über Steckmuffen mit Gummidichtung. Der Dichtring ist entweder
bereits eingearbeitet oder wird nachträglich eingelegt (Gummirollring). Der
Dichtring und das Rohrende werden vor
dem Zusammenstecken mit Gleitmittel
eingestrichen. Dazu eignen sich handelsübliche Gleitmittel oder Schmierseife. Bei Rohrverbindungen mit Gummirollringen muß darauf geachtet werden,
daß sich der Ring beim Zusammenstek-
ken nicht verschiebt.
Um eine Dehnung zu ermöglichen, werden Kunststoffrohre zuerst ganz zusam-
mengeschoben und dann wieder etwa
1 cm auseinandergezogen. Dazu ist eine Bleistiftmarkierung sehr hilfreich.
Für schwierige Rohrverlegungsproble-
me gibt es verstellbare Winkelstücke
(Abb. 22).

Gußeisenrohre: Sie sind relativ schwer, dadurch jedoch besser schalldämmend als Kunststoffrohre. Man längt sie am besten mit Kettenrohrabschneidern oder mit Trennscheiben ab, wesentlich mühsamer auch mit Sägen.

Früher wurden meist Muffenrohre eingesetzt. Die Abdichtung erfolgte durch das Einstemmen von Weißstrick und das Verschließen mit einer geeigneten Vergußmasse. Moderne Muffenrohre werden mit Gummirollringen abgedichtet.

Muffenlose Abflußrohre ergeben Abflußleitungen mit geringerem Gewicht. Außerdem fallen weniger Abfälle an, da Reststücke wiederverwendet werden können. Die Abdichtung erfolgt wie bei Faserzementrohren mit Dichtmanschetten und nichtrostenden Spannmuffen (Abb. 23).

Asbestfreie Faserzementrohre (Abb. 23): Sie haben die Asbestzementrohre weitgehend verdrängt. Man längt sie entweder mit speziellen Rohrabschneidern oder mit einer Säge ab, die ein hartmetallbestücktes Sägeblatt haben sollte. Beim Trennen mit Trennscheiben entsteht auch bei asbestfreien Rohren gesundheitsschädlicher Feinstaub. Faserzementrohre werden mit Gummirillendichtung oder Spannmuffen verbunden. Auch diese Rohre haben eine bessere Schalldämmung als Kunststoffrohre.

Steinzeugrohre (Abb. 24): Sie werden für Abwasserleitungen im Erdreich verwendet. Man kürzt sie mit der Trennscheibe. Die Abdichtung der Muffe erfolgt meist mit Gummirollringen.

Betonrohre (Abb. 24): Man setzt sie nur als Grundleitungen zur Ableitung von Regenwasser ein, da sie gegenüber dem Erdreich nicht völlig dicht sind.

Drainagerohre (Abb. 24): Sie dienen zur schnellen Abführung von Wasser aus dem Erdreich, z. B. bei Kelleraußenwänden, Wänden in Hanglage oder feuchten bzw. sumpfigen Flächen. Das Wasser wird über Schlitze aufgenommen und über eine Rinne abgeführt. Das Gefälle muß mindestens 1 cm pro Meter betragen. Die Rohre sollten mindestens 20 cm allseitig von Drainagekies umgeben werden, einem speziellen Korngemisch, das ein Zuschlämmen mit feinen Erdteilchen verhindert. Eine zusätzliche Sicherung bietet eine Kokosfaserummantelung.

Gleitmittel: Sie sorgen dafür, daß man Rohre mit Gummidichtungen leichter zusammenstecken und, wenn man Änderungen vornehmen muß, auch wieder leichter auseinanderziehen kann. Gleitmittel müssen für diesen Zweck zugelassen sein. Gut geeignet ist außerdem Schmierseife. Nicht verwendet werden dürfen Öle und Fette, da sie Boden und Abwässer belasten.

Rohre aus unterschiedlichen Materialien: Sie werden meist mit speziellen Gummimanschetten verbunden. Grundsätzlich müssen die Innendurchmesser zusammenpassen. Bei manchen Rohrverbindungen, z. B. bei der Verbindung von Kunststoff- und Faserzementrohren, werden zum Ausgleich der Außendurchmesser Gummiringe aufgeschoben (Abb. 23).

Die Verlegung von Abwasserrohren

Abflußrohre müssen so bemessen werden, daß das anfallende Wasser problemlos abgeführt werden kann. Die Nennweite (DN) gibt an, welchen ungefähren lichten Durchmesser, d. h. Innendurchmesser, ein Rohr hat. Abflußrohre werden in DN 40 (etwa 40 mm), 50, 70, 100, 125, 150 und 200 geliefert.

Abflußrohre werden liegend mit einem bestimmten Gefälle oder senkrecht verlegt, nie jedoch schräg. Werden liegende Leitungen zu groß gewählt, wird nur eine geringe Schwimmtiefe der Abfallstoffe erreicht, da das Wasser den Rohrquerschnitt zuwenig füllt: Die Schmutzteile können nicht gut genug weggeschwemmt werden. Das gleiche geschieht, wenn die Rohre mit zu großem Gefälle verlegt werden. Das Wasser fließt zu schnell ab, Schmutzteile können im Rohr liegenbleiben.

Zu enge Rohrleitungen führen leicht zu Verstopfungen, können sich vollständig mit Wasser füllen und durch Sogwirkung Geruchverschlüsse leersaugen.

Anschlußleitungen (Abb. 25, 26): Sie verbinden die Verbrauchsstelle über einen Siphon mit einer Falleitung. Das Gefälle beträgt zwischen 2 und 5 cm pro Meter, der Anschluß an die Falleitung erfolgt meist mit Winkeln zwischen 87° und 88,5°. Anschlußleitungen werden in der Regel eine Nennweite größer ausgeführt als der Geruchverschluß. WC-Anschlußleitungen werden in DN 100 ausgeführt. Hier empfiehlt sich die Einleitung ins Fallrohr mit 2 Winkeln von 45°.

Sammelanschlußleitungen verbinden mehrere Verbrauchsstellen mit einer Falleitung. Die Einleitung in eine Sammelanschlußleitung erfolgt am besten mit einem 45°-Winkel. Falls die Nennweite vergrößert werden muß, empfiehlt sich ein exzentrischer Übergang, damit Rückspülungen verhindert werden (Abb. 26.1, Nr. 3).

Falleitungen (Abb. 26): Sie führen das Abwasser in die Sammelleitung und werden lotrecht verlegt. Ist ein »Verziehen« der Leitung nötig, werden 45°-Winkel verwendet. Falleitungen werden nie kleiner als Anschlußleitungen ausgeführt. Die Mindestnennweite beträgt DN 70, doch werden häufig Rohre mit DN 100 in Frage kommen. Falleitungen werden über Dach entlüftet, damit Geruchverschlüsse nicht leergesaugt werden können, wenn sich der Leitungsquerschnitt vollständig füllt. Für die Lüftungsleitung genügt jedoch auch ein kleinerer Querschnitt, z. B. DN 70 für Falleitungen von DN 100. In Falleitungen werden Reinigungsöffnungen eingebaut (Abb. 21).

Sammelleitungen: Sie führen im Keller die Abwässer zusammen und leiten sie in die Grundleitung weiter. Man führt sie in der Regel in DN 100 aus, nie jedoch mit geringerem Durchmesser als die Falleitung. Der Übergang von der Fall- in die Grundleitung erfolgt am besten mit 2 Winkeln von 45°, damit Stauungen vermieden werden.

Das Gefälle beträgt mindestens 2, höchstens 5 cm pro Meter. Auch in Sammelleitungen werden Reinigungsöffnungen eingebaut.

Grundleitungen: Es handelt sich dabei um unzugängliche Leitungen, z. B. im Baukörper oder im Erdreich verlegte Leitungen. Sie führen die Abwässer der Kanalisation oder einer Sickergrube zu. Für Grundleitungen werden meist Steinzeugrohre oder geeignete Kunststoffrohre verwendet. Für Einfamilienhäuser sind Grundleitungen von DN 100 oder 125 meist ausreichend. Das Gefälle der Grundleitungen beträgt mindestens 1 : DN, also zum Beispiel 1 : 100 (1 cm pro Meter), höchstens 5 cm pro Meter. Grundleitungen, die länger als 20 m sind, müssen über einen Kontrollschacht zugänglich sein und gereinigt werden können. Erdverlegte Grundleitungen werden ins Sandbett verlegt und sollen allseitig etwa 10 cm mit Sand umgeben sein, damit durch Setzungen des Erdreichs keine Schäden auftreten. Aus dem gleichen Grund dürfen sie nicht fest einbetoniert werden, z.B. beim Durchgang durch betonierte Außenwände.

Befestigung: Abwasserrohre müssen ausreichend befestigt werden. Dazu eignen sich Rohrschellen und spezielle Abhänger. Bei Muffenrohren in Falleitungen werden die Rohrschellen am besten direkt unter der Muffe befestigt, damit sie besseren Halt finden. Rohrschellen mit elastischen Einlagen dienen der Schalldämmung.

Abwasserinstallation in eigener Regie: Will man die gesamte Abwasserinstallation selbst ausführen, wird man auf eine fachliche Beratung hinsichtlich der Rohrbemessungen und Rohrauswahl nicht herumkommen. Ausgangspunkt für die Installation sind immer Ort und Tiefe des Kanalanschlusses, die von den Wasserwerken zu erfragen sind. Von diesem Punkt aus muß unter Berücksichtigung des Höchst- und Mindestgefälles die Lage der Grund- und Sammelleitung geplant werden. Dazu müssen, damit allzu steiles Gefälle vermieden wird, eventuell Sturzstrecken (dazu Abb.26) mit 45°-Winkeln eingebaut werden.

23 *Faserzementabflußrohre (Eternit):*
   1 *Abdichtung durch Gummimanschette*
   2 *Abdichtung durch Spannmuffe*
   3 *Gummiring zur Herstellung von gleichen Außendurchmessern und Spannmuffenverschraubung.*

24 *Abflußrohre aus verschiedenen Materialien:*
   1 *Steinzeugrohr*
   2 *Kunststoffabflußrohr, z.B. zur Ableitung von Regen- oder Drainagewasser, nicht für häusliche Abwässer.*
   3 *Drainagerohr mit Kupplungsstück*
   4 *Ziegelrohr*
   5 *Betonrohr.*

25 *Geruchsverschlüsse (Siphons):*
   1 *Rohrgeruchverschluß*
   2 *Flaschengeruchverschluß mit Tauchrohr*
   3 *Flaschengeruchverschluß mit Doppelzunge.*

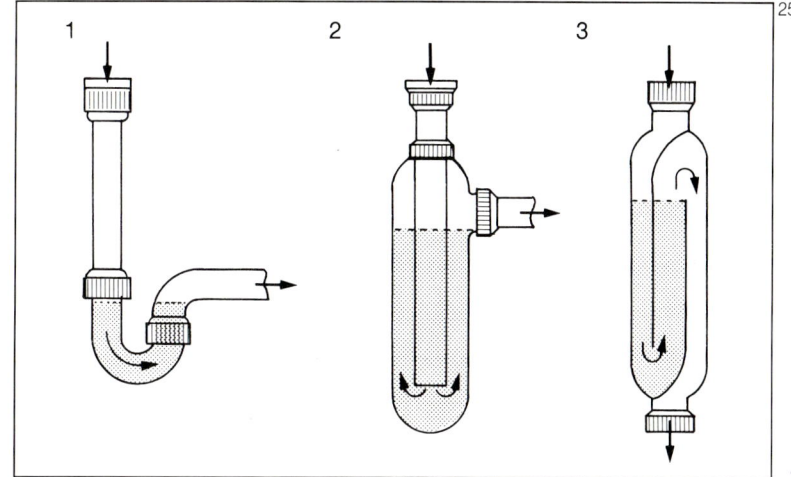

447

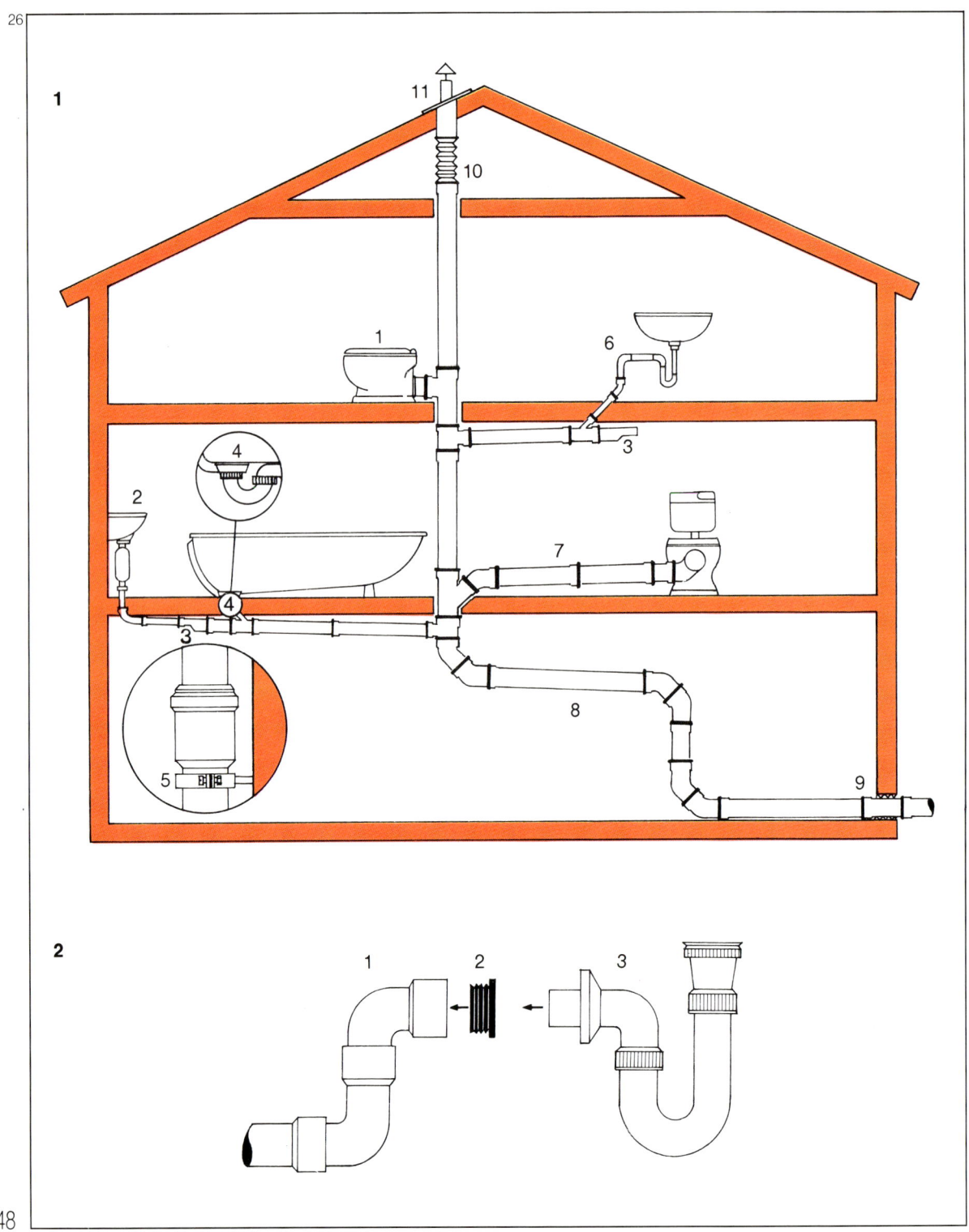

Reparatur defekter Abflußrohre

Beschädigte Kunststoffrohre werden repariert, indem man aus einem Rohr mit dem gleichen Durchmesser ein Paßstück zuschneidet und mit einem geeigneten Kleber aufklebt. Stark beschädigte Rohrstücke werden herausgeschnitten.

Das Einsetzen des neuen Rohrstücks erfolgt durch Überschiebemuffen (Abb. 27).

Rohre aus Gußeisen und Faserzement können notdürftig repariert werden, indem man ein elastisches Schlauchstück um die defekte Stelle wickelt und mit Draht sichert.

Einsetzen eines Abzweiges

Soll ein neues Abwasserrohr an Kunststoffabflußrohre angeschlossen werden, muß ein Abzweig eingesetzt werden. Das geschieht durch die Verwendung einer Überschiebemuffe (Abb. 27). Wenn die alte Leitung starr befestigt ist, verwendet man eine Überschiebemuffe und eine Langmuffe, ein Rohrstück, das eine lange Muffe besitzt und daher so

26 *Verlegung von Abwasserrohren:*
  1 Anschluß-, Fall- und Grundleitungen
    1 Anschluß eines WC mit 87°
    2 Anschluß eines Waschbeckens
    3 Exzentrische Reduktion verhindert Rückspülungen
    4 Badewannenanschluß
    5 Rohrschelle
    6 Waschbeckenanschluß mit Sturzstrecken
    7 Einleitung einer WC-Anschlußleitung mit 2 Winkeln von 45°
    8 »Verziehen« einer Leitung mit Winkeln von 45°
    9 Mauerdurchgang
    10 Entlüftungsrohr
    11 Entlüftung
  2 Anschluß eines Geruchverschlusses
    1 HT-Siphonbogen
    2 Gummimanschette
    3 Rohrgeruchverschluß.

27 *Austausch eines defekten Rohrstücks mit zwei Überschiebemuffen. Die Muffen werden zuerst vollständig auf die Rohrenden aufgeschoben und dann in Endstellung gebracht.*

weit auf das fest installierte Rohr aufgeschoben werden kann, daß man den Abzweig einsetzen kann.

Gußeisen- und Faserzementabzweige können mit Spannmuffen hergestellt werden (Abb. 23).

Verstopfte Abflüsse

Verstopfte Abflüsse melden sich meist an: Das Wasser läuft nicht mehr zügig ab, oft gurgelt es. Entschließt man sich bereits in diesem Stadium, etwas dagegen zu tun, wird man in den meisten Fällen die Verstopfung mit einfachen Mitteln beseitigen können.

Am häufigsten kommen Verstopfungen im Geruchverschluß (Siphon, siehe auch Seite 447) vor. Dann läuft das Wasser gleich von Anfang an schlecht

ab. Läuft das Wasser an mehreren Verbrauchsstellen nur langsam ab, ist meist die Anschlußleitung verstopft. Läuft das Wasser anfangs schnell, später jedoch langsam ab, ist wahrscheinlich die Fall-, Sammel- oder Grundleitung betroffen (siehe dazu auch Abb. 26).

Da häufig Öle, Fette und Seife an Verstopfungen mitwirken, wird man in einfachen Fällen auch durch gründliches Spülen mit heißem Wasser Erfolg haben. Verstopfungen im Siphon und in Siphonnähe werden mit dem Pumpfix oder in schwierigeren Fällen durch Abschrauben des Siphons beseitigt. Für verstopfte Abflußleitungen verwendet man eine Spirale, notfalls auch einen starken Draht.

27

449

Pumpfix (auch Gummisauger oder Saugglocke genannt, Abb. 28): Er dient zur Beseitigung weniger schwerwiegender Verstopfungen im Siphon und in Siphonnähe. Er erzeugt Druck und Sog und kann dadurch die Schmutzteile lokkern.

Damit die Wirkung nicht verpufft, werden Überläufe von Waschbecken und Wanne sorgfältig mit einem nassen Tuch verstopft. Bei nebeneinanderliegenden Spülbecken mit gemeinsamem Geruchverschluß wird der zweite Ablauf abgedichtet und beschwert. Das Bekken oder die Wanne füllt man anschließend mit warmem Wasser, setzt dann den Pumpfix auf und pumpt kräftig ruckartig. Läuft das Wasser langsam ab, so sollte man immer wieder Wasser nachlaufen lassen, damit eine gute Druckübertragung erfolgt. Hat sich die Verstopfung gelöst, wird mit heißem Wasser nachgespült, damit Fett-, Öl- und Seifenreste entfernt werden.

Im Handel werden auch Druckpatronen angeboten, die man auf die Ablauföffnung setzt und die mit Gasdruck Verstopfungen beseitigen.

Siphon abschrauben: Führt die beschriebene Methode zu keinem Erfolg, muß der Siphon abgeschraubt werden. Je nach Bauart müssen dabei unterschiedliche Verschraubungen gelöst werden (Abb. 25). In allen Fällen stellt man einen Eimer oder eine Plastikwanne unter den Geruchverschluß, da sich hier das Sperrwasser befindet, das vor den Kanalgasen schützt.

Bei Geruchverschlüssen aus Kunststoff kann man die Verschraubung häufig von Hand lösen. Bei Metallverschraubungen benutzt man entweder einen passenden Gabelschlüssel, einen Franzosen, eine verstellbare Armaturenzange, bei runden Verschraubungen die Siphonzange, bei empfindlichen Teilen eine kunststoffummantelte Siphonzange (Abb. 2). Verwendet man eine Wasserpumpenzange, besteht die Gefahr der Beschädigung. In diesem Fall sollte ein nasser Lappen untergelegt werden.

Der abgeschraubte Siphon wird nun gründlich gereinigt, notfalls mit einer Flaschenbürste.

Bei alten gußeisernen Geruchverschlüssen befindet sich an der tiefsten Stelle eine Schraube, die die Reinigungsöffnung verschließt. In diesem Fall verwendet man zur Reinigung einen

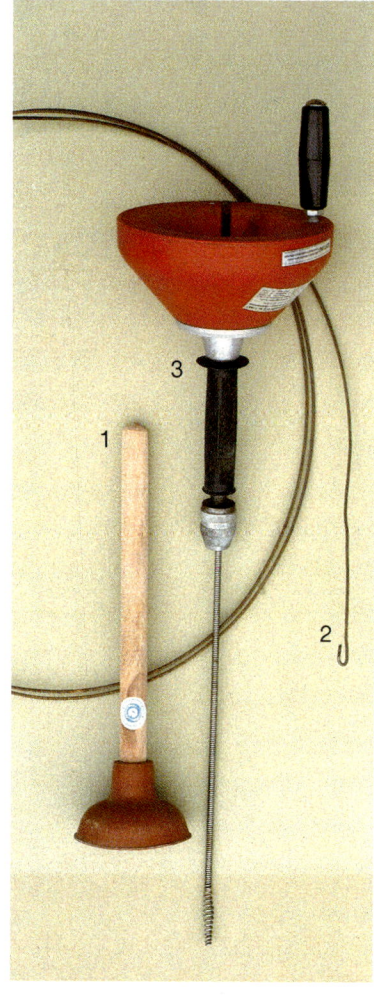

28 *Geräte zur Reinigung von verstopften Abwasserrohren:*
 1 Pumpfix (Saugglocke)
 2 Reinigungsdraht
 3 Spirale mit beliebig verstellbarer Länge und Kurbel.

Draht, an dessen Spitze ein Haken gebogen wird und mit dem die Schmutzteile gelockert und soweit möglich aus der Öffnung gezogen werden. Dichtet die Öffnungsschraube dann nicht mehr ab, umwickelt man sie mit Hanf oder Dichtungsband.

Verstopfte Abflußleitungen: Man erkennt sie meist daran, daß das Wasser anfangs noch zügig abläuft, bis die Leitung gefüllt ist.

28 Notfalls kann man sich zur Reinigung der Leitungen aus starkem Draht selbst ein Werkzeug herstellen, indem man an einem Ende einen Haken biegt und versucht, durch Einschieben des Drahtes, durch Drehen und Ziehen die Schmutzteile zu lösen. Diese Methode hat jedoch nur dann Aussicht auf Erfolg, wenn die Verstopfung weniger als 2 bis 3 m von der Öffnung entfernt liegt. Ansonsten muß eine Spirale (Abb. 28) verwendet werden, die es in verschiedenen Durchmessern und Längen sehr günstig zu kaufen gibt. Die Spirale wird unter Drehbewegungen eingeführt. Drehbewegungen sind vor allem dann unerläßlich, wenn man Bogen und Winkel überwinden will.

Bei modernen Spiralen kann die Nutzlänge verstellt werden (z. B. verstellbare Drehgriffe oder Spule), so daß sie auf verschiedene Distanzen von einer Person bedient werden können. Ältere Modelle haben eine nicht verstellbare Kurbel. Kann bei diesen Modellen die Spirale nicht in der gesamten Länge in das verstopfte Rohr eingeführt werden, muß eine zweite Person mit beiden Händen der Spirale eine Führung geben, da sie biegsam ist und bei Drehbewegungen hin und her schwingt, ohne daß damit eine Wirkung erzielt werden kann.

Stößt man auf Widerstand, wird die Spirale vor- und zurückbewegt, wobei man sie dreht. Hat man den Eindruck, daß sich der Schmutz gelockert hat, wird mit warmem oder heißem Wasser nachgespült.

Zur Reinigung von Anschlußleitungen, also der Leitungen, die das Abwasser den Falleitungen zuführen, muß der Siphon abgeschraubt werden, damit man Zugang zur Leitung bekommt.

Falleitungen sind meist verstopft, wenn das Wasser anfangs zügig abläuft und erst nach größeren Mengen, z. B. beim Ablassen des Badewassers, in der Wanne stehenbleibt. Sie besitzen bei fachgerechter Installation Reinigungsöffnungen, über die der Draht oder die Spirale eingeführt werden kann. Liegen die Reinigungsöffnungen im Keller, sollte man warten, bis das Wasser weggesickert ist, damit man beim Reinigen nicht von einem Wasserstrahl überrascht wird. Trotzdem sollte man einen Kübel bereithalten.

Sammelleitungen, also Leitungen, die

die Abwässer im Keller zusammenführen und der Kanalisation zuleiten, werden wie Falleitungen über Reinigungsöffnungen mit Draht oder Spirale gereinigt.

Für erdverlegte Grundleitungen sind ab einer bestimmten Länge Kontrollschächte vorgeschrieben.

Besteht die Gefahr, daß längere Rohrleitungen gereinigt werden müssen, sollte man sich eine Spirale kaufen, an die Verlängerungsstücke angeschlossen werden können. Für sehr große Längen können Spiralen nur noch motorisch betrieben werden.

Verstopfte WC: Die Verstopfungen treten häufig im Geruchverschluß oder an der Anschlußleitung auf. Man verwendet zur Reinigung entweder eine verstellbare Spirale oder eine kurze WC-Spirale oder einen starken Draht. Vor allem dann, wenn sich Sperriges im Geruchverschluß verklemmt hat, wird man nicht umhinkönnen, Gummihandschuhe überzustreifen und es mit der Hand zu versuchen.

Schwieriger wird es, wenn die Anschlußleitung verstopft ist und man mit Draht oder Spirale nicht an die verstopfte Stelle kommt.

Bei älteren Modellen befindet sich an der Rückseite eine Reinigungsöffnung.

Fehlt sie, muß das WC abmontiert werden. WC werden mit Schrauben und Dübeln entweder am Boden oder an der Wand befestigt. Moderne Modelle sind mit Dichtmanschetten mit der Anschlußleitung verbunden, ältere mit der Anschlußleitung meist fest verbunden, so daß die Vergußmasse herausgeklopft und ein Dichtungsstrick herausgelöst werden muß, ehe man das WC abheben kann. Man sollte beim Wiedereinbau nach einer passenden Gummimanschette zur Abdichtung suchen.

Chemische Abfluß- und Rohrreiniger: Sie gehören zu den gefährlichsten Chemikalien im Haushalt. Die Mittel wirken nur lokal in der Nähe des Abflusses, also im Siphon oder in der Nähe des Siphons und können lediglich leichtere Verstopfungen beseitigen. In Abflußrohren sind sie aufgrund der starken Verdünnung nicht mehr wirksam. Chemische Rohrreiniger enthalten starke Laugen und können bei unsachgemäßem Gebrauch schwere Verätzungen hervorrufen, z.B. dann, wenn man bei schweren Verstopfungen mit dem Pumpfix nachhelfen oder den Siphon abschrauben muß. Sie können durch die Zersetzung der Schmutzteile gesundheitsschädliche Gase entwickeln und führen zu erheblichen Umweltbelastungen.

Vorbeugung gegen Verstopfungen: Vorbeugen kann man Rohrverstopfungen durch die Verwendung möglichst feinmaschiger Abflußsiebe, also dadurch, daß man keine groben festen Stoffe in den Abfluß gelangen läßt.

Schutz gegen Rückstau

Bei sehr starken Regenfällen kann es vorkommen, daß die Abwassermengen durch das Kanalnetz nicht schnell genug abgeführt werden können. Das Wasser staut sich in den Straßenabläufen.

Der Druck, den diese Wassersäule ausübt, wird ins Hausinnere weitergeleitet. Das Wasser wird durch Abläufe herausgedrückt, der Keller überflutet, und zwar maximal bis zur höchsten Rückstauebene, das ist in der Regel die Straßenoberkante.

Ablaufstellen, z.B. Bodenabläufe im Keller, können mit einem Rückstauverschluß versehen werden, der mit einem Handrad geschlossen wird. Automatische Schließvorrichtungen können unwirksam werden, wenn sich Festteile verklemmen. Ansonsten können Ablaufstellen unter der Rückstauebene mit Hebeanlagen entwässert werden; dadurch besteht keine direkte Kanalverbindung mehr.

451

GAS UND ELEKTRIZITÄT

Der Umgang mit Gas und Elektrizität kann bei unsachgemäßen Installationen eine Gefahr für Leben und Gebäude bedeuten. Deshalb schränken die gesetzlichen Vorschriften die Möglichkeiten des einzelnen zur Selbsthilfe stark ein. Aus diesem Grund steht im folgenden Text der Umgang mit diesen beiden Energiequellen im Vordergrund.

Welche Gasarten es gibt und wie sie gewonnen werden, wie Elektrizität erzeugt wird und wie man sparsam mit diesen Energien umgeht, ist im Kapitel »Energie im Haus« beschrieben. Geräte für Heizung und Warmwasserbereitung finden sich im Kapitel »Heizung und Warmwasser«.

Gas

Einrichtung, Unterhaltung und Änderung von Gasleitungen und Gasverbrauchseinrichtungen dürfen nur von Fachfirmen des Installations- und Heizungsbaugewerbes durchgeführt werden, die eine spezielle Zulassung aufweisen können. Sie müssen vom zuständigen Gasunternehmen abgenommen werden.

Unfälle mit Gas sind selten, wenn die Installationen fachgerecht ausgeführt werden und die Gasleitungen und Gasverbrauchseinrichtungen in regelmäßigen Abständen geprüft werden. Trotzdem sollte man sich mit einigen Verhaltensmaßregeln im Gefahrenfall vertraut machen.

Man sollte bei Gasgeruch offene Flammen und eine Funkenbildung auf jeden Fall vermeiden, also auch keine Lichtschalter, Klingeln, Taschenlampen oder das Telefon benutzen, weil sonst eine Explosion ausgelöst werden könnte, falls das Gemisch von Luft und Gas gerade im explosiven Bereich liegt. Man sollte gut lüften, also Fenster und Türen aufreißen, und sofort von einem Raum, in dem kein Gasgeruch vorhanden ist, oder nachdem gut gelüftet wurde, die zuständige Störungsstelle anrufen.

Flüssiggase sind schwerer als Luft und sinken daher zu Boden. Sie können die Luft verdrängen.

Daher gelten für die Lagerung bestimmte Vorschriften.

Gasflaschen dürfen daher z. B. nicht unter der Erdoberfläche gelagert werden, also z. B. im Keller. Größere Flaschen dürfen nur dort gelagert oder benutzt werden, wo Verbindung mit der Außenluft besteht, Großtanks dürfen nur im Freien in einer bestimmten Entfernung von Gebäuden aufgestellt werden.

Lecksuchsprays werden verwendet, um undichten Stellen an Anschlüssen, z. B. an Propangasflaschen nachzuspüren.

Elektrizität

Die Elektroinstallation ist Sache des Fachmanns. Die Anlage darf in der Bundesrepublik nur durch ein in das Installateurverzeichnis des Elektrizitätsversorgungsunternehmens eingetragenes Installationsunternehmen errichtet, erweitert, geändert und unterhalten werden. Diese Bestimmung dient der Sicherheit des Eigentümers oder Mieters. Unsachgemäße Installationen durch einen Laien können auch bei geringfügigen Fehlern gefährlich sein, unter Umständen tödliche Folgen haben und den Versicherungsschutz aufheben.

Im folgenden Text wird daher im wesentlichen nur grundlegendes Wissen über Elektrizität vermittelt. Es werden alle Arbeiten dargestellt, die der einzelne auch ohne Vorkenntnisse durchführen kann, z. B. das Herstellen von Schlitzen, das Verlegen von Leitungen, wenn man mit dem Installateur eine entsprechende Übereinkunft erzielen kann.

Manche Informationen können auch dann von Nutzen sein, wenn man z. B. nur einen Nagel oder Dübel in die Wand setzen will, denn auch hier kann es zu Unfällen kommen, wenn man zufällig auf eine Leitung trifft.

Begriffe und Maßeinheiten

Elektrischer Strom wird in der Regel in Kraftwerken erzeugt und erreicht den Verbraucher über Freiland- und Erdkabel. Unter elektrischem Strom versteht man die Bewegung von Elektronen, also der kleinen, negativ geladenen Teilchen, die zu den Bausteinen der Atome zählen.

Gleichstrom: Er ist ein Strom, bei dem die Elektronen immer in die gleiche Richtung fließen.

Wechselstrom: So nennt man einen Strom, bei dem die Elektronen die Fließrichtung laufend ändern. Tritt diese Änderung 50mal pro Sekunde auf, handelt es sich um einen Wechselstrom mit 50 Hertz.

Drehstrom: Es handelt sich dabei um einen dreiphasigen, phasenverschobenen Wechselstrom, aus dem je nach Anschluß verschiedene Spannungen gewonnen werden können, z.B. 220 und 380 Volt.

Spannung: Sie stellt den Druck dar, mit dem der Strom durch die Leitungen fließt, ähnlich dem Druck in Wasserleitungen, und wird in Volt (V) gemessen. Leitungen und Steckdosen werden in der Regel mit einer Spannung von 220 V versorgt. Unter Schwachstrom wird in der Umgangssprache die sogenannte Schutzkleinspannung bezeichnet. Sie beträgt maximal 42 V, wird durch Transformatoren umgewandelt oder durch Batterien erzeugt und ist für den Menschen ungefährlich. Unter Starkstrom werden Spannungen über 42 V bezeichnet.

Stromstärke: Sie ist die Strommenge, die in einem bestimmten Zeitabschnitt durch die Leitungen fließt. Sie wird in Ampere (A) gemessen. Fließt eine zu große Strommenge durch eine Leitung mit bestimmtem Querschnitt, so führt das zur Erhitzung, unter Umständen zur Beschädigung der Kunststoffhülle und zu Bränden. Für hohe Stromstärken werden daher Leitungen mit größerem Durchmesser verwendet.

Leistung: Sie wird in Watt (W) gemessen und stellt die Elektrizitätsmenge dar, die ein Gerät verbraucht. 1000 W ergeben 1 Kilowatt (kW). Die Leistung, eine abgeleitete Größe, erhält man, wenn man die Spannung (V) mit der Stromstärke (A) multipliziert: $V \times A = W$.

Der Stromverbrauch wird in Kilowattstunden (kWh) gemessen. Weiß man, wieviel Leistung ein Gerät erbringt, und das ist auf den Geräten vermerkt, kann man den Stromverbrauch berechnen: Kilowatt × Stunden = Kilowattstunden. Ein Heizlüfter mit der Leistung (dem Anschlußwert) von 2000 W = 2 kW verbraucht in 1 Stunde 2 kWh, in 2 Stunden 4 kWh usw., eine Glühbirne von 100 W (= 0,1 kW) verbraucht in 1 Stunde 0,1 kWh.

Vorsichtsmaßregeln

Beim Umgang mit Elektrizität gilt allgemein: Arbeiten im Zweifelsfall immer dem Fachmann überlassen, denn unsachgemäß ausgeführte Arbeiten können Sachen schädigen und Personen gefährden.

Folgende Vorsichtsmaßregeln müssen beachtet werden:

1. Bei allen Arbeiten an Elektroleitungen oder -geräten den Stromkreis unterbrechen, d.h. bei Geräten den Stecker ziehen, bei Arbeiten an Leitungen den Stromkreis durch Ausschrauben oder Abschalten der Sicherungen unterbrechen und vor unbemerktem Einschalten sichern.

   Die Erfahrung lehrt, daß man sich zusätzlich vergewissern sollte, ob man die richtige Sicherung abgeschaltet hat, z.B. mit dem Phasenprüfer (siehe Seite 454) oder einem intakten elektrischen Gerät, denn man weiß nie, vor allem in Mietwohnungen, ob nicht nachträglich Veränderungen an der Installation vorgenommen wurden bzw. ob die Sicherungen richtig beschriftet wurden.

   Das gilt auch dann, wenn man z.B. beim Tapezieren den Deckel von Steckdosen abschraubt.

2. Kinder durch Steckdosensicherungen schützen.

3. Keine Änderungen am Hausanschlußkasten und keine Umbauten am Sicherungskasten vornehmen.

4. Auf keinen Fall Elektrogeräte in der Badewanne oder Dusche oder in der Nähe von fließendem Wasser betreiben, auch keine Radios an den Rändern von Wannen oder Ablagen aufstellen, denn wenn Elektrogeräte ins Wasser fallen, hat das tödliche Folgen.

5. Elektrogeräte in regelmäßigen Abständen auf schadhafte Kabel untersuchen und Schäden sofort beseitigen oder beseitigen lassen. Flicken mit Isolierband ist gefährlich.

6. Schutzerdung und Potentialausgleich von Bade- und Brausewannen und anderen metallischen Gegenständen vom Fachmann anbringen bzw. prüfen lassen (dazu Seite 454).

7. Beim Nageln und Dübeln in allen Fällen, in denen unsichtbare Leitungen nicht mit hundertprozentiger Sicherheit rekonstruiert werden können, Leitungssuchgerät benutzen (siehe Seite 455, Abb. 2). Trifft man auf stromführende Leiter, ist das äußerst gefährlich. Beschädigte Leitungen können zu Kurzschlüssen führen, aber auch Brände verursachen.

8. Alle Leitungsenden isolieren, z.B. beim Umzug, bei Renovierungsarbeiten. Am besten Lüsterklemme anschließen und mit Isolierband umwickeln.

9. Wackelkontakte vermeiden durch ausreichendes Festklemmen von Drähten. Sind sie vorhanden, umgehend beseitigen oder beseitigen lassen. Wackelkontakte können zur Erhitzung, zu Verschmorungen, zu Kurzschlüssen und zu Bränden führen. Schmorgerüchen muß man sofort nachgehen.

10. Nur Geräte, Installationsmaterialien und Werkzeuge kaufen, die das VDE-Zeichen (geprüft von der VDE-Prüfstelle; VDE bedeutet Verein Deutscher Elektrotechniker), das GS-Zeichen (siehe dazu Seite 35) oder das E-Zeichen (Prüfgemeinschaft der Elektrizitätswerke) tragen.

Sicherungen und Schutzmaßnahmen

Sicherungen dienen dazu, den Stromkreis zu unterbrechen. Das Unterbrechen kann bewußt geschehen, damit Arbeiten an Leitungen, z.B. das Anschließen einer Lampe, gefahrlos durchgeführt werden können.

Automatisch unterbricht eine Sicherung den Stromkreis, wenn eine zu hohe Stromstärke durch die Leitungen fließt (siehe oben). Das ist der Fall, wenn zu viele Verbraucher angeschlossen sind, ein Kurzschluß entsteht oder der Schutzleiter anspricht.

Schmelzsicherungen (Abb. 1): Sie werden aus Porzellan hergestellt und besitzen im Innern einen feinen Draht, der bei zu hohem Stromfluß durchschmilzt. Schmelzsicherungen dürfen auf keinen Fall geflickt werden. Sie besitzen an der unteren Seite ein kleines farbiges Metallplättchen, das nach dem Durchschmelzen abfällt, manchmal jedoch auch klemmen bleibt. An der Farbe des Plättchens läßt sich erkennen, für wieviel Ampere die Sicherung ausgelegt ist. Gebräuchlich im Haushalt sind Sicherungen mit 6 A (grün), 10 A (rot), 16 A (grau), 20 A (blau) und 25 A (gelb).

Die Fußkontakte von Schmelzsicherungen unterschiedlicher Stärke sind unterschiedlich groß. Am Sicherungssockel befindet sich ein Paßschraubeneinsatz, der verhindert, daß Sicherungen mit zuviel Ampere eingeschraubt werden.

Schraubautomaten (Abb. 1): Sie passen in die Sockel für Schmelzsicherungen, lösen magnetisch aus und haben eine lange Lebensdauer. Der Stromkreis wird geschlossen, wenn man den schwarzen Knopf in der Mitte drückt. Er wird unterbrochen, wenn man den kleinen roten Knopf an der Seite drückt und dabei der schwarze herausspringt.

Sicherungsautomaten (LS-Schalter, d.h. Leitungsschutzschalter; Abb. 1): Sie können nur vom Fachmann eingebaut werden. Dazu sind Änderungen am Schaltkasten nötig. Sicherungsautomaten lassen sich mit einem Kippschalter ein- und ausschalten.

Fehlersuche: Schmilzt die Sicherung durch, oder schaltet sie ab, so sind entweder zu viele Verbraucher angeschlossen, oder es ist ein Kurzschluß entstanden, oder der Schutzleiter spricht an (siehe dazu Seite 457).

Spricht die Sicherung an, wenn ein Gerät mit hohem Anschlußwert eingeschaltet wird, z.B. ein Heizlüfter, so liegt es nahe, daß der Stromkreis überlastet ist. Grundsätzlich kann jedoch auch ein Defekt des Geräts vorliegen. Man sollte das Gerät an einem anderen, wenig belasteten Stromkreis ausprobieren, dabei aber sicherheitshalber den Kontakt mit Metallteilen vermeiden, da sie unter Strom stehen könnten.

Defekte in Geräten oder Anschlußleitun-

gen bestehen häufig in Kurzschlüssen. Ein Kurzschluß entsteht, wenn der Strom nicht durch einen Verbraucher fließt, z.B. wenn sich zwei Leitungen berühren. Da dem Stromfluß kein Widerstand entgegengesetzt wird, fließt sehr hoher Strom, und die Sicherung spricht an.

Fehlerstrom-Schutzschalter (FI-Schutzschalter): Er vergleicht den zu- und abfließenden Strom im Stromkreis, ganz ähnlich wie eine Balkenwaage Gewichte vergleicht. Kommt am Leitungsende weniger Strom heraus als am Leitungsanfang hineinfließt, wird der Stromkreis unterbrochen.

Der FI-Schutzschalter bietet eine zusätzliche Sicherheit, wenn durch unachtsamen Umgang mit Strom stromführende Teile berührt werden, da er in Sekundenbruchteilen reagiert und somit einen lebensgefährlichen Stromfluß verhindern kann.

Unter der Bezeichnung Sicherheitsstecker wird ein Stecker mit eingebautem Fehlerstrom-Schutzschalter angeboten. Solche Stecker eignen sich zum zusätzlichen Schutz, z.B. beim Betrieb von Elektrowerkzeugen im Freien, auf Baustellen oder in der Heimwerkstatt. Die Installation des FI-Schutzschalters ist immer Sache eines Fachmanns.

Unter ungünstigen Umständen kann der FI-Schutzschalter den Stromkreis abschalten, ohne daß ein Fehler vorliegt, z.B. durch Überströme bei Gewittern. Es muß gewährleistet sein, daß wichtige Stromkreise, z.B. Stromkreise, an denen Gefriergeräte angeschlossen sind, davon nicht betroffen sind, z.B. durch Verzicht auf die FI-Schutzschaltung oder ein Zusatzgerät, das diese Überströme auffängt, vor allem aber dann, wenn mit längerer Abwesenheit zu rechnen ist.

Potentialausgleich: Metallische wasserführende Leitungen, Gasleitungen sowie Installationsgegenstände aus Metall müssen miteinander verbunden und geerdet werden, um zu verhindern, daß Metallteile wegen defekt gewordener Installationsleitungen plötzlich Strom führen, z.B. durch einen Defekt an einem Elektrospeichergerät. Die Potentialausgleichsleitungen werden im Keller zur Potentialausgleichsschiene geführt, an die auch der Schutzleiter angeschlossen ist und die eine Verbindung zur Erdungsanlage hat.

Erdungsanlage: Die Erdung hat die Auf-

gabe, Ströme zur Erde abzuleiten, z.B. über den Schutzleiter (siehe Seite 457) oder den Potentialausgleich. Eine gute Erdungsanlage kann ein metallenes Wasserleitungsnetz sein oder ein Fundamenterder, der meist als Ringerder in Betonfundamente eingegossen wird, und zwar unterhalb der Sperrschicht als verzinkter Band- oder Rundstahl, der mindestens 10 cm hoch von Beton bedeckt ist.

Netzfreischalter: Sie schalten den Stromkreis ab, nachdem der letzte Verbraucher abgeschaltet wurde, schützen daher vor elektromagnetischen Feldern und werden von Baubiologen empfohlen. Stromkreise mit Netzfreischaltern zeigen nicht auf eine Prüfung mit dem Phasenprüfer an, was zur irrigen Annahme führen könnte, die Leitungen stünden nicht unter Strom.

Werkzeuge

Allen speziellen Elektrowerkzeugen (Abb. 2) gemeinsam ist eine ausreichende Isolierung aller Metallteile. Auch wenn für den Heimwerker gilt, daß er nie an Spannung führenden Leitungen arbeiten darf, bieten diese Werkzeuge zusätzliche Sicherheit.

Seitenschneider: Er dient zum Ablängen von Kabeln oder einzelnen Adern.

Abisolierzange: Sie erleichtert für unterschiedliche Leitungsquerschnitte das Entfernen der Schutzisolierung der einzelnen Adern.

Allzweckmesser (Abb. 6 auf Seite 356): Es dient zum Entfernen des äußeren Schutzmantels einer Leitung. Man muß dabei sehr vorsichtig vorgehen, damit die Adern nicht beschädigt werden.

Schraubendreher: Er dient zum Festdrehen von Schrauben, z.B. beim Abmontieren von Steckdosen oder zum Festdrehen von Lüsterklemmen.

Phasenprüfer: Mit ihm prüft man die Phase, d.h., man kann den stromführenden Leiter bestimmen. Man berührt dabei mit der Spitze den Steckdosenkontakt oder den Draht, mit dem Daumen das andere Ende. Der Mensch wird dabei Teil eines (ungefährlichen) Stromkreises. Das Aufleuchten des Lichts zeigt den stromführenden Leiter an und läßt zugleich erkennen, daß die Leitung oder die Steckdose unter Strom steht. Man sollte nur qualitativ hochwertige

Phasenprüfer benutzen, die das VDE-Zeichen tragen, keine Billigangebote. Auch wenn viele Phasenprüfer eine Schraubenzieherspitze besitzen, sollte man sie nicht zum Schrauben verwenden, weil dabei ein Widerstand abgedreht werden könnte.

Zweipoliger Spannungsprüfer: Er kann Art und Höhe der anliegenden Spannung prüfen, meist aber nur in einem festgelegten Bereich.

Leitungssuchgerät (eigentlich ein Metallspürgerät): Es ermöglicht das Auffinden von metallischen Leitungen in Wänden, z.B. von Elektroleitungen oder metallischen wasserführenden Rohren. Er ist immer dann unentbehrlich, wenn beim Bohren der Verlauf von Elektro- oder Wasserleitungen nicht zweifelsfrei bekannt ist.

Das Leitungssuchgerät ist batteriebetrieben und dringt in der Regel nur wenige Zentimeter in die Wand ein. Spezialgeräte können zwischen Wasser- und Elektroleitungen unterscheiden. Wasserführende Rohre aus Kunststoff können mit dem Leitungssuchgerät nicht ermittelt werden.

Leitungen

Als Leitung bezeichnet man mehrere zusammengehörende Adern. Leitungen unterscheiden sich in Aufbau, Adernstärke und Adernzahl.

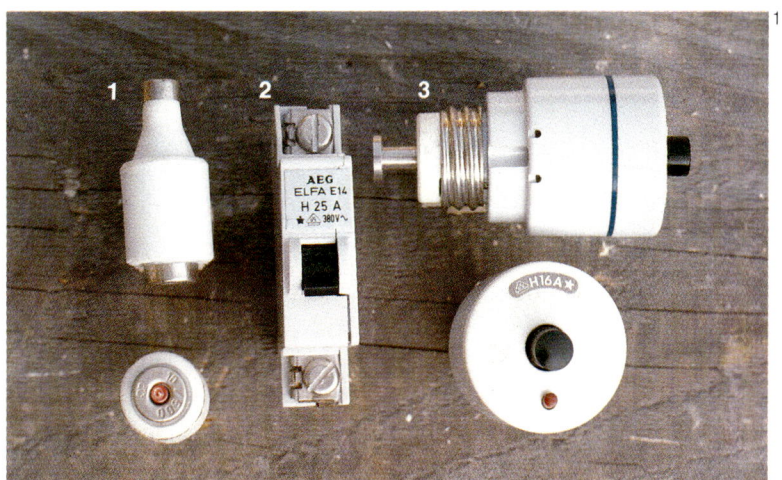

1 *Sicherungen:*
   1 Schmelzsicherungen
   2 Sicherungsautomat
   3 Schraubautomat.

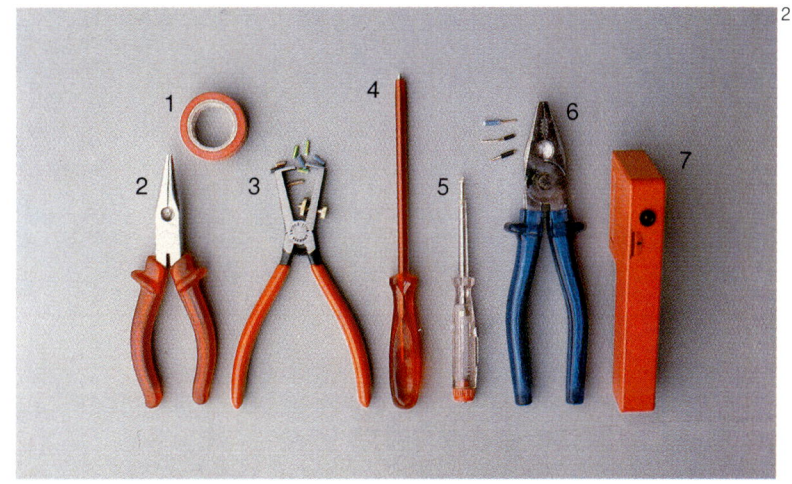

2 *Elektrowerkzeuge:*
   1 Isolierband
   2 Zange zum Biegen von Ösen
   3 Abisolierzange
   4 Elektroschraubendreher
   5 Phasenprüfer
   6 Kombizange
   7 Leitungssuchgerät.

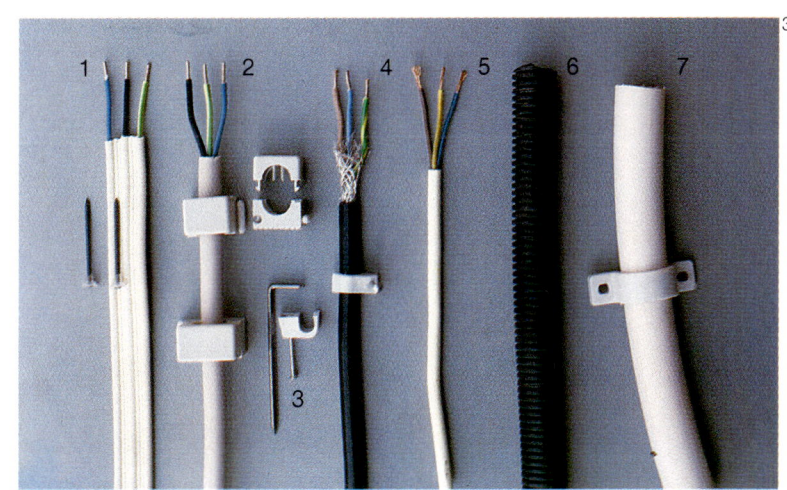

3 *Leitungen und Rohre:*
   1 Stegleitung mit isolierter Stahlnadel
   2 Mantelleitung mit Druckschelle
   3 Haken und Blitzschelle
   4 Abgeschirmte Mantelleitung
   5 Flexible Leitung
   6 Leerrohr
   7 Schutzrohr.

Bei Leitungen für feste Verlegung, z.B. zur Verlegung unter oder auf Putz, besteht jede Ader aus einem Kupferdraht. Bei flexiblen Leitungen besteht jede Ader aus vielen dünnen, gedrehten Kupferdrähtchen. Solche Leitungen lassen sich leichter bewegen. Eine Ader dieser Leitung wird als Litze bezeichnet. Die Adern von Leitungen sind unterschiedlich dick und daher für unterschiedliche Stromstärken geeignet. Man mißt die Stärke einer Ader durch den Leitungsquerschnitt, der in mm^2 (Quadratmillimeter) angegeben wird.

Stegleitungen (NYIF, Abb.3): Diese flachen Leitungen dienen zur festen Verlegung in und unter Putz, sind aber unter anderem nicht zulässig im Freien, im Erdreich, in Holzhäusern und im Sprühbereich von Badewanne und Dusche.

Mantelleitungen (NYM, Abb.3): Sie besitzen einen festen Kunststoffmantel, der größeren Schutz vor Beschädigungen bietet.

Sie dienen zur festen Verlegung unter, im, auf oder über Putz. Man befestigt sie mit Expreß- oder Druckschellen oder, falls sie eingeputzt werden, provisorisch mit Haken oder Gipspflastern. Mantelleitungen sind nicht zulässig für die Verlegung im Erdreich.

Erdkabel: Sie besitzen eine besonders widerstandsfähige Isolierung und dienen zur Verlegung in Kabelkanälen und im Erdreich.

Flexible Leitungen: Diese Leitungen, bei denen die einzelnen Adern aus feinsten Kupferdrähtchen bestehen, dienen zum Anschluß ortsveränderlicher Geräte, z.B. von Radio-, Fernsehapparaten, Kühlschränken sowie als Verlängerungskabel aller Art. Der Querschnitt von 0,75 mm^2 reicht aus bis 6 Ampere Stromstärke, der Querschnitt von 1,0 mm^2 bis 10 A, von 1,5 mm^2 bis 16 A. Für normale Beanspruchungen werden PVC-ummantelte Leitungen verwendet, für stärkere Beanspruchungen Gummischlauchleitungen, für sehr starke Beanspruchungen hochflexible Gummischlauchleitungen, z.B. Verlängerungskabel in der Werkstatt oder auf der Baustelle.

Abgeschirmte Leitungen: Die an Leitungen anliegende Spannung verursacht ein elektrisches Wechselfeld. Baubiologen weisen darauf hin, daß diese Wechselfelder negative Auswirkungen auf den Menschen haben, insbesondere am Schlafplatz. Daher wird von ihnen die Installation mit abgeschirmten Leitungen empfohlen, Leitungen, die entweder durch ein Drahtgeflecht (Abb.3) oder durch eine Aluminiumfolie und einen mitgeführten Beidraht die elektrischen Wechselfelder weitgehend abschirmen. Zu den abgeschirmten Kabeln werden auch abgeschirmte Dosen angeboten.

Verlegen von Leitungen

Das Verlegen von elektrischen Leitungen kann ein Heimwerker dann durchführen, wenn man mit dem Elektroinstallateur eine entsprechende Vereinbarung trifft.

Aber auch allein durch das Herstellen von Schlitzen (siehe Seite 324) kann man viel Geld sparen.

Verlegen auf Putz: In Räumen, an die keine höheren Ansprüche gestellt werden, z.B. in Kellern und Garagen, verlegt man Leitungen auf Putz. Verwendung finden Mantelleitungen, die Befestigung erfolgt mit Expreßschellen, optisch ansprechender mit Druckschellen (Abb.3).

Verlegen über Putz: Mit Abstand zur Wandoberfläche müssen Leitungen in bestimmten Naßräumen verlegt werden, falls sie nicht unter Putz gelegt werden können. Die Befestigung erfolgt mit Druckschellen.

Verlegen im Putz: Hier werden Stegleitungen eingesetzt. Man befestigt sie mit Spezialnägeln, die eine Kunststoffisolierung besitzen, in der Nagelrille. Wird der Putz stärker aufgetragen, können auch Mantelleitungen verwendet werden, die man mit Expreßschellen befestigt.

Verlegen unter Putz: Wenn nur dünne Putze aufgetragen werden, z.B. Kunstharzputze, verlegt man Leitungen unter Putz. Verwendung finden Mantelleitungen, die meist in größeren Abständen mit Haken oder Gipspflastern befestigt und danach eingeputzt werden. Häufig erfolgt die Installation durch die Verwendung von Leerrohren, da Kabel dann später leicht ausgewechselt werden können, z.B. bei Schäden oder wenn stärkere Kabel nötig sind.

Installationszonen: Leitungen unter Putz dürfen nicht beliebig verlegt werden. Sie müssen senkrecht und waagerecht verlegt werden, damit man sie später über Abzweigdosen und Schalter wieder rekonstruieren kann. Sie werden außerdem meist 30 cm unter der Decke, 30 cm über dem Fußboden, 10 cm von Raumecken oder Türlaibungen entfernt angebracht. Schalter befinden sich in der Regel 1,15 m über dem fertigen Fußboden. Im Bad dürfen im Abstand von 60 cm von Badewannen sowie Duschkabinen keine Leitungen verlegt werden.

Andere Verlegemethoden: Kabel können darüber hinaus unter Berücksichtigung der Installationsvorschriften auch in Kabelkanälen, im Fußboden oder hinter speziellen Sockelleisten oder hinter Decken- und Gipskartonverkleidungen verlegt werden.

Benennung und Kennzeichnung der Adern

Leitungen besitzen zwei, drei oder mehr Einzeladern, die unterschiedliche Aufgaben erfüllen und mit unterschiedlichen Farben gekennzeichnet sind. Der Heimwerker, der z.B. eine Lampe anschließen oder ein Anschlußkabel ersetzen will, wird es häufig nur mit zwei- oder dreiadrigen Leitungen zu tun haben.

Der Strom wird von einer oder von mehreren Adern zur Steckdose oder zum Stromverbraucher geführt. Strom fließt jedoch erst dann, wenn ein Stromkreis entsteht, z.B. durch einen Schalter. Zum Schließen des Stromkreises braucht man einen weiteren Leiter. Vereinfacht kann man sich den Stromkreis so vorstellen, daß ein Leiter den Strom zufließen, der andere ihn wieder abfließen läßt.

Verschiedenen Adern, die verschiedene Aufgaben erfüllen, werden unterschiedliche Farben zugeordnet. Diese Farbzuteilung gilt jedoch nur bei fachgemäß ausgeführten Installationen. Man darf sich also nicht allein auf die Farbkennzeichnung verlassen.

Außenleiter (auch Phase): So bezeichnet man diejenigen Adern, die Strom führen, also unter Strom stehen. Der Außenleiter ist bei neuen Installationen braun, kann jedoch auch schwarz sein. Bei Altbauten war er schwarz. Anschlüsse für Außenleiter tragen den Buchstaben L oder R, S oder T.

Mittelleiter: Es handelt sich dabei um den Leiter, der zum Schließen des Stromkreises notwendig ist. Dem Mittelleiter wird die blaue Farbe zugeordnet, bei älteren Installationen ist er grau.

Schutzleiter: Er dient, wie sein Name sagt, als Schutzmaßnahme. Berührt durch einen Defekt oder durch die Lokkerung einer Klemme ein stromführender Leiter das Metallgehäuse eines Gerätes, so würde man bei Berührung des Metallteils einen Stromschlag erleiden, der unter Umständen tödlich sein kann. Deshalb wird dieses Metallgehäuse mit dem Schutzleiter verbunden, der immer grün-gelb angeschlossen werden muß (früher war er rot). Der Strom wird dann durch den Schutzleiter zur Erde abgeleitet. Da in diesem Fall die Stromstärke nicht durch ein Gerät begrenzt wird, unterbricht die Sicherung den Stromkreis. Der Schutzleiteranschluß wird mit folgendem Zeichen gekennzeichnet:

Der Schutzleiter ist nicht erforderlich bei Anschlußkabeln von Geräten und Leuchten, die schutzisoliert sind, d.h., die so gebaut sind, daß ausgeschlossen ist, daß berührbare Teile unter Strom stehen können, was in der Regel durch eine Kunststoffumhüllung erreicht wird. Schutzisolierte Geräte und Leuchten tragen das folgende Zeichen:

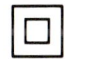

Schutzisolierte Geräte besitzen einen anvulkanisierten Stecker, meist in einer flachen Form, der auch Eurostecker genannt wird (Abb.4).

Stecker, Kupplungen, Verlängerungskabel

Verlängerungskabel werden aus flexiblen Leitungen hergestellt, meist mit einem Querschnitt von 1,5 mm² sowie dreiadrig mit Schutzleiter. Die Ummantelung der Leitung richtet sich nach der zu erwartenden Belastung und dem Verwendungszweck.
Stecker für Verlängerungskabel: Dafür werden Schutzkontaktstecker verwendet, die es je nach der zu erwartenden Beanspruchung aus nicht schlagfestem Kunststoff, aus schlagfestem Kunststoff oder aus dickwandigem Gummi für

stärkste Beanspruchungen gibt (Abb.4). Den Anschluß der einzelnen Adern zeigt Abb.5. Die grün-gelbe Ader wird immer als Schutzleiter verwendet und in der Mitte angeschlossen, wo sich das Zeichen für den Schutzleiter befindet (siehe oben). Beim Schutzkontakt wird der Draht etwas länger gelassen, damit der Schutzkontakt dann, wenn der stromführende Leiter sich lockern sollte, erst als letzter unterbrochen wird. Die Zugsicherung verhindert, daß beim versehentlichen Ziehen an der Leitung die Drähte aus den Klemmen gerissen werden.
Die Drahtenden werden verdreht, damit nicht einzelne Drähtchen im Gehäuse herumhängen, und danach mit den dafür vorgesehenen Schrauben festgezo-

gen, aber nicht so stark, daß das Aderende zerquetscht wird. Die Aderenden werden häufig verzinnt oder in Aderendhülsen gesteckt (Abb.10).

4 *Stecker und Kupplungen:*
  1 *Abgewinkelter Schutzkontaktstekker*
  2 *Zweiadriges Anschlußkabel (Eurostecker)*
  3, 4 *Kupplung und Schutzkontaktstecker aus Gummi in Signalfarbe, z.B. für Baustellen.*

5 *Kupplung und Stecker eines Verlängerungskabels mit Schutzkontakt:*
  1 *Zugentlastung*
  2 *Schutzkontakte.*

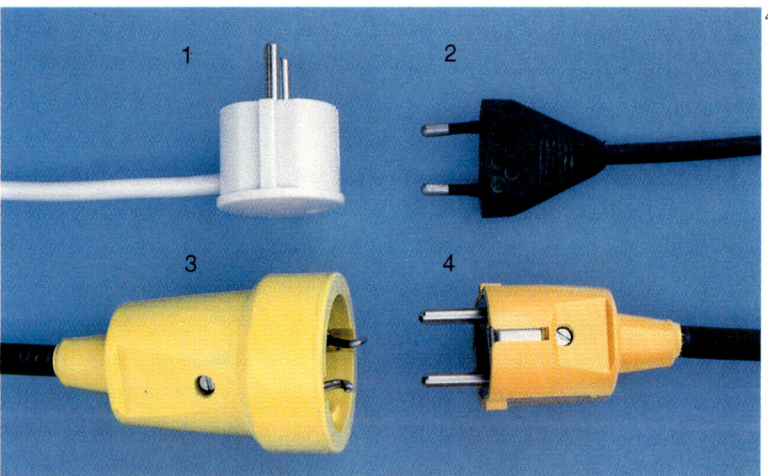

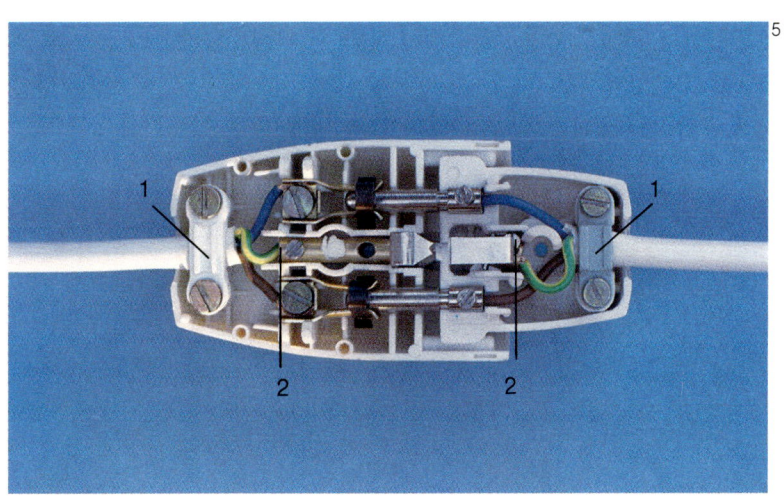

457

Kupplungen: Sie gibt es wie Stecker für verschiedene hohe Beanspruchungen. Man schließt sie im Prinzip wie Stecker an.

Zweiadrige Verlängerungskabel: Sie besitzen anvulkanisierte Stecker und Kupplungen und dürfen nur für schutzisolierte Geräte verwendet werden.

Anschlußkabel: Sie sind fest mit einem Elektrogerät verbunden. Für Bügeleisen verwendet man textilummantelte Leitungen. Für schutzisolierte Geräte werden zweiadrige Leitungen verwendet, die am Ende einen anvulkanisierten Stecker ohne Schutzkontakt aufweisen. Ist ein solches Kabel schadhaft, muß es ersetzt werden, am besten wieder mit einem Kabel, das einen anvulkanisierten Stecker hat.

Steckdosen, Abzweigdosen, Schalter

Grundsätzlich können Steckdosen, Abzweigdosen und Schalter (Abb. 6, 7) unter Putz oder auf Putz angebracht werden. Je nach Untergrund müssen dabei eventuell spezielle Dosen verwendet werden, die z.B. zulässig für Holzuntergrund, Gipskartonwände oder wassergeschützt sind. Entsprechend den abgeschirmten Leitungen (siehe Seite 456) gibt es auch abgeschirmte Dosen.

Die Unterputzmontage erfolgt mit Dosen, die je nach Größe und Tiefe sowohl als Abzweigdosen, als Schalter- oder Steckdosen verwendet werden können.

Spezielle Bohrmaschinenaufsätze ermöglichen bei weicheren Mauersteinen wie Gasbeton und Leichtziegel, Holzwänden oder Gipskartonplatten eine sehr paßgenaue und zerstörungsarme Montage der Dosen.

Die Dosen werden in Gips gesetzt und müssen mit der fertigen Wandoberfläche abschließen. Werden mehrere Schalter oder Dosen übereinander oder untereinander montiert, müssen die Senkrechte bzw. die Waagerechte und der erforderliche Abstand von 7,1 cm genau eingehalten werden, damit die Deckplatte paßt.

Lampen und Leuchten

Als Lampe wird in der Fachsprache die künstliche Lichtquelle bezeichnet, also z.B. die Glühlampe (»Glühbirne«) oder Leuchtstofflampe, eine Leuchte ist der

6

Träger der Lampe, d.h. Aufhängung, Fassung und Schirm.

Glühlampen (Abb.8): Sie sind in Birnen-, Pilz-, Tropfenform und in Form von Röhrenlampen im Handel. Die Kolben sind glasklar, mattiert oder mit einer Reflexschicht versehen. Glühlampen

6 *Unterputzmontage von Steckdosen, Abzweigdosen und Schaltern:*
  1 Dose
  2 Steckdoseneinsatz
  3 Abdeckplatte
  4 Kindersicherung
  5 Abgeschirmte Dose
  6 Schaltereinsatz
  7 Abdeckplatte
  8 Tiefe Dose für Holz- und Hohlwände
  9 Deckel für Abzweigdose
  10 Deckel für abgeschirmte Abzweigdosen.

7 *Aufputzmontage:*
  1 Feuchtraumsteckdose
  2 Verteilerdose
  3 Schalter

8 *Lampen:*
  1 Glühlampe matt
  2 Glühlampe klar
  3 Glühlampe matt mit Schraubsokkel E 14
  4 Leuchtstofflampe mit Schraubgewinde (Energiesparlampe)
  5 Kopfspiegellampe
  6 Strahler.

werden in Sockel eingeschraubt, die genormt sind. Die Sockelart (häufig sind die Typen E14, d.h. 14 mm Gewindedurchmesser und E27) ist auf dem Typenschild und in Katalogen angegeben. Glühlampen erreichen eine Lebensdauer von etwa 1000 Stunden. Da der größte Teil des Stromes in Wärme umgewandelt wird, dürfen bei manchen Leuchten oder Fassungen nur Glühlampen bis zur angegebenen Wattzahl eingeschraubt werden.

Leuchtstofflampen (Abb.11): Sie werden durch einen Hochspannungsfunken gezündet, den der sog. Starter erzeugt. Die Nutzbrenndauer beträgt etwa 7500 Stunden, verkürzt sich jedoch durch häufiges Schalten pro Schaltung um etwa 1 bis 3 Stunden. Deshalb ihr

Einsatz dort, wo über längere Zeiträume hinweg Licht gebraucht wird, und zwar mindestens 3 Stunden täglich.

Leuchtstofflampen haben eine wesentlich bessere Lichtausbeute, werden daher nicht so heiß und verbrauchen wesentlich weniger Energie. So kann eine 15-W-Leuchtstofflampe eine 60-W-Glühlampe ersetzen.

Leuchtstofflampen in Röhrenform werden ausgewechselt, indem man die Röhre 90° um ihre Achse dreht. Nach dem gleichen Prinzip lassen sich die Lampen wieder einsetzen.

Beabsichtigt man, eine ausgediente Leuchtstoffröhre zu zerbrechen, um sie in der Mülltonne unterzubringen, sollte man sie mit Karton umwickeln, um Verletzungen durch Splitter zu vermeiden.

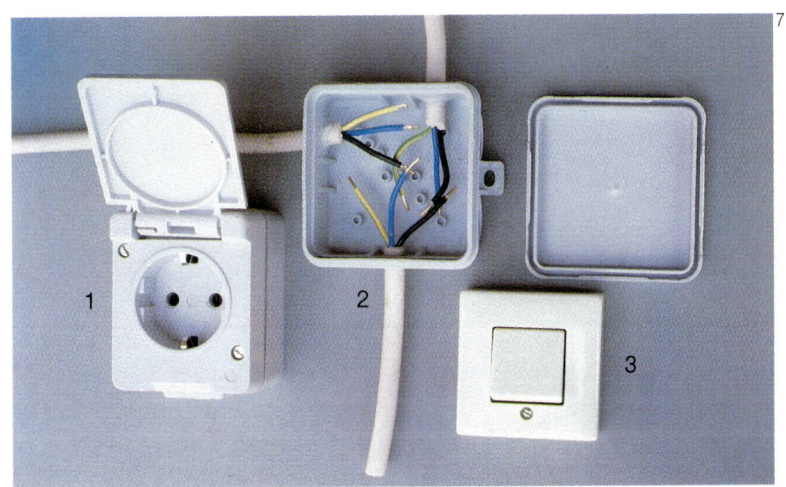

7

8

459

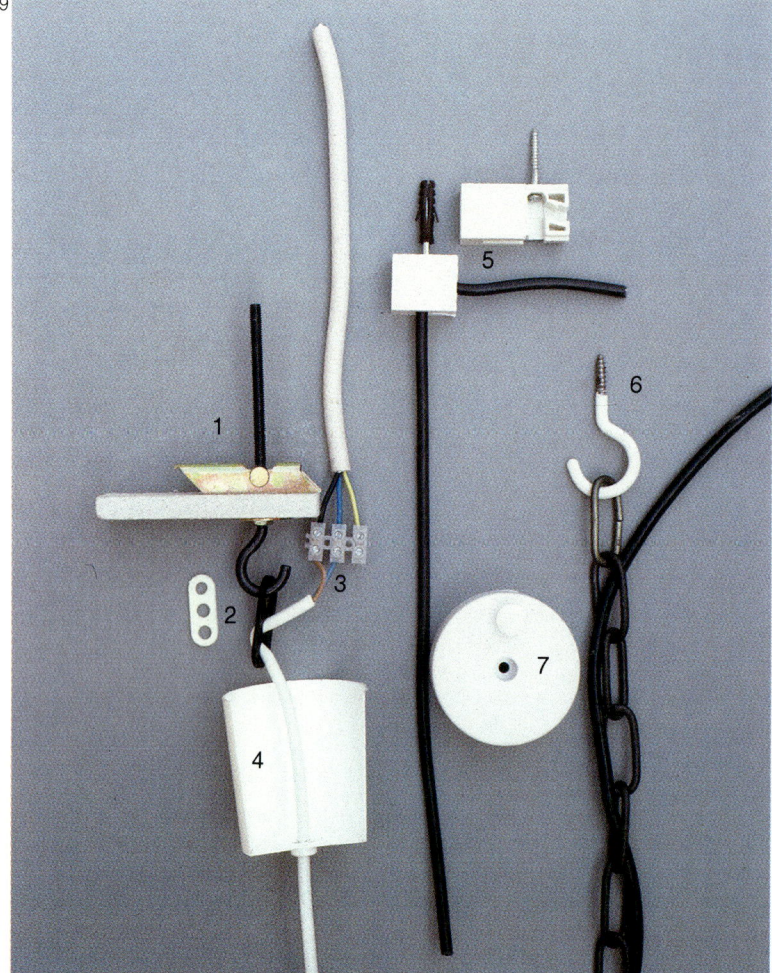

Man sollte das außerdem im Freien machen, da die in der Röhre enthaltenen Gase gesundheitsschädlich sein können (z. B. Quecksilberverbindungen).
Außer der Röhre kann auch der Starter defekt sein. Zum Auswechseln wird dieser in das Gehäuse gedrückt und entgegen dem Uhrzeigersinn herausgedreht. Bei Leuchtstofflampen unterscheidet man hinsichtlich der Lichtfarben: tageslichtweiß (tw), neutralweiß (nw) und warmweiß (ww). Die Farbwiedergabeeigenschaften werden in vier Stufen unterschieden, wobei Stufe 1 diejenige mit den besten Farbwiedergabeeigenschaften ist. Für den Wohnbereich werden Lampen »warmweiß, Farbwiedergabe Stufe I« empfohlen, für Arbeitsräume »neutralweiß«.

9 *Anschluß einer Leuchte:*
  1 *Kippdübel an*
    Gipskartonplatte
  2 *Zugentlastung*
  3 *Anschluß über*
    Lüsterklemme
  4 *Baldachin*
  5 *Umhänger*
  6 *Haken für Holzbalken,*
    Kette und Anschlußleitung
  7 *Baldachin.*

10 *Lampenfassungen:*
  1–4 *Metallfassung*
  1 *Lampenträger*
  2, 3 *Fassung*
  4 *Schutzleiteranschluß*
  5 *Keramikeinsatz*
  6–9 *Kunststoffassung*
  6 *Lampenträger*
  7, 8 *Auseinandergesägte*
    Fassung
  9 *Mantelsperre: zum Auseinander-*
    schrauben der Fassung hier mit
    Schraubenzieherspitze drücken
  10–13 *Untere Zugentlastung*
  10 *Zugentlastung*
  11 *Kerben*
  12 *Aderendhülsen*
  13 *Lampenträger.*

11 *Leuchtstoffröhre:*
  1 *Vorschaltgerät*
  2 *Anschluß für Röhre*
  3 *Kabelanschluß*
  4 *Röhre*
  5 *Starter*
  6 *Kippanschluß.*

460

Leuchtstofflampen sind auch mit Schraubsockeln erhältlich, so daß sie in normale Glühlampenfassungen passen.

Schutzklassen und Schutzarten: Das Typenschild informiert über Sicherheit (GS/VDE-Zeichen, siehe dazu Seite 453), den Hersteller der Leuchte, die zulässige Watt-Höchstbestückung pro Fassung sowie Schutzklasse und Schutzart.

Leuchten der Schutzklasse 1 sind zum Anschluß an einen Schutzleiter bestimmt, Schutzklasse 2 bedeutet, daß die Leuchte schutzisoliert ist. Die Schutzarten richten sich nach den Anwendungsgebieten: Es gibt regengeschützte, spritzwassergeschützte, staub- und strahlwassergeschützte,

staub- und druckwasserdichte Leuchten.

Aufhängung der Leuchte (Abb.9): Sie erfolgt je nach Bauart an der Wand oder an der Decke. Grundsätzlich gilt, daß der Dübel oder die Schraube das Fünffache des Leuchtengewichts tragen können. Beachtet werden muß, daß Lüster- und Anschlußklemmen auf keinen Fall belastet werden dürfen (Zugentlastung).

Deckenauslässe, Haken und Lüsterklemmen werden im Baldachin untergebracht, die Lüsterklemmen bei einfacheren, leichten Leuchten durch einen Kabelhalter entlastet. Kabelreserven ermöglichen das Umhängen der Leuchte, ohne daß man ein neues Kabel anschließen muß. Schwere Leuchten wer-

den mit einem Seil oder einer Kette aufgehängt.

Anschluß: Der Anschluß von Hängeleuchten erfolgt über Lüsterklemmen (Abb.9). Man muß darauf achten, daß die Schutzleiter, d.h. die grüngelben Adern, miteinander verbunden werden.

Den Aufbau von Lampenfassungen zeigt Abb.10. Es gibt Fassungen für schutzisolierte Leuchten ohne und Fassungen mit Schutzleiteranschluß. Tauscht man Fassungen aus, muß man eine gleichwertige besorgen.

Beim Anschluß von Leuchtstoffröhrenfassungen muß darauf geachtet werden, daß der stromführende Leiter aus Wand oder Decke mit dem Außenleiterdraht der Leuchtenfassung verbunden wird.

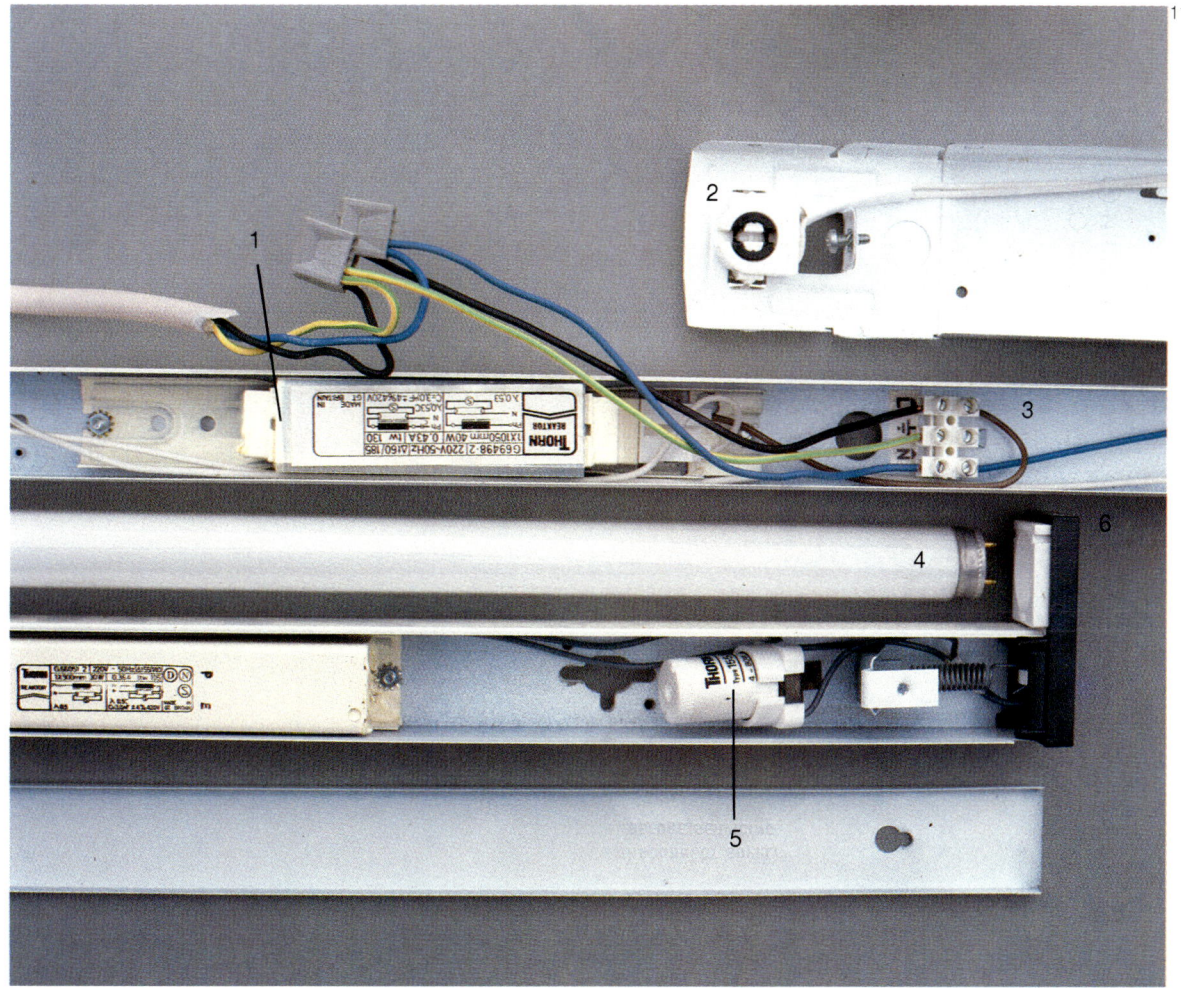

11

461

TÜREN UND FENSTER

In diesem Kapitel werden Aufgaben, Bauarten und der Einbau von Türen und Fenstern dargestellt sowie häufige Arbeiten, die in diesem Bereich anfallen. In diesem Zusammenhang werden Bänder, Riegel und Schlösser behandelt und zusätzliche Sicherungen gegen Einbruch vorgestellt.

Anstriche für Holzoberflächen sind ab Seite 107 zu finden, die Ausbildung von Fenster- und Türöffnungen wird auf Seite 300 beschrieben. Die Bearbeitung von Glas findet sich im entsprechenden Kapitel auf Seite 262.

Türen und Fenster kann man nach individuellen Wünschen vom Schreiner fertigen lassen. Es werden jedoch eine große Auswahl von Fertigtüren und -fenstern angeboten, die in der Regel preisgünstiger sind.

Türen

Türen ermöglichen den Zugang zu Gebäuden oder Wohnungen und schließen Räume ab.

Aufgaben

Als Außentüren werden Türen bezeichnet, die ins Freie führen. Sie sind unterschiedlichen Witterungsverhältnissen ausgesetzt, müssen vor Einbruch schützen und sollten ansprechend wirken. Günstig ist eine Anordnung in Richtungen, von denen wenig oder kein Schlagregen zu erwarten ist. Andernfalls müssen bei Holztüren Anstriche öfter ausgebessert werden und an der Unterkante spezielle Vorkehrungen gegen das Eindringen von Regen durch starke Winde getroffen werden. Der Schutz von Außentüren an witterungsbeanspruchten Seiten ist möglich durch kleine Vordächer oder abgeschlossene Vorbauten.

Ist ein höherer Wärmeschutz erforderlich, sollten Türen mit Dämmschichteinlage Verwendung finden. Für einen erhöhten Schallschutz stehen Türen mit schweren Füllungen wie Sand oder Bleikugeln zur Verfügung. Fenstertüren, z.B. Balkon- und Terrassentüren, sind Fenstern ähnlich und werden daher dort behandelt.

Wohnungseingangstüren müssen nur vor Einbruch schützen, sollen häufig jedoch auch wärmedämmend oder schalldämmend wirken.

Innentüren haben in der Regel nur die Aufgabe, abgeschlossene Räume zu schaffen und Zugang zu ermöglichen.

Bauarten und Einbau

Türen werden aus Holz, Aluminium oder Stahl oder aus der Kombination dieser Materialien hergestellt. Man unterscheidet rechte und linke Türen. Bei einer rechten Tür befinden sich die Bänder auf der rechten, bei einer linken Tür auf der linken Seite, wenn man auf der Seite der Bänder steht. Türen werden häufig nach der Bauart der Türumrahmung benannt.

Die Türöffnung wird durch den Sturz

1 *Bauarten und Einbau von Türen:*
   1–3 Bauarten
   1 *Futtertür mit Sturz*
   2 *Zargentür*
   3 *Brettertür*
   4–9 Befestigung von Türen
   4 *Stahlzargentür, beim Hochziehen der Mauer mit Stahllaschen befestigt*
   5 *Blendrahmentür, mit Stahllaschen befestigt*
   6 *Stahllasche*
   7 *Futtertür, an Holzdübeln befestigt; die Bekleidung kann angenagelt werden.*
   8 *Futtertür mit Montageschaumbefestigung; die Bekleidung ist nach dem Nut-und-Feder-Prinzip befestigt.*
   9 *Befestigung eines Blendrahmens an Maueranschlag mit Dübeln.*

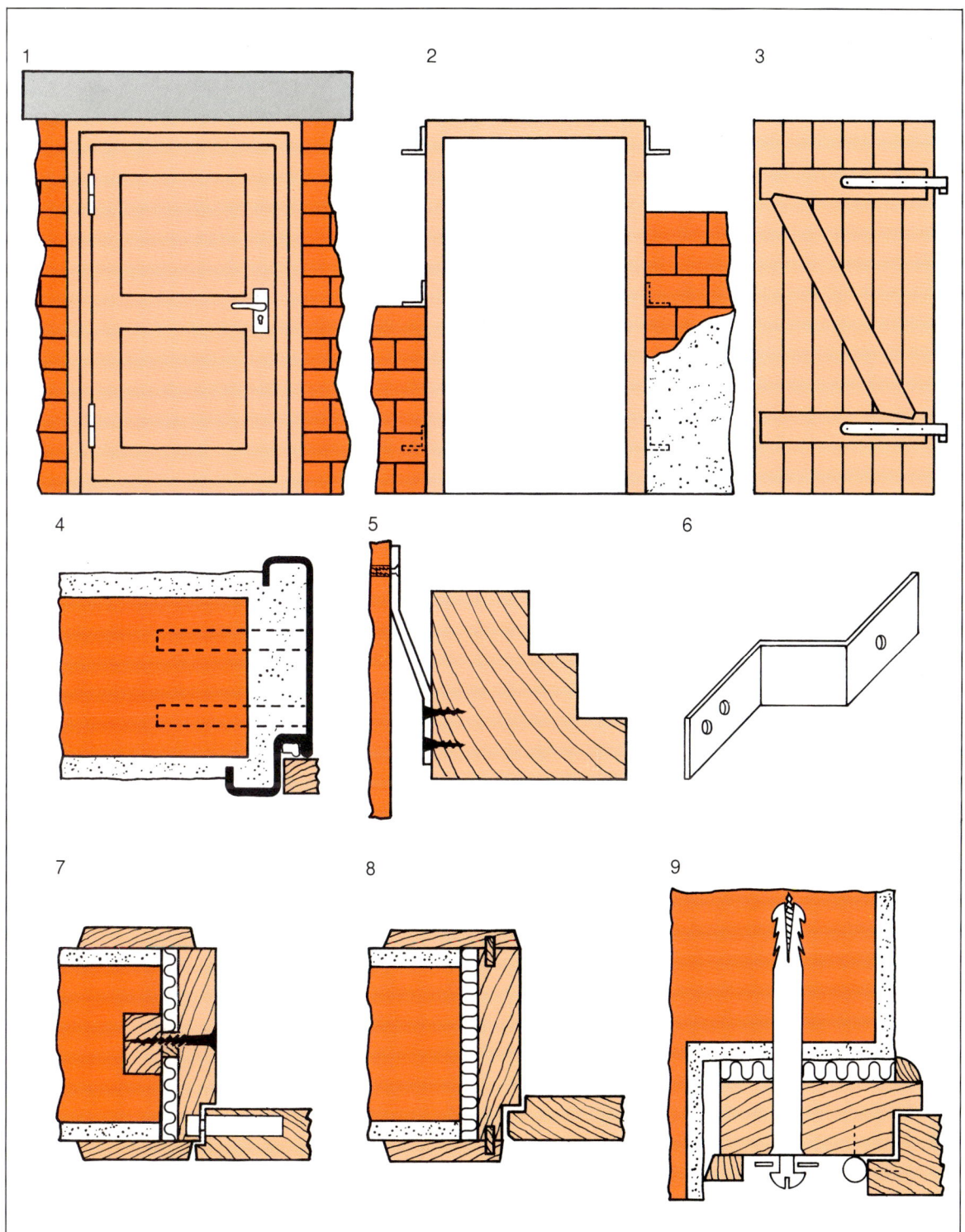

hergestellt, der die darüberliegenden Lasten auf das seitliche Mauerwerk überträgt. Türen werden in der Regel so eingebaut, daß sich zwischen Umrahmung und Mauerwerk ein etwa 2 cm breiter Spalt befindet, der auch der Wärmedämmung dienen kann (Abb. 1).

Türen werden in der Regel an 3 Punkten je Rahmenseite befestigt. Die Befestigungspunkte sollten möglichst auf Bänderhöhe liegen. Bei normal hohen Zimmertüren sollten die Befestigungspunkte etwa 30 cm von der oberen Türblattkante und 25 von der unteren entfernt sein.

Zargentüren: Sie können gleich beim Aufmauern mit Stahllaschen im Mauerwerk verankert werden.

Häufig jedoch werden sie nachträglich in die Laibungen gesetzt und mit Mörtel hinterfüllt.

Die Zarge wird in der gewünschten Höhe eingesetzt und verkeilt. Danach werden Maueranker in die Zarge eingeklemmt und am Mauerwerk festgenagelt oder festgedübelt. Auf 2 oder 3 Höhenpunkten werden kleine Schlitze geschlagen, damit die Zarge mit Zementmörtel hinterfüllt werden kann. Um ein Ausbeulen der Zargen nach innen durch den Druck des Mörtels zu verhindern, muß die Zarge in der Mitte durch Holzlatten oder spezielle Spreizen ausgesteift werden.

Schnellbauzargen werden auch für die Montage in Gipskartonwänden oder Trennwände geliefert. Die Wandbefestigung erfolgt über einem eingebauten Klemmmechanismus.

Blendrahmentüren (Abb. 1): Sie haben einen gefälzten Rahmen, der den Fensterrahmen ähnelt. Man befestigt sie entweder wie Fenster mit Stahllaschen oder mit Rahmendübeln (siehe Abb. 1). Für die Befestigung von schweren Türen sollten Mauerschrauben verwendet werden.

Futtertüren (Abb. 1): Sie bestehen aus dem Holzrahmen und einer Bekleidung. Der Rahmen wird so in die Öffnung gestellt, daß nach allen Seiten etwa 2 bis 3 cm Spiel bleibt. Dieser Rahmen wird nun mit Nägeln oder Schrauben an Holzdübeln oder Dübelsteinen befestigt. Holzdübel sind konisch zugeschnittene Hölzer, die beim Aufmauern oder nachträglich in die Mauer eingesetzt werden; Dübelsteine sind spezielle Steine aus Holzbeton. An den drei

2 *Flügel einer leichten Innentür mit Verstärkung im Schloßbereich.*

Befestigungspunkten je Rahmenseite werden Holzstücke untergelegt.

Die Bekleidung (Abb. 1) hat die Aufgabe, den verbleibenden Spalt zu verdecken. Sie wird entweder auf den Rahmen aufgenagelt oder nach dem Nut-und-Feder-Prinzip mit dem Rahmen verbunden. Der Spalt zwischen Bekleidung und Mauer wird meist mit einer zugehobelten Holzleiste verdeckt.

Leichtere Futtertüren (Abb. 2), vor allem in Leichtbauwänden, können mit Montageschaum gesetzt werden (Abb. 1). Die Tür wird in die Öffnung gestellt, ausgerichtet und verkeilt. Die Fuge zwischen

Rahmen und Wand oder Mauerwerk wird mit Montageschaum ausgeschäumt, der zugleich klebende Wirkung hat. Da sich der Schaum beim Trocknen ausdehnt, ist eine Verspreizung des Türrahmens erforderlich.

Brettertüren: Sie werden für untergeordnete Zwecke eingesetzt, z. B. als Speicher-, Keller- oder Schuppentüren (Abb. 1), und können ohne großen Aufwand selbst hergestellt werden. Als Beschläge werden in der Regel solche für Tore verwendet (siehe Abb. 8).

Schiebetüren: Sie laufen in einer Führungsschiene und sind dort sinnvoll, wo wenig Platz zum Öffnen einer Tür zur Verfügung steht (siehe auch Seite 482).

Harmonikatüren: Sie lassen sich zusammenfalten und benötigen in diesem Zustand wenig Platz. Faltwände sind im Grunde Harmonikatüren, die eine ganze Wand ersetzen können.

Windfang

Der Windfang ist ein Raum, der als Pufferzone zwischen Außenluft und Innenluft wirkt. So kann im Winter die kalte Außenluft nicht direkt in die Wohnung eindringen, die warme Luft nicht direkt entweichen. Windfänge dienen daher dem Wärmeschutz. Sie sind zumeist zugleich ein Bereich, in dem Schmutz und Feuchtigkeit zurückbleiben und so nicht in die Wohnung getragen werden. Diese zweite Aufgabe kann aber auch von kleinen Vorbauten oder Überdachungen übernommen werden.

Arbeiten an Türen

Die wichtigsten Arbeiten an Türen kann der Heimwerker selbst ausführen.

Türen kürzen: Beim Kauf von Fertigtüren und nach Renovierungsarbeiten ist es häufig nötig, die Tür zu kürzen. Das geschieht entweder mit einer feinzahnigen Säge oder mit der Handkreissäge. Im zweiten Fall wird ein Brett auf der Rückseite aufgespannt, damit keine Splitter herausgerissen werden.

Das Türblatt ist bei leichten Fertigtüren im unteren Bereich aus Vollholz, um das Kürzen zu ermöglichen. Reicht diese Vollholzzone nicht aus, wird die Tür abgeschnitten und ein Vollholz eingeleimt.

Veränderung der Türhöhe: Sie ist z. B. nach der Verlegung eines Teppichbodens notwendig. Falls der obere Falz das zuläßt, können Beilagscheiben zwischen die Bandteile eingelegt werden. Die Reibeflächen werden etwas eingefettet. Diese Methode ist auch dann möglich, wenn der obere Falz abgeschliffen wird.

Das ist meist günstiger als das Kürzen der Tür, da dies eine endgültige Veränderung bedeutet. Das Schließblech muß so zugefeilt werden, daß die Tür wieder schließt.

Anstriche: Sie müssen von Zeit zu Zeit ausgebessert oder erneuert werden. Für Außentüren gilt dasselbe, was für Fenster auf Seite 471 gesagt wird.

Versetzen einer Tür: Diese Arbeit bzw. das Herstellen einer Türöffnung durch einen Mauerdurchbruch wird auf Seite 324 beschrieben.

Abdichtung: Die Abdichtung des Falzes und des unteren Spaltes wird auf Seite 99 dargestellt.

Türstopper verhindern Schäden an Möbeln oder an Wänden. Sie können am Boden oder an der Wand montiert werden. Am Boden werden sie so montiert, daß die Tür an der Schloßseite am Türstopper anschlägt.

Fenster

In diesem Abschnitt werden Fensterkonstruktionen, die Funktionen von Fenstern und ihr Einbau beschrieben. Beschläge sind auf Seite 473 dargestellt, spezielle Sicherungen an Fenstern gegen Einbruch auf Seite 477. Was für Fenster gilt, gilt weitgehend auch für Fenstertüren wie Balkon- und Terrassentüren.

Bauarten
Nach den Öffnungsmöglichkeiten eines Fensters werden insbesondere die feststehende Verglasung, das Drehflügelfenster, das Kippflügelfenster und das Dreh-Kipp-Flügelfenster unterschieden. Eine feststehende Verglasung läßt sich nur von außen reinigen und läßt keine Lüftung zu. Das Drehflügelfenster kann man nach innen, seltener auch nach außen öffnen; es läßt sich leicht reinigen und ist für die Stoßlüftung geeignet. Das Kippflügelfenster wird nach innen gekippt. Es läßt einen dauernden Luftaustausch zu, ist allerdings schwerer zu reinigen. Es kommt vor allem in Altbauwohnungen als obenliegendes Lüf-

tungsfenster vor. Dreh-Kipp-Flügelfenster verbinden die Vorzüge von Kipp- und Drehflügelfenstern. Weniger verbreitet sind Schwingflügelfenster, die sich um eine waagerechte Achse drehen, oder Wendelflügelfenster, deren Drehachse senkrecht verläuft.

Nach den Fensterkonstruktionen unterscheidet man einfachverglaste Fenster, isolierverglaste Fenster sowie Verbund- und Kastenfenster (Abb.3). Von der Konstruktion hängt die Wärme- und Schalldämmung der Fensterkonstruktion ab.

Fensterplanung bei Neubau und Modernisierung
Durch die Wahl von Fensterkonstruktionen, Rahmenmaterial, Verglasung und Fenstergröße werden das äußere Erscheinungbild eines Gebäudes, sein Wärmeverbrauch sowie der Schallschutz wesentlich beeinflußt. Höhere Investitionen für qualitativ hochwertige Fenster machen sich in den meisten Fällen bezahlt.

Fensterflächen können in südlichen Richtungen größer gewählt werden, da diese Flächen in der Übergangszeit und

k-Werte für Verglasungen und für Fenster und Fenstertüren einschließlich Rahmen nach DIN 4108 (Auszug)

Beschreibung der Verglasung aus Normalglas	Verglasung allein	k-Werte für Fenster und Fenstertüren einschließlich Rahmen aus:		
	k-Wert	Holz, Kunststoff	wärmegedämmten Metallprofilen	Beton, Stahl, Aluminium
Einfachverglasung	5,8	5,2	5,2	5,2
Isolierglas 6 bis 8 mm Scheibenzwischenraum (SZR)	3,4	2,9	3,2	4,1
Isolierglas mit 10 bis 16 mm SZR	3,0	2,6	2,9	3,8
Doppelverglasung mit 20 bis 100 mm Scheibenabstand	2,8	2,5	2,7	3,7
Wärmeschutz-Isolierglas mit 15 mm SZR	1,2 + 1,3	1,4	1,7	2,7
Isolierglas mit zweimal 6 bis 8 mm SZR	2,4	2,2	2,5	3,4
Isolierglas mit zweimal 10 bis 16 mm SZR	2,1	2,0	2,3	3,2
Doppelverglasung aus zwei Isolierglaseinheiten (SZR 10 bis 16 mm) mit 20 bis 100 mm Scheibenabstand	2,0	1,9	2,2	3,1
Doppelverglasung aus zwei Isolierglaseinheiten (SZR 10 bis 16 mm) mit 20 bis 100 mm Scheibenabstand	1,4	1,5	1,8	2,7

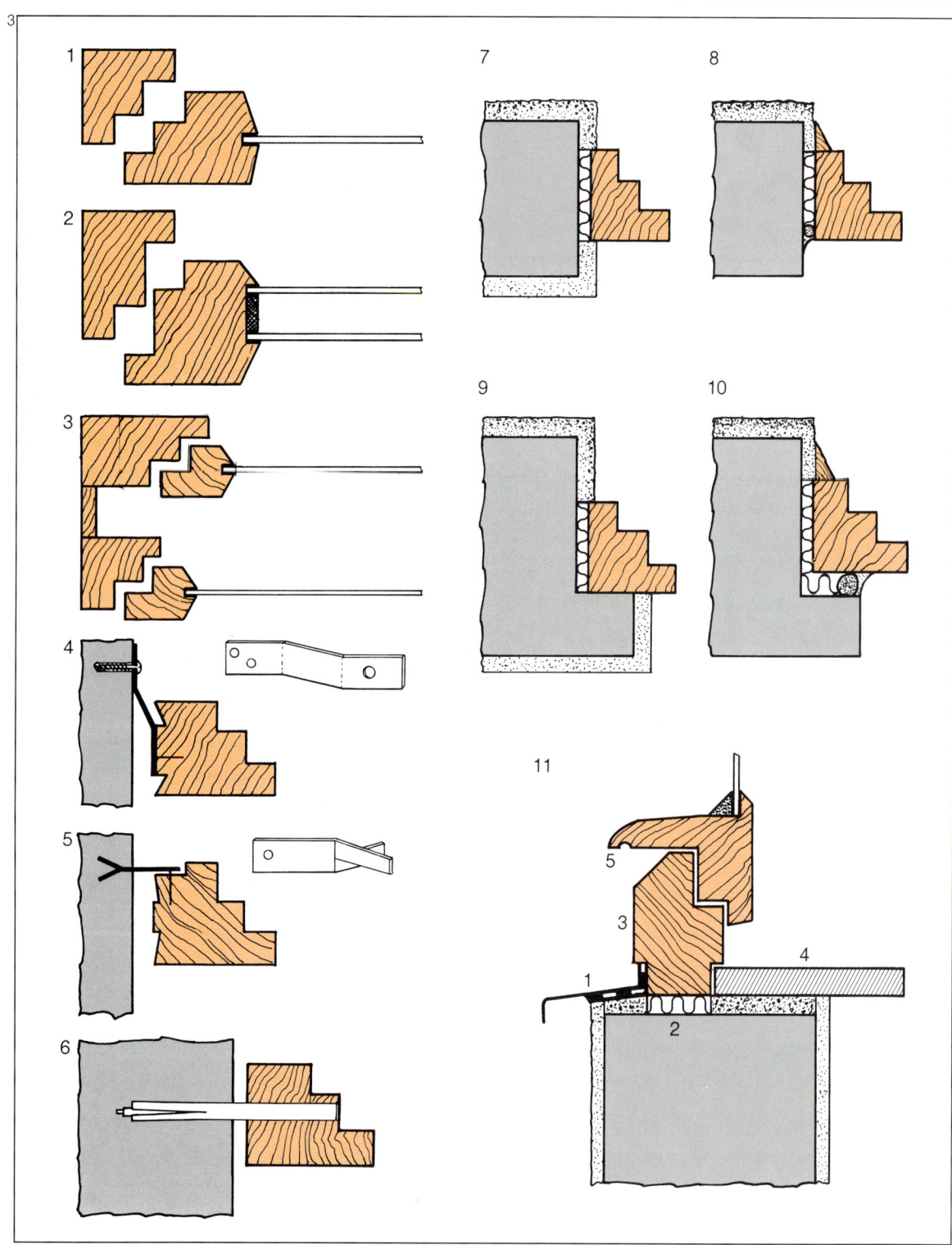

im Winter auch Wärmegewinne durch die Sonnenstrahlung bringen. Werden Fenster mit guter Wärmedämmfähigkeit verwendet und sieht man einen zusätzlichen Wärmeschutz durch Vorhänge und Rolläden vor, so können die Wärmegewinne die Wärmeverluste sogar übersteigen. In nördlichen Richtungen sind in der kälteren Jahreszeit keine Wärmegewinne zu erwarten. Hier also sollten kleinere Fensterflächen eingeplant werden.

Wärmedämmung

Durch Fenster geht in der Regel wesentlich mehr Wärme verloren als durch Außenwände. Eine Ausnahme bilden nur hochwärmedämmende Fenster, die in Mauerwerk mit relativ hohem k-Wert eingebaut wurden.

Durch die Wahl der Verglasung, des Rahmenmaterials sowie durch den zusätzlichen Einsatz von Vorhängen und Rolläden (dazu Näheres auf Seite 399) lassen sich jedoch die Energieverluste drastisch reduzieren.

Verglasung (Tabelle Seite 465): Bei einer Einfachverglasung sind die Wärmeverluste sehr hoch. Bei Doppelverglasung entsteht zwischen den Scheiben eine stehende Luftschicht, die den Wär-

3 *Fensterkonstruktionen, Einbau von Fenstern, Fensterbänke:*
   1-3 Fensterkonstruktionen
   1 Einfachfenster
   2 Verbundfenster
   3 Kastenfenster
   4-6 Befestigung von Fenstern
   4 Stahllasche
   5 Maueranker
   6 Rahmendübel
   7-10 Abdichtung der Fugen zum Mauerwerk
   7 Einputzen bei geradem Laibungsmauerwerk
   8 Abdichtung mit dauerelastischer Dichtungsmasse und Holzleiste
   9 Einputzen bei Fensteranschlag
   10 Abdichtung mit dauerelastischer Dichtungsmasse (außen) und Holzleiste (innen)
   11 Fensterbänke
     1 Äußere Fensterbank
     2 Wärmedämmung
     3 Holzrahmen
     4 Innere Fensterbank
     5 Tropfnase.

medurchgang abbremst. Sehr dünne Luftschichten setzen dem Wärmedurchgang einen geringeren Widerstand entgegen, so daß Verbund-, vor allem aber Kastenfenster gute Dämmwerte erreichen. Isolierverglasung besteht aus zwei oder mehreren Glasscheiben, die mit dichten Profilen oder durch Glasverschmelzung miteinander verbunden sind. Der Zwischenraum ist mit trockener Luft gefüllt, so daß kein Kondenswasser entstehen kann. Isolierverglasungen müssen bei Schäden ganz ausgewechselt werden, was in der Regel Sache eines Fachmanns ist.

Bei Wärmeschutzisoliergläsern ist der Scheibenzwischenraum mit einem wärmedämmenden Spezialgas gefüllt. Außerdem kann die raumseitige Scheibe mit einer dünnen Edelmetallschicht bedampft sein, die zwar die Sonnenstrahlung zum Raum durchläßt (Wärmegewinne im Winter), aber die Strahlungswärme von innen in den Raum zurückreflektiert.

Holz- und Kunststoffenster (Tabelle Seite 465): Sie bieten eine gute Wärmedämmung, wärmegedämmte Aluminiumumrahmen in der Regel eine etwas schlechtere. Abzuraten ist von ungedämmten Aluminiumfenstern, die die Wärme gut ableiten und zur Bildung von Kondenswasser führen.

Wärmegewinne: Sie entstehen dadurch, daß die Sonnenstrahlung die Glasscheiben durchdringt und sich in Wärmestrahlung umwandelt.

Dies kann in der Übergangszeit und im Winter zu erheblichen Energiegewinnen beitragen. Je weniger dieser Vorgang durch Rolläden, Vorhänge oder Gardinen behindert wird, desto höher ist die Ausbeute.

Thermostatventile können am Tag eine Überheizung des Raumes verhindern. Werden nachts die Fenster durch dicke Vorhänge und Roll- oder Klappläden vor Wärmeverlusten geschützt, kann die Wärmegewinne durch Südfenster sogar größer sein als die Verluste. Die Raumheizung kann in der Übergangszeit meist ganz außer Betrieb bleiben, im Winter jedoch wesentlich entlastet werden.

Aus den genannten Gründen sollte man bei der Planung der Fenster nach Süden größere, nach Norden jedoch möglichst kleine Fensterflächen wählen.

Schalldämmung

Die schalldämmende Wirkung von Fenstern wird bestimmt durch die Dichtigkeit, das Flächengewicht der Verglasung, den Scheibenabstand und die Füllung des Scheibenzwischenraums mit schalldämmenden Gasen.

Abdichtung von Fugen: Sie dient nicht nur dem Wärmeschutz, sondern kann auch die Schallbelastung spürbar vermindern. Abgedichtet werden sollen nicht nur die Fugen zwischen Rahmen und Flügel, sondern auch Anschlußfugen zum Mauerwerk, zu Rolladenkästen und Brüstungen bzw. Fensterbänken. Geeignete Dichtungsmaterialien sind auf Seite 99 dargestellt. Der Spalt zwischen Rahmen und Mauerwerk muß dicht mit Mineralwolle oder Kokosfasern ausgefüllt werden.

Scheibendicke: Eine verbesserte Schalldämmung kann erreicht werden, wenn das Gewicht der Verglasung zunimmt, d.h. wenn Scheiben größerer Stärke verwendet werden. Eine weitere Verbesserung wird erzielt, wenn die äußere Scheibe dicker ist als die innere. Bei nachträglichen Verbesserungen, z.B. einer nachträglichen Doppelverglasung, ist jedoch zu klären, ob der vorhandene Beschlag das größere Flügelgewicht aufnehmen kann und ob der Fensterflügel das größere Scheibengewicht ohne Verformungen verträgt.

Scheibenabstand: Als Grundsatz gilt, daß die Schalldämmung mit dem Scheibenabstand zunimmt. Gute Dämmwerte erreichen deshalb Kastenfenster. Bei Verbundfenstern sind der Vergrößerung des Scheibenabstands Grenzen gesetzt. Eine nachträgliche Verbesserung des Schallschutzes ist deshalb meist nur durch den Einbau eines Vorsatzfensters möglich.

Schallschutzgläser: Sie empfehlen sich bei großer Lärmbelastung. Es handelt sich dabei um Glastafeln, die auf allen Seiten dicht verschweißt sind und deren Zwischenräume mit schweren Edelgasen gefüllt sind.

Es werden auch Verglasungseinheiten angeboten, mit denen sich für Schall- und Wärmeschutz bestmögliche Wirkungen erzielen lassen.

Schwere Rolläden: In möglichst großen Abständen von der äußeren Scheibe angebracht, können sie den Schallschutz ebenfalls wesentlich verbessern.

Schalldämmende Lüftungselemente: Sie sorgen auch bei geschlossenen Fenstern für ausreichende Frischluftzufuhr. Sie können auch nachträglich ins Mauerwerk eingebaut werden. Der Schall wird in den Lüftungskanälen weitgehend absorbiert.

Sonnenschutz

Im Sommer kann die Sonneneinstrahlung durch die Glasflächen zu einer unerwünschten Erwärmung des Raumes und zu einem hohen Lichteinfall führen. Ein Schutz dagegen ist durch verschiedene Maßnahmen möglich.

Natürlicher Sonnenschutz: Günstig ist ein Bestand an Laubbäumen, der die Außenwand und Fenster im Süden und Westen im Sommer beschattet, im Winter aber die passive Nutzung der Sonnenstrahlung ermöglicht.

Baulicher Schutz vor Sonne: Er ist möglich durch auskragende Dächer oder Vordächer.

Dadurch kann im Sommer die hochstehende Sonne von den Innenräumen ferngehalten werden, im Winter kann die Sonnenstrahlung zur Raumerwärmung genutzt werden.

Sonnenschutzgläser: Es handelt sich dabei um Flachglasscheiben mit verringerter Strahlungsdurchlässigkeit. Diese Wirkung wird erreicht, indem die Glasscheiben mit dünnen Edelmetall- oder Metalloxydbeschichtungen bedampft werden, die die Strahlung reflektieren. Diese Gläser sind allerdings nur dort zu empfehlen, wo im Winter durch die Sonne keine nennenswerten Einstrahlungsgewinne zu erwarten sind, also für Fenster in westlicher bis nordwestlicher Richtung.

Läden in Form von Klapp- oder Rolläden: Sie sind der herkömmliche Schutz vor Sonne im Sommer. Sie können im Winter zugleich zum Wärmeschutz beitragen (dazu Näheres auf Seite 399).

Jalousien: Sie besitzen in der Regel waagerecht verlaufende Lamellen, die stufenlos verstellt werden können, so daß die Einstrahlungsintensität nach dem Lichtbedarf in den Wohnräumen stufenlos geregelt werden kann.

Markisen: Sie sind kleine Vordächer aus Stoff oder Kunststoff, die nicht nur die Fenster, sondern in entsprechender Größe auch eine kleine Außenfläche, z.B. auf der Terrasse, beschatten können.

Rahmenmaterial

Fenster werden meist aus Holz, Kunststoff oder Aluminium hergestellt oder aus der Kombination dieser Materialien.

Holzfenster: Sie sind wärme- und schalldämmend und erreichen höhere innere Oberflächentemperaturen. Holz muß durch Außenanstriche ausreichend geschützt werden. Bei Anstrichen mit Lackfarben kann es bei älteren Fenstern durch Sonnen- und Feuchtigkeitseinwirkungen im Laufe der Zeit zum Abplatzen von Farbstellen kommen, die wieder ausgebessert werden müssen. An Stellen, die von der Sonne beschienen werden, sollte man helle Farben verwenden, da sie die Sonnenstrahlung reflektieren und so einer Überhitzung des Rahmens entgegenwirken. Manche Hölzer sind sehr widerstandsfähig, so daß die Pflege mit einer Holzbeize ausreicht. Fensterflügel, die durch Sprossen unterteilt sind, geben der Fensterfläche ein strukturiertes Aussehen. Es werden auch Fenstermodelle angeboten, bei denen die Sprossenstruktur nur außen aufgesetzt ist, so daß die Glasflächen leichter gereinigt werden können. Ein wesentlicher Vorteil von Holzfenstern besteht darin, daß man sie auch selbst reparieren kann, wenn Schäden entstanden sind, da sich mit entsprechenden Werkzeugen Teile ausbauen und ersetzen lassen.

Kunststoffenster: Sie zeigen im Querschnitt komplizierte Strukturprofile, die die Aufgabe haben, Rahmen und Flügel zu stabilisieren. Sie sind in der Regel ausgeschäumt und erzielen etwa dieselbe Wärmedämmung wie Holzfenster. Kunststoffenster benötigen im Außenbereich keine Anstriche. Manche Kunststoffmaterialien können jedoch im Laufe der Zeit durch Umwelteinflüsse wie sauren Regen fleckig werden.

Aluminium: Metalle sind gute Wärmeleiter; deshalb sind bei älteren, noch ungedämmten Aluminiumfenstern hohe Wärmeverluste und die Bildung von Schwitzwasser zu erwarten. Zwar wird dieses Problem bei neueren Konstruktionen durch eine Ausschäumung vermieden, doch erreichen Alufenster in der Regel nicht die gleiche Wärmedämmung wie Holz- oder Kunststoffenster. Aluminium ist pflegeleicht wie Kunststoff. Beim Einbau ist darauf zu achten, daß die Oberfläche vor Mörtelspritzern geschützt wird, da sonst Flecken entstehen können.

Fenstereinbau

Fenster haben im Bauwerk keine tragende Funktion zu erfüllen. Diese Funktion übernimmt der Fenstersturz. Das Fenster darf also in keinem Fall so in die Maueröffnung eingepreßt werden, daß es Druckspannungen ausgesetzt ist. Deshalb sind die Abmessungen der Fenster kleiner als die der Maueröffnung.

Als Faustregel gilt, daß ein Fenster nach allen Seiten etwa 2 bis 3 cm Spiel haben sollte.

Für alle Möglichkeiten des Fenstereinbaus gilt, daß Brüstung und Mauerlaibung gesäubert werden müssen. Die Lage des Fensters wird mit Wasserwaage und Bleistift angerissen. Der Blendrahmen ohne Fensterflügel wird in die Öffnung gesetzt und so verkeilt, daß der Rahmen genau senkrecht steht. Die Keile werden dabei nur an den Ecken angesetzt, da sich sonst die Blendrahmenhölzer verbiegen (Abb.4). Die Keile werden nach der Befestigung des Rahmens abgestemmt.

Befestigung mit Stahllaschen (Abb.3): Sie ist bei Holzrahmen gebräuchlich. Sollen die Fenster auf diese Weise am Mauerwerk befestigt werden, so müssen diese Laschen vor dem Setzen und Verkeilen am Rahmen angeschraubt werden. Für normal hohe Fenster sind dabei zwei Laschen, für Fenstertüren drei Laschen auf jede Seite ausreichend. Diese Laschen werden etwa auf der Höhe der Fensterbänder angebracht, damit es beim Öffnen und Schließen zu möglichst wenig Schwingungen kommt (Abb.4). Diese Laschen ermöglichen ein Ausdehnen des Fensters bei Temperaturschwankungen oder bei unterschiedlichem Feuchtigkeitsgehalt des Holzes. Die Lasche wird am Laibungsmauerwerk festgedübelt.

Maueranker (Abb.3): Man befestigt sie am Fenster und zementiert sie nach dem Ausrichten ins Mauerwerk ein.

Befestigung mit Rahmendübeln (Abb.3): Nach dem Ausrichten des Fensterrahmens durchbohrt man die Blendrahmenhölzer in Höhe der Bänder zum Mauerwerk hin. Danach werden die Dübellöcher im Schlagbohrgang und mit Steinbohrer ins Mauerwerk verlängert. Die Bohrerstärke entspricht dem Dübeldurchmesser. Die Dübel sollten so lang bemessen sein, daß sie mindestens 5 cm ins Mauerwerk reichen. Die speziellen Rahmendübel werden nun eingeschoben und angezogen.

Die Dübelenden spreizen sich im Wandbaustoff und halten den Blendrahmen fest.

Fugen zum Mauerwerk: Sie werden nun mit loser Mineralwolle oder Kokosfaser dicht ausgestopft oder ausgeschäumt. Längere Blendrahmen können sich durch Druck, den manche Schäume beim Aushärten entwickeln, durchbiegen. Deshalb ist in diesem Fall eine Verspreizung erforderlich. Diese Füllung dient der Wärme-, aber auch der Schalldämmung.

Einputzen mit Fugenschluß: Maueröffnungen können so konstruiert sein, daß die Fensterlaibung in einer Ebene nach außen durchläuft, sie können jedoch auch mit Anschlag konstruiert sein. Der Anschlag hat die Aufgabe, eine höhere Dichtigkeit zu erreichen (siehe Seite 300).

Der Putz wird leicht schräg zum Fenster hin aufgebracht. Dazu wird ein gerades Brett mit Mauerhaken an der Wand genau senkrecht ausgerichtet befestigt. Die Bretterkante dient zum Abziehen und Glattreiben des Mörtels. Soll die Laibung stärker zur Fenstermitte hin geneigt sein, muß das beim Aufmauern durch Zuschlagen der Steine berücksichtigt werden.

Die herkömmliche Methode bei Holzfenstern besteht darin, den Putz bis zum Fensterrahmen reichen zu lassen. Ein Hinterfüllen der Rahmen mit Putz sollte vermieden werden, da sich die Fenster dann nicht mehr dehnen können. Bei dieser Methode sind feine bis feinste Risse entlang des Anschlusses zwischen Putz und Rahmen nicht zu vermeiden.

Aluminium- und Kunststoffenster haben andere Dehnungseigenschaften. Der Putz wird hier deshalb nur bis wenige Millimeter an den Rahmen geführt und der verbleibende Spalt mit dauerelastischer Dichtungsmasse abgedichtet (siehe Seite 101). Möglich ist die Schließung der inneren Fuge auch durch Holzleisten.

Innere Fensterbank

Die inneren Fensterbänke (Abb.3) können aus Massivholz, aus beschichteten Holzwerkstoffen, aus Marmorplatten, Kunststein oder Kunststoff bestehen. Möglich ist die Ausbildung einer Fensterbank auch durch die Verlegung von Fliesen im Mörtelbett.

Anforderungen: Holz bleibt auf Dauer nicht so formstabil wie andere Werkstoffe. Fensterbänke aus Holz müssen außerdem dort, wo mit Kondenswasser zu rechnen ist, feuchtigkeitsundurchlässig gestrichen werden. Andererseits übertragen sie weniger Wärme ans Mauerwerk und somit nach draußen. Ist mit Kondenswasser zu rechnen, z.B. bei Verglasungen mit geringer Wärmedämmung oder bei älteren ungedämm-

ten Aluminiumrahmen oder bei hohem Anfall von Luftfeuchtigkeit, sollte die Fensterbank eine Schwitzwasserrille aufweisen.

Die Fensterbank sollte so breit gewählt werden, daß sie mit Vorhängen und Fensterlaibungen ein geschlossenes wärmedämmendes Luftpolster bildet. Warme Heizkörperluft, die hinter die Vorhänge gelangt, ist verlorene Energie. Andererseits sollte die Fensterbank die Heizkörper nicht zu weit überdecken, weil dadurch ihre Wärmeabgabe beeinträchtigt wird, hinter dem Heizkörper ein Wärmestau entsteht und die Wärmeverluste an dieser Stelle ansteigen.

Einbau: Fensterbänke werden in der Regel so eingebaut, daß sie auf der Fensterbrüstung aufliegen und an bei-

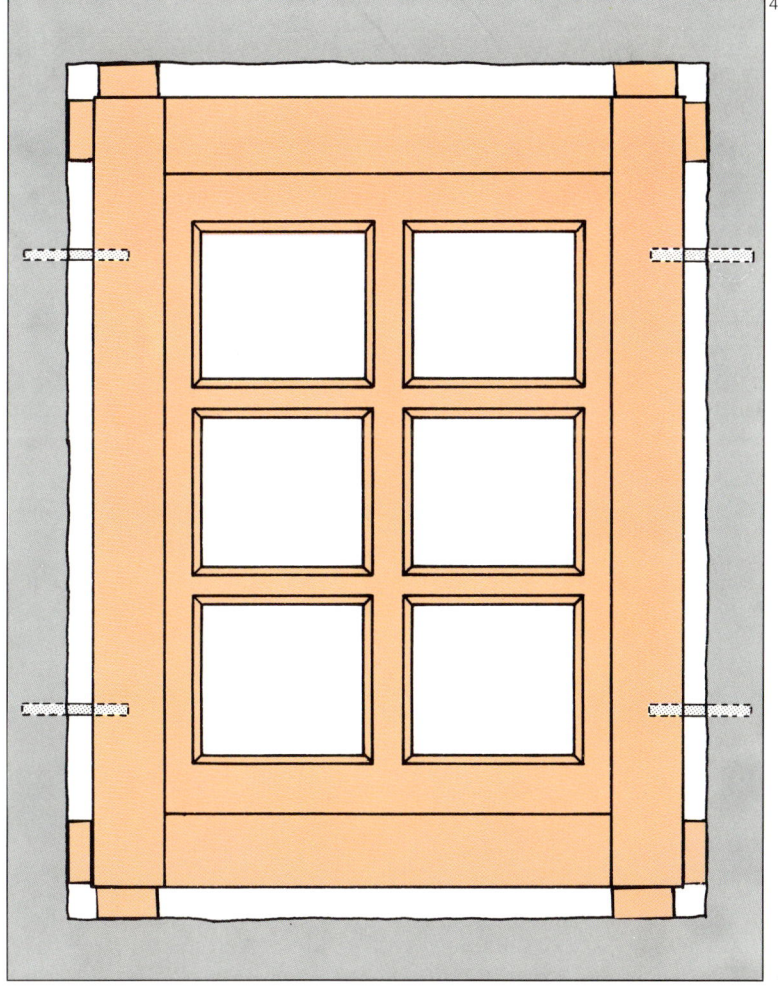

4 *Verkeilung und Befestigungspunkte eines Fensters.*

469

den Seiten ins Mauerwerk reichen. Das Mauerwerk ist daher vor dem Einbau in entsprechender Breite auszustemmen. Soll das Mauerwerk die Fensterbänke mittragen oder allein tragen, müssen sie mindestens 5 cm ins Mauerwerk ragen. Bei sehr breiten Fensteröffnungen und geringer Auflagefläche auf dem Brüstungsmauerwerk werden die Fensterbänke auf T-förmige Stahlprofile verlegt, die man mit Zement- oder Kalkzementmörtel im Mauerwerk verankert.

Die Fensterbänke sollten immer eine leichte Neigung zum Raum hin haben, damit Feuchtigkeit in Form von Kondens-, Putz- oder Gießwasser nicht in die Anschlußfuge dringen kann. Die Fensterrahmen sollten von den Fensterbänken unterfahren werden. Bei Holzrahmen wird dazu eine entsprechende Aussparung vorgesehen. Bei Metall- und Kunststoffenstern wird die Fuge mit dauerelastischer Dichtungsmasse abgedichtet. Die Fensterbänke werden im Mörtelbett verlegt. Kalkmörtel, der etwas dünnflüssiger ist als Mauermörtel, ist dazu ausreichend. Saugfähige Mauersteine des Brüstungsmauerwerks werden vor dem Mörtelauftrag angenäßt, da dem Auflagemörtel sonst zu schnell Wasser entzogen wird.

Der Mörtel wird etwas überhöht aufgetragen und mit der Kelle leicht geebnet. Die Fensterbank wird so eingelegt und eingeklopft, daß sie satt im Mörtelbett zu liegen kommt, mit der Wasserwaage ausgerichtet und anschließend eingeputzt.

Äußere Fensterbank

Für äußere Fensterbänke eignen sich Materialien aus Leichtmetall wie Aluminium, Kupfer, verzinktem Stahlblech, Kunststoff sowie keramischem, Naturstein- oder Betonwerksteinmaterial.

Aufgaben: Die äußere Fensterbank hat die Aufgabe, die anfallende Niederschlagsfeuchtigkeit rasch abzuführen und ein Eindringen der Feuchtigkeit in Mauerwerk und Rahmenmaterial zu verhindern.

Metall- und Kunststoffbänke haben eine Tropfnase, die ein einwandfreies Abtropfen des Wassers ermöglicht. Diese Tropfnase sollte mindestens 5 cm über die Außenwandoberfläche vorstehen, an Wandflächen, die der Witterung ausgesetzt sind, eher noch mehr. Plattenartige Materialien besitzen eine Tropfrille,

eine an der Unterkante angebrachte dreieckförmige Einkerbung, die bei starkem Wind das Zurücklaufen des Wassers zur Wand verhindern soll. Diese Tropfrille sollte mindestens 4 cm Überstand über die Außenwandoberfläche haben.

Einbau: Äußere Fensterbänke werden immer mit einer ausreichenden Neigung von mindestens 10° nach außen eingebaut. Damit das Wasser von der Laibungsfläche problemlos auf die Fensterbank tropfen kann, müssen Fensterbänke in das Mauerwerk hineinreichen. Profile aus Metall werden dabei seitlich C-förmig aufgekantet. Bei anderen Materialien wird mit dauerelastischen Dichtungsmassen abgedichtet.

Die hintere Kante der Fensterbank kann auf unterschiedliche Weise abgedichtet werden. Bei Fensterrahmen aus Holz und Fensterbänken aus Metall ist es üblich, die Fensterbank aufzukanten und an einem dafür vorgesehenen Falz mechanisch mit Nägeln zu befestigen. Plattenabdeckungen müssen den Rahmen unterfahren. Die verbleibende Fuge wird mit dauerelastischer Dichtungsmasse abgedichtet.

Äußere Fensterbänke werden im Mörtelbett verlegt. Ist eine vollständige Dichtigkeit zum Mauerwerk hin nicht gewährleistet, sollte der Mörtel mit einer Bitumenbahn oder einer geeigneten Folie abgedeckt werden, oder man sollte Sperrmörtel verwenden.

Äußere Fensterbänke sind erheblichen Temperaturschwankungen ausgesetzt. Vor allem bei Blechprofilen sollte daher bei Fensterbankbreiten von über 1,50 m an den seitlichen Mauerwerksanschlüssen eine Dehnungsfuge von etwa 0,5 cm Breite mit dauerelastischer Dichtungsmasse vorgesehen werden. Werden die Fensterbänke mit hochkant gestellten Ziegeln ausgeführt, so müssen frostbeständige Vormauerziegel oder Klinker verwendet werden. Als Fugenmörtel empfiehlt sich feuchtigkeitsunempfindlicher Mörtel wie Zementmörtel, Sperrmörtel, aber auch Mörtel aus Traßzement. Trotzdem bleiben diese Konstruktionen schadensanfälliger als die oben genannten.

Läden

Läden werden in Form von Klapp- oder Rolläden, seltener als Schiebeläden verwendet. Sie dienen im Sommer dem

Sonnen- und im Winter dem Wärmeschutz (siehe auch Seite 399).

Klappläden: Sie werden in der Regel aus Holz hergestellt. Es sind Ausführungen erhältlich, die bei geschlossenen Fenstern von innen geöffnet und geschlossen werden können oder die besonders dicht schließen und daher eine gute Wärmedämmung aufweisen. Vom Standpunkt der Wärmedämmung aus sind Läden mit geschlossener Oberfläche solchen vorzuziehen, die schräggestellte Lamellen aufweisen. Ersteres kann man mit wenig Aufwand selbst herstellen.

Die Bänder für Klappläden werden heute meist am Rahmen angeschlagen. Sie können jedoch auch im Mauerwerk verankert werden.

Klappläden können innen mit einem Schlagladen-Überwurf verriegelt werden (Abb. 8).

Bei der Auswahl oder Herstellung von Läden sollte auf konstruktiven Holzschutz großer Wert gelegt werden, da sie mehr noch als Fensterrahmen der Witterung ausgesetzt sind. Die Läden sollten so konstruiert sein, daß Regenwasser zügig ablaufen kann und keine Fugen entstehen, die das Eindringen von Feuchtigkeit ermöglichen.

Holzläden müssen im Außenbereich oberflächenbehandelt werden.

Rolläden: Sie werden aus Holz, Kunststoff oder Aluminium hergestellt. Holzläden sind im Vergleich zu Kunststoff- und Aluminiumläden sehr schwer. Sie müssen außerdem von Zeit zu Zeit mit Anstrichen ausgebessert oder neu gestrichen werden. Das kann in höheren Stockwerken sehr aufwendig sein. Dagegen kann man Klappläden aushängen und leicht ausbessern.

Kunststoff- und Aluminiumläden sind mit wärmedämmender Füllung erhältlich, Holzläden sind von Natur aus gut wärmedämmend.

Rolläden werden bei Neubauten in Rolladenkästen eingebaut, die man unter dem Sturz nachträglich so anbringt, daß sie nicht belastet werden. Inzwischen werden jedoch häufig massive Rolladenkästen eingesetzt, die wärmegedämmt sind und zugleich als Sturz dienen.

Der nachträgliche Einbau von Rolläden erfolgt durch Anordnung des Rolladenkastens an der oberen äußeren Laibungsseite. Hier finden dünne Laden-

470

profile Verwendung, damit der Ballendurchmesser begrenzt wird. Trotzdem stehen diese Elemente dann häufig über die Fassadenfläche vor, so daß zur Wetterseite hin durch Abdichtung mit dauerelastischer Dichtungsmasse oder durch Neigung dafür zu sorgen ist, daß kein Regenwasser in die Fugen zum Mauerwerk eindringt. Der Laden läuft bei diesen Ausführungen nicht nach außen, sondern nach innen ab.

Eine nachträgliche Wärmedämmung alter Rolläden ist empfehlenswert, aber bei manchen Konstruktionen nicht möglich. Man schraubt dazu die Abdeckplatte an der oberen Laibungsseite ab und klebt den Kasten am besten mit Polystyrolplatten aus, die auch in geringer Stärke eine gute Dämmung bewirken. Gerissene Rolladengurte können zwar repariert werden, indem sie aneinandergestoßen und mit festem Stoff übernäht werden, doch lohnt sich eine solche Reparatur selten, da nicht jede Nähmaschine dafür geeignet ist und man Ersatzgurte kaufen kann.

Licht unterm Dach

Licht für Dachräume kann auch bei nicht ausgebauten Dachräumen von Nutzen sein, beim Ausbau des Dachs zu Wohnzwecken ist es unerläßlich. In ersterem Fall sind einfache Maßnahmen ausreichend, im zweiten Fall wird man sich zum Einbau von Fenstern entschließen.

Lichtdurchlässige Dachsteine: Sie werden heute meist aus Kunstharzstoffen hergestellt und sind somit wesentlich unempfindlicher als Glassteine. Man erhält sie für die meisten Dachsteinformen.

Lichtkuppelfenster: Sie sind so konstruiert, daß der Rahmen dem jeweiligen Pfannenmodell angepaßt ist, so daß sich ein exakter Übergang zur Dachdeckung ergibt. Manche Modelle können geöffnet werden und bieten somit Lüftungsmöglichkeiten und die Möglichkeit des Ausstiegs bei Dachreparaturen.

Dachflächenfenster: Sie sind als Fenster zum Klappen, Schwingen, aber auch zum seitlichen Herausheben über die Dachoberfläche erhältlich, so daß man bequemer am Fenster stehen kann, ohne daß der Flügel störend wirkt.

Die Rahmen der Dachflächenfenster werden an den seitlichen Sparren befestigt. Dazu bringt man am Rahmen Halterungswinkel an, die mit einem Langloch versehen sind, so daß sie dem Sparrenabstand genau angepaßt werden können. Die Dachplatten werden entfernt, die Lattung wird herausgeschnitten. Nach der Montage des Rahmens und der Ausrichtung hängt man den Fensterflügel provisorisch ein. Um den fertig montierten Fensterrahmen wird außen eine verzinkte Verkleidung befestigt, die das Niederschlagswasser ableitet. Der untere Teil der Verkleidung ist häufig aus Bleiblech, das mit dem Gummihammer den Dachziegelformen angepaßt werden kann. Der Spalt zwischen Sparren und Fenster wird mit Dämmaterial hinterfüllt. Die Laibung wird zugeschnitten und kann durch eine Verkleidungsleiste, die auf Gehrung geschnitten wird, verdeckt werden. Nagel- oder Schraubenlöcher werden verkittet.

Dachgaubenfenster: Man baut sie wie normale Wohnraumfenster ein.

Arbeiten am Fenster

Viele Arbeiten an Fenstern können vom Heimwerker selbst ausgeführt werden.

Anstriche: Holzfenster müssen im Außen- und sollten im Innenbereich oberflächenbehandelt werden. Bei geringer Witterungsbeanspruchung und widerstandsfähigen Hölzern eignen sich Lasuren, andernfalls sollte man Lacke verwenden. An sonnenbeschienenen Außenflächen eignen sich helle Farben, am besten Weiß, da so die Wärme der Sonnenstrahlung nicht absorbiert wird und man das Aufheizen des Rahmens im Sommer vermeidet. Beachtet werden muß, daß Lackanstriche weitgehend dampfdicht sind. Deshalb sollten in Räumen mit höherer Luftfeuchtigkeit Holzfenster innen dann lackiert werden, wenn außen Lacke angebracht wurden, weil die Gefahr besteht, daß der Wasserdampf nicht abwandern kann und der Rahmen durchfeuchtet. Geeignete Anstriche sind auf Seite 125 dargestellt.

Anstriche bei Holzfenstern müssen von Zeit zu Zeit ausgebessert werden. Vor allem an den der Witterung ausgesetzten Seiten können bereits kleine schadhafte Stellen zur Durchfeuchtung des Holzes und zur Zerstörung der Holzteile führen. Noch unbeschädigtes Holz wird, nachdem die lose Farbe mit einem Spachtel oder einer gerundeten Messerspitze entfernt und die Ränder gut abgeschliffen wurden, grundiert und mit Lackfarbe gestrichen.

Ist das Holz durch Feuchtigkeitseinflüsse schon grau geworden und hat seine Oberfläche an Festigkeit verloren, müssen diese Stellen mit dem Handschleifer oder Schleifpapier gut abgeschliffen werden, da die Farbe auf diesen Flächen nicht mehr ausreichend haften kann.

Abdichten der Fugen zwischen Fensterrahmen und Fensterflügel: Diese Maßnahme kommt der Wärme- und Schalldämmung zugute. Geeignete Materialien werden auf Seite 99 dargestellt. Man sollte jedoch beachten, daß nach der Abdichtung für eine ausreichende Frischluftzufuhr durch verstärktes Lüften gesorgt werden muß. Vor allem dann, wenn die Raumluft auch noch den Sauerstoffbedarf von Öfen und Herden decken muß, kann es bald zu Sauerstoffmangel kommen. Ist es nicht möglich, den Ofen durch ein Ansaugrohr direkt mit Außenluft zu versorgen, sollte man auf eine vollständige Abdichtung aller Fugen auf jeden Fall verzichten.

Ebenfalls dem Wärme- und Schallschutz dient das Abdichten der Fugen zwischen Rahmen und Mauerwerk. Hier muß außerdem gewährleistet sein, daß von außen keine Feuchtigkeit eindringen kann. Welche Möglichkeiten es dazu gibt, ist auf Seite 469 beschrieben.

Auswechseln gebrochener Scheiben: Dies kommt für den Heimwerker nur bei einfachen Scheiben in Betracht. Den Kitt entfernt man mit einem alten Stemmeisen, ebenso die Nägel oder Metalldreiecke, die die Scheibe festhalten. Die neue Glasscheibe wird so zugeschnitten, daß sie nach allen Seiten etwa 2 mm Luft hat (zum Schneiden von Glas siehe Seite 262). In den Falz wird nun ein mit den Handflächen gedrehter Kittwulst eingebracht. Anschließend wird die Scheibe aufgelegt, vorsichtig eingedrückt und der überquellende Kitt abgezogen. Die Kittstärke sollte an der senkrechten Seite des Falzes etwa 1 mm betragen, so daß die Scheibe von allen Seiten mit Kitt eingeschlossen ist. Die Scheibe wird nun mit Glaserstiften, kleinen Nägeln oder Metalldreiecken zusätzlich gesichert und anschließend

471

mit Glaserkitt schräg verkittet. Man kann sich aus einem alten Messer ein Kittmesser mit schräger Spitze selbst zufeilen oder zuschneiden.

Der Kitt sollte erst dann überstrichen werden, wenn er getrocknet ist.

Größere Scheiben sowie schwere Isolierglasscheiben werden an den Ecken mit etwa 60 mm langen Hartholzklötzchen so verkeilt, daß die Scheiben fest sind, sich aber bei Temperaturschwankungen dehnen können. Eine zu lockere Verkeilung führt zur Lockerung der Scheibe, ein zu starker Druck kann bei der Erwärmung der Glasflächen zum Sprung führen. Will man diese Arbeit selbst ausführen, ist eine Beratung unerläßlich.

Ausbesserung von Kittstellen: Diese Reparatur wird nötig, wenn der Kitt durch Witterungseinflüsse mit der Zeit spröde und brüchig geworden oder abgeplatzt ist. An diesen Stellen kann Feuchtigkeit ins Holz dringen und es stark schädigen. Alle lockeren Kittstellen werden daher entfernt und mit neuem Kitt ausgebessert.

Nachträglicher Wärmeschutz an Fenstern

Einfach verglaste Fenster sind Wärmelöcher.

Um ihre Wärmedämmung zu verbessern, müssen aber nicht gleich die Fenster ausgewechselt werden.

5 *Nachträglicher Wärmeschutz an Fenstern:*
   1 Fensterfolie, 2 Vorsatzflügel
   3 Isolierglas mit Umbauprofil.

6 *Bänder für Türen und Fenster (Simonswerk):*
   1 Einstemmband (Fitsche)
   2 Aufschraubband
   3 Einbohrband
   4 Einbohrband für steigende Türen
   5 Renovierband.

7 *Einbau von Bändern:*
   1 Einstemmband
   2, 3 Aufschraubband für stumpfe (3) und überfälzte Türen (2)
   4 Gekröpftes (gewinkeltes) Aufschraubband für überfälzte Türen
   5 Einbohrband
   6 Renovierband.

Fensterfolien: Sie ähneln Haushaltsfolien, werden mit doppelseitigem Klebeband auf den Fensterrahmen aufgeklebt und bilden somit mit der Scheibe ein wärmedämmendes Luftpolster (Abb. 5). Die meisten Produkte müssen nach dem Aufkleben mit einem Handhaartrockner gespannt werden. Durch die Warmluft zieht sich die Folie etwas zusammen, kleinere Falten und Wellen verschwinden. Das Anbringen bei kühler und trockener Witterung verringert das Risiko, daß sich später Tauwasser bildet. Aus dem gleichen Grund müssen die Folien von allen Seiten dicht verklebt werden. Der Wärmedurchgang durch das Anbringen von Fenster-Isolierfolien verringert sich um etwa 40%.

Vorsatzflügel: Mit ihnen erreicht man zwar eine etwas bessere Wärmedämmung, doch ist der Aufwand für ihre Anbringung wesentlich höher. Die zweite Glasscheibe befindet sich dabei in einem Profil, das entweder auf den alten Rahmen angeschraubt wird (Abb. 5) oder mit Scharnieren am alten Rahmen gehalten wird. Die Bänder des alten Rahmens und der Rahmen selbst müssen dabei das Gewicht des Vorsatzflügels tragen können.

Isolierglaseinheiten: Sie können eine Einfachverglasung ersetzen (Abb. 5). Der Glasfalz muß dabei möglicherweise den Formen des neuen Halteprofils angepaßt werden.

Auch hier muß bedacht werden, ob Rahmen und Bänder das erhöhte Gewicht tragen können.

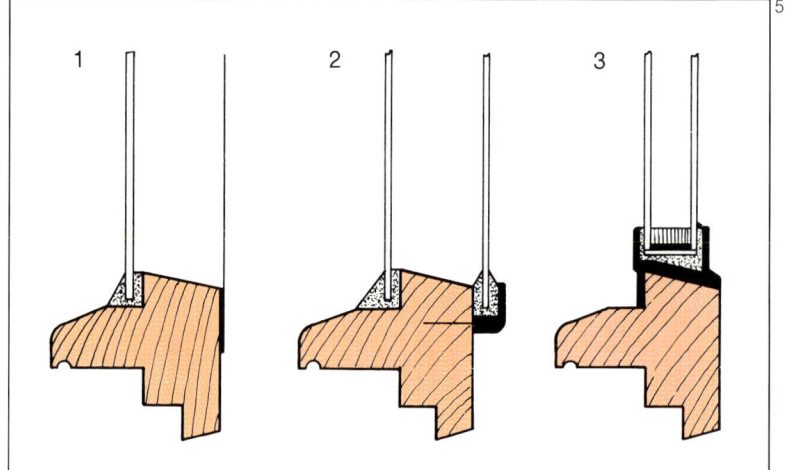
5

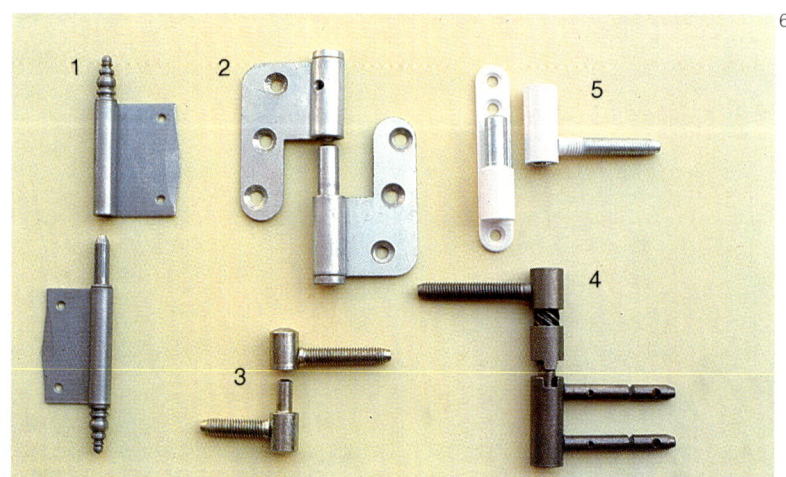
6

Bänder für Türen und Fenster

Bänder gehören zu den Beschlägen und dienen zum Öffnen und Schließen einer Tür oder eines Fensters. Bänder werden ausgewählt nach Bauart und Gewicht von Rahmen und Flügel sowie nach der Öffnungsrichtung. Linke Bänder werden für linke Türen verwendet, d.h. die Bänder befinden sich an der linken Seite. Rechte Bänder befinden sich auf der rechten Seite. Manche Bänder sind als linke und rechte Bänder einsetzbar. Bänder werden bei normal hohen Zimmertüren etwa 30 cm von der oberen Türblattkante und 25 cm von der unteren befestigt. Ein drittes Band ist bei schweren Türen notwendig. Es wird häufig aus optischen Gründen in der Mitte der beiden gesetzt, sinnvoller jedoch wäre eine Anordnung etwa 25 cm unter dem oberen Band, da dieses wesentlich stärker auf Zug nach vorn belastet ist.

Bei Fenstern sind zwei Bänder ausreichend. Sie werden von der Unter- bzw. der Oberkante des Fensters in ¼ der gesamten Fensterhöhe angeschlagen.

Einstemmbänder

Einstemmbänder (Fitschen) werden in schmale Schlitze gesteckt, die mit der Fitschbandsäge, einem kleinen Kreissägeblatt, maschinell eingeschnitten oder mit dem Fitschbandeisen eingestemmt werden, das einem schmalen Stemmeisen ähnlich sieht.

Die beiden Lappen werden mit Fitschenstiften oder langen Schrauben befestigt. Fitschen werden für überfälzte Türen oder für Fenster verwendet (Abb. 6 und 7). Man unterscheidet wie bei Türen linke und rechte Bänder (siehe dazu Seite 462).

Aufschraubbänder

Aufschraubbänder werden auf Rahmen und Türblatt eingelassen und aufgeschraubt. Das Einlassen besorgt der Fachmann mit speziellen Fräsen. Es ist jedoch etwas mühevoller auch mit dem Stemmeisen möglich. Werden keine höheren Anforderungen gestellt, ist in manchen Fällen auch das einfache Auf-

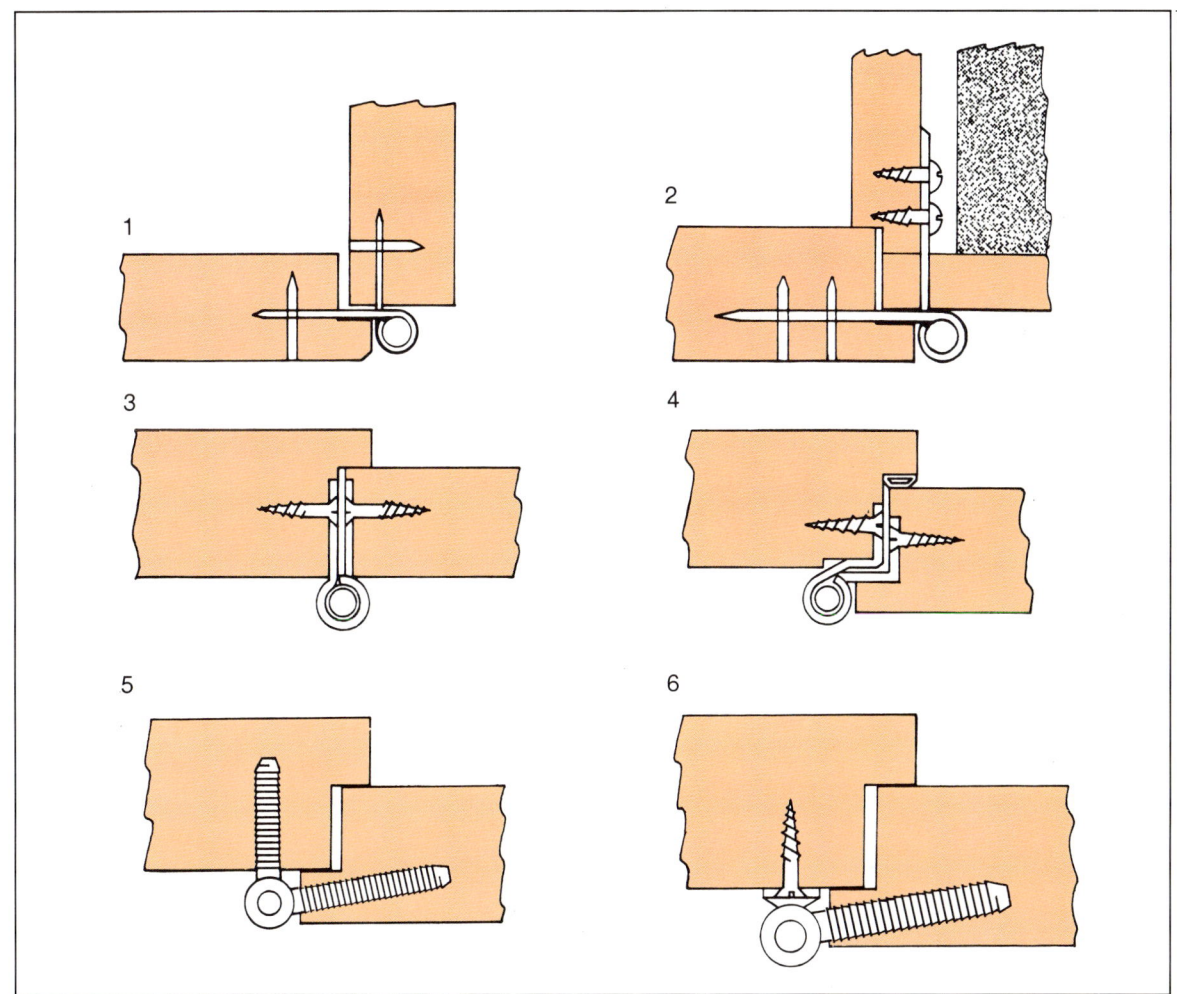

473

schrauben möglich. Aufschraubbänder werden z.B. für stumpf einschlagende Türen, d.h. Türen ohne Falz, und für überfälzte Türen verwendet (Abb. 6 und 7).

Einbohrbänder

Einbohrbänder (Abb. 6 und 7) werden in Löcher eingedreht, die zehntelmillimetergenau vorgebohrt werden müssen. Von den Herstellern wurden dazu Bohrschablonen entwickelt, deren Anschaffung sich aber nur lohnt, wenn man häufig Arbeiten mit Bändern durchführt. Die Regulierung der Falzluft, d.h. des Zwischenraums zwischen Rahmen und Flügel, ist durch das Eindrehen der einzelnen Zapfen möglich. Einbohrbänder werden für überfälzte Türen oder Fenster verwendet und sind als linke und rechte Bänder gleichermaßen geeignet. Daneben gibt es Einbohrbänder mit Stufengewinde, für die ein Stufenbohrer erforderlich ist, und Einbohrbänder mit glatten Zapfen, die mit Stiften oder Schrauben wie Einstemmbänder gesichert werden.

Arbeiten an Bändern

Das Einsetzen oder das Auswechseln von Bändern erfordert große Sorgfalt und Fingerspitzengefühl, da dem Heimwerker dafür die erforderlichen Spezialgeräte nicht zur Verfügung stehen. Das Einsetzen erfolgt bei der Fertigung von Türen und Fenstern. Die einzelnen Teile liegen dabei waagerecht und können so wesentlich leichter bearbeitet werden.

Hängende Türen können meist nicht mehr einwandfrei geschlossen werden. Bei Aufschraubbändern kann man den am Türflügel befindlichen Bandteil etwas tiefer einlassen oder durch das Unterlegen eines dünnen Holzstreifens etwas hervorheben. Bei Einbohrbändern kann man die am Türflügel befindlichen Bandteile etwas ein- oder ausdrehen.

Haben sich die Bänder am Rahmen so gelockert oder verzogen, daß die Tür nicht mehr geschlossen werden kann, kann ein drittes Band etwa in halber Türhöhe eingebaut werden. Die Drehpunkte aller Bänder müssen genau in einer Linie liegen. Für den vollständigen Austausch der Bänder eignen sich am besten sogenannte Renovierungsbänder (Abb. 6 und 7).

474 Aufschraubbänder am Türfutter sind

manchmal mit einem Holzstück verstärkt. Wird ein Band an der Rahmenseite abgeschraubt, sollte man vorher einen Nagel einschlagen, weil sonst die Möglichkeit besteht, daß das Verstärkungsstück abrutscht.

Riegel, Schlösser, Einbruchsicherungen

Türen und Fenster müssen geschlossen werden können. In einfachen Fällen dienen dazu Riegel. Wird ein sicherer Schutz gegen Einbrecher gefordert, verwendet man Schlösser und spezielle Einbruchsicherungen.

Riegel, Überwurf, Überfalle

Riegel dienen in der Regel zum Verschließen von Türen untergeordneter Bedeutung. Sie werden häufig eingesetzt bei Keller- und Speichertüren, für Garten- und Geräteschuppen, Gartentore und Scheunen. Manche Riegel lassen sich nur von einer Seite betätigen, manche jedoch auch beidseitig. Riegel haben je nach Größe und Befestigung unterschiedlichen Sicherheitswert. Gebräuchliche Riegel sind in Abb. 8 dargestellt.

Der Überwurf kann ähnliche Zwecke erfüllen wie der Riegel. Er wird häufig zum Feststellen von Gartentoren verwendet.

8 *Beschläge für Tore, Türen, Fenster und Läden:*
 1 *Beschlag für Rolltor*
 2 *Torband*
 3 *Aufschraubhaken*
 4 *Winkelband*
 5 *Einschlaghaken*
 6 *Einmauerhaken*
 7 *Doppeltorüberwurf*
 8 *Bodenschieber*
 9 *Bolzenriegel*
 10 *Kistenband*
 11 *Kistenband*
 12 *Schlagladenüberwurf*
 13 *Sicherheitsüberfalle mit verdeckter Verschraubung*
 14 *Sturmhaken*
 15 *Torfeststeller zum Einzementieren.*

Eine kleine Ausführung eignet sich zur Feststellung von geschlossenen Klappläden. Überfallen sind mit Vorhängeschlössern kombiniert (Abb. 8).

Vorhängeschlösser

Vorhängeschlösser werden mit Hilfe von Zahlenkombinationen oder mit dem Schlüssel geöffnet. Kleine Vorhängeschlösser bieten in der Regel keine allzu große Sicherheit, große, stahlgehärtete Schlösser mit Bügeln, die aufgrund ihrer Konstruktion der Brechstange keinen Ansatzpunkt bieten, sind wesentlich sicherer (Abb. 9).

Einsteckschlösser

Einsteckschlösser (Abb. 10) sind als Türschlösser heute am weitesten ver-

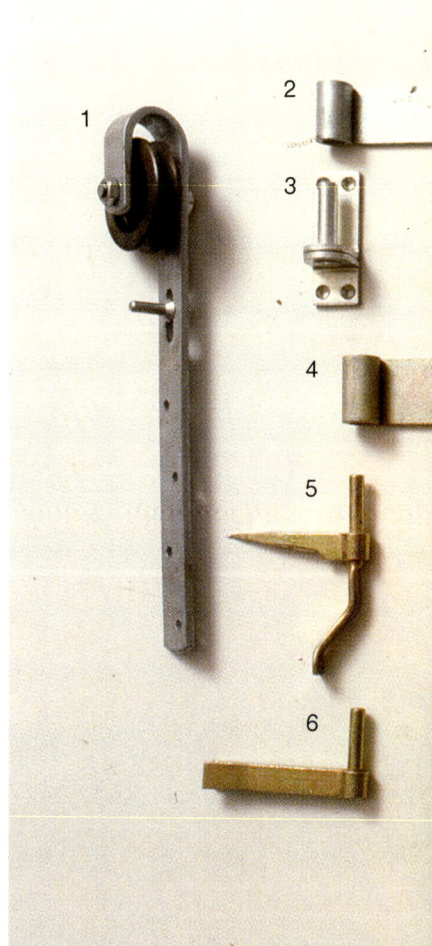

breitet. Sie werden fest in das Türblatt eingelassen, so daß von außen nur das Schlüsselloch zu sehen ist. Vor dem Kauf eines Schlosses muß die Öffnungsbreite ausgemessen werden. Das Einsteckschloß wird am Türblatt verschraubt.

Einsteckschlösser sind für verschiedene Schlüsselarten eingerichtet und werden häufig nach ihnen benannt.

Buntbartschlösser (Abb. 11): Sie weisen nur eine Zuhaltung auf und können daher mit einem Dietrich von Einbrechern problemlos geöffnet werden. Man verwendet sie daher vor allem für Innentüren. Alte Buntbartschlösser können durch den Einbau einer Zylindereinbausicherung oder durch eine Zylindereinstecksicherung (Abb. 11) aufgewertet

werden. Geschlossen wird jetzt mit einem Kreuzbartschlüssel.

Zuhaltungsschlösser: Man bezeichnet sie nach ihrem Erfinder auch als Chubb-Schlösser. Sie sind durch unterschiedlich tiefe Kerben im Schlüsselbart gekennzeichnet (Abb. 11). Zuhaltungsschlösser gelten als ausreichend sicher, wenn sie mindestens sechs Zuhaltungen aufweisen. Der Nachteil dieser Schlösser besteht darin, daß sie aufgrund ihrer Stärke nicht in jede Tür eingebaut werden können.

Zylinderschlösser: Sie bestehen aus einem Einsteckschloß und dem eingesetzten Schließzylinder. Die Schlüssel haben mindestens 5 Zuhaltungen und sind daher vergleichsweise einbruchssicher. Einen zusätzlichen Schutz gegen

Einbruch bieten aufbohrgeschützte Schließzylinder oder besonders komplizierte Systeme wie Magnetschlüsselsysteme. Der Zylinder muß so eingebaut werden, daß er von außen nicht mit einer Zange ab- oder herausgedreht werden kann.

Er muß also entweder mit der Türoberfläche abschließen oder durch ein Türschild oder eine Rosette geschützt sein, die innen verschraubt wird.

Kastenschlösser

Kastenschlösser haben, wie ihr Name sagt, eine kastenähnliche Form und werden entweder auf die Tür aufgeschraubt (Aufschraubschlösser) oder in das Türblatt eingelassen (Einlaßschlösser).

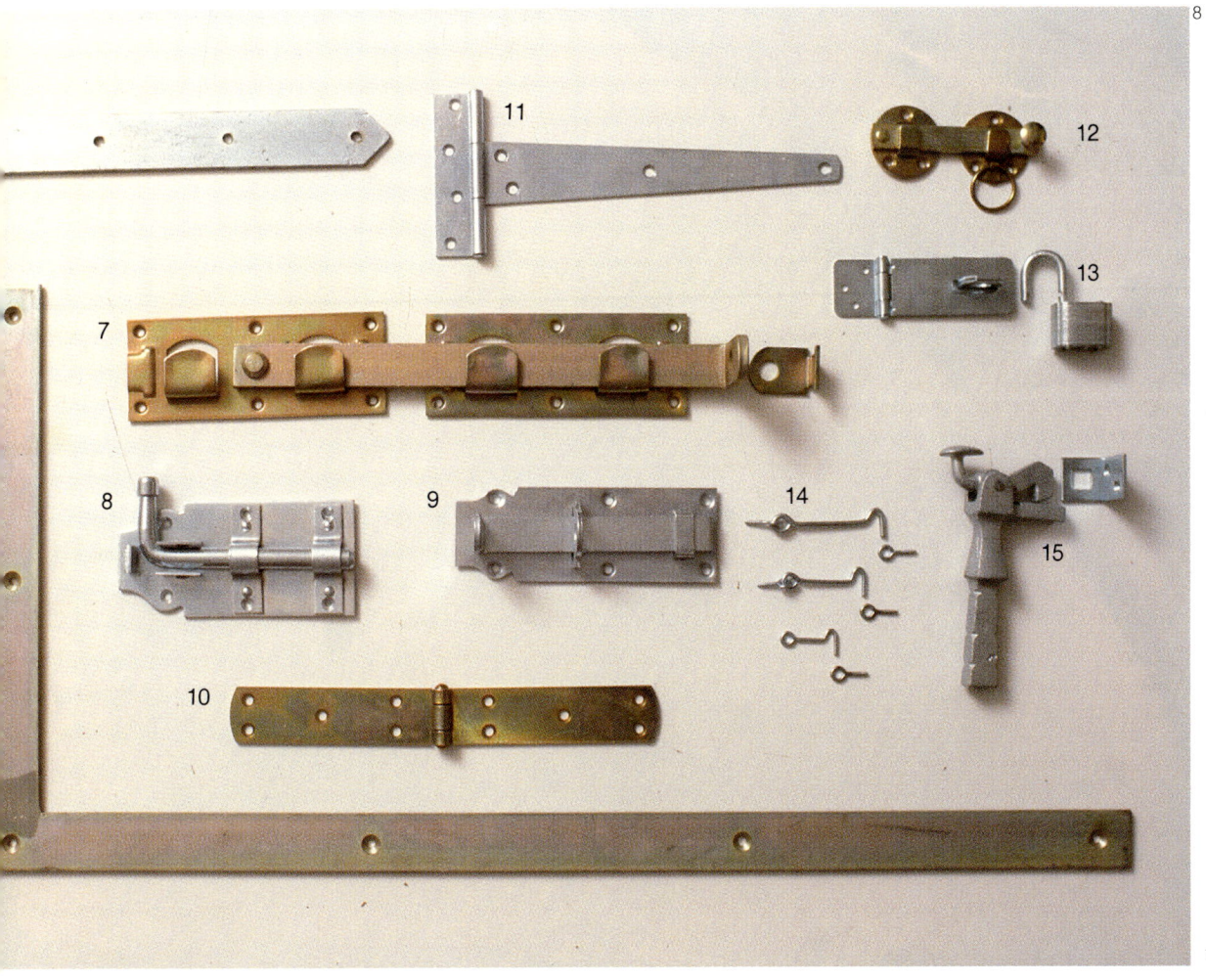

Kleine Kastenschlösser eignen sich zur zusätzlichen Sicherung von Buntbartschlössern. Man schließt sie in der Regel mit einem Zylinderschlüssel. Sie besitzen entweder auf einer Seite einen Drehkopf oder sind beidseitig mit dem Schlüssel verschließbar. Sicherheit bieten diese zusätzlichen Schlösser jedoch nur auf massiven Türen und bei ausreichender Befestigung (Abb. 13).

Riegelschlösser

Riegelschlösser bieten bei besonders

9 *Vorhängeschlösser (ABUS):*
Schweres Vorhängeschloß (links),
Zahlenschloß mit verstellbarer Zahlenkombination (Mitte) und schweres Diskusschloß, das aufgrund seiner Konstruktion Brechwerkzeugen kaum Ansatzpunkte bietet (rechts).

10 *Einsteckschloß und Drückergarnitur.*
Beim Kauf des Schlosses muß man zwischen rechten und linken Türen unterscheiden. Das Dornmaß ist der Abstand zwischen Stulpaußenkante und Mitte des Zylinderlochs.
1 Einsteckschloß
2 Stulp
3 Schloßkasten
4 Nuß
5 Riegel
6 Schlüsselloch mit Zylinder
7 Schließzylinder
8 Türklinken
9 Türschild mit innenseitiger Verschraubung.

11 *Schlüssel:*
1 Buntbartschlüssel
2 Zuhaltungsschlüssel
3 Schlüssel für Zylinderschloß
4 Zylindereinstecksicherung mit Kreuzbartschlüssel.

12 *Kastenschloß.*

13 *Tür- und Fenstersicherungen (ABUS):*
1 Türkette
2 Fensterschloß für geschlossenes und gekipptes Fenster
3 Hebetürschloß
4 Zusätzliche Türsicherungen auf der Bandseite
5 Kastenschloß mit Türsperre.

476

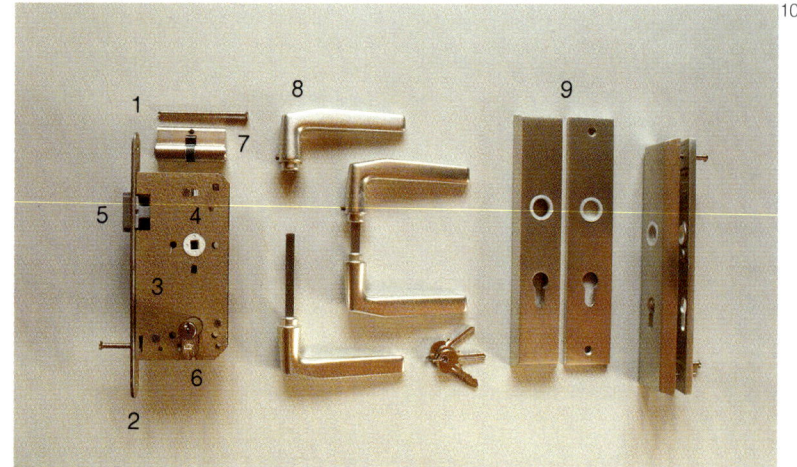

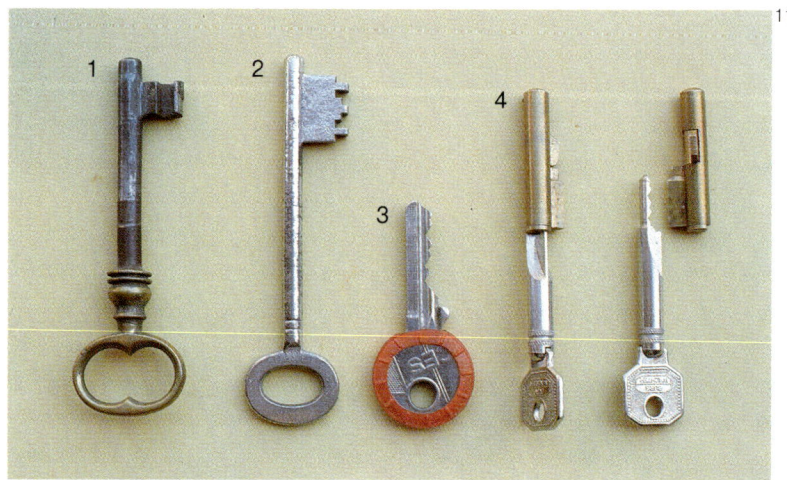

12

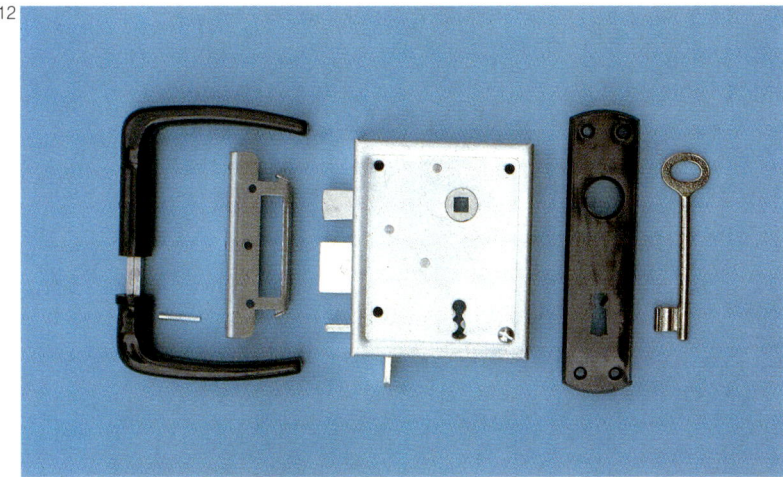

13

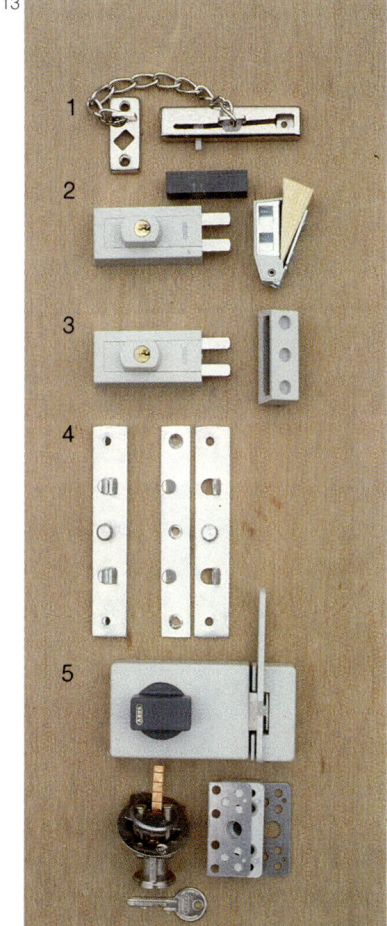

sucher zu sehen, bevor man die Tür öffnet.

Hebetürsicherungen: Es handelt sich dabei um zusätzliche Schlösser, die den Hebel für die Hebemechanik sichern oder die als Zusatzschloß (Abb. 13) an den Rahmen montiert werden. Letztere haben den Vorteil, daß der Einbrecher nicht sofort erkennen kann, an welcher Stelle das Schloß angebracht ist.

Türsicherungen auf Bandseite (Abb. 13): Sie sollen das Eintreten der Tür erschweren.

Fenstersicherungen

Einbruchgefährdet sind vor allem Fenster in Erdgeschoßwohnungen und Fenster, die über Balkone oder Flachdächer leicht zugänglich sind.

Abschließbare Fenstergriffe: Einbrecher schlagen meist in der Nähe des Fenstergriffs ein Loch in die Scheibe und öffnen so das Fenster von außen. Das Entfernen der ganzen Scheibe würde Lärm verursachen und könnte zu Verletzungen durch Glassplitter führen. Abschließbare Fenstergriffe erschweren daher das Eindringen. Die können gleichzeitig als Kindersicherung dienen.

Fensterschlösser: Dabei handelt es sich um Kastenschlösser, die an Rahmen und Flügel befestigt werden (Abb. 13). Sie können in geschlossenem wie in gekipptem Zustand gegen unbefugtes Öffnen sichern.

Rolladensicherungen: Sie sollen verhindern, daß Rolläden hochgeschoben werden können. Diese Sicherungen sind so konstruiert, daß Metallstifte oder Riegel in die Lamellen oder in die seitlichen Führungsschienen eingreifen können. Rolladensicherungen funktionieren bei den stabileren Holzläden besser als bei Kunststoffläden, die biegsam sind und daher leicht ausgehebelt werden können.

Kellerrostsicherungen: Sie dienen der Absicherung von Kellerfenstern, die in Schächte eingebaut sind. Der Kellerrost kann durch Flacheisen, die über die Gitter greifen und weiter unten mit einem Vorhängeschloß gesichert sind, den Einbruch erschweren. Die Roste sollten so stabil sein, daß sie nicht verformt und ausgehebelt werden können.

Günstig zur Sicherung von Kellerfenstern ist das Einzementieren von Ei-

gefährdeten Türen eine zusätzliche Sicherheit. Querriegelschlösser greifen über die gesamte Türbreite, Stangenriegelschlösser ermöglichen eine Verriegelung nach allen vier Seiten. Diese Schlösser bieten daher auch Sicherheit bei Anwendung von Gewalt.

Türsicherungen

Neben den Schlössern gibt es Zusatzsicherungen, die einen Einbruch oder Überfall erschweren.

Sicherheitstürschild: Das Türschild (Abb. 10) darf von außen nicht abgeschraubt werden können und muß so massiv sein, daß man es durch Hebelwirkung nicht absprengen kann. Bewährt haben sich Schutzschilder, die mit Stahlblech verstärkt sind. Diese Schilder werden von innen an Gewindestiften befestigt, die durch das Türblatt gehen.

Türketten: Sie können separat montiert werden oder mit Kastenschlössern verbunden sein und dienen dazu, unerwünschten Besuch von der Wohnung fernzuhalten. Das Profilblech, in das die Kette eingehängt wird, muß waagerecht angebracht werden, so daß sich die Kette nur aushängen läßt, wenn die Tür geschlossen ist. Türketten müssen so an Türblatt und Rahmen befestigt werden, daß sie durch Schulterdruck oder Fußstöße nicht aus der Verankerung gerissen werden.

Die gleiche Funktion üben Türsperren aus (Abb. 13).

Türspione: Sie werden ins Türblatt eingebaut und bieten die Möglichkeit, Be-

477

14 Vorhangschienen und -stangen:
  1, 2 Stangen aus Holz
  3, 4 Elemente zur Herstellung von
       zweiläufigen Gardinenstangen
  5 Befestigung an Mauerwerk mit
     Schraube und Dübel
  6 Befestigung an Holzwänden mit
     Schraube
  7, 8 Endstücke, Zierknöpfe
  9 Einläufige Kunststoffschiene
  10 Zweiläufige Kunststoffschiene
  11 Bogen
  12 Endstück mit Einfädelungsöff-
     nung
  13 Schmiedeeiserne Gardinenstan-
     ge
  14, 15 Ältere Gardinensysteme
  16 Haken zur Befestigung an Holz
     und Mauerwerk.

15 Zubehör:
  1 Kunststoffrolle für Metallschiene
  2 Metallschiene
  3, 4 Roller für T-Schiene
  5 Feststeller für T-Schiene
  6, 7 Roller für Kunststoffschiene
  8 Holzring mit Gardinenhaken
  9, 10, 11 Feststeller für Kunststoff-
     schienen
  9 Für runde Einfädelungsöffnun-
     gen
  10 An beliebiger Stelle
  11 Für rechteckige Einfädelungsöff-
     nungen.

senstäben. Sie werden am besten so
angebracht, daß die Eisensäge schlecht
angesetzt werden kann.

Vorhangschienen und Vorhangstangen

Für die Anbringung von Vorhängen wird eine Vielzahl von Schienen, Stangen und Zubehörteilen angeboten. Die gebräuchlichsten zeigen die Abbildungen 14 und 15. Vorhänge dienen vor allem optischen Zwecken und schützen vor Einsicht von draußen. Dichte, flauschige Vorhänge sind darüber hinaus schallabsorbierend und wärmedämmend. Sie können im Winter zusammen mit Rolläden den Wärmeverlust über die Fenster spürbar reduzieren, also zur Energieersparnis beitragen. Diese Problematik ist auf Seite 399 näher behandelt.

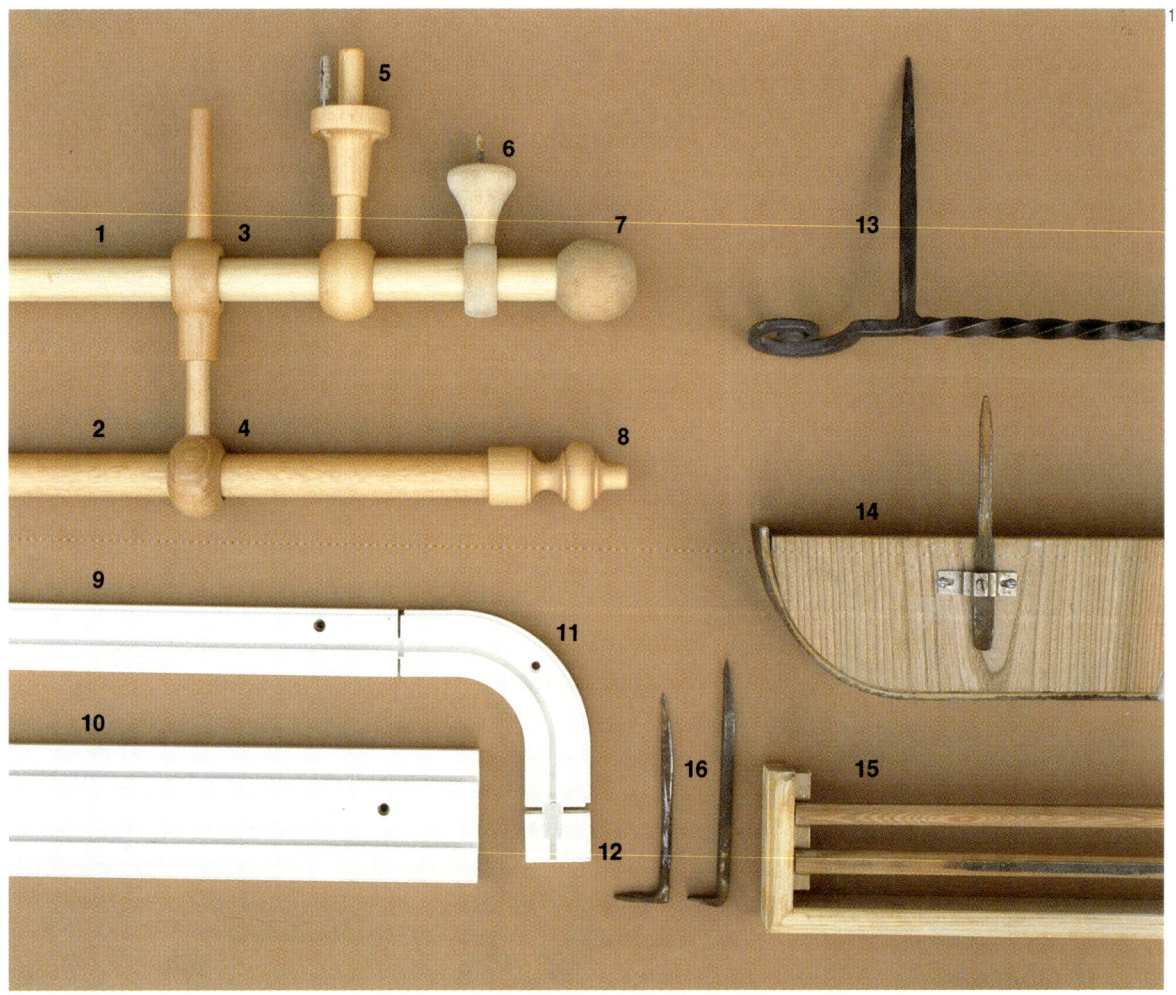

Vorhangschienen

Schienen werden entweder über dem Fenster oder der Tür mit Dübeln oder Holzschrauben an der Wand befestigt, nachträglich an die Decke geschraubt oder eingeputzt. Schienen werden häufig aus Holz, Kunststoff oder aus einer Kombination dieser Materialien hergestellt, können jedoch auch aus Metall bestehen. Für die Befestigung der Vorhänge steht eine Vielzahl von Haken, Gleitern, Rollern zur Verfügung, von denen die wichtigsten Formen in Abb. 15 zu sehen sind.

Schienen gibt es ein-, zwei- und mehrläufig.

Vorhangstangen

Stangen werden in verschiedenen Durchmessern aus Holz, vermessingtem oder verchromtem Stahl oder aus Messing hergestellt, sie können auch aus massivem gedrehtem Vierkantstahl bestehen.

Die Haken, an denen die Vorhänge befestigt werden, sind mit Holzringen oder bei Stahlschienen mit Metallringen verbunden (Abb. 15).

Durch Aufsatzstücke lassen sich auch zweiläufige Stangen herstellen.

Vorhangstangen werden an der Wand mit Dübeln oder Holzschrauben befestigt.

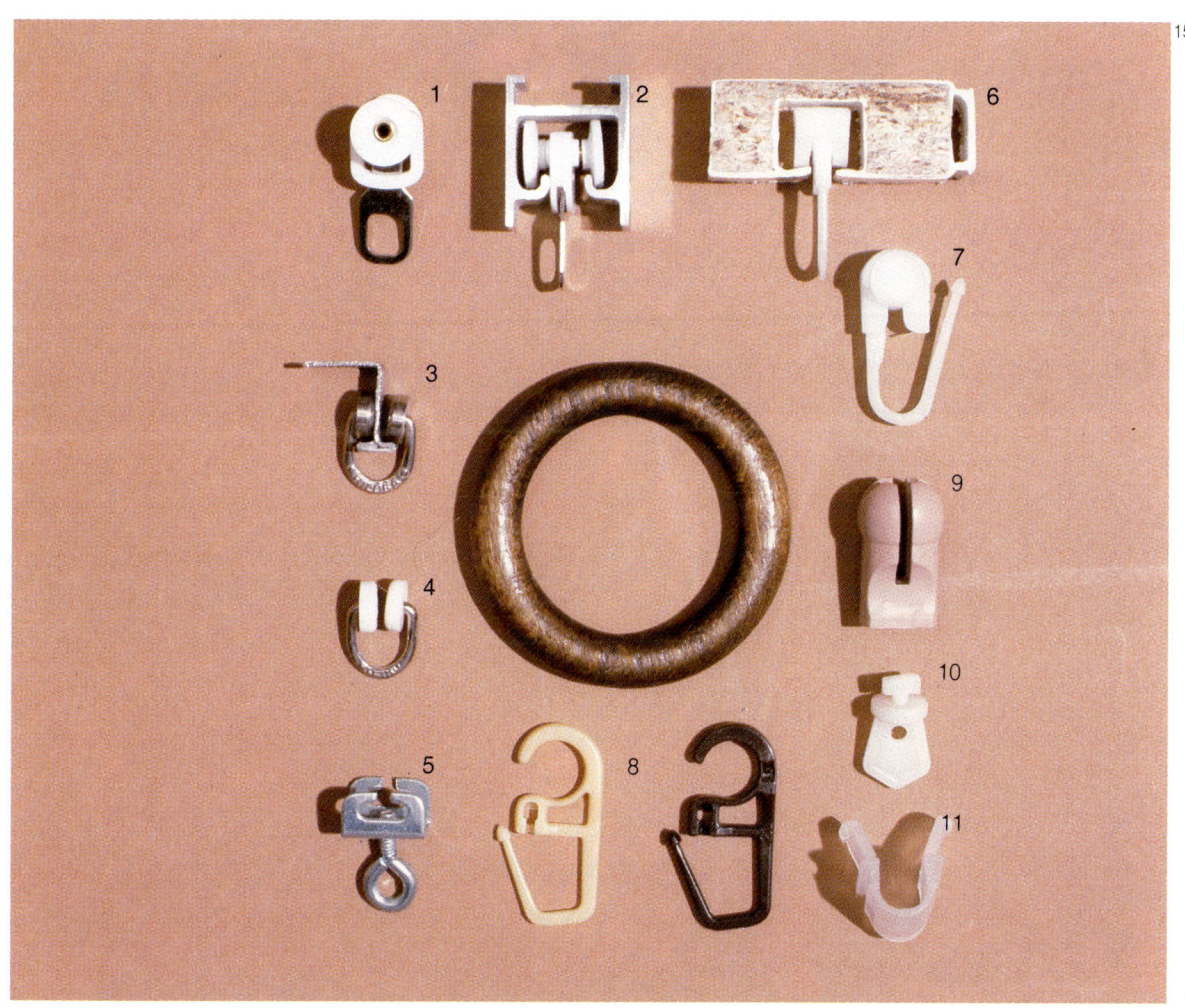

15

479

WOHNUNG

Viele Themen, die sonst unter dem Stichwort Wohnung behandelt werden, sind in diesem Buch ausführlich an anderer Stelle dargestellt: Im Kapitel »Trockenbau, Innenausbau, Renovierung« ab Seite 344 gibt es eigene Abschnitte über Fußböden, Decken und Wände. Dort findet man u. a. ausführlich das Verlegen von Estrich, Parkett, Linoleum und Teppich, das Tapezieren und Fliesenlegen sowie das Verkleiden von Wänden und Decken mit Holz und Stoff. Das Verputzen ist ab Seite 302 im Kapitel »Baustoffe« und das Anstreichen im Kapitel »Anstriche« ab Seite 107 behandelt. Wie Fußböden und Wände gegen Kälte, Feuchtigkeit und Lärm isoliert werden, steht ab Seite 344 und auf Seite 374. Alles was mit der Installation zu tun hat, steht in den Kapiteln »Heizung und Warmwasser« ab Seite 404, »Brauchwasser und Abwasser« ab Seite 426 und im Kapitel »Gas und Elektrizität« ab Seite 452. Was der Heimwerker im Zusammenhang mit Türen und Fenstern wissen muß, ist ab Seite 462 ausgeführt.

Im Mittelpunkt dieses Kapitels stehen die Möbel.

Die Grundformen der wichtigsten Möbel Tisch, Stuhl, Bett, Kommode, Schrank und Regal sind mit den wichtigsten Konstruktionsprinzipien dargestellt. Es wird in die Welt der Möbelbeschläge eingeführt. Das Polstern ist ein eigener Abschnitt.

Raumaufteilung

Wer nicht selbst gebaut hat, dem ist die Grundstruktur der Wohnung mit der Anzahl und Größe der Zimmer vorgegeben. Türen und Fenster liegen fest, ebenso die installierten Leitungen für Elektrizität und Gas, Brauch- und Abwasser und für die Heizung. Im Einzelfall wird man eine Wand herausnehmen oder zumindest durchbrechen können, um einen neuen Zugang zu schaffen, große Räume können durch eine Zwischenwand oder Regalwand unterteilt werden, aber im Kern liegt der Wohnungsgrundriß fest, so daß es nun auf die Einrichtung ankommt.

Was geschieht in einer Wohnung?

Es klingt etwas pedantisch, ist aber sinnvoll, wenn man sich vor dem Einrichten erst einmal in Ruhe klarmacht, was man künftig alles in der Wohnung machen möchte. Schlafen, Kochen, Essen und Sichwaschen sind Notwendigkeiten, die man auf das äußerste beschränken, aber auch großzügig gestal-

ten kann mit der Folge, daß in einer Wohnung die entsprechenden Voraussetzungen geschaffen werden müssen. Man kann sich z. B. beim Kochen auf das Warmmachen von Fertiggerichten aus der Konservenbüchse beschränken, man kann aber auch eine Speisekammer einrichten und eine große Küche, weil man gern und nach der Jahreszeit kochen, backen und braten möchte und die Küche zu einem Mittelpunkt der Geselligkeit werden lassen. Während die eine Familie sich mit einer winzigen Duschkabine und einem Waschbecken begnügt und die Familienmitglieder morgens im 10-Minuten Abstand an die Reihe kommen, wollen andere ein richtiges Badezimmer haben mit einer großen Badewanne, Spiegeln und vielen Pflanzen. Es kommt also darauf an, ganz bewußt Schwerpunkte zu setzen, ganz bewußt auf manches zu verzichten, was man zwar auch noch gern haben würde, was aber aus räumlichen und/oder finanziellen Gründen nicht verwirklicht werden kann.

Um zu demonstrieren, wie weit das Thema gespannt ist, sollen noch eine Reihe weiterer Fragen genannt werden: Wie viele werden regelmäßig in der Wohnung wohnen? Muß man sich auf Zuwachs einstellen, kommen Kinder oder kommt ein Elternteil hinzu? Möchte man

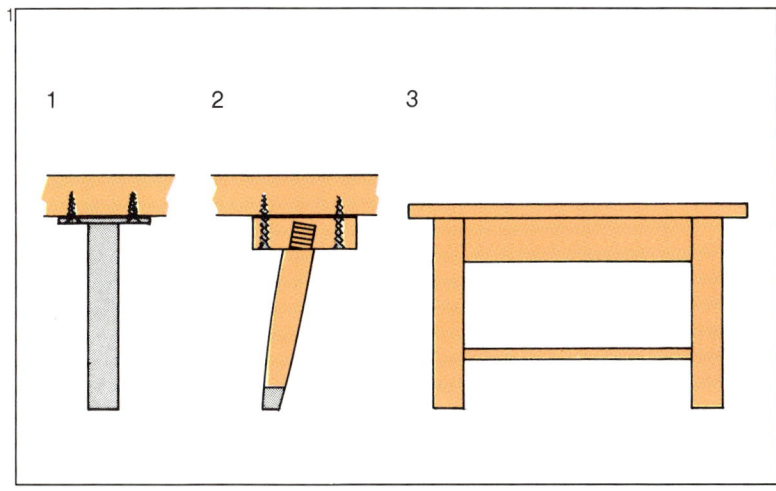

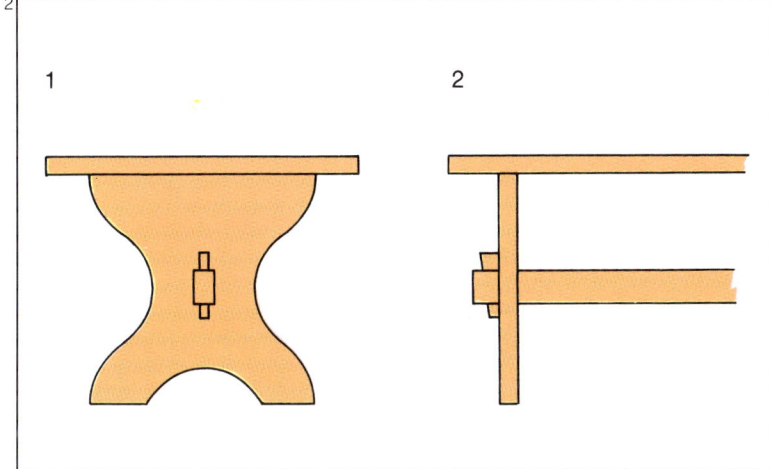

öfter Besuch haben, mit oder ohne Übernachtungsmöglichkeit? Wo hat jeder Bewohner seinen Platz, an den er sich zurückziehen kann? Soll der Fernseher das gemeinsame Wohnzimmer beherrschen? Für welches Hobby soll in der Wohnung Raum zur Verfügung stehen? Sollen Pflanzen, sollen Tiere in der Wohnung leben? Welchen Teil der Wohnung bekommen die Kinder? Wie gut ist die Wohnung gegen Nachbarwohnungen schallisoliert? Gibt es außerhalb der Wohnung noch Möglichkeiten, Sachen unterzustellen und aufzube-

1 *Tischbeine:*
  1 *Vorgefertigtes Tischbein aus Vierkantrohr zum Anschrauben an die Tischplatte*
  2 *Gedrechseltes Tischbein mit Holzgewinde in einem Holzpflock, der an die Tischplatte angeschraubt wird*
  3 *Tischbeine mit Zargen-Verbindung, unten eine zusätzliche Verstrebung zur Erhöhung der Standfestigkeit.*

2 *Tisch auf Seitenwangen: 1 von der Seite, 2 von vorn.*
  Die Tischplatte ist mit verdeckten Dübeln befestigt.
  Die Seitenwangen sind durch eine Verstrebung miteinander verbunden, die durch Schlitz und Keil an den Seitenwangen befestigt ist.

3 *Stuhl, Schemel, Hocker, Sessel.*

wahren, auf einem Speicher z.B. oder in einem Keller?

In diesem Zusammenhang sei auf die Ausführungen im Kapitel »Planen und Entwerfen« ab Seite 34 verwiesen; hier werden Vorschläge gemacht, wie man sich umfassend informieren kann, und es wird darauf hingewiesen, daß gute Entscheidungen ihre Zeit brauchen.

Einbaumöbel, Verkleidungen

In einer Wohnung gibt es oft Dinge, die keinen schönen Anblick bieten, die aber fest installiert sind wie auf Putz verlegte Leitungen, Spülkästen, Durchlauferhitzer, Boiler usw. Mit Verkleidungen und Einbaumöbeln wie Wandverkleidungen, Schränken oder Regalen erzielt man optisch gute und praktische Lösungen, die die Gegenstände verschwinden lassen, die man zwar braucht, aber deren ständiger Anblick zur beabsichtigten Wohnatmosphäre

4 *Schrankaufbau:*
   1 Unterbau aus Füßen und Zargen, darauf das Bodenbrett, links und rechts die Seitenteile
   2 Rückwand in einem Falz der Seitenbretter
   3 Rückwand in einem Falz der Deck- bzw. der Unterbodenplatte angeschraubt.

5 *Schubkastenführung:*
   1 Klassische Schubkastenführung
   2 Hängende Schubkastenführung
   3 Schubkasten an der Unterseite einer Platte.

6 *Drehturen:*
   1 Stumpf vorschlagende oder aufschlagende Tür
   2 Ein- oder zwischenschlagende Tür
   3 Überfälzte Tür
   4 Aneinanderstoßende Türen
   5 Türen mit Mittelstab.

7 *Schiebetüren:*
   1 Stehende Schiebetür, im Korpus laufend
   2 Hängende Schiebetür, im Korpus laufend
   3 Vor dem Korpus laufende Hängetür
   4 Verschließbare Schiebetür
   5 Staubabdichtung.

482

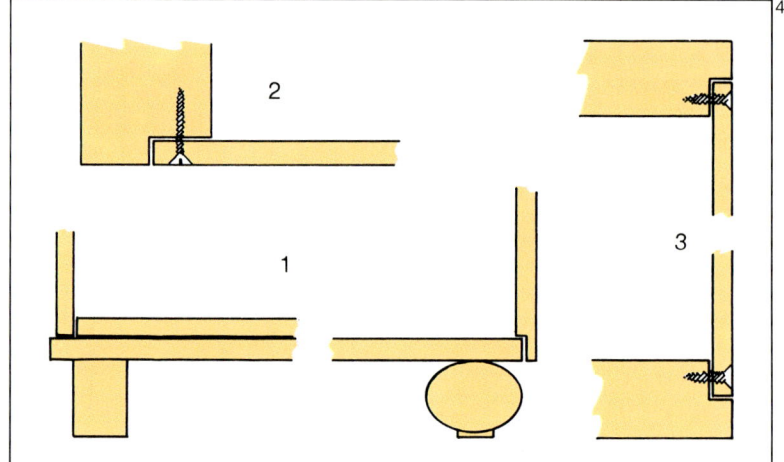

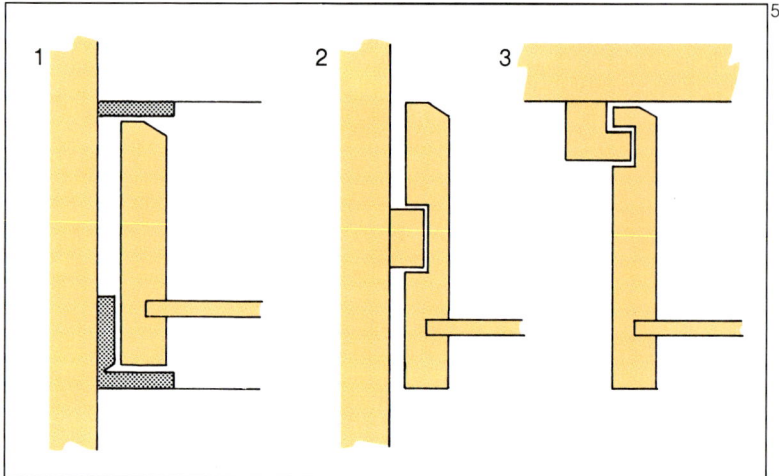

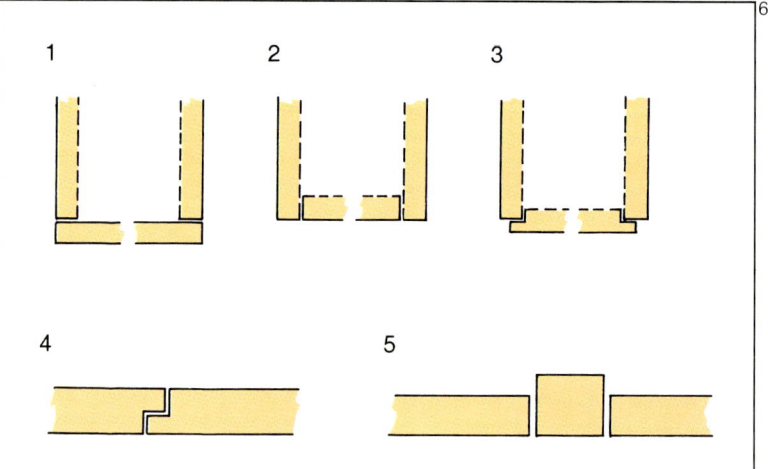

nicht paßt. Auch fertige Möbel wie Schränke und Regale können als Elemente in Einbauten integriert werden. Mit Sockelleisten und Blenden können die Anschlüsse zu Wänden und Decken hergestellt werden.

Maßstabsgetreue Planung

Man sollte die Vorstellungen über die Einrichtung anhand einer maßstabsgetreuen Skizze überprüfen. Auf Millimeterpapier wird der Grundriß der einzelnen Zimmer maßstabsgetreu in einem beliebigen Maßstab, z.B. 1:100 oder 1:50 oder 1:25, aufgezeichnet. Türen und Fenster werden eingezeichnet und markiert, welchen Raum sie beim Öffnen benötigen. Außerdem werden Steckdosen, Schalter, Wasseranschlüs-

se usw. markiert. Dann schneidet man aus Millimeterpapier im gleichen Maßstab die Möbel aus, mit denen man den Raum einrichten will, und stellt sie auf dem auf Millimeterpapier gezeichneten Raum so auf, wie man es sich vorstellt. Auf diese Weise kann man sehr gut überprüfen, ob die Möbel in ihren Abmessungen auch an dem Platz im Raum aufgestellt werden können, wie es vorgesehen ist, und ob genügend Bewegungsraum bleibt. Statt die Möbel tatsächlich in den Raum zu tragen und dort hin- und herzurücken, kann man sie auf dem Papier mit Leichtigkeit verrücken und verschiedene Möglichkeiten ausprobieren. In der gleichen Weise können auch die verschiedenen Wände maßstabsgetreu gezeichnet und die an

der Wand stehenden Regale, Schränke, Kommoden, Truhen usw. eingesetzt werden, um zu überprüfen, ob der Plan sich tatsächlich verwirklichen läßt und ob das alles wohl so ausschauen wird, wie man es sich vorstellt.

Möbel-Konstruktionsprinzipien

In diesem Buch wird nicht auf Stil- und Geschmacksfragen eingegangen. Wichtig ist, die Konstruktionsprinzipien zu wissen. Mit diesem Wissen und der Kenntnis der Holzverbindungen, die ab Seite 187 dargestellt sind, sowie der

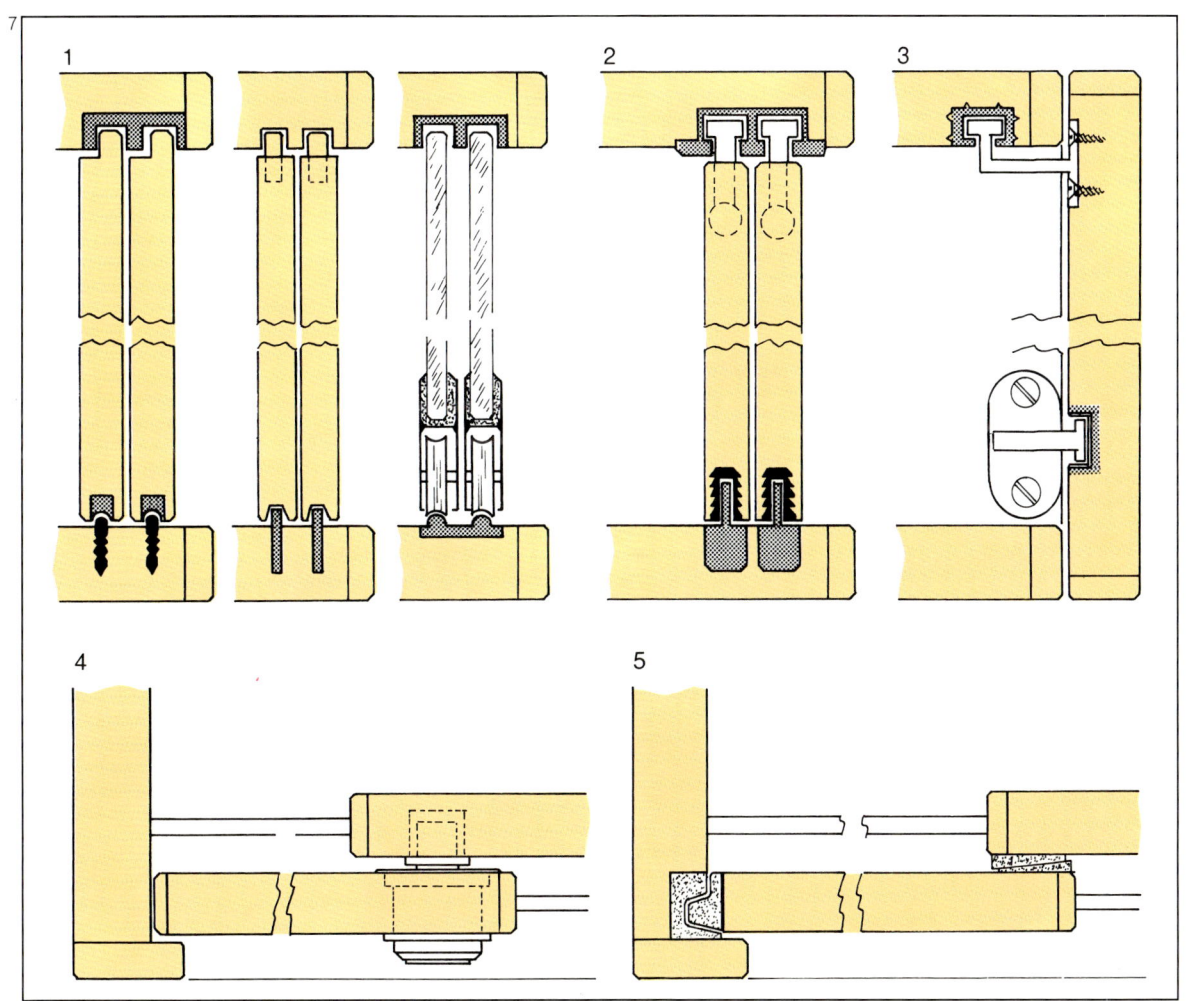

verschiedenen Möbelbeschläge, die im nächsten Abschnitt ab Seite 488 beschrieben sind, kann der Heimwerker sich dann die Möbel selbst bauen, wenn er das will.

Im folgenden Text werden die Grundformen eines Tisches, eines Stuhles, eines Schrankes, eines Bettes und eines Regals dargestellt.

Anregungen sind in der Zeitschrift »selbermachen« enthalten, siehe Seite 537.

An einem Beispiel werden dann die Schnittzeichnungen dargestellt, die man sich anfertigen muß, um danach arbeiten zu können.

Der Tisch

Der Tisch besteht aus einer waagerechten Platte, die auf einem Gestell aufliegt oder montiert ist, das auf dem Boden steht. Wenn man an diesem Tisch sitzen will (Eßtisch, Schreibtisch), muß sich die Tischplatte zwischen 70 bis 80 cm über dem Boden befinden. Die Tischplatte kann rechteckig, quadratisch, oval oder rund sein. Der Unterbau muß so konstruiert sein, daß die Beine darunter Platz finden.

Der Unterbau besteht entweder aus Tischbeinen, in der Regel 4, manchmal auch nur 3 oder aus 2 Seitenwangen oder aus 2 Böcken oder aus schrankförmigen Unterbauten links und/oder rechts beim Schreibtisch. Tischbeine, Seitenwangen und Unterbauten können beliebig miteinander kombiniert werden.

Tischbeine (Abb.1): Entscheidet man sich für Tischbeine, auf denen die Tischplatte ruhen soll, besteht das Hauptproblem darin, wie der Tisch einen festen Stand bekommt.

Es gibt im Handel aus Vierkant-Rohr vorgefertigte Tischbeine mit einer quadratischen angeschweißten Platte, die mit Schrauben von unten an die Tischplatte angeschraubt werden. Ein solcher Tisch ist den üblichen Belastungen auf Dauer nicht gewachsen; die Tischbeine werden locker, die Schrauben reißen aus.

Wesentlich besser sind ebenfalls im Handel erhältliche gedrechselte Tischbeine, in die ein Gewinde eingeschnitten ist. Zu jedem Tischbein gehört ein Holzklotz, in den meist schräg das Gegengewinde eingeschnitten ist. Dieser Holzklotz wird an die Unterseite der Tischplatte geleimt und festgeschraubt. Dann werden die Füße eingedreht, die dann schräg nach außen stehen. Das bietet schon einen sehr guten Halt, befriedigt aber meist nicht das ästhetische Empfinden.

Tischbeine mit Zargen-Rahmen: Diese Konstruktionsweise ist am weitesten verbreitet. Die vier Tischbeine sind unter der Tischplatte mit Holzriegeln verbunden. Auf Seite 199 ist dargestellt, wie diese Gestellverbindungen aussehen und hergestellt werden.

Die Standfestigkeit eines solchen Tisches wird wesentlich erhöht und ist dann bei Einsatz von sowenig Material auch nicht mehr zu übertreffen, wenn die Tischbeine knapp über dem Boden zusätzlich noch durch Verstrebungen miteinander verbunden werden (Abb.1.3). Diese zusätzlichen Querverstrebungen sind – richtig dimensioniert – sehr bequem, um die Füße darauf abzustellen, behindern aber das Saubermachen unter dem Tisch.

Seitenwangen als Tischbeine: Abb.2 zeigt dieses sehr stabile Untergestell. Die Tischplatte wird auf die Seitenwangen verdeckt aufgedübelt. Der Nachteil ist, daß man, wenn man an der Seite sitzt, die Beine nicht unter den Tisch strecken kann.

Tisch-Schublade: Abbildung 5.3 zeigt das Konstruktionsprinzip.

Der Stuhl

Der Stuhl besteht aus einer waagerechten Sitzfläche in einer Höhe von 40 bis 50 cm über dem Boden, die auf einem Untergestell ruht. Das Problem der Stabilität ist im Prinzip das gleiche wie beim Tisch, aber dadurch verstärkt, daß manche Menschen mit dem Stuhl kippeln mögen, was an die Stabilität des Untergestells noch höhere Anforderungen stellt.

8 *Schnittzeichnungen (1–3, Maßstab 1:10) und Werkzeichnungen (4–6, größerer Maßstab z. B. 1:2,5) für ein Wandschrankelement mit Schiebetür:*

1 *Aufriß*
2 *Seitenriß*
3 *Grundriß*
4 *Schnitt A–A aus dem Aufriß*
5 *Schnitt B–B aus dem Grundriß*
6 *Schnitt C–C aus dem Aufriß.*

Ein Stuhl hat eine Lehne. Fehlt sie, spricht man von einem Schemel oder Hocker. An dem Stuhl können Seitenlehnen angebracht sein. Wird die Sitzfläche gepolstert, entsteht der Polsterstuhl. Werden in das Polstern Rücken- und Seitenlehnen einbezogen, entsteht der Sessel (Abb.3).

Bietet der Hocker Platz für mehrere Personen, ist es eine Bank, die ebenfalls mit einer Rückenlehne ausgestattet werden kann. Eine solche Bank kann über Eck um einen Tisch geführt werden: die Eckbank.

Aus dem gepolsterten Sessel wird entsprechend das Sofa.

Die Konstruktion jedes Sitzmöbels ist noch dadurch bestimmt, daß man möglichst bequem sitzen möchte, so daß al-

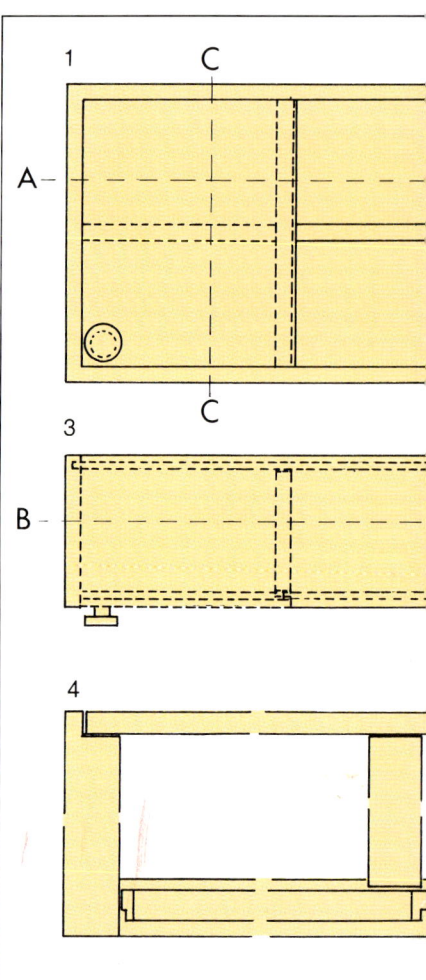

so die Lehne und die Seitenarme der Anatomie des Menschen angepaßt werden müssen.

Da Stühle und Sessel von Heimwerkern kaum selbst hergestellt werden, werden hierzu keine weiteren Ausführungen gemacht. Hocker und Bänke stellt man nach dem Prinzip des Zargen-Untergestells wie bei den Tischen mit zusätzlicher Querverstrebung her.

Das Bett

Die Bettstatt, Bettlade oder Bettstelle besteht aus einem Rahmen, in den der Bettrost eingelegt wird, auf dem dann die Matratze liegt. Die Bettstelle soll auseinandernehmbar sein. Vorder- und Hinterteil baut man nach Geschmack in der Größe unter Berücksichtigung der

im Handel erhältlichen Bettenroste. Die Seitenteile werden mit speziellen Beschlägen eingehängt (Abb. 9).

Die Kommode

Sie ist ein Möbel zum Aufbewahren. In der Regel sind drei oder vier Schubfächer übereinander angeordnet. Die Kommode ist bis zu 1,20 m breit, ca. 60 cm tief und 80 bis 100 cm hoch.

Die Kommode besteht aus dem Korpus, dem Fußgestell bzw. Sockel und den Schubfächern.

Das Fußgestell besteht aus den 4 Füßen und den sie verbindenden Zargen (siehe Gestellverbindungen Seite 199). Darauf ruht eine Platte als Unterboden für das Möbel.

Der Korpus besteht aus den beiden

Seitenteilen, dem Frontteil mit den Aussparungen für die Schubläden sowie einer Deckplatte (siehe auch Abb. 4). Diese Teile können miteinander unlösbar verdübelt oder mit Schwalbenschwanz-Zinken verbunden sein, sie können aber auch mit Beschlägen (siehe Seite 486) lösbar verbunden werden.

Die Rückwand bildet den staubdichten Abschluß des Möbels. Bei einer alten Kommode ist sie meist aus Vollholz und mit den Seitenteilen meist in Schwalbenschwanz-Verbindung zusammengefügt. Sie kann aber auch aus einer Furnier-, Span- oder Hartfaserplatte bestehen, die in eine Ausfälzung der Seiten-, Deck- und Unterbodenplatte eingefügt und festgeschraubt wird (Abb. 4).

Beim Schubfach (siehe Seite 482), das

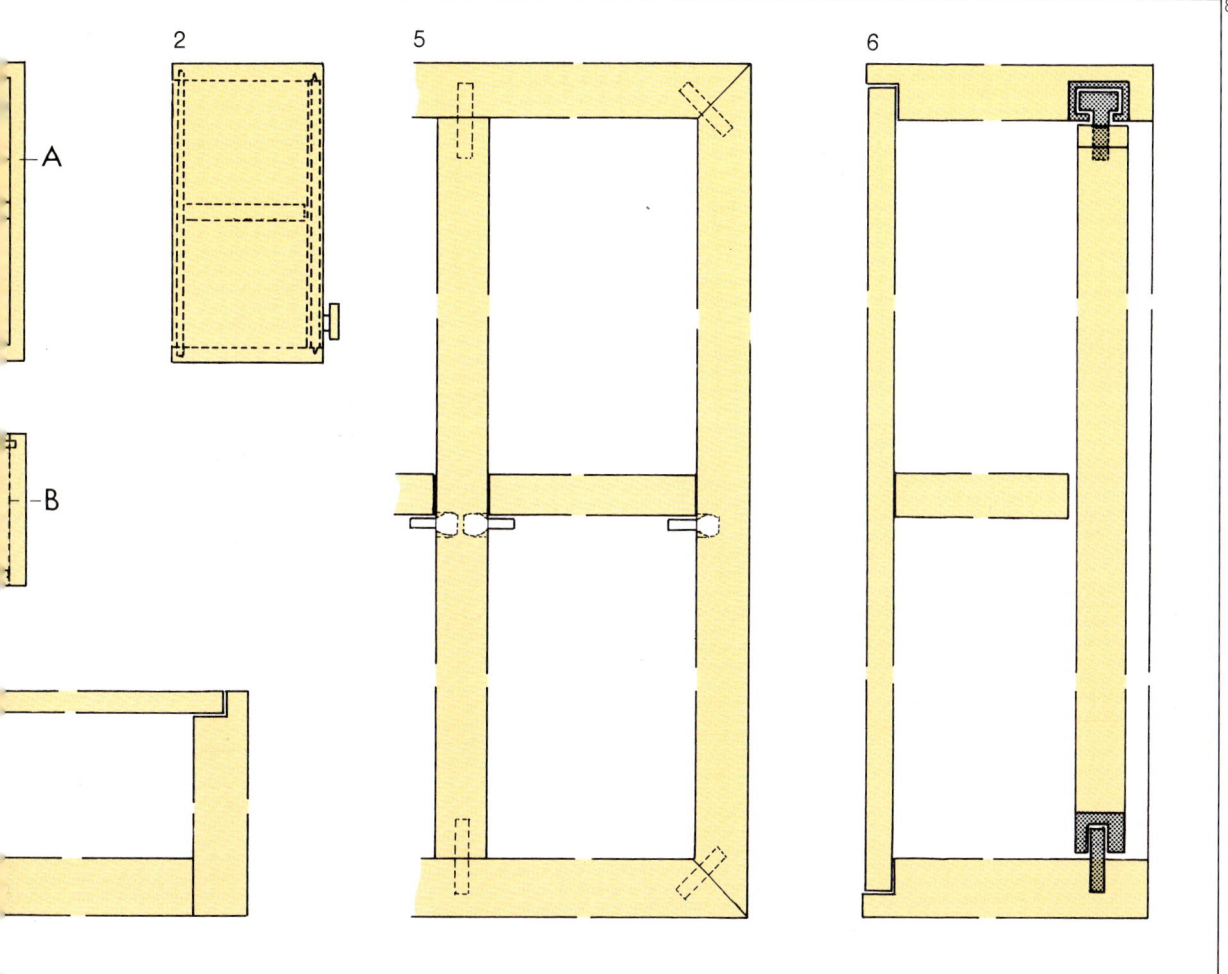

immer wieder herausgezogen wird, sollte wenigstens die Vorderseite mit den Seitenteilen mit einer Schwalbenschwanz-Zinkung verbunden sein, denn das ist auf Dauer die am besten haltende Verbindung. Angesichts der hohen Klebekraft der heute eingesetzten Kleber kommt aber auch eine Dübel- oder Fingerzapfen-Verbindung in Betracht, insbesondere dann, wenn für die Führung des Schubfaches Beschläge verwendet werden, die das Schubfach sehr leichtläufig machen.

Lauf-, Streif- und Kippleisten geben dem Schubfach beim klassischen Schubkasten die richtige Führung (Abb. 5.1). Bei der hängenden Schubkastenführung werden die Schubkästen an Hartholz- oder Kunststoff-Führungsleisten aufgehängt (Abb. 5.2).

Das Schubfach selbst besteht aus 4 Rahmenteilen, in deren unterem Teil eine Nut eingefräst wird, in die der Boden aus Furnier- oder Holzfaserplatten, seltener aus Vollholz, von hinten eingeschoben wird.

Die Schubkasten-Vorderstücke bestimmen das Aussehen des Möbels mit. Sie werden oftmals überfälzend aufgedoppelt (siehe auch Abb. 6.3).

Der Schrank

Der Schrank ist wie die Kommode ein Möbel zur Aufbewahrung. Unterbau bzw. Fußgestell, Seitenwände, Rücken-

wand und Deckplatte entsprechen in der Konstruktion der Kommode. Im Inneren gibt es Fächer, Schubkästen und Kleiderstangen.

Drehtüren: Die Abb. 6 zeigt die prinzipiellen Möglichkeiten, wie eine Drehtür die Türöffnung verschließen kann. Welche Beschläge für die jeweilige Anschlagart benötigt werden, sagt der Fachhandel. Sind die Beschläge rechts an der Tür angebracht, spricht man von einer rechten Tür und entsprechend von einer linken Tür, wenn die Beschläge links angebracht sind. Das Türblatt kann aus Rahmen mit Füllungen aus Holz oder Glas (siehe Seite 196) oder aus furnierten Tischler- oder Spanplatten oder in Lamellenbauweise hergestellt werden.

Schiebetüren laufen horizontal im Schrank-Korpus oder vor ihm (Abb. 7). Man unterscheidet stehende und hängende Schiebetüren. Die dafür erforderlichen Beschläge und Führungsschienen sind auf Seite 482 dargestellt.

Klappen: Sind sie an der Unterkante angeschlagen und werden sie von oben nach unten bewegt, spricht man von einer stehenden Klappe, umgekehrt von einer hängenden Klappe.

Rolläden: Geöffnete Drehtüren können im Weg sein. Bei Schiebetüren kann nie der ganze Schrank zugleich geöffnet werden. Türen, die die gesamte Schranköffnung freigeben und niemandem im Weg sind, sind die Möbel-Rolläden. Sie bestehen aus schmalen Holzleisten, die auf Jute oder Drillich

9 *Verbindungsbeschläge, mit denen die Teile eines Möbels stabil und schnell zusammengebaut und auch wieder auseinandergenommen werden können (Korpusverbindungen). 1, 3, 4, 5 und 7 dienen alle der unsichtbaren Verbindung der Seitenteile mit der Boden- bzw. Deckplatte, 2 und 8–10 der sichtbaren Verbindung von Platten; 6 ist für den Bettrahmen.*

10 *Die wichtigsten Verbindungsbeschläge für Drehtüren:*
   1 Scharniere
   2 Fitschenband zum Einschlagen
   3 Zylinderbänder
   4 Verschiedene Zapfenbänder
   5 Einbohrband
   6 Topfscharnier
   7 Aufschraubscharnier
   8 Klavierbänder.

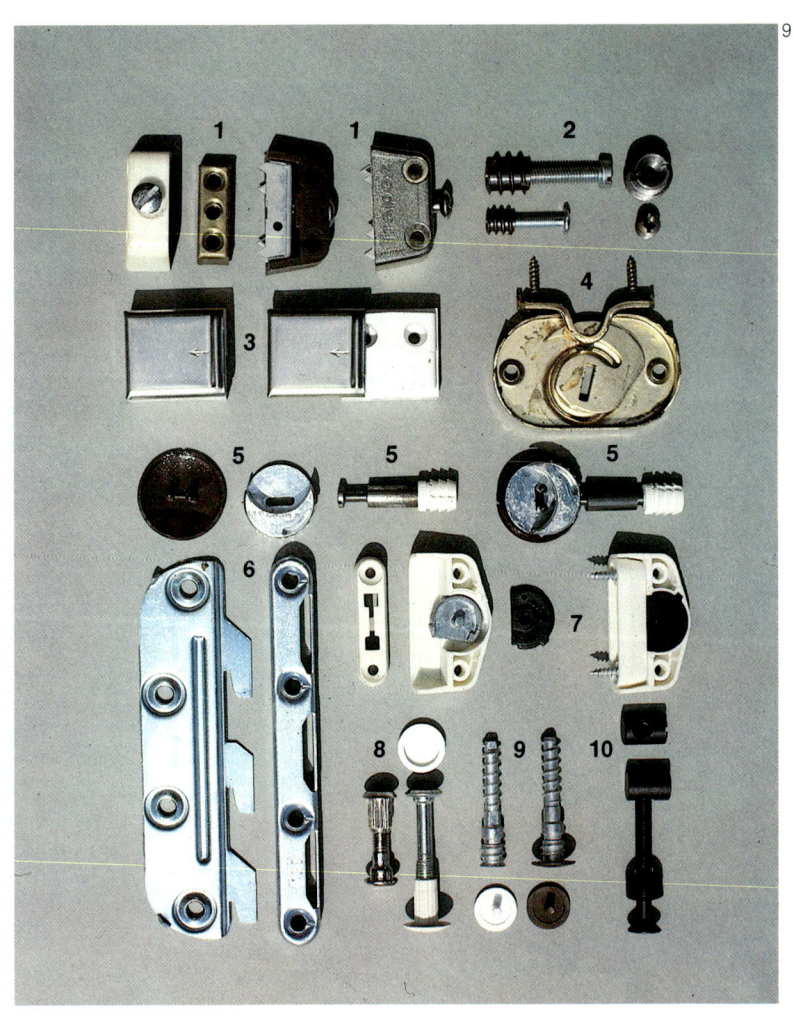

geklebt werden. Die Führungsnuten müssen so breit und die Radien der Kurvenstücke so groß sein, daß der Rolladen genügend Spiel hat, so daß er leicht laufen kann.

Rolläden können senkrecht nach oben oder unten und waagerecht laufen.

Fächer oder Zwischenböden sind meist aus Vollholz. Sie liegen auf Leisten, die entweder an die Seitenwände angeschraubt oder in Zahnleisten eingesetzt werden. Die Abb. 13 zeigt verschiedene Bodenträger.

Die Kleiderstange ist entweder ein starres Rohr, das mit speziellen Beschlägen montiert wird oder ist ausziehbar und klemmt dann zwischen den Wänden.

Schrankwand: Wenn die Schrankwand vom Fußboden bis zur Decke und von Wand zu Wand reicht, dann wird ein Raumteil durch die Tür abgetrennt und so zum Schrankinneren. Hier genügt im Prinzip eine Konstruktion für die Tür und eine Konstruktion der Fächer in Regalbauweise, während insbesondere die Seiten- und die Rückenwand wegfallen. Aber auch das Untergestell und die Deckplatte können auf Anschlag- bzw. Führungsleisten für die Türen reduziert werden; sie müssen dann im Fußboden bzw. an der Decke eingedübelt werden. Der Schrank kann auch ganz oder teilweise begehbar gestaltet werden.

Das Regal

Es gibt frei stehende Regale und Wandregale, bei denen Lochschienen an der Wand befestigt, Träger eingehängt und darauf die Regalbretter gelegt werden. Frei stehende Regale können auch als Raumteiler Verwendung finden.

Regale sind so preiswert, daß der Selbstbau wohl nur in Betracht kommt, wenn man das Regal genau einpassen oder ein besonders schönes Vollholz-Regal bauen möchte. Die verschiedenen Regalsysteme sind sehr oft kombiniert mit Schubkästen, Schränken und Eckregalen, so daß aus diesen Fertigelementen nach den individuellen Bedürfnissen eine Regalschrankwand zusammengestellt werden kann.

Ein Regal verliert viel von dem Eindruck des Improvisierten, wenn die Wand hinter dem Regal mit dazu passenden furnierten Platten verkleidet wird.

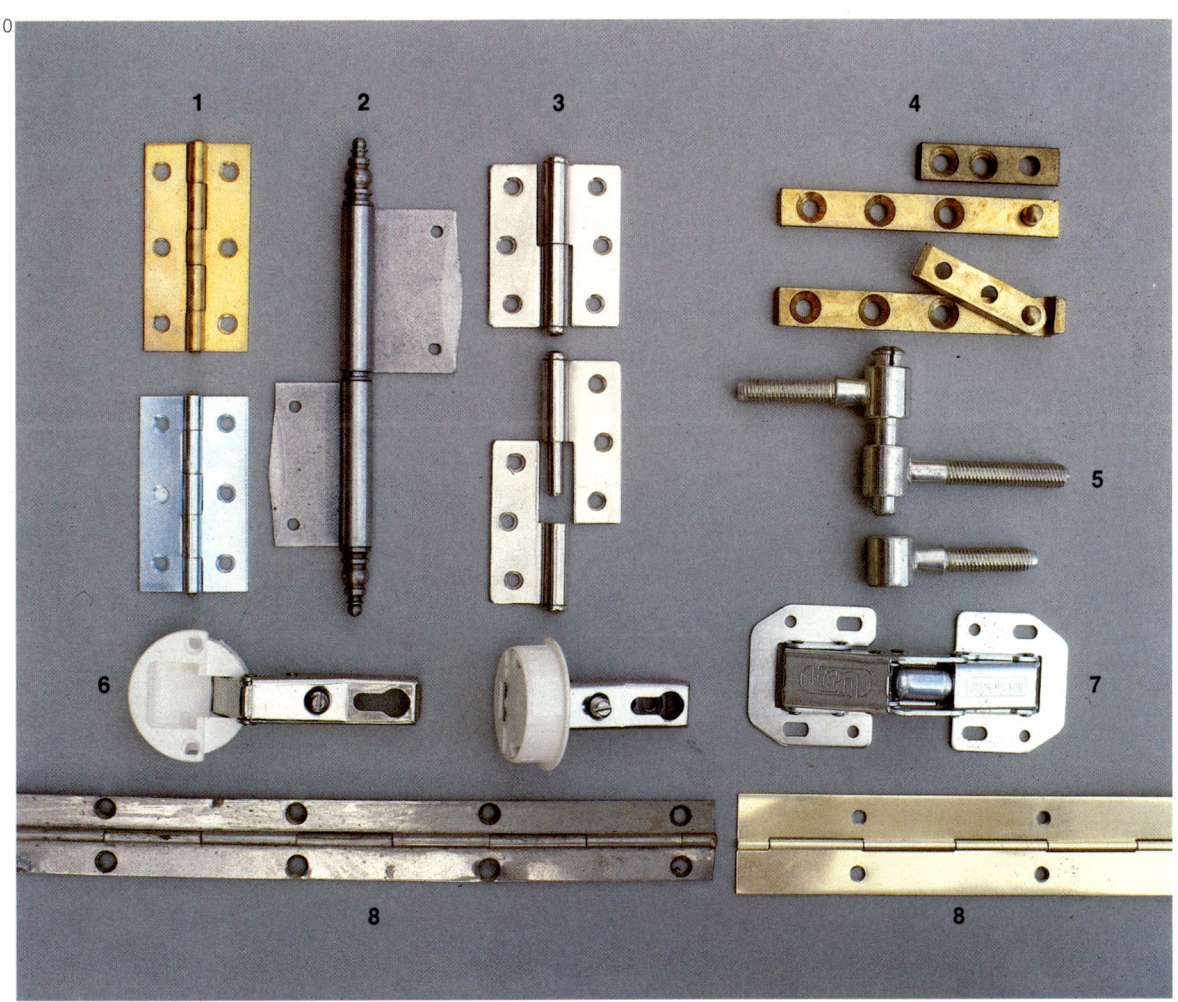

10

Will man Regale aus Holzbrettern bauen, werden die Regalbretter mit den Seitenwänden zusammengedübelt.

Schnittzeichnungen und Stückliste

Nach dem ersten Entwurf kann noch nicht gebaut werden, denn er enthält keine Maße und keine konstruktiven Details. Damit alle Teile zusammenpassen, werden von dem Werkstück folgende Schnittzeichnungen im Maßstab 1:10 angefertigt:

Der Aufriß, der die Vorderansicht des Werkstücks zeigt; der Seitenriß, der alles zeigt, was man bei einem senkrechten Schnitt durch das Möbel von oben nach unten sehen würde; und der Grundriß, ein Schnitt waagerecht durch das Möbel, von oben betrachtet.

Die Abb. 8 zeigt an einem einfachen Beispiel den Zusammenhang der drei Schnitte.

Die Abbildung zeigt weiter Werkzeichnungen in einem größeren Maßstab, so daß die Details besonders deutlich hervortreten; bei ganz komplizierten Konstruktionen empfiehlt sich sogar ein Maßstab 1:1.

Die Einzelteile in der Werkzeichnung werden beziffert, und danach wird eine Stückliste angefertigt, in der jede Ziffer aufgeführt wird mit folgenden weiteren Angaben:

Bezeichnung des Teiles (z. B. Boden unten, Seite, Schiebetür), aus welchem Werkstoff das Teil gefertigt wird, in welcher Stückzahl jedes Teil gefertigt wird und seine Abmessungen.

Beschläge

Beschläge dienen dem Verschließen und Drehen sowie dem lösbaren Verbinden von Möbelteilen. In vielen Fällen haben die Beschläge zugleich eine schmückende Aufgabe.

Sie bestehen aus Stahl, Messing, Leichtmetallegierungen oder Kunststoff. Ihr Aussehen ist stahlblank, messing-, nickel- oder chromfarben, schwarz; bei Kunststoff weiß oder in unauffälligen Holzfarben.

Angesichts der Beschläge und der ständig neuen Entwicklung ist die Beratung durch den Fachhandel zu empfehlen. Grundkenntnisse machen es leichter, Lösungen für bestimmte Aufgaben

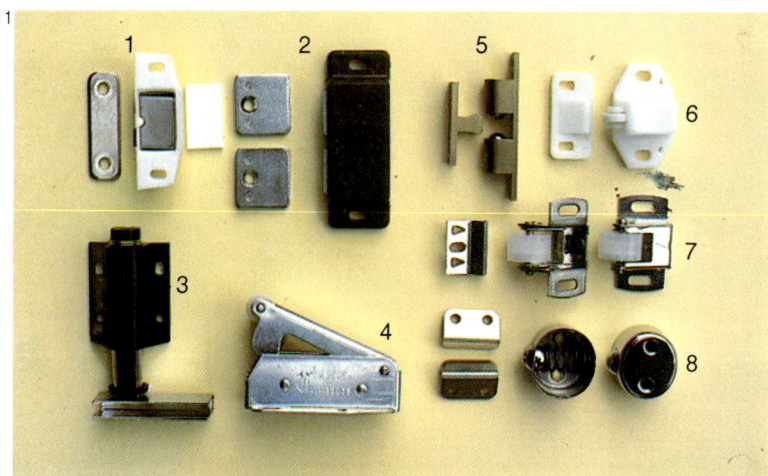

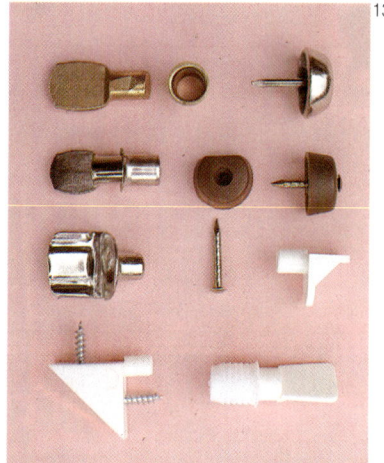

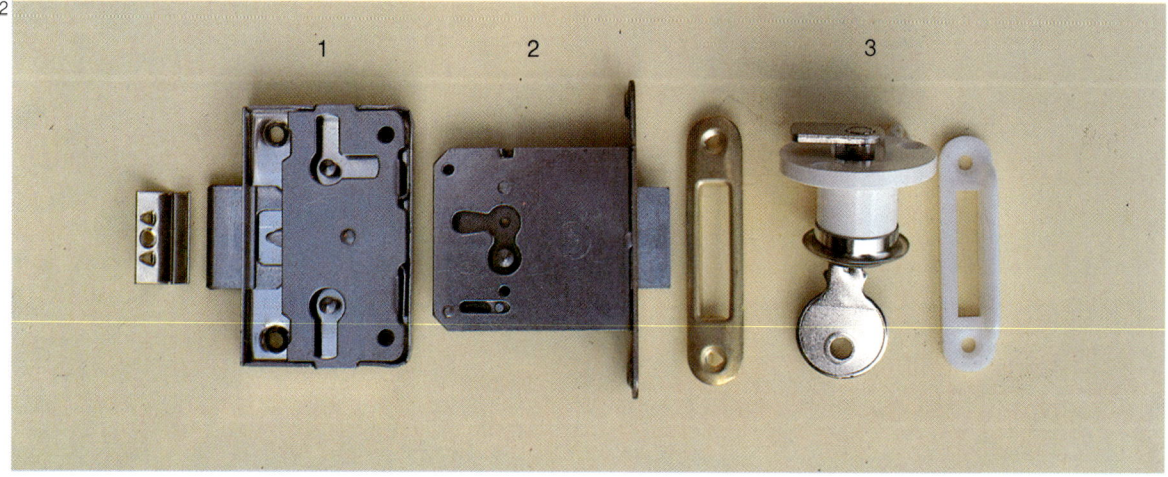

zu finden. Auf Seite 537 ist angegeben, wo man originalgetreue Beschläge für alte Möbel verschiedener Stilrichtungen erhalten kann.

Die folgenden Abbildungen 9 bis 13 geben einen Überblick über wichtige Gruppen von Beschlägen. Um einen Eindruck von der Vielfalt im Bereich der Beschläge zu vermitteln, seien weitere Beschlägearten aufgezählt:

Führungen für Schubläden; Knöpfe, Griffe, Einlaßmuscheln für Schubkästen, Truhen und Türen; Drehstangen- und Schubstangenschlösser für hohe Doppeltüren; Rollen, Gleiter und Führungsschienen für Schiebetüren; Hakenriegel für Rolläden; Klappenhalter, Klappenbremsen, Hochstellstützen; Deckenspanner, Möbeluntersetzer, Stuhlbeingleiter; Schutzecken und Schutzwinkel für Kisten und Truhen und noch vieles mehr.

Polstern

Polsterarbeiten sind notwendig, wenn der Bezugsstoff unansehnlich geworden oder gar zerschlissen ist oder einfach nicht mehr gefällt. Oder wenn Federn kaputt gegangen sind, so daß der Bezug entfernt werden muß, bevor man den Schaden reparieren kann. Man kann aber auch die Überzüge für

11 *Beschläge für Möbeltüren (u. a. Stanley):*
1 und 2 Magnetschnäpper, 3 und 4 Druckfedernschnäpper,
5 und 8 Kugel-, 6 und 7 Rollenschnäpper.

12 *Möbelschlösser:*
1 Aufschraub-, 2 Einsteck- und 3 Drehdruckzylinderschloß.

13 *Bodenträger mit Stift, Zapfen oder Hülse und zum Festschrauben.*

14 *Polsterwerkzeuge:*
1 Stecker
2 Rundnadeln
3 Nagelheber, Holzhammer
4 Gurtspanner, Gurtnägel
5 Polstererhammer
6 Nadel, Faden, Bienenwachs.

Schaumstoffteile nähen und sich so eine bequeme Sitzecke bauen.

Werkzeuge

Abb. 14 zeigt typische Werkzeuge des Polsterers. Polstererhammer und Tacker (dazu Seite 49, Abb. 3) dienen zum Befestigen von Gurten oder Stoffen, Nagelheber und Heftklammerentferner zum Entfernen alter Bezugsstoffe, Rund- und Langnadeln zum Nähen von Kanten oder zum Befestigen von Möbelschnüren oder -knöpfen. Stecker werden zum provisorischen Befestigen des Bezugsstoffs verwendet. Gurtspanner gibt es in verschiedenen Ausführungen, notfalls kann man sich aus einem Holzklotz und Nägeln auch selbst einen herstellen. Die meisten Arbeiten können auch mit

Alltagswerkzeug durchgeführt werden, z. B. mit einem normalen Hammer, Beißzange und Schraubenzieher für das Entfernen von Tackerklammern. Darüber hinaus benötigt man eine stabile Schere zum Schneiden von Stoffen und Füllstoffen, ein scharfes Messer oder ein Cuttermesser zum Beschneiden von Schaumgummi- oder Schaumstoffteilen, Polsternägel, Ziernägel und eine Nähmaschine zum Nähen des Bezugsstoffs.

Untergründe für Polster

Je nachdem, welchen Zweck ein Polster erfüllen soll, eignen sich unterschiedliche Untergründe (Abb. 15).

Holz, Holzfaser- oder Spanplatten: Diese Untergründe werden häufig bei einfachen Stühlen verwendet und können

14

als Unterlage dann dienen, wenn dicke Schaumstoffpolster aufgelegt werden.

Gurte: Sie werden häufig auf Jutebasis, aber auch als Gummigurte eingesetzt. Sie bilden eine straffe, aber etwas elastische Unterlage für Füllmaterialien.

Gurte werden an einer Seite befestigt und mit dem Gurtspanner gespannt, die Enden werden etwa 1 cm umgeklappt und zusätzlich befestigt, damit sie nicht ausreißen.

Flachfedern aus Metall: Sie werden häufig anstelle von Textilgurten zur Herstellung einer Unterlage verwendet.

Sprungfedern: Sie werden dort eingesetzt, wo eine größere Elastizität von Sitz- oder Liegeflächen erreicht werden soll.

Sprungfedern unterscheiden sich nach ihrer Höhe, ihrem Durchmesser und ihrer Elastizität bzw. Nachgiebigkeit.

Füllstoffe (Abb. 16)

Zur Herstellung von Polstern werden pflanzliche, tierische Füllstoffe oder Füllstoffe aus Kunststoffen verwendet. Sie unterscheiden sich hinsichtlich ihrer Haltbarkeit und ihrer Füllkraft. Unter Füllkraft versteht man den Widerstand, den ein Stoff dem Zusammendrücken entgegensetzt.

Pflanzliche Füllstoffe: Verwendet werden für Polsterarbeiten Kokosfasern, Palmfasern und Alpengras, das fälschlich auch als Seegras bezeichnet wird. Die Verwendung dieser Materialien wird häufig an der Schwierigkeit der Beschaffung scheitern.

Tierische Fasern wie Roß-, Rinder- oder Ziegenhaare haben für den Heimwerker keine Bedeutung.

Schaumgummi: Grundmaterial für die Schaumgummiherstellung ist der Saft von Gummibäumen (Latex). Schaumgummi ist hellgrau, wird in Platten angeboten. Dickere Platten haben an der Unterseite meist Aussparungen. Schaumgummi ist in harten und weichen Ausführungen erhältlich.

Schaumstoffe: Sie werden synthetisch hergestellt und haben die herkömmlichen Füllstoffe heute fast vollständig verdrängt. Grundmaterial für die Schaumstoffherstellung ist vor allem Polyurethan.

Schaumstoffe werden in Platten von unterschiedlicher Stärke und verschiedenen Profilen angeboten.

Schaumstoffe unterscheiden sich in ihrer Härte bzw. Elastizität, die häufig mit dem Raumgewicht zusammenhängt. Ein 30er Schaumstoff hat ein Raumgewicht von 30 kg/m^3.

Matratzen und stark beanspruchte Sitzflächen erfordern härtere Schaumstoffe. Durch die Kombination von harten und weichen Schaumstoffen kann man stark

15 *Federn und Gurte:*
  1 *Sprungfeder und*
   Schnürfaden
  2 *Flachfeder aus Metall*
  3 *Textilgurt.*

16 *Füllstoffe:*
  1 *Schaumstoffe verschiedener*
   Stärke
  2 *Polsterwatte aus*
   Reißwolle
  3 *Kokosfasern*
  4 *Alpengras zerfasert (links) und als*
   Zopf (rechts)
  5 *Kunststoffvlies.*

17 *Polsterarbeiten:*
  1 *Gerundetes Kissen*
  2 *Gewölbtes Kissen durch Abschrägen der Kante*
  3 *Gewölbtes Kissen durch Schaumstoffeinlage*
  4 *Schaumstoffblock durch Verkleben von Platten*
  5 *Herstellen einer Gurtverspannung*
  6 *Beispiel für das Verschnüren von Sprungfedern.*

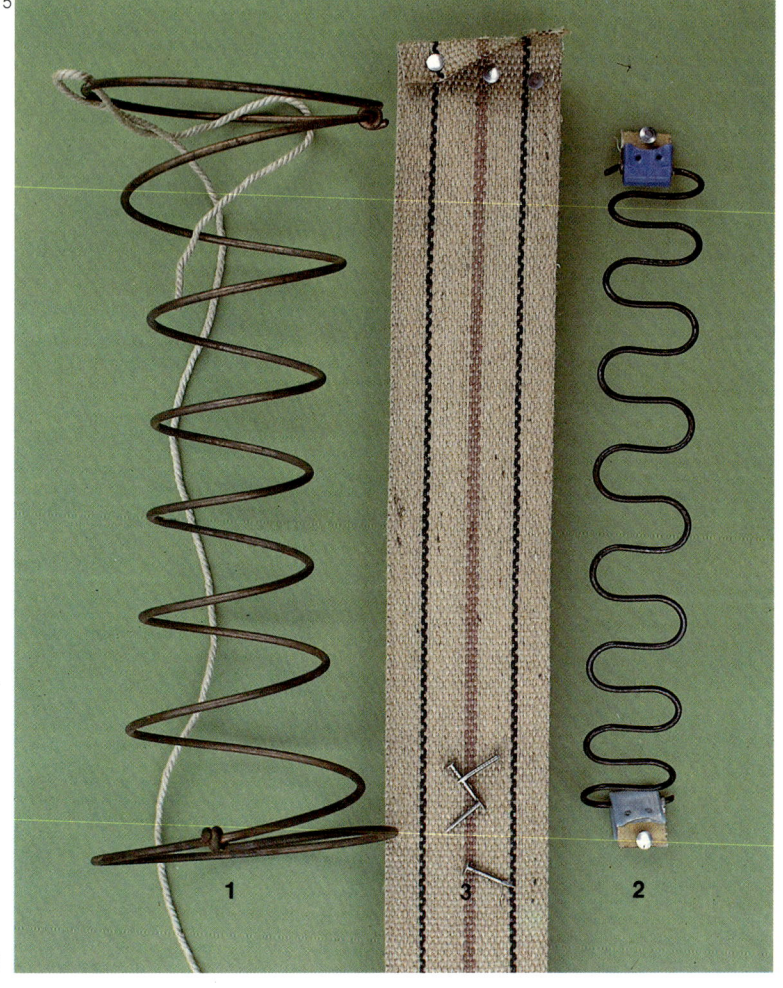

15

1   3   2

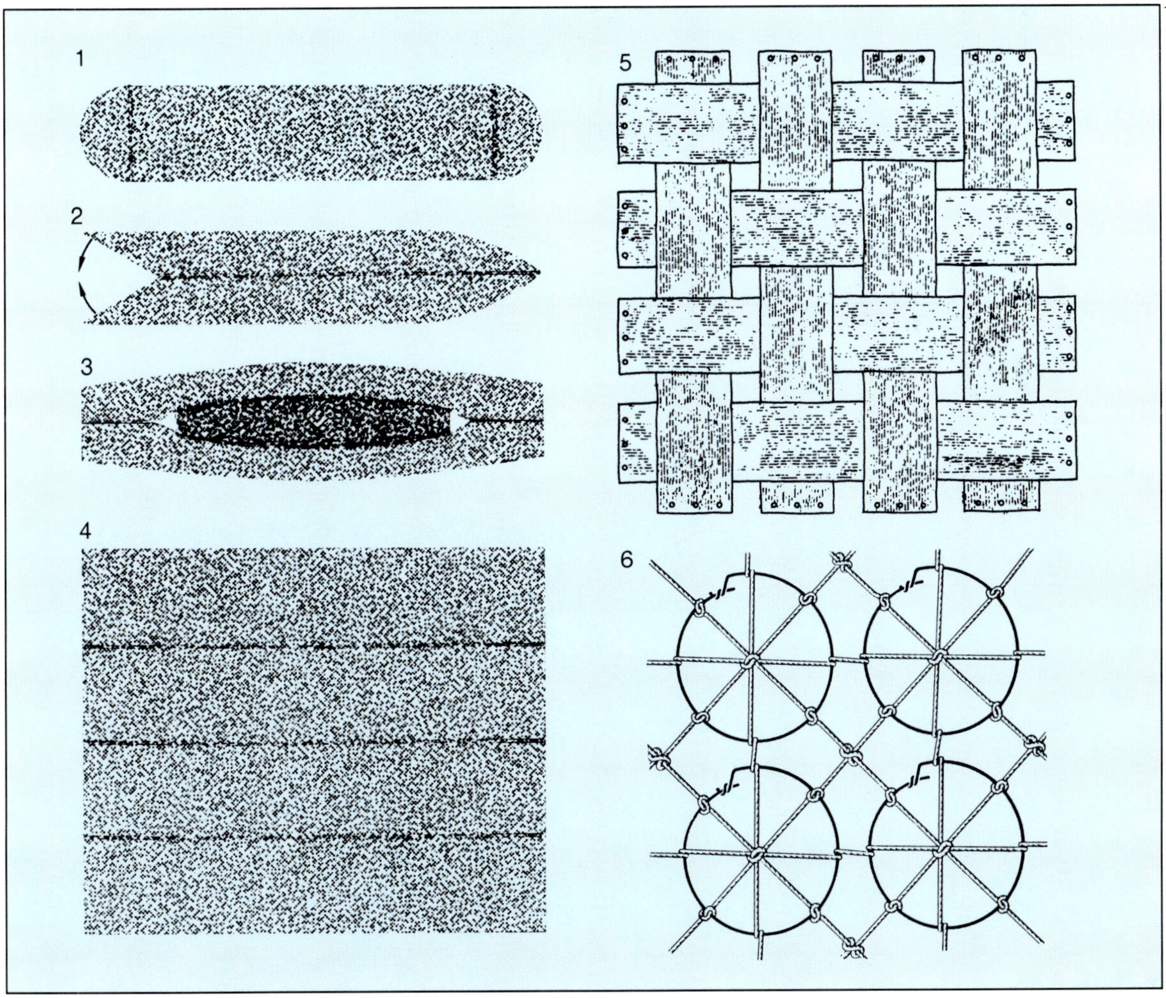

belastbare, an der Oberfläche jedoch weiche Polster herstellen.

Bearbeitung von Schaumgummi und Schaumstoffen: Stärkere Platten läßt man sich am besten beim Einkauf zuschneiden. Dünnere Schaumstoffe bis etwa 40 mm Stärke können mit einer stabilen Schere geschnitten werden, die am besten etwas angefeuchtet wird, damit die Schnittstelle nicht ausfranst. Stärkere Platten schneidet man mit einem scharfen Messer oder einem Cuttermesser (Seite 272, Abb. 1) entlang eines Metallineals.

Polsterwatte, Kunststoffvlies: Aus Natur- oder Kunstfasern hergestellte Materialien, die entweder Unebenheiten bei Faserfüllungen ausgleichen oder die Reibung und Faltenbildung bei Schaumgummi oder Schaumstoffen und Bezugsstoffen verhindern. Kleben

kann man Schaumgummi und Schaumstoffe mit einem für das jeweilige Material geeigneten Kleber.

Sitzpolster (Abb. 17)

Schaumstoffe lassen sich zu verschiedenen Formen zusammenkleben. Sitzwürfel lassen sich durch Verkleben von mehreren Platten herstellen. Sitzkissen kann man gewölbt herstellen oder bei Verwendung von Profilen auch mit Rundungen.

Einen beweglichen Sitzwürfel erhält man, wenn man den Schaumstoffblock auf eine Spanplatte legt und Möbelrollen anschraubt.

Man kann Kissen oder Polsterblöcke mit Reißverschlüssen versehen oder die letzten Kanten mit einem verzoge-

nen Vorderstich vernähen (Abb. 6, Seite 277).

Flachpolster (Abb. 18)

Flachpolster sind Polster von nur wenigen Zentimetern Stärke und werden häufig an Sitzen und Rückenlehnen von Stühlen verwendet. Der Polstergrund besteht aus Holz, einer Holzfaser- oder Spanplatte oder aus einer Gurtverspannung. Im Falle einer Gurtverspannung werden die Gurte mit einem Grundgewebe (Rupfen, Nessel) abgedeckt. Polsterfüllstoffe werden aufgelegt, und zwar in der Mitte und an der Vorderkante etwas stärker, weil hier die Belastung stärker ist. Damit eine gleichmäßige Oberfläche entsteht, wird Polsterwatte aufgelegt. Fasern werden an den Unter-

18 *Aufbau eines einfachen Polsters:*
1 *Gurte*
2 *Nessel*
3 *Schaumstoff*
4 *Vlies*
5 *Bezugsstoff.*

19 *Bezugsstoff:*
1 *Rupfen*
2 *Nessel*
3 *Federleinen*
4 *Bezugsstoff*
5 *Borte*
6 *Ziernägel*
7 *Knöpfe*
8 *Langnadel (Garniernadel).*

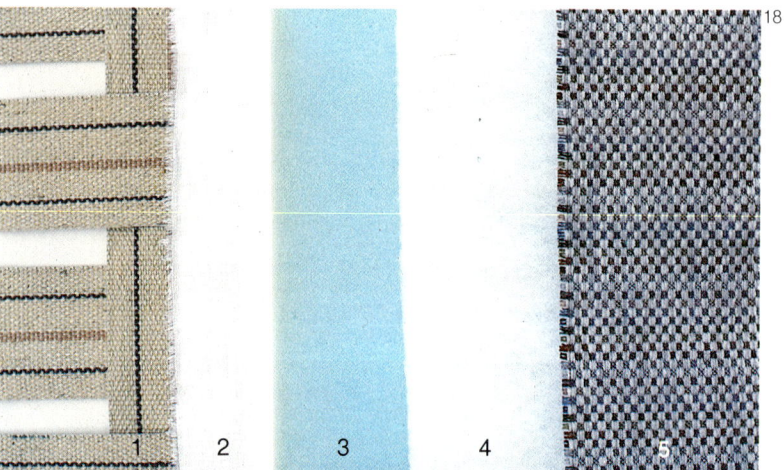

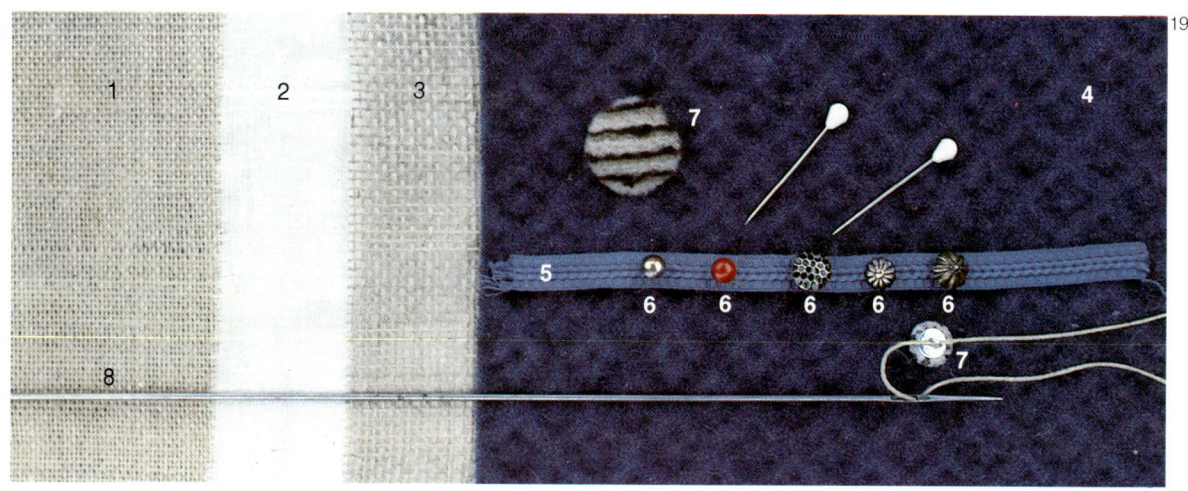

grund vernäht, damit sie sich nicht verschieben, oder etwas angeklebt.

Flachpolster können auch mit Schaumstoffen hergestellt werden, wobei ebenfalls die Mitte etwas überhöht sein sollte. Der Schaumstoff wird so zugeschnitten, daß er um die Kanten geht, damit sich eine bessere Rundung ergibt.

Polsteraufbau mit Gurten und Federn

Höhere Polster werden mit Sprungfedern hergestellt. Zuerst wird eine Unterlage mit Gurten hergestellt. Die Gurtbespannung richtet sich nach der Federgröße, da die Federn am unteren Ende an den Gurten festgenäht werden. Federn werden am oberen Ende verschnürt. Dadurch soll erreicht werden, daß sich die Federn bei Belastung nicht untereinander verkeilen oder verschieben, aber auch nicht nach außen ausbrechen. Darüber hinaus kann durch die Stärke der Schnürung bereits eine gewisse Formgebung erreicht werden, zum Beispiel etwas gerundete Kanten. Bei Sesseln werden häufig Federn unterschiedlicher Stärke und Höhe verwendet, an der Vorderkante festere und höhere, an der Hinterkante niedrigere, damit ein leichtes Gefälle entsteht.

Die Federn werden mit dem sog. Federleinen überzogen, häufig Moltonstoff oder Rupfen.

Als Auflage werden entweder Faserfüllstoffe verwendet, die angenäht und mit Polsterwatte oder Vlies abgedeckt werden, oder Schaumgummi oder Schaumstoff.

Rückenlehnen, Armlehnen

Sie werden mit Gurten oder Sprungfedern hergestellt.

Das Füllmaterial muß durch Aufnähen (Fasern) oder Aufkleben (Schaumstoffe) vor dem Abrutschen gesichert werden. Ähnlich werden Armlehnen gepolstert.

Befestigen des Bezugsstoffs (Abb. 19)

Relativ einfach ist die Anfertigung eines neuen Bezugsstoffes, wenn man einen alten als Vorlage hat. Man löst ihn vorsichtig ab, bügelt ihn aus und schneidet den neuen nach diesem Muster aus und näht ihn zusammen.

Ist kein alter Bezugsstoff vorhanden, fertigt man aus billigem Nessel ein Muster an: Man steckt das Möbelstück aus, schneidet die Teile zurecht, näht provisorisch zusammen, ändert, bis der Bezug paßt und schneidet danach den Bezugsstoff zurecht.

Man befestigt den Stoff mit Polsternägeln, Blauköpfen oder Tackerklammern. Die Kanten werden dabei eingeschlagen, damit der Stoff nicht ausreißt. Ecken werden so gefaltet, daß sie am wenigsten stören.

Man befestigt an unsichtbaren Stellen, z.B. an der Unterseite eines Möbels. Ist das nicht möglich, befestigt man sichtbar und klebt eine Borte auf.

Möglich ist auch eine Befestigung mit Ziernägeln.

Gespannt wird am besten von der Mitte einer Kante aus nach beiden Ecken und dann unter Beachtung der Fadenrichtung auf der Gegenseite (siehe dazu auch Seite 279, Abb. 8). Bezieht man mit Kunststoffmaterial, sollte man nicht bei allzu niedrigen Raumtemperaturen arbeiten, da das Material dann weniger elastisch ist und keine so gute Spannung zuläßt.

Reparaturen

Häufig wird man Stühle, Sessel oder Sitzelemente nicht völlig neu polstern müssen. Man wird lockere oder schadhafte Gurte oder Federn auswechseln, durchgesessene Stellen etwas auffüllen oder einen neuen Bezug anfertigen. Auffüllen ist möglich mit Fasermaterial oder mit dünneren Schaumstoffen, die an den Rändern etwas abgeschrägt werden. Häufig sind auch die Seiten von Polstern etwas hohl geworden. Man kann in diesem Fall Vliesstreifen, eventuell mehrlagig, einnähen.

GARTEN, TERRASSE, BALKON

Ein Garten bietet die Möglichkeit, ein Stück Umwelt nach den eigenen Bedürfnissen schöpferisch zu gestalten. Er dient der Erholung, schafft Freiraum für Betätigung, ist Spiel- und Erkundungsraum für Kinder und wird häufig zum Anbau von Obst, Gemüse und Kräutern genutzt. Es ist eine reizvolle Aufgabe, dabei auch der Natur einen gewissen Freiraum zu belassen.

Was für Gärten gilt, trifft in vielen Fällen auch für Innen- oder Hinterhöfe zu, wenn man den Mut oder die Möglichkeit hat, Beton abzureißen und für lebendiges Grün zu sorgen. Auch Terrassen und Balkone, häufig trostlos grau, bieten vielfältige Gestaltungsmöglichkeiten, da man ja Pflanzen, auch Kletterpflanzen und Gemüse in Pflanzgefäßen ziehen kann.

Im folgenden Text geht es um handwerkliche Arbeiten, die im Garten, bei der Gestaltung von Terrasse und Balkon anfallen, um Vorschläge für die Gestaltung sowie die Vorstellung der wichtigsten Geräte und Werkzeuge, die die Arbeit erleichtern.

Holz ist dabei ein wichtiger Werkstoff. Wie man mit ihm umgeht, ist im gleichlautenden Kapitel ab Seite 132 dargestellt. Die Verarbeitung von Mauersteinen und Beton wird im Kapitel »Baustoffe« (ab Seite 281) beschrieben, die Oberflächenbehandlung unterschiedlicher Materialien im Kapitel »Anstriche« (ab Seite 107).

Geländegestaltung

Der Mensch kann durch Anordnung und Auswahl von Baustoffen sowie durch Bepflanzungen das Klima im Garten und in Hausnähe mit beeinflussen. Darüber hinaus gewinnen die Gärten für den Schutz von Tieren und Pflanzen immer größere Bedeutung.

Klimatische Auswirkungen: Bäume und Sträucher können im Sommer Schatten spenden. Sie können bei günstiger Anordnung auch Mauern und Fenster beschatten und so eine zu starke Aufheizung von bewohnten Räumen verhindern. Durch die Verdunstung von Wasser auf den Oberflächen von Blättern und Gräsern entsteht eine kühlende Wirkung.

Windschutzpflanzungen können die Windstärke erheblich reduzieren. Sie ermöglichen somit eine längere Nutzung des Außenraums, da durch sie höhere Außentemperaturen in der Übergangszeit erzielt werden. Darüber hinaus tragen Windschutzmaßnahmen und die Begrünung von Fassaden zur Einsparung von Energie bei. Dazu Näheres auf Seite 393 bis 396.

Großflächige Steinbeläge, Asphalt und Betonsteine heizen sich im Sommer auf.

Diese Wärme wird oft noch bis weit in die Nacht hinein gespeichert, was angenehm sein kann, wenn man sich im Freien aufhalten will.

Es kann jedoch auch als unangenehm empfunden werden, wenn Kühle erwünscht ist, z.B. vor Schlafzimmerfenstern. Im letzteren Fall wird man in der Nähe Grasflächen anordnen oder zumindest Rasengittersteine verwenden.

Ökologische Auswirkungen der Gartengestaltung: In einer Zeit, in der immer größere Flächen mit Beton und Asphalt überzogen werden und landwirtschaftliche Flächen aufgrund der intensiven Nutzung nur noch Lebensraum für wenige Pflanzen- und Tierarten bieten, kommt gerade den Gärten eine wichtige Ausgleichsfunktion zu. Naturnahe Gärten bieten vielen Tieren und Pflanzen einen Lebensraum.

In Hecken und Sträuchern nisten Vögel, die wiederum Schädlinge im Obst- und Gemüsegarten dezimieren, auf einer Blumenwiese findet eine Vielzahl von Insekten Nahrung, vor allem Bienen und Hummeln, die ja die Obstbäume befruchten sollen.

Wege und Flächen

An Wege und Flächen werden sehr unterschiedliche Ansprüche gestellt. Fahrwege und Parkplätze werden stärker belastet, so daß man sie mit anderen Materialien baut als Fußwege, bei denen es in der Regel darauf ankommt, daß das Oberflächenwasser zügig abgeführt wird.

Kies und Schotter (Abb. 1) sind Materialien, die Niederschlagswasser schnell in den Untergrund abführen.

Sie dienen entweder direkt zum Anlegen von Wegen und Flächen oder als Unterbau für Pflaster und Plattenbeläge im Sandbett.

Als Kies kann auch minderwertiges Material verwendet werden, das aufgrund der Kornzusammensetzung z. B. nicht zur Herstellung von Beton geeignet ist. Enthält er jedoch viele lehmige Bestandteile, kann die Kiesschicht zuschlämmen, und es entsteht eine schmierige Oberfläche. Schotter wird im Wegebau als gebrochener, also scharfkantiger Schotter unterschiedlicher Korngröße verwendet.

Verschiedene Pflaster- und Plattenbeläge sind in Abb. 13 auf Seite 289 zu sehen.

Kieswege: Einen einfachen Kiesweg zeigt Abb. 2. Von der Erde werden bei wasserundurchlässigen Böden, also z. B. Lehm- oder Tonböden, etwa 20 bis 30 cm abgetragen, der eingefüllte Kies wird am besten in Lagen von höchstens 20 cm mit dem Rüttler verdichtet. Bei manchen Kieskörnungen empfiehlt es sich, zusätzlich in die Oberfläche mit Wasser Sand einzuschlämmen, damit der Belag möglichst hohlraumarm wird und so stärkeren Belastungen standhält, z. B. bei Garageneinfahrten.

Um Kies zu sparen, kann man als untere Schicht auch Bauschutt einfüllen. Am besten geeignet sind Steine und Betonbrocken, die die Belastung z. B. durch Autoreifen großflächiger übertra-

gen und den Weg dadurch stabiler machen. Werden nur kleinere Flächen angelegt, so empfiehlt sich das Einschlämmen der Kiesabdeckschicht, weil sonst aufgrund der zwangsläufig verbleibenden Hohlräume mit Setzungen zu rechnen ist.

Bei allen Kieswegen besteht die Gefahr, daß beim Befahren mit Kraftfahrzeugen Spurrillen entstehen. Wesentlich belastbarer als ein Kiesweg ist ein Weg aus gemischtkörnigem, gebrochenem Schotter, z. B. mit einer Körnung von 0 bis 35 mm, da sich die Spitzen und Kanten der Steine bei Belastung besser verkrallen.

Kies- und Schotterwege können mit Splitt oder Riesel abgedeckt werden (Abb. 1). Eine Schicht von 2 bis 3 cm

genügt, höhere Schüttungen sind schwer zu begehen oder zu befahren.

Bei festen, wasserdurchlässigen Böden reicht es häufig aus, die Grasnarbe abzutragen, ein Kies-Erde-Gemisch einzufüllen und zu verdichten und anschließend mit Riesel zu belegen.

Platten auf Erdreich: Für Wege und Flächen, die keinen besonderen Belastungen standhalten müssen, reicht es häufig aus, einzelne Platten im Schrittabstand zu verlegen. Als Unterlage dient eine 3 bis 5 cm dicke Sandschicht, mit der sich Unebenheiten des Erdaushubs oder der Platte gut ausgleichen lassen. Ist das Erdreich fest, aber wasserdurchlässig, lassen sich so auch geschlossene Flächen gestalten.

Platten und Pflaster mit Unterbau: Eine

1 *Wegebaumaterial, Wegebeläge:*
  1 *Kies*
  2 *Schotter*
  3 *Granitschotter*
  4 *Splitt*
  5 *Feinkörniger Riesel*
  6 *Grobkörniger Riesel*
  7 *Rinde*
  8 *Rindenmulch.*

solche Konstruktion führt Oberflächenwasser schnell ab, ist weniger anfällig gegenüber Setzungsbewegungen des Erdreichs sowie sehr viel stärker belastbar und daher z.B. auch für Garagen-

2 *Wege und Flächen:*
  1 *Kiesweg unter Verwendung von Bauschutt:*
    1 *Riesel, Splitt*
    2 *Kies*
    3 *Bauschutt*
    4 *Erdreich*
  2 *Schotterweg:*
    1 *Riesel, Splitt*
    2 *Schotter*
    3 *Unterirdischer Betonkeil:*
     Er verhindert bei stark belasteten Wegen das seitliche Wegdrücken des Baumaterials ins Erdreich.
    4 *Erdreich*
  3 *Plattenbelag im Sandbett:*
    1 *Randbefestigung*
    2 *Beton*
    3 *Platten*
    4 *Sand, Splitt*
    5 *Kies, Schotter*
    6 *Erdreich*
  4 *Terrasse mit Plattenbelag:*
    1 *Fundamente*
    2 *Baustahlbewehrte Betonplatte*
    3 *Platten, entweder mit Fliesenkleber oder im Mörtelbett verlegt.*

3 *Treppen:*
  1 *Treppe mit Rundhölzern*
    1 *Hilfskonstruktion zur Festlegung der Stufenabstände*
    2, 3 *Rundhölzer*
    4 *Aufgeschüttetes Erdreich*
    5 *Belag (Riesel, Splitt, Rindenmulch)*
  2 *Blockstufen im Sandbett:*
    1 *Blockstufe aus Stein, Holz*
    2 *Sandschüttung*
    3 *Tragfähiges Erdreich*
  3 *Treppenstufen mit Unterbau:*
    1 *Stufen*
    2 *Beton*
    3 *Kies, Schotter*
    4 *Erdreich*
  4 *Treppe mit Fundamenten:*
    1 *Streifenfundament*
    2 *Betonschüttung mit Baustahlmatte*
    3 *Treppenstufen im Betonbett*
    4 *Erdreich.*

einfahrten geeignet. Den Aufbau zeigt Abb.2. Die etwa 20 cm starke Kies- oder Schotterschicht wird mit dem Rüttler verdichtet. Darauf wird eine etwa 5 cm dicke Schicht aus Sand oder Splitt aufgebracht und mit der Lehre abgezogen.

Manche Plattenbeläge wie Natursteinplatten und Betonplatten werden nun direkt mit Gummihammer oder Fäustel und Hartholzstück eingeklopft, wobei unregelmäßige Plattendicken ausgeglichen werden. Die Fugen werden mit Sand vollgekehrt oder vollgeschlämmt.

Pflasterbeläge wie Betonpflastersteine, Pflasterklinker oder Holzpflaster werden ins abgezogene Sandbett gelegt und nach dem Verfüllen der Fugen mit Sand

mit dem eisernen Handstampfer unter Verwendung einer Brettunterlage oder mit einem Rüttelgerät festgestampft.

Natursteinpflaster (Katzenkopfpflaster) werden z.B. aus Granit hergestellt. Die würfelförmigen Steine haben gewisse Maßtoleranzen, die beim Verlegen ausgeglichen werden müssen. Zum Einklopfen ins Sandbett kann man auch einen Eisenhammer benutzen. Die Fugen werden mit Sand vollgekehrt, die Fläche wird mit dem Handstampfer oder dem Rüttelgerät verdichtet. Immer dann, wenn der Handstampfer oder Rüttler eingesetzt wird, ist mit Setzungen von etwa 2 cm zu rechnen, was man beim Herstellen des Unterbaus berücksichtigen muß.

Damit Randplatten nicht seitlich ausbre-

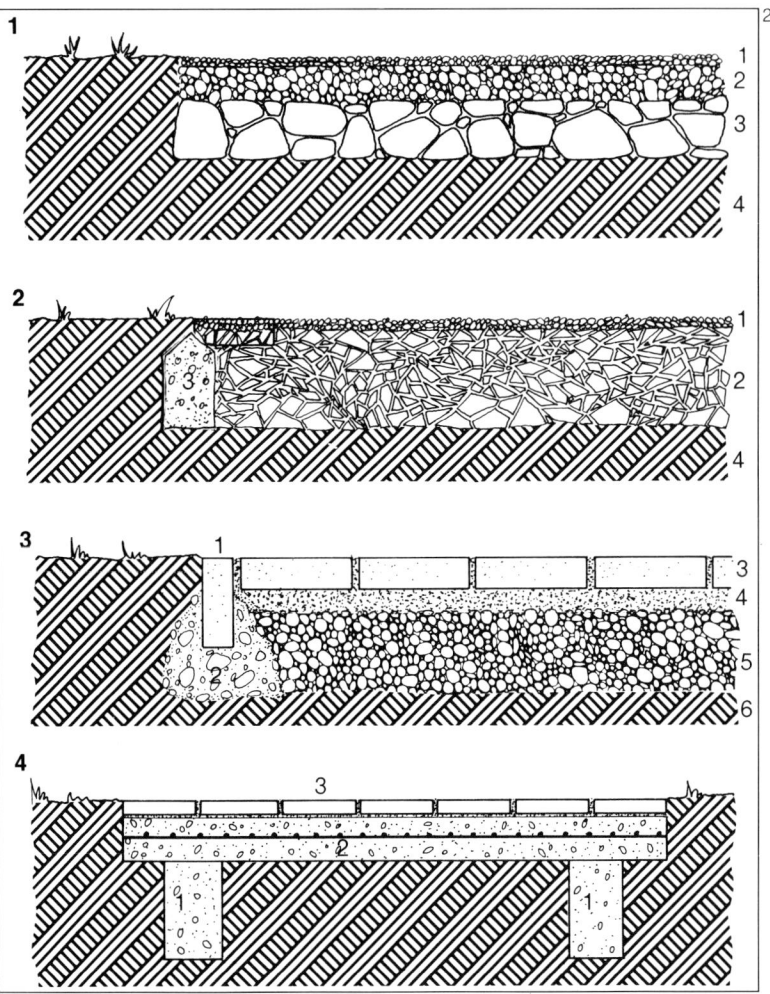

chen, werden entweder Randsteine bzw. -platten in Beton gesetzt oder durch einen unter der Erdoberfläche liegenden Betonkeil stabilisiert (Abb.2).

Rasengittersteine werden bei wasserdurchlässigen Böden in ein etwa 5 cm starkes Sandbett verlegt, bei Lehm- oder Tonböden ist eine etwa 10 cm starke Drainageschicht aus Kies oder Schotter erforderlich. Die Erdkammern werden mit Erde verfüllt und können mit Gras eingesät werden.

Herstellen von Betonplatten: Betonplatten, die keinen höheren Belastungen ausgesetzt sind, wie z.B. Beetbegrenzungen, werden in der Stärke von etwa 4 bis 6 cm hergestellt. Wie man dazu eine einfache Schalung herstellt, ist in Abb.36 auf Seite 309 zu sehen. Verwen-

det wird ein erdfeuchter Mörtel der Mischung 1 Teil Zement und 3 Teile Sand.

Man kann auch durch Gießen von großen Betonplatten einen Weg herstellen. Die Plattendicke beträgt etwa 10 cm, wobei die oberen 3 cm als Estrich (siehe dazu Seite 344) ausgeführt werden. In Abständen von 2 m müssen Dehnungsfugen vorgesehen werden, die zugleich ein Reißen der Platten verhindern. Die Oberfläche wird mit einer Riffelwalze griffig gemacht.

Baumrinde und Rindenmulch (Abb.1): Diese Materialien eignen sich für einfache Wege, z.B. im Gemüsegarten.

Treppen

Treppen im Freien sind anderen Bean-

spruchungen ausgesetzt als solche im Wohnbereich. Sie müssen zum einen unempfindlich sein gegen Schmutz und Abrieb, zum anderen sind sie erhöhter Luftfeuchtigkeit, Regen, Schnee und Frost ausgesetzt. Da sie in der Regel Kontakt mit dem Erdreich haben, müssen sie Setzungen und Verschiebungen entweder mitmachen oder aushalten. Die Oberfläche der Trittstufen soll griffig sein, damit die Treppe sicher begangen werden kann. Die Trittstufen sollen leicht nach vorn geneigt sein, damit Niederschläge schnell abgeführt werden und sich die Gefahr der Glatteisbildung sowie von Frostschäden verringert. Welche Regeln Treppenbauer anwenden, damit Treppen sicher oder bequem zu begehen sind, ist auf Seite 335 dargestellt. Zum Festlegen gleichmäßig breiter Trittstufen im Gelände kann man eine Hilfskonstruktion bauen, die in Abb.3 zu sehen ist. Dort ist auch dargestellt, welche grundsätzlichen Möglichkeiten es gibt, Treppen zu bauen.

Treppe aus Rundhölzern: Nachdem mit der Hilfskonstruktion die Vorderkanten der Trittstufen markiert wurden, schlägt man zwei Holzpfosten an den Rändern ein und bringt die Querpfosten an. Danach wird das Erdreich entlang der gestrichelten Linie abgetragen und zum Verfüllen der nächsten Stufe wiederverwendet. Soll die Treppe das Gelände nicht überragen, muß tiefer ausgegraben werden.

Treppe mit Blockstufen im Sandbett: Die Stufen werden dabei nach dem Abtragen des Erdreichs in ein etwa 5 cm dickes Sandbett gelegt, das gut verdichtet werden sollte.

Treppen mit Betonunterbau: Es handelt sich dabei um Treppen, die Bewegungen des Untergrunds nicht oder gleichmäßig mitmachen sollen, z.B. Hauseingangs- oder Kellertreppen. Bei bindigen Böden wie Lehm- oder Tonböden ist in der Regel nur das Einbringen einer Schotterschicht nötig, die seitlich oder von oben eindringendes Wasser abführt und so Frostschäden verhindert. Eventuell muß man durch eine Drainage dafür sorgen, daß im unteren Bereich der Treppe kein Stauwasser entsteht. Treppen, die mit sehr hoher Wahrscheinlichkeit ohne Schäden bleiben sollen, werden mit Fundamenten und Baustahlmatten hergestellt. Die Funda-

497

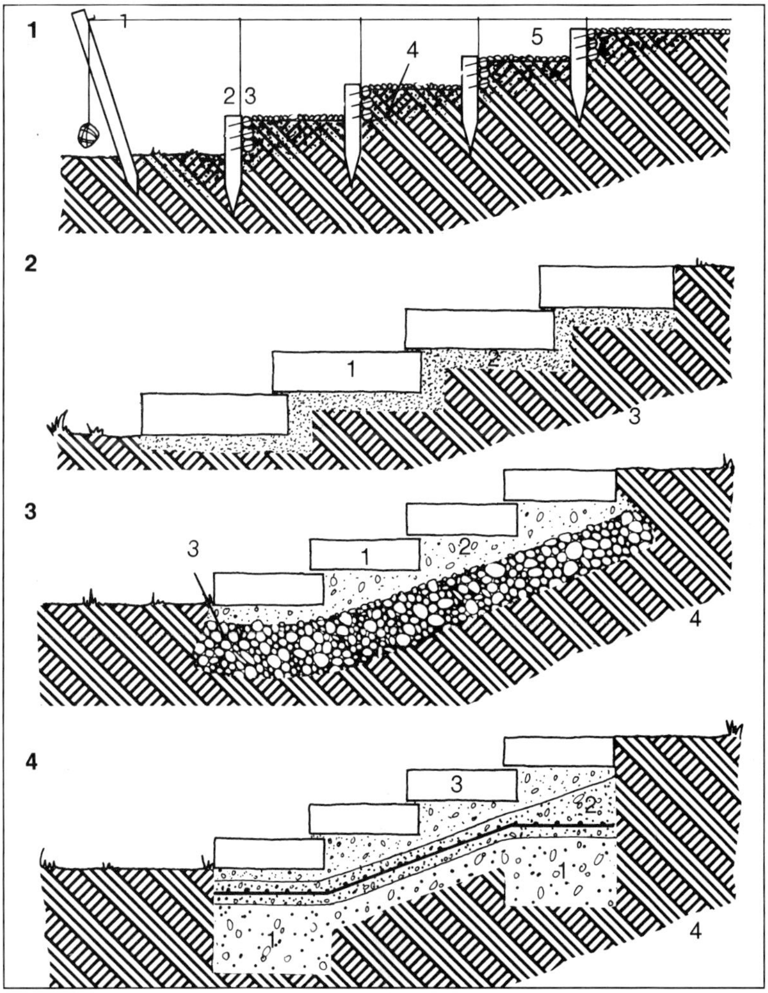

mente werden als Streifenfundamente angelegt. Sie müssen in frostsicherer Tiefe verlegt werden, also je nach den klimatischen Gegebenheiten zwischen 80 und 120 cm unter Erdreich reichen, und sollen die Lasten gleichmäßig ans Erdreich weitergeben. Betoniert wird die Unterkonstruktion am besten so, daß die Betonschichten untereinander eine gute Verbindung bekommen, also an einem Stück. Andernfalls muß dafür gesorgt werden, daß die eigentliche Treppenkonstruktion mit den Fundamenten fest verbunden ist, was man mit Baustahl erreichen kann. Die Treppenkonstruktion wird durch Baustahlmatten verstärkt, die an den Rändern untereinander mit ausreichend starken Drähten verbunden werden müssen, damit ein

festes, unverrückbares Gittergewebe entsteht. Wie man eine Schalung für eine Betontreppe herstellen kann, ist in Abb. 11 auf Seite 333 dargestellt, was man beim Betonieren beachten muß und wie man Beton herstellt, ab Seite 306.

Terrassierung und Stützmauern

Geneigte Flächen können durch eine Terrassenbildung mit Pfählen, Palisaden, Steinen oder Beton nutzbar gemacht werden (Abb. 4). Terrassen können auch Erdabschwemmungen bei starken Regenfällen verhindern.

Pfähle und Palisaden: Kleinere Böschungen können mit Pfählen abgestützt werden, die man aus Rundhölzern selbst herstellen kann. Haltbarer sind

kesseldruckimprägnierte Palisaden, runde Abschnitte aus geschältem Nadelholz, die entweder auf gleichen Durchmesser rundgefräst werden oder konisch zulaufen und daher abwechselnd mit dem dünneren und dickeren Ende nach oben eingebaut werden.
Pfähle und Palisaden setzt man wie Zaunpfosten (siehe dazu Seite 499). Die Rundhölzer werden leicht gegen den Hang geneigt und durch Anheften einer Richtlatte fixiert. Eine Bahn Dachpappe zwischen Erdreich und Holz verhindert das Wegrieseln oder Ausschwemmen von Erdreich und schützt die Pfosten vor Feuchtigkeit.
Trockenmauern (Abb. 4): Sie werden mit einer Neigung von etwa 10 bis 20% gegen den Hang gesetzt, wobei auch die Steine eine Neigung zum Hang hin erhalten sollen, weil dadurch der Erddruck besser aufgefangen wird. Trockenmauern brauchen in der Regel bis zu 1 m Höhe kein Fundament, bei höheren Mauern sollte ein Streifenfundament vorgesehen werden (siehe dazu Seite 317).
Größere Steine werden unten verlegt. Trockenmauern bieten die Möglichkeit einer reizvollen Bepflanzung und gewähren auch Kleintieren wie Eidechsen Unterschlupf.

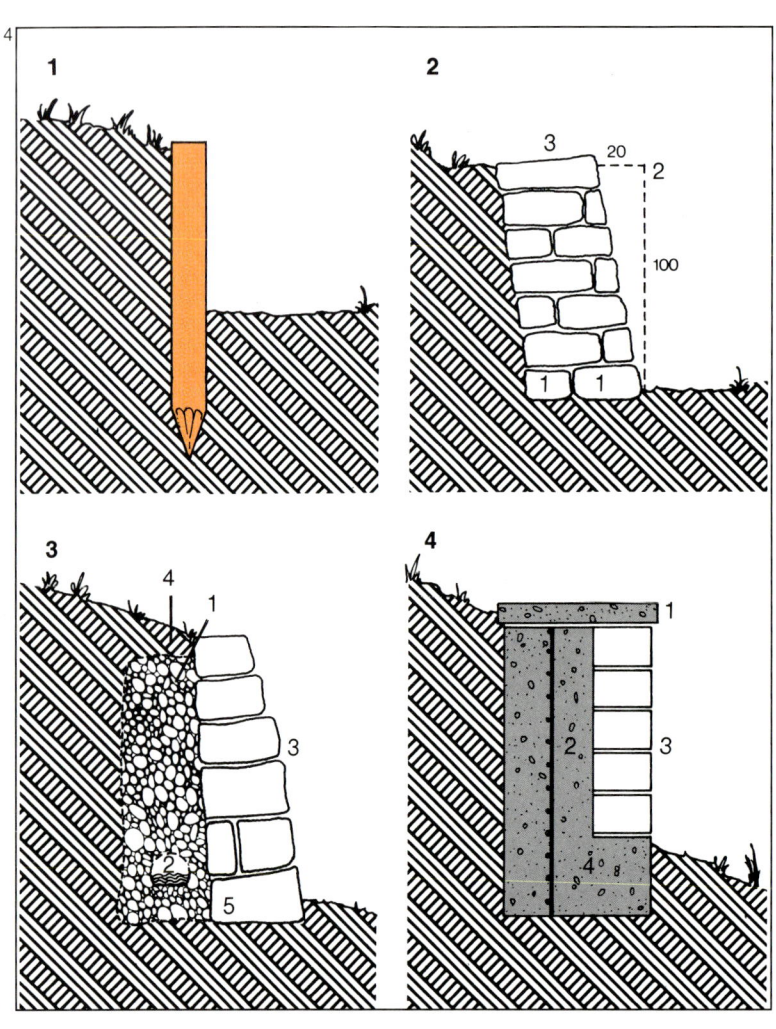

4 *Terrassierung und Stützmauern:*
  1 *Terrassierung mit Holzpfählen oder Palisaden*
  2 *Terrassierung mit Trockenmauer:*
    1 *Grundstein*
    2 *Neigung gegen den Hang*
    3 *Leichte Neigung der Steine gegen den Hang*
  3 *Terrassierung mit Drainage:*
    1 *Kiesschüttung*
    2 *Drainagerohr*
    3 *Natursteintrockenmauer*
    4 *Filtervlies*
    5 *Mulde: In ihr würde sich ohne Drainage Wasser stauen.*
  4 *Terrassierung mit Betonmauer:*
    1 *Abdeckplatte*
    2 *Bewehrte Mauer*
    3 *Verblendung mit Ziegeln, Kalksandsteinen oder Riemchen*
    4 *Fundament.*

5 *Drainage einer feuchten Stelle durch Kiespackung (oben) sowie zusätzlich mit Drainagerohr (unten).*

Fällt viel Regenwasser, und besteht die Gefahr der Ausschwemmung, wird die Mauer mit Kies hinterfüllt, eventuell ein Filtervlies eingebaut und ein Drainagerohr vorgesehen, wenn das Erdreich das wegsickernde Wasser nicht oder zu langsam abführt.

Betonmauern (Abb. 4): Sie sind dann notwendig, wenn mit starkem Erddruck gerechnet werden muß. Möglicherweise muß fachkundige Beratung in Anspruch genommen werden. Sie müssen bis in frostsichere Tiefe reichen und mit einer Baustahlmatte armiert werden. Die Betonfläche kann mit Natursteinen sowie frostsicheren Kalksandsteinen oder Ziegeln als Sichtmauerwerk gestaltet werden. Die Verarbeitung der Steine ist ab Seite 295, das Verfugen auf Seite 343 dargestellt.

Die Terrasse

Eine Terrasse ist eine künstlich geebnete Fläche im Freien, die an das Haus angrenzt und als Aufenthaltsort dient.

Ebenerdige Terrasse: Sie kann durch das Verlegen von Plattenbelägen im Sandbett geschaffen werden (siehe dazu Seite 495). Von Nachteil dabei ist, daß die Füße mancher Gartenmöbel in den Fugen steckenbleiben können. Man kann auch eine Betonplatte gießen und sie mit Platten belegen. Ist der Untergrund fest, braucht das Erdreich nur ausgegraben und Beton eingefüllt zu werden. In den meisten Fällen jedoch empfiehlt sich eine Armierung mit Baustahlmatten, bei lockeren Untergründen benötigt man zusätzlich Streifenfundamente (Abb. 2).

Terrassen über dem Gelände: Sie werden nach den gleichen Grundprinzipien gestaltet. Betonplatten sollten auf jeden Fall mit Baustahlmatten armiert werden, da das meist aufgefüllte Erdreich unter der Platte mit der Zeit etwas zusammensackt.

Fliesen- und Plattenbeläge: Sie müssen aus frostsicherem Material bestehen. Die Verlegung von Plattenbelägen im Mörtelbett und im Dünnbettverfahren sowie das Verfugen ist auf Seite 354 dargestellt.

Terrassen aus Holz: Man sollte dazu am besten kesseldruckimprägniertes Holz verwenden, zusätzlich aber noch die Grundprinzipien des konstruktiven Holzschutzes beachten. Weniger geeignet sind solche Terrassen an Stellen, die Niederschlägen voll ausgesetzt sind und an denen die Feuchtigkeit schlecht abtrocknet, also an schattigen und windgeschützten Stellen. Dort wird trotz Imprägnierung der Moosbewuchs gefördert, und es entstehen bei nassem Wetter Rutschbahnen.

Gestaltungsmöglichkeiten: Eine Terrasse läßt sich gut verbinden mit Rankgerüsten oder einer Pergola, sie läßt sich überdachen oder zu einem Wintergarten umgestalten.

Entwässerung

Bei wasserundurchlässigen Böden oder Bodenbelägen muß für die Abführung des Oberflächenwassers gesorgt werden. Das ist möglich durch eine ausreichende Neigung von Wegen und Flächen, möglicherweise zusätzlich durch Bodeneinläufe und Entwässerungsrinnen.

Mulden und Vertiefungen, in denen sich Wasser sammelt, können durch Sickerschächte oder -gruben trockengelegt werden, die man mit Kies oder Schotter füllt (Abb. 5). Sollen größere Flächen trockengelegt werden, werden Drainagerohre verlegt. Sie nehmen Wasser über Ritzen auf und führen es an anderer Stelle wieder ab (dazu Näheres auf Seite 446).

Einfriedungen, Sicht-, Wind- und Sonnenschutz

Bevor man sich an die Abgrenzung von Grundstücken macht, sollte man sich darüber klarwerden, welchem Zweck die Maßnahme dienen soll. Auf Abgrenzungen, die eigentlich nur eine Grenzlinie sichtbar machen sollen, kann man meist verzichten und sie durch eine niedrige Hecke ersetzen. Der Verzicht auf Zäune und Mauern kann nachbarschaftliche Kontakte erleichtern und auch Kindern größere Freiräume schaffen. Bei der Wahl der Grundstücksbegrenzungen, aber auch bei allen Maßnahmen des Sicht-, Wind- und Sonnenschutzes sollte man beachten, daß Orts- und Straßenbild dadurch stark mitbestimmt werden. Nicht alles, was als Fertigprodukt oder als Bausatz zu kaufen ist, paßt sich in Landschaft, Ort oder Straße ein.

Hecken

Hecken können Grundstücke abgrenzen und zugleich einen ausgezeichneten Sichtschutz bieten. Höhere Hecken mit dichtem Geäst schwächen den Wind ab, ganz niedrige Hecken können ein Areal optisch abgrenzen. Dichte Heckenbepflanzungen sind wichtige Lebensräume für Vögel, die Schadinsekten im Garten in Grenzen halten. Hecken werden häufig mit Zäunen oder Gartenmauern kombiniert.

Zäune

Zäune werden aus unterschiedlichen Baumaterialien hergestellt, die man

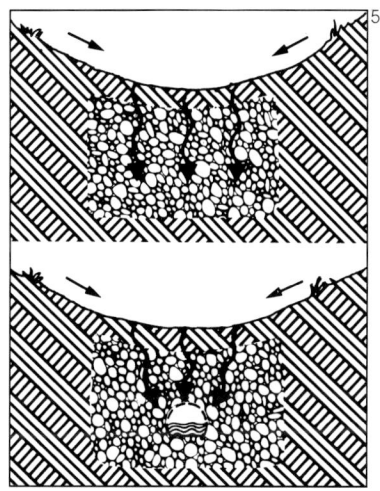

sinnvoll miteinander kombinieren kann (Abb. 6 bis 12). Zaunpfosten bestehen aus Holz, Beton oder Metall. Als Faustregel gilt, daß sich $\frac{1}{3}$ der Pfostenlänge unter, $\frac{2}{3}$ über der Erdoberfläche befinden. Will man also Pfosten setzen, die 1 m hoch sein sollen, beträgt die gesamte Pfostenlänge 1,50 m. Bei niedrigen Pfosten und bei nachgiebigem Erdreich muß man mit mehr als $\frac{1}{3}$ Einbauhöhe rechnen. Der Pfostenabstand beträgt zwischen 3 und 6 Meter. Zum konstruktiven Holzschutz siehe Seite 150.

Pfosten aus Holz: Wie man Holzpfosten setzen kann, ist in Abb. 6 dargestellt. Schlägt man die Pfosten ein, werden sie unten angespitzt und mit einem Vorschlaghammer eingetrieben.

499

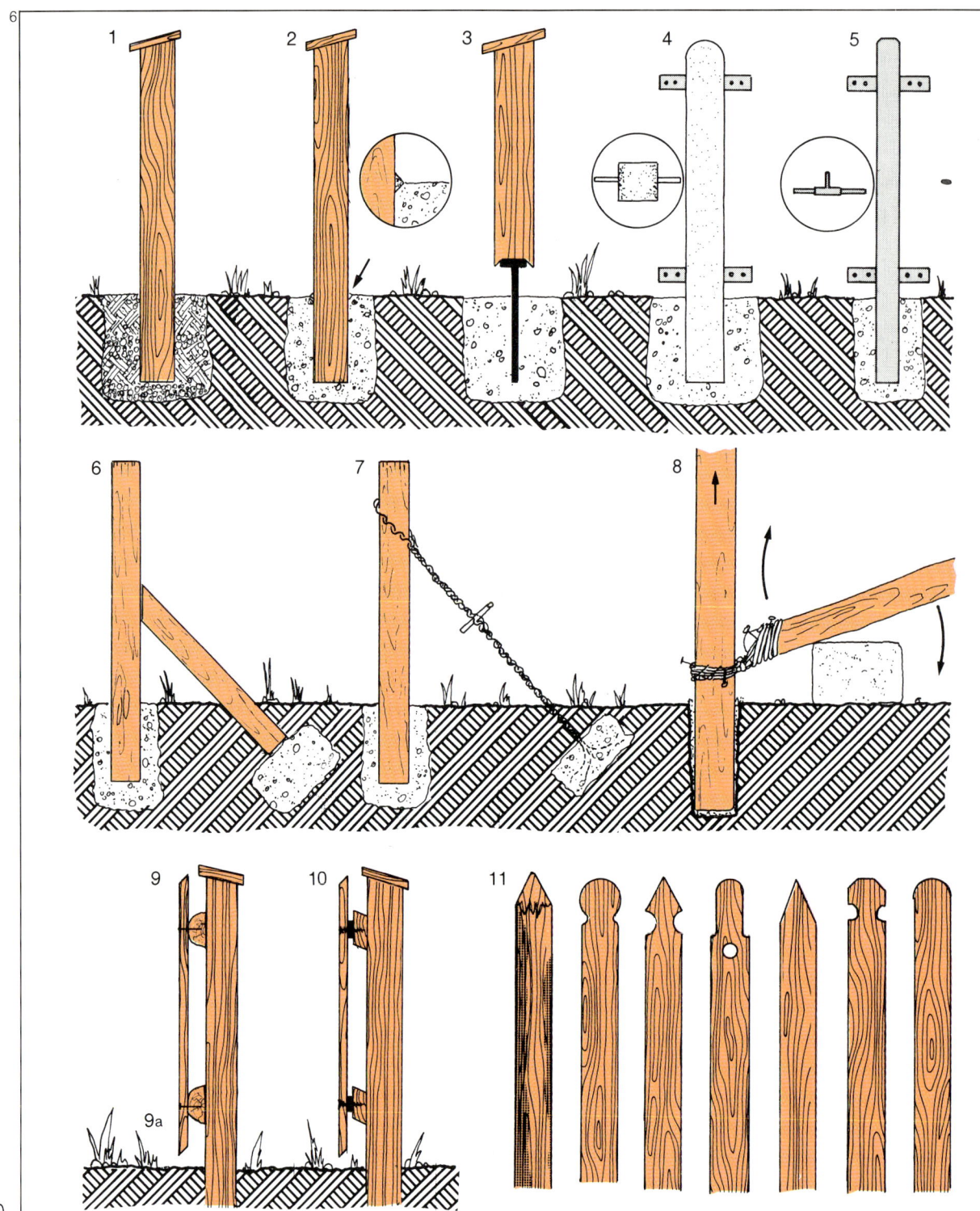

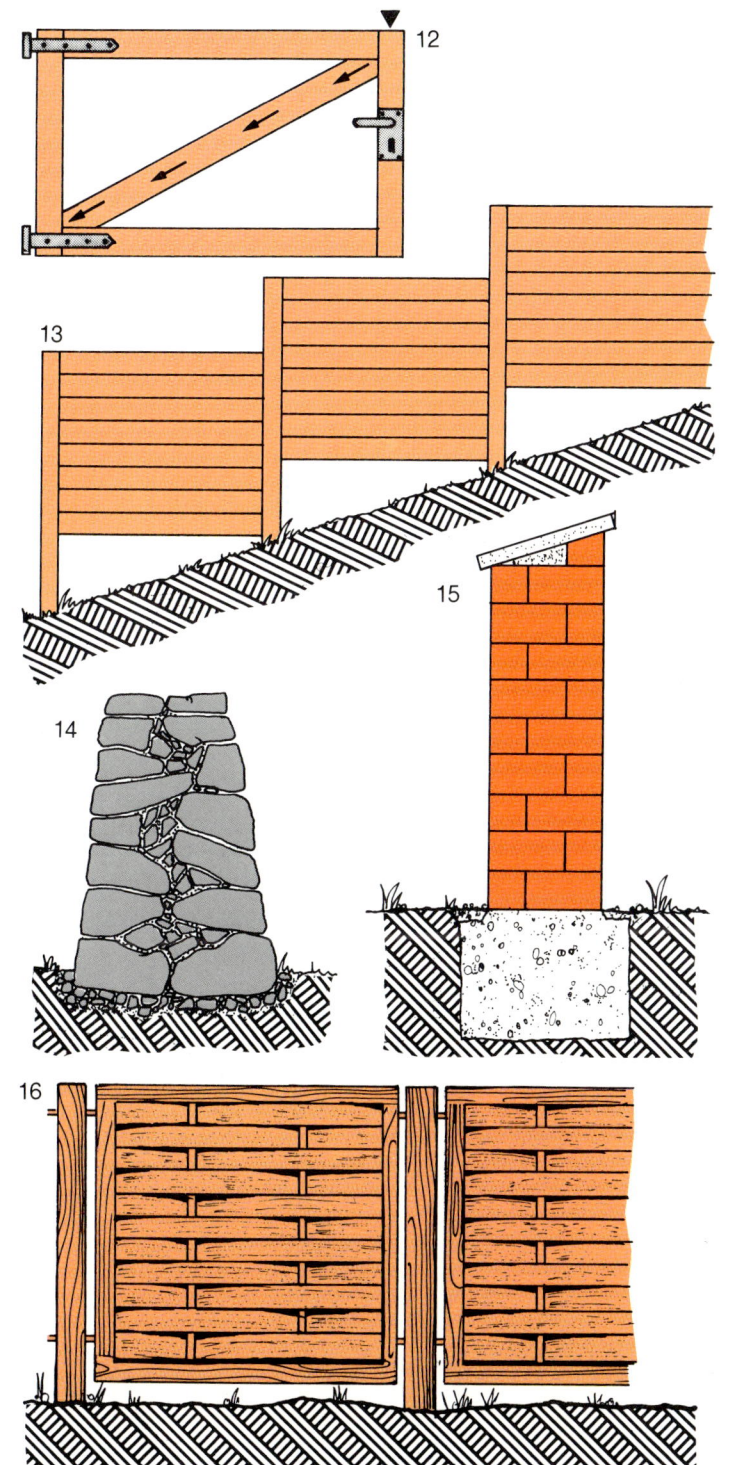

Damit die Oberkante des Pfostens nicht beschädigt wird, legt man ein Brettstück unter, man arbeitet also am besten zu zweit.

Dickere Pfosten muß man eingraben. Bei wasserundurchlässigen Untergründen empfiehlt sich die Einbringung einer etwa 20 cm starken Kiesschicht, damit das Niederschlagswasser zügig nach unten abgeführt wird. Zusätzlich kann man beim Verfüllen des Pfostenlochs Erdaushub sowie Kies oder Schotter schichtweise einfüllen. Da sich solche Pfostenlöcher bei starken Niederschlägen und wasserundurchlässigem Untergrund mit Wasser füllen können, ist möglicherweise zusätzlich eine Drainage notwendig.

Werden die Pfosten einbetoniert, z.B. dann, wenn sie besonders fest sitzen sollen, werden die Pfostenenden unten in eine Kiesschicht gebettet, damit Was-

6 *Zäune, Mauern, Sichtschutzelemente:*
  1 *Holzpfosten mit einzelnen Kies-schichten und Abdeckbrett*
  2 *Holzpfosten in Beton und Fugen-verguß*
  3 *Holzpfosten auf Pfostenanker zum Einbetonieren*
  4 *Betonsäule mit Laschen*
  5 *Metallpfosten aus T-Profil mit an-geschweißten Laschen*
  6 *Abstützung eines Pfostens mit Pfahl und Betonwürfel*
  7 *Abspannung mit Draht*
  8 *Herausziehen von alten Pfosten mit Hebelwirkung*
  9 *Befestigung der Zaunlatten an Halbrundhölzern*
  9a *Tropfkante: Sie sorgt für schnel-les Abtropfen des Wassers von den Latten*
  10 *Befestigung an angeschrägten Querstreben:*
     Das Wasser läuft auch hier gut ab. Zwischen Latten und Querstreben sorgen Distanzringe aus Kunst-stoff für das schnelle Trocknen des Holzes
  11 *Verschiedene Zaunlattenformen*
  12 *Konstruktion eines Zauntores mit Übertragung der Kräfte auf die Bänderseite*
  13 *Zaungestaltung an Hängen*
  14 *Trockenmauer*
  15 *Mauer mit Fundament*
  16 *Flechtzaunelement.*

501

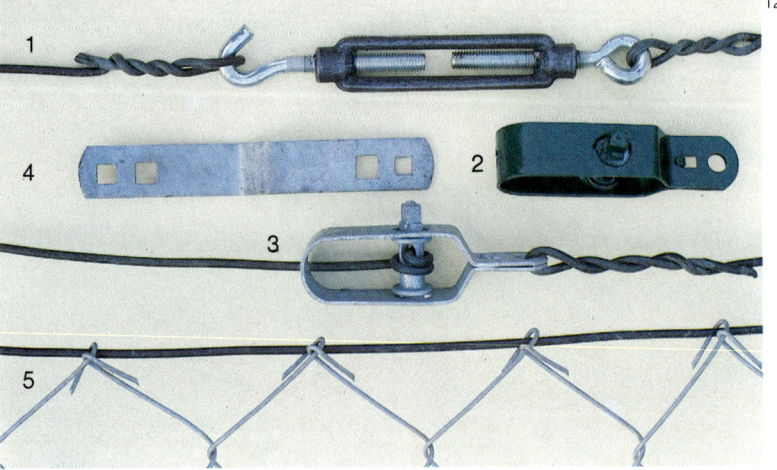

ser, das eventuell in den Beton eindringt, nach unten wieder abgeführt werden kann. Im Erdbereich wird nach dem Einbringen des möglichst wasserarmen Betons eine Fuge ausgekratzt, die mit Teer oder einer geeigneten Dichtungsmasse verschlossen wird. So ist sichergestellt, daß keine ablaufende Feuchtigkeit in feine Ritzen eindringen und den Pfosten dauerhaft durchfeuchten kann.

Man kann Holzpfosten auch auf spezielle Anker setzen, so daß sie nicht mit dem Erdreich in Berührung stehen und daher wesentlich länger halten (siehe Seite 201, Abb. 152).

Pfosten aus Beton (Abb. 6): Pfosten aus Beton kann man mit der Mischung 1:4 unter Verwendung von Betonrundstählen selbst herstellen. Die Haltelaschen für die Querriegel, durchgehende Bandstähle mit Löchern, werden dabei mit einbetoniert.

Pfosten aus Metallrohr: Sie werden häufig für Drahtzäune verwendet, in ein kleines Betonfundament versetzt und sind bereits mit Ösen für die Spanndrähte ausgestattet.

T-Profile aus Metall (Abb. 6): Sie werden in den Betonsockel eingelassen und dienen zur Befestigung der Querstreben.

7–11 *Verschiedene Zäune.*

8 *Auswechseln von morschen Holzteilen und Anbringung eines neuen Doppeltorüberwurfs.*

12 *Drahtzaun.*
  1 Spannschloß für geringere Drahtlängen
  2, 3 Spannschlösser für größere Drahtlängen
  4 Spannschlüssel
  5 Aufhängung des Drahtzauns.

13 *Beetbegrenzungen:*
  1 Abgrenzung mit Rundhölzern
  2 Abgrenzung mit Brett, Betonplatte, Ziegel oder Holzpfählen bzw. Palisaden
  3 Abgrenzung durch Abstich, Auffüllen mit Mulchmaterial
  4 Abgrenzung von Gartenflächen zu einer Asphaltfläche, z.B. Gehsteig
  5 Mähkante an Mauer.

Zäune aus Holz: Sie werden aus Latten unterschiedlicher Formen oder Brettern hergestellt, die man an Querstreben mit verzinkten Nägeln oder Schrauben befestigt. Die Querstreben sollen so mit den Pfosten verbunden werden, daß Wasser entweder zügig ablaufen oder die Feuchtigkeit wieder abtrocknen kann. Als Querstreben verwendet man am besten halbierte Rundhölzer oder Streben, die parallelogrammartig zugeschnitten sind, da das Wasser dann zügig abläuft. Im zweiten Fall empfiehlt sich das Unterlegen von dünnen Kunststoffscheiben, damit die Holzkontaktflächen möglichst klein bleiben.

Wird ein sehr gleichmäßiger Lattenabstand gewünscht, stellt man sich eine Abstandslehre her, ein Latten- oder

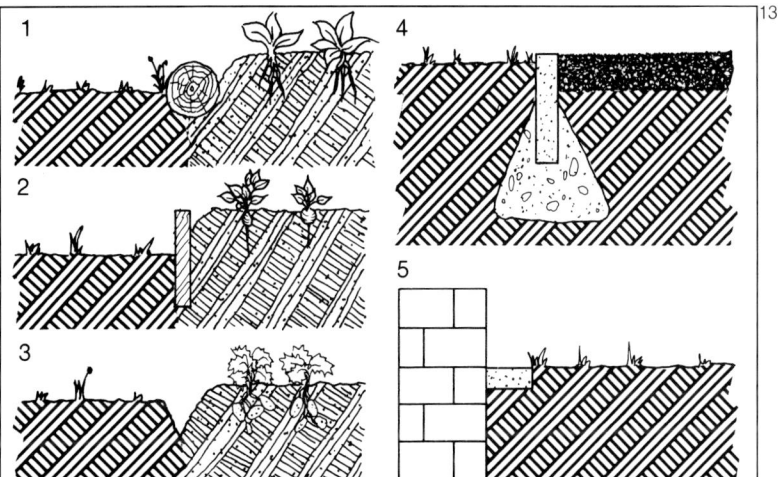

Brettstück mit parallelen Kanten mit angenageltem Klotz.

Latten und Bretter lassen sich in den unterschiedlichsten Formen gestalten. Sie sollen jedoch oben immer entweder nach vorn oder zur Seite hin abgeschrägt werden und unten eine Tropfkante besitzen.

Drahtzäune: Sie werden verzinkt sowie mit transparentem oder grünem Kunststoff überzogen hergestellt. Die Maschendrahtbahnen befestigt man an Spanndrähten, die man mit Spannschlössern zwischen zwei Eckpfosten spannt. Die Eckpfosten müssen daher besonders standsicher gesetzt werden, was man durch Setzen in Beton, durch eine Abspannung oder seitliche Verstrebung erreichen kann (Abb. 6). Zwi-

schen den Eckpfosten werden nun drei Spanndrähte eingezogen, und zwar dort, wo sich das obere Ende des Drahtzauns befinden soll, sowie in der Mitte und unten. Der Draht wird entweder durch Krampen geführt, die nicht ganz eingeschlagen werden, oder durch Ring- bzw. Ösenschrauben (Abb. 12 auf Seite 52), an einem Eckpfosten befestigt und mit dem Spannschloß am anderen Ende fest, aber nicht mit Gewalt gespannt (Abb. 12). Die Maschendrahtbahnen werden nun ausgerollt, an einem Ende mit Krampen oder Drähten befestigt und zur anderen Seite mit einem Stab gespannt und mit den Drahtschlaufen am oberen Ende über den Spanndraht gehängt. In der Mitte und unten wird der Drahtzaun mit kleinen verdrillten Drähten an den Spanndrähten befestigt. Bei kürzeren Zaunabschnitten können der mittlere und untere Spanndraht auch nachträglich durch die Maschen gezogen werden.

Tore

Tore können mit unterschiedlichen Holzverbindungen hergestellt werden. Entscheidend ist, daß durch eine Strebe die Last von der Schloß- auf die Bänderseite übertragen wird (Abb. 6). Als Schlösser setzt man häufig Kastenschlösser ein (siehe dazu Seite 475), geeignete Bänder sind in Abb. 8 auf Seite 475 dargestellt.

Mauern, Mauerpfeiler, Sockel

Mauern als Grundstücksbegrenzung 503

sind nur selten sinnvoll. Häufig jedoch kann man Mauerwerk mit anderen Materialien kombinieren.

Mauern: Mauersteine und ihre Verarbeitung sind im Kapitel »Baustoffe« ab Seite 285 dargestellt. Den Aufbau einer Trockenmauer aus Natursteinen zeigt Abb. 6, die Ansicht Abb. 6 auf Seite 287. Für alle Mauern, die mit Mörtel hergestellt werden, empfiehlt sich ein frostsicheres Fundament, das bis zur Erdoberfläche reichen sollte (siehe dazu Seite 317). Gemauert werden sollte mit Mörteln der Mörtelgruppe II. Das Verfugen von Sichtmauerwerk ist auf Seite 343 dargestellt. Verputzt werden sollte im Erd- oder Spritzwasserbereich nur mit Zementmörtel. Für längere Mauern sollten in Abständen von etwa 4 m Dehnungsfugen vorgesehen werden: Das kann die Bildung von Mauerrissen verhindern. Mauerwerk, das mit Mörtel errichtet wurde, muß durch eine Abdeckung mit Dachziegeln, Blech oder Betonplatten geschützt werden.

Mauerpfeiler: Sie werden aus Mauerwerk oder Beton hergestellt. Betonpfeiler müssen mit Baustahl armiert werden.

Sockel: Sie werden häufig in Verbindung mit Holzzäunen ausgeführt, entweder aus Beton gegossen oder auf ein Betonfundament gemauert. Die Schalung für einen Sockel zeigt Abb. 36 auf Seite 309.

Abgrenzungen

Häufig ist es sinnvoll, verschiedene Flächen voneinander abzugrenzen, z. B. die Gehsteigkante vom Erdreich, eine Rasenfläche von einem tiefer liegenden Kiesweg. Welche Möglichkeiten sich dabei bieten, zeigt Abb. 13.

14 *Pergola.*

15 *Konstruktionsprinzipien einer Pergola:*
   1 Auflagerung
   2 Schnitt
     1 Tropfkante als konstruktiver Holzschutz
     2 Tropfkante anderer Art
   3 Verbindung der Balken mit Gewindeschraube
   4 Seitenansicht von 3.

16 *Begrünter Balkon.*

Pergola

Eine Pergola war ursprünglich in südlichen Ländern eine Konstruktion aus Holz, bei der die Querstreben so angeordnet waren, daß sie bei hohem Sonnenstand Schatten spendeten. Sie hat sich zu einer offenen Überdachung entwickelt, die eine gewisse Fläche abgrenzt und als Rankgerüst für Pflanzen dient (Abb. 14).

Will man eine Pergola bauen, sollte man sich überlegen, welchem Zweck sie dienen soll. Sie kann bei dichtem Bewuchs oder durch Verkleidungen Sichtschutz gewähren, sie kann bei einer Überdachung vor Regen schützen, sie kann so bepflanzt werden, daß Früh- und Abendsonne genutzt werden können, die hochstehende Sonne aber abge-

schirmt wird. Eine Pergola wird in der Regel mit einfachen Holzverbindungen hergestellt, entweder mit Gewindeschrauben oder mit Holzverbindern (siehe dazu Seite 201). Für den konstruktiven Holzschutz günstig sind Konstruktionen, wie sie in Abb. 15 dargestellt sind. Das Einlassen der Platte und die Herstellung einer Tropfkante ist jedoch nur bei massiven Balken sinnvoll und erfordert eine gute Aussteifung der gesamten Konstruktion durch die Querstreben.

Paravent

Ein Paravent ist ein Windschirm, meist in Form eines Flechtzaunelements (Abb. 6). Man kann ihn in einer beliebigen Größe selbst herstellen, wenn man

14

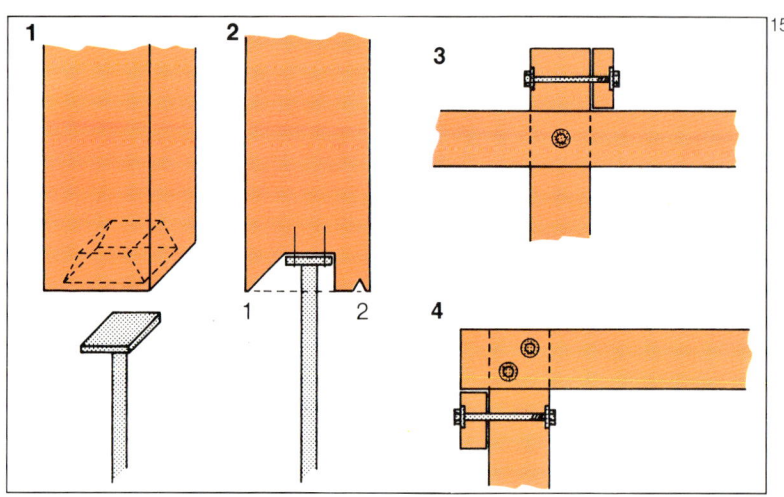

15

in der Lage ist, einen Rahmen zu bauen und eine Nut einzufräsen.

Man kann mehrere Elemente miteinander verbinden und besitzt dann, wenn der Paravent nicht ortsfest aufgestellt werden soll, einen flexiblen Windschutzzaun.

Ein solches Element läßt sich auch aus besäumtem Markisenstoff und Ösen herstellen. Die Befestigung am Rahmen erfolgt mit einer Schnur oder einer Kordel.

Sicht-, Wind- und Sonnenschutz am Balkon

Auch hier sind flexible Elemente in Form eines Paravents denkbar. Häufig werden Balkongeländer auch mit Markisenstoff und Ösen verkleidet. Denkbar

ist auch eine Verkleidung mit Schilfstrohmatten. Gegen die hochstehende Sonne können Abspannungen schützen, die zwischen Geländer und Decke oder Mauer mit Markisenstoff hergestellt werden.

Abb. 16 zeigt, wie man auch einen kleinen Balkon so begrünen kann, daß damit zugleich Sichtschutz erreicht wird.

Garten- und Balkonmöbel

Möbel im Garten und auf dem Balkon sind der ständig wechselnden Luftfeuchtigkeit und häufig auch Nieder-

schlägen ausgesetzt. Das hat Auswirkungen auf die Auswahl der Werkstoffe und die Konstruktion.

Bei Fertigmöbeln stehen die Materialien Stahl, Aluminium und Kunststoff im Vordergrund, Möbel aus Holz sind in der Regel kesseldruckimprägniert und daher besonders gut gegen Feuchtigkeitseinwirkungen geschützt.

Viele Holzwerkstoffe sind überhaupt nicht für den Bau von Garten- und Balkonmöbeln geeignet. Im Vordergrund steht daher die Verwendung von Vollholz, wobei astfreie Hölzer, insbesondere Lärche und Kiefer, sich am besten eignen.

Wird Holz naß oder feucht, fängt es an zu arbeiten, es kann sich werfen. Verwendet werden daher meist sehr einfache Holzverbindungen wie Schraubverbindungen.

Falls es die Konstruktion erlaubt, bringt man sie so an, daß die Schraubstellen regengeschützt sind oder Regen schnell ablaufen kann.

Lacke auf Holz im Freien sind sehr empfindlich, da sie meist der Sonneneinstrahlung ausgesetzt sind und leicht Risse bekommen, in die Feuchtigkeit eindringt, die schließlich den Lack zum Abplatzen bringt. Holz kann auch durch Holzschutzmittel imprägniert werden. Diese Imprägnierungen dringen jedoch nicht sehr tief ein und müssen von Zeit zu Zeit erneuert werden. Schließlich gibt es noch die Möglichkeit, die Möbel mit relativ unbedenklichen, aber meist nicht so wirksamen sog. biologischen Mitteln zu behandeln. Zu Holzverbindungen siehe Seite 187 und 483.

Tische

Tische sollten etwa 70 bis 80 cm hoch sein. Runde Tische bieten mehr Stühlen Platz als viereckige. Konstruktionen, die nur einen Mittelfuß besitzen, bieten mehr Fußfreiheit, Tische mit drei Füßen können zwar schief stehen, wackeln aber nie.

Die Tischbeine können aus Kanthölzern hergestellt werden. Möglich ist auch eine einfache Rahmenkonstruktion, bei der die Aussteifung durch Streben besonders wichtig ist.

Die Stellfläche wird aus Brettern hergestellt, für die man meist 2 bis 3 cm Zwischenraum vorsieht, damit Feuchtigkeit schnell abtrocknen kann. Die oberen Kanten der Bretter werden gerundet, die

16

unteren jedoch nicht, damit das Wasser besser abtropft.

Stühle und Bänke

Gartenstühle sind etwa 40 bis 45 cm hoch und haben eine etwa 50 cm tiefe Sitzfläche. Sie sollte ganz leicht, die Lehne kann etwas stärker nach hinten geneigt sein. Für Gartenbänke gilt das gleiche. Bänke, deren Sitzfläche etwas gewölbt ist, sind besonders bequem. Auch hier gilt, daß die dem Sitzenden zugewandten Kanten gerundet werden sollten.

Liegen

Auch Liegen kann man aus Holz selbst bauen. Da sie jedoch relativ hart sind, erfordern sie eine Polsterung.

Aus einem Holzrahmen kann man auch Liegen fertigen, die mit Stoff bezogen werden.

Pflege und Reparatur

Möbel mit Stoffbezug sollte man immer gut trocknen lassen, bevor man sie wegstellt. Sie sollten über den Winter auch nicht in feuchten Schuppen oder Garagen, sondern im trockenen Keller aufbewahrt werden. Holzmöbel, die man zum Trocknen aufbewahrt, z.B. im Heizungskeller, können Schwindrisse bekommen. Lackierte Holzteile müssen auch bei kleinen Schäden möglichst bald ausgebessert werden, denn eindringende Feuchtigkeit vergrößert den Schaden sehr schnell. Auch abgeplatzter Lack an Stahlrohren muß ausgebessert werden. Mehr über die Oberflächenbehandlung findet sich im Kapitel »Anstriche« ab Seite 107. Möbel, die nicht gestrichen oder imprägniert sind, werden mit der Zeit grau, später an vielen Stellen grauschwarz. Bei imprägnierten Möbeln dauert dieser Prozeß etwas länger, ist aber auch hier nicht aufzuhalten. Diese Holzteile kann man natürlich durch Schleifen wieder aufhellen, wesentlich einfacher aber durch intensives Scheuern mit Wurzelbürste und feinem Sand oder einer Sodalösung.

Beschädigte Möbel lassen sich oft auf einfache Weise reparieren: Man kann morsche Holzteile ersetzen, gebrochenes Stahl- oder Aluminiumrohr kann man löten, wenn man über die gebrochene Stelle eine Muffe schiebt. Stoffrisse lassen sich mit festem, nicht einlau-

fenden Garn flicken, wie auf Seite 278 dargestellt ist. Ist das Flicken nicht mehr möglich, oder lohnt es sich nicht mehr, fertigt man einen neuen Stoffbezug an. Einfacher ist jedoch in der Regel eine neue Stoffbespannung mit Ösen und Schnur (Seite 72, Abb. 47). Verwendet wird Markisenstoff oder Segeltuch. Bei Stühlen, deren Sitzfläche mit Kunststoffschnur bespannt ist, kann man eine neue Schnur einziehen, die es für diesen Zweck zu kaufen gibt.

Grill

Man sollte versuchen, den Grillplatz so anzuordnen, daß die Nachbarn einer

möglichst geringen Geruchsbelästigung ausgesetzt sind. Wenig Geruchsbelästigung entsteht vor allem durch den Gasgrill, der mit Flaschengas betrieben wird.

Tropft Fett in die Glut, entsteht das krebsfördernde Benzpyren. Das kann man vermeiden, wenn man eine Konstruktion baut, in der das Grillgut senkrecht angeordnet wird. Die Holzkohle befindet sich dabei in zwei seitlichen Taschen, die mit Vollziegeln und einem feinmaschigen Welldraht hergestellt wird. Damit sich die Steine nicht zu sehr

17 *Fassadenbegrünung*

18 *Verschiedene Rankgerüste.*

17

aufheizen, kann man sie mit Alufolie auskleiden. Die Grilltasche wird entweder ebenfalls aus feinmaschigem Welldraht hergestellt oder aus zwei Grillgittern, die unten miteinander verbunden sind.

Gartenhäuser und Hausanbauten

Wer im Garten bauen will, findet dazu eine Fülle von Anregungen und Arbeitsanleitungen in den Kapiteln »Baustoffe«, »Rohbau, Umbau, Sanierung« und im Kapitel »Holz«. Für einfache Holzverbindungen eignen sich insbesondere spezielle Holzverbinder aus Stahl, die in Abb. 152 auf Seite 201 zu sehen sind.

Garage und Gartenhaus

Solche Bauten kann sich ein geschickter Heimwerker durchaus selbst zutrauen, wenn er einen Architekten oder Baustoffhändler kennt, der ihm in schwierigen Situationen gute Tips geben kann. Den Beton für die Fundamente wird man in vielen Fällen als Fertigbeton bestellen. Betondecken sind für den Heimwerker nicht geeignet, er kann aber auf Gasbeton- oder Ziegeldecken zurückgreifen. Das Einsetzen von Fenstern ist auf Seite 468, das Einsetzen von Türen ab Seite 462 beschrieben. Die Gestaltung eines Tors ist mit einfachen Bändern möglich (siehe Seite 475, Abb. 8). Als Fertigtore werden Schwing- und Schiebetore angeboten.

Schuppen

Schuppen werden in der Regel aus Holz gebaut. Die Rahmenkonstruktion aus Holzbalken stellt man am besten auf ein Streifenfundament. Von großer Wichtigkeit ist die Aussteifung der Konstruktion, die man in der Regel durch Verstrebungen erreicht. Wie ein einfaches Pultdach aussieht, zeigt Abb. 21 auf Seite 341. Nach dem gleichen Prinzip kann man auch ein einfaches Satteldach bauen.

Was bei einer Holzverkleidung hinsichtlich des konstruktiven Holzschutzes zu beachten ist, ist auf Seite 150 dargestellt, wie man eine Holzverkleidung herstellt, auf Seite 372.

Laube

Eine Laube ist ein überdachter Sitzplatz im Freien, dessen Seiten offen und meist mit Kletterpflanzen bewachsen sind.

Hinsichtlich einer Holzkonstruktion gilt sinngemäß, was über den Bau von Schuppen gesagt wurde.

Carport

Ein Carport ist ein überdachter, aber nach den Seiten meist offener Autostellplatz. Carports werden aus Holz hergestellt, können eine feste Bedachung erhalten, aber auch eine lichtdurchlässige aus Kunststoff.

Sie werden als Fertigbausätze angeboten und sind in dieser Form meist preisgünstiger, als wenn man das Material selbst kaufen muß.

Wintergarten

Der Wintergarten wird meist als Anbau aus Holz, Metall und Glas hergestellt. Die Schwierigkeit bei Holzkonstruktionen besteht darin, daß das Material der Feuchtigkeit ausgesetzt ist und daher arbeitet. Das kann zu Schwierigkeiten bei der Verglasung führen.

Der Wintergarten wirkt als Wärmefalle, d.h., die Glasverkleidung läßt die Sonnenstrahlen durch, hält jedoch die langwellige Wärmestrahlung zurück. Der Bereich des Wintergartens ist ohne Beheizung etwa 250 Tage im Jahr benutzbar. Auf dem Wärmefallenprinzip beruhen auch Solargewächshäuser (Literatur Seite 536).

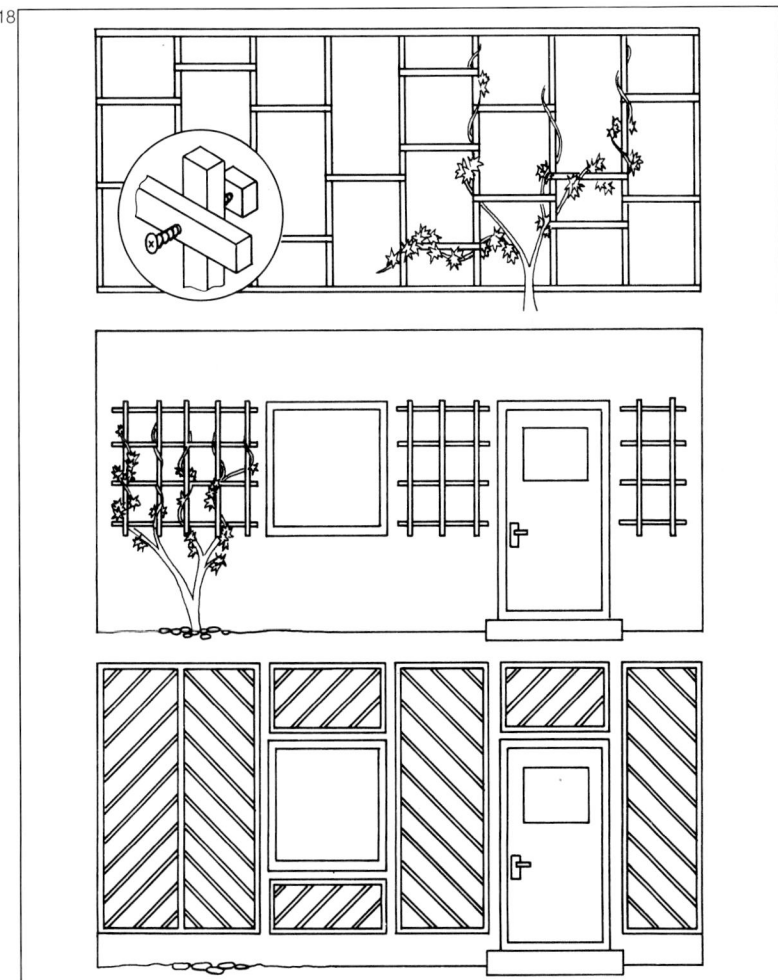

18

507

1

2

1

2

3

4

3

1

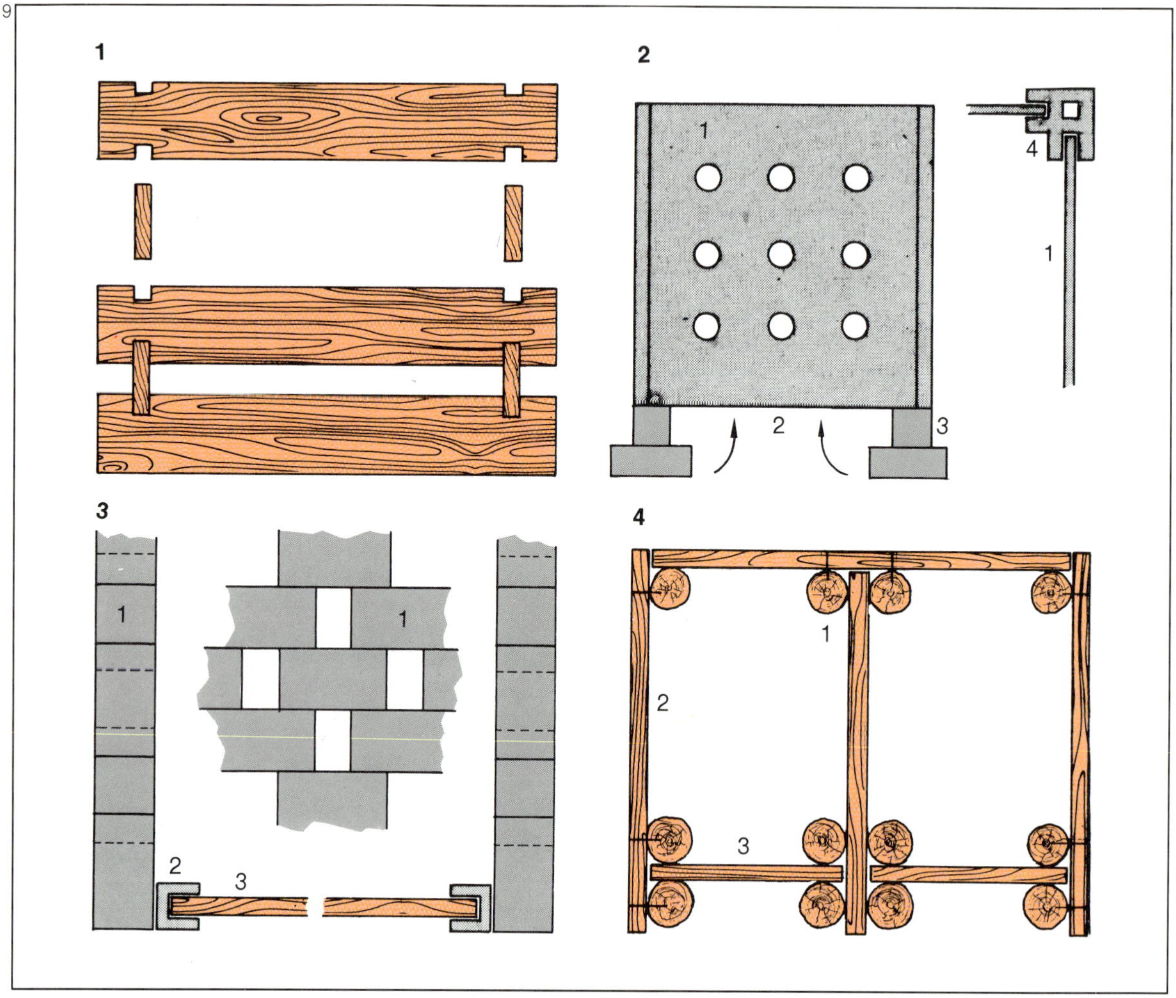

1

2

3

4

1

2

3

Pflanzenstützen, Rankgerüste, Pflanzgefäße

Manche Pflanzen benötigen zum Wachstum eine Hilfestellung in Form von Stützen oder Gerüsten.

Pflanzenstützen

Werden Bäume eingepflanzt, benötigen sie meist Stützpfähle. Sie werden so angebracht, daß ein Sturm den Baum nicht entwurzeln kann. Gut abgesichert gegen Winde aus unterschiedlichen Richtungen sind Bäume mit 2 (größere mit 4) Stützpfählen. Das Anbinden erfolgt mit Kokosstrick oder Kunststoffbindern.

Zur Abstützung von Blumen und Gemüsepflanzen werden Pflanzstäbe aus Stahlrohr, Stäbe mit Rippenstruktur, Spiralstäbe, Draht- oder Kunststoffringe angeboten.

Rankgerüste

Mit Rank-, Schling- und Kletterpflanzen

19 *Komposter:*
  1 *Komposter im Stecksystem aus Holz*
  2 *Komposter nach dem System »Mücke«*
    1 *Gelochte Bleche*
    2 *Gelochtes Bodenblech*
    3 *Unterlage*
    4 *Detail aus Vierkantrohr und zwei angeschweißten U-Profilen und eingesteckten Seitenblechen*
  3 *Gemauerter Kompostplatz*
    1 *Mauerwerk mit Lüftungsöffnungen*
    2 *Stahlprofil*
    3 *Herausnehmbare Bretter*
  4 *Kompostplatz mit zwei Kammern*
    1 *Rundholzpfähle*
    2 *Bretterverkleidung mit Lüftungsspalten*
    3 *Herausnehmbare Bretter.*

20 *Komposter nach dem System »Mücke« mit zusätzlichen Lüftungsrohren.*

21 *Shredder.*

kann man Hausfassaden und Garagenwände, Zäune, Lauben und Pergolen einwuchern lassen. In den meisten Fällen bietet ein solcher Bewuchs auch Windschutz und kann zur Energieeinsparung beitragen.

Selbstkletterer (Efeu, Kletterhortensie): Sie halten sich mit Hilfe von Haftwurzeln oder Saugnäpfen an Wänden oder Bäumen fest und benötigen keine Gerüste (Abb. 17).

Rankende Arten (Wilder Wein, Waldrebe, Zierkürbis): Sie wachsen mit Greif- und Wickelranken. Die Pflanzen benötigen ein Rankgerüst aus waage- und senkrechten oder diagonalen Lattenkonstruktionen, die zugleich als Element der Fassadengestaltung eingesetzt werden können (Abb. 18). Damit

21

die Feuchtigkeit gut abtrocknen kann, sollte sich der Abstand zur Wand auf mindestens 5 cm belaufen. Der Abstand der Latten untereinander beträgt häufig 30 bis 40 cm, hängt jedoch von der Art der Bepflanzung ab.

Spreizklimmer (Kletterrose, Winterjasmin): Diese Pflanzen spreizen sich mit Trieben zwischen Stützvorrichtungen fest. Sie benötigen Gerüste mit vorwiegend waagerechter Ausrichtung. Der Abstand der Lattenkonstruktion von der Wand beträgt meist über 10 cm und mehr.

Windende Arten, Schlinger (Winden, Hopfen, Feuerbohne): Sie benötigen sehr einfache Gerüste aus Draht, Schnur oder schmalen Latten mit senkrechter Ausrichtung.

Pflanzgefäße

Blumenkästen an Fenstern kann man aus Holz herstellen, indem man Bretter zusammennagelt, zusammenschraubt oder auch durch Zapfen verbindet. Die Aufhängung erfolgt über gebogene Flacheisen am Fenster, an der Terrasse oder am Balkon.

Bei Pflanzgefäßen für Balkon, Terrasse oder Dachgarten sollen Erdausschwemmungen vermieden werden. Man verwendet dort also vor allem geschlossene Pflanzgefäße aus Beton, Kunststoff oder Ton.

Kompostbehälter

Kompost entsteht durch die Verrottung von organischem Material wie Küchen- und Gartenabfällen durch Bodenlebewesen wie Bakterien und Regenwürmer. Es entsteht ein bräunlich-krümeliges, nährstoffreiches Gemisch. Der Kompoststapel hat meist Erdkontakt, er sollte immer feucht sein, etwa wie ein ausgedrückter Schwamm.

Er darf aber nicht naß sein, damit Fäulnis und Geruchsbelästigung vermieden werden.

Kompoststapel können frei aufgesetzt werden; wenn weniger Platz zur Verfügung steht, werden Behälter aus Holz, Metall oder Kunststoff verwendet (Abb. 19).

Von entscheidender Bedeutung ist eine gute seitliche Belüftung durch Schlitze oder Löcher.

Die erste Schicht sollte aus gröberem Material wie Hecken- und Obstbaumschnitt bestehen, um eine Belüftung auch von unten zu gewährleisten und überschüssiges Wasser schnell abzuführen. Bei wasserundurchlässigen Böden sollte man zusätzlich eine etwa 20 cm dicke Kies- oder Schotterschicht vorsehen, damit das Wasser zügig abgeführt wird. Eine gleichmäßigere Verrottung erreicht man, wenn der Kompost nach der Hälfte der Lagerzeit umgesetzt wird. Fertiger Kompost entsteht während der Sommermonate in 2 bis 4, in den Wintermonaten in 6–8 Monaten.

Für Kompostbehälter reicht häufig schon eine Grundfläche von ½ bis 1 m² völlig aus. Bewährt haben sich Konstruktionen aus zwei nebeneinanderliegenden Behältern, weil sie zum einen das Umsetzen ermöglichen, zum andern aber immer genügend Platz zur Verfügung steht.

Besonders erwähnt werden soll auch die Kompostierung nach dem System »Mücke«, das den Namen seines Erfinders trägt. Die Kompostbehälter aus Metall haben keinen Kontakt zum Erdreich und sind so konstruiert, daß auf einer sehr kleinen Fläche in sehr kurzer Zeit Kompost erzeugt werden kann. Von großer Wichtigkeit ist die Anordnung der Lüftungslöcher, die sich an allen vier Seitenteilen und im Behälterboden befinden. Der Behälter ist oben mit einem Deckel versehen, der einerseits die Austrocknung verhindert, zum anderen aber die Nässe abhält und somit das Faulen verhindert. Das Aussehen wird nicht als störend empfunden, weshalb sich diese Behälter, die auch in runder Ausführung mit kleinem Durchmesser erhältlich sind, sogar zur Aufstellung in Hausnähe eignen. Nähere Informationen dazu im Literaturverzeichnis auf Seite 536.

Mit etwas Geschick und Grundkenntnissen in der Metallbearbeitung kann man einen solchen Behälter auch selbst herstellen, z.B. mit U-Profilen, in die die Seitenteile eingeschoben werden (Abb. 20).

Außerdem werden fertige Kompostbehälter aus Kunststoff angeboten, die wärmegedämmt sind und so den Vorgang der Verrottung beschleunigen. Sie besitzen außerdem Türöffnungen, aus denen sich unten der bereits fertige Kompost entnehmen läßt. Möglich ist die Kompostierung kleinerer Mengen auch in Kompostsäcken.

Zum Zerkleinern von Zweigen, kleineren Ästen, Gestrüpp- sowie Nutz- und Zierpflanzenabfällen kann ein Shredder eingesetzt werden (Abb. 21).

Frühbeet und Gewächshaus

Mit Frühbeeten und Gewächshäusern macht man sich das Grundprinzip zunutze, daß die Sonnenstrahlung durch Glas und Folie dringt und sich dort in Wärmestrahlung umwandelt, die nur sehr langsam wieder entweichen kann.

Frühbeet (Abb. 22)

Ein Frühbeet kann man aus verschiedenen Materialien herstellen. Seitenteile können aus Holz bestehen, gemauert oder betoniert werden. Ein Frühbeet aus Holz ist länger haltbar, wenn es keinen Erdkontakt besitzt und deshalb entweder auf ein kleines Betonfundament gesetzt wird oder auf eine Schicht von frostsicheren Mauersteinen.

Frühbeete werden mit Rahmen abgedeckt, die eine Neigung haben sollten, damit Regenwasser ablaufen kann. Diese Rahmen kann man mit Folie bespannen oder verglasen. Folien sind preisgünstig und leicht zu verarbeiten. Sie haben aber den Nachteil, daß mit der Zeit die Lichtdurchlässigkeit stark abnimmt. Damit sich keine Wassersäcke bilden, ist eine Unterstützung mit Sprossen oder Drahtgeflecht anzuraten. Verglaste Rahmen müssen an der unteren Seite Wasserablaufrillen besitzen, wenn der Werkstoff Holz verwendet wird. Günstig ist die Verwendung von Gartenklarglas, das auf der einen Seite glatt (= im Rahmen die obenliegende Seite), auf der anderen genörpelt ist. Dadurch wird das Sonnenlicht zerstreut, die gesamte Fläche gut ausgeleuchtet, und man kommt in der wärmeren Zeit eventuell ohne Sonnenschutzvorrichtung aus. Grundsätzlich kann man als Rahmen auch alte Fenster verwenden, man kann Rahmen fertig kaufen oder mit etwas Geschick auch selbst bauen. Holzverbindungen werden ab Seite 187 dargestellt, die Bearbeitung von Glas ab Seite 262, das Verglasen auf Seite 471.

Gewächshaus

Ein Gewächshaus ist im Grunde ein großes, begehbares Frühbeet, das mit Folie bespannt oder verglast wird. Gewächshäuser kann man in den verschiedensten Formen bauen, z.B. auch an ein Haus angelehnt, so daß man es als Wintergarten nutzen kann.

Will man ein Gewächshaus nur mit Folie bespannen, genügen einfache Dachlattenkonstruktionen, die mit speziellen Holzverbindern hergestellt werden können. Als Fundament reicht ein kleines gemauertes Fundament oder ein Fundament aus trocken verlegten frostsicheren Mauersteinen aus. Ein so leichtes Gewächshaus muß im Erdreich oder Fundament verankert werden, damit es dem Wind standhält.

Für Gewächshäuser aus Glas sind wesentlich aufwendigere Konstruktionen nötig. Für Gewächshäuser aus Metallprofilen sollte man auf Fertigbausätze zurückgreifen.

Über ein an ein Haus angebautes Solargewächshaus in Holzkonstruktion informiert die auf Seite 536 angegebene Literatur.

Werkzeuge und Geräte für die Gartenarbeit

Welches Werkzeug man benutzt und welche Geräte man sich anschafft, hängt oft ab von der Gartengröße, von der Gartennutzung, aber auch von der körperlichen Konstitution. Richtiges Handwerkszeug spart Zeit und unnötige Mühe.

Graben, Lockern und Lüften

Werkzeuge für Erdarbeiten aller Art zeigt Abb.23.

Die Grabgabel (Abb. 24) ist ein sehr vielseitig einsetzbares Werkzeug und sollte daher in keinem Garten fehlen. Man kann mit ihr umgraben, Wurzelgeflecht entfernen, den Rasen lüften, Wurzelgemüse ernten, das Erdreich lockern und Pfahlwurzeln entfernen, wenn man das Erdreich etwas anhebt.

Der Sauzahn (Bodenlüfter, Bodenlockerer, SZ-Wühler, Abb.25) wird von Biogärtnern zur Lockerung des Bodens eingesetzt. Er besteht aus einer großen Wühlzinke, mit der sich Erdreich bis etwa 20 cm Tiefe lockern läßt, ohne daß umgegraben wird. Bei schweren Böden muß mit der Grabgabel vorgelockert werden.

Lockern, Jäten und Pflanzen

Zur Lockerung der obersten Erdschicht gibt es eine Vielzahl von Geräten (Abb.25, 26), z.B. den *Kultivator,* die *Sternfräse,* aber auch die *Doppelhacke,* mit der auch gejätet werden kann. Mit dem *Unkrautstecher* lassen sich Pfahlwurzeln entfernen. *Pflanzkellen* und kleine Grabgabeln dienen vorwiegend zum An- und Umpflanzen, das *Setzholz* wird zum Herstellen von Pflanzlöchern verwendet.

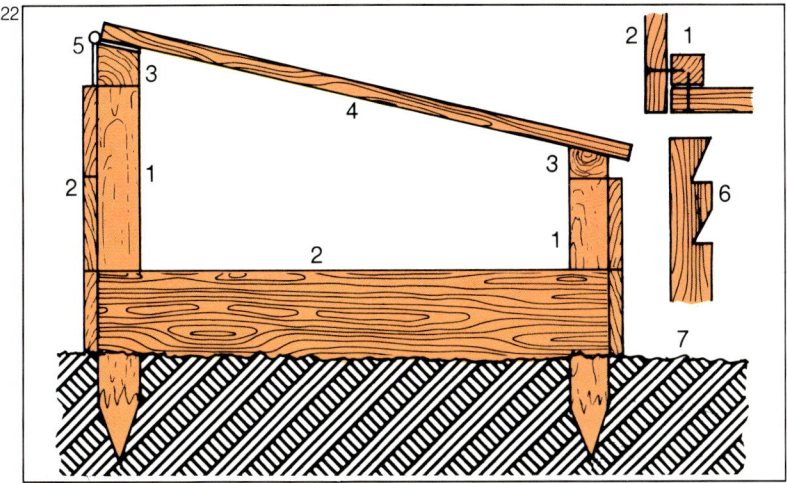

Bewährt haben sich Gerätesysteme, die mit einem einzigen (auswechselbaren) Stiel auskommen. Er kann mit wenigen Handgriffen an ein anderes Gerät montiert werden.

Wege- und Rasenpflege

Rasen- und Wiesenflächen lassen sich mit der Sense, mit Handmähern sowie Mähern mit Elektro- oder Benzinantrieb stutzen.

Rasenmäher: Das umweltfreundlichste und preisgünstigste Gerät ist der Handmäher, der auch mit Grasfangvorrichtung erhältlich ist. Das Mähen mit dem Elektro- oder Benzinmäher ist körperlich weniger anstrengend und geht schneller voran. Motormäher mit dem Umweltengel halten die Lärmbelästigung in Grenzen, Elektromäher sind von Natur aus geräuschärmer.

Sensen (Abb. 27): Wenn man Teile des Gartens als Blumenwiese anlegen möchte, muß man den Umgang mit der Sense erlernen. Beim Mähen steht man leicht nach vorn geneigt, der Oberkörper schwingt beim Mähen hin und her. In erster Linie bewegt sich also der Körper, die Hauptarbeit leistet die Rückenmuskulatur. Der mittlere Teil des Sensenblatts gleitet über die Bodenfläche, die Sensenspitze ist etwas nach oben gerichtet.

Geschärft wird die Sense mit dem Wetzstein (siehe Seite 258). Das Dengeln der Sense (siehe Seite 258) ist nur nach längerem Gebrauch nötig.

Soll häufig oder sollen größere Flächen gemäht werden, sollte die Sense unbe-

22 *Frühbeet:*
  1 *Kanthölzer*
  2 *Verkleidungsbretter*
  3 *Auflage für Glasabdeckung*
  4 *Verglaster Rahmen*
  5 *Scharnier*
  6 *Lüftungsholz*
  7 *Erdreich.*

23 *Werkzeuge für Erdarbeiten:*
  1 *Pfahlsetzer: Er dient zum Setzen von Pfählen in schweren Böden.*
  2 *Spaten*
  3, 4 *Schaufeln*
  5 *Vorschlaghammer*
  6 *Pickel*
  7 *Mallorcinische Hackschaufel.*

511

24

dingt hinsichtlich des Sensenblattradius und der Stiellänge der Anatomie des Mähenden angepaßt sein, was gute, fachkundige Beratung voraussetzt.

Rechen (Abb.28): Für das Zusammenkehren von Laub und Grasschnitt auf Kies- oder Plattenwegen eignet sich besonders gut der Fächerbesen. Mit speziellen Rasenrechen geht die Arbeit auf Grasflächen schnell von der Hand. Eisenrechen sind vielfältig einsetzbar.

Schuffel: Dieses Gerät ist eine beidseitig geschliffene, rechteckige Stahlplatte an einem langen Stiel. Mit ihm läßt sich Unkraut auf Wegen oder zwischen Beeten durch Stoßen oder Ziehen abrasieren.

Vertikutierer (Abb.29): Er dient dazu, die obere Erdschicht zu belüften. Die Mes-

ser durchschneiden diese Schicht und entfernen zugleich Rasenfilz und Moos. Handbetriebene Vertikutierer erfordern einen nicht unerheblichen Kraftaufwand.

Hecken- und Baumschnitt

Hecken kann man mit einer gewöhnlichen Heckenschere schneiden (Abb.27), schneller jedoch mit elektrischen Scheren (Abb.30). Man sollte diese Geräte immer mit beiden Händen an den vorgesehenen Griffen führen. Hängt man das Anschlußkabel über die Schulter, gelangt es nicht in den Schnittbereich.

Dickere Äste bis zu 4 cm kann man mit Astscheren bewältigen (Abb.31), ansonsten muß man zur Säge greifen. Die Baumschere (Abb.32) wird mit Seilzug

25

26

betätigt und ermöglicht das Abnehmen von Ästen bis etwa 3 cm Dicke an höheren Stellen. Für dickere Äste in luftiger Höhe verwendet man die Baumsäge am Stiel.

Werkzeugpflege
Geräte sollten nach dem Gebrauch gesäubert werden. Insbesondere Pflanzensäfte können den Rost fördern. Gerade über Winter setzen Metallteile Rost an, wenn sie der Winterfeuchtigkeit aus-

24 *Grabewerkzeuge:*
   1, 2 Spaten
   3 Grabegabel zum Lockern der Erde ohne Umgraben und zum Entfernen von Wurzelgeflecht.

25 *Werkzeuge zur Bodenbearbeitung. Der Austausch des Stiels erfolgt über eine einfache Steckverbindung (Gardena).*
   1 Sternfräse zur Lockerung des Bodens
   2, 4 Geräte zum Lockern und Lüften des Bodens
   3 Sauzahn
   5, 6, 7 Gartenhacken zum Lockern, Jäten, Lüften.

26 *Pflanzgeräte und Unkrautstecher (Gardena)*
   1 Pflanzgerät für Setzlinge (Setzholz)
   2, 4 Grabegabeln zum Lockern
   3, 5 Kellen zum An- und Umpflanzen
   6 Unkrautstecher.

27 *Verschiedene Gartenwerkzeuge:*
   1, 2 Gabeln
   3 Zugsichel zur Entfernung von Gestrüpp
   4 Grasschere (Stanley)
   5 Heckenschere (Stanley)
   6 Hacke (Stanley)
   7 Jäter zum Stoßen (Stanley)
   8 Sichel
   9 Sense
   10 Besen
   11 Drahtbesen.

28 *Verschiedene Drahtbesen zum Zusammenkehren von Laub und Grasschnitt und Eisenrechen zum Lockern und Ebnen von Oberflächen (Gardena, Stanley u. a.).*

513

gesetzt sind, z. B. in Schuppen oder Garagen. Metallteile sollten daher eingeölt werden.

Wasser im Garten

Wasser im Garten muß häufig keine Trinkwasserqualität besitzen; viele Pflanzen bevorzugen abgestandenes Wasser aus der Regentonne. Kleine Pumpen können in diesem Fall dafür sorgen, daß das Wasser dorthin transportiert wird, wo es gebraucht wird.

Wie man sich eine Regenwassersammelanlage bauen kann, die einen großen Teil des wertvollen Trinkwassers ersetzen kann, kann man in der auf Seite 536 angegebenen Literatur nachlesen.

Wasseranschluß

Häufig wird ein Wasseranschluß für den Garten in Form eines Wasserhahns an der Hausmauer vorgesehen. Geschickte Heimwerker können ihn selbst herstellen. Informationen über Rohre und Rohrverbindungen finden sich im Kapitel »Brauchwasser und Abwasser« ab Seite 426.

Soll eine Leitung fest in der Erde verlegt werden, so muß das in frostsicherer Tiefe (80 bis 150 cm) geschehen. Eine spatentiefe Verlegung reicht dann aus, wenn die Leitungen im Winter entleert werden.

Besonders geeignet dafür sind Kunststoffrohre, weil sie keinen zusätzlichen Korrosionsschutz benötigen.

Will man größere Wassermengen aus Regentonnen oder Regenwassersammelanlagen über größere Strecken transportieren, so verwendet man einfache Gartenpumpen.

Für einfache Pumpprobleme gibt es auch preisgünstige bohrmaschinenbetriebene Pumpen.

Schläuche und Schlauchverbindungen

Schläuche gibt es aus verschiedenen Materialien für unterschiedlich hohen Wasserdruck und mit verschiedenen Eigenschaften.

Manche Produkte sind sehr robust und eignen sich daher auch zum Einsatz auf einer Baustelle, manche sind bei Kälte weniger spröde, manche weniger hitzeempfindlich.

Der Anschluß an einem Wasserhahn erfolgt über eine Verschraubung. Sehr einfach zu handhaben und äußerst vielfältig kombinierbar sind Stecksysteme, die einfache Verlängerungen, Abzweige, den Anschluß von Regnern sowie das Auswechseln von Spritzdüsen und Gießbrausen blitzschnell ermöglichen (Abb. 33).

Schlauchreparaturen mit Isolierband sind meist nur von kurzer Haltbarkeit. Die Reparatur erfolgt besser mit einem Kupplungsstück, nachdem die defekte Stelle entfernt wurde. Auf diese Weise kann man Schläuche auch verlängern (Abb. 33).

Wasserschlauchhalter schützen den Schlauch vor Beschädigungen, insbesondere durch Abknicken. Auch eine alte Autofelge leistet hier gute Dienste.

Beregnung

Regner (Abb. 34) dienen zur automatischen Bewässerung von Rasen und Gemüsegarten. Bei der Auswahl muß man bedenken, eine wie große Fläche bewässert werden soll, wie hoch die Leistung sein soll, ob kreisförmige Flächen *(Kreisregner)* oder rechteckige Flächen *(Vierecksregner)* mit Wasser versorgt werden sollen. Daneben gibt es *Sektorenregner,* bei denen sich Beregnungswinkel zwischen 10 und 360° einstellen lassen. *Versenkregner* sind fest eingebaut, heben sich automatisch aus dem Erdreich, sobald der Wasserhahn geöffnet wird und verschwinden anschließend wieder.

Sprühschläuche legt man in die Mitte eines Beetes; sie wässern durch feine Sprühöffnungen.

Dusche

Duschen können natürlich mit fest verlegten Wasserleitungen betrieben werden. Wesentlich einfacher ist ein System, bei dem die vorgefertigte Duschvorrichtung einfach in die Erde gesteckt und mit Schlauch und Steckverbindung angeschlossen wird. Man kann ein solches Duschsystem aus einem Brausekopf, einem verzinkten Stahlrohr und entsprechenden Fittings sowie einem Absperrventil auch selbst herstellen (siehe Kapitel »Brauchwasser und Abwasser«).

Regentonne

In das Regenfallrohr kann auch nach-

träglich ein Abzweig eingesetzt werden, durch den das Wasser in eine Tonne aus verzinktem Stahlblech oder eine Kunststofftonne umgeleitet wird. Möglich ist auch eine Verbindung von mehreren nebeneinanderstehenden Tonnen über Röhren.

Die Tonnen sollten abgedeckt werden, damit keine Vögel hineinfallen und Kinder geschützt sind.

Eine Vorrichtung, die das Überlaufen von Regentonnen verhindert, zeigt Abb. 35.

Der Gartenteich

Teiche, Tümpel und Weiher sind ökologisch besonders wertvolle Lebensräume. Legt man sie sachgemäß an, kann dadurch ein wertvoller Beitrag zum Naturschutz geleistet werden. Teiche lassen sich nur bei Böden aus Ton und feinem Lehm ohne zusätzliche Hilfsmittel abdichten. Verwendet werden daher meist Teichfolien, die man im Grunde auch selbst verlegen kann. Von großer Bedeutung ist, daß der Teich auch eine Flachwasserzone besitzt, weil sie das schnelle Wachstum der Wasserpflanzen und -tiere begünstigt.

Gestaltungsmöglichkeiten und Selbstbauanleitungen finden sich in der auf Seite 536 angegebenen Literatur.

Auch Naturschutzorganisationen halten Informationsmaterial bereit und können in Zweifelsfragen wertvolle Hinweise geben.

29 *Vertikutierer zur Beseitigung von Moos, Unkraut und Rasenfilz und zur Belüftung (oben), Schneidrechen zum Lüften und Zusammenrechen (unten) (Gardena).*

30 *Elektrische Heckenschere mit Schutzhülle.*

31 *Werkzeug zum Hecken- und Baumschnitt:*
1, 2 Gartenscheren
3, 4 Astscheren
5 Bügelsäge
6 Zugbaumsäge.

32 *Rechts Baumschere für größere Reichweiten, links Baumsäge, die auf Zug schneidet, wodurch das Wegdrücken von Ästen verhindert wird.*

Kinder

Will man für Kinder etwas bauen, sollte man zuerst an die Sicherheit denken. Viele Verletzungsgefahren können vermieden werden, wenn man mit »weichen« Baustoffen baut, also mit Holz. Steine und Beton sind hart und können zu ernsthaften Verletzungen führen, wenn es beim Spielen etwas wilder zugeht. Holzkanten sollten entgratet oder abgeschliffen werden. Zum anderen sollte man auf Holzschutzmittel entweder ganz verzichten oder nur unbedenkliche holzschützende Anstriche verwenden. Überall dort, wo eine Absturzgefahr besteht, sollten Arbeiten besonders sorgfältig ausgeführt werden.

Sandkästen

Sie sollten, wenn das möglich ist, nicht auf wasserundurchlässigen Plattenbelägen errichtet werden. Bei wasserundurchlässigen Böden empfiehlt sich die Einbringung einer etwa 10 bis 20 cm dicken Kiesschicht, die das Wasser nach unten abführt. Am besten sind Lösungen, bei denen keine großen Höhenunterschiede überwunden werden müssen. Die Sandfläche kann einfach durch Bretter oder Rundhölzer abgegrenzt werden (Abb.36). In diesem Fall ist es günstig, wenn die Sandoberfläche unter der Erdoberfläche liegt, weil dann der Sand nicht durch die Gegend geweht wird.

Man kann auch auf noch einfachere Lösungen zurückgreifen, wie vier auf Gehrung geschnittene Holzbalken oder einen großen alten Traktorreifen. Es kann sinnvoll sein, Sandkästen durch einen vergitterten Rahmen vor Hunde- und Katzenkot zu schützen.

Schaukel

Schaukelgerüste kann man fertig kaufen oder aus imprägnierten Rundhölzern selbst bauen. Grundsätzlich sollte man auf die Sicherheit der Konstruktion großen Wert legen.

Zur Aufhängung der Schaukel dürfen nur ausklinksichere Haken verwendet werden (Abb.37).

Will man eine Schaukel an einem Ast befestigen, so sollte man ihn durch Streifen aus einem alten Reifen schützen.

Die Reibung wird zusätzlich herabgesetzt, wenn man die Schaukel so anbringt, wie in Abb.37 dargestellt wird.

Weitere Spielgeräte

Kinder wippen gern, klettern an einem Seil, das man an einem starken Ast befestigen kann, oder schaukeln an einem Teller, der aus Holz hergestellt wird und knapp über dem Boden an einem Seil schwingt. Ein Indianerzelt ist schnell errichtet, wenn man Bohnenstangen oben zusammenknotet. Auch kleine Holzhäuser kann man schnell zusammenzimmern, wobei Holzverbinder aus Kunststoff für Dachlatten die Arbeit sehr erleichtern können.

Perfekt Ausgeklügeltes ist bei Kindern meist nicht gefragt. Der Spielraum für die eigene Phantasie sollte so weit wie möglich erhalten bleiben.

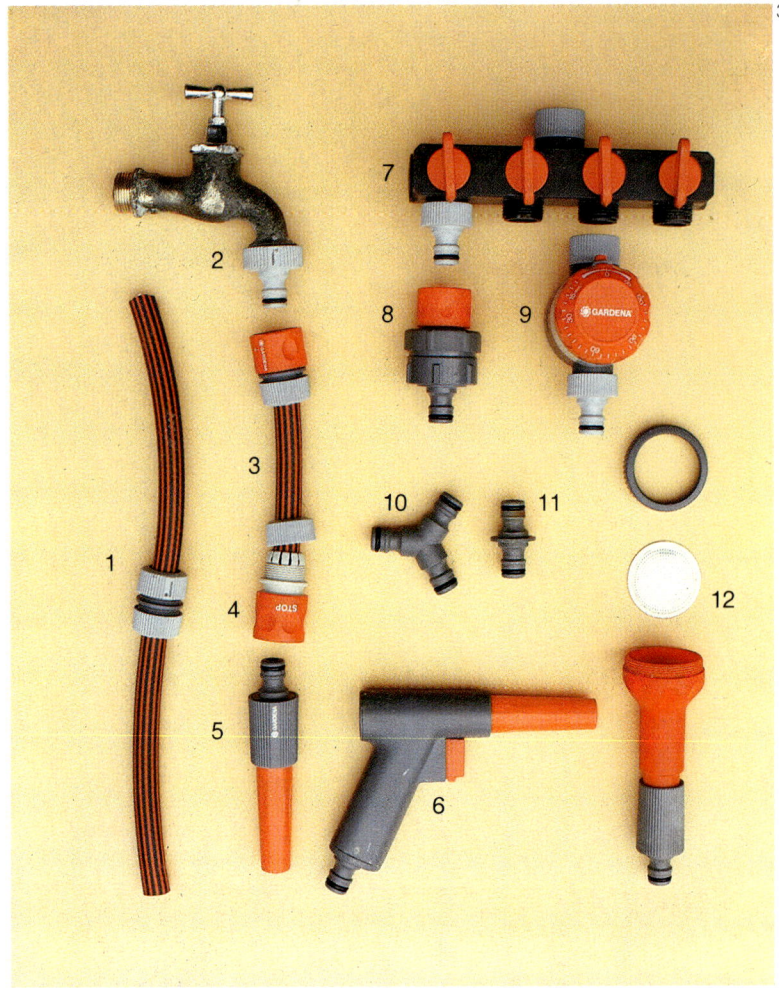

33

Tiere

Frei lebende Tiere im Garten kann man fördern, indem man ihnen spezielle Hilfen anbietet, man kann sie jedoch auch fördern, wenn man bestimmte Dinge unterläßt, z.B. den Garten nicht blitzblank auskehrt, wenn man einige Äpfel, einen Laub- oder Reisighaufen in einer Gartenecke liegen läßt.

Nistkästen

Nistkästen für Vögel können aus einfachem Fichtenholz gefertigt werden, das nicht imprägniert werden sollte. Verwendet wird sägerauhes Holz, weil es die ersten Flugversuche der Jungvögel erleichtert.

Die meisten Vogelarten bauen sich jährlich ein neues Nest. Nistkästen sollten daher im Spätsommer gereinigt, die alten Nester entfernt werden. Bei Nistkästen mit Einfluglöchern ist das möglich durch die in Abb.38 gezeigte Konstruktion.

Der Boden sollte zwei kleine Löcher haben, damit eventuell eindringendes Wasser ablaufen kann.

Das Flugloch sollte windgeschützt sein und in südliche Richtungen zeigen. Nistkästen werden in etwa 3 m Höhe entweder festgebunden oder mit Draht befestigt. Verwenden kann man auch Aluminiumnägel. Auf keinen Fall geeignet sind Kupfernägel, weil der Baum durch sie eingeht.

Die meisten Vogelarten bevorzugen

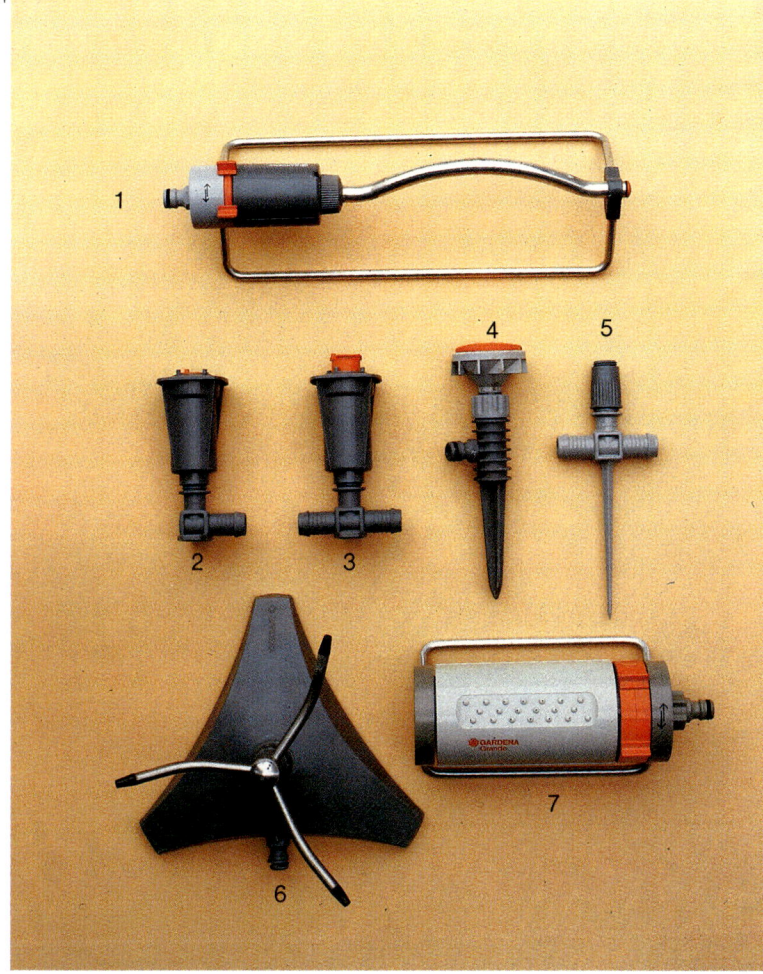

Nistkästen mit Einfluglöchern. Für sehr viele Vogelarten geeignet ist eine Grundfläche von 14 × 14 cm und ein Flugloch mit 32 mm Durchmesser. Will man spezielle Vogelarten fördern, muß man die Größe des Einfluglochs wie folgt bestimmen: Der Fluglochdurchmesser sollte betragen 27 mm für Kleinmeisen (Blaumeise, Tannenmeise), 34 mm für Kohlmeise, Kleiber, Trauerschnäpper, Wendehals, 30 mm und 45 mm Höhe für den Gartenrotschwanz;

33 *Schlauchverbindungen und Zubehör (Gardena)*
   1 Reparaturstück: Das beschädigte Schlauchstück herausschneiden, Reparator einsetzen, fertig
   2 Hahnstück
   3 Schlauchstück zum Abziehen und Draufstecken
   4 Stopstück: Zieht man die Spitze ab, stoppt automatisch der Wasserdurchfluß
   5 Spritze: Stufenlose Einstellung vom Vollstrahl über Sprühen bis zum Abstellen
   6 Spritze mit Impulsauslöser und Dauerarretierung für gezieltes und dosiertes Gießen
   7 Wasserverteiler
   8 Regulierungsventil zum stufenlosen Regulieren bis zum Sperren
   9 Wasseruhr für 5 bis 120 Minuten Wasserdurchfluß
   10 Abzweigstück (Y-Stück)
   11 Kupplungsstück
   12 Brause.

34 *Regner (Gardena)*
   1 Viereckregner bis 160 qm
   2 Versenkregner für 90°, 180° und 360° für Rasen. Durch Aufdrehen des Wasserhahnes hebt sich der Sprühkopf aus dem Rasen.
   3 Für eine dauerhafte Installation eines Sprinklersystems auf Bodenplatte und
   4, 5 zum Einstecken in den Boden
   6 Kreisregner bis 14 m Durchmesser
   7 Viereckregner bis 200 qm.

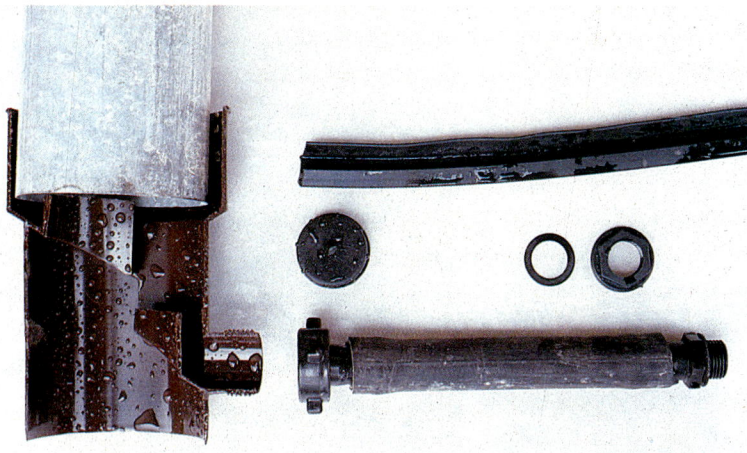

35 *Regentonnenautomat im Schnitt: Er füllt die Tonne etwa bis zur Schlauchhöhe und läßt das übrige Wasser durch das Fallrohr abfließen. Die Tonne läuft nicht mehr über.*

50 mm für den Star bei einer Grundfläche von 16 × 16 cm.

Halbhöhlenbrutkästen mit einer Grundfläche von 12 × 12 cm dienen als Brutplatz für Hausrotschwänze, Bachstelzen und Grauschnäpper. Sie sollten besonders katzensicher an Häusern oder Gartenlauben angebracht werden.

Für Spezialnistkästen, z.B. für Störche, Eulen, Fledermäuse, halten Naturschutzorganisationen eine Fülle von Informationsmaterial bereit.

Futterplatz für Vögel

Grundsätzlich wird von Vogelkundlern betont, daß die in Hausnähe lebenden Vögel zu häufig und oft unsachgemäß gefüttert werden. Eine Fütterung sollte nur dann erfolgen, wenn den Vögeln al-

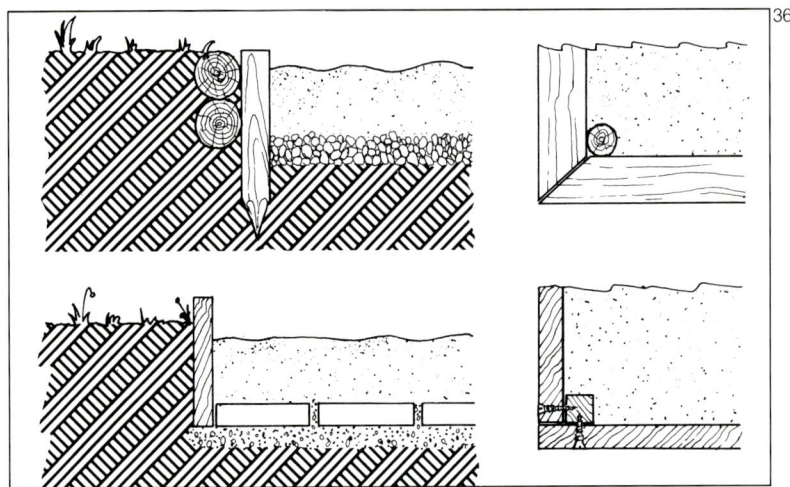

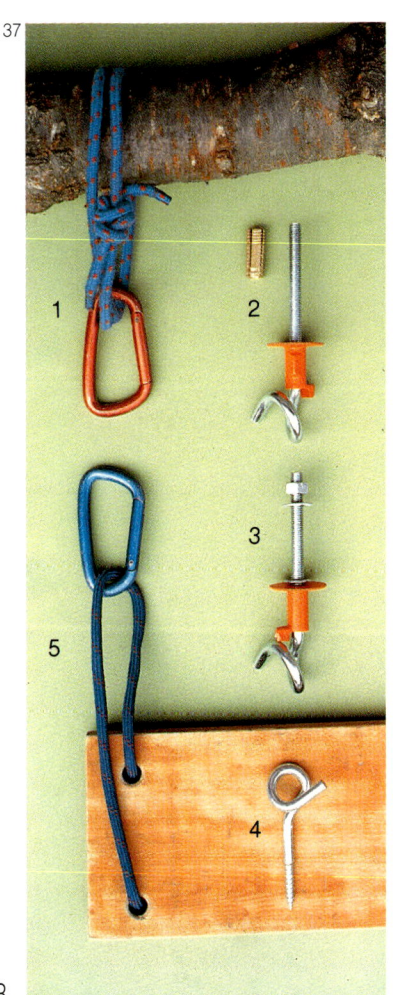

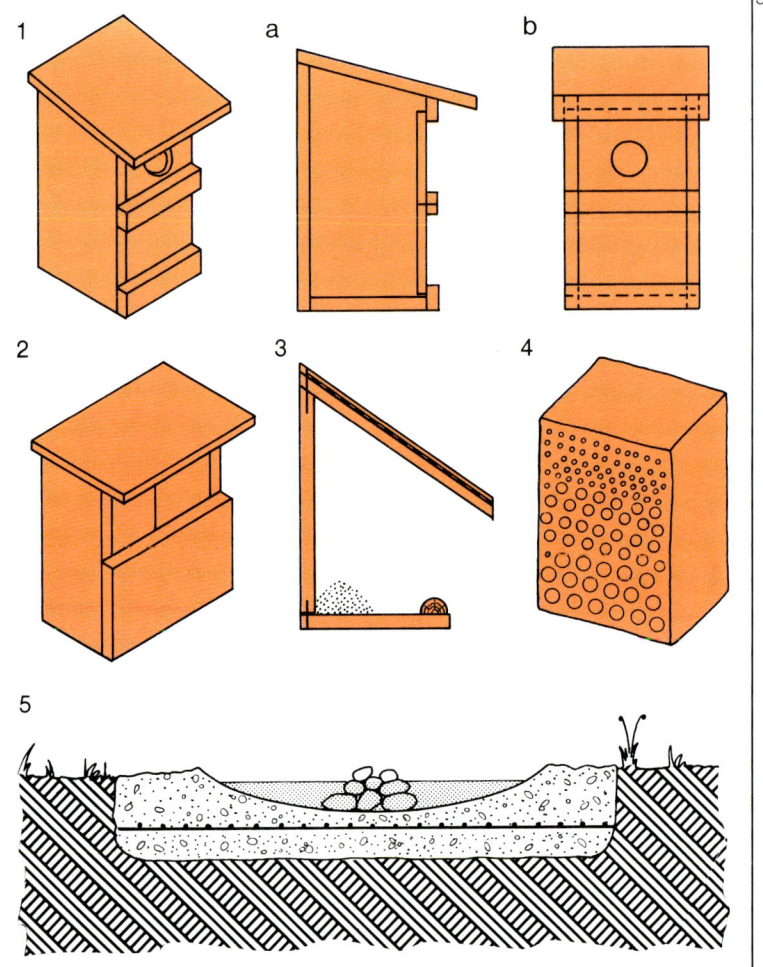

le anderen Wege der Nahrungssuche versperrt sind. Gefüttert werden sollte nicht auf dem Boden, weil das die Ausbreitung von Krankheitskeimen über den Kot begünstigt, sondern in Futterhäusern, die so konstruiert sein sollen, daß das Futter vor Feuchtigkeit geschützt ist und es nicht durch den Kot der Vögel verschmutzt wird. Sie müssen katzensicher aufgehängt oder aufgestellt werden.

In vielen Fällen sinnvoll ist im Sommer das Aufstellen von Vogeltränken, da durch den Rückgang von natürlichen Wasserquellen häufig Wassernot bei Vögeln herrscht. Die Aufstellung sollte so erfolgen, daß sich Katzen nicht unbemerkt anschleichen können. Für eine solche Vogeltränke reicht ein alter Teller aus, man kann sie auch aus Beton selbst herstellen (Abb. 38). Die Wassertiefe sollte etwa 3 cm betragen und zu den Rändern hin abnehmen. Kieselsteine in der Mitte, die die Wasseroberfläche etwas überragen, werden von manchen Vogelarten als Landeplatz bevorzugt.

Insektennistkasten

Insekten wie einzeln lebende Bienen können durch Aufhängen eines Hartholzklotzes (Eiche, Buchenholz, Mindestabmessungen: 10 × 15 × 20 cm) gefördert werden, wenn man Löcher zwischen 2 und 10 mm Durchmesser bohrt. Die kleinen brauchen nur wenige Zentimeter, die mit großem Durchmesser sollten etwa 10 cm tief sein. Eine möglichst sonnige und windgeschützte Lage ist günstig. Auch Stroh- und Schilfbündel (10 cm Durchmesser, 40 cm Länge) bieten Unterschlupf.

Kaninchen- und Geflügelstall

Kaninchenställe kann man mit einfachen Holzverbindungen und Beschlägen herstellen.

Wie man die Ställe dimensionieren sollte und was man bei der Kaninchenhaltung beachten sollte, kann man in der auf Seite 536 angegebenen Literatur nachlesen.

Für Geflügelställe gilt das gleiche, was über Kaninchenställe gesagt wurde (Literatur Seite 536).

Kleine Außenanlagen

Im folgenden Text werden einige praktische Anregungen für verschiedene nützliche Einrichtungen gegeben.

Fahrradständer

Sehr platzsparend und unauffällig sind vorgefertigte Betonelemente mit einer bogenförmigen Aussparung, die man gut in Platten- oder Pflasterbeläge integrieren kann. Eine solche Aussparung kann man auch mit Pflasterbelägen herstellen.

Auch ein Holzrahmen, der an den Ecken mit Pfählen in der Erde verankert wird, kann durch Anordnung von Querstreben als Fahrradständer benutzt werden.

Mülltonnenvorrichtung

Mülltonnen kann man in einem gemauerten oder aus Holz gezimmerten Raum unterbringen oder hinter einer Hecke, einer Einfriedung aus Palisaden oder alten Eisenbahnschwellen aufstellen. Möglich sind auch Vorrichtungen, mit denen sich die Tonne durch ein angeschweißtes Blech mit der Tür herausdrehen läßt.

Briefkästen

Briefkästen können in Mauer- oder Betonpfeiler eingebaut werden. Einfache Briefkästen kann man in beliebiger Größe aus Holz, Scharnieren, einem kleinen Schloß und einer Alublechabdeckung selbst herstellen.

Fußabstreifer

Sehr unempfindlich sind Abstreifer aus Sisal- oder Kokosfasern. Bei stärkerem Schmutzanfall empfiehlt sich ein Abstreifgitter, das in den Platten- oder Be-

36 *Sandkasten*
oben mit auf Gehrung geschnittenen Rundhölzern und Drainageschicht aus Kies
unten mit Kanthölzern und angeschraubten Brettern und wasserdurchlässigem Plattenbelag. Diese Konstruktion erleichtert das Auswechseln des Sandes und verhindert eine Vermischung von Drainagekies und Sand

37 *Aufhängung einer Schaukel*
1 Aufhängung am Ast: Karabiner ermöglichen ein schnelles Abhängen und vermindern die Reibung des Seils am Ast
2 Montage eines ausklinkgesicherten Hakens an einer Betondecke mit Metalldübel
3 Durchsteckmontage
4 Haken zur Montage an Holzbalken
5 Das Seil am Schaukelbrett ist auf der Rückseite verknotet.
Geeignete Knoten sind ab Seite 78 dargestellt.

38 *Nistkästen*
1 Standardnistkasten mit herausnehmbarem Vorderteil
  a Seitenansicht
  b Vorderansicht
2 Halbhöhlennistkasten
3 Bauprinzip eines Futterhauses
4 Insektennistkasten
5 Vogeltränke aus Beton mit Armierungsgitter.

tonbelag eingelassen wird. Ein etwa 8 cm langes Winkeleisen ermöglicht die Reinigung von Schuhen mit Absätzen und das Säubern der Schuhränder.

Wäschespinne

Eine Wäschespinne dient dem Wäschetrocknen auf kleinstem Raum. Sie wird in ein Rohr gesteckt, das in einem kleinen Fundament einbetoniert wird.

So kann man sie z. B. im Winter abnehmen.

FAHRZEUGE

Im Mittelpunkt dieses Kapitels stehen die Autos. Es ist für den Leser gedacht, der Geld sparen, der das Auto durch entsprechende Vorsorge immer funktionstüchtig halten und der in einfachen Fällen sich selbst helfen möchte, so daß er von der oft nur schwer erreichbaren Hilfe Dritter unabhängig ist; Autofreaks werden nichts hinzulernen.

Für die meisten gebräuchlichen Autotypen gibt es ausführliche Wartungs- und Reparaturanleitungen, die derjenige zu Rate ziehen sollte, der möglichst alles ohne Kfz-Werkstatt machen möchte. In größeren Orten gibt es immer häufiger auch Werkstätten, in denen man sein Auto selbst reparieren kann; Werkzeug wird zur Verfügung gestellt, meist bekommt man da auch eine fachmännische Anleitung.

In diesem Kapitel wird dargestellt, was man an Werkzeug und Ausrüstung unterwegs dabei haben sollte, wie man das Auto winterfest macht, wie man abschleppt, Startprobleme bewältigt und ein Rad wechselt, wie man durch Wartung und Pflege die Lebensdauer des Autos wesentlich verlängert und was man in Vorbereitung der nächsten TÜV-Untersuchung selbst tun kann.

Außerdem erfährt man das Wichtigste über das Funktionieren eines Autos und wie man Karosserieschäden repariert.

Autowerkzeug und Ausrüstung

Die Werkzeug-Ausrüstung hängt vom Zweck ab: Will man sich und anderen unterwegs helfen können? Was braucht man zusätzlich im Winter? Was möchte man zu Hause am Auto warten und reparieren?

Die Werkzeugcompany Westfalia gibt einen empfehlenswerten Katalog für Autowerkzeug und Autozubehör heraus und liefert pünktlich im Versandhandel (siehe Seite 538).

Werkzeug und Ersatzteile für unterwegs

Werkzeug: Am besten kauft man sich einen Autowerkzeugkoffer mit Qualitätswerkzeug, z.B. von Heyco (Abb.1). Diese Werkzeugkoffer sind von Praktikern zusammengestellt und enthalten das Wichtigste. Außerdem hat jedes Werkzeug seinen Platz und ist aufgeräumt. Sehr nützlich ist Draht zu provisorischer Befestigung. Zur Grundausstattung gehört auch alles, was man zum Radwechsel benötigt (Abb.1): Wagenheber und Kreuzschlüssel oder ein Radmutternschlüssel. Mit einem sogenannten Reifen-Pilot, einer Spraydose mit einer

Latexmischung, die auf das Reifenventil geschraubt wird, kann man einen platten Reifen mit oder ohne Schlauch ohne Radwechsel reparieren: der flüssige Gummi verschließt den Schlauch bzw. den Reifen von innen und pumpt den Reifen auf.

Brecheisen, schwerer Hammer und Blechschere bzw. Blechknabber können unentbehrlich werden, um einen unfallgeschädigten Wagen durch Ausbiegen des Bleches wieder fahrbereit zu bekommen oder eine verklemmte Tür oder den Kofferraumdeckel zu öffnen.

Ersatzteile: Abb.2 zeigt die wichtigsten Ersatzteile, die man unterwegs bei sich haben sollte. Ohne Ersatz für den gerissenen Keilriemen oder das gerissene Kupplungsseil kann die Fahrt nicht fortgesetzt werden.

Auch ohne Ersatzsicherungen und Ersatzlampen kann man an der Weiterfahrt gehindert sein. Entsprechende Sicherungs- und Lampensets gibt es im Handel (z.B. Westfalia).

Solche Ersatzteile sollte auch derjenige mitführen, der sich nicht einmal diese einfachen Reparaturen zutraut, denn vielleicht gibt es einen freundlichen Autofahrer, der einem hilft.

Bis der ADAC-Pannendienst kommt, kann es auch sehr lange dauern.

Spezialwerkzeug

Was man sich für Spezialwerkzeug anschafft, hängt davon ab, was man zu Hause für das Auto tun will. Zu den ganz leichten Wartungsarbeiten gehört das Reinigen des Ölfilters und das Reinigen bzw. Auswechseln der Zündkerzen. Man braucht dafür einen Band- oder Ölfilterschlüssel sowie einen Zündkerzenschlüssel, der ein Kardangelenk mit Knarre besitzen sollte, wenn die Zündkerzen schwer zugänglich sind. Wer den Ölwechsel selbst vornimmt, dem sei der Ölablaß-Patentverschluß (Westfalia) empfohlen. Einmal anstelle der üblichen Ölablaßschraube eingeschraubt, braucht dieser Verschluß nie mehr herausgeschraubt zu werden. Es genügt das Aufschrauben eines Ölablaßschlauches ohne Werkzeug, wobei sich gleichzeitig ein Spezialventil öffnet. Auf diese Weise gibt es keine Gewindeschäden mehr durch Ein- und Ausdrehen der Ölablaßschraube, und die Dichtungsringe müssen nicht erneuert werden. Der Ölwechsel kann bei hoher Motortemperatur vorgenommen werden, so daß auch die letzten Reste des Altöls herauskommen.

Für die Fehlersuche in der Autoelektrik benötigt man eine Schwachstromprüflampe, die aber in der Regel auch in jedem Autowerkzeugkoffer mit enthalten ist (siehe Abb. 1 und 5).

Was man für die Arbeiten an der Karosserie braucht, steht auf Seite 535.

Wer Arbeiten unter dem Auto vornehmen möchte, braucht dazu zwei Auffahrrampen oder zwei Unterstellböcke, die es alle sehr preiswert gibt (Abb. 3 und 4). Sehr nützlich ist für diese Arbeiten ein Montagerollbrett (Westfalia).

Für den Ausbau des Motors ist ein Flaschenzug unentbehrlich (siehe Seite 33, Abb. 44).

Meßgeräte

Abb. 5 zeigt die wichtigsten Meßgeräte, die für den Heimwerker in Betracht

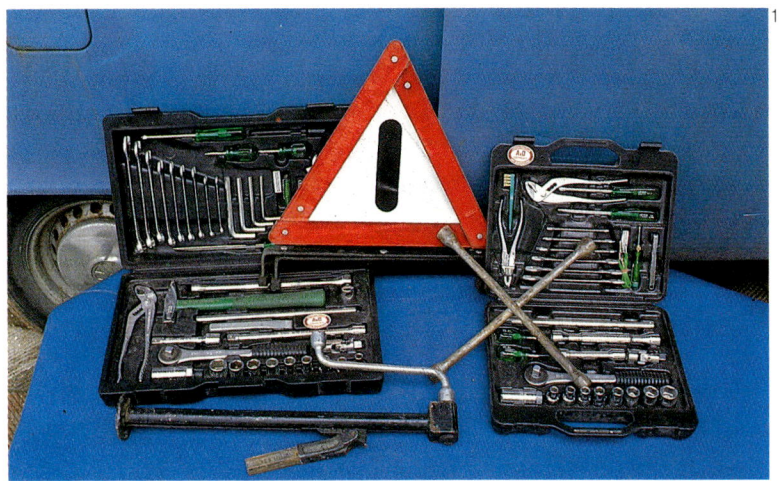

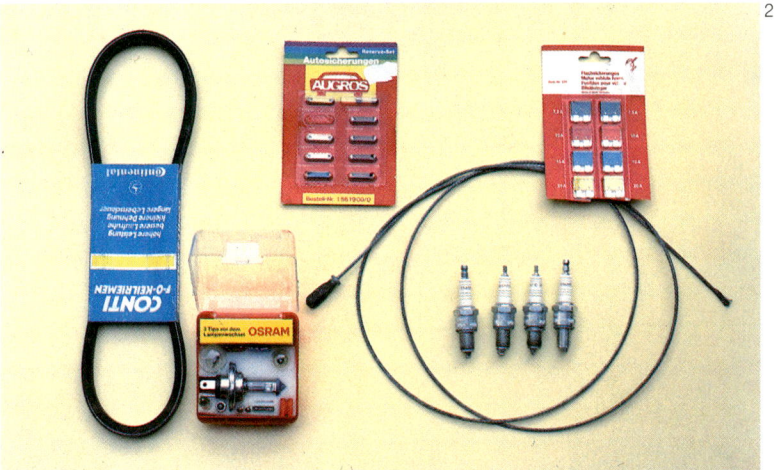

1 *Autowerkzeugkoffer (Heyco), Wagenheber, Kreuzschlüssel.*

2 *Wichtige Ersatzteile: Keilriemen, Zündkerzen, Kupplungsseil, Ersatzautolampen, Ersatzsicherungen.*

3 *Auffahrrampe (Westfalia).*

521

kommen. Dazu kommen dann noch das Akku-Säureprüfgerät für Starterbatterien (Abb. 8) sowie der Frostschutzprüfer.

Grundausrüstung

Jede Fahrt kann mit einer Autopanne oder einem Unfall enden, bei einem selbst oder bei anderen, denen man helfen kann.

Sicherheitsgurt, Warndreieck, Warnblinkleuchte und Verbandskasten sind zum Mitführen gesetzlich vorgeschrieben (Abb. 6). Außerdem sollte das Auto ausgestattet sein mit Kopfstützen, die das berüchtigte Schleudertrauma im Halswirbelbereich bei Auffahrunfällen weitgehend vermeiden helfen. Handfeuerlöscher und eine Brandschutzdecke dienen dem Ersticken eines Motorbrandes. Mit einem Rettungshammer (Westfalia) kann man die Scheiben einschlagen und die Sicherheitsgurte durchschneiden. Alle diese Gegenstände, die das Leben retten, sind nur dann von Wert, wenn sie immer griffbereit aufbewahrt werden.

Die wirtschaftlichen Folgen eines Unfalles können existenzvernichtend sein. Das Unfall-Set vom ADAC mit Fotoapparat, Blitzlicht, Bandmaß, Papier und Bleistift hilft, die Unfallsituation aufzunehmen.

Zur Grundausrüstung gehören ein Reservekanister mit Einfüllstutzen, der nach Gebrauch sofort wieder aufgefüllt werden sollte, sowie Motoröl mit Trichter und Lappen zum Reinigen der Hände. Springt der Motor nicht an, weil die Batterie versagt, kann man mit Hilfe ei-

nes anderen Fahrzeuges und eines Starthilfekabels starten (Abb. 6 sowie Seite 526).

Für das Abschleppen gibt es Abschleppseile aus Draht oder Kunststoff (Abb. 6). Praktisch ist die Benutzung eines Karabinerhakens zum Einhängen in eine Abschleppöse. Durch die Verwendung einer Abschleppstange, die die Fahrzeuge starr miteinander in kurzem Abstand verbindet und in die Abschleppösen eingehakt wird, vermeidet man das Auffahrrisiko und das Reißen beim Anfahren. Erwähnenswert sind noch die Abschlepprollen, Gurte, die sich selbst aufziehen, sowie Anfahrruckdämpfer für Abschleppseile.

Kinder brauchen einen Sicherheitssitz. Für Hunde auf dem Rücksitz gibt es Sicherheitsnetze.

Zur Bergung eines im Schnee, im Schlamm oder in einem Graben festsitzenden Fahrzeuges ist ein Seilzuggerät, wie es in Abb. 7 zu sehen ist, geeignet unter der Voraussetzung, daß das vorhandene Seil bis zum nächsten festen Halt reicht. Die Seile sind bis zu 30 m lang und können auch aneinandergekoppelt werden.

Nützliche Zusatzausrüstung

Mit einer Ersatzwindschutzscheibe kann man nach einem Schaden weiterfahren, was bei Regen, Schneetreiben und Kälte schwierig wäre. Die im Handel erhältlichen Ersatzwindschutzscheiben (Westfalia) können mehrfach verwendet werden und sind scheibenwischerfest.

Doppelblick-Seitenspiegel sowie eine Weitwinkellinse am Heckfenster vor allem bei Bussen, Lieferwagen und Wohnmobilen erfassen auch den toten Winkel neben und hinter dem Fahrzeug; das hilft Unfälle beim Überholen und Rückwärtsfahren vermeiden.

Eine gut schließende Kunststoffschachtel für einen zweiten Zündschlüssel mit einem starken Haftmagneten (Westfalia) kann man an beliebiger Stelle der Karosserie so befestigen, daß es von außen nicht sichtbar ist und nur der Fahrer selbst weiß, wo der Ersatzschlüssel ist. Ein Kompaß sorgt dafür, daß man in unbekannter Gegend bei Nacht und Nebel, wenn man den richtigen Weg nicht kennt, wenigstens die Himmelsrichtung weiß.

Mit einer Reifenkralle oder einer Verbindung von Lenkrad mit Brems- oder Kupplungspedal, beides schnell montiert, kann man das Fahrzeug zwar vor dem Wegfahren, aber nicht vor Einbruch schützen. Alarmanlagen sollen Einbrecher durch andauerndes Hupen in die Flucht schlagen! Aber wer stellt die Hupe ab, wenn der Fahrer nicht in der Nähe ist und, wie ist das Auto dann geschützt?

Ausrüstung für den Winter

Wenn die Winterreifen nicht mehr greifen, weil zuviel Schnee liegt, kommen Schneeketten zum Einsatz. Ein Sandsack im Kofferraum, also mehr Gewicht auf den Antriebsrädern, sorgt dafür, daß sie besser greifen. Bei Glatteis gestreut, dient der Sand als Anfahrhilfe.

4 *Links hydraulischer Wagenheber, in der Mitte ein hydraulischer Rangierheber, rechts höhenverstellbare Unterstellböcke.*

5 *Meßgeräte: 1 Zündpistole (Zündzeitpunkt), 2 Motortester (Schließwinkel), 3 Stromprüfer, 4 Fühllehre.*

6 *Wichtige Ausrüstung für unterwegs: 1 Warndreieck, 2 Warnblinkleuchte, 3 Verbandskasten, 4 Handfeuerlöscher, 5 Rettungshammer, 6 ADAC-Unfallset, 7 Starthilfekabel, 8, 9 Abschleppseile mit Anfahrruckdämpfer, 10 Abschleppstange.*

Wer über keine Garage verfügt, sollte bei Schnee und Frost Abdeckplanen aus reißfestem Nylon verwenden. Das erspart das Abkratzen des Eises auf den Scheiben mit einem Eiskratzer, der auch zur Winterausrüstung gehört. Schloßenteiser dienen dazu, das Eis im Schloß aufzutauen! Damit man ihn im Bedarfsfall immer zur Hand hat, gehört der Schloßenteiser in die Manteltasche. Der Bosch-Dieselheizer wird direkt vor dem Kraftstofffilter in die Kraftstoffleitung eingebaut (Einbauset von Westfalia). Er arbeitet automatisch und verhindert, daß das Paraffin im Diesel bei großer Kälte ausflockt und den Filter verstopft, so daß der Motor keinen Kraftstoff mehr bekommt.

Beheizbare Außenspiegel machen es möglich, daß man auch trotz Schnee und Eis stets gute Sicht behält.

Wartung

Wer das Auto nicht regelmäßig wartet oder warten läßt, zahlt drauf. Die kleine und die große Inspektion läßt man also entweder regelmäßig in einer zuverlässigen Werkstatt durchführen, oder man macht aus Kostenersparnisgründen alles das selber, was man kann.

Die kleine Inspektion, die alle 5000 bzw. 7500 Kilometer durchgeführt wird (abhängig vom Modell), besteht im wesentlichen aus Sichtkontrollen: Säurestand im Akku, Kühlwasser, Spritzwasser der Scheibenwaschanlage(n), Ölstandkontrolle im Motor (alle 1000 Kilometer erforderlich, sofern man nicht ohnehin einen Ölwechsel durchführt), Ölstandkontrolle bei Automatikgetriebe, Stand der Bremsflüssigkeit und, soweit vorhanden, des Servosystems. Die Bremsen müssen auf ihre Funktionsfähigkeit geprüft werden: Wenn in einer steilen Garageneinfahrt die Feststellbremse (Handbremse) das Auto beim Einrasten des dritten Bremszahnes nicht hält, dann muß sie nachgestellt werden. Die Fußbremse testet man auf freier Strecke: Bei mäßiger Fahrt wird mit losgelassenem Lenkrad stark gebremst. Wenn der Wagen aus der Spur ausbricht, muß man die Bremsen gründlich überprüfen lassen.

Weiterhin werden alle Lampen, Warnblinkanlage, Hupe und Scheibenwischer auf Funktionsfähigkeit sowie die Reifen in bezug auf Druck und Profil geprüft.

Die große Inspektion sollte nach 10000–15000 Kilometern durchgeführt werden, je nach Herstellerangaben. Sie beinhaltet die komplette kleine Inspektion, in jedem Fall den Ölwechsel (siehe Seite 528), den Ölfilterwechsel (siehe Seite 528), die Überprüfung und notfalls Einstellung der Zündung, des Vergasers und der Ventile (siehe Seite 529), das Auswechseln bzw. Reinigen des Luftfilters (siehe Seite 529), das Austauschen von Zündkerzen, die Überprüfung der Bremsen (siehe Seite 531), das Ab-

523

schmieren von Achsschenkeln, Antriebsgelenken und Schwing- bzw. Federarmen, sofern sie nicht eine verkapselte Dauerfüllung haben. Bei älteren Modellen wird außerdem je nach Herstellerangaben ein Wechsel des Getriebe- und Differentialöles erforderlich, im Schnitt alle 30 000 Kilometer.

Die bis heute üblichen Vergasermotoren werden mehr und mehr verdrängt von den kraftstoffsparenden und zugleich leistungsstärkeren Einspritzmotoren (ohne Vergaser), bei denen die Einspritzanlage von der Werkstatt überprüft werden muß. Alle anderen Wartungsarbeiten am Motor bleiben dieselben. Speziell zum Dieselmotor, der sich ständig einen größeren Marktanteil auch beim Pkw erobert: Er besitzt keine Zündanlage, sondern ist ein sog. Selbstzünder, so daß auch die entsprechenden Wartungsarbeiten entfallen. Dafür besitzt er einen Kraftstoffhauptfilter, der in der Kraftstoffzufuhrleitung eingebaut ist und der gereinigt und erforderlichenfalls ausgetauscht werden muß.

Läßt sich bei der Erledigung der Aufgaben, die die große Inspektion stellt, die Einschaltung einer Werkstatt nicht vermeiden, muß man keinesfalls einen pauschalen Auftrag geben, die gesamte große Inspektion durchzuführen, sondern sollte genaue Anweisungen geben, was noch zu tun ist.

Winterwartung

Es lohnt sich, das Auto auf den Winter vorzubereiten. Pannen in der Kälte, bei Schnee und Eis sind unangenehm.

Die Glühbirnen sind unbrauchbar, wenn sie durch den Gebrauch dunkler geworden sind. Sie verlieren dann viel an Leuchtkraft, so daß man sehr viel schlechter sieht.

Den Akku läßt man an der Tankstelle oder in der Werkstatt überprüfen.

Die Zündanlage wird gesäubert. Verteilerkopf außen, innen nur leicht, Zündkabel, Zündkerzenstecker, die Zündspule im Bereich des Hochspannungsanschlusses werden mit Kontaktspray eingesprüht. Das funktioniert im Notfall sogar dann als Starthilfe, wenn alles naß und verschmutzt ist, aber besser entfernt man den Schmutz, weil er Feuchtigkeit anzieht und damit immer wieder die Ursache für Störungen in der Zündanlage wird.

Eine weitere Ursache für hartnäckige Startprobleme bei feuchtkaltem Wetter sind brüchig gewordene Zündkabel. Da hilft nur das Auswechseln. Man sollte sich für Kupferkabel entscheiden anstelle der heute üblichen Widerstandzündkabel mit einer Seele aus Kohle oder Kunststoff, die nicht annähernd so belastbar ist bei mechanischen Einwirkungen wie Kupferkabel.

Eine typische Ursache für Startprobleme bei feuchtkaltem Wetter sind Kriechströme am Verteilerkopf, meist innen, aber manchmal auch außen, die bleistiftartige Striche hinterlassen. Der Verteilerkopf muß dann ausgewechselt werden.

Empfehlenswert sind wasserdichte Zündkerzenstecker, insbesondere dann, wenn die Zündkerzen im Spritzwasserbereich liegen.

Der Dieselkraftstoff hat die Eigenschaft, bei Temperaturen unter minus 10 °C immer dicker zu werden, auch Winterdiesel. Dem beugt man durch Zusetzen von Dieselverflüssigern oder Benzin vor, wobei man je nach Kälte bis zu 30% zusetzen soll. Wenn der Dieselkraftstoff schon dick geworden ist, nutzt das Zusetzen nichts mehr. Ist der Dieselkraftstoff trotzdem dick geworden und will man nicht bis zum Frühjahr warten, bleibt einem nichts anderes übrig, als den Wagen in eine Garage zu schleppen, die wenigstens Temperaturen um den Gefrierpunkt hat; je wärmer der Raum, um so schneller geht es. Abhilfe schafft der Dieselheizer (Westfalia, siehe Seite 538).

Unterbodenschutz: Zur Verkehrssicherheit wird bei uns auf den Straßen gegen Schneeglätte und Glatteis Salz gestreut, das zusammen mit Schmelzwasser außerordentlich aggressiv auf Metall – und die gesamte Umwelt wirkt. Die meisten Autobleche sind heute nicht einmal einen halben Millimeter dick. Der besonders gefährdete Unterboden des Wagens sowie die Innenseiten der Kotflügel sollten immer einen intakten Unterbodenschutz haben. Heute sind die meisten Pkw serienmäßig damit ausgestattet, so daß es vor dem Winter nur noch darauf ankommt, eine gründliche Sichtkontrolle durchzuführen und schadhafte Stellen mit Unterbodenschutz aus der Spraydose auszubessern.

Gelenke, die nicht durch Manschetten geschützt sind (unterschiedlich je nach Modell), müssen mit einer Schmiermasse gut abgeschmiert werden. In Frage kommen vor allem die Radhalter der Vorderräder, die Spurstangenköpfe und Schwingarme. Das läßt man sich am besten einmal bei seiner Tankstelle zeigen.

Reifen: Die Fahrtüchtigkeit auf winterlichen Straßen hängt entscheidend von der Bereifung ab. Die allgemein verwendeten Gürtelreifen reichen in der Regel im Stadtverkehr aus. Bei extremen Straßenverhältnissen ist es billiger, an wenigen Tagen öffentliche Verkehrsmittel zu benutzen, statt sich eine spezielle Winterbereifung zuzulegen. Wer häufiger über Landstraßen fahren muß, der braucht vier Winterreifen mit einem groben, sich selbst reinigenden Profil, die man auf eigene Felgen montieren sollte, weil das auf Dauer billiger ist als der jährliche zweimalige Reifenwechsel. Für extreme Schneeverhältnisse oder im Gebirge braucht man für das Auto Schneeketten für die beiden Antriebsräder.

Reifen sollten nicht stehend oder liegend aufbewahrt werden, weil das das Gewebe im Reifen schwächt. Das beste ist, die Reifen an der Wand aufzuhängen mit einem Luftdruck von 0,3 bar über dem normalen Druck.

Schneeketten sind nicht für den Dauereinsatz gedacht, da sie selbst schnell verschleißen und die Reifen durch Dauereinsatz und hohe Geschwindigkeit beschädigen. Die von den Herstellern aus gutem Grund als Höchstgeschwindigkeit empfohlene Fahrgeschwindigkeit liegt bei 50 bis 60 km/h.

Die Schlösser werden mit Graphit, die Türgummiabdichtungen mit Glyzerin eingerieben, um ein Ein- bzw. Anfrieren zu vermeiden.

Scheibenwischerblätter werden erneuert, wenn sie nicht mehr einwandfrei sind. Beim Parken bei Frost im Freien werden die Scheibenwischerblätter umgedreht, damit die Gummilippen nicht an der Scheibe anfrieren können.

Die Scheibenwischanlage funktioniert nicht mehr, wenn das Wasser eingefroren ist und gerade bei feuchter Fahrbahn dringend benötigt wird zur Reinigung der Frontscheibe von dem hochgeschleuderten nassen Schmutz. Dem Wasser in der Scheibenwischanlage wird ein Frostschutzmittel beigesetzt, die Gebrauchsanweisung gibt die richtige Dosierung. Ein geeignetes Mittel ist Brennspiritus, der zugleich eine gute Reinigungswirkung hat und erst bei minus 45 °C friert; bei einem Mischungsverhältnis von 1:1 friert die Mischung bei minus 22,5 °C, was in unseren Gegenden ausreicht.

Bei wassergekühlten Motoren ist dem Kühlwasser ab Werk meist ein Frostschutzmittel beigefügt. Durch das Nachfüllen mit Wasser verdünnt sich die Mischung, so daß der Gefrierpunkt immer höher steigt. Deshalb sollte man regelmäßig zum Beginn der kalten Jahreszeit den Gefrierpunkt des vorhandenen Kühlerwassers an der Tankstelle überprüfen und die erforderliche Menge von Glysantin ergänzen lassen. Wer will, kann diese Überprüfung mit Hilfe eines Frostschutzprüfers auch selbst vornehmen.

Handbremse: Bei Frost sollte man die Hand- oder Feststellbremse nicht zur Sicherung des Wagens beim Parken verwenden, sondern den 1. oder Rückwärtsgang einlegen, weil infolge des Spritzwassers die Seilzüge der Feststellbremse einfrieren können und sich dann der Wagen nicht mehr bewegt.

Der Luftfilter, durch den die Luft angesaugt wird, die dann in den Vergaser gelangt, ist in der Regel mit einer Vorrichtung versehen, die, sofern das nicht automatisch durch einen Thermostaten geschieht, von Hand umgestellt werden muß (in der Betriebsanleitung nachschauen), damit der Vergaser nicht die kalte Außenluft, sondern durch den Auspuffkrümmer vorgewärmte Luft zugeführt bekommt. Dies verkürzt die Kaltlaufphase des Motors, trägt deshalb zu einer hohen Lebensdauer bei und spart außerdem Kraftstoff.

TÜV

Wer das Geld hat, seinen Wagen regelmäßig von einer Kfz-Werkstatt betreuen zu lassen, für den ist die TÜV-Untersuchung kein Problem.

Für die anderen kommt es darauf an, zu wissen, daß beim TÜV ausschließlich die Verkehrssicherheit des Fahrzeuges geprüft wird und man sehr viele Mängel ohne große Kosten selbst beseitigen kann.

7

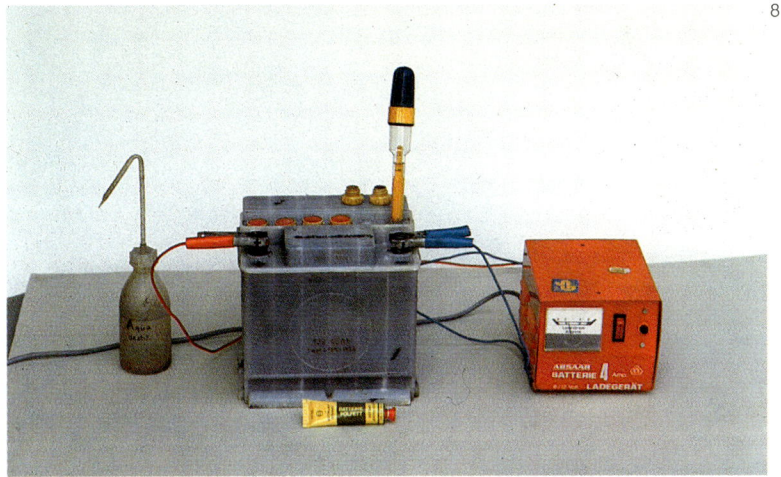

8

7 *Seilzuggerät zum Ziehen, Heben, Senken (Westfalia).*

8 *12-Volt-Batterie, die gewartet werden muß, mit Säureprüfgerät in einer Kammer. Ladegerät und Flasche zum Einfüllen von destilliertem Wasser.*

Bremsleitungen
Sie führen vom Hauptbremszylinder (der sich meist im Motorraum befindet) zu jedem einzelnen Rad unter dem Auto. Es sind dünne Stahlrohrleitungen, die nach Auffassung des TÜVs absolut rostfrei sein müssen. Vorhandenen Rost entfernt man mit Streifen aus Schmirgelleinen. Bleiben Rostfraßspuren übrig, müssen diese Leitungen ausgetauscht werden, denn sie werden vom TÜV beanstandet. Wenn der Rost gründlichst entfernt ist, sprüht man die Bremsleitungen am besten mit einem durchsichtigen Unterbodenschutz ein oder fettet sie mit Schmierfett ein.

Feststellhandbremse
Der TÜV verlangt, daß die Feststellbremse beim dritten Einrasten die Räder blockiert.

Beleuchtung
Natürlich müssen sämtliche Lampen brennen und die Hupe hupen. Die richtige Höhen- und Seiteneinstellung des Abblend- und Fernlichtes läßt man prüfen und soweit erforderlich korrigieren. Der Spiegel der Scheinwerfer muß aus-

getauscht werden, wenn er nur einen einzigen Rostfleck oder eine blinde Stelle aufweist. Ebenso müssen gebrochene Scheinwerfergläser oder solche mit winzigen Steinschlaglöchern ausgetauscht werden.

Abgaskontrolle

Den Kohlenmonoxyd-=CD-Wert läßt man in einer Werkstatt kontrollieren.

Karosserie

Sämtliche tragenden Teile der Karosserie und des Untergrunds müssen einer gründlichen Sicht- und Klopfkontrolle unterzogen werden, denn der TÜV läßt das Fahrzeug nicht durch, wenn er Rostlöcher entdeckt. Wie man dies selbst repariert, steht auf Seite 535.

Reifen

An der am meisten abgenutzten Stelle muß für den TÜV mindestens noch ein Profil von 1 Millimeter vorhanden sein. In der Praxis reicht 1 Millimeter nicht aus, hier sollte man an das eigene Fahrzeug höhere Anforderungen stellen als der TÜV: 3 Millimeter sollten es sein.

Das Lenkspiel darf nicht größer als zwei Fingerbreiten am Lenkrad sein.

Die Achsschenkel prüft man durch Rütteln am Rad: Wenn das Rad auf dem Boden steht, faßt man an und rüttelt kräftig hin und her.
Hört man dann, daß das Rad hin- und herwackelt, müssen die Achsschenkel erneuert werden.

Startanlage, Lichtmaschine, Ladungskontroll- lampe

Die Startanlage besteht aus der Batterie (Akku), dem Zündschloß und dem Anlasser mit dem Magnetschalter. Wenn der Motor läuft, treibt er die Lichtmaschine an, die dann den Strom erzeugt für den gesamten Verbrauch des Autos und die Batterie auflädt, d. h. also, daß in der Batterie Strom gespeichert wird für das nächste Anlassen des Motors.

Die Ladungskontrollampe, die am Armaturenbrett rot aufleuchtet, gibt Auskunft über Zustand und Funktionieren der Batterie und der Lichtmaschine.

Startbatterie (=Akku)

Die Batterie ist die Stromquelle, die die elektrische Energie liefert zum Starten des Verbrennungsmotors und zur Versorgung der gesamten elektrischen Anlage im Stand. Genaugenommen ist die Autobatterie ein Akkumulator, kurz Akku genannt.
Beide sind Stromquellen, aber der Akku läßt sich im Unterschied zur Batterie wiederholt aufladen. Moderne Batterien sind wartungsfrei.
Bei den älteren Modellen muß immer wieder destilliertes Wasser nachgefüllt werden – Leitungswasser ist nicht chemisch rein, sondern zerstört den Akku –, das allmählich verdunstet, weshalb in warmen Ländern sehr viel öfter nachgefüllt werden muß.
Die Säure muß in jeder Kammer 1 bis 1,5 cm über den Bleiplatten stehen. Ein- bis zweimal jährlich, bei älteren Batterien öfter als bei neuen, sollte man die Säure-Dichte messen lassen oder mit einem Säure-Prüfgerät selbst messen.
Es ist normal, daß die Bleipole oxydieren. Sie müssen regelmäßig gereinigt werden, damit sich dort kein Kriechstrom bilden kann. Einfetten mit Polfett beugt der Oxydation vor.
Die Lebensdauer einer Batterie liegt bei 4–5 Jahren. Häufige Tiefentladungen (Brennenlassen des Fahrtlichtes) und Schnelladungen mindern die Lebensdauer erheblich. Der Handel bietet preiswerte Klein-Ladegeräte an, die zum Teil mit einem Überladeschutz versehen sind, mit denen schonend wieder aufgeladen und auch eine ständige kontrollfreie Erhaltungsladung z. B. beim Überwintern aufrechterhalten werden kann.
Im übrigen wird auf die Bedienungsanleitungen verwiesen. Je kälter es ist, desto geringer ist die Leistungsfähigkeit einer Batterie; beim Gefrierpunkt nur noch ⅔, bei minus 20 °C nur noch ⅓ ihrer üblichen Kapazität. Das erklärt, weshalb altersschwache Batterien im Winter nicht mehr genügend Strom für das Starten liefern.
In den Pluspol ist ein deutliches +-Zeichen eingeschlagen; außerdem ist der

Pluspol durch einen roten Plastikring gekennzeichnet. Wenn die Batterie ausgebaut werden soll, wird zunächst das Minuskabel, dann das Pluskabel gelöst und abgenommen.
Danach wird die Batteriebefestigung abgeschraubt. Beim Einbau erfolgt alles genau umgekehrt: Batterie befestigen, Pluskabel befestigen, Minuskabel befestigen.

Zündschloß, Anlasser, Magnetschalter

Durch das Drehen des Zündschlüssels im Zündschloß wird Strom vom Akku über den Magnetschalter zum Anlasser geleitet, einem Elektromotor, der den zu startenden Verbrennungsmotor in Bewegung setzt.
Wenn die Magnete des Magnetschalters infolge Korrosion kleben – die rote Kontrolleuchte am Armaturenbrett brennt, man hört den Anlasser, aber der Motor startet nicht – können sie meist durch leichte Schläge mit einem Hammer gelockert werden.
Vorsicht, daß dabei nicht die Kabel beschädigt werden.

Startprobleme

Springt der Motor nicht an, weil der Akku leer ist, kann mit Hilfe eines fremden Akkus (meist in einem anderen Auto) der Motor gestartet werden: Mit dem Starthilfekabel (siehe Abbildung Seite 523) wird der fremde geladene Akku mit dem leeren Akku verbunden, und zwar zuerst der Pluspol mit dem Pluspol und dann der Minuspol mit dem Minuspol. Dann kann man den Motor des Pkw starten, dessen Akku leer ist, denn durch dessen leeren Akku fließt der Strom durch. Danach sollte man mindestens 30 km fahren, möglichst ohne Stromverbrauch, also vor allem ohne Licht, damit sich der Akku einigermaßen wieder auflädt. Oder man baut den Akku aus und lädt ihn mit einem Ladegerät auf oder gibt den Akku zum Aufladen in eine Werkstatt.
Ist der Akku, mit dessen Hilfe gestartet wird, selbst schon schwach, sollte beim Aufladen des anderen Pkw zur Unterstützung auch der Motor dieses Autos gestartet werden.
Man kann ein Auto, das nicht anspringt, auch durch Anschieben, Anschleppen oder durch Abwärtsrollenlassen in Gang setzen: Man legt den 3. oder 4. Gang ein, schaltet die Zündung an,

kuppelt ein, wenn das Auto mit fremder Hilfe in Bewegung gesetzt worden ist, und kuppelt sofort wieder aus, wenn der Motor angesprungen ist.

Bei automatischen Getrieben darf man so nicht starten, da das Getriebe beschädigt wird. Auch bei Fahrzeugen mit Abgas-Katalysator ist das Anschleppen problematisch, da unverbrannter Kraftstoff in den Katalysator gelangen und dort verbrennen kann, was den Katalysator beschädigen würde; ein Anschleppen über ein kurzes Stück bei kaltem Katalysator ist möglich.

Wenn die Batterie gut ist, der Motor aber nicht anspringt, dann kann man aus einem Startpilot (Westfalia), einer Spraydose, die ein zündfreudiges Kohlenwasserstoff-Spezialgemisch enthält, ein bis zwei Sekunden in die Öffnung des Luftfilters sprühen. In der Regel springt der Motor dann sofort an.

Lichtmaschine, Regler

Die Lichtmaschine ist ein Generator, der über den Keilriemen vom Motor angetrieben wird. Ein Generator ist eine Maschine, die Strom erzeugt. Der Stromverbrauch im Auto ist so groß, vor allem im Winter und nachts, daß eine Batterie nach wenigen Stunden erschöpft wäre. Wer beim Parken vergißt, das Licht oder das Radio auszuschalten, kann nach einigen Stunden nicht mehr schalten, denn die Batterie ist leer. In modernen Fahrzeugen wird der Fahrer beim Öffnen der Tür zum Aussteigen durch ein akustisches Signal darauf aufmerksam gemacht, daß noch Stromverbraucher eingeschaltet sind (z.B. die Scheinwerfer oder das Radio).

An die Lichtmaschine ist der Regler angebaut, der die Spannung des Stromes, der aus der Batterie kommt, so regelt, wie es die elektrische Anlage des Fahrzeugs braucht. Lichtmaschine und Regler sind wartungsfrei. Bei Störungen muß der Wagen in die Werkstatt.

Rote Kontrollampe

Zeigt die Kontrollampe beim Umdrehen des Zündschlüssels überhaupt keine Reaktion, ist vermutlich das Stromkabel zum Anlassen korrodiert, lose oder abgefallen. Da hilft dann auch kein Starthilfekabel oder Anschleppen.

Erlischt die Kontrollampe beim Starten, ist die Batterie am Ende. Das gleiche liegt beim Kaltstart im Winter vor, wenn

es nur deutlich »knack« macht und die Kontrollampe fast völlig oder gänzlich erlöscht. Hier ist Starthilfe wirksam.

Leuchtet die Kontrollampe voll auf, läuft der Anlasser, aber treibt er den Motor nicht an, legt man den 3. oder 4. Gang ein, schiebt das Auto ein Stück zurück, bis sich der Keilriemen mit der Hand bewegen läßt und startet neu. Bei Fahrzeugen mit automatischem Getriebe muß man den Motor von Hand am Keilriemen durchdrehen.

Verdunkelt sich nach langer Autofahrt die Kontrolleuchte beim Starten nur geringfügig, klemmt der Anlaßschalter. Oft genügt mehrmaliges Betätigen des Anlassers, daß sich der Schalter löst. Wenn nicht, leicht dagegen klopfen.

Die Kontrollampe ist beim normalen Betrieb des Fahrzeugs erloschen. Ist der Stromverbrauch hoch, wie das im Winter der Fall sein kann, glimmt die Kontrollampe und zeigt damit an, daß der von der Lichtmaschine erzeugte Strom für die Stromversorgung nicht ausreicht und die elektrische Anlage zur Zeit von der Batterie mit versorgt wird. Durch Abschalten von Stromverbrauchern, z.B. Abblendlicht statt Fernlicht, kann man das korrigieren. Leuchtet die Kontrollampe während der Fahrt auf, bedeutet dies, daß die Lichtmaschine keine Leistung abgibt. Man muß dann sofort anhalten und den Motor abstellen; wahrscheinlich ist der Keilriemen gerissen (siehe Seite 529). Wer ein Fahrzeug fährt, bei dem die Wasserpumpe und damit der Kühlkreislauf von der Lichtmaschine versorgt wird (das muß jeder Fahrzeughalter für sein Fahrzeug erfragen), für den ist die Fahrt zu Ende, wenn er keinen Ersatzkeilriemen dabei hat.

Flackert die Ladekontrollampe, insbesondere beim ruckartigen Gasgeben, ist der Keilriemen lose und muß nachgespannt werden.

Beleuchtung

Die Beleuchtung eines Autos besteht gemäß den gesetzlichen Vorschriften aus den Scheinwerfern für Fern- und Abblendlicht, Begrenzungsleuchten, Rücklicht (Standlicht), Kennzeichenbeleuchtung, Fahrtrichtungsanzeiger, Warnblinkanlage und Bremsleuchten.

Erlaubte Zusatzbeleuchtungen sind Nebelscheinwerfer, Nebelschlußleuchte, Fernstrahler und Breitstrahler, Zusatzbremsleuchten, Rückfahrscheinwerfer, Suchscheinwerfer und Parklicht.

Nebelscheinwerfer unterleuchten den Nebel, weshalb sie so tief wie irgend möglich eingebaut werden sollen. Nebelschlußleuchten werden montiert, damit man selbst besser gesehen wird. Sie haben die ca. 100fache Strahlkraft im Verhältnis zu einem normalen Rücklicht. Benutzt man sie, wenn kein Nebel vorhanden ist, kann dies den nachfolgenden Verkehr blenden. Zusätzliche Bremsleuchten, im Wageninneren an der Heckscheibe angebracht und damit viel höher als die Bremsleuchten, werden nicht von nachfolgenden Pkw verdeckt, so daß auch weiter entfernte Fahrzeuge viel früher das Abbremsen sehen – ein Beitrag zur Vermeidung von Serien-Auffahrunfällen.

Für alle Zusatzeinrichtungen bestehen Vorschriften hinsichtlich des Einbaus und der Verwendung. Einbausets enthalten alle wichtigen Informationen.

Scheinwerfer einstellen

Abbildung 9 zeigt, wie das Abblendlicht bei voll beladenem Auto auf ebener Straße eingestellt sein muß, damit es die Fahrbahn optimal ausleuchtet, ohne den Gegenverkehr zu blenden.

Am Scheinwerfereinsatz – entweder direkt von außen zugänglich oder nach Entfernen des Zierrings oder von innen – befinden sich zwei Einstellschrauben, eine für die Höhen-, die andere für die Seiteneinstellung des gesamten Scheinwerfereinsatzes.

Glühlampen

Die Abbildung 10 zeigt die gebräuchlichen Glühlampen. Beim Auswechseln dürfen sie nicht mit der bloßen Hand angefaßt werden, weil sich die Schweißabsonderungen beim Betrieb der Lampe in das Glas einbrennen und die Leuchtleistung erheblich beeinträchtigen würden.

Die neue Glühlampe soll die gleiche Wattzahl aufweisen wie die alte und in der gleichen Stellung in den Bajonettverschluß eingesetzt werden wie ihre Vorgängerin.

Glühlampen müssen ausgetauscht werden, wenn sie dunkel werden und dadurch an Leuchtkraft verlieren.

527

Scheinwerfer

Ein Scheinwerferglas, das gesprungen ist oder durch Steinschlag ein kleines Loch bekommen hat, sollte sofort ausgewechselt werden, denn der empfindliche Reflektor verliert durch das kaputte Scheinwerferglas seinen Schutz, wird blind oder bekommt Rostflecke.

Wenn das geschehen ist, muß der gesamte Scheinwerfersatz ausgetauscht werden.

Fehlersuche in der Autoelektrik

Fehler in der elektrischen Anlage mit ihren ca. 50 Stromkreisen sind gefürchtet, denn meist besteht das Problem darin, den Fehler aufzufinden, denn dies setzt Kenntnisse voraus, die sehr oft fehlen – Grundkenntnisse der Elektrotechnik und die Fähigkeit, einen elektrischen Schaltplan zu lesen. Diese Kenntnisse können nicht im Rahmen dieses Buches vermittelt werden. Damit ist die Fehlersuche und Reparatur Sache des Autoelektrikers.

Eine durchgebrannte Glühbirne wird ausgewechselt. Damit ist der Schaden behoben, aber meist steckt das Problem woanders.

Sicherungen

Im Rahmen der Möglichkeiten bleibt nur die Überprüfung der Sicherungen. Dabei muß man sich darüber im klaren sein, daß eine durchgebrannte Sicherung nicht die Ursache, sondern die Folge des Fehlers ist. Liegt ein ständiger Kurzschluß vor, brennt die nächste Sicherung sofort wieder durch. Dann muß das Auto in die Werkstatt. Es kann aber auch sein, daß die neue Sicherung intakt bleibt, weil der Kurzschluß nur ab und zu auftritt. In diesem Fall kann man wenigstens ohne Probleme in die Werkstatt fahren.

Ausdrücklich muß vor dem Flicken einer Sicherung mit Alufolie oder ähnlichen Methoden gewarnt werden. Damit verliert die Sicherung ihre Funktion, der schwächste Punkt in einem Stromkreis zu sein, damit dann, wenn etwas in diesem Stromkreis nicht in Ordnung ist, der Stromkreis an der dafür vorgesehenen Stelle unterbrochen wird, nämlich

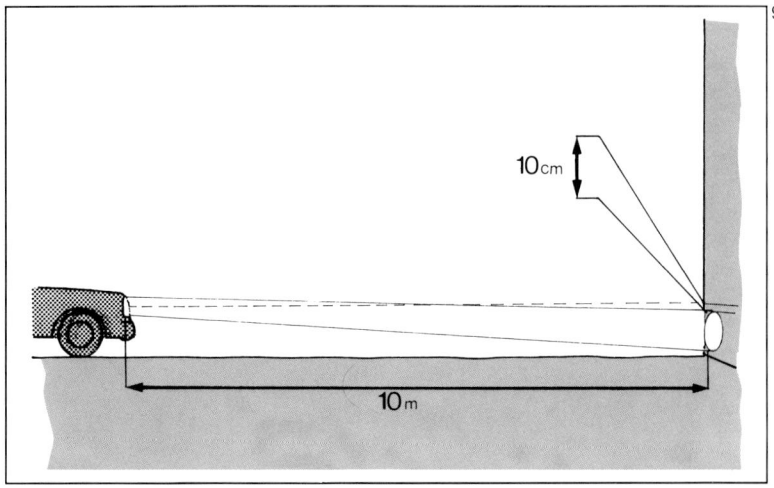

durch Durchbrennen der Sicherung. Beim Überbrücken der Sicherung wird eine unbekannte andere Stelle die schwächste Stelle, brennt irgendwann durch und kann dabei einen Kabelbrand auslösen mit unabsehbaren Folgen.

Motor

Der Motor setzt die Energie, die im Kraftstoff enthalten ist, in Antriebsenergie für die Räder um.

Die Lebensdauer des Motors hängt entscheidend vom Umgang mit ihm ab. Wer dem Motor nach dem Starten Zeit gibt, bis er warmgelaufen ist, bevor er ihn voll belastet, wer schonend Gas gibt, verlängert die Lebensdauer. Braucht das Auto einen neuen Motor, kommt ein werksgeprüfter Austauschmotor mit Werksgarantie in Betracht.

Motoröl

Ohne Öl als Schmiermittel fressen sich die Kolben nach kurzer Zeit im Zylinder

9 *Einstellen der Scheinwerfer bei beladenem Fahrzeug.*

10 *Glühlampen für das Auto.*
Typische Autolampen: 1 Biluxlampe, 2, 3 Armaturenbrett, 4 Kennzeichen, 5 Kofferraumdeckel innen, 6 Rückleuchten, 7 Bremslichter, 8 Rückscheinwerfer, 9 Halogen H4-Lampe.

fest. Damit das nicht passiert, muß man den Ölstand regelmäßig kontrollieren: Ölmeßstab herausziehen, abwischen, reinstecken, herausziehen, Ölstand ablesen und erforderlichenfalls nachfüllen.

Ölwechsel: Je nach Herstellervorschrift muß der Ölwechsel alle 7500 bis 10 000 Kilometer erfolgen. Der Motor muß betriebswarm und abgestellt sein. In der Betriebsanleitung kann man nachlesen, wieviel Öl in den Motor hineingeht. Ein entsprechend großes Gefäß muß unter die Ölablaßschraube gestellt werden, die man löst, wobei man bei Modellen mit Ölfilter Spezialwerkzeug benötigt (Schlinge oder Schlüssel).

Dann läßt man das Öl ablaufen.

Ölfilter: Beim Einbau des neuen Ölfilters muß zuvor seine Dichtung mit Öl benetzt werden. Der Hinweis auf dem Ölfilter für das Aufschrauben muß unbedingt beachtet werden; meist ist es nur ein Achtel oder ein Viertel einer vollen Umdrehung. Die Ölablaßschraube wird von Spänen befreit, die Dichtung überprüft, die Ölablaßschraube wieder eingesetzt und mit dem Schlüssel festgezogen. Dann füllt man die vorgeschriebene Menge Öl ein, startet den Motor und läßt ihn laufen, bis die Druckkontrolleuchte erlischt; dann stellt man den Motor wieder ab. Nach 5 Min. Warten wird eine Ölstandskontrolle vorgenommen und gegebenenfalls noch Öl nachgefüllt. Bei einigen neuen Modellen gibt es keine Ölablaßschraube mehr. Der Ölwechsel kann nur noch an der Tank-

10

1 2 3 4 5 6 7 8 9

stelle mit einem Absauger durchgeführt werden.

Luftfilter

Jeder Motor der üblichen Pkw hat einen Luftfilter, und wenn der Luftfilter verstopft ist, bekommt der Motor nicht genügend Luft, er läuft dann überfettet und verbraucht zuviel Benzin, zieht nicht richtig im obertourigen Bereich (Leistungsabfall). Man sucht den Vergaserluftansaugerstutzen, durch den die Luft durch den Luftfilter in den Vergaser gelangt. Meist ist dies ein rundes Plastikteil, in dem sich der Filter befindet (Papier), in dem der Staub hängenbleibt. Wenn der Filter voll ist, kann er nicht gereinigt, sondern muß ausgewechselt werden.

Anstelle des Papierkartuschenfilters gibt es bei kleinen Lastern und Geländefahrzeugen (ebenso bei stationären Arbeitsmaschinen) meist Ölbadluftfilter: Man kann ihn schnell und leicht säubern. Der Filtereffekt entsteht dadurch, daß die Luft durch das Öl angesaugt und dadurch die Staubpartikel ausgefiltert werden. Das Öl wird allmählich zu Mus, und spätestens dann muß es ausgetauscht werden.

Zündung, Ventile, Vergaser

Das Kraftstoff-Luft-Gemisch soll im Zylinder explodieren, so daß der Kolben bewegt wird. Über das Getriebe wird dann die Achse und damit werden die Räder angetrieben. In allen Zylindern muß es nacheinander in einer geordneten Reihenfolge zur Explosion kommen, z.B. beim VW-Bus in der Reihenfolge

erster, vierter, dritter, zweiter Zylinder. Das Gemisch wird gezündet durch einen 10000- bis 15000-Volt-Zündfunken. Der Strom kommt aus der Batterie mit einer Voltspannung von nur 6 bis 12 Volt bzw. 24 Volt. Er gelangt in die Zündspule, einem Transformator, der den Voltstrom in einen Strom bis zu 10000–15000 Volt verwandelt. Der Zündfunke springt an der Zündkerze, die sich im Brennerraum befindet, über. Die Zündkerze ist eine Art Kanalisierung für den Zündstrom, damit er nicht woandershin fließt. Der Verteiler sorgt dafür, daß der Zündfunke jeweils an der richtigen Zündkerze überspringt, also die Explosion jeweils im richtigen Zylinder erfolgt.

Wenn der Motor nicht optimal, also nicht rund läuft, dann hat dies einen höheren Benzinverbrauch zur Folge, es treten Startschwierigkeiten auf und insgesamt fällt die Leistung. Die Ventile regeln die Zufuhr des Kraftstoff-Luft-Gemisches in den Zylinder und sorgen für den Abtransport des verbrannten Gemisches. Die Ventile regeln den Zugang bzw. Ausgang zum Hub- und Verbrennungsraum.

Der Vergaser hat die Aufgabe, die Luft mit zerstäubtem Benzin so anzureichern, daß es ein explosionsfähiges Gemisch wird. Aus dem Vergaser gelangt das Gemisch durch die Einlaßventilöffnung in den Hub- und Verbrennungsraum des Zylinders.

Das Auswechseln und Einstellen der Unterbrecherkontakte in der Zündanlage (ca. alle 10000 km), das Einstellen

der Zündung und der Ventile – die Vergaser sind weitgehend wartungsfrei – sollte man der Werkstatt überlassen, denn man kann dies wohl nicht allein mit Hilfe eines Buches erlernen. Für das richtige Einstellen braucht man Erfahrung und Fingerspitzengefühl.

Zündkerzen

Mit einem Spezialsteckschlüssel, der zum Bordwerkzeug gehört, können die Zündkerzen aus- und wieder eingeschraubt werden. Wenn der Abstand zwischen den Elektroden zu groß ist, muß die gebogene Elektrode mit einem ganz leichten Schlag angebogen werden. Der Abstand soll 0,6 bis 0,7 mm betragen (mit der Fühllehre messen). Vorsichtiger ist es, neue Zündkerzen zu verwenden, denn wenn durch das Biegen das Ende der Elektrode abbrechen und in den Zylinder fallen sollte, wird dieses kleine Metallstück den ganzen Zylinder ruinieren.

Keilriemen spannen

An der Kurbelwelle ist die Keilriemenscheibe, die den Keilriemen antreibt, und dieser wiederum treibt beim luftgekühlten Motor den Ventilator und beim wassergekühlten Motor die Wasserpumpe an. Gleich, ob es sich um einen luftgekühlten oder wassergekühlten Motor handelt: Bei einem Keilriemenriß, der durch das Aufleuchten einer roten Lampe, der Ladekontrolle angezeigt wird, muß man sofort, aber wirklich sofort stehenbleiben und den Motor abstellen, weil der Motor, wenn er weiterläuft, nicht mehr gekühlt wird und ganz schnell den Hitzetod stirbt.

Etwas ganz anderes liegt vor, wenn beim wassergekühlten Motor das Wasser kocht, aber der Keilriemen nicht gerissen ist: Da muß der Motor im Leerlauf weiterlaufen, damit die Wasserpumpe (und bei bestimmten Modellen zusätzlich auch der Ventilator) weiterarbeitet und das Wasser den Motor bald wieder kühlt. Wenn die Aggregate, die vom Keilriemen angetrieben werden, also Ventilator, Wasserpumpe, Lichtmaschine, eventuell Servolenkung oder Klimaanlage, mit der Hand gedreht werden können, ohne daß sich dann auch die Kurbelwelle mitdreht, ist die Spannung des Keilriemens zu gering, und er muß nachgespannt werden.

Auspuff

Der Auspuff ist bis heute ein Sorgenkind geblieben. Er rostet durch die Schwefelanteile in den Auspuffgasen sehr schnell von innen durch, da sich das Schwefeldioxyd mit dem Kondenswasser zu der schwefligen Säure H_2SO_3 verbindet. 1 Liter verbranntes Benzin erzeugt rund 1 Liter Kondenswasser. Feuerverzinkte oder emaillierte Auspufftöpfe und -rohre haben eine größere Lebensdauer als die übliche Standardausrüstung. Wenn keine Grube oder Hebebühne zur Verfügung steht, muß das Auto vorschriftsmäßig aufgebockt werden: Verboten ist das Arbeiten unter dem Auto, während das Auto auf dem Autoheber ruht, wenn das Auto auf Ziegeln, Steinen, Holzklötzen oder ähnlichen Gegenständen gelagert ist. Richtig ist die Verwendung von Unterstellböcken oder Auffahrrampen (siehe Seite 521, Abb. 3). Oft ist es richtig, die gesamte Auspuffanlage auszutauschen, wenn man überhaupt mit dieser Arbeit anfängt, statt nur das durchgerostete Teil auszutauschen. Sämtliche Schrauben, die man lösen kann, mit Rostlöser einsprühen und 10 bis 15 Minuten einwirken lassen. Das Teil demontieren, das kaputt ist. Das Ausbauen eines Auspuffs kann viel Zeit kosten durch eingerostete Schrauben und Steckverbindungen. Diese Zeit ist aber auch in einer Werkstatt erforderlich und kommt auf die Rechnung.

Getriebe, Kupplung

Das Getriebe ist ein kompliziertes Zahnräderwerk, mit dem die verhältnismäßig konstante Drehzahl des Motors in unterschiedliche Umdrehungszahlen der Antriebsräder umgesetzt wird; bei gleicher Motordrehzahl drehen sich die Räder im 1. Gang viel langsamer als im 4. oder 5. Gang.

Getriebe und Motor sind durch die Kupplung verbunden. Sie ermöglicht es, daß der Motor ausgekuppelt und in die verschiedenen Gänge eingekuppelt werden kann.

Das Kupplungsseil dehnt sich und kann reißen. Das Nachstellen des Kupplungsseils und sein Austauschen sind einfache Arbeiten, die in der Werkstatt schnell und preiswert gemacht werden können, weshalb man sich überlegen wird, ob man selbst unter das Auto kriecht. Da das Kupplungsseil bei den verschiedenen Autotypen immer wieder unterschiedlich montiert ist, sollte man es sich einmal beim eigenen Fahrzeug ansehen. Das Kupplungsseil ist am Kupplungspedal eingehängt und am anderen Ende am Kupplungshebel verstellbar befestigt. Das Spiel des Kupplungspedals liegt bei den meisten Fahrzeugen zwischen 1,5 und 3 cm.

Fahrgestell, Räder, Radlager

Einen Radwechsel sollte jeder Autofahrer beherrschen. Leicht durchzuführen ist außerdem der Austausch der Stoßdämpfer und das Nachjustieren der Räder.

Radwechsel

Der Standort des Fahrzeugs muß mit einer Warnblinkanlage und einem Warndreieck abgesichert werden, wenn der Radwechsel auf der Straße stattfindet. Der Wagen wird gegen Wegrollen gesichert durch das Anziehen der Feststellbremse, Einlegen des ersten oder Rückwärtsganges und bei steilen Gelänen zusätzlich durch Unterlegen von Keilen bzw. Steinen hinter die Räder. Dann werden die Muttern mit dem Kreuzschlüssel gelockert, und erst danach wird der Wagen hochgebockt, denn die Muttern sind so fest angezogen, daß sie an einem freidrehenden Rad kaum gelöst werden können. Sind die Muttern mit dem Kreuzschlüssel nicht lösbar, verlängert man den Hebelarm am Kreuzschlüssel mit einem ca. 60 cm langen Rohr. Damit der Kreuzschlüssel diese Kräfte aushält, muß er aus erstklassigem Material sein. Bei der Montage in der Werkstatt sollte man darauf bestehen, daß nicht mit dem Preßluftschrauber zugedreht wird, denn diese Schrauben bekommt man mit einfachem Werkzeug oft nicht auf.

Dann wird das Rad abgenommen, das Ersatzrad daraufgesetzt, die Muttern leicht angezogen, der Wagen abgelassen, die Muttern fest angezogen und nach ca. 50 km Fahrt nochmals nachgespannt.

Wenn man die Luft im Ersatzreifen nicht ab und zu kontrolliert, hat es gar keinen Zweck, wenn man einen Ersatzreifen dabei hat, der mangels Luft dann auch platt ist. Der Ersatzreifen sollte immer mit dem höheren Druck der hinteren Reifen gefüllt sein, denn Luft kann man immer ablassen.

Leute, die ihr Auto besonders lieben und anfangen, ihr Auto besonders zu pflegen, kommen manchmal auf die Idee, die angerosteten Gewindebolzen und Muttern am Rad zu ölen. Das ist lebensgefährlich, denn das kann dazu führen, daß die Muttern und dann das Rad sich beim Fahren lösen. Also: Kein Öl an die Radmuttern und Gewindebolzen.

Stoßdämpfer

Die Stoßdämpfer dämpfen den Stoß, der beim Fahren die Unebenheiten der Straße auf das Auto überträgt. Bei nicht mehr ausreichend wirksamen Stoßdämpfern fängt das Rad an zu springen und hat nicht mehr ununterbrochen Kontakt mit der Fahrbahn, wie es für möglichst sicheres Fahren erforderlich ist. Die meisten Modelle haben deshalb Stoßdämpfer, und zwar an jedem Rad.

Stoßdämpferkontrolle: Man belastet ein Rad mit erheblichem Gewicht, entlastet plötzlich, und wenn das Fahrzeug an diesem Rad mehrfach nachschwingt, ist ein Stoßdämpfertest in der Werkstatt angezeigt.

Stoßdämpfer austauschen: Der Wagen

wird wie beim Radwechsel gegen Wegrollen gesichert, aufgebockt, das Rad
abgenommen, der Stoßdämpferbolzen
oben und unten gelöst und der Stoßdämpfer ausgetauscht. Die Stoßdämpferbolzen sind oftmals eingerostet und
müssen mit Rostlöser eingesprüht werden.

Fahrwerk-Radlager

Das Rad ist auf der Achse gelagert, bei
fast allen Modellen mit einem Kegelrol-
lenlager. Wenn das zuviel Spiel hat, muß
das Radlager neu justiert, also neu eingestellt werden. Dazu wird der Wagen
aufgebockt, die Schutzkappe am Achs-
ende entfernt, was je nach Modell durch
Abschrauben oder durch Abschlagen
mit einem Meißel geschieht. Die Mutter
ist auf irgendeine leicht begreifliche
Weise gesichert. Diese Sicherung wird
entfernt, die Mutter mit der Hand so weit
zugedreht, daß kein Spiel mehr vorhanden ist. Läßt sich die Mutter nicht oder
nicht so weit mit der Hand drehen, dann
muß das Radlager in der Werkstatt ausgetauscht werden, weil man dazu Spezialwerkzeug benötigt, was der Heimwerker nicht zur Verfügung hat. Wenn
sich die Mutter zwar so weit andrehen
läßt, daß kein Spiel mehr vorhanden ist,
das Rad sich frei dreht, dafür aber beim
Drehen ein deutlich mahlendes Geräusch entsteht, muß ebenfalls das
Radlager ausgewechselt werden.

Reifen

Das Wichtigste steht auf Seite 524 bei
der Winterwartung.

Bremsen

Das hydraulische Bremssystem, das
mit dem Fuß bedient wird, wirkt auf alle
vier Räder des Autos. Die Bremsen sind
entweder als Scheibenbremsen oder
als Trommelbremsen konstruiert und
nutzen sich durch den Gebrauch ab.
Außerdem gibt es noch die Feststell-
handbremse, die lediglich auf die beiden Hinterräder wirkt.

Trommelbremse

Bremsbacken einstellen: Der Bremspe-

11

dalweg wird infolge Abnutzung größer.
An der Rückseite der Bremsankerplatte
sind zwei Einsteller, jeder Einsteller für
eine Bremsbacke, meist ein Zahnrad,
das mit einem Schraubenzieher gedreht
werden kann. Dadurch verändert die
Bremsbacke ihre Position im Verhältnis
zur Trommelinnenwand.
Richtig eingestellt wird so (Abb.11):
Das Auto wird aufgebockt, bis sich das
Rad frei dreht. Das Rad wird in Laufrichtung bewegt, und gleichzeitig wird am
Einsteller gedreht, bis die Backe hörbar
schleift. Das wird mit dem anderen Einsteller wiederholt. Das Rad dreht sich
also nicht frei, wenn es richtig eingestellt ist, sondern hat so viel Reibung,
daß es beim Drehen mit der Hand stehenbleibt, wenn man es losläßt.
Bremsbacken austauschen: Wenn der
Bremsbelag auf den Bremsbacken abgeschliffen ist, so daß demnächst die
Niete auf der Trommelinnenseite schleifen, müssen die Bremsbacken ausgetauscht werden. Die Mindestbelagstär-
ke, die der Hersteller angibt, ist dabei zu
beachten. Um die Belagstärke festzustellen, muß die Bremse von außen geöffnet werden. Die Bremsbeläge werden
mit Hilfe der Einsteller zurückgenommen. Dann entfernt man die Mutter oder
die Schrauben an der Außenseite der
Bremstrommel. Jetzt läßt sich die Bremstrommel mit leichten Hammerschlägen
abziehen.
Es gibt Einweg- und Mehrwegbrems-
backen. Bei der Einwegbremsbacke ist
der Bremsbelag unlösbar mit dem Träger verbunden und muß deshalb insge-

*11 Trommelbremse mit den beiden
Einstellern (siehe Schraubendreher)
zwischen den Bremsbacken.*

samt ausgetauscht werden, wenn der
Bremsbelag die Verschleißgrenze erreicht hat. Bei den Mehrwegbremsbak-
ken ist der Bremsbelag durch Niete mit
dem Träger verbunden. Entfernen des
Nietes: Auf der Bremsbackeninnenseite
den Nietkopf abschlagen, den Niet
durchschlagen und neu nieten (siehe
Seite 68). Das Austauschen der Bremsbacken ist ohne jedes Problem und für
jeden sofort ersichtlich, wenn er die
Trommel auch nur das erste Mal offen
sieht.

Scheibenbremsen

Diese Bremsen können nicht eingestellt
werden; denn sie sind wartungsfrei.
Aber auch sie nutzen sich ab. Wenn
man die Scheibenbremsen metallisch
pfeifen hört, ist es zu spät, dann muß
die sehr teure Scheibe selbst ausgetauscht werden. Damit das nicht passiert, sollte man eine regelmäßige Sichtkontrolle durchführen (Abb.12), bei
Stadtverkehr und rasanter Fahrweise alle 10 000, sonst alle 20 000 Kilometer.
Ergibt die Sichtkontrolle die Notwendigkeit des Austauschs der Bremsbeläge,
dann werden die Haltestifte (siehe
Abb.12) entfernt, wird die Feder herausgenommen, werden mittels eines
Schraubenziehers die Bremsbeläge
vorsichtig von der Scheibe gelockert
und herausgezogen, wobei das von

531

12

12 *Scheibenbremse.*

13 *Ausbeulwerkzeug in einem Koffer (Heyco): Kunststoff- und Eisenhäm-mer, Fäuste, Spachtelraspel.*

14 *Schrupparbeiten an der Karosserie mit einem Winkelschleifer (Festo)*

15 *Fahrradwerkzeug: Kombizange, Schraubendreher, Knochen und Schlüssel, Reifenheber, Speichen-spanner.*

13

14

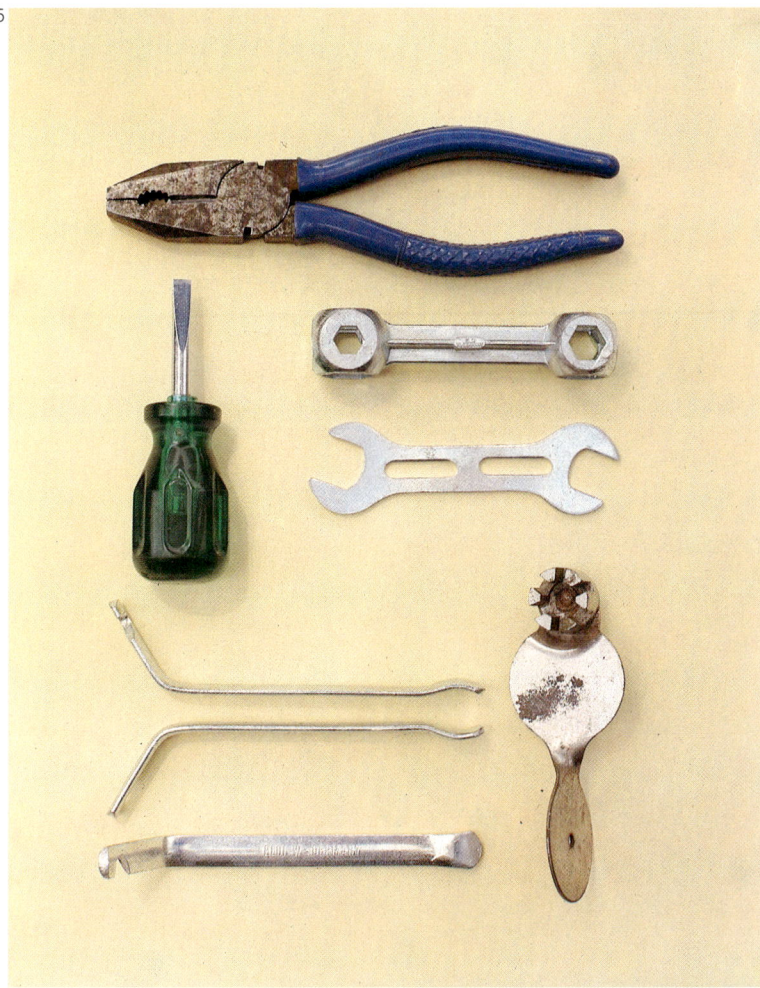

15

festsitzendem Schmutz manchmal ziemlich erschwert ist. Jetzt sieht man die beiden Kolben, die bei Betätigen des Fußbremspedals durch den hydraulischen Druck die beiden Bremsbeläge an die Scheibe drücken. Die beiden Kolben werden vorsichtig mit einem Schraubenzieher – dafür gibt es auch Spezialwerkzeug – von der Bremsscheibe weggedrückt. Dabei muß man darauf achten, daß die Gummimanschetten an den Kolben, die vor Spritzwasser und Schmutz schützen, nicht beschädigt werden. Dann werden die Bremsbeläge eingesetzt, die immer mit der Druckplatte unlösbar verklebt sind, Feder und Haltestifte eingesetzt und das Rad montiert. Vor dem ersten Anfahren – ganz wichtig! – muß das Bremspedal mehrmals durchgetreten werden, damit der Druck wiederkommt und sich die Bremsbeläge an die Scheibe anlegen. Wer daß vergißt, anfährt und dann zum ersten Mal bremst, hat seinen nächsten Unfall, weil die Bremsen noch nicht reagierten.

Nach dem Wechsel der Beläge bei Trommel- und Scheibenbremsen ist die Bremswirkung erst optimal, wenn sich die neuen Bremsbeläge nach Gebrauch durch Anschleifen an die Scheibe bzw. Trommelwand exakt angepaßt haben. Dazu sind einige Dutzend sanfte Bremsvorgänge erforderlich. Starkes Bremsen ist nutzlos, weil dadurch die Räder blockiert werden und sich nichts anschleifen kann.

Feststellbremse

Sie ist meist als Handbremse konstruiert, wirkt nur auf ein Räderpaar, vorn oder hinten je nach Modell. Die Kraft wird per Seilzug oder Gestänge auf die Scheiben- oder Trommelbremsen übertragen. Dieser Übertragungsmechanismus muß manchmal nachgestellt werden.

Karosserie

Der Lack schützt die Karosserie, die in der Regel aus Stahlblech besteht, vor dem Durchrosten. Damit der Lack diese Schutzfunktion möglichst lange behält, muß er ständig gepflegt werden. Trotzdem läßt sich nicht vermeiden, daß der Lack beschädigt wird: Es entstehen im

533

16

17
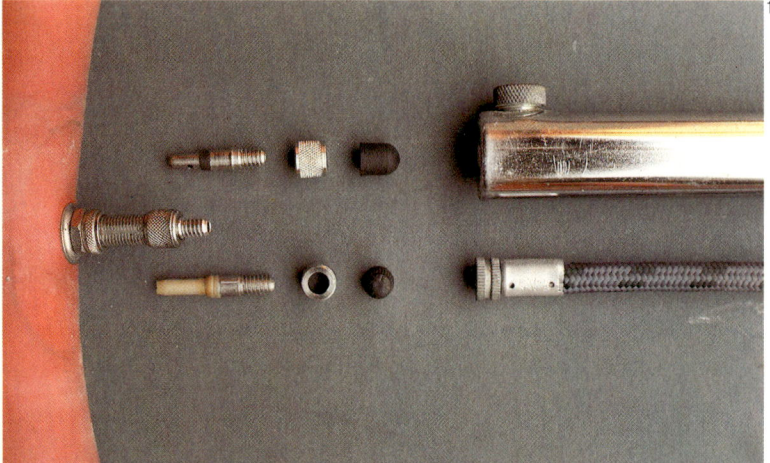

16 *Nippelspanner im Einsatz.*

17 *Oben Patentventil, das sich viel
    leichter aufpumpen läßt als das Ven-
    til mit Gummischlauch, unten.*

18 *Schubkarre und Leiterwagen in
    einem (Westfalia).*

18

Laufe der Zeit Haarrisse, durch den Verkehr hochgeschleuderte Steinchen verursachen Löcher, Feuchtigkeit gelangt
an das Blech, und das Rosten beginnt.
Unfallfolgen reichen vom kleinen Kratzer
über Dellen bis zu zerknittertem und
zerfetztem Blech.
Lackpflege zur Vorbeugung und aktiven
Bekämpfung des Rostes kommt für jeden in Betracht. Lackschäden oder gar
Schäden am Blech können ebenfalls
vom Heimwerker dauerhaft und insofern
handwerklich einwandfrei repariert werden, aber wer darauf Wert legt, daß sein
Auto nach der Reparatur wie neu aussieht, der sollte es lieber in eine Spe-
zialwerkstatt geben.

Wagenpflege
Das Autowaschen beseitigt den
Schmutz. Viel Wasser verwenden, nicht
in der prallen Sonne waschen und abwarten, bis die Karosserie um den Motor herum nicht mehr heiß ist. Autowaschen nach einer Regenfahrt erspart
das sonst notwendige 10- bis 15minüti-
ge Einweichen. Schwamm und Leder
sollen oft in Seifenlauge ausgewaschen
werden. Besonders wichtig ist das Ab-

spritzen des Unterbodens im Winter, da
auf unseren Straßen zur Erhöhung der
Verkehrssicherheit immer noch Salz gestreut wird, mit schlimmen Folgen für
den Boden und das Grundwasser.
Mit dem gründlichen Abwaschen des
Fahrzeuges ist es nicht getan. Der Lack
braucht regelmäßig Pflege- und Konser-
vierungsmittel, die verhindern, daß
Feuchtigkeit in die allmählich entstehenden Haarrisse eindringt. Den Bedürfnissen der Autofahrer entsprechend, gibt es ein ganzes Arsenal
von Autoshampoos, Totalreinigern,
Multicleanern, Universalkaltreinigern,
Schnellreinigern mit und ohne Langzeit-
schutz, Polierwatte, Lackversiegelun-
gen, Konservierungswachsen und so
weiter und so fort (z. B. Westfalia).

Man kann diese Produkte in folgende
Gruppen einteilen:

Reinigungsmittel
Waschkonservierer für neue Autolacke
werden dem letzten Spülwasser beigemischt. Anschließend wird trockengele-
dert.
Flüssige Hartwachse werden auf die
saubere Oberfläche mit einem weichen
Tuch aufgetragen und nach kurzer Trok-
kenzeit auspoliert. Diese Behandlung
ist erforderlich, wenn das Wasser vom
Lack nicht mehr abperlt.
Polituren dürfen nicht für neue Lacke
verwendet werden, sondern bringen mit
einem Anteil an feinsten Schleifmitteln
stumpf gewordene Lacke wieder zum
Glänzen.

Lackreiniger zum Entfernen von Teerflecken und Insekten greifen die Lackschicht an, weshalb sie nur im Notfall verwendet werden sollten.

Lackschäden

Sinnvoll ist es, jeden kleinsten Lackschaden sofort zu bekämpfen. Wenn einmal am Auto 20 oder 30 kleine Roststellen sind, dauert es nur noch ein paar Monate, und das Auto hat sich in eine Rostbeule verwandelt. Eine Reparatur kostet dann sehr viel, und die neue TÜV-Plakette ist jedenfalls dann gefährdet, wenn tragende Teile der Karosserie vom Rost befallen sind.

Im Handel gibt es Lackpflege-Sets, die mit dem Zigarettenanzünder im Auto betrieben werden können (Westfalia): Mit dem auswechselbaren Fräs-, Schleif- und Polierstift wird der Rost und der beschädigte Lack beseitigt. Das Loch in der Lackschicht wird mit dem farblich passenden Autolack aus der Sprühdose geschlossen.

Diese Sprühlacke trocknen binnen weniger Minuten und können in mehreren dünnen Schichten aufgetragen werden.

Blechschäden

Ausschneiden und Schweißen: Zerknitterte Bleche müssen herausgeschnitten und durch neue Bleche ersetzt werden (Blechknabber siehe Seite 219). Im Kfz-Handel sind viele geformte Blechteile für die einzelnen Fahrzeugtypen erhältlich. Natürlich kann man auch Stück für Stück einschweißen und so die Karosserie wieder aufbauen. Mit den Blechschweißgeräten, die heute in den Werkstätten verwendet werden, kann auch ein Anfänger sehr bald haltbare Schweißverbindungen herstellen; allerdings wird sein Verbrauch an Schweiß-material groß sein. Als Anschaffung für den Heimwerker sind diese Schweißgeräte zu teuer, mit Autogen- oder gar Elektroschweißgeräten können die dünnen Autobleche vom Heimwerker nicht geschweißt werden. Weiterführende Literatur siehe Seite 536.

Blech ausbeulen: Ausgebeult wird mit dem Hammer und der Faust (Abb. 13). Über die Grundlagen des Stauchens und Streckens siehe Seite 252.

Glasfasermatten: Löcher an nicht tragenden Teilen können auch mit Hilfe von Glasfasermatten oder Glasseidengewebe und Epoxyd- bzw. Polyesterharz haltbar verschlossen werden. Man streicht das Harz um das Loch herum, legt die Glasfasermatte auf und tränkt sie vorsichtig mit Harz. Luftblasen müssen herausgestrichen werden.

Nach einer Trockenzeit von ca. 1 Stunde wird grob geschliffen und mit Zweikomponentenkunststoff-Spachtel geglättet.

Schleifen: Mit einem Winkelschleifer und der Schruppscheibe müssen alle schadhaften Lackstellen und der Rost bis auf das blanke Blech abgeschliffen werden (Abb. 14).

Rost-Primer: Das Metall wird mit Rost- oder Wash-Primer eingestrichen, der weitgehend verhindert, daß unter der neuen Lackschicht aus dem verbliebenen Rostpartikelchen neue Roststellen entstehen. Außerdem passiviert er das Metall und bildet den Haftgrund für den Lack.

Spachteln und Lackieren: Im nächsten Arbeitsgang wird mit einem Spachtelmesser KH-, Kopal- oder Kombispachtel unter Druck dünn aufgetragen. Nach dem Trocknen wird geschliffen, der Schleifstaub mit einem feuchten Schwamm abgewischt und dann erneut gespachtelt. Dieser Vorgang wiederholt sich mehrere Male unter Verwendung von immer feinkörnigerem Schleifpapier, bis eine vollkommen glatte Fläche in der richtigen Wölbung entstanden ist. Der Lack wird mit der Spritzpistole oder Sprühdose aufgetragen (S. 112, 114).

Unterbodenschutz: Die Unterseite des Fahrzeuges ist durch Steinschlag, Bodenberührung und Salzwasser besonders gefährdet. Sie wird durch ein spezielles Mittel auf Kautschuk-Bitumen-Basis geschützt. Das Mittel wird mit dem Spachtel oder dem Pinsel aufgetragen oder aufgespritzt.

Hohlraumkonservierung: Damit die Karosserie nicht von innen heraus durchrostet, werden Hohlräume in der Karosserie, in denen sich Feuchtigkeit ansammeln könnte, mit speziellen Konservierungsmitteln vollgesprüht oder mit Polyurethanschaum ausgeschäumt.

Fahrrad

Alles, was man über die Arbeiten am Fahrrad wissen möchte, steht in der Fahrradheilkunde (siehe Seite 536). In den Abbildungen 15–17 sind die wichtigsten Fahrradwerkzeuge und die Ventile dargestellt.

Schubkarre, Leiterwagen, Sackkarre

Wer ein Grundstück hat, kommt ohne diese nützlichen Hilfsmittel nicht aus. Eine sehr praktische Transportkarre zeigt Abbildung 18 (Westfalia).

Literatur und Adressen

Gesetzeskunde, Unfallverhütung, Umweltschutz
Egmont R. Koch: Umweltschutz zu Hause. Was jeder tun kann, München 1984 (Mosaik Verlag)
Baugesetzbuch (dtv)
Arbeitsrecht von A-Z (dtv)
Verdingungsordnung für Bauleistungen (VOB, dtv)
Umweltbundesamt, Bismarckplatz 1, 1000 Berlin 33 (u.a. Merkblatt Umweltzeichen, ein Verzeichnis der Produkte, für die es den »Blauen Engel« gibt und die Hersteller, die es für ihre Produkte erhalten haben, z.B. aus den Bereichen: Schadstoffarme Lacke, fluorchlorkohlenwasserstofffreie Sprühdosen, blei- und chromatarme Korrosionsschutzfarben, emissionsarme Ölzerstäubungsbrenner, asbestfreie Boden-, Brems- und Kupplungsbeläge, umweltfreundliche Rohrreiniger, runderneuerte Reifen).

Dämmstoffe
Bundesverband der Leichtbauplattenindustrie e.V., Beethovenstraße 8, 8000 München 2
Fachverband Mineralfaserindustrie e.V., Postfach 8340, 4000 Düsseldorf 1
Fachverband Perlite-Dämmstoff-Industrie e.V., Kaiserstr. 21, 4600 Dortmund 1
Industrieverband Polyurethan-Hartschaum, Kriegerstr. 17, 7000 Stuttgart 1
Industrieverband Hartschaum e.V., Postfach 103006, 6900 Heidelberg 1
Industrieverband Anorganische Dämmstoffe, Erzbergerstr. 19, 6800 Mannheim 1

Anstriche
Handbuch der Oberflächenbehandlung, ICI-Zweihorn-Vertrieb, 4010 Hilden
Fußeder u.a.: Holzoberflächenbehandlung. Beizen, Mattieren, Polieren, Augsburg 1986 (Verlag W. Zimmer)
Christian Rubi: Holzbemalen und andere Ziertechniken. Ein Lehrbuch, Bern 1979 (Verlag Hans Huber)

Holz
Arbeitsgemeinschaft Holz e.V., Füllenbachstr. 6, 4000 Düsseldorf 30
Lehrgänge des Bundesinstituts für Berufsbildungsforschung Berlin (Beuth Verlag)
- Türen- und Fensterbau
- Oberflächenbehandlung
- Holzverbindungen und Verbindungsmittel

- Holzbau I bis III
- Furnieren
Josef Mader: Vom Kerbschnitzen zum ornamentalen Reliefschnitt, Linz 1986 (Oberösterreichischer Landesverlag)

Metall
Lehrgänge des Bundesinstituts für Berufsbildungsforschung Berlin (Beuth Verlag)
- Blechbearbeitung
- Biegen
- Rohrbiegen
Friedrich: Tabellenbuch Metalltechnik, Bonn 1981 (Dümmler Verlag)
Tabellenbuch Metall, Wuppertal 1984 (Europa Lehrmittel)
G. Hoffmann/J. Maurach: Schmiede- und Schlosserarbeiten von heute. Garten- und Einfahrtstore, Außen- und Innentüren, Trenn- und Fenstergitter, Geländer, Kreuze, Leuchter, Stuttgart 1974 (Verlag Julius Hoffmann)
Gert Lindner: siehe Seite 537

Papier, Pappe, Leder, Textilien, Gummi
Valentin Radinger: Schuhe reparieren, Köln 1984 (Rudolf Müller)

Baustoffe
Richard Niemeyer: Der Lehmbau und seine praktische Anwendung, Freiburg 1987 (Nachdruck aus dem Jahr 1946, ökobuch Verlag)
W. Pistulka/S. Wagner: Baukonstruktionen und Baustoffe, Bonn 1983 (Verlag der Baubiologie Bonn)
Leichtbauplattenfibel. Wärmeschutz – Brandschutz – Schallschutz, München 1985 (Bundesverband der Leichtbauplatten-Industrie, Adresse siehe unten)
Institut für Baubiologie + Oekologie, Holzham 25, 8201 Neubeuern
Bundesverband der Deutschen Ziegelindustrie e.V., Schaumburg-Lippe-Straße 4, 5300 Bonn 1
Bundesverband Kalksandsteinindustrie e.V., Entenfangweg 15, 3000 Hannover 21
Bundesverband der Deutschen Kalkindustrie e.V., Annastraße 67–71, 5000 Köln 51, Beethovenstraße 8, 8000 München 2
Verband Rheinischer Bims- und Leichtbetonwerke e.V., Postfach 2280, 5450 Neuwied
Bundesverband der Gips- und Gipsbauplattenindustrie e.V., Birkenweg 13, 6100 Darmstadt
Bundesverband der Deutschen Zementindustrie e.V., Pferdemengestr. 7, 5000 Köln 51
Bundesverband Gasbetonindustrie e.V., Frauenlobstraße 9–11, 6200 Wiesbaden

Bundesverband Deutsche Beton- und Fertigteilindustrie e.V., Theaterstraße 18, 5300 Bonn 1
Deutscher Naturwerkstein-Verband e.V., Sanderstraße 4, 8700 Würzburg 1
Bundesverband der Leichtbauplatten-Industrie e.V., Beethovenstraße 8, 8000 München 2
Lehrgänge des Bundesinstituts für Berufsbildungsforschung Berlin (Beuth Verlag): Hochbau, Tiefbau, Ausbau; Mauern; Betonieren

Rohbau, Umbau, Sanierung
Hans-Kaspar von Schönfels/Dietloff von Schmidt: Preiswert bauen mit Eigenleistungen vom Keller bis zum Dach, München 1984 (Compact Verlag)
Baufibel-Planset für Renovierungen und Hausbauten, Detmold (Wohnzirkel Verlag)
Das Handbuch des Bauherrn (Heinze Verlag Celle, jährlich)
Deutscher Baukatalog (Institut für internationale Architektur-Dokumentation, München, jährlich)
RWE-Bauhandbuch Technischer Ausbau (Energie-Verlag Heidelberg, regelmäßige Neubearbeitungen)
Friedrich: Tabellenbuch Bau- und Holztechnik, Bonn 1983 (Dümmler Verlag)
Heinz Schmitz: Altbaumodernisierung – Konstruktions- und Kostenvergleiche, Köln-Braunsfeld 1984 (Rudolf Müller Verlag)

Energie im Haus
Gernot Minke/Gottfried Witter: Häuser mit grünem Pelz. Ein Handbuch zur Hausbegrünung, Frankfurt 1983 (Fricke Verlag)
Deutsche Gesellschaft für Windenergie e.V., Kanzleistr. 41, 2000 Hamburg 52

Heizung und Warmwasser
Wulf-Dietrich Rose: Der gemauerte Ofen. Bauanleitung, Rosenheim 1982 (Schriftenreihe Institut für Baubiologie, 8201 Neubeuern)
Claudia Lorenz-Ladener: Solaranlagen im Selbstbau. Theorie und Praxis der Sonnenkollektortechnik, Freiburg 1985 (ökobuch Verlag)
Deutsche Gesellschaft für Sonnenenergie e.V., Augustenstr. 79, 8000 München 2

Garten, Terrasse, Balkon
Joachim Breschke: Kompostfibel. Boden fruchtbar machen und Hausmüll sinnvoll beseitigen nach dem System »Mücke«, Minden 1982 (Albrecht Philler Verlag)
Wolfgang Bredow: Regenwassersammelanlage. Ein Leitfaden für Planung und Bau einer Anlage, mit deren Hilfe

sich der Verbrauch von Leitungswasser auf Bruchteile reduzieren läßt, Freiburg 1985 (ökobuch Verlag)

Walther Münter: Geflügelställe. Hühner, Gänse, Enten, Puten, Tauben und Ziergeflügel, Minden 1984 (Albrecht Philler Verlag)

Karl Weißenberger: Kaninchenställe. Eine Anleitung zum Bau zweckmäßiger Kaninchenställe, Minden 1983 (Albrecht Philler Verlag)

Claudia Lorenz-Ladener: Solargewächshäuser. Theorie und Praxis der passiven Sonnenenergienutzung. Grundlagen zum Selbstbau, Freiburg 1981 (ökobuch Verlag)

Fahrzeuge

Ulrich Herzog: Fahrradheilkunde. Ein Reparaturhandbuch für Velocipedfahrer, Kiel 1986 (Moby Dick Verlag, Werftbahnstr. 8, 2300 Kiel)

H. G. Hirschberger/E. D. Jansen/L. Schulte: Korrosionsreparaturen an Pkw, Köln 1986 (Verlag TÜV Rheinland)

Verschiedene Kapitel

Das alternative Branchenbuch (AL-TOP Verlags- und Vertriebsgesellschaft für umweltfreundliche Produkte, Dreimühlenstr. 7, 8000 München 5): Es enthält über 5500 Bezugsquellen und Dienstleistungen, unter anderem aus den Bereichen Baubiologie, Baustoffhandel für Biologische Produkte, Beleuchtung, Biogasanlagen, Bodenbeläge, Dämmstoffe, Baubiologische Elektroinstallation, Energieberatung, Biologische Farben, Gartenbedarf, Baubiologisches Glas, Häuser im Holzbau, Heizsysteme, Holzschädlingsbekämpfung im Heißluftverfahren, Holzwerkstoffe, Kachelöfen, Kork, Kompost, Lehmbau, Möbel, Solaranlagen, Spanplatten, Tapeten, Teichfolien, Teppiche, Naturbelassene Textilien, Türen aus Massivholz, Verbraucherorganisationen, Wandbaustoffe, Wärmepumpen, WC-Wassersparsätze, Wintergärten, außerdem ein Verzeichnis von Herstellern, von denen Produkte mit dem »Blauen Engel« ausgezeichnet wurden.

Erich Schild/Rainer Oswald/Dietmar Rogier/Hans Schweikert/Volker Schnapauf: Schwachstellen. Schäden, Ursachen, Konstruktions- und Ausführungsempfehlungen, Wiesbaden/Berlin 1980 – 1986 (Bauverlag)
Band I: Flachdächer, Dachterrassen, Balkone
Band II: Außenwände und Öffnungsanschlüsse
Band III: Keller, Dränagen
Band IV: Innenwände, Decken, Fußböden
Band V: Fenster, Außentüren

(Eine Reihe, die Bauschäden erkennen, beurteilen bzw. gleich von vornherein vermeiden hilft)

Gert Lindner: Das große Mosaik-Buch vom Werken, München 1979 (Kunsthandwerk, u. a. Metalloberfläche, emaillieren, treiben, bördeln, schweifen)

Zeitschriften

Althaus-Modernisierung (Zeitschrift, Fachschriften-Verlag, Postfach 13 29, 7012 Fellbach)

Wohnung und Gesundheit (Zeitschrift, Institut für Baubiologie + Oekologie, 8201 Neubeuern)

selbermachen, Postfach 13 21 05, 2000 Hamburg 13

test (Zeitschrift der Stiftung Warentest, Postfach 41 41, 1000 Berlin 30)

Herstellerverzeichnis

ABUS, 5802 Wetter 2
AEG Elektrowerkzeuge Postfach 320, 7057 Winnenden

Bauer Kompressoren, Kantstraße 34, 4630 Bochum
Bessey & Sohn, Postfach 210, 7120 Bietigheim-Bissingen
August *Bilstein*, Postfach 30 15, 5828 Ennepetal 13
Black & Decker, Postfach 12 02, 6270 Idstein/Ts.
Boge Kompressoren, Postfach 14 20, 4800 Bielefeld 1
Joachim *Boldt,* Postfach 120172, 5630 Remscheid 11
Robert *Bosch,* Postfach 100156, 7022 Leinfelden-Echterdingen
Bostik, Postfach 12 60, 6370 Oberursel 1
Brauckmann & Pröbsting, 5880 Lüdenscheid (Befestigungen)
Braukmann Kessel, Bannholz 2, 6966 Seckach-Großeicholzheim

Camping Gaz, Neue Mainzer Str. 22, 6000 Frankfurt
Mc*Culloch* Deutschland, Richard-Klinger-Str. 12, 6270 Idstein/Ts.

DESOWAG BAYER Holzschutz, Postfach 32 02 20, 4000 Düsseldorf 30
DIBO ramcord Befestigungen, Postfach 120147, 5600 Wuppertal 12

emfa-Dämmstoffe M. Faist, Postfach 60, 8908 Krumbach/Schwaben

Erolit, Dachziegelwerk Möding, 8360 Landau/Isar
Eternit, Postfach 110620, 1000 Berlin 11
Exotherm, Postfach 69, 8473 Pfreimd

FAMAG-Werkzeugfabrik, Postfach 100628, 5630 Remscheid 1
FESTO, Postfach 808, 7300 Esslingen/Neckar
Fischer-Werke, Artur Fischer, 7244 Tumlingen/Waldachtal 3
Georg *Fischer,* Postfach 340 7700 Singen
Fohrmann, Münsterstraße 303, 4355 Waltrop
Friedrich *Frehe,* Antike Beschläge, Annahütte, 8229 Hammerau (Katalog über antike Möbel-, Tür- und Fensterbeschläge)
Friweg Werkzeug, Fritz Wegner, Stormsweg, 2000 Hamburg 76

Gardena, Kress & Kastner, Postfach 2747, 7900 Ulm/Donautal
Gloria-Werke, Postfach 11 60, 4724 Wadersloh/Westf.
Grünzweig & Hartmann, Westendstraße 17, 6700 Ludwigshafen/Rhein

Häfele, Postfach 160, 7270 Nagold
Hailo-Werk Rudolf Loh GmbH, Postfach 149, 6342 Haiger
Henkel KGaA, Postfach 11 00, 4000 Düsseldorf
Deutsche *Heraklith* AG, Postfach 11 20, 8346 Simbach/Inn
Paul *Hettich,* Postfach 12 40, 4983 Kirchlengern 1
HEYCO, Heynen GmbH, 5630 Remscheid 15
HOLZ HER, Postfach 17 40, 7440 Nürtingen

INCA Maschinen und Apparate, Postfach 1307, 7640 Kehl 1

Kessel GmbH, 8071 Lenting
KH-Zentralheizungen, Im heiligen Feld 17, 5840 Schwerte-Geisecke
Klemmsia-Zwingen Ernst Dünnemann, 2481 Wagenfeld 1
Kress-electric, Postfach 166, 7457 Bisingen/Zollernalbkreis

LBB Tönnies, Kirchenhauser Str. 42, 6927 Bad Rappenau-Bonfeld (alte Möbelbeschläge)
Leca Deutschland, Gärtnerstr. 94 a, 2083 Halstenbek b. Hamburg
Anders *Lervad* & SØN, Askov, 6600 Vejen, Dänemark
Lescha Baumaschinen, Postfach 102540, 8900 Augsburg 1
Livos Naturfarben, Neustädter Str. 23–25, 3123 Bodenteich

537

LÖTRING Werner Bittmann GmbH, Kantstraße 115, 1000 Berlin 12
Ludhof-Technik, Postfach 1345, 7580 Bühl
Emil *Lux* GmbH, Postfach 1610, 5632 Wermelskirchen 1

Marley-Werke, Postfach 1140, 3050 Wunstorf 1
Metabowerke, Postfach 1229, 7440 Nürtingen
Metallex, Kirchplatz 35, 8192 Geretsried 1
MOLTO GmbH, Postfach 1120, 6293 Löhnberg/Lahn

Papierfabrik *Palm,* Postfach 1605, 7080 Aalen 1
Peddinghaus, Postfach 1860, 5820 Gevelsberg
Perlite Dämmstoffe, Postfach 1564, 4600 Dortmund

Rau GmbH, Schißlerstr. 2, 8900 Augsburg

Rockwool, Postf. 207, 4390 Gladbeck
Rothenberger, Postfach 1480, 6233 Kelkheim

Simonswerk GmbH, Postfach 2360, 4840 Rheda-Wiedenbrück
Skil Deutschland, Max-Planck-Str. 15, 5000 Köln 40
Snickers, Meisenstraße 6, 7137 Sternenfels 2

Deutsche *Spezialglas* AG, Postfach 80, 3223 Delligsen 2
Stanley Werke, Postfach 100970, 5620 Velbert
Stannol-Lötmittel, Postfach 202002, 5600 Wuppertal 2

Teroson GmbH, Postfach 105620, 6900 Heidelberg 1
TIREM-Werkzeugfabrik, Postfach 140565, 5630 Remscheid
Tox-Dübel-Werk, Postfach 59/60, 7762 Bodman-Ludwigshafen

UHU Vertrieb, Postfach 1440, 7580 Bühl
ULMIA Werkzeuge G.Ott, Postfach 3240, 7900 Ulm
Upat GmbH, Postfach 1320, 7830 Emmendingen

J. *Wagner*, Postfach 2953 7990 Friedrichshafen 1
Westfalia Werkzeugcompany, Postfach 4269, 5800 Hagen 1

Zarges Leichtbau, Postfach, 8120 Weilheim
Zelenka Stahlbau, Erzgießereistr. 24, 8000 München 2
Zentrum für biologische Baustoffe (Farben, Bodenbeläge, Topisolit, Borax), Josef-Kistler-Str. 6, 8034 Germering
ZEYHER, Postfach 1240, 7064 Remshalden-Grunbach
Zinser Schweißtechnik, Postfach 1440, 7333 Ebersbach/Fils

Register

Stichworte, denen ein ganzes Kapitel gewidmet ist, werden *kursiv* hervorgehoben. Ist ein Begriff nicht zu finden, sieht man aber unter dem übergeordneten Begriff nach, z.B. »Säge« statt »Bügelsäge«.

A
Abbeizen 119
Abflußreiniger 451
Abflußrohre 445
– verstopfte A. 449
Abgasklappe 415
Abgaskontrolle 526
Abgasthermometer 415
Abgasverluste 400
Ablaugen 119
Abrichthobelmaschine 178
Abschrecken von Stahl 207
Abwasser 445
Abwasserrohre beim Rohbau 317
Abziehen von Holz 114
Abziehstein 256
Abzweigdosen 458
Achsschenkel 526
Acrylglas (PMMA) 266
Akku 526

Aluminium 208
Amboß 215
Anlassen von Stahl 207
Anreißen
– von Holz 46, 196
– von Metall 46, 211
Anschlußleitungen 446
– verstopfte A. 450
Anstriche 107
– Decken 129, 376
– Entfernen von A. 119
– Fassade 129, 343
– Fenster 114, 471
– Holz 114
– Innenwände 129, 361
– Metall 128, 254
– Mineralische Untergründe 129
– Werkzeug für A. 110
Arbeitskleidung 29
Arbeitszahl 417
Armaturen 433, 436
Atmung der Wände 388
Aufschraubbänder 473
Augenschutz 30
Ausbeulen 253, 535
Ausglühen 256
Ausguß 442
Auslaufventile 436
Auspuff 530
Außendämmung 396
Außenleiter 456
Außenputz 304

Außentemperaturfühler 414
Auto 520–535
– Abschleppen 522
– Beleuchtung 525, 527
– Diebstahlsicherung 522
– Elektrik 521, 528
– Ersatzteile 520
– Grundausrüstung 522
– Inspektion 523
– Kontrollampen 527
– Lack 535
– Motor 528
– Rad wechseln 530
– Sicherungen 528
– Startprobleme 526
– Werkzeuge 520
– Winterausrüstung 522
Autoelektrik 528
Autogenschneiden 247
Autogenschweißen 243
Autowerkzeug 520
Axt 138

B
Badewannen 443
Balken 139
Balkon 494
Balkonmöbel 505
Bänder für Türen, Tore, Fenster 473
– für Möbel 486
Bandsäge 161

Bandschleifer 117
Bank 484
– Gartenbank 506
Bankknecht 154
Basaltwolle 93
Batterie 526
Baubiologie 311
Bauernmalerei 126
Baugrube anlegen 315
Baugrube verfüllen 322
Bauherrenhaftpflichtversicherung 315
Baukalke 290
Baukleber 83, 295
Bauleitung 312
Baumfällwerkzeug 139
Baupapiere 102
Bauplanung 312
Baustahlmatte 211
Baustelleneinrichtung 316
Baustoffe 281
Bauüberwachung 312
Bauwesenversicherung 315
Befestigen 47
Beizen 109, 123
Beleuchtung
– Auto 527
– Energie sparen 402
– Werkstatt 17
– Wohnung 458
Belüftung 17
Berufsgenossenschaft 39
Beschläge

– für Möbel 488
– für Fenster und Türen 473
– für Tore 474
Besenspritzputz 306
Besohlen von Schuhen 278
Bett 485, 486
Betonabflußrohre 446
Betonieren 306
Betonmauern im Garten 499
Betonplatten gießen 497
Betonspachtelmassen 295
Betonsteine 289
Betontreppe 333, 497
Betriebsstundenzähler 415
Bidet 444
Biegedraht 76
Biegen von Metall 249
Bienenwachs 124
Bindemittel 290
Bindfaden 78
Biogas 390
Biogasanlagen 403, 537
Bitumen 104
Blähschiefer 95
Blähton 95
Bläuepilz 153
Blauer Engel 35, 536
Bleche 210, 253
Blechschäden am Auto 535
Blechscheren 218
Blechschraube 55
Blei 208
Bleichen von Holz 121
Bleiverglasung 264
Blitzzement 295
Bodenbeläge siehe »Fußbo-
   denbeläge«
Bodenfeuchtigkeit 318, 323
Bodenfliesen verlegen 354
Bodenträger 487
Bördeln 237, 251
Bohlen 140
Bohren von Holz 169
– von Metall 224
– von Mauern 65
Bohrerarten 170
Bohrfutter lösen 25
Bohrhammer 282, 284
Bohrmaschine 20, 171, 224
Bohrmaschinenständer 224
Bohröl 259
Borax 126, 538
Brandgefahr 39
Brandschutz 86
– Dämmstoffe 86
– Deckenkonstruktionen
   327
– Elektrizität 453
– Feuerlöscher 18, 522
– Löten, Schweißen 233,
   247
– Gas 452
– Holzschutz 149
– Leinöl 124
– ·Lösungsmittel 81
– Rauchen 39

Brauchwasser 426
Brennholz 139, 388, 391, 405
Bremsen 531
Bremsleitungen 525
Brennschneiden 247
Brennwert 405
Brennwertkessel 405, 412
Bretter verleimen 190
Briefkästen 519
Bronze 209
Buchbindearbeiten 274
Bürsten für Anstriche 110
Buntbartschlösser 475
Butan 389

C
Carport 507
Cuttermesser 272

D
Dach 336
Dachausbau 378
Dachbegrünung 396
Dachdecken 336
Dachfenster 471
Dachrinne 339
Dachsanierung 338
Dachstuhl 336
Dachziegel 337
Dämmen 85, 396 (siehe
   auch »Wärmedämmung«)
Dämmörtel 98
Dämmputze 98
Dämmstoffe 85
Dampfbremse 102, 386, 387
Dampfsperre 102, 386, 387
DD-Lacke 109, 267
Decken
– Putz 376
– Anstriche 129, 376
– Holzverkleidungen 376
– abgehängte D. 376
– Wärmedämmung 398
– Dachausbau 380
– Kellerausbau 381
Deckenkonstruktionen
– Ortbetondecken 327
– Fertigteildecken 327
– Gasbetondecken 327
– Ziegeldecken 327
– Stahlträgerdecken 327
– Holzbalkendecken 329
Dekupiersäge 163
Dengeln 258
Dichten von Fenstern und
   Türen 99, 471
Dichtungen im Installations-
   bereich 438
Dichtungsbänder 99
Dichtungsmassen 100
Dichtungsprofile 99
Dichtungsschlämme 103
Dickenhobelmaschine 178
Dielen 350

Diffusionswiderstand 387
DIN 41
Dispersionen 109
Dispersionsanstriche 130
Dispersionsklebstoffe 82
DN (Nennweite) 431, 446
Draht
– Biegedraht 76, 254
– Drahtgeflecht 210
Draht biegen 251
Drahtseile 76
Drahtstifte 47
Drahtzaun 503
Drainage am Haus 320
– im Garten 499
Drainagerohre 446
Drechseln 182
Drehbank 182
Drehstähle 183
Drehstrom 453
Drehtüren an Schränken 486
Druckknöpfe 73
Druckluftwerkzeuge 22
Druckminderer (Schweißen)
   244
Druckspüler 441
Dübel 58
Durchschlag 49
Duromere 267
Duroplaste 267
Dusche im Garten 514
Duschwanne 444

E
Eckschutzschienen 304
Eigenleistung am Bau 313
Einbaumöbel 482
Einbohrbänder
– Fenster und Türen 474
– Möbel 486
Einbruchsicherungen 474
Einhebelmischer 438
Einsteckschlösser 474, 488
Einstemmbänder 473, 486
Einzelheizung 406, 424
Eisen 207
Elastomere 268
Elektrizität 390, 452
Elektrohaushaltsgeräte 401
Elektroheizgeräte 410
Elektroinstallationswerkzeug
   454
Elektrohobel 175, 178
Elektroschweißen 238
Elektrowerkzeug 20
Elektrozentralheizung 411
Emaillieren 255
Endenergie 383
Energie im Haus 382
Energiequellen 388
Energieverbrauch 391
Energie sparen 391–403
   (siehe auch »Wärmedäm-
   mung«, »Warmwasser«,
   »Wasser sparen«)

Energieausnutzung 424
– Einzelöfen 400
– Elektrogeräte 401
– Heizkessel 424
– Sonnenkollektoren 420
– Wärmepumpen 419
– Warmwasserbereiter 424
– Zentralheizungen 400, 406
Entfettungsmittel 109, 128
Entharzen von Holz 117
Entkalken 435
Entrosten 128
Entwässerung von Gartenflä-
   chen 499
Entwerfen 34, 37
Epoxydharz 82, 267
Erdgas 389
– Heizung und Warmwas-
   ser 408, 411, 416, 423
– Heizwert 405
– Umgang mit Gas 452
Erdkabel 456
Erdung 454
E-Schweißen 238
Estrich 344
– auf Trennschicht 346
– auf Dämmschicht 346
– mit Gefälle 348
– mit Armierung 347
– auf Holzbalkendecken
   348
– Sperrestrich 104
– Traßkalk-, Traßzement-
   estrich 347
– Reparaturen 348
Estrichmörtel 293, 345
Estrichkelle 281
Exzenterzwinge 155
E-Zeichen 453

F
Fächer 487
Fäustel 282
Fahrrad 535
Fahrradständer 519
Fahrzeuge 520
Falleitungen 446
– verstopfte F. 450
Farbplanung 37
Farbspritzpistole 24, 112,
   114
Fase 172, 257
Faserzementrohre 446
Fassade
– Arbeiten an der F. 343
– hinterlüftete F. 396
Fassadenbegrünung 396,
   509
Fehlerstrom-Schutzschalter
   454
Feilen 25, 180, 228
Feilkloben 215
Feinputz 295, 304
Feinsäge 159
Fenster 465

Fensterbank 469, 470
Fensterfolien 472
Fensterscheibe auswechseln 471
Fenstersicherungen 477
Ferngas 389
Fernheizung 416
Fertigmörtel 295
Fertigparkett 352
Fertigteildecken 327
Festbrennstoffkessel 411
Festbrennstofföfen 407
Feuchte Mauern 322, 361
Feuchtigkeitsschutz 101, 317
Feuerlöscher 18, 522
Feuerschutz 86, 149, 247
Feuerversicherung 315
Feuerwiderstandsklasse 86
Filzbrett 281
Fingerzinkung 192
Firnis 108
First 338
FI-Schutzschalter 454
Fitsche 473
Fittings
– für Stahlrohre 430
– für Kupferrohre 431
Flachdach 339
Flachglas 261
Flachgründungen 317
Fladerschnitt 135
Flächenfüllspachtel 295
Flaschenzüge 33
Fleckentfernung siehe »Reinigen«
Fliesen
– Bodenfliesen 354
– Wandfliesen 366
Fliesenwerkzeug 367
Fließestrich 295
Fluchtschnur 281, 302
Flüssiggas 389, 452
Flußmittel 233
Folien 105
Folienschweißgerät 270
Fräsen von Holz 179
Frostschutz von
– Rohrleitungen 434
– bei Diesel 524
– Scheibenwischanlage 524
– Kühlwasser 525
Frühbeet 510
Fuchsschwanz 159
Fugenkelle 281
Fundamente 317
Furnier 140
Furnieren 202
Furnierplatten 146
Furniersäge 159
Fußabstreifer 519
Fußböden 344
– Wärmedämmung ab 344
– Schalldämmung 98, 344
– Dachausbau 380
– Kellerausbau 381

Fußbodenbeläge
– Betonplatte 320
– Estrich 344
– Fliesen 354
– Holz 350
– Kork 354
– Kunststoff 359
– Lehm 320
– Linoleum 355
– Pflaster 289, 321, 495
– Spanplatten 348
– Teppichböden 356
– Trockenestrich 348
Fußbodenelemente aus Gips 310
Fußbodenheizung 413
Futterplatz für Vögel 518

G

Garage 507
Garten 494
Gartenbank 506
Gartenhaus 507
Gartenmöbel 505
Gartenteich 514
Gasbeton 288
Gase 389–391, 405
– Vorsichtsmaßregeln und Lagerung 452
Gasetagenheizung 411
Gasgeräte 423
Gaskessel 411
Gaskompressionswärmepumpe 416
Gasöfen 408
Gebäudeversicherung 315
Geflügelstall 519
Gehörschutz 30
Gehrungslade 166
Gehrungssäge 163
Geländegestaltung 494
Geländer 335
Geruchverschluß 445
– verstopfter G. 449
Gerüste 283
Gesetzeskunde 38
   (Sonntags-, Feiertags-, Nacht-, Urlaubs-, Schwarzarbeit)
Gestellverbindung 199
Gesundheitsbewußtes Arbeiten mit
– Belüftung 17, 233
– Gehörschutz 30
– Mund-, Nasenschutz 32
– Staubabsaugevorrichtungen 117, 161, 162
   (siehe auch »Unfallgefahren«, »Werkzeugpflege«, »Brandschutz«)
Gesundheitsgefahren durch
– Abbeiz-, Ablaugmittel 119
– Anstriche 108, 128
– Asbest 233, 446, 536
– Bitumen, Teer 105

– Dämmstoffe 88, 90, 91, 93, 96
– Formaldehyd 96, 146, 348, 388
– Holzschutzmittel 126
– Kalkverätzungen 130, 290
– Klebstoffe 82, 83
– Kohlenmonoxyd 391
– Kunststoffe 265
– Lösungs-, Verdünnungsmittel 81, 82, 108
– Rohrreiniger 451
Getriebe 530
Gewächshaus 510
Gewährleistungsansprüche 314
Gewindeschneiden
– Außengewinde 230
– Innengewinde 229
– Rohrgewinde 430
Gewindestangen 55
Gewindeverbindungen 229
Gießharz 269
Gips 291
Gipsfaserplatten 309
Gipskartonplatten 309
Gipsmörtel 293
Gipswandbauplatten 310
Glättkelle 281
Glas schneiden, brechen, schleifen, bohren, kleben 260–264
Glasbausteine 290
Glasfasermatten 270, 535
Glaswolle 93
Gleichstrom 453
Gleitlagerfett 259
Gleitmittel
– allgemein 259
– für Abwasserrohre 446
Glühbirne 458
Glühlampe 402, 459
Glyzerin 259
Gold 209
Graphit 259
Gratanziehen 178
Gratleiste 190
Grill 506
Gripzange 215, 236, 239
Grundiermittel 109
Grundleitungen 446
– verstopfte G. 451
Grundstückshaftpflichtversicherung 315
Grundwasser 318
GS-Zeichen 35
Gummi 280
Gußeisen 207
Gußeisenabflußrohre 446

H

Haarrisse 360
Hacken von Holz 168
Hackstock 139
Härten von Stahl 207

Haftputze 295
Haken 58
Hammer 49, 216
– Fäustel 282
– Gummihammer 216
– Holzhammer (Klöpfel) 172
– Kunststoffhammer 216
– Maurerhammer 282
– Polstererhammer 489
– Schlackenhammer 239
– Schlosserhammer 49, 216
– Schreinerhammer 49
– Treibhammer (Blech, Fahrzeuge) 216, 532
– Vorschlaghammer 511
– Zimmererhammer 282
Hammerstiel 26, 216
Handbremse 525, 533
Handkreissäge 159
Handlauf 335
Handnähte 277
Handsägen 157
Handwerkzeug 22
Harnstoff-Formaldehydharz-Schaum 96
Harnstoffharz 267
Hartfaserplatten 148
Hausbock 152
Hausschwamm 152
Hecken 499
Heißluftpistole 121, 270
Heißluftverfahren 149, 537
Heizkörperfolien 98
Heizkörper 412
– H. entlüften 416
Heizkörpernischen 398
Heizkostenabrechnung 415
Heizkostenverteiler 415
Heizkurve 414
Heizöl 389, 391, 405
Heizung 404
Heizungsregelung 413
Heizwert verschiedener Brennstoffe 405
Herzbrett 137
Herzkelle 281
Hiebzahl 181
Hilfsspannstock 156
Hinterlüftung 150, 371, 396
Hobeln 173
Hobelarten 176
Hobelbank 153
Hobeleisen 176
Hobelpflege 178
Hohlraumkonservierung 535
Holz 132
– Energiequelle 388, 391
– Heizwert 405
– Dämmstoff 88, 97
Holzarten 140
Holzbalkendecken 329
Holzdübel 188
Holzfaserplatten 148
Holzfedern 189
Holzfeuchte 134
Holzfußböden 350

Holzlager 140
Holzoberflächenbehandlung 114–127
Holzpfosten 150, 499
Holzschädlinge 149, 152
Holzschrauben 54
Holzschutz 126, 149
– konstruktiver H. 150
Holzschutzmittel 109, 149
Holzschwund 135
Holzspanwerkstoffe 148
Holzverbinder 200
Holzverbindungen 187–200
Holzverkleidungen
– an Wänden 372
– an Fassaden 343, 396
– an Decken 376
– konstruktiver Holzschutz bei Holzverkleidungen 150
Holzwerkstoffe 146
Holzwolleleichtbauplatten 88

I

Imprägnieren von Textilien 280
Imprägniermittel für Holz 109
Innenausbau 344
Innendämmung 374, 398
Innenputz 302
Isolieren 85, 101
Isolierglas 261, 467, 472
Isolierstoffe 101

J

Jalousien 468

K

Kachelöfen 408
Kalk für Anstriche 108
– für Mörtel 290
Kalkanstrich 129
Kalken von Holz 122
Kalkmörtel 293
Kalksandsteine 286
Kalkzementmörtel 293
Kaltschmieden 252
Kaltschweißen 82, 230
Kaninchenstall 519
Kantenzwinge 156
Kanthölzer 140
Karabiner 79
Karosserie 526, 533
Kastenschlösser 475
Kautschuk 268, 280
KD-Farben 109
Keilriemen 529
Kellen 281
Keller 320
– Ausbau 380
– Bausätze 322
– Mauern 321
– Sohle 320
– Wärmedämmung 398

Kernbrett 137
Kerndämmung 398
Kernenergie 390
Kesselerneuerung 401
Kesselraum 404
Kesseltemperatur 414
Ketten 77
Kettensäge 138
Kies 292
Kiesweg 495
Kilowatt 453
Kitte 81, 109
Kitten von Holz 118
Klappläden 468, 470
Klebebänder 83
Klebstoffe 80
Klopfkäfer 152
Klosettbauarten 442
Knabber 219
Knieschoner 282
Knoten 78
Körnen 224
Kohle 388, 391, 405
Kohlebürsten auswechseln 25
Kokosfasern 91
Kombizange 215
Kommode 485
Kompostbehälter 509
Kompressor 22
Kondenswasser 385
Kontaktkleber 82, 270
Konvektion 383
Korkdämmstoffe 90
Korkparkett 354
Korpus 485
Korrosion 207, 255
Korrosionsschutz 128
– von Rohrleitungen 435
Kraft-Wärme-Kopplung 403
Krauskopf 171
Kreissägen 160
Kriechöl 259
Kunstharze 107, 267
Kunstharzmörtel 295
Kunststoffbeschichtete Holzwerkstoffe 149
Kunststoffe 265
Kunststoffbearbeitung (Bohren, Sägen, Schneiden, Schleifen, Biegen, Gießen, Kleben, Schweißen) 268
Kunststoffbeläge
– Bodenbeläge 359
– Wandbeläge 372
Kunststoffdispersionsanstriche 130
Kunststoffhäute 280
Kunststoffrohre
– Wasserleitungsrohre 431
– Abwasserrohre 445
Kunststoffschäume 95
Kupfer 209
Kupferrohre 431
Kupplung 530
k-Wert 322, 384

L

Lackieren 125
Läden
– Rolläden 468, 470
– Klappläden 468, 470
– Wärmedämmung 399
Lagerfuge 297
Laibungen 300, 398, 469
Lamellen 189
Laminieren 269, 535
Lampen 458
Lasieren 125
Latten 140
Laube 507
Laubsäge 159
Leder 274
Lehmbau 281
Leichtbeton 306
Leichtbetonsteine 289
Leichtmauermörtel 295
Leichtzuschläge 292
Leime 81, 108
Leimfarben 130
Leimklammer 156
Leinöl 108, 124
Leistung (elektr.) 453
Leitern 33
Leitungen (elektr.) 456
Leitungssuchgerät 433, 453, 455
Leitungssystem mit Wasser auffüllen 427
Lenkspiel 526
Leuchten 458
Leuchtstofflampe 459
Lichtmaschine 527
Linoleum 355
Lochkreissäge 163
Lochzange 276
Lösungsmittel 81, 108
Lösungsmittelkleber 82
Löten 230
Lötfehler 237
Lötnähte 234
Lötwerkzeug 231
Lot zum Messen 44
Lüften 400, 471
Luftfeuchtigkeit 385
Luftfilter 525, 529
Luftschall 98

M

Magerbeton 306
Mantelleitungen 456
Mappen 273
Markisen 468
Maschinenschrauben 54
Maße 41
Mattieren von Holzoberflächen 124
Mauerdurchbrüche 324
Mauermörtel 294
Mauern
– tragende M. 322, 325

– aussteifende M. 322, 325
– nichttragende M. 322, 324
Mauern bauen 295
Mauern verputzen 302
Mauern im Garten 503
Mauerrisse 323
Mauersanierung 322
– Salze 324
– trockenlegen 324
– verputzen 361
Mauerschlitze 326
Mauersteine 285
Maurerhammer 282
Maurerkelle 281
Maurerpinsel 282
Meißel für Metall 221
– für Stein 282
Meißelhammer 282, 284
Melaminharz (MF) 267
Messen 41
Messer
– Allzweckmesser 356
– Cuttermesser 272
– Ledermesser 274
– Schnitzmesser 187
– Taschenmesser 272
– Teppichmesser 356
Messing 209
Metall 206
Metall anstreichen 128, 254
Metallbearbeitung 210–259
Metalloberflächenbehandlung 128, 254
Metallsuchgerät 455
Mineralöl 259
Mineralwolle 93
Mischbatterie 436
Mittelleiter 456
Möbel 480
Möbelbeschläge 488
Möbel-Konstruktionsprinzipien 483
Möbeltüren 486
Mörtel 292
Mörtelmischer 282
Mörtelwanne 281
Montageschaum 83, 464
Mosaikparkett 351
Motor im Auto 528
– Bohrmaschine 25
Motorsäge 138
Mottenschutz 280
Mülltonnen 519
Mundschutz 32

N

Nadelfilz 357
Nägel 47
Nägel ziehen 53
Nähen von Textilien 278
– von Leder 275
Nagel 51
Nagelversenker 49
Nasenschutz 32
Natursteine 286, 289

NBR-Perbunan 268
Nennweite (DN) 431, 446
Neopren 268
Netzfreischalter 454
Niedertemperaturkessel 412
Nieten
– für Blech 68
– für Textilien, Leder 72
Nistkästen 516
Normalbeton 306
Notstromaggregat 20, 282, 284
Nut und Feder 191
Nutzenergie 383

O
Oberfräse 179
Öl (Heizöl) 389, 391, 405
Ölfarben 131
Ölfilter 521, 528
Ölkessel 411
Ölöfen 408
Ölpapier 102, 103
Ölvorwärmer 415
Ölwechsel 521, 528
Ölzähler 415
Ösen 76
Ofenanschlüsse 332
Ortbetondecken 327
Ortgang 338
Ortschaum 97

P
Palisaden 498
Pantograph 37
Papier 271
Pappe 271
Paravent 504
Parkett 350
Passepartout 274
PE (Polyethylen) 266
Pergola 504
Perlite 94, 326, 349
Pflanzenstützen 509
Pflanzgefäße 509
Phase 456
Phenol-Formaldehydharz-Schaum 96
Phenolharz (PF) 267
Pinsel 24, 110, 112
Plakate 274
Planen 34
Planung, maßstabsgetreue für die Wohnung 483
Plastomere 266
Platten im Sandbett 495
Polstern 489
Polyamide (PA) 266
Polycarbonat (PC) 266
Polyesterharze, ungesättigte (UP) 267
Polyethylen (PE) 266
– PE-Abflußrohre 445

– PE-Wasserrohre 432
– PE-Folien 106
Polyisobutylen (PIB) 267
Polypropylenabflußrohre (PP) 445
Polystyrol (PS) 96, 266
Polyurethan (PUR) 96, 267
Polyurethankautschuk 268
Polyvinylacetat (PVAC) 266
Polyvinylchlorid (PVC) 266
Poroton 286
Portlandzement 290
Potentialausgleich 433, 454
Preßlufthammer 282
Primärenergie 383
Profilstäbe aus Metall 210
Propan 232, 389, 405, 452
PS (Polystyrol) 96, 266
PUR (Polyurethan) 96, 267
Putz
– Innenputz 302
– Außenputz 304
– Deckenputz 376
Putz- und Mauerbinder 290
Putzhaken 282
Putzhobel 176
Putzlatte 281
Putzlehren 304
Putzmörtel 294
Putzrisse 360
Putzschäden 360, 323
Putzträger 304
PVAC 266
PVC 266
– PVC-Wasserrohre 432
– PVC-Abwasserrohre 445

Q
Querschnitt 135
Quetschdichtung 431

R
Radialschnitt 135
Radioaktivität 311
Radlager 531
Rahmen bei Fenstern 468
Rahmenverbindung 196
RAL 35
Rankgerüste 509
Raspeln 180
Rauhbank 176
Rauhfasertapete 366
Raumaufteilung 480
Raumthermostat 414
Reaktionskleber 83, 270
Regal 487
Regentonne 514
Regler 527
Regner 514
Reibebrett 281
Reibeputz 304
Reifen 524, 526
Reinigen
– Auto 534

– Holz 119
– Leder 276
– Maurerwerkzeug 282
– Metall 128, 235
– Teppiche 279
– Textilien 279
– Werkzeug 24
Reinigungsmittel 109
Reißverschlüsse 76
Renovierung 344
Richten von Blech 253
Richtplatte 215
Richtscheit 45, 281
Richtschnur 281
Riegel 474
Riegelschlösser 476
Rippenstreckmetall 304
Rohbau 312
Rohrbelüftung 427
Rohrbiegen 251
Rohrentlüftung 427
Rohrleitungen 429
Rohrreiniger 451
Rohrzangen 427
Rolläden 468, 470
Rolladenkästen 470
Rolladensicherung 477
Rost 255
Rostbekämpfung 128
Rückstau 451
Rüttler 282
Ruß 410, 415

S
Sägen
– für Holz 138, 157–165
– für Metall 216–218
– Baumsäge 514
– Abrichten, Schränken, Schärfen 167
Sammelleitungen 446
– verstopfte S. 450
Sand 292
Sandkästen 516
Sanierung 312
Sauna 381
Schachteln 274
Schalldämmung 98
– Fenster 467
– Türen 462
– Rohrleitungen 435
– Wände 376
– Holzbalkendecken 330
– Decken 377
– Mauersteine 285
Schallschluckmaßnahmen 98
Schalter 458
Schalungen 308
Schalungsbretter 282
Schamottemörtel 295
Schamottesteine 290
Schaukel 516
Schaumgummi 490
Schaumstoffe 490

Scheibenwischer 524
Scheren 272
– Allzweckschere 272
– Astscheren 514
– Blechscheren 218
– Gartenscheren 514
– Haushaltsscheren 272
– Heckenschere 512
– Papierschere 272
– Stoffschere 272
– Zackenschere 272
Schichtmeßlatte 302
Schieblehre 43
Schilf 91
Schilfrohrmatten 304
Schimmelbildung 360, 385
Schlackenwolle 93
Schläuche 514
Schlauchverbindungen 514
Schlauchwaage 46
Schleifbock 256
Schleifen von Holz 114
– von Metall 128, 254
Schlichthobel 176
Schlitz und Zapfen 196
Schlitze 326
Schlösser 474, 488
Schloßschraube 55
Schmelzkleber 83
Schmieden 258
Schmiermittel 258
Schneidbrenner 243, 247
Schneiden (siehe »Scheren« und »Messer«)
Schneidlade 167
Schneidringverschraubung 431
Schnellzement 295
Schnitzen 187
Schnurgerüst 316
Schornstein 330, 405
– Dachausbau 380
Schrank 486
Schrauben 53
Schraubstöcke
– für Holzbearbeitung 156
– für Metallbearbeitung 213
Schraubwerkzeuge 56
Schraubzwingen 155
Schubfach 485
Schubkarre 283
Schuppen 507
Schutzbrille 30
Schutzisolierung 457
Schutzleiter 457
Schwalbenschwanzzinkung 192
Schwammbrett 281
Schwarte 137
Schwarzarbeit 39
Schweifen 251
Schweißen 238
Schweißbrenner 246
Schweißflamme 243
Schweißnähte 240, 246
Schweißtrafo 239

Schwindmaße von Holz 136
Schwingholz 91, 375–377
Schwingschleifer 25, 117
Schwitzwasser 385
Seile 78
Seitenbrett 137
Setzlatte 281
Setzrisse 323
SI-Einheitszeichen 41
Sichtmauerwerk 343
Sicherheitsglas 261
Sicherheit siehe »Unfall-
gefahren«
Sicherungen 453
Sichtschutz im Garten 499
– am Balkon 505
Silber 209
Silikatanstriche 130
Silikon (SI) 101, 268
Silikonimprägnierungen 131
Siphon 445
– verstopfter S. 449
Sockelleisten 360
Solarzellen 403
Sonnenenergie 389, 402
Sonnenkollektoren 419, 424
Sonnenschutz 468
– im Garten 499
Spachteln 282, 368
Spachtelmassen 81, 109,
295
Spalten von Holz 168
Spanngurte 79
Spannung 453
Spannungsrisse im Putz 360
Spannwerkzeug 155
Spanplatten 148
Spanplattenböden 348
Spanplattenschrauben 55
Spanplattenverbindungen
199
Sperrbeton 104
Sperrestrich 104
Sperrholz 146
Sperrputz 104
Sperrschichten 318
Sperrstoffe 85, 101
Spritzbewurf 293, 303
Spritzpistole 24, 112, 114
Spritzwasser 318
Sprossenverbindung 199
Spüle 442
Spülkästen 441
Spülmaschine 402, 444
Stabparkett 350
Stadtgas 389, 405
Stahl 208
Stahlbeton 306
Stahlrohre 430
Stahlträgerdecken 327
Standarmaturen 438
Standzeit 23
Staubsauger 18
Stauwasser 318
Stechbeitel 172
Steckdosen 458

Steckdosensicherung 453,
459
Stecker 457
Stegleitungen 456
Steine 285
Steinwolle 93
Steinzeugrohre 446
Stemmen 171
Stichsäge 160, 218
Stoffverspannung 278, 372
Storchschnabel 37
Stoßdämpfer 530
Stoßfuge 297
Streifenfundament 317
Stroh 91
Stromstärke 453
Stromverbrauch 453
Stützmauern 498
Stuhl 484
– Gartenstuhl 506
Sturz 302
Styrol-Butadien-Kautschuk
(SBR) 268
Styropor 96, 266
Sumpfkalk 129, 290
Surform 181

T
Tacker 49
Talkum 259
Tankanlagen 415, 452
Tapezieren 361
– Decken 376
Tauchschnitt 164
Tauwasserbildung 385
Teerprodukte 104
Teflon 268
Tenax-Knöpfe 75
Teppichböden 356
– Reparaturen 359
– Reinigung 279
Terrasse 494, 499
Terrassierung 498
Textilien 278
Thermohaut 396
Thermoplaste 266
Thermostatventile 414
Tiefenstellringe 171
Tiefgründungen 317
Tiffany-Methode 264
Tisch 484
– Gartentisch 505
Tischlerplatten 148
Topfzeit 84
Topisolit 361, 538
Tore 503
Torf 91
Totalenergieanlagen 423
Transportmittel 283
Transportverluste 400
Traß 290, 347
Traufe 338
Traufel 281
Treiben von Metall 252,
258

Trennscheibe 224
Treppen 334
– Gartentreppen 497
Trittschall 98
Trockenbau 344
Trockenestrich 348
Trockenmauer 498
Türen 462
Türkette 477
Türsicherungen 477
Türspion 477
TÜV 525

U
Überfalle 474
Überwurf 474
Umbau 312
Umleimen 205
Umwälzpumpe 414
Umweltbelastung durch
– Energiequellen, Brennstof-
fe 390
– Dämmstoffe 88
– Kunststoffe 265
– Anstriche 108, 112, 127
– Holzschutzmittel 126
– Lösungs-, Abbeiz-, Ab-
laugmittel 108, 119
– Pinselreiniger 112
– Rohrreiniger 451
– Wasserverbrauch 429
Umweltengel 35, 536
Umweltschutz 39
– im Garten 494
  (siehe auch »Energie spa-
  ren«, »Wasser sparen«,
  »Wärmedämmung«)
Unfallgefahren, Unfallverhü-
tung 39
– Alkohol 39
– Arbeiskleidung, -hand-
  schuhe 30
– Augenschutz 30, 224
– Brand siehe »Brand-
  schutz«
– Elektrizität 24, 453
– Erste Hilfe 39, 522
– Gas 452
– GS-Zeichen 35
– Leitern 33
– Maschinen 24, 39
– Rauchen 39
– Schlaghelm 30
– Schleifbock 256
– Schutzvorrichtungen 24,
  39, 162, 163, 222, 256
– Schweißen 242, 245
– Werkzeugqualität 24, 39
– Werkzeugstiele 24
– Winkelschleifer 224
Unfallversicherung 314
Universaldübel 60
Unterbodenschutz 524, 535
Urea-Formaldehydharz-
Schaum 96

V
VDE-Zeichen 453
Ventile (Automotor) 529
Ventile (Fahrrad) 535
Verbrennung 404
Verbundestrich 345
Verdünnungsmittel 108
Vergaser 529
Verglasung 467
Verkalkung 401, 435
Verlängerungskabel 457
Verputzen 302
Versenker 226
Versicherungen 314
Versiegelungslacke 109, 268
Versottung des Kamins 331
Vertikutierer 514
Verzinnen beim Löten 236
Vollholz 132
Vorhänge und Wärmedäm-
mung 399
Vorhängeschlösser 474
Vorhangschienen 478
Vorlauftemperatur 414
Vulkanisieren 268

W
Wachse 109
Wachsen 124
Wände 360
Wärmebrücken 398
Wärmedämmung, Wärme-
schutz 383
– Baustoffe 285
– Dachausbau 378
– Dämmstoffdicke 86
– Dämmstoffe 85
– Decken 327
– Fassade 343, 396
– Fenster 467, 472
– Fußböden ab 344
– Heizkörpernischen 98
– Holzbalkendecken 330
– Innenwände 398, 374
– Kellerausbau 381
– Kerndämmung 398
– Laibungen 469
– Mauerwerk 322
– Rolläden 471
– Rohrleitungen 433
– Türen 462
Wärmedurchgangszahl
(k-Wert) 384
Wärmeerzeugung 411
– verbesserte W. 400
Wärmehaushalt des Men-
schen 392
Wärmeleitung 384, 392
Wärmeleitzahl 384
Wärmepumpen 416, 424
Wärmespeicherung 385
Wärmestrahlung 383
Wärmeströmung 383
Wärmeübertragung 383

Wärmeverteilung 412
- verbesserte W. 400
Wäschespinne 519
Wässern von Holz 114
Wandarmatur 438
Wandfliesen 366
Wandmauerwerk 322
Wanknuten 160, 192
Wannengründungen 317
Warmwasser
- Energieeinsparung 401, 424
- Einzelgeräte 420
- Sonnenkollektor 419
- Wärmepumpe 418
- Zentralheizung 412
- Kombination 424
Warmwasserrohre 398
Wartung
- Auto 523
- Einzelöfen 410
- Zentralheizung 415 (siehe auch »Werkzeugpflege«)
Waschbecken 442
Waschmaschine 402, 444
Wasser für Mörtel und Beton 292
Wasser absperren und ablassen 426
Wasseranschluß 426
- im Garten 514
Wasserdampfdiffusion 386
Wasserdruck 427
Wasserhähne 436
Wasserhärte 435
Wasserkraft 390, 403
Wasserpumpenzange 427
Wasser sparen
- Baden und Duschen 401
- Badewanne 443
- Durchflußbegrenzer 437
- Duscharmaturen 401, 437
- Klosettbauarten 442
- Mischbatterien 436
- Regentonne 514
- Regentonnenautomat 514
- Regenwassersammelanlage 514
- Spülkästen 441
- Spülmaschine 402
- Tropfende Hähne 401, 438

- Umrüstung von Spülkästen 442
- Waschmaschine 402
Wasserverbrauch 429
Wasserwaage 44
WC 441, 444
- verstopftes WC 451
Wechselstrom 453
Wege 495
Weißleim 266
Werkstatt 15
Werktische 15
- für Holzbearbeitung 155
- für Metallbearbeitung 211
Werkzeug für den Alltag 27
Werkzeuge 20
Werkzeuge zum
- Abziehen von Holz 114, 179
- Anreißen 46
- Anreißen und Körnen 224
- Anstreichen 110
- Auto 520
- Baumfällen 138
- Bohren von Holz 169
- Bohren von Metall 224
- Bohren von Glas 264
- Bohren von Kunststoffen 268
- Drechseln 182
- Dübeln 64
- Ein- und Zusammenspannen von Holz 155
- Ein- und Zusammenspannen von Metall 213-215
- Elektroarbeiten 454
- Entrosten 128
- Fahrrad 535
- Falzen 249
- Feilen 180, 228
- Fliesen 366
- Fräsen von Holz 179
- Furnieren 203
- Garten 510
- Gewindeschneiden 229
- Glasschneiden 262
- Hacken und Spalten 139, 168
- Hobeln 176
- Holzfeilen 181
- Installationsarbeiten 426
- Kleben 84

- Kunststoffbearbeitung 268
- Lederbearbeitung 274
- Löten 231
- Mauern und Putzen 281
- Meißeln 222
- Messen 41
- Nageln 49
- Nägelziehen 53
- Nieten 68
- Polstern 489
- Raspeln 180
- Sägen von Holz 157
- Sägen von Metall 216
- Schleifen von Holz 114
- Schleifen von Metall 128, 256
- Schneiden 272 (siehe auch »Messer« und »Scheren«)
- Schnitzen 187
- Schrauben 56
- Schraubenlösen 58
- Schweißen 238, 243
- Stemmen 172
- Tapezieren 362
- Teppichlegen 356
- Treiben, Bördeln, Schweifen, Richten, Ausbeulen 253, 535
- Werkzeugschärfen 255
Werkzeugpflege und -aufbewahrung 24
- Bauwerkzeuge 282
- Bohrmaschine 25
- Elektrowerkzeuge 25
- Farbspritzpistole 24
- Feilen 25, 182, 228
- Gartenwerkzeug 513
- Gummiteile 280
- Hobel 178
- Hobelbank 154
- Pinsel 24, 112
- Raspeln 182
- Sägen 167
- Schraubstock 215
- Schwingschleifer 25
- Werkzeuggriffe, -stiele 26
Werkzeug schärfen 255-258
- Bohrer 171, 226, 255
- Brotschneidemaschine 258

- Drehstähle 185
- Hobeleisen 178, 255
- Ledermesser 274
- Meißel 222, 255
- Sägen 167
- Sense 258
- Stech-, Hohl-, Lochbeitel 173, 255
- Ziehklinge 178
Werkzeugschrank 22
Werkzeugstiele 26
Windenergie 390, 403
Windfang 464
Windschutz 393, 499
Winkel, rechter 316
- W. messen 43
Winkelschleifer 224
Wintergarten 402, 507
Wirkungsgrad 405
Wohnung 480

Z
Zäune 499
Zahnradschmiere 259
Zangen 215
Zarge 199, 484
Zeichnen 37, 196, 483, 488
Zellulosefasern 91
Zemente 290
Zementmörtel 293
Zentralheizung 400, 410, 424
Ziegel 286
Ziegeldecken 327
Ziegeldrahtgewebe 304
Ziehklinge 178
Zimmererhammer 282
Zimmermannsverbindungen 200
Zink 209
Zinn 209
Zündkerzen 521, 529
Zündung 529
Zugbegrenzer 415
Zuhaltungschlösser 475
Zuschlagstoffe 291
Zweikomponentenkleber 82
Zwingen für Metall 215
- für Holz 155
Zwischenwände 373
Zylinderschlösser 475, 488

Bildnachweis

S. 64/65, Abb. 31–35 Fischer-Dübel; S. 150/151, Abb. 59.1 und 3, 60.1 und 2 Desowag Bayer; S. 151/152 Abb. 61–64 Institut für Holzforschung, München. Alle übrigen Fotos vom Autor.